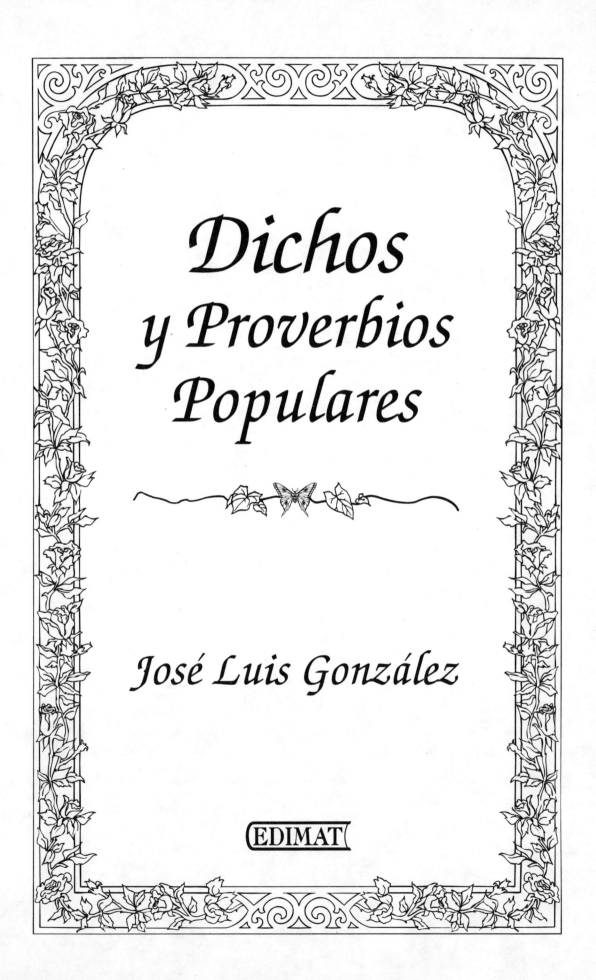

Dichos y Proverbios Populares

José Luis González

EDIMAT

*Dedicado a toda mi familia,
así como a mis amigos, en justa
correspondencia a las molestias
que les he ocasionado con mis
manías, principalmente en
lo relacionado con los refranes.*

EDIMAT LIBROS

Ediciones y Distribuciones Mateos

Calle Primavera, 35
Polígono Industrial El Malvar
28500 Arganda del Rey
MADRID - ESPAÑA

ISBN: 84-8403-316-3
Depósito legal: M. 41115-2000

Autor: José Luis González Díaz
Diseño de cubierta: Equipo editorial
Impreso en: HUERTAS, S. A.

EDMCLDPP
Dichos y proverbios populares

IMPRESO EN ESPAÑA- PRINTED IN SPAIN

A MODO DE INTRODUCCIÓN

La recopilación efectuada durante un período de unos cinco años ha sido laboriosa: algunas veces gratificante, otras con ganas de tirar todo por la borda; al final, y después de algunos tiempos de pausas y meditaciones, he logrado transcribir más de 21.000 frases, dichos, etc., algunas de ellas totalmente en desuso, pero que he creído conveniente dar conocimiento de ellas, la mayoría de actualidad o en uso actual, aunque creo que por la forma que tenemos de expresarnos cada vez existe un vocabulario menos extenso, más restringido a locuciones "de toda la vida".

Mi pequeño pero sincero homenaje al pueblo que ha logrado crear y transmitir algo tan intrínseco de él, como es su vocabulario, con el que se entienden y expresan sus hombres; todo esto define a un pueblo, viéndose su cultura, su riqueza lingüística, y las características peculiares de sus habitantes en su forma de hablar y, cómo no, de ser.

Con el presente libro no he intentado inventar nada, únicamente recopilar todo lo que he podido abarcar y conocer sobre dichos temas; ha llegado un momento en que he tenido que decir ¡basta!, ya que si no hubiese tomado esa decisión estaríamos todavía con un tema inacabado, que creo que no tiene fin nunca, por estar siempre creándose expresiones y términos nuevos.

Todo lo escrito no es motivo de mi invención, "el pueblo" ya lo ha hecho por mí; únicamente los comentarios son de "mi cosecha", no sé si buena o mala; he intentado hablar de forma sencilla, como nos expresamos habitualmente en la calle; aunque a veces haya introducido palabras menos conocidas, también es necesario recordarlas.

En los comentarios que nadie intente ver ofensa, burla o chanza; puede haber alguno un poco más incisivo, poniendo un poco "de sal y pimienta", pero sin maldad alguna, nunca he intentado molestar u ofender a personas, profesiones, estamentos públicos y privados, instituciones, etc., nada más lejos de la realidad.

Mi gran consideración y respeto a todos y a todo.

El autor

A altas horas de la noche: a horas muy intempestivas.

A años luz: a una gran distancia del lugar o del tiempo.

A arar al campo: despachar a una persona motejándola de animal o gañán.

A asentadillas: sentarse a modo que lo hacen las mujeres cuando llevan faldas, es decir con las dos piernas al mismo lado del lugar donde se asientan; también se dice a mujeriegas.

A banderas desplegadas: descubiertamente, con toda libertad.

A baquetazos: forma de comportarse una persona con desprecio hacia los demás.

A barba regada: con mucha abundancia.

A barras derechas: sin engaño.

A barullo: en gran cantidad.

A base: tomando como base.

A base de bien: muy bien hecho, muy bueno.

A beneficio de inventario: tomar la herencia por lo que figura en el inventario, con el fin de no consignar más que lo que allí figura. Actualmente es tomar una cosa en poca consideración o estima.

A bien, o a buen, llorar: lo menos malo que le puede suceder a una persona.

A bien que: por fortuna.

A boca de cañón: a quema ropa.

A boca de costal: sin medida, sin tasa.

A boca de jarro (a bocajarro): beber sin tasa. Decir algo de repente, de sopetón, sin pensar en las consecuencias.

A boca llena: con claridad, abiertamente.

A bola vista: equivocarse muchas veces seguidas.

A boleo: sin pensar, confiando en la suerte.

A bombo y platillo: anunciar alguna cosa para que sea conocida por todo el mundo.

A borbollones: atropelladamente.

A borbotones: sangrar, hervir, de forma como lo hacen los líquidos cuando están en ebullición. Decir algo atropelladamente, siendo difícil su comprensión.

A bordo: embarcado.

A bote pronto: sin pensar, sin reflexionar, de buenas a primeras.

A brazo partido: con todo esfuerzo, de poder a poder.

A buen entendedor pocas palabras bastan: dícese de la persona que es lista, viva, que comprende rápidamente lo que se quiere decir.

A buen hambre no hay pan duro, o bazo malo: cuando aprieta la necesidad, no se repara en delicadezas.

A buen jodedor, poca picha y mucho cojón: frase que expresa claramente lo que quiere decir.

A buen, a mucho recado, o a recado: a buen recaudo.

A buen paso: aceleradamente.

A buen recaudo, o a recaudo: bien custodiado, con seguridad.

A buen seguro: ciertamente, en verdad.

A buen tino: a bulto, a ojo.

A buen vender, hasta la camisa: cuando una cosa se paga bien no hay inconveniente en enajenarla.

A buen viento, o a mal viento, va la parva: cuando se indica que una cosa o persona va por buen o mal camino.

A buena campana, buen badajo: indicando la proporcionalidad de las cosas, en tono burlesco dícese de la persona que siendo alta y fornida, se presume su tamaño del miembro viril.

A buena cuenta: fiarse de algo. Cantidad recibida a cuenta de lo que se debe sin haberla finalizado.

A buena gana de bailar, poco son es menester: no hace falta estímulos para hacer aquello que a una persona apetece.

¡A buena hora, mangas verdes!: dícese de todo lo que llega a destiempo, cuando ha pasado la oportunidad y resulta inútil su auxilio.

A buena luz: con reflexión, atentamente.

¡A buena parte has ido a plantar la era!: expresando que en buen sitio se ha ido a hacer alguna cosa.

¡A buena parte vienes!: cuando se pide a quien no puede dar.

A buenas: con agrado, con estimación.

A buenas horas: se dice generalmente de forma irónica al que llega muy tarde o a deshora.

A buenas noches: a oscuras.

A bulto: sin examen.

A burro muerto, cebada al rabo: da a entender lo inútil que es intentar remediar algo cuando ya no hay ocasión.

A burro viejo, poco verde: expresando la moderación en lo que actualmente se llama tercera edad, referido a la vida sexual.

A buscar la cagada del lagarto: despedir a una persona con desprecio.

A caballo: apoyándose en dos cosas contiguas o participando de ambas.

A caballo cansado, mudarle el pienso: se dice a las personas que están ahítas siempre de lo mismo; indica que deben cambiarse las costumbres para tomar fuerzas nuevas; jocosamente se dice de los hombres casados a los que ya les falta virilidad.

A caballo regalado, no le mires el diente: los obsequios deben ser recibidos con agrado y sin poner inconveniente alguno.

A caballo va el obispo: significa que la persona que goza de prestigio por su posición, disfruta de toda clase de comodidades.

¡A caballo, y gruñes!: contra los que están descontentos por los favores recibidos.

A cada cerdo le llega su San Martín: forma de indicar que a cada uno le llega su hora.

A cada credo: a cada instante, con gran frecuencia.

A cada cual lo suyo, es la mejor paga: expresa, como axioma de justicia, que no debe privarse a nadie de lo que le pertenece.

A cada cual se levantan los pajaritos en el muladar: indica que no se ha de hacer honra a todos por igual.

A cada dos por tres: con frecuencia.

A cada hora: repetidamente.

A cada instante: frecuentemente, a cada paso.

A cada mate su ventura, o Dios que le hizo: frase con que se niega proceder contra alguien.

A cada momento: con frecuencia, continuamente.

A cada parte hay tres leguas de mal camino: indica que para conseguir las cosas hay que llevarse malos ratos.

A cada paso: repetida, continuada, frecuentemente.

A cada rato: a cada momento.

A cada tanto: fecuentemente.

A cada trinquete, o a cada trique: a cada paso, a cada momento.

A cada triquitraque: a cada momento.

A cada uno le duele lo suyo: los males o dolencias personales siempre son más sentidos que los ajenos.

A cada uno le gusta lo suyo: los bienes personales son más agradables que los de los demás.

A cada uno le pican sus pulgas: cada uno siente los males que le acontecen.

A cada uno lo suyo: debiendo repartirse lo que corresponde a cada persona.

A cagar en lo barrido: hacer algo que no se le ocurre hacer a persona bien intencionada.

A cal y canto: por completo, enteramente.

A cala y a prueba: dicho de los vendedores de melones y sandías, para indicar la buena calidad de esos productos.

A calzón quitado: con toda libertad o desfachatez.

A cama corta, encoger las piernas: encareciendo adaptarse a las circunstancias, principalmente a las desfavorables.

A cámara lenta: muy despacio.

A cambio de algo: en su lugar.

A campana herida, o tañida: tocar la campana con gran prisa.

A campo abierto: lucha que obliga a rendirse el vencido.

A campo raso: al descubierto, a la inclemencia.

A campo través, o traviesa: dejar el camino y cruzar el campo.

A cántaros: llover con gran intensidad y fuerza.

A capa y espada: con todo el riesgo, o esfuerzo.

A cara de palo: con todo rigor.

A cara de perro: con todo rigor, sin perdonar nada.

A cara descubierta: a vista de todos.

A cara o cruz: forma de jugarse una cosa al azar.

A carcajada tendida, o limpia: con risa estrepitosa y prolongada.

A carga cerrada: sin distinguir, sin restricción.

A cargas: abundantemente.

A cargo de: a expensas, a costa de.

A carnero castrado no le tientes el rabo: aconsejando no indagar lo que todo el mundo ya conoce.

¡A carnicera por barba, y caiga el que caiga!: expresión con la que se moteja a los que sólo tratan de satisfacer su gusto, pase lo que pase, y a los glotones que no tienen la voluntad para refrenar su apetito. Frase atribuida a los conventos.

A carrera abierta, a carrera tendida o a la carrera: a más correr.

A carretadas: en abundancia.

A carta cabal: intachable.

A cartas, cartas, y a palabras, palabras: especifica que se debe tratar a las personas de las mismas maneras que ellas usan, sin excederse ni faltar en el trato.

¡A casita que llueve!: para expresar una retirada oportuna o inesperada.

A casquete quitado: libremente, sin miramientos.

A cegarritas, o a cegarrutas: a ojos cerrados.

A cencerros tapados: secretamente, cautelosamente.

A centenares, o centenadas: gran número de cosas.

A cepa revuelta: viñedo viejo, cuyas cepas no conservan la alineación y orden con que fueron plantadas, aplicándose a lo que no tiene un orden.

A cepillo: forma de cortarse el pelo, muy corto y puntiagudo.

A cercén: cortar a raíz.

A cero: quedarse sin nada de lo que tenía.

A chico mal, gran trapo: aplícase a las personas que dan demasiada importancia a las desgracias que les suceden por pequeñas que sean.

A chorros: a raudales, copiosamente.

A chuzos: en abundancia y con ímpetu, aplicándose generalmente cuando llueve.

A ciegas: sin meditación.

A cielo abierto: sin techo ni cubierta alguna.

A cielo descubierto: al descubierto.

A cien: expresando cierto estado de ánimo, como muy revolucionado; estar poseído por un gran apetito sexual.

A cien leguas: tener una cosa muy clara, descubriéndola con anterioridad.

A ciencia cierta: sin lugar a dudas, con toda seguridad.

A ciencia y paciencia: con tolerancia.

A cientos: en cantidades abundantes.

A cierra ojo, a ojos cerrados: sin reparar en inconvenientes, ni detenerse a mirar los riesgos que puedan acontecer. A duermevela.

A cobro revertido: forma de pago al recibir una llamada telefónica, abonando su importe el que la recibe.

A cojones vistos: a ojos vistos, palpablemente.

A comisión: forma de venta, por la que se percibe un tanto por ciento del importe.

A cómo: a qué precio.

¿A cómo canta la calandria?: dicho de jornaleros cuando se preguntan a ¿cómo pagan el jornal?

A conciencia: dícese de las obras bien hechas.

A contar los frailes: respuesta irónica a la indiscreta pregunta de adónde va uno.

A continuación: de forma inmediata.

A contracorriente: en contra de todas las opiniones.

A contramano: en dirección contraria a lo que es normal.

A contrapelo: actuar al contrario que todo el mundo.

A contrapié: de forma contraria a la situación normal.

A contratiempo: fuera de lugar.

A control remoto: a gran distancia, como las estaciones de radio, transmisiones televisivas, satélites, etc.

A corazón abierto: operación quirúrgica en que se interviene el corazón.

A cordel: en línea recta.

A coro: hablar, cantar a la vez varias personas.

A corto plazo: en breve espacio de tiempo.

A cosa hecha: hecho a propósito, con éxito seguro.

A costa de: al cargo de.

A coste y costas: sin ganancia alguna.

A crédito: a plazos.

A Creíque y Penséque los ahorcaron en Madrid: expresión de fácil comprensión; también se introducen otros personajes ficticios como Juzguéque, Mefiguréque, etc.

A criar: dicho de los cazadores cuando disparan a una pieza, herrando el tiro.

A Cristo prendieron en el huerto, porque allí se estuvo quieto: aconsejando poner los medios necesarios para salvarse de los peligros.

A cual más: cuando se pondera las excelencias de algo o de alguien.

A cualquier cosa la llaman rosa: aplícase a los que se entusiasman con lo que no vale la pena.

¡A cualquier cosa llaman las patronas chocolate!: cuando se dice que una cosa es de calidad, y en realidad no lo es.

¡A cualquiera que se le diga!: expresión que indica asombro o admiración.

A cualquier trapo con tirilla le llaman camisa: con que se moteja a las personas o cosas a las que se pretende dar más valor del que realmente tienen.

A cuatro pasos: en un corto espacio.

A cuatro patas, o pies: a gatas, forma de andar los bebés.

A cubierto: resguardado de la intemperie.

A cuco, cuco y medio: a una persona lista, otra más.

A cuenta: pago parcial de una cantidad.

A cuento: a propósito.

A cuerpo: sin ropa de abrigo.

A cuerpo de rey: con todo regalo y comodidad.

A cuerpo descubierto: sin resguardo.

A cuerpo gentil: sin ropa de abrigo en un día desapacible.

A cuerpo limpio: sin valerse de ayuda ni artificio alguno.

A cuestas: cargar sobre la espalda.

A culo pajarero: con las nalgas al descubierto.

A cureña rasa: sin defensa, cubierta y abrigo.

A decir verdad: a la verdad.

A dedo: nombramiento hecho de forma autoritaria. En autoestop.

A demonios: forma de expresar un mal olor o sabor.

A derechas: que explica que una cosa se está haciendo bien, como se debe.

A deshora: fuera de tiempo.

A despecho de: a pesar de.

A destajo: sin tasa y con empeño. Cuando una obra se ajusta en cierta cantidad, pero sin tiempo concreto.

A diario: constantemente, todos los días.

A días: de cuando en cuando.

A días claros, oscuros nublados: locución que indica que tras el placer viene la tristeza y el pesar.

A diestra y siniestra: igual que lo siguiente.

A diestro y siniestro: sin tino, miramiento, sin orden, sin discreción.

A dineros dados, brazos quedos, o cansados: indica que al hacerse un pago adelantado, quien lo recibe pierde el interés por el trabajo.

A Dios gracias: por fortuna.

A Dios place: con voluntad del Todopoderoso.

A Dios que esquilan: forma con que se despide el que tiene prisa.

A Dios rogando y con el mazo dando: indicando que debe solicitarse de la Providencia toda la ayuda precisa, pero poniendo los medios humanos para ello.

A Dios se le hace la corte de rodillas, al rey en pie, y al demonio en el canapé: al primero adorándole, al segundo respetándole, y al tercero al practicar el vicio.

A Dios va quien muere: réplica de broma que se da al que se despide con un adiós.

A Dios y a dicha, o a ventura: sin esperanza ni seguridad de feliz éxito en lo que se emprende.

A Dios y veámonos: en las despedidas existiendo nueva cita.

A discreción: a voluntad.

A disgusto: en contra de la propia voluntad.

A distancia: lejos, apartadamente.

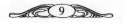

A divinis: con indicación de las cosas divinas.

A domicilio: en la casa del interesado.

A don Fulano le tengo oído, pero no conocido: cuando se dan explicaciones sobre una persona que no se ha tratado personalmente.

¡Adónde va a parar!: expresión de rechazo por ser algo subido de precio, o tener punto de vista erróneo.

A dos dedos de...: muy cerca de, a punto de...

A dos días buenos, ciento de duelo: indicando que son más los días de pesar que los de placer.

A dos haces: con segunda intención.

A dos manos: con conocimiento y voluntad.

A dos o cuatro pasos: muy cerca, a corta distancia.

A dos o a tres tirones: dificultad de ejecutar o conseguir alguna cosa.

A dos palabras, tres porradas: alude a las personas que no saben hablar sin decir disparates.

A dos pasos: a corta distancia.

A dos por tres: con mucha rapidez.

A dos velas: estar carente de dinero.

A duermevela: entre despierto y dormido.

A duras, graves, o malas penas: con trabajo y dificultad.

A, e, i, o, u, borriquito como tú: cancioncilla entonada por los niños cuando empezaban a leer en la cartilla.

A echa levanta: cayendo y levantando.

A ellas, como padre de almas: exhortando a comer sopas.

A empellones, o empujones: con violencia.

A enemigo que huye, puente de plata: rogando facilitar al enemigo toda salida airosa, en lugar de ensañarse con él.

A escala vista: descubiertamente, sin reserva.

A escape: a toda prisa, a todo correr.

A escardar cebollinos: frase con que se despide a una persona molesta.

A escondidas, o escondidillas: con ocultación.

A escote no hay pegote, o nada caro: indica que hay que pagar cada uno lo suyo, o a partes iguales, para que nadie resulte perjudicado.

A escuadra viva: modo de labrar las vigas y maderos.

A escupir a la vía: despachar a una persona de mala manera. (Algunos añaden: **para que el tren patine**).

A escusa, o a escusas: con disimulo o cautela.

¡A ése!: incitación a detener al que huye.

A ése hay que ponerle una rastra de cascabeles para saber por dónde anda: se dice de la persona que está en todas partes y no se sabe nunca dónde está exactamente.

A ése no le mata ni el Tato: no hay quien pueda con él.

A ese paso: de esa forma.

A ese paso el día, o la vida, es un soplo: con que se reprende al que gasta sin reparo ni moderación.

A ese tenor: por el mismo estilo.

A eso voy, o vamos: cuando se recuerda lo que debía hablar y que parecía haberse olvidado.

A esotra, o a la otra, a otra, puerta: forma de reprender la terquedad o porfía con que uno se mantiene en su dictámen, sin ceder a razones.

A espaldas: en ausencia de alguien, sin que se entere.

A espaldas, o a las espaldas: con abandono u olvido involuntario de algo:

A espaldas vueltas: a traición, por detrás.

A espetaperros: de estampía, súbitamente.

A espuertas: a montones, en abundancia.

A estaca, o a la estaca: con sujeción.

A estas alturas: en esta ocasión, cuando han llegado las cosas a estos extremos.

A estas horas: en este momento.

A este paso, el día, o la vida, es un soplo: se dice al que gasta sin reparo ni moderación. En sentido irónico al que tarda mucho en hacer algo.

A este punto: a esta sazón.

A este tenor: por el mismo estilo.

A este tono: a ese tenor.

A estilo de tropa, cada uno se jode cuando le toca: forma de expresar que cada uno se tiene que aguantar con sus pesares y problemas.

A estudiar a Salamanca: dícese a los preguntones que quieren averiguar lo que no les importa.

A expensas de: por cuenta de, a costa de.

A falta de pan, buenas son tortas: indicando que hay que tomar en cada momento lo que haya.

A fanegadas: con abundancia.

A favor: en apoyo, favorablemente.

A favor de obra: con que se denota que una cosa, lejos de contrariar, favorece el intento que se persigue.

A fe de bueno, de caballero, de cristiano, etc.: expresiones que se usan para asegurar algo.

A fe mía: con que se asegura una cosa.

A fin de: con objeto de.

A fin de cuentas: en resumen.

A flojo nadie me gana: comentario burlesco que hace el que se deja soltar una ventosidad.

A flor de agua: a la superficie del agua.

A flor de cuño: se dice de las monedas y medallas recién salida de fábrica, estando sin circular.

A flor de piel: a la superficie de la piel, con sutileza.

A flor de tierra: a la superficie de la tierra.

A flote: con suerte o habilidad para salir de un apuro.

A fondo: con perfección.

A freír monas: forma de despachar a alguien con desprecio.

A fruto sano: en el arrendamiento de tierras, cobrar el mismo precio, sea bueno o malo el año.

A fuego lento, o manso: con que se da a entender el daño o perjuicio que se va haciendo poco a poco y sin ruido.

A fuego y hierro: con toda la fuerza y vigor.

A fuego y sangre: con rigor total.

A fuer de: a la ley de, en razón de, en virtud de...

A fuero, o al fuero: según ley o costumbre.

A fuerza de: con esfuerzo.

A fuerza de afanes mantienen los laboriosos a los holgazanes: siempre lo mismo, con el esfuerzo de los trabajadores, viven precisamente los que no lo son.

A fuerza de brazos: con mucho trabajo y tesón.

A fuerza de Dios y de las gentes: por encima de todo, atropellanado los debidos respetos.

A fuerza de manos: con constancia y fortaleza.

A fuerza de puños: con insistencia, constancia y fortaleza.

A gabelas: préstamo de dinero a interés.

A galope: con prisa, rápidamente.

A gatas: andar los niños muy pequeños con las manos y los pies antes de aprender a caminar.

A gogó: a voluntad, en abundancia.

A golpe de calcetín, de alpargata: andar a pie.

A golpe seguro: a tiro hecho.

A gran arroyo, pasar postrero: recomendando precaución, no adelantándose en los momentos dudosos o peligrosos.

A gran estatua, gran basa: indicando que a cada cosa se ha de conceder la importancia que tiene.

A gran ir, o al más ir: a todo correr, apresuradamente.

A gran salto, gran quebranto: la caída es tanto más dolorosa, cuanto más elevado es el puesto que se deja.

A gran subida, gran descendida: se podría aplicar actualmente a los cargos políticos, que son muy sentidos cuando tienen que ser dejados, y no voluntariamente.

A gran tirador de sable, aprendiz de pistola: los que se dedican a sablear a los demás necesitan personas avispadas.

A grandes, o largas, jornadas: con celeridad y presteza.

A grandes males, grandes remedios: hay que actuar con arreglo a las circunstancias y en la misma medida.

A grandes rasgos: de un modo general, sin entrar en pormenores.

A grandes voces: en alta voz.

A granel: en cantidades grandes.

A grito herido, o pelado: a voz en grito.

A grito limpio: dando muchas voces.

A gritos: hablar, llamar a uno.

A guisa: a modo, de tal suerte, en tal manera.

A gusto: agradando, siendo necesario.

¡A hacer puñetas!: expresión para echar algo de su compañía.

A hecho: seguidamente, sin interrupción, hasta concluir.

A hierro y fuego, o a hierro y sangre: a sangre y fuego.

A hombros: llevar sobre, a cuestas, señal de éxito o triunfo.

A horcajadas: forma de sentarse con una pierna a cada lado del objeto en que se está sentado.

A huevo: a punto, sin esfuerzo.

A huir, que azotan: sálvese el que pueda.

A humo de pajas: expresar una opinión sin reflexión.

A hurta cordel: hacer algo de repente y sin ser visto ni esperado.

A hurtadillas: a escondidas.

A instancia de alguien: por su mediación, o iniciativa.

A ira de Dios no hay casa fuerte: da a entender que el poder de Dios está sobre todas las cosas.

¡A joderse tocan!: frase con que se indica que tiene que haber resignación, o conformidad, cuando vienen los malos momentos.

A juego: haciendo combinación con algo.

A juzgar por, o como: a la vista de los antecedentes.

A la antigua, o a lo antiguo: según costumbres antiguas.

A la atención de: fórmula que se emplea en el envío de correspondencia, generalmente oficial, para que sea entregada a la persona a la que va dirigida.

A la barata: confusamente, sin gobierno ni orden.

A la bartola (echarse o tirarse): descuidadamente.

A la birlonga: de forma descuidada, sin orden.

A la brasa: forma de concinar ciertos alimentos, asados directamente sobre la leña o el carbón.

A la brava: por la fuerza.

A la buena de Dios: a lo que salga, sin designio, sencillamente, sin malicia.

A la buena fe: con ingenuidad y sencillez.

A la buena ventura: sin determinado objeto ni designio. A lo que depare la suerte.

A la cabeza: delante, en primer lugar.

A la caída de la hoja: en el otoño.

A la caída de la tarde, o del sol: al anochecer.

A la caída del sol: al atardecer.

A la cama no te irás sin saber una cosa más: ya que todos los días se aprende algo nuevo.

A la caraja: descuidadamente.

A la cárcel, ni por lumbre: frase que puede extenderse el trato y amistad con ciertas personas mal reputadas o antipáticas.

¡A la cárcel todo Cristo, o todo Dios y María Santísima!: frase irreverente, que indica cuando a una muchedumbre se la lleva el orden público al cuartelillo para declarar, por haberse hecho una redada.

A la carrera: con toda prisa.

A la castellana: al uso de Castilla.

A la caza: en busca de algo, a su espera.

A la chita callando: cuando se hace una cosa con mucho sigilo, disimulo y secreto, para que no se dé cuenta nadie.

A la chiticallando: a la chita callando.

A la clara: manifiesta y públicamente.

A la cola: en lugar postrero.

A la corta, o a la larga: tarde o temprano.

A la cuarta pregunta: estar sin dinero.

A la de Dios es Cristo, o a la de Dios: a la aventura, inconsideración con que se obra o se emprende un asunto.

A la de tres, o a la tercera, va la vencida: se da a entender la repetición de esfuerzos, y cada vez con más ahínco para lograr alguna cosa.

A la de veces, o a las veces: en alguna ocasión, como excepción de lo que comúnmente sucede.

A la defensiva: dícese de la persona que está recelosa.

A la deriva: a disposición de la corriente, dícese cuando una cosa va de mal en peor.

A la dernière: a las últimas imposiciones de la moda.

A la desbandada: sin orden.

A la desesperada: acudir a remedios extremos para lograr lo que no parece posible de otro modo.

A la deshilada: hacer una cosa con todo el disimulo posible.

A la diestra: a la derecha, expresión de desuso.

A la disposición de: expresión de cortesía, ofreciéndose una persona a otra.

A la enmienda, pecador: dícese al que ha cometido una falta, para que no la vuelva a cometer.

A la espalda de: detrás de.

A la española: al uso de España.

A la expectativa: forma de estar esperando acontecimientos.

A la fe: verdaderamente, ciertamente.

A la francesa: forma de marcharse una persona, sin despedirse.

A la fuerza: por imperativo, con esfuerzo.

A la fuerza ahorcan: con que se indica que uno se ha visto obligado a hacer una cosa en contra de su voluntad.

A la fuerza no hay razón que la venza: ya que el más bruto o poderoso es el que siempre sale ganando.

A la funerala: forma de llevar las armas los militares, con la boca del arma hacia abajo; igualmente se dice cuando se tiene un ojo amoratado.

A la garçonne: corte de pelo en las mujeres a lo muchacho o chico.

A la guerra, con la guerra: indicando que la fuerza tiene que ser repelida con otra mayor.

A la heroica: al uso de los tiempos.

A la hila: uno tras otro.

A la hora: al punto, al instante, inmediatamente.

A la hora de ahora, o a la hora de ésta: en esta hora.

A la hora horada: a la hora puntual, precisa.

A la Iglesia de Dios, ni darle ni quitarle: manifiesta el respeto (como mínino) con que se deben tratar las cosas sagradas.

A la inclemencia: al descubierto, sin abrigo.

A la inglesa: a escote.

A la intemperie: a cielo descubierto, sin techo.

A la inversa: al contrario.

A la jardinera: forma de cocinar ciertos alimentos.

A la larga: después de mucho tiempo.

A la larga, o a la corta: pasado más o menos tiempo.

A la legua, a cien, a mil leguas: muy lejos; se emplea como símil de conocer a alguien o a algo.

A la letra: literalmente, según la significación natural de las palabras.

A la ley: con propiedad y esmero.

A la ley de caballero, de cristiano: expresión con que se asegura la veracidad de lo que se dice.

A la ligera: sin reflexionar.

A la llana: sin protocolo, ceremonia o afectación. Puja, solicitación que se hace abiertamente.

A la loguesca: a modo de locos.

A la luna, o a la luna de Valencia: en blanco, sin tener conocimiento de lo acontecido.

A la luz: con la claridad.

A la luz de: con la luz de.

A la luz de la vela no hay mujer fea: da a entender que por la noche todas las mujeres son guapas.

A la mal casada mírala a la cara: ya que tanto la alegría como las penas se reflejan en el rostro de una persona.

A la malicia: construir las casas a capricho del propietario, sin sujetarse a las normas de urbanismo.

A la mano: fácil de conseguir. Cerca.

A la mano, con un pimiento: expresión del juego del mus.

A la mano de Dios: expresión que denota la determinación con que se emprende una cosa.

A la mano, ni agua: expresión del juego del mus.

A la mar, agua: se dice de la persona rica cuando le salen bien todos los negocios, o a la persona desgraciada que le acontecen más desdichas.

A la marinera: forma de condimentar los alimentos.

A la medida: forma de confeccionar una prenda, tomando las medidas precisas para cada caso.

A la memoria de: en recuerdo de alguien.

¡A la mierda!: expresión de enfado contra una persona.

¡A la mierda, a pasar trabajos!: expresión de la persona que está harta y fastidiada.

¡A la mierda, abanico, que se acabó el verano!: expresión de repulsa y enfado, generalmente contra algo que en ese momento ya no resulta provechoso.

A la milanesa: forma de cocinar.

A la mira y a la maravilla: locucion adverbial con que se pondera la excelencia de una cosa.

A la moda: ir con los gustos y modos del momento.

A la morisma: a la forma o manera de los moros.

A la mujer bigotuda desde lejos se le saluda: queriendo expresar que estas mujeres suelen tener un carácter hombruno.

A la mujer y a la burra, cada día una zurra: frase muy antigua que decían los enemigos de las mujeres, con el fin de que hiciesen más caso a los hombres y trabajasen más.

A la mujer y a la guitarra hay que templarlas para usarlas: generalmente dan mal son si no son templadas convenientemente.

A la mujer y al aguardiente, de repente: debiendo tomar decisiones rápidas para acometer la empresa, quitándose la vergüenza del trato en el primer caso, y el sabor fuerte al ser bebido en el segundo.

A la obediencia: sometimiento al gusto de otro.

A la ocasión la pintan calva: recomendándose actividad y diligencia para aprovechar la buena suerte.

A la orden, o a las órdenes: expresión de cortesía con que uno se pone a disposición de otra persona.

A la orilla: muy cerca.

A la par: juntamente, a un tiempo. Igualmente, sin distinción ni separación.

¡A la parte, para mí sólo!: dicho de los muchachos cuando buscan algo por el suelo que se ha perdido.

A la pata coja: saltar con un pie llevando el otro en el aire.

A la pata la llana, o a pata llana: sin protocolo, ceremonia o afectación.

¡A la paz de Dios!: salutación o despedida entre las personas educadas.

A la perfección: con todo detalle.

A la plancha: forma de cocinar ciertos alimentos.

A la porfía: en desafío amistoso.

A la porra: a paseo. Rechazo de una persona a otra.

A la postre, o al postre: a lo último, al fin.

A la primera azadonada: expresión de haber hallado a la primera lo que se esperaba.

A la primera, o a las primeras de cambio: de buenas a primeras, antes que nada.

A la primera palabra: prontitud en la inteligencia de lo que se dice, o en el conocimiento del que habla. Hablando los mercaderes cuando piden por la venta un precio excesivo.

A la Providencia: sin más amparo que el de Dios.

A la prueba me remito: modo de decir a alguien que no tiene razón.

A la puerta del rezador no pongas tu trigo al sol, y a la del que no reza nada, ni trigo ni cebada: aconseja no fiarse de ninguna persona, pero menos del que no tiene principios religiosos.

A la que mucho pide, se la despide: se recomienda no aguantar a los pedigüeños.

A la ramera y a la ballena, todo les cabe y nada les llena: dicho que no necesita comentario.

A la rastra, a rastra, o a rastras: de mal grado, obligado o forzado.

A la recíproca: corresponder igualmente que lo que se ha recibido.

A la redonda: al rededor.

A la remanguillé: en completo desorden, patas arriba.

A la res vieja, alívialе la reja: a las personas mayores debe descargárseles de trabajos y problemas.

A la romana: rebozar los alimentos con harina y huevo.

A la sazón: entonces, en su punto.

A la sombra: en la cárcel.

A la sombra de: bajo la protección de.

A la sombra del favor crecen los vicios: si no hubiese encubridores, no habría ladrones.

A la sopa boba: sin merecimiento.

A la sorda, a lo sordo, a sordas: sin ruido, sin sentir.

A la tabla del público: al público.

A la tapada, o a las tapadas: de tapadillo.

A la tercera va la vencida: se da a entender que a la tercera tentativa se suele conseguir el fin deseado.

A la última: a la última moda.

A la una, a las dos y a las tres: voces dadas, para que al término de la frase se inicie lo que se está esperando.

A la vaca, hasta la cola le es abrigada: indica que al que ha comido en abundancia nada le suele molestar para dormir.

A la vasija nueva dura el resabio de lo que se echó en ella: los vicios y las malas costumbres que se contraen con la edad primera, no desaparecen en la vida.

A la vejez, aladares de pez: critica a los viejos que se tiñen las canas, para parecer más jóvenes.

A la vejez, viruelas: se dice cuando una cosa es tardía y fuera de sazón. Locución para los viejos cuando se enamoran como los adolescentes.

A la vejez y a la juventud espera el ataúd: indicando que no hay edad especial para morirse.

A la vela: con la prevención o disposicion necesaria para algún fin.

A la ventura: a lo que suceda.

A la vera: al lado.

A la verdad: forma de aseverar la certeza de una cosa.

A la vez: a un tiempo, simultáneamente.

A la viceversa: al contrario.

A la virulé: dañado, en mal estado.

A la vista: sin dilación, expresión de la letra de cambio.

A la voz: al alcance de la voz.

A la vuelta: al volver.

A la vuelta de...: dentro, al cabo de.

A la vuelta de la esquina: indicación de que un lugar está muy próximo, o que una cosa se encuentra muy a mano.

A la vuelta lo venden tinto: locución usada para desentendernos de lo que nos piden; es frase evasiva.

A la zaga, a zaga, o en zaga: atrás o detrás.

A la zorra, candilazo: denota ganar en astucia a una persona que de ella presume.

A largas marchas: con mucha celeridad y prisa.

A largo andar: andando el tiempo.

A largo plazo: en un plazo dilatado de tiempo.

A largo tiempo: después de mucho tiempo.

A las calendas griegas: ironía de una cosa que no puede llegar, ya que los griegos no tenían calendas.

A las calladas: en secreto.

A las claras: públicamente.

A las crines, corredor: incitando a una persona a que se "agarre" a las influencias que pueda tener.

A las derechas: cuando una cosa se hace correctamente.

A las diez, en la cama estés y, si puede ser, mejor antes que después: igualito que hoy en día, lo que ocurre que el horario para acostarse debe haber variado un poco más de doce horas.

A las eras tardías, las coge el agua: a la persona que no es diligente, acaba por perjudicarse precisamente por esa actitud.

A las ganancias: aplicado a las aparcerías sobre el ganado, en que, previa compra o tasación de éste, se reparte después el aumento de valor en venta.

A las mil maravillas, o a las maravillas: de modo perfecto. De un modo exquisito y primoroso.

A las mil y quinientas: muy tarde.

A las mujeres bigotudas, desde lejos se las saluda: dicho de mofa hacias las mujeres con vello en el labio.

A las obras me remito: cuando no se creen las palabras.

A las penas, puñaladas: forma de invitar a superar los inconvenientes, convirtiéndolos en cosas agradables.

A las primeras de cambio: sin esperar.

A las puertas de la muerte: próximo a morir.

A las puertas de la vida: próximo a nacer.

A las que sabes, mueras..., y sabía hacer saetas: manifiesta el deseo de venganza y daño grave contra alguno.

A las tantas, a las mil y quinientas, a las mil y una, a las mil y monas: muy tarde, fuera de horario.

A las valías: al mayor precio.

A línea tirada: dícese de la composición que ocupa todo el ancho de una plana.

A listo, listo y medio: a un pícaro, otro mayor.

A lo bestia: a lo bruto, sin hacer uso de la inteligencia.

A lo bien parado: desechar lo que puede servir.

A lo bobo: a la chita callando.

A lo callado: secretamente, sin ruido.

A lo discreto: prudentemente, con juicio.

A lo disimulado, o disimulada: con disimulo.

A lo escrito me remito: ya que las palabras se las lleva el viento.

A lo grande: lo mejor.

A lo hecho no hay remedio, y a lo por hacer, consejo: recomienda conformidad y prudencia en lo sucesivo.

A lo hecho, pecho: fortaleza para arrostrar las consecuencias de una desgracia o error, que ya son irremediables.

A lo jácaro: con afectación, valentía o bizarría en el modo, o en el vestido.

A lo largo, o a lo lejos: a mucha distancia, en un tiempo.

A lo lejos: a larga distancia.

A lo loco: forma de actuar y pensar.

A lo más bien parado: desechar lo que aún puede servir, por gustar de lo mejor y más nuevo.

A lo más, o a lo más, más: a lo sumo, en el mayor grado posible.

A lo mejor: anuncio de un hecho o un dicho inesperado, y por lo común infausto o desagradable.

A lo menos: expresión que se usa para introducir una excepción o salvedad.

A lo mudo: a lo sordo.

A lo que estamos, tuerta: se dice a la persona que tiene que prestar más atención a lo que está haciendo.

A lo que no te agrada, hazte el sordo: consejo prudente, recomendándose no hacer caso de lo que se ha dicho, y que no se quiere ejecutar.

A lo que puedes solo, no esperes a otro: aconsejando no buscar ayuda para ejecutar lo que se puede hacer solo.

A lo que salga, o salga lo que salga: hacer algo sin tener en cuenta los resultados.

A lo que se ve: aparentemente.

A lo que te iba, o a lo que te digo: forma de indicar que se vuelve a hacer referencia a lo indicado con anterioridad.

A lo santo: santamente.

A lo sordo: sin ruidos, callado.

A lo sumo: como máximo.

A lo tonto: como quien no quiere la cosa.

A lo tuyo, tú: enseñando a cuidarse a cada uno de lo que le incumbe.

A lo viejo: a lo antiguo.

A lo vivo, o al vivo: con suma eficacia.

A lomos de un animal: estar subido encima de él.

A los bobos, o tontos, se les aparece la Madre de Dios, o la Virgen María: se dice de los que logran fortuna o un gran beneficio, sin haber hecho nada absolutamente para ello.

A los borricos, alfalfa: rehusando dar explicaciones hondas a personas torpes.

A los cuatro vientos: en todas direcciones, por todas partes.

A los hombres, querellos, pero que no lo sepan ellos: frase que dicen las mujeres, ya que si los hombres nos sentimos muy queridos, solemos aprovecharnos de las féminas (bueno, eso es lo que dicen ellas).

A los mayores en edad, dignidad, saber y gobierno: fórmula de respeto con que se da la primacía a la persona que se quiere agasajar; venía esta expresión en el antiguo catecismo del padre Astete.

A los pies de alguien: a su entera disposición.

A los setenta, prepara tu cuenta: indicando que debe estarse preparado para dar cuentas a Dios en cualquier momento, es decir, preparado a bien morir.

A los sordos, peerles: para que, ya que no oyen, huelan.

A los tontos de Carabaña se les engaña con una caña, menos a mí, que soy de aquí: tonadilla burlesca de niños.

A los tontos, y a los pastores, se les aparece la Virgen: como ponderación de la sencillez de las personas.

A los tuyos, con razón, o sin ella: es una ley muy egoísta, pero muy razonable, que cada uno mire por los intereses de su familia.

A luego pagar: al contado.

A luengas tierra, luengas mentiras: ya que los que viven lejos suelen contar grandes exageraciones, por no ser fácil su comprobación.

A lumbre de pajas: cosa que dura poco.

A lumbre mansa: a fuego lento.

A machamartillo: con solidez.

A mal camino, darse prisa: expresa que lo que es desagradable, debe hacerse cuanto antes para olvidarse de ello.

A mal Cristo, mucha sangre: moteja los recursos de los malos artistas para encubrir de su profesionalidad.

A mal dar: por malo que sea el éxito o resultado de una cosa.

A mal dar, tomar tabaco: en los trabajos diarios, deben buscarse distracciones, para proceder después con mas ahínco.

A mal hecho, ruego y pecho: da a entender que hay que atenerse a las consecuencias por lo que se ha ejecutado.

A mal pagador, buen cobrador: a una cosa mala, poner otra mejor para superarla.

A mal recaudo: en lugar poco seguro.

A mal tiempo, buena cara: que en los momentos difíciles hay que mostrar mejor semblante.

A mala hora no ladra el perro: dícese de los que cuando hacen falta no aparecen en ningún sitio.

A mala verdad: con engaños.

¡A malas lanzadas muero!: imprecación contra la persona objeto de nuestro odio.

A malas lenguas, o tijeras: frase con que se amenaza la murmuración.

A mansalva: a mano salva.

A manera de: a semejanza.

A manera de Telonio: sin orden ni mesura.

A mano: cerca, con la mano, sin otro instrumento o auxilio.

A mano abierta, a manos llenas: con generosidad.

A mano airada: violentamente.

A mano alzada: en las votaciones, recuento de votos por ese procedimiento.

A mano armada: con todo empeño, con ánimo resuelto.

A mano derecha, o izquierda: a la derecha, o a la izquierda.

A mano está el vecino: que una persona o cosa está lejos de donde nos encontramos.

A mano salva: cuando se ejecuta una cosa poco correcta, sin responsabilidad alguna.

A manos lavadas: conseguir una cosa sin esfuerzo ni molestias.

A manos limpias: sin armas.

A manos llenas: con gran abundancia.

A mansalva: en gran número, en cantidad.

A manta: con abundancia.

A manta de Dios: con gran prodigalidad o abundancia.

A marchas forzadas: caminar más de lo que se acostumbra, o hacer jornadas más largas de las regulares.

A mares: abundantemente.

A más andar: a toda prisa, a marchas forzadas.

A más moros, más ganancias: desprecio a los riesgos, dando a entender que, si las dificultades son muchas, es mayor el mérito.

A más no poder: por la fuerza, empeñarse en una cosa.

A más tardar: señalando el plazo de una cosa que no puede tardar en suceder.

A más ver: hasta la vista.

A más y mejor: denotación de intensidad o plenitud de acción.

A mata caballo: muy deprisa, atropelladamente.

A mata candelas: que se explicaba la última lectura de la excomunión de una persona, y que en ese momento apagaban las candelas introduciéndolas en un recipiente de agua.

A matahambre: con lo mínimo indispensable.

A mayor abundamiento: con mayor profusión, por si fuera poco.

A mear y a la camita: expresión familiar para indicar a una persona que debe acostarse, principalmente a los niños.

A media asta: a medio izar la bandera, queriendo expresar situación de luto.

A media palabra: ponderación de la eficacia de persuadir, por amistad, o por la autoridad que se tiene con otro.

A media ración: con escasa comida, con escasos medios de subsistencia.

A media rienda: conducción del caballo.

A media rodilla: con sólo una rodilla doblada y apoyada en el suelo.

A media talla: con poca atención.

A media vista: ligeramente y de paso en el reconocimiento de una cosa.

A media voz: con voz baja, o más baja que el tono regular.

A mediados de: aproximadamente, cuando va transcurriendo el tiempo de que se trata.

A medias: por mitad, tanto a uno como a otro.

A medias, ni la salvación eterna: frase que dicen los enemigos de llevar cosas a medias entre dos o más personas; no les falta razón, salvando ciertas distancias.

A medias palabras: con insinuaciones.

A medida de su paladar: según el gusto y deseo de uno.

A medida del deseo: según su gusto, cuando salen las cosas según apetecían.

A medida, o a la medida: a las necesidades concretas.

A medida que: según va transcurriendo el tiempo.

A medio camino: estar en el punto intermedio del inicio y del final del mismo.

A medio gas: con escasa velocidad, a media fuerza o potencia.

A medio mogate: con descuido, sin la perfección debida.

A medio plazo: dentro de un período breve de tiempo.

A medios pelos: medio borracho.

A mejor: para mejorar.

A menos que: a no ser que.

A menudo: frecuentemente, muchas veces.

A menudo, el parecer del mayor número es el parecer más erróneo: como las apariencias engañan, inducen a error, y si no fíjense en algunas votaciones para constituir gobiernos.

A merced, o a mercedes: sin salario, a voluntad de una persona.

A mesa puesta: sin trabajo, gasto ni cuidado.

A mesa puesta y cama hecha: sin trabajo, gasto ni cuidado.

A mi aire: actuación en un sentido muy personalista y propio.

A mi entender: según estimo.

A mí me llaman el tonto, el tonto de este lugar, todos comen trabajando, yo como sin trabajar: y eso que era el tonto.

¿A mí me lo vas a decir?: frase que quiere expresar que lo que se ha dicho se conoce perfectamente, incluso mejor que el que lo ha relatado.

A mi modo de ver: según mi opinión.

A mí no me atan corto, que corto la soga: dicho chulesco de personas un tanto pendencieras y discutidoras.

A mí no me la das, que tengo muchos marzos: no me engañas, ya que tengo muchos años, y por lo tanto mucha experiencia.

¡A mí, plin! o **¡A mí, Prim!, ¡A mí qué!, ¡A mí qué me importa!:** allá cuidados.

¿A mí qué?: forma de expresar que algo importa muy poco o casi nada.

¡A mí, que las vendo!: modo de dar a entender que se está prevenido para no dejarse engañar o sorprender de otro que sabe menos.

¡A mí que me registren!: frase con que uno se declara inocente de todo lo acontecido.

A mi, tu, su, ver: según el parecer o dictamen de uno.

A mi ver: según mi opinión.

A mía sobre tuya: a golpes, a porfía, apresuradamente.

A millaradas: muchas veces.

A mis, tus, sus, anchas: cómodamente, a gusto.

A mis, a sus, a tus solas: en soledad o retiro. Fuera del trato social.

A moco de candil: a la luz del candil.

A modo de pierna de nuez: no haber hecho una cosa con la rectitud que corresponde.

A mogollón: para manifestar que un lugar está abarrotado de personas u objetos.

A montones: en grandes cantidades.

A moro muerto gran lanzada: dícese del que no ahorra medios de crítica o condena, una vez pasado

el peligro, o el momento, y sin haber hecho nada de lo que se debía.

A morro: forma de beber chupando del recipiente.

A mucha honra: motivo de orgullo.

A mucho pedir, poco ofrecer: a solicitudes exageradas se debe corresponder con escasos ofrecimientos.

A mucho vino no hay cabeza: ya que después de haber trasegado en grandes cantidades no se está en condiciones de razonar.

A muchos perros, liebre muerta: cuando varias personan se complementan para conseguir alguna cosa, generalmente suele ser lograda, ya que los esfuerzos comunes logran más que el individual.

A muerde y sorbe: forma de tomar los alimentos que son medio sólidos y medio líquidos.

A muerte: hasta morir uno de los dos contendientes.

A muerte, o a vida: hacer algo arriesgado, dudando de la eficacia del medio elegido.

A mujeriega, o a mujeriegas: cabalgar montando en la silla con las dos piernas al mismo lado de la cabalgadura.

¡A nadar, peces!: dícese cuando se toma una resolución pronta y enérgica.

A nadie le amarga un dulce: no se debe desperdiciar cualquier ventaja por pequeña que sea. Satisfacción con que se recibe lo bueno.

A nadie le falta Dios: por ser un padre, que todo es amor.

A nadie le huelen mal su pedos ni sus hijos le parecen feos: gustando lo propio, como lo mejor, aunque no sea bueno.

A nado: nadando.

A nivel: en el mismo plano que lo que se habla.

A no ser que: excepto en el caso que.

A, o de , medio mogate: con descuido, sin la perfección debida.

A, o para, mi capote: a mi entender.

A ojímetro: forma de medir o pesar sin exactitud.

A ojo: a bulto, sin peso ni medida.

A ojo de buen cubero: sin medida, sin peso y a bulto, pero con cierta aproximación.

A ojos cegarritas: entornándolos para dirigir la mirada.

A ojos cerrados: se dice cuando hacemos algo sin mirar o sin pensar por tener total confianza en los resultados a obtener.

A ojos vistas: visiblemente; clara, palpablemente.

A oscuras: sin ver, sin luz.

A otra cosa, mariposa: forma de despachar a alguien, o indicarle que cambie de conversación, etc. La expresión correcta es: a otra rosa, mariposa; por lo que indicando lo primero desaparecen los dos sustantivos de la primitiva frase.

A otra puerta, que ésta no se abre: con que se despide a uno negándose a hacer lo que solicita.

A otro perro con ese hueso: con que se repele al que propone una cosa incómoda o desagradable, o cuenta algo que no puede creerse.

A pachas: a medias.

A pagar de mi dinero: afianzar una cosa con su dinero.

A palabras gordas, orejas sordas: indicando que no se deben escuchar palabras malsonantes, blasfemias, ironías, amenazas, etc.; es decir: todo lo que no es conveniente al buen uso y razón.

A palabras necias, oídos sordos: se indica que no debe hacerse caso de insultos y ofensas.

A palabras, palabra: para dar una lección a las personas que ofrecen mucho sin cumplir nada.

A palo fijo: con toda seguridad.

A palo seco: comer alguna cosa sin bebida. Ir el buque con las velas recogidas. Cuando en los actos o funciones se suprimen los adornos y obsequios. Cuando se canta sin acompañamiento.

A palos: a la fuerza, por la fuerza bruta.

A pan de quince días, hambre de tres semanas: dícese de los hechos que hay que responder con toda la energía que haga falta en cada ocasión.

A pan duro, diente agudo: aconseja la actividad y diligencia que se debe poner para vencer las cosas arduas y dificultosas.

A pan y agua: aplícase a los ayunos y castigos, siendo éstos los únicos alimentos que se suministraban en las comidas.

A pan y cuchillo, o a pan y manteles: mantener a otro en su casa y a su mesa.

A par: cerca, inmediatamente una cosa, o junto a ella.

A pares: cuando personas o cosas van de dos en dos.

A pares como los frailes: dícese de lo que suele ir pareado.

A partir de: comenzando desde un momento, o desde un punto.

A partir un piñón: dícese de las personas estrechamente unidas.

A pasear, o a paseo: desagrado, o desaprobación de lo que se hace o dice.

A paso de buey, o de tortuga: lentamente.

A paso de carga: precipitadamente, sin detenerse.

A paso de hormiga: con mucha lentitud.

A paso largo: deprisa, aceleradamente.

A paso llano: sin tropiezo ni dificultad.

A paso tirado: a paso largo.

A pasos agigantados: con una gran rapidez, de forma insólita, casi imperceptible.

A pasto: comer y beber hasta saciarse.

A pata: a pie, andando.

A patadas: con excesiva abundancia, por todas partes.

A pausas, como sangría: con interrupción, a intervalos.

A pecho descubierto: sin armas, sin resguardo.

A pedazos: en porciones, por partes.

A pedir de boca: disfrutar una cosa con regalo.

A pelo, o al pelo: a tiempo, a propósito, sin taparse con nada. Fornicar sin preservativo.

A pelo y a pluma: dicho de caza. La persona que hace a los dos sexos.

A pendón herido: con toda fuerza, unión o diligencia para socorrer una necesidad.

A Penseque lo ahorcaron: indica el mal fin que espera a los confiados e imprevisores.

A peón, o a peonza: a pie.

A pérdidas y ganancias: exponer el dinero, y estar a las resultas del negocio en la misma proporción que la exposición.

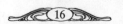

A perdiz por barba, caiga quien caiga: dicho que se atribuye a un convento de frailes; indica que en ocasiones es conveniente comer algo entero con el fin de saborearlo, paladeándolo con total satisfacción.

A perpetuidad: con carácter indefinido, para siempre.

A perro viejo no hay tus, tus: equivale a que no es fácil engañar o sorprender a personas experimentadas y astutas.

A pesar: contra el gusto de alguno, o contra su voluntad.

A pesar de los pesares: a pesar de todas las cosas u obstáculos.

A peso de oro, plata o de dinero: con gran coste.

A pica seca: con trabajo y sin utilidad.

A pícaro, picaro y medio: a persona astuta, otra mayor.

A pico de jarro: beber sin tasa.

A pie: andando.

A pie enjuto: sin fatiga ni trabajo.

A pie firme: sin moverse, con firmeza.

A pie, o a pies juntillas: firmemente, a cierra ojos. Con los pies juntos.

A pie llano: fácilmente, sin embarazo ni impedimento.

A pie quedo: sin andar. Sin trabajo o diligencia propia.

A piedra y lodo: completamente cerrado.

A pierna suelta, o tendida: descanso. Gozo con que se posee o disfruta una cosa con quietud y sin cuidado.

A pienso: tomar el alimento seco el animal que pasta en el campo.

A piñón fijo: sin dejarse influir por nada.

A pipiricojo: apoyado en un pie y con el otro en el aire.

A pique: venirse abajo.

A placer: con todo gusto, sin impedimentos.

A plana y renglón: cuando una cosa viene totalmente ajustada a lo que se necesita, sin sobrar ni faltar.

A plazo fijo: en un período de tiempo determinado.

A plomo: verticalmente.

A pocas vueltas: a pocos lances.

A poco: corto espacio de tiempo.

A poco de hora: en poco tiempo.

A pocos pasos: a poca distancia. Con corta o poca diligencia.

A poder de: a fuerza de.

A por a y be por be: decir todas las cosas muy claramente, y punto por punto.

A porrillo: en abundancia.

A posta: con intención.

A posteriori: con posterioridad a haber examinado el asunto de que se trata.

A pote: abundantemente.

A precio de coste: por el mismo precio que se adquirió el objeto.

A pregunta apresurada, respuesta bien pensada: aconsejando responder con gran meditación a las preguntas efectuadas, y principalmente a las que requieren respuesta rápida.

A pregunta necia, disimulada respuesta: exhortando a no contestar adecuadamente a la persona preguntona, o a la pregunta indebida.

A premio: con interés o rédito.

A primera cara: a primera vista.

A primera luz: al rayar el día.

A primera sangre: a la primera herida.

A primera vista, o a simple vista: en el primer momento.

A primeros: en los primeros días del mes, del año, etc.

A principios de: en los comienzos.

A priori: con anterioridad.

A prisa: con rapidez.

A prisa y bien hecho, solamente los buñuelos: indicando que no se puede hacer nada bien hecho, si no se ha prestado el tiempo y la atención debida.

A promesas de San Pedro, cumplimientos de Santiago: forma de expresar que la fuerza debe rechazarse con la fuerza.

A propósito: ser una cosa oportuna.

A propósito de: con respecto a.

A propósito, fray Jarro: se aplica esta frase a los que repiten citas que no vienen a cuento.

A prorrata: mediante prorrateo.

A prueba: con perfección. Poder probar lo que se compra.

A prueba de agua, de bomba, etc.: con toda solidez.

A prueba y a cala: catar los melones antes de adquirirlos.

A prueba y estése: antigua fórmula de la providencia para recibir a prueba una causa y mantener la prisión preventiva del reo.

A puerta cerrada: en secreto. Los juicios así celebrados.

A puestas de sol: al ponerse el sol.

A pujos: poco a poco, con dificultad.

A pulso: levantar una cosa haciendo fuerza con el pulso, igualmente ganarse una cosa con todos los merecimientos.

A punta de lanza: con todo rigor.

A punta de pistola: estar amenazado con ella.

A punta pala: en cantidad abundante.

A puntapiés: tratar sin consideración, de mala manera.

A punto: con la disposición necesaria. Estar en sazón.

A punto crudo: en el mismo instante.

A punto de caramelo: estar algo en el momento oportuno, o propicio.

A punto fijo: cabalmente, con certidumbre.

A punto largo: sin esmero, groseramente.

A puñados: abundantemente.

A puño cerrado: con fuerza y eficacia. Tratándose de golpes, con el puño.

A puro: a fuerza de.

A puro cojón, o a puro huevo: por su propio mérito o esfuerzo.

A puros huevos: con grandes esfuerzos.

A puto el postre: con que se denota el esfuerzo que hace una persona para no ser el último en algo.

¿A qué andar con aquí las puse?: frase que indica que deben dejarse los cumplimientos y frivolidades, marchando directo al grano.

¡A que no!: exclamación de reto.

¿A que no me encuentras?-¿A que no te busco?: se replica a una persona que intenta que hagamos lo que no queremos; dicho de una mujer enamorada y de un hombre que no lo estaba.

¿A que no sabes...?: forma de invitar a una persona a que acierte o averigüe alguna cosa.

A que quieres boca: con regalo.

A que quieres cuerpo mío: a cuerpo de rey.

A que sí: se dice cuando se busca la afirmación del que está escuchando.

¿A qué ton, o a qué son?: sin ton ni son.

A quejarse al maestro armero: forma de invitar a las quejas a cualquier persona, que no tenga nada que ver con una cosa.

A quejarse al mono de pila: indicando, a la persona que ha cometido algo punible, que afronte sus consecuencias.

A quejarse al muro de las lamentaciones: invitando a una persona a quejarse a otro sitio o a otra puerta, por ser su conducta muy habitual.

A quemarropa: disparo de arma de fuego efectuado desde muy cerca. De improviso, sin preparación.

A quien Dios no le da hijos, el diablo le da sobrinos: indicando que sobrevienen preocupaciones por causa ajena al que no las tiene por su propia situación.

A quien Dios quiere bien, la perra le pare lechones: expresa que al que todo le sale bien, le suele sonreír la fortuna.

A quien Dios quiere bien, le trae las perdices junto a los pies, y a quien quiere mal, ni las oye cantar: refrán popular que indica que la fortuna o la desgracia es para el que está designado de antemano para ella.

A quien Dios se la diere, San Pedro se la bendiga: forma de expresar que a la persona que le ha acontecido algo, debe afrontar los hechos y sus consecuencias.

A quien guarda su casa, su casa le guarda: ya que las atenciones y cuidados siempre son correspondidos.

A quien le duela un diente, que se lo tiente: que el que tenga un dolor o desgracia, que lo sufra él solito.

A quien le duele, le duele: indicando que los males o dolores que se padecen, los tiene que sufrir el que los tiene.

A quien le gusta el trínquilis fortis, no lo deja ni en artículo mortis: comentando que la persona aficionada a la bebida no lo deja ni aunque se esté muriendo.

A quien madruga, Dios le ayuda: recriminando la pereza, o invitando a la diligencia.

A quien no le sobre pan, que no piense criar can: recomendación para arreglarse con lo que únicamente se tiene.

A quien no se da a respetar, encima se le mearán: aconseja que una persona se debe dar a respetar, para que no se rían de él.

A quien no tiene padrino, lo ahorcan: dícenlo los que confían en las recomendaciones de las personas poderosas.

A quien no vela, todo se le rebela: aconseja no dormirse y estar atento para conseguir lo que interesa.

A quien pide la caca, desatacarle las bragas, y que la haga: dando a entender que se debe perdonar a la persona que se humilla, y pide perdón por sus culpas o faltas.

A quien poco habla, no le oye Dios: critica al que es apocado para pedir las cosas, no consiguiéndolas nunca.

A quien tanto ve, con un ojo le basta: se usa para reprender al que es muy curioso.

A quien te hizo una, hazle dos, aunque no lo mande Dios: expresando siempre el principio de venganza.

A quien te mea, cágalo: exhortando a actuar de manera más fuerte y resoluta al que actúa de mala manera contra nosotros.

A quien tiene cama y se acuesta en suelo, no hay que tenerle duelo: no hay que tener pena ni lástimas por los que eligen las cosas desagradables, pudiendo aceptar otras que no lo son.

A rabiar: mucho, con exceso.

A ración: tasadamente.

A rachas: no ser una cosa constante, ser variable.

A raíz: junto a una cosa, con proximidad, inmediatamente.

A rajatabla: cueste lo que cueste, a toda costa, a todo trance.

A rapa terrón: a ras de tierra, a raíz.

A ras: al nivel de una cosa.

A ras de tierra: en la superficie de la tierra.

A rastra culera: lo dicen los muchachos cuando se dejan rodar por una piedra apoyándose con el culo, y con el tiempo cuando el pantalón estaba destrozado, también se enteraba el culo y el muchacho (por los azotes recibidos) por su forma de divertirse.

A rastras: de mala gana, con intimidación, a la fuerza.

A ratos: de cuando en cuando.

A ratos perdidos: cuando se está libre momentáneamente de ocupaciones, se puede dedicar uno a otras tareas o quehaceres.

A raudales: con gran abundancia.

A raya: dentro de los límites justos.

A rayos: se dice de lo que sabe o huele mal.

A razón: al respecto.

A recalcaperros: con todas las de la ley.

A recaudo: bien custodiado, con seguridad.

A red barredera: llevándolo todo por delante.

A refajo verde, ribete colorado: aconseja beber vino después de haber comido ensaladas o verduras.

A regañadientes: con repugnancia, con poca conformidad.

A regla: con arreglo a la razón.

A rehala: admitir ganado ajeno en el propio.

A remiendos: con interrupción del tiempo.

A remo: sufriendo penalidades.

A remo y sin sueldo: con mucho trabajo y sin utilidad.

A remo y vela: con presteza y prisa.

A remojo: poner ciertos alimentos en agua antes de ser cocinados. Forma de ablandar un objeto.

A remolque: por la fuerza. Se aplica a la acción poco espontánea y más bien ejecutada por excitación o impulso.

A renglón seguido: a continuación, inmediatamente.

A renta: en arrendamiento.

A reserva de: con el propósito o la intención de.

A respetable, o respetuosa, distancia: dicho de personas alejadas una de otra por el respeto, o por la antipatía.

A resultas: a la espera de las consecuencias.

A retaguardia: rezagado, postergado.

A revientacaballo, o a revienta cinchas: sin pausa, sin descanso, y muy aprisa.

A rey muerto, rey puesto: indicando que debe continuar la vida, cuando una persona querida ha muerto.

A rienda suelta: con toda libertad, sin sujeción. Con violencia o celeridad.

A río revuelto: con desorden.

A río revuelto, ganancia de pescadores: en los desórdenes siempre hay alguien sin conciencia que saca beneficio de dicha circunstancia.

A robar a Sierra Morena: se dice cuando en un establecimiento quieren cobrar más de la cuenta.

A Roma por todo: para indicar que hay que acometer con ánimo cualquier empresa por ardua que sea.

A Roma se va por todo, pero por narices no: con que se moteja jocosamente de chata a una persona.

A rostro firme: con firmeza, dando la cara.

A saber: esto es, vete a saber.

A sabiendas: a ciencia segura, de un modo cierto.

A sabor: al gusto, o conforme a la voluntad o deseo.

A sabor de paladar: a pedir de boca.

A salto de mata: huyendo y recatándose. Aprovechando las ocasiones casuales.

A saltos: omitir cosas. Dar brincos.

A salva mano: a mansalva.

A salvo: fuera de peligro, sin detrimento o menoscabo.

A sangre: forma de hacer ciertos grabados en imprenta.

A sangre caliente: arrebatada, decisiones promovidas por la cólera o la venganza.

A sangre fría: con premeditación y cálculo, una vez pasado el arrebato de la cólera.

A sangre y fuego: sin dar cuartel, sin ceder en nada. Con violencia, atropellándolo todo.

¿A santo de qué?: frase con que se suele inquirir la causa de hacer algo cuando no hay motivos para ello. Con motivo de.

A santo que no me agrada, ni padrenuestro ni nada: expresando la antipatía por una persona, se aconseja ningún trato con ella.

A santo tapado: ocultamente.

A secas: solamente, sin otra cosa.

A secas y sin llover: sin preparación y aviso.

A seguir bien: fórmula de despedida.

A Segura lo llevan preso: indica que es conveniente asegurarse del resultado de una cosa antes de hacerla.

A simple vista: con una mirada superficial.

A sobre haz: por lo que aparece en el exterior.

A sobre peine: a medias, a la ligera, imperfectamente.

A solas: sin ayuda ni compañía de otro.

A solaz: con gusto y placer.

A sombra de tejados: encubierta y ocultamente, a escondidas.

¿A son de qué? o ¿A qué son?: ¿Con qué motivo?

A su debido tiempo: cuando debe ser.

A su libre albedrío: a su única voluntad.

A su poder: con todo su poder, fuerza, capacidad, etc.

A su posta: a su propósito, a su voluntad.

A su salvo: sin peligro, con facilidad y sin estorbo.

A su tiempo: en su momento, en ocasión oportuna, cuando se quiere.

A su tiempo maduran las uvas: aconsejando paciencia.

A su uso: a su modo de proceder.

A su vez: por orden sucesivo y alternado.

A sueldo: mediante retribución fija.

A suerte o a muerte: hacer una cosa a la aventura, salga lo que saliere.

A suertes: al azar.

A súplica: mediante ruego o instancia.

A sus solas: en soledad o retiro, fuera del trato social.

A tal hora te amanezca: forma de recriminar al que llega tarde a una cita.

A tal pregunta, tal respuesta: aconsejando que se debe responder de la misma manera que se ha preguntado.

A tal señor, tal honor: indica que según es la persona, así debe ser tratada.

A talón: a pie.

A tambor batiente: tocando el tambor. Con aire triunfal, con ufanía y pompa.

A tanto porfiar, ¿quién se resiste?: expresa esta frase que no hay persona que se resista a una invitación hecha con insistencia.

A tantos de tantos, de mil novecientos tantos: frase que se dice como coletilla, el que dicta una carta al término de la misma, sabiendo que hay que poner la fecha.

A tantos de tantos, para que se fastidien tantos: modo jocoso y burlesco de decir la frase anterior.

A tantos días vista: fecha en la que se tiene que abonar una letra de cambio.

A tapar la calle, que no pase nadie, que pasen mis abuelos comiendo buñuelos: canción infantil, que se jugaba con niños cuando iban por una calle, agarrándose de las manos y estirando los brazos, como para no dejar pasar por ella.

A teja vana: sin otro techo que el tejado. A la ligera sin reparo.

A tema: a porfía, a competencia.

A tenazón: en la caza sin fijar la puntería el que dispara.

A tenor de: de acuerdo con.

A tente bonete: porfiar para comer y beber.

A terceros: a terceras personas.

A Tetuán, que es un lugar de limosna: frase burlesca invitando a los pedigüeños a irse del lugar, mandándoles a donde no hay bien alguno.

A tiempo: en coyuntura, ocasión y oportunidad.

A tiempo completo: por el total del tiempo.

A tiempo parcial: por un período de tiempo incompleto con la totalidad de la jornada.

A tiempos: a veces, de cuando en cuando.

A tientas, o a tiento: sin tino, con incertidumbre.

A tino: a tientas.

A tiro de ballesta: a primera vista.

A tiro de honda, o de piedra: lugar cercano.

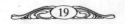

A tiro hecho: ex profeso.

A tiro limpio: forma de combatir, resolución de una disputa.

A título: con motivo.

A título de inventario: sin razones o razonamientos.

A tira más tira: tirando a porfía entre muchos.

A tiro: ponerse al alcance de.

A tiro de arcabuz, o de escopeta: conocer o notar una cosa a primera vista.

A tiro de ballesta: a bastante distancia, desde lejos.

A tiro de honda: a distancia intermedia, no muy lejos.

A tiro de piedra: a distancia corta.

A tiro hecho: determinadamente, con propósito deliberado.

A tiro limpio: a tiros, con ánimo de matar.

A tiros largos: con vestido de gala, con lujo y esmero.

A título: con pretexto, motivo o causa.

A toca ropa: muy cerca.

A toca, no toca: indica la posición de la persona o cosa tan cercana a otra, que casi la toca.

A tocateja: en dinero contante, sin dilación en la paga, con dinero en mano.

A toda costa, o a costa y coste: sin limitación en el gasto.

A toda, o en primera plana: información muy importante que se da en un periódico.

A toda furia: con la mayor eficacia.

A toda galleta: con toda prisa.

A toda hostia: muy rápidamente.

A toda leche: a toda velocidad, muy deprisa.

A toda ley: con perfección, con estricta sujeción a lo justo o debido.

A toda luz, o a todas luces: por todas partes, de todos modos.

A toda máquina: a toda velocidad.

A toda marcha: con el mayor esfuerzo, a toda velocidad.

A toda mecha: con gran rapidez.

A toda pastilla: a toda velocidad, con gran rapidez.

A toda plana: forma de publicación de un artículo en un periódico, en toda una hoja.

A toda prisa: con la mayor rapidez.

A toda prueba: con toda solidez.

A toda rienda: dar curso libre.

A toda ropa: a todo evento.

A toda vela, o a todas velas, o a velas desplegadas, o llenas, o tendidas: nevegar la embarcación a todo viento. Entregado enteramente y con toda diligencia a la ejecución de una cosa.

A todas horas: a cada hora.

A todas luces: desde todos los puntos de vista, según todas las opiniones.

A todo: a lo sumo, cuanto puede estar en su línea.

A todo andar: con toda prisa.

A todo correr: con la mayor ligereza posible.

A todo esto, o a todas éstas: mientras tanto, entre tanto.

A todo evento: imprevisión de lo que pueda suceder.

A todo gas: con toda la fuerza, a la máxima potencia.

A todo hay quien gane: indica que siempre hay otra persona por encima de nosotros, o superior a nosotros.

A todo meter: con gran velocidad, o con gran ímpetu y violencia.

A todo pasto: con gran abundancia. Comer una cosa sola.

A todo plan: sin reparar en gastos, a lo grande.

A todo poder: con todo el esfuerzo posible.

A todo riesgo: con el mayor peligro.

A todo ruedo: en todo lance.

A todo tirar: a lo sumo.

A todo trance: resueltamente, sin reparar en riesgos.

A todo trapo: con eficacia. A toda velocidad.

A todo tren: con el mayor lujo, de personas muy ricas.

A todo turbio, o a turbio correr: por mal que vayan las cosas.

A todos nos agrada lo que poco cuesta: el gastar menos a todo el mundo gusta.

A todos vientos: obrar sin restricciones de ningún género.

A tomar el fresco: despachar a uno.

A tomar por el culo: despachar a uno mandándole a efectuar un hecho reprobable.

A tomar por el saco: id. Relegar una cosa.

A tomar vientos: despachar a uno, dejar una cosa.

A tono: al unísono, de acuerdo.

A tontas y a locas: sin orden ni concierto.

A tope, o al tope: totalmente lleno, sin que quepa más.

A torno: dícese de lo está labrado con él.

A toro pasado: cuando ya ha sucedido.

A torrezno de tocino, buen golpe de vino: aconseja beber vino moderadamente con la carne.

A tragos: poco a poco, lenta y pausadamente.

A traición: alevosamente, faltando a la lealtad o confianza. Con engaño o cautela.

A trancas: de prisa y sin arte.

A trancas y barrancas: de prisa, sin arte y de mala manera.

A traque barraque: a todo tiempo, con cualquier motivo.

A trasmano: fuera de lugar, fuera del alcance de la mano.

A trasquilones: sin orden ni método. Cortar mal el pelo.

A través: por entre.

A trechos: a ratos, por breves etapas.

A tres azonadas, sacar agua: dando a entender que con poca diligencia se consigue lo que se pretende.

A troche y moche: de modo absurdo, disparatado.

A trompa tañida: convocatoria en un mismo sitio y, a la vez, por medio de ella.

A trompa y talega: sin reflexión, orden ni concierto.

A trompicones: a empujones, de manera vacilante.

A tropezones: con impedimentos y tardanzas.

A trueco: con tal que.

"A tu gusto mula", y le daban palos: con que se zahiere a quien se empeña en hacer cosas que han de resultar con daño o perjuicio. Contra los que no se puede sacar nada de provecho de ciertas personas, como no sea con castigo.

A tu abuela, o tía, que te dé para libros: negar a uno lo que pide.

A tu salud: expresión de cortesía que se utiliza en los brindis.

A tu tierra, grulla, aunque sea en una pata: aconseja la conveniencia de vivir cada uno en su tierra y con los suyos.

A tuertas: al revés de como se debe hacer.

A tuerto: contra razón, injustamente.

A tuerto o a derecho, a tuertas o a derechas: sin consideración ni reflexión. Justo o injustamente.

A tumba abierta: hasta la última consecuencia.

A Tuta, que es tierra de limosna: fórmula con que se despide con cajas destempladas a los que molestan con peticiones continuas.

A tutiplén: en cantidad.

A última hora: en los últimos momentos.

A ultranza: sin reparar en inconvenientes.

A un burro le hicieron arzobispo y todavía lloraba: contra los que, sin merecerse nada, consiguen algo bueno y todavía se quejan.

A un hombre rico no repares si es feo o bonito: lo importante es el capital y no la persona, según algunos.

A un lado: advertencia para que se aparten y dejen paso libre.

A un mismo punto: al mismo tiempo.

A un pícaro, otro mayor: indica que para enfrentarse a algo, hay que actuar con mayor fuerza y resolución.

A un gran santo, rézale tanto y más cuanto; pero a una santa, con media avemaría basta: ya que la creencia indica que son más fáciles de conquistar y convencer las mujeres que los hombres.

A un paso: distancia muy corta.

A un traidor, dos alevosos: se emplea para tomar la decisión formal de llevar a efecto un empeño de difícil resolución.

A un tiempo: a la vez.

A una: a un tiempo, unidamente, juntamente.

A una mala: si no hay más remedio.

A una mano: de conformidad.

A una vez: de común acuerdo.

A una voz: de común consentimiento o por unánime parecer.

A uno solo nada le luce: indica que la soledad no es buena para nada.

A uña de caballo: a todo correr del caballo.

"Aúpa": coger un niño en brazos.

A uso de iglesia catedral: cual fueran los padres, los hijos serán: indicando el influjo del ejemplo, especialmente el de los padres para con sus hijos.

A uso de mi tierra, carnero fuera, duro en faltriquera: invitando a no tener confianza y la conveniencia de no fiarse en los negocios de compraventa al entregar la mercancía sin cobrar su importe.

A uso de Toledo, que pierde la dama y paga el caballero: como en todas partes, pagar justos por pecadores.

A uso de tropa, cada uno se fastidia cuando le toca: obligación que tenemos de sufrir las molestias que nos ocasionan los demás, cuando nos corresponde.

A uvas, que podan: incita a aprovecharse de las ocasiones que se nos ofrecen para conseguir algo.

A vanguardia: ir el primero.

A veces: por orden alternativo.

A veces conviene hacer el papel de tonto: la prudencia, en no pocas ocasiones de la vida, es necesario en hacerse uno el desentendido.

A veces los árboles no dejan ver el bosque: en ocasiones las cosas muy pequeñas ofuscan al resto de ellas.

A veces los ojos son intérpretes del corazón: las miradas son a veces muy expresivas, leyéndose en ellas el sentimiento de las personas.

A vela y pregón: en pública subasta.

A vela y remo: con diligencia.

A velas tendidas: con toda diligencia en la ejecución de una cosa.

A ventura: cuando se expone a que una cosa salga bien o mal.

A ver: indicando que se quiere observar algo.

A ver cuándo nos vemos y tomamos unas copas: frase actual de despedida más o menos comprometida para verse con posterioridad, pero sin concretar la fecha, haciéndolo por mero compromiso.

¡A ver qué vida!: ¡qué se le va a hacer!

A ver si: expresión que denota expectativa.

A ver, veámos: indica que se debe esperar que un suceso patentice la certidumbre de una cosa.

A vida o muerte: expresión familiar, para indicar que se va a tomar una comida o bebida, después de haber estado haciéndolo con anterioridad. Riesgo grande al ejecutar una cosa.

A vista de: en presencia, o delante de. Enfrente, cerca.

A vista de pájaro: buena vista, ver desde lo alto.

A vista de uno: con observación.

A vista, o por vista de ojos: ver por sí mismo.

A viva fuerza: con todo el vigor posible.

A vivir, que son dos días: invitando a vivir alegremente por la cortedad de la vida.

A vivir, tropa. Algunos añaden: **el que quiera abrigarse que compre ropa:** es decir, a buscárselas cada uno como pueda.

A voces: a gritos, en voz alta.

A volapié: andando y volando. Forma de matar a un toro de lidia.

A voleo: al aire, a la suerte.

A voluntad: según el libre albedrío de una persona. Según aconseja la conveniencia del momento.

A voz de apellido: por llamamiento.

A voz en cuello, o en grito: gritando, en voz muy alta.

A voz en grito: llamar a voces.

A vuela pluma: de prisa. Escribir con destreza, sin detenerse a pensar, sin vacilación ni esfuerzo.

A vuelo, o al vuelo: pronto. Ser avispado en entender las cosas.

A vuelta de cabeza: en un instante, al menor descuido.

A vuelta de correo: contestar a una carta inmediatamente.

A vuelta de ojo, o de ojos: con presteza y celeridad.

A vueltas con una cosa: usarla con insistencia.

A zaga: atrás o detrás.

A Zaragoza o al charco: forma de motejar la tozudez.

A zurdas: con la mano izquierda. Al contrario de como se debía hacer.

Ab absurdum: por reducción al absurdo.

Ab imo pectore: desde el fondo del corazón.

Ab intestato: sin testar, se dice del que fallece sin haber hecho testamento.

Abaja acá, gallo, que estás encaramado: contra engreídos.

Abajar los halcones: hacerles enflaquecer para que puedan volar con más velocidad.

Abandonar el lecho: dejar la cama el que estaba enfermo.

Abatir tienda: quitarla o bajarla.

Ablandar las piedras: excesivamente lastimoso.

Abocar el saco: decir cuanto se sabe.

Abogado de malas causas: el que va contra la razón y la justicia.

Abogado de secano: ser un truchimán, abogado con pocos conocimientos y que no sirve para ello, el que sin haber cursado la carrera dice entender y conocer la abogacía.

Abogado del diablo: el que pone impedimentos por obligación para la santificación o beatificación de una persona.

Abogado firmón: el que por recursos firma escritos ajenos.

Aborrecer los huevos: desistir de una obra comenzada cuando se ponen grandes impedimentos.

Aborrecer, perseguir, etc., de muerte: con toda saña y crueldad.

Aborto: dícese de la persona muy fea.

Abracijos no hacen hijos, pero son preparatijos: diciendo a los enamorados que deben tener cuidado en sus pasiones amorosas; recomendaciones antiguas, pues hoy las mujeres algunas ya se encuentran preparadas, y todos pueden prevenir las consecuencias de los "preparatijos", por lo que no se paran los escarceos amorosos.

Abrasarse, asarse o caerse las pajarillas: hacer mucho calor.

Abrasarse vivo: sentir un calor extremado.

Abrazafarolas: se dice de la persona que es un vivalavirgen.

Abrazar el estómago: recibir y conservar bien una cosa.

Abrazo de Vergara: se dice cuando se produce una reconciliación que parecía difícil.

Abrazos y besos no hacen hijos, pero son preparatijos: avisando de los escarceos amorosos, que no suelen acabar en simples muestras de afecto. También se dice: **abrazos y besos no hacen chiquillos, pero tocan a víspera.**

Abrazos y besos no son siembra, pero son barbecho; la siembra viene luego: indicando los principios de los afectos amorosos.

¡Abre el ojo, que asan carne!: aconseja aprovechar la ocasión cuando ésta se presenta.

Abrelatas: se dice del que abre las cajas fuertes.

¡Ábrete Sésamo!: especie de fórmula o conjuro, para abrir algo inaccesible, igualmente poseer dicha fórmula una persona es la que triunfa en la vida, la que no le arredran los obstáculos.

Abril hueveril: dícese por ser la mejor época para que las gallinas pongan huevos.

Abrir boca: despertar el apetito con algún manjar o bebida.

Abrir brecha: hacer impresión en el ánimo de alguno. En la guerra, abrir el cerco del enemigo.

Abrir bufete: iniciar un agobado el ejercicio de su profesión al público y particularmente.

Abrir calle, paso, etc.: apartar cualquier obstáculo que impida la entrada o la salida.

Abrir camino: encontrar el medio de salir de las dificultades. Ser el primero en algunas cosas.

Abrir de par en par: abrir completamente.

Abrir el apetito: tener ganas de comer.

Abrir el alma: decir todo lo que se siente.

Abrir el corazón: ensanchar el ánimo de una persona, quitarle temor. Decir lo que uno siente.

Abrir el día: amanecer.

Abrir el juicio: instaurarlo.

Abrir el ojo: despertar. Estar advertido para no ser engañado.

Abrir en canal: de arriba a abajo.

Abrir fuego: comenzar a disparar.

Abrir la boca: comenzar a hablar.

Abrir la cabeza: descalabrar a alguno.

Abrir la caja de los truenos: dejarse llevar por el enfado o la ira, manifestándose con voces y desagrado.

Abrir la espita: llorar abundantemente.

Abrir la mano: admitir dádivas, regalar. Moderar el rigor.

Abrir la marcha: ser el primero en decidirse a la ejecución de una cosa.

Abrir la puerta, o puertas: dar ocasión o facilidad para una cosa.

Abrir la sesión: darla principio.

Abrir las Cámaras, la Facultad, etc.: empezar su actuación o función.

Abrir las ganas de comer: excitar el apetito.

Abrir los ojos: dar a conocer a una persona lo que se ignora.

Abrir los ojos a uno: desengañarle de cosas que le pueden importar.

Abrir los oídos: escuchar con atención.

Abrir mano: repudiar, o renunciar a una persona.

Abrir marcha, o paso: ir delante, a la cabeza.

Abrir, o alzar, o levantar el tiempo: serenarse, dejar de hacer malo.

Abrir, o despertar, el apetito: excitar las ganas de comer.

Abrir plaza: iniciar alguna cosa. Salir el primer toro en una corrida.

Abrir puerta: buscarse la manera de salir adelante en algún asunto.

Abrir su corazón: decir lo que se siente interiormente.

Abrir su pecho: descubir su secreto.

Abrir su pecho a la esperanza: empezar a cambiar el resultado favorable.

Abrir tanto oído, o tanto el oído: escuchár con mucha atención, o curiosidad, lo que otro propone o refiere.

Abrir tienda: iniciar un negocio.

Abrir trinchera: dar comienzo al ataque, principalmente a los de una plaza.

Abrir zanjas: dar principio a una cosa. Empezar un edificio.

Abrirle los ojos: hacerle ver la realidad, sacarle del error.

Abrirse: marcharse precipitadamente.

Abrirse camino: mejorar de fortuna, empezar a trabajar.

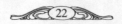

Abrirse como si fuera una granada: con mucha facilidad.

Abrirse de piernas: someterse a la voluntad del otro. Dar una mujer todas las facilidades para realizar el acto sexual.

Abrirse el corazón: tener gran pesar o dolor.

Abrirse las carnes: estremecerse de horror.

Abrirse paso: avanzar, desalojar los inconvenientes o dificultades.

Abrocharse a una mujer: tener trato carnal con ella.

ABS: siglas del sistema de antibloqueo en los vehículos.

Absentismo laboral: no acudir al trabajo, no rendir en él.

Absolver a culpa y pena: absolver plenamente.

Absolver de la instancia: absolver al reo, dejando el juicio abierto para aportar nuevas pruebas.

Absolver las preguntas: responder el testigo a las de su interrogatorio.

Absolver posiciones: contestarlas.

Abstención parlamentaria: el que en dicho órgano no vota ni a favor ni en contra de una propuesta.

Abucharao: robo con fuerza.

Abultar lo que un comino: muy poco, por ser una cosa muy pequeña.

Abundar como hongos en año de lluvias: dícese de lo que existe en abundancia.

Abundar en su sentido: mostrarse firme en la opinión propia, o adicto a la ajena.

¡Abur!: fórmula de despedida, que indica ¡adiós!

Aburrirse como una ostra: padecer gran aburrimiento.

Abuso de confianza: el que se aprovecha de la amistad o confianza que una persona tiene depositada en él.

Abuso de poder: el que se aprovecha de su cargo.

Abuso de superioridad: el que se aprovecha de la misma.

Acabarse la candela: el enfermo próximo a morir.

Acá para entre nosotros, o para entre los dos: de forma muy confidencial.

Acá para inter nos: entre nosotros, sin participación externa.

Acá, que hay olla: llamada que indica que se debe acudir a un sitio determinado.

Acabados son cuentos: forma de cortar una disputa, o finalizar una conversación.

Acabar como el rosario de la aurora: cuando una reunión acaba en fuertes discusiones.

Acabar, consumir, o gastar la paciencia: apurarse. Hacer sufrir mucho.

Acabar de parir: explicarse al fin la persona torpe o tarda de palabra, que no se atreve a manifestar con claridad lo que sabe, piensa o quiere.

Acabar de raíz con alguna cosa: solucionar algún problema radicalmente.

Acabar en palos, como entremés: porque así solían terminar antiguamente los sainetes o comedias.

Acabar la historia en palos, como villano entremés: dícese de lo que termina de mala manera.

Acabar, o salir, a capazos: riñendo.

¡Acabáramos! o ¡Acabáramos con ello!: se emplea cuando después de una gran dilación, se termina o logra alguna cosa.

Acabarse el asno: manera jocosa de decir que no pudo darse feliz remate a una empresa, por haber faltado los elementos con los que se contaba.

Acabarse la candela: estar a punto de morir una persona.

Acabársele el tabaco: en un discurso dejar de hablar inesperadamente, por falta de argumentos o recursos.

Acabe usted de parir: estímulo al tardo en explicarse.

Acabóse con la prisa: manera de disculpar al que no encuentra lo que se le pide.

Acabóse... la misa de doce: manera de dar a entender que se ha concluido una cosa.

Acabóse la obra: forma de expresar la terminación de una cosa, no sólo material sino moral.

¿Acaso es borra?: dando a entender que una cosa no es despreciable.

Accésit: llámase al premio inferior al del ganador.

Acechar como el gato al ratón: espiar con tesón.

Aceituno: guardia civil.

Acelerar el cáncer: invitar a fumar.

Aceptar personas: distinguir a unos más que a otros, por motivo o afecto particular.

Acertar al blanco: conseguir lo que se desea.

Acertar en el blanco: acertar plenamente.

Acertar errando: salir por casualidad de algún asunto o aprieto.

Acertar por bitola: sacar una cosa por inferencia o por ilación.

Acertar por carambola, o por chamba: por suerte, por casualidad.

Acertar por yerro: conseguir una cosa por pura casualidad.

Acertó a mear el buey en la calabaza: se dice a la persona que tiene un acierto casual en alguna cosa.

¡Acertólo Bartolo!: ironía al que no acierta lo que debe saber.

Acertótilis, Aristótilis: frase burlesca indicando que se dio con el quid de lo que se proponía por casualidad.

Achacoso como judío en sábado: dícese del que finge enfermedad para eludir el cumplimiento de un deber.

Achantar: acobardar, intimidar.

Achantar la "mui": callarse, permanecer callado por intimidación o cobardía.

Achantarse como un muerto: permanecer totalmente callado.

Achantarse por las buenas: callarse sin decir nada.

Achaques al viernes para no ayunarlo: dícese a los que dan pretextos vanos para no hacer una cosa.

Achica compadre y llevarás la galga: se dice del que miente miserablemente, haciéndole entrar en razón, obligando a que presente las cosas como son.

Achicharrar la sangre: molestar excesivamente a una persona.

Achinelarse: silencio en las declaraciones policiales.

¡Achís!: onomatopeya del estornudo.

Achuri: navaja.

Aciértalo tú, que yo lo diré: se usa cuando uno se resiste a decir algún secreto a otro, y que le importa poco que lo descubra.

Aclarar el día: amanecer, salir el sol.

Aclarar la voz: quitar reparos en decir la verdad o hablar con claridad. Hacer gárgaras para hacerla más suave.

Aclararse: darse cuenta, percatarse.

Acodillar con la carga: no poder cumplir con la obligación de su empleo.

Acogerse a la Iglesia: entrar en religión.

Acogerse a las asas: refugiarse, tomar asilo.

Acogerse, o meterse, a sagrado: eludir el cumplimiento de algún compromiso o responsabilidad.

Acojonado: acobardado, atemorizado.

Acojonante: impresionante, estupendo.

Acometer con dinero o dádiva: intentar o pretender cohecho.

Acometer para vencer: para conseguir algo es preciso no tener miedo, y hacerlo con rapidez.

Acomodar de ropa limpia: ensuciar, manchar.

Acomodarse a los tiempos: aceptar lo que sucede.

Acompañar con bombo y platillo: ensalzar, alabar exageradamente.

Acompáñate, o júntate, con personas que no te den y no te quiten: aconseja acompañarse de gentes honradas.

Acoquinar: amilanar, hacer que alguien tenga miedo.

Acordarse: expresión de amenaza.

Acordarse como de las nubes de antaño: no preocuparse poco ni mucho de lo que ha pasado y se echó en el olvido.

Acordarse de alguien, o acordarse de la familia: forma de insultar, generalmente al padre o la madre de alguien.

Acordarse de Santa Bárbara cuando truena: se dice cuando una persona se acuerda de alguna consecuencia por un hecho concreto.

Acordarse del padre, madre, familia, etc.: insulto grave, equivale a cagarse en....

Acordarse del tiempo del rey que rabió, o del rey que rabió por las gachas, o del tiempo de Mari-Castaña: persona muy vieja, o cosa muy lejana.

Acortar distancias: intentar llegar a una avenencia por ceder en alguno de los puntos discrepantes.

Acortar el paso: contener los progresos de alguno.

Acoso y derribo: acciones que en su conjunto intentan ganar al contrario.

Acostarse a la hora de las gallinas: acostarse temprano.

Acostarse con alguien: mantener relaciones sexuales con ella.

Acostarse juntos: cohabitar.

Acostarse sin deuda y amanecer con ella: se dice de las obligaciones diarias, como los rezos de los sacerdotes, que hay que cumplirlas nuevamente al día siguiente.

Acostumbrarse a los palos, como los pollinos: dícese de los que hacen en ellos poca mella los castigos.

Acribillar a preguntas: someter a continua interrogación.

Acriminar la causa: agravar, hacer mayor el delito.

Acto fallido: dícese de lo que ha fracasado.

Acto seguido: de forma inmediata, a continuación.

Acto sexual: cópula.

Actuar al dictado: hacer las cosas por imperativo superior.

Acude con trapo, que caga Marco: manera de burlarse de los que se dan mucho tono.

Acudir al reclamo: ir a donde hay algo que interesa.

Acudir al trapo: acceder, atender una mujer ciertas insinuaciones.

Acudir al tribunal de Poncio Pilato: perder el tiempo en formular alguna protesta.

Acudir como moscas a la miel: ir a un lugar apetitoso por diversas circunstancias.

Acudir el juego: dar buen, o mal, juego.

Acuerdo entre caballeros: acuerdo que se deja a la buena voluntad de ambas partes.

Acuerdo marco: dícese de los acuerdos (generalmente políticos), de aspecto amplio, pero que pueden afectar a aspectos más concretos.

Acusar la conciencia: remorderle a una persona por alguna acción mala.

Acusar las diez de últimas: dícese de una persona que está expirando.

Acusar las juntas: destacar las uniones de las piedras o ladrillos.

Acusar recibo: manifestar que se ha recibido algo.

Acusarle la conciencia: remordimiento por una mala acción.

Acuse de recibo: forma fehaciente de comprobar que se ha recibido algo.

Acúsele su pecado: manera de negarse a juzgar ni acusar al que cometió un delito.

Acúsome, padre, de que por un oído me entra y por otro me sale: aplícase a las personas despreocupadas, para quien toda represión es inútil.

Acúsome, padre, que soy carpintero. Tarugo tenemos: con que se da a entender que está uno preparado para ver u oír algún disparate o despropósito.

Ad absurdum: reducción al absurdo.

Ad gloriam: por la gloria, se usa irónicamente.

Ad hoc: por esto, a propósito.

Ad honorem: por el honor, sin buscar el beneficio material.

Ad infinitum: hasta lo infinito.

Ad ínterin: provisionalmente.

Ad líbitum: a voluntad.

Ad litteram: al pie de la letra, exactamente.

Ad norman: según las normas.

Ad pedem litteram: al pie de la letra, exactamente.

Ad vitam alternam: para siempre.

Adefesio: se dice del que va extravagantemente vestido.

Adelantar vísperas: se dice de la pareja que espera un hijo sin haberse casado.

Adelantarse como los almendros: iniciarse algo con anteriodad al tiempo, o a la fecha prevista.

Adelante con la cruz: modo de expresar la resolución que uno ha tomado.

Adelante con los faroles: forma de animar a continuar o perseverar a todo trance en lo ya empezado, y a pesar de las dificultades que se presenten.

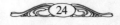

¡Adelante con los faroles, que atrás vienen los cargadores!: continuar o perseverar a todo trance en lo ya comenzado.

Adelante está la casa del abad: equivale a escusarse de un negocio, manifestando a otro adónde deben dirigirse.

Además de cornudo, apaleado: cuando se ha cargado con la culpa de algo, sin tener que ver en ello, teniendo que sufrir las consecuencias.

Aderézame esas medidas: hablar sin concierto, contradiciéndose en lo que dice.

¡Adiós blanca flor!: modo de despedirse cariñosamente de una persona, principalmente de una mujer.

¡Adiós cantarillo de arroz!: frase de despedida hacia las personas de gran confianza.

¡Adiós con la colorada!: exclamación de asombro, principalmente cuando se pierde alguna esperanza.

¡Adiós, Madrid!: frase de contrariedad ante una circunstancia.

¡Adiós, Madrid, que te quedas sin gente! Algunos añaden: **Y se iba un zapatero:** suele emplearse cuando se despide alguna persona sin importancia.

¡Adiós, mi dinero!: cuando se pierde o malogra alguna cosa.

¡Adiós, mi vergüenza!: denota que se hace una cosa sin reparo alguno.

¡Adiós, muy buenas!: expresión de disgusto o contrariedad que se dice al despedirse una persona.

¡Adiós, que esquilan!: despedida del que va muy deprisa.

¡Adiós, que me mudo!: frase familiar con que se despide uno.

¡Adiós, Toledo, que te vas despoblando!... (Y se iba un sastre): ¡Adiós, Madrid....!

¡Adiós, Toledo; tú te vas y yo me quedo!: expresión burlesca de despedida.

¡Adiós y veámonos!: frase de despedida, citándose para otra ocasión.

Adivina, adivinanza: indicación para que se adivine algo, al iniciarse un acertijo.

Adivina, adivinanza: ¿Cuál es el bicho que pica en la panza?: se dice cuando se ha hecho una pregunta de facilísima contestación.

Adivina quién te dio: se dice cuando ignora el que ha hecho una cosa.

Adivina quién te dio, que la mano te cortó: juego de muchachos. Expresión que significa la dificultad o imposibilidad de averiguar una cosa.

Administrador que administra, y enfermo que se enjuaga, algo traga: expresa lo difícil que es manejar bienes ajenos sin lucrarse en ello.

Adóbame esos candiles: se señala una contradicción o incoherencia en lo que se oye o dice.

Adobar los guantes: regalar, gratificar a una persona.

¿Adónde irá el buey que no are?: indicando que los hombres tienen siempre que trabajar, estén donde estén (refrán que dice todavía mi abuela, actualmente el 9 de febrero de 1998 está muy cerca de cumplir 108 años).

¿Adónde irás que más te quieran, o que mejor estés?: frase de cariño que se dirige a una persona para indicarle que no se vaya tan pronto de nuestro lado.

¿Adónde va Vicente? A donde va la gente: satiriza al que no tiene criterio propio, siguiendo el de los demás.

¿Adónde vas? A los toros ¿De dónde vienes? De los toros: da a entender la ilusión con que se hace una cosa, y la desilusión una vez hecha. Se dice de los aficionados a los toros.

¿Adónde vas mal? A donde más hay: las desgracias ocurren donde las hay.

Adorar al santo por la peana: servirse de la adulación para llegar a una persona.

Adorar el becerro de oro: adular al que tiene riquezas.

Adorar los guantes: gratificar a una persona.

Adornarle la frente: ser infiel la mujer al marido.

Adornarse con plumas ajenas: atribuirse méritos de otros.

Adquirir, o contraer, domicilio: domiciliarse o avecindarse.

Aduana: lugar donde se compran los objetos robados.

Afanar: hurtar.

Afanar y guardar para la vejez: exhortando al ahorro para tener una vejez digna, y sin dependencia de nadie.

Afeitar a uno: ironía al hacerle una mala pasada. Pasar un objeto rozando la cara.

Afeitar en seco: dar una lección o castigo. Rasurarse sin haberse dado previamente jabón o crema para rebladencer la barba.

Afeitar un huevo en el aire: sacar provecho de todo, ser extremadamente hábil, listo, etc.

Afilar el diente: trabajar con celo o interés. Prepararse para una comilona.

Afilar el oído o la oreja: escuchar con mucho interés lo que otros dicen.

Afilar el pito: operar de fimosis.

Afilar el puñal, o la calumnia: dar a las palabras un sentido mordaz, envenenar las palabras.

Afilar la nariz: tener perspicacia.

Afilar las uñas: trabajar con afán desmedido por el lucro ilícito. Prepararse para robar. Hacer un esfuerzo extraordinario de ingenio, habilidad o destreza.

Afilar, o aguzar, el ingenio: aplicar la inteligencia.

Afinar el oído, o la oreja: escuchar con atención donde la audición no es buena para percatarse de todo.

Afinar la puntería: calcular bien antes de actuar.

Afirmarse el viento: fijar éste su dirección.

Afligírsele el corazón: sentir mucha congoja.

Aflojar al arco la cuerda: ceder o descansar.

Aflojar la bolsa, o el bolsillo: pagar por obligación.

Aflojar la cuerda, o la cuerda del arco: descansar de un trabajo o tarea. Disminuir el rigor de la ley, disciplina...

Aflojar la lana: pagar lo que se debe.

Aflojar la mosca: pagar, soltar el dinero.

Aflojar las riendas: aliviar, disminuir el trabajo, cuidado y fatiga en la ejecución de una cosa o ceder en la vigilancia. Hacer más suave la ejecución de algo.

Aflojar los calzones: evacuar.

Aflojar, o soltar, la mosca: dar dinero a disgusto.

Aforrarse bien: comer bien y con abundancia.

Afortunado en el juego, desgraciado en amores: creencia popular de que la buena suerte en uno viene aparejada con la mala en el otro punto.

Afrailar la parva: amontonarla para poderla aventar.

África empieza en los Pirineos: frase que dicen los detractores de nuestro país, por considerar que no está a la misma altura que el resto de Europa, tanto comercial como intelectualmente.

Agachar el lomo: trabajar duramente. Humillarse.

Agachar la cabeza, o la cerviz: obedecer sin rechistar.

Agachar las orejas: rendirse, reconocer el propio fracaso y mostrar sumisión al que tiene la razón.

Agáchate, que te han visto: forma de indicar que a una persona se le han conocido sus intenciones.

Agáchate y entrarás: aconsejando humildad para obtener la confianza de los demás.

Agarrar al toro por los cuernos: afrontar los problemas directamente y sin rodeos para su resolución.

Agarrar de los cabezones: agarrar por el pescuezo a una persona.

Agarrar un barco el puerto: llegar a él, después de muchas dificultades y trabajos para conseguirlo.

Agarrarla: embriagarse.

Agarrarla muy cojonuda: emborracharse fuertemente.

¡Agarrarse!, ¡Agárrate!, ¡Agárrense ustedes!: exclamaciones dirigidas al interlocutor, que lo invitan a preparase, como quien busca apoyo por precaución para recibir una gran sorpresa.

Agarrarse a un clavo ardiendo: valerse de cualquier medio para salvarse de un peligro o evitar un mal.

Agarrarse el tiempo: afianzarse en su mal estado.

Agarrarse, o asirse, a un cabello: aprevechar la ocasión por pequeña que sea.

Agarrarse una mierda, mona, moña, turca: emborracharse.

Agarrársela con papel de fumar: indicando que en un asunto determinado se obra con excesiva prudencia o cautela. Se dice de la persona que es muy escrupulosa.

Agárrate que hay curvas: advirtiendo de la proximidad de un peligro.

Agenciárselas: componérselas, actuación de forma estudiada con el fin de poder resolver favorablemente alguna cosa.

Agilipollado: alelado, atolondrado.

Agitarse la cuestión: tratarse con calor o viveza.

Agobiado como arco turquesco: se dice de una persona cuando no se puede enderezar del todo.

Agora, que se va el recuero: aconseja tomar las oportunidades y no dejarlas pasar sin aprovecharlas.

Agotar la mar: no terminar nunca.

Agradecer con, o en el alma: agradecer vivamente.

Agrofa: mujer de la vida.

¡Agua!: voz de alarma entre la gente de presidio, cuando se acerca el vigilante.

Agua abajo: en el mismo sentido que la corriente de un río.

Agua arriba: contra corriente, hacer algo con gran dificultad, oposición o repugnancia.

Agua corriente no mata a la gente: refrán en desuso, ya que todas las aguas hoy día hay que depurarlas.

Agua de cerrajas, o borrajas: cosa de poco valor.

Agua de Colonia: dícese de la que se utiliza para perfumarse una persona.

Agua de fuego: bebida alcohólica.

¡Agua, Dios, y buen tintero!: expresión que indica que llueve de manera desordenada y torrencialmente.

¡Agua, Dios, y venga mayo!: expresión de labradores en el mes de abril, para que vengan abundantes lluvias al mes siguiente.

Agua gorda, o dura: la que tiene en disolución muchas sales.

Agua milagrosa: dícese del agua que llevan los cuidadores de los futbolistas, cuando se lesionan en el campo.

Agua mineral: agua de manantial que contiene determinadas sales, beneficiosas para el organismo humano.

Agua nieve: llámase así cuando está medio lloviendo o nevando.

Agua oxigenada: de fórmula H_2O_2, se utiliza para desinfectar pequeñas heridas.

Agua pasada: acontecimiento hecho hace algún tiempo y casi olvidado.

Agua pasada no muele molino: lo acontecido no hay que estar recordándolo siempre, y las ofensas hechas, perdonarlas.

(El) Agua para las ranas: disculpa de los bebedores para no catarla.

Agua pesada: la que se utiliza para la fabricación de la bomba atómica.

¡Agua, que arde la fragua!: se dice al que manifiesta tener mucha sed.

Agua que no has de beber, déjala correr: aconseja no entremeterse en lo que a una persona no le importa.

¡Agua va!: hoy día se refiere a cualquier cosa que se tira, antiguamente era el aviso cuando desde lo alto de una casa se tiraban aguas sucias o basuras a la calle.

Agua, vaya por el río: dicho de los aficionados al mosto de Baco.

Aguafiestas: metepatas, el que interrumpe una diversión.

Aguanta un pelo, o un pelín: solicitando un poco de espera.

Aguantar atrás y abuzar adelante: mantener firme entre las manos la cuerda de la que se ha tirado mientras se amarra el extremo.

Aguantar cabronadas: sufrir inconvenientres grandes e inoportunos.

Aguantar carros y carretas: soportar pacíficamente contrariedades, contratiempos e incomodidades graves.

Aguantar de puro macho: hacerse el sufrido y valiente.

Aguantar el chaparrón, o el chubasco: resignarse y callar ante las represiones o desgracias.

Aguantar el mirlo: callarse una persona.

Aguantar el nublado: sufrir con resignación.

Aguantar el pujo: admitir o sufrir sin protestas.

Aguantar el temporal: adoptar las medidas necesarias para que un barco sufra lo menos posible los embates del viento y de las olas. Esperar que pasen las malas rachas o desgracias de la vida.

Aguantar la vela: ayudar a una persona servilmente.

Aguantar mecha, o aguantar la mecha: sufrir con resignación o sobrellevar una reprimenda, contrariedad o peligro.

Aguantar, o tener, vela: acompañar a una pareja de enamorados.

Aguar, o aguarse, la fiesta: turbar o turbarse cualquier regocijo.

Aguarda, pálida sombra: dícese burlescamente cuando alguna persona se quiere retirar enojada, de nuestro lado.

Aguardar a los polvos de mayo: frase burlesca con que se suele remitir a esta temporada del año la curación de alguna enfermedad duradera.

Aguardiente alemán: el que se usa como purgante.

Aguardiente anisado: el que se mezcla con el anís para suavizarlo.

Aguardiente catalán: el de vino.

Aguardiente de cabeza: el primero que sale de la destilación de cada calderada suele ser fuerte y cabezón.

Aguardiente de caña: el que se saca de la melaza.

Aguardiente de manzanas, melocotón, nueces, peras, bellotas, etc.: el que se saca de dichos frutos. Hoy en día se sirve este licor en vasos muy pequeños y muy fríos, que se denominan "chupitos".

Aguardiente seco: el que no tiene anís.

Aguas mayores: defecar.

Aguas menores: orinar.

(Las) Aguas siempre vuelven a su cauce: después de grandes calamidades o conflictos, las costumbres vuelven a ser como antaño.

Agudo como punta de colchón: irónicamente se dice del que es rudo y de poco entendimiento.

Agudo como un pensamiento: dícese de la persona que sobresale por su agudeza e ingenio.

Agujero: dicho obsceno y referido al órgano genital de la mujer.

Agujero negro: dícese del cuerpo celeste que absorbe la materia o energía. Descubrimiento de partidas fraudulentas en los presupuestos oficiales.

Aguzar el entendimiento: aplicar la inteligencia.

Aguzar el ingenio: pensar con presteza y atención.

Aguzar la vista: mirar con atención.

Aguzar las orejas: prestar atención, poner mucho cuidado. Levantar las orejas los animales.

Aguzar los dientes: disponerse a comer cuando está dispuesta la comida.

Aguzar los oídos: escuchar con atención.

Aguzar los sentidos: prestar atención y cuidado.

¡Ah de la casa!: para llamar en casa ajena.

Ahí, allí o aquí fue Troya: se emplea para indicar el momento en que estalla un conflicto, o la dificultad en el asunto, o el hecho de que se trata.

Ahí duele, o le duele: que se ha dado con el quid de la cuestión, o que se ha acertado con el motivo o disgusto.

Ahí es nada: sin la menor importancia.

¡Ahí es un grano de anís!: se usa irónicamente para denotar la importancia o gravedad de una cosa.

¡Ahí es una friolera!: pondera la importancia o gravedad de una cosa.

Ahí está el busilis: indica que ahí está la dificultad del asunto.

Ahí está el hito: da a entender que la dificultad de una cosa estriba precisamente en lo que se está tratando.

Ahí está el punto: ahí está el quid.

Ahí está el quid: dando a entender cuál es el punto en que se halla la dificultad de una cosa.

Ahí está la cosa: expresión que corrobora el problema.

Ahí hay un hombre que dice ¡ay!: frase que se hacía en los dictados para escribir correctamente la palabra que puede ser motivo de confusión.

Ahí juega un zurdo: con que, positiva o irónicamente, se pondera la habilidad, destreza o inteligencia de una persona

Ahí la tienes, báilala: expresión indicativa como a una situación al producirse, se indica a uno: resuélvela.

Ahí le aprieta el zapato: cuando se descubre el punto débil de una persona, o algo que molesta o duele sobremanera.

Ahí lo tienes, y si te condenas que te condenes: dícese al que se entrega una cosa pedida con gran insistencia, eludiendo toda responsabilidad; se emplea principalmente con los niños.

Ahí me dio el dolor: manera de expresar el acierto con que una persona ha resuelto convenientemente una cosa ardua.

Ahí me las den todas: denota la poca importancia que damos a las desgracias de personas o cosas que no nos incumben, aun recibiéndose casi en su nombre.

Ahí queda el tajo: dando a entender que se deja un asunto, para que los demás se las arreglen como puedan.

Ahí queda eso, o allá va eso, con cáscara y hueso: dícese cuando se abandona un asunto que es compromotido o por lo menos molesto.

Ahí será el diablo: riesgo o peligro que se teme o se sospecha en lo que puede suceder.

¡Ahí te duele!: exclamación con que se increpa a una persona que ha resultado dolida, por una actuación o contestación que no agradaba.

Ahí te están llamando: dícese de broma a una persona cuando se oye el rebuzno de un borrico.

Ahí te quedan las llaves: dejar una cosa sin dar razón y algunas veces con enfado, y sin rendir cuentas.

¡Ahí tienes!: exclamación de una cosa sabida y conocida.

Ahí torció la puerca el rabo: expresando que con determinadas situaciones se pierden todas las esperanzas.

¡Ahí va!: forma de expresar asombro o sorpresa por algún acontecimiento narrado o leído.

Ahí verá usted: cuando lo hecho, dicho u ocurrido lo fue a pesar de todo; forma de esquivar una pregunta embarazosa.

Ahogar las penas: olvidarlas dándose a la bebida.

Ahogarse de calor: estar cansado por el exceso de calor.

Ahogarse de gente: calor y apretura que ocasiona la mucha aglomeración de personas.

Ahogarse el grano: no prevalecer, por las malas hierbas que crecen a su alrededor.

Ahogarse en poca agua: ser para poco.

Ahogarse en un vaso de agua: apurarse por muy poca cosa.

Ahogarse la gente: ponderación del calor y apretura que ocasiona el concurso de muchas personas.

Ahora bien: sin embargo, pero...

Ahora entro yo: el que está oyendo al que habla sin contradecirle, para hablar y exponer su opinión.

Ahora es la mía, o la tuya...: expresa que ha llegado el momento favorable para poder hacer algo.

Ahora ¡inciensa con las narices!: se dice esta frase cuando alguien comete un estropicio por desobediente, por no haber hecho caso de las advertencias que se le hicieron.

¡Ahora lo oigo!: con que se indica la novedad que causa una cosa que se dice y de la que no se tenía noticia.

Ahora lo veredes, dijo Agrajes: fórmula de amenaza.

Ahora mismo: de forma inmediata.

Ahora que: locución adversativa, que indica sin embargo.

Ahora será ella: expresa con sentido ponderativo que va a ocurrir alguna cosa notable o grave.

¿Ahora te desayunas?: ¿Es ahora cuando lo entiendes?

Ahorcado sea tal barato: frase con que se denota que una cosa se da o vende por un precio muy bajo.

Ahorcar los hábitos, o la sotana: salirse de religioso o de sacerdote.

Ahorcar los libros: dejar los estudios definitivamente.

Ahorcarse: casarse el hombre.

Ahorrador de salvado y derrochador de harina: se dice de los que son tacaños para unas cosas y pródigos y despilfarradores para otras menos provechosas.

Ahorrar camino: buscar los medios más fáciles y rápidos para llegar al fin que uno se propone.

Ahorrar, o cortar envites: abreviar, acortar razones.

Ahorrar palabras: acabar pronto.

(El) Ahorro es santo: frase ponderativa del ahorro.

Ahuecar el ala: marcharse.

Ahuecar el culo: expresión vulgar para indicar que una persona se ausenta del sitio que ocupa.

Ahuecar la voz: abultarla para que parezca más grave e imponente.

Ahumarse el pescado: ponerse una persona de mal humor.

Aire al aire: montar, engastar las piedras preciosas.

Aire al aire libre: fuera de toda habitación o resguardo.

¡Aire, bola!: expresión que se dice cuando se escucha una gran mentira.

Aire de suficiencia: con gran afectación.

Aire de taco: desenfado, desenvoltura, desembarazo.

Aire popular: canción característica de cada pueblo.

Ajandorras: persona de dinero.

Ajar la vanidad: abatir el engreimiento y soberbia.

Ajenjo: significa amargura en el lenguaje de las flores.

Ajeno a la verdad: contrario a ella.

¡Ajo y agua!: expresión abreviada de ¡A joderse y aguantarse!; significa soportar algo fastidioso o molesto.

Ajustadme, o ajústeme usted esas medidas: cuando las cosas que se hacen no tienen la debida exactitud o proporción. Expresión que se usa cuando uno habla sin concierto.

Ajustar a flor: entre ebanistas y carpinteros, la pieza que está embutida en otra.

Ajustar las cuentas: poner las cosas en su sitio.

Ajustar los tiempos: fijar la cronología de los sucesos.

Ajustar, o apretar, la golilla: poner la razón por la fuerza. Ahorcar.

Ajustar cuentas: amenazar, cumplimiento de un acuerdo.

Ajustarse con la conciencia: seguir lo que ésta dicta.

Al abordaje: forma de invitar a ocupar rápidamente un lugar que no es propio, fórmula marinera y de piratería para ocupar el barco contrario.

¡Al agua patos! Y algunos añaden: ¡No se la beban los gusarapos!: manera de excitar a uno a que no tarde en satisfacer aquello que le inclina su afición, por presentarse ocasión oportuna para ello.

Al aire: parte del cuerpo sin cubrir por ninguna prenda.

Al aire libre: en el exterior, a la intemperie.

Al ajillo: forma de cocinar ciertos alimentos.

Al ajoarriero: igual que lo anterior.

Al alcance de la mano: a una distancia muy pequeña; también se expresa cuando falta muy poco para conseguir algo.

Al alimón: forma de indicar que la ejecución de una cosa se ha hecho conjuntamente, y a la vez por dos personas.

Al amigo, hasta el culo; al enemigo, por el culo, y al indiferente, la legislación vigente: dicho de un determinado sector de la Administración, contra las personas incordiadoras por naturaleza, que todo lo reclaman, con razón o sin ella.

Al amigo y al pariente, un real más de lo corriente: con las personas de confianza la generosidad debe ser superior.

Al amor de la lumbre, o del fuego: estar al abrigo de.

Al amor del agua: autorizar, o no darse por enterado de cosas mal ejecutadas.

Al amor lo pintan ciego: se dice de la persona enamorada que no ve nada malo de la persona a la que ama.

Al arrimo de: al amparo de.

Al atar de los trapos: al fin, o al dar cuentas.

Al avío, melero: invitando a terminar pronto una cosa, sin perder el tiempo en futilidades.

Al avío, padre cura, que la misa no engorda: invita a las personas para que vayan derechas al asunto, sin andarse por las ramas.

Al azar: a la suerte.

Al baño María: forma de elaborar ciertos alimentos, haciendo hervir un recipiente, metido dentro de otro con agua entre ellos.

Al bies: de forma sesgada.

Al borde del abismo, o del precipicio: en riesgo grave de caer en un peligro.

Al buen callar llaman Sancho, y al bueno, bueno, Sancho Martínez: recomendando la prudente moderación al hablar.

Al buen día, mételo en casa: debiéndose aprovechar la buena racha cuando llega.

Al buen pagador no le duelen prendas: al que cumple con lo que debe, no le cuesta ningún trabajo dar garantías.

Al buen tuntún: a cierra ojos, a la buena de Dios.

Al bultuntún: dícese de la persona que habla y obra sin reflexión, a bulto y a lo que salga.

Al cabo: al fin, por último.

Al cabo de Dios te salve: después de mucho tiempo.

Al cabo de la calle: estar siempre en ella.

Al cabo de la jornada: al final de ella.

Al cabo de un rato, Andújar: llegar tarde a un lugar. Recoger una cuerda o cable.

Al cabo del mundo: a cualquier parte, por remota y distante que esté.

Al cabo y al fin: en último término.

Al cabo y a la postre: al cabo.

Al caer el día, o el sol: cuando empieza a anochecer.

Al caer, o a la caída de la hoja: acercarse el invierno.

Al calor de: al amparo.

Al canto de los gallos: al anochecer, que es cuando cantan por primera vez.

Al canto del gallo: al amanecer, o a la media noche.

¡Al carajo!, dijo David, y tiró el arpa: desplante cuando se está dispuesto a dejarlo todo.

Al caso: a lo que se refiere.

Al catarro con el jarro: pondera que la mejor forma de acabar con el catarro es tomando alcohol, cosa poco recomendable por lo poco efectiva que es. Pero el refrán es incompleto, ya que acaba: **pero nota que el jarro no es bota,** indicando que el jarro es de medicina y no de bebida.

Al cazador, leña, y al leñador, caza: modo de poner en evidencia los caprichos de la fortuna.

Al cero: forma de cortar el pelo.

Al cerrar del proceso: al término del mismo que se ha vaticinado la forma de concluir.

Al conjuro de: a instigación de alguna cosa que se estimule con un hechizo.

Al contado: con dinero contante y sonante.

Al contrario: al revés, de un modo opuesto.

Al correr del tiempo: después de un tiempo.

Al corriente: sin atraso alguno.

Al cuerno: forma con que se rechaza de forma airada a una persona.

Al chilindrón: forma de guisar ciertos alimentos.

Al cuidado: bajo la responsabilidad de alguien.

Al dedillo: lo que se sabe por haberse aprendido con todo detalle.

Al dente: forma ideal de estar cocida la pasta, indica al diente.

Al desbarate: casi de balde.

Al descuido y con cuidado: con descuidado afecto.

Al descubierto: sin cuantía dineraria en una cuenta bancaria.

Al desgaire: con descuido afectado.

Al desnudo: descubiertamente a la vista de todos.

Al destapar las tinajas veremos si es vino o vinagre: conociendo los hechos, se conoce a las personas, si son buenas o malas.

Al detalle: venta al por menor. Lo que se hace con toda perfección.

Al día: al corriente.

Al diablo la carne, y a Dios los huesos: censura al que abandona la vida disoluta al final de los años.

Al dictado: copiar al oído, lo que se cumple con todo detalle.

Al embarcar, el primero, y al desembarcar, el postrero: aplícase a aquellas personas que están muy entusiasmadas con un negocio hasta el momento de desembolsar el dinero.

Al encender los candiles: al anochecer, entre dos luces.

Al encuentro: ir en busca, salir a recibir a alguien.

Al enemigo, ni agua: dicho en competiciones deportivas.

Al enhornar se tuerce el pan: recomienda el cuidado que se debe poner en aquello que se empieza para que salga bien hecho.

Al entrar en la iglesia, deja el mundo detrás de la puerta: enseñando a despreciar las cosas mundanas.

Al espantado, la sombra le espanta: se dice de la persona que por cualquier cosa se asusta, temiendo que le vaya a ocurrir cualquier otro percance.

Al estricote: al retortero, a mal traer.

Al filo de: exactamente, en ese preciso momento.

Al fin de la jornada: al terminarse una cosa.

Al fin del mundo: en sitio muy apartado.

Al fin se canta la gloria: indica que hasta que no se termina algo, no se puede hacer juicio cabal de ello. El premio viene después del trabajo.

Al fin todo se sabe: indicando que todas las cosas acaban por saberse o descubrirse.

Al fin y a la postre: al término.

Al fin y al cabo: al final.

Al final de la jornada, aquel que se salva, sabe, y el que no, no sabe nada: dicho en sentido espiritual, ya que la meta del cristiano es la salvación eterna.

Al fregar de los platos sólo acuden los mentecatos: frase jocosa con que se burla al trabajador.

Al fresco: al sereno.

Al freír de los huevos: al tiempo de ver si una cosa llega a tener su efecto.

Al freír será el reír: censura al que da por seguro lo que no está demasiado claro.

Al frente: dirigiendo, a la cabeza.

Al fresco: al resguardo de los rayos solares.

Al gana gana: procurando ganar las piezas del contrario a las damas.

Al ganapierde: forma de jugar a las damas, dando de comer todas las piezas al contrario.

Al gato goloso se le quema el hocico: se dice del que se propasa en lo que no debe y es justo que reciba el castigo. También al que, solapadamente y a

hurtadillas, coge algún manjar que acaba de cocinarse, y al metérselo en la boca se quema.

Al golpe: en seguida, al punto, inmediatamente.

Al grano: atender a la cuestión, prescindir de lo superfluo.

Al gusto: hecho con la preferencia de una persona.

Al habla: expresión al contestar a una llamada telefónica y preguntar por el que está contestando.

¡Al higuí!: a la ganancia.

Al hilo: sin interrupción. Según la dirección de una cosa.

Al hombre le falta paciencia y a la mujer le sobra insistencia: cualidades de cada uno de los dos sexos.

Al hombre quiero yo ver, que los vestidos son de lana: expresando que lo principal es la persona, y no cómo se encuentra ataviado o vestido.

Al hospital por hilas, o por mantas: se reprende la imprudencia de pedir a uno lo que necesita y le falta para sí.

Al infierno: expresión con que se rechaza la persona que importuna o molesta.

Al instante: al punto, sin dilación.

Al lado: muy cerca.

Al loro: estar atento, alerta.

Al lucero del alba: locución efectuada a una jerarquía indeterminada.

Al maestro, cuchillada: se usa cuando se encomienda o corrige al que debe entender una cosa, presumiendo saberla.

Al mal paso, darse prisa: en las situaciones difíciles conviene emplear mayor diligencia y el menor tiempo posible.

Al malo, palo, y al enfermo, regalo; el uno es malo y el otro está malo: forma de actuar con cada una de esas personas.

Al margen: dejar sin intervención.

Al más listo se la pegan: aconseja no confiarse demasiado.

Al más pintado: al más hábil o experimentado.

Al mejor caballo, la mejor espuela: a la persona que responde en todo siempre mejor es conveniente darle alicientes para que siga actuando de la misma manera.

Al mejor cazador se le va la liebre: expresa que el más hábil en cualquier materia puede errar por equivocación u olvido.

Al mejor escribano se le cae un borrón: igual que lo anterior.

Al mejor tiempo: a lo mejor.

Al menos, o por lo menos: locución de excepción.

Al mismo rey no debo nada: manera de expresar que se está en paz con todo el mundo.

Al mismo tiempo: a la vez.

Al modo de: a la manera de.

Al momento: al instante.

Al muerto, tierra encima: expresión para indicar que las cosas desagradables, incómodas, hay que hacer todo lo posible por que desparezcan.

Al natural: sin composición.

Al fin, o por fin: por último.

Al oído: dícese de lo que se aprende oyendo, sin otro auxilio que la memoria.

Al ojo: cercanamente, a la vista.

Al óleo: forma de pintar algunos cuadros.

Al olor de: buscar la oportunidad, a la expectativa por lo que resulta agradable, o por curiosidad.

Al osado la fortuna da la mano: generalmente, las personas atrevidas suelen salir bien en sus empresas.

Al otro, después de pasado mañana, víspera de sábado: dicho de algunos trabajadores, para hacerse a la idea de que se termina la semana laboral; lo dicen el martes, cuando casi está empezando la semana. Dicho oído en Barbastro a un compañero de mi hija.

Al otro día: al día siguiente.

Al padre prior, que lo amanse: modo de quitarse de encima alguna cosa enojosa.

Al pagar me lo dirán: significa la alegría inmediata con que se compran cosas y la tristeza en el momento de pagar.

Al pairo: a la deriva, sin preocuparse de ello.

Al pan, pan, y al vino, vino: dicho para manifestar las cosas con total llaneza y sinceridad.

Al paño: en escucha detrás de bastidores.

Al papel y a la mujer, hasta el culo se le ha de ver: indicando que debe una persona enterarse bien de todo lo escrito para evitar inconvenientes y disgustos por ello.

Al parecer: exposición de juicio formado.

Al paso: sin detenerse.

Al paso que: al mismo tiempo, a la vez.

Al pastel: forma de pintar algunos cuadros.

Al pecador como viniere: expresa que se ha de tratar a las personas según se presentan.

Al peligro con tiento, y al remedio con tiempo: aconsejando hacer las cosas cada una en su momento, para que sean siempre más provechosas.

Al pelo: venir bien. Hacia donde se inclina la pieza de tela.

Al perro flaco, todo se le vuelven pulgas: al que tiene una desgracia, le suelen venir más.

Al pie: próximo.

Al pie de fábrica: valor de las cosas en su punto de origen.

Al pie de la cuarta: al principio de una empresa o carrera larga.

Al pie de la cuesta: al principio de una empresa o carrera larga y difícil.

Al pie de la letra: exactamente.

Al pie de la obra: valor de los materiales en destino.

Al pie del cañón: estar constantemente en el puesto de trabajo, dando la cara.

Al pil-pil: forma de cocinar ciertos alimentos.

Al pobre el sol se lo come: al desvalido nadie lo atiende.

Al pobre, hasta los perros le ladran: la persona desgraciada suele serlo por todos los conceptos.

Al poco rato: al poco tiempo.

Al por mayor: lo que se vende en grandes cantidades.

Al por menor: lo que se vende en cantidades pequeñas.

Al portador: forma de extender algunos cheques bancarios.

Al postrero muerde el perro: todas las desgracias suelen caer sobre el último.

Al presente, o de presente: ahora, cuando se está diciendo o tratando. Época actual.

Al primer encuentro: en contrase con obstáculos inesperados a la primera.

Al primer envite: al comienzo, de buenas a primeras.

Al primer gallo: a media noche.

Al primer golpe de vista: a la primera impresión.

Al primer tapón, zurrapas: fracasar a la primera tentativa.

Al principio, o a los principios: al empezar una cosa.

Al principio del mes, año, etc.: en sus primeros días.

Al prójimo, como a ti mismo: máxima evangélica que enseña a querer y tratar a los demás como a uno mismo, es la base del cristianismo.

Al prójimo contra una esquina: forma de motejar a los egoístas.

Al pronto: a primera vista.

Al propio: con propiedad, justa e idénticamente.

Al punto: sin dilación, en su punto exacto.

Al que come bien el pan, es pecado darle ajo: a las personas que comen con gana las viandas normales es tonto gastar en manjares delicados.

Al que le duela una muela que se la saque, o que rabie: indicando que cada uno debe aguantarse con lo que le toca.

Al que le pique, que se arrasque: expresando que el que tiene una desgracia debe buscar los medios para resolverla.

Al que le toca, le tocó: forma de consolarse al que le viene una desgracia. Dicho empleado en los pésames.

Al que madruga Dios le ayuda: exhortando a madrugar.

Al que mal hiciera, no lo creas: expresando que no se perdona tan fácilmente, aunque se diga de esa manera.

Al que mucho quiere saber, poquito y al revés: contra los curiosos impertinentes y maliciosos.

Al que no está acostumbrado a bragas, las costuras le hacen llagas: dícese de los inconvenientes que resulta acostumbrarse a algo que anteriormente no se había tenido.

Al que no parte, partirlo: expresa la poca consideración que se debe tener con el que no comparte nada.

Al que no quiera caldo, la taza llena, o taza y media, o tres tazas, y la última rebosando: se dice cuando uno es obligado a hacer o padecer con exceso lo mismo que repugnaba.

Al que pilla, pilla: indica el poco cuidado que a uno le da el que se molesten los demás, creyendo verse aludidos en lo que se satiriza.

Al que se hace de miel se le comen las moscas: el que no tiene carácter para oponerse a los peticionarios, acaban por dominarle.

Al que se muere lo entierran: el que tiene un problema se debe conformar con él.

Al que tiene madre no hay que llorarlo: indicando que una persona no puede ser muy desgraciada teniendo madre.

Al que va a la bodega y no bebe, por beber se lo cuentan: recomendando no ir a lugares poco recomendables, aunque no se haga nada, ya que se lo van a dar por hecho.

Al que yerra perdónalo una vez, más no después: expresa que los yerros deben ser castigados, menos el primero.

Al quitar: se significa la poca permanencia y duración de una cosa.

Al rape: a la orilla, o casi de raíz.

Al ras: al mismo nivel.

Al raso: al descubierto.

¿Al rayo apelas? Confiésate vencido: el acudir a los medios violentos es lo mismo que confesar el fracaso de un asunto.

Al redopelo: contra el curso natural, a contrapelo.

Al respecto: en correspondencia.

Al retortero: sin orden, sin objetivo fijo.

Al revés: al contrario, invirtiendo el orden regular. A la espalda, a la vuelta.

Al revés me las calcé: con que se denota haberse entendido al contrario una cosa, o haberla ejecutado igualmente.

Al revés me la vestí, y ándase así: reprende a los dejados o descuidados que quieren seguir con lo que han hecho mal.

Al revés te lo digo para que me entiendas: se dice al que se le ha explicado algo y no lo entiende.

Al rey se le conoce por la moneda: es decir por el dinero, ya que está allí su efigie.

Al rojo: el hierro cuando, calentado, está de ese color. Cuando una cosa está muy discutida y sin determinar.

Al rojo vivo: cuando un asunto está sin llegar a ningún acuerdo, después de fuertes discusiones y a punto de romperse las hostilidades.

Al ruin y al pobre todo le cuesta doble: ya que el que tiene poco dinero, o es roñoso, compra lo más barato, con lo que al poco tiempo tiene que volver a gastárselo, ya que se ha roto o estropeado.

Al santo que está enojado, con no rezarle está pagado: a la persona que está enfadada, con no hablarla, todo se resuelve.

Al sereno: a la intemperie de la noche.

Al servicio de: a las órdenes de.

Al sesgo: al revés.

Al socaire: al abrigo, bajo protección.

Al sol que nace: adular al que empieza a mandar.

Al sol puesto: al crepúsculo de la tarde. A deshora.

Al son que tocan bailo: dispuesto a todo.

Al tambor mayor no se le toca retreta: indicando que a los superiores no se les puede mandar ni contradecir.

Al tanto: por el mismo precio, costo o trabajo.

Al tanto de una cosa: al corriente o enterado de ella.

Al temple: forma de pintar.

Al tiempo: a la vez.

Al tiempo del higo no hay amigo: cuando alguien se encumbra, no se suele acordar de los amigos.

Al tiempo se encoge mejor la hierba malva: todas las cosas se alcanzan a su debido tiempo.

Al tirón: cobrarse por anticipado.

Al toma, todo el mundo asuma, y al daca, todo el mundo escapa: cuando se trata de percibir, todos estamos dispuestos, al contrario ocurre cuando hay que soltar dinero.

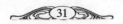

¡Al toro, que es una mona!: expresando ánimo y valor al ejecutar algo que parece difícil, no siéndolo tanto.

Al tran tran: despacio, con meditación.

Al trasluz: ver las cosas entre la luz y el ojo.

Al traste con algo: fracasar.

Al través: a través.

Al trenzado: con desaliño, sin cuidado.

Al trote: aceleradamente, sin sosiego.

Al tuntún: al azar, a la suerte.

¡Al turrón!: al lucro.

Al unísono: se dice de los que tienen el mismo sonido o tono.

Al uso: conforme, según él.

Al vado, o a la puente: se usa para instar a que se opte por una cosa u otra resolución en el caso de perplejidad.

Al vapor: forma de cocinar ciertos alimentos.

Al viejo se le cae el diente, pero no la simiente: perderá la fuerza física, pero nunca la virilidad.

Al villano, con la vara del avellano: forma de castigar a estas personas, ya que las palabras no les hacen mella.

Al villano, dale el pie y se tomará la mano: recomienda que no se tengan confianzas con gente ruin y de baja estofa.

Al villano, don de villano: a cada uno debe tratársele como se merece.

Al vivo: con la mayor viveza.

Al vuelo, o a vuelo: pronta y ligeramente.

Alabado sea Dios: saludo, especialmente en casas de religiosos. Expresión de alegría o asombro.

Alabar sus agujas: ponderar sus actos o negocios.

Alabarte debo; que venderte quiero: frase de los vendedores que deben alabar la mercancía, para que pueda ser vendida.

¡Alabí! ¡alabá! ¡alabí, bom, ba!: gritos de apoyo en una competición deportiva.

¡Alabo la llaneza!: moteja al que usa demasiada familiaridad con las personas que debe tratar con todo respeto.

Alambicar el cerebro: meterse en indagaciones que gastan el juicio.

Alargar el paso: andar, ir de prisa.

Alargar la bolsa: tener en cuenta un gasto grande.

Alargar la cura: prolongar sin necesidad un negocio.

Alargar la mano: para saludar, para coger algo.

Alargar la mecha: alargar una gestión o asunto.

Alargar los dientes (ponerse los dientes largos): dar dentera por lo agrio, esperar una cosa con ansiedad para poseerla. Devorar con vehemencia algo.

Alargar, o estirar, la bolsa: prevenir dinero para algún gasto de consideración.

Alas de la hormiga: denotan el fin desastroso que suelen parar los que pasan de una situación modesta a otra demasiado encumbrada.

Albahaca: da a entender odio en el lenguaje de las flores.

Albarda sobre albarda: repetir una cosa sin necesidad. Burla de lo añadido o sobrepuesto sin necesidad o con torpeza. Y unos y otros terminan diciendo: **una para la barriga y otra para la espalda**, y otros: **sobre las albardas, un borrico.**

Albarda sobre aparejo: albarda sobre albarda.

Alborotar el cortijo: alterar con palabras o acciones una concurrencia de gente.

Alborotar el cotarro: a los que estaban sosegados.

Alborotar el gallinero o palomar: alborotar a la concurrencia.

Alborotar el rancho: alborotar el cortijo.

Alborotar la calle: alborotar al vecindario, con ruidos o gritos molestos.

Alborotar la caza: dar motivo para que haya alguna disputa o pendencia.

Alcabala del viento: tributo que pagaba el forastero por los géneros que vendía.

Alcancía: aparato genital femenino.

Alcanzar de razones: sin tener que responder.

Alcanzar gloria de Dios: conseguir bienaventuranza.

Alcanzar, o no alcanzar más: tener poca capacidad.

Alcanzar oro y moro: locución irónica al considerar una persona, que le han de dar una cosa grande.

Alcanzar su deseo: conseguir lo que se deseaba.

Alcanzarle el agua de la gracia: llegar a tiempo el remedio para una situación desesperada.

Alcanzársele algo: comprender fácilmente una cosa.

Aldabas: tetas.

¡Alce Dios tu ira!: se dice al manifestar enfado.

Alcornoque: persona muy tosca y de gran rudeza.

Alea jacta est: la suerte está echada, se dice cuando una persona se dedice a actuar, después de la indecisión.

Alegar las luces: avivarlas.

Alegato de bien probado: escrito de conclusiones con que mantienen los litigadores sus pretensiones.

Alegrar más que las seguidillas: dícese de la persona que alegra la vida a los demás o las penas de otra persona.

Alegrarse la pajarilla, o las pajarillas: estar contento con la vista o recuerdo de lo agradable. Excitación sexual.

Alegrársele los ojos, o los ojillos: mostrar regocijo.

Alegre, o barrenado de cascos: con poco seso, asiento o reflexión.

Alegre, o de lucios cascos: persona de poco asiento o reflexión.

Alegría: bar.

Alegría belleza cría: indicando que la sonrisa hace más bellas a las personas.

Alegría de la huerta: persona que siempre se muestra alegre y de buen humor, principalmente se utiliza en sentido negativo.

(La) Alegría dura poco en casa de los pobres: suerte efímera que suele ser la felicidad para las personas en que se ceba la desgracia.

(La) Alegría es un don del cielo: ya que todo el mundo no puede tenerla.

Alegría que te mate: terrible y antiquísima maldición.

Alegrías: se dice groseramente de los genitales masculinos.

Alemanita: masturbación del hombre.

Alerta roja: situación precaución extrema.

Alfa y omega: principio y fin de las cosas.

Alfeñique: remilgada, apocada.

Alfiler: estilete.

Algo es algo: conformidad con poco, menos es nada.

Algo tendrá el agua cuando se bendice: con que se da a entender que al encomiar algo, que no viene al caso, es señal de haber en ella alguna malicia.

Algún cabrón pasa por la calle: se dice cuando a dos personas se les ocurre a la vez una misma cosa.

Algún día en mi peral tendrás peras: expresión familiar para indicar que día vendrá en que mejore la suerte.

Algún día será fiesta, o será la fiesta en nuestra aldea: expresión de esperanza, el que desea un buen acontecimiento.

Algún día será la mía, o la nuestra: expresiones de esperanza o amenaza.

Algún día será pascua: ilusión o esperanza de un acontecimiento.

Algún diablo anda suelto, o se ha casado: suele decirse cuando reina viento huracanado.

Algún es no es: hay cosas que no son lo que parecen.

Algún, o alguno, que otro: expresión de muy pocos.

Algún tanto: un poco, algo.

Alguna bruja se ha casado: se dice cuando reina viento huracanado.

Alguna que otra vez: de cuando en cuando.

Alguna vez: en alguna ocasión.

Alguna vez ha de romper el diablo sus zapatos: dícese del que algunas veces le cuesta trabajo conseguir lo que desea, siéndole fácil lograr su propósito al que obra mal.

Algunas veces dice el diablo la verdad: aplícase a aquellas personas de mala fama, que por una casualidad dicen la verdad una vez.

Alguno que otro: unos cuantos, pocos.

Alhelí: indica belleza permanente en el lenguaje de las flores.

Aligerar el paso: caminar con más velocidad que la que se llevaba.

Aligerarse por la verdú: irse, marcharse precipitadamente.

Alimentarse de esperanzas: esperar con poco fundamento.

Alindar el ganado: llevarlo para que paste a las lindes de la heredad.

Aliquindoli: persona que presencia el recibo de dinero al haberse ejecutado un delito.

Alirón: grito de animación de los equipos deportivos.

Aliviadero: casa de putas.

Alivio de luto: uso del luto, pero menos riguroso.

¡Allá cuidados!: exclamación con que se desentiende de una cosa que interesa a otros.

¡Allá irán!: enviar a alguien en hora mala.

Allá los hayas, Jaén, con tus moros: indicando que hay que ser coherentes en el modo de actuar, asumiendo las consecuencias de las acciones ejecutadas.

¡Allá películas!: allá cuidados.

¡Allá penas!: para significar que no importa una cosa y que no hay preocupación por ella.

Allá se las avenga, o avengan...: allá se las haya...

Allá se las campeen: sin interferencia.

Allá se las componga, o se las arregle: manera de mostrar indiferencia ante un hecho de otra persona.

Allá se las haya, o se las hayan: locuciones familiares que indican que uno no quiere participar en alguna cosa por tener mal efecto.

Allá se, o te, lo dirán en misas: forma de amenaza, indicando que uno pagará en la otra vida el mal hecho en ésta.

Allá se van: identificación de lo idéntico.

Allá tú, él, vosotros, etc.: expresión con que se indica que se es responsable de los actos ejecutados.

¡Allá va!: forma de indicar que algo va dirigido hacia alguna persona.

¡Allá va ese agua hirviendo!: dícese de la persona que va furiosa o desesperada.

Allá va, o allá va eso: se dice cuando se arroja un objeto que puede caer sobre alguien.

Allá veremos, o veremos: mostrando duda de que se realice algo.

Allanar el camino, o el terreno: facilitar el logro de una cosa haciendo desaparecer las dificultades.

Alma de caballo: persona que sin escrúpulos comete maldades.

Alma de cántaro: se dice de las personas bonachonas, también se dice del necio.

Alma de Dios: al bondadoso.

Alma del negocio: su móvil verdadero y principal.

Alma en pena: la del purgatorio, el que sufre en esta vida.

Alma máter: el que por su actuación, dadivosidad o ejemplar dedicación, constituye la razón de ser de una entidad o institución.

¡Alma mía!: expresión de cariño.

Alma nacida: el feto nacido que vive veinticuatro horas.

Almanzor perdió el tambor en la batalla de Calatañazor: esta rima se emplea para recalcar irónicamente que alguien ha perdido su preponderancia, o ha sido vencido.

Almas gemelas: personas que son iguales.

Almeja: obscenamente se dice del órgano genital femenino.

Almirante: conserje uniformado.

Almuerzo, o comida de alforja: dícese de la comida que hace cada uno con sus propias viandas, principalmente cuando se va de campo, romería, etc.

Alpiste: comida o bebida alcohólica.

Alta mar: parte del mar, que está a bastante distancia de la costa.

Alta traición: la cometida contra la soberanía, honor y seguridad o independencia del Estado.

(El) Altar y el trono: la religión y la monarquía.

Alterar la moneda: alterar su valor, peso, ley.

Alterársele la sangre: enfadarse una persona, ser de carácter colérico.

¡Alto ahí!: forma de invitar a una persona a deternerse, o a dejar lo que está haciendo por no ser conveniente.

¡Alto el carro!: forma de indicar que no se continúe con lo que se está haciendo o diciendo.

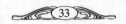

¡Alto el fuego!: frase con que se ordena cesen los disparos.

Alumbrar a uno: pegarle.

Alumbrar, pero no tanto: exhorto a que no se exageren las cosas.

¡Alza, pesado, que me has pisado!: expresión usada para quitarse a alguno de encima, cuando molesta con impertinencias.

¡Alza, que vas de guardia!: dícese para despabilar al que estaba durmiendo, o animar al que está decaído.

Alzar cabeza: salir de la pobreza, recuperarse de una enfermedad.

Alzar de eras: acabar la recolección.

Alzar el cerco: desistir del sitio o asedio.

Alzar el codo: beber.

Alzar el dedo: levantarlo para cumplir algo, pedir permiso.

Alzar el grito (la voz): levantar la voz con descompostura.

Alzar el precio: aumentarlo o subirlo.

Alzar el real, o los reales: ponerse en movimiento un ejército.

Alzar el vuelo: echar a volar.

Alzar figura: formar el horóscopo, o pronóstico de los sucesos de una persona.

Alzar la cabeza: salir de la pobreza, o de una grave enfermedad.

Alzar la cresta: envanecerse, mostrar soberbia.

Alzar la mano: amenazar, cesar en la protección.

Alzar la mesa: levantar los manteles después de haber comido.

Alzar la palabra: soltar la palabra.

Alzar la voz: levantar la voz.

Alzar las manos al cielo: levantarlas para pedir a Dios un beneficio o favor.

Alzar las pajas con la cabeza: haber caído de espaldas.

Alzar los ojos al cielo: levantar el corazón a Dios implorando su favor.

Alzar, o alzarse, el tiempo: dejar de hacer malo.

Alzar, o levantar, a alguien sobre el pavés: erigirle en caudillo, encumbrarle, ensalzarle.

Alzar, o levantar, de eras: acabar de recoger el grano que había en ellas.

Alzar, o levantar, el gallo: manifestar soberbia o arrogancia.

Alzar, o levantar, el pendón: levantar bandera o banderas.

Alzar, o levantar, la cresta: mostrar soberbia.

Alzar, o levantar, la mesa: quitar los manteles de la mesa una vez terminada la comida.

Alzar tienda: quitarla, cerrarla.

Alzar velas: disponerse a navegar. Marcharse de repente del sitio donde se hallaba.

Alzarse con alguna cosa: apoderarse de ella con usurpación o injusticia.

Alzarse con el dinero: ganarlo entre jugadores.

Alzarse con el santo y la limosna: apropiarse de todo sin derecho y con violencia.

Alzarse con la carga: tomar voluntariamente alguna obligación.

Alzarse en armas: sublevarse.

Alzarse, levantarse o subirse a mayores: ensoberbecerse elevándose más de lo que le corresponde.

Alzó la maya por mis compañeros, y por mí el primero: estribillo infantil, para salvarse él y los compañaros en el juego de la maya.

Ama a quien no te ama y responde a quien no te llama: aconseja hacer bien sin esperar recompensa.

Ama de casa: mujer encargada de las labores de la casa, que generalmente concurren en la madre o esposa.

Ama de cría: la mujer encargada de dar el pecho a un hijo que no es suyo.

Ama de llaves: mujer encargada de la economía de una casa.

Ama lo tuyo y respeta lo ajeno; que aquello es miel, y esto veneno: enseña a contentarse con lo que le pertenece, sin ambicionar lo de los demás.

Amable, o fino, como un erizo: se dice de la persona áspera o intratable.

Amagar y no dar: frase popular de un juego de niños. Amenaza o promersa hecha que no se llega a dar cumplimiento.

Amainar las velas: abatir el orgullo, desistir de pretensiones exageradas.

Amaine la cólera: sosiéguese.

Amanece y no lo prueba: indicando que no se va a conseguir lo que se pretende, y generalmente por lo que se tiene ilusión.

Amanecer Dios: nacer el día.

Amanecerá Dios y medraremos: expresión que se emplea para diferir a otro día la resolución o ejecución de una cosa.

Amansar el trote: moderarse.

Amantes y ladrones gustan de la sombra y de los rincones: ya que ninguno de los dos quieren ser vistos, por lo que se ocultan de dicha manera.

Amaos los unos a los otros…: dicho evangélico, primera norma cristiana.

Amapola: órgano genital femenino. Indica igualmente consuelo en el lenguaje de las flores.

Amar al prójimo como a sí mismo: decálogo del buen cristiano.

Amar es bueno, ser amado mejor; lo uno es servir, lo otro ser señor: alabando las excelencias del sacrifico en el amor.

Amar sin ser amado, es como limpiarse el culo sin haber cagado: aconsejando hacer las cosas recibiendo la justa contraprestación.

Amargar a uno un dulce: salir caro el disfrute de una cosa.

Amargar como el acíbar: con sabor amargo, igualmente cuando se ha recibido algo inesperado y desagradable, que molesta, pero que no hay más remedio que aguantarse y resignarse.

Amargar como la hiel, o la retama: con un sabor amargo muy fuerte.

Amargar el caldo: dar pesadumbre.

Amargar la fiesta: estropear alguna diversión o alegría.

Amargar la golosina: salir caro el disfrute de un placer.

Amartelado: muy cerca de la persona amada.

Amasando se hace el pan: para conseguir algo es preciso poner los medios: todo es cuestión de paciencia.

Ambladora: mujer de la vida.

Amén de: además de.

(Los) Amenazados comen pan: expresando que no hay que hacer caso de las amenazas por no tener efecto.

Amigo de casaca: llámase así a los partidarios del matrimonio.

Amigo de la taza de vino: aplícase a los que se tienen por amigos, siéndolo realmente su conveniencia o provecho.

Amigo de las entrañas, o de las entretelas: se expresa de esta manera de la amistad entrañable.

Amigo del alma: se dice de la persona que se quiere en extremo.

Amigo del asa: amigo íntimo.

Amigo del pelillo de taza de vino: el que lo es por interés o conveniencia.

Amigo hasta las aras: el que profesa fina amistad a otra persona sin exceder los límites de lo justo y honesto.

(El) Amigo invisible: juego que se basa en descubrir al compañero por medio de una serie de pistas, intercambiándose con posterioridad pequeños regalos.

(El) Amigo lo escojo yo; el pariente, no: los familiares son impuestos por las circunstancias de la vida, pero los amigos son personales, sin imposiciones.

Amigo que no da y cuchillo que no corta, aunque se pierdan no importa: indicando que los amigos que no ayudan, si no se tienen no pasa absolutamente nada.

(Los) Amigos de mis amigos son mis amigos: frase de cortesía que se dice cuando nos son presentadas unas personas por nuestros amigos.

Amiguete: ser amigo de hacer favores comprometedores.

Amiguillos sí, pero el borrico a la linde: indicación que las cosas que se hacen no tienen nada que ver con la amistad, ejecutándolas de forma legal o natural.

Amo del suelo, amo del vuelo: máxima que indica que el que es dueño de una parte del suelo lo es de todo el espacio que se encuentre encima de él.

Amontonarse el juicio: ofuscarse la razón por enojo o error.

Amor con amor se paga, lo demás son palabras vanas: demostrándose mutuamente el cariño. Algunos añaden: y lo de más con dinero.

Amor de boca, bicoca; amor de corazón, verdadera pasión: la persona que está diciendo constantemente que ama, malo, el verdadero amor hay que demostrarlo con hechos.

(El) Amor de las mujeres es como el de las gallinas, que, muriéndose el gallo, a cualquier pollo se arriman: coplilla jocosa, en contra de la constancia amorosa de las mujeres, que, como en todos los casos, siempre hay de todo.

Amor de mujer y halagos de perro mientras toman son duraderos: refiriéndose a las mujeres que aman únicamente por interés, el diccionario les da muchos y variados nombres.

(El) Amor es ciego: ya que no se ven los defectos de la persona amada.

(El) Amor es fuego, pero en él no se cuece el puchero: aconsejando que deben tenerse los medios necesarios para poder subsistir los enamorados, consejo muy prudente y totalmente real; existe otro refrán que dice: donde no hay harina, todo es mohína.

Amor libre: el que se aboga sin el matrimonio.

Amor platónico: el puro e ideal, sin interés alguno.

Amor propio: el que se profesa uno a sí mismo.

Amor que no se atreve, desprécianlo las mujeres: invitando al hombre a ser un poco atrevidillo en el amor, corroborándose este refrán con otro, que dice: amante vergonzoso, hácese a la amada sospechoso, ¿podría ser de la hombría?

Amor sin sacrificio, más que a virtud tira a fornicio: para existir un verdadero amor, cada uno de los amantes tiene que sacrificarse por el otro.

(El) Amor todo lo perdona: los enamorados sólo tienen ojos para la persona amada, perdonando todos los males recibidos.

(El) Amor todo lo puede: por vencerse todas las difilcultades e inconvenientes por la persona que ama.

¡Amos, anda!: expresión chulesca. que expresa burla o rechazo.

¡Amos, corta!: expresión chulesca, que quiere indicar que se debe terminar lo que se está hablando.

¡Amos, venga!: expresión chulesca, que expresa incredulidad, burla, rechazo, etc.

¡Amos, vete!: expresión chulesca, que expresa rechazo o incredulidad.

Amuermarse: aburrirse.

Analfabestia: ignorante, bruto, cerrril.

Ancha: ciudad.

¡Ancha es Castilla!: frase que se usa al obrar libremente y desembarazadamente, sin guardar miramientos o sin reparar en riesgos ni dificultades.

Ancho de conciencia: conciencia laxa.

¡Anchura!, que viene el carro de la basura: aplícase a los necios y orgullosos que creen merecérselo todo.

Ancien régime: se define al régimen político de signo conservador anterior a otro más progresista.

Anclar por los cojones: frase que expresa inmovilidad completa.

¡Anda...!: expresiones achuladas despectivas.

Anda a atajar el río cuando se sale de madre: despedir a una persona de mala manera.

¡Anda a cascarla, o a mamarla!: frase con que se despacha enojosamente a una persona.

Anda con Dios, o ande con Dios: expresión de despedida.

¡Anda con él, o con ella!: expresión de atrévete, decídete.

Anda con mil santos: forma de expresar la alegría cuando se ve uno libre de las inoportunidades o molestias de otro.

Anda con tiento y trabaja con aliento: forma de exhortar a trabajar siempre con ilusión y a conducirse en la vida con prudencia y mesura.

Anda la órdiga: expresión vulgar de admiración o sorpresa.

¡Anda la osa, órdiga, la leche, la puta, la hostia!: exclamación de admiración, sorpresa o enfado.

Anda, o andad a paseo: despedir a las personas con enfado, desprecio o disgusto, por burla, para rehusar o denegar alguna cosa.

Anda, o vete, a esparragar, o a freír espárragos: despedir a uno con desprecio o enfado.

Anda, o vete, al infierno: expresión con que se rechaza a una persona.

Anda que no...: forma irónica de expresar algo que se va a negar a continuación.

¡Anda, que te caes de blando!: con que se moteja a las personas bonachonas, incapaces de negarse a nada que se les pide.

¡Anda salero!: expresión de asombro, dicha por un acontecimiento inaudito.

Anda y no la quieras, que tiene andares de mula gallega: dícese de las mujeres que tienen el paso largo, hombruno y fuerte.

¡Anda y que te den.... morcilla, pol culo, pol saco!: frase despreciativa con que se rechaza a una persona.

¡Anda y que te folle un pez, o un guarro!: frase de desprecio con que rechaza a una persona.

¡Anda y que la casque tu madre, o un muerto!: frase obscena con que se despide a una persona.

¡Anda y que te mate el Tato!: se indica a una persona que tiene tan buenos cuernos como un toro bravo.

¡Anda y que te tiñan de verde!: forma de despachar de mala manera a una persona.

¡Anda y que te zurzan con hilo negro, o que te ondulen!: frase chulesca con que se despide a una persona.

¡Anda, zaranda, que te caes de blanda!: dícese de las mujeres que son sosas y pasivas.

Andad a decir donaires: expresión que se usa cuando a alguno le ha salido un mal chiste y ha tenido que sufrir por causa de él.

Andad que allá os lo dirán: forma de indicar a una persona a tomar en consideración las reconvenciones por el mal que se ha hecho, invitando a pensar en el momento de la muerte.

Andallo, pavas, y eran gansos todos: significa gusto y complacencia en lo que se ve u oye.

Andana: ermita.

Andando el tiempo: en el transcurso del tiempo, más adelante.

Andando, que es gerundio: para indicar que nos tenemos que ir de un lugar, forma de decir que hay que hacer algo.

Andar a boca, que quieres: regaladamente, con suntuosidad.

Andar a buen paso: caminar con cierta ligereza.

Andar a buscar pan de trastrigo por las casas ajenas: meterse en asuntos que a uno no le importan.

Andar a cara descubierta: obrar sin disimulo conforme a razón.

Andar a coz y bocados: darse golpes.

Andar a cuatro pies, o patas: a gatas.

Andar a derechas, o derecho: proceder con rectitud.

Andar a estocadas con el lucero del alba: ser un pendenciero o bravucón.

Andar a gatas: con manos y pies en el suelo; lo hacen los niños pequeños cuando van empezando a caminar.

Andar a grillos: ocuparse en cosas inútiles.

Andar a jerigonzas: andar en rodeos o tergiversaciones maliciosas.

Andar a la birlonga: andar a lo que sale, sin dedicarse a nada de provecho.

Andar a la briba: andar a la que salta.

Andar a la brega: trabajar afanosamente y sin descanso.

Andar a la caza de alguma cosa: buscarla.

Andar a la caza de gangas: buscar cosas con poco coste.

Andar a la caza de grillos: ocuparse en cosas inútiles.

Andar a la cuarta pregunta: sin dinero.

Andar a la flor del berro: en diversiones.

Andar a la gandaya: hacer vida vagabunda.

Andar a la greña: reñir tirándose del pelo, con discusiones y disputas.

Andar a la gresca: reñir, altercar descompuesta y acaloradamente.

Andar a la husma: inquirir para saber las cosas ocultas, sacándolas por conjeturas y señales.

Andar a la maroma: tomar partido.

Andar a la melena: andar a la greña.

Andar a la que salta: aprovecharse de las ocasiones.

Andar a la rebatiña: coger una cosa con porfía.

Andar a la redonda como mula de tahona: no abandonar a aquella persona que nos puede favorecer en algo.

Andar a la sopa, o a la sopa boba: mendigar la comida.

Andar a las bonicas: no empeñarse, ni esforzarse en alguna cosa, tomándola sin trabajo y cómodamente.

Andar a las tres menos cuarto: con los pies en ángulo.

Andar a las vueltas: con observación.

Andar a los alcances: estar a punto de conseguir algo.

Andar a malas: estar enfadados.

Andar a manga por hombro: con desorden.

Andar a mía sobre tuya: hacer o decir una cosa a porfía, para ver quién puede más.

Andar a monte: por malos pasos, huyendo de la justicia.

Andar a palos: estar peleándose continuamente con una persona.

Andar a paso de Luchana: dícese del que anda con paso largo y presuroso.

Andar a paso de tortuga: caminar muy despacio y sin prisa.

Andar a paso ligero: caminar de prisa.

Andar a pescuezo: andar a golpes.

Andar a picos pardos: de golferío; dícese también del que se entrega a cosas inútiles.

Andar a porfía: al que más puede.

Andar a remolque: haciendo lo posible.

Andar a salto de mata: huyendo.

Andar a sombra de tejado, o de tejados: estar escondido o encubierto.

Andar a sus anchas: vivir con vehemencia y libertad.

Andar a tienta paredes: seguir una conducta vacilante, sin rumbo ni idea fija.

Andar a tres menos cuartillo: estar alcanzado de medios. Reñir.

Andar a una: de conformidad.

Andar a viva quién vence: frase con que suele censurarse el proceder de aquellos que se apartan del que está caído para seguir y adular al que prospera.

Andar a vueltas: riñendo.

Andar a vueltas con para, o sobre, una cosa: estar dudoso, perplejo o poniendo todos los medios para saberla y ejecutarla.

Andar acertado: hace una cosa con buen tino y acierto.

Andar advertido: ir o estar prevenido para algún fin.

Andar alcanzado: cuando una persona anda corta de recursos o dinero.

Andar al daca y al toma: en dar y tomar.

Andar al estricote: estar revueltos unos con otros, riñendo y tratándose mal.

Andar al hilo de la gente: hacer cosas porque otros las hacen.

Andar al monte: andar huyendo de la justicia.

Andar al morro: a golpes.

Andar al óleo: estar una cosa muy adornada y compuesta.

Andar al pelo: andar a golpes.

Andar al pescuezo: andar a golpes.

Andar al retorno: andar sin sosiego de un lado para otro.

Andar al retortero: vagar sin sosiego de aquí para allí.

Andar al toma y daca: estar constantemente sosteniendo altercados y disputas.

Andar al uso: acomodarse a los tiempos.

Andar anidando: las mujeres cerca del parto.

Andar atentado: hacer o decir una cosa con prudencia, cordura o moderación.

Andar buscando cinco pies al gato: el que con embustes quiere hacer creer lo imposible. El gato tiene cuatro pies y rabo.

Andar buscando el pelo al huevo: buscar camorra.

Andar buscando la gracia: hacer o decir algún halago a una persona con el fin de quitarle el enfado que tiene.

Andar buscando pan de trastrigo: correr tras lo imposible.

Andar buscanto tres pies al gato: dícese de los que tientan la paciencia con riesgo de irritar.

Andar cagando lugares: tener culo de mal asiento.

Andar colgado de la boca de alguien: escuchar con atención y curiosidad lo que otra persona dice.

Andar como alma, o ánima, en pena: triste, compungido.

Andar como Dios le trajo al mundo: completamente desnudo.

Andar como el corcho sobre el agua: dispuesto a dejarse llevar de la voluntad ajena.

Andar como el perro y el gato: estar dos personas peleándose continuamente.

Andar como gatos por febrero: armar mucho ruido.

Andar como la abeja, de flor en flor: ser inconstante en las determinaciones. Ser un hombre muy mujeriego.

Andar como los cangrejos: retroceder en sus actuaciones.

Andar como, o hecho, un etcétera: andar encorvado hacia adelante.

Andar como pájaro bobo: dícese de las personas que, por falta de sociedad, se hallan en un sitio como atontados.

Andar como pájaro, de rama en rama: ser inconstante en sus determinaciones o actos.

Andar como Pedro por su casa: con toda la confianza del mundo.

Andar como puta por rastrojo: andar mal, cuando no van bien las cosas.

Andar como tres en un zapato: muy atareado.

Andar como un duende: aparecer sin esperarlo.

Andar como una carreta: caminar sumamente despacio.

Andar como una seda: perfectamente, como se esperaba.

Andar como zorra que cría siete: con prisas.

Andar con…: manipular…

Andar con ambages: dando rodeos.

Andar con cien ojos: vivir prevenido o receloso.

Andar con el bolo colgando: andar de mala manera, sin medios.

Andar con el hato a cuestas: cambiando de domicilio con gran frecuencia.

Andar con el ojo sobre el hombro: proceder con la mayor precaución y cautela en lo que se dice.

Andar con el pañal pegado al culo: tener mucho miedo.

Andar con el tiempo: conformarse con él. Lisonjear al que tiene mucho poder y seguir sus dictámenes.

Andar con la barba por el hombro: estar alerta, vivir con vigilancia y cuidado.

Andar con la barba por el suelo: ser muy anciano o estar muy decrépito.

Andar con la boca abierta: con admiración necia.

Andar con la cara muy alta: no tener motivo de qué avergonzarse.

Andar con la cruz a cuestas: de rogativas, trashumante.

Andar con melindres: con remilgos.

Andar con muletas: necesitar ayuda e intervención de alguien.

Andar con musarañas ante los ojos: no consentir burlas de nadie.

Andar con ojo: prestar atención.

Andar con paños calientes: con rodeos, sin solucionar las cosas.

Andar con pies de plomo: con toda cautela y precaución.

Andar con rodeos: excusándose para no decir la verdad, que no se descubra lo que no interesa.

Andar con siete ojos: sobre aviso, vigilante.

Andar con un trapo atrás y otro adelante: mal vestido, sin tener que comer.

Andar con zapatos de fieltro: proceder con mucho secreto y recato.

Andar corriente: tener el vientre suelto.

Andar dando vueltas: poniendo dificultades.

Andar de acá para allá: vagabundeando.

Andar de barrio: ir con ropas de estar en casa.

Andar de boca en boca: ser objeto de comentarios públicos.

Andar de bolinas: andar de bureo, paseando.

Andar de buenas: estar en buena disposición..

Andar de cabeza: con problemas, muy atareado.

Andar de capa caída: falto de salud o de bienes, con pocos recursos.

Andar de casa en casa: ir de puerta en puerta.

Andar de coronilla: andar mal, de cabeza.

Andar de cotarro en cotarro: de visitas inútiles.

Andar de gallo: pasar la noche de juerga.

Andar de ganancia: seguir con felicidad y buen suceso un empeño o pretensión.

Andar de gorra: ser convidado sin corresponder.

Andar de Herodes a Pilatos: ir de mal en peor.

Andar de la Ceca a la Meca: vagando ociosamente.

Andar de lengua en lengua: de boca en boca, con chismorreos.

Andar de nones: no tener ocupación u oficio, o andar desocupado, libre.

Andar de pie quebrado: andar de capa caída.

Andar de pingo: de visiteos, de golfería.

Andar de prisa: por falta de tiempo.

Andar de puntillas: sigilosamente con la punta de los pies.

Andar de rehilete: con toda celeridad.

Andar de trapillo: vestido con ropa de andar por casa.

Andar de vagar: no tener que hacer, estar ocioso.

Andar de vecina en vecina, como el fuego: aplícase a los amigos de llevar y traer chismes.

Andar de zoca en colodra: ir de mal en peor.

Andar derecho: comportarse correctamente, con arreglo a las normas, sin salirse de ellas.

Andar derecho o tieso como una vara: muy derecho.

Andar detrás de alguien: buscar o solicitar algo de ella.

Andar discreto: obrar con prudencia.

Andar divertido: de amores que distraen las obligaciones.

Andar el camino: ser arriero, caminante, etc. Dedicarse al robo o contrabando.

Andar el diablo metiendo la pata: dícese cuando sale algún asunto torcido, que no marcha bien.

Andar el diablo suelto: tener inquietudes, disgustos, mal humor entre varias personas.

Andar el mundo al revés: estar las cosas trastocadas.

Andar en boca de alguno: ser objeto de lo que otros hablen.

Andar en boca de la fama: andar pregonando sus hechos o sus excelencias.

Andar en boca de las gentes: ser del dominio público.

Andar en boca de todos: andar de boca en boca.

Andar en coplas: en boca de la gente por ser cosa conocida.

Andar en chancletas: usar el zapato sin calzar el talón.

Andar en dimes y diretes, o en dares y tomares: disputar con palabras ofensivas.

Andar en el ajo: estar con negocios sospechosos.

Andar en golondros: andar desvanecido, con esperanzas inútiles.

Andar en haches y erres: alterar.

Andar en jerigonzas: andar en tergiversaciones maliciosas.

Andar en la cuerda floja: proceder o discurrir con vacilaciones ante las dificultades.

Andar en la danza: estar en un negocio.

Andar en la maroma: tomar partido o favor por una cosa.

Andar en las nubes: estar distraído de lo que se está haciendo o diciendo.

Andar en lenguas: hablarse mucho de una persona.

Andar en los aires: estar una cosa muy poco segura.

Andar en los cuernos del toro: en peligro inminente.

Andar en malos pasos: tener mala conducta.

Andar en manos de todos: ser vulgar, y en las mujeres ser fácil.

Andar en opiniones: poner en duda su crédito o estimación.

Andar en palmas: ser aplaudido.

Andar en pie: mejorar de una enfermedad.

Andar en puntas: andar en diferencias.

Andar en titulillos: cosas de poca importancia.

Andar en trenza y cabello: modismo antiguo, que equivalía a decir doncella, soltera.

Andar en un pie, o como las grullas: hacer las cosas con rapidez.

Andar en vueltas: andar en rodeos, poner dificultades para no hacer una cosa.

Andar en zancas de araña: usar de rodeos o tergiversaciones para huir de alguna dificultad.

Andar en zancos: elevarse de oposición o influencia.

Andar encogido como un garabato: alusión a la persona que no camina derecha.

Andar encogido como una alcayata: dícese de la persona que anda muy encogida.

Andar entre la cruz y el agua bendita: peligro de muerte.

Andar entre opiniones: ponerse en duda su crédito o estimación.

Andar escogiendo como peces en banasta: buscar alguna cosa con sumo cuidado y diligencia.

Andar estaciones, o las estaciones: visitar las iglesias y rezar las oraciones para ganar las indulgencias. Dar los pasos necesarios para resolver ciertos asuntos.

Andar, estar o quedar a la mira: observar con atención los pasos y lances de un asunto.

Andar haciendo eses: estar borracho.

Andar hecho trasgo: andar de noche.

Andar hecho un hurón: dícese de la persona que no se da un punto de reposo hasta conseguir o averiguar lo que estaba oculto o secreto.

Andar la paz por el coro: ironía, haber riñas y desazones entre una comunidad o familia.

Andar la paz y la bendición de Dios entre unos: haber tranquilidad y sosiego entre ellos.

Andar la procesión por dentro: dícese del que está muy preocupado, o tiene grandes dolores o sufrimientos, pero que no los manifiesta exteriormente.

Andar las capas por el suelo: haber disputas, contiendas o reyertas.

Andar las siete partidas: mucho y por diversos sitios.

Andar lista la tijera: murmurar a troche y moche.

Andar listas las armas de San Esteban: andar a pedradas.

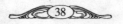

Andar los pasos: realizar las gestiones oportunas.

Andar mal de la chimenea: estar un poco tonto o loco.

Andar mal divertido: vivir distraído con vicios.

Andar manga por hombro una cosa: existir gran abandono y desorden.

Andar más concertado que un reloj: tener exactitud y método.

Andar más lozano que pavón en floresta: aplícase a los que andan tiesos y orgullosos.

Andar más que la perra de Calahorra: andar muchísimo.

Andar más que un mulo: se dice del que tiene mucha resistencia y aguante, que no se cansa en su marcha.

Andar más que una noticia mala: dícese de la persona que es gran caminante, haciéndolo muy deprisa.

Andar mascando las agrias: estar esperando penas y malos ratos.

Andar metido en el cuento: estar entre los que conocen o ejecutan un asunto.

Andar mosca: andar precavido, con desconfianza.

Andar muerto de hambre: vivir con miseria o suma estrechez.

Andar muy sacado de cuello: muy engreído y entonado.

Andar novenas: frecuentar este piadoso ejercicio.

Andar, o bailar, de coronilla: hacer una cosa con sumo afán o diligencia.

Andar, o correr, las estaciones: ir bebiendo de taberna en taberna.

Andar, o estar, alcanzado: encontrarse escaso de recursos pecuniarios.

Andar, o estar, de barrio, o vestida de barrio: andar de trapillo.

Andar, o estar, el diablo en Cantillana: haber inquietudes en alguna parte.

Andar, o estar, el mundo al revés: estar las cosas trocadas al revés.

Andar, o estar, entre la cruz y el agua bendita: hallarse en peligro inminente de muerte.

Andar, o estar, hecho un azacán: andar o estar muy afanado en ocupaciones o trabajos.

Andar, o estar, hecho un harapo: llevar el vestido roto.

Andar, o estar, las cosas por las nubes: estar las cosas muy caras.

Andar, o estar, mal divertido: vivir entregado a los vicios.

Andar, o estar, o quedar a la cuarta pregunta: estar escaso de dinero o no tener ninguno.

Andar, o estar, por las nubes: estar totalmente distraído.

Andar, o estar, o vivir, sobre aviso: vivir alerta, con cuidado.

Andar, o estar, perdido por una persona o cosa: desearla o apetecerla con vehemencia.

Andar, o estar, sobre los estribos: obrar con advertencia y precaución.

Andar, o estar, torcido con uno: estar enemistado con él.

Andar, o ir, de pingo: dícese de las mujeres aficionadas a visitas y paseos.

Andar, o ir, haciendo calcetas: ir andando con la punta de los pies hacia dentro, y los talones lo más separados posible.

Andar, o ir, la procesión por dentro: sentir inquietud, pena, cólera, etc., aparentando serenidad, sin darlo a conocer.

Andar, o ponerse en quintillas: oponerse a uno, porfiando y contendiendo con él.

Andar, o soltar, o subir, a reculones: hacia atrás.

Andar, o traer, al estricote: al retortero, a mal traer.

Andar oliendo donde guisan: dícese de los que andan buscando ocasiones favorables para satisfacer sus gustos o deseos.

Andar para atrás, como el cangrejo: retroceder en una empresa, o en algún asunto.

Andar pío, pío, tras una persona: solicitarla con afán.

Andar pisando huevos: caminar lentamente, con gran lentitud.

Andar por el mundo: viajar, ir de un lado a otro.

Andar por esos mundos de Dios: por diversos lugares.

Andar por las márgenes: no ir derecho a lo principal.

Andar por las nubes: distraído.

Andar por puertas: hallarse mal de intereses.

Andar quitándole motas: adular a una persona baja y servilmente.

Andar sobre aviso: precavido, con cierta precaución.

Andar sobre los estribos: con precaución.

Andar templando gaitas: usar demasiadas contemplaciones para agradar.

Andar tierras y comunicarse con diversas gentes hace a los hombres discretos: no hay nada que ilustre tanto como los viajes.

Andar tirada alguna cosa: estar de sobra.

Andar tirando: ir consiguiendo algo con trabajo, esfuerzo, sin muchos agobios, pero sin gran abundancia.

Andar todo de golpe y zumbido: hacer una cosa precipitadamente, ni reflexión ni meditación.

Andar tras alguna cosa: pretenderla insistentemente.

Andar tropezando y cayendo: con varios peligros.

Andar vestido con el hábito de San Agustín: estar a gusto con una cosa.

Andarse a flores: rehusar la contestación, o diferir en lo esencial de un asunto.

Andarse con floreos: hablar por mero pasatiempo, con dichos vanos y superfluos, para hacer alarde de ingenio o lisonjear al oyente.

Andarse con chiquitas: con contemplaciones o pretextos.

Andarse con, o en, chupaderitos: para denotar que en las cosas arduas no se deben usar medios leves, sino eficaces.

Andarse de boda en boda: se dice de los que sólo piensan en festejos.

Andarse en caballerías: hacer halagos o cumplidos inadecuados.

Andarse en flores: rehusar la contestación, o diferir entrar en lo esencial de un asunto.

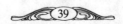

Andarse en, o con, chiquitas: usar pretextos para esquivar una obligación.

Andarse metiendo entre los pies como los pollos: se dice cuando los chicos se atraviesan al paso de los mayores.

Andarse por las márgenes: no ir a lo principal. Andarse por las ramas.

Andarse por las ramas: detenerse en lo menos sustancial de un asunto, dejando lo más importante.

Andársele a uno la cabeza: estar débil, pareciendo que todo da vueltas a su alrededor.

Ándate a palomas y no comas: dícese a los que piensan más en divertirse que en hacer nada de provecho.

Ande la loza: da a entender el bullicio y algazara que suele haber cuando la gente está alegre y contenta.

Ande la rueca y coz con ella: juego de muchachos.

¡Ande! o ¡Ande usted!: interjección, se dice cuando no se tutea a la persona con quien se habla.

Ande o no ande, caballo grande: ya que se ha de elegir que sea lo más llamativo, más grande o de mejor apariencia.

Ande yo caliente y ríase la gente: indica que es mejor la comodidad propia que la opinión ajena.

Anden y ténganse: expresión familiar con que se zahiere al que manda al mismo tiempo cosas contrarias.

Ándese la gaita por el lugar: indiferencia con que se mira lo que no importa o tiene interés.

Andoba: viene del caló, expresa a una persona.

Anémona: indica perseverancia en el lenguaje de las flores.

Ángel de mi guarda, dulce compañía...: oración infantil.

¡Ángela Maria!: expresión de sorpresa o admiración.

(Los) Ángeles están jugando a los bolos, o paseando en coche: se dice cuanto está tronando.

(Los) Ángeles están llorando, o están meando: se dice cuando está lloviendo.

¡Angelitos al cielo!: exclamación al conocer la muerte de un niño.

Anginas: los pechos de una mujer.

Ángulo muerto: llámase al espacio en que por el espejo retrovisor de un coche no se divisa lo que viene detrás.

Ánima bendita del purgatorio: la que está en él.

Ánima mundi: concepto filosófico, que indica el espíritu del mundo.

Animal de bellota: el cerdo, se utiliza como insulto.

Animal ímplume bipes: definición que hizo Platón del hombre.

Ánimo, a las gachas, que son de arrope: con que en broma se alienta a la ejecución de algo fácil y agradable.

Anochecer a uno: cogerle la noche.

Anochecer y no amanecer: desaparecer sin ser visto, y a escondidas.

Ante Dios todos somos iguales: frase con que se expresa la igualdad de todos los hombres.

Ante meridiem: son las primeras doce horas del día.

Ante todas las cosas: ante todo.

Ante todo: primera o principalmente.

Antes bien: al revés.

Antes cabeza de ratón que cola de león: que es mejor mandar que ser mandado.

Antes ciegues que tal veas: maldición para el que pronostica males.

Antes de hacer nada, consúltalo con la almohada: aconsejando meditar las cosas y dejar pasar por medio la noche.

Antes doblar que quebrar: forma de indicar que es mejor ser blando y ceder algo de sus derechos, que ser inflexible y duro.

Antes es Dios que todos los santos: indicando que lo principal no debe supeditarse a lo secundario.

Antes es la obligación que la devoción: debiendo ejecutarse antes el trabajo y las obligaciones, dejando para después todas las demás cosas.

Antes faltará misa mayor en Roma, que Fulano deje de ir o hacer...: se dice del que tiene costumbres inveteradas.

Antes hoy que mañana: deseo de acabar una cosa cuanto antes.

Antes mártir que confesor: expresión que indica la dificultad y resistencia que algunos muestran para declarar lo que se pretende hacer de ellos.

Antes moral tardío que almedro florido: aconseja esta frase que es preferible una cosa buena y duradera, aunque cueste conseguirla, que otra que se consigue pronto y sin esfuerzo.

Antes morir que perder la vida: dicho jocoso y burlesco, cuando lo que acontece no tiene mucha importancia.

Antes no se podían ver y ahora cagan de un culo: anteriormente se odiaban y hoy se aman a más no poder.

Antes que hables, pensarás, y así de lo hablado no te arrepentirás: aconsejando pensar la forma de actuar.

Antes que nada: de modo o forma inmediata.

Antes que te digan, digas: indica que es la mejor manera de evitar una regañina, o tener que dar explicaciones.

Antes quebrar que doblar: no rendirse al interés, ni a malos consejos para cumplir con su deber.

Antes reventar que estar callado: se dice del que no para de hablar.

Antes se llena el papo que el ojo: frase que se aplica a los glotones ansiosos.

Antes se pilla al mentiroso que al cojo: por la facilidad que se descubren las mentiras.

Antojársele a uno los dedos huéspedes: ser excesivamente receloso o suspicaz. Prometérselas felices y ver todo de color de rosa.

Antón, Antón Perulero, cada cual que atienda a su juego: frase con que se iniciaba un juego infantil.

Antro de perdición: lugar donde existen grandes vicios, burdel, lugares de juego, "casas de masajes", etcétera.

Anudar el hilo roto de su cuento: proseguir una conversación interrumpida.

Anudar, o reanudar, la conversación: seguirla estando interrumpida.

Anudarse la voz: no poder hablar por vehemente pasión de ánimo.

Anunciarle a uno el corazón una cosa: hacérsela presentir.

Anuncio por palabras: forma de poner algún anuncio en los periódicos o revistas.

Añadir leña al fuego: fomentar las discordias.

Añil: billete de diez mil pesetas.

Año académico: el de un curso escolar.

Año anomalístico, sideral o sidéreo: el que utilizamos de 365 días, 6 horas, 9 minutos y 24 segundos.

Año de la nana o de la nanita: indica un tiempo incierto y muy lejano.

Año de la pera, de Maricastaña, del catapún, de la polca, de la Quica: dícese de lo que ha acontecido hace muchísimo tiempo.

Año eclesiástico: el que comienza en el primer domingo de Adviento, en la Iglesia católica.

Año embolismal: es el compuesto de trece lunaciones.

Año emergente: el que se empieza a contar desde un día cualquiera que se señala, hasta otro día igual del año siguiente.

Año nuevo, vida nueva: intención que se dice a principios de año, intentando cambiar las malas actuaciones.

Año sabático: año de descanso voluntario.

Año sinódico: es el tiempo que media entre dos conjunciones consecutivas de la tierra con un mismo planeta.

Año y vez: hablando de tierras, la que se siembra un año sí y otro no; hablando de árboles, el fruto de un año sí y de otro no.

(Los) ¡Años de Cristo!: treinta y tres, por ser los años que vivió como hombre en la tierra.

(Los) ¡Años de Pedro!: veinticinco, por ser los que rigió la Iglesia.

(Los) Años no pasan en balde: frase que indica que se están notando los efectos sobre el físico, agilidad de las personas, teniendo todo tipo de achaques.

(Los) Años no perdonan: ya que se nota en el cuerpo humano los estragos y deterioros que ocasionan.

Apaga y vámonos: cuando una cosa toca a su fin. Ver algo escandaloso o inconcebible.

Apagada la luz, todas las mujeres son iguales, o no se diferencian entre sí: dicho contra los que se quejan que sus esposan no son bellas, y por ello se dedican a los amoríos.

Apagar el fuego con aceite: cuando en lugar de aplacar una contienda, se encona más.

Apagar el hambre: saciarla.

Apagar fuegos: hacer cesar con la artillería los fuegos del enemigo.

Apagar, o matar, la sed: aplacarla bebiendo.

Apagar la voz: disminuirla.

Apagar los fuegos: desconcertar al adversario.

Apagar los humos: dominar la soberbia o altivez.

Apalabrarse: dar palabra en un negocio.

Apalear millones, dinero, etc.: ser riquísimo.

Apañárselas: buscar la mejor fórmula para salir de un apuro grave.

Apaño: amante.

Apaños, amaños, daños, engaños y desengaños, cosechas son que traen los años: indicando las desgracias y vicisitudes de todos los días; la verdad es que lo anteriormente indicado no lo ha dicho un optimista, me imagino, que algo bueno sí que existirá.

Aparador: pecho de las mujeres.

Aparato: se refiere al órgano genital tanto masculino, como femenino.

Aparcar de oído: dícese a las personas que aparcan el coche mal guiándose por el sonido de los pequeños golpes.

Aparecer al tercer día como abogado: aplícase al que llega pasada la oportunidad.

Aparecérsele la Virgen: se dice cuando una persona tiene mucha suerte.

(Las) Apariencias engañan: expresando que no hay que fiarse de las cosas externas, debiendo ser analizadas y estudiadas.

Apartado del mundanal ruido: recluido en algún sitio sin apenas contacto con la gente.

Apartar casa: separarse los que vivían juntos.

Apartar el grano de la paja: distinguir lo principal de lo superfluo.

Apartar la vista: desviar los ojos de una cosa.

Apartarse como un rayo: hacerlo rápidamente.

Apeadero: lugar donde se encuentran dos amantes.

Apear de un empleo: destituirle.

Apear el tratamiento: no admitirlo al que lo tiene.

Apearse de su asno, o caballo, por las orejas: caer de la cabalgadura.

Apearse en marcha: practicar el "coitus interruptus". Tirarse de un vehículo en marcha.

Apearse, o bajarse, del burro: ceder en su empeño, dar la razón.

Apearse por la cola: caerse de la caballería por encima de la cola. Responder o decir algún disparate o despropósito.

Apearse por las orejas: caerse de la caballería por encima de la cabeza de ésta.

Apechugar: apremiar, empujar.

Apelar a un remedio heroico: recurrir a una determinación enérgica y extraordinaria cuando la gravedad así lo exige.

Apelar al enfermo: escaparse de la muerte que se tenía pronosticada.

Apellidar libertad: pedir el que está injustamente detenido que se le declare libre.

Apellidar tierra: convocar, llamar gente en son de guerra.

Apergaminado: persona flaca y enjuta.

Apiolar: apresar, matar.

Aplastar la oreja: dormir.

Aplastiñar: guardar.

Aplaudir el belfo, o la cara: abofetear.

Aplauso cerrado: el que es unánime y profundo.

Aplicar el oído: oír con atención.

Aplicarse el cuento: poner en práctica alguna experiencia propia, o algún consejo recibido.

Apoquinar: pagar lo que se debe de mala gana.

Aporrearse en la jaula: afanarse en vano.

Aportar su granito de arena: contribuir a un bien, aunque haya sido en pequeñas cantidades.

Apostar un monte: podar las matas bajas de un monte.

Apostarlas, o apostárselas, a alguno: declararse su competidor. Amenazarle.

Aprehender la posición: tomar posesión.

Aprender buen oficio: dedicarse a otro de más utilidad.

Aprender con alfileres alguna cosa: se dice a los estudiantes principalmente, cuando una lección se aprende mal, sin concretar, no sabiendo expresarse correctamente cuando es preguntado.

Aprenderse algo de carrerilla: saberse algo de memoria, sin saber muchas veces lo que se dice.

Aprenderse algo en jueves: dícese de la persona que no hace nada más que repetir una cosa.

Apresúrate despacio: indica que no se debe proceder con prisa.

Apretar a correr: echar a correr.

Apretar con uno: embestirle.

Apretar el argumento: reforzarlo para difilcultar más su solución.

Apretar el codo: el que asiste a un moribundo.

Apretar el gorro: disponerse a correr.

Apretar el paso, avivar el paso: alargar el paso.

Apretar el punto de atrás: tener necesidad de exonerar el vientre.

Apretar hasta que salte la cuerda: estrechar a una persona para que pierda la paciencia.

Apretar la cuerda: aumentar el rigor de la ley, disciplina, etc.

Apretar la mano: estrechar la mano de una persona como muestra de cariño o estimación. Castigar con rigor.

Apretar la nuez a uno: matar ahogándole.

Apretar las calzaderas: huir.

Apretar las clavijas, o las tuercas: advertencia a una persona a que cumpla con sus obligaciones, tratándole con severidad.

Apretar las empulgueras: poner en un aprieto.

Apretar los codos: estudiar con ahínco.

Apretar los cordeles: estrechar con violencia para que se haga o diga lo que no quiere una persona.

Apretar los husillos: estrechar a una persona para que no pueda seguir resistiéndose por más tiempo.

Apretar los puños: poner gran esfuerzo para ejecutar una cosa o concluirla.

Apretar los talones: echar a correr.

Apretar los tornillos: apremiar, obligar a obrar en determinado sentido.

Apretar, o estirar, a uno el pescuezo: ahorcarle.

Apretar, o picar, de soleta, o tomar soleta: andar deprisa, correr, huir.

Apretarle a uno las clavijas: estrecharle en sus argumentos respecto de su conducta.

Apretarse el cinturón: tener que reducir gastos por escasez de medios, o por tiempos difíciles.

Apretarse los calzones: obrar con energía.

Apretarse los machos: prepararse para asuntos difíciles y complicados.

¡Aprieta, que mañana es día de fiesta!: da a entender la sorpresa que nos causa oír un desatino.

Aprovecha el tiempo, que vale el cielo: aconseja no desperdiciar la vida en tonterías.

Aprovechador de salvado y desperdiciador de harina: dícese del que se fija en las minucias, despreciando lo principal.

Aprovechar la coyuntura: esperar la oportunidad para hacer o decir algo.

Aprovecharse de una mujer: propasarse, meterla mano ante la proximidad de ella.

Apuntar en el libro verde: retener en la memoria lo que se nos hace o dice, para obrar en consecuencia más adelante.

Apuntar, o asestar, el tiro: perseguir con insistencia y porfía.

Apuntar y no dar: prometer y no cumplir.

Apuntarse a ganador: apuntarse a una cuestión que se sabe de antemano que va a salir bien. Apuntarse al partido que se sabe que va a ganar las elecciones próximas.

Apuntarse a un bombardeo: dícese de la persona que se apunta a todo, aunque sea peligroso o perjudicial para él.

Apuntarse un tanto: descubrir algo oculto.

Apúntate ocho: frase con que se da por terminada una discusión enojosa.

Apurar el cáliz de la amargura hasta las heces: tener una gran amargura y padecerla.

Apurar la copa del dolor, de la gracia, etc.: llegar al extremo del dolor y la pena, la calamidad o el infortunio.

Apurar la copa del placer: llevar el placer hasta el último grado.

Apurar las cortinas: beberse lo que queda en los vasos de los demás.

Apurar, o beber, el caldo hasta las heces: aguantar toda clase de sufrimientos y sinsabores.

Aquel a quien hurtan peca: peca por demasiado confiado.

Aquel es hidalgo que hace las obras: las buenas acciones acreditan la nobleza de las personas.

Aquel que recela es porque algo debe: el que tiene la conciencia tranquila duerme en paz y con sosiego.

Aquel es sabio que obra como sabio: la persona que actúa con sensatez y sabiduría debe reputársele como persona sabia y docta.

Aquélla es hermosa, que es buena de su cuerpo: la castidad es la verdadera hermosura de la mujer.

Aquellos polvos traen estos lodos: esta frase se utiliza para indicar las consecuencias que acarrean los errores y desórdenes pasados.

¡Aquí de Dios!: expresión para pedir a Dios ayuda, o ponerlo por testigo.

Aquí donde me, o le ves, veis, ve usted, o ven ustedes: frase que indica que se va a decir lo mismo de sí mismo, lo que no es de presumir.

Aquí es gente honrada, descendiente de Pilatos: modo irónico de calificar de ruines a personas determinadas.

Aquí está Velasco, que a nada hace asco: dícese de las personas que se avienen a todo.

Aquí estamos todos, dijo el duende: se dice cuando una persona llega a una reunión donde no se contaba con él.

Aquí estoy, porque he venido: frase graciosa y popular que se dice cuando una persona llega a un lugar.

Aquí finca el punto: en esto consiste la dificultad.

¡Aquí fue Troya!: indica acontecimiento desgraciado.

Aquí gracia y después gloria: frase que se usa para indicar que se da por terminado el asunto de que se trata.

Aquí hay gato encerrado: modismo indicativo de sospecha.

Aquí hay mucho diablo: con gran dificultad.

¡Aquí hay tomate!: aquí hay algo irregular o extraño.

Aquí lo mismo se plancha un huevo que se fríe una corbata: frase de buena disposición hacia los demás, o que se hace de todo lo que pidan.

Aquí me caiga muerto si no es verdad lo que digo: en defensa de lo que se ha manifestado, se utiliza muchas veces irónicamente.

Aquí me nacieron los dientes: aquí nací.

Aquí murió Sansón con todos los filisteos: se dice cuando una persona hace una cosa definitiva, y con pocas probabilidades de éxito.

Aquí no ha pasado nada: solución favorable que se da a una cuestión ruidosa.

Aquí no hay cáscaras, o no hay más cáscaras: no haber otra solución posible, no dar más vueltas a un asunto.

Aquí para entre nosotros, o para los dos: de forma muy confidencial.

Aquí paz y después gloria: establecer el final de una contienda o discusión.

¿Aquí, que las vendo?: con que se advierte que se está prevenido contra el engaño.

Aquí que no peco: propósito de cometer una demasía en ocasión propicia para eludir la responsabilidad o castigo.

Aquí se caga, aquí se mea, y el que tiene tiempo se la menea: frase grosera y muy habitual en los servicios de caballeros, escrito en la pared o en las puertas, hoy casi desaparecida esta fea costumbre.

Aquí se vende ropa: venderse una persona.

Aquí sea mi hora: fórmula de juramento.

Aquí sobra uno, y ése soy yo: modo festivo de decir que uno se ausenta del sitio donde se encuentra.

Aquí te espero, comiendo un huevo, patatas fritas y caramelos: procede de una tonadilla infantil para hacer rabiar a los otros niños.

Aquí te pillo o cojo, aquí te mato: indicando que alguno quiere aprovechar la ocasión que se le presenta propicia a sus intereses.

Aquí te quiero escopeta, o aquí te quiero ver escopeta: frase que da a entender que, llegado el caso apurado, debe vencerse la dificultad, o salir del lance arduo.

Aquí te quiero ver: apremio para que alguien demuestre con obras lo expuesto de palabra.

Aquí y allí barriendo las calles: llevar a mal traer.

Aragonés de primera, de segunda o de tercera: se dice del zaragozano, oscense o turolense, respectivamente.

Arajay: sacerdote.

Araña: persona que recibe los objetos robados.

Araña blanca: cartera sin dinero.

Arar en el mar: con que se denota la inutilidad incluso de los mayores esfuerzos para conseguir un fin determinado.

Arca cerrada: persona muy reservada.

Arca llena, arca vacía: alternativa de abundancia o escasez de dinero, o de otra cosa.

¡Arda Troya!: hacer una cosa sin reparar sus consecuencias.

Arder como la yesca, la estopa o la pólvora: cuando una cosa es muy fácil de arder.

Arder el hacha: suele decirse exageradamente, para indicar que se va a armar la marimorena.

Arder en deseos: desear algo con viveza.

Arder en fiestas: estar en fiestas, celebrarlas con vistosidad.

Arder Troya: prepararse gran alboroto, luchas, desórdenes, etc.

Arder verde por seco: pagar justos por pecadores.

Arderse en pleitos: con exceso.

Arderse la casa: haber en ella mucho alboroto por diferencias o riñas.

Ardiloso: persona de gran astucia, muy lista y trabajadora.

Ardor de la batalla o de la disputa: lo más encendido de ella.

Área de servicio: en las carreteras, lugar en que se encuentran los servicios que se puedan necesitar.

Ares y mares: locución para denotar prodigios o maravillas.

Argumento de peso: el que se tiene por bien hecho y fundado.

Aridez en los escritos: con mala lectura.

Arisco como un gato: dícese del que es desabrido en las contestaciones.

Arma: pene.

Armado hasta los dientes: provisto de muchas armas.

Armar camorra: buscar pendencias, rencillas.

Armar culebra: desorden, alboroto.

Armar fullona: promover una querella, escándalo.

Armar la de Dios es Cristo, la de San Quintín, la gorda, la intemerata, una de no te menees: se aplica a las pendencias donde todos gritan y ninguno se entiende.

Armar lazo, o tenderlo: usar de una treta o artificio para engañar.

Armar, levantar o mover una cantera: causar lesión o enfermedad por impericia o descuido.

Armar, o levantar, un caramillo: inventar chismes, enredos o mentiras.

Armar, o levantar, una polvareda: dar motivo de grandes disensiones.

Armar pleito, pendencia, camorra: inquietar, perjudicar, etc.

Armar ruido: promover alboroto.

Armar un arboleto: levantar un falso testimonio.

Armar un cristo: jaleo, alboroto, riña, pendencia.

Armar un pitote: alboroto, riña, pendencia, barullo.

Armar un rifirrafe: disputa, riña, etc.

Armar un trepe: un lío, escándalo.

Armar un zafarrancho: armar riña, zambra, chamusquina, etc.

Armar un zipizape: se dice de la riña ruidosa y a golpes.

Armar una casa: construirla.

Armar una cruzada contra alguno: conspirar para destituirle.

Armar una pelotera: discusión violenta.

Armar una polca: un escándalo, un lío.

Armar una que se cague la perra: armar una juerga bulliciosa o algo que dé mucho que hablar.

Armar zalagarda: emboscada para coger de sorpresa al enemigo.

Armar zancadilla: poner asechanzas.

Armarla: promover alguna disputa o pelea.

Armarse de paciencia: adoptar actitud de no enfadarse.

Armarse de valor: adoptar una actitud resuelta y valiente ante los peligros y dificultades.

Armarse el fandango: empezar un tumulto.

Armarse el granizo: originarse discusiones o riñas.

Armarse hasta los dientes: procurarse toda clase de armas y medios para una contienda.

Armarse la de Dios es Cristo: haber gran pendencia o trifulca.

Armarse la de San Quintín: armarse alguna pendencia o riña muy violentas.

Armarse la gorda: armarse la revolución.

Armarse la Marimorena: gran alboroto.

Armarse un cisco: producirse una disputa, discusión, etcétera.

Armarse un taco: equivocarse una persona.

Armarse un tiberio: suscitarse una gran pendencia, alboroto o desorden.

Armarse un toletole: levantarse un gran alboroto o confusión.

Armarse un zafarrancho: organizar revuelo o jaleo.

Armarse un zipizape: desorden, escándalo.

Armarse una brava, o buena, o linda, trapisonda: haber gran tumulto o vocerío.

Armas tranquilas: poner tropiezos para invalidar algún asunto.

Aros: esposas de hierro.

Arpía: se dice de las mujeres de gran genio, dadas a criticar y a ofender a los demás.

Arquear las cejas: levantarlas, poniéndolas en forma de arco.

Arrabalero: persona muy grosera, tosca, ordinaria.

Arrancado de un tapiz: mal vestido, la persona que tiene un aspecto extraño.

Arrancar a uno una cosa: quitárselo con violencia.

Arrancar de cuajo: sacar hasta lo último, la raíz, sin que quede nada dentro.

Arrancar el alma: quitar la vida.

Arrancar el pellejo a tiras: criticar duramente a una persona.

Arrancar la cabeza de cuajo: separarla del cuerpo. Indicación de un golpe muy fuerte y que así se está indicando.

Arrancar un ala del corazón: sacar una suma crecida de dinero contra su gusto.

Arrancarle la palabra: quitarle de forma violenta la palabra al que estaba hablando.

Arrancarse en lágrimas: llorar desconsoladamente.

Arrancársele el alma: morir con ansias, sentir gran dolor o conmiseración por algún suceso lastimoso.

Arrancársele las entrañas: tener gran aflicción o dolor por un acontecimiento.

Arrasársele los ojos de, o en, agua, o lágrimas: llenárse de lágrimas los ojos antes de romper a llorar.

Arrastrado te veas, como ordenado: especie de maldición, al que se desea toda clase de vejaciones.

Arrastrar bayetas: andar en pretensiones o solicitud de alcanzar alguna cosa.

Arrastrar el ala: enamorar, requerir de amores.

Arrastrar el nombre: desprestigiarse.

Arrastrar la causa: avocar un tribunal el conocimiento de lo que tenía otro.

Arrastrar la cola: tener vanidad.

Arrastrar los manteos por la calle: andar ocioso de un lado para otro.

Arrastrar los pies: ser muy viejo, andar de los viejos.

Arrastrar por los suelos: desacreditar.

Arrastrale los cojones: condición de abúlico, calmoso o cachazudo.

Arrastrarse por los suelos: abatirse, humillarse.

Arrastro el culo por un bardal, por un zarzal: dicho propio de los jugadores de cartas.

Arrea: expresión para meter prisa.

¡Arrea!: denota asombro o pasmo.

¡Arrea, que para luego es tarde!: significa darse prisa.

¡Arrea que vas por hilo!: para animar a efectuar alguna cosa de poco trabajo o peso.

Arrebólese con ello: arrópese con ello.

Arrecho: persona de gran potencia sexual.

Arreglárselas: componérselas de forma que se pueda salir de algún apuro o asunto enojoso.

Arreglo de cuentas: dícese cuando una persona se toma la justicia por su mano.

Arrejuntado: amancebado

Arrendar a diente: arrendar los pastos de una finca, con la condición de que pueda pastar el ganado del arrendador.

Arrepentidos quiere el Señor: frase bíblica, que indica que el Señor quiere a las personas arrepentidas aunque hayan pecado.

Arriar bandera: ceder, someterse.

Arriar las velas: ceder.

Arriba, canas, y abajo, ganas: se dice de los viejos verdes, que lo primero es cierto, y lo segundo se queda en ganas.

¡Arriba, moco, que allí está el otro!: dícese a las personas que tienen la costumbre de sorber la nariz.

Arribar a puerto de salvación, o de claridad, o de salvamento: concluirse, terminarse felizmente una cosa difícil.

Arribista o trepa: persona que progresa a base del esfuerzo de los demás, y por procedimientos inadecuados.

Arrieros somos, en el camino andamos y en el camino nos encontraremos: se utiliza esta frase como advertencia a quienes intentan perturbar nuestra vida mediante tretas o artimañas. Amenaza.

Arrimar el apio: arrimarse al bailar mucho un hombre contra la mujer, con el fin de excitarla sexualmente.

Arrimar el ascua a su sardina: hacer algo en su favor.

Arrimar el clavo: endosar algo molesto a alguien.

Arrimar el hombro: trabajar, contribuir al logro de algún fin.

Arrimarse a las paredes: por estar borracho.

Arrimarse al parecer de alguno: seguir su dictamen.

Arrimarse al sol que más calienta: servir al más poderoso con el fin de obtener beneficios de dicha persona.

Arriscado: persona valiente, sin miedo a la acción.

Arrojar de sí: despedir con enojo.

Arrojar el guante: desafiar con esta ceremonia.

Arrojar la soga tras el caldero: echarlo todo a rodar.

Arrojar la toalla: abandonar totalmente un asunto.

Arrojar luz: aclarar las cosas dando explicaciones.

Arrojar, o echar, una cosa por la ventana: malgastarla o despreciarla.

Arrojarse a la mar: aventurarse a un grave riesgo.

Arrojarse a los pies: suplicar, solicitar con humildad.

Arropar el vino: echarle arrope.

Arropar las viñas: abrigar las raíces con basura.

Arrópate con ello: con que se rechaza despectivamente lo que a uno le dan.

¡Arrópate que sudas!: locución irónica que se dice del que, habiendo trabajado poco, aparenta estar muy cansado.

¡Arrópese con ello!: frase con que uno desprecia o no admite aquello que le brindan.

Arroyo que no corre, todo es ovas: lo que no se utiliza o se usa, acaba rompiéndose o corrompiéndose.

Arroz y gallo muerto: con que se pondera la esplendidez de una comida o banquete.

Arrugado como una ciruela pasa: dícese de las personas de edad, que tienen la piel muy arrugada.

Arrugar el hocico, o el morro: mostrar contrariedad de forma que se conozca tal situación.

Arrugar la frente: mostrar enojo o miedo en el semblante.

Arrugársele los cojones: encogérsele el ánimo.

Ars amandi: arte de amar.

¡Arsa, pilili!: arriba, levántate.

Arte angélico: el que, con auxilio del ángel de la guarda, supersticiosamente se conseguía la ciencia infusa.

Artes gráficas: obra efectuada principalmente sobre papel.

Artes marciales: forma de luchar en base a procedimientos orientales.

Artes plásticas: las obras que se ven con la vista.

Artículo de fe: se dice cuando una cosa no admite discusión.

Artículo de fondo: el más inteleactual de una publicación.

Artículo de lujo: cosa de gran calidad y que no es necesario para la vida diaria y normal.

Artillero: dícese del hombre que siempre está dispuesto a realizar el acto sexual.

As de bastos: miembro viril.

As de oros: el trasero.

Asaltar una duda: presentarse de inmediato una duda.

Asarse de calor: sentir mucho calor.

Asarse, o abrasarse, los pájaros: dícese cuando hay mucha temperatura.

Asarse vivo: con mucho calor.

Ascua de oro: mujer deslumbrante por su atavío y belleza.

Asegurar los caminos: vigilarlos, defenderlos.

Asentar bien su baza: establecer bien su crédito, opinión o intereses.

Asentar casa: ponerla de nuevo.

Asentar con su amo: obligarse por asiento a servirle.

Asentar el guante: asentar la mano a uno.

Asentar el juicio: empezar a tener cordura.

Asentar el paso: vivir con inquietud y prudencia.

Asentar el pie: pisar seguro.

Asentar el rancho: pararse o detenerse en un paraje para comer o descansar.

Asentar el real, o los reales: domiciliarse en un lugar.

Asentar la cabeza: hacerse una persona sensata.

Asentar la espada: dejar el juego y dejar la espada en el suelo.

Asentar la mano: dar golpes, castigar, corregir. Instar para la pronta ejecución de una cosa.

Asentar los reales: acampar un ejército.

Asentar toda la artillería: hacer lo posible por hacer algo.

Asentarse en el estómago una cosa: no digerirla bien.

Asentarse la herradura: lastimar el pie o la mano de las caballerías, por estar muy apretada la herradura.

(El) Asesino vuelve siempre al escenario del crimen: máxima policial, se utiliza para descubrir un asesinato.

Asestar, o poner, toda la artillería: apurar todos los medios para conseguir alguna cosa.

Así, así: regular, sin terminar o rematar del todo.

¡Así anda el mundo!: exclamación en que se suele prorrumpir al ver alguna tropelía o desafuero.

Así como al moro Muza: frase que se utiliza como punto de comparación, para expresar lo que no interesa o poca importancia que se da a una cosa.

Así como así: de cualquier manera.

Así como dar con un puño en el cielo: expresa la imposibilidad de una cosa.

Así como poner un dedo en las nubes: término de comparación para exagerar la dificultad de una cosa.

Así como suena, o tal como suena: exactamente como se ha dicho.

Así Dios me salve: expresión que se usa como juramento.

Así Dios te dé la gloria, o te guarde: expresión que como deprecación suele juntarse a la petición o súplica de algo.

Así el mundo va andando: unos riendo y otros llorando: tiene que haber de todo en la viña del Señor, alegría y penas.

Así estaba escrito: como lo tenía descrito la Providencia.

Así hará tal cosa, como volverse moro: con esta frase se refuerza la negativa a ejecutar algo determinado.

Así me, te, aspen: de ninguna de las maneras.

Así me quieren más de cuatro: contestación que se suele dar al que echa en cara nuestras faltas o defectos.

Así paga el diablo a quien le sirve: se usa para quejarse de una ingratitud.

Así parten el pan en mi tierra: frase en que prorrumpe el que da un golpe con la pierna tendida

sobre las corvas del sujeto que está descuidado, con intención de hacerle vacilar.

Así que asá, o así que asado: da lo mismo de un modo que de otro.

Así se dan los guantes al rey: expresión usada cuando se tira una cosa, en lugar de darla en la mano.

¡Así se escribe la historia!: con que se moteja al que falsea la verdad de un suceso al referirlo.

Así se las ponían a Fernando VII: expresión con la que ponderamos las excesivas facilidades que una persona puede encontrar en realizar una cosa.

Así se me vuelvan las pulgas de la cama: expresión muy antigua, que hace un bravo elogio de una mujer guapa.

Así y todo: a pesar de eso, aun siendo así.

Asignatura pendiente: la que suspende el alumno y que debe recuperar. Dícese también de lo que no se ha hecho, y que está pendiente de ejecutarse.

Asilo político: protección de una nación a los perseguidos de otra.

Asir a uno por el rabo: difícil de alcanzar al que huye.

Asir, coger o tomar la ocasión por el copete, por la melena, por los pelos: aprovechar la ocasión o coyuntura.

Asir del pico de la empanada: andarse con rodeos.

Asir, o coger, por el rabo: dificultad que hay de alcanzar al que con alguna ventaja huye. Extiéndese a las cosas inmateriales para insinuar la poca esperanza de su logro.

Asir por los cabellos: aprovechar la ocasión.

Asirse a las ramas: buscar disculpas frívolas para disculparse de un hecho o descuido.

Asirse a un cabello: aprovecharse de cualquier pretexto para conseguir lo que se propone.

Asirse como zarzas: fuertemente.

Asirse, o agarrarse, a los faldones de alguno: acogerse a su valimiento o patrocinio.

Asirse por los cabellos: aprovecharse de cualquier pretexto para conseguir una cosa.

Asistir a la cabecera de un enfermo: auxiliar a una persona.

Asistir al poste: en algunas universidades los catedráticos esperan cierto tiempo a los discípulos que tienen dificultades para poder resolver ciertas dudas académicas.

Asistir la razón a alguno: tenerla de su parte.

Asistir o estar a la cabecera de un enfermo: estar a su lado para prestarle la ayuda necesaria.

Asno cargado de letras: erudito de cortos alcances.

(El) Asno de Buridán: se dice cuando una persona se ve obligada a escoger entre dos o más cosas, sintiéndose atribulada por la duda.

Asno que se cree ciervo, al saltar se despeña: dícese jocosamente de la persona que intenta hacer algo que no está capacitada, o sin cualidades para ello.

Asomar el bigote: asomarse a algún lugar por breve tiempo.

Asomar el hocico, o los hocicos: hacerse presente en algún lugar.

Asomar la jeta: hacer acto de presencia.

Asomar la oreja: ver la propia naturaleza.

Asomar las narices: husmear, fisgar.

Asparse a gritos: se usa para exagerar la fuerza con que suelen llorar los niños, o gritar las personas mayores para llamar a otra.

Aspirar a la mano de una mujer: querer casarse con ella.

Astilla: producto del robo.

Astroso: vil, sucio.

Astucia y mala intención, y no perder la ocasión: forma para actuar una persona, para poder tener suerte en su empeño.

Asunto: todo lo relacionado con lo sexual.

Asunto de faldas: problemas que el hombre tiene como consecuencia de tratar a varias mujeres.

Atacar a mano armada: atacar con las armas.

Atacar bien la plaza: comer mucho.

Atacar los monos: fornicar.

Ataquen y ganemos. Los hojalateros. Dice el padre prior: expresión popular que se aplica a los inhibidos, a los cobardes, y en general a los que no van a la guerra.

Átame esa mosca por el rabo: frase parecida: a ver cómo haces eso.

¡Átame esas moscas por el rabo!: cuando después de haber manifestado ideas diferentes, se quieren sacar conclusiones de ellas imposibles de conseguir.

Atar bien su dedo: saber tomar las precauciones convenientes para sus intereses o beneficios. Asegurarse en algún negocio.

Atar cabos: reunir datos para sacar una consecuencia.

Atar corto: reprimir, sujetar.

Atar de cabo a rabo: sin omisión de nada.

Atar de pies y manos: ponerse en situación de no poderse defender.

Atar la lengua: impedir que se diga una cosa.

Atar la pata al diablo: evitar que se cometa una mala acción.

Atar las manos: impedir que se haga algo.

Atar los perros con longaniza y apedrearlos con lomo: irónicamente indica abundancia o esplendidez. También se dice de los tontos que se lo creen todo.

Atar puntas con cabos: atar, juntar, recoger, cabos.

Atarse a la letra: sujetarse a lo escrito.

Atarse las manos: quitarse uno mismo la libertad.

Atarse, o apretarse, los machos: expresión taurina. Cuando una cosa es peliaguda de hacer o resolver.

Átatelo al dedo: burla del que espera sin fundamento. No creerse la afirmación de otro. Aguántate, fastídiate.

Ataúdes blancos: forma de indicar que en un atentado hay niños fallecidos.

¡Atención, noble auditorio, que la bandurria he templado!: se emplea jocosamente cuando en una reunión de confianza se pretende recabar la atención de los circunstantes.

Atender a razones: eschuchar las explicaciones debidas.

Atenerse a la letra: sujetarse al sentido literal de cualquier texto.

¡Atiza!: expresión de asombro o sorpresa.

Atizar candela: dar palos.

Atizar el fuego: avivar una contienda, fomentar la discordia.

Atizar la lámpara: echar vino en los vasos para beber.

Atracador del chápiro: mendigo.

Atragantársele las palabras: atropellarse al hablar, tartamudear.

Atrás viene quien las endereza: frase con que se suele prevenir o amenazar a alguno, que no pasará mucho tiempo sin que se corrijan los abusos que se están cometiendo.

Atrasado de medios: el que se ha empobrecido.

Atrasado de noticias: que ignora lo que saben todos, o lo que es muy común.

Atravesar con uno algunas palabras: hablar con él.

Atravesar el corazón: mover a lástima y compasión.

Atravesar una palabra: hablar con una persona.

Atravesársele a uno un nudo en la garganta: no poder hablar.

Atribuir jurisdicción: asignarla la ley, o someterse al juez que legalmente carecía de competencia.

Atropellar el que dirán: hacer una cosa prescindiendo de los comentarios.

Au pair: persona que se dedica al cuidado de los niños, a cambio de comida y habitación.

Aumentar por momentos: de forma progresiva.

Aún hay patria, Veremundo: equivale a decir que aún hay esperanza.

Aún hay sol en las bardas: se da a entender que no están perdidas las esperanzas de que todavía ocurra algo.

Aún le ha de sudar el rabo: con que se suele ponderar la dificultad o trabajo que ha de costar a uno lograr o concluir una cosa.

¡Aún les dura el pan de la boda!: expresión que se aplica a los casados cuando les dura lo que les dieron, no teniendo que gastar de su pecunio.

Aún no tiene cerrada la mollera: dícese del que todavía no ha adquirido un juicio cabal.

Aún queda el rabo por desollar: se dice cuando una cosa está inconclusa, o que falta aún lo más duro y difícil.

Aún se come el pan de la boda: para indicar que los efectos de una causa duran por muchísimo tiempo.

¡Aunque caigan lanzas de fuego!: imprecación por la que se promete llevar a efecto algo, por grande que sean los obstáculos.

Aunque de los tuyos mal quieras decir, no te gusta oír: aunque una persona hable mal de su familia, sin embargo no quiere oír de los demás lo mismo.

Aunque el preguntador sea necio, el respondedor sea cuerdo: debe contestarse adecuadamente y con educación a las preguntas efectuadas, por necias que sean.

Aunque estés con las tripas colgando, no vengas a casa llorando: frase que me decía mi padre cuando era niño y lloraba por cualquier cosa (como todos los niños); se educaba en el sacrificio y el dolor, igual que ahora, que no se puede decir nada a los niños, no sea que se traumaticen.

Aunque fuese a la madre que me parió: frase poco respetuosa, que se dice para dar más fuerza a un juramento, amenaza, negativa, etc.

Aunque la mona se vista de seda, mona es y mona se queda: indicando que por muchas composturas la que es fea será siempre fea.

Aunque las calzo no las ensucio: reconociendo el mal que se hace e indicando que no se abusa de ello.

Aunque me visto de lana, no soy borrego: forma de expresarse una persona a otra, que le toma por tonto o lerdo; lo he oído en multitud de ocasiones a gente muy avispada del campo.

Aunque no soy zapatero, ya sé tomar medidas: indica esta frase que no se ignoran los medios para corregir los errores cometidos en un asunto.

Aunque se aventuren rocín y manzanas: con que se da a entender que se va a hacer una cosa a pesar del riesgo o pérdida.

Aunque se empeñe el espíritu tuyo: resolución a obrar sin tener que doblegarse a nada ni a nadie.

Aunque se lo digan, o prediquen, frailes descalzos: con que se pondera la obcecación de una persona, o la dificultad de ser creída una cosa.

Aunque se ponga en cruz: por más que pida.

Aunque se queme la casa, que no salga el humo: aunque en una casa haya una discusión o problema gordo, no debe trascender fuera de ella.

Aunque sea en la cabeza de un tiñoso: forma de indicar a los que les gusta mucho una cosa, que se lo comerían aunque fuese con la condición indicada.

Aunque seas sabio y viejo, no desdeñes un consejo: siempre hay algo que aprender, y todos nos pueden enseñar algo.

Aunque sois sordo, marido, bien veis. Sí mujer; aunque no oigo que soy cornudo, bien veo que sois puta: forma de expresar que no es necesario ver las cosas, para enterarse de ellas, o conocerlas por ciertos aspectos.

Aunque tonto, no tanto: indica en la conveniencia de no creer en la bondad exagerada de una persona.

Aunque vestido de lana, no soy borrego: da a entender que uno no tiene la condición que aparenta.

Auto en favor: con tanta o más razón.

(El) Autógrafo de Dios: forma de llamar en algunos sitios al rayo.

(El) Autor de sus días: el padre o la madre.

(La) Avaricia rompe el saco: ya que acaba por destruir la amistad o confianza que tenían en una persona, por haberse llevado algo.

Ave de albardar: se dice del burro.

Ave de mal agüero: persona a la que siempre acompaña la mala suerte, o presagia alguna desgracia.

Ave de paso: dícese de la persona sin residencia fija y que está en algún lugar por poco tiempo.

Ave de rapiña: el que roba cuanto ve.

Ave Fénix: persona que renace de sus propios problemas y dificultades.

Ave fría: persona de poco espíritu.

¡Ave María!: expresión de asombro o sorpresa. Salutación.

Ave que vuela, a la cazuela: indicando que hay que aprovechar las ocasiones. Aconseja aprovecharse de las mujeres fáciles.

Avellano: da a entener reconciliación en el lenguaje de las flores.

Avenirse a la buena: avenirse a razones.

Aventar a alguno: despedirle de mal modo.

Averíguarse con alguno: sujetarse a razón.

Averígüelo Vargas: cosa difícil de averiguar.

¡Aviado es el palo para la cuchara!: modo de decir irónico para indicar a una persona que no es adecuada o proporcinada para el intento que se desea.

Aviárselas: arreglárselas.

Avíate que vas de toros: manera de expresar que se dé prisa una persona y se componga, como para ir de fiesta.

Avío: apaño.

Avisar con tiempo: especie de advertencia, indicando que las cosas hay que prepararlas con el tiempo debido.

Aviso para navegantes: advertencia de alguna cosa.

Avivar los ojos: andar con cuidado.

Avivar los sones: hacer algo con diligencia.

¡Ay de los vencidos!: se aplica para terminar con la protesta de los que se creen tratados injustamente, cuando debían mantenerse callados y discretos.

¡Ay del amante ausentado, que a los quince días será reemplazado!: forma de motejar la inconstancia en el amor.

¡Ay Dios!: interjección de dolor, susto o lástima.

¡Ay, que bonita piedra para darme un tropezón!: piropo muy simpático dicho en Méjico, cuando se ve una mujer hermosa.

¡Ay, qué coño!: denota contrariedad, fastidio o impaciencia.

¡Ay qué Dios tan bueno!: frase de gran contrariedad.

¡Ay qué risa!: expresión de negativa.

¡Ay qué risa, doña Luisa!: expresión que se usa cuando se ve u oye algo que queremos satirizar.

¡Ay qué trabajo, vecina; el ciervo muda el penacho cada año, y vuestro marido cada día!: contra las esposas infieles.

¡Ay, señor!: expresión de buen estado de ánimo o asombro.

¡Ayayay!: expresión de aflicción o dolor.

Ayer, boda; hoy, romería; mañana, bautizo. ¡Bendito sea Dios que nos hizo!: especie de jaculatoria de los amantes de las diversiones y poco amigos del trabajo.

Ayer hizo un año: se dice peyorativamente de lo dado al olvido. También del que recuerda un acontecimiento pasado.

Ayer por la noche o por la tarde: expresión de una cosa que se ha hecho en tiempo pasado y hace tiempo.

Ayer vaquero y hoy caballero: indicando los avatares de la fortuna.

Ayúdame, que estorbas: locución familiar con que se significa a una persona que rehúye el aceptar sus servicios, por ser más perjudiciales que beneficiosos.

Ayúdanse tres para peso de seis: se aplica a los que son poco aficionados al trabajo, a los holgazanes.

Ayudar a misa: cooperar con el celebrante en el Santo Sacrificio.

Ayúdate, que yo te ayudaré: palabra es de Dios cierta.

Ayunar al traspaso: no comer desde el Sábado Santo hasta el toque de Gloria.

Ayunar después de harto: vitupera a los que ostentan mortificación y viven regaladamente.

Ayunar o comer trucha: frase para indicar la resolución de quedarse sin nada o lograr lo mejor.

Ayunarle a uno: temerle o respetarle, como a ciertos santos principales que tienen ayuno la víspera.

Ayunen los santos, que no tienen tripas: manera de intentar eludir este precepto de la Iglesia.

Azahar: indica virginidad en el lenguaje de las flores.

Azotar calles: andar ocioso.

Azotar el aire: fatigarse en vano.

Azotes y galeras: se dice de la comida ordinaria, que es la misma todos los días.

Azucena: indica pureza en el lenguaje de las flores.

Azulgrana: partidario del Barcelona en el fútbol.

Baboso: dicen las mujeres de los hombres pegajosos, remilgados y pesados, que se hacen insoportables por su forma de ser y actuar.

Bacalao: órgano genital de la mujer.

Badajo: miembro viril.

Badana: mujer con grandes furores uterinos, que no se puede pasar sin un hombre.

Badulaque: persona de escaso razonamiento y sin fundamento.

Bailar a cualquier son: ser extremadamente condescendiente, no tener una persona carácter.

Bailar al son que tocan: acomodarse a las circunstancias.

Bailar, cantar, comer, etc., que se las pela: vehemencia o gran actividad de lo que se está tratando.

Bailar con la más fea, y en algunos sitios añaden **y la vuelta más larga:** tocarle a una la peor parte y durante más tiempo.

Bailar de coronilla: andar con diligencia tras una cosa.

Bailar el agua: agradar a alguien, adular para complacerle.

Bailar el pelado: estar sin dinero.

Bailar en la cuerda floja: andar en ella, estar en asuntos muy poco seguros.

Bailar en un pie, o en una pata: hacer bailar a uno derecho.

Bailar los ojos: estar alegre una persona.

Bailar más que un peón sin cuerda: aplícase a los que son aficionados y hábiles para la danza.

Bailar que se las pela: manifestar gran alegría.

Bailar sin ton ni son: no necesitar de ningún estímulo por estar muy metido en una cosa.

Bailarle los ojos: ser bullicioso, alegre y vivo.

Baile de salón: el que se efectúa en lugar cubierto y con técnicas determinadas.

Baile de San Vito: enfermedad en la que una persona no se puede estar quieta, teniendo movimientos convulsivos.

Bailo bien y echaisme del corro: indica que los que necesitando más atenciones, son más despreciados.

Bajada de bandera: en un taxi al inicio de la carrera.

Bajada de pantalones: aceptación de cosas deshonrosas, o totalmente perjudiciales para el que las ha aceptado.

Bajado del cielo: cosa excelente.

Bajado del cielo a gorronazos: expulsado por inconveniente.

Bajar al sepulcro: morirse.

Bajar de las nubes: dejarse de ilusiones y volver a la realidad.

Bajar de punto: al estado primitivo.

Bajar el copete a alguien: bajarle los humos.

Bajar el gallo: deponer la altanería.

Bajar el punto: moderar.

Bajar el tono, o el diapasón: hablar sin arrogancia. Bajar la intensidad de un sonido.

Bajar la cabeza: obedecer, resignarse cuando no hay otra solución.

Bajar la cerviz: rebajarse una persona, humillarse.

Bajar la guardia: despreocuparse un poco de los asuntos.

Bajar la ley: disminuirla en un metal precioso.

Bajar la mano: abaratar las mercancías. Cuidar de un asunto con más rigor.

Bajar la mar: descender o menguar las aguas en el reflujo.

Bajar la vista: bajar los ojos.

Bajar las orejas: ceder con humildad en una disputa o réplica.

Bajar los humos: obligar a una persona que deponga su actitud molesta u ofensiva.

Bajar los jornales: obligar a un grupo de personas a deponer su actitud molesta y ofensiva.

Bajar los ojos: ruborizarse, también humillarse y obedecer prontamente a lo que le mandan a una persona.

Bajar, o doblar, la cerviz: humillarse deponiendo el orgullo y altivez.

Bajar o levantar la bandera: los taxistas cuando se sube o se baja del vehículo, para iniciar el cómputo de la carrera.

Bajarle el toldo: domar la altivez de una persona.

Bajarle la pretensión: ser causa de que se le malogre.

Bajarle los humos: domar su altivez.

Bajarse al pilón: practicar el cunnilingus, o la felación.

Bajarse del burro: reconocer el error en que una persona se mantenía.

Bajarse del carro: dar una persona su brazo a torcer, reconociendo lo que anteriormente había defendido sin razón.

Bajarse la pez al culo: dícenlo los viejos, cuando les cuesta levantarse del asiento.

Bajarse los pantalones: quitárselos. Indicación de que una persona hace lo que otra quiere, bien por temor, poder, favores, etc.

Bajársele la sangre a los talones, o los zanacajos: ocasionarle gran susto o miedo.

Bajársele una pretensión: malogrársele.

Bajeza de ánimo: cobardía.

Bajeza de nacimiento: humildad en su nacimiento.

Bajo capa de hacer algo: con pretexto o excusa de hacer algo.

Bajo cuerda, o bajo mano: oculta o secretamente.

Bajo de ley: dícese del oro o plata que tiene mayor cantidad de otros metales.

Bajo la especie de: con la apariencia de.

Bajo llave, o siete llaves: custodiar una cosa.

Bajo mano: oculta o secretamente.

Bajo su palabra: sin otra seguridad que la palabra que uno da de hacer una cosa.

Bajos fondos: donde se desenvuelven habitualmente los delincuentes.

Bala perdida: dícese de la persona de comportamientos inmorales.

Bala rasa: persona amante de las juergas.

Baladrón: fanfarrón.

Baldragas: calzonazos.

Balones: pechos de mujer.

Balsa de aceite: dícese del lugar muy tranquilo o apacible.

Balumbres: calzoncillos.

Banco de datos: en informática, consultas a un tema determinado.

Banda sonora: fondo musical de una película.

Bandarra: gamberro.

Bandera blanca, roja, etc.: forma de indicar el estado de la mar, por el corlor de las banderas en las playas.

Bandera de paz: convenio después de haber tenido alguna discusión.

Banderín de enganche: lugar donde se recluta a los soldados.

Bañado de suela: dícese del calzado cuya suela es más ancha de lo que pide la planta del pie.

Bañado en agua de rosas: estar en plenitud de la propia satisfacción.

Bañar el sol algún espacio: llenarlo de luz.

Bañarse en agua rosada, o de rosas: alegrarse de algún contratiempo que ha sucedido a otra persona.

Baño de asiento: forma de aliviar dolores existentes en determinadas partes del cuerpo, dándose con agua caliente un baño prolongado; no cura, pero calma los dolores.

Baño de sangre: matanza sangrienta.

Baño María: forma de cocción de algunos alimentos.

Baracalofi (de): regalo.

Barajar un negocio: confundirlo para que no se conozca la verdad.

Barajar una pretensión: estudiarla o compararla.

Barajar una proposición: desecharla, o no tomarla en consideración.

Baranda: jefe.

Barba a barba: cara a cara.

Barba por barba: hombre por hombre.

Barbas honradas: hombre honrado, digno de respeto.

Barbilindo: galán bien parecido y preciado de lindo.

Barbó: persona de malos actos.

Bardaje: maricón.

Bareto: bar o cafetería.

Barra americana: bar de alterne.

Barra libre: invitación a lo que se quiera en un bar o establecimiento de hostelería.

Barrabás: hombre de aspecto y catadura mala.

Barraca de feria: edificación móvil y desmontable que existe en las ferias, o donde viven los feriantes.

Barragana: se dice de la querida o de la "amiga íntima".

Barras derechas: indica que lo que se hace o dice sea sin engaño, sino con verdad.

Barrenado de cascos: el de poco juicio.

Barrer para casa, o para adentro: obrar con miras egoístas.

Barrera del sonido: límite de la velocidad, comparada con la velocidad del sonido.

Barriga llena a Dios alaba, o corazón contento: después de una buena comida, todo es alegría y alabanza.

Barrio chino: barrio de los bajos fondos en las ciudades populosas.

Barrio de los calvos: dícese del cementerio.

Bartolillo: dicho cariñoso a los niños pequeños (lo emplea mucho mi mujer).

Bartolo: se dice de la persona que es víctima de un robo.

Basta trasquilar sin desollar: cuando se hace un mal siendo éste el menor posible.

¡Bastante adelanta un perro con un cantazo!: frase que se dice al haber experimentado una pérdida, y se nos quiere consolar ofreciéndonos otra de menor valor.

Bastante hemos hablado: dando a entender que se está al corriente de lo que se ha insinuado.

Bastardo: hijo natural, insulto grave.

Bastarse y sobrarse: no necesitar ayuda de nadie.

Bastos son triunfos: expresando la imposición de la fuerza bruta.

Bátete con uno, combate con dos, difiéndete de tres, huye de cuatro, y no quedarás deshonrado: regla de prudencia, que indica que no se debe exponer a los fracasos una persona.

Batir banderas: hacer reverencias con ellas al superior inclinándolas o bajándolas.

Batir brecha: perseguir a una persona hasta derribarla de su valimiento.

Batir de repelón: herir al caballo con las espuelas.

Batir el campo: reconocerlo.

Batir la marcha, o batir marcha: tocarla con el clarín.

Batir llamada: tocar llamada para hacer honores los tambores, cornetas, etc.

Batir palmas: aplaudir. Seguir con palmadas los distintos ritmos de una música o baile.

Batir segundos: producir el reloj el sonido acompasado.

Batir una marca: mejorar la cifra alcanzada, o reducir el tiempo invertido en una prueba.

Batirse el cobre: disputar con empeño y acaloramiento.

Batirse en retirada: darse una persona, o ejército, por vencido.

Batusa, batuso: madre, padre.

Batuta: miembro viril.

Bautismo de fuego: entre los militares entrar por primera vez en combate.

Bautismo de sangre: entre los militares la primera herida de guerra que se recibe.

Bautista: mayordomo, criado.

Bautizar, o cristianar, el vino: aguarlo.

Bautizo "cagao", si cojo al chiquillo, lo tiro al "tejao": lo decíamos en Burgos siendo unos chiquillos en los bautizos y al padrino que era un roñoso, cuando no nos tiraba algunas "perras" o golosinas al salir de la iglesia o al entrar en la casa el neófito.

Bazar mayor quita menor: indica que se deben someter las opiniones de los inferiores a la de los superiores.

Be por be, ce por be, o ce por ce: punto por punto.

¡Bebé a bordo!: en los coches, cartel que se pone indicando que hay un niño pequeño dentro. Es una cursilada.

Bebe el vino en cristal o en vidrio; si el vino es generoso, en cristal precioso, y si el vino es peleón, en el jarro o el porrón: refrán que aconseja cómo beber el vino en cada caso.

Beber a boca de jarro: sin tasa ni medida.

Beber a cañete: beber a chorro.

Beber a la salud de alguno: brindar por él.

Beber a morro: beber sin vaso, directamente de la botella o del recipiente.

Beber buen vino no es desatino; lo malo es beber vino malo: el buen vino y con mesura es beneficioso, el vino malo hace daño.

Beber como el asno: beber a morro.

Beber como una esponja: beber mucho.

Beber con el vaso de Diógenes: beber sin dar importancia a la calidad de la vasija con que se bebe.

Beber con guindas: con que se encarece el refinamiento de lo que se pide o hace.

Beber de calabaza: aprovechar la confusión lucrándose sin que la gente se dé cuenta.

Beber de codos: con reposo.

Beber del pilón: publicar las noticias del vulgo.

Beber en buenas fuentes: tener noticias fidedignas y recientes.

Beber en cerro: beber en ayunas.

Beber fresco: estar sin cuidado ni sobresalto de lo que pueda suceder.

Beber la copa de Alejandro: indica que la confianza que una persona tiene en otra es absoluta.

Beber la doctrina: aprender sus normas.

Beber la sangre a otro: tenerle odio.

Beber las palabras, los acentos, las acciones: escuchar a una persona con atención y sumo cuidado. Servirle con esmero.

Beber los aires, o los vientos: suspirar por algo.

Beber los pensamientos a alguno: adivinarle lo que piensa.

Beber los kiries: encarece que uno bebe mucho: nueve veces.

Beber los vientos por algo, o alguien: desear ardientemente una cosa, o a una persona, y hacer todo lo posible por conseguirla.

Beber más que el chico del esquilador: beber mucho.

Beber más que un cosaco: beber en demasía.

Beber más que un cura: beber con cierta frecuencia, ya que los curas, al decir misa, tienen que consagrar y beber el vino.

Beber más que un mosquito: se dice al que es aficionado a la bebida.

Beber más que un odre: beber grandes cantidades de vino y de otras bebidas alcohólicas.

Beber más que un saludador: beber en exceso.

Beber más que un tudesco: beber grandes cantidades.

Beber más que una esponja: se dice del que aguanta mucho el alcohol.

Beber, o ganar, los perdones: beber un trago después de haber dado gracias a Dios tras la comida.

Beber sobre tarja: beber vino al fiado.

Beber una doctrina: aprenderla a la perfección.

Bebercio: bebida, bar, taberna.

Beberle los pensamientos: adivinárselos para ponerlos en ejecución.

Beberse las palabras: escuchar con la mayor atención.

Bébolo negro y méolo blanco: ¿si será milagro?: forma burlesca de defender las excelencias del vino, los amantes de la bebida.

Bel canto: forma de denominaar al canto de ópera.

Bellas artes: las que tienen como base la belleza.

Bellota: bala de arma de fuego.

Bendecir a Dios: alabarle, ensalzarle.

Bendecir Dios a uno: cuando todo le sale bien.

Bendita sea la herramienta, que pesa, pero alimenta: elogiando los medios para obtener trabajo, y como consecuencia que nos ayuda a sustentarnos y poder vivir.

Bendita sea la rama que al tronco sale: suele aplicarse a los hijos que salen tan buenos como sus padres.

¡Bendito sea Dios!: expresión de alabanza o extrañeza.

¡Bendito sea Dios, que todo lo cría! ¡Hasta las calabazas sin costura!: expresión usada cuando se ve o se oye algo extraordinariamente absurdo.

¡Bendito sea el parto, que tan feliz fue!: exclamación usada para demostrar el asombro que produce en uno ver u oír algo raro o extraordinario, sobre todo si es disparatado.

Bendito seas entre todas las mujeres: se le dice al hombre que es el único del sexo masculino y se encuentra entre damas.

¡Benditos, o dichosos, los ojos que te ven!: exclamación de sorpresa o alegría al ver a una persona que se llevaba mucho tiempo sin encontrarse con ella.

Beneficiarse de una mujer: recibir sus amores.

Beneficiársela: se dice de una mujer, cuando existen contactos sexuales.

(El) Beo: genitales de la mujer.

Bergante: pícaro.

¡Berzas!: persona burda, torpe o ignorante.

Besadme y abrazaros he: frase que se dice cuando uno pide más que promete.

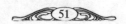

Besar como si fuese una reliquia: considerar con todo respeto.

Besar el azote: recibir el castigo con humildad y resignación.

Besar el suelo: caer al suelo de bruces.

Besar el suelo por donde pisa: tener que estar muy agradecido a una persona de la que se ha recibido grandes favores.

Besar la correa: humillarse ante el que no quería sujetarse.

Besar la jarra: beber vino de ella.

Besar la lona: caer en ella un boxeador al ser golpeado.

Besar la mano: señal de urbanidad.

Besar la tierra, o el suelo: caer de bruces.

Besar la tierra que otro pisa: mostrarle reverencia.

Besar los pies a alguno: respeto, frase de cortesía a las damas.

Besarse la lengua: besarse lujuriosamente una pareja.

Beso a usted la mano: frase de cortesía.

Beso blanco, francés, negro: beso en la boca, introduciendo la lengua, o en el ano, respectivamente.

Beso de Judas: con traición. Falsa manifestación de cariño.

Beso de tornillo: dícese del beso apasionado, de gran duración; suele aparecer en muchas películas.

Beso pon, que beso quites: aconseja no prodigarlos, y se dice del beso que el niño recibe gratis; el joven roba y el viejo paga.

Besos a menudo, mensajeros son del culo: indicando que los besos no acaban en eso.

Besos vencidos, ni dados ni recibidos: ninguna obligación adquiere quien, previo pago, disfruta de los favores de una mujer.

Best-séller: libro más vendido.

Bestia negra: dícese de la persona que es odiada por muchas personas.

Bestia parda: insulto grave dirigido a una persona.

Bestial: magnífico, extraordinario. Se dice de la mujer de impresionante belleza.

Besugo: imbécil, tonto.

Biberón: felación.

Biberones: pechos de la mujer que está criando.

(La) Biblia en verso, o en pasta: para indicar toda obra cuyas considerables dimensiones corren pareja con lo farragoso de su estilo, o cualquier relato de análogas características.

Bicho: miembro viril.

Bicho malo: mala persona.

Bicho malo no peligra: que no hay que tener cuidado de él, ya que no existe peligro para ellos.

Bicho malo nunca muere. Algunos añaden: **y si muere, muere tarde:** indica que lo malo por lo general suele durar mucho.

Bicho raro: persona de costumbres poco comunes.

Bicho viviente: todo lo que vive en la tierra.

Bichos, padres y abuelos, me tocáis todos los huevos: expresión de superioridad.

Bien a bien: de buen grado, sin contradicción ni disgusto.

Bien acarrea, pero mal empiedra: se dice del que tiene abundancia de medios y no sabe emplearlos.

Bien ama quien nunca olvida: ya que el verdadero amor siempre está vivo.

Bien barre la escoba nueva, pero pronto se hace vieja: indicando que la juventud se pasa pronto.

Bien cantas pero mal entonas: forma jocosa de decir a una persona que no sabe hacer bien cierta cosa.

Bien dicho, y a tiempo: se dice irónicamente cuando se oye un disparate.

Bien dispuesto: buena salud, el que está dispuesto a prestar ayuda.

¡Bien empleado! o **¡Bien empleado le está!:** alegría por la desgracia, indicando que tiene bien merecido lo que le está aconteciendo.

Bien está, o está bien: con que se denota aprobación, descontento o enojo.

Bien está la piedra en el agujero: indica que a las personas no se las debe sacar del lugar que les corresponde.

¡Bien está San Pedro en Roma!: forma de aconsejar a una persona que no abandone su lugar o puesto, ni con el pretexto de mejorar de condición o situación. Indica igualmente quietud, calma, conformidad.

Bien fardao: dícese de la persona bien vestida.

Bien, gracias, ¿y tú?: forma de corresponder a un saludo cuando preguntan por la salud, familia, etc.

Bien hallado: fórmula de saludo al que hacía tiempo que no se le veía.

Bien haya: frase exclamativa como bendición.

¡Bien juega quien mira!: frase dicha a los mirones cuando critican o comentan una jugada.

(El) Bien le hace mal: se dice del que convierte en daño propio el bien que tiene.

Bien mirado, o pensado: se dice de lo que, visto de otra forma, no parece tan inconsecuente.

Bien, o mal, nacido: el que muestra su origen por sus obras.

Bien, o mal, parecido: dícese del que tiene, o no, una presencia agradable.

Bien, o mal, visto: cuando una cosa merece, o no, la aprobación de las gentes.

Bien parida: dícese de la mujer guapa y atractiva.

Bien pensado: dícese de la persona que siempre piensa a favor y no en contra.

Bien predica quien bien vive: ayuda a la persuasión el que da buen ejemplo.

Bien que mal: con ciertas dificultades.

(El) Bien que viniere, para todos sea, y el mal para la manceba del abad: expresión usada al principio de los cuentos; frase actualmente en desuso, pero muy citada antiguamente.

Bien reza, pero mal ofrece: se aplica al que promete mucho y no cumple nada.

Bien sabe la rosa en qué mano posa; añadiendo algunos: **en cabeza loca o en dama hermosa:** frase galante en el último caso, y de medio insulto en el primero.

Bien sé de qué pie cojea: se dice cuando se conoce la falta y mala inclinación que tiene una persona.

Bien vengas; mal, si vienes solo: por lo general no suele ocurrir una desgracia aislada.

Bien visto: dícese de lo que socialmente es aceptado.

Bien y pronto, sólo lo intenta algún tonto: expresando que las cosas bien hechas necesitan su tiempo para ejecutarlas, y que no se pueden hacer de prisa y corriendo.

Bienes de equipo: los que se utilizan para la producción de otros bienes.

Bienes gananciales: los adquiridos por el matrimonio.

Bienes inmuebles: los rústicos o los urbanos.

Bienes mostrencos: los que no tienen dueño conocido.

Bienes muebles: los que no pierden al cambiarlos de lugar.

Bienes raíces: bienes inmuebles.

Bienes semovientes: el ganado.

Bienes y males a la cara salen: dando a entender que todo se refleja en el rostro.

Bien venido. Mejor hallado: fórmula de cortesía que se intercambian dos personas cuando una va a visitar a la otra.

(El) Bigote al ojo, aunque no haya un cuarto: se aplica a los que, con cortos medios, quieren ostentar valimiento o superioridad.

Billete verde: de mil pesetas.

Bimba: bulto que hace una cartera o portamonedas.

Birlársela: referido a una mujer, poseerla sexualmente.

Birloche: estafador.

Birmano: masaje erótico seguido de cópula.

Bis a bis: de uno a otro. Tiempo concedido en los establecimientos penitenciarios a una persona, para relacionarse con su pareja.

Bisuta: joyas de baja calidad.

Bizcocho borracho: pastel empapado en almíbar.

Bizcocho de monja, fanega de trigo: indica que hay veces que lo que regalan ya está pagado y con gran demasía.

Bla bla bla: forma de expresar al exceso de palabra, o a la inutilidad de las mismas.

(La) Blanca Paloma: nombre dado en Andalucía a la ermita de la Virgen del Rocío, asi como a Ella.

Blanca flor de chimenea: dícese de las mujeres sucias y presumidas.

Blanco como el algodón: de gran blandura y suavidad.

Blanco y en botella..., leche; blanco y migado..., sopas de leche: se dice cuando las cosas son muy claras y sencillas, que no necesitan ninguna explicación.

Blando de boca: persona que dice lo que tiene que callar.

Blando de corazón: el que de todo se compadece.

Blanquear, o lavar, dinero: invertir el dinero negro en negocios legales.

Bobales: se dice de la persona que se engaña con facilidad.

Bobalicón: persona inocente, cándida.

Bobo de baba: bobo redomado.

Bobo de capirote: bobo redomado.

Bobo de Coria: personaje símbolo de los tontos y mentecatos, y también de los astutos que, so capa de ignorancia, cometen los mayores desafueros.

Bobo del culo: insulto que se dirige a una persona con ánimo de ofensa.

Bobo del haba: tonto de capirote.

Bobo, o tonto, de baba: idiota perdido.

Bobo, o tonto, el que lo lea: frase escrita hace tiempo en paredes, también en los servicios de caballeros (en los de señoras, lo desconozco); debió ser el principio de la gran manía de pintar y dibujar sobre las paredes.

Bobochorra: imbécil, estúpido.

Boca a boca: efectuar la respiración artificial a una persona. Forma de comunicar un acontecimiento.

Boca abajo: tendido con la cara en el suelo. Hablando de recipientes de forma invertida.

Boca amargada no puede escupir dulce: el que tiene malas intenciones no puede tener buenos hechos.

Boca arriba: tumbado de espaldas.

Boca besada, poco o nada pierde, si no fuera por lo que detrás del beso viene: frase que no necesita explicación alguna.

Boca con boca: estar muy juntos.

Boca de escorpión: se dice de la persona maldiciente.

Boca de espuerta: grande.

Boca de fraile: el que pide mucho.

Boca de gachas: al que no se le entiende lo que habla.

Boca de hacha: murmuradora.

Boca de hucha: la que tiene forma de hucha.

Boca de infierno: apodo que se suele dar a los murmuradores.

Boca de la vida: el sexo femenino, dicho que he oído con alguna frecuencia en algunos pueblos de Castilla.

Boca de lobo: oscuro.

Boca de riego: lugar existente en las calles, donde se conecta una manguera para fines determinados.

Boca de risa: risueño.

Boca de sopas: se dice de la persona que tiene la lengua estropajosa.

Boca de verdades: el que las dice con habitualidad.

Boca de verdades, cien enemistades: indicando que el que con habitualidad dice verdades, y al no gustar ser oídas, crea enemistades por ser desagradables.

(La) Boca hace juego: locución familiar para indicar que en el juego está a lo que se ha dicho, aunque sea en contra de lo manifestado.

Boca rasgada: la grande, la que guarda proporción con las demás facciones de la cara.

Boca regañada: la que tiene un frunce que la desfigura e impide cerrarse por completo.

(El) Bocado de Adán: dícese del poco placer que trae mucho pesar y daño. Abultamiento de la laringe en los hombres, también se llama "la nuez".

Bocado sin hueso: de mucha utilidad.

Bocata de madre: bocadillo grande.

Bocazas, boceras: se dice de la persona que habla más de lo que es prudente.

Boccato di Cardinali: comida exquisita y deliciosa.

Boda de hongos: la que se celebra pobremente.

(Las) Bodas de Camacho: se dice cuando un acto sobresale por su esplendidez y abundancia.

Bodas de diamante: el sexagésimo aniversario de un acontecimiento.

Bodas de oro: el quincuagésimo aniversario.

Bodas de plata: el vigésimo quinto aniversario.

Bodas del platino: el sexagésimo quinto aniversario.

Bofetón en casa ajena: sufrir un desprecio por intermedio de alguien.

Bofia: policía.

Bola de billar: cabeza totalmente calva.

Bolamen: testículos.

Bolas: testículos.

Bollera, bollaca: lesbiana, tortillera.

Bollo: órgano genital femenino.

Bolo: órgano genital masculino. Tonto, memo.

Bolsa de Dios: la limosna.

Bolsa de hierro: el miserable.

(La) Bolsa o la vida: intimidación de los ladrones cuando atracan a sus víctimas.

Bolsa rota: el pródigo.

Bombo: vientre abultado por embarazo.

Bon vivant: persona vividora.

Boquita de piñón: boca pequeña y bonita.

Boquita de piñón... de Gibraltar: irónico, indicando muy grande y desgarbada.

Bordar de realce: exagerar y desfigurar los hechos inventando circunstancias y deteniéndose sobre ellas.

Borrar del mapa: hacerlo desparecer.

Borrar, o borrarse, de la memoria una cosa: olvidarse de ella.

¡Borriquillo de San Vicente, que lleva la carga y no la siente!: frase de muchachos cuando ponen a hurtadillas algo encima de otro, sin que éste se haya dado cuenta de ello.

Borrón y cuenta nueva: perdonado, o perdonando y a empezar otra vez.

Bos: el jefe.

Bosque: órgano genital femenino.

Bostezo luengo, hambre o sueño; o ruindad que tiene en el cuerpo su dueño: se le dice a la persona que se le está abriendo la boca.

Botarate: persona inmadura, alocada.

Botica: bragueta.

Botijos: tetas grandes.

Botón de muestra: dícese de lo que se muestra para poder hacerse una idea de lo que se quiere hacer, generalmente es en miniatura.

Botones: pezones.

Bragado: persona valiente, sin miedo a afrontar el peligro.

Bragazas: se dice del hombre que se deja dominar fácilmente por su mujer.

Bragueta: miembro viril.

Braguetazo: se dice dar el braguetazo al hombre que se casa con una mujer rica.

Brava mermelada: expresión con que se moteja a una cosa mal hecha o mal dicha.

¡Brava, o buena, o linda, pesca!: persona muy sagaz, también persona viciosa, de malas costumbres.

¡Brava, o linda, embajada!: modo de echar en cara la proposición de algo inútil o de poca importancia.

Brazo a brazo: cuerpo a cuerpo y con armas iguales.

(El) Brazo de la justicia es muy largo: indicando que los fallos de la justicia llegan a todas partes y suelen perjudicar a muchas personas.

Brazo de mar: persona de gran belleza, primorosamente vestida.

Brazo gitano: determinado tipo de dulce.

Brevas: pechos de la mujer.

Brija: ajorca de oro.

Brilla: joyería.

Brillar por su ausencia: se dice del que no está donde le corresponde.

¡Brillo, brillo; el que se lo encuentre, que se lo meta en el bolsillo!: dicho de muchachos cuando se ponen a buscar lo que se ha perdido.

Brindis al sol: fanfarronada, atrevimiento.

Broche de oro: forma de finalizar cualquier cosa, siendo el término feliz y agradable.

Bromas pesadas nunca sean dadas: por las fatales consecuencias que tienen.

Bromas pesadas sólo al que las da le agradan: ya que para el que las recibe no son nunca de su agrado.

Brotar, o nacer, como los hongos: dícese de lo que se produce prontamente, casi por generación espontánea.

Brotar sangre: intensidad o vehemencia de una pasión del ánimo.

Brozno: de ingenio corto y muy burdo.

Buche: estómago.

¡Buen apero!, ¡Buen avío!: denota la inutilidad de alguna persona o cosa.

Buen artillero: dícese del hombre que es muy mujeriego.

Buen bocado: el que ha conseguido algo con poco mérito, como un buen empleo.

Buen camino: buena conducta.

Buen cuerpo: estar muy bien.

(Un) Buen día: un día, el día menos pensado.

Buen día tendrás hoy: frase dirigida al que ve un tuerto por la mañana.

¡Buen dinero es la gaceta!: manifestación de menosprecio hacia algo.

Buen hombre, pero mal sastre: expresión que se dice cuando un hombre es de buena índole o genio, pero de corta o ninguna habilidad.

Buen humor: ser complaciente y alegre.

Buen jubón me tengo en Francia: burla que se hace de quien se jacta de tener una cosa que en realidad no le sirve absolutamente para nada.

¡Buen miedo tiene el obispo a los curas!: con que se moteja la preocupación por personas subordinadas o inferiores.

¡Buen, o gran, o valiente, puñado son tres moscas!: escasez numérica de persona o cosas.

Buen o mal recado: buena o mala acción, travesura.

(El) Buen pagador es señor de lo ajeno: aconsejando puntualidad en la paga.

¡Buen pájaro está hecho!: dícese de la persona astuta, sagaz y cautelosa.

(El) Buen paño en el arca se vende: las cosas buenas siempre tienen salida, y son fáciles de vender, aunque es conveniente hoy día un poco de publicidad.

(Un) Buen pasar: modo de hablar que explica que una persona goza de medianas comodidades.

Buen paso: andar aprisa.

(El) Buen Pastor: El Sumo Hacedor.

(El) Buen pastor da la vida por sus ovejas: dicho evangélico que indica que hay que estar siempre al servicio de los subordinados.

(El) Buen patrón hace buen soldado, y el buen soldado hace buen patrón: según es el comportamiento de los superiores suele ser el de los subordinados, y viceversa.

¡Buen pecho!: ¡ánimo!

¡Buen pelo nos ha lucido!: expresión irónica para indicar que nos ha ido mal en un asunto, que no hemos ganado nada.

¡Buen principio de semana!... Y lo ahorcaban el lunes: dícese cuando el comienzo de una cosa ya es mala.

Buen principio, la mitad es hecho: el primer paso es el que realmente cuenta.

Buen provecho: dícese al que suelta un eructo, principalmente a los niños de pecho cuando sueltan el aire, que tan molesto y perjudicial es para ellos.

Buen rato: agradable.

Buen regalar, más que dinero requiere ingenio: el regalo tiene que ser oportuno, o apetecer al que lo recibe, más que el coste del mismo.

(Un) Buen renglón: se usa para señalar un gasto importante o una partida costosa.

¡Buen resuello para buzo!: aplícase a la persona que tarda mucho en contestar a lo que se le ha preguntado.

Buen sastre: persona inteligente en la materia que se trata.

(El) Buen torero ha de ser a prueba de cuerno: las heridas que ostentan los diestros acreditan su valentía y arrojo.

Buen varón, o buena mujer: precisiones de personas juiciosas, rectas y buenas.

¡Buen viaje!: deseo de que se haga felizmente la jornada.

¡Buen viaje y bota larga!: expresión con que se despide al que se va de viaje, deseándole buena ventura, pero que no vuelva a molestarnos.

(El) Buen vino alegra los cinco sentidos: la vista, por el color; el olfato, por el olor; el gusto, por el sabor; el tacto, por lo que agrada coger el vaso, y el oído en el brindar, por el tintín de los vasos al chocar: expresando la bondad del vino.

Buen vino, en copa cristalina, servida por mano femenina: la mejor forma de que sepa muy bien el líquido generoso.

(El) Buen vino hace mala cabeza: y no digamos nada del malo, todo ello por haber bebido en demasía.

(El) Buen vino la venta trae consigo: todo lo que es bueno se recomienda por sí solo.

Buen vino, para el catador fino; vino peleón, para el borrachón, y la mujer bella, para el que sepa entenderse con ella: características para dichas cuestiones.

¡Buena alhaja!: ironía al pícaro o vicioso.

¡Buena burra hemos comprado!: como queriendo indicar qué buen negocio hemos hecho.

(Una) Buena capa todo lo tapa: protección que presta un buen elemento o una gran persona para cubrir faltas.

Buena es la tardanza que hace el camino seguro: es preferible hacer las cosas bien, aunque se invierta más tiempo en ellas.

¡Buena está la gaita!: expresa la molestia que nos ocasiona algún encargo.

Buena estampa: con buena figura.

(La) Buena fama es un segundo patrimonio: para que todo el mundo respete y quiera a la persona que la ostenta.

Buena ganga es ésa: irónicamente, al no ser una cosa de provecho.

¡Buena gente tenía el conde!-Allí estaba yo. ¡No había más que putas y ladrones!.-Ya me había yo venido: forma de querer expresar burlescamente cuando una persona siempre se está ensalzando.

Buena, gentil, o linda, pieza: ¡Buena alhaja!

¡Buena hipoteca!: carga pesada. Persona o cosa poco digna de confianza.

¡Buena hora para cobrar una herencia!: expresión que indica que es el momento oportuno para ejecutar una cosa.

¡Buena la has hecho!: expresión al ver lo acontecido, siendo generalmente un estropicio.

¡Buena manderecha!: buena suerte.

Buena mano: acierto.

Buena maula: bellaco o taimado.

Buena moneda: la de oro y plata.

Buena moza: mujer de gallarda presencia.

(La) Buena moza gentil de un pedo apaga un candil: frase jocosa dirigida a las mujeres bravías.

Buena, o gran vida: vida regalada.

Buena, o mala figura: tener buena, o mala presencia.

Buena, o mala firma: persona de crédito comercial, o no.

Buena, o mala paga: persona que prontamente y sin dificultad paga lo que debe, o no.

Buena obra: hacer una obra de caridad.

Buena palabra, pero no en caja: encomia la oportunidad para todo.

Buena pasta: persona apacible.

Buena pata y buena oreja es señal de buena bestia: características de un buen animal.

Buena planta: de buena presencia.

Buena pieza: bellaco, mala persona.

(La) Buena portada honra la casa: se suele decir del que tiene la boca muy grande.

Buena sangre: condición benigna y noble de la persona.

(La) Buena sangre nunca miente: los que tienen buen corazón lo demuestran siempre.

Buena sociedad: conjunto de personas que se distingue por su cultura y buenos modales.

Buena tijera: el que come mucho, el que corta una tela bien.

(La) Buena ventura: adivinación por medio de las rayas de la mano el futuro de una persona.

(La) Buena ventura, Dios es quien la da, ¿te pica la mosca?, pues ráscatela: no está en la mano de uno proporcionar la felicidad.

Buena vida arrugas tira: da a entender que la vida cómoda y regalada retarda la vejez.

(La) Buena vida no quiere prisas: por ser la tranquilidad una de las mejores cosas.

(La) Buena vida, padre y madre olvida: el que tiene una gran vida llega a olvidarse en muchos casos hasta de la familia.

(La) Buena y la mala fama no se regala, se gana a pulso: indicando que cada uno suele tener en esta materia lo que se merece.

¡Buenas...!: saludo abreviado de buenos días, etc.

¡Buenas cuatro onzas!: ironía al expresar el peso de una persona que otra carga sobre sí.

Buenas manos: habilidad y destreza.

¡Buenas noches!: expresión de despedida al irse a dormir.

Buenas noches, cuarta: esto se acabó.

Buenas o malas ausencias: de la persona ausente buenas o malas noticias.

Buenas, o malas, manos: tener, o no, habilidad o destreza.

Buenas palabras: forma de hablar de forma complaciente y alagadora.

Buenas son mangas después de Pascuas: lo útil siempre viene bien, aunque llegue tarde.

¡Buenas tardes!: saludo entre personas por la tarde.

Buenas y gordas te las dé Dios: desconfiar de lo dicho.

¡Buenas y gordas!... Y eran bellotas: con que se desprecian cosas falsas y absurdas.

¡Bueno anda el ajo!: locución irónica que se dice de las cosas cuando están muy turbadas o revueltas.

Bueno... bueno estaba y se murió: forma de indicar que no se manifiesten quejas por lo que no tiene solución.

Bueno es el pan con migas: explica que no es mucho que uno ahorre en una cosa, cuando para su manutención puede tener recurso a otras.

Bueno es el vino cuando el vino es bueno; se añade: **pero si el agua es clara, ¡mejor es el vino que el agua!:** expresión popular para indicar las excelencias del vino.

Bueno es vivir: encarece la bondad de la existencia sobre lo demás.

¡Bueno está el cura para sermones!: expresión que se usa cuando se está disgutado o preocupado.

¡Bueno está el tocino! Y andaban los gatos en él: aplícase por ironía a aquellos asuntos que marchan de mala manera.

Bueno está lo bueno: forma de indicar que cuando una cosa está bien, no conviene sacarla de quicio por el empeño de que esté mejor.

Bueno va el óleo: ironía al no ir una cosa como debía.

¡Buenos días!: salutación al encontrarse dos personas por la mañana.

Buenos días, o tardes, o noches, nos dé Dios: saludo.

Buenos oficios: diligencias eficaces, hechas en beneficios de otros.

(El) Buey suelto bien se lame: indicando que el que no tiene obligaciones y trabas puede actuar siempre como quiera; lo dicen los casados de los solteros, con cierta envidia, ya que los primeros no pueden hacer lo que en algunas ocasiones les apetece.

Bufo: guardia civil.

Buharra: puta.

Bujarrón: maricón.

Búlleme el papo por decir algo: dícese de aquellas personas tan habladoras que están deseando intervenir en una conversación, aunque no sea más que para decir tonterías.

Bullir a uno una cosa: desear con fuerza algo.

Bullir de gente: gran número de personas.

Bullir la sangre: tener vigor y lozanía en la juventud.

Bullirle los sesos: ser alocado.

Burla burlando: sin saber cómo.

Burlarse de su propia sombra: dícese de la persona que es muy guasona.

Burra: autobús.

Burra de leche: nodriza.

Burraca: mujer de la vida.

(Una) Burrada: mucho, muchísimo.

Burro cargado de dinero: el tonto con dinero.

Burro cargado de letras: el que ha estudiado mucho pero no tiene ingenio.

Burro de carga: al que trabaja más y por tanto se le da más trabajo que a los demás.

Burro de San Vicente, que lleva la carga y no la siente: coplilla infantil que dicen al que le han puesto alguna cosa encima sin que se dé cuenta.

(El) Burro delante para que no se espante: se dice cuando una persona se cita antes que las demás.

Burro grande, ande o no ande: indicando que cuando hay que elegir entre varias cosas, la más grande.

Burro viejo, poco verde: a las personas mayores, poca comida y muy pocos vicios.

Buscad, y hallaréis; pedid, y se os dará; llamad, y se os abrirá: máximas evangélicas.

Buscador de sornas: dícese del que roba a los que están dormidos.

Buscar el bulto: ir detrás de uno con mala intención.

Buscar el gato en el garbanzal: empeñarse en una empresa muy difícil.

Buscar el pelo al huevo: andar buscando motivos ridículos para reñir y enfadarse.

Buscar el virgo entre las pajas: cosa inútil suele ser, por haberse perdido en aquel lugar, cosa que era habitual.

Buscar la boca: dar motivo con lo que se hace o dice, para que alguno hable y diga lo que de otro modo callaría.

Buscar la cagada del lagarto: buscar la supervivencia, buscarse la vida.

Buscar la gandinga: ganarse la vida.

Buscar la lengua a uno: incitarle a disputar, provocarle o reñir.

Buscar la paja en el oído: buscar ocasión o motivo para hacer mal a una persona, o reñir con ella.

Buscar la perdiz y encontrarse con el mochuelo: hallar lo que no se buscaba en detrimento de dicha búsqueda.

Buscar las cosquillas, o las vueltas: buscar el punto más vulnerable de una persona.

Buscar las pulgas: molestar o incordiar a una persona.

Buscar los cinco pies al gato: el que busca lo que no hay, ya que el gato tiene cuatro pies y rabo.

Buscar los tres pies al gato: expresión errónea, ya que el gato únicamente tiene cuatro patas y el rabo.

Buscar mendrugos en cama de galgos: acudir en la necesidad a otro más necesitado.

Buscar, o hallar, el hueso a la uva: encontrar la razón, o el porqué de una cosa.

Buscar, o querer, casaca: pretender contraer matrimonio.

Buscar un hijo prieto en Salamanca: buscar una persona por señas o indicios comunes a otras muchas.

Buscar una aguja en un pajar: dicho de encontrar algo muy difícil o casi imposible.

Buscarle a uno las cosquillas: intentar enfadar a uno utilizando los medios adecuados para ello.

Buscarle a uno las vueltas: acechar la ocasión para cogerle descuidado, o la oportunidad para engañarle o hacerle cualquier lado.

Buscarse la ruina: la perdición.

Buscarse la vida: buscarse medios de mantenerse, ingeniarse para cubrir las necesidades.

Buscarse los garbanzos: igual que lo anterior.

Buscársela: hacer algo por lo que puede venir un castigo o reprimenda.

Buscavidas: se dice del que está siempre intentando averiguar cosas de los demás.

Buscona: prostituta.

Butifarra: miembro viril.

Butrona: ventana.

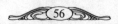

Ca: pene.

Cabalgar: cubrir a una hembra.

Caballero andante: héroe de las novelas de caballería.

Caballero de hábito: el que pertenece a alguna de las órdenes militares.

Caballero de mohatra: persona que aparenta ser caballero sin serlo.

Caballero pardo: el que no siendo noble alcanzaba privilegio para ello.

Caballo blanco: persona que aporta dinero para empresa dudosa.

Caballo de batalla: aspecto cuestionable.

Caballo de buena boca: acomodarse a todo.

Caballo de carga: el dedicado a transportar peso. Persona que lleva todo el peso de un asunto.

Caballo de regalo: el que está más tiempo en la caballeriza sin hacer su labor y reservado únicamente para su lucimiento.

Caballo de vapor: unidad de potencia, equivale a 745 vatios.

Caballo desbocado: el hombre que obra alocadamente, caballo que corre sin obedecer al jinete.

Caballo padre: el que está destinado para la monta de las yeguas.

Caballo recelador: el destinado para incitar a las yeguas.

Cabello de ángel: dulce de calabaza y almíbar.

Cabellos largos, ideas cortas: indicando que las mujeres (y algunos hombres) son seres inferiores, cosa totalmente errónea.

Caber bajo un celemín: se dice de la reunión de niños pequeños.

Caberle un pan en la boca: reírse a mandíbula batiente.

Cabestro: cornudo consentido. Travestido.

Cabeza a pájaros: persona atolondrada, ilusa, ligera.

Cabeza abajo: al revés, o vuelto lo de arriba abajo.

Cabeza cuadrada: de mentalidad inflexible o rígida.

Cabeza de alcornoque: persona de inteligencia roma.

Cabeza de casa: el que tiene la primogenitura y hereda todos los bienes de una casa.

Cabeza de chorlito: de poco seso.

Cabeza de familia: dícese del representante familiar.

Cabeza de hierro: persona terca y obstinada en sus decisiones.

Cabeza de jabalí: embutido hecho con carne de ese animal.

Cabeza de puente: dícese de lo que sirve de enlace.

Cabeza de turco: el que sufre las culpas de otros.

(La) Cabeza del demonio: llámase en algunos sitios así al tornado.

Cabeza hueca: que no tiene nada dentro de ella.

Cabeza rapada: jóvenes de ideales muy extremos, dícese de los skin.

Cabeza redonda: persona de rudo entendimiento y que no puede comprender las cosas.

Cabeza torcida: persona hipócrita.

Cabo de vara: encargado de aplicar los castigos corporales en los cuarteles.

Cabo suelto: circunstancia imprevista, que ha quedado pendiente en algún asunto.

Cabra coja no quiere siesta: los que tienen defectos deben compensarlos con el esfuerzo.

Cabra que tira al monte, no hay cabrero que la guarde: dícese principalmente de la mujer que sale "fina", no hay forma ni manera de hacer que deje de ser de esa manera.

(La) Cabra siempre tira al monte: indicando que cada uno actúa según su condición.

Cabreado como una mona: muy enfadado.

Cabrito: dícese del hombre que consiente el adulterio de su mujer. Insulto. Mala persona. Cliente habitual de burdeles.

Cabrón: se aplica al hombre a quien su mujer es infiel. Insulto. Mala persona.

Cabrón con pintas: insulto grave.

¡Caca de la vaca!: expresión de disgusto o contrariedad.

Cacao mental: confusión, no tener en orden las ideas.

Cacarear alguna cosa: ponderar, exagerar con exceso las acciones propias.

Cacarear y no poner huevo: prometer mucho y no dar nada.

Cacear: mendigar.

Cacero: se dice del que "pone el cazo", es decir que percibe dinero por hechos no legales.

Cacharras: los pechos de una mujer.

Cacharro: arma de fuego de pequeñas dimensiones.

Cachas: nalgas. Hombre fuerte y musculoso.

¡Cachaza y mala intención!: exhorta a tener en los asuntos arduos gran serenidad, estando en constante acecho.

Cachichi: payo que vive junto a los gitanos.

Cachifollar: humillar, burlar.

Cachivache: trasto inútil.

Cachondo: persona dominada por el apetito sexual. Juerguista. Burlón, gracioso, chistoso.

Cachondo mental: dícese de la persona que dice o hace algo disparatado, absurdo, inoportuno.

Cada altar tiene su cruz: cada cosa tiene sus inconvenientes.

Cada asno con su tamaño, o con su igual: indica que cada uno debe juntarse con personas de su misma condición.

Cada casa es un caso: expresando que cada una de las familias es totalmente diferente, no pareciéndose en nada una a otra.

Cada casa es un mundo, y algunos añaden: **y cada persona un pueblo:** indicando lo difícil que es entender a cada persona, por ser totalmente diferentes unos de otros.

Cada casa tiene sus usos: para expresar que todas las familias tienen sus costumbres.

Cada cosa a su tiempo y los nabos en Adviento: advirtiendo que todo lo que se hace fuera de lugar pierde su mérito.

Cada cosa para su cosa: para indicar que las cosas se deben emplear para lo que se han concebido.

Cada cosa por su lado: existir un gran desorden.

Cada credo: con mucha frecuencia.

Cada cual a su aire: a la manera de cada uno.

Cada cual con su cada cuala: indicando que las personas deben juntarse con la misma condición social.

Cada cual en su casa y Dios en la de todos: forma de indicar que cada uno debe vivir con los suyos y en su propia casa.

Cada cual, en su corral: cada uno debe estar en su casa, y Dios en la de todos.

Cada cual habla de la feria según le va en ella: esta frase indica que, según las circunstancias personales, una cosa es de manera diferente.

Cada cual tiene lo que se merece: que cada uno es merecedor de lo bueno o malo que hace.

Cada cual tiene su modo de matar pulgas: expresa que cada persona hace las cosas de una manera determinada.

Cada cuba huele al vino que tiene: cada persona actúa según su forma de ser, y según ha sido educada.

Cada día: sucesivamente, con continuación.

Cada dos por tres, o cada tres por cuatro: con cierta frecuencia.

Cada gallo canta en su muladar, o gallinero: comenta que cada uno manda en su casa.

Cada hijo al nacer trae un pan debajo del brazo: forma de expresar que Dios da los medios necesarios para la subsistencia a todos los recién nacidos.

Cada hijo de vecino: cualquier persona.

Cada hora: siempre, continuamente.

Cada instante: a cada momento.

Cada lobo por su senda: cada uno por su lado, sin ocuparse de los demás.

Cada loco con su tema: indica que cada uno va a su cuestión.

Cada lunes y cada martes: a cada instante.

Cada maestrillo tiene su librillo: forma de expresar que cada persona hace las cosas de una manera.

Cada martes tiene su domingo: todo lo que causa inconvenientes o no es conveniente, tiene a la larga su compensación.

Cada mercader alaba su mercancía, y yo la mía: cada uno alabamos y ensalzamos lo que es nuestro, de lo que vivimos y lo que amamos.

Cada mochuelo a su olivo, y cada puta a su rincón: forma de despachar a la gente para que se vayan a su casa.

Cada monte aguante sus zorras: debiendo soportarse los inconvenientes de cada cosa.

Cada, o cualquier hijo de vecino: cualquier persona.

Cada oveja con su pareja: aconseja que cada uno se junte con su igual, sin pretender rebajarse o ser superior.

Cada país tiene el gobierno que se merece: dicho de un político de principios de siglo, con el que todo el mundo está de acuerdo, y mucho más en democracia cuando es elegido por el pueblo soberano.

Cada palo aguante su vela: indica que cada uno se resigne con su suerte.

Cada paso es un gazapo, o un tropiezo: alusión a las repetidas faltas que uno comete en el desempeño de su cargo.

Cada pro tiene su contra: todas las personas y cosas tienen tanto ventajas como desventajas, virtudes y defectos, cosas buenas y cosas malas.

Cada quisque: cada uno, cualquiera.

Cada semana tiene su disanto: todas las penas encuentran alivio.

Cada tiempo tiene sus costumbres: la vida cambia, y no puede ser siempre igual, contra los inmovilistas.

Cada tonto tiene su manía, o con su tema: todos tenemos nuestras rarezas, nuestra forma de ser, y que los demás deben aceptar y comprender.

Cada uno: cualquier persona considerada individualmente.

Cada uno alega el derecho de su dedo: tendencia instintiva a defender lo que nos pertenece o conviene.

Cada uno como pueda se explique y se rasque donde le pique: indicando que cada uno haga lo que sepa, o lo que buenamente pueda.

Cada uno cuenta la feria según le va en ella: expresa que cada uno nos manifestamos según nuestra conveniencia, o bien como nos ha ido en una cuestión.

Cada uno en su casa y Dios en la de todos: advirtiendo que las familias vivan separadas para evitar discusiones.

Cada uno es artífice de su ventura: indicando que cada uno debe trabajar para su felicidad.

Cada uno es cada uno, y algunos añaden: **y cada seis media docena:** para expresar que cada uno tiene su forma de ser.

Cada uno es como Dios le ha hecho: expresión de disculpa a los caracteres de cada persona.

Cada uno es como Dios le hizo, y aun peor muchas veces: forma de contestar a los que se meten a censurar nuestras acciones.

Cada uno es hijo de su padre y de su madre: cada uno es de una forma diferente de ser.

Cada uno es hijo de sus obras: con que se denota la conducta o modo de obrar de una persona, calificada por sus actos o nacimiento.

Cada uno es maestro y artífice de su fortuna: la buena conducta observada obtiene su recompensa.

Cada uno es maestro en su oficio: indicando que lo que se conoce o se practica resulta más conocido y fácil.

Cada uno habla como quien es: da a entender que cada uno se expresa conforme a sus conocimientos o crianza.

Cada uno hace lo que puede: expresión con la cual se disculpa a una persona de no haber ejecutado algo con la debida perfección.

Cada uno halla la horma de su zapato: a todo hay quien pueda y quien gane.

Cada uno manda en su casa: expresión usada cuando algún entrometido da consejos sin que hayan sido pedidos.

Cada uno meta la mano en su pecho: indica que cada uno debe juzgarse a sí mismo, antes de censurar a los demás.

Cada uno mire sus duelos y no se cure de los ajenos: aconseja que se preocupe uno de lo suyo, sin meterse en los asuntos de los demás.

Cada uno obra, o hace, como quien es: los hechos de una persona son fiel reflejo de su idiosincrasia.

Cada uno pasa lo suyo: cada persona tiene sus problemas y dificultades en la vida.

Cada uno reniega de su oficio, pero no de su vicio: las personas nos quejamos del trabajo, pero no de lo que realmente nos hace daño, que son los vicios, ya que para la persona siempre son agradables.

Cada uno sabe dónde le aprieta el zapato: cada uno sabe mejor que nadie lo que le conviene.

Cada uno se entiende (y trastejaba de noche): modo de reconvenir, indicando que no deben meterse donde no les importa.

Cada uno se divierte como puede, o con lo que tiene: manera de justificar las inconveniencias que algunos cometen.

Cada uno se rasca donde le pica: cada un tiene sus problemas y forma de resolverlos.

Cada uno se rasque su sarna: frase que da a entender que no debemos meternos en asuntos ajenos.

Cada uno tiene su modo de matar pulgas: cada persona tiene su manera de hacer y resolver las cosas.

Cada uno tiene su ventanita donde asomarse: indicando que todos tenemos algún defecto, no habiendo nadie perfecto.

Cada villa tiene su maravilla: ya que en todos los lugares hay cosas bellas.

Cada villa tiene su maravilla, y cada lugar su forma de hablar: cada sitio tiene sus propias características.

Cada y cuando: siempre que, o luego que.

Cadena perpetua: condena judicial a permanecer una persona toda su vida en la cárcel. Los castizos llaman así al matrimonio.

Cadenero: maricón.

Caer a plomo: caer con todo el peso del cuerpo.

Caer a uno la lotería: ironía al tener una desgracia.

Caer a uno una cosa por la chimenea: lograrla inesperadamente y sin trabajo alguno.

Caer bajo: hacer una persona algo indigno.

Caer bajo el dominio público: censurado públicamente.

Caer bien, o mal, a caballo: estar airoso a caballo y manejarlo con garbo.

Caer bien, o mal, una cosa o persona: sentar bien o mal una persona.

Caer chuzos de punta: llover o granizar con mucha violencia.

Caer como a la clueca las tocas: sentar mal a una persona alguna cosa.

Caer como a un Cristo dos pistolas: sentar muy mal una cosa.

Caer como chinches: haber gran mortandad.

Caer como langosta: dícese de lo que causa un gran estrago.

Caer como las moscas: en grandes cantidades.

Caer como piedra en pozo: dícese de la persona que se duerme en el momento de echarse en la cama.

Caer como una bomba: indicación de que una persona o cosa cae muy mal.

Caer copos como boinas: nevar abundantemente.

Caer cuatro gotas: llover muy poco.

Caer de bruces: caerse hacia adelante, apoyando el pecho sobre los brazos cruzados.

Caer de golpe: inesperadamente.

Caer de hocicos: dar con la cara en el suelo. Encontrarse con alguien de sopetón.

Caer de la gracia de uno: perder su valimiento y favor.

Caer de pies: tener felicidad en aquellas cosas en que no hay peligro.

Caer de plano: tendido a la larga.

Caer de rodillas: solicitar perdón, adoptar actitud sumisa.

Caer de su asno: conocer que se ha errado en lo que se defendía como cierto.

Caer de su estado: caer en tierra.

Caer debajo de la jurisdicción: estar sujeto a dominio.

Caer del burro, borrico o asno: conocer y reconocer su error rindiéndose a la evidencia.

Caer el día, el sol, la tarde: acercarse al fin.

Caer en cama, o en la cama: estar enfermo.

Caer en desgracia: perder el cariño, perder su posición.

Caer en el anzuelo, el garlito, el lazo, el señuelo, la emboscada, la red o la trampa: ser cogido por sorpresa.

Caer en el caso: caer en la cuenta.

Caer en el cepo: en la trampa.

Caer en el chiste: advertir el fin disimulado con que se dice o hace una cosa. Entenderlo.

Caer en el copo: ser cogido en una trampa.

Caer en el garlito: verse atrapado o cogido por aquello que se intentaba rehuir.

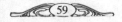

Caer en el lazo: ser engañado con un ardid o artificio.

Caer en el mal del obispo: llegar a tiempo oportuno para lograr lo que se deseaba.

Caer en el mes del obispo: para indicar que se llega a tiempo para lograr lo que se desea.

Caer en el olvido: olvidarse de algo o de alguien.

Caer en el pozo: quedar en olvido o en riguroso secreto.

Caer en el pozo airón: desaparecer sin que haya esperanzas de recobrar lo que se tenía.

Caer en el vacío: no tener acogida lo que se dice o propone.

Caer en ello: comprenderlo.

Caer en falta: dejar de cumplir lo que procede.

Caer en flor: morir de corta edad.

Caer en gracia: que una persona caiga bien, ser agradable.

Caer en gusto: caer en gracia.

Caer en la celada: caer en el lazo.

Caer en la cochambre: perder la dignidad una persona.

Caer en la cuenta: venir en conocimiento de lo que se está diciendo.

Caer en la errada: fiarse en una cosa poco segura.

Caer en la flor de la vida: morir muy joven.

Caer en la ratonera: caer en una trampa, ser engañado con un ardid o artificio.

Caer en la red: caer en la ratonera.

Caer en la tentación: dejarse vencer por ella, pecar.

Caer en la trampa: ser engañado.

Caer en las garras: en manos de alguien de quien se teme gran daño.

Caer en las mientes: ocurrírsele alguna cosa.

Caer en las redes: ser una persona engañada, o caer en la trampa.

Caer en las uñas: caer en las garras.

Caer en mal caso: incurrir en alguna nota de infamia.

Caer en manos de alguno: sometido a su arbitrio.

Caer en mesa de obispo: significa llegar a tiempo oportuno para madurar lo que se deseaba.

Caer en mientes, o en las mientes: caer en el pensamiento, imaginarse una cosa.

Caer en nota: dar motivo de escándalo o murmuración.

Caer en picado: decaer con mucha rapidez.

Caer en poder de las lenguas: exponer a una persona a la murmuración.

Caer en saco roto: no tener en cuenta alguna cosa.

Caer en suerte: corresponder por sorteo. Acaecer algo por designio de la Providencia.

Caer enfermo, o malo: contraer enfermedad.

Caer gordo: referido a una persona, resultar antipática.

Caer la balanza: inclinarse más a un lado que a otro.

Caer la maldición a alguno: cumplir la que se le haya echado. Coincidencia casual de haber ocurrido una cosa.

Caer la pieza: sobrevenir algo que cause molestia o perjuicio.

Caer la sopa en la leche: presentarse a una persona bien las cosas.

Caer muy bajo: perder la dignidad una persona.

Caer, o dar, de hocicos: dar con la cara, o caer dando con ella en alguna parte.

Caer, o morir, como chinches: haber una gran mortandad.

Caer por la chimenea una cosa: lograrla cuando menos se esperaba y sin haber hecho ningún esfuerzo para conseguirla.

Caer por su base: carecer de ella, no tener fundamento.

Caer que hacer: ofrecerse ocasión de trabajar o hacer algo.

Caer redondo: en un momento, por mareo u otras causas.

Caer siempre de pie, como los gatos: tener gran suerte.

Caer una chapuza: hacer un trabajo de poca monta.

Caer una cosa como llovida del cielo: sin ser esperada, por las buenas.

Caer una manta: dicho que se dice cuando ha helado mucho.

Caer una pelona: haber helado fuertemente.

Caer uno en la celada: caer en el lazo.

Caer uno en mal caso: incurrir en mala nota.

Caerle bien, o mal, a alguien: ser de su agrado o no.

Caerle la breva: haber ocurrido algún acontecimiento favorable sin que se esperase, tener suerte.

Caerle la lotería: dícese de los que tienen un beneficio sin haber puesto ningún medio para obtenerlo. Haber obtenido un premio de dicho sorteo.

Caerse a lo largo: de bruces.

Caerse a pedazos: estar muy cansado. Ser una cosa muy vieja y romperse.

Caerse con todo el equipo: fracasar rotundamente, equivocarse de medio a medio.

Caerse de ánimo: desanimarse.

Caerse de bueno: ser un persona muy bondadosa.

Caerse de bruces: caer en el suelo con la cara hacia él.

Caerse de culo: dar en el suelo con él. Sorprenderse altamente de una cosa.

Caerse de culo y romperse la polla: tener muy mala suerte.

Caerse de espaldas: haber tenido una gran sorpresa.

Caerse de la memoria: olvidarse de algo totalmente.

Caerse de las manos un libro: dejarlo por no ser agradable su lectura. Dormirse cuando se estaba leyendo.

Caerse de las manos una cosa: dejarlo.

Caerse de maduro: se aplica al viejo decrépito cercano a la muerte.

Caerse de morros, o de narices: de cara.

Caerse de risa: reír desordenadamente.

Caerse de su peso una cosa: tener mucha razón.

Caerse de sueño: tener muchas ganas de dormir.

Caerse de suyo: se dice de las cosas mal hechas que se caen por sí mismas.

Caerse de un burro: caerse de él. Reconocer que ha errado.

Caerse de un nido, o no: dejarse o no engañar. Mostrar ignorancia de algo muy conocido, pecar de inocente o crédulo.

Caerse de una guindalera, o un guindo: dejarse engañar, demostrar viveza o no.

Caerse del susto: recibir una gran impresión cuando se recibe un susto.

Caerse, descoyuntarse, desternillarse, mearse o morirse de risa: reírse con muchas ganas y desordenadamente.

Caerse el moco: ser simple.

Caerse en el pozo del Airón: se dice cuando una cosa es guardada en un lugar muy oculto, o que algo ha ido a parar a un lugar muy profundo.

Caerse la casa a cuestas: no parar dentro de casa.

Caerse la sopa en la miel: haber sucedido una cosa que ha salido como a pedir de boca.

Caerse los calzones a uno: ser bonachón.

Caerse los palos del sombrajo: estremecimiento por algún acontecimiento, con miedo a las repercusiones.

Caerse muerto de miedo, susto, risa, etc.: frase empleada para ponderar la intensidad que dichos efectos causan.

Caerse por su peso, o por su propio peso: resultar una cosa evidente; se dice de lo que se comprende con toda facilidad.

Caerse por tierra: fracasar algún asunto.

Caerse redondo: caer con el cuerpo en el suelo por un síncope. Morir.

Caérsele cada cuarto por su lado: ser muy desaliñado, sin garbo ni compostura.

Caérsele el alma a los pies: desanimarse o abatirse por no corresponder una cosa con la realidad que se esperaba.

Caérsele el moco: ser simple o poco advertido. Tener resfriado de nariz.

Caérsele el mundo encima: abatirse.

Caérsele el pelo: haber sido descubierto en una fechoría y estar esperando el oportuno castigo.

Caérsele la baba: se dice a la persona que tiene un gran gusto al ver buenas cosas de los que tiene especial afecto o cariño, principalmente se dice de los padres y abuelos, con sus hijos y nietos, respectivamente.

Caérsele la cara de vergüenza: sonrojarse por alguna cosa ejecutada indebidamente, o que pueda afectarle directamente.

Caérsele la casa encima: se dice cuando sobreviene una grave contrariedad o un inesperado contratiempo, que no tiene fácil solución.

Caérsele la guinda: cuando con el frío, o por catarro, se caen los mocos.

Caérsele la máscara: descubrirse la verdadera naturaleza o intenciones de una persona.

Caérsele la venda de los ojos: desengañarse, salir del estado de ofuscación en que se hallaba.

Caérsele las alas del corazón: desmayar, faltar el ánimo y constancia en algún contratiempo o adversidad.

Caérsele los anillos: desmerecer aparentemente de su dignidad, jerarquía o clase social.

Caérsele los huevos al suelo: quedarse totalmente decepcionada una persona.

Café, café: dícese del que es bueno y está bien hecho.

Café con leche: afeminado.

Cafi: chulo, chulo puta.

Caga el rey, caga el Papa; sin cagar nadie se escapa: indica que hay cosas que todos los humanos hacemos.

Caga más un buey que cien golondrinos: da a entender que algo hecho por una persona importante surte más efectos que lo hecho por otras personas de menos condición.

Cagabandurrias: insulto, dícese a la persona sin poco contenido moral y de poca personalidad.

¡Cagada la hemos!: expresión de contrariedad ante algo imprevisto.

Cagando leches: a toda prisa, con toda velocidad.

Cagar de un mismo culo: dícese de las personas que están de acuerdo en todo.

Cagarla: meter la pata.

Cagarruta: excremento de animal; se refiere principalmente al de oveja o cabra.

Cagarse en diez: exclamación de disgusto.

Cagarse en su madre, o en su puta madre: injuriar gravemente a una persona.

Cagarse en sus muertos: insultar a una persona.

Cagarse la pata abajo: padecer un miedo profundo e intenso. Tener el vientre muy suelto y no dar tiempo a evacuar.

Cagarse, o ciscarse, de miedo: tener gran miedo.

Cágate: asómbrate, pásmate.

Cagón: dícese de la persona que es cobarde.

Caído del cielo, o de las nubes: acontecer una cosa en el momento más oportuno y esperado.

Caiga quien caiga: reconocimiento de un hecho a pesar de todo, o a pesar de quien lo haya hecho, para que se puedan afrontar las responsabilidades pertinentes.

Caimán: guardia civil de tráfico.

Caja de Pandora: para advertir que una situación o circunstancia puede ser causa de grandes males, a pesar de tener aspectos tentadores.

(La) Caja es menor de edad: dicho comercial, que indica que las ventas efectuadas tienen que ser abonadas incluso por su propio dueño.

Caja negra: aparato que registra todos los movimientos de un vuelo.

Caja o faja: todo o nada.

Caja tonta: llámase así a la televisión.

Cajas destempladas: esta expresión se utiliza cuando alguien ha sido despedido de malos modos.

Cajón de sastre: denota gran diversidad de cosas y desorden total en su compartimiento.

Calar a alguien: conocer sus cualidades e intenciones.

Calar el melón: cortar un pedazo para probarlo.

Calar la gorra, o la visera: dejarla caer sobre la cara.

Calar la sopa: remojar el caldo con el pan.

Calarse el gorro, o sombrero: ponérselo.

Calarse hasta los huesos: empaparse totalmente.

Calaverada: acción ejecutada por persona de poco seso, que generalmente no es buena.

Calcetín de viaje: preservativo.

Calco: zapato.

Calcular a bulto: hacer un cálculo aproximado, sin medición de ningún tipo.

Calderas de Pedro Botero: el infierno.

Caldo con ojos: estar nadando la grasa en forma de ojos en una sopa o caldo.

Caldo de cultivo: el destinado a favorecer la proliferación de las bacterias.

Caldo de teta: leche materna.

Caldo de zorra: persona muy disimulada que parece sencilla para conseguir lo que quiere.

Calentar a uno las costillas: pegarle.

Calentar el banco: estar sentado en algún sitio, pero estando ausente con el pensamiento; generalmente se dice de los alumnos cuando están en esas circunstancias.

Calentar la cabeza: intentar convencer a una persona con razonamientos insistentes.

Calentar las orejas: reprender severamente.

Calentar los cascos: imponer, inducir.

Calentarle a uno la cabeza: molestarle, aturdirle.

Calentarle la potra: sentir dolor en la parte lastimada, que suele suceder con los cambios de tiempo.

Calentarse el tarro: cavilar, pensar.

Calentarse la cabeza: fatigarse trabajando intelectualmente.

Calentarse los sesos, o los cascos: pensar en demasía.

Calentársele a uno la boca: enardecerse, hablar con mucha claridad, decir palabras incoherentes o palabrotas.

Calentársele el horno: irritarse, enardecerse.

Calentársele la lengua: decir graves improperios.

Calentársele la sangre, los sesos: enfurecerse una persona.

Calentón: excitación sexual.

Calidad de enseñanza: buena calidad en el magisterio o enseñanza, saber efectuar dicho trabajo.

Calidad de vida: tenerla buena.

Calientabraguetas: mujer que enardece sexualmente a un hombre, pero no accede a la cópula.

Calientapollas: mujer que excita sexualmente a un hombre, pero sin llegar al acto sexual.

¡Caliente!: se indica cuando se está cerca de encontrar un objeto escondido, o de acertar algo.

Calimocho: mezcla de vino y Coca-Cola.

Calla, o cállate, la boca: forma de mandar callar a uno.

Calla y come: apunta la conveniencia de hacer la vista gorda.

Callado como un puta: en silencio, pero aguardando algo.

Callar como en vísperas: no intervenir en la conversación, permaneciendo sin hablar.

Callar como un muerto: no hablar absolutamente nada.

Callar como un poste: no hablar ni una sola palabra.

Callar como un puto: mantener en total silencio sobre lo que se sabe o conoce perfectmante.

Callar como un santo: se dice de toda persona que no despega los labios.

Callar el pico: callar.

Callar en seco: en absoluto.

Callar la boca: expresión que indica no hablar, cesar de hablar, gritar, llorar, hacer ruido, etc.

Callar y callemos, que todos por qué callar tenemos: el que esté libre de culpa que tire la primera piedra.

Callardó: negro.

Calle de la amargura: situación difícil, por lo común aflictiva o angustiosa, que se prolonga durante algún tiempo.

Calle del luego y del después no tienen otra salida que la calle del nunca: indicando que las cosas hay que ejecutarlas en el momento, ya que, si no es así, no se ejecutan nunca.

Callejón sin salida: situación de gran dificultad de resolución.

Callo: se dice de la mujer que es muy fea y poco atractiva.

Callo recalentado: insulto a una persona como cosa muy desagradable.

Calor negro: el producido por estufas eléctricas.

Calorris: gitanos.

Calumnia, que algo queda: frase indicando que siempre que se dice una calumnia queda ésta presente; dicha frase se atribuye a Maquiavelo.

(El) Calvo: pene.

Calzar ancho o estrecho: tener conciencia ancha o estrecha.

Calzar el coturno: usar estilo sublime especialmente en la poesía.

Calzar la espuela: ser caballero.

Calzar muchos, o pocos, puntos: ser persona aventajada en alguna materia, o al contrario.

Calzar puntos: equivale a ser persona docta.

Calzarse a alguna: conseguirla sexualmente.

Calzarse a alguno: gobernarlo, manejarlo.

Calzarse con el santo y la limosna: quedarse con todos los bienes ajenos que se administran.

Calzarse la espuela: ser armado caballero.

Calzarse las bragas: se dice de la mujer que manda más que el marido.

Calzarse las de charol: obtener la suerte favorable en un negocio.

Calzarse los guantes: ponérselos.

Calzonazos, calzorras: hombre sin voluntad.

Cama de matrimonio: dícese de la cama de 1,35 metros de ancha, utilizada por una pareja; pregunto si hoy día no estará mal puesto el nombre específico "de matrimonio".

Cama redonda: juego erótico en el que participan varias personas a la vez.

Camada de ladrones: cuadrilla de ellos.

Camandulero, camándula: hipócrita y embustero.

Cámara Alta: llámase así al Senado.

Cámara Baja: Congreso de los Diputados.

Camarada de peine: asociación de personas para un fin particular, no siempre bueno.

Camaruta: mujer de los bares de alterne o "puticlubs".

Cambiar babas: besarse en la boca.

Cambiar de aires: modificar temporalmente la residencia habitual por motivos de salud, por peligros o conveniencias.

Cambiar de chaqueta, o de camisa: mudar de opinión, o actitud, siempre en beneficio propio (políticamente, muy usado).

Cambiar de disco, o de rollo: abandonar el tema de conversación por aburrido o desagradable.

Cambiar de manos: de dueño, o de amo.

Cambiar de tono: hablar de forma diferente a como se estaba haciendo, generalmente con más humildad.

Cambiar de tornas: cambiar repentinamente los acontecimientos.

Cambiar el agua a las aceitunas, o las olivas: orinar.

Cambiar el agua a los garbanzos: miccionar.

Cambiar el agua al canario, o al jiguero, o al águila imperial: hacer aguas menores.

Cambiar el caldo a las castañas: mear.

Cambiar el paso: cambiar el compás del paso sin perder éste.

Cambiar el viento: mudarse la suerte.

Cambiar impresiones: hablar para intentar llegar a soluciones o acuerdos aunque no sean definitivos.

Cambiar la comida: vomitar.

Cambiar la peseta: vomitar por haberse mareado o emborrachado.

Camelar: engañar con adulación.

Caminar con pie llano: ir despacio y con cautela.

Caminar derecho: proceder con rectitud.

Caminar en la virtud: prosperar en ella.

Caminar, o estar, a vanguardia: a la delantera, precediendo a los demás.

Caminar, o ir, en el coche de San Fernando: ir a pie; se suele redondear añadiendo: **unos ratos a pie y otros andando.**

Caminar por sus jornadas: proceder con tiento y reflexión.

Camino certero: el común modo de obrar.

Camino de: hacia, en dirección a.

Camino de cabras: dícese del camino malo y con muchas curvas y accidentes.

Camino de Santiago: ruta jacobea.

Camino derecho, o recto: forma de obrar sin rodeos.

Camino real: el más seguro y fácil de lograr un fin.

Camino torcido: fuera de regla o justicia.

Camino trillado: fácil con el modo común de obrar.

Camisa de dormir: pijama o camisón.

Camisa vieja: falangista de convicción.

Campanearse: contonearse, regodearse.

Campanero: dícese de la persona que se masturba con mucha habitualidad.

Campar a sus anchas: moverse y desenvolverse sin trabas ni cortapisas.

Campar con su estrella: ser feliz y afortunado.

Campar de golondro: vivir de gorra, a costa ajena.

Campar por sus fueros: por sus derechos.

Campar por sus respetos: ser dueño de sus actos, no dependiendo de nadie. Obrar a su antojo.

Campear a sus anchas: hacer una persona lo que le da la gana.

Campear de sol a sol, a sombra: trabajar en el campo ese tiempo.

Campechano: persona cordial que se comporta con toda sencillez.

Campeona de natación: se dice de la mujer que nada por delante y nada por detrás, dicho de forma jocosa; es decir la que carece de pechos o redondeces propias de su sexo.

Campo a campo: de poder a poder.

Campo abierto: sin defensas.

Campo abonado: dícese de lo que es propicio.

Campo del honor, o de la batalla: donde se combate aunque sean dos personas.

Campo santo: el cementerio de los católicos.

(El) Can y el gato comen lo mal guardado: dícese del que se aprovecha de los descuidos de los demás.

Canario: persona que da buenas propinas.

Canario de alcoba: niño de pecho, por llorar con frecuencia.

¡Canastos!: expresión de asombro o sorpresa.

Canción de cuna: la que se canta a los niños muy pequeños para que se duerman; también se llama "nana".

Canco: proxeneta.

Candonga: prostituta.

Candongo: holgazán, adulador.

Canela en rama, canela pura, canela fina: sabroso, exquisito.

Cangri: iglesia.

Canguingos y patas de peces: fórmula que se usa para no decir lo que se va a comer (expresión muy habitual en mi mujer).

Canguro: persona que se dedica por horas al cuidado de niños.

Canijo: persona enclenque, enfermiza.

Canonizar a alguien: calificarle de excelente persona.

Canta y no llores: recomendando resignación ante las desventuras, viene de la canción "Cielito lindo".

Cantamañanas: irresponsable, zascandil.

Cantando los tres ánades, madre: expresión con que se da a entender que alguno va caminando alegremente y sin sentir el trabajo.

Cantar a la almohadilla: se dice de la mujer cuando canta sin instrumentos, y únicamente para su distracción.

Cantar a libro abierto: cantar de repente cualquier composición musical.

Cantar a lo llano: decir una cosa claramente y sin rodeos.

Cantar a uno la cartilla (leer): reprenderle a uno lo que debe hacer.

Cantar claro: decir las verdades que una persona siente.

Cantar como las cigarras: antiguamente, entre los griegos, cantar muy bien; actualmente es todo lo contrario.

Cantar como un ángel: cantar muy bien, con mucha dulzura.

Cantar como un ruiseñor: dícese del que tiene un canto agradable, y con inflexiones en la voz.

Cantar como una chicharra: dícese del que canta mucho y mal.

Cantar de oído: persona que canta sin partitura, igualmente la que no sabe cantar, creyéndose lo contrario.

Cantar de plano: confesar todo lo que sabe.

Cantar el alirón: triunfar en términos deportivos.

Cantar el bote: oler el aliento.

Cantar el grillo: sonar el dinero.

Cantar el kirieleison: suplicar misericordia.

Cantar el víctor: aclamar como vencedor.

Cantar en la mano: tener mucha picardía o sagacidad.

Cantar la chicharra: hacer mucho calor.

Cantar la gala: alabar, glorificar.

Cantar la gallina: confesar su equivocación o falta cuando una persona se ve obligada a ello.

Cantar la palinodia: retractarse de lo dicho.

Cantar la victoria: aclamarla después de obtenida.

Cantar las cuarenta: lograr un triunfo resonante.

Cantar las cuatro verdades, o las verdades del barquero: decir con toda claridad las verdades aunque hagan daño.

Cantar los carros: rechinar, decir grandes verdades.

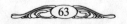

Cantar mal y porfiar: contra los impertinentes y presumidos que molestan.

Cantar misa: decir la primera misa un sacerdote.

Cantar victoria: blasonar o jactarse de su triunfo.

Cantarlas claras: hablar recio, sin pelos en la lengua.

Cantarle el gorigori: forma humorística de referirse a los cantos fúnebres de un entierro o funeral.

Cantarle el salmo: leerle la cartilla.

Cantarle el trágala: hacer ver que por necesidad ha de aceptar o soportar lo que rechazaba.

Cantarle la palinodia: jocosamente, darle una paliza.

Cantarle la potra: sentir dolor nuevamente en la parte lastimada; suele suceder con la mudanza del tiempo.

Cantarle los pinreles: olerle mal los pies.

Cantarle, o leerle, la cartilla: reprenderle advirtiendo lo que debe hacer en algún asunto.

Cántaro que no está lleno, suena a hueco: se dice de la persona que tiene poca sabiduría, que suele descubrirse tal condición al hablar.

Cántaros, cantimploras: pechos exuberantes de mujer.

"Cante jondo": dícese del canto flamenco.

Cantidubi: en abundancia.

Cantimpla: persona callada y prudente.

Canto de chicharra: de forma monótona.

Canto de sirenas: dejarse seducir por promesas grandes o brillantes sin tener ningún fundamento.

Canto de un duro: por muy poco.

Canto del cisne: se dice de la última obra o actuación de una persona, que suele ser la más acertada.

Canto llano: con sencillez y claridad.

Canto pelado, o rodado: canto redondeado por el desgaste de las aguas.

Cantonera: mujer que hace la calle, o está en las esquinas.

Cantúo: persona muy atractiva, deseable sexualmente.

(Las) Cañas se vuelven lanzas: expresa que algunas cosas que empiezan por juego, terminan seriamente y con problemas.

Capear a uno: entretenerle con engaños o evasivas.

Capear el temporal, o ponerse la capa: mantenerse sin retroceder más de lo inevitable.

Capilla ardiente: lugar en el que se vela a un cadáver.

Capitán Araña: persona que anima a ejecutar algo sin hacerlo después él.

Capítulo aparte: persona especial, por su condición social.

Capo: oficial de la guardia civil.

Capón: dícese de la persona que está castrada.

Captar, o coger onda: entender una indirecta o insinuación.

Capuchina: indica distracción en el lenguaje de las flores.

Capullo: prepucio. Novato, inexperto. Tonto o torpe.

Cara a cara: en presencia de otro. Pedir o dar explicaciones o justificaciones directamente a otra persona.

Cara al sol: primeras palabras del himno de F.E.T. y de las J.O.N.S.

Cara apedreada, de rallo, con dos haces: persona que habla u obra de modo diverso en presencia o ausencia de otro.

Cara de acelga: de color pálido.

Cara de alguacil: tener semblante adusto.

Cara de cemento, o de cemento armado: ser un caradura.

Cara de chiste: semblante ridículo.

Cara de circunstancias: la que expresa un gesto fingido.

Cara de conejo: la inexpresiva.

Cara de cordero a medio degollar: cara de pena, se dice cuando está enamorada una persona.

Cara de hereje: muy fea, horrible.

Cara de juez, o de justo juez: semblante severo o adusto.

Cara de mala leche: de mal humor o semblante.

Cara de palo: se dice del rostro inexpresivo.

Cara de pascua: redonda y placentera.

Cara de pastel: redonda y muy gorda.

Cara de perro: tener una expresión dura, desagradable o adusta.

Cara de pijo: estúpido.

Cara de pocos amigos: estar enfadado o enojado.

Cara de póquer: tener el semblante inexpresivo.

Cara de rallo: la picada de viruelas.

Cara de sargento, o de guardia civil: semblante severo.

Cara de viernes: macilenta y desapacible.

Cara de vinagre: de pocos amigos.

Cara dura: desvergüenza o frescura.

(La) Cara es el espejo del alma: lo que se lleva en el corazón, se dice que se refleja en el rostro.

Cara larga: la que expresa tristeza o contrariedad.

Cara mitad: familiarmente consorte, marido o mujer.

(La) Cara se lo dice: conformidad entre las inclinaciones o costumbres de una persona y su semblante.

Cara y cruz: juego de chapas.

Caraba, o la caraba en bicicleta: cuando ocurre algo insólito o sorprendente.

Carabina de Ambrosio: no servir una cosa para nada. Algunos añaden: **colgada de un clavo,** y otros: **cargada de cañamones y sin pólvora.**

Caracol, col, col, saca los cuernos al sol...: canción infantil que se cantaba cuando se cogía un caracol, para que saliera fuera del caparazón.

Caracolero: persona alegre, dispuesta a hacer el bien a los demás.

¡Caracoles!: expresión de sorpresa o admiración.

Caraculo: persona inexpresiva, de poca personalidad.

Carajo: pene. Exclamación de fastidio, enfado o admiración.

¡(Un) Carajo!: expresión de negación o de rechazo.

Carajote: tonto, que no tiene gracia.

Caramba, carambita, carambola: expresión de enojo, sorpresa.

Caramba con, caray con: exclamación de sorpresa, disgusto.

Carantamaula: persona mal encarada.

¡Carape!: expresión de admiración o sorpresa.

Carapijo: borde, tontorrón.

¡Caray!: expresión de admiración o sorpresa.

Carca: persona de costumbres anticuadas.

Cardar la lana: reprender ásperamente, ganar en el juego cantidades importantes a una persona.

Cardo borriquero: persona muy poco cariñosa.

Cardo que ha de picar, con púas ha de nacer: el que tiene ciertas actitudes o aptitudes, desde muy pequeño se ve su forma de ser y actuar.

Cargado de espaldas: el que las tiene elevadas más de lo habitual.

Cargado de estampas: estar hasta la coronilla.

Cargado de hombros: cargado de espaldas.

Cargar a, o sobre, una parte: encaminarse o dirigirse a ella. Inclinarse, hacer peso a un lado; en el hombre donde tiene colocado el órgano genital.

Cargar con alguna cosa: llevársela.

Cargar con, echarle o tocarle a uno el mochuelo: asunto o trabajo difícil y enojoso, que nadie quiere encargarse de él.

Cargar con el canasto de las chufas: enfadarse o molestarse por alguna cosa que no merece la pena.

Cargar con el chopo: ser soldado, cumplir el servicio militar.

Cargar con el mochuelo: cargar con la culpa cuando no se tiene totalmente.

Cargar con el muerto: asumir una responsabilidad que no corresponde.

Cargar con el santo y la limosna: llevárselo todo.

Cargar con la cruz: llevar con resignación.

Cargar con la mocha: tener que llevarse lo que no quiere nadie.

Cargar con los cristos: cargar una persona con la culpa ajena.

Cargar de leña a uno: darle de palos.

Cargar el juicio: reflexionar una cosa con atención y madurez.

Cargar el sambenito: echar la culpa a una persona de algo que no ha cometido.

Cargar el viento: aumentar su fuerza o soplar en demasía.

Cargar la conciencia: gravarla con algún pecado.

Cargar la mano: insistir con empeño, elevar los precios.

Cargar las cabras: hacer que pague una sola persona lo que con otros ha perdido. Echar la culpa al que no la tiene.

Cargar las pilas: recuperarse con el descanso, para poder iniciar nuevamente el trabajo con plenas facultades.

Cargar las tintas: aumentar o incrementar los comentarios, los cargos sobre acontecimientos, generalmente contraproducentes.

Cargar los dados: lastrarlos para jugar con ventaja.

Cargar sobre alguno: quedar responsable de defectos ajenos.

Cargar sobre uno: importunarle para que condescienda con lo que se le pide.

Cargar uno la mano en una cosa: echar con exceso algo en algún guiso, medicamento u otra composición.

Cargarse: incomodarse, hastiarse, aburrirse.

Cargarse a alguien: matarle. Suspenderle en un examen.

Cargarse de familia, o de gente: llenarse de hijos o de empleados.

Cargarse de razón: tener paciencia para proceder con más fundamento.

Cargarse el tiempo: irse condensando en las nubes.

Cargarse en las cuentas: hacerse cargo de cantidades.

Cargarse la cabeza: sentir en ella gran pesadez.

Cargarse sobre alguna cosa: echarse sobre ella todo el cuerpo.

Cargársela: recibir una reprimenda o castigo.

Cargársele los cojones: agotamiento de paciencia.

Cargo de conciencia: lo que grava sobre ella.

Cargos son cargas: indica que ejercerlos implica las responsabilidades inherentes al mismo.

(La) Caridad bien entendida comienza por uno mismo. Otros añaden: **y no pasa de ahí:** indica que es conveniente remediar antes las necesidades propias que la de los demás.

Carne de burro no se transparenta: se dice a la persona que se pone delante de otra y no deja ver. Se contesta: **a los ojos de cerdo**.

Carne de cañón: persona a la que se utiliza para que se lleve los desengaños, peligros o inconvenientes de algo.

Carne de gallina: aspecto que toma la piel, bien por el frío o estremecimiento.

Carne de membrillo: dulce que se hace con dicha fruta.

Carne en calceta, para quien la meta: desconfiando de los que manipulan los alimentos, como elaboradores de chorizos, salchichas, etc.

(La) Carne es débil: forma de disculparse la persona que ha caído en el pecado de la concupiscencia.

(La) Carne se va a la carne: quiere expresar que todo lo que es de igual naturaleza suele atraerse mutuamente.

Carne sin hueso: empleo de mucha utilidad.

Carne viva: la que en las heridas está sana.

Carne y sangre: los familiares.

Caro bocado: dícese de todo aquello que acarrea disgustos y sinsabores, o que cuesta mucho alcanzar.

Caro como aceite de Aparicio: ponderación al excesivo precio de alguna cosa.

Caro cuesta el arrepentirse: privarse de lo que es agradable causa siempre molestias.

Carpe diem: poemas que invitan a gozar de las alegrías del momento, sin preocuparse del mañana.

Carrera del galgo: empleo o estudio mal hechos.

Carretero que no unta la rueda, atascado se queda: indicando que hay que ser dadivoso para recibir lo que se espera.

Carrillos de monja boba, o de trompetero: los muy abultados.

Carro: coche.

(El) Carro de la basura también gasta campanilla: manera de satirizar a los que tratan de imitar para darse tono, actuando como los de posiciones superiores.

Carros y carretas: contrariedades, contratiempos que se soportan pacientemente.

Carroza: persona anticuada.

Carta abierta: la dirigida a una persona y destinada a ser conocida.

Carta blanca: facultad que se da a alguno para obrar discrecionalmente.

Carta canta (se emplean en plural): lo que se presenta documentadamente.

Carta de ajuste: la que emite la televisión para ajustar el color y sonido.

Carta de amparo: la que se daba a alguno para que nadie le ofendiera, bajo penas.

Carta de ciudadanía: la concedida a un extranjero al ser ciudadano de un país.

Carta de crédito: la que indica que se de dinero a otro, o bienes por cuenta del que la escribe.

Carta de dote: la que expresa la aportación de bienes que hace la esposa.

Carta de naturaleza: dícese de lo que tiene aspecto normal.

Carta de pago: justificante de pago, principalmente en la Administración Tributaria.

Carta de recomendación: cualquier prenda digna de estimación.

Carta en la mesa está presa: indicando que en el juego de los naipes la carta echada sobre el tapete no puede ser ya retirada para recomponer el juego.

Carta forera: provisión arreglada a los fueros y leyes.

(La) Carta no tiene empacho: forma de indicar que el que escibe puede expresar todo lo que desee, y que no diría, por vergüenza, de palabra.

Carta Magna: actualmente se aplica al conjunto de derechos que tienen los ciudadanos de un país, establecidos en su constitución.

Carta pastoral: las instrucciones o exhortaciones que dirige un prelado a sus diocesanos.

Carta plomada: escritura con sello de plomo.

(Una) Carta se contesta con otra carta: indicando que según la importancia de una cosa, así debe ser la preocupación y su resolución.

Cartas credenciales: las que se dan a los embajadores o ministros para su reconocimiento como tal.

Cartera de pedidos: relación de ventas efectuadas.

Cartera de valores: conjunto de valores mobiliarios que posee una persona.

Casa con dos puertas, mala es de guardar: ya que hay que aumentar la atención para su cuidado. Algunos añaden: **y casa con dos puertas, mala es de cerrar**.

Casa consistorial: el ayuntamiento de una localidad.

Casa cuna: hospicio.

Casa de baños: estabalecimiento donde hay baños públicos.

Casa de beneficencia: hospital, hospicio o asilo.

Casa de campo: la que está fuera del poblado y se utiliza como de cultivo, recreo o ambas cosas.

Casa de citas: donde se ejerce la alcahuetería.

Casa de devoción: santurario o templo donde se venera alguna imagen en particular.

Casa de Dios: templo o iglesia.

Casa de empeños: establecimiento donde se presta dinero mediante depósito de bienes.

Casa de la moneda: lugar donde se fabrica el dinero de un país.

Casa de la Troya: se dice del lugar donde existe gran desorden y confusión.

Casa de locos: donde hay mucho bullicio, inquietud y falta de gobierno.

Casa de muchos, casa de sucios: ya que nadie se procupa de limpiar y organizar estas casas, encontrándose por lo tanto en gran desorden y suciedad.

Casa de muñecas: dícese de la casa muy pequeña, pero muy bien arreglada y preciosa.

Casa de niñas: burdel, casa de prostitución.

Casa de oración: iglesia.

Casa de putas: casa de citas. Casa muy mal organizada.

Casa de tapadillo: mancebía.

Casa de tócame Roque: aquella donde vive mucha gente sin orden ni concierto.

Casa de trato: casa de citas.

Casa del Señor: iglesia o templo.

Casa del Padre: el Reino Celestial.

Casa del trueno: aquella donde suele faltar la buena crianza y moral sana.

Casa grande la derriba un temporal: expresa que nadie debe envanecerse por fuerte posición o elevados ingresos que tenga.

Casa paterna: el domicilio de los padres.

Casa robada: la que está desordenada.

Casa sin mujer, de casa no tiene nada: alabando la condición femenina (en lo que estoy totalmente de acuerdo).

Casaditos que no se besan, no se tienen voluntad: ya que las muestras de cariño reafirman el amor entre los casados.

Casado casa quiere: indicando que los matrimonios tienen que vivir independientes de la familia; las razones son muy fáciles de entender.

Casado que lejos se ausenta, cornamenta: especificando lo difícil que es guardar las distancias durante un tiempo prolongado.

Casar la pensión: libertar el beneficio sobre el que está impuesta la carga.

Casarse con su opinión, parecer, o su dictamen: apegarse con tenacidad a su idea, aferrarse a su propio juicio.

Casarse de penalti: casarse una persona por estar embarazada.

Casarse por detrás de la iglesia: amancebarse.

Casarse por el sindicato de las prisas: se dice de los que se casan con cierta precipitación por estar la mujer embarazada.

Casarse por las nubes: se dice de la persona humilde que aspira a la mano de otra de elevada alcurnia.

Casarse por lo civil: casarse sin ceremonia religiosa, únicamente por lo civil.

Cásate y tendrás mujer... que te cosa a la pared: advierte la pérdida de libertad que supone para el hombre.

Cascar a uno: pegarle.

Cascar más que un sacamuelas: estar hablando constantemente.

¡Cáscaras!: expresión de admiración o sorpresa.

Cascarla: morirse.

Cascarle, o machacarle, las liendres: dar de palos.

Cascársela: masturbarse un hombre.

Casi nadie al aparato: expresión de ponderación.

Caso o cosa de menos, o poco valer: de poca importancia.

Caso perdido: persona de la que ya no se espera enmienda.

¡Cáspita!: expresión de extrañeza o admiración.

Casquivano: dícese de la persona que hace las cosas sin pensarlas, muy a la ligera.

Castaña: bofetada o puñetazo. Golpe, trastazo. Borrachera. Moneda de una peseta. Órgano genital femenino.

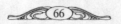

Castaña pilonga: dícese de la persona que no sirve para nada.

Castañas: años.

Castigar la bolsa: imponer sanción pecuniaria, gastar.

Castigarle su pecado: hacer sufrir la pena correspondiente a una mala acción cometida.

¡Castigo de Dios!: se dice de quien se siente vengado por la Divinidad, al que considera su enemigo.

Castillos en el aire: ilusiones o esperanzas sin fundamento.

¡Cata la cruz!: exclamación de asombro y miedo a las supersticiones.

Cataplines: testículos.

¡Cataplum!: expresión para expresar el ruido de un golpe.

Catar el melón: tantearlo y probarlo. Tantear o sondear a una persona o cosa.

Catar el perejil: cohabitar.

Catarse vergüenza: decíase antiguamente para demostrar respeto y cortesía.

Cateto: pueblerino.

Caudal relicto: el que se dejó al fallecimiento de una persona.

Causar alta: ingresar en alguna institución.

Causar estado: ser definitiva en su resolución.

Causar instancia: seguir el juicio con todas las formalidades

Causar jaqueca: dícese de las personas pesadas.

Causar quebraderos de cabeza: dar preocupaciones o disgustos.

Causas mayores: las que se reservan a personas o tribunales superiores para que sean juzgadas.

Cavar su propia fosa, sepultura, tumba: atraerse una persona sus propias desgracias por su forma de actuar.

Cavilar lo que un burro en un trigal: no pensar en nada más que en comer.

Cayendo y levantando: altenativas adversas y favorables. Persona delicada de salud que tiene alivios momentáneos.

Caza de brujas: el que busca cosas que no existen, o piensa cosas que no son, pero con relación a otra persona.

Cazador de culo quieto: cazador a la espera.

Cazar a espera: cazar en puesto sin ojeo.

Cazar a uno: prenderlo, cautivarle la voluntad con halagos y engaños.

Cazar al pájaro: reclamar con perdigón (cría) las perdices del campo.

Cazar al salto: disparar sobre las piezas que saltan al paso.

Cazar con hurón: buscar un provecho ocultamente.

Cazar con perdigones de plata: comprar la caza para pasar por buen cazador.

Cazar de largo: dicho de algunas mujeres, indicando que ellas, al tener más intuición que los hombres, así como perspicacia, ven las cosas mejor y antes que ellos. En caza, el disparo más difícil es el de largo, pero generalmente es el que menos se yerra.

Cazar en mano: buscar andando la pieza, con la escopeta preparada, formando ala y guardando distancia entre sí las personas.

Cazar en vedado: cortejar a la mujer ajena.

Cazar moscas: ocuparse en cosas inútiles o vanas.

Cazar, o coger, al espartillo: cazar pájaros con esparto untado en liga. Encontrarse a alguien por casualidad y aprovechar la ocasión para conversar con él.

Cazarlas al vuelo: entender las cosas que no se dicen claras a la primera.

Cazurro: mal pensado, persona de pocas palabras.

Ce por ce, o ce por be: relatar algo de forma muy precisa, con todo lujo de detalles.

Cebo de anzuelo y carne de buitrera: se aplica para comparar cosas engañosas.

Cebolleta: miembro viril.

Cebollo, cebollino: persona ordinaria y tosca.

Ceder el día: empezar a deberse un derecho u obligación.

Ceder el paso: dejar una persona, por cortesía, que otra pase antes que ella.

Ceder el uso de la palabra: dar vez para que una persona hable.

Cegar como la judía de Zaragoza, llorando duelos ajenos: con que se moteja a los que, sin obligación, se interesan demasiado por los asuntos ajenos.

Cegar con trampantojos: embaucar con tonterías.

Cegar los caminos: impedir cualquier negocio.

Cegar los conductos, los pasos, las veredas: impedirlos.

Cegar y no ver: redundancia con la que se muestra el enfado o coraje súbito con que se ve poseída una persona.

Cegajoso: legañoso.

Cegato: se dice del que no ve casi nada.

Celebrar las fiestas: guardarlas como manda la Iglesia.

Celo: apetito de los animales irracionales que tienen en determinadas épocas del año para reproducirse. Se citan algunas de dichas épocas de celo de animales:

Enero: lobo, zorro, marta, pingüino.
Febrero: buitre, gato, pavo, liebre.
Marzo: faisán, canguro, pichón, ardilla, rana.
Abril: pájaros (en su mayoría), la culebra.
Mayo: oso, erizo, caballo.
Junio: buey, loro, avestruz, gato.
Julio: corzo, cebra, oso.
Agosto: gorrión, bisonte.
Septiembre: ciervo, reno, murciélago.
Octubre: tejón, canguro.
Noviembre: cabras, gamo.
Diciembre: jabalí.

Celos y envidia quitan al hombre la vida: los dos grandes pecados del hombre.

Cenar y rezar, mear y desatascar, quitar los cintos y desnudar, y alto acostar: es lo que debe hacerse al ir a la cama para tener un sueño tranquilo.

Cencerrada: dar la lata y, por extensión, broma pesada que se hacía a los esposos en las primeras noches del nuevo matrimonio.

Cencerro: persona alocada, que hace las cosas de forma ruidosa.

Cenizas no levantan llamas: expresa que cuando un efecto se ha extinguido, no es fácil hacerlo revivir.

Cenizo: gafe, el que produce mala suerte.

Céntimo a céntimo se hace una peseta: encomiando el ahorro.

Centro de atención: a donde se dirigen todas las miradas.

Cenutrio: tonto, torpe.

Ceñir a alguno la espada: ponérsela por primera vez para armarle caballero.

Ceñir la espada: llevarla al cinto. Profesar la milicia.

Ceñir la plaza: sitiarla.

Ceñirse la corona: comenzar a reinar.

Cepillarse a una mujer: poseerla sexualmente.

Cepillo: vello púbico de una mujer.

Ceporro: corto de inteligencia, bruto, tosco.

Cepos quedos: haya paz, quietud o silencio.

Cerca de la iglesia, pero lejos de Dios, vive el muy rezador: contra los falsos devotos, llamados beatos.

Cercar a trabajo, o de trabajos: colmar de desdichas.

Cerner el cuerpo: contonearse.

Cernícalo: ignorante en extremo.

Cero patatero: nada de nada, nulo totalmente.

Cero, y van dos: en sentido irónico, cuando hay que repetir lo que se ha dicho, porque la primera vez no se ha enterado.

Cerrado a cal y canto: con todos los medios posibles para que no pueda ser abierto fácilmente.

Cerrado como pie muerto: de genio duro y obstinado, que no atiende a razones.

Cerrado, o duro de mollera: torpe, rudo e incapaz.

Cerrar a cal y canto: cerrar por completo, sin posibilidad de entrar o salir.

Cerrar con broche de oro: de la mejor manera que se podía esperar terminar una cosa; es decir, muy bien.

Cerrar el grifo: no otorgar, dar, ni conceder más dinero, prebendas, etc.

Cerrar el juego: hacer una jugada que impida continuarla.

Cerrar el ojo: morir.

Cerrar el paso: Cerrarlo. Impedir el progreso de algo.

Cerrar el pico: quedarse callado.

Cerrar en falso: la herida que no está cerrada interiormente.

Cerrar filas: proteger a una persona.

Cerrar la boca: callar, no decir palabra.

Cerrar la boca a uno: hacerle callar.

Cerrar la mano: ser mezquino.

Cerrar la noche: cuando falta totalmente la luz del día.

Cerrar la plana: concluir o finalizar una cosa.

Cerrar la puerta: negarse a hacer una cosa. Hacer imposible o dificultar mucho una cosa.

Cerrar los labios: callar.

Cerrar los oídos: negarse a oír.

Cerrar los oídos a uno: que no oiga lo que le conviene.

Cerrar los ojos: dormir, descansar: hacer algo sin reflexionar, sin reparar en obstáculos.

Cerrar los ojos a uno: acompañar a un enfermo hasta que muera.

Cerrar, o cerrarse, o tener cerrada la mollera: tener juicio. Cerrarse en los niños la fontanela.

Cerrar plaza: toro lidiado en último lugar. Acontecimiento con que se acaba un acto.

Cerrarse el cielo: cubrirse de nubes.

Cerrarse el día o la noche: oscurecerse.

Cerrarse en banda, o a la banda: mantenerse firme en un propósito, negándose a todo.

Cerrarse todas las puertas: faltar recursos.

Cerril: persona sin cultivar, inculta, tosca.

Cerrojo: cabezota, tozudo.

Cerrona: llave.

Cesar, o cejar, en un empeño: volverse atrás.

Cesta de la compra: conjunto de alimentos que necesita una familia.

Cesto de los papeles: papelera.

Chache: el que habla.

Chachi, o chachi piruli: excelente, muy bueno.

Chacho-a: aféresis de muchacho. Criada, sirvienta.

Chafar a alguno: deslucirlo delante de las gentes.

Chafar la papeleta: desmentir, desconcertar, anticiparse a hacer lo que otro había pensado.

Chaira: navaja.

Chalado: de poco juicio o seso.

Challa: zarcillos de oro.

Chamullar: del caló, hablar de forma balbuciente.

Chanchi: excelente, magnífico.

Chano, chano: muy despacio.

Chanzas, cuantas quieras; pero no llegar a las alforjas, que se desmigaja el pan: indicando que las bromas se pueden aceptar, advirtiendo no seguir con cosas de peores consecuencias.

Chapado a la antigua: muy apegado a esas costumbres.

Chapero: dedicado a la prostitución masculina.

¡Chapó!: expresión de admiración, proviene del francés.

Chapucero: se dice de la persona que hace las cosas de mala manera, sin terminarlas adecuadamente.

Chaquetero: se dice del que cambia de ideas, costumbres, por el interés; se dice del oportunista.

Charnego: inmigrante del resto de España en Cataluña.

Charrán: tramposo; se dice del que te puede hacer una jugarreta.

Chata: pistola.

Chatarra: conjunto de monedas. Condecoraciones o joyas que llevan puestas las personas encima de su persona. Pistola.

Chavala: novia.

Chay: prostituta.

Cheli: novio.

¿Chi lo sa?: expresión que indica, ¡vaya usted a saber!

Chica de alterne: camarera que consume con los parroquianos.

Chica de moral distraída: prostituta.

Chica llaga y bien vendada: forma de dar a entender que cosas sin gran importancia deben ser adornadas, para que la gente se fije en ellas.

Chica morada, a gran señor no presta: expresando que, según las categorías de las cosas, así deben ser los que las rodean.

Chichi: órgano genital de la mujer.

Chichigú con las patas de queso, o de alambre: forma de responder a la pregunta que se hacía al inquirir: **¿Qué te han traído de regalo los Reyes?**

Chico con grande: sin excepción. Expresión que se usa cuando se trata de ajustar, vender algunas cosas desiguales en tamaño.

Chico pájaro para tan gran jaula: expresión con que se nota y zahiere al que fabrica o habita una casa, que no es correspondiente, por excesiva, a su estado o diginidad.

Chillar las orejas: presentir, adivinar.

Chillar más que una rata: se dice de la persona que chilla mucho cuando habla o se queja.

Chin-chin: expresión de brindis al juntar las copas.

China, china, capuchina, en esta mano esta la china, capuchina: fórmula infantil empleada por los niños para quedarse o salvarse en un juego.

Chincha rabia, la boticaria: canción para hacer rabiar un niño a otro.

Chincha rabiña, que tengo una piña con muchos piñones y tú no los comes: estribillo infantil para hacerse rabiar unos niños a otros.

Chinche: persona polémica, que le gusta molestar.

Chinchorrero: mentiroso, embustero.

Chingala: mujer de la vida.

Chingar: fastidiar. Fornicar.

Chinorri: niño.

(Los) Chinos: juego que consiste en averiguar las sumas de las monedas que han sacado todos los jugadores.

Chipén o chipé: excelente, de superior calidad.

Chipendi lerendi: formidable, magnífico.

Chiquilicuatre: mequetrefe, persona que no vale nada.

Chiri: policía municipal.

Chisgarabís: persona inquieta, que tiene culo de mal asiento.

Chisme: órganos genitales del hombre y de la mujer.

Chiste marrón: el que trata de excrementos o asuntos afines.

Chiste verde: dícese del que es subido de tono, y que no debe ser oído por todo el mundo.

¡Chitón, que caza el hurón!: prevenirse contra los que usan malos medios.

Chivato, acusica, la rabia te pica: expresión infantil para hacer rabiar un niño a otro.

Chivo expiatorio: al que se le hecha las culpas de lo acontecido sin tener enteramente la culpa.

Chocar la pala: estrecharse la mano.

Chocar los cinco: estrecharse la mano.

Chócate esa, chócatela: invitación a estrecharse la mano.

Chochete: forma burda de expresar el cariño a una mujer que se ama. Mujer virgen.

Chocho: órgano genital femenino.

Chocolate del loro: ahorro insignificante con respecto a la reducción de gastos que se pretende.

Chorizo: ladrón. Bruto. Pene.

Chorba, chorbo: nombre poco delicado dado a la mujer, hombre.

Chorra: miembro viril. Suerte. Imbécil.

Chorrear sangre una cosa: estar muy reciente. Clamar al cielo.

Chorrearle el agua del bautismo: ser inocente y cándido como un infante.

Chorreo mental: memez, majadería.

Choto bien mamado, bien duerme: el que bien vive no se preocupa de los demás.

Chulapón: generalmente se dice del madrileño castizo, presuntuoso y gracioso.

Chuleta de huerta: la patata.

Chuli: que está bien.

Chulo, o chulo de putas: hombre que vive de las prosititutas.

Chuminada: majadería, sandez.

Chumino: órgano genital femenino.

Chungo: dícese de lo que tiene mal aspecto, o no va a resultar favorable su consecución.

Chupajornales: órgano genital de la mujer.

¡Chúpame un huevo!: frase con que se despide o menosprecia a una persona, o lo que ha dicho.

Chupar banquillo: esperar los deportistas a intervenir en la competición deportiva.

Chupar cámara: se dice de las personas que tienen afán de protagonismo, y que siempre quieren salir en la foto.

Chupar como una esponja: ser una persona muy pedigüeña, o absorbente.

Chupar del bote: aprovecharse. Desempeñar algún destino cómodo y bien retribuido, obtenido por recomendación, y dicho especialmente de los de la Administración.

Chupar la sangre: quitar la hacienda ajena con astucia.

Chupar rueda: imitar o seguir los pasos de otra persona.

Chuparle la polla: expresión que indica rechazo.

Chuparle las brujas: estar muy delgado, seco y macilento.

Chuparle un huevo, o los huevos: no dar importancia.

Chuparse el dedo: que no se deja engañar fácilmente, hacerse el simple, fingirse falto de capacidad.

Chuparse los dedos: agradar la comida. Sentir gran complacencia por alguna cosa.

Chupársela: efectuar la felación a una persona.

Chupasangres: se dice de la persona que se aprovecha del trabajo y esfuerzo de los demás.

¡Chúpate ésa! o ¡Chúpate esa mandarina!: aguántate con eso.

Chúpate ésa y vuelve por otra: frase empleada cuando se dirige alguna pulla a una persona que está presente.

Chúpate ese melocotón, o esa mandarina, que tiene dos yemas: dícese de la persona a la que se dirige una indirecta que se sabe que le ha de causar sensación.

Chupatintas: se dice como insulto a los que viven de la pluma: como oficinistas, contables, abogados, secretarios, etcétera.

Chupi, o chupilerendi: cosa estupenda o extraordinaria.

Chupito de manzana, melocotón, melón, pera, sandía, bellota, fresa, etc.: copita servida muy fría en vaso muy pequeño, hecho de licor de aguardiente sacado de estos frutos.

Chupóptero: se dice del que vive de los demás, siendo un vividor, parásito.

Churre: guardia civil.

Churri. tratamiento cariñoso entre dos personas que se aman.

Churro: miembro viril.

Chusco: cosa poco corriente, persona graciosa.

Chuzo: órgano genital masculino.

(Los) ¡Ciegos!: lotería organizada de la ONCE, que se vende y se sortea diariamente; tiene gran tradición popular entre la población española.

Cielo de color de panza de burra: se dice cuando está oscuro, con presagios de que va a llover.

Cielo de la boca: el paladar.

¡(El) Cielo me valga!: exclamación de admiración o sorpresa.

(El) Cielo no se hizo para los tontos: expresa que para lograr alguna cosa es necesario sabérselo ganar con ingenio.

Cien por cien, o ciento por ciento: totalmente.

Ciencias ocultas: conjunto de prácticas y conocimientos de los fenómenos ocultos o del otro mundo.

Ciento y la madre: gran número de personas, aunque no se llegue a ese número.

Cierra España: frase antigua que indicaba atacar al enemigo. La frase completa era: **¡Santiago y cierra España!**.

Ciertos cargos piden canas: indicando que ciertos puestos tienen que ser ocupados por personas con experiencia y grandes conocimientos. ¿Podría estar actualmente en desuso?

Ciertos son los toros: certeza de una cosa que se temía o que se había anunciado.

Cigüeña maragüeña, tu casa se te quema, tus hijos se te van a la feria de San Juan, machaca el ajito, verás cómo vendrán: cancioncilla infantil, que se dice a las cigüeñas.

Cimbel: se dice del pene.

Cimbrar a alguno: pegarle.

Cinchar como a un asno: dar mal tratamiento a alguien.

Cinco contra uno: masturbación masculina.

Cinco lobitos tenía una loba, cinco lobitos detrás de una escoba. Cinco parió, cinco crió y a todos los cinco tetita les dio: canción infantil para que un bebé mueva sus manitas.

Cinco y la garra: cuando una cosa se consigue por hurto.

Cine de las sábanas blancas: indicación de que una persona se iba a la cama, cuando así lo manifestaba.

Cingamocho: miembro viril.

Cintura de avispa: dícese de la mujer que tiene una cintura muy estrecha, por lo que le hace atractiva.

Cinturón de castidad: el que se ponía a las mujeres para asegurarse los maridos la castidad cuando estaban ausentes.

Cipote: pene; el más famoso, el de Archidona.

Circular la sangre: correr por las venas.

Círculo mamario: el de color moreno en torno al pezón de los pechos.

Círculo vicioso: enredo de palabras, decir siempre lo mismo con palabras diferentes. Cuando dos cosas se explican una por otra recíprocamente.

Ciscarse de miedo: cagarse de miedo.

Ciscarse en diez, veinte, en la mar salada: expresión de maldición.

Cisne: prostituta.

Cita por la cita: hablar por hablar.

Citar de remate: citar al ejecutado para alegaciones, abriendo la vía de apremio hasta el remate de bienes para el pago.

Citar para estrados: emplazar para que se comparezca ante el tribunal.

Citius, altius, fortius: lema de las olimpíadas, que indican: más rápido, más alto, más fuerte.

(La) Ciudad de Alfaro no espera a nadie: frase que indica a las personas orgullosas, cuyo amor propio llega hasta el punto de no querer tomarse la menor molestia por los demás.

Ciudad dormitorio: dícese de la ciudad donde las personas van a dormir, trabajando en otro lugar.

Ciudad jardín: dícese de las viviendas unifamiliares, rodeadas de zonas verdes y ajardinadas.

Ciudadano de a pie: persona sencilla, normal.

Clamar a Dios: afligirse, desesperarse. Ser una cosa notoria, que no se puede contemplar sin indignación.

Clamar al cielo: pedir su ayuda, desesperarse.

Clamar en el desierto: dícese donde una persona no es oída.

Clarearse de hambre: estar sumamente flaco.

Claridad y no en caldo: debiendo decir siempre la verdad, y actuar con arreglo a los convencimientos propios.

Claro de luna: espacio de tiempo donde una noche oscura se puede ver la Luna con toda claridad.

¡Claro! o ¡Claro está!: expresión para dar por cierta una cosa.

Claros, o contados, como los padres santos: comparación con que se denota la escasez de lo que se trata.

Clase alta: la compuesta por personas con poder adquisitivo superior al normal o medio.

Clase baja: la que es más humilde.

Clase media: la constituida por personas con cierta posición económica.

Clavar a uno: engañar a uno, perjudicándole.

Clavar la rueda de la fortuna: fijar, hacer estable su prosperidad.

Clavar la vista: ponerla con atención en un objeto.

Clavar los ojos: mirar con mucha atención.

Clavar un clavo con la cabeza: ser muy testarudo, cabezota o tenaz en sus dictámenes.

Clavar un cuadro: perjudicar a una persona engañándola.

Clavará un clavo con la cabeza: forma de expresar que una persona es muy testaruda o cabezota.

Clavársela a una mujer: cohabitar con ella.

Clavársele en el corazón a alguno una cosa: causarle gran aflicción o sentimiento.

Clavel blanco: significa desdén, en el lenguaje de las flores.

Clavel amarillo: indica, nobleza, igualmente en el lenguaje de las flores.

Clavel reventón: el de color rojo muy intenso.

Clavel rojo: expresa amor puro, también en el mismo lenguaje.

Clavetear un asunto: asegurarlo.

(Un) Clavo saca otro clavo: una pena o problema se arregla con otro.

Clérigo de misa y olla: eclesiástico de pocos estudios.

(El) Cliente siempre tiene razón: máxima comercial.

Climatérico: período de la vida de las personas, que es muy crítico para ellas.

Clochí: llave maestra.

Cobra buena fama y échate a dormir: exhortando el bien obrar para que por todos sea conocido.

Cobrar carnes: engordar.

Cobrar cuerda: traerla hacia sí.

Cobrar el barato: dominar una persona por el miedo que impone a las otras.

Cobrar el corazón: ánimo.

Cobrar el valor: cobrar ánimo.

Cobrar espíritu: cobrar ánimo.

Cobrar fama: adquirir notoriedad.

Cobrar fuerzas: convalecer el enfermo o recuperarse poco a poco. Dar tregua al cansancio o al trabajo, para continuar con más ahínco.

Cobrar humos: ensoberbecerse.

Cobrar por señas: expresión de que no se piensa pagar lo que se debe.

Cobrárselo en carne, o en especies: tener relaciones sexuales, en contraprestación por el pago de una deuda.

Coces de garañón, para la yegua cariños son: lo que a unas personas parecen algunas cosas ofensas o daños, para otras son alagos y cariños, precisamente para eso se han hecho los colores.

Coche de punto: taxi.

Coche escoba: el que cierra un acontecimiento, recogiendo a los rezagados.

Coches de choque: los que existen en todas las ferias de las poblaciones, utilizados como diversión.

Cochina envidia, que te, le, os, corroe: por antonomasia se refiere a la envidia.

Cocinilla: se dice del hombre que se entremete en todo, y principalmente en las cuestiones domésticas.

Cocota: mujer de la vida.

Código de barras: el formado por líneas, que se pone en los productos de consumo dedicados a la venta.

Código postal: el que se usa como clave de poblaciones.

Codo a codo: forma de conducir a los presos.

Codo con codo: muy unidos, muy juntos.

Coger a desear una cosa: lograr lo que se apetecía con vehemencia.

Coger a uno de nuevo, o de nuevas: no tener noticias o antecedentes de lo que se oye o ve, por lo cual para él es sorprendente.

Coger agua en cesto, o en harnero: trabajar en vano.

Coger aguas: terminar el tejado de una casa en construcción.

Coger al espartillo a una persona: encontrarle casualmente y conversar con ella.

Coger al toro por los cuernos: enfrentarse resueltamente a un asunto delicado o peligroso.

Coger al vuelo: ser listo. Lograr una cosa de paso o casualmente.

Coger calor: recibir la impresión de calor.

Coger con el hurto en las manos: soprender en el mismo robo.

Coger con el pan debajo del brazo: imponer a una persona el criterio de otra.

Coger con el pan falto: notarle alguna falta; cogerle en un renuncio.

Coger con las manos en la masa: pillar a una persona haciendo una cosa, por lo general no buena.

Coger cuerda: tomar ánimo, carrerilla, impulso.

Coger de improviso: sorprender.

Coger de nuevas: sorpresa que produce una noticia desconocida hasta el momento.

Coger de susto: sorprender, coger desprevenido.

Coger dos de luz y cuatro de traspón: ausentarse, huir.

Coger el día en alguna parte: amanecer en ella.

Coger el hatillo: irse.

Coger el hilo: continuar con lo que se estaba hablando.

Coger el montante: marcharse de un sitio.

Coger el pan bajo el sobaco: ganar la voluntad, dominar a una persona.

Coger el portante: marcharse de algún lugar rápidamente y de forma ostensible.

Coger el rábano por las hojas: equivocarse en algo por completo.

Coger el sueño: dormirse.

Coger el tole: emprender el camino de prisa.

Coger el tranquillo, o el truco: habituarse a efectuar algo, resultando en consecuencia más fácil.

Coger en bragas, o en bragas de becerro: coger de improviso sin estar preparado.

Coger en el garlito: sorprenderle en una acción, que quería hacer ocultamente.

Coger en la trampa: sorprenderle en un mal hecho.

Coger en las uñas, o entre las uñas: explica el deseo de castigar haciendo daño para vengarse de alguien.

Coger en medio: estar entre dos personas o cosas.

Coger en mentira: comprobar que se ha mentido.

Coger en pelotas: desprevenido, sin tiempo para prepararse.

Coger en un mal latín continuado: coger a una persona en una falta o delito.

Coger en un renuncio: sorprender a una persona en un mal paso, o en una mentira.

Coger en vena: hallarle en condiciones favorables para conseguir de él lo que se pretende.

Coger entre puertas: sorprenderle para obligarle a hacer una cosa.

Coger fila: antipatía, tirria.

Coger frío: enfriarse, acatarrarse.

Coger la calle: marcharse.

Coger la cesta de las chufas: enfadarse, no aguantar una broma o tomarla mal.

Coger la delantera, o tomar la delantera: aventajar a otro, anticiparse en algo.

Coger la horizontal: echarse a dormir.

Coger la ocasión por los pelos: aprovecharla en el momento que se presenta.

Coger la paja con el oído: caerse redondo, quedar tendido en el suelo cuan largo es.

Coger la palabra a uno: obligarle a que la cumpla.

Coger la palabra, o las palabras: tomar nota de lo que dice porque puede ser importante.

Coger la puerta: irse.

Coger la ronda: sorprender en un delito que se quería ejecutar ocultamente.

Coger la verbena: madrugar mucho para irse a pasear.

Coger la vuelta, o las vueltas: buscar rodeos o artificios para librarse de una incomodidad, conseguir un fin.

Coger las palabras: observar cuidadosamente las que uno dice.

Coger las riendas: tomar la responsabilidad de un asunto.

Coger las sobaqueras a alguno: saber sus actuaciones.

Coger las vueltas a uno: saber qué es lo que quiere.

Coger los pasos: ocupar los caminos por donde se recela que puede venir un daño o que alguien pudiera escaparse.

Coger, o hallar, en vena: estar en disposición para conseguir de una persona lo que se pretende. Ser ocurrente.

Coger, o pillar, con las manos en la masa a uno: soprenderle haciendo algo.

Coger, o pillar, un cernícalo: embriagarse.

Coger, o tomar, el dos: marcharse del sitio donde está.

Coger, o tomar, la delantera: aventajar, anticiparse.

Coger, o tomar, la pauta: echarse a andar, caminar.

Coger, o tomar, las calles: la fuerza pública situarse en ellas.

Coger, o tomar, las de Villadiego: ausentarse impensadamente, de ordinario por huir de un riesgo o compromiso.

Coger onda: entender una insinuación o indirecta.

Coger por banda a alguien: obligarle a hacer algo.

Coger por los pelos: llegar a algo que estaba a punto de empezar.

Coger por su cuenta: echarse a la cara a una persona para manifestarle su disconformidad, o efectuarle una reprimenda.

Coger un lobo: embriagarse.

Coger una chispa: emborracharse.

Coger una cosa a deseo: lograr lo que se apetecía con vehemencia.

Coger una curda: beber en exceso y emborracharse.

Coger una liebre: caerse al suelo, sin daño o con daño leve.

Coger una mierda: emborracharse.

Coger una mona: ponerse borracho.

Coger una perra: coger un berrinche o un gran llanto.

Coger una turca: emborracharse.

Cogerla: emborracharse. Empeñarse en algo.

Cogerla con uno: tenerle manía, ojeriza.

Cogerla meona: cuando a un borracho le da por llorar.

Cogerlas al vuelo: entender o notar con prontitud las cosas que no se dicen claramente o que se hacen a hurtadillas.

Cogerle a palabras: cogerle en mentira.

Cogerle a uno el carro: ocurrirle un suceso que le perjudique o le violente en gran manera.

Cogerle el aire a alguien: cogerle el tranquillo, conocer su forma de ser.

Cogerle el chubasco: llegar a tiempo de presenciar la regañina que se dirige a otro.

Cogerle el gusto: ir gustando y apreciando algo.

Cogerle las vueltas: adivinar los planes y propósitos, conocer el carácter, el humor y las mañas, aprovechando este conocimiento a fin de salirse con la suya.

Cogerle, o tomarle, el tranquillo: adiestrarse en una cosa a base de práctica, conocer a una persona a base de trato.

Cogerse los dedos: salir castigado el que pretendía hacer daño a otro, con el mismo mal que preparaba.

Cogerse los cojones con la tapa de un baúl: frase que expresa gran intensidad de dolor.

Cogérsela con papel de fumar: hacer algo de forma remilgada, exagerada o ridícula.

Cogido con alfileres: haberse aprendido una lección sin profundidad y consistencia.

Cogido de las brujas: dícese de la persona que padece una enfermedad venérea.

¡Cogite!: expresión familiar con que se significa que a uno se le ha obligado con maña a que confiese lo que quiere negar u ocultar.

Cogito, ergo sum: frase latina muy conocida, que expresa: pienso, luego existo.

Coima: mujer amancebada, que depende de un hombre.

Coitus interruptus: forma de no dejar embarazada a una mujer eyaculando el hombre fuera de la vagina.

Cojear del mismo pie: adolecer del mismo defecto o vicio.

Cojear del mismo pie que cojea otra persona: tener los mismos defectos que ella.

Cojear una mujer: dícese de la que no es muy honesta.

¡Cógelo vivo, que la piel vale!: apresar a una persona o animal cuanto antes, sin hacerle daño.

¡(Un) Cojón!: con que se manifiesta burla, desprecio, ira o negación.

Cojón de mico: se dice de lo que es de gran importancia o valor.

Cojona: de cojón.

(Una) Cojonada: una enormidad.

Cojonazos: calzonazos. Aumentativo.

Cojones: testículos. Símbolo de hombría, virilidad, fuerza, valor, etc. Interjección de fastidio, enfado, ira, sorpresa, etcétera. Se usa como frase interrogativa.

Cojones de Pilatos: superstición consistente en anudar dos puntas de un pañuelo, y se usa para propiciar el hallazgo de los objetos perdidos.

(Los) Cojones han de ser pequeños, negros, duros, peludos y pegados al culo, como los de los tigres o los leones: son las carectirísticas óptimas de estos elementos, todo ello según las opiniones de algunas personas.

Cojonian tuam: dicho en latín macarrónico, o dicho en plan de broma o sorna.

Cojonudo: viril, fuerte, poderoso.

Cola: pene de niño.

Colarse: decir un disparate. Introducirse en un sitio a escondidas.

Colarse como Pedro por su casa: conducirse con toda familiaridad.

Colarse como trasquilado por iglesia: introducirse suavemente por algún paraje adonde no ha sido uno llamado.

Colarse de rondón: entrar en un sitio sin permiso.

Colarse por el ojo de una aguja: dícese del que puede deslizarse por cualquier sitio.

Colega: amigo, principalmente de trapacerías.

Colegio de pago: expresión que se usaba para los que iban a un colegio que no era gratuito.

Colgajo: en tono despectivo, pene pequeño.

Colgar a una persona: regalar una joya o alhaja a una persona el día de su cumpleaños.

Colgar a uno: ahorcarle.

Colgar a uno un hecho: achacárselo.

Colgar de un hilo: estar a disposición de algo peligroso o muy circunstancial.

Colgar el milagro a uno: atribuirle un hecho reprensible o vituperable.

Colgar el ramo: anunciar que se vende vino.

Colgar la galleta: pedir el retiro o la separación de la Armada.

Colgar las botas: retirarse de la práctica futbolística.

Colgar los cojones detrás de la puerta: tener actitud sumisa.

Colgar los guantes: dejar el boxeo.

Colgar los hábitos: salirse una persona del ministerio de la Iglesia.

Colgar los libros: dejar los estudios.

Colgar, o ahorcar, los hábitos: dejar la profesión religiosa. Cambiar de carrera, oficio o profesión.

Colgar, o pender, de un hilo: en riesgo inmediato.

Colgar un sambenito: se dice cuando una persona ha sido difamada o desacreditada sin fundamento o por envidia.

Colgarle el milagro: imputar un acto del que no es autor, principalmente si es punible.

Colgarle el mochuelo: echar la culpa a una persona que no la tiene.

Colgarle el muerto: echar la culpa a una persona injustamente.

Cólico miserere: nombre dado al cólico de oclusión intestinal, y del que antiguamente fallecían muchas personas.

Colipoterra: prostituta.

Colmarse la medida: agotarse el sufrimiento en quien recibe continuamente agravios o disgustos.

Coló, tío Paco: se dice cuando una cosa que es mentira ha sido creída.

(Un) Color se le iba y otro se le venía: indicando la turbación de ánimo que producen efectos diversos.

Colorín, colorado, este cuento se ha acabado: estribillo con que se acaban los cuentos, y para dar término a alguna narración.

Colorín, colorete, por la chimenea sale un cohete: igual que lo anterior.

Coma usted, señor Vicente; pero ¡cuidado no reviente!: expresión satírica con que se invita a comer a una persona, dándole a entender que no abuse de lo que se le ofrece.

Comamos, luzcamos y triunfemos, y con salud los enterremos: máxima de los despreocupados, de lo que no les importa nada más que lo suyo.

Comamos y bebamos que mañana moriremos: eso dicen los que únicamente se preocupan de las cosas materiales de esta vida.

Comandante en jefe: jefe de todas la fuerzas armadas.

Come bien, bebe mejor, mea claro, pee fuerte y cágate en la muerte: dicho del vulgo indicando cómo se debe estar sano.

Come donde coman; corre donde corran: aconseja arrimarse a donde hay y no donde piden.

Come poco y cena más poco: se dice para tener buena salud.

Comedia de capa y espada: comedia caballeresca.

(La) Comedia ha terminado: para expresar que lo que se trata ha concluido.

Comedor, bebedor y rompedor de alpargatas: con que se moteja al vago.

Comedores infantiles: los pechos de una mujer que está criando.

Comedura de coco o de tarro: lavadura de cerebro o de pensamientos.

Comemierda: se dice de la persona que carece de dignidad.

Comer a besos: besar con repetición y vehemencia.

Comer a Dios por un pie: gastar mucho.

Comer a dos carrillos, o masticar a dos carrillos: comer mucho.

Comer a uno o a dos bocados: muy deprisa, con ansia.

Comer aleluyas: quedarse sin comer.

Comer como los puercos: seguidamente, sin interrupción, sin levantar la cabeza del plato.

Comer como un buitre: ser un glotón.

Comer como un descosido, o un desesperado: tener buen apetito.

Comer como un heliogábalo: comer mucho y con ansia.

Comer como un lobo: con gran voracidad.

Comer como un mulo: se dice de la persona que es sumamente voraz.

Comer como un pajarito: en cantidades muy pequeñas.

Comer como un príncipe: hacerlo regaladamente.

Comer como una lima: comer muchísimo, en demasía.

Comer con el sudor de la frente: maldición divina efectuada por Dios, al expulsar a Adán y Eva del Paraíso Terrenal, indicando que había que trabajar para sobrevivir.

Comer con el sudor del de enfrente: dicho burlesco y jocoso, que dicen ciertas personas para comer a costa de todas las personas.

Comer con la salsa del hambre: con verdadero apetito.

Comer con la vista: mirar con ansia.

Comer con los cinco mandamientos: comer con los dedos de la mano.

Comer con los ojos: mirar con deseo, demostración de cariño a la persona amada.

Comer de alguna cosa: sacar producto de ella, ser profesional de ella.

Comer de gorra: comer a costa ajena.

Comer de la olla grande: vivir de los ahorros sin cuidarse de reponerlos. Vivir a costa del estado o instituciones oficiales.

Comer de mogollón: comer a expensas de otro.

Comer de ojo: mostrar en las miradas el incentivo vehemente de una pasión; como codicia, amor, odio, envidia, etc.

Comer de sus carnes: adelgazar como consecuencia de alguna pena interior.

Comer de tenedor: comer manjares sólidos.

Comer de tenedor y cuchillo: comer manjares apetitosos y abundantes.

Comer de un bocado, o de dos bocados: comer una cosa muy deprisa.

Comer de viernes: de vigilia.

Comer de vigilia: comer excluyendo las carnes.

Comer el chocolate de espaldas dos personas: estar enemistadas, no hablarse entre ellas.

Comer el coco: lavar el cerebro a una persona.

Comer el coño: practicar el cunnilingus.

Comer el pan de alguno: ser doméstico o mantenido.

Comer el pan de la boda: hallarse aún los recién casados en la luna de miel.

Comer el pan de los niños: ser ya muy viejo; se dice de los que están de más en este mundo.

Comer el tarro: lavar el cerebro.

Comer en la mano de alguien: estar dominado por esa persona.

Comer en un mismo plato: tener dos o más personas gran amistad o confianza.

Comer entre horas: fuera de los horas de las comidas.

Comer hierro: galantear a una dama que está detrás de la reja.

Comer juntos en un tiesto, como pollos: dícese de los que tienen las mismas ideas o costumbres.

Comer la polla: practicar una felación.

Comer la sopa boba: comer sin habérselo ganado o merecido.

Comer lo que caga: dícese de las personas excesivamente tacañas.

Comer los piñones en alguna parte: pasar la Nochebuena en ella.

Comer más que el río: dícese de la persona que tiene un gran apetito, teniendo en cuenta la creencia de que el baño abre las ganas de comer.

Comer más que Papús: comer como una lima, muchísimo.

Comer más que un sabañón: comer muchísimo y con ansia.

Comer más que una lima: devorar los manjares.

Comer mierda: no hacer nada de provecho.

Comer, o atracarse, a lo quinto: comer precipitadamente y en gran cantidad.

Comer, o beber, hasta tocárselo con el dedo: hartarse de las dos cosas de una manera exagerada.

Comer pan a manteles: comer en la mesa.

Comer pan con corteza: ser una persona adulta y valerse por sí misma.

Comer pan de muchos hornos: tener muchas malicias.

Comer para vivir, y no vivir para comer: máxima contra los glotones.

Comer pavo: en un baile quedarse sin bailar una mujer, por no haber sido invitada para ello.

Comer por los pies a uno: ocasionarle gastos excesivos, serle muy gravoso.

Comer por siete: se dice de la persona que come mucho.

Comer por un pie: arruinar a una persona.

Comer uva y pagar racimo: se dice cuando excede la pena a la culpa.

Comer vivo: se dice de lo que causa gran desazón por el picor, producido por heridas, bichos o ciertas plantas.

Comer y cagar, con reposo se ha de tomar: aconsejando no tener prisa ninguna de las dos cosas, ya que cada una de las cosas necesita su tiempo.

Comer y cagar, vida ejemplar: dícenlo los amantes de no dar un palo al agua, de llevar una vida totalmente holgada y regalada.

Comer y callar: indicando que el que está a expensas de otro no le conviene desobedecer ni replicar.

(El) Comer y el rascar, todo es hasta empezar: se dice a las personas que cuando se las invita a comer, comentan que no tienen apetito, contestándolas de dicha manera.

Comerá gloria, pero caga mierda: se dice cuando al entrar en un cuarto de baño huele mal, por haber otra persona exonerando el vientre.

Comerle el pan del morral: ser de ingenio más agudo, tener más valor, etc.

Comerle los pies: tener prisa por ir a alguna parte.

Comerle un lado: comer a expensas de alguien.

Comerse a alguno o alguna cosa con los ojos: mostrar envidia, amor, codicia, etc.

Comerse a besos: besarse con repetición y vehemencia.

Comerse a bocados: pondera el furor o rabia que se tiene contra alguno. Entusiasmo que se tiene por las gracias de los niños.

Comerse a dios por las patas: estar hambriento. Dícese de la persona muy beata que aparenta gran religiosidad.

Comerse con la vista: mirar a una persona con gran ansia o airadamente.

Comerse crudo a alguien: regañar desairadamente.

Comerse de envdia: estar poseído de ella.

Comerse de miseria, piojos, etc.: vivir miserablemente.

Comerse de polilla: da a entender lo que van consumiendo las pasiones insensiblemente.

Comerse de risa: reprimirla por algún respeto.

Comerse el coco, o el tarro: preocuparse, pensar mucho antes de tomar una decisión, obsesionarse.

Comerse el queso del cura: dícese, particularmente de los niños, cuando se les cae algún diente y quedan mellosos.

Comerse la partida: dar por seguro la realización de una cosa.

Comerse las manos: gusto con que se come un manjar sin dejar nada.

Comerse las palabras: pronunciarlas mal y omitir sílabas o letras. En los escritos, omisión de ellas.

Comerse las uñas: señal de gran disgusto o enfado, o de estar distraído o pensativo.

Comerse los codos de hambre: no tener nada que comer y tener mucha hambre.

Comerse los dedos: desear una cosa con vehemencia.

Comerse los puños: dolerse de rabia.

Comerse los santos: devoción extrema en prácticas religiosas

Comerse los santos por las patas: ser muy beato.

Comerse los unos a los otros: enfrentarse airadamente dos grupos de personas.

Comerse, o no, una rosca: lograr algo importante, principalmente el favor de una mujer, lográndola.

Comerse un marrón: verse envuelto en una situación muy comprometida.

Comerse una cosa a otra: denota que una cosa anula o hace disminuir a otra.

Comerse unos a otros: estar en discordia entre algunos.

Comerse vivo: deseo de venganza hacia una persona. Molestia que causan las picaduras de algunos bichos.

Comérselo con los ojos: mirarlo sin disimular lo mucho que le atrae.

Comérselo la envidia: estar enteramente poseído de ella.

Comete tres veces el mismo pecado y acabarás por creer que es lícito: quiere expresar que nos acostumbramos rápidamente a lo que ejecutamos, creyendo que es bueno y conveniente.

Cometer pleitesía: celebrar un convenio o concierto.

Cómicos de la legua: los que andan representando comedias en poblaciones pequeñas.

Comidas pantagruélicas: se dice donde hay comida en exceso.

Comido y bebido: mantenido.

Comiendo y andando, y haciendo vencejos: dícese del que hace varias cosas a la vez.

Comiéndolo con vino, no hace daño ni lo más dañino: alabando la excelencia de la bebida en las comidas y efectuado con moderación.

Comiéndose el pan de la beneficencia, muchos ladrones llegaron a la opulencia: robando a los pobres y al pueblo, muchos se han enriquecido y se están enriqueciendo.

Comienza y no acaba: el que se extiende mucho en las explicaciones.

Como a un Cristo dos pistolas: ponderación de una cosa inadecuada o impropia.

Como agua: con abundancia.

Como agua de mayo: se dice cuando se espera una cosa con gran ansiedad.

Como ahora llueven albardas: se usa cuando oímos una cosa que nos parece imposible.

Como al alma y como a la vida: con mucho gusto y de buena gana.

Como alma que lleva el diablo: expresión familiar, que indica extraordinaria ligereza o velocidad y gran agitación o perturbación del ánimo.

¿Cómo andamos?: forma de salutación entre dos personas.

Como anillo al dedo: ser una cosa perfecta y bien hecha.

¡Como aquí todo es mentira!: dicho atribuido al modo de ser de nuestra España.

Como así me lo quiero: hacer con gran facilidad.

Como bobo: hacerlo, actuar como el que no quiere la cosa.

Como boca de lobo: lugar de una gran oscuridad.

Como bofetón de loca, o tonta, que ni sobró mano ni faltó cara: se dice cuando una bofetada ha sido dada en la cara.

Como caballo desbocado: con gran rapidez o prisa.

Como caído de las nubes: de súbito y sin ser esperado.

Como caído del cielo: cuando viene una cosa que no es esperada y que hace una gran falta.

Como con la mano, o como por la mano: con gran facilidad y ligereza.

Como cuando enterraron a Zafra: llover muchísimo.

Como cuerpo de rey: con mucho regalo.

Como dar con el puño en el cielo: se dice a lo imposible y defectuoso.

Como de encargo: cuando han salido las cosas a pedir de boca.

Como de la noche al día: haber una diferencia grande y muy acusada.

Como de lo vivo a lo pintado: con que se manifiesta la gran diferencia que hay entre una cosa y otra.

Como del codo a la mano: persona de poca importancia. De pequeña estatura.

Como del día a la noche: gran diferencia existente entre dos términos comparados.

¡Cómo diablos!: expresión de impaciencia o admiración.

Como digo, o iba diciendo, de mi cuento: esperar a hablar.

Como dijo, o como dice el otro: apoyo de autoridad del vulgo. Frase para autorizar un dicho de autor desconocido.

Como Dios: inmejorable.

Como Dios le da a entender: como se puede, obrar sin reflexión.

Como Dios manda: como es debido, correctamente.

Como Dios es mi padre: fórmula de juramento.

Como Dios es servido: con que se explica que una cosa sucede con poca satisfacción nuestra.

Como Dios está en los cielos: fórmula de juramento.

Como Dios le da a uno a entender: como buenamente se puede, venciendo las dificultades de la mejor manera.

Como Dios lo trajo al mundo: desnudo.

Como Dios manda: como debe ser, intachable.

Como Dios pintó a Perico: con suma facilidad.

Como dos gotas de agua: dícese de las personas que tienen gran parecido entre sí.

Como dos por tres: a cada instante.

Como dos y dos son cuatro: forma de ponderar la evidencia.

Como el agua: en grandes proporciones o cantidades.

Como el alcalde de Dos Hermanas, y se añade: **que derogó el concilio de Trento:** se dice del que hace abusos del poder.

Como el alma de Garibay, que no la quiso Dios ni el diablo: se dice de la persona que ni hace, ni deshace, ni toma partido por alguna cosa.

Como el ámbar: frase de ponderación a cierta clase de licores.

Como el burro flautista: expresión que se aplica a los que aciertan algo por casualidad.

Como el capitán Araña, que embarca a todos y él se queda en tierra: se dice de las personas embaucadoras, pero que no se involucran en nada.

Como el convidado de piedra: quieto como una estatua.

Como el coral: muy limpio.

Como el corregidor de Almagro: se dice de las personas que se preocupan demasiado de los asuntos de los demás, sin que les interesen. Añadiendo: **que se puso enfermo, porque a su vecino le estaba corto el chaleco o las calzas.**

Como el diablo, o como un diablo: excesivamente, demasiado.

Como el fraile del mazo: se dice del que es muy pesado o machacón.

Como el galgo, o la galga, de Lucas: se dice cuando alguno falta en la ocasión forzosa.

Como el gallo de Morón, sin plumas y cacareando: se aplica a los que conservan algún orgullo, a pesar de haber perdido.

Como el merengue de Juana, que se fue en probaturas: dícese de lo que se acaba a fuerza de probar si es bueno.

Como el negro de la uña: para indicar lo exiguo de una cosa.

Como el pelo de la masa: liso.

Como el pensamiento: con suma ligereza y prontitud.

Como el perro de Olías: dícese del que por ansiar mucho se queda sin nada.

Como el perro y el gato: se dice cuando dos personas no se llevan bien.

Como el primero: tan bien o mejor que otro cualquiera.

Como el que asó la manteca: hacer cosas absurdas.

Como el que mama y gruñe: dícese del que con nada se contenta, quejándose de haber recibido poco beneficio.

Como el que más: igual que otro.

Como el que no olió el poste: falta de sagacidad en una persona, dejándose llevar de su credibilidad; no puede prever los inconvenientes a fin de poder evitarlos.

Como el que no quiere la cosa: hacer algo con disimulo.

Como el que tiene tos y se arrasca la barriga: indicación al hacer una cosa, sin relación o totalmente opuesta a lo que se debía haber hecho.

Como el que tiene un galgo cojo para ir de caza: aplícase a lo que es de poca utilidad.

Como el reloj de Pamplona, que apunta pero no da: dícese del que empieza un relato y no atina a acabarlo. El que promete mucho y nada cumple.

Como el sargento de Utrera, que reventó de feo: exhortando la fealdad, para que luego digan que, el hombre y el oso, cuanto más feo, más... peor para él.

Como el viento: rápida, velozmente.

Como él viva, no faltará quien le alabe: frase con que se hace burla al jactancioso.

Como en ello se contiene: afirmar que alguna cosa es como se ha dicho o escrito.

Como en misa: en profundo silencio.

Como en real de enemigo: hacer todo el daño posible.

Como es debido: con arreglo a las normas.

Como es el santo, son las cortinas: debiendo conceder a cada uno los honores que merece.

¡Cómo es eso!: represión, motejándole de atrevido.

¡Cómo está el mundo, Facundo!, y el otro contesta; **¡Cómo está el patio, Serapio!:** formas de queja por la situación de la vida.

¡Cómo está el patio!: frase para expresar situación confusa, mala o muy difícil.

Como está sordo hay que peerle para que huela: al que se hace el desentendido, hay que hablarle sin rodeos ni contemplaciones.

¡Cómo estará la alhóndiga, cuando no quiere trigo!: dícese de las personas cuando no quieren más comida ni bebida, por haberlo hecho en exceso.

Como gallina en corral ajeno: estar despistado, descontrolado.

Como gato panza arriba: defenderse a ultranza.

Como grano de mijo en boca de asno: dicen para ponderar la pequeñez de una cosa.

Como hay Dios, o Cristo, que...: juramento, o firme propósito de hacer algo.

Como hay pocos: sentido de un grado de excelencia, que no tiene todo el mundo.

Como hay viñas: se usa para asegurar la verdad de una cosa evitando el juramento.

Como hecho de encargo, o ni hecho de encargo: reuniendo las calidades óptimas.

Como iba diciendo de mi cuento: se emplea al ir a contar un chascarrillo.

Como la burra de Balaam: dícese de las personas que, sin sobresalir por su inteligencia, emiten de pronto un juicio certero o dan un consejo atinado.

Como la copa de un pino: muy grande, o de una gran verdad.

Como la judía de Zaragoza, que cegó llorando duelos ajenos: se dice de las personas que son amigas de entremeterse en asuntos extraños, abandonando los suyos.

Como la mala hierba: se dice de lo que abunda y es malo.

Como la palma de la mano: cosa muy llana. Conocer algo a la perfección.

Como la plata: limpio, hermoso, reluciente.

Como la puerca lechona: se dice de la mujer muy paridera.

Como la romana del diablo, que entra con todas: no sentir escrúpulos por nada; ser capaz de las cosas más execrables.

Como la seda: suave, agradable.

Como las propias rosas: muy bien, perfectamente.

Como llamar a Cachano con dos tejas: para explicar que ha de ser ilusorio e ineficaz el auxilio que alguien espera.

Como llovido: de modo inesperado o imprevisto.

Como llovido del cielo: inesperado.

¿Cómo lo he de decir, cantando o rezando?: úsase cuando se da una orden repetidamente y que no se cumple, por olvido, negligencia o mala voluntad.

Como los ángeles, o los propios ángeles: contestación a una pregunta sobre la salud, familia, etc.

Como los chorros del oro: con gran limpieza y hermosura de una persona o cosa.

Como los de Fuenteovejuna, todos a una: se dice cuando existe una responsabilidad imposible de precisar, por tener carácter colectivo.

Como los más ricos de Béjar: respuesta que se da a la pregunta que se hace a una persona al inquirirla: ¿Cómo vives?

Como los ojos de la cara: ponderar con mucho cariño y aprecio.

Como los ojos del tío Juan Ciruelo: claros y hueros: aplícase a las cosas que, aunque sean de buena presencia, son de resultados nulos.

Como los órganos de Móstoles: se dice para denotar que algunas cosas están colocadas sin la igualdad, proporción o buen orden que debieran tener.

Como los perros de Zorita; cuando no tenían que comer, uno a otro se mordían: se dice de los maldicientes: cuando no tienen de qué decir, de sí mismos lo dicen.

Como los tontos en vísperas: sin entender lo que se dice.

Como mano santa: con muy buen acierto, con buena mano.

Como manteca: ponderación de la blandura o suavidad de una cosa.

Como me llamo... que...: especie de amenaza, indicando que se va a hacer algo.

Como me lo contaron te lo cuento: fórmula empleada para evitar las responsabilidades, después de una narración.

Como me tratan, trato: indicando la forma de actuar de muchas personas.

Como mejor puedas: de la mejor forma o manera.

Como midieres serás medido: según actúes, así se comportarán contigo.

Como mil flores, o como unas flores: con que se explica la galanura y buen parecer de una cosa. Que se está satisfecho de una cosa.

Como mil oros: como un oro.

Como mínimo: por lo menos.

Como misa de réquiem con órgano: sirve como término de comparación de alguna cosa que se quiere ensalzar.

Como moros del Val de Valtoia: frase que se dice de las personas que son tenidas como muy feroces.

Como moros sin señor: se aplica a toda reunión turbulenta y desordenada.

Como mucho: como máximo.

Como negra en baño: con entorno y afectada gravedad.

Como niño con zapatos nuevos: estar muy contento y satisfecho.

¿Cómo no?: especie de fórmula de aceptación de alguna proposición que se ha hecho a una persona.

Como no hay dos: tener cualidades excepcionales.

¡Cómo no, morena!: expresión de negativa.

Como no nos vemos, no nos conocemos: se dice cuando se ha dejado de frecuentar un trato personal, indicando que ya casi no saben cómo son unos y otros.

Cómo nos vamos a poner si sobra: frase que indica que lo que hay es muy poco, no habiendo lo necesario para hacer o completar lo que se deseaba.

Como nube de verano: se dice de todo aquello que se presenta estrepitosa e inopinadamente, desapareciendo en breve.

Como, o conforme, o según caigan, o cayeran, las peras: según se presente la ocasión, según las circunstancias.

Como oro en paño: con gran aprecio por el cuidado que se tiene con ella.

Como oveja salida del baño: ponderación de la blancura de alguna cosa.

Como paletas: aplícase a los dientes anchos y curvos.

Como palillo de barquillero, o de suplicaciones: yendo y viniendo sin punto de reposo.

Como para caerse de espaldas: ser algo asombroso.

Como para parar un tren, o un carro: se dice cuando alguna cosa abunda en gran cantidad.

Como pedrada en ojo de boticario: venir una cosa a propósito de lo que se está tratando.

Como Pedro por su casa: se dice del que se conduce con tanta familiaridad y franqueza en casa extraña como podía hacerlo en la suya propia.

Como peras en tabaque: se dice de aquellas cosas que se cuidan o se presentan con delicadeza y esmero.

Como perro con cencerro, con cuerno, con maza o con vejiga: explica que uno se ausentó, con precipitación, sonrojo y prisa.

Como perro por carnestolendas: tomar a una persona como objeto de burla o diversión.

Como perros y gatos: aborrecerse, llevarse mal.

Como pez en el agua: estar cómodo, a gusto.

Como pierna de nuez: cuando una cosa no se hace con la rectitud debida.

Como piojo, o piojos, en costura: con estrechez y apretura.

Como por arte de magia: de manera inexplicable.

Como por encantamiento, o por encanto: de manera difícil de explicar.

Como por ensalmo: de manera prodigiosa.

Como por la palma de la mano: con que se significa la facilidad de ejecutar o conseguir una cosa.

Como por viña vendimiada: fácilmente, sin reparo.

Como primera providencia: como primer paso, como primera decisión.

Como puta por rastrojo: como una cosa muy tirada.

Como putas en cuaresma: sin trabajo y sin dinero.

¿Cómo que no, o que sí?: forma de manifestar incredulidad.

Como quien bebe un vaso de agua: frase que da a entender la suma facilidad o presteza con que se ejecuta alguna cosa.

Como quien busca candela: inquirir con ansiedad.

Como quien cae y se levanta: como el que no quiere la cosa.

Como quien camina sobre ascuas: eludir una cuestión, tratándola muy a la ligera y con toda rapidez.

Como quien dice: denota que es cosa de consideración lo que se ha dicho o va a decirse.

Como quien dice: Bebed con guindas: encarece el refinamiento de lo que se pide o se hace.

Como quien entra en una cuadra: dícese del que entra en un lugar sin saludar.

Como quien está papando moscas: se dice del que está embelesado, con la boca abierta.

Como quien no dice nada: ser cosa de consideración lo que se ha dicho.

Como quien no dijo nada: indicación de no ser una cosa fácil o baladí aquello de que se trata, sino muy difícil e importante.

Como quien no hace tal cosa, o tal cosa no hace: con que se denota que uno ejecuta algo con disimulo, de forma que no lo comprendan los demás.

Como quien no quiere la cosa: con cautela, con disimulo, como si no se quisiera conseguir lo que se desea.

Como quien oye llover: hacer poco aprecio a lo que se escucha o sucede.

Como quien se come un pedazo de pan: hacer algo con suma facilidad y presteza.

Como quien va a la romería de San Alejo: dícese del que teniendo las cosas cerca se va a por ellas al sitio más lejano

Como quiera que: de cualquier modo.

Como ratón con queso: con engaño.

Como ratón en boca de gato: sin seguridad.

Como rezas, medres: se dice al que está hablando entre sí y se presume que habla mal.

Como San Jinojo en el cielo: sin que nadie le haga caso.

Como sardina que lleva el gato: se aplica a todo lo que ha desaparecido y es imposible recuperarlo.

Como sardinas en lata: muy apretados, sin espacio.

¿Cómo se entiende?: cuando causa enojo lo que se oye.

¿Cómo se llamaba el padre de los hijos de Zebedeo?: pregunta que se hace a los niños, para ver su viveza.

¡Cómo se va el tiempo! Nosotros somos los que nos vamos: el tiempo claro que pasa, y los que lo notamos somos nosotros.

Como se vive se muere: indicando que los vicios, modales, etc., pocas veces se dejan, pero duran hasta la muerte.

Como si dicen misa: no prestar atención alguna a lo dicho.

Como si dijera truco: con que se indica el poco caso que se hace de las palabras de alguno.

Como si dijéramos: se usa para explicar, y para suavizar, lo que se ha afirmado.

Como si echaran vinagre al fuego: enardecer más una cuestión.

Como si fuera una telaraña: se dice de lo que se rompe o desbarata con suma facilidad.

Como si hablara el gato: no hacer ningún caso al que habla.

Como si nada: sin dar la menor importancia.

Como si no hubiera pasado nada: dícese de la persona que actúa de tal manera que no da importancia a lo ocurrido.

Como si no hubiera roto un plato en su vida: parece que no se ha cometido nunca un error o defecto.

Como si se hablara con la pared de enfrente: aplícase a los que no hacen caso de lo que están diciendo.

Como si tal cosa: como si no hubiese pasado nada.

¡Como somos tran frígilis! ¡Como somos tan putilis!: se aplica a los que alegan disculpas fútiles e infundadas, siendo la contestación adecuada a las disculpas.

Como su madre le trajo al mundo: desnudo.

Como suena: así como se oye.

Como tamboril en boda: dícese de lo que seguramente ha de faltar.

¡Como te dé una patada en los cojones!: amenza, desprecio o rechazo a una persona.

Como te quiero, te aprieto: frase jocosa cuando se maltrata a una persona, diciendo que se hace por cariño.

Como tierra: con abundancia.

Como todo hijo de vecino: como todo el mundo, sin excepciones.

Como tonto en vísperas: moteja al que está en suspenso, fuera de propósito o sin tomar parte en la conversación.

Como tres en un zapato: de forma muy estrecha. Dícese de los que se tienen que acomodar en un espacio muy reducido

Como tres y dos son cinco: positivamente, de forma muy real. Expresión para evidenciar las verdades.

Como un ascua de oro: se dice cuando algo está muy reluciente y limpio.

Como un burro: dícese de la persona muy bruta.

Como un cencerro: estar una persona loca o chiflada.

Como un cerdo: aplícase a la persona muy gorda.

Como un clavo: fijo, puntualmente.

Como un cohete: de forma muy rápida.

Como un condenado: muy fuerte.

Como un cromo: dícese de la persona que está muy arreglada, o muy sucia.

Como un demonio: aplícase a la persona que es muy traviesa.

Como un descosido: exceso de alguna cosa.

Como un desesperado: con un gran empeño.

Como un diablo: ponderación de algo.

Como un enano: trabajar mucho, divertirse mucho.

Como un flan: dícese de la persona que se encuentra muy nerviosa.

Como un gerifalte: muy bien, de lo lindo, de una manera superior.

Como un guante: aplícase a todo lo que cae perfectamente.

Como un huevo a otro: se dice cuando existe una gran semejanza.

Como un huevo a una castaña: se dice cuando existe muy poca semejanza.

Como un leño: aplícase a la persona que está dormida profundamente.

Como un libro abierto: forma de expresarse con toda corrección.

Como un loco: estar encolerizado, enfadado en extremo.

Como un nazareno: dícese de la persona sucia, desharrapada.

Como un oro, o como mil oros: con gran limpieza y hermosura.

Como un palmito: indicación de que una persona está pulcramente vestida y aseada.

Como un patriarca: estado de grandes comodidades o descanso de una persona.

Como un perro: se dice de las personas que son abandonadas por todo el mundo.

Como un piano: muy grande, enorme.

Como un pimiento: estar muy rojo o colorado.

Como un puño, o como puños: ponderación por grande o pequeña de una cosa.

Como un rayo: con toda prontitud y ligereza.

Como un reguero de pólvora: se dice de las noticias que se propagan con toda rapidez.

Como un reloj: gozar de plena salud.

Como un solo hombre: locución que expresa unanimidad con que proceden muchas personas sin previo aviso.

Como un templo: pondera la magnitud física o moral de alguien o algo.

Como un tiro: se dice de lo que sienta mal o perjudica.

Como un tomate: dícese de lo que está muy rojo.

Como un tronco: persona que está dormida profundamente.

Como una bala: presteza y velocidad con que va una persona de una parte a otra.

Como una balsa de aceite: se dice cuando algo está muy tranquilo.

Como una bendición: primor o excelencia de alguna cosa.

Como una braga: comparación cuando una cosa está muy sucia, cuando una persona está muy cansada.

Como una casa, la copa de un pino, una catedral, un piano, etc.: indica el tamaño grande de una cosa o persona.

Como una catedral: dícese de la verdad, o lo que es muy grande.

Como una chiva, o una cabra: se dice de la persona trastornada.

Como una cuba: muy borracho.

Como una exhalación: rápidamente.

Como una guinda: tener rojo el rostro, por sofoco, vergüenza, etc.

Como una guitarra en un entierro: expresión que indica que una cosa es inoportuna, fuera de lugar.

Como una lapa: se dice de la persona quse siempre está junta o pegada a otra.

Como una leche: cuando un manjar está muy tierno.

Como una lechuga: dícese de la persona que está muy fresca y lozana, gozando de buena salud.

Como una malva: dícese de la persona de buen carácter, dócil.

Como una manzana: aplícase a todo lo que está sano y tiene buen color.

Como una moto: en situación de excesiva actividad.

Como una patena: con gran limpieza.

Como una plata: muy limpio.

Como una regadera: dícese de la persona loca o tonta.

Como una rosa: sano, fresco, lozano.

Como una seda: muy suave al tacto. Dícese de la persona dócil, o cuando se consigue algo sin tropiezo ni dificultad.

Como una sopa: totalmente empapado.

Como una torre: punto de comparación para indicar la altura de una persona.

Como una tromba: con violencia.

Como unas candelas: denota lindeza por lo que las candelas alegran y brillan por la noche.

Como unas castañuelas: muy contento y alegre.

Como unas flores: aplícase a todo aquello que es muy bonito.

Como unas lumbres: reluciente de limpio.

Como unas pascuas: se dice cuando se está muy contento.

Como uña y carne: se dice de los que son amigos íntimos.

¿Cómo va ese valor? ¿Qué tal ese valor?: fórmulas de saludo que preguntan por el estado de salud o de ánimo de las personas a quien se dirige la palabra.

Como verdolaga en huerto: persona que está a sus anchas.

Como vino al mundo: totalmente desnudo.

Como viña vendimiada: lugar arrasado, destruido totalmente.

Como volar: para indicar la dificultad de una cosa.

Como volverme turco: terquedad de una persona en ejecutar algo.

Compañero de fatigas: compañero de trabajo.

Compañía del ahorcado: el que acompaña a otro y le deja cuando quiere.

(Las) Comparaciones son odiosas: indicando que dos personas no deben ser comparadas por ser de características diferentes, no siendo extrapolables.

Comparar a Dios con un gitano: expresión razista y xenófoba, que indica que hay cosas que no se pueden comparar por lo dispares que son.

Compartir mesa y mantel: compartirlo todo.

Compás de espera: tiempo que transcurre en silencio.

Compensarse uno a sí mismo: resarcirse por su mano del daño o perjuicio que otro le ha hecho.

Complicarse la existencia, o la vida: actuar de forma poco normal, buscando el lado más difícil.

Componer deprisa y corregir despacio: forma de escribir o componer música.

Componer el semblante, o el rostro: mostrar seriedad.

Componérselas: ingeniárselas para conseguir un fin.

Composición de lugar: estudiar una cuestión para actuar en consecuencia con las circunstancias.

Compostura de percha: significa que el objeto dado a componer ha vuelto a poder de su dueño sin haberse efectuado dicha compostura.

Comprar a peso de oro, o de plata: adquirir una cosa a precio excesivo.

Comprar de ocasión: comprar a bajo precio, generalmente estando usado el objeto.

Comprar el cielo: conseguir el cielo con buenas obras.

Comprar el collar antes que el galgo: preocuparse de lo secundario antes que de lo principal.

Comprar por sus cabales: por el precio justo.

Compuesta y sin novio: expresión principalmente de mujeres para indicar que algo les ha fallado a última hora. Mujer que ha sido abandonada en las mismas puertas de la iglesia.

Compuesto como una novia: dícese del sujeto que se halla lujosamente engalanado.

Comulgar con ruedas de molino: intentar que una persona crea cosas totalmente increíbles o posibles.

Común denominador: dícese de todo aquello que es coincidente.

Comunión de los Santos: participación que los fieles tienen en los bienes espirituales de los demás, como partes o miembros de un mismo cuerpo, que es la Iglesia.

Con agua no hay terreno malo: ponderación de los buenos servicios del riego.

Con alfileres: dícese de lo que se ha aprendido superficialmente.

Con arreglo a: según a unas normas.

Con arte y engaño, se vive medio año, y con engaño y arte, se vive la otra parte: comentarío que hacía un caradura y amigo de vivir de los demás.

Con avaricia: en extremo y en sentido negativo. Malo con avaricia.

Con ayuda de un vecino, mató mi padre un cochino: indicando que con ayuda de otras personas se hacen más cosas que una persona solamente.

Con ayuda de vecinos: con auxilio de otros.

Con azúcar está peor: dícese cuando, por querer disculpar alguna falta, se incurre en contradicciones que lo agravan más.

Con bombo y platillos: aplícase a los anuncios con gran estruendo y de gran aparato.

Con buen paño y buen sastre, se hace un buen traje: cuando los medios son apropiados es natural que las cosas se hagan bien.

Con buen pie: con facilidad.

Con buena escoba bien se barre: indicando que el que tiene medios puede hacer lo que le plazca con ellos.

Con buena intención basta: aunque una cosa no se consiga, lo que se agradece es la intención que se ha puesto para conseguirla.

Con buena música se viene: al que pide algo impertinente, que no da gusto a la persona de quien se solicita.

Con buena picha bien se jode: indica que para el que tiene medios para ejecutar una cosa es muy fácil hacerla.

Con cajas destempladas: despedir o echar a una persona con malos modos.

Con caráceter de: a manera de.

Con cargo a: a expensas de.

Con cien ojos: prestando toda la atención posible.

Con cojones, con dos cojones, con los cojones bien puestos, con los cojones en su sitio, con muchos cojones, con un par de cojones, con unos cojones así de grandes, etcétera.: frases que indican valentía, fortaleza, brío. Importancia, de valía o con clase. Formidable, extraordinario.

Con conocimiento de causa: conocer exactamente un asunto.

Con creces: con exceso.

Con cuenta y razón: con exactitud y diligencia.

Con cuentagotas: en cantidades muy escasas.

Con dares y tomares: en discusión.

Con detalle: con todo cuidado, a la perfección.

Con detenimiento: con mucha pausa.

Con Dios: salutación.

Con Dios me acuesto, con Dios me levanto...: oración infantil.

Con don Antón te topes: frase usada como maldición.

Con dos cojones: conseguir, ir a por una cosa por las bravas.

Con dos cojones y un perro: id, abundando más en lo anterior.

Con dos narices: parecido a lo anterior, pero con menos énfasis.

Con efecto desde: con validez de.

Con el achaque de primo...: para motejar a los que se valen de un pretexto para obtener algo fácilmente.

Con el agua al cuello: en situación extrema.

Con el alma en vilo, o en un hilo: estar con desasosiego, preocupado.

Con el alma y la vida: con mucho gusto, de muy buena gana.

Con el amor no se juega: por ser una cosa sumamente seria.

Con el bocado en la boca: acabado de comer.

Con el corazón en la mano: con toda franqueza o sinceridad.

Con el corazón en un puño: se dice de una persona cuando está muy acongojada, con mucha tensión.

Con el credo en la boca: temer o estar en peligro.

Con el culo a las goteras: estar al descubierto de una cosa.

Con el culo a rastras: estar apurado.

Con el culo al aire: dejar en la estacada.

Con el mal tiempo desaparecen los falsos amigos y las moscas: cuando se está en la cumbre, siempre hay amigos que alaban, solicitan, y desparecen en los momentos difíciles.

Con él me entierren: modo de dar a entender que es del mismo gusto, genio, que otra persona a la que se dirige.

Con el ojo tan largo: con cuidado, atención y vigilancia.

Con el pie derecho: con buen pie.

Con el pie izquierdo: con mal pie.

Con el rabo entre las piernas: se dice de las personas cuando han sido vencidas, o humilladas, al marcharse.

Con el rey en el cuerpo: persona que se excede en el uso de su autoridad.

Con el sudor de la frente: con su esfuerzo y trabajo.

Con el sudor de nuestro rostro adquirimos el sustento: condición impuesta al hombre por Dios al ser expulsado del Paraíso.

Con el tiempo: en el transcurso del tiempo.

Con el tiempo maduran las uvas: recomendando paciencia para conseguir lo que se desea.

Con el tiempo todo se acaba: no hay nada que no tenga su final o límite.

Con el tiempo y la paciencia se adquiere la ciencia: la sabuduría depende generalmente de los años.

Con el tiempo y la paja se maduran los nísperos: no hay cosa mejor para lograr una cosa como tener paciencia y dejar pasar el tiempo.

Con el tiempo y una caña...: exhortando la paciencia.

Con esa clase de amigos no hacen falta enemigos: indicando la maldad de los que se llaman amigos.

Con esas campanas te entierren: se dice al que expulsa una ventosidad ruidosa.

Con ése, ni al cielo: estar completamente reñido con él.

Con eso verá bien los trigos: frase que se suele dirigir a los calvos.

Con Esteban tres: forma jocosa de decir que con éste van tres.

Con esto y un bizcocho, hasta mañana a las ocho: forma de despedir una actuación o reunión.

Con estos ojos que se han de comer los gusanos, o la tierra: frase para dar a entender que lo que se ha dicho ha sido visto con los propios ojos.

Con estrellas: poco después de anochecer o antes de amanecer.

Con extremo: muchísimo, excesivamente.

Con franca, o larga, mano: con liberalidad abundante.

Con ganas: comparación máxima.

Con hombre que llora y mujer que no llora, ni una hora: expresando que las personas que tienen esas características no son de fiar, y por tanto buenas personas.

Con honores de: con el tratamiento y actuación al que posee algún título.

Con hoy y con mañana: se dice cuando, al aplazarse una cosa, se corre el riesgo de no realizarla.

Con huevos: con decisión, valentía o coraje.

Con la ayuda del vecino, mató mi padre un cochino: con la ayuda de los demás se consigue siempre lo que individualmente no se puede hacer.

Con la ayuda del vecino tiene la mujer preñada: cuando alguien se atribuye algo que no hizo.

Con la barriga hasta la boca: en avanzado estado de gestación.

Con la boca abierta, o con tanta boca abierta: suspenso o admirado de alguna cosa que se ve u oye.

Con la boca chica, o pequeña: ofrecer únicamente para cumplir.

Con la espada desnuda: resueltamente, por todos los medios.

Con la frente muy alta: con todo orgullo, con la satisfacción del deber cumplido.

Con la fría: con la fresca.

Con la gorra: sin esfuerzo, fácilmente.

Con la hora pegada al culo: escaso de tiempo.

Con la Iglesia hemos topado: expresión que indica el inconveniente de determinadas actuaciones u organismos.

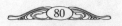

Con la intención basta: indicando que estar dispuesto a hacer una cosa es lo suficiente para conocer la intención.

Con la lanza en ristre: dispuesto en cualquier momento a afrontar cualquier inconveniente.

Con la lengua de un palmo, o afuera: con gran cansancio.

Con la mano: cosa que, pareciendo casual, está hecha con estudio.

Con la mano en el corazón: con todo cariño o afecto.

Con la medida que midiéramos, seremos medidos: recomienda ser justos con los demás.

Con la mosca detrás de la oreja: ser receloso o prevenido.

Con la muerte al ojo: moribundo.

Con la música a otra parte: con que se reprende y aleja al que molesta o viene con impertinencias.

Con la paz de Dios: despedida.

Con la polla, o con la punta de la polla: con gran facilidad y sin esfuerzo.

Con la soga en la garganta: amenazado de un grave riesgo.

Con la vara que midas serás medido: según actúes, así actuarán contigo.

Con la venia: lenguaje jurídico, solicitando algo.

Con la verdad a todas partes se va: aconsejando y alabando la excelencia de decir siempre la verdad.

Con la vida muchas cosas se remedian: mientras se vive se puede hacer mucho.

Con las armas en la mano: estar dispuesto a la lucha.

Con las buenas palabras nadie come: promesas que no se realizan, para nada aprovechan.

Con las cosas de comer, o de mear, no se juega: se dice que de las cosas serias no se deben hacer bromas, ni jugar con ellas.

Con las del Beri: con la peor intención.

Con las glorias se olvidan las memorias: da a entender que el que llega a altos cargos, suele olvidarse de los amigos y de los beneficios recibidos.

Con las manos cruzadas: sin hacer nada.

Con las manos en la cabeza: con descalabro, pérdida o desaire en un empeño, encuentro o pretensión.

Con las manos en la masa: en el acto de estar haciendo una cosa.

Con las manos en el bolsillo: de vacío.

Con las manos vacías: sin lograr lo que se pretende.

Con las orejas caídas o gachas: con tristeza y sin haber conseguido lo que se esperaba.

Con las orejas tan largas: oír con atención.

Con linderos y arrabales: refiriéndose a algo muy extenso.

Con lo mío me ayude Dios: con que se indica que sólo se cuenta con lo que legítimamente corresponde.

Con lo que es nuestro nos haga Dios merced: cada cual debe darse por satisfecho con lo que le pertenece.

Con lo que está cayendo: con las cosas graves que están aconteciendo. Cuando llueve, graniza o nieva en abundancia.

Con lo suficiente serás todo de ti: aconseja que no se debe ser avaricioso.

Con los brazos abiertos: con agradado, con amor.

Con los brazos cruzados: ociosamente, sin hacer nada.

Con los cinco sentidos: con toda la atención y cuidado.

Con los cojones de, o por, corbata: se dice cuando una persona está muy acobardada o atemorizada.

Con los de casa siempre se está cumplido: expresa que a las personas extrañas se les deben atenciones que no es preciso guardar con la familia y los íntimos.

Con los ojos cerrados: sin premeditación, sin pensarlo dos veces.

Con los pies por delante: frase que indica que una persona ha fallecido.

Con lupa: mirar con todo detalle y atención.

Con mal, o con bien, a los tuyos te atén: es preferible llevarse bien con la familia, aunque no sean de tu parecer.

Con mal pie: con infelicidad o desdicha.

Con mala persona, el remedio es poner mucha tierra en medio: recomienda el poco trato con aquellas personas que no nos honran con su compañía.

Con malas artes: utilizando medios poco ortodoxos.

Con malas comidas y pésimas cenas, pierdes las carnes y se notan las venas: queriendo indicar que se debe comer lo conveniente para tener un buen aspecto.

Con mano armada: con ánimo resuelto.

Con mano escasa: con escasez.

Con mano pesada: con dureza y vigor.

Con manteca de encina se ablandan las mujeres más duras: virtud que contiene la vara de encina, o de otra cualquiera, para las mujeres y, cómo no, para los hombres.

Con más agallas que un atún: exaltación de la valentía.

Con más barbas que un zamarro: forma de reprender la acción aniñada, hecha o intentada por un hombre hecho y derecho.

Con más cojones que nadie: con todo el valor y coraje del mundo.

Con más corcova que un cinco: se dice de las personas o cosas gibosas.

Con más gravedad que don Rodrigo en la horca: dícese de la persona que está seria y circunspecta.

Con más huevos que nadie: con más valor, coraje o decisión que cualquiera.

Con más sueño que un lirón: dormir mucho y profundamente.

Con mi real y mi pala: con mi caudal y persona.

Con mil amores, de mil amores: de buena gana o voluntad.

¡Con mil diablos!: impaciencia o enojo.

¡Con mil santos!: expresión de enojo.

Con miras a: con propósito de.

Con mucho gusto: fórmula de cortesía en que indica que se acepta lo solicitado.

Con mujer que tiene dueño, ni por sueño: aconsejando no tener relaciones amorosas con mujeres casadas, por lo peligrosas que son dichas relaciones.

Con oraciones, ganarás el cielo; con el trabajo, tu sustento: forma de expresar que hay que trabajar en su momento y orar después del trabajo, no dejando lo uno por lo otro.

Con otros ojos: con diferente afición.

Con paciencia se gana el cielo: exhorta a no atropellar las pretensiones con demasiada viveza y deseo.

Con paciencia todo se alcanza: máxima que invita a la paciencia.

Con paciencia y saliva, doñeó el elefante a la hormiga: elogiando la paciencia, frase que no necesita explicación.

Con pan, o sin pan, el que no muera vivirá para San Juan: perogrullada.

Con pan y vino se anda el camino: es necesario alimentar a los que trabajan, si se quiere que cumplan con su obligación.

Con paz sea dicho: con beneplácito y permiso, sin ofensas.

Con pelos y señales: se dice cuando se cuenta una cosa con toda clase de detalles.

Con penitencia ajena no se puede ganar el cielo: ya que los sacrificios que se tienen en cuenta son los que hace el propio interesado.

Con perdón: con licencia o permiso.

Con perdón de la mesa: frase que se emplea cuando se está comiendo y se ha dicho alguna palabra puerca.

Con pie derecho: con buen agüero o fortuna.

Con pie, o con pies, de plomo: con precaución.

Con premeditación y alevosía: forma de actuar, con todo conocimiento, estudio y responsabilidad.

Con puntos y comas: sin ocultar ningún detalle.

¿Con qué se come eso?: forma de expresar sorpresa por lo que se ha manifestado.

Con quien vengo, vengo: modo de aseverar que una persona está a favor de otra.

Con razón, o sin ella, leña: máxima de los partidarios de la fuerza bruta.

Con respecto a: relativo a.

Con segundas, o con segundas intenciones: con dobleces; se dice cuando no se actúa de forma directa.

Con sólo los rocíos no crecen los ríos: expresa la duda con que se forman los grandes capitales, diciendo que se han hecho a base de trabajo y sacrificio.

Con sordina: con disimulo, en silencio.

Con su cuenta y razón: procediendo egoístamente pero con disimulo.

Con su grano de sal: se advierte la prudencia, madurez y reflexión con que deben tratarse y gobernarse los puntos arduos y delicados.

Con su pan se lo coma. Algunos añaden: **si caga blando:** ser indiferente una conducta o resolución.

Con su permiso: frase de cortesía, solicitando el permiso para poder hacer alguna cosa.

Con sus manos limpias: lograr algo sin esfuerzo alguno.

Con sus once de oveja: úsase para dar a entender que uno se entremete en lo que no le importa.

Con tal que: en el caso que.

Con tanto que: con tal que.

Con tiempo: anticipadamente, con desahogo. Cuando es aún ocasión oportuna.

Con tiempo y paciencia, las hojas del moral se vuelven seda: quiere decir que con tiempo y los medios suficientes se consigue lo que se desea.

Con tiento: con mucho cuidado.

Con tiento, que son para colgar: con que se recomienda el esmero en la ejecución de una cosa.

Con toda la barba: se pondera la plenitud de cualidades a que se hace referencia.

Con toda la boca, o la cara: con el mayor descaro.

Con todas las de la ley: sin omisión de ninguno de los requisitos indispensables para su perfección.

Con todo, con todo eso o con todo esto: no obstante, sin embargo.

Con todo el alma: con todas las fuerzas.

Con todo y con eso: no obstante, a pesar de.

Con todos los ochos y los nueves: con todos los requisitos.

Con todos los sacramentos: dícese de la cosa que se ha ejecutado cumpliendo todos los requisitos.

Con todos sus alfileres: dícese de la persona vestida con todo adorno y compostura, sin faltar ningún detalle.

Con todos sus cinco sentidos: con toda atención y cuidado.

Con tomate no hay mala cocinera: dícenlo los entusiastas de este fruto.

Con trabajo: con esfuerzo.

Con trabajo se borra lo que con dificultad se imprime: lo que se aprende a fuerza de mucho estudio y esfuerzo no es fácil que se olvide.

Con tres luegos: ejecutar una cosa con toda prisa, con mucha celeridad.

Con tres pes te abrirás camino: pan, paciencia y padrino: forma de expresar un desenvolvimiento normal en la vida; pan para poder mantenerse; paciencia, para saber esperar y aguantar los inconvenientes, y padrino, elemento indispensable para prosperar.

Con tu hija puedes tener cien peloteras, pero una sola con tu nuera: expresando que los defectos y pecados de los padres e hijos se perdonan con gran facilidad, no así con la familia de "los pegados", ya que los vemos con otros ojos muy diferentes.

Con tu pan te lo comas: bajo tu total responsabilidad.

Con un buen traje se encubre un mal linaje: la sociedad únicamente se fija en las apariencias.

Con un cuerpo no se puede estar en todas partes: pretexto para disculpar la no asistencia a un sitio donde no se quiere ir.

Con un gusanillo se pesca un barbillo: con regalos y dádivas se obtiene lo que se desea.

Con un palmo de lengua, o con la lengua fuera: dícese del que viene corriendo y sofocado.

Con un palmo de narices: quedarse engañado, burlado.

Con un par de cojones, huevos, narices, pelotas: con decisión, valentía, coraje.

Con un pie en el estribo: a punto de llevar a cabo alguna acción, especialmente a punto de marcharse.

Con un pie en el hoyo, o en la sepultura: en peligro de morir.

Con un pie, o una pata, sólo no se anda: invitando a coger o repetir de lo que se ha dado, refiriéndose principalmente a dulces, manjares, etc.

Con un trapo atrás y otro adelante, o delante: con suma pobreza.

Con una boina no se pueden tapar dos cabezas: generalmente no hay soluciones para todas las cosas, ya que cada una requiere su tratamiento.

Con una mano atrás y otra delante, o con una mano delante y otra atrás: con suma pobreza.

Con una misa y un marrano hay para todo un año: satiriza a los que son poco aficionados a asistir al Santo Sacrificio.

Con una rueda no anda un carro: los servicios hechos a medias no prestan utilidad alguna.

Con uñas y dientes: con gran esfuerzo.

Con ventura y sin saber rico llegarás a ser; con saber y sin ventura, pobre hasta la sepultura: un

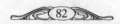

dicho más, que da un valor grande a la suerte o furtuna, y siempre por encima del trabajo, esfuerzo, conocimientos, etc.

Con Venus y Cupido se aviene mal Marte: indicando que el guerrero no debe perder sus energías en brazos del amor.

Con viento fresco: con mal modo, enfado o desprecio.

Con viento se limpia el trigo, y los vicios con castigo: enseña lo conveniente que es la corrección para la enmienda de los vicios.

Con vistas: con miras a hacer algo, dícese del terreno o casa que se intenta vender, indicando que tiene vistas a...

Con viuda o soltera, lo que quieras; con casada, poco o nada: aconsejando no tener relaciones amorosas con las mujeres casadas, por lo peligrosas que son dichas relaciones.

Con zapato justo, nadie anda a gusto: cuando se vive con estrecheces por tener el medio de vida aquilatado, no se pueden hacer grandes dispendios ni llevar una vida holgada.

Con zurrapas: con poca limpieza, física y moral.

Conceder el beneficio de la duda: esperar los acontecimientos para ver si lo que se ha dicho es cierto, pero sin tener ninguna esperanza de que sea cierto.

Conciliar el sueño: dormirse.

Concurso de acreedores: reparto de los bienes de una persona en quiebra o morosa a los acreedores, con la asistencia de la justicia.

Condenar a costas: hacer pagar todos los gastos.

Condición sine qua non: con la cual no se podrá hacer una cosa que sea reconocida.

Conducir, o llevar, al altar a una mujer: casarse con ella.

Condiciones rompen leyes: frase con la que se pretende dar a entender que lo pactado tiene más fuerza que las leyes.

Conejillo de Indias: se dice de la persona con la que se experimienta algo, o se la toma como experimento.

Conejo: órgano genital de la mujer.

Confesar de plano: declarar una cosa sin ocultar nada.

Confesar en el tormento: decir el reo la verdad por fuerza o por miedo al tormento.

Confesar sin tormento: manifestar libremente lo que sabe.

Confesor de manga ancha: el que tiene facilidad en dar la absolución a los penitentes.

Confieso mi pecado: manera de declararse reo de alguna falta.

Conforme a derecho: con rectitud y justicia, según ley.

Conforme caigan las pesas: según las circunstancias.

Conforme da Dios la llaga, da el remedio: siempre a los males da Dios los remedios, o fuerzas de conformidad.

Conforme diere el dado: según vienen las cosas.

Conforme el mal, se pone la medicina: según la magnitud del hecho, así se ha de aplicar el castigo.

Conforme ven el traje tratan al paje: el hábito hace al monje.

Confundir el culo con las témporas: confundir cosas totalmente diferentes, así como iguales.

Confundir la gimnasia con la magnesia: confundir cosas muy dispares.

Confundir la velocidad con el tocino: confundir dos cosas totalmente dispares; se dice del que no sabe discernir convenientemente las cosas.

Confundir las churras con las merinas: no diferenciar con exactitud dos cosas muy similares o parecidas.

Conoce el tiempo: recomendando tener conciencia de que el tiempo vale y no puede perderse alegremente.

Conocer a simple vista: reconocer a una persona inmediatamente.

Conocer a uno desde la cuna: conocerle desde niño.

Conocer como a la palma de la mano: conocer algo a la perfección, con todo detalle.

Conocer como a sus manos: conocer a alguien o a algo bien.

Conocer como el abecé: conocer a una persona o cosa perfectamente, sabérsela de memoria.

Conocer de dónde viene el tiro: figurarse de dónde proviene una cosa que nos afecta.

Conocer de un pleito: ser juez de él.

Conocer la aguja de marear: tener gran habilidad y destreza en los negocios, o en otra clase de asuntos de importancia.

Conocer de vista: conocer a una persona sin haberla tratado.

Conocer el juego: penetrar la intención de alguno.

Conocer el paño, o el percal: estar bien enterado del asunto.

Conocer el paño: dícese cuando se conoce perfectamente un asunto, o a una persona.

Conocer el pesebre: frase figurada y familiar con que se nota al que asiste con frecuencia donde le dan de comer.

Conocer de vista: conocer a una persona por haberla visto en algunas ocasiones, pero sin haber hablado con ella.

Conocer las letras, pero no las junta: motejando a la persona que es analfabeta, dándoselas ella de tener buenos conocimientos.

Conocer las uvas de su majuelo: tener conocimiento de lo que se está manejando o diciendo.

Conocer, o entender, a uno la aguja de marear: tener condiciones para desenvolverse bien en una cuestión.

Conocer por la pinta: conocer algo por sus características.

Conocer su pecado: confesarlo.

Conocerle como la madre que lo parió: conocer a una persona perfectamente.

Conocerle hasta los perros: ser conocido por todo el mundo.

Conocérsele a uno alguna cosa en el blanco de los ojos: el que presume de conocer la intención de otro sin tener datos en que fundarse.

Conócete a ti mismo: consejo para meditar sobre su propia actuación y forma de reaccionar.

Conque de Logroño... ¡coño, coño, coño!: expresión ante un hecho peculiar.

¡Conque en esas andamos, o conque esas tenemos!: expresión que causa asombro o sorpresa.

Conquistar el cielo: ganarlo.

Consagrar el tiempo o la vida a alguna profesión o ciencia: dedicarse enteramente a ella.

Consejo del viejo frailuco: "hay que ser cuco": forma de aconsejar astucia.

Consejo es de sabios, perdonar injurias y olvidar agravios: forma de no ser rencoroso y llevarse bien con las personas que conviven con nosotros.

Consejos vendo, y para mí no tengo: frase parecida a la que aconseja a hacer lo que se oye y no lo que se ve.

Conservar el pelo de la dehesa: dícese de los que corservan las costumbres pueblerinas, aunque lleven tiempo en la ciudad.

Conservar la memoria de una cosa: acordarse de ella.

Consignar las órdenes: dar el centinela la orden de lo que se ha de hacer.

Constiparse el vientre: estreñirse.

Constituir apoderado: dar poderes.

Constituir la dote: hacer otorgamiento formal de ella.

Constiuirse en obligación de alguna cosa: obligarse a ella.

Consultar con la almohada: tomarse tiempo para meditar una cosa.

Consultar con su bolsillo: examinar el caudal o dinero.

Consumación de los siglos: el fin del mundo.

Consumar el matrimonio: tener legítimamente los casados el primar contacto carnal.

Consumatum est: todo se acabó.

Consumir la vida: molestar, disgustar a una persona. Gran agobio en los trabajos y necesidades.

Contante y sonante: dinero en efectivo.

Contar batallitas: contar exageradamente sucesos en los que se ve el narrador como protagonista principal.

Contar bolas: mentir.

Contar con alguna cosa o persona para algún fin: tener por cierto que se servirá de ellos.

Contar con alguno: hacer memoria de él.

Contar con los dedos: haber muy poco número.

Contar con los muertos: no hacer caso, o desprecio total de algo.

Contar con pelos y señales: hacerlo con toda clase de detalles y pormenores.

Contar el huevo y quien lo puso: extenderse demasiado en la explicación de una cosa.

Contar hasta los garbanzos: se dice de la persona tacaña.

Contar la llaga y la plaga: decir todo, sin excluir nada.

Contar la vida, o su vida: comentar con pesadez las desgracias o los éxitos de la vida de una persona.

Contar las vigas: estar mirando al techo embelesado.

Contar los pasos: observar lo que alguno hace.

Contar los pelos al diablo: ser muy perspicaz.

Contar por hecha alguna cosa: como si alguna cosa estuviese hecha.

Contar por los dedos como las viejas: numerar por ellos por falta de conocimientos, por no conocer las "cuentas", según se decía antiguamente.

Contar safaris: contar historias falsas o exageradas.

Contar siempre la misma canción: decir siempre lo mismo, acabando por aburrir a los demás.

Contar vida y milagros: de forma detallada, la vida y forma de ser de una persona.

Contar y no acabar: cuando se dan a conocer las maravillas o degracias acontecidas, existir conversación para mucho tiempo.

Contarle los bocados: darle poco de comer.

Contarle los botones: ser muy diestro para vencer al adversario.

Contarlo con los muertos: perder la esperanza de volver a ver a una persona.

Contarlo todo de pe a pa: enteramente desde el principio al fin.

Contarse con los dedos de la mano: ser escaso, o haber poca abundancia de algo.

Contarse con los muertos: dar por seguro y anticipado que una persona va a perder la vida.

Contárselo a su abuela, a su tía, a un guardia: negar una cosa que se dice como cierta. Cosa que no es creída.

Contarse algo a uno: atribuírselo a él.

Contender en juicio: pleitear.

Contestar a la demanda: trabar el juicio impugnado las peticiones del actor.

Contestar sí o no, como Cristo nos enseña: frase del antiguo catecismo del padre Astete, que expresaba que siempre debe contestarse con la verdad y con dichas palabras a la pregunta efectuada.

Contigo me entierren, que sabes de cuentas: frase con que se halaga a una persona, dándole a entender que es muy lista

Contigo ni a misa: rechazo total de la compañía de una persona.

Contigo, pan y cebolla: con que ponderan su falta de interés los enamorados, haciendo todo por verdadero amor; algunas veces esto es nefasto para el matrimonio, si realmente no existen medios para poder vivir.

Contra corriente: en contra de lo que es normal.

Contra el vicio de pedir, la virtud de no dar: remedio contra los pedigüeños habituales.

Contra gusto no hay disputa: indicando que se debe respetar los gustos y los pensamientos de los demás.

Contra las cuerdas: en situación comprometida, sin escapatoria.

Contra más se agacha uno, más se le ven los cojones, o el culo: indica que la actitud de humillación engendra más humillación.

Contra natura: en contra de la naturaleza, o natural.

Contra pelo: fuera de tiempo, o de propósito.

Contra pereza, un buen garrote: modo de arreglar de una vez a los holgazanes.

Contra reloj: muy deprisa, para ejecutar algo en tiempo concreto y determinado.

Contra siete vicios, catorce virtudes: indicando lo costoso que es abandonar un vicio y vencerlo.

Contra viento y marea: contra todas razones, sin atenderlas. Arrostrando inconvenientes y dificultades.

Contraer deudas: enpeñarse.

Contraer enfermedad: caer enfermo.

Contraer matrimonio: casarse.

Contrato basura: el que tiene condiciones pésimas para una de las partes, principalmente en contrato de trabajo.

Contratos blindados: contratos efectuados a los altos cargos, multimillonarios, con grandes prebendas, e inclusive indemnizaciones también millonarias, después de dejar el cargo; quitando honrosas excepciones,

estos contratos se realizan para pagar favores o servicios concretos.

Contri: mujer con la que se vive sentimentalmente.

Convenir a jucio: acudir al Tribunal.

Convenir en juicio: poner demanda judicial.

Convertir en cenizas: dejar arrasado.

Convertir en una carnicería: dícese de la persona a la que se le hacen muchas heridas.

Convertir todo en sustancia: interpretar a su favor. Ser excesivamente crédulo. Echarlo todo a broma.

Convertirse una cosa en agua de borrajas: deshacerse alguna cosa, ser una cosa de poca importancia o interés.

Convertirse una cosa en agua de cerrajas: hacerse agua de borrajas.

Convidado de piedra: se dice de la persona que está en una reunión circunspecto, como si no estuviera.

Convidar a uno: invitarle.

Conviene tener prudencia de serpiente con simplicidad de paloma: sencillez en el trato, para estar siempre sobre aviso.

Convite con porra: se dice que el que acepta un obsequio se encuentra obligado a algo.

Conyugales desazones se arreglan en los colchones: al estar en la cama, y al contacto íntimo, desaparecen las desavenencias que tenían los cónyuges.

Coña: burla, cosa fastidiosa o molesta.

Coña marinera: ser una cosa de mucha risa, tomárselo a broma.

Coñazo: aumentativo de coño, también se dice de la persona fastidiosa, cargante o aburrida.

Coño: órgano genital femenino. Intejección de ira, enfado, fastidio, sorpresa, etc.

(El) Coño de tu hermana: expresión grosera de rechazo, fastidio, etc.

Copas son triunfos: dícese de los aficionados a la bebida.

Copiar del natural: pintar o copiar de un modelo vivo.

Coplas de calaínos: especies remotas e inoportunas.

Coplas de ciegos: malas coplas.

Coqueta: mujer que intenta agradar a los hombres por vanidad.

Corajay: moro.

(El) Corazón en un puño: estado de angustia, aflicción, depresión.

(El) Corazón manda en la mujer: indicando que la sensibilidad en la mujer es lo que mejor tiene el sexo femenino.

(El) Corazón no es traidor: denota el presentimiento que se suele tener en sucesos futuros.

¡Córcholis!: expresión de asombro, caramba.

Cordero manso mama de su madre y de la ajena: indicando que el que es humilde saca siempre más que el huraño.

Cornudo: hombre complaciente en los engaños de su mujer.

Cornudo y apaleado: expresión para indicar que una persona ha sufrido una ofensa o un daño, y sufre aún otro mayor.

Coronar la fiesta: completarla con un hecho notable.

Corpore insepulto: dícese de los difuntos, expresando que están de cuerpo presente.

Corpus delicti: en lenguaje forense, objeto que ha servido para determinar el cuerpo del delito.

Corra el agua por donde quisiere: dejar correr los acontecimientos, esperando los resultados que procediesen.

Corra el agua por donde solía: volver a las antiguas costumbres, usos o estados.

Corral de la Pacheca: se dice del lugar donde reina el barullo y la confusión.

Corran las cosas como corrieren: que acontezcan como son.

Corre la vaquilla mientras dura la soguilla: aconsejando aprovecharse de las buenas circunstancias.

Corre que vuela: manera de ponderar la suma ligereza y velocidad de una persona.

Corregir el rumbo: variarlo. Cambiar de aptitud.

Corregir, o enmendar, la plana: exceder una persona a otra, haciendo una cosa mejor que ella.

Correo cojo: dícese de la persona que da noticias atrasadas.

Correo de buenas o malas nuevas: el que lo anticipa.

Correr a gorrazos: perseguir de alguna manera a alguien, indicándole su error.

Correr a rienda suelta: a toda prisa. Entregarse sin reserva a una pasión, o al ejercicio de una cosa.

Correr a su cargo: estar una persona bajo la responsabilidad de otra; abonar por su cuenta los gastos ocasionados.

Correr al cuidado de una cosa: obligado a responder de ella.

Correr al mismo compás: guardar la debida relación.

Correr bien el oficio: obtener del cargo, oficio o profesión que se ejerce el mejor partido posible.

Correr bien, o mal, la suerte: ser dichoso o desgraciado.

Correr burro: desaparecer una cosa, perderse.

Correr como alma que lleva el diablo: correr mucho.

Correr como el viento: ser muy ligero de pies.

Correr como gato por ascuas, o brasas: se dice cuando se huye con celeridad de un peligro.

Correr como un demonio: huir deprisa.

Correr como un galgo: correr muy deprisa.

Correr como un gamo: correr con ademanes elegantes.

Correr como una liebre: correr muy fuerte.

Correr con: hacerse cargo de los gastos.

Correr con desgracia: no tener fortuna en lo que intenta.

Correr de boca en boca: ser objeto de las conversaciones.

Correr de la Ceca a la Meca: correrlo todo.

Correr el dado: tener la suerte a su favor.

Correr el campo: andar por la tierra.

Correr el peso: inclinar la balanza a su favor.

Correr el riesgo: estar expuesto a algo.

Correr el término: ir transcurriendo el señalado.

Correr el tiempo: irse pasando.

Correr el velo: descubrir alguna cosa oculta u oscura.

Correr el verso: tener fluidez, sonar bien al oído.

Correr fama: divulgarse y esparcirse una noticia.

Correr fortuna: buscarla.

Correr gallos a caballo: juego que consistía en colgar un pollo por las patas y cortarle la cabeza o arrancánserla, corriendo a caballo; hoy día estas costumbres están totalmente prohibidas; menos mal que es así.

Correr ganado, o el ganado: perseguirlo o recogerlo.

Correr la bola: divulgar noticias que no son exactas.

Correr la compensación: haber igualdad y proporción correspondiente entre dos cosas que se comparan.

Correr la cortina: abrirla o cerrarla. Descubrir lo oculto. No hablar algo intencionadamente.

Correr la espuela: mortificar, reprender duramente.

Correr la línea: recorrer los puestos que forman los de un ejército.

Correr la mano: escribir ligero.

Correr la misma cuenta: estar una cosa dedicada a lo mismo que otra, o hallarse en las mismas circunstancias.

Correr la moneda: pasar sin dificultad en el comercio. Haber abundancia de ella.

Correr la palabra: avisarse los centinelas para que estén alerta.

Correr la pólvora: disparo de armas de fuego corriendo a caballo, usado como diversión. Fuegos artificiales.

Correr la posta: correr con celeridad en caballo o carruaje.

Correr la sangre: en una lucha, haber derramamiento de sangre.

Correr la voz: divulgar una cosa que se ignoraba. De palabra o verbalmente.

Correr las cuatro estaciones, o las estaciones: ir bebiendo de bar en bar.

Correr las lágrimas: caer por las mejillas de la persona que llora.

Correr las lágrimas hilo a hilo: llorar abundantemente pero en silencio.

Correr las proclamas: correr las amonestaciones.

Correr liebre, o como una liebre: ser cobarde.

Correr los canales: correr con fuerza el agua en ellos.

Correr los despachos: darles curso sin retardarlos.

Correr mal viento: tener mal humor.

Correr malos vientos: ser las circunstancias adversas para algún asunto.

Correr más que Cardona: correr mucho.

Correr más que un galgo: correr muy deprisa.

Correr más que una mala noticia: ir muy rápido.

Correr mucha tinta: haber sido publicado mucho un acontecimiento poco usual.

Correr mundo: viajar por todas las partes del mundo.

Correr, o echar, el velo sobre una cosa: callarla, darla al olvido porque no conviene hacer mención de ella.

Correr obligación: estar obligado.

Correr parejas, o a las parejas: ir iguales o sobrevenir juntas algunas cosas.

Correr peligro: estar expuesto a él.

Correr poco la caña: sacar poco provecho o utilidad de alguna cosa.

Correr por alguna cosa: intentar escapar de ella.

Correr por cuenta de uno alguna cosa: hacerse cargo de ella.

Correr por la misma cuenta: estar una cosa dedicada a lo mismo que otra, o hallarse en iguales circunstancias.

Correr prisa: cuestión de poco.

Correr que se las pela, o que se mata: muy deprisa.

Correr riesgo: estar una cosa expuesta a perderse o no verificarse.

Correr ríos de tinta: escribir abundantemente sobre algo.

Correr sangre: en una riña haber heridas.

Correr sin freno: entregarse desordenadamente a los vicios.

Correr tinta, o ríos de tinta: estar tratado abundantemente en los medios de publicación escritos.

Correr un albur: arriesgarse, exponerse.

Correr un gallo: andar de diversiones nocturnas.

Correr un riesgo: exponerse a un peligro.

Correr un tupido velo: dejar lo tratado, no hablar más de ello, no buscar consecuencias de algo.

Correr uno con alguna cosa: encargarse de ella.

Correr viento: soplar con fuerza el aire.

Correrla: irse de juerga.

Correrse: tener un orgasmo.

Correrse de gusto: cosa sumamente agradable. Orgasmo.

Correrse el muerto: aburrirse mucho.

Correrse, o tragarse, la partida: darse cuenta de la intención disimulada y capciosa de otro, aparentando no haberla comprendido.

Correrse una juerga: divertirse extraordinariamente.

Correveidile: dícese de la persona chismosa.

Corrido como una mona: haber sido burlado y avergonzado.

Corriente y moliente: nada excepcional.

Corromper las oraciones: intervenir en un asunto para frustrarlo.

Corromper los perfiles: no ajustarse el aprendiz al dibujo del maestro.

¡Corta!: con que una persona se desentiende de otra o la rechaza de plano.

¡Corta Blas, que no me vas! ¡Corta Elías, que me lías! ¡Corta Drácula, que llevo escapulario! ¡Corta y rema, que vienen los vikingos! ¡Corta y vete que tienes cara de filete!: expresiones de burla o incredulidad.

¡Corta el rollo, repollo!: desentenderse de una persona.

Cortar de raíz: atajar las cosas desde el principio.

Cortado por el mismo patrón: con igual semejanza.

Cortando cojones se aprende a capar: indica que con la práctica se toma adiestramiento y desenvolura.

Cortapicos y callares: forma de indicar que se han preguntado cosas que no importan o no es conveniente que se sepan.

Cortar cabezas: expulsar de un puesto a alguien.

Cortar de raíz, o la raíz: atajar y prevenir desde el principio.

Cortar de tijera: ser ladrón de carteras.

Cortar el bacalao: mandar mucho, ser el gallito del lugar.

Cortar el cuello: matar, acabar con una situación comprometida.

Cortar el grifo: no dar más cantidad de algo.

Cortar el hilo: interrumpir el curso de una conversación u otras cosas.

Cortar el hilo de la vida: matar.

Cortar el hilo del discurso: interrumpirlo.

Cortar el resuello: amedrantar, amenazar con serio peligro.

Cortar el revesino: impedir a uno el designio que llevaba, desbaratar los planes o intentos.

Cortar el rollo: interrumpir a una persona cuando está hablando.

Cortar faldas, o las faldas: castigo que se imponía a las mujeres perdidas, cercenando los vestidos.

Cortar la bilis: atenuarla tomando algo.

Cortar la cólera: tomar algo para atenuarla, comer algo entre horas.

Cortar la cólera a alguno: amansarle.

Cortar la hebra: matar.

Cortar la hebra de la vida: quitarla, privar de la vida.

Cortar la vida: gravedad de un sentimiento, o suceso, o la determinación de ejecutar aun con riesgo de la vida.

Cortar las alas o los vuelos: detener a alguno de su acción, privarle de la libertad que tiene para hacer una cosa. No dejar hacer su capricho.

Cortar las piernas: imposibilitar para una cosa.

Cortar los pasos: impedirle la ejecución de lo que intenta.

Cortar los vuelos: poner limitaciones, inconvenientes.

Cortar por el pie: cortar los árboles a ras de tierra.

Cortar por lo sano: emplear el procedimiento mejor para remediar males o conflictos, zanjar dificultades.

Cortar un cabello, o pelo, en el aire: ser perspicaz.

Cortar un sayo, o un traje: murmurar de una persona en su ausencia.

Cortar un vestido o traje: satirizar, murmurar, criticar o hablar mal de alguien.

Cortarlas en el aire: ser valiente, ingenioso, listo. Contestar oportunamente.

Cortarle el ombligo: tener captada su voluntad.

Cortarle la perilla del ombligo: tenerle dominado por completo.

Cortarle un vestido. Algunos añaden: **sin tomarle la medida:** murmurar o hablar mal de una persona.

Cortarse la coleta: dejar definitivamente un cargo, etcétera, siendo esta decisión voluntaria. Dejar un torero el ruedo.

Cortarse las piernas: imposibilitarse.

Cortarse las uñas con alguien: estar dispuesto a reñir con él.

Cortarse un "pelín": apesadumbrarse.

Corte de cuentas: terminación de las que hay pendientes.

Corte de los milagros: lugar peligroso de gentes de mal vivir.

Corte de mangas: gesto efectuado con una mano y el antebrazo contrario, indicando a una persona despedida. Dar una higa.

Corte o cortijo: significa que es conveniente vivir en una población grande, o en casa aislada en el campo.

Cortedad de medios: escasez de medios.

Cortesana: prostituta, ramera.

Corto de alcances: de escaso talento.

Corto de manos: el que no es expedito en un trabajo.

Corto de medios: falto de ellos, escaso de caudal.

Corto de vista: miope. Ser poco perspicaz.

Corto sastre: persona que tiene poca inteligencia en la materia que se trata.

Corza: mujer que sustenta a un hombre.

Cosa: órgano genital del hombre o de la mujer.

Cosa buena: de lo mejor en lo que se trata.

Cosa cumplida, sólo en la otra vida: la vida terrenal no suele dar grandes satisfacciones.

Cosa de: aproximadamente.

Cosa de mieles: cosa excelente, exquisita.

Cosa de poco: cuestión de poco.

Cosa del otro jueves: extraña y pocas veces vista.

Cosa dura: intolerable.

(Una) Cosa es decirlo y otra hacerlo: forma de indicar que lo que se ha manifestado hay que ejecutarlo y demostrarlo.

(Una) Cosa es la amistad y otra el negocio: axioma comercial que indica que no debe sacrificarse el negocio por la amistad.

(Una) Cosa es predicar y otra dar trigo: una cosa es decir y otra muy diferente es el hacer.

Cosa fina: ponderando alguna cosa.

Cosa hecha deprisa, cosa de risa: por lo mal ejecutada que está.

Cosa mala: en gran cantidad.

(La) Cosa marcha: para indicar que un asunto va bien.

(La) Cosa no tiene malicia: se dice irónicamente para expresar precisamente todo lo contrario.

Cosa nunca vista: extraña.

Cosa perdida: persona incorregible.

Cosa que lo valga: se incluye en una negación, también en lo equivalente.

(Las) Cosas al derecho las hace cualquiera: la gracia está en hacerlas al revés (frase con que se disculpan los errores cometidos).

(Las) Cosas claras y el chocolate espeso: expresa esta frase que todo hay que decirlo con claridad, no dejando nada por aclarar.

(Las) Cosas como son: cuando se reconoce una verdad o se da la razón a otra persona.

(Las) Cosas de admiración no las cuentes: recomendando silencio para las cosas que por inverosímiles son poco creíbles.

(Las) Cosas de palacio van despacio: se alude a la lentitud con que se llevan algunos asuntos, principalmente en las administraciones públicas.

Cosas de viento: las inútiles, vanas.

Cosas del mundo: las alternativas y vicisitudes que ofrece la vida.

(Las) Cosas en caliente: indicando que las cosas hay que hacerlas en el momento y no dejarlo para más tarde.

Cosas que van y vienen: para consolar a otro, inestabilidad.

(Las) Cosas santas han de ser tratadas santamente: aforismo teológico, para recordarnos a todos, y principalmente a los que sirven a la Iglesia de Dios, el respeto que siempre hay que tener por las cosas sagradas.

Coser a diente de perro: coser de los encuadernadores.

Coser a dos cabos: estar atento a lo que se hace.

Coser a puñaladas: asestarle muchas.

Coser con aguja de plata, o de oro: encargar la obra de costura a manos mercenarias.

Coser y cantar: que lo que va a hacerse no ofrece dificultad alguna.

Coserse a la pared: estar o andar junto a ella.

Coserse con: unirse estrechamente.

Coserse la boca: no hablar por ninguna razón o motivo.

Costal de los pecados: el cuerpo humano.

Costar a pelos de demonio: carísimo.

Costar caro, o cara, una cosa: resultarle de su ejecución mucho perjuicio o daño.

Costar Dios y ayuda una cosa: costar un gran esfuerzo.

Costar gotas de sangre: frase con que se pondera los trabajos y sufrimientos que se padecen para conseguir una cosa.

Costar la torta un pan: costar mucho más de lo que vale. Exponerse gravemente por conseguir una cosa a un daño o riesgo no previsto.

Costar la vida: sufrir una gran pena o desgracia.

Costar más el remedio que la enfermedad: ser más perjudicial los medios empleados que el propio mal.

Costar más que un hijo tonto: indicación de que el coste de una cosa es elevado.

Costar más que una querida: coste muy elevado, que da pocas satisfacciones y sí muchos peligros.

Costar un carajo, un cojón: cosas de gran valor o precio.

Costar un huevo, o un huevo y la yema del otro: ser una cosa muy cara.

Costar un ojo de la cara: precio excesivo o mucho gasto.

Costar un pico: tener una cosa mucho precio.

Costar un riñón, un huevo, un huevo y la yema del otro, una cosa: ser una cosa con coste superior a lo que se va a obtener de ella.

Costar un sentido: costar una cosa excesivamente cara.

Costar un triunfo: significa hacer o conseguir algo a fuerza de trabajo, dificultades, sacrificios, etc.

Costarle trabajo: resultar molesto y trabajoso hacer algo.

(La) Costilla: mujer propia.

Costilla de Adán: esposa.

(La) Costumbre hace ley: expresa que las costumbres del pueblo se convierten con posterioridad en leyes.

Cotilla: persona que se mete donde no le llaman.

Cotorra: se dice de la persona que habla constantemente y que no calla por nada.

Cotorrear: hablar prolijamente y en voz alta.

Cotufa: empleada de hogar.

Crápula: persona de vida desordenada y desenfrenada.

Créalo Judas: se dice cuando una cosa que se dice no es factible.

Creamos en Dios y no en vanas consejas, que son agüeros de putas viejas: refrán que aconseja creer en la verdad y no en los decires de personas de poca confianza.

Crear atmósfera: preparar el terreno, o los ánimos, con anticipación para que sea bien recibido.

Crecer a palmos: crecer mucho en poco tiempo.

Crecer como la espuma: hacer fortuna rápidamente. Medrar rápidamente.

Crecer como la mala hierba: cuando crecen los muchachos, pero sin actuar de acuerdo con su edad.

Crecer como la marea: aumentar poco a poco.

Crecer más que la leche al fuego: dícese del trabajo que aumenta considerablemente.

Crecerse en el castigo: se dice del que no se hunde moralmente ante los problemas, sino que los emplea como acicate para seguir adelante.

Crecerse uno: envalentonarse, tomar fortaleza de ánimo.

Crecido de enojo: lleno de él.

Crecimiento cero: dícese cuando la economía no ha aumentado, o los elementos que la componen.

Crédito abierto: el que se concede.

Crédito blando: el que tiene poco tanto por ciento de interés.

Crédito público: el que tiene el Estado.

(El) Credo es muy bueno, y sin embargo no sirve para consagrar: dícese de todo aquello que, siendo de mucho valor o mérito, sin embargo no tiene aplicación para lo que se necesita.

Creer a macha martillo: creer firmemente.

Creer a ojos cerrados: creer sin dudar.

Creer a pies juntillas: creer por encima de todo.

Creer a puño cerrado: creer sin poner en entredicho.

Creer de ligero: dar crédito a una cosa sin fundamento.

Creer en brujas: ser crédulo y con pocos alcances:

Creer en Dios a macha martillo, o a puño cerrado: tener fe ciega en Dios, preciándose de buenos cristianos.

Creer no cuesta dinero: úsase cuando fingimos dar crédito a lo que se nos dice, aunque sepamos que es mentira.

Creer que los bueyes vuelan: ser un simplón.

Creer que todo el campo es orégano: estimar sencillo y fácil la realización de una cosa. Creer que todo en la vida es fácil y que no hay dificultades en ella.

Creer una cosa como artículo de fe: creerla a cierra ojos y sin discusión de ningún género.

Creerse de uno: darle crédito.

Creerse del aire: creer de ligero, dar crédito con facilidad.

Creerse el ombligo del mundo: estimar que todo debe girar alrededor suyo.

Creerse un cirio pascual cuando no se llega a cerillo: aplícase al que presume de saber o valer mucho, cuando en realidad es un ignorante.

Crema de la intelectualidad: dicho castizo que expresa lo mejor en ese momento de los intelectuales.

Crema y nata de...: lo mejor de ella.

Cría cuervos y te sacarán los ojos: expresando que no se debe hacer favores a personas desagradecidas, ya que lo pagarán con disgustos y molestias.

Criado a monte: dícese de la persona grosera, carente de urbanidad.

Criado de escalera abajo: el de baja servidumbre.

Criado en buenos pañales: pertenecer a buena familia.

Criado entre algodones: con todo lujo, comodidad, regalo.

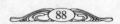

Criar a sus pechos: instruir, proteger, hacer a su semejanza.

Criar buen pelo: estar sano y bien alimentado.

Criar callos: endurecerse con la costumbre de trabajos y vicios.

Criar carne para pícaros: dícese en Andalucía de las madres, para indicar que tienen hijas que están criando.

Criar carnes: engordar.

Criar gusanos: morirse.

Criar mala sangre: perturbar el ánimo, ocasionando disgustos de gravedad.

Criar malvas, o margaritas: estar muerto y enterrado.

Criar molleja: empezar una persona a hacerse holgazana.

Criarse en estufa: dícese de la persona que ha sido cuidada con todo mimo y de forma regalada.

Crimen de lesa majestad: el cometido contra el rey.

Criminal absuelto, juez culpable: debe juzgarse y castigar las culpas cometidas contra la sociedad, no debiendo ser perdonadas, por generar nueva injusticia. Sería bueno hacer un estudio sociológico en cada época para analizar dichas actuaciones. ¿Cómo sería la actual?

Crispar los nervios: poner a una persona muy nerviosa.

Cristales de culos de vaso: dícese de las gafas que tienen muchas dioptrías.

Cristiano viejo: el que es cristiano de toda la vida.

(El) Cristo al río: crónica urgente de una situación.

Cristo con todos: salutación equivalente a "Pax Cristi", que solía usarse al final de las cédulas de cambio.

Crucificar a uno: molestarle o incomodarle en exceso.

Crujir el cáñamo: dar una azotaina.

Crujir los dientes: demostrar rabia con las penas de otro.

Crujirle los dientes: padecer con mucha impaciencia y desesperación, una pena o tormento.

Cruz y raya: propósito firme de no tratar más con una persona.

Cruzar el charco: atravesar el mar, principalmente el océano Atlántico.

Cruzar la cara, o el rostro: abofetear a una persona.

Cruzar la palabra: tener trato con una persona.

Cruzar las castas: dar a las hembras machos de distinta procedencia. Mezclarse varias clases de animales con el fin de mejorar la especie.

Cruzarse de brazos: abstenerse de obrar o de intervenir en un asunto.

Cruzarse de manos: estarse quieto, no intervenir en nada.

Cruzarse en el camino: entorpecer el cumplimiento de un propósito.

Cruzársele a uno los cables: hacer o decir cosas totalmente cambiadas o equivocadas, pero sin darse cuenta real de ello.

Cuadratura del círculo: lo que es imposible de ejecutar.

Cuajar alguna cosa: recargarla de adornos que impidan verse lo principal.

Cuajar la nata: dominar, imperar.

Cual digan dueñas: cuando uno fue maltratado de palabra.

Cual el dueño, tal el perro: según el amo de la casa, así son los que están a su servicio.

Cual el tiempo, tal el tiento: recomienda prudencia en adaptarse a las circunstancias y al tiempo.

¿Cuál es tu tierra? La de mi mujer: los maridos tienen casi siempre la opinión du sus respectivas mujeres.

Cuál más, cuál menos, toda la lana es pelo: donde todo es malo y no hay elección posible.

Cual palabra te dicen, tal corazón te meten: según los razonamientos empleados, así producen uno u otro efecto en el ánimo del que los escucha.

Cuales palabras me dices, tal corazón te tengo: a las personas se las quiere según el trato que de ella recibimos.

Cualidades que debe tener un buen caballo: de la zorra, las orejas y la cola; del borrico, los cascos y el hocico; del gallo, el pescuezo y el paso; del lobo, el ojo y el lomo; de la mujer, el pecho y la cadera, o ancha de pecho y redonda de cadera, y que deje montar al amo cuando quiera: frase o expresión que no necesita ninguna aclaración ni comentario.

¡Cualquier día!: expresión irónica que indica que uno está dispuesto a hacer lo que se habla, pero no inmediatamente.

Cualquier tiempo pasado fue mejor: frase muy propia de los viejos y desengañados.

Cuando comencé, me acabaron: denota la corta duración de una cosa.

Cuando corre la ventura, las aguas son truchas: indicando que cuando hay buena suerte, viene sóla sin ir a buscarla.

¡Cuando dijo Madrid que no quería trigo!: frase que denota afirmación, en contra de respuesta negativa.

Cuando Dios quiera: frase de consuelo o esperanza que se dice cuando se espera que acontezca algo.

Cuando Dios no quiere, los santos no pueden: indicando que hay que dirigirse siempre a la persona más principal.

Cuando dos no quieren, tres no barajan: indicando que es difícil ponerse de acuerdo en un asunto cuando la mayoría de los interesados se niega a ello.

Cuando el aire es favorable, aprovecharlo: aconseja no desperdiciar las ocasiones.

Cuando el criminal es suelto, el juez debía ser preso: qué cosas decían los refranes antiguamente, por lo menos se deberían exigir responsabilidades sociales a todas las personas públicas por el ejercicio de su cargo.

Cuando el diablo no tiene que hacer, con el rabo mata moscas, o abre el culo y papa moscas, o coge la escoba y se pone a barrer, o en algo se ha de entretener: a los que gastan el tiempo en cosas inútiles.

Cuando el español canta, o rabia, o no tiene blanca: dicho de los que cantan con el fin de quitarse la pesadumbre.

Cuando el grajo vuela bajo, hace un frío de carajo, o cuando el buey se mete entre los rincones, hace un frío de... narices: dichos del pueblo que se citan cuando hace mucho frío.

Cuando el perdón vino, ya estaba el Papa en Roma: los remedios deben ofrecerse inmediatamen-

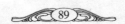

te que han ocurrido, y no esperar tiempo para reme-
diarlos.

Cuando el río suena, agua lleva: cuando se oye
alguna cosa es posible que haya algo cierto en lo que
se oye.

**Cuando el tabernero vende su bota, o sabe a
pez, o está rota:** invitando a comprar las cosas exami-
nándolas con atención.

**Cuando el valiente huye, la superchería está
descubierta:** la prudencia aconseja no exponerse en
los casos de traición.

**Cuando el viejo no quiera beber, la huesa le han
de hacer:** ya que cuando no pueden tomarlo es señal
de hallarse en grave estado.

**Cuando el viejo se mea las botas, no es bueno
para las mozas:** la edad lleva consigo la carencia de
ciertas fuerzas necesarias para conquistar a una mujer.

Cuando el vino entra, la verdad sale: ya que los
que están bebidos son incapaces de guardar un secreto.

**Cuando esta víbora pica, no hay remedio en la
botica:** se refiere a la navaja de grandes dimensiones.
Desgracias para las que no son fáciles hallar remedio.

**Cuando estuvieres con él vientre con vientre, no
le digas todo lo que te viniere a la mente:** en el amor,
obrar y callar, para no arrepentirse después de lo que se
ha dicho.

**Cuando falta la piel del león, es menester servir-
se de la del zorro:** donde no sirve la fuerza, hay que
recurrir a la astucia.

Cuando fueres a Roma vive como romano:
debiendo adaptarse siempre a todas las circunstancias.

**Cuando ganado no tenía y tierras no labraba,
ninguno me saludaba; hoy que labro y crío, todos
me dicen: "Querido amigo mío...":** forma de expresar que del rico y poderoso todo el mundo está pendiente de él, y el que no tiene nada, la gente ni se fija.

Cuando hace su tiempo, hace buen tiempo: indicando que tiene que hacer el tiempo de cada una de las
estaciones del año.

Cuando hay tormenta con Dios se cuenta: ya
que se ofrecen oraciones para que ésta cese y no ocurra
nada.

**¿Cuándo hemos comido juntos en el mismo
plato?:** se dice de los que se toman en el trato social
más familiaridad y franqueza de lo que debieran.

Cuando la burra quiere, el burro no puede: en
muchísimas ocasiones se da esta circunstancia: cuando
se puede no nos llama la atención, pero cuando no
podemos, cuántas veces nos acordamos de lo que hici-
mos o no en su momento.

**Cuando la mala ventura duerme, nadie la des-
pierte:** dícenlo los que tienen la dicha de experimen-
tarla.

**Cuando la mula dice no paso y la mujer me
caso, la mula no pasa y la mujer se casa:** refrán que
apareja la terquedad de la mula y comparación con la
mujer, dicho que no es muy agraciado.

**Cuando la puerca se lava la cara, todo el mundo
lo repara:** lo inusitado llama la atención.

Cuando la rana crie, o tenga, pelos. Algunos añaden: **debajo del sobaco:** expresión que da a entender
el tiempo remoto en que se ejecutará una cosa, o que se
duda la posibilidad de que suceda.

**Cuando la vejez sale a la cara, toda la tez se
empaña:** por el poco agrado con que se reciben los
síntomas de la ancianidad.

**Cuando las barbas de tu vecino veas pelar, pon
las tuyas a remojar:** aconseja tomar medidas de los
males cuando ocurren a los demás.

Cuando las ranas críen pelo...: nunca.

Cuando llueve nos mojamos: indicando que
cuando ocurre una desgracia a todos nos toca, debiendo llevarlo con paciencia.

Cuando llueve y hace frío, sale el arco del judío:
dicho de muchachos cuando hace ambas cosas a la vez.

**Cuando llueve y hace sol, baila el perro y el pas-
tor:** dicho de muchachos cuando se verifican ambas
circunstancias.

Cuando llueve y hace sol, sale el arco del Señor:
dicho de muchachos, cuando hacen dichas cosas: se
llama al arco iris.

**Cuando llueve y hace sol, sale el arco del Señor;
cuando llueve y hace frío, sale el arco del judío:**
cancioncilla infantil, cuando hace tales circunstancias.

**Cuando llueve y hace sol, se ríe Nuestro Señor;
cuando llueve y hace luna, se ríe la Virgen pura:**
dicho de muchachos.

Cuando lo veas te vas a quedar bizco: asombro
por lo acontecido.

**Cuando los gobernantes hacen lo que deben, los
gobernados no hacen lo que quieren:** ya que se les
obliga a cumplir con su deber, sin poder extralimitarse.

**Cuando los mudos hablan, licencia tienen de
Dios:** cuando ocurre algo insólito, es por alguna razón
especial o licencia permitida.

**Cuando los santos hablan, es porque tienen
licencia, o permiso de Dios:** estableciendo el principio
de jerarquía en todos los órdenes de la vida.

Cuando me despierte..., me avisas: forma de
expresar a una persona, que se le deje dormir todo lo
que quiera.

Cuando meen las gallinas: con que se denota la
imposibilidad de hacer o conseguir una cosa, o que no
debe hacerse por impertinente.

Cuando menos lo pienses, o se piense: en cualquier momento. Algunos añaden: **salta la liebre.**

**Cuando menos me caté, vino a mi casa quien no
pensé; barrida no estaba, y la basura al tobillo nos
llegaba. ¡No me volverá a pasar: cada diez días he
de escobar!:** frase burlesca hacia las mujeres sucias y
poco amantes de la limpieza.

Cuando menos se cata: cuando menos se espera.

**Cuando mi madre de usted me llama, o es que
me quiere mucho o no me quiere nada:** la seriedad en
los superiores suele ser precursora de una reprensión.

¿Cuándo no es pascua?: dícese al dar por sabida
una cosa.

Cuando no está preso, lo andan buscando: dícese
de la persona que siempre está haciendo malas acciones.

Cuando no hago lo que veo, todo me meo: contra
los antojadizos y amigos de imitar a los demás.

**Cuando no hay calor en el nido, lo busca fuera
el marido, y cuando no hay calor el la alcoba, lo
busca fuera la esposa:** razones (no muy poderosas)
para indicar las ocasiones de buscar amores fuera del
matrimonio.

Cuando no hay palo, parece que falta algo: el
que está acostumbrado a que le traten mal, se resiente
de que lo hagan con consideración.

**Cuando no nos tienen, sí que nos quieren; ya
que nos tienen, ya no nos quieren:** así se quejan las
mujeres de los hombres.

¿Cuándo nos has de dar un buen día?: frase que se dirige al que deseamos ver casado.

Cuando pasen rábanos, compradlos: la ocasión que sea propicia debe aprovecharse.

Cuando pidas, echa por largo: conveniencia de pedir más de lo que se desea, ya que no se suele conceder todo lo que se solicita.

Cuando pitos, flautas; cuando flautas, pitos: cuando las cosas suceden al revés de lo que se desea o podía esperarse.

Cuando por pitos o por flautas: igual que lo anterior.

Cuando quiera: en cualquier tiempo.

Cuando quiera que: como quiera que.

Cuando quieras nombrar un licor divino, di vino: alabando las excelencias de esta bebida.

Cuando San Juan baje el dedo: nunca.

Cuando se remata el vino, ya no hace falta bota: contra los ingratos que vuelven la espalda a las personas de la que ya no pueden recibir más beneficios.

Cuando se seca el pozo se sabe lo que vale el agua: es cuando se echan de menos las cosas, cuando faltan, comprobando su valor por el servicio que hacen.

Cuando seas padre, comerás huevo: frase que se decía hace algunos años a los niños cuando querían cosas de personas mayores, o que tenía un coste de cierta importancia.

Cuándo será domingo para ir a misa: expresando en plan jocoso que se está deseando que llegue el día de descanso.

Cuando te dieren la vaquilla, acude con la soguilla: recomienda no ser remisos en tomar lo que nos ofrecen.

Cuando te vayas a casar, di que no quieres: expresión irónica que se dirige a los que a todo se niegan.

Cuando tenía dinero, me llamaban don Tomás; ahora que ya no lo tengo, me llaman Tomás "na" más: indicando la importancia del dinero.

Cuando todo corra turbio: frase equivalente a aun cuando así no fuera...

Cuando tomes la palabra, acuérdate de devolverla lo antes posible: exhorta a no ser largo el orador en su discurso, o explicar con brevedad lo que se piensa decir.

Cuando tose la boca, nadie al oírlo se sofoca; el pedo es la tos del culo: ¿a qué tanto disimulo?: forma jocosa de decir que las ventosidades no deben causar vergüenza al soltarlas.

Cuando truena, llover quiere: el que está enojado siempre busca a alguno que sea la víctima de su irritación.

Cuanto tú vas, yo vuelvo: dícese cuando una persona va a hacer una cosa, que ya está hecha, o cuando le van a decir algo que ya conoce.

Cuando un santo está enojado, con no rezarle, acabado: cuando está enfadada una persona sin razón, con no hablarla está todo concluido.

Cuando un tonto da en hilar, no hay estopa que le gaste: las manías en los deficientes mentales son exageradas.

Cuando una puerta se cierra, otra se abre: esperanza al desencanto, indicando que siempre se encuentra solución a los problemas y disgustos.

Cuando uno no quiere, dos no barajan, o discuten: para hacer algo generalmente se necesitan dos personas, y para llevarlo a cabo, ponerse de acuerdo.

Cuando unos van a Santiago, otros muchos ya vuelven con concha: el que es listo, antes de que se le diga nada ya lo ha hecho.

Cuando vayas a pretender, en lugar de usía, da excelencia: conviene captarse la voluntad del rogado por medio del sentimiento y la sumisión.

Cuando veas un zapato roto, no andará muy lejos el otro: queriendo expresar que las cosas que van unidas no andan muy descaminadas unas de las otras.

Cuando vendan, compra, y cuando compren, vende: indicando que hay que aprovecharse de las ocasiones, siendo la mejor forma de hacer buenos negocios.

¡Cuándo vendrá Herodes!: se dice cuando se está cansado de la molestia ocasionada por niños ajenos.

Cuando vengan los nazarenos: imposibilidad de que suceda una cosa.

Cuando yunque, sufre; cuando mazo, tunde: indicando que hay que acomodarse a las circunstancias.

Cuanta más vida, más pecados: expresando que la debilidad humana es constante, siendo muy difícil cambiarla.

¡Cuánta sangre no ha derramado la lengua!: las maledicencias, a veces, son más dañinas que las armas.

Cuantas veo, tantas quiero: dícese de los que son muy enamoradizos.

Cuanto a cuanto: denota la repugnancia en dar o pagar.

¡Cuánto bueno!: saludo.

Cuanto más digas, más te joden las hormigas: dicho castizo de inutilidad de una queja o protesta.

Cuanto más largo es el día, más larga es la romería: para indicar que cuanto más largos son los días, hay que trabajar más.

Cuanto más pobre, menos limosna: generalemente el que más lo necesita es el que menos atendido se ve.

Cuanto más ricos, más cagones: se dice de los pisos, que cuando más caros son tienen más cuartos de baño.

Cuanto más viejo, más pellejo: dícese de los ancianos que tienen vicios propios de la juventud.

Cuanto mayor es la subida, tanto mayor es la descendida: cuanto mayor es la posición de las personas, tanto más expuestas están a verse un día abatidas.

Cuanto menos bultos, más claridad: agradeciendo la retirada de ciertas personas de un lugar.

¿Cuánto es su molestia?: forma de expresar en algunos lugares lo que es debido por la prestación de un servicio.

¡Cuánto va!: forma para apostar.

¡Cuánto va de Pedro a Pedro!: establece la diferencia entre dos sujetos muy similares.

Cuantos asan y cavan: gran nùmero de personas.

¿Cuántos enemigos tienes? Tantos como favores he hecho: indicando la ingratitud de las personas.

Cuantos más moros más ganancias: expresión que se aplica cuando son muchas las dificultades que vencer, será mejor la victoria.

(Las) Cuarenta: puntos de juego al tute, al tener el rey y el caballo del triunfo, y se canta al hacer baza.

(El) Cuarto: honrar padre y madre: contestación jocosa que se da al chico que pide dinero o cuartos.

Cuarto de Luna: cada una de las fases de la Luna.

Cuarto poder: con este nombre se designa al periodismo, aludiendo a la enorme influencia de la prensa en la opinión pública.

Cuarto y mitad de cuarto: expresión de cantidad en la compra de las amas de casa en el mercado.

Cuartos de final: los antepenúltimos encuentros.

Cuatro acciones dejan siempre arrepentimiento: fiar secreto a mujer, hacer viaje por mar pudiéndolo hacer por tierra, orar en público y aconsejar a tontos: ya que ninguna de ellas da resultados positivos.

Cuatro cuartos: poco dinero.

Cuatro esquinitas tiene mi cama, y...: oración infantil.

Cuatro gatos: expresión que se dice cuando hay pocas personas en algún acontecimiento.

Cuatro gotas: haber llovido muy poco.

Cuatro letras: carta o nota breve.

Cuatro ojos: dícese de chacota a los que usan gafas.

Cuatro ojos ven más que dos: que las opiniones de varias personas son mejores que la de una sola.

Cuatro palabras: conversación corta.

Cubrir aguas: terminar el tejado de una edificación.

Cubrir de fango: desacreditar a una persona.

Cubrir el expediente: salvar las apariencias. Cometer un fraude salvando las apariencias.

Cubrir gastos: cuando no ha habido ganancias ni pérdidas.

Cubrir la carrera: situar a ambos lados del recorrido fuerzas del ejército o de vigilancia para impedir el acceso al público.

Cubrir la mesa: poner ordenadamente en ella los utensilios y viandas para comer.

Cubrirse de gloria: llenarse de deshonra.

Cubrirse de Grande de España: tomar posesión delante del rey de las prerrogativas de esta dignidad.

Cubrirse de mierda: afectar los hechos punibles o la mala vida llevada por una persona.

Cubrirse el riñón: adquirir riqueza.

Cubrirse las espaldas: tener previstas las consecuencias de un acontecimiento.

Cubrírsele el corazón: entristecerse mucho.

¡Cu-cu! ¡Tras-tras!: frase que se dicen cuando se juega con niños muy pequeños.

Cuchicuchi: forma de llamarse los enamorados.

Cuchillo de palo no corta, pero cómo jode: se llama cuchillo de palo a la enfermedad que no es grave, pero que causa gran malestar.

Cuelga tu cesta donde la alcances: recomendación de que no se aspire a lo imposible.

Cuello de botella: dícese de lo que, por su estrechez, dificulta el paso de algo.

(La) Cuenta: llámase así a la menstruación.

Cuenta atrás: contar en sentido inverso.

Cuenta con la cuenta: se advierte que se tenga cuidado, amenazando con un castigo o mal suceso.

Cuenta de la vieja: la que se hace por los dedos, los que no saben contar.

Cuenta errada, que no valga: dícese para salvar la equivocación que puede ocurrir en cualquier hecho.

(La) Cuenta es cuenta: denota que en los negocios se debe usar la puntualidad más formal.

Cuenta treinta y tres antes de decir, y noventa y nueve antes de escribir: invitando a la reflexión, y actuar con serenidad y raciocinio.

Cuenta y no acaba: dícese de lo que hay mucho que contar por lo acontecido e insólito.

Cuentas alegres: lisonjearse de conseguir lo que se desea.

Cuentas claras, amigos viejos: cuanto mayor son las explicaciones y justificaciones de todo tipo, mucho mejor para una amistad y convivencia.

Cuentas de la lechera: hacerse muchas ilusiones.

Cuentas del Gran Capitán: cuentas gastadas por capricho, muy desorbitadas, no teniendo explicación lógica para ellas.

Cuentas galanas: cálculos lisonjeros y poco fundados.

Cuentáselo a Rita la cantaora: se dice para indicar que no se cree en las palabras del que está hablando.

Cuentáselo a tu abuela, que aquí no cuela: frase que indica que lo que se ha dicho no es cierto.

Cuentáselo a tu tía: expresión de incredulidad.

Cuentista: chismoso.

Cuento chino: embuste, mentira, engaño.

Cuento de la buena pipa: dícese de los relatos o explicaciones pesados, o que llevan aparejado engaño.

Cuento de la lechera: se dice de las cosas ilusorias, fantásticas y sin fundamento.

Cuento de nunca acabar: de lo que hay mucho que decir.

Cuento de viejas: noticia falsa.

Cuento del portugués: se cita este dicho como ejemplo de baladronada, de amenaza vana o tardía.

(El) Cuento, para que sea cuento, es preciso que venga a cuento: expresando que las cosas deben relatarse en el momento oportuno, no estando fuera de lugar.

Cuento tártaro: embuste gordo.

Cuentos de entre dijes y babador: chismorreos de hombres y mujeres.

¡(Un) Cuerno!: expresión de negación, rechazo o incredulidad.

Cuerno de la abundancia: significa tener mucha suerte.

Cuernos que no se ven, corazón que no siente: forma socarrona y jocosa de: **ojos que no ven, corazón que no siente**.

Cuerpo a cuerpo: los que pelean con armas iguales.

Cuerpo a tierra: obedecer la voz del mando militar que indica echarse en el suelo de cara.

Cuerpo, cuerpo, que Dios dará paño: se aplica a los que quieren conseguir el fin sin poner los medios.

Cuerpo Danone: dícese de los estilizados y delgados, que actualmente cumplen con los cánones de la belleza.

Cuerpo de Dios, o de Cristo: expresión de enojo.

Cuerpo de hombre: el grueso del hombre.

Cuerpo de iglesia: el espacio de ella sin crucero y capillas.

Cuerpo de ejército: un ejército.

Cuerpo del delito: la cosa con la que se ha cometido.

Cuerpo glorioso: el que no tiene necesidades corporales.

Cuerpo serrano: ponderación de él, como fuerte, bello, etcétera.

Cuerpo sin alma: el que no tiene actividad.

Cuesco: ventosidad ruidosa.

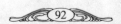

Cuesta abajo, ayudan todos los santos; cuesta arriba, ni Dios ni Santa María: expresión irrespetuosa, indicando que la ayuda únicamente se recibe en los casos favorables.

Cuesta de enero: período sacrificado en esa fecha después de los grandes gastos de Navidad y Reyes, hoy en día se amplía dicha cuesta al mes de febrero, que, según el decir de los comerciantes, es peor que el mes anterior.

Cuestión: órgano genital masculino o femenino.

Cuestión batallona: la reñida y de gran importania.

Cuestión de gabinete: la que afecta a un Ministerio.

Cuestión de nombre: la que se cuestiona únicamente el modo o el nombre.

Cuestión del momento: pronta.

Cuestión determinada: la que sólo tiene una solución.

(La) Cuestión es matar el tiempo: pasar el rato.

Cuestión indeterminada: la de muchas soluciones.

Cueva de ladrones: la casa de gente de mal vivir.

¡Cuida dónde tiendes los paños!: cuidado con tus acciones, palabras.

Cuidadito con...: prohibición.

Cuidado con estos sabañones, que más que pican, comen: se aplica jocosamente cuando se presentan personas que son de cuidado.

¡Cuidado conmigo! o ¡Cuidado me llamo!: forma de amenazar si no se hace una cosa, particularmente a los muchachos.

Cuidado para otra vez: modo de advertir que si vuelve a ocurrir lo mismo, ya no existirá perdón.

¡Cuidado, que tiene una vuelta en la otra punta!: aplícase a lo que no es muy correcto, o que tiene segunda intención.

Cuidar como a la niña de sus ojos: tener gran cuidado de una cosa, por tenerla en gran valor o estima.

Cuidar del número uno: cuidarse de sí mismo.

Cuidarse mucho: llevar una vida regalada, tener mucho cuidado con...

¡Cuídate de los idus de marzo!: advertencia o atención a una situación determinada.

Culé: dícese del hincha del Club de Fútbol Barcelona.

(La) Culebra que teme ser pisada, que no salga: quien teme un daño no debe exponerse a él.

Culo de mal asiento: persona que no puede estar mucho tiempo en un sitio o sentado.

Culo de pollo: el punto mal cosido.

Culo de vaso: piedra que imita a las originales, tener el cristal de las gafas con muchas dioptrías.

Culo pajarero: se dice del que está desnudo.

Culo veo, culo quiero: modo de motejar a una persona antojadiza y amiga de imitar todo lo que ve. Persona que desea a todas las mujeres.

Culos que se saben, lugar se hacen: personas que son de la misma condición buscan el trato y compañía.

Cultura de la solidaridad: ejecutar en sociedad la misma.

Cultura del pelotazo: cultura denigrante en que determinadas personas se enriquecen con rapidez, y de forma nada honrada.

Cum laude: calificación sobresaliente en el doctorado universitario.

Cumpla yo y tiren ellos: aconseja que cada uno debe cumplir con su obligación sin reparar en respetos ajenos.

Cumplimiento sin gota de cera: trabajo sin provecho, dicho de la provincia de Murcia.

Cumplimientos... cumplo y miento: indica que la mayor parte de ellos son falsos, pues el que lo hace no suele sentir lo que dice.

Cumplir: corresponder al débito conyugal.

Cumplir con el precepto: cumplir con la Iglesia.

Cumplir con la Iglesia: confesar y comulgar cuando se establece en sus mandamientos.

Cumplir con la parroquia: cumplir con la Iglesia.

Cumplir la penitencia: hacer la mortificación que prescribe el confesor, en satisfacción de sus pecados.

Cumplir por otro: hacer cumplir en nombre de otro. Cumplírsele a uno su deseo: conseguir lo que se deseaba.

Cundir como mancha de aceite: extenderse o divulgarse mucho una noticia.

Cunearse una persona: moverse de un lado para otro.

Cunnilingus: estimulación sexual y oral a la mujer.

"Cuponazo": premio diario de la lotería de la ONCE.

Cura de primera intención: la primera que se hace a un herido.

(El) Cura y el que cura no tienen hora segura: expresando que tanto el sacerdote como el médico no tienen un horario fijo, ya que pueden ser requeridos en cualquier momento para casos urgentes.

Curado de espantos: conocer todo lo que puede acontecer, sin que pueda hacer mella en uno.

Curarse en salud: precaver los males. Dar satisfacción de una cosa sin pedirla.

Curda: borrachera.

Curita sana, si no te curas hoy, te curarás mañana: lo que se dice a un niño cuando se hace un daño de escasa importancia.

Currículum vitae: relación de datos profesionales, así como experiencias y méritos estimados; nuestros jóvenes (y no tan jóvenes) conocen hoy día esta expresión, ya que "hechan" muchos de ellos a lo largo de su vida, para conseguir un puesto de trabajo.

Currutaca: mujer de la vida.

Currutaco: persona que cuida en exceso su cuidado personal.

Cursi: persona que presume de fino y elegante.

Curtir la piel: golpear a una persona.

Curva de la felicidad: dícese de la barriga que van echando los hombres al llegar a la edad madura.

Cutre: de mal gusto y apariencia burda.

Da a quien dio, pero no pidas a quien pidió: queriendo expresar que la persona que fue generosa, entiende cuando ella es la que recibe; cuestión contraria a la persona que pidió, que suele ser resentida.

Da Dios almendras al que no tiene muelas: se dice de las personas que no saben aprovechar o utilizar los medios de que disponen.

Da Dios bragas al que no tiene culo: dando a entender que a ciertas personas les viene grandes los bienes que tienen, no sabiendo aprovecharlos adecuadamente.

Da Dios lenzuelo (pañuelo) al que no tiene mocos: personas que no saben actuar con arreglo a los bienes o medios que poseen.

Dábale arroz a la zorra el abad: frase capicúa, se lee lo mismo de izquierda a derecha, que al revés.

Dabute, dabuti, dabuten: impresionante, magnífico.

Dad al César lo que es del César, y a Dios lo que es de Dios: debiendo dar a cada uno lo suyo.

Dad y recibiréis: exhortando la generosidad.

Dado el caso: supuesta tal o cual cosa.

Dado y no cencedido: locución usada para denotar que se permite o deja para una proposición, sea verdadera o falsa.

Dale bola (y ella rodaba): a la pesadez en repetir una cosa, considerándose como expresión de enfado.

Dale, dale; peor es urgale: indicando que en ciertas cosas no se debe insistir.

Dale en la cabeza, para que no cojee: indicando que debe rematarse un asunto del mejor modo.

Dale machaca: reprueba la terquedad o la obstinación de no hacer o decir una cosa.

¡Dale, macho!: con que se reprueba la terquedad u obstinación de una persona.

Dale Perico al torno: dícese cuando ya está uno cansado de oír una cosa que se está repitiendo con insistencia.

Dale que dale, o que le das, o que le darás: expresiones empleadas para requebrar la obstinación o terquedad.

Dale que te pego: insistencia y constancia en la ejecución de una cosa.

Dalia: quiere expresar amistad, en el lenguaje de las flores.

Dama cortesana: ramera.

Dama de honor: mujer que acompaña en una ceremonia a otra principal.

Dama de la media almendra: melindrosa, que hace asco a todo.

(Las) Damas no tienen espalda: ya que presentar la espalda a una persona es de mala educación, disculpando con esta frase a las mujeres. Algunos castizos jocosamente añaden: **no tienen espalda porque todo es culo.**

(Las) Damas por delante: fórmula de cortesía, expresando que las mujeres deben ocupar los primeros lugares. Preguntaría: ¿Están de acuerdo con esto las feministas?

Dame lo que el ángel trae y San Miguel se lleva: dicho de la Mancha, designando a la bota de vino.

Dame pan y llámame tonto: frase que expresa hacer lo que a uno le conviene para el logro de su propósito, sin importar la crítica adversa.

Dame venta y te daré cuenta: para obtener ganancias hay que aprovechar bien las ocasiones.

Dame, y darte he: se dice de los que hacen un favor, pero cuando hallan correspondencia.

Dámela besada y te la daré catada: queriendo indicar que los besos suelen ser el principio de toda culminación amorosa.

Dámelo solfista, te lo devolveré instrumentista: la base de la buena música está en el solfeo.

Dan ganas de morirse: por los acontecimientos nefastos.

Dan ganas de vivir: por los acontecimientos alegres.

Dando tumbos: dando volteretas, no saber exactamente lo que se tiene que hacer.

Danos de beber: forma de solicitar, del que está detrás de la barra de un bar, que nos ponga bebida.

Danos un chato, una caña, etc.: con que se indica al tabernero que nos ponga de beber lo solicitado anteriormente.

Danos un pincho: con que se expresa al tabernero que nos ponga un aperitivo.

Danos una fiesta: forma de indicar al tabernero que nos ponga lo mismo que antes se había pedido.

Danos una vuelta: requiriendo al camarero una nueva consumición.

Danzar sobre un volcán: significa estar amenazado de un gran peligro, ordinariamente sin saberlo.

Dar a beber con cuchara de plata: explicar una cosa con toda claridad y cortesía.

Dar a beber hieles: ocasionar disgustos y pesadumbres.

Dar a conocer: manifestación con dichos o hechos.

Dar a crédito: prestar dinero.

Dar a Dios a uno: administrarle el viático, hoy unción de los enfermos.

Dar a Dios lo que es de Dios, y al César lo que es del César: indica que hay que dar a cada uno lo suyo, sin que existan interposiciones.

Dar a entender: insinuar sin decir nada con claridad.

Dar a interés: dar dinero por alguna utilidad.

Dar a la estampa: imprimir una obra, sacarla a la luz.

Dar a la luz: dar a conocer.

Dar a la mano: servir a la mano materiales de obra.

Dar a la prensa: imprimir y publicar una obra.

Dar a leche: entregar el ganado para su ordeño, percibiendo un tanto por ese menester.

Dar a luz: publicar una obra. Parir la mujer.

Dar a mascar hierro: dar en la cara con algo que hace daño.

Dar a morder cebolletas: obligar a hacer lo contrario de lo que se desea.

Dar a renuevo: prestar para pagar cuando se recoja la cosecha.

Dar a tragar mala leche: enseñar doctrinas falsas o perniciosas.

Dar a uno alguna cosa: presentirla.

Dar a uno con la badila en los nudillos: reprenderle, desairarle.

Dar a uno el aire de alguna cosa: tener indicios de ella.

Dar a uno el día: causarle un gran pesar.

Dar a uno el pie y tomarse la mano: con que se moteja al que se propasa tomándose otras libertades con ocasión de lo que se le permite.

Dar a uno en la cabeza: frustrarle sus designios.

Dar a uno en las narices: demostrarle equivocación. Presentir alguna cosa.

Dar a uno entre ceja y ceja: decirle a uno en su cara alguna cosa muy sentida.

Dar a uno la callada por respuesta: omitir intencionadamente la respuesta.

Dar a uno la castaña: chasquearle, aburrirle.

Dar a uno la, o con la, entretenida: entretenerle con palabras para no hacer lo que solicita.

Dar al viento: divulgar noticias.

Dar alas: animar, alentar a hacer algo.

Dar alcance: alcanzar a una persona, objeto o animal.

Dar abasto una cosa: proveer su necesidad o exigencia.

Dar aguamanos: adular.

Dar aire: excitar más el ánimo de quien está iracundo.

Dar al diablo: manifestación de indignación o desprecio.

Dar al diablo el hato y el garabato: cuando se expresa gran enojo y desesperación.

Dar al diablo ruido: hacer un disparate.

Dar al público: publicar, especialmente por la imprenta.

Dar al traste: destruir una cosa, perderla.

Dar al través: dar al traste con ella.

Dar alas: estimular, animar a uno. Tolerar que uno obre a su gusto.

Dar alcance: llegar. Encontrar a una persona después de varias diligencias.

Dar aire: gastarse los dineros con rapidez liquidándoselos.

Dar algo: maleficios, dar hechizos en comida o bebida. Presentir que a una persona le va a suceder algo.

Dar algo bueno, un dedo, un brazo, una mano: vehemente deseo de mostrar algo.

Dar arcadas: vómitos.

Dar armas al enemigo: hacer o decir algo que, siendo en contra de uno, favorece a la causa del adversario.

Dar baja: perder mucha estimación.

Dar barquinazo: arruinarse una persona.

Dar barro a mano: dar dinero u otros medios para que se haga alguna cosa, o cumpla su gusto.

Dar barruntos: tener indicios o sospechas vehementes para inclinarse a creer que sucederá una cosa como se piensa.

Dar batalla: presentar cara a un problema.

Dar baza y triunfos: poner las cosas a medida de su deseo.

Dar beligerancia: no menospreciar al enemigo con el que se va a contender.

Dar besamanos: gratificar por algún favor hecho o que se espera recibir.

Dar betún: alabar de manera inmerecida.

Dar bien el naipe: ser favorable la suerte.

Dar bien, o mal, el juego: tener buena o mala suerte.

Dar boca: dar conversación.

Dar boleta, o la boleta: despedir a personas que desagradan o molestan, romper con ellas.

Dar bombo: elogiar con exageración.

Dar bordadas: pasear, andar de una parte a otra.

Dar braguetazo: casarse por interés un hombre con una mujer rica.

Dar brincos de alegría: manifestarla.

Dar buena, o mala, cuenta de su persona: corresponder bien o mal a la confianza que de él han hecho.

Dar buena, o mala, espina: esperar alguna cosa buena, o mala.

Dar cabezada: inclinar la cabeza en señal de respeto.

Dar cabezadas: inclinar la cabeza involuntariamente, cuando se está una persona dejando dominar por el sueño.

Dar cabida: admitir la entrada en un sitio.

Dar cabo: dar luz, abrir camino.

Dar cabo a una cosa: perfeccionarla.

Dar cabo de una cosa: destruirla.

Dar cabo una cosa: terminarla.

Dar calabazas: no ser aceptado en el amor, suspender en los exámenes.

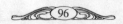

Dar calor: ayudar a otro para acelerar alguna cosa.

Dar camama: chasco, pega, burla.

Dar camelo: engañar.

Dar cancha: dar un margen de confianza a una persona.

Dar candonga: provocar envidia.

Dar cantaleta, o candeleta: chasco, zumba.

Dar cantonada: ser burlado.

Dar caña: poner a gran velocidad un vehículo, meterse con una persona en demasía.

Dar cañazo: cortar con expresión que deje pensativo.

Dar caperuza: hacer daño, frustrar los designios, dejar cortado en la disputa.

Dar capotazo: prescindir de una persona.

Dar capote: dejar sin comer a una persona sus compañeros por haber llegado tarde.

Dar carena: dar burla, matraca, chasco.

Dar carne al lobo: fomentar los bajos instintos de alguien.

Dar carpetazo: suspender la resolución de un asunto.

Dar carrera a alguno: costearle los estudios.

Dar carrete: entretener a alguien con estudiadas dilatorias.

Dar carta blanca: dar facultad de obrar libremente a una persona en determinado asunto.

Dar catite: dar algún disgusto, una azotaina.

Dar cauce: facilitar, dar una oportunidad a una persona.

Dar caza: perseguir algo y darle alcance, lograr una cosa.

Dar cédula de vida: se dice de los que, preciándose de guapos, parece que hacen la gracia de perdonar la vida a los demás.

Dar celos: dar motivos para que se dude del cariño.

Dar cerrojazo a un asunto: terminarlo, olvidarlo, abandonarlo.

Dar chispas: ser inteligente y eficaz.

Dar cien patadas en la barriga: fastidiar, molestar.

Dar cien patadas una cosa: fastidiar, desagradar, incomodar.

Dar cien vueltas a uno: aventajarle mucho.

Dar ciento y raya: demostrar sobradamente tener más conocimiento, experiencia, etc.

Dar cima: concluir una cosa felizmente, llevarla hasta su fin y perfección.

Dar cinco de corto: no llegar a los justos límites.

Dar cinco de largo: pasar de los justos límites.

Dar coba: engañar con lisonjas, entretener.

Dar coces: dar malas contestaciones o malos tratos sin venir a cuento.

Dar coces al viento: obstinarse en resistir a una fuerza superior.

Dar coces contra el aguijón: obstinarse en resistir a una fuerza superior.

Dar cola y luz: aventajar o superar a otra persona.

Dar color: pintar, poner contenido a una cosa.

Dar como en bolsa: castigar duramente de palabra o de obra.

Dar como por amor de Dios: dar como de gracia lo que se debe de justicia.

Dar con: encontrarse.

Dar con aire, o de buen aire: dar con ímpetu o violencia un palo, golpe, etc.

Dar con alguno, o alguna cosa: encontrarla.

Dar con el codo a uno: avisarle o advertirle al que está al lado de una cosa, dándole despacio con él.

Dar con el cuerpo, o con el santo en tierra: caerse.

Dar con el culo, o de culo, en las goteras: ser pobre por haber dilapidado en poco tiempo su caudal.

Dar con el pie: despreciar alguna cosa.

Dar con el quid de la cuestión: conocer la razón o la causa de una cosa.

Dar con el santo en tierra: dejar caer lo que lleva.

Dar con la badila en los nudillos: chasquear.

Dar con la barca en tierra: tropezar con algún escollo. Experimentar algún fracaso.

Dar con la cabeza en el pesebre: augurio pesimista, avisando el final de quien no trabaja, estudia, etc.

Dar con la cabeza en las paredes: precipitarse en un negocio para perjuicio propio.

Dar con la carga en tierra: rendirse, morirse.

Dar con la clave: encontrar la manera de resolver alguna dificultad o inconveniente.

Dar con la de Rengo: matar de un golpe.

Dar con la entretenida: dar largas a un asunto o persona.

Dar con la puerta en la cara, en las narices, en los hocicos, o en los ojos: desairar, negar bruscamente lo que se pide o se desea.

Dar con los huesos en algún lugar: ir a parar en él.

Dar con los huevos en la ceniza: echar a perder alguna cosa.

Dar con una persona o una cosa en alguna parte: encontrarla.

Dar con vaina y todo: reprender, castigar, maltratar.

Dar con zapato a su medida: hallarse un valentón con otro igual.

Dar consigo en el suelo: caerse.

Dar conversación: entretener a una persona hablando con ella.

Dar cordelejo: dar chasco o zumba.

Dar cordelillo: llevar la corriente con halagos. Dar largas.

Dar cornadas al aire: esforzarse inútilmente por conseguir algo.

Dar corte: dar apuro.

Dar crédito: creer.

Dar crianza: criar.

Dar cuartel, o cuartelillo: ayudar a una persona, invitarla.

Dar cuarto a cuarto: miseria de una persona a la hora de pagar.

Dar cuchilladas de cien reales: cuchillada grande.

Dar cuenta de una cosa: dar fin de ella.

Dar cuerda: dar largas a un negocio o cuestión.

Dar cuerda a alguno: dar largas.

Dar cuerda a uno: hacer que la conversación recaiga en el asunto que es más propenso para hablar.

Dar cuerpo: espesar lo que está demasiado líquido.

Dar culebra: dar chasco.

Dar de alta, o el alta: estar censada una persona, incluir en un trabajo, etc. a una persona.

Dar de baja: eliminar a una persona de la nómina, etc. Falta de una persona por la muerte.

Dar de barato: conceder graciosamente.

Dar de cabeza: caer de su autoridad o fortuna.

Dar de cara: dar de frente.

Dar de codo: despreciar.

Dar de comer: proporcionar el alimento necesario.

Dar de comer al conejo: tener relación sexual con una mujer.

Dar de comer al diablo: ser murmurador, armar rencillas.

Dar de coronilla: con la cabeza en el suelo. Descender de posición social.

Dar de culo, con el culo en las goteras: llegar a la pobreza. Tener mala suerte.

Dar de espaldas: caer boca arriba.

Dar de lado: abandonar el trato o compañía de una persona.

Dar de llana: extender el yeso o argamasa por un paramento.

Dar de mano: dejar, abandonar, suspender.

Dar de manos: caer de bruces.

Dar de ojos: caer boca abajo, encontrarse con alguno.

Dar de plano: dar con el ancho de un instrumento cortante.

Dar de sí: extenderse, ensancharse, característica de las telas y pieles.

Dar, dejar o perder la pelleja, o el pellejo: morir.

Dar del codo: despreciar, rechazar a personas o cosas.

Dar del pan y del palo: enseña que no se debe usar excesivo rigor, sino mezclar la suavidad y el agasajo con el castigo.

Dar dentelladas: dar malas razones o respuestas agrias.

Dar dentera: tener deseo de alguna cosa.

Dar derecho de uno: obligarle por justicia a que haga lo que debe.

Dar, despedir o exhalar el espíritu: expirar, morir.

Dar diente con diente: tener mucho frío. Tener mucho miedo.

Dar dinero a un pródigo es lo mismo que poner la espada en manos de un loco: porque ni uno ni otro saben el destino que les dan.

Dar dolor de tripas una cosa: causar repugnancia, molestar, enfadar.

Dar dos higas al qué dirán: no importar nada las hablillas de los demás.

Dar duro con hueso: tratar de imponer con firmeza la opinión propia a alguien que la tiene diversa y que la mantiene con fuerza.

Dar duros a peseta, o a cuatro pesetas: querer encontrar algo imposible.

Dar ejemplo: hacer obras para que los demás tomen ejemplo.

Dar ejercicios: dirigir al que los hace espirituales.

Dar el alma, o dar el alma a Dios: morir.

Dar el alma al diablo: atropellar por todo para hacer su gusto.

Dar el alto: ordenar la detención de alguien.

Dar el bocinazo: informar confidencialmente.

Dar el bote: despedir a alguien.

Dar el braguetazo: casarse un hombre sin medios con una mujer rica, suponiendo que ha sido el casamiento premeditado con ese fin.

Dar el brazo: ofrecerlo para apoyarse en él.

Dar el brazo a torcer: retractarse una persona de lo que ha estado manteniendo.

Dar el callo: trabajar, hacerse responsable de algo.

Dar el cambiazo: efectuar el cambio de una cosa por otra sin contar con el asentimiento del otro dueño y siempre en beneficio propio.

Dar el camelo: engañar por las apariencias.

Dar el cante: llamar la atención desentonando.

Dar el canuto: despedir de su destino.

Dar el cese: destituir de su cargo a una persona.

Dar el chivatazo: delatar a una persona.

Dar el consejo y el vencejo: equivale a decir que se debe aconsejar bien y facilitar los medios oportunos para realizar bien el consejo.

Dar el coñazo: ser una persona muy pesada, que da siempre la paliza o la barrila a los demás.

Dar el corazón: pronosticar.

Dar el día: molestar, incordiar a una persona.

Dar el do de pecho: realizar un gran esfuerzo para conseguir algo.

Dar el espectáculo: llamar la atención, hacer el ridículo.

Dar el espíritu: morir.

Dar el golpe: ejecutar el delito proyectado.

Dar el golpe de gracia: rematar a una persona.

Dar el mico: engañar, chasquear.

Dar el mitin: regañar, sermonear.

Dar el motete: dar la lata.

Dar el mundo un estallido: que parece que el mundo va acabarse, por estar las cosas desconcertadas.

Dar el naipe: tener buena suerte en el juego.

Dar el naipe para una cosa: tener habilidad para hacerla.

Dar el óleo: dar los Santos Óleos.

Dar el ombligo: dícese a la persona ya con conocimiento y sentido, que no obra con arreglo a los años y experiencia.

Dar el pago: dar o recibir lo que se merece.

Dar el parche: engañar, aparentar algo que no es.

Dar el pasaporte: matar, echar de su sitio.

Dar el paseo: llevar al reo al lugar de ejecución.

Dar el pecho: dar de mamar al niño.

Dar el pego: engañar por su aspecto, no ser lo que parece.

Dar el pellejo: morir.

Dar el pelotazo: cambiar radicalmente de fortuna o medios de vida, cargo, etc.

Dar el pésame: expresar la condolencia por el fallecimiento de una persona.

Dar el pie y tomarse la mano: el que se propasa tomándose más libertad que la que se le ha dado.

Dar el portante: despedir a una persona.

Dar el premio a quien no lo merece es injusto dos veces: una por dar algo impropio y otra por no haber sido dado al que le corresponde.

Dar el queo: avisar, dar la señal de peligro.

Dar el queso: engañar, ser excesivamente molesta una persona o cosa.

Dar el retorno: estar a la recíproca, devolver una cosa.

Dar el rostro: presentar la cara.

Dar el salto: lograr lo que se llevaba intentando anteriormente.

Dar el santo: facilitar información sobre el lugar donde se puede cometer un robo.

Dar el santiago: voz que invita a iniciar una batalla.

Dar el santo y seña: que sirve de contraseña en las guardias que efectúan los militares.

Dar el sí: convenir o conceder con una cosa; por antonomasia, aceptar el matrimonio.

Dar el simple cubierto: dar solamente el alimento diario a una persona.

Dar el tarugo: consumar un timo.

Dar el té: dar la lata, molestar.

Dar el tostón: moletar a una persona, ser un pesado.

Dar el través: tropezar, errar, caer en algún peligro.

Dar el último suspiro: morir.

Dar el viento de una cosa: presumirla con acierto.

Dar el visto bueno: permitir, autorizar.

Dar en: empeñarse en.

Dar en blando: no hallar resistencia en lo que se solicita.

Dar en caperuzas: dar en la cabeza, hacer daño.

Dar en comer tierra: tener gustos raros y extravagantes.

Dar en duro: encontrar dificultades en lo que se pretende.

Dar en el blanco: se dice cuando se acierta bien una cosa.

Dar en el chiste: acertar en una cosa, averiguar el punto de la dificultad.

Dar en el clavo, en el blanco, o en la diana: acertar en lo que se hace.

Dar en el hito: comprender o acertar el punto de la dificultad.

Dar en el morro: pegar en la boca, chasquear.

Dar en el Peralvillo: meter a una persona en la cárcel.

Dar en el punto: dar en la dificultad.

Dar en el suelo con alguna cosa: perderla.

Dar en ello: caer en la cuenta.

Dar en hueso: tratar con una persona que no se consigue de ella lo que se pretendía, fallar en algún intento.

Dar en la boca con alguna cosa: hacer frente o cara.

Dar en la caperuza: golpear en la cabeza.

Dar en la chita: dar en el hito.

Dar en la cresta: demostrar a alguien superioridad.

Dar en la cuenta: caer en la cuenta.

Dar en la flor: incurrir repetidamente en algún vicio.

Dar en la nariz: percibir olor, sospechar.

Dar en la tecla: acertar en el modo de ejecutar una cosa. Tomar una costumbre o manía.

Dar en la tetilla: convencer a uno, o tocarle en lo que más siente.

Dar en la treta: tomar la maña de hacer o decir algo.

Dar en la vena: hallar un medio útil antes ignorado para conseguir lo que se desea.

Dar en la vena del gusto: hacer algo muy agradable y esperada por una persona.

Dar en la yema: dar en la dificultad.

Dar en las mataduras: zaherir con aquello que se siente más, o que causa más enojo y pesadumbre.

Dar en las narices: rechazar una pretensión, desairar a alguien.

Dar en lo vivo: volver a herir, causar dolor al que había sufrido antes por el mismo motivo.

Dar en los morros: canear, abofetear, chasquear.

Dar en los ojos: ser tan clara y patente que por sí misma se hace a la primera vista.

Dar en los ojos con una cosa: ejecutarla con propósito de enfadar o disgutar a uno.

Dar en manos de alguno: caer en su poder.

Dar en piedra y en el fraile: alcanzar una buena suerte inesperada.

Dar en, por, la tetilla: convencer, tocar en lo que más se siente.

Dar en qué entender: dar motivo para que la gente se ocupe de él o de sus obras.

Dar en qué entender a uno: dar molestia o embarazo, o poner en cuidado o apuro.

Dar en qué merecer: dar pesadumbre y desazones.

Dar en qué pensar: dar motivo para sospechar que hay algo más de lo que se dice.

Dar en rostro a alguno con alguna cosa: echarle en cara algo.

Dar en tierra con una cosa o persona: derribarla.

Dar en un bajío: tropezar por inadvertencia en un grave inconveniente, que suele destruir el fin a que se aspiraba.

Dar en vacío, o en vago: no lograr el fin que se pretendía con una acción o dicho.

Dar en vano, o en vago: no lograr lo que se pretendía.

Dar ensanchas: dar demasiada licencia o libertad en algunas acciones.

Dar entre ceja y ceja: decir en la cara cosas sensibles.

Dar entre dos platos: entregar o consegur algo con toda facilidad y comodidad.

Dar esperanzas: dar a entender que se puede lograr lo que se espera.

Dar espuela, o espuelas: picar a la caballería para que camine más deprisa.

Dar esquinazo: burlar a uno.

Dar estado: colocar a los hijos en el estado eclesiástico o del matrimonio.

Dar estocada por cornada: modo de expresar el daño que se recibe en el mismo acto de inferírselo a otro.

Dar estudios: proveer de medios para que se estudie.

Dar expediente: dar pronto despacho a un negocio.

Dar fama: acreditar, dar a conocer a alguno.

Dar fe: aseverar una cosa que se ha visto, certificar por escrito.

Dar filo, o un filo: avivar, incitar.

Dar fin: morirse. Acabar una cosa.

Dar fin a una cosa: acabarla.

Dar fin de una cosa: destruirla.

Dar finiquito: acabar con el caudal o con otra cosa.

Dar firma en blanco a alguno: darle facultades para que obre con toda libertad en un negocio o asunto.

Dar forma: arreglar lo que está desordenado o se ha acordado hacer.

Dar fruto: producirlo la tierra, árboles, etc. Lograr utilidad o provecho en algo.

Dar fuego: dar lumbre para encender un cigarrillo.

Dar garrote: ejecutar con ese medio.

Dar garrotillo: apretar bien las sogas de una carga.

Dar gatazo: engañar, timar.

Dar gatillazo: salir mal parada la esperanza que se tenía de una persona.

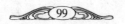

Dar gato por liebre: engañar en la calidad de una cosa por medio de otra inferior.

Dar golpe a una cosa: probar de ella.

Dar golpe en bola: salir airoso de una empresa difícil o arriesgada.

Dar golpe, o dar el golpe: causar sorpresa o admiración.

Dar gracias: manifestación por el beneficio recibido.

Dar grima: causar miedo, horror.

Dar grita: mofarse, burlarse de uno a gritos.

Dar guerra: hacerla, causar molestias.

Dar gusto: agradar, hacer lo que otro espera.

Dar gusto al dedo, o al gatillo: disparar un arma a discreción.

Dar hasta la camisa: remediar con todos los medios de que se dispone para remediar alguna necesidad.

Dar hasta las entrañas, o las entrañas: ser extremada su liberalidad.

Dar higas: despreciar, burlarse de una cosa.

Dar hora: señalar plazo, citar tiempo para una cosa.

Dar humazo: hacer algo para que el contrario se retire.

Dar humo a narices: dar pesadumbre.

Dar igual: dar lo mismo, carecer de importancia una cosa u otra.

Dar incienso: adular a una persona.

Dar intención: dar esperanza.

Dar jabón: adular, lisonjear.

Dar jabón, o una jabonadura a uno: castigarle o reprenderle ásperamente.

Dar jaqueca a uno: marearle con lo pesado o necio de la conversación.

Dar jicarazo: ocasionar la muerte a una persona con veneno.

Dar juego: tener un asunto más efecto del que se cree.

Dar julepe: golpear a una persona.

Dar la alarma: comunicar en alta voz la presencia de un peligro.

Dar la bandera: ceder la primacía, reconocer ventaja.

Dar la barba: demostrar la valentía en situación comprometida.

Dar la barrila: molestar.

Dar la batalla: luchar contra las dificultades e inconvenientes.

Dar la boleta: despedir a una persona que resulta molesta o desagradable.

Dar la brasa: ser un pesado, molestar a otro.

Dar la bronca: dar la lata.

Dar la cabezada: dar el pésame en un duelo, rendir homenaje.

Dar la callada por respuesta: contestar intencionadamente con el silencio.

Dar la campanada: llevar a cabo alguna acción inesperada y que causa gran impacto.

Dar la cara: responder de una cosa.

Dar la castaña: engañar, ser una persona muy pesada.

Dar la causa por conclusa: declararla terminada y a punto de sentenciarla.

Dar la cencerrada: molestar a una persona con ruidos desapacibles.

Dar la del pulpo: pegar una paliza.

Dar la espalda: abandonar, ignorar a alguien o algo.

Dar la firma a otro: confiarle su representación.

Dar la hora: sonar en el reloj las campanadas que indica. Anunciar que ha llegado la salida de una clase, etcétera.

Dar la lata: molestar a otro con insistencia.

Dar la lección: decirla el discípulo al maestro.

Dar la ley: servir de modelo en ciertas cosas. Obligar a uno a que haga lo que otro quiere.

Dar la mano a uno: alargársela. Ampararle. Casarse con él.

Dar la mano y tomarse el pie: abusar de la confianza que una persona deposita en otra.

Dar la matraca: molestar, agobiar.

Dar la mazada: hacerse el encontradizo.

Dar la mesa, o mesa, a otro: darle asiento para que coma.

Dar la murga: molestar con peticiones, cuentos o alabanzas para conseguir alguna cosa.

Dar la noche: no dejar dormir a alguien.

Dar la nota: para indicar que una persona sobresale entre las demás, se utiliza generalemte de forma negativa.

Dar la obediencia: reconocer a una persona como superior.

Dar la palabra: conceder el uso de ella en un debate.

Dar la paliza: molestar a una persona, ser muy pesado.

Dar la palma: llevarse uno la palma.

Dar la patada: echar a alguien del cargo que ocupa.

Dar la patada en el culo: echar a una persona de un lugar sin contemplaciones.

Dar la paz: saludar. En los oficios religiosos, cumplimentar la misma.

Dar la pez: llegar al último extremo de alguna cosa.

Dar la piel: morir.

Dar la puntilla: rematar, causar finalmente la ruina de una persona o cosa.

Dar la razón a alguno: reconocer lo que otro dice.

Dar la réplica: contestar al que está haciendo una exposición de palabra.

Dar la sangre de sus venas: dar a otro todo lo que necesita sin reservas.

Dar la serenata: molestar con ruidos desagradables o monótonos.

Dar la subida: molestar, incomodar.

Dar la tabarra: molestar con monotonía e insistencia.

Dar la talla: estar a la altura de lo que se esperaba o se pretendía.

Dar la tela cortada: facilitar el trabajo, darlo hecho.

Dar la teta: dar de mamar.

Dar la teta al asno: con que se explica la inutilidad de una acción con quien no la ha de agradecer o aprovechar.

Dar la tostada: engañar.

Dar la última boqueada: morirse una persona.

Dar la última mano: repasar una obra para corregirla o perfeccionarla.

Dar la última pincelada: perfeccionar una cosa.

Dar la vara: ser un pesado con los demás, molestar.

Dar la vida: animar, fortalecer.

Dar la vida por alguno o por algo: sacrificarse voluntariamente por ello.

Dar la voz de alerta: avisar, alarmar.

Dar la vuelta: recibir el cambio al dinero entregado.

Dar la vuelta a la tortilla: cambiar por completo una opinión o una situación.

Dar lado, o de lado: esquivar el trato de alguno.

Dar lamedor: entre jugadores, hacerse uno perdedor al principio, para que pique el contrario y ganarle con más facilidad.

Dar largas: procurar dilatar una cosa o negocio.

Dar las espaldas: huir.

Dar las mismas respuestas que a las tres preguntas de Pilatos: no contestar, contestar con evasivas.

Dar las pascuas: felicitar a una persona en ellas.

Dar "las todas": dar las doce en un reloj.

Dar las últimas pinceladas: dar los últimos retoques al concluir una obra.

Dar lástima: mover a compasión.

Dar lección: explicarla el maestro.

Dar lecciones: hacer observaciones, hacer cargos una persona a otra.

Dar libelo de repudio: renunciar a una cosa.

Dar limosna a campana herida: es decir, llamando la atención.

Dar lo mismo ocho que ochenta: indiferencia supina.

Dar logro una cosa: prestarla o darla con usura.

Dar los brazos: abrazar.

Dar los días, o los buenos días o noches: saludar.

Dar luego a luego: con prontitud, con la menor dilación.

Dar lugar: indica que todas las cosas requieren sus principios.

Dar lumbre: dar fuego para encender un cigarro. Llegar a sacar dinero a una persona.

Dar luz: alumbrar el cuerpo luminoso, disponer paso para la luz. Recobrar vigor y robustez.

Dar luz verde: autorizar a ejecutar algo.

Dar mal el naipe: ser contraria la suerte.

Dar mala espina: concebir sospechas.

Dar mala vida: tratar mal, causar pesadumbre.

Dar mano a una cosa: dejarla, no aceptarla.

Dar mano y palabra: acto con que se cierra un trato, con igual validez que si se hubiese firmado el contrato.

Dar marcha: castigar con palabras o hechos.

Dar marcha atrás: desistir de un empeño. Eyacular fuera de la vagina, con el fin de que la mujer no se quede en estado de buena esperanza.

Dar margen: dar ocasión.

Dar más lata que una fábrica de conservas: molestar mucho.

Dar más palos que a una estera: dar gran cantidad de golpes.

Dar más vueltas que la bola de un chiflo: dar muchas vueltas o circunloquios.

Dar más vueltas que un cimbalillo: como sinónimo de dar muchas vueltas.

Dar más vueltas que un molinillo: dar gran cantidad de vueltas.

Dar más vueltas que un peón, tiovivo: dar vueltas incansablemente.

Dar más vueltas que una peonza: muy deprisa.

Dar mascada una cosa: presentársela casi concluida, explicar de tal manera que no cueste trabajo hacer entender.

Dar matarili: asesinar, matar.

Dar mate: burlarse de una persona.

Dar matraca a alguno: cansarle.

Dar mesa a uno: darle asiento para que coma.

Dar montes de oro: producir un negocio pingües beneficios.

Dar morcillas: rechazar a una persona.

Dar mucho a la bomba: entregarse excesivamente a los deleites carnales.

Dar música a un sordo: molestarse en vano por persuadir a alguien.

Dar, o darse, un clareo: una vuelta, un paseo.

Dar, o darse, un rule: pasear, dar una vuelta.

Dar, o echar, a uno con los ochos y los nueves: decirle cuanto se ofrece sobre una queja que se tiene de él.

Dar, o echar, dado falso: engañar.

Dar, o echar, otro nudo a la bolsa: resistencia a soltar el dinero.

Dar, o echar, una peluca: dar una reprimenda fuerte, cáustica. Imponer un castigo severo.

Dar, o encontrarse, de manos a boca con...: tropezar o salir al encuentro de una persona o cosa que no se esperaba.

Dar, o hacer, un santiago: atacar, asaltar.

Dar, o meter, caña: poner algún ánimo, acicate o regañina.

Dar, o no, su brazo a torcer: rendirse, desistir o no de su dictamen o propósito.

Dar, o pedir, cualidades: comunicar el estado de las cobranzas y pagos.

Dar, o pegar, un bajón: sufrir un notable menoscabo en algo, principalmente en salud.

Dar, o pegar, un bote: manifestar sorpresa suma.

Dar, o pegar, una zambullida: dícese de lo que se presenta muy de tarde en tarde.

Dar, o prestar, oído: creerse lo que dicen.

Dar, o rendir, parias: someterse a alguien, prestar obsequio.

Dar, o soltar, coces: decir palabras groseras o injuriosas. Contestar de manera improcedente.

Dar, o tirar, el pego: engañar con ficciones o artificios.

Dar, o tomar, por retambufa: por el culo.

Dar oídos: dar crédito a lo que se escucha, o al menos escucharlo con gusto y aprecio.

Dar órdenes: mandar. Conferir el obispo las órdenes sagradas a los eclesiásticos.

Dar origen: dar lugar.

Dar pábulo: echar leña al fuego.

Dar palabra, o dar su palabra: obligarse a cumplir lo que se ha dicho.

Dar palabra y mano: contraer esponsales. Algunas veces se usa para asegurar más el cumplimiento de una promesa.

Dar palique: dar conversaciòn de poca importancia.

Dar palo: salir o suceder algo al contrario de lo que se esperaba o deseaba.

Dar palos de ciego: no saber lo que se hace.

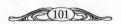

Dar papilla: engañar con cautela y astucia.

Dar para el pelo: pegar, zurrar la badana.

Dar para peras: amenaza para maltratar o castigar.

Dar parte: dar cuenta de lo que ha sucedido. Avisar para que llegue la noticia. Dar participación en un negocio.

Dar parte sin novedad: decir a un superior que no ha ocurrido nada.

Dar pasada: tolerar, disimular, dejar pasar una cosa.

Dar pasaporte: despedir a una persona, privar del cargo que desempeñaba. Matar a una persona.

Dar pasaporte a uno para el otro barrio: desahuciar. Quitar la vida.

Dar paso a: ceder el lugar, dejar pasar.

Dar pasos: gestionar.

Dar patas arriba con alguna cosa: tirarla, volcarla.

Dar paz: saludar en señal de amistad.

Dar pelillo: dar matraca.

Dar perro a uno: hacerle esperar mucho tiempo, causarle otra vejación.

Dar perro muerto: hacer burlas o engaños pesados.

Dar pie: dar ocasión.

Dar plantón: no acudir a una cita.

Dar poco de sí: acabarse pronto, tener una persona poca inteligencia.

Dar por bien empleado: conformarse con algo por el bien que proporciona.

Dar por concluida una cosa: darla por terminada aunque no lo esté.

Dar por descontado: estar seguro de algo.

Dar por donde amargan los pepinos: por el culo.

Dar por donde peca a uno: zaherirle sobre un defecto que frecuentemente incurre.

Dar por el culo: expresión grosera que indica actuación de una persona contra otra, para hacerla daño. Practicar la sodomía.

Dar por el gusto: obrar en el sentido que se desea.

Dar por el pie a una cosa: derribarla, destruirla del todo.

Dar por el saco: expresión grosera que indica despachar a una persona de mala manera o forma.

Dar por libre: conceder la libertad.

Dar por quilates: en pequeñísimas cantidades.

Dar por sentado: entender que algo queda claro y que es conocido por todos.

Dar por supuesto: dar una cosa por cierta.

Dar por tierra con todo el bodegón: deshacerse en un momento de todo lo que se tenía preparado o hecho.

Dar posesión: transferir derechos o cosas incorporales.

Dar poste: hacer que uno espere en sitio determinado más del tiempo que se había convenido.

Dar pucherazo: en el recuento de votos de las elecciones, efectuar el cómputo a favor de alguien o de un determinado partido.

Dar puerta: despedir a alguien.

Dar puntada en una cosa: trabajar en ella.

Dar punto: cesar en cualquier estudio, trabajo u ocupación.

Dar que decir, o que hablar: comentarios por cosa afectada, ofrecer ocasión de murmuración o censura.

Dar que entender: dar molestia o embarazo, poner en cuidado o apuro.

Dar que hablar: ocupar la atención pública por algún tiempo.

Dar que hacer: causar molestias.

Dar que hacer al diablo: ejecutar una mala acción.

Dar que pensar: dar ocasión o motivo para sospechar que hay algo más de lo que se manifiesta.

Dar que sentir: causar pesadumbre o perjuicio.

Dar, que van dando: devolución de golpe por golpe, ofensa por ofensa, etc.

Dar quince, o ciento, y raya: exceder mucho en cualquier habilidad o mérito.

Dar razón: noticiar, informar de un asunto.

Dar razón de sí, o de su persona: corresponder a lo que uno ha efectuado por haberlo ejecutado exactamente.

Dar recado: suministrar lo necesario para ejecutar una cosa.

Dar relieve: realzar o resaltar algo.

Dar remolque: remolcar.

Dar rienda suelta: dar libre curso.

Dar ripio a la mano: dar con facilidad y abundancia una cosa.

Dar saco: robar todo o la mayor parte de lo que hay, saquear.

Dar salto en vago: quedar burlado en un intento.

Dar saltos de alegría, o de contento: manifestar gran alegría.

Dar sartenazo: matar, asesinar.

Dar señas: describir una cosa para que no exista equivocación.

Dar sepultura: enterrar a un difunto.

Dar sesos de mosquito: tener sorbido el seso a una persona.

Dar silla: hacer que se siente en su presencia.

Dar sobre uno: acometerle con furia.

Dar soga: soltarla poco a poco.

Dar soga a uno: burlarse de él.

Dar soleta: echar a una persona.

Dar sopas con honda: superioridad abrumadora de una persona o cosa sobre otra.

Dar sorrostrada: decir oprobios, echar en cara cosas que dan pesadumbre.

Dar su mano: comprometerse la mujer para el matrimonio.

Dar su merecido: castigo justo.

Dar su palabra, o su palabra de honor: comprometerse de forma solemne a cumplir lo que se ha dicho.

Dar su recado. suministrar lo necesario para alguna cosa.

Dar suelta: permitir que una persona salga de su retiro.

Dar tiempo: no ser urgente una cosa.

Dar tiempo a uno: esperarle. Tener paciencia con él hasta que se acostumbre a la nueva situación.

Dar tiempo al tiempo: esperar la oportunidad.

Dar tierra: enterrar a una persona.

Dar tornillazo: interpretar falsamente el sentido de alguna expresión.

Dar torniquete a una frase: torcer su sentido.

Dar tralla: criticar con mucha dureza.

Dar tras uno: perseguirle con insistencia.

Dar tratamiento: dar título a una persona.

Dar trasgo: espantar a alguien.

Dar trato: entre estudiantes, dar la matraca.

Dar trato de cuerda: tratar mal a una persona.

Dar treguas: esperar o suspender una cosa por algún tiempo.

Dar tres cuartos al pregonero: decir algo para que todo el mundo lo conozca y se entere.

Dar tumbos: tener dificultades para resolver un asunto, actuando de formas diversas. Estar beodo.

Dar un astillazo: entre fulleros, engañar al contrario con el fin de ganarle.

Dar un baño a uno: mejorar la actuación de su rival o contrario.

Dar un barquinazo: estar una cosa a punto de desaparecer.

Dar un bocado a alguno: dar de comer. Morderle.

Dar un buen repaso: regañar severamente, golpear.

Dar un cabe: causar perjuicio.

Dar un capón: golpear con los nudillos en la cabeza de otro.

Dar un corte de mangas: rechazo obsceno y con desprecio hacia una persona.

Dar un cosquín: dar un golpe ligero con la mano, un soplamocos.

Dar un cuarto al pregonero: el que no sabe guardar un secreto, divulgarlo.

Dar un curro, o un currito: pegar una paliza a una persona.

Dar un dedo de la mano: expresar el sacrificio que uno haría gustoso para conseguir alguna cosa.

Dar un escopetazo: practicar el coito.

Dar un estallido: causar gran ruido. Reventar.

Dar un estampido, o estampida: hacer mucho ruido.

Dar un estirón: crecer mucho una persona en poco tiempo.

Dar un estufido a uno: desdecirlo con enfado.

Dar un filo: amolar o afilar.

Dar un hachazo a alguno: cortarle la conversación con alguna salida de tono.

Dar un hueso que roer: dar un trabajo engorroso y de poca utilidad.

Dar un jabón: reprender a una persona, alabarla.

Dar un julepe a uno: hacerle trabajar en exceso.

Dar un latigazo: cohabitar.

Dar un mal paso: cometer un error, principalmente por ignorancia.

Dar un metido: dar un golpe o embestida.

Dar un muerto a uno: ganarle con trampa en el juego el dinero que tiene.

Dar un ojo: lavar con jabón la ropa en una primera refriega.

Dar un palo: golpear, castigar.

Dar un palo al burro: beber vino.

Dar un par de hostias a alguien: golpearle.

Dar un paso adelante: mejorar en algo.

Dar un paso en falso: equivocarse.

Dar un paso más: aumentar algo sobre lo anteriormente hecho.

Dar un patinazo: indiscreción o desazón que se comete.

Dar un quiebro: esquivar un problema o una situación difícil.

Dar un recorrido: reprender.

Dar un recorte: librarse de algo.

Dar un remoquete: hacer en presencia de alguien algo que le disguste o enfade.

Dar un repaso a uno: reconvenirle, regañarle, repasar con detalle sus actuaciones con el fin de corregirlas.

Dar un revolcón: vencer.

Dar un sablazo: pedir dinero con intención de no devolverlo.

Dar un salto del banco a la popa: cambiar o variar un asunto rápidamente.

Dar un solo: contar con prolijidad problemas que no interesa a quien las oye.

Dar un soplamocos: dar una bofetada.

Dar un susto el miedo: forma de indicar lo feo o repugnante.

Dar un telefonazo: llamar a una persona por este medio.

Dar un tiento: reconocer una cosa con advertencia.

Dar un tiento a la bota, o al jarro: echar un trago de ella.

Dar un timo: timar, o simplemente engañar a una persona.

Dar un toque a alguno: hablarle o recordarle algo.

Dar un toque de atención: advertir algún inconveniente a una persona.

Dar un traspiés: cometer errores o faltas.

Dar un trueno, o trueno gordo: hacer algo que tenga consecuencias desagradables.

Dar un tute: paliza.

Dar un vistazo: ver, reconocer a la ligera.

Dar un vuelco el corazón: sentir sobresalto, o alegría de pronto.

Dar un zurriagazo: practicar el coito.

Dar una almendrada: decir lisonjas.

Dar una bofetada: pegarle. Hacer desaire.

Dar una buena lección: corregir sin rèplica de hecho o de palabra.

Dar una cabezada: quedarse dormido por un momento en un sillón.

Dar una calada: reprender fuertemente. Aspirar del cigarrillo.

Dar una campanada: acción escandalosa, hecho insólito efectuado por una persona muy conocida de la comunidad.

Dar una carda: regañar.

Dar una carga cerrada: reprender ásperamente.

Dar una carrera, o una carrera en pelo: poner a prueba la paciencia de una persona.

Dar una charla: una conferencia o discurso.

Dar una chuleta, o una chufa: un bofetón.

Dar una corrida en pelo: obligar a una persona a ejecutar algo con el límite de sus fuerzas.

Dar una cosa la vida: ganar, aliviar, fortalecer.

Dar una cosa mascada a uno: dársela explicada, o casi por terminada, de forma que cueste poco trabajo hacerla o entenderla.

Dar una de cal y otra de arena: alternativamente hacer una cosa u otra, templando actuaciones.

Dar una dedada de miel: decir frases lisonjeras. Hacer concebir esperanzas ilusorias.

Dar una en el clavo y ciento en la herradura: acertar por casualidad, equivocándose a menudo.

Dar una ensalda de tortas, de hostias: dar muchos golpes a una persona.

Dar una escobada: barrer sin esmero.

Dar una felpa: pegar.

Dar una higa: despreciar a una persona, con un signo significativo de la mano.

Dar una lección: hacer algo que sirve como ejemplo.

Dar una leche: pegar una bofetada.

Dar una mano: efectuar cierta limpieza.

Dar una manta de Palencia: se emplea en sentido jocoso, equivale a dar una buena tunda o paliza.

Dar una manta de palos, de bofetadas: pegar.

Dar una media mangurrina: golpear.

Dar una paliza: golpear.

Dar una pasada a alguno: reprenderle.

Dar una pitada: abuchear. Armar discusión.

Dar una puntada: hacer alguna señal o indicación, para indicar que se debe recordar algo.

Dar una ropilla: reconvenir amigablemente.

Dar una soba: pegar.

Dar una solfa: golpear, pegar.

Dar una tunda: golpear a una persona. Vencerla moralmente.

Dar una vista: mirar de paso y sin detenerse mucho.

Dar una voz: llamar en alta voz desde lejos. Gritar.

Dar una vuelta: pasear. Ir a comprobar un hecho.

Dar una vuelta de carnero: una voltereta apoyándose con la cabeza en el suelo, cayendo en él de espaldas.

Dar una zurribanda: castigar a golpes.

Dar uno algo por bien empleado: conformarse gustosamente con una cosa desagradable, por la ventaja que de ella se consigue.

Dar uno de cabeza: caer de fortuna o autoridad.

Dar uno en la flor: contraer la maña de hacer o decir una cosa.

Dar uno la cara por otro: salir en su defensa.

Dar uno los días a otro: manifestar que toma parte en la celebridad del día de su santo o cumpleaños.

Dar vado: hallar remedio o alivio en las desgracias.

Dar vida: animar.

Dar vista a alguna cosa: alcanzarla a ver.

Dar voces al lobo: ladrar a la luna. Intentar hacer algo totalmente imposible.

Dar voces al viento: trabajar inútilmente. Pedir peras al olmo.

Dar vuelo: soltar.

Dar vueltas: andar alrededor. Buscar una cosa sin encontrarla.

Dar vueltas a la almohada: estar desvelado y no poder conciliar el sueño.

Dar vueltas a la noria: moverse sin salir de un punto.

Dar vueltas al coco: pensar detenidamente, cavilar.

Dar y tomar: discutir, altercar.

Dar yesca: dar golpes.

Dares y tomares: debates, contestaciones, réplicas entre dos o más personas. Cantidades recibidas y dadas.

Daría un ojo de la cara por...: forma de expresar un deseo vehemente por intentar conseguirlo.

Darle a la lengua: hablar mucho.

Darle a la mojarra: darle a la lengua, criticar.

Darle a la "mui": hablar en demasía.

Darle a la tarabita: darle a la lengua.

Darle a las tabas: correr.

Darle al diente: comer.

Darle al magín: pensar, cavilar.

Darle al naipe: ser jugador de cartas, tener habilidad y destreza con la baraja.

Darle al ojo: mirar algo indiscreto.

Darle bombo: elogiar a una persona.

Darle cien patadas: disgustar alguna cosa.

Darle con la del martes: zaherir o burlarse de alguien echándole en cara sus defectos.

Darle con los ochos y los nueves: decirle cuanto se ofrece sobre una queja que se tiene de él, explicándolo con palabras sensibles.

Darle el aire: tener indicios. Salir de casa a lugar descubierto para tomar aire fresco.

Darle el juego hecho: proporcionarle la sastisfacción de que se haga a su gusto.

Darle el pálpito: tener un presentimiento.

Darle el siroco: darle la venada, volverse loco.

Darle en el corazón: tener algún presentimiento.

Darle en la cabeza: vencerlo.

Darle en la espina: presentir alguna cosa.

Darle fatiga una cosa: hacer sentir escrúpulos, reparos, miramientos.

Darle fuerte: padecer una gran pasión de cualquier tipo.

Darle guerra: causar inconvenientes o pesares a una persona.

Darle igual ocho que ochenta: se dice del abúlico, del que le da lo mismo una cosa que otra.

Darle la gana, o la real gana: hacer una cosa por libre determinación.

Darle la muerte chiquita: padecer convulsiones que tienen algunas personas antes de morir.

Darle la realísima: darle la real gana.

Darle la tarantela, o estar picado de la tarántula: decidirse repentinamente a ejecutar algo, sin oportunidad ni orden.

Darle la venada, o la vena: sufrir un ataque repentino y brusco de ira o de mal humor.

Darle la ventolera: hacer algo de forma poco meditada.

Darle lo mismo que las coplas de Calaínos, o de don Gaiferos, o de la Zarabanda: hacer de algo poco caso y aprecio.

Darle lo suyo: lo que corresponde a una persona.

Darle más vueltas que una llave: procurar estudiarla a fondo sin llegar a comprenderla.

Darle, o decirle, el alma alguna cosa: tener corazonadas.

Darle por ahí: actuar de forma inconsecuente.

Darle por ahí a alguien: sodomizar a una persona.

Darle por alguna cosa: entrarle un interés vivo por ella.

Darle por el gusto: obrar en el sentido que otro desea.

Darle su porqué: pagar sus trabajos, satisfacerle sus honorarios.

Darle tres bocados a la uva: se dice de quien es extremadamente tacaño.

Darle un jicarazo: envenenar a una persona.

Darle un pan como unas nueces: pegar a una persona, zurrarle la badana.

Darle un vuelco el corazón: padecer inesperadamente un susto o un disgusto.

Darle vueltas a la cabeza: meditar profundamente sobre un asunto.

Darlo todo, o no dar nada: indicando que deben evitarse las mezquindades.

Darse a buenas: cesar en la oposición o resistencia que se hacía a una cosa.

Darse a conocer: presentarse. Descubrir uno sus cualidades. Hacer saber quién es.

Darse a Dios y a todos los santos: incomodarse, afligirse con exceso.

Darse a entender: explicar por señas o en otra lengua para poder entenderse dos personas.

Darse a manos: entregarse, ceder en la resistencia que se hacía.

Darse a partido: ceder en su empeño u opinión.

Darse a perros: irritarse mucho.

Darse a todos los demonios o diablos: enfadarse, encolerizarse.

Darse aires, aires de grandeza: importancia.

Darse al diablo, al demonio o a satanás: irritarse.

Darse barniz o lustre: presumir.

Darse betún: presumir, elogiarse una persona en extremo.

Darse bien, o mal, alguna cosa: haber llegado, o no, a buen término alguna cosa.

Darse bombo: presumir, alabarse.

Darse buen tiempo: divertirse, recrearse.

Darse buena mano en alguna cosa: ejecutarla con habilidad

Darse buena vida: vivir con todas las comodidades. No trabajar porque no quiere.

Darse cabezadas por las paredes: cansarse en averiguar alguna cosa.

Darse charol: alabarse inmerecidamente.

Darse como los hongos: ser una cosa muy fácil de hacer o de conseguir.

Darse con la badila en los nudillos: corregirse a sí mismo de algo que tiene de que arrepentirse.

Darse con la cabeza en la pared, o en las paredes: desesperarse por haber obrado torpemente.

Darse con la pelotilla: darse con el disciplinante. Beber vino en abundancia.

Darse con un canto en los dientes, o en los pechos: mostrar satisfacción por algo conseguido, cuando lo que acontece es más favorable o menos adverso.

Darse con una piedra en las narices: sin lograr su propósito.

Darse contra las esquinas: darse contra las paredes.

Darse contra las paredes: estar encolerizado. Apurarse y fatigarse sin acertar con lo que se desea.

Darse cuenta de una cosa: comprenderla, entenderla.

Darse de alta: entrar a formar parte de un grupo reglamentado.

Darse de baja: cesar voluntariamente en un negocio, sociedad, etc.

Darse de boca con alguien: tropezar con una persona de improviso.

Darse de bofetadas: aplícase a las cosas totalmente contrapuestas, incompatibles. Cuando una persona está totalmente arrepentida por lo ejecutado, habiendo sido advertida con anterioridad.

Darse de bruces, o de morros: encontrarse dos personas inesperadamente.

Darse de cabezadas: fatigarse por lograr una cosa sin conseguirla.

Darse de cabezadas por las paredes: darse contra ellas.

Darse de las astas: repuntarse dos o más en la conversación, diciéndose palabras picantes.

Darse de narices, de morros, de hocicos: encontrarse de forma imprevista y brusca con alguien que no se buscaba.

Darse el abrazo de Vergara: indica que entre dos o más personas se ha producido una reconciliación que parecía imposible.

Darse el atracón: cometer un hombre acciones lascivas con una mujer. Comer en demasía.

Darse el banquete: magrearse.

Darse el bote: marcharse de un sitio.

Darse el calentón: sobarse.

Darse el filete: cometer una persona acciones lascivas con otra de distinto sexo.

Darse el folio: darse importancia.

Darse el lote: tener tocamientos lascivos una pareja.

Darse el morreo: besarse lascivamente.

Darse el pico, o los morros: irónicamente se usa ante unas relaciones amistosas excesivas o improcedentes. Besarse.

Darse el piro: marcharse precipitadamente.

Darse el piro del vampiro: forma achulada de marcharse.

Darse el queo: huir.

Darse el zuri: irse, escaparse.

Darse golpes de pecho: arrepentirse de alguna acción, se toma en ocasiones como arrepentimiento fingido.

Darse han, y darnos han, y daros hemos, para que déis, que todo es ley: forma de indicar que hay que dar, para poder recibir.

Darse humos: presumir.

Darse importancia: presumir o suponerse un gran personaje

Darse la fiesta: entregarse a acciones lascivas.

Darse la gran vida: vivir holgadamente y sin trabajar.

Darse la mano una cosa con otra: ayudarse mutuamente. Estar inmediatamente junta o contigua, tener relación con ella.

Darse la paliza: trabajar mucho para lograr algo.

Darse la vida padre: vivir con todas las comodidades y sin trabajar.

Darse la vidorra: vivir con toda clase de comodidades.

Darse la vuelta la tortilla: cambiarse de repente las tornas o los acontecimientos.

Darse las manos: unirse en alguna empresa o compromiso. Reconciliarse.

Darse lustre: darse tono.

Darse maña: ingeniarse, ser habilidoso.

Darse media vuelta: emprender el camino de vuelta.

Darse mucho bombo: gran importancia.

Darse partido: ceder en su empeño u opinión.

Darse pisto: presumir, darse importancia.

Darse por aludido: cuando una persona se aplica para sí lo que está oyendo, aunque no vaya dirigido a su persona.

Darse por buenos: hacer las paces los que habían reñido.

Darse por contento: estar satisfecho de una cosa.

Darse por desentendido: desentenderse.

Darse por entendido: responder.

Darse por muerto: rendirse al paso de los años.

Darse por sentido: formar queja por alguna cosa, o contra otro por un desaire o agravio.

Darse por vencido: reconocer que erraba en una cosa. Cuando no se acierta a responder a una pregunta, o a ejecutar una cosa.

Darse postín: presumir, jactarse de algo que no se tiene.

Darse pote: darse lustre, importancia, presumir.

Darse prisa: acelerarse.

Darse tantas en ancho como en largo: vivir con toda libertad, cumplidamente, a toda satisfacción.

Darse tono: darse importancia.

Darse traza: darse maña.

Darse tres puntos en la boca: coserse la boca, no decir absolutamente nada.

Darse un aire a otro: parecérsele en algo, o tener con él alguna semejanza en algo.

Darse un atracón: comer en grandes cantidades, pudiendo en algunos casos hacer daño lo ingerido.

Darse un banquete: comer, disfrutar de una cosa de mucha cantidad y con mucho placer.

Darse un batacazo: caerse al suelo.

Darse un bureo: dar una vuelta, pasear.

Darse un calentón: calentarse deprisa y levemente.

Darse un chapuzón: remojarse en agua de modo inesperado.

Darse un charol: darse importancia, tono.

Darse un "chute": drogarse.

Darse un filete: sobarse una pareja.

Darse un filo: aguzar el ingenio, prepararse cuidadosamente en alguna materia.

Darse un filo a la lengua: murmurar de un ausente.

Darse un garbeo: pasear.

Darse un hartazgo: comer mucho, hacer algo con exceso.

Darse un latigazo: echar un trago.

Darse un lote: tener escarceos y tocamientos con persona del sexo contrario.

Darse un punto en la boca o un cosido en la boca: callar.

Darse un revolcón: divertirse groseramente un hombre y una mujer.

Darse un tortazo: un golpe.

Darse un tute: hacer un esfuerzo excesivo.

Darse un verde: holgarse o divertirse hasta la saciedad.

Darse un voltio: achuladamente, darse una vuelta, pasear.

Darse una costalada: resbalar y caer al suelo de espaldas.

Darse una hostia: un golpe.

Darse una leche: un golpe.

Darse una palmada en la frente: querer hacer memoria de una cosa.

Darse una paliza: trabajar en demasía, estando muy cansado.

Darse una panzada: comer mucho. Hacer una cosa insistentemente.

Darse una pavonada: ir a divertirse.

Darse una ración de vista: mirar atentamente y con complacencia o sensualidad a determinadas partes del cuerpo de una mujer.

Darse una recalada: estar en un sitio poco tiempo.

Darse una soba: haber trabajado en demasía.

Darse una vuelta: pasear.

Darse una vuelta a la redonda: examinarse antes de reprender a uno.

Darse vida de canónigo: vivir con toda clase de comodidades.

Dársela a tragar a uno: pegársela.

Dársela a uno: pegársela, engañarle.

Dársela al más pintado: locución con que se manifiesta ser tan comprometida la situación en que se encuentra, que se desafía al más hábil o sagaz, a que salga airosamente del apuro.

Dársela, o pegársela, con queso: engañar a una persona de mala manera, burlarse de ella.

Dárselas de algo: presumir de cierta cosa una persona sin tener motivo para ello.

Dársele a uno tanto por lo que va, como por lo que viene: no importarle nada lo que sucede o puede suceder.

Date buena vida, temerás la caída: advierte que al que se cuida mucho está menos curtido para las desgracias, por lo que las siente más.

Date prisa Pepa, que si no te entierran: aconseja a no dormirse en los asuntos de la vida.

¡Date tono Maricuela!... (y se dejaba el culo fuera): contra los que presumen de poderosos, ricos, sabios, etc., y no tienen absolutamente nada de ello.

Date un limpión: frase con que se significa que no se logrará lo que se desea.

De a pie: los que no usan medio de transporte. Sin cargo o tratamiento alguno, ser una persona del montón.

De abolengo: proceder de notable ascendencia una persona.

De abrigo: de cuidado, muy grande.

De acá para allá: de un lado a otro.

De acero: de gran fortaleza, o dureza.

De acuerdo: siginificando asentimiento a lo manifestado.

De adorno: sin servir para nada de provecho.

De agua dulce: se dice cuando una persona no es práctica en su profesión o que no sobresale en su conocimiento. Igualmente se dice de los que no pertenecen a la mar.

De agua y lana: de poco o ningún valor e importancia.

De ahí nace la tos a la gallina: da a entender el origen de una cosa, por lo general desagradable.

De alabar el diablo el fruto vino Eva a probarlo: recomienda desconfianza en las alabanzas exageradas.

De algunos días acá...: desde hace...

De alivio: expresión que indica exageración o ponderación.

De alivio de luto: forma de vestir antiguamente, cuando ya se llevaba el luto de un familiar durante un cierto tiempo, vistiéndose de forma un poco menos riguroso.

De alterne: persona dedicada a la diversión en establecimientos públicos.

De alto copete, o coturno: de categoría elevada.

De altos vuelos: de grandes objetivos o aspiraciones.

De alucine: se dice de todo lo que causa asombro, admiración, envidia, etc.

De andar por casa: con que se califica algo modesto y que no se tienen grandes pretensiones.

De antemano: con anterioridad.

De antes de la guerra: de hace mucho tiempo, en desuso.

De antiguo: de tiempos remotos o mucho tiempo atrás.

De antología: ser una cosa muy buena.

De aquella hecha: desde entonces.

De aquellos polvos vienen estos lodos: los grandes problemas vienen por lo general de pequeñas faltas.

De aquí a Lima: fórmula de comparación para dar a entender que se supera ampliamente una cosa a otra en cierta cualidad.

De aquí a mañana, muchas horas hay: forma de retrasar un asunto.

De aquí allá, pampanitos habrá: dícese de las cosas que están muy lejos de suceder.

De aquí para allá: andar de un sitio a otro.

De aquí te espero: expresión ponderativa de tremendo o extraordinario.

De armas tomar: persona de brío y resolución para resolver las cosas.

De arriba (a) abajo: de una extremo a otro, totalmente.

De artesanía: cuando una cosa está muy bien hecha.

De atrás viene la cebada: manera de expresar que lo que sucede no es del momento.

De aúpa: sirve para calificar de extraordinaria una cosa.

De ayer a hoy: de poco tiempo a esta parte.

De baja estofa: de la más baja calidad, o clase social.

De balde: gratis, sin pagar.

De banda a banda: de parte a parte, de uno a otro lado.

De bandera: excelente, lo mejor de su clase. Dícese de la mujer muy atractiva.

De barato: de balde.

De barra a barra: de extremo a extremo.

De barra en barra: dícese de las personas que son aficionadas a las bebidas en los bares o tabernas.

De batalla: dícese de las prendas o utensilios de uso ordinario.

De bien: como es debido.

De bien a bien: de buen grado.

De bien en mejor: cada vez más acertada, prósperamente.

De bigote: se utiliza para ensalzar algo extraordinario.

De bóbilis, bóbilis: de balde, gratis y sin trabajo.

De bobis, bobis: de bóbilis, bóbilis.

De boca en boca: propagación de las noticias, rumores, habladurías, etc.

De boca para afuera: de palabra.

De bolín, de bolán: de un modo atropellado, sin reflexión.

De bolsillo: objetos muy pequeños. Cantidad de dinero para gastos pequeños.

De bombo y platillo: obras vanas y aparentes.

De boquilla: de palabra pero sin sentirlo.

De bote en bote: sitio completamente lleno.

De bote y voleo: sin dilación, a toda prisa.

De botijuela: gratis, de balde, de gorra.

De botón gordo: aplícase a todo lo que es basto, zafio.

De botones adentro: en lo interior del ánimo.

De brazos caídos: estar una persona sin hacer nada.

De brocha gorda: pintor pero no de cuadros. Dícese de lo que es basto.

De bruces: darse de cara con algo.

De buen año: estar gordo, lustroso, con muy buena apariencia.

De buen comer: comer mucho. Alimento agradable.

De buen grado: voluntariamente, gustosamente.

De buen, o mal, aire: de buen o mal humor.

De buen, o mal, talante: con buena o mala disposición de ánimo.

De buen, o mal, tono: propio de gente culta, o al contrario.

De buen saque: se dice del que siempre tiene ganas de comer.

De buen tono: con elegancia o distinción.

De buen trapío: de buena presencia.

De buen ver: de excelente aspecto.

De buena boca: dícese de la persona que come de todo. Persona benévola que de todo habla bien.

De buena cepa: ser, por herencia natural, noble de corazón.

De buena familia: dícese de las personas cuyos antecedentes gozan de buen crédito y estimación social.

De buena fe: con verdad y sinceridad.

De buena fuente: venir una noticia del sitio más directo, que es fidedigna.

De buena gana: con gusto o voluntad.

De buena ley: de perfectas condiciones morales.

De buena mano, buen dado: de una persona buena no debe temerse nada.

De buena mente: de buena voluntad.

De buena o mala calaña: de buena o mala intención.

De buena o mala data: irse mejorando, o arruinando una cosa.

De buena o mala gana: con gusto o voluntad, con repugnancia o fastidio.

De buena palabra, págase la vecindad: las palabras corteses a todo el mundo agradan.

De buena persona, buena palabra: debe concederse crédito a aquel que lo merece.

De buena ropa: dícese de la persona de calidad. De buena calidad, aplícase al vino.

De buena tinta: por buen conducto.

De buena vid planta la viña, y de buena madre toma la hija: ya que siempre habrá recibido buenos ejemplos y consejos.

De buena voluntad, o de voluntad: con gusto y benevolencia.

De buenas: de buen humor.

De buenas a buenas: hacer algo sin imposición.

De buenas a primeras: rápidamente.

De buenas a buenas: buenamente.

De buenas intenciones está el infierno lleno: por tratar de hacer algún beneficio en ocasiones se hace algún daño.

De bulto: evidente.

De buten: ser una cosa excelente, estupenda, magnífica.

De caballero a caballero: entre caballeros, a estilo de caballeros.

De caballo de regalo a rocín de molinero: se dice del que pasa de la prosperidad a la desgracia.

De cabeza: con decisión, rapidez. De memoria.

De cabo a cabo: del principio al fin.

De cabo a rabo: por completo, totalmente.

De cachete: gratis, sin coste alguno.

De cada día: sucesivamente, con continuación.

De cada rama no sale el mismo árbol: no todos los descendientes se parecen a sus antecesores.

De cagarse: impresionante, dicho de forma grosera.

De cajón: ser una cosa regular y corriente.

De cal y canto: sólido, duradero.

De calidad: se aplica a las personas que gozan de estimación general.

De callada: hacer una cosa con sigilo.

De camino: de paso, circunstancialmente.

De campanillas, o de muchas campanillas: persona de mucha autoridad o de circunstancias muy relevantes.

De campeonato: tremendo, impresionante.

De canto: de lado.

De capa caída: en situación de deterioro, en decadencia física, moral, económica, etc.

De capa y gorra: con traje de llaneza y confianza.

De capote: a escondidas.

De cara: de frente.

De cara a: con miras a alguna cosa concreta.

De carajo: en grado superlativo.

De carrera: con celeridad. Con estudios.

De carrerilla, de carrendilla, o de carrenderilla: de memoria y de corrido, sin enterarse mucho de lo estudiado.

De carretilla: por costumbre y sin reflexión.

De casa que amaga ruina se van los ratones y las golondrinas: desparaciendo todo el mundo de ella.

De casado a cansado va una letra y un paso: se dice que en el matrimonio no se tiene la ilusión del noviazgo.

De cascabel gordo: se dice de lo que produce efectos groseros o de mala ley.

De cascos levantados: de mal humor.

De caso pensado: de propósito, deliberadamente, con premeditación.

De casta le viene al galgo el ser rabilargo: indicando que los hijos suelen parecerse a los padres.

De categoría: dícese de las cosas buenas, elegantes o valiosas.

De cerca: a una distancia muy pequeña.

De ceremonia: con toda solemnidad.

De cero: empezar una cosa de la nada.

De chicha y nabo, o de chichinabo: de poca importancia, despreciable.

De chinos: dícese de los trabajos difíciles y minuciosos.

De chipé: de órdago.

De chipén: formidable, estupendamente.

De chiripa: por muy poco.

De chorra: por suerte.

De churro: por pura casualidad.

De cien demonios: expresión que quiere indicar que una cosa es mala o desagradable.

De ciencia cierta: con toda seguridad.

De cierto: con toda certeza.

De cine: cosa excelente, casi impensable.

De cintura para arriba todos somos buenos: para indicar que todos somos buenos dejando a un lado las cuestiones del sexto mandamiento.

De circunstancias: de compromiso.

De claro en claro: con toda claridad.

De clavo pasado: de toda evidencia.

De cojón de mico, de pato, de fraile: ser una cosa extraordinaria.

De cojones: estar entre lo mejor y más extraordinario.

De color: lo que no es blanco.

De color de rosa: dícese de las condiciones o circunstancias que son favorables.

De comer bien a comer mal va un real: indica que no debe mirarse mucho el dinero si se quiere comer adecuadamente.

De concierto: de común consentimiento.

De concordia: por acuerdo común.

De condición: de manera que.

De confección: dícese de las prendas que ya se compran hechas.

De confianza: dícese de la persona de trato íntimo y personal, igualmente de la que se confía en ella.

De conformidad: de acuerdo.

De consejo muda el viejo, y el necio persevera y se tiene recio: es de sabios cambiar de parecer, y de necios permanecer en el error, y encima mantenerlo con tesón.

De consideración: de importancia.

De contado: al instante.

De continuo: continuadamente.

De coña: de broma, guasa.

De copete: de mucho lujo o distinción.

De corazón: con verdad, seguridad y afecto.

De coro: de memoria.

De corredera: dícese de las ventanas o puertas que no se abren, abatiéndose o girándose sobre los goznes.

De corrida: aceleradamente, con presteza o velocidad.

De corrida en corrida: en poco espacio de tiempo.

De corrido: sin equivocarse en las explicaciones.

De cosecha propia: de su propia cabeza; igualmente, de lo que se ha producido con esfuerzo.

De costumbre: dícese de lo que es usual y cotidiano.

De cuajo: de raíz, sacando enteramente todo.

De cualquier forma: en cualquier caso.

De cualquir manera, o de todas las maneras: en cualquier caso.

¿De cuándo acá?: extrañeza con que significa alguna cosa o sucede fuera de lo regular o acostumbrado.

¿De cuándo acá, tan buen portero, o portera?: expresión familiar de galantería que se dice cuando al llamar en una casa nos abren los dueños.

De cuando en cuando, o de vez en cuando: algunas veces, de tiempo en tiempo.

De cuarenta para arriba ni te cases, ni te embarques, ni te mojes la barriga: indicación antigua a dichas personas que ya empezaban a considerarlas en el declive de su vida, y sobre todo el miedo y precaución que tenían con el baño.

De cuatro orejas: los animales que tienen cuernos; se dice principalmente de los toros.

De cuello vuelto: dícese del bofetón dado con el dorso de la mano.

De cuenta: de importancia.

De cuenta y riesgo: bajo su responsabilidad.

De cuerpo presente: el cadáver que se va a enterrar y está expuesto al público.

De cuidado: persona a la que se debe tratar con cautela, de poco fiar.

De culo: andar mal, con problemas.

De derecho: con arreglo a derecho.

De desagradecidos está el infierno lleno: indicando que la ineptitud es aborrecible y muy abundante.

De día en día: continuación del tiempo que se espera algo.

De día no veo y de noche me espulgo: expresa que hay veces que se hacen las cosas en el momento más inoportuno, cuando causa mayores molestias o inconvenientes.

De día y con sol: a las claras, públicamente.

De diario: lo de todo los días.

De días: tiempo ha, o de algún tiempo.

De dicho en dicho: de boca en boca.

De dientes afuera: con falta de sinceridad en ofertas o cumplimientos.

De dinero: personas con caudal.

De diestro a diestro, el más presto: entre dos personas de habilidades semejantes, el más rápido es el que lleva la ventaja.

De Dios, el medio: expresión con que se exagera la propensión que uno tiene a hurtar.

De Dios en ayuso: de Dios abajo.

De Dios venga el remedio: significa la imposibilidad humana de remediar un daño.

De doble filo: armas que tienen filo por ambas partes. De las cosas que pueden obrar en favor o en contra de lo que se pretende.

De dominio público: siendo conocido por todo el mundo.

¿De dónde a dónde, haxa con albanega?: se dice cuando una cosa causa una gran extrañeza.

De donde diere: para indicar que se habla u obra a bulto, sin reflexión ni reparo.

¿De dónde eres, hombre? Del pueblo de mi mujer: expresa que las costumbres de las mujeres suelen ser aceptados por sus esposos. ¿Queda otro remedio?

De donde no hay no se puede sacar: indicando que no se puede pedir nada a la persona que no tiene conocimientos o bienes.

De dos de queso: se aplica a lo que es de poco valor o provecho.

De dos, sacar cuatro: ser una persona muy ahorradora y buena administradora.

De edad: de mucha edad.

De enamorado a loco va muy poco: por las cosas extrañas que se hacen al estar poseído de un amor intenso.

De ensueño: magnífico, maravilloso.

De entonces acá ya ha llovido algo: denota haber transcurrido mucho tiempo desde que se verificó aquello de que se trata.

De entrada: se dice del grado de ingreso en ciertas carreras. En un principio.

De época: de otros tiempos anteriores.

De esa manera: según eso.

De escalera abajo: los sirvientes que se ocupan de las tareas más humildes.

¡De eso nada, monada!: expresión para negar o rechazar algo.

De eso nasti, monasti: expresión achulada con que se niega o rechaza algo.

De espanto: tremendo, grandísimo.

De esquina: dícese de la casa o habitación que da a dos fachadas formando ángulo.

De esta hecha: desde ahora, desde este tiempo o desde esta fecha.

De esta tela todos tenemos un vestido: las desgracias, molestias o disgustos no son patrimonio de una persona concreta, ya que las padecemos y sufrimos todo el mundo.

De estado: persona que dirige los asuntos de una nación.

De estampía: de repente.

De esto nunca me falte, y pan sí: locución burlesca a la persona que se queja de haberse dado un ligero golpe, o experimenta un pequeño dolor pasajero.

De estómago: dícese de la persona constante. Persona poco delicada.

De etiqueta: forma de comportarse o cumplimiento de obligaciones sociales.

De excepción: extraordinario, magnífico.

De extranjis: ocultamente, inesperado o extraño.

De extremo a extremo: desde el principio al fin, de un lado a otro.

De fábula: se dice cuando una cosa es extraordinaria.

De facto: de hecho.

De falso en falso: de engaño en engaño.

De fantasía: dícese de los vestidos o adornos vistosos y llamativos.

De favor: cosas que se obtienen gratuitamente.

De fijo: con toda seguridad.

De firme: con fuerza.

De firme en firme: el que con tesón sostiene algo.

De flor en flor: dícese de las personas volubles y que suelen ir de una mujer a otra.

De fogueo: disparo que se efectúa sin proyectil o bala.

De forma: persona de distinción y con prendas recomendables.

De forma que: indica consecuencia y resultado.

De frente: de cara.

De fuera: forastero.

De fuero: de ley, según la obligación que impone la ley.

De gabinete: se dice cuando se conoce una cosa por la teoría sin tener práctica en ella.

De gala: vestido acorde con la ceremonia que se ejecuta.

De gana: con fuerza o ahínco.

De ganchete: del brazo.

De gañote: gratis, de gorra.

De garabatillo: tremendo, enorme, extraordinario.

De garrafa: dícese de las bebidas que se sirven sin etiquetar, pero al precio de éstas.

De gente en gente: de generación en generación.

De golpe: prontamente, con brevedad.

De golpe y porrazo: de repente, dicho que viene de las antiguas cerraduras que, al tener pestillo, cerraban sin llave.

De goma: dícese de la persona que al golpearse no se produce daño, como si no se hubiese caído.

De gorra: de balde, sin costar nada.

De gracia: gratuitamente, sin premio ni interés alguno.

De grado en grado: por partes, sucesivamente.

De grado, o de su grado: voluntariamente.

De grado, o por fuerza: de todos modos.

De grandes penas y de grandes cenas están las sepulturas llenas: indicando la maldad de una copiosa comida por ser difícil la digestión, pero castizamente se dice: **están más llenas por no haber cenado.**

De grandes señores, grandes mercedes se esperan: según son las personas así se espera su actuación.

De guagua: de balde, sin costar nada.

De guante blanco: forma de valorar la elegancia, cortesía, educación, buenos modales, etc.

De guardarropía: se dice de las cosas que aparentan lo que no son.

De guindas, o uvas, a peras: muy de tarde en tarde.

De habas a caracoles: de higos a brevas.

De haldas, o de mangas: de un modo o de otro, por bien o por mal.

De hecho y de derecho: que, además de existir o proceder, existe legítimamente.

De hembras está empedrado el mundo: sátira contra las mujeres.

De Herodes a Pilatos: de una parte a otra.

De hierro: de gran dureza.

De higos a brevas: de tarde en tarde.

De hinojos: de rodillas.

De historia: cuando se cuentan aventuras de una persona que no le honran.

De hito en hito: denota la atención del que camina por lugar desconocido, que debe fijarse para no extraviarse en las señales que existen.

De hombre a hombre: a ver quién puede más.

De hombre a hombre no va nada: expresión con que se denota arrojo, valentía y nada de temor.

De hombre que mea sentado y de mujer que mea en pie, libera nos, Dómine: aconsejando poco trato con hombre afeminado y mujer hombruna.

De hombre sin vicio no me fío: indicando la poca fortaleza que tiene el hombre contra el vicio y el pecado.

De hombre tiple y de mujer tenor, líbranos, Señor: del hombre y de la mujer que no son según su naturaleza, se aconseja poco trato con ellas.

De hombres bien nacidos es ser agradecidos: expresa que se deben reconocer los favores recibidos y agradecerlos.

De hora en hora: sin cesar.

De hoy a mañana: dando a entender que una cosa sucederá pronto.

De hoy en adelante: desde este día.

De hoy para mañana: de un día para otro.

De hoz y coz: sin reparo, sin miramientos.

De huevos, o de tres pares de huevos: estupendo, muy bueno.

De igual a igual: tratar a una persona con familiaridad, y con los mismos derechos que tiene uno mismo.

De ilusión también se vive: de la esperanza, de la conformidad, es importantísimo para la vida diaria.

De impresión: excelente, magnífico.

De improviso: sin previsión.

De incógnito: camuflado, intentando pasar inadvertido.

De infarto: se dice cuando una cosa es asombrosa o sorprendente.

De inmediato: al momento.

De intento, o de propio intento: adrede, con premeditación.

De iure: de derecho.

De jarras, o en jarras: postura del cuerpo, que se toma encorvando los brazos, poniendo las manos en la cintura. Posición bravía en contraposición de algo.

De jure: de derecho.

De juro: ciertamente, por fuerza.

De juro, o por juro de heredad: perpetuamente, para que pase de padres a hijos.

De justicia en justicia: asuntos, o los presos de tribunal en tribunal.

De juzgado de guardia: expresión actual, que se dice cuando una persona ve o recibe alguna cosa intolerable.

De la abundancia del corazón habla la boca: frase con que se denota que por lo común se habla mucho de aquello de que el ánimo está penetrado.

De la acera de enfrente: dícese del homosexual.

De la cabeza a los pies: totalmente.

De la cáscara amarga: dícese del hombre afeminado.

De la Ceca a la Meca: de una parte a otra.

De la cofradía de San Marcos: persona casada.

De la cruz a la fecha: desde el principio al fin. Se dice de las cartas que empezaban con una cruz y terminaban con la fecha.

De la discusión brota la luz: cuando se examinan las cosas con sentido común, es difícil no llegar al esclarecimiento de la verdad.

De la gran puta: usado despectivamente con referencia a una persona o cosa fastidiosa.

De la hostia: usado despectivamente con referencia a una persona.

De la leche: expresión despectiva.

De la mano: cogido de la mano.

De la mano y la pluma: ser autógrafo un escrito.

De la mar el mero, y de la tierra el carnero: indicando las dos cosas mejores de cada uno de esos medios.

De la noche a la mañana: repentinamente, en un espacio muy breve de tiempo.

De la panza sale la danza: después de una buena comida siempre hay ganas de bromas y juergas de todo tipo.

De la polla, porra, puñeta: se dice despectivamente hacia una persona o cosa que fastidia o molesta.

De la primera impresión: nuevo en una cosa.

De la puñeta: dícese añadiendo a una frase lo que es muy molesto o desagradable.

De la tierra: dícese de los frutos que produce el país o la comarca.

De la vaca flaca, la lengua y la pata: las dos cosas apetecibles y buenas para comer.

(La) De la vergüenza: se dice cuando se está comiendo algo y se invita a otra persona a comerse lo último que queda.

De la viña reniego que torna a ser majuelo: contra los viejos que se quieren comportar como jóvenes.

De la vista baja: forma de designar al cerdo.

De labor: para trabajar.

De lado a lado: de una parte a otra.

De lance: barato, aprovechar la coyuntura.

De lance en lance: de una acción a otra.

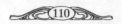

De largas vías, largas mentiras: indicando la facilidad con que se miente cuando se habla de tiempo o países remotos.

De largo: presentarse en sociedad.

De largo a largo: de extremo a extremo.

De las cosas más seguras, la más segura es dudar: no es conveniente fiarse de nada, por muy seguro que se esté.

De las manos: asidos de las manos.

De las narices: se dice con desprecio de una persona.

De las palabras ociosas nos han de pedir cuentas en la otra vida: aconsejando hablar poco y con cierta entidad.

De las suyas, o de las suyas: obrar según su costumbre.

De las siete ciencias: se dice de la persona pedante que todo lo sabe.

De leche: relativo a los primeros tiempos de una persona.

De lengua en lengua: de boca en boca.

De leña media se hace buen carbón: a fuerza de perseverancia y trabajo, se puede llegar a ser un erudito.

De ley: dícese de lo que es bueno.

De ligero: sin reflexión.

De llano en llano: clara y llanamente.

De lleno: completamente.

De lo bueno, poco: indicando que no se prodiga para no hacerse vulgar.

De lo caro: de la mejor calidad.

De lo contado come el lobo: por más que se cuida de guardar alguna cosa, no siempre se logra su seguridad.

De lo contrario: en caso contrario.

De lo feo a lo hermoso, deme Dios lo provechoso: forma jocosa de decir que una persona prefiere lo hermoso o guapo al resto de las cosas.

De lo lindo: a las mil maravillas. Mucho, con exceso.

De lo perdido, sacar algún partido: debiendo tomarse siempre las oportunas lecciones por todos los actos de la vida, principalmente de los que no son perjudiciales.

De lo poco, poco, y de lo mucho, nada: dícese de los que teniendo mediana fortuna son espléndidos, y en cuanto se ven en la opulencia, son unos miserables o no ayudan ni socorren a nadie.

De lo que no cuesta llenemos la cesta: eso lo dicen los egoístas.

De lo que no hay: lo que es único, censura.

De lo que se come se cría: dicho jocoso que se dice de los alimentos con simbología particular con el cuerpo humano, como las criadillas, huevos, plátanos, queso de tetilla, etc.

De lo sublime a lo ridículo no hay más que un paso: la exageración suele arrastrar al efecto contrario de lo que se pretendía conseguir.

De locura: locución que expresa ponderación.

De los cojones: dicho que denota desprecio.

De los cuarenta para arriba no te mojes la barriga: indicando que a partir de cierta edad ya no se deben hacer ciertas cosas.

De los dos males, mejor es que te peas que no te cagues: forma de expresar que entre dos cosas malas, caso de ocurrir alguna, es preferible la menos mala.

De los grandes: billete de diez mil pesetas.

De los huevos: expresión despectiva.

De los míos déjame decir, más no me hagas oír: aunque uno censure los defectos de sus familiares, no gusta oír a otro que se hable mal de ellos.

De los pies a la cabeza: con todo lo necesario.

De los que entran pocos en quintal: gran calidad, tamaño o abundancia de algo.

De los que hacen época: expresión ponderativa de algo.

De los vanos temores nacen todos nuestros daños: el miedo a lo desconocido invita a no ejecutar por temor a alguna cosa.

De macetilla: acción de dar el sol de lleno.

De Madrid al cielo: es como decir que se ha logrado nuestro sueño.

De Madrid al cielo y, en el cielo, un agujerito para verlo: frase elogiosa para esta villa y capital de España, donde nadie se extraña.

De madrugada: al amanecer.

De mal aguaje: de mal genio.

De mal aire: de mal humor.

De mal en peor: empeorando.

De mal maestro no sale discípulo diestro: indicando que un alumno no puede aprender lo que no sabe su maestro.

De mal tono: de mala presencia, o educación.

De mal vivir: de mala vida.

De mala data: irse empeorando alguna cosa.

De mala fe: con malicia y engaño.

De mala gana: con fastidio, repugnancia.

De mala marrana, buenos lechones, por los cojones: de malos padres, nunca pueden salir buenos hijos.

De mala mata nunca buena zarza: de malas cosas nunca deben esperarse cosas buenas.

De mala muerte: muy malo, de baja calidad.

De mala nota: de mala fama.

De mala traza: de mala disposición y lastimosa compostura del cuerpo.

De mala vida: dícese de la persona de conducta viciosa.

De malas: con desgracia, se dice principalmente en el juego.

De malas tripas, malas morcillas: de malos elementos no es fácil conseguir buenos resultados.

De manera que: de tal modo.

De manga: gratis, sin coste alguno.

De mano: de buenas a primeras, en seguida.

De mano a mano: de uno a otro, sin intervención de otra persona.

De mano ajena: de un extraño.

De mano en mano: por tradición. Cuando un objeto pasa sucesivamente por la mano de varias personas.

De manos a boca: de repente, impensadamente, con proximidad.

De mar a mar: abundancia de cosas.

De maravilla: inmejorable.

De marca mayor, o de más marca: excesivo en su línea, y que sobrepuja a lo común.

De marras: cuando se refiere irónicamente a algo que ya se conoce, y que no queremos hablar de ello por desagrado.

De más: de sobra.

De más a más: a más.

De matute: de contrabando, a escondidas.

De media gancheta: desaliñadamente, sin la perfección debida.

De medio a medio: completamente. Mitad por mitad.

De medio carácter: dícese de la persona poco definida.

De medio cuerpo: dícese del retrato que reproduce la mitad superior del cuerpo.

De medio lado: torcido, inclinado.

De medio ojo: no enteramente descubierto o en público.

De medio pelo: con que se zahiere a las personas que quieren aparentar más de lo que son, o a cosa de poco mérito o importancia.

De memoria: reteniendo en ella lo que se oyó o leyó.

De menos: cantidad por defecto.

De menos nos hizo Dios: esperanza que uno tiene de conseguir lo que se intenta, aunque parezca desproporcionado.

De mentirijillas: en broma.

De mérito: recomendable.

De mí cabeza, de su cabeza: de propio ingenio o invención.

De mí ha de ser dicho, pero de otros muchos dijeron: indica que no le preocupan a uno los juicios de los demás.

De mí para ti: directamente, de mi persona a la tuya.

De mi vida: lo más importante de mi vida.

De miedo: locución ponderativa de lo extraordinario.

De mil amores: locución adverbial que indica con mucho gusto.

De mil demonios, o diablos: expresión que indica algo negativo.

De mil pares de bigotes, cojones, huevos: impresionante.

De milagro: por una gran casualidad, milagrosamente.

De mírame y no me toques: cuando algo es muy delicado.

De miranda: dícese de la persona que no trabaja en nada.

De mis pecados: afecto particular acerca del sujeto o cosa de que se habla.

De mis puntadas te reirás, pero con mi dinero no comerás: excusa del que ha hecho una obra peor ejecutada, pero que se ha ahorrado el dinero que tenía que pagar por ella.

De mis viñas vengo: para dar a entender que una persona no ha tenido nada que ver con un hecho.

De misa y olla: el clérigo de cortos estudios y poca autoridad.

De moda: lo que está de actualidad.

De modo que: de tal manera que.

De modo y manera: así que...

De mogollón: se dice de la obra mal ejecutada, hecha a la ligera.

De molde: de imprenta. Hecho perfectamente.

De momento: de pronto.

De momio: de balde, gratis.

De montón, o en montón: juntamente, sin separación.

De muchas campanillas: de gran posición, lujo, renombre, etc.

De mucho aire: con mucho garbo.

De mucho buque: de carnes abundantes.

De mucho pistón: muy bueno, inmejorable.

De muchos bemoles: equivalente a importante, considerable o extraordinario.

De muerte: implacablemente, con ferocidad.

De mujer a mujer: de igual a igual, con toda confianza.

De músico, poeta y loco todos tenemos un poco: frase de fácil comprensión.

De nacimiento: defecto que se nace con él.

De nada: sin la menor importancia. Contestación al recibir las gracias.

De nada sirve la ciencia, si no gobierna la conciencia: para todo debe existir justicia y ecuanimidad, no debiendo perjudicar a nadie con cualquier actuación.

De nada sirve que el sol alumbre para quien cierra los ojos: es inútil que se pretenda convencer a quien se niega a escuchar razonamientos.

De narices: locución ponderativa de lo extraordinario, tanto por lo bueno como por lo malo.

De..., ni el polvo: manifestando aversión o asco que se tiene por el lugar que se ha citado.

De ninguna cosa se debe fiar menos que de las prósperas: los asuntos que parecen que van mejor encaminados suelen ser los que más pronto fracasan.

De ningún modo, o de ninguna manera: nunca.

De no te menees: persona de cuidado, peligrosa.

De noche todos los gatos son pardos: indica que con la noche se disimulan mejor las faltas.

De non, o de nones: estar sin pareja.

De nueva planta: de nueva ejecución; se dice de los edificios.

De nuevas: coger a una persona desprevenida.

De nuevo: nuevamente.

De nuevo cuño: cosa recién adoptada; se dice igualmente de la persona que actúa en un cargo como de recién ingreso. Moneda que se ha puesto en circulación.

De número: se dice de la persona que pertenece a una asociación o trabajo en el que está limitado el número.

De, o en, tropel: con movimiento acelerado y violento. Yendo muchos juntos sin orden.

De obra: lo que se hace con materiales de obra.

De ocasión: de segunda mano, lo que se consigue a bajo precio.

De oficio: con carácter oficial, cuando se actúa directamente por parte de la Administración sin concurso inicial del interesado.

De oídas: lo que se sabe por haberse oído, y no por haberse constatado.

De oído: dícese del que aprende nada más que al oído, desconociendo el arte musical.

De órdago, o de órdago a la grande: expresión ponderativa equivalente a enorme o extraordinario.

De orden: con arreglo a la normativa oficial.

De orden de: por ordenamiento de la autoridad.

De ordinario: por lo general.

De oreja a oreja: se dice de la sonrisa muy grande y sin disimulo.

De origen: relativo a su nacimiento o procedencia.

De oro: precioso, inmejorable, floreciente, feliz.

De oro y azul: dícese de la persona muy compuesta y adornada. Colores con los que se visten de luces algunos toreros.

De pacotilla: malo, de mala calidad.

De padre cojo, hijo renco: por lo general suelen heredar los hijos las costumbres y resabios de los padres.

De padre santo, hijo diablo: de poco aprovecha a los hijos la buena crianza en ocasiones.

De padre y muy señor mío: con que se ensalza la gran magnitud de una cosa.

De padres feos, hijos hermosos: muchas veces suelen parecerse a los antecesores en lugar de los padres.

De padres gatos, hijos mininos: indicando que en la mayoría de los casos los hijos suelen sacar las mismas condiciones que los padres.

De paisano: sin uniforme.

De palabra: por medio de la expresión oral.

De palabra en palabra: de una razón, de un dicho en otro. Modo con que se va encendiendo una contienda o disputa.

De paleta: oportunamente, a la mano, a pedir de boca.

De pánico: tremendo o extraordinario.

De par en par: abiertas las puertas. Sin impedimento.

De parte: a favor de. En nombre o de orden de.

De parte a parte: de un lado al extremo opuesto.

De parte de: por encargo de, en nombre de.

De particular: lo que es especial.

De pasada: de paso.

De Pascuas a Ramos: de tarde en tarde.

De paso: al mismo tiempo. Al ir a otra parte. Al tratar de otro asunto.

De paso en paso: paso a paso.

De paso, me alargo: dícese del que está más tiempo del necesario en hacer alguna cosa.

De pasteleo: falso, no auténtico.

De pata negra: cosa excelente.

De patilla: gratis, sin pagar.

De pe a pa: íntegramente, desde el principio al fin.

De pecado: equivalente a estupendo o extraordinario.

De pechos: con el pecho apoyado en, o sobre una cosa.

De pega: de mentira.

De película: con que se indica lo extraordinario de una cosa.

De pelo en pecho: dícese de la persona vigorosa, robusta y denodada. Otros añaden... y **mierda en las rodillas**.

De pelotas: muy bueno, estupendo.

De pena: que da lástima.

De pensado: de intento, con previa meditación y estudio.

De perdidos, al río: cuando una cosa sale mal ya da igual lo que ocurra.

De perfil: de lado.

De perilla, o de perillas: a propósito, a tiempo.

De perlas: perfectamente, de molde.

De permiso: de vacaciones.

De perro a perro: dícese de lo que es sumamente molesto o desagradable.

De perros: muy mal o muy malo.

De persona a persona: personalmente.

De peso: con el peso cabal que debe tener una cosa por ser ley.

De pico: sin obras, únicamente de palabra.

De pico se hacen las jarras en Talavera: motejando a los que no han ejecutado lo que han dicho.

De picos pardos: divertirse en lugares poco recomendables.

De pie: en pie.

De piedra: no tener sentimientos, estar completamente inmóvil.

De pies a cabeza: de arriba a abajo.

De pingoneo: de juerga.

De pistón: estupendamente.

De plano: entera y claramente.

De planta: de nuevo, desde los cimientos.

De plática en plática: de palabra en palabra.

De poca ropa: dícese de la persona pobre o mal vestida, o de poca autoridad.

De poco más o menos: se aplica a las personas o cosas despreciables o de poca estimación.

De poco pelo: de poca importancia.

De poder absoluto: despóticamente.

De poder a poder: cuando con las mismas fuerzas se contiende por algo.

De poetas y locos, todos tenemos un poco: indicando que alguna vez se tiene esa afición y característica.

De polo a polo: gran distancia, que hay entre dos puntos, opiniones, doctrinas, etc.

De popa a proa: totalmente.

De por sí: separadamente, cada cosa sola.

De por vida: perpetuamente, por todo el tiempo de la vida.

De portante: a paso ligero.

De postín: de lujo, de alta categoría.

De precisión: con toda exactitud.

De prestado: dícese cuando se llevan puestas cosas que no son del que las lleva.

De presto: con presteza, prontamente.

De primera: de primera clase, excelente.

De primera entrada: al primer ímpetu.

De primera fila: se dice cuando, dirigiéndose a una persona, se quiere indicar que es extraordinaria.

De primera instancia: al primer ímpetu, de un golpe. En primer lugar.

De primera intención: dícese de las acciones no definitivas.

De primera mano: del primer vendedor.

De primera necesidad: se usa para los artículos que son totalmente necesarios para el desarrollo de la vida.

De primero: antes o al principio.

De prisa y corriendo: con la mayor celeridad, atropelladamente.

De pro: de provecho.

De propio puño, o de su puño y letra: de mano propia.

De pronto: apresuradamente, de repente.

De propina: por añadidura.

De propósito: con intención, espontáneamente.

De provecho: a propósito para lo que se desea o intenta.

De prueba: someter a consideración. Indicando la consistencia o firmeza de una cosa en lo físico o en lo moral. Adecuado para probar el límite de la paciencia de uno.

De público: notorio, públicamente.

De puerta a puerta: dícese del transporte de mercancías que se recoge en el domicilio y se entrega en el del destinatario.

De puerta en puerta: mendigando.

De puertas adentro: interiormente, en la intimidad.

De puertas afuera: de general conocimiento de la gente.

De puertas allende, o aquende: dícese de los territorios más allá o más acá de una cordillera.

De pulga querer hacer caballo: dícese de los que aumentan los hechos, a fin de darles más importancia, cuando en realidad no tienen ninguna.

De pulso: persona que obra juiciosa y prudentemente.

De punta: se dice de lo que es agresivo.

De punta a cabo: de cabo a cabo.

De punta a punta: de un extremo a otro.

De punta en blanco: vestido primorosamente.

De puntillas: modo de andar, pisando con la punta de los pies, levantando los talones, se hace para caminar silenciosamente, sin ser oído por los demás.

De punto en punto: de momento en momento.

De puñetas: locución ponderativa equivalente a tremendo o extraordinario.

De puño y letra: escrito de su propia mano.

De pura cepa: de buena calidad, de origen reconocido.

De puro: sumamente, excesivamente, a fuerza de.

De puro bueno, es tonto: se dice de la persona buena y simple.

De puta madre: expresión soez, que indica que una cosa está o ha salido muy bien.

De puta pena o angustia: por casualidad, de suerte.

¿De qué color es el caballo blanco de Santiago?: pregunta que se hace a una persona para saber si es o no tonta.

De que se lo coman los gusanos, mejor que lo aprovechen los humanos: indica que los órganos sexuales no deben permanecer ociosos.

¿De qué te ríes, tonto? De ver a otro: contestación al que se está riendo, y se le hace dicha pregunta.

¿De qué vas?: expresión de enojo.

De quita y pon: piezas o partes de un objeto que están dispuestas para quitar y poner. En la ropa de vestir la que se usa casi continuamente, por no tener más que dos piezas para usar y lavar (muy común hace unos años).

De rabia, mató la perra: frase alusiva al que no puede satisfacerse de un agravio y se venga en lo primero que encuentre

De rabo a oreja: de cabo a rabo.

De raíz: desde el principio al fin.

De rama en rama: variando continuamente.

De raspivoleo: atropelladamente.

De rato en rato: con algunas intermisiones de tiempo.

De raza: de casta, de origen.

De rebato: de improviso, repentinamente.

De rebote: de rechazo, de resultas.

De rebozo: oculto, secretamente.

De rechupete: de buen gusto.

De recudida: de resultas, de rechazo.

De refilón: de lado, nunca de frente.

De refresco: de nuevo.

De relleno: se dice de las palabras que no son necesarias en los escritos o en las oraciones y se intercalan para alargarlas.

De relojería: dícese de lo que actúa en un momento determinado por el mecanismo de un reloj.

De relumbrón: dícese de lo que tiene una buena presencia pero una mala calidad o ejecución.

De remate: sin remedio.

De reojo: forma de mirar.

De repente: prontamente, sin preparación, sin discurrir o pensar.

De repetición: dícese de los artilugios que repiten lo que tienen que ejecutar.

De repolón: sin detenerse, ligeramente.

De repuesto: de prevención.

De reserva: dícese de lo que se tiene dispuesto para suplir alguna falta.

De responsabilidad: dícese de la persona de posibles y digna de crédito.

De resultas: como consecuencia.

De revés: de izquierda a derecha o viceversa, según los casos.

De revuelo: pronta y ligeramente, como de paso.

De rico a soberbio no hay palmo entero: ya que el dinero suele dar cierta altanería.

De rigor: obligatorio por las costumbres.

De ringuirranga: de juerga.

De ritual: por costumbre.

De rodilla en rodilla: de hombre a hombre.

De rodillas: con las rodillas hincadas. Castigado. Humillado.

De Rodríguez: quedarse un hombre solo por ausencia de su mujer, que está de vacaciones.

De rompe y rasga: de demasiada resolución, de armas tomar.

De rondón: intrépidamente y sin reparo, haberse introducido en algún sitio sin haber sido llamado.

De rositas: lo que se consigue sin esfuerzo alguno.

De rota: con total pérdida o destrucción.

De sabios es rectificar, o mudar de parecer: sólo los necios son los que se obstinan en seguir un acuerdo una vez tomado, cuando no es provechoso.

De salón: dícese del que actúa de cara a la galería, no siendo tan competente como aparenta en su profesión. Baile. Toreo.

De sangre caliente, o fría: en los animales cuya temperatura no depende, o sí, del ambiente.

De secreto: sin que se sepa públicamente.

De seda: lo que es muy suave y delicado.

De segunda mano: cuando una cosa está usada.

De segundo voleo: de salto.

De seguro: con certeza.

De sensación: lo que causa asombro, sensacional.

De sentido común: conforme al buen juicio de las gentes.

De ser bien nacido es ser agradecido: indicando que los favores recibidos siempre deben tenerse en cuenta para poder corresponder adecuadamente.

De servicio: desempeño de un cargo.

De servilleta prendida: estar convidado a comer fuera de su casa.

De sí: de suyo.

De siempre: desde que se tiene memoria, desde que se sabe.

De siete capas, como fiesta doble: ser muy aparatosa una persona.

De siete suelas: ser una cosa fuerte o robusta.

De silla en silla: modo de hablar de dos o más personas en conferencia privada.

De so capa: hacer una cosa secretamente y con soborno.

De sobaquillo: modo de lanzar piedras, dar a la pelota o poner banderillas.

De sobra: haber algo en exceso o abundancia.

De sobremesa: estar hablando después de haber comido sin quitar el mantel, o determinados servicios, como las copas o el café, dulces, etc.

De sol a sol: desde el principio al fin. Trabajar mucho.

De solo a solo: sin intervención de tercera persona.

De sopetón: de improviso, pronto o inesperadamente.

De sport: vestido informalmente.

De su cosecha: de su propio ingenio.

De su peso: naturalmente o de su propio movimiento.

De su puño y letra: escrito por él.

De su talento, ninguno hay descontento: dicen que el talento es lo mejor repartido que hay, nadie está descontento con el suyo.

De súbito: sin previo aviso, de repente.

De suerte: de forma.

De suyo: naturalmente, sin ayuda ajena.

De tal cepa, tales sarmientos, o tal vino: indicando las cualidades o defectos de algo, teniendo en cuenta su procedencia.

De tal manera: de tal modo, así.

De tal palo, tal astilla: acusar las propiedades o inclinaciones de conformidad con su procedencia u origen.

De tal suerte: de tal manera.

De tanto en cuanto: en algunas ocasiones.

De tapadillo: oculto.

De tarde en tarde: de cuando en cuando, transcurriendo largo tiempo de una a otra vez.

De tejas abajo: por un orden regular, sin acontecimientos extraños.

De tejas abajo, cada uno vive de sus trabajo: expresión cortés con la que niega a servir de balde a otra persona.

De tejas arriba: según el orden sobrenatural, contando con la voluntad de Dios. En el cielo.

De temporada: propio de la época.

De teta: dícese del niño o de la cría de un animal que está en período de lactancia.

De teta de novicia: cosa extraordinaria o formidable.

De tiempo en tiempo: de cuando en cuando.

De tienes a quieres, un tercio pierdes: no es lo mismo vender que comprar.

De tiempo en tiempo: algunas veces.

De tiento en tiento: de una en otra tentativa. Intentando ya una cosa, ya otra.

De tierra en tierra: de país en país.

De tiros largos: vestido de gala, con lujo y esmero.

De toda la vida: desde que se recuerda.

De todas maneras, aguaderas: dícese cuando una cosa no tiene solución, pero las consecuencias son de poca importancia.

De todas, todas: se dice del que conoce todas las respuestas del saber humano.

De todo como en botica: variedad existente en un almacén.

De todo corazón: con todo gusto, se dice cuando se hace algo con todo el sentimiento.

De todo en todo: entera y absolutamente.

De todo hay en la viña del Señor: existencia de disparidad de hechos y personas en este mundo. Indicación de que no suele ser todo bondad o maldad en una persona.

De todo punto: enteramente, sin que falte cosa alguna.

De todo quiere Dios un poquito: manera de justificar las personas serias las distracciones honestas.

De todo tiene la viña del Señor: uvas, pámpanos y agraz: se dice de las vueltas que da la vida por las circunstancias que acontecen, habiendo por tanto de todo.

De todo un poco: que se toma muy poco de todas las cosas que hay.

De todos los demonios: expresión de malestar con referencia determinada a algo muy desagradable o malo.

De todos modos: de todas las maneras, sea como fuere.

De toma pan y moja: referente a una mujer guapa, hermosa.

De toma un pavo, a daca un pavo, van dos pavos: expresión que indica que entre obtener una cosa o perderla la diferencia es doblada.

De tomo y lomo: de importancia y consideración. De mucho bulto y peso.

De tontos y porfiados se mantienen estos estrados: inscripción de un cuadro del Palacio de Justicia de Valladolid, del tiempo de la antigua Cancillería. (Sbarbi.)

De tope a tope: de cabo a rabo.

De tránsito: de modo transitorio. Pasarse de largo.

De trapillo: con ropa informal usada para el trabajo o para estar en casa.

De través: en dirección transversal.

De trecho a, o en, trecho: de distancia a distancia, de lugar a lugar, de tiempo en tiempo.

De trecho en trecho: de un lugar a otro, de un tiempo a otro.

De tres al cuarto: de poca importancia.

De tres, cuatro o de siete suelas: fuerte, sólido. Notable en su línea. También se dice de la persona que es muy vaga.

De tres pares de narices, de cojones, de puñetas, de pelotas: se dice de algo como extraordinario, tanto por bueno como por malo.

De trompetilla: dícese de los mosquitos que al volar producen un zumbido.

De tropel en tropel: movimiento acelerado y sin orden.

De trote: de corrida y aceleradamente.

De tú a Dios trato, y de excelencia a muchos pelagatos: forma de indicar el tratamiento inadecuado que se da a ciertas personas que son unos inútiles en sus cargos, puestos de trabajo, etc.

De turbio en turbio: desde el amanecer hasta el anochecer.

De turno: trabajar según un orden establecido.

De un camino, dos mandados: denota la oportunidad que unas diligencias ofrecen otras.

De un día a otro: de hoy para mañana.

De un dormido a un muerto hay poca diferencia: indica que el que no está en estado de vigilia no puede conseguir nada.

De un golpe: en una sola acción, de una sola vez.

De un lado para otro: de aquí para allá.

De un modo o de otro: en cualquier caso.

De un momento a otro: pronto, sin tardanza.

De un mosquito hacer un elefante: dícese de las personas exageradas, que los asuntos sin importancia los aumentan y desproporcinan.

De un plumazo: forma de modificar o suprimir algo inmediatamente.

De un salto: con rapidez y prontitud.

De un sitio para otro: de un lado para otro.

De un solo golpe no se derriba un roble: se exige constancia para realizar ciertas cosas.

De un tiempo a esta parte: desde hace muy poco tiempo.

De un tirón: de una vez, de un golpe.

De un viaje: de una vez.

De un vuelo, o en un vuelo: pronta y ligeramente, sin detención.

De un vuelo, o del primer vuelo: de un golpe.

De una asentada: de una vez, sin levantarse.

De una bolichada: de un golpe, de una vez.

De una forma o de otra: sin que exista impedimento o inconveniente para ejecutar alguna cosa.

De una mano a otra: en breve tiempo.

De una patada: hacer algo en poco tiempo. Despachar a uno.

De una pieza: se dice de la persona que actúa con carácter entero, igualmente lo que no está constituido por dos cosas.

De una puta vez: definitivamente.

De una sentada: de una vez, inmediatamente.

De una tacada: de una vez.

De una tirada: de una sola vez.

De una vez: con una sola acción. Poniendo todo el esfuerzo y medios de acción para lograr algo resueltamente.

De una vez para siempre: definitivamente.

De uno en uno: cada cosa por separado.

De unos días a esta parte: desde hace muy poco.

De uñas: estar enemistado con una persona.

De uñas a uñas: distancia entre los dedos de las manos, teniendo extendidos los brazos.

De uvas a peras, o de uvas a brevas: espacio muy largo de tiempo.

De vacío: sin carga. Sin ocupación. Sin haber conseguido lo que se pretendía.

De valor: de elevado precio, ser una cosa muy valiosa.

De válvula, o de valvulilla: de balde, de gorra.

De vanguardia: estar en lugar avanzado.

De varones prudentes es guardarse para mejor ocasión: no debiendo tomarse una resolución sin haberse meditado prudentemente.

De vasos e hijos la casa llena: ya que ninguna de las dos cosas sobran nunca.

De veinticinco alfileres: con todo el adorno y compostura.

De vencida: cuando está a punto de ser vencida una persona.

De venta en farmacias: fórmula usada en ciertos productos que no son totalmente farmacéuticos, con el fin de promocionarse y producir en consecuencia unas ventas superiores.

De veras: en realidad, con formalidad.

De verbo ad verbum: palabra por palabra, sin faltar una coma.

De verdad: sin mentir, como debe ser.

De vestir: vestido con ropa mejor de lo normal.

De vez en cuando, o de vez en vez: de cuando en cuando.

De vía estrecha: se dice de ciertos ferrocarriles, se aplica por extensión a personas o cosas de menor importancia.

De vicio: sin necesidad, motivo o causa, como por costumbre.

De vida airada: vida desordenada y viciosa, de desenfreno.

De vida alegre: se dice de las mujeres dedicadas a la prostitución.

De viejo no se pasa: dicho de los pésames.

De vientre: dícese del animal hembra destinado a la reproducción.

De Virgen a Virgen los sesos se derriten: del l6 de julio al 15 de agosto, por el gran calor que hace en estas fechas.

De visu: de vista.

De viva voz: lo que se manifiesta de palabra.

De vuelta: volviendo. Estar de, es decir no extrañar a uno lo que pueda suceder o ha sucedido.

De vuelta y media: regañar diciendo lo que a uno le parece.

Debajo de la buena razón se ha de temer el engaño: no hay que fiarse del agua o toro manso.

Debajo de llave: estar guardada una cosa con llave.

Debajo de siete llaves: indicación de que una cosa está muy guardada y segura.

Deber la vida: haber sido librado por otro de un grave riesgo.

Deber las once mil vírgenes: estar lleno de trampas.

Débito conyugal: recíproca obligación de los cónyuges para la propagación de la especie, efectuar el acto conyugal.

Debo no rompe panza: con que se zahiere a aquel a quien no le importa tener deudas.

Decentar el melón: con que se alude al riesgo que se corre de que una cosa salga mal, una vez empezada.

Decíamos ayer...: cuando se inicia una conversación o tema después de mucho tiempo interrumpida.

Decir a todo amén: no contradecir, aprobar siempre lo que otro dice.

Decir a uno cuántas son cinco: amenazarle con alguna reprensión o castigo. Tratarle mal.

Decir a uno las verdades del barquero: descubrirle sus faltas.

Decir al pan, pan, y al vino, vino: decir siempre las verdades que uno piensa, aunque causen pesar y disgusto.

Decir algo con la boca chica, o chiquita: ofrecer algo por mero cumplimiento.

Decir alguna cosa con la boca de la cara: manifestar lo que se pretende cara a cara a una persona, sin tapujos y directamente.

Decir amén a algo: aceptar una proposición en todos sus términos.

Decir bien: hablar bien, explicarse con gracia.

Decir bellezas: decir algo con gracia.

Decir con embozo: decir una cosa con recato y disimulo.

Decir con retintín: con doble sentido.

Decir cosas con pelo: injuriosas.

Decir cosas que levanten ampollas: decir cosas muy importantes, que escuecen y molestan a los que las oyen.

Decir cuántas son cinco, o cinco por cinco: decir a otro su forma de parecer con toda claridad.

Decir cuatro palabritas a uno: soltarle cuatro frescas.

Decir cuatro verdades: amonestar o regañar a alguien.

Decir de corrido: de memoria y sin olvidarse nada.

Decir de labios afuera: forma de expresar lo que no se tiene intención de cumplir, a pesar de haberse dicho.

Decir de no: negar.

Decir de nones: negar una cosa, o estar negativo el reo en la confesión.

Decir de repente: decir lo que le viene a uno a la cabeza.

Decir de sí: afirmar.

Decir de una hasta ciento: decir todas las verdades.

Decir de uno hasta ciento: decir muchas desvergüenzas.

Decir, dice cualquiera; hacer, sólo el que sepa y pueda: del dicho al hecho hay mucho trecho.

Decir dos gracias: decir algunas verdades.

Decir dos o cuatro palabras: ser breve en la exposición de un tema.

Decir el Evangelio, o Evangelio bendito: ser cierto todo lo que se dice.

Decir el paternóster hasta el *da nobis hodie*: hacer algo con miras interesadas.

Decir el sueño y la sepultura: referir con libertad y sin reserva todo lo que se ofrece.

Decir en castellano, o en cantollano, una cosa: sin ambages ni rodeos.

Decir en la cara, o en los morros, o en las propias narices: manifestar delante de una persona lo que realmente se piensa.

Decir en todos los tonos una cosa: decirle algo, haciendo uso de todos los recursos con insistencia.

Decir entre burlas y veras: decir algún inconveniente en tono de broma.

Decir entre dientes: hablar por lo bajo, de forma ininteligible.

Decir entre sí: razonar consigo mismo.

Decir la última palabra: dar por definitivo algo.

Decir las cosas dos por tres: decirlas encareciendo su verdad y exactitud.

Decir las cuatro verdades, o las verdades del barquero: decir sin miramientos la realidad de algo.

Decir las verdades al lucero del alba: a todo el mundo y sin callarse absolutamente nada.

Decir lo que se le viene a la boca: no tener reparo ni miramiento en lo que dice.

Decir los Jesuses: ayudar a bien morir.

Decir mal: maldecir, denigrar.

Decir maravillas: hablar cosas extraordinarias.

Decir mentira por sacar verdad: fingir que se sabe una cosa para que otro diga lo que sabe.

Decir mil bienes de alguien: alabarle mucho.

Decir mío y mía da alegría: por las alegrías que da la posesión de bienes.

Decir misa: celebrarla el sacerdote. Irónicamente cuando se dice una cosa que no es creída.

Decir nones: negar un reo.

Decir, o echarle, los latines: casar, echar a una pareja las bendiciones.

Decir, o hacer, con su sal y su pimienta: con intención plena.

Decir, o hacer, maravillas: exponer algún concepto o ejecutar alguna acción con extraordinario primor.

Decir, o hacer, relaciones: tener con ella conexión de lo que se trata.

Decir, o vender, berlandina, bernandinas o bernardinas: engañar valiéndose de exageraciones inauditas.

Decir para sí: razonar consigo mismo.

Decir para su capote, o su sayo, o su coleto: decírselo interiormente. Pensar una cosa.

Decir pestes: hablar mal de una persona.

Decir por decir: hablar sin fundamento.

Decir que puches son comida blanda: se dice cuando se intenta demostrar algo que es conocido de todos.

Decir que si tal y que si cual: chismorrear.

Decir sapos y culebras: palabras fuertes y mal sonantes.

Decir si o no, como Cristo nos enseña: frase del catecismo del padre Astete, aconsejando decir siempre la verdad.

Decir tijeretas: porfiar seria y tercamente sobre cosas de poca importancia.

Decir un par de cosas: regañar a una persona.

Decir una cosa con la boca chica: ofrecer una cosa por mero cumplimiento, deseando que no se insista para su aceptación.

Decir una cosa entre burlas y veras: decir una cosa desagradable en tono festivo.

Decir una cosa por otra: mentir.

Decir una palabra más alta que otra: gritar, hablar con voz alta de tono.

Decir unas veces cesta y otras ballesta: hablar contrariamente o incoherentemente.

Decir verdad: hablar sin mentir.

Decir verdad a medias es mentir a enteras: aconsejando decir siempre la verdad, sin camuflarla.

Decir verdad no es pecado: manera de justificar el no hacerse solidario de una cosa que se sabe que es falsa.

Decir verdades como puños, o como un templo: manifestar lo que es correcto.

Decir y hacer: ejecutar una cosa con mucha ligereza y prontitud.

Decirle adiós a algo: despedirse de alcanzar o conseguir algo, o no tener esperanzas de conseguirlo.

Decirle el corazón una cosa: anunciárselo.

Decirle las cuatro letras a una mujer: llamarla puta.

Decirse los nombres de las fiestas, o de las pascuas: injuriarse recíprocamente, echarse en cara los defectos.

Decírselo a uno deletreando: decir las cosas con claridad al que se desentiende de ellas.

Decírselo al Sursum Corda: al maestro armero, al primero que pase, etc.

Decírselo en la cara: manifestar sin tapujos y vis a vis.

Decisión salomónica: se denomina así a la determinación absolutamente justa.

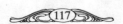

Declarar la guerra: declarar hostilidad.

Declarar su corazón: manifestar reservadamente la intención que tiene, o el dolor, o afán que padece.

Declararse en rebeldía: opinar de distinta manera.

Declararse un temporal: romper por parte determinada.

Declinar la fiebre: bajar, minorarse.

Declinar la jurisdicción: pedir al juez que conoce el caso que se inhiba de su seguimiento.

Decrecer el día: acercarse la noche.

Decreto del candado: facultad que se reserva el poder ejecutivo, para decretar repentinas elevaciones del arancel.

Dedada de miel: lo que se da, o se hace, para mantener las esperanzas de una persona.

Dedicarse en cuerpo y alma: totalmente a una cosa, dejando las demás.

Dedo de Dios: la omnipotencia divina, manifestada en algún suceso extraordinario.

Dedo encogido no rebaña el plato: moteja al tímido, que no alcanza lo que es más indispensable.

Dedo sin uña: miembro viril.

(Los) Dedos de la mano no son iguales: expresando la diferencia que existen entre las personas y clases sociales.

Defender a bocados: valerse de todos los medios para defender algo.

Defender a capa y espada: defender con todo empeño.

Defender con uñas y dientes: defender algo con todos los medios y fuerzas posibles.

Defender su capa: defender sus bienes o derechos.

Defenderse como gato panza arriba: luchar con todas las fuerzas y medios.

Defensa numantina: cuando se hace una defensa total y absoluta, y hasta las últimas consecuencias.

Deferirse la sucesión: efectuarse el derecho a la transmisión sucesoria.

(La) Definitiva: forma de indicar que es ya lo último que se hace.

Deformación profesional: malos hábitos adquiridos por el ejercicio de una profesión.

Degollar el cuento: cortar el hilo de un discurso con una cosa impertinente.

Deja hacer al maestro, aunque sea un burro: los conocimientos y la experiencia tienen más valor que otras características.

Deja mear al macho, que ha comido berros: frasc empleada para contener la impaciencia de una persona.

Dejadle, o dejarle correr, que ya parará: indica que hay que dejar que uno siga en su empeño, hasta que le desengañe la experiencia.

Dejado de la mano de Dios: el que comete delitos sin trazas de enmendarse.

¡Déjalo, que se rompe mirándolo!: cuando una cosa es de una fragilidad extrema.

Déjalo, Juan, y no leas: forma de indicar a una persona que está obrando mal y que debe dejar de hacerlo.

Déjalo llorar, que, mientras más llore, menos meará: dícese de los niños llorones, o a la persona que se estima que su llanto es fingido.

Déjame hacer: equivale a decir que eso es de mi cargo o de mi cuenta.

Dejando una cosa por otra: variando sin propósito, mudando de conversación.

Dejar a dos velas, o a verlas venir: dejar a una persona sin dinero.

Dejar a la burra enflorada: prometer alguna cosa que hace ilusión, cumpliendo la promesa.

Dejar a la cola: dejar atrás.

Dejar a media miel: verse repentinamente acabada una cosa que era de gran gusto o placer.

Dejar a medias: sin terminar, con las ganas.

Dejar a oscuras: apagar la luz. Dejar a uno sin lo que pide.

Dejar a salvo: exceptuar, sacar aparte.

Dejar a su aire: permitir que una persona actúe como le apetezca.

Dejar a todos iguales: hacer que todos pierdan por igual lo que pretendían.

Dejar a un lado: omitir una cosa.

Dejar a uno a la luna de Valencia: frustrarle las esperanzas.

Dejar a uno a pie: quitarle el empleo que tenía, o dejarle desacomodado.

Dejar a uno colgado: burlado.

Dejar a uno en cueros: desnudo.

Dejar a uno en la calle: privarle de la colocación o bienes con los que sostiene su casa.

Dejar a uno que lamer: inferirle un daño que no se pueda remediar pronto.

Dejar airoso: hacer que salga o quede bien ante los demás.

Dejar al tiempo un asunto: dejar a ver si el tiempo lo resuelve.

Dejar algún cabo suelto: no haber previsto todo.

Dejar aparte: retirarlo de momento.

Dejar aplastado: confundir a otro sin que pueda contestar.

Dejar atrás: adelantarse.

Dejar atrás los vientos: correr con suma velocidad.

Dejar bastante que desear: cuando una persona no ha obrado todo lo que se esperaba de él.

Dejar bien sentado: aclarar por completo.

Dejar bizco: cautivar el ánimo por la contemplación de algo extraordinario, causar asombro.

Dejar bizco a alguien: asombrar a una persona por lo ejecutado, siendo insólito lo acontecido.

Dejar caer alguna cosa: soltarla para que caiga al suelo. Decir alguna cosa como sin querer, para que se tome en cuenta.

Dejar caer alguna cosa en la conversación: decirla para indicar que se debe prestar atención a lo dicho.

Dejar caer de calor: hacer mucho calor.

Dejar chiquito a alguien: sobresalir por alguna acción de otra persona.

Dejar clavado: dejar a alguien sin capacidad de reacción, sin saber qué hacer ni decir.

Dejar como cosa perdida: dejar abandonado, como lo que ya no tiene solución.

Dejar como la culebra, el hábito viejo: desechar los vestidos usados por otros nuevos.

Dejar como un colador: acribillado a balazos.

Dejar con el culo al aire: en situación comprometida o desairada.

Dejar con la miel en los labios: privar de lo que empezaba a gustar o disfrutar.

Dejar con la palabra en la boca: volver la espalda a una persona sin escuchar lo que va a decir.

Dejar con las patas colgando: causar sorpresa o admiración.

Dejar con un palmo de narices a alguien: dejarle asombrado.

Dejar correr alguna cosa: permitirla, tolerarla.

Dejar correr la pluma: escribir en demasía.

Dejar de comer por haber comido no es pecado: forma de convencer a una persona a que coma con nosotros, cuando indica que no ha comido y se le van a quitar las ganas.

Dejar de la mano, o de la mano de Dios: abandonar.

Dejar debajo de la mesa a uno: empezar a correr sin esperar a que llegue.

Dejar, dejarse o quedar en el tintero alguna cosa: olvidarla u omitirla.

Dejar despatarrado: admirado y avergonzado.

Dejar Dios de su mano a uno: proceder uno tan desarregladamente, que parezca que Dios lo ha abandonado.

Dejar el camino abierto, expedito, desembarazado, libre, etc.: retirarse cuando hay competidores.

Dejar el campo libre: renunciar a la competencia.

Dejar el coche en el garaje de las estrellas: dejarlo en la calle, no tener garaje.

Dejar el culo como un bebedero de patos: practicar la sodomía.

Dejar el pabellón muy alto, o bien puesto: actuar de modo satisfactorio para lo que se trata.

Dejar el pellejo: fallecer, morir.

Dajar en blanco: sin lo que se esperaba.

Dejar en blanco alguna cosa: omitirla.

Dejar en bragas, o en bragas de becerro: dejar sin dinero por haberse perdido en el juego.

Dejar en cabeza de mayorazgo: vincular.

Dejar en calzoncillos: hacer perder todo el dinero a una persona.

Dejar en el aire: burlar, chasquear.

Dejar en el barro: en la calle, abandonado.

Dejar en el sitio: dejar muerto en el acto.

Dejar en el tintero: olvidar, no decir lo que se está escribiendo o diciendo.

Dejar en la estacada: abandonar a otro que está en peligro.

Dejar en las astas del toro: abondonar a alguien en un peligro.

Dejar en manos de uno: encomendarle una cosa, o ponerla a su cuidado y arbitrio.

Dejar en manos del olvido una cosa: darla al olvido.

Dejar en paz a uno: no molestarle.

Dejar en pelota, o pelota picada: desnudo. Robarle todo lo que tiene.

Dejar en pelotas: igual que lo anterior.

Dejar en suspenso: perplejo.

Dejar fe a alguno: abochornarle.

Dejar feo a uno: desairarle, abochornarle.

Dejar fresco a alguno: dejarle burlado.

Dejar frío: asustar a una persona.

Dejar hecho un matachín: dejar avergonzado y corrido.

Dejar hecho un mico: dejar avergonzado.

Dejar helado, o de hielo: asombrar en extremo.

Dejar horca y pendón: dejar en el tronco de los árboles, cuando se podan dos ramas principales.

Dejar la capa al toro: salvarse de un peligro, a costa de un sacrificio, dejando algo agradable.

Dejar la capa en manos de uno: huir de él.

Dejar la espina en el dedo: no remediar enteramente el daño que padece.

Dejar la pelleja, o el pellejo: morir.

Dejar las armas: retirarse del servicio militar.

Dejar las uñas: trabajar en algo con verdadero esfuerzo y sacrificio.

Dejar los cojones, o los huevos, en casa: con que se amonesta al que se insubordina o se muestra poco inclinado a obedecer.

Dejar los cuidados en el jubón: no hacer caso de alguna cosa.

Dejar mal: poner en situación delicada a una persona.

Dejar mal sabor de boca: dejar una cosa mal recuerdo, generalmente por no haber obrado correctamente.

Dejar molido: cansado en exceso.

Dejar mucho que desear: ser inferior a lo que se esperaba.

Dejar, o hacer, un paquete: dejar embarazada a una mujer.

Dejar, o quedar, seco: dejar, o quedar, muerto en el acto.

Dejar, o quedarse, entre renglones: olvidarse o no acordarse de algo cuando se debía tener presente.

Dejar para quien es: expresa que debe mirarse con desprecio el mal proceder de quien no tiene obligaciones.

Dejar pasar el chubasco: esperar a que se pase el mal humor de una persona.

Dejar pasar el tren: perder la oportunidad.

Dejar pelado: sin dinero a una persona.

Dejar pelo en la gatera: dejar alguna señal con la que se puede descubrir lo que se está buscando.

Dejar planchado: dejar sin reacción a una persona, como si estuviese paralizado.

Dejar plantado a uno: no acudir a una cita. Recriminarle despóticamente.

Dejar por puertas, o echar por puertas: gastar a una persona el caudal que tenía.

Dejar que ruede, o dejar que ruede la bola: que una cosa siga su curso. No creerse una mentira.

Dejar seco: muerto en el acto. Sin saber qué contestar.

Dejar sin blanca: sin nada de dinero.

Dejar sin camisa: dejar sin nada, completamente arruinado.

Dejar temblando alguna cosa: comerse o beberse la mayor parte de lo que contenía un plato o vasija.

Dejar tiempo al tiempo: tener paciencia para esperar la consecución de una cosa.

Dejar tieso: dar un golpe que no se puede mover, o una contestación que no se sabe qué decir.

Dejar tocar el pandero a quien lo sepa tañer: dejar hacer las cosas al que realmente las sabe, al profesional de ello.

Dejar una cosa a Dios: fiar a la Providencia el éxito de un asunto.

Dejar una cosa en manos de alguno: ponerla a su cuidado.

Dejar unos por otros la casa sin barrer: no hacer nadie lo que procedía ejecutarse.

Dejar vía libre: dejar libertad de acción, expedito un lugar.

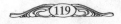

Dejarla con el paquete, tripa: dejar embarazada a una mujer con la que no se está casado, abandonándola.

Dejarle a uno despachurrado: cortado sin tener qué replicar.

Dejarle a uno en cueros: quitarle cuanto tiene.

Dejarle a uno en la calle: quitarle la hacienda o modo de empleo con que se mantiene.

Dejarle a uno pegado a la pared: avergonzarle.

Dejarle desnudo como su madre lo parió: quitarle todo cuanto tenía.

Dejarlo a Dios: fiar en la divina Providencia el éxito de un asunto o el desagravio de una injuria.

Dejarlo como cosa perdida: no hacer caso de la persona o cosa que no puede poner enmienda o remedio.

Dejarse algo en el tintero: omitirlo.

Dejarse caer: soltar alguna cosa con intención de que sea escuchado. Presentarse para que le vean a uno.

Dejarse correr: bajar, escurriéndose por una cuerda, madero o árbol.

Dejarse de chafalditas: hablar seriamente, dejando las bromas o chirigotas.

Dejarse de chilindrinas: no estar para bromas.

Dejarse de cuentos: no dar rodeos e ir a lo principal.

Dejarse de historias: omitir rodeos, e ir a lo esencial de una cosa.

Dejarse la piel: entregarse totalmente a algo.

Dejarse llevar de alguna cosa: deponer la opinión por la ajena.

Dejarse llevar por la corriente: conformarse con la opinión de los demás aunque reconozca que no es lo más acertado.

Dejarse mal pasar: descuidarse de sí mismo. Ser un desaseado.

Dejarse pelos en la gatera: dejar algún rastro o indicio.

Dejarse querer: dejarse mimar.

Dejarse rogar: dilatar la concesión de lo que se pide para que parezca mayor la gracia y se haga más estimable.

Dejarse uno caer: decir algo con intención pero con disimulo. Insinuar algo con descuido. Presentarse en algún sitio para ser visto.

Dejarse uno decir: soltarse en la conversación alguna especie que no le convenía manifestar.

Dejarse vencer: conformarse con el dictamen de otro.

Dejarse ver, o dejarse ver el pelo: descubrirse lo que estaba oculto.

Déjate estar: estar con cuidado respecto al asunto de que se trata.

Dejémonos de padres y abuelos, y seamos nosotros buenos: la verdadera nobleza no está en los títulos, sino en el buen comportamiento de cada uno.

Dejemos a los muertos que entierren sus muertos: invita a olvidar los defectos de las personas fallecidas.

Déjese a cada uno hacer su oficio: proclamando la absoluta libertad de acción dejando a cada uno con su conciencia.

Del ala: indica la cantidad que cuesta algo.

Del árbol caído todos hacen leña: indicando que de la persona que ha caído en desgracia todo el mundo intenta aprovecharse de ella.

Del bien al mal no hay un canto de real: manifestando lo cambiante que es la fortuna.

Del carajo: tremendo, impresionante.

Del codo a la mano: dícese de la persona de estatura pequeña.

Del copón: inmejorable.

Del corazón: dícese de las revistas que tratan de las gentes famosas y de los hijos de los famosos, aun si tener ningún mérito.

Del coro al caño, del caño al coro: ejercicio prosódico.

Del cuero salen las correas: forma de indicar que de lo principal sale lo accesorio.

Del demonio: expresión que significa impresionante, tremendo.

Del día: fresco, reciente. De moda.

Del diablo, o de los diablos, o de mil diablos, o de todos los diablos: exageración de una cosa por mala o incómoda.

Del dicho al hecho hay mucho trecho: que una cosa es decir u ofrecer, y otra es dar o ejecutar.

Del gremio: se dice de la prostituta.

Del hombre que no bebe más que agua no fíes nada: dícenlo los amantes de la bebida, exhortando la buena cualidad del vino en el organismo humano, bebido con gran moderación.

Del jefe y del mulo, cuanto más lejos, más seguro: forma de indicar que el trato con los jefes, estrictamente el necesario.

Del mal, el menos: expresión que indica que no se desea mal alguno, pero que, si llega, sea el menos posible.

Del mal que hicieres no tengas testigos, aunque sea tu amigo: ya que al final siempre se descubren las cosas, lo que no se conoce es lo que no se dice o descubre.

Del mal saca Dios el bien: porque entre los mayores pecadores suele elegir a los más santos.

Del mirar nace el amor, y del no ver, el olvidar: indicando que el amor, el cariño, lo genera el trato diario.

Del montón: corriente y moliente, vulgar.

Del orden de: queriendo indicar que es poco más o menos lo que se expresa en cantidad.

Del pan y del palo: indica que no se debe usar un rigor excesivo, sino mezclar la suavidad con el castigo.

Del pie a la mano: de un instante a otro.

Del primer, o de un, voleo: con presteza o ligereza, o de un golpe.

Del revés: al contrario.

Del siglo: de este siglo.

Del sindicato de la harina: dícese de las lesbianas.

Del suelo no pasa: suele dicirse cuando se cae alguna cosa al suelo.

Del tiempo de Maricastaña: de tiempo muy antiguo.

Del tiempo desperdiciado y de las palabras ociosas se ha de dar cuenta a Dios: recomendando no perder el tiempo y hablar cosas inconsecuentes.

Del tiempo y de mujeres, lo que vieres: dícese por lo mudables que suelen ser las dos cosas.

Del todo: entera o absolutamente, o con todas las circunstancias.

Del uso viene el abuso: lo que se trata con excesiva confianza suele acabarse con el respeto que se tenía.

Del viejo, el consejo, y del rico, el remedio: de los dos hay que tomar lo que tienen de sobra.

Del vivo, ningún provecho, y mucho del muerto: alúdese al cerdo o puerco.

Delante de Dios y de todo el mundo: públicamente.

Delante de los ojos: en presencia de alguien.

Delantera: pecho de la mujer.

Delicado de cutis, pero no de conciencia: aplícase a aquel que no tolera que se le falte o moleste en lo más mínimo, mientras él se comporta injustamente con los demás.

Delirios de grandezas: delirio con ilusiones respecto a la opulencia, grandeza y poder, observado a menudo en gran cantidad de personas.

Delirium tremens: delirio agudo en los bebedores alcohólicos crónicos.

Delito de sangre: acto que atenta con la vida de una persona.

Demandas y respuestas: alteraciones y disputas que ocurren en algún asunto.

Demasiada llaneza engendra menosprecio: aconseja a no tener familiaridad con los de superior categoría.

Demasiado arroz para un pollo sólo: gran cantidad para una persona sola, tanto en trabajo como en bienes o cosas.

Demasiado caso: supongamos tal o cual cosa.

Demasiado tarde: estar fuera de tiempo.

Demasiado para mi cuerpo: expresión chulesca que indica que lo que se dice es increíble.

(El) Demonio no duerme: las ocasiones de pecar se presentan constantemente.

(El) Demonio que lo entienda: expresión que se dice cuando lo comentado es difícil de comprender.

Denominación de origen: garantía de que un producto determinado es originario de una comarca, y de una calidad concreta y determinada.

Dentro de cien años, todos calvos: indica que no se debe esperar mucho tiempo para hacer algo, por las consecuencias que se puedan derivar de ella.

Dentro de nada: en un breve espacio de tiempo.

Dentro está el asno: frase con que se zahiere a las personas que, mostrando una gran sabiduría, encubren una inepcia absoluta.

Denunciar una mina: obtener la propiedad de ella, o el permiso para trabajarla.

Deo gracias: expresión de saludo al que entra en una casa.

Deporte rey: dícese por antonomasia del fútbol.

Deprisa y corriendo: hacer alguna cosa en muy poco tiempo, de manera muy chapucera.

Derecho de asilo: protección que recibe una persona para no ser detenida en determinados lugares.

Derecho de pataleo: desahogos o quejas inútiles del que ha sido contrariado en sus derechos o aspiraciones.

Derecho de pernada: ceremonia de algunos feudos, que consistía en poner el señor una pierna sobre el lecho de los vasallos el día en que se casaban.

Derechos de autor: cantidad que percibe el autor de una obra por su publicación o exhibición.

Derramar doctrina: enseñarla, predicarla.

Derramar el pensamiento: divertirlo, ocupándolo en cosas diferentes.

Derramar la hacienda: malgastarla.

Derramar lágrimas: llorar.

Derramar lágrimas de cocodrilo: manifestar un dolor que no se siente.

Derramar vientos: presumir.

Derrengar, o doblar a palos: pegar en las costillas.

Derribar con un dedo a alguno: ponderar la fuerza o debilidad de otro.

Derribar la capa: hacerla caer de los hombros.

Desagradecido como un gato: que no reconoce ni a su dueño.

Desamparar sus bienes: hacer cesión de ellos a los acreedores.

Desandar lo andado: deshacer lo hecho.

Desanudar la voz: poder hablar nuevamente.

Desaparacer como por escotillón: dícese de la persona que deja de verse de repente, sin saber nada de ella.

Desaparecer de escena: quitarse de en medio, no dejarse ver y a veces morirse.

Desaparecer del mapa: no volverse a ver a una persona.

Desaparacer por el foro: marcharse inesperadamente.

Desaparecer por ensalmo: irse de un lugar muy deprisa, ocultar algo rápidamente.

Desaprovechado como unto de mona: dícese de la persona que es poco ahorradora.

Desatar el argumento: darle solución.

Desatar la cuestión: buscar solución.

Desatar la duda: manifestarla.

Desayunar de servilleta: desayunar alimentos que se comen con cubiertos, parecido a las comidas.

Descabezar el sueño: dormir un rato.

Descalzar a uno: hacer las cosas mejor que el otro.

Descalzarse de risa: reír con vehemencia.

Descalzarse los guantes: quitárselos de las manos.

Descansar en paz: morir en paz, salvándose.

Descansar las armas: abandonar momentáneamante para descansar de su peso un soldado.

Descansar, o dormir, en el Señor: muerte de los justos.

Descansar y volver a beber: ser porfiado en su opinión.

Descanse en paz: expresión al conocer que una persona conocida ha falllecido.

Descanso eterno: morirse.

Descargar bofetadas: darlas con violencia.

Descargar el ánimo: satisfacer los encargos u obligaciones que se dejaron en últimas voluntades.

Descargar el cielo: llover.

Descargar el nublado: desahogar uno su cólera o enojo. Llover o granizar.

Descargar el nublado en alguno: ser víctima de la ira de alguna persona.

Descargar en alguno la cólera o la ira: irritarse con él.

Descargar, evacuar, exonerar o mover el vientre: defecar.

Descargar golpes: pegar, herir.

Descargar la burra: el que se escurre del trabajo, cargándoselo a otro.

Descargar la conciencia: satisfacer las obligaciones de justicia. Confesarse.

Descargar la estilográfica: eyacular.

Descargar la ira: desfogarla.

Descargar la mano sobre alguno: castigarle.

Descargar la nube: caer con abundancia agua o granizo. Descargar la cólera o enojo en uno.

Desclavijar la mano: desasirla de una cosa a la que está fuertemente agarrada.

Descojonarse de risa: reírse desaforadamente.

Descolgarse: presentarse una persona inopinadamente. Salir con alguna proposición extrema.

Descomponerse el tiempo: destemplarse el tiempo.

Descomponerse la cabeza: perder el juicio.

Desconcertársele el estómago: no digerir bien.

Desconcertársele la medida: desbaratársele los medios que iba poniendo para conseguir un fin.

Desconfiar de su sombra: se dice de la persona que es sumamente desconfiada.

Desconocimiento de la ley no exime su cumplimiento: indicando que las leyes deben ser cumplidas aunque no se conozcan.

Desconsuelo del estómagao: tener hambre.

Descornar la flor: descubrir la trampa del jugador.

Descorrer la cortina: correrla a un lado.

Descoserse como saco de paja: hablar con toda libertad.

Descoyuntarse de risa: reírse con vehemencia.

Descreer de Dios: renegar del Señor.

Descriminarse a uno: tomarse gran interés por él.

Descuajar a uno: hacerle caer de ánimo.

Descuartizar a uno: murmurar, hablar muy mal de él.

Descubrir campo o el campo: averiguar o sondear algo. Reconocer la situación del ejército enemigo.

Descubrir el cuerpo: dejar al descubierto o indefenso una parte de él.

Descubrir el Mediterráneo: dar como novedad algo que es generalmente sabido.

Descubrir el pastel: descubrir lo que estaba oculto, o lo que no se quería que se supiese.

Descubrir el Santísimo: exponerlo en adoración.

Descubrir la caca: poner de manifiesto lo defectuoso o sucio de algún asunto.

Descubrir la ceniza: mover disputas y pleitos ya olvidados.

Descubrir la hilaza: hacer patente el vicio o defecto que uno tiene y se ignoraba.

Descubrir la pólvora: dícese de forma irónica al que hace o dice algo muy visto y vulgar.

Descubrir la pólvora, América, el Mediterráneo, etc.: adivinar algo que estaba ya adivinado.

Descubrir la veta de uno: enterarse de sus inclinaciones, intenciones, aficiones, etc.

Descubrir las cartas: descubir lo que se tenía oculto.

Descubrir nueva tierra: hacer o decir algo con el fin de sondear o averiguar algo.

Descubrir, o enseñar, la oreja: dejar ver su interior o el vicio o defecto moral que tiene.

Descubrir su pecho: hacer entera confianza otro, descubrirle sus secretos.

Descubrir terreno: sondear alguno, o averiguar algo.

Descubrir tierra: entrar en países desconocidos.

Descubrirse el día: despuntar el día.

Descubrirse el pastel: hacerse público algo oculto.

Descubrirse la encamisada: deshacer la trama que se había urdido.

(Los) Descuidos de las señora quitan la vergüenza a las criadas: quiere expresar que si los que tienen que dar ejemplo cometen faltas, no es extraño que los inferiores no las hagan.

Desde aquí para delante de Dios: fórmula antigua de juramento o compromiso hasta la muerte.

Desde cero: desde la nada, desde el principio.

Desde el día y punto: desde aquel instante o momento.

Desde el huevo a la manzana: se dice del hombre pesado en las narraciones, que explica todo con los más pequeños detalles.

Desde el momento que: a partir de ese instante.

Desde el vientre de su madre: desde que fue concebido.

Desde la cruz a la fecha: leer desde el principio al fin.

Desde la primera papilla: desde los primeros tiempos.

Desde lejos: a distancia larga.

Desde luego: sin lugar a dudas.

Desde que el mundo es mundo: desde siempre.

Desde que no nos vemos no nos conocemos: dícese de los que, habiendo cambiado su fortuna, no tratan de la misma manera a los que eran iguales a ellos.

Desde que sale el sol hasta el ocaso: de la mañana a la tarde. Período largo de tiempo.

Desde que te vi con la pata de palo, dije para mí malo, malo, malo; desde que te vi con la pata de madera, dije para mí: fuera, fuera, fuera: da a entender que se augura un mal, fundándose en los antecedentes desfavorables que se tienen a la vista; cancioncilla infantil.

Desde que tengo potra no he visto otra: extrañeza con que se ve una cosa.

Desde siempre: de toda la vida.

Desde una hasta ciento: gran número de injurias dichas a una persona.

Desde ya: desde ese preciso momento.

(El) Desdén con el desdén: expresa que para enamorar a una mujer desdeñosa lo mejor es mostrarse de la misma manera que ella.

¡Desdichado balandrán, nunca sales de empeñado!: aplícase a aquellos que nunca salen de deudas o atrasos.

Desdoblar la hoja: volver al discurso que se había interrumpido voluntariamente.

Desear una cosa tanto como la cebada una mula de alquiler: esperar una cosa con gran ansiedad.

Desembuche de una vez: invitando a hablar a una persona.

Desempatar un negocio: ponerlo al corriente aclarando las dificultades que tenía.

Desencajarse la cara: descomponerse el semblante.

Desencapotar las orejas: enderezar, ponerlas tiesas los animales.

Desencapotar los ojos: deponer el ceño y enojo, y mirar con agrado.

Desencapotarse el cielo: despejarse las nubes.

Desenclavijar la mano: desasirla de una cosa que tiene fuertemente agarrada.

Desenclavijar las manos: desprender una de otra, separar los dedos que estén unidos y cruzados.

Desenfreno de vientre: tener diarrea.

Desenterrar a los muertos: murmurar de ellos, descubrir las faltas que tuvieron.

Desenterrar el hacha de guerra: declarar enemistad pública a una persona, o iniciar medios o formas de venganza.

Desenterrar los huesos alguno: descubrir los secretos de su familia, o los defectos de la misma.

Desgajarse el cielo o las nubes: llover torrencialmente.

Desgarrarse el alma a uno: tener un gran dolor y pena.

Desgarrarse el corazón: tener gran dolor, pesar o congoja.

Desgarrarse las vestiduras: manifestación afectada de dolor en cosas que no le atañen, para que la gente se fije en ello.

Desgastar el piso: frase achulada indicando que se está bailando.

Desgastar los humores: atenuarlos.

Desgraciado en el juego, afortunado en amores: suele decirse para consuelo, o ironía, al que pierde en el juego.

(Las) Desgracias nunca vienen solas: ya que la creencia popular es que los males se acontecen uno tras otro.

Deshacer agravios: tomar satisfacción de ellos.

Deshacer el yerro: enmendarlo.

Deshacer entuertos: aclarar algún asunto confuso o que estaba muy liado.

Deshacer la mudanza: hacer al contrario en el baile, la mudanza ya ejecutada.

Deshacer la rueda: conocerse y humillarse.

Deshacer un engaño: sacar del error.

Deshacer un entuerto: reparar un error o engaño.

Deshacer una casa: venir a menos, parar en la pobreza una familia rica.

Deshacerse de una cosa: venderla, destruirla.

Deshacerse de una persona: evitar su compañía o su trato, o prescindir de sus servicios.

Deshacerse en lágrimas: llorar copiosa y amargamente.

Deshacerse una cosa como el humo: forma de desvanecerse las cosas y acabar en breve tiempo, por grandes que sean.

Deshacerse una cosa como sal en el agua: hablando de los bienes y riquezas, gastarse en poco tiempo.

Deshacerse una cosa entre las manos: desbaratarse fácilmente.

Desligar un maleficio: quitar el impedimento, que según el vulgo se ponía por medio del diablo para no poder hacer una cosa, principalmente del uso del matrimonio.

Deslizarse como una anguila: escurrirse de algo sin esfuerzo.

Desmelenarse: hacer por una vez una persona algo inhabitual en ella, como meterse en una gran juerga.

Desnudar a un santo para vestir a otro es cosa de tontos: quitar a uno una cosa necesaria para favorecer a otro con ella.

Desnudar la espada: desenvainarla.

Desnudarse con tanta flema como si fuera el día de la boda: equivale a hacer algo muy despacio.

Desnudo nací, desnudo me hallo; ni pierdo, ni gano: se dice del que no tiene ambición y se conforma fácilmente.

Desollar, o dormir el lobo, o la zorra: dormir la borrachera.

Desollar vivo a uno: hacerle pagar mucho más de lo justo y razonable por una cosa. Murmurar de él.

Despabilar los ojos: vivir con cuidado y advertencia.

Despabílate que estamos en...: forma de despertar a una persona que viajando iba dormida o traspuesta.

Despachar a uno: matarlo.

Despachar para el otro barrio: ayudar a bien morir.

Despacharse a gusto: decir o hacer sin reparo lo que le acomoda.

Despacharse con el cucharón: adjudicarse la mayor o mejor parte.

Despachurrar: desconcertar o embrollar. Argumentar de tal modo que no se pueda replicar.

Despachurrar, o destripar, el cuento o el chiste: interrumpirlo adelantando el desenlace.

Despacio piensa y obra aprisa: forma de actuar en cada uno de los casos.

Despacito y buena letra: hacer las cosas despacio y bien hechas.

Despalillar: acabar rápidamente con una cosa.

Despatarrar: poner a una mujer en condiciones de realizar el acto sexual.

Despatarrarse, descojonarse, mearse o mondarse de risa: reírse mucho y con ganas.

Despedir con cajas destempladas: echar con aspereza y enojo a una persona.

Despedir el alma: dar el alma, morirse.

Despedirse a la francesa: separarse de las personas sin avisar.

Despedirse el duelo: disolverse una reunión.

Despegar, o desplegar, la boca: hablar.

Despejar la incógnita: resolver, aclarar una cuestión o situación delicada.

Despejarse el cielo: quitarse las nubes.

Despejarse el día: aclararse el cielo, limpiándose de nubes.

Despellejar a uno o alguno: hablar mal de él, criticarle.

Despepitarse de alguna cosa: reírse de ella.

Despepitarse por alguna cosa: tener afición a ella.

Despertar a quien duerme: mover a decir lo que no se pensaba.

Despertar, o abrir, el apetito: excitar a alguno a comer.

Despintársele el juego: en los naipes, equivocarse en la "pinta" o un palo por otro.

Desplumar: dejar a una persona sin dinero.

Despoblarse el lugar: salir la mayor parte de la gente de un pueblo por una diversión.

Despojarse del hombre viejo: dejar las inclinaciones de naturaleza corrompida.

Después de bebido el vino, decir mal de las heces: cuando ya se ha conseguido lo que se quería, se critica dicha circunstancia.

Después de burro muerto, la cebada al rabo: cuando ya no hay posiblidad es cuando se toman los remedios al caso.

Después de comer, ni un sobre escrito leer: frase antigua que indicaba que haciendo la digestión no era conveniente discurrir mucho.

Después de Dios, la olla: indica que en lo temporal no hay cosa mejor que tener que comer.

Después de la tempestad viene la calma: expresando que después de los disgustos, problemas, etc., suele venir la serenidad y la calma, pasando otros tiempos sosegados.

Después de los días de alguno: después de morirse.

Después de mí el diluvio: da a entender que a alguien le da absolutamente igual lo que ocurra, en cuanto deje de estar en un lugar o puesto que ocupa.

Después de muerto, ni viña ni huerto: ya que sobra todo.

Después de todo: en definitiva.

Después del beso viene eso: ¿que será eso?

Después, húndase el mundo: frase de las personas egoístas que sólo piensan en su provecho.

Despuntar, o romper, el día: amanecer.

Despuntar la aurora: empezar a salir el sol.

Desquijar leones: echar baladronadas.

Desterrar del mundo: cuando una persona no es admitida en parte alguna.

Destetado con leche de avispa: se dice del que es de genio violento.

Destetarse con alguna cosa: conocida o usada desde la niñez.

Destornillarse, o descalzarse, de risa: reírse con vehemencia.

Destrabar la lengua: quitar a uno el impedimento que tenía para hablar.

Deténganme que lo mato: dicen los cobardes, pidiendo a otros que le impidan pelear.

Detrás de la cruz está el diablo: dícese de los hipócritas, que con la apariencia de la cruz encubren sus vicios.

Detrás de la escalera como San Alejo: dicho al que se encuentra en un sitio inadecuado.

Detrás de la puerta: ser fácil encontrar una cosa.

Detrás de la última no va ninguna: modo de indicar que no queda más que aquello que se va contando.

Detrás de todo gran hombre siempre hay una gran mujer: expresando el complemento de ambos.

Detrás de todo, vino beberás: aconsejando beber siempre después de cualquier manjar, y no antes; esta expresión se ha cargado de raíz la costumbre del "chateo" tan extendida en nuestra nación.

Detrás del rey, todos hablan: las murmuraciones suelen hacerse por la espalda.

Deuda flotante: la pública no consolidada.

(Las) Deudas de cariño sólo con amor se pagan: se debe corresponder con manifestaciones de amor al que manifesta afecto o cariño.

Devanar las tripas: causar grave disgusto o insoportable incomodidad.

Devanarse los sesos: meditar mucho una cosa.

Devolver la pelota: contestar de la misma forma, actuar con los mismos hechos que la persona con quien se mantiene una conversación o discusión.

Devorar con la mirada: mirar a una persona con desprecio, cólera o deseo.

Di que eres de Cuenca y entrarás de balde: posibilidad de lograr el acceso a algún sitio reservado, mediante una estratagema.

Di que sí: expresión de aprobación de lo dicho o hecho por otra persona.

Di tu razón y no señales autor: indica que deben decirse las cosas pero callando el que las ha ejecutado.

Día azul: día en que los precios son inferiores a los de otros días, generalmente se aplica en RENFE.

Día de campo: ir al campo a pasar el día por diversión.

Día de hoy: en esta época.

Día de mañana: lo que vendrá.

(El) Día de mañana no lo vimos: expresando lo incierto del porvenir.

Día de mucho, víspera de nada: indicando que los excesos conducen a un descanso necesario.

Día de repicar gordo: días de fiesta muy grande.

(Un) Día de vida es vida: se dice cuando se retrasa el desenlace de un asunto, que se teme malo.

Día del juicio final por la tarde: frase evasiva.

Día del manto: entre labradores, el día que abren el mayor número de flores los azafranales.

Día del Señor: domingo o festivo.

(Un) Día es un día. Algunos añaden: **y seis media docena:** cuando una persona se aparta de sus costumbres por un motivo especial.

Día laborable: el de trabajo.

Día menos pensado: en cualquier momento.

Día natural: día de veinticuatro horas aproximadamente.

Día, o fiesta, de precepto: fecha en la que se debe guardar la fiesta y por tanto oír misa.

Día por día: diariamente.

Día por medio: dejando transcurrir algún día.

(El) Día que cierno mal día tengo: dicho contra las mujeres holgazanas.

(El) Día que cuelo mal día llevo: contra la holgazanería.

(El) Día que maso mal día paso: contra las mujeres poco trabajadoras.

(Un) Día sí y otro no: en días alternos.

(Un) Día sí y otro también: todos los días.

Día y noche: constantemente, a todas horas.

(El) Día y la noche: extremada pobreza.

Día y victo: con que se denota que uno gasta lo que gana cada día, sin guardar nada.

(Unos) Días con otros: computándose todos ellos.

(Un) Diablo: expresión de repugnancia en ejecutar lo que se nos propone.

(El) Diablo, cuando no tiene que hacer, con el rabo mata moscas: se aplica a los que se entretienen con cosas no fructíferas.

(El) Diablo está en Cantillana: expresión que se usa cuando sale mal una cosa o se nota desbarajuste en algo.

(El) Diablo haciendo hostias: dícese a las personas que son malas, aparentando bondad.

(El) Diablo las carga: se dice cuando se apunta con un arma de fuego a una persona, recriminando la acción aunque esté descargada.

(El) Diablo no acabará lo que no acaben las mujeres: alaba las dotes de suteliza, perseverancia y diplomacia de la mujer.

(El) Diablo no duerme y todo lo añasca: ya que el diablo no descansa y está esperando siempre hacer mal.

Diablo o demonio encarnado: hombre perverso.

Diablo predicador: el que da buenos consejos siendo él de malas costumbres y acciones.

(El) Diablo se está riendo: dícese cuando llueve y hace sol al mismo tiempo.

(El) Diablo se lo clave en el culo: imprecación originaria de Andalucía cuando se ha perdido un objeto, especialmente punzante.

(Un) Diablo se parece a otro: forma de excusar a una persona la culpa que se le atribuye.

(El) Diablo sea sordo: desear que no suceda una cosa. Escuchar alguna palabrota.

(El) Diablo tiene cara de conejo, o de cochino: expresión usada cuando se oye o ve algo raro o inesperado.

Diablos son bolos: denota la poca seguridad que se debe tener en las cosas contingentes.

Diálogo de sordos: conversación no muy coherente.

Diálogo para besugos: conversación totalmente incoherente, principalmente en las contestaciones de unos a otros.

Diamante en bruto: hombre sin educación pero que se puede sacar buenas cosas de él. El que está sin pulir.

Diario hablado: el que se emite todos los días a la misma hora, para indicar noticias de actualidad.

Diarrea mental: dícese del que tiene confusión de ideas.

Días de pan y circo: dicho de la Roma antigua, indicando la forma de pasar la vida, únicamente con comida y diversiones.

Días y ollas: que con tiempo y dinero puede hacerse muchas cosas.

Dice, después de beber, cada cual su parecer: el que se excede en la bebida se expone a revelar su secreto.

Dice el padre prior que bajéis a cavar, y que luego subamos todos a comer: se dice motejando a los que no quieren el trabajo, pero sí el beneficio.

Dicen que dicen, que dicen que has hecho: modo de dudar de la veracidad de lo que se ha dicho, ya que el relato está basado sólo en referencias de referencias.

Dicho de las gentes: murmuración.

Dicho sea de paso: manifestar a la vez otra cosa con la que no tiene nada que ver ni se relacionan.

Dicho y hecho: con prontitud.

Dichosos los ojos que te ven, o que le ven a usted: expresión que se usa cuando se ve a una persona que hacía muchísimo tiempo que no se la veía.

Diciendo que sí, te enredas; diciendo que no, suelto quedas: ya que la palabra dada compromete a ejecutar lo que se ha dicho.

Diciendo y haciendo: modo de advertir que se pasa a la práctica inmediata tras su enunciación.

Dictar providencia: adoptar una resolución.

Diente canino: el puntiagudo.

Diente de leche: dícese de los de primera dentición, cayéndose y dando lugar a los definitivos.

Diente de león: planta medicinal.

Diez de últimas: en ciertos juegos de naipes, los diez tantos que gana el que ha hecho la baza.

(Las) Diez de últimas: por último.

(Los) Diez o veinte iguales para hoy, sale hoy: frase muy conocida y popular de toda la población española, lo decían los ciegos expendedores de su lotería para animar a la compra de los cupones.

(Las) Diez y sin vender una escoba: sin haber hecho nada de provecho todavía.

Diferencia partida, venta hecha: cuando se está haciendo un trato en la venta o compra de un objeto, y existe la lógica diferencia de precios que se proponen, quiere indicar que si el precio se parte a la mitad, la venta está hecha.

(El) Difunto era mayor, o más pequeño: se le dice a la persona que lleva una prenda de vestir de mayor o menor tamaño que la que requiere su anatomía.

Digamos: familiarmente, por decirlo así.

Digámoslo así: más o menos.

Digan, que Dios dijeron: expresión con que se desprecia la murmuración o los dichos ajenos.

¡Digo!: exclamación de sorpresa, asombro. Interjección que indica ¡ya lo creo!

¿Digo algo?: expresión familiar con que se llama la atención de los oyentes y se pondera la importancia de lo que se habla.

¡Digo, digo!: voces que se usan para llamar la atención de una persona, o parar al que va a hacer algo.

Digo yo y no digo misa...: expresión vulgar que usan algunos antes de exponer una opinión.

Dijo el dinero al amor: "Lo que tú no logres, lo lograré yo": grandes son los poderes que tienen estas dos cosas; se diferencian en que el dinero está basado en algo material y el amor al contrario.

Dijo el sabio Salomón: que el buen vino alegra el corazón: expresión que alaba el vino bueno.

Dijo la sartén a la caldera: quítate allá, culinegra: dícese de los que, teniendo grandes defectos, reprenden a los que los tienen menos acusados.

Dijo la sartén al cazo: quita allá, que me tiznas: igual que lo anterior.

Dijo mi vecino: si me he de morir, que se muera mi padre, que es más viejo que yo: frase egoísta, para los que sólo quieren para sí lo bueno y lo malo para los demás.

Díjome mi madre que porfiase, pero que no apostase: reprobando el vicio de la apuesta.

Dilatación del ánimo: deshago y serenidad en algún sentimiento grave mediante la esperanza de la conformidad.

Dilatar el corazón: ensanchar el ánimo.

Dime con quién andas y te diré quién eres: las buenas o malas compañías influyen tremendamente sobre el comportamiento de las personas.

Dime con quien andas y te diré quién va contigo: forma jocosa de expresar el refrán anterior.

Dime de que lo que presumes y te diré de lo que careces: ya que se suele alabar lo que uno no tiene, pensando que es abundante y bueno.

Dime dónde andan los pollos y te diré dónde anda la gallina: dícese de las personas que andan siempre juntas.

¡Dímelo a mí!: forma de indicar que lo que se ha dicho ya se conocía de antemano y muy bien.

Dímelo hilando, casera: expresión dirigida a las personas que suspenden la labor frecuentemente para ponerse a hablar, con el fin de descansar mientras tanto.

Dimes y diretes: dichos malos, desafortunados entre dos o más personas. Contestaciones y réplicas.

Dinero caliente: el de inversión simultánea para mayor producción.

Dinero contante y sonante, o de contado: en efectivo.

Dinero de bolsillo: dícese el que se lleva para cosas pequeñas y para el gasto diario.

Dinero de curso legal: el legalmente establecido.

Dinero de plástico: dícese de las tarjetas de crédito.

(El) Dinero del rey es corto, pero seguro: indicando que los sueldos o créditos del Estado son siempre cobraderos, aunque no sean muy elevados o se cobren un poco tarde.

(El) Dinero, en ninguna parte está mejor que en poder de su dueño: aconseja no arriesgarlo en operaciones de éxito dudoso.

(El) Dinero es bueno para siervo, pero malo para amo: enseña que no debe dejarse dominar el que lo posee.

(El) Dinero es como los ratones, que en oyendo ruido se esconde: indicando que en épocas turbulentas o de guerra nadie se atreve a utilizarlo.

(El) Dinero es de quien lo agarra. Otros añaden: **y la gloria de quien la gana:** expresa que el corazón humano está muy apegado a los bienes materiales.

(El) Dinero es reputado por feliz y por sabio: es el concepto que la gente se forma de los ricos.

Dinero llama dinero: manifiesta que con dinero se logra todo lo que una persona desea, inclusive para hacer más dinero.

Dinero negro: dinero de procedencia no legal.

(El) Dinero no hace la felicidad. Algunos añaden: **pero ayuda a conseguirla:** siendo únicamente necesario los bienes necesarios para desenvolverse en la vida.

(El) Dinero no huele mal, o no tiene olor: aunque proceda de negocios bajos, o fuera de la ley.

(El) Dinero se ha hecho para contarlo: indicando que debe ser comprobado cuando se recibe.

Dinero sucio: el que se gana de forma no muy legal.

Dinero y cojones, para las ocasiones: frase derivada de un refrán, que las cosas tienen que ser empleadas en el momento debido, y más sin son apuradas.

Dinero y no consejos: con que se reprende al que da consejos sin pedirlos.

Dineros son calidad: con que se expresa que la riqueza da consideración y honores.

Diñarla como Felipón: morirse.

Diñarla de un teazo: morir por haber recibido una puñalada.

Diñársela a uno: engañarlo, burlarlo.

Dios amanezca con bien: deseo de que se llegue con felicidad al día siguiente.

Dios amó la compañía: indicando lo desagradable de la soledad.

Dios aprieta, pero no ahoga: se aconseja la conformidad de las tribulaciones, esperando de Dios el remedio de ellas.

Dios castiga sin piedra ni palo: la justicia divina no se manifiesta nunca de estas maneras.

Dios da ciento por uno: indica que los actos de caridad siempre alcanzan gran recompensa al que los practica.

Dios dará: animación a nuestra confianza para socorrer libremente las necesidades del prójimo.

Dios dé el remedio: imposibilidad humana de remediar algo.

Dios delante. Algunos añaden: **y San Cristóbal gigante:** sea lo que Dios quisiere. Expresa la fe en Dios.

Dios dijo lo que será: expresión con que se explica la duda del cumplimiento o la certeza de lo que se promete o se asevera.

Dios dijo que fuéramos hermanos, pero no primos: indicando que una cosa es la bondad, y otra la simpleza.

Dios dirá: remisión a la voluntad de Dios del éxito que nos prometemos.

Dios es buen pagador: indicando que Él todo lo premia.

Dios es Dios: forma de indicar que uno se mantiene con terquedad en su opinión sin ceder a la razón.

Dios es grande: conformidad con el mal que se sufre confiando en su resolución.

Dios escribe derecho con renglones torcidos: da a entender que Dios siempre hace bien las cosas, aunque no las entendamos porque no acertemos a verlo claramente.

Dios está en el cielo, que juzga los corazones: explica la esperanza de la justicia verdadera de Dios.

Dios está en el cielo, que ve las trampas: el que está obligado a algo no debe esquivar el cumplimiento del deber.

Dios guarde a usted, o Dios te guarde: salutación.

Dios guarde a usted muchos años: frase con que se terminaban los escritos dirigidos mediante instancia a la Administración.

Dios hay en el cielo, que no se descuida de castigar al malo ni de premiar al bueno: recibir la satisfacción debida a los actos ejecutados.

Dios hizo el besar, y el diablo lo demás: forma de expresar que el beso es algo bueno, siempre que no se llegue a más.

Dios hizo por mí como la emparedada: especie de blasfemia, indicando que Dios no nos ha hecho nada más que perjuicios.

Dios le dé el doble de lo que a mí me desea: frase que figuraba no hace muchos años en la parte trasera de algunos camiones; desde luego era muy explícita, y sobre todo generosa en algunos casos.

Dios lo dio, Dios lo quitó; sea su nombre bendito: fórmula de resignación cristiana muy propia del santo Job.

Dios lo oiga, y el pecado sea sordo: expresión usada cuando alguno formula un deseo que es conveniente.

Dios lo quiera, y Juan venga: locución con que se denota el deseo vehemente de que se realice alguna cosa.

Dios los cría y ellos se juntan: da a entender que los que son semejantes a la inclinación, genio o costumbres, se buscan unos a otros. Tómase, por lo común, en mala parte.

Dios mantenga: saludo rústico y considerado como descortés cuando era dirigido a superiores.

Dios me ayude y la Santísima Trinidad de Gaeta: despedida cuando se va a realizar una empresa arriesgada.

Dios me dé triunfos y me quite conocimiento: el ambicioso no repara en los medios con tal de conseguir su propósito.

Dios me entiende y yo me entiendo: forma de indicar que lo que se dice no va fuera de razón.

Dios me guarde de lo que no me sé guardar: reconociendo nuestras limitaciones, pedimos al Todopoderoso su clemencia y su fuerza.

Dios me haga bien: con que se da a entender que se está contento con lo que se tiene, y que no se apetece otra cosa.

Dios me lo dio, Dios me lo quitó; bendito sea Dios: alabanza de la persona buena, ante la pérdida de algo que tenía en gran estima o cariño; pocas personas lo dicen, únicamente las que son muy buenas condescendientes.

Dios me perdone, pero...: expresión que suele usarse al emitir un juicio desfavorable o temerario.

Dios me ponga donde lo haya, que yo lo sabré alcanzar: dicho de las personas poco escrupulosas en adquirir las cosas.

Dios mediante: esperanza de ejecución de una cosa.

Dios mejorará sus horas: para dar esperanza a la adversidad.

¡Dios mío!: expresión de extrañeza, dolor, sobresalto.

¡Dios nos ampare, si Herodes y Pilatos se hacen compadres!: expresión usada cuando se ve que se unen para llevar a cabo una empresa dos personas poco escrupulosas de conciencia.

Dios nos asista, o nos la depare buena, o nos tenga en su mano: Dios nos coja confesados.

Dios nos coja confesados: deseo de la intervención divina para evitar un mal inminente.

Dios nos echó en el mundo, Él sabrá para qué: frase que denota que nadie sabe su destino.

Dios nos libre de pensar mal: pidiendo no juzgar a los demás.

¡Dios nos libre del día de las alabanzas!: de la muerte.

¡Dios os salve!: fórmula de despedida indicando toda clase de venturas.

(Un) Dios os salve: frase en desuso que significa cuchillada en la cara.

Dios protege la inocencia: con que se quiere indicar que muchas cosas que se hacen inconscientemente salen bien.

Dios proveerá: expresa la esperanza de salir de un mal estado.

Dios quede con vos y os haga un santo: frase que se usa para despedirse de una persona.

Dios sabe: para indicar que una cosa cae fuera de nuestro saber.

Dios sabe la verdad: frase que se emplea cuando uno es preguntado sobre algún punto dudoso o intrincado.

Dios se lleva siempre a los mejores: alabanza a la persona que ha fallecido.

Dios se lo pague, que es buen pagador: expresión de agradecimiento por alguna merced recibida.

Dios se lo pague. Y el santo del día: expresión de agradecimiento por el favor recibido a través del segundo.

Dios sea conmigo, o contigo: para implorar el favor divino.

Dios sobre todo: expresión que se usa cuando se duda del éxito de una cosa.

Dios tarda pero no olvida: queriendo expresar que Dios nunca se olvida de nuestras peticiones.

Dios te, o le, ampare: fórmula de despedida al que va a pedir algo a casa.

Dios te ayude: expresión con que se saluda a una persona cuando estornuda.

Dios te conserve la vista: se dice irónicamente cuando una persona no oye, o no entiende lo que se está diciendo.

Dios te guarde, y no de mí: fórmula de saludo.

Dios te la depare buena: dudar de que una cosa salga bien.

Dios te lo pague: fórmula de agradecimiento cuando se ha recibido un bien o favor.

Dios ve las trampas: esperanza de que Dios castigará al que presume que ha obrado con engaño, haciendo que éste se vuelva contra él.

Dios y ayuda: gran dificultad en alguna cosa.

Dios y yo nos entendemos: indica que lo que se dice no va fuera de razón.

Dirigir el cotarro: llevar la voz cantante.

Dirigir la conversación: hablar singular y determinadamente.

Dirigir la palabra: hablar resueltamente con alguien.

(El) Discreto a nadie fía su secreto: máxima de discreción.

Disculpa quieren las cosas: indica que no hay error que no pueda ser subsanado con buena voluntad.

Discurso embotellado: el que no se improvisa y se lleva preparado para ser leído.

Discusión bizantina: se utiliza para ridiculizar las discusiones ociosas y sin importancia.

Discutir sobre el sexo de los ángeles: equivale a plantear cuestiones ociosas, lo que se llama cuestiones bizantinas.

Díselo tú una vez, que no faltará quien se lo recuerde ciento: la actuación de personas determinadas es no perdonar cuando se ha hecho algo inadecuado, ya que lo están echando en cara constantemente.

Disfrutar como un camello, o como un enano: disfrutar de algo tremendamente.

Disfrutar de lo lindo: estar conforme y a gusto con el acontecer de algo.

Disfrutar más que un marica con lombrices: disfrutar enormemente de algo.

Disgusto de muerte: haber recibido un gran disgusto.

Dispara más que apunta: se aplica al que no dice nada más que disparates al hablar.

Disparar a quemarropa: desde muy cerca. Decir o hacer contra uno que le coge desprevenido.

Disparar al aire: disparar las armas hacia lo alto y sin hacer puntería.

Disponer sus cosas: hacer testamento.

Disputar hasta tente bonete: llegar una discusión hasta emplear medios agresivos.

Disputar sobre la punta de un alfiler, de una espada: se dice del que se ocupa con interés de una cosa insignificante, que no merece la pena.

(La) Distancia es el olvido: ya que por este motivo no se aumenta la amistad o el amor, por no fomentarse el trato.

Distar una cosa de otra tanto como de un polo al otro polo: ser completamente diferentes entre sí.

Distinguir de colores: no confundir las cosas, ni personas.

¡Dita sea!: expresión achulada de ¡maldita sea!

Divagar la imaginación: distraerse.

Divertirse más que un camello: pasárselo muy bien.

Divertirse más que un enano: pasárselo bomba, muy bien.

Divide et impera: divide y vencerás.

Divide y vencerás: máxima para ganar en algo.

Divorcio: separación legal por sentencia judicial a dos casados. Se cita algunas causas de divorcio, según establecía la Ley de 1932, y actualmente derogada: abandono, adulterio, atentado, ausencia, bigamia, condena, contagio, desamparo, domicilio, incapacidad, inmoralidad, locura, prostitución. Igualito que ahora.

Do de pecho: se dice cuando se lleva a cabo alguna acción por medio de la cual se adquieren méritos.

Doblar el cabo: dejarle atrás navegando.

Doblar el espinazo: ejecutar trabajos manuales.

Doblar la bisagra: trabajar.

Doblar la cabeza, o el gorro: morir.

Doblar la calle: pasar de una calle a otra.

Doblar la cerviz: humillarse.

Doblar la esquina: cambiar de calle siguiendo la misma dirección.

Doblar la hoja: variar la conversación por no convenirle. Dejar un asunto para proseguirlo más tarde.

Doblar la marcha: caminar en un día más de lo ordinario.

Doblar la parada: apostar doble a la postura anterior en los juegos de envite.

Doblar la rodilla: humillarse a la voluntad de otro sin reservas.

Doblar la servilleta: morirse.

Doblar las campanas: tañirlas, principalmente cuando una persona ha fallecido.

Doblar las guardias: reforzar éstas con más soldados.

Doble atención: facultad de hacer a la vez dos cosas totalmente diferentes entre sí, por ejemplo: escribir y hablar a la vez dos cosas distintas, o en dos idiomas diferentes.

Doble intención: fingimientos malévolos.

Doble vista: facultad extraordinaria de ver por medio de la imaginación cosas que realmente existen o suceden, pero que no están al alcance de la vista.

Docena del fraile: conjunto de trece cosas.

Doctores tiene la Santa Madre Iglesia...: frase que se usa para eludir la respuesta a una cuestión dificultosa.

"Dolce vita": vida muy cómoda y regalada.

Doler el alma: estar cansado, muy harto.

Doler los huesos: frase con que se expresa un extremado cansancio o hastío.

Dolerle la cabeza: estar próximo a perder la autoridad.

Dolerle los cojones: expresión que indica hartura de alguna circunstancia y agotamiento de la paciencia.

Dolor de cabeza quiere manjar; dolor de cuerpo quiere cagar: forma de quitarse los dos males citados.

Dolor de muelas, dolor de rabia: expresa el efecto que producen dichas dolencias.

Dolor de mujer muerta dura hasta la puerta: contra la insensibilidad de los hombres.

Domingo de Ramos, quien no estrena no tiene manos: frase muy popular en homenaje a esta fiesta, hoy en desuso.

Don Cómodo: amigo de comodidades.

Don de acierto: buen tino en pensar o ejecutar.

Don de errar: falta habitual de tacto.

Don de gentes: simpático y apreciado.

Don Nadie: persona de poco reconocimiento social.

Don Quintín "El Amargao": se llama así a la persona que está siempre de mal humor o enfadada.

Don Sabihondo: se dice de la persona que hace alardes de sabiduría teniendo pocos conocimientos.

Doncella, como la madre que la parió: frase burlesca con la que se satiriza a aquellas mujeres dudosas, que presumen de lo que no son.

¿Doncella? Sábelo Dios y ella, por su palabra has de creella: no debiendo dudar nunca de tal situación, pero en algunos casos no se podría poner la mano en el fuego por determinadas mujeres.

¿Doncellas? Eso dicen ellas: igual que lo anterior.

Donde alcanzo yo alcanza un burro: con que se moteja de necio a alguien, empleándose por lo común en segunda o tercera persona.

Donde cantan las perdices: dícese del paraje muy solitario.

Donde comen dos comen tres: indicando que siempre hay lugar en la mesa para el que se presenta a comer, repartiendose los manjares como buenos hermanos.

Donde Cristo dio las tres voces y nadie las oyó: en lugar muy distante y solitario.

Donde Dios es servido: lugar o sitio indefinido o indeterminado.

Donde Dios perdió el gorro: lugar muy lejano.

Donde dije digo digo Diego: desdecirse de lo dicho.

¿Dónde entierra usted?: frase con que se burla al que hecha muchos fieros.

Donde entra el sol entra el conquistador: el sol es siempre portador de la salud y de la alegría.

Donde está el rey está la corte: indica que se debe atender primero a la persona de mayor condición o importancia.

Donde está tu tesoro allí está tu corazón: donde se encuentra el amor, o la pasión, allí suele estar el pensamiento.

¿Dónde estamos?: interjección que significa admiración, disgusto o extrañeza.

Donde esté la verdad está Dios: ya que Él es la Justicia suma.

Donde fueres haz lo que vieres: aconseja acomodarse a los usos y costumbres del lugar.

Donde fuiste paje no seas escudero: indica que se evite la envidia de los que han sido compañeros del que ha ascendido a clase más elevada.

Donde hay buen hay mejor: expresa lo relativo que son las cosas, depende de la comparación.

Donde hay confianza da asco: indicando que la gran amistad o confianza invita a decir cosas que de otra forma no se dirían.

Donde hay fuerza de hecho se pierde cualquier derecho: se expresa que es inútil aducir argumentos contra la razón.

Donde hay hoyo se echa tierra: se recomienda que se deben allanar las dificultades para ejecutar una cosa.

Donde hay patrón no manda marinero: estableciendo la jerarquía en el mando para todos los estamentos.

Donde hay voluntad mejor es entrar que llamar: habiendo confianza, se hacen muchas cosas que no se harían si no se tuviese.

Donde la espalda pierde su honesto nombre: el culo.

Donde la fuerza sobra, la razón falta: la imposición de la fuerza termina en tiranía, no existiendo ya razón.

Donde las dan las toman. Algunos agregan: **y callar es bueno:** enseña que al que hace un daño, una burla, se le suele pagar con la misma moneda.

Donde los haya: expresión que refuerza un significado.

Donde menos se piensa salta la liebre: pudiendo ocurrir algo en el momento más inesperado.

Donde nada se gana algo se va perdiendo; por lo menos el tiempo: forma de expresar que siempre hay que intentar hacer algo positivo, no dejando perder nunca el tiempo.

Donde nada se me ha perdido nada tengo que buscar: forma de expresar no inmiscuirse en los asuntos de los demás.

Donde no: de lo contrario.

Donde no hay mano de mujer poco aliño puede haber: sin duda, la mujer tiene unas características personales que hacen que una casa que esté en orden y organizada; para estas cosas la mayoría de los hombres somos un verdadero desastre.

Donde no hay vergüenza no hay virtud buena: la primera cualidad que debe tener una persona es ésa.

Donde no me llaman para nada me querrán: exhorta a no meterse donde no le importa.

Donde no se pierde todo algo se va ganando: consuelo que se da al que pierde a medias un negocio.

Donde pan se come, migas caen: todo lo que se ejecuta deja muestras o residuos.

Donde pone el ojo pone la bala: alabanza a la puntería de un cazador.

Donde pongo los pies pongo los ojos: con que uno explica que el dolor que se tiene en los pies es como si los tuviera en los ojos.

Donde todos mandan nadie obedece: debido al desorden existente.

¡Dónde va a parar!: exclamación de asentimiento en frases comparativas.

Donde va la mar, que vayan las arenas: alguna vez conviene aventurar lo menos cuando se ha perdido lo más.

¿Dónde va Vicente?; donde va la gente: frase indicativa de persona de poca personalidad, que se la maneja bien.

Donde yeguas hay potros nacen: no debiendo extrañarse de los acontecimientos naturales.

Dondiego: persona cualquiera.

Dondiego de día: expresa coquetería, en el lenguaje de las flores.

Dondiego de noche: indica timidez, en el mismo lenguaje.

Dorar la píldora: suavizar las malas noticias. Lisonjear.

Dormir a calzón quitado: como un lirón.

Dormir a cortinas verdes: dormir en el campo.

Dormir a pierna suelta, o tendida: profundamente.

Dormir a sueño suelto: dormir tranquilamente.

Dormir al raso: al aire libre.

Dormir al sereno, o a la serena: al descubierto.

Dormir como los ángeles: plácidamente.

Dormir como un bendito: con toda la felicidad del mundo.

Dormir como un ceporro: sin enterarse de nada.

Dormir como un leño: tener un sueño muy profundo.

Dormir como un lirón: muchísimo.

Dormir como un patriarca: descansado y regaladamente.

Dormir como un santo: profundamente.

Dormir como un trompo: como un lirón.

Dormir como un tronco, o una piedra: profundamente.

Dormir como una marmota: mucho tiempo.

Dormir con los ojos abiertos: con precaución para no dejarse sorprender o engañar.

Dormir con los ojos abiertos, como las liebres: dícese de las personas que cuando duermen tienen los ojos a medio cerrar.

Dormir con los puños cerrados: con sueño profundo.

Dormir con sus padres o abuelos: morirse.

Dormir con un ojo abierto y otro cerrado, como las liebres: estar vigilante a todas horas.

Dormir de un tirón: dormir profundamente y sin despertarse durante mucho espacio de tiempo.

Dormir el lobo: la borrachera.

Dormir el sueño de los justos: fallecer una persona.

Dormir el sueño de San Juan, que duró tres días: dormir mucho.

Dormir el vino: dormir cuando se está bebido.

Dormir la mona: dormir estando borracho.

Dormir la siesta borreguera, o del burro: echarse la siesta antes de comer.

Dormir los ojos: con que se expresa la afectación y el melindre de la persona que los cierra y los abre, para dar a entender un afecto interior.

Dormir más que los siete durmientes: se aplica a la persona sumamente dormilona.

Dormir, o echar, la canóniga: echarse la siesta antes de comer.

Dormir, o estar echado, de memoria: boca arriba.

Dormir sobre algún asunto: tratarlo con descuido.

Dormir sobre ello y tomar acuerdo: pensar detenidamente antes de proceder a adoptar una determinación.

Dormirse en las pajas: descuidarse de algún asunto que se debe prestar cierta atención y cuidado.

Dormirse sobre los laureles: dejar de trabajar o esforzarse después de haber conseguido un triunfo.

(Los) Dos: los testículos.

Dos buenos callos me han nacido: uno en la boca y otro en el oído: modo de aconsejar que se refrene la lengua cuando se oye algo que desagrada, no haciendo caso de lo dicho.

Dos cosas no se pueden agotar: el saber y el agua del mar: expresando que los conocimientos siempre pueden ser ampliados y que nunca se acaban.

Dos de la vela, y de la vela dos, son cuatro: dícese cuando se quieren hacer cuentas embrolladas, para cobrar más de lo que corresponde.

Dos de queso: se dice de lo que es de poco valor o provecho.

Dos en el corro nos entendemos: forma de indicar que lo dicho veladamente ha sido entendido por la persona a la que iba dirigida la indirecta.

Dos linajes hay en el mundo, que son: el tener y el no tener: indicando que la riqueza es el gran escudo de armas.

Dos negaciones afirman: aforismo de la lengua latina.

Dos no riñen si uno no quiere: invitando a terminar la disputa, dando a entender que no se quiere seguir hablando sobre ese tema.

Dos palabras: conversación muy corta.

Dos que duermen en el mismo colchón son de la misma opinión: se dice de los esposos, que al pasar de los tiempos llegan a pensar y actuar de la misma manera.

(Las) Dos verdades del pastor: se dice cuando, pretendiendo hacer burla de otros, se recibe de dicha persona el mismo pago, y además en aumento.

Drinki: bcbida con alcohol.

Droga blanda: la que no crea adicción.

Droga dura: la que crea adicción.

Ducha de agua fría: sucesos o noticias que causan una fuerte impresión desagradable, generalmente suelen ser de improviso.

(Los) Duelos con pan son menos, o buenos: sorportándose mejor las desgracias si hay bienes para combatirlas.

Duelos y quebrantos: llamábase así a una olla que se hacía con las extremidades y los huesos rotos de las reses que se morían por cualquier accidente; se guardaban acecinados.

Duendes de imprenta: dícese en linotipia, que son ellos los que causan los errores de impresión.

Dueña de medias tocas: las que por ser de clase inferior, traían las tocas más cortas.

Dueñas de retrete: en palacio, dueñas de inferior clase.

Dueño de sí mismo: el que sabe dominarsse y no se deja arrastrar por los impulsos.

Dueño o señor del argamandijo: dícese del que tiene el mando principal de una cosa.

Dueño y señor, o dueña y señora: dominar enteramente.

Duérmete mi niño que viene el coco, y se lleva a los niños que duermen poco: nana que se canta a los niños pequeños, para que se duerman.

Dulce de leche: el que se fabrica para confeccionar una pasta con dichos elementos.

(El) Dulce nombre: dícese de esta manera el nombre de María.

Dundo: tonto, bobo.

Dura lex, sed lex: la ley es dura, pero es ley.

Dura, lo que dura, dura: dicen los castizos que es el tiempo que dura el acto amoroso.

Dura lo que un pedo en la mano: indicando que una cosa es pasajera y de poca duración.

Durar más que la obra de El Escorial: ser una cosa interminable, o de gran duración.

Durar más que un día sin pan: cuando una cosa se hace larga.

Durar más que un traje de pana: se dice de lo que tiene mucha duración.

Durar menos que el polvo de un gallo: de poca duración.

Durar menos que un caramelo a la puerta de un colegio: tener una duración muy breve.

Durar menos que un suspiro: durar muy poco.

Dure la vida, que con ella todo se alcanza: el lograr algunas cosas es cuestión de tiempo y de paciencia.

Duro de boca: dícese de la persona que es muy callada y en extremo prudente.

Duro de cocer y peor de comer: indicando que las cosas llenas de faltas difícilmente pueden variar su condición.

Duro de corazón: no tener sentimientos hacia los demás.

Duro de gorra: dícese del que aguarda que otro haga primero el saludo.

Duro de mollera: ser porfiado en sus razones, y muy rudo para aprender.

Duro de oído: del que siente y percibe con dificultad los sonidos; especialmente se aplica al arte musical.

Duro de pelar: ser de gran fortaleza, o de gran resistencia tanto física como moral; ser muy difícil domeñarle.

(El) Duro ha de estar encima de las pesetas: lo principal está siempre por encima de lo secundario.

Duro hueso de roer: se dice cuando existe gran dificultad para resolver una cosa.

¡Duro que a mí no me duele!: incitando a emplear el mayor rigor posible en el castigo de una falta, o en la evitación de un abuso.

¡Duro y a la cabeza!: fuertemente y en sitio adecuado.

Duro y pareja: con fuerza y constancia.

Ea, ea, ea, el burro de la Andrea, que tiene cuatro patas y no se menea: nana, para hacer dormir a los niños pequeños.

Ea, judíos, a enfardelar, que mandan los reyes que crucéis la mar: expresión dada a ese pueblo cuando se decretó su expulsión en el año 1492 por los Reyes Católicos.

¡Ecce homo!: hombre lleno de heridas y contusiones.

¡Echa el cierre, Robespierre!: expresión achulada con la que se invita a callar a una persona.

¡Echa el freno, Magdaleno!: frase achulada con que se trata de contener a alguien.

Echa mano a la bolsa y déjate de zurru, zurru: contra los que, al pedirles dinero, dan sólo consejos o conversación.

¡Echa más, que parece que no has meado ayer!: dícese irónicamente del que vierte con escasez algún líquido para ser bebido, siendo generalmente alguna bebida alcohólica.

Echa un cacho de honradez al puchero, y verás qué caldo sacas: mal consejo, para los que quieren el bien personal a costa del bien común.

Echacantos: miserable, ruin.

Echado está el dado: tomar una resolución y esperar los acontecimientos.

Echado para atrás, o para adelante: aplícase a la persona vana y orgullosa.

¡Échale cojones!: expresa asombro o admiración por el valor o esfuerzo, también sirve para manifestar fastidio o enfado.

¡Échale guindas a la tarasca!: expresión de asombro al no conseguirse algo, habiéndose intentado con intensidad.

¡Échale guindas al pavo!: expresión de asombro al no haber conseguido o logrado una cosa, después de haberse intentado con afán.

¡Échale hilo a la cometa!: indicando que la cosa no es tan fácil de conseguir, ni en poco espacio de tiempo. Asombro de no haber conseguido algo que parecía fácil.

¡Échale un galgo!: equivale a decir: a ver si le coges o pillas.

Echando chispas: con que se pondera la rapidez, la velocidad.

Echando hostias: con toda la rapidez o velocidad posible.

Echando leches: con toda prisa o velocidad.

Echao "p'alante": dícese de la persona valiente, decidida.

Echar a cabo un negocio: concluirlo, acabarlo.

Echar a cara o cruz una cosa: jugársela al azar.

Echar a chacota alguna cosa: desentenderse de ella.

Echar a fondo: hundir o sumergir un buque.

Echar a la buena barba: señalar a alguien para que pague lo que se ha comido entre varias personas.

Echar a la calle: despedir de casa.

Echar a la cara, o en la cara: recordarle algo.

Echar a la vida: dar tregua al trabajo mediante algún descanso, continuándolo nuevamente.

Echar a las barbas: reconvenir, afear el mal proceder observado cara a cara a una persona.

Echar a las espaldas: olvidarse voluntariamente.

Echar a mal: desestimar, despreciar una cosa.

Echar a mala parte: interpretación desfavorable de acciones o palabras.

Echar a, o en, las piedras: poner a criar hijos en una casa de expósitos, también llamada de la piedra.

Echar a otro la carga: atribuir a otro lo que no ha hecho.

Echar a pajas: sorteo que se hace ocultando en la mano un número de ellas, para escoger la menor, decidiendo la suerte.

Echar a palacio una cosa: no hacer caso de ella.

Echar a pares o nones alguna cosa: echarla a suertes.

Echar a paseo: despreciar lo que otro propone.

Echar a patadas: despedir a una persona violentamente.

Echar a perder: malograr algo. Pervertir.

Echar a perros: emplear mal alguna cosa.

Echar a piedra y honda: despedir a una persona bruscamente.

Echar a pique: destruir, acabar con una cosa.

Echar a remojo un asunto: aplazarlo para tiempo más oportuno o indefinido.

Echar a reyes: echar las cartas para emparejar a los que van a iniciar un juego, tocándoles a los primeros.

Echar a rodar: sin reparo ni miramiento alguno.

Echar a rodar los bolos: promover reyertas o disturbios.

Echar a un lado: dejar a una persona un poco apartada. Terminar.

Echar a uno a la calle: despedirlo de casa.

Echar a uno un jarro de agua: dejarle cortado en una discusión.

Echar a volar: empezar a actuar públicamente.

Echar a volar una persona: darla o sacarla al público.

Echar a vuelo las campanas: tocarlas. Dar a conocer algo que aún no ha acontecido.

Echar abajo: negar un asunto, no darle paso.

Echar aceite a la lámpara: se dice del que come o bebe fuera de horas.

Echar aceite al fuego, o en el fuego: irritar.

Echar agua al río: labor perdida.

Echar agua al vino: quitar importancia a ciertas cosas, como ofensas, discusiones, etc.

Echar agua en el mar: dar a quien tiene en abundancia.

Echar al aire: descubrir o desnudar alguna parte del cuerpo.

Echar al contrario: echar un asno a una yegua, o un caballo a una burra, para la cría del ganado mular.

Echar al hijo: abandonarle en cualquier parte.

Echar al hombro alguna cosa: hacerse responsable de ella.

Echar al mundo: parir, crear algo.

Echar al olvido, o en olvido: olvidarse voluntariamente.

Echar algún secreto a la calle: descubrirlo.

Echar anclas: establecerse en un sitio.

Echar azar: en los juegos de envite, tener mala suerte, y en sentido figurado, salir mal una cosa.

Echar balones fuera: distraer la atención de la cuestión principal, hacer cosas diferentes o extrañas.

Echar barriga: engreírse, ensoberbecerse, engordar.

Echar boca: acerar la de una herramienta cuando por el uso se ha gastado.

Echar bocanadas: presumir, hablar con jactancia.

Echar bocanadas de sangre: hacer alarde de ser muy noble o estar emparentado con personas ilustres.

Echar bota y merienda: tardar mucho en hacer alguna cosa, estar muy lejos algún lugar, por lo que se tarda mucho en llegar a él.

Echar bravatas: hacerse el valiente.

Echar buen, o mal, lance: conseguir, o no, su intento.

Echar buen pelo: mejorar de fortuna.

Echar buen trigo a vender: irónicamente, perder un negocio.

Echar buena pluma: enriquecerse.

Echar buenas pantorrillas: dícese irónicamente de todo aquello que no produce ganancia alguna.

Echar cada cual por su camino: ir...

Echar caderas: convertirse una joven en mujer.

Echar candado a la boca, o los labios: callar, guardar secreto.

Echar caperuzas a la tarasca: con que se reprende la ambición insaciable o la ingratitud de algunas personas.

Echar cara: hacer algo con desfachatez.

Echar carne a las fieras: distraer la atención de la gente en un asunto importante, hacia otro que se quiere se preste atención, no teniendo éste importancia alguna.

Echar carnes: engordar.

Echar cata: mirar o buscar con cuidado alguna cosa.

Echar caudal en alguna cosa: emplearlo en ella.

Echar centellas por los ojos: estar encolerizado.

Echar chiribitas: estar sumamente enfadado.

Echar chispas o lumbre: estar muy encrispado, colérico.

Echar chufas: echárselas de valiente.

Echar chuzos: enfadarse mucho, echar bravatas.

Echar cojones: echar valor para hacer una cosa.

Echar compases: andar despacio y contoneándose.

Echar con cajas destempladas: despedir ruidosamente.

Echar coplas: zaherir, hablar mal de una persona.

Echar coplas de repente: hablar sin reflexión.

Echar cortadillos: hablar con afectación. Beber vasos de vino.

Echar cortafríos: hablar con afectación.

Echar cuentas: calcular el gasto o la utilidad de una cosa.

Echar cuentas galanas: contar sobre nada.

Echar dado falso: procurar engañar.

Echar damas y galanes: divertirse de las cosas en días señalados, sortear para formar parejas.

Echar de baranda: exagerar.

Echar de bolina: proferir insultos o bravatas.

Echar de chafarrinón: hacer algo chabacano.

Echar de clavo: engañar.

Echar de comer aparte: tener cierta prevención sobre determinadas personas o cosas.

Echar de manga: valerse de alguien con destreza y disimulo.

Echar de menos: notar la falta de alguna cosa. Tomar sentimiento y pena por falta de ella.

Echar de plancheta: hacer alarde de valiente o aventajado.

Echar de ver: notar, reparar, advertir.

Echar de vicio: hablar con descaro y sin reparo alguno.

Echar del mundo a uno: separarle de la comunicación de las personas.

Echar dinero en una cosa: emplearlo en ella.

Echar doblonadas: ponderar y exagerar las rentas.

Echar el agua: bautizar.

Echar el aguardiente: hacer alguna mala obra, causar algún perjuicio.

Echar el alma: echar el bofe.

Echar el alto: parar o detener a una persona por las fuerzas del orden.

Echar el áncora: equivale a apelar los últimos recursos, cuando uno está próximo a perder la esperanza.

Echar el anzuelo: emplear artificios para atraer generalmente con engaño.

Echar el bien, o el mal, a la cara: no poder ocultar el pensamiento, falto de salud.

Echar el bodegón por la ventana: echar la casa por la ventana.

Echar el bofe, o los bofes: solicitar algo con toda ansia.

Echar el cartabón: tomar medidas de un objeto.

Echar el cascabel a alguien: excusarse de algún cargo gravoso para que recaiga en otro.

Echar el cierre: callar la boca.

Echar el cuerpo fuera: evitar alguna dificultad.

Echar el día a perros: estar muy atareado y con poco fruto.

Echar el fallo: juzgar decisivamente acerca de una persona o cosa.

Echar el freno: detenerse en algún asunto, que resulta o puede ser inconveniente.

Echar el gancho: atraparle, atraerlo con maña.

Echar el gato a las barbas: poner en aprieto o compromiso, atreverse con alguien, insultarle.

Echar el guante: alargar la mano para agarrar algo. Detener, arrestar.

Echar el hatillo al mar: irritarse, enojarse.

Echar el lazo: intentar atrapar a una persona por algún procedimiento.

Echar el mirlo: desembarazarse de un trabajo para que lo haga otro.

Echar el mochuelo a uno: culparle de alguna cosa.

Echar el muerto a casa, o a puerta ajena, o al vecino: atribuirle culpa ajena.

Echar el muerto a otro: endosar, echar la culpa a una persona de alguna cosa.

Echar el ojo, o los ojos: mostrar deseo de alguna cosa.

Echar el pecho al agua: emprender con resolución u osadamente una cosa de mucho peligro o dificultad.

Echar el pie adelante a alguno: excederle en algo.

Echar el pie atrás: no mantenerse en su sitio o resolución.

Echar el punto: situar o colocar en la aguja de marear el paraje donde se encuentra la nave.

Echar el quilo: cansarse por exceso de esfuerzo hasta quedar agotado.

Echar el ramo por dentro: dícese en forma imperativa al que satiriza o critica una falta de la que él también adolece.

Echar el resto: hacer todo lo que se puede.

Echar el sello: afianzar y perfeccionar lo empezado, asegurando su más cabal cumplimiento.

Echar el sino: adivinar el porvenir.

Echar el toro: decir a una persona sin contemplaciones algo desagradable.

Echar el zanjón: desaparecer u ocultar una cosa en que se tenía interés.

Echar en calabaza: perder el tiempo.

Echar en cara: decir a otro sus faltas. Recordarle los favores hechos.

Echar en corro, o en el corro: decir una cosa en público para ver el efecto que hace.

Echar en falta: echar de menos.

Echar en remojo algún negocio: esperar a que esté en mejor disposición.

Echar en rostro alguna cosa: echar en cara.

Echar en saco roto: olvidar, no tener en cuenta.

Echar en sal: reservar de momento lo que se iba a hacer.

Echar en tierra: descargar algo.

Echar espumarajos por la boca: estar muy encolerizado.

Echar falso: envidar sin juego.

Echar fama: adquirirla.

Echar flores: decir cosas halagüeñas, requebrar, galantear.

Echar fuego por la boca: decir palabrotas airadamente.

Echar fuego por los ojos: estar poseído por la ira.

Echar garbanzos: incitar a que se diga lo que de otra forma se callaría.

Echar hasta la primera papilla: vomitar copiosamente.

Echar hasta las entrañas o las tripas: vomitar.

Echar hostias: manifestar ira, fastidio.

Echar humo: estar muy enfadado, encolerizado.

Echar juicio, o un juicio, a montón: juzgar temerariamente.

Echar la absoluta: no dar lugar a contestación.

Echar la barredera: llevarse cuanto se encuentra.

Echar la bendición: no querer mezclarse en algo.

Echar la bendición a uno: renunciar a toda relación con él.

Echar la bendición con la mano izquierda: hacer un corte de mangas.

Echar la bibria: engañar con alagos.

Echar la caña: disponerse a orinar.

Echar la capa: ocultar defectos, ampararlos.

Echar la capa al toro: aventurar alguna cosa para evitar mayor daño o conseguir algún fin.

Echar la carga a otro: transferirle lo más pesado de la obligación propia.

Echar la carga de sí: despojarse o alejarse de algo. Eludir un gravamen o cuidado.

Echar la casa por la ventana: no omitir ningún gasto.

Echar la cerradera: negarse a todo sin escuchar razones.

Echar la charla: reprender a una persona.

Echar la chorrada: orinar.

Echar la clave: dar por terminado algo, sin dar lugar a más discusiones.

Echar la contera: finalizar algún negocio.

Echar la cremallera: callarse.

Echar la cuenta: ajustarla.

Echar la cuenta de la vieja: las que se hacen por los dedos.

Echar la cuenta sin la huéspeda: lisonjearse del buen éxito de un asunto, viendo las ventajas y sin tener en cuenta los inconvenientes.

Echar la culpa a alguno: atribuirle algo que no ha hecho.

Echar la culpa a otro: disculparse inculpando a otro.

Echar la doble: asegurar un negocio.

Echar la espuela: echar el último trago los que están bebiendo juntos en un bar.

Echar la firma: exonerar el vientre. Remover los antiguos braseros de cisco para que diesen más calor.

Echar la garfa: procurar coger y agarrar algo con las uñas.

Echar la garra: prender.

Echar la hiel: trabajar en exceso.

Echar la lengua al aire: hablar indebidamente.

Echar la lengua, o la lengua de un palmo: desear con ansia.

Echar la ley, o toda la ley a alguno: condenarle usando todo el rigor de la ley.

Echar la llave: cerrar con ella.

Echar la manga: valerse con destreza y disimulo para conseguir lo que se desea, sin darlo a entender.

Echar la mano, o las manos: asir, coger, prender.

Echar la mañana a perros: forma de indicar que se ha decidido perder una mañana, no haciendo nada.

Echar la pastilla: dovolver, vomitar.

Echar la pata: adelantar a otro.

Echar la pava: vomitar.

Echar la pierna encima: exceder a alguien, sobrepujarle.

Echar la plática a otra parte: cambiar la conversación.

Echar la plomada: examinar con ésta si una cosa está en vertical.

Echar la pota: devolver, vomitar.

Echar la primera papilla, o la papilla: vomitar.

Echar la pulga detrás de la oreja: decir una cosa que inquiete o desazone.

Echar la red: hacer las diligencias para un fin.

Echar la regla: examinar con ella si están derechas las líneas.

Echar la soga tras el caldero: dejar abandonada una cosa, una vez perdida la principal.

Echar la tijera: cortar lo que no es conveniente. Coger una cosa con la mano.

Echar la vista: elegir mentalmente una cosa entre varias.

Echar la vista encima: llegar a ver cuando se está buscando a una persona.

Echar la voz: divulgar algo.

Echar la zarpa: asir con las manos o las uñas. Apoderarse de algo por violencia o engaño.

Echar lanzas en el mar: coger agua en un cesto. Cosa innecesaria o imposible.

Echar las bulas a otros: reprender severamente.

Echar las campanas al vuelo: dar publicidad con júbilo a alguna cosa.

Echar las cargas a otro: hacer a una persona responsable de lo que no ha hecho.

Echar las cartas: intentar adivinar el futuro por combinación de las mismas.

Echar las cuatro cartas: esforzarse mínimamente, hacer únicamente lo imprescindible cuando se podía hacer mucho más.

Echar las entrañas: vomitar con violencia. Trabajar en exceso.

Echar las fiestas: decir baldones o injurias.

Echar las gachas: vomitar.

Echar las garras: coger, prender.

Echar las habas: hacer hechizos.

Echar las muelas: se dice del que está muy disgustado o tiene gran contrariedad.

Echar las papas: vomitar.

Echar las patas por alto: despotricar.

Echar las penas a un lado: desentenderse de ellas o hacer por olvidarlas.

Echar las puertas abajo: llamar muy fuerte.

Echar las redes: atraer con engaños o simulaciones a una persona.

Echar las temporalidades: decir expresiones ásperas que producen enojo.

Echar las tripas: echar las entrañas.

Echar lección: señalarla a los discípulos.

Echar leña al fuego: fomentar la discordia. Dar incentivo para una inclinación o vicio.

Echar líneas: tomar las medidas para conseguir una cosa.

Echar los bofes, el corazón o los hígados por la boca: a más no poder, esforzarse, correr, trabajar, etc.

Echar los cimientos: dar principio a alguna cosa.

Echar los dátiles: coger una cosa con los dedos.

Echar los faros: mirar.

Echar los gigantones: decir palabras duras sobre cualquier asunto.

Echar los grillos: indica estar prisionera de una persona por amor.

Echar los hígados: poner la fuerza, energía y esfuerzo de que uno es capaz.

Echar los hígados por alguna cosa: solicitarla con ansia.

Echar los hipocondrios: hacer grandes esfuerzos, emplear suma diligencia para conseguir alguna cosa.

Echar los kiries: vomitar.

Echar los pies por alto: enfurecerse una persona.

Echar los perros: hostigar o acosar a una persona.

Echar los pulmones: trabajar denodadamente.

Echar los redaños: vomitar con violencia. Trabajar en exceso.

Echar los títeres a rodar: romper abiertamente con uno.

Echar los trastos a rodar: enfurecerse.

Echar lumbre por los ojos: dícese de la persona que está muy encolerizada.

Echar mal lance: salir mal las cuentas echadas.

Echar mano: tomar, recurrir, decidir una solución.

Echar mano a la bolsa: sacar dinero de ella.

Echar mano a los arneses: tomar las armas.

Echar mano de una persona o cosa: valerse de ella para algún fin.

Echar margaritas a los puercos: frase evangélica que indica que no se deben usar las cosas santas para asuntos mundanos.

Echar más humo que una chimenea: dícese de la persona que es una gran fumadora.

Echar menos, o de menos: sentir la falta de una cosa o persona.

Echar, o echarse, el alma atrás, o a las espaldas: proceder sin atenerse a los dictados de la conciencia o prescindiendo de todo respeto.

Echar, o enviar, a paseo a alguien: con que se manifiesta el desagrado o la desaprobación de lo que propone, dice o hace.

Echar, o envidar, el resto: hacer envite total en el juego. Hacer todo el esfuerzo posible.

Echar, o hacer, el tablacho: interrumpir al que está hablando.

Echar, o hacer, raya: aventajar, sobresalir en alguna cosa.

Echar, o meter, a barato: confundir a uno lo que va a decir metiendo bulla y dando voces.

Echar, o meter, el montante: mediar en una disputa para cortarla.

Echar, o meter, un clavo: realizar el acto sexual.

Echar, o poner, el sello a una cosa: rematarla, llevarla a la última perfección.

Echar, o poner, un candado a la boca, o a los labios: callar, guardar algún secreto.

Echar, o tender, la red, o las redes: hacer los preparativos y disponer los medios para obtener alguna cosa.

Echar, o tirar, líneas: poner en juego los medios conducentes al logro de una cosa.

Echar otra sardina: cuando uno entra de fuera, especialmente si ocasiona algún perjuicio el admitirle.

Echar otro nudo a la bolsa: resistencia a soltar dinero.

Echar pajas: sortear con ellas.

Echar párrafos: hablar mucho diciendo inoportunamente lo que se ha dicho o leído.

Echar pecho ancho: exhortando a tener paciencia para sufrir las contradicciones de la vida.

Echar pelillos a la mar: reconciliarse.

Echar pestes: lanzar imprecaciones, echar reniegos.

Echar pie a tierra: desmontar, poner pie en ella.

Echar piernas: jactarse de galán o valiente.

Echar plantas: echar bravatas.

Echar por alguna calle: irse por ella.

Echar por alto alguna cosa: desperdiciarla, menospreciarla.

Echar por aquella boca: decir contra otro imprudencias, palabras injuriosas u ofensivas.

Echar por arrobas: abultar y ponderar mucho las cosas.

Echar por el atajo: elegir un medio para salir del apuro.

Echar por el medio: tomar un medio extraordinario para resolver alguna cosa.

Echar por en medio: tomar una resolución para salir sin dificultad de un asunto sin reparar en obstáculos.

Echar por esos trigos, o por los trigos de Dios: ir desacertado y fuera de camino.

Echar por la boca: decir injurias.

Echar por la tremenda: llevar un asunto a términos violentos.

Echar por largo: calcular una cosa con demasía.

Echar por las de Pavía: hablar o responder con alteración, despecho o desconocimiento.

Echar por los suelos: humillar.

Echar por otra parte: seguir distinto rumbo.

Echar por tierra alguna cosa: destruirla.

Echar por tierra, o por los suelos: despreciar.

Echar pullas: decir expresiones agudas y picantonas.

Echar raíces: establecerse en un lugar.

Echar raya: competir.

Echar rayos y centellas. Algunos añaden: por los ojos: manifestar gran ira o enojo con sus acciones o palabras.

Echar saetas: mostrar con palabras o gestos que se está picado o resentido.

Echar sangre por los ojos: dícese esta expresión cuando una persona está muy enfurecida, con los ojos rojos.

Echar sapos y culebras por la boca: decir desatinos, blasfemias o palabras obscenas con ira.

Echar sobre las espaldas de alguien: poner a su cargo.

Echar su cuarto a espadas: tomar parte en una conversación.

Echar suertes, o a suerte: valerse de medios fortuitos para resolver algo.

Echar tacos: decir palabrotas, jurar.

Echar tan alto: despedir a una persona en términos ásperos y desabridos.

Echar tierra a alguna cosa: ocultarla para que se olvide.

Echar todo a rodar: desbaratar un asunto.

Echar todo el agua al molino: hacer todos los esfuerzos para conseguir lo que se desea.

Echar todos los registros: hacer todo lo que se sabe y puede.

Echar tras uno: ir en su alcance.

Echar traspiés: cometer errores y faltas.

Echar tripa: engordar.

Echar un borrón: atentar a su buen nombre, difamar.

Echar un cable, o un cabo: ayudar a salir de una situación comprometida.

Echar un caliqueño: tener una relación amorosa.

Echar un candado a la boca, o a los labios: callarse, guardar un secreto.

Echar un candado a los oídos: no escuchar.

Echar un capote: ayudar a una persona en apuros.

Echar un casquete: realizar el coito.

Echar un charlado: hablar de cosas sin importancia.

Echar un chisguete: beber un sorbo, generalmente de vino.

Echar un chispazo: servir una pequeña cantidad de licor en una copa.

Echar un chorreo: regañar.

Echar un clavo a la rueda de la fortuna: fijar, hacer estable la suerte.

Echar un cohete: realizar el coito.

Echar un feliciano: hacer el acto sexual.

Echar un flete: fornicar.

Echar un galgo a uno: tener dificultad en alcanzarlo.

Echar un gancho: intentar conquistar a alguien.

Echar un gato a la cara: causar a una persona malestar o irritación.

Echar un granito de sal: añadir algo para dar alegría a lo que se comenta o dice.

Echar un guante: recoger dinero con fines caritativos.

Echar un jarro de agua, o de agua fría: quitar la esperanza o el entusiasmo con que se estaba animando.

Echar un luche: pelear para medir únicamente las fuerzas.

Echar un ojo: vigilar, controlar, estar al cuidado.

Echar un palo: tener relación carnal.

Echar un párrafo: conversar amigable, familiarmente.

Echar un polvo, o polvete: cohabitar.

Echar un pulso: ver quién puede vencer.

Echar un puntal a la vida: comer, recrearse con alguna distracción.

Echar un puño: intimidar u oprimir.

Echar un quiqui: cohabitar.

Echar un rapapolvo: regañar, reprender.

Echar un rato a perros, o la tarde, etc.: dejar el trabajo, dedicando el tiempo a esparcirse.

Echar un remiendo a la vida: tomar alimentos fuera de las horas habituales de las comidas.

Echar un rentoy: regañar fuertemente.

Echar un secreto a la calle: darlo a conocer.

Echar un sello al estómago: comer un poco para matar el hambre.

Echar un trepe: una reprimenda.

Echar un velo: ocultar algo que no se quiere que se conozca.

Echar un vistazo: mirar algo rápidamente, sin detenimiento.

Echar un vos: aplicar, añadir.

Echar un voto redondo como una bola: soltar tacos, decir un juramento.

Echar una albarda: abusar de la paciencia, haciendo aguantar lo que no se debe.

Echar una cana, o una canita, al aire: tener un día de gran diversión, recrearse, expansionarse.

Echar una charla, o una charlada: mantener una conversación.

Echar una cuenta: proponer una operación aritmética.

Echar una ese, o una ese y un clavo: cautivar con beneficio la voluntad de una persona.

Echar una filípica: dar o recibir una reconvención en tono sumamente violento.

Echar una firma: firmar. Remover el brasero con la badila.

Echar una gallina: poner huevos a una gallina clueca para que los empolle.

Echar una losa encima: asegurar con firmeza que se guardará un secreto.

Echar una losa sobre el corazón: causar una grave pesadumbre.

Echar una mano: ayudar a su ejecución.

Echar una meada: orinar.

Echar una peluca: dar una reprimenda fuerte, imponer un castigo severo.

Echar una tela: hacer las labores necesarias hasta tejerla.

Echar una vaina: cohabitar.

Echar una vista, o un vistazo: cuidar mirando de cuando en cuando.

Echar una zancadilla: hacer un engaño, trampa o asechanza.

Echar uno las asaduras: echar el bofe o los bofes.

Echar uno por el atajo: emplear medios por donde salir brevemente.

Echar uno su cuarto a espadas: tomar parte oficiosamente en la conversación de otros.

Echar venablos por la boca: hablar con furia o cólera.

Echar verbos: decir improperios, juramentos o amenazas.

Echar voz, o la voz: extender una noticia.

Echarla de: presumir de.

Echarla de bambollas: presuir de riquezas.

Echarla de fachenda: darse tono.

Echarla larga: tardar mucho, tener una conversación, efectuar una visita de larga duración.

Echarle a uno el sambenito: cargarle con la culpa de algo que no ha cometido.

Echarle cara: tener desfachatez para decir o expresar algo.

Echarle cojones: mostrar una actitud valiente en circunstancias difíciles.

Echarle de buche: ostentar superioridad, grandeza.

Echarle el muerto: atribuir a una persona la culpa de una cosa en la que no tiene nada que ver con ella.

Echarle el ribete a la empanada: empeorar una situación cualquiera llevándola a su último extremo.

Echarle el sambenito: cargar con la culpa a una persona de algo que no ha cometido.

Echarle huevos: mostrar decisión o firmeza.

Echarle la capa: ocultar sus defectos.

Echarle la mosca: cargar a otro con un trabajo o molestia.

Echarle las cargas: atribuirle una cosa que no ha hecho.

Echarle las pedradas: echarle la culpa.

Echarle los gigantones: decir palabras fuertes y duras.

Echarle los perros: regañar a una persona, ofenderla.

Echarle morro, o rostro: cara, tener mucha desfachatez.

Echarle un galgo: frase que se dice ante la imposibilidad de alcanzar a alguien.

Echarlo al carnero: echar una cosa al olvido.

Echarlo todo a doce, o a trece: meter bulla para que se confunda una cosa y no se hable más de ella.

Echarlo todo a rodar: desbaratar un negocio. Dejarse llevar de la cólera, faltando a todo miramiento y consideración.

Echarse a dormir: descuidar o no pensar en una cosa.

Echarse a la calle: amotinarse. Salir de casa.

Echarse a la cara: decir cosas impertinentes, encontrarse.

Echarse a la vida: dedicarse a la prostitución las mujeres.

Echarse a las espaldas una cosa: olvidar voluntariamente algún encargo o preocupación.

Echarse a los perros: abandonarse, descuidarse.

Echarse a los pies de alguno: pedirle con sumisión.

Echarse a morir: abandonar un asunto desesperando de poder conseguir lo que se desea.

Echarse a nadar: ponerse a buscar algo a la ventura.

Echarse a, o por, tierra: humillarse.

Echarse a pechos una cosa: intentarla, tomarla a su cargo con empeño, actividad sin reparo de inconvenientes o dificultades.

Echarse a pechos, un vaso, taza, trago, etc.: beber con ansia y en gran cantidad.

Echarse a perder: perder su sabor, ponerse mala una cosa. Decaer una persona en las virtudes que tenía.

Echarse a tierra, en tierra o por tierra: humillarse o rendirse.

Echarse a un lado: apartarse.

Echarse al agua: decidirse a arrostrar algún peligro.

Echarse al cinto: comer o beber con cierta prodigalidad.

Echarse al coleto: leer todo lo escrito.

Echarse al hombro una cosa: hacerse responsable de ella.

Echarse al monte: huir a ese lugar por estar perseguido por la justicia.

Echarse al mundo: darse a los placeres y abandonarse. Prostituirse.

Echarse algo al coleto: comer o beber algo.

Echarse algo en el estómago: comer o beber copiosamente.

Echarse atrás: eludir un compromiso, desdecirse, volverse atrás.

Echarse con la carga: enfadarse y abandonarlo todo.

Echarse con las guías, o con guías y todo: atropellar a uno, no dando lugar a que responda.

Echarse cuentas galanas: forjarse ilusiones.

Echarse de pechos: dejarse caer sobre alguna cosa.

Echarse de recio: instar o precisar a otro que haga o deje de hacer algo.

Echarse el alma atrás, o a las espaldas: obrar sin conciencia, no preocuparse o inquietarse por nada.

Echarse el viento: sosegarse.

Echarse en brazos de alguien: ponerse enteramente en sus manos.

Echarse en el suelo: tumbarse o abandonar una empresa por pereza.

Echarse en el surco: abandonar un trabajo por desánimo o pereza.

Echarse encima: acosar, asediar.

Echarse entre pecho y espalda: comer.

Echarse la cuenta del perdido: arrostrar las consecuencias, considerando que, por pésimas que sean las condiciones en que uno quede, no podrán ser peores que las que se tenían antes.

Echarse los panes: inclinarse las mieses.

Echarse obligaciones: asumirlas.

Echarse por tierra, o por los suelos: humillarse o rendirse.

Echarse sobre las espaldas una cosa: hacerse cargo de ella.

Echarse sus cuentas: calcular, estudiar detenidamente un asunto.

Echarse tapas y medias suelas: tomar un bocado fuera de horas con objeto de resistir mejor el trabajo.

Echarse tierra en los ojos: hablar u obrar de tal modo, de forma que queriéndose disculpar se sale perjudicado.

Echarse tierra encima: aparecer culpable por no hablar a tiempo.

Echarse un candado a la boca, labios, etc.: mantener un secreto, callar algo que no es conocido.

Echarse un sueño: dormirse un pequeño rato fuera de las horas habituales de dormir.

Echarse una piedra en la manga: frase con que se reconviene a una persona, por haber caído en el mismo pecado o culpa que está reprendiendo.

Echarse uno a la carga: enfadarse o rendirse y abandonarlo todo.

Echárselas de: presumir.

Echárselo al coleto: significa que importa poco lo que otro dice por importante que sea. Comer o beber sin dar importancia.

Eche, eche, eche, no se lo gaste en leche. Eche usted padrino, no se lo gaste en vino: estribillo que decían los niños al padrino de los bautizos, para que les echase algunas monedas, caramelos o confites. Cuando no les echaban nada, o bien los niños creían que era insuficiente, cantaban: **padrino roñoso, padrino "agarrao", si cojo al chiquillo lo tiro al "tejao".**

¡Eche usted hierro!: dícese cuando se oye algo exagerado.

¡Eche usted y no se derrame!: modo de reprender la falta de economía en una persona, o el gasto superfluo de una cosa.

Eclipsarse una persona: evadirse, desaparecer inesperadamente, ausentarse.

Economía de la tía Mancanona, que cocía dos pucheros en un día por economizar carbón, y se los comía juntos: aplícase a las personas que, pretendiendo gastar menos, hacen las cosas a destiempo, con lo que resulta más perjudicial.

Economía de mercado: es en la que los precios se efectúan en virtud de la oferta y de la demanda.

Economía sumergida: dícese de los negocios ocultos, sin darse de alta en los estamentos oficiales, haciendo un grave perjuicio a la economía del sector, muy abundante en los años noventa.

Edad de merecer: edad de las mujeres en que pueden tener novio.

Edad del pavo: se dice de los adolescentes, que en la pubertad suelen mostrarse díscolos y tontos.

Edad mahomética: la baraja de cuarenta y ocho cartas, con alusión a los años de Mahoma.

Edad tiene y cinco sentidos: dícese de la persona que teniendo edad suficiente ha cometido una falta impropia de sus años.

Edición príncipe: especial edición en determinados libros.

Edificar sobre arena: con poca duración.

Educación ante todo: respuesta que se dice cuando se oye de otra persona una palabrota, blasfemia, etc.

Efecto dominó: se dice del que afecta a varios elementos a la vez.

Efecto invernadero: aumento de la temperatura de la tierra como consecuencia de las combustiones.

Ego te absolvo: fórmula con que absolvía el sacerdorte al penitente al final de la confesión.

Ejecutar los bienes de alguien: venderlos para pagar a los acreedores.

Ejecutor de la justicia: verdugo.

"El acabose": haber llegado a lo último.

Él anoche se murió y ella hoy casarse quiere. ¡Ay del que muere!: dícese lo poco estable del amor en ciertas viudas.

El campo de Agramonte: se dice cuando un lugar se convierte en campo de batallas, disputas o luchas.

El canto del cisne: última actuación de una persona o de un grupo de ellas.

El común de las gentes: la mayoría de ellas.

"El despelote": el colmo.

"El despiporren": expresión de ponderación de extraordinario de una cosa.

El gusto es el mío: frase de correspondencia en la presentacion de una persona, cuando la otra parte dice "Mucho gusto".

El hecho es que: lo cierto es que.

"El honor es su divisa": lema precioso de la Guardia Civil.

El huevo de Colón: se dice cuando una cosa es muy fácil, pero tenida como muy difícil por no conocer su resolución.

El huevo de Juanelo: igual a lo anterior.

Él inventó aguar el agua: hipérbole con que se encomia la sordidez de un avaro llevada a su más alto grado.

El más allá: la otra vida después de la muerte.

El más pintado: el más fuerte, valiente, etc.

El mismo que viste y calza: la misma persona de la que se está hablando.

El otro barrio, o el otro mundo: la vida que hay después de la muerte.

El parto de los montes: para indicar que una cosa tremendamente sencilla se anunciaba o esperaba como de gran consideración.

El que asó la manteca: censura al que obra o discurre neciamente.

El qué dirán: el respeto de la opinión pública.

El que más y el que menos: todo el mundo.

¡Él que me lo rogó, y yo blandita de corazón...!: disculpa dada a una petición hecha inadecuadamente, generalmente se dice de un consentimiento sexual.

El que te dije, o lo que te dije: la persona de que se habla.

Él se lo guisa y él se lo come: dícese cuando una persona hace todo, y sin consultar con nadie, bajo su total responsabilidad.

¡Ele!: expresión de asentimiento o aprobación.

Electrizar a uno: exaltar, inflamar el ánimo.

Elevar a los altares: beatificar o canonizar a una persona la Iglesia católica, por sus bondades.

Elevarse uno: engreírse, envanecerse, entusiasmarse.

Ella a hilar y el gato al retortero: aplícase a las personas que no se preocupan de todo lo que deben, por creer que es suficiente cumplir con una sola cosa.

Ella por el vino, y él con ella fue. ¿Presumes a qué?: pregunta muy tonta, que se ha hecho, ya que está clara la respuesta: "a rezar el rosario".

Ello dirá: se emplea para dar a entender que más adelante se conocerá el resultado de una cosa, o lo que haya de cierto en ella.

Ello dirá si es palo o pedrada: indica esperar el desarrollo de los acontecimientos para ver el fin de una cosa.

Ello por ello: lo comido por lo servido.

Ello va en la comadre: se dice que lo obtenido es por influjo de las recomendaciones.

Embadurnar, o embarrar, o emborronar el papel: escribir cosas inútiles o despreciables.

Embalumarse: cargarse o llenarse de asuntos de gravedad, teniendo dificultades para su desempeño.

Embanastar a uno: meterlo en un sitio donde hay mucha gente y que no pueda salir de allí.

Embarbascarse: confundirse, embarazarse.

Embarcar a uno: meter a una persona en un asunto o negocio.

Embarcarse con poco bizcocho: empeñarse en un negocio o empresa sin tener lo necesario para salir bien de ella.

Embarrancarse: meterse en asuntos que no se puede salir tan fácilmente.

Embarullar una cosa: confundirla, hacer las cosas atropelladamente, sin orden ni concierto.

Embaular: comer con ansia, ser un tragaldabas.

Embazarse: fastidiarse, cansarse, empacharse.

Embermejecer a uno: ponerle colorado, avergonzado.

Embestir a uno: acometerlo.

Emborracharse de cólera: estar poseído de ella.

Emborrarse: tragar y comer mucho, y de prisa.

Embotar los filos: entorpecer y detener la agudeza, eficacia y ardor, con que una hace, dice, o pretende una cosa.

Embotijarse: hincharse, inflarse, enojarse, encolerizarse.

Eminencia gris: persona que de manera ostensible inspira las decisiones de otro.

Empalmarse: tener el pene en erección.

Empanada mental: gran confusión, sin saber decidirse.

Empantanar: detener el curso de algo.

Empañar el aire: oscurecerse la claridad de la atmósfera.

Empañar la voz: perder ésta su claridad.

Empapado hasta los huesos: dícese de la persona que está totalmente mojada.

Empastelar: transigir para salir del paso de cualquier manera.

Empatarse a alguno: igualarle.

Empatársele a uno el molino: tropezar con inconvenientes o dificultades.

Empedernirse: obstinarse, hacerse insensible.

Empelotarse: se dice del que se enreda en una riña.

Empeñar la palabra: dar palabra de hacer alguna cosa.

Empeñar la venera: no perdonar gasto ni sacrificio para lograr algo o salir de un apuro grave.

Empeñarse hasta los ojos: contraer grandes deudas, hasta el punto de no tener con qué responder.

Empezar con el pie derecho o izquierdo: comenzar alguna cosa bien o mal.

Empezar desde cero: de la nada, nuevamente.

Empezar el baile: empezar algo de gran trabajo o esfuerzo.

Empezar la casa por el tejado: hacer un trabajo por el final o de manera desordenada.

Empinar el codo: beber demasiado.

Empinar el hopo: morir.

Empinar el puchero: tener para vivir decentemente, aunque sin opulencia.

Empinársele: ponerse el pene erecto.

Empleada de hogar: nombre actual que se da a las criadas, o mujeres de servicio doméstico.

Emplear humildad de garabato: dícese cuando se emplea humildad falsa y solapada para engañar y conseguir lo que se proponen.

Empleársele bien a uno alguna cosa: tener merecido el mal que le sobrevino.

Emprenderla con: tomar actitud hostil ante ella.

Empresa de taquilla: la que no cuenta con más medios que la venta diaria.

Emplumada te veas: maldición que se usaba contra las mujeres.

Empozarse una cosa: evitar su tramitación.

Emprenderla a: hacer algo con fuerza.

Emprenderla con alguno: acometerle, reprenderle.

Empréñate de aire y parirás viento: forma de indicar al presuntuoso o presumido que no se haga de dicha manera, ya que los hechos serán totalmente fatuos.

Emprimar a uno: abusar de su candor para divertirse a sus expensas.

Empuñar el bastón: asumir el mando.

En abanico: dispuesto de esa forma.

En absoluto: no, de ningún modo.

En abstracto: sin concreción ni determinación alguna.

En acecho: estar a la espera.

En actividad: dícese de lo que todavía está en acción.

En activo: lo que está todavía en ejercicio.

En adelante: en el momento indicado.

En ademán de: dispuesto a ejecutar algo.

En agraz: dícese de lo que está antes de tiempo.

En ala: en fila.

En algo debe ir, como dijo la hormiga: quiere indicar que cada uno hace las cosas bajo su cuenta y razón.

En alta mar: muy lejos de la costa.

En alto: dícese de lo que está a cierta altura del suelo.

En alza: aumentando la estimación de una cosa o persona.

En alza allá esas pajas: se da a entender la brevedad o facilidad con que se puede hacer una cosa.

En amaneciendo Dios: cuando amanezca.

En amor y buena compaña: en paz y buena armonía.

En andas y volandas: llevar a una persona muy deprisa, sin poner apenas los pies en el suelo.

En antecedentes: dar determinadas explicaciones.

En antena: lo que se está emitiendo por radio o televisión.

En aras de: en atención, o en consideración.

En arca abierta, el justo peca: dícese cuando la tentación se presenta muy fácil y clara, que hace pecar al más santo.

En asas: en jarras.

En ascuas: con inquietud, tensión o preocupación.

En atención a: fórmula de atención que se pone en la correspondencia, generalmente en la oficial, en que solicita a quien debe ser entregada la misiva.

En autos: en el proceso judicial el material empleado.

En ayunas: sin haber comido desde que se ha levantado una persona.

En balde: sin éxito, sin resultados positivos.

En bandeja: poner una cosa muy fácil.

En bandolera: cruzado desde un hombro a la cadera contraria.

En barba regada: con gran abundancia.

En batería: modo de aparcar los vehículos, paralelos entre sí.

En blanco: dícese de lo que no está escrito, no acordarse de nada.

En bloque: a la vez.

En boca cerrada no entran moscas: que el que calla no se ve implicado en los inconvenientes de haber hablado.

En boca del discreto, lo público es secreto: exhortando la discreción de las personas.

En bolas: estar desnuda una persona.

En bragas: coger a una persona sin estar preparada para hacer algo determinado.

En breve: en un corto espacio de tiempo.

En bruto: sin pulir, sin deducir los impuestos.

En buen día, buenas obras: ironía al que en días señalados y notables hace cosas malas.

¡En buen lío me he metido!: expresión que se dice después de haber meditado convenientemente un asunto al que se ha prestado conformidad o ayuda.

En buen, o mal, plan: de buena o mala manera.

En buen, o mal, punto: en buena o mala hora.

En buen pie: en el orden debido.

En buen romance: de manera que todos lo entiendan.

En buena guerra: lucha con lealtad.

En buena hora lo cuente, o lo diga: manifiesta el deseo de que no se torne en mal el bien que se disfruta.

En buena hora, o en hora buena: con bien, con felicidad.

En buena lid: de forma limpia, de buena manera.

En buena mano está: frase con que algunos por cortesía se excusan de beber primero.

En buenas manos está el pandero: que una cosa no puede estar mejor de lo que está.

En buenos términos: uso de una perífrasis para evitar la crudeza de la expresión. En relación amigable una persona con otra.

En cabello: con el cabello suelto.

En cabellos: con la cabeza descubierta y sin perifollos y adornos.

En cabeza: delante, en primer lugar.

En cabeza de mayorazgo: estimación que se hace de una cosa.

En cada familia hay un Judas: indica que siempre hay en cada una de las familias alguien que no es tan bueno como los demás.

En cada país hay sus usos: frase justificativa de los usos por extraños que sean, que se tienen en un sitio.

En cada sendero hay su atolladero: en la vida todo tiene sus dificultades.

En cada tierra, su uso: ya que existen costumbres diferentes en cada uno de los lugares. Algunos añaden: **y en cada casa, su costumbre**.

En cadena: acontecimientos que ocurren por sucesiones continuadas.

En calidad de: con carácter o la investidura de.

En caliente: al instante.

En calma: refiriéndose a la mar, cuando no existe oleaje.

En calzas prietas: en aprieto o apuro.

En cama extraña mal se juntan las pestañas: expresa que al dormir en la cama que no es la habitual de dormir, se extraña ésta, por lo que no se concilia bien el sueño.

En cambio: por el contrario.

En canal: abrir de arriba abajo.

En candelero: en puesto de gran autoridad, cosa que está de actualidad.

En cantidad: en abundancia.

En cantidades industriales: dícese de lo que es excesivo.

En canto llano: con sencillez y claridad.

En capilla: en el momento inmediato de que acontezca algo.

En capullo: dícese de lo que está en sus comienzos, pero que se va vislumbrando lo que va a ser.

En carne viva: despojado de la piel, abierta una herida.

En carnes: en cueros o desnudo.

En cartel: estar efectuándose un espectáculo.

En casa de Cristo, o en casa de Dios: muy lejos.

En casa de mujer rica, ella manda y ella grita: alude a la soberbia que da la riqueza y el dinero.

En casa del herrero, cuchillo de palo: indicando que donde hay facilidad para alguna cosa concreta, suele haber falta de ellas.

En casa del tamborilero todos son danzantes: los hijos suelen sacar las mismas costumbres que los padres.

En caso de duda, abstenerse es lo mejor: principio de prudencia, que aconseja no dejarse llevar del pronto sin tener la certeza del hecho.

En caso de duda, la más tetuda, o más cojonuda: indicando claramente la elección de algo, por lo que parece mejor.

En caso de duda, que mi mujer sea la cornuda: manera de justificarse por una falta cometida.

En caso de que: si sucede tal o cual cosa.

En casos contados: en muy pocas ocasiones.

En capullo: dícese de lo que está en sus comienzos y ya muestra lo que puede llegar a ser.

En chancletas: andar con el calzado sin meter en el pie totalmente, pisando en el contrafuerte del mismo doblado.

En cierne: dicho de la vid, olivo, trigo, etc., que significa en principios.

En cierta medida, manera o modo: hasta cierto punto.

En cifra: con brevedad, en compendio.

En clave de: con las características o tono de.

En cojera de perro y en lágrimas de mujer, no hay que creer: ya que dichas cosas suelen hacerlas los dos con mucha facilidad.

En comandita: en unión de una compañía.

En comisión: práctica comercial en la venta de géneros.

En compendio: de forma resumida.

En común: conjuntamente.

En conciencia: de conformidad con ella.

En conclusión: finalmente.

En concreto: de forma muy determinada y concisa.

En condiciones: apto para un fin determinado.

En confianza: en secreto.

En conjunto: de forma global.

En consecuencia: se usa para denotar que una cosa se hace, o se ha hecho, conforme a lo dicho.

En conserva: forma de estar ciertos alimentos.

En consideración: en atención.

En contorno: alrededor.

En contra: en oposición.

En coritatis: desnudo.

En cristiano: para dar a entender lo que es inteligible.

En cruz: con los brazos extendidos horizontalmente.

En cuadrilla: reunión de maleantes.

En cuadro: en forma o a modo de cuadro.

En cuanto cae el pez se fríe: no es prudente dejar los asuntos por resolver.

En cuanto Dios amanece: a la hora de amanecer.

En cuanto fui nuera, nunca tuve buena suegra, y en cuanto fui suegra, nunca tuve buena nuera: la eterna disconformidad de algunas mujeres, muchas veces es que quieren ser el centro de atención de los cariños del esposo o hijo, pensando que van a ser mayores para la otra persona.

En cuanto oigo pío, no soy mío: dícese de las personas que se dejan llevar por los halagos con toda facilidad.

En cuatro días: en poco tiempo.

En cuclillas: agachado, sentado en los talones.

En cueros, o en cueros vivos: desnudo.

En cuerpo: sin abrigo, gabán, capa, etc.

En cuerpo y alma: enteramente, sin dejar nada.

En daca esas pajas: facilidad o brevedad con que se puede hacer una cosa.

En danza: en movimiento.

En debida forma: conforme a las reglas.

En definitiva: en conclusión.

En demasía: excesivamente.

En depósito: dícese de lo que se ha dejado circunstancialmente y por un período determinado de tiempo.

En derechura: directamente.

En desbandada: ausentarse de un lugar, o huir sin orden.

En descargo de: en su justificación.

En días de Dios, o del mundo, o en los días de la vida: locuciones adverbiales: nunca, jamás.

En diciendo yo una cosa, fírmala el rey: expresa la verdad de aquello que se dice.

En diferido: emisión de un programa después de haberse grabado.

En dinero, honor y santidad, la mitad de la mitad: expresa que es la cuantía de lo que debe creerse de una cosa cuando comentada, todo ello mientras no se vea.

En Dios y en conciencia, o en Dios y mi alma, o mi ánima: fórmula de juramento, aseveración de una cosa.

En directo: retransmisión en radio o televisión directamente de un acontecimiento, sin haber sido grabada previamente la retransmisión.

En Domingo de Ramos, quien no estrena nada, no tiene manos, o que le tiemble el culo en la iglesia: dicho popular que se decía en este día del año, tan señalado antiguamente.

En dos brincos, o en un brinco: en un momento.

En dos idas y venidas: brevemente, con prontitud.

En dos, o en pocas palabras: brevedad o concisión con que se expresa o se dice una cosa.

En dos paletadas: en un instante, brevemente.

En dos patadas: inmediatamente.

En dos trancos: al momento, celeridad con que se puede ir a un lugar.

En dos zancadas: en poco tiempo.

En efectivo: pago al contado.

En efecto: de verdad.

En ejercicio: personas que se encuentran en activo; aplícase principalmente a los profesionales libres.

En el acto: inmediatamente, en ese momento.

En el aire: con mucha ligereza o brevedad, en un instante.

En el alma: entrañablemente.

En el ardor de la batalla o de la disputa: en lo más encendido.

En el baile todos sanos, y al entrar en quintas, cojos y mancos: a la hora de divertirse, todos valemos; a la hora de trabajar, todo el mundo huye o escapa de ello.

En el blanco de la uña: en lo más mínimo.

En el blanco de los ojos: forma de expresar el poco parecido que tienen dos personas o cosas.

En el culo del mundo: en un lugar muy lejano.

En el día: en el momento actual.

En el fondo: en lo esencial.

En el hospital hay ál: pretexto de los establecimientos benéficos para hacer obrar.

En el hurtar no hay límite: ya que el que continúa con dicha actuación pasa al robo en poco tiempo.

En el infierno no hay orden alguno: no habiendo categorías o jerarquías de ninguna clase.

En el medio está la virtud: indicando que la razón está en la actuación normal, sin pasarse a ninguno de los extremos.

En el mucho tiempo está la prudencia: ya que se adquiere con los años, cosa que no suele tener la juventud.

En el nombre: implorar auxilio y favor de Dios, o de los santos, para dar principio a una cosa.

En el país de los ciegos, el tuerto es el rey: frase que expresa que el que tiene conocimientos de algo, aunque sea poco, tiene mejores medios de salir adelante que los que no saben nada o casi nada de lo que se trata.

En el pecado se lleva la penitencia: forma de indicar que se deben aceptar plenamente las causas cuando se ha hecho mal.

En el preguntar, el talento de los hombres se puede apreciar: viendo si la pregunta es consecuente y lógica, o efectuada por un necio.

En el quinto coño, carajo o pino: en un lugar muy apartado o lejano.

En el séptimo cielo: estar lleno de paz y felicidad.

En el tarro pequeño suele guardarse la mejor conserva: dícenlo en su defensa los que tienen poca estatura.

En el término medio está la virtud: reprobando la exageración en todos los órdenes de la vida.

En el tomar no hay engaño: recomienda que se acepte todo lo que se nos da, no constando dinero.

En el vino es mejor el añejo, y en los amores, el nuevo: ya que la última mujer que se ama es la que más agrada.

En equipo: dícese del trabajo que se hace conjuntamente.

¡En eso estoy pensando!: expresión negativa.

En especie, o en especies: pago en materias primas.

En esta tierra cuca, el que no trabaja no manduca: indicando que para comer hay que trabajar.

En esta vida desdichada, nadie tiene la felicidad asegurada: indicando la inestabilidad de la existencia.

En esta vida todo se pega, menos la salud, el dinero y la belleza: indicando que todo es motivo de ser imitado.

En estado de buena esperanza: dícese de la mujer cuando está embarazada.

En estado interesante: igual que lo anterior.

En estando yo bien con Dios, me cago en los santos: frase malsonante y blasfema, indicando que, contando con el favor del principal, los demás sobran.

En éstas y en estotras, o en éstas y en éstas, o en éstas y las otras: en el ínterin, mientras esto pasa.

En este mundo hay que comer mucha carne de burro: hay que transigir con muchas circunstancias, y aguantar carros y carretas, por muchas cosas, poniendo incluso buena cara.

En este mundo traidor nada es verdad ni mentira, es según del color del cristal con que se mira: expresa que la verdad no es única, y varía según las circunstancias y las personas.

En esto de los platos hay muchos engaños: unos son hondos y otros son llanos: enseña a no fiarse de las cosas por el nombre, sin ver las circunstancias que les acompañan.

En evidencia: en situación ridícula o comprometida.

En exceso: con gran abundancia.

En extremo: muchísimo, excesivamente.

En familia: sin gente extraña, en la intimidad.

En faz y paz: pública y pacíficamente.

En falso: con engaño, falsamente.

En familia: con el calor de ella, íntimamente.

En favor de: en beneficio.

En fe: en seguridad, en fuerza.

En fiel: con igualdad.

En figura: figuradamente.

En filas: en servicio militar activo.

En filo del viento: en la misma dirección.

En fin de cuentas: en resumen, en definitiva.

En fin, o por fin: finalmente, en resumidas cuentas, en pocas palabras.

En firme: modo de concertar las operaciones comerciales.

En flagrante delito: en el mismo acto de una cosa.

En flor: en el estado anterior a la madurez. Complemento o perfección de una cosa.

En flores: en claro, en ayunas.

En forma: con formalidad, como es debido. Estar bien de salud. Ágil.

En frío: hacer las cosas con gran meditación y calma.

En fuerza de: a causa de, en virtud de.

En función, o en funciones: en el ejercicio de su cargo. En sustitución del que ejerce algún cargo.

En globo: expresión que se dice cuando una cosa es muy fácil que se malogre.

En gracia: en consideración a una persona o servicio.

En grado, o en grado superlativo: con exceso.

En gran escala: por mayor, en montón, en grueso.

En gran manera: en alto grado.

En gran medida: en gran cantidad.

En grande: a lo grande.

En guardia: en actitud de defensa.

En hablar bien nada se pierde: contra los que tienen el feo vicio de salpicar la conversación con palabrotas. Irónicamente y con toda la mofa del mundo se suele decir: **Habla bien que no cuesta un huevo, y quedas cojonudamente ante esta puta sociedad.**

En hecho de verdad: real y verdaderamente.

En hierbas: se dice cuando las semillas están verdes.

En hombros: sobre los hombros o espalda.

En honor de: como alabanza de.

En hora buena: está bien.

En hora mala: despedida con desprecio. Denotar disgusto, enfado o desaprobación.

En inteligencia: en el supuesto.

En jamás de los jamases: nunca.

En jarras: con las manos en la cintura sobre las caderas.

En jefe: mandar como jefe.

En juego: en acción.

En justo y en creyente: se dice para asegurar que una cosa es cierta.

En la cara se le conoce: por su forma de actuar.

En la casa donde hay telarañas no se casan las mozas: dicho segoviano, recomendando a una mujer que tiene que ser limpia y aseada.

En la casa, el hombre reina y la mujer gobierna: dicen que así deben repartirse los papeles.

En la cresta de la ola: en lo más alto social o políticamente.

En la feria de Villaverde, el que más pone más pierde: indicando que el que da más sale más perjudicado.

En la guerra y el amor, el que vence tiene razón: por ser aplicable a ambos la ley del más fuerte.

En la iglesia la oración, y en la cama la función: cada cosa en su momento y en el sitio adecuado.

En la iglesia manda Dios, y en el campo los pastores: contra los que quieren meterse a gobernar vidas ajenas.

En la ley de Mahoma, es tan maricón el que da como el que toma: dicho castizo, que no necesita explicación.

En la masa de la sangre: en la índole, condición o naturaleza de la persona.

En la mesa de San Francisco, donde comen cuatro comen cinco: indicando que siempre hay sitio para comer otra persona, habiendo buena voluntad.

En la mesa y en el juego se conoce al caballero: ya que en estos dos sitios principalmente es donde se ven los buenos modales y la educación.

En la mula de San Francisco: a pie.

En la práctica: casi en realidad.

En la puerta de la calle: se dice a las personas que se rechazan.

En la pulmonía y dolor de costado, culo tapado: aconsejando guardar cama para curarse de estas enfermedades.

En la punta de la espada: con mucho rigor.

En la punta tiene una vuelta: dicho jocoso que se dice a la persona a la que se presta un objeto, con el fin de que no se olvide devolverlo.

En la quinta puñeta: en un lugar muy lejano o apartado.

En la tardanza está el peligro: forma de indicar que es peligroso demorar algo que se puede ejecutar inmediatamente.

En la tierra de los ciegos, al tuerto hacen rey: forma de expresar la poca valía comparada con otros que la tienen menos.

En la tolerancia se conoce al sabio: la persona de verdadero talento transige con muchas cosas que un necio o un intransigente no haría.

En la variedad está el gusto: indica que, cambiando hábitos o costumbres con cierta frecuencia, es fácil hacer más llevadero algún asunto.

En la venta consiste la ganancia: ya que si no se vende ni se gana, ni se pierde.

En la vida, o en mi, o tu, o su: nunca o en ningún tiempo.

En las barbas: en su presencia, a su vista, en su cara.

En las circunstancias presentes: según las cosas.

En letras de molde: en letra impresa.

En limpio: en sustancia, sin enmienda.

En líneas generales: a grandes rasgos, sin especificar.

En lo antiguo: en tiempos remotos.

En lo general: por lo común.

En lo por venir: en lo sucesivo o venidero.

En lo que no te toca, paso largo y punto en boca: aconsejando a no meterse en los asuntos que no sean propios, dejándolos cuanto antes y de la forma más prudente.

En lo que queda de mes, año, semana, etc.: hasta que finalice dicho tiempo.

En lo que resta de: en el tiempo que falta.

En lo que toca a: en lo que corresponde o atañe a.

En lo sucesivo: en adelante.

En los buenos tiempos: cuando era joven o estaba boyante.

En los cuernos del toro: en inminente peligro.

En los días de la vida, o en la vida: nunca.

En los dominios del rey de España nunca se pone el sol: frase verdadera que se decía en el reinado de Felipe II.

En lugar de: en vez de.

En majestad: con gran magnificencia, majestuosamente.

En mal punto: en mala hora.

En mangas de camisa: vestido con el pantalón y la camisa.

En mano: lo que se entrega en la mano, forma de cazar varias personas.

En manos de: en poder, bajo la dirección de.

En martes ni te cases ni te embarques, ni gallina eches, ni cochino mates, ni tela urdas, ni ropa tajes, ni tu casa mudes, ni tu viña podes, ni hijas cases, ni las lleves a confesar, que no dirán la verdad: la cantidad de cosas que no se pueden hacer en España los martes, considerado día de mal agüero; todos los países tienen un día similar.

En masa: en conjunto, totalmente.

En medio de: en el centro, estar estorbando una persona.

En mejor: más bueno, más bien.

En menos de: en menor cantidad.

En menos que canta un gallo: en muy poco tiempo.

En menos que se presigna un cura loco: en un instante, con mucha rapidez.

En metálico: con dinero en efectivo.

En mi ánimo, o en ánimo de otro: fórmula de juramento para aseverar una cosa.

En mi casa mando yo. Algunos añaden: **cuando no está mi mujer:** indicando que uno es el amo de su casa o entorno, también dicho jocoso, aludiendo al buen mando de las mujeres.

En mi, en tu, en un solo cabo: sin ayuda ajena.

En mi vida, o en la vida: nunca.

En mis tiempos: en mis tiempos de juventud.

En mitad de: en medio de.

En modo alguno: de ninguna de las maneras.

En muchos días: en mucho tiempo.

En nada: en muy poco.

En nombrando, o mentando, al ruin de Roma, por la puerta asoma: úsase familiarmente para decir que ha llegado la persona de quien se hablaba.

En nombre de: por su autoridad.

¡En nombre sea de Dios!: invocar el auxilio de la Santísima Trinidad.

En nuestros días: hoy día, en nuestro tiempo.

En números redondos: aproximadamente y sin especificar la cantidad exacta.

En números rojos: se dice del saldo de la cuenta bancaria en la que se es deudor a dicha entidad.

En, o por, los siglos de los siglos: eternamente.

En obedecer no hay engaño: indicando la conveniencia y falta de responsabilidad en la obediencia.

En ocasiones es acertado el hacer del que no sabe: indica que se debe fingir ignorancia a fin de no tener que tomar una resolución.

En ocasiones es preciso, o conviene, hacer el papel de tonto: siempre con algún fin que produce provecho.

En olor de: en una buena situación y aceptación.

En olor de multitud: cuando a una persona le es reconocida la buena actuación, o el reconocimiento de aceptación por la mayoría de la gente.

En olor de santidad: cuando ha fallecido una persona reconocida como santa por la mayoría de sus contemporáneos.

En orden: ordenadamente, respecto a.

En oyendo esta campana, la que no cae hoy caerá mañana: dicho sobre el dinero y su poder.

En pago: en satisfacción, descuento o recompensa.

En palmitas: regaladamente.

En panza llena no hay pena y en panza vacía no hay alegría: las penas y alegrías se cuecen en el horno del estómago.

En pañales: lo que está en sus comienzos, no tener ninguna experiencia.

En paños menores: en ropa interior.

En parte: no enteramente.

En particular: en concreto.

En paz y en haz: con vista y consentimiento.

En pelo: desnudo.

En pelota, en pelota viva, o en pelota picada: totalmente desnudo, en cueros.

En pelotas: desnudo.

En peores garitas he hecho yo guardia: indica que se han echo cosas peores en otras ocasiones, y en sitios menos adecuados, pero que ya no se está en disposición de volver a ejecutarlas.

En pepitoria: forma de cocinar, generalmente las aves.

En persona: por sí mismo, estando presente.

En peso: enteramente, del todo.

En petit comité: expresión de cuando se hace o se dice algo entre muy pocas personas.

En pie: levantado de la cama. Firme.

En pie de guerra: preparado como si se fuese a entrar en batalla.

En pie de igualdad: en las mismas condiciones.

En piernas: con las piernas desnudas.

En pinganitos: en fortuna próspera, en puestos elevados.

En pino: en pie, derecho, sin caer.

En plan chulo: de forma insolente.

En plan de: actuar de forma determinada.

En plantilla: se dice de la persona que tiene un puesto de trabajo y está en una empresa o entidad.

En plata: brevemente, sin rodeos, en resumen.

En pleito claro no es menester letrado: por eso se ha dicho que el mejor abogado es una buena causa.

En pleno: estar todos los miembros.

En poco: se indica que estuvo muy cerca el acontecimiento de algo.

En poder de muchachos te veas: especie de maldición lanzada contra quien no se quiere bien.

En porretas: en cueros.

En pos de: detras de.

En potencia: potencialmente.

En prenda, o en prendas: en empeño o fianza.

En preguntas graves no son buenas respuestas repentinas: según la gravedad del asunto, así debe estudiarse la respuesta

En prensa: estar una cosa a punto de publicarse.

En primavera, la sangre corre ligera, o la sangre altera: es la época del año en que los deseos sexuales se acrecientan más, principalmente en muchos animales, que es cuando tienen su ciclo de reproducción.

En primer lugar: primeramente.

En primera fila: en lugar destacado.

En principio: dícese de lo que se acepta en esencia, sin que haya entera conformidad.

En privado: en la intimidad.

En pro: en favor.

En pro de: en apoyo de.

En pro y en contra: confrontación de lo favorable o adverso de una cosa.

En profundidad: con estudio o meditación total.

En promoción: se dice de lo que se está preparando para salir al mercado, o conseguir un puesto una persona.

En propiedad: lo que es patrimonio de una persona.

En propios términos: con puntual y genuina expresión para la inteligencia de una cosa.

En prueba de: como demostración.

En público: a la vista de todos.

En puertas: estar a punto de algo.

En puesto de: en su lugar.

En punto: a la hora señalada. Sin sobrar ni faltar.

En punto de caramelo: perfectamente dispuesta y preparada una cosa para algún fin.

En puridad: claramente y sin rodeos.

¿En qué bodegón o mesa hemos comido juntos?: represión al que intenta familiarizarse con quien no debe.

¿En qué estábamos? En lo de las peras: cuando una persona no está atenta a lo que se dice, y al ser preguntada contesta con un ex abrupto.

¿En qué estás pensando? En que me he de morir, y no sé cuando: dícese a la persona que está callada y ensimismada, a la cual contesta sin descubrir su pensamiento.

¿En qué mes cae Santa María de agosto?: pregunta que se hace a una persona para saber si es avispada o lerda.

¿En qué pararán estas misas?: forma de expresar el temor de tener un mal resultado un negocio irregular.

¿En qué piensas, Lorenzo? En lo que pienso, pienso: dirigiendo la pregunta al que se halla pensativo, originando la correspondiente respuesta.

¿En qué quedamos?: invitación a poner término a una indecisión o aclarar una incongruencia.

En quítame allá esas pajas: brevedad o facilidad de ejecución con que se puede hacer una cosa.

En rama: géneros sin elaborar.

En razón a, o de: que pertenece o toca a alguna cosa.

En realidad: de verdad, verdaderamente.

En rebeldía: citado el reo o inculpado y no comparecer a la citación, produce en consecuencia situación jurídica de rebelde.

En redondo: alrededor.

En regla: como es debido.

En remojo: dentro de un líquido durante cierto tiempo.

En representación de: que actúa en nombre o como representante.

En resumen: en su término final, en conclusión.

En resumidas cuentas: en conclusión, en brevedad.

En retaguardia: quedándose atrás.

En rigor: en realidad, estrictamente.

En ringla: perfectamente, muy bien.

En ristre: estar preparado, apercibido.

En rústica: dícese de las publicaciones que no son lujosas.

En salva sea la parte: en el culo.

En salvo: en libertad, en seguridad.

En salvo está el que repica: facilidad del que reprende a otro el modo de portarse, estando él fuera del peligro.

En sana salud: en perfecto estado de salud.

En sanidad: en buena salud.

En sazón: oportunamente, a tiempo.

En seco: fuera del agua. Sin causa ni motivo.

En secreto: sin decir absolutamente nada.

En seguida: al momento.

En seguro: en parte donde no hay que temer daño.

En señal: en prueba o muestra de una cosa.

En ser, o en su ser: sin haberse gastado o desecho.

En serie: fabricación de muchos objetos mediante un proceso fabril.

En serio: sin engaño ni burla, con rigor.

En silencio: sin protestar.

En síntesis: en resumen.

En son de guerra: hostilmente, con el ánimo dispuesto a luchar.

En son de qué: de tal modo o manera.

En su defecto: en lugar o en sustitución de otra cosa.

En su día: a su tiempo, en tiempo oportuno.

En su fuero interno: en su conocimiento interior o personal.

En su línea: según su estilo o su forma de actuar.

En su lugar descanso: voz que autoriza a cambiar de postura, sin moverse del sitio para estar más cómodo.

En su propia salsa: para indicar que una persona o cosa se manifiesta rodeada de todas aquellas circunstancias que más realzan lo típico y característico que hay en la misma.

En su propio terreno: en su campo de juego, donde es favorable.

En su punto: en su mejor forma.

En su salsa: en su ambiente, rodeado de su mejor medio.

En su ser: sin haberse gastado o deshecho.

En su tanto: proporcionalmente.

En su vida, o en tu vida, se las ha visto más gorda, o te: indica que nunca se ha encontrado en una ocasión igual y tan preocupante.

En sueños, o entre sueños: dormitando.

En suerte: lo que es objeto de sorteo.

En suma: en resumen.

En sumo grado: en grado superlativo.

En sus verdes hojas: en sus años jóvenes.

En suspenso: haberse interrumpido momentáneamente un suceso.

En sustancia: sumariamente, en compendio.

En tándem: ejecutar dos personas algo a la vez, complementándose.

En teoría: en hipótesis, sin que sea realidad.

En término de diez años o morirá el elefante, o yo, o el turco: expresando que una cosa no tiene duración ilimitada.

En tiempo del rey Wamba: dícese cuando uno se refiere a lejanos o remotos tiempos.

En tiempos de Maricastaña: en tiempo muy antiguo o lejano.

En tierra ajena, la vaca al buey acornea: el que se encuentra sin amparo ni protección, cualquiera se atreve con el extraño.

En tierra de ciegos, el tuerto es el rey: manifiesta que con poco que se sepa se sobresale entre personas ignorantes.

En toda la extensión de la palabra: sin restricciones.

En toda la línea: plenamente.

En toda regla: según las normas, como es debido.

En toda tierra de garbanzos: en cualquier lugar de la faz de la tierra. Algunos añaden: **seis gansos y seis gansas son doce gansos**.

En todas partes cuecen habas. Algunos añaden: **y en mi casa a calderadas:** advirtiendo que las flaquezas humanas existen en todas partes.

En todas partes hay cabras cojas: en todos los lugares hay personas que no son de buenas costumbres.

En todas partes tiene cada semana su martes: que no hay nadie tan dichoso que esté libre de pesares, problemas, disgustos.

En todo caso: a lo sumo.

En todo ten, un ten con ten: forma de indicar que hay que tener paciencia, debiendo ser condescendiente, sabiendo esperar el momento oportuno.

En todo y por todo: con todas las circunstancias.

En todos los días de mi vida, o de su vida: nunca jamás, en ningún tiempo.

En tono de broma: decir las verdades cariñosa y solapadamente.

En torno: alrededor de.

En torno a: acerca de.

En tránsito: de modo transitorio.

En trenza: con las trenzas sueltas.

En triunfo: entre aclamaciones.

En tromba: con todo ímpetu.

En tropa: sin orden y formación.

En tropel: de modo acelerado y violento.

En última instancia: cuando se reclama al órgano superior, o al mayor superior jerárquico.

En último caso, o extremo: como último recurso.

En un abrir y cerrar de ojos: en un instante, con extraordinaria brevedad.

En un amén: en breve espacio de tiempo.

En un átomo: en un espacio muy breve de tiempo.

En un avemaría: en un instante.

En un café rifaron un gato; al que le toque el número cuatro: una, dos, tres y cuatro: fórmula que se hacía para echar a suertes.

En un credo: en un instante.

En un decir amén: en un instante, en poco tiempo.

En un decir Jesús: muy deprisa.

En un dos por tres: rápidamente, en un instante.

En un lugar de la Mancha…: así empieza el mejor libro escrito de habla castellana por don Miguel de Cervantes: *El ingenioso hidalgo Don Quijote de la Mancha*.

En un pedestal: tener a alguien en un lugar sobresaliente o encumbrado.

En un periquete: rápidamente.

En un pestañear: en un abrir y cerrar de ojos.

En un plis-plas, o en un tris-tras: rápidamente.

En un puño: sometido a.

En un quítame allá esas pajas: en un instante o momento.

En un santiamén: en un instante, muy deprisa.

En un soplo: rápidamente.

En un tiempo: a un mismo tiempo.

En un tiempo récord: en poquísimo tiempo.

En un tris: en peligro inminente.

En un verbo: inmediatamente, en un momento.

En un vuelo: en un instante, sin parar.

En una de ésas: alguna vez.

En una hora se cae una casa: manifiesta la inestabilidad de las cosas humanas.

En una palabra, o en dos palabras: en resumen, en definitiva.

En una tirada: de una vez.

En una zancada: deprisa, con gran rapidez.

En uno: con unión, de conformidad.

En vanguardia: adelantándose a los demás.

En vano: inútilmente, sin logro ni efecto.

En vano a la puerta llama quien no llama al corazón: inútilmente trata de persuadir quien antes no conmueve.

En vela: sin dormir.

En verdad: verdaderamente.

En vereda: obligar a una persona a cumplir con su trabajo, obligaciones o deberes.

En vez de: al contrario, lejos de.

En vía muerta: se dice cuando una cosa está estancada.

En vías: en curso, en trámite, en camino de.

En vida: durante ella.

En vida no me quisiste y en la muerte me plañiste: llamada también la hora de las alabanzas, la de la muerte; dícese de la persona que llora la muerte de un ser querido y que en vida no había sido muy amado o apreciado.

En vilo: levantado del suelo. Con poca seguridad.

En virtud de...: a consecuencia o por resultado de...

En visita todos somos buenos: forma de indicar que somos de otra forma diferente a como aparentamos en visita.

En vísperas: cerca o con inmediación de tiempo.

En vista de: dado que, considerando que.

En vivo: en directo, en persona.

En volandas: por el aire, levantado del suelo.

En voz y en grito: en alta voz o gritando.

(El) Enamorado y el pez frescos han de ser: el uno para ser degustado, y el otro para que pueda gustar y agradar.

Enamorarse como un colegial o cadete: enamorarse atrozmente, sin tener en cuenta las consecuencias de ello.

Enamorarse hasta las uñas: apoderarse de uno la pasión amorosa.

Enano: dicho cariñoso al niño de pequeña edad.

Enano de la venta: personaje ficticio que se alude cuando se profieren bravatas o amenazas que luego no se pueden cumplir.

Encabronar: poner de mal humor, irritar.

Encajarse: introducirse en algún sitio inopinadamente, sin ser llamado.

Encaje de bolillos: labor manual primorosa. Cosa muy bien realizada y con toda clase de detalles.

Encajes de la cara: aspecto en conjunto de las diferentes facciones.

Encalabrinarse: empeñarse en una cosa sin dar oídos a nada ni a nadie.

Encallarse en alguna cosa: meterse sin conocimiento en un asunto del cual no se puede salir.

Encamados: dícese de las personas que están cohabitando.

Encandilarse lo ojos: manifestar deseo o lujuria.

Encapillarse: ponerse alguna ropa por la cabeza.

Encapotar el rostro: ponerlo ceñudo.

Encaramar a uno: elevarlo a altos puestos sin méritos suficientes.

Encarecer la cura: exagerar lo que se hace por otro, para que éste lo agradezca o recompense con largueza.

Encasquetarle en la cabeza alguna cosa: convencerle de ella.

Encender el horno: pegar fuego a la leña para calentarlo, intentar irritar a una persona.

Encender una vela a Dios, y dos al diablo: dar cumplimiento a dos personas diferentes, para conseguir algo de las dos.

Encender una vela a San..., o Santa...: poner una vela para efectuar las plegarias pertinentes, agradecer lo que se ha conseguido en anteriores peticiones.

Encenderle, quemarle o revolverle la sangre: causar a una persona disgusto o enfado.

Encendérsele la bombilla: haber tenido una idea ingeniosa.

Encharcase de agua: beberla en exceso.

Enchiquerar: meter en la cárcel.

Enchufársela a alguien: realizar el acto sexual con ella.

Enclavar a uno: engañarlo.

Encoger los hombros: llevar con paciencia y resignación una cosa desagradable.

Encogerse de hombros: hacer el movimiento natural que causa el miedo. No saber, o no querer, responder a lo que se pregunta. Mostrarse indiferente ante lo que se oye o ve.

Encogerse el corazón: estrecharse el ánimo.

Encogerse el ombligo: acobardarse, desalentarse, amedrentar.

Encogerse uno: ser corto de genio, no tener resolución para nada.

Encojarse uno: fingirse enfermo, hacerse el maula.

Encomendar a la memoria: tomar memoria de una cosa.

Encomendar el alma: estar preparado espiritualmente para la muerte.

Encomendar las ovejas al lobo: encargar los negocios, o hacienda, a personas no responsables ni aptas para ello.

Encomendarse a buen santo, o a un santo: salir milagromente de un peligro, conseguir lo que se tenía pocas esperanzas.

Encomendarse a san pies: salir huyendo precipitadamente.

Encomendarse a todos los santos del calendario: hallarse en gran aprieto y tribulación.

Encontrar hasta en la sopa: en todos lo sitios.

Encontrar la horma de su zapato: es decir, la persona que hace ejecutar a otra lo que es debido.

Encontrar la piedra filosofal: hallar un modo de prosperar.

Encontrar una mina: hallar los medios de vivir o enriquecerse con poco trabajo. Hallar un buen amigo, cónyuge, etcétera.

Encontrarse con una cosa: hallar algo que causa sorpresa.

Encontrarse en o con los pensamientos: pensar dos o más personas la misma cosa y a la vez, sin habérselo comunicado previamente.

Encontrarse en su propia salsa: estar en el ambiente que es más favorable a una persona.

Encontrarse en un embrollo: en situación embarazosa.

Encontrarse hasta en la sopa: en todos los sitios o lugares.

Encontrarse, o haber, a patadas: existir en gran abundancia.

Encontrárselo, o hallarse, todo hecho: conseguir algo sin esfuerzo.

Encoñarse: dícese del hombre que está totalmente absorbido por una mujer.

Encresparse: irritarse, alterarse.

Enderezar con vara de acebuche, desechada por gorda: corregir algún defecto o vicio con dicho elemento, castigando y dando una paliza; la violencia está fuera de lugar hoy día, pero en algunas ocasiones y para determinados casos...

Enderezar tuertos: corregir agravios.

Enderezarse el carro: cambiar favorablemente la suerte.

Endiñar: pegar, dar.

Enemigos del alma son tres: suegra, cuñada y mujer: dicho jocoso en que salen malparadas las mujeres de la familia.

Enemigos pagados: aplícase a los sirvientes que con frecuencia procuran el daño de sus amos.

Energúmeno: se dice de la persona que se enfada, mostrándose muy irritada.

Enfadar como los mosquitos: molestar como lo hacen los insectos.

Enfangarse: tomar parte en negocios sucios.

Enfermedad a plazo fijo es señal de nuevo hijo: ya que dicha enfermedad se pasa con el transcurso del tiempo de gestación.

Enfermedad de caballo: enfermedad muy grave.

Enfermedades graves no se curan con paños calientes ni con jarabes: lo que tiene cierta importancia y entidad no se arregla con cosas pequeñas.

Enfrenar bien el caballo: hacer que lleve bien la cabeza.

Enganchar el cuajo: forma de exhortar a llevar con paciencia las adversidades.

Engaña a quien te engaña, y patraña por patraña: forma de actuar, como la ley de ojo por ojo, y diente por diente.

Engáñame en el precio y no en lo que merco: es preferible pagar una cosa cara, que no averiada o falta de peso.

Engañar a uno como a un chino: engañarle fácilmente, aprovechándose de su inocencia.

Engañar el hambre: comer un poco de alimento con el fin de no sentir un hambre aguda, hasta la hora de la comida.

Engañar el pan: comerlo con alguna cosa, pero poca cantidad.

Engañar el tiempo: ocuparse en algo para que el tiempo se haga más corto.

Engañarse en la mitad de su justo precio: padecer mucho engaño.

Engendro: aborto, feto.

Engordar para morir: se aplica cuando en el juego dejan ganar a uno para quitarle todo después.

Engordar uno: hacerse rico.

Engrasar: sobornar a una persona.

Engreído como gallo de cortijo: se aplica al que presume que vale más que otros, desdeñándose su compañía.

Engreído, no te empines, que es condición de ruines: debiendo mostrar siempre humildad y condescendencia.

Enjaretar una cosa: hacer algo atropelladamente o de mala manera.

Enjugar la deuda: disminuirla.

Enlabiar: aplicar los labios; por extensión, besarse una pareja con gran pasión.

Enmendar la plana: corregir o advertir algún defecto en lo que ha hecho otro.

(Una) Enormidad: barbaridad en exceso.

Enredar, o enredarse, la madeja: complicar o complicarse un negocio, o un estado de cosas.

Enredarse los ojos: cruzarse insistentemente las miradas.

Enrollarse más que una persiana, o más que la pata de un romano: cuando una persona da muchas vueltas a las cosas. Hablar mucho tiempo del mismo tema.

Ensanchar el corazón: abrirlo a la esperanza, cobrar ánimo.

Ensanchar el cuajo: animar a alguno a que no se angustie.

Ensancharse el pecho: estar feliz.

Ensangrentarse con, o contra, alguno: querer ocasionarle daño grave.

Ensartado como cuenta: comparación alusiva a las cuentas del rosario, estar una cosa muy liada o complicada.

Enseñar el culo: vérsele las nalgas. Las mujeres que están en postura indecorosa, vestir impúdicamente.

Enseñar hasta el apellido: mostrar las mujeres, merced a su escasa vestimenta, las cercanías de sus encantos más recónditos.

Enseñar hasta las anginas: vérsele a una mujer sus encantos naturales, principalmente los pechos.

Enseñar la oreja: dejar ver las malas intenciones.

Enseñar la puerta de la calle: despedir de casa.

Enseñar las cartas: dar a conocer lo que se tenía oculto.

Enseñar las uñas: enseñar los dientes.

Enseñar los colmillos, o los dientes: hacerse temer o respetar. Amenazar.

Enseñar los talones: huir impulsado por el miedo.

Enseñar, o asomar, la oreja: descubrir su interior o el vicio de que adolece.

Enseñar, o mostrar, la horca antes que el lugar: anticipar una mala vela.

¿Enseñar sin saber?: como no sea el culo, no sé qué: sin mayores comentarios.

Enseñarle la plata: descubrir algún defecto.

Ensoberbecerse el mar: agitarse.

Ensortijar las manos: enlazar los dedos unos con otros en señal de compasión o angustia.

Ensuciarse las manos: robar, dejarse sobornar.

Entablar una partida: inscribir en los libros parroquiales una partida.

Entender de latines: ser una persona muy culta.

Entender de todo un poco, y de alabardero dos puntadas: con que se zahiere al que se alaba vanamente de que entiende de todo.

Entender de una cosa como de volar: es decir, no saber absolutamente nada de ella.

Entender en hacer mala harina: dícese de la persona que no sabe más que obrar mal.

Entender la aguja de marear: tener destreza en los negocios.

Entender la cúbica: conocer las dificultades de un negocio.

Entender la flor a uno: conocerle la intención.

Entender la musa de uno: saber sus intenciones.

Entender, o hablar, de todo como los peluqueros: ya que para dar conversación a los clientes tienen que hablar con ellos de cualquier tema.

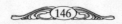

Entender, o tratar, a sobrepeine: a la ligera, muy superficialmente.

Entender por la braqueta como los gigantones: no escuchar atentamente, por lo que se produce confusión.

Entender tanto como de capar ratones: no ser hábil en alguna cosa, desconocerla por completo.

Entenderse con una cosa: saberla manejar.

Entenderse con uno: avenirse con él.

Entendérselas con alguien: ser amigos íntimos, amantes.

Enterarse de la misa, la media: no enterarse de casi nada.

Enterarse de lo que vale un peine: reconvenir, recibir el castigo merecido.

Enterrar en el olvido: olvidar para siempre.

Enterrar la sardina: efectuar un hombre la cópula sexual.

Enterrar, o desenterrar, el hacha de guerra: poner o empezar fin a un enfrentamiento o guerra.

Enterrarse en vida: retirarse del mundo.

Entiéndame quien me entienda: dicho solapado que se dice entre varias personas, para que lo entienda únicamente la persona a la que va dirigida la indirecta.

Entierro de la sardina: fiesta carnavalesca, con que se despide el carnaval dando entrada a la Cuaresma.

Entoldarse: engreírse, desvanecerse.

Entoldarse el cielo: cubrirse de nubes.

Entonar el alirón: cántico de gloria de un equipo deportivo por haber quedado el primero.

Entonar el mea culpa: reconocer voluntariamente el error o la falta.

Entornar las puertas: dejarlas entreabiertas.

Entra un aire que pela: muy frío.

Entrada del gitano: empezar empleando buenas palabras y finas maneras, para concluir haciendo una fechoría.

Entrada, o salida, de pavana: se dice del que viene con gran seriedad y misterio a proponer alguna cosa impertinente.

(La) Entrada por la salida: lo comido por lo servido.

Entrado en años: en edad provecta.

Entrado en días: el que empieza a envejecer.

Entrambos a dos: los dos a la vez.

Entrampar: enredar, confundir.

Entramparse: contraer deudas.

Entrar a degüello: asaltar una población. Acometer a una persona con dureza.

Entrar a la parte: tenerla conjuntamente con otros.

Entrar a ojos cerrados: meterse en un asunto plenamente, sin examen y reflexión.

Entrar a saco: saquear.

Entrar a servir: emprender la carrera militar. Entrar de criado.

Entrar a uno: persuadirle.

Entrar a vara: acceder a lo que otro intenta o propone.

Entrar al trapo: se dice cuando una persona cae en la trampa, que se le ha dicho para conocer sus intenciones.

Entrar bien, o mal, en alguna cosa: convenir o no en lo que otros proponen.

Entrar bien una cosa: venir al caso oportunamente.

Entrar como caballo, o elefante, en cacharrería: haciendo un gran daño y destrozo.

Entrar como en tierra de infieles: entrar como en un país conquistado.

Entrar como por su casa, o como Pedro por su casa: tomarse libertades en casa ajena.

Entrar con buen pie, o con el pie derecho: acertadamente en los primeros pasos de un negocio o asunto.

Entrar con calzador: estrechamente, muy ajustado.

Entrar con el pie derecho, o con el pie izquierdo: empezar una cosa con buenos o malos augurios, o con cierta buena o mala suerte.

Entrar con espada en mano: empezar con rigor alguna cosa.

Entrar con haches y erres: tener malas cartas el que va a jugar la puesta.

Entrar con todas como la romana del diablo: no sentir escrúpulos en hacer algo por execrable que sea.

Entrar con uno: tratar con él.

Entrar de por medio: mediar entre desavenidos.

Entrar de rondón: entrar de repente, con familiaridad.

Entrar dentro de sí mismo: reflexionar su conducta para corregirla.

Entrar en barrena: descender un avión en giro y verticalmente por accidente. Cuando una cosa empieza a no tener soluciones.

Entrar en bureo: juntarse para tratar alguna cosa.

Entrar en caja: tener la edad y ser útil para el servicio militar.

Entrar en calor: irse pasando el frío que se padecía.

Entrar en campo con uno: pelear con él en desafío.

Entrar en colegio: entrar en una comunidad.

Entrar en consejo: consultar y determinar lo que se ha de hacer.

Entrar en cuenta: tener presente algún asunto o premisa.

Entrar en cuentas consigo: recapacitar lo pasado.

Entrar en cuestión: tratar un asunto. Reñir con alguno.

Entrar en cura: empezar a curarse.

Entrar en detalles: ser minucioso en las explicaciones.

Entrar en edad: ir pasando los años.

Entrar en el mundo: presentarse en sociedad.

Entrar en escena: intervenir en un asunto.

Entrar en juego: intervenir en él.

Entrar en juicio con alguno: pedirle cuenta de lo que se ha hecho.

Entrar en la danza: hallarse metido en algún asunto.

Entrar en la Iglesia: abrazar el estado eclesiástico.

Entrar en las modas: seguir éstas.

Entrar en los usos: seguir lo que se estila.

Entrar en materia: empezar a tratar un asunto después de algún preliminar.

Entrar en país, o terreno, conquistado: se dice de la persona que se conduce mandando a su voluntad, y disponiendo a su antojo de todo lo que se encuentra a su paso.

Entrar en pormenores: analizar los más pequeños detalles.

Entrar en quintas: tener edad para cumplir el servicio militar.

Entrar en razones: comprender qué es lo más favorable.

Entrar en reacción: entrar en calor por cualquier medio, cuando se tenía un frío que llegaba hasta los huesos.

Entrar en relaciones: empezar una amistad, o amores.

Entrar en religión: tomar el hábito de alguna institución religiosa.

Entrar en suerte: ser uno entre los que se ha de sortear.

Entrar la morriña: caer males o desazones, estar afectado por los recuerdos y afectos que están lejanos.

Entrar la pájara: entre los deportistas, tener un desvanecimiento o caída de fuerzas.

Entrar, o meter, a saco: saquear.

Entrar, o meter, en prensa: comenzar la tirada del impreso.

Entrar, o salir, por contadera: hacerlo por un paraje estrecho, que sólo se puede hacer de uno en uno.

Entrar, o salir, por el escotillón: aparecer o desaparecer una persona inesperadamente, como por arte de magia.

Entrar pocas, o pocos, en docena: ponderación de validez.

Entrar pocas, o pocos, en libra: no poderse contar, poca cantidad.

Entrar por carrera: salir del error persistente.

Entrar por el aro: hacer por fuerza.

Entrar por el ojo derecho: agradar, ser simpático.

Entrar por el ojo izquierdo: no ser agradable una persona o cosa.

Entrar por la manga y salir por el cabezón: contra las personas que, viéndose favorecidas, se toman más autoridad de la que les corresponde.

Entrar por la puerta de atrás, o por la puerta de los carros: introducirse indebidamente en un lugar, no haber superado correctamente todas las pruebas, queriéndose expresar que se han aprobado dichas pruebas por recomendación; desgraciadamente, es muy habitual dicha situación hoy en día.

Entrar por la puerta de Balnadú: hace referencia a la puerta que hace frontera con la del enemigo.

Entrar por la puerta grande: introducirse en un lugar con todos los sacramentos, correctamente.

Entrar por las puertas de otro: entrar sin ser buscado ni llamado, regularmente para pedir algo, valerse de su protección y amparo, para acompañarle y consolarle en una afliccion o desgracia.

Entrar por las puertas una persona o cosa: venirse a su casa cuando menos se esperaba.

Entrar por los ojos: llamar una cosa la atención gratamente.

Entrar por un oído y salir por el otro: no hacer caso de lo que se dice. Desatender y no estimar el aviso o consejo

Entrar por uvas: expresión taurina de entrar a matar. Indicación o invitación a ejecutar una cosa arriesgada.

Entrar y salir: tener sagacidad para discutir.

Entrarle de lado, que es jorobado: aplícase a aquellos asuntos cuya resolución es difícil o comprometida.

Entrarle la caguitis: ir tomando miedo.

Entrarse en baraja: desistir de una pretensión. Dar por perdida la mano en algunos juegos de naipes.

Entrarse de hoz y coz: introducirse con empeño y sin reflexión.

Entrarse, o andar, como por viña vendimiada: significa saquear o destruir, sin miedo ni reparo alguno.

Entre año: durante el año.

Entre bastidores: estar en segunda línea, en la barrera, pero al acecho de todo lo que ocurre, con responsabilidad.

Entre bobos anda el juego: irónico, que indica que los que tratan una cosa son igualmente diestros y astutos.

Entre bromas y veras: de cuchufleta, sin ser serio.

Entre ceja y ceja: meterse una idea en la cabeza, sin que se salga de ella.

Entre col y col, lechuga: que advierte la conveniencia de variar las cosas para que no cansen.

Entre compañeros nada se hace por dinero: entre los amigos las ayudas y favores deben ser totalmente desinteresados.

Entre cuatro paredes: sin salir de su casa o del trato de las gentes.

Entre cuero y carne: debajo de la piel. Íntima connaturalmente.

Entre deudas y deudos, las deudas prefiero: dícenlo los que son poco amantes de la familia.

Entre día: durante el día.

Entre día y noche no hay vallado: enseña a no desconfiar de la realización de las cosas.

Entre dientes: hablar sin entenderse.

Entre dos aguas: indeciso, sin saber qué solución tomar.

Entre dos fuegos: en medio de dos competidores.

Entre dos luces, o albas: al amanecer o anochecer. Morirse. Estar embriagado.

Entre dos piedras feroces, salió un hombre dando voces: adivinanza infantil para expresar el pedo.

Entre dos platos: ostentación o ceremonia con que se hace u ofrece una fineza.

Entre dos que bien se quieren, con uno que coma, o goce, basta: contra los cariños egoístas.

Entre gallos y medianoche: a deshora.

Entre hermanos no metas tus manos: acosejando no meterse en las disputas familiares.

Entre horas: cuando se come fuera de las horas establecidas de las comidas.

Entre la cruz y el agua bendita: en peligro inminente.

Entre la espada y la pared: en trance de tener que decidirse por una cosa o por otra no teniendo escapatoria.

Entre la gracia de Dios: frase familiar que se dirige por galantería a la persona que entra en una reunión.

Entre la vida y la muerte: en peligro inminente de muerte.

Entre las manos: de improviso, sin saber cómo.

Entre lo salado y lo soso está el punto sabroso: una vez más se indica que en el punto medio es donde está la virtud.

Entre merced y señoría: cuando no es sobresaliente ni despreciable.

Entre músicos y danzantes: entre gente de la misma calidad.

Entre niño y niña crecedera, una vidriera, y para más seguro, un muro: cuando despierta la

pubertad en los jóvenes hay que tener gran cuidado con los tratos mutuos de una pareja, para que no hagan lo que no tienen que hacer a su edad.

Entre paredes, o entre cuatro paredes: retirado del trato de las gentes, recluido en su casa o en una habitación.

Entre paréntesis: forma que se usa para suspender el discurso o conversación, interponiendo una especie ajena a ellos.

Entre parientes y hermanos nadie meta sus manos: aconsejando a no inmiscuirse en los problemas familiares, ya que el que se mete es el que sale perdiendo.

Entre pecho y espalda: en el estómago.

Entre pedir y pagar, no debes dudar: máxima de los sablistas.

Entre Pinto y Valdemoro: dícese cuando una persona está indecisa, vacilante, medio borracha.

Entre prisa y prisa, Mariquita, dame un beso: indica aprovechar en cualquier momento la ocasión propicia.

Entre rejas: en la cárcel.

Entre santa y santo, pared de cal y canto: la separación es lo único que puede asegurar una relación casta de una mujer y un hombre.

Entre sastres no se pagan hechuras: entre personas del mismo gremio no se cobran o pagan lo favores hechos.

Entre semana: en cualquier día de ella menos el primero y el último.

Entre tanto que: mientras que.

Entre todos la mataron y ella sola se murió: cuando cooperan varias personas a la consecución de un fin.

Entre una cosa y otra: en medio de las dos.

Entregar al brazo secular: poner en poder de quien dé fin de ella prontamente.

Entregar al olvido: olvidar.

Entregar al silencio: olvidar, callar, o no hacer mención de una cosa.

Entregar el alma, o entregar el alma a Dios: dar el alma. Morirse una persona.

Entregar la boleta: morirse.

Entregar la pelleja, o la piel: morir.

Entregar su alma a Dios: morir.

Entregarse de capricho: dícese de la prostituta que efectúa el acto sexual sin cobrar.

Entregarse en brazos de: someterse a su capricho, rendirse.

Entregarse en cuerpo y alma: enteramente.

Entrepierna: genitales del hombre o de la mujer.

Entretallar: detener el curso, estrechar el paso.

Entretener el hambre: comer algo entre el almuerzo y la cena formales.

Entretenida: amante, querida.

Éntrome acá, que llueve, o que me mojo: con que se denota la osadía de los que se introducen en casa ajena, sin otro título que su mismo descaro.

Entruchar: atraer con disimulo y engaño.

Envaine usted, o envaine usted "seor" Carranza: se dice a uno que se sosiegue y deponga el enfado.

Envedijarse: enzarzarse, enredarse pasando de la palabra a las obras.

Enviar a buscar berros: despedir a una persona, hacer que se vaya.

Enviar a cenar con Jesucristo: matar a alguien.

Enviar a escardar cebollinos: despedir ásperamente, negando lo que se pide o solicita.

Enviar a escardar, o a paseo: despedir con desprecio.

Enviar a la tierra de los calvos: quitar la vida a una persona.

Enviar a mudar aires: desterrar, deportar.

Enviar a pudrir tierra: matar a una persona.

Enviar en noramala: despedir con enfado o disgusto, no dar crédito a lo que se dice.

Enviar, o hacer ir, al rollo: despedir con desprecio, por no querer atender a una persona.

Envidar de, o en, falso: envidar con poco juego.

Envidia cochina: se dice a las personas que critican determinados aspectos de otra, su suerte, dicha, etcétera.

Enviscarse: irritarse, enconarse.

Envolver al enemigo: atacarlo sin dejarle salida.

Envolver en razones: confundir a una persona de modo que no sepa responder.

Enzarzar a uno: sembrar discordias.

Enzarzarse un asunto: meterse en asuntos difíciles.

Enzurronar: incluir o encerrar un objeto en otro.

Época de las vacas flacas, gordas: malas o buenas épocas.

Equivocarse de medio a medio: totalmente.

Equivocarse una cosa con otra: ser semejante.

Éramos pocos y parió la abuela: cuando se aumenta algo donde había muchas personas, o había grandes estrecheces.

Érase que se era: frase con que se suele dar comienzo a los cuentos.

Érase una vez, o érase que se era: estribillo con que comienzan los cuentos.

¡Eres mi padre!: expresión que se dice al recibir de otra persona un gran favor o ayuda.

Erguido como gallo de cortijo: forma de expresar la falsa modestia y la gran presunción de una persona.

Errar el golpe: frustrarse alguna cosa.

Errar el tiro: estar confundido en un dictamen, pretensión o intento.

Errar en un ardite: equivocarse en muy poco.

Errar es de humanos: condición de humanos, únicamente Dios no se equivoca.

Errar la vocación: equivocarse de carrera o destino.

Errar, o acertar, a la primera: por casualidad.

Errare humanum est: el errar es de humanos.

Erre, o erre que erre: porfiadamente, con tenacidad.

Error de bulto: error que es evidente.

Eruditos de la violeta: se dice del que tiene poca cultura, pero presume de ser vasto su conocimiento.

Es a saber, o esto es: expresión para dar a entender que se va a explicar mejor o de otro modo lo ya expresado.

Es blanco: la gallina lo pone, en la sartén se fríe y por la boca se come: se dice de las cosas que no necesitan explicación, especie de acertijo.

Es buena tierra para sembrar nabos: se dice de lo poco que vale o sirve alguna persona.

Es caro, pero en cambio es malo: dícese irónicamente de lo que es malo y ha costado mucho.

Es chico pleito: poca importancia que tiene una cosa.

¡Es claro!: indicando que es fácil la comprensión de algo.

Es como el que tiene tos y se arrasca la barriga: cosa totalmente inútil.

Es como le da: se dice del tipo raro, veleidoso.

Es como quien tiene un tío en Alcalá, que ni tiene tío ni tiene "ná": no servir absolutamente para nada.

Es como un oro, patitas y todo: expresión que se usa para burlarse de uno, dando a entender que es conocido por astuto y bellaco.

Es cosa para mearse de risa y no echar gota: dícese de la cosa que parece que tiene gracia, cuando en el fondo no la tiene.

Es de la cofradía de San Cornelio: se dice del hombre que es engañado por su mujer.

Es de sabios tomar consejos: el asesorarse de los que conocen una cosa bien es norma de prudencia y sabiduría.

Es de Vicente y de otros veinte: forma de indicar que una cosa es de una gran multitud de personas.

Es de vidrio la mujer: indica lo quebradizo y voluble que suele ser el carácter femenino. Pudiendo citar la famosa redondilla: **Es de vidrio la mujer; pero no se ha de probar si se puede o no quebrar, porque todo podría ser**.

Es decir: esto es.

Es del día, o no es del día: venir, no venir al caso.

Es droga, una droga, o mucha droga: ser desagradable y molestar mucho una cosa.

Es el cuento de nunca acabar: indicando que siempre hay algo que hacer y que no se termina nunca el trabajo o la labor.

Es el mejor que come pan: frase con se pondera la bondad de una persona.

Es el primero y el postrero de su linaje: dícese de la persona que está completamente sola, sin parientes de ningún género.

Es fama: se dice, se sabe.

Es hablar en excusado: indica que es tiempo perdido el que se emplea en un asunto que no tiene arreglo.

Es hablar por demás: ser inútil lo que se dice.

¿Es la corte o pesan vaca?: dícese cuando se junta mucha gente en un sitio sin gran motivo o fundamento.

Es la madre del cordero: cuando se acierta en un asunto de gran dificultad.

Es la vida perdurable: cosa tarda en suceder.

Es ley de vida: dicho de los pésames.

Es lo mismo que ladrar a la Luna: dícese del que amenaza a aquel a quien no puede ofender.

Es más: locución que se intercala en una frase para acentuar lo que se ha dicho, o explicarlo mejor.

Es más fácil coger a un mentiroso que a un cojo: expresando que la mentira es fácil de conocer, generalmente por no tener buena memoria el mentiroso.

Es más gloria huir de los agravios callando que vencerlos respondiendo: porque revela más grandeza de alma.

Es mejor morir de pie que vivir de rodillas: ensalzamiento a la dignidad humana, que está por encima de todo.

Es mejor no menear el arroz, aunque se pegue: recomienda que no se debe sacar la conversación de cosas enojosas, o que puedan molestar.

Es menester la cruz y los ciriales: ser necesarias muchas cosas para lograr algo.

Es menester mucho tiempo para venir a conocer a las personas: ya que las apariencias engañan.

Es mío, y muy mío, y yo soy su amo: reticencia con que se afirma la posesión de alguna cosa.

¿Es moco de pavo?: con que se da a entender la estimación de una cosa que se tiene en poco.

Es mucho hombre esta mujer: dícese de la que se halla dotada de un carácter varonil.

Es muy bisoño: inexperto, principiante, etc.

Es necesario manejar con gran tiento el incensario: la adulación tiene más inconvenientes cuanto más exagerada es.

Es, no es, o un sí es, o no es: expresiones que significan cortedad o pequeñez.

Es normal que el vivo vaya a la hogaza, como el muerto a la sepultura: indicando que la vida debe continuar.

Es, o está, vista: con que se da una cosa por cierta y segura.

Es otro tal: ser tal cual, ser tal para cual.

Es otro tanto oro: valer tanto como pesa.

Es para cagarse: se dice de lo que causa miedo o espanto, puede usarse como expresión de admiración.

Es para cerrar la tienda: cosa que causa admiración.

Es para ponerse a mear y no hechar gota: cosa inverosímil o absurda.

Es peligroso asomarse al exterior: advertencia que había hace algunos años en nuestros trenes, invitando a no asomarse por las ventanillas.

¡Es posible que....!: frase que denota gran sorpresa o estupefacción.

Es preciso comer muchos panecillos para...: encarece el mucho tiempo que se ha de pasar hasta ver realizado...

Es preciso hacer por la vida, que la muerte ella vendrá: aplícase comúnmente a los glotones.

Es preferible comprarle un traje que invitarle a comer: se dice de la persona que come muchísimo.

Es quien es: ha correspondido a su carácter.

Es tan feo, que quita el hipo: ser de extremada fealdad.

Es tan tonto, bonachón, etc., que se cae a pedazos: dícese del que posee estas cualidades de modo exagerado.

Es tan tonto que pide para los mártires y se entra en casa: dícese del que solapadamente hace su negocio fingiéndose incapacitado.

Es un bendito: persona sencilla y buena.

Es un decir, o como si dijéramos: se usan estas frases para suavizar lo que se ha afirmado.

Es un Juan Rana: aplícase a la persona cobarde.

Es un loco: persona que no actúa adecuadamente.

Es un pillo que se pierde de vista: aplícase a los truhanes y gente avispada.

Es un remedio contra el sexto mandamiento: dícese de la mujer fea, o del hombre horroroso.

Es un soplo: verificarse o llevar a cabo una cosa en un momento.

Es una bendición, o bendición de Dios: ponderación de bondad o abundancia de algo.

Es una desesperación: cosa intolerable o molesta.

Es una gotera: continuación frecuente y sucesiva de cosas molestas.

Es una muerte: persona insufrible.

Es usted muy dueño: frase que invita a una persona a que haga lo que quiera.

Es verdura: es verdad, dicho en tono jocoso.

Es virtud el trabajar, como también el guardar: exhortando las dos virtudes.

Ésa es buena... para darla: de lo mala que es.

Ésa es de las que echó Santa Ana del carro: forma de decir a una mujer que es pava y que tiene mucho cuajo.

Ésa es grilla: expresión con que se da a entender que no se cree lo que se oye.

Ésa es la derecha (y dábale con la zurda): moteja a los que hacen un disparate tomando una cosa por lo contrario de lo que es.

¡Ésa es la mía, o la tuya!: expresión que inivita a ejecutar algo por ser la ocasión propicia.

Ésa es más negra, o ésa sí que es más negra: apuro o dificultad de alguna cosa.

Ésa es, o no es, la madre del cordero: con que se indica ser o no ser una cosa la razón real de un hecho o suceso.

Ésa es otra canción: ser otra cuestión o asunto.

Ésa es otra que quien baila: indica que la cuestión o materia que se acaba de suscitar entra a igual o mayor gravedad que lo que se iba tratando.

Ésa fue una, y se la llevó el gato: dícese de los sucesos que ocurren rara vez en la vida.

Esa lechuga no es de mi huerto: con que se moteja al que se apropia de agudezas o invenciones de otro.

Esa mierda me la tenía yo tragada: eso ya me lo temía yo.

Esa moneda es falsa: aplícase a los que, teniendo cara de santo, sus hechos no lo son tanto.

Esa palabra está gozando de Dios: explica la complacencia que se tiene en lo que se oye o se nos ofrece.

Esa pera no es de su peral: indica que lo que está diciendo no es de su invención.

¡Ésa si que es negra!: manera de encarecer el apuro o dificultad de una cosa.

Esaborío: persona sin gracia, patosa, malasombra.

Ésas sí que son tetas y no las de mi mujer: fórmula con que se encomia o alaba una cosa en comparación con las de casa.

Ésas son habas contadas: ser una cosa evidente.

Ésas tenemos: expresión que se usa para denotar sorpresa.

Escabechar a uno: matarlo a mano airada, ordinariamente con arma blanca.

Escagarruciarse: cagarse.

Escala técnica: la que se efectúa por necesidades de la nave.

Escalera de color: la formada en los naipes.

Escapar a uno una cosa: no caer en ella.

Escapar con vida: librarse de peligro de muerte.

Escapar del trueno y dar en el relámpago: indica escapar de un peligro para caer en otro mayor.

Escapar, irse, o salir, por la tangente: valerse de un subterfugio o evasiva para salir de un apuro.

Escapar, o salvarse, en una tabla: salir de un riesgo venturosamente y como por milagro.

Escaparate: pecho de una mujer.

Escaparse el viento: cambiarse su dirección.

Escaparse la mano: pegar, golpear.

Escaparse por los pelos: por muy poco tiempo, o por una pequeña cosa.

Escapársele a uno la especie: decir inadvertidamente lo que no venía al caso y se debía callar.

Escapársele la lengua, la mano, la risa, etc: soltársele a uno involuntariamente y fuera de propósito.

Escapársele, o írsele, una palabra: proferir, por descuido o falta de reparo, una voz o expresión disonante, que puede ser sensible, molestando a una persona.

Escapársele una cosa: no advertirla, no caer en ella.

Escarabajear una cosa: mostrar temor o disgusto.

Escarbar el estómago: tener ardores en él.

Escarbar en la herida: reavivar el dolor o la pena, recordando el motivo que los provocó.

Escarbar la conciencia: remorderle la conciencia por lo que se ha hecho.

Escarceo amoroso: aventura amorosa sin mayores consecuencias.

Escarmenar: castigar por travesuras, quitando los objetos o dinero de los que se pueda hacer mal uso.

Escarmentar del vicio es santo beneficio: indicando que el que puede dejar un vicio obra en beneficio propio.

Escarmentar en cabeza ajena: observar los daños de otros para evitarlos.

Escocerle, o picarle, la barriga: tener mucho hambre.

Escoger a moco de candil: escoger alguna cosa con gran cuidado y examen.

Escoger como entre peras: escoger cuidadosamente para sí lo mejor.

(Los) Escolapios reciben a los niños al nacer, y los Paúles se encargan de los hombres al morir: ocupación preferente de cada una de estas órdenes religiosas.

Escolarse: colarse, introducirse a escondidas, sin permiso de nadie.

Esconder como picaza: alude a las costumbres de estos animales de guardarlo todo.

Esconder el hombro: escabullirse de un trabajo siendo necesario echar una mano para ayudar.

Esconderse más que una lagartija: rapidez en ocultarse.

Escoñarse: darse un golpe.

Escopeta y perro: dicho del mus.

Escopetearse: dirigirse dos o más personas cumplimientos, lisonjas, insultos o desvergüenzas.

Escoria: persona sin ningún valor o estimación.

Escornarse: caer de bruces o darse un golpe en la cabeza.

Escribir a tontas y a locas: hacerlo sin fundamento ni concierto.

Escribir a vuela pluma: ser ágil en la escritura, no detenerse en pensar lo que se escribe.

Escribir con sangre: hacerlo con dureza.

Escribir cuatro letras: hacer una misiva poco extensa.

Escribir en bronce: tener buena memoria de una cosa.

Escribir en el agua, o en la arena, o en el polvo: poca firmeza en lo que se resuelve.

Escribir más que El Tostado: escribir muchísimo.

Escribir tirado, o muy tirado: escribir de prisa.

Escrito de puño y letra: por la propia mano.

Escrito lo trae en la frente: se dice del que trae los hechos semejantes a la cara.

Escritura es buena memoria: indicando que los documentos son la mejor prueba del derecho.

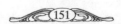

Escrúpulo de monja: escrúpulo nimio y pueril.

Escrúpulos de Marigargajo, o del Padre Gargajo: escrúpulo ridículo, infundado, extravagante y fuera de lugar.

Escucha la razón, o ella se hará escuchar: lo lógico siempre se impone, siendo por tanto seguir lo razonable.

Escuche usted, don Clemente, con la tirilla y el lente: frase irónica dirigida a las personas que son muy ridículas.

Escupe, Guadalupe, que te has tragado un pelo: expresión jocosa que se dirige al que hace que tose, o al que se ha tragado algo.

Escupir a la calle: eyacular fuera de la vagina.

Escupir a una persona: hacer escarnio de ella.

Escupir al cielo: ir en contra de alguno convirtiéndose después en daño propio.

Escupir contra el viento, vano intento: intentar conseguir algo imposible.

Escupir de chisguete: lanzar la saliva de medio lado, provocativamente.

Escupir doblones: hacer ostentación y jactarse de rico.

Escupir en corro: introducirse en la conversación.

Escupir en la cara: burlarse cara a cara y con desprecio.

Escupir por el colmillo: echar fanfarronadas.

Escupir sangre: jactarse de noble y caballero.

Escupir sangre en bacín de oro: tener poca alegría por mucha riqueza que se tenga.

Escurrir el bulto, o la bola: escapar, irse sin despedirse.

Escurrir el hombro: rehuir la participación en una tarea o trabajo, en que se está más o menos obligado a intervenir.

Escurrirse como una anguila: ser muy difícil coger a una persona.

Ese bollo no se ha cocido en este horno: frase que indica que un dicho o escrito no procede originariamente de quien pasa por ser su autor.

Ése es de los de ya está acá: aplícase a las personas que sin pedir permiso se entremeten en todo.

Ése es el cuento: en eso consiste la dificultad de que se trata.

Ése es el diablo: expresión que se usa para explicar la dificultad que se halla en dar salida a una cosa.

Ése es el tema, o el tema de mi sermón: el que oye alguna advertencia sobre lo que había insistido antes.

Ése es la fija: con que se aprueba como cierta una cosa.

Ése es otro cantar: no tener nada que ver con lo que se está tratando.

Ese habrá ido a misa de infantes: alusivo a los que se marchan sin pagar de algún sitio.

Ese hurón no sabe cazar en esta floresta: se dice al que se conoce de antemano sus malas mañas.

Ése llamo socorro, con el que socorro: el verdadero socorro es el que se adelanta a remediar al necesitado, sin aguardar a que éste lo pida.

Ése no morirá de cornada de burro: aludiendo al prudente, al que evita todos los riesgos.

Ése no tiene carmín en las mejillas: dícese de la persona que no tiene vergüenza.

Ese pero no está maduro: no es ocasión de acometer una empresa o de continuar en la comenzada.

Ése, pero no madura: dícese a aquel que presenta algún reparo u objeción a aquello de que se está tratando.

Ése tiene escaleras de plata: dícese del que tiene buena suerte.

Esfuerzo de todos: ejecución conjunta de una obra.

Esgrimir bien las armas de Caín, o de Sansón: mover bien las mandíbulas; esto es, comer mucho.

Eso chorrea sangre: se dice de algo extremadamente grave o injusto.

Eso clama al cielo: dícese de ciertas acciones reprobables.

¡Eso digo yo!: expresión de aseveración sobre lo que se ha indicado.

¡Eso es!: expresión de afirmación.

Eso es agua hirviendo sobre la quemadura: aplícase a los que, en lugar de aminorar un mal, lo aumentan.

Eso es chao, chao: úsase para indicar que una persona emplea mucha palabrería; dicho usado por Quevedo, Correas, etc.

Eso es cierto, o es verdad, o no hay Dios: fórmula de juramento.

Eso es como el que tiene tos y se arrasca la barriga: ser una cosa totalmente inútil.

Eso es como meneársela a un muerto: trabajo inútil.

Eso es como tocarle la tripa a un muerto: no servir para nada.

Eso es dar fondo en un mar sin cielo: equivale a pretender hacer algo sin condiciones para conseguirlo.

Eso es decir el sano al enfermo que coma: reprocha un consejo como contraproducente, por ser un disparate.

Eso es el acabóse, o el ultimátum: ya lo último.

Eso es el cuento de la soledad: dícese de la persona que siempre se encuentra solitaria.

Eso es harina de otro costal: ser cosas diferentes.

Eso es historia: cosa acontecida hace mucho tiempo.

Eso es horroroso con cien erres: forma de indicar que una cosa es de una fealdad supina, o cuando una acción es pésima y molesta.

¡Eso es Juan y Manuela!: frase para denotar la ineficacia de algo.

Eso es lo mismo que buscar leche de gallina: dícese de todo aquello que es imposible de conseguir.

Eso es lo mismo que buscar sesos de mosquito: pretender algo imposible.

Eso es lo mismo que dar la teta al asno: inutilidad en alguna acción, a quien no lo ha de agradecer o aprovechar.

Eso es lo mismo que el que tiene tos y se arrasca la barriga: como prototipo de una cosa inútil.

Eso es lo mismo que el que tiene un jubón en Francia: dícese burlescamente del que posee una cosa que no le vale para nada, o que no puede utilizarla por no tenerla a mano.

Eso es lo mismo que naufragar en el puerto: se dice de toda persona cuya empresa fracasa cuando tenía más posibilidades de éxito.

Eso es lo mismo que pensar en lo excusado: modo de pensar en lo imposible, muy dificultoso de cualquier pretensión o intento.

Eso es lo mismo que ponerse a cazar perdices en campo raso: se dice de lo que es muy difícil.

Eso es lo mismo que preguntar por Mohamed en Granada: dícese de aquellas cosas que son difíciles de averiguar.

Eso es lo mismo que pretender alcanzar el cielo con las manos: intentar un imposible.

Eso es lo mismo que querer volar sin alas: da a entender lo absurdo o imposible de la pretensión de una persona.

Eso es lo mismo que trabajar para el obispo: modo de decir a alguno que su trabajo no alcanzará recompensa, y tal vez ni agradecimiento.

Eso es lo último que me esperaba: acontecimiento inusitado y totalmente inesperado.

Eso es más feo que llamar de tú a su padre: extremadamente feo.

Eso es misa y sermón: se dice cuando se invierte más tiempo del necesario en alguna cosa.

Eso es música celestial: se dice de las palabras elegantes y vacías, o las promesas sin sustancia ni utilidad.

Eso es otro cantar: ser diferente, no tener relación con lo que se trata.

Eso es pan para hoy y hambre para mañana: aplícase a todo aquello cuya utilidad o servicio es de corta duración.

Eso es ser, más que bueno, tonto: no debiendo confundirse la bondad con que los demás se rían de uno, por simple.

Eso es tan cierto como me llamo Fulano, o estoy vivo: especie de juramento, aseverando una verdad irrefutable.

Eso es tan feo como pegarle a Dios en Viernes Santo: como fealdad suprema.

Eso es tener el sol: equivale a conseguir algo imposible.

Eso es una verdad como un templo, o como el evangelio bendito: dícese cuando se presenta algún argumento irrebatible por hallarse en entera conformidad con los hechos.

Eso está donde Cristo dio las tres voces: muy lejos.

Eso está mandado recoger: se dice despreciativamente de lo anticuado o pasado de moda.

¡Eso faltaba!: expresión de preocupación o disgusto ante un problema, preveyéndose que acontezca otro peor.

Eso lo apartará la pala y el azadón: sólo la muerte es lo que puede desarraigar una costumbre o amistad verdadera.

Eso no cuela, o pasa, ni con chocolate: dícese de lo que no se presta a ser creído fácilmente.

Eso no está ni medio bien: se le dice al que ha hecho algo que no es adecuado.

Eso no le hace: eso no importa. Eso no impide algo.

Eso no lo arranca ni las tenazas de Nicodemo: dícese cuando una cosa está bien clavada.

Eso no pega con cera ni con cerote, o con goma, sino con mierda para tu gañote, o para tu bigote: dícese cuando se trata de buscar la resolución de un asunto, y la que se propone no es la adecuada.

Eso no reza: no me incumbe.

Eso no se le ocurre ni al que asó la manteca: necedad grande.

Eso no tiene que hacer: no haber dificultad en lo que se propone.

Eso pica en historia: trascendencia de una cosa.

Eso se cura con una telaraña: de fácil remedio.

Eso se cura en la sepultura: mal que no tiene cura.

Eso será la semana de los cuatro jueves: es decir, nunca.

Eso será lo que tase un sastre: modo de dar a entender que hay, o puede haber, exageración en lo que otro dice.

Eso sería miel con hojuelas: si se logran varias cosas a la vez.

¡Eso sí que no!: expresión que refuerza una negación.

Eso son palabras mayores: cuando se dice algo que entraña más gravedad o importancia de lo que parece.

Eso te pasa por dormir sin bragas: dicho poco elegante que se dice a una mujer cuanto comenta que está embarazada.

Eso va a misa: indicando que es totalmente cierto y, como tal, debe ser tenido en cuenta.

Eso viene como un Magníficat a maitines: dícese de todo aquello que no sienta bien al objeto a que se destina.

Eso, y la cara de Dios, está en Jaén: locución familiar con que se pone en duda la proposición que se va a escuchar.

Esos cinco: dar la mano.

Esos mundos de Dios: por cualquier lugar, por todo el mundo.

Esos son otros cantares: cuando se proponen cosas más aceptables.

Esos son otros quinientos: forma de explicar lo que uno hace o dice de otro despropósito, sobre el que se ha hecho o dicho.

¡Espabila, Favila, que viene el oso!: frase que sirve para apremiar a alguien.

Espacio vital: dícese de lo que es necesario para la vida.

Espacios imaginarios: lo que no existe.

Espada: llave falsa.

Espada de Bernardo, o la espada de Bernardo, que ni pincha ni corta: forma de calificar de inservible o inútil a alguna persona o cosa.

Espada de Damocles: amenaza constante.

Espada de dos filos: dícese de cualquier asunto que puede ser favorable o perjudicial.

Espadas son triunfos: dicho para los que quieren resolver asuntos por medio de las armas o de la fuerza bruta.

Espaldas de molinero, o panadero: las anchas y fuertes.

Espaldas mojadas: llámase así a los inmigrantes clandestinos.

Espantar el sueño: no dejar dormir.

Espantar la caza: ahuyentarla. Perder algún negocio por precipitarse.

Espantarse las moscas: superar estorbos y obstáculos.

Espantóse la muerta de la degollada: con que se reprende al que nota los defectos de otro, teniéndolos él mayores.

Espejar en alguno: fijarse en él como en un espejo.

Espejarse: mirarse en un espejo.

(La) Esperanza es lo último que se pierde: forma de dar ánimo a una persona en momentos difíciles.

Esperanzas de pobre, pedos de burro viejo: ya que las dos cosas se esfuman inmediatamente.

Esperar al Mesías: esperar a una persona que ya llegó.

Esperar como agua en mayo: esperar una cosa con gran ansiedad, y por hacer falta.

Esperar como gato de tripera: aguardar con paciencia una oportunidad.

Esperar como si fuera el Mesías: esperar algo con deseo vehemente.

Esperar del lobo carne: esperar algo de quien todo lo quiere para sí.

Esperar el Santo Advenimiento: esperar o aguantar algo que tarda mucho en realizarse, o que no se ha de realizar.

Esperar en alguno: poner en él la confianza de que le hará algún bien.

Esperar en Dios: tener esperanza de que ha de suceder una cosa tal como se desea.

Esperar la cigüeña: la llegada o nacimiento de un niño.

Esperar la vuelta del humo: no ver una cosa más.

Esperar que caiga la breva: no hacer nada para cambiar la suerte.

Esperar sentado: dícese cuando parece que lo que se espera ha de cumplirse muy tarde o nunca.

Esperar una cosa como el agua de mayo: indicando el ansia con que se la espera.

Esperar ventura: aguardar a que cambie la suerte, y que sea más favorable.

Esperarle como los monjes al abad: indica no esperar a uno, o esperarle comiendo cuando una persona debía comer con nosotros y tarda mucho en venir.

¡Espere, que la están peinando!: frase que invita a tener paciencia.

Espetar alguna cosa: decir alguna inconveniencia.

Espetarse: asegurarse, afianzarse.

Espetera: pecho de una mujer.

Espicharla: morirse.

(La) Espina, cuando nace, lleva la punta delante: expresa que lo que causa algún daño suele conocerse a simple vista.

Espiritarse: agitarse, conmoverse.

Espíritu de la contradicción: el que contradice siempre.

Espíritu del vino: el alcohol.

Espíritu maligno: el demonio.

Espiritualizar algunos bienes: hacerlos con condición de eclesiásticos.

Espolada de vino: trago de vino.

Esponjarse: hincharse, engreírse.

Esposo te doy, y no ciervo: parodia contra el rito de los esposos al contraer matrimonio, que dice "esposa te doy, y no sierva".

(La) Espuela: se dice de la última copa que se toman los bebedores antes de separarse.

Esquila: corbata.

Esquilmar: empobrecer, sacar a una persona lo que tiene, pero poco a poco.

Esquivar el bulto: eludir responsabilidades, riesgos, etc.

¡Esta casa se alquila!: dícese de la mujer que por sus pintas, pretende ser requerida.

Está como quiere: dícese de la mujer hermosa y llamativa que nos llama la atención.

Está en ventura el ganar, y en cordura el aguardar: aconseja paciencia para conseguir una cosa.

Ésta es la fija: indica haber llegado la ocasión de que ocurra aquello que se teme o espera.

Ésta es la mía: tener ocasión para lograr lo que se pretende.

Está hablando: dícese de la pintura o escultura que es un fiel reflejo de lo real.

Está la patria oprimida: estar falto de dinero o recursos.

Esta noche ¡morros "pa" cenar!: dice el marido cuando su mujer está enfadada con él.

Está oscuro y huele a queso: expresión chistosa empleada para indicar que no se ve nada.

Está para calentar y al horno: completamente a punto.

¡Está para hacerle un favor!, ¡Está para hacerle padre!, ¡Está para una noche!: frases indicativas de que un hombre es muy agraciado físicamente, teniendo ganas de acostarse con él la mujer que expresa dichos comentarios.

¡Está para un polvo!: expresión obscena, aplicada como un requiebro hacia una mujer hermosa y atractiva.

¿Está parida la gata?: frase que se dice cuando hay luces innecesarias en una casa o habitación.

Está que bota: se aplica al que está preso de una indignación grande.

¡Está usted fresco!: dícese al que espera una cosa que no ha de conseguir.

Esta vez nos ha salido un poquito desigual: modo de burlarse uno, haciendo ver que se ha desempeñado torpemente su cometido.

Esta vida es un fandango, y el que no la baila, un tonto: expresa la conveniencia de no tomar la vida en serio, debiendo amoldarnos a las circunstancias.

Esta vida es una comedia: y todos representamos algún papel.

Esta vida no es para llegar a viejo: dícelo el que trabaja mucho o tiene grandes sufrimientos.

Esta vida se ha de pasar a tragos: así lo dicen los grandes aficionados a la bebida.

Está visto: ser evidente.

Ésta y nunca más, o no más: indicación de que uno ha quedado escarmentado.

Esta zanahoria faltaba en la olla: expresión que manifiesta la alegría que causa la llegada de una persona que se echaba de menos.

Estaba escrito: así lo tenía dispuesto la Providencia.

Estacazo, o garrotazo, y tente tieso: recomendación que se hace cuando se ve una situación que no se puede por medios suaves o persuasivos.

Estado honesto: el de soltera.

(El) Estado soy yo: para definir a quien no tiene más razón que la fuerza para imponer sus dictados.

Estafermo: persona sin acción.

¿Estamos aquí o en Francia?: con que se reprende una acción o un dicho inoportuno o indecoroso.

¿Estamos aquí o en Jauja?: forma de llamar la atención.

Estamos en los tiempos de la Pipiritaña, en que todo el lino se volvía lana: indica la mala etapa que se atraviesa.

¿Estamos o no estamos?; no sea que digamos que estamos y resulte que no estamos: dicho de cuartel.

Estamos pagados: da a entender que se corresponde por una parte a lo que se merece por otra.

Estampar contra la pared: estrellar.

Están verdes: el que desdeña una cosa que no puede obtener. Es de la fábula de la zorra y las uvas.

Estar a bien: llevarse bien dos personas, en buena relación.

Estar a bocaparir: en situación inminente de dar a luz.

Estar a caballo: entre dos cosas a la vez.

Estar a caldo: en mala situación económica.

Estar a cordel: en línea recta.

Estar a cuenta: correr a su cargo, ser de su incumbencia.

Estar a dale que le darás y aprieta Martín: insistir con tenacidad una cosa.

Estar a derecho: obligarse a pasar por la sentencia del juez.

Estar a diente, como haca de atabalero, de bulero, o de cominero: no haber comido, tener mucha gana.

Estar a dieta: no poder satisfacer una persona el apetito sexual. Querer adelgazar una persona.

Estar a dos pasos, a dos dedos: muy cerca, al alcance de la mano.

Estar a dos velas: sufrir carencia o escasez de dinero.

Estar a flote: tener medios económicos para poder desenvolverse con normalidad.

Estar a gran altura: tener mucha elevación de bienes o de conocimientos.

Estar a juzgado y sentenciado: quedar obligado a oír y consentir la sentencia.

Estar a la altura de: en las proximidades. Tener las mismas aptitudes de quien se compara.

Estar a la altura de las circunstancias: saber estar y conducirse adecuadamente en cada momento.

Estar a la altura del betún: haber caído muy bajo. Ignorar lo más rudimentario.

Estar a la cabecera de un enfermo: prestar ayuda a la persona que no puede moverse de la cama por su estado enfermo.

Estar a la cabeza: en lugar preminente.

Estar a la cuarta pregunta: no tener dinero.

Estar a la defensiva, o ponerse: ponerse en estado de defenderse, sin querer acometer al enemigo.

Estar a la devoción de alguno: sujeto voluntariamente.

Estar a la estaca: tener poca libertad, tener pocas facultades o medios.

Estar a la expectativa: esperar la ocasión propicia para lograr algo.

Estar a la luna de Valencia: distraído.

Estar a la mira: observar con cuidado.

Estar a la muerte: en peligro inminente de morir.

Estar a la olla de alguien: comer a su costa.

Estar a la orden del día: llamar la atención.

Estar a la oreja: estar siempre con otra persona, sin apartarse de ella y no pudiendo hablar reservadamente.

Estar a la puerta: próximo a suceder algo.

Estar a la que salta: dispuesto a aprovechar las ocasiones.

Estar a la recíproca: pagar en la misma moneda.

Estar a la sombra: en la cárcel.

Estar a la sombra de alguien: bajo su protección.

Estar a la sopa boba: comer a costa ajena y sin trabajar.

Estar a la trinca: dícese de la persona muy aseada y compuesta.

Estar a la última, o a la última: estar al cabo de la moda, de lo que sale nuevo al mercado, etc.

Estar a la vista: ser evidente una cosa.

Estar a las duras y a las maduras: indicando que hay que estar siempre a lo bueno y a lo malo, no a lo que convenga.

Estar a las once: cosa que se ha torcido, dícese igualmente del que lleva una prenda mal puesta.

Estar a las once y cuarto: dícese cuando una persona está trastornada.

Estar a las puertas: muy próximo.

Estar a las puertas de la muerte: próximo a morir.

Estar a las tres de la tarde: tener la cabeza ida.

Estar a las últimas: pronto a morir.

Estar a lo último: haber comprendido la explicación.

Estar a los pies de los caballos: muy abatido.

Estar a los quites, como Salvador: dícese de la persona que está siempre dispuesta para ayudar a todo el mundo.

Estar a mal con su dinero: malgastarlo o aventurarlo en empresas descabelladas.

Estar a matarse: muy enemistado y enfadado.

Estar a media razón: con escasa comida o con reducidos medios de subsistencia.

Estar a medio camino: en el punto medio entre dos extremos.

Estar a medios pelos: algo bebido, medio ebrio.

Estar a merced: a expensas de otro, a su disposición.

Estar a mesa y mantel: invitado a comer.

Estar a mitad del camino: en el punto medio.

Estar a, o en, punto: estar próximo a suceder una cosa.

Estar a oscuras: completamente ignorante.

Estar a pachas: iguales, o a medias.

Estar a pan pedir: dícese de la persona que es muy pobre.

Estar a partir un piñón con alguien: tener estrecha unión entre ambos.

Estar a pedo de burra: dícese cuando una cosa está muy cara.

Estar a plan: encontrarse una persona en régimen de adelgazamiento voluntario.

Estar a pocos pasos: a una pequeña distancia.

Estar a punto: próximo a suceder.

Estar a punto de caramelo: hallarse en condiciones de ser utilizada una cosa.

Estar a que quieres boca: disfrutar de gran regalo.

Estar a rabiar: muy enojado.

Estar a razón, o a razones: hablar con raciocinio.

Estar a real menos cuartillo: carecer de recursos, no tener un céntimo.

Estar a real y media manta: andar escaso de bienes.

Estar a remo y sin sueldo: trabajar mucho y sin provecho.

Estar a salvo: fuera de peligro.

Estar a sus anchas: sentirse una persona cómoda en algún sitio.

Estar a tiro, a tiro de honda, o de piedra: muy cerca.

Estar a todo: tomar responsabilidad total.

Estar a tono: animado.

Estar a trasmano: fuera de lugar, o en un lugar apartado.

Estar a un andar: a un paso.

Estar a un nivel: en igualdad.

Estar a un paso: a distancia muy corta.

Estar a un precio: precio determinado de alguna cosa.

Estar a verlas venir: sin dinero.

Estar abandonado de la mano de Dios: cuando a una persona todo le sale mal.

Estar aburrido de oír, o ver, siempre lo mismo: estar cansado de ello.

Estar acelerado: tener ánimo de angustia y prisa.

Estar acojonado: tener mucho miedo.

Estar agarrado a la brocha: actuar sin ninguna consistencia, con gran inseguridad.

Estar agilipollado: un poco más tonto de lo habitual.

Estar ahogado, o verse: acongojado u oprimido por asuntos graves de difícil solución.

Estar ajeno de sí: estar desprendido de sí mismo, o de su amor propio.

Estar ajeno de una cosa: no tener noticias o conocimiento de ella, o no estar prevenido de lo que va a suceder.

Estar al abrigo: proteger u ocultar algo.

Estar al alcance de todos los bolsillos: se dice de una cosa cuando es asequible a todas las economías.

Estar al borde: ante una inminente proximidad.

Estar al cabo, o muy al cabo, o acabando: moribundo.

Estar al cabo de la calle: estar al corriente.

Estar al caer: próximo a suceder.

Estar al corriente de una cosa: estar enterado.

Estar al día: al corriente en el conocimiento de una materia, o en el cumplimiento de una obligación.

Estar al frente: al cargo de algo, ser responsable de ello.

Estar al humo: esperando la ocasión de lograr su intento.

Estar al husmo: al olor de algo.

Estar al lado: muy cerca.

Estar al loro: atento, prestar atención.

Estar al margen: apartado de un asunto.

Estar al pairo: al acecho, en espera de una oportunidad.

Estar al paño: a la expectativa, sin intervenir en un asunto hasta el momento adecuado.

Estar al pelo: a lo justo, con exactitud y perfección.

Estar al pelo de uno: a su satisfacción, con todo desahogo.

Estar al pie: justamente al lado.

Estar al pie del cañón: no desatender ni por un momento un deber u ocupación.

Estar al plato y a las tajadas: querer abarcarlo todo al mismo tiempo.

Estar al quite, o a los quites: preparado para acudir en defensa de alguno.

Estar al riesgo: exponerse a perderse o malbaratarse una cosa.

Estar al rojo vivo: en un gran estado de excitación.

Estar al ronceo: rondar a alguien con un fin interesado.

Estar al socaire: hacerse el remolón.

Estar al tanto: estar atento.

Estar al yunque: tolerar los infortunios.

Estar alegre como unas castañuelas: ser una persona muy alegre y divertida.

Estar alerta: con vigilancia.

Estar alta: un animal hembra cuando está en celo.

Estar alumbrado: bebido.

Estar amarillo como un cirio: de ese color por encontrarse enfermo.

Estar apañado: en situación comprometida o peligrosa.

Estar apestado de algo algún paraje: haber gran abundancia de ello.

Estar aplanado: muy decaído.

Estar armado: tener el pene erecto.

Estar arreado: arruinado.

Estar asfixiado: estar sin dinero, en situación muy apurada.

Estar asomado a buena ventana: cercano a una herencia o empleo.

Estar asomado a la ventana: alumbrado, achispado.

Estar atado de pies y manos: no poder actuar con libertad por estar muy condicionado.

Estar atraillado como galgo: hallarse sujeto moralmente a otra persona.

Estar aviado: perjudicado.

Estar avispado: ser listo, activo.

Estar bailando en Belén: embobado, atontado.

Estar bajo la égida: bajo la protección, amparo o defensa.

Estar bajo la férula: sujeto a otro.

Estar bajo llave: muy bien guardado.

Estar bajo tierra: muerta o fallecida una persona.

Estar bien: de salud, riquezas, ser una persona agraciada.

Estar bien agarrado: tener influencias.

Estar bien armado: tener un hombre un pene muy grande.

Estar bien empleada una cosa: mercerla.

Estar bien gobernada la tierra: en buena sazón o templanza.

Estar bien, o mal, con alguno: tener amistad o enemistad.

Estar bien, o mal, emparentado: parentesco con casas ilustres.

Estar bien, o mal, templada la guitarra: de buen o mal humor.

Estar bien, o mal, templado: de buen o mal humor.

Estar bien, o mal, una cosa a alguno: parecer bien o mal con ella.

Estar bien parida: mujer guapa o hermosa.

Estar bien sentado: tener asegurado un empleo. Ocupar en el juego un lugar ventajoso.

Estar blanca, o nevada, la sierra: tener el cabello blanco una persona.

Estar blanco como el papel, o la pared: muy descolorido o pálido.

Estar blanco, pálido, amarillo, como la muerte: tener un mal color de cara.

Estar boca arriba y sin resuello: muerto.

Estar bomba: la mujer tener buen tipo, estar muy buena.

Estar buena: se dice de una mujer muy guapa y atractiva.

Estar cabreado: enfadado.

Estar cachas: persona fuerte o musculosa.

Estar cagado de miedo, o muerto de miedo: tenerlo en abundancia.

Estar caído: encontrarse abatido, desanimado.

Estar caliente: dícese de la persona fogosa, tener grandes apetitos sexuales.

Estar cantada una cosa: conocerse de antemano.

Estar cargado de esteras: cansado de sufrir.

Estar casado a media carta: se dice de los solteros que están amancebados.

Estar cascado: quebrantado de salud o muy cansado.

Estar catorce y la Dominga: gran cantidad de personas.

Estar chalado: trastornado, chiflado.

Estar chamuscado: dícese de la persona que está afectada por un vicio o pasión.

Estar chapado a la antigua: se dice de la persona que tiene comportamientos o pensamientos anticuados.

Estar chaveta: mal de la cabeza.

Estar chiflado: no estar bien de la cabeza.

Estar chispa: bebido.

Estar chocho: no saber lo que hace o dice una persona, por efectos de la edad o enfermedad.

Estar chorreando sangre alguna cosa: muy reciente.

Estar chungo: enfermo, con malestar corporal.

Estar chupado: se dice de lo que es muy fácil de hacer o conseguir.

Estar ciego: dícese al que no ve lo que tiene delante de los ojos.

Estar ciento y la madre: haber muchos en un lugar.

Estar cierto: tener seguridad, estar seguro.

Estar claro como el agua clara: dícese de las cosas que no necesitan explicación, por ser de fácil entendimiento.

Estar clavada una cosa: ser adecuada o proporcionada.

Estar climatérico: falto de salud.

Estar cojonudo, o cojonuda: muy bien físicamente, tener gran atractivo sexual.

Estar colgado de los cabellos: tener sobresalto esperando el fin de un suceso.

Estar colgado, o pendiente, de la boca de otro: oírle con suma atención.

Estar colgado, o pendiente, de un hilo: en gran riesgo.

Estar colorado como un pavo: avergonzado.

Estar colorado como un tomate: rojo de vergüenza.

Estar colorado como una manzana: con un buen aspecto.

Estar comido de miseria: en la mayor indigencia.

Estar comiendo, o mascando, barro: muerto y enterrado.

Estar comiendo, o mascando, tierra: enterrado.

Estar como abanico de tonta: moviéndose sin cesar.

Estar como abeja en flor: muy contento o alegre.

Estar como balas: se dice cuando algo está muy duro, principalmente los garbanzos.

Estar como boca de lobo: muy oscuro.

Estar como chico con zapatos nuevos: muy contento.

Estar como cura en los infiernos: pésimamente.

Estar como de lo vivo a lo pintado: existir entre dos cosas una gran diferencia, como de lo real a lo que no lo es.

Estar como Dios: frase irreverente, estar perfectamente bien.

Estar como Dios, en todas partes: dícese del que es muy solícito y diligente para atender muchas ocupaciones repartidas en varias partes.

Estar como el agua en un cesto: totalmente insegura.

Estar como el alma de Garibay: no hacer, ni deshacer, ni tomar partido en alguna cosa.

Estar como el canto de un duro: muy flaco o delgado.

Estar como el Metro en hora punta: se dice del lugar que está completamente lleno de gente, no cabiendo un alma más.

Estar como el naipe: se dice de la persona flaca y seca.

Estar como el palo de una escoba: muy delgado.

Estar como el pez en el agua: desenvolviéndose perfectamente.

Estar como el tío Cerrojo, jamando partidas: aplícase a la persona cauta, que, aparentando indiferencia, está siempre al acecho.

Estar como en brasas, o en brasas: en ascuas.

Estar como en cecina, o mojama: enjuto.

Estar como gallo, o gallina, en corral ajeno: persona que se encuentra avergonzada entre gente desconocida.

Estar como garbanzo en olla grande: con toda anchura.

Estar como la espada de Damocles: amenazado constantemente.

Estar como la madera: dícese de las frutas que están sin madurar, muy duras.

Estar como la palma de la mano: se dice cuando un objeto o terreno es muy llano, que no ofrece dificultad ni tropiezo alguno.

Estar como la suela de un zapato: muy duro y correoso, dícese principalmente de los filetes.

Estar como las ánimas benditas, deseando que les den: aplicándose a las personas que están esperando alguna dádiva, bien por necesidad o por costumbre.

Estar como las propias rosas: muy fragante y guapa, en plenitud de salud.

Estar como libro descuadernado: se dice de lo que está en un completo desbarajuste.

Estar como los burros en el mes de marzo: retozón y alegre.

Estar como los chorros del oro: se dice de las cosas sumamente limpias.

Estar como Mateo con la guitarra: referido a quien cuida excesivamente algo, conforme con ello.

Estar como mesón: para indicar gran concurrencia o ruido.

Estar como moro sin señor: se aplica al paraje donde hay gran confusión y desorden.

Estar como, o hecho, un tronco: hallarse privado del uso de los sentidos, a consecuencia de algún accidente. Estar profundamente dormido.

Estar como para cogido con tenacilla y guante: aplícase a la persona que no se distingue mucho por su aseo y limpieza.

Estar como para hacerle un favor: dícese de la mujer que tine una belleza exuberante y muy atractiva sexualmente.

Estar como pez en el agua: en su ambiente natural. Contento y feliz.

Estar como piojos en costura: muy juntos y apretados.

Estar como quiere: en perfecto estado.

Estar como San Alejo, debajo de la escalera: se dice de la persona que está acurrucada, escondida o metida en un sitio estrecho.

Estar como sardina en banasta o en bota: estar muy apretados.

Estar como sepultura que espera cuerpo difunto: dícese de todo lo que está vacío, como el bolsillo sin dinero.

Estar como si tal cosa: como si no hubiese pasado nada.

Estar como su madre le trajo al mundo: totalmente desnudo.

Estar como tres en un zapato: ser indigentes, estar muy apretados.

Estar como un alambre: muy delgado.

Estar como un bombón: muy guapa, muy rica, muy buena.

Estar como un botijo: dícese de la persona pequeña que está muy gorda.

Estar como un camión: dícese de la persona guapa y de buen tipo.

Estar como un cangrejo: muy rojo, principalmente por haber tomado el sol en exceso.

Estar como un cencerro: un poco loco o ido.

Estar como un chicharrón: dícese de la persona muy tostada por el sol.

Estar como un clavo: puntualmente. Delgado.

Estar como un dado: bien ajustado.

Estar como un fideo: muy delgado.

Estar como un jinjol verde: muy gallardo y alegre.

Estar como un muerto: completamente callado, sin decir absolutamente nada.

Estar como un naipe: muy manoseado. Estar muy flaco.

Estar como un oro: limpio, aseado.

Estar como un palmito: curioso y limpiamente vestido.

Estar como un palo: dícese del manjar que es duro de comer.

Estar como un patriarca: en su puesto.

Estar como un reloj: bien dispuesto, sano, ágil.

Estar como un rey: con todos los regalos y atenciones.

Estar como un roble: muy bien de salud, tener mucha fortaleza física.

Estar como un tonel: muy gordo.

Estar como un tren: ser una persona muy atractiva.

Estar como un zombi: aturdido, atontado.

Estar como una balsa de aceite: en quietud.

Estar como una brasa: muy avergonzado.

Estar como una cabra, chiva, chota, etc.: tener poco juicio.

Estar como una cepa: borracho.

Estar como una chiva, o una chota: no estar muy bien de la cabeza.

Estar como una criba, o hecho una criba: muy roto y llena de agujeros.

Estar como una cuba: completamente borracho.

Estar como una moto: en plenas facultades físicas.

Estar como una pasa: muy envejecido y arrugado.

Estar como una perra salida: se aplica a la mujer que da a entender que tiene apetitos carnales.

Estar como una piña: muy unidos.

Estar como una regadera, o cafetera: estar loco.

Estar como una rosa: de aspecto muy agradable, también de aspecto fresco y saludable.

Estar como una sopa: completamente mojado, calado.

Estar como una tabla: dícese de la mujer que tiene poco pecho y pocas formas.

Estar como una tapia: muy sordo.

Estar como una uva: bebido.

Estar como una vaca: muy gorda una persona.

Estar como unas castañuelas: muy alegre.

Estar como unas pascuas: alegre y regocijado.

Estar como vendido: desazonado en compañía de desconocidos.

Estar con: a favor.

Estar con cien ojos: vivir prevenido o receloso.

Estar con Dios, o gozar de Dios: haber muerto y gozar de la bienaventuranza.

Estar con dolores: principalmente con dolores de parto.

Estar con el agua a, o hasta, la boca, el cuello o hasta la garganta: muy apurado, en un gran aprieto o peligro.

Estar con el alma en un hilo: agitado por temor a un riesgo.

Estar con el alma en vilo: preocupado de algún riesgo.

Estar con el alma en la boca, o entre los dientes: con gran temor de morir.

Estar con el bolo colgando: desasistido en espera de acontecimientos.

Estar con el capote al brazo: preparado para intervenir en algún asunto.

Estar con el credo en la boca: modo de dar a entender el peligro que se teme o el riesgo en que se está.

Estar con el culo a las goteras: con incertidumbre en determinadas decisiones o actuaciones que a uno le afectan.

Estar con el culo al aire: en una situación difícil.

Estar con el culo prieto: con mucho temor, intranquilo.

Estar con el disco rojo: estar una mujer con la menstruación.

Estar con el dogal al cuello, o a la garganta: en gran apuro.

Estar con el hato al hombro: dispuesto a marchar.

Estar con el mes: tener una mujer la regla.

Estar con el mono: con muchísima ansiedad, principalmente por falta de consumo en la persona adicta al alcohol, drogas, nicotina, productos farmacéuticos, etc., sintiendo su falta y actuando de forma insólita.

Estar con el moño en alto: de muy mal humor.

Estar con el pie en el estribo: dispuesto a un viaje.

Estar con el San Gregorio: tener una mujer el período.

Estar con el semáforo rojo: una mujer con la regla.

Estar con el trillo en los talones: alcanzado de dinero, agobiado de trabajo.

Estar con humos de suegra: encontrarse displicente.

Estar con la antena puesta: escuchar con disimulo una conversación en la que no interviene.

Estar con la baba caída: se dice de los que se quedan boquiabiertos por cualquier cosa.

Estar con la barriga a la boca: hallarse la mujer a punto de parir.

Estar con la berza: atolondrado, despistado.

Estar con la boca a la pared, o pegada a la pared: hallarse en extrema necesidad y no tener a quien recurrir.

Estar con la boca abierta: con extrema atención.

Estar con la camisa arremangada: esperando o expuesto a un peligro.

Estar con la candela en la mano: próximo a morir el enfermo.

Estar con la cara: sin dinero.

Estar con la caraja: abobado.

Estar con la cosa: una mujer tener la regla.

Estar con la empanada: tener gran confusión.

Estar con la guasa: tener el período una mujer.

Estar con la lanza en ristre: dispuesto para acometer una empresa, para reconvenir o contestar convenientemente.

Estar con la leche en los labios: los jóvenes no tener experiencia.

Estar con la lengua en ristre: estar dispuesto para acometer una empresa.

Estar con la lengua fuera: haber realizado un trabajo o ejercicio que requiere gran esfuerzo.

Estar con la mente en blanco: sin saber reaccionar.

Estar con la mosca detrás de la oreja: sospechar, desconfiar de algo o de alguien.

Estar con la servilleta al cuello: comer en casa ajena.

Estar con la soga al cuello: en una situación de muy difícil solución.

Estar con la torta: borracho, abobado, alelado.

Estar con la tripa en la boca: a punto de parir.

Estar con las botas puestas: preparado para un viaje, preparado para otra cosa o cuestión.

Estar con las espuelas calzadas: preparado principalmente para un viaje.

Estar con las manos en el seno: ocioso.

Estar con las manos en la masa: trabajar en algo concreto.

Estar con las orejas gachas: muy avergonzado o humillado.

Estar con los angelitos: dormido.

Estar con un pie en el aire: próximo a hacer un viaje.

Estar con un pie en la huesa, o en la sepultura: próximo a morir.

Estar con una mano delante y otra atrás: sin dinero, sin recursos.

Estar contando las vigas del techo: pensando una persona en las musarañas, estar distraído.

Estar contra las cuerdas: se dice de la persona que está en situación extremadamente comprometida.

Estar corriendo, o chorreando, o manando, sangre: ser muy reciente una cosa, estar todavía fresca.

Estar cortado: cohibido, confuso, perplejo.

Estar cortado por el mismo patrón. o tijera: ser dos personas casi iguales o idénticas.

Estar cosida una cosa con hilo blanco: desdecir y no conformar una cosa con otra.

Estar cosida una cosa con hilo gordo: hecho con poca curiosidad.

Estar criado: poderse cuidar sin ayudas.

Estar criado entre algodones: dícese de las personas criadas con toda clase de regalos, estando poco acostumbradas a trabajos rudos.

Estar criando malvas: muerto.

Estar cuadrado: dícese de la persona corpulenta y fuerte.

Estar curado de espanto: no asustarse de nada.

Estar curtido: acostumbrado.

Estar dado al diablo, o a todos los demonios: irritado o enfurecido.

Estar dando las bocanadas: en la agonía o a punto de morir.

Estar de acuerdo: conforme con algo.

Estar de aparador: las mujeres compuestas para recibir visitas.

Estar de arrimón: estar largo tiempo en acecho, arrimado a alguna parte.

Estar de arroz y gallo muerto: convidado a un banquete.

Estar de asiento: estar establecido.

Estar de balde: sin hacer nada, de más.

Estar de bote en bote: donde no se cabe más.

Estar de brazos cruzados: sin hacer nada, no intervenir en el asunto que debiera.

Estar de buen año: se dice del hombre gordo o bien tratado, y de la mujer de formas exuberantes.

Estar de buen, o mal, café, gesto o aire: de buen o mal humor.

Estar de buen, o mal, talante: de buen o mal ánimo para hacer una cosa.

Estar de buen, o mal, ver: ser de aspecto agradable o desagradable. Ser guapa o fea una cosa o persona.

Estar de buena hebra: de complexión fuerte y robusta.

Estar de buena, o mala, luna: estar de buen, o mal, humor.

Estar de buten: excelente, lo mejor de su clase.

Estar de cachondeo: de chacota, burla, sorna.

Estar de camino: próximo a llegar a un sitio que ya se ha iniciado la andadura.

Estar de capa caída: gran decadencia de bienes, fortuna o salud.

Estar de cara: de llaneza.

Estar de casa: vestido con sencillez.

Estar de centinela: el soldado guardando algún puesto.

Estar de chicha: enfadado.

Estar de chirigota: de bromas, de buen humor.

Estar de chirinola: estar de fiesta o buen humor.

Estar de chunga, o de chanza: de fiesta o buen humor.

Estar de chuparse los dedos, o de caerse para atrás, o de puta madre, o de miedo, o de angustias, o de cine, o de película, o de órdago, o para echar a correr: estar una cosa muy bien, o muy mal, causar gran asombro.

Estar de cojón de fraile, o de mico, o de pato: ser una cosa de óptima calidad.

Estar de cojones, de puta madre: expresiones soeces, que indican que una cosa está muy bien, con referencia especial a la belleza femenina.

Estar de coña: bromear.

Estar de correncia: tener suelto el vientre.

Estar de cuartel: los soldados guardando las cuadras. Los oficiales estar empleados en cosas del ejército.

Estar de cuernos con alguien: estar de punta con él.

Estar de cuerpo presente: estar presente el difunto.

Estar de cuidado: gravemente enfermo.

Estar de culo: de espaldas.

Estar de Dios una cosa: cosa dispuesta por la Providencia, y por consecuencia inevitable.

Estar de encargo: la mujer cuando está embarazada.

Estar de escaparate: para que lo mire todo el mundo, compuesto.

Estar de espaldas los ángeles de dos personas: estar éstas regañadas.

Estar de esquina: desavenidos.

Estar de etiqueta: haberse enfriado las relaciones de familiaridad que existen entre dos personas.

Estar de fiesta: alegre, satisfecho.

Estar de gaita: alegre y contento.

Estar de ganancia: seguir con facilidad y buen suceso un empeño, pretensión u otra cosa.

Estar de gorja: alegre, festivo.

Estar de guardia: de servicio fuera del horario normal de trabajo.

Estar de hocicos: enfadado.

Estar de jeta: mostrar con el semblante enojo, disgusto o mal humor.

Estar de la otra banda: darse cuenta, comprender, hacerse cargo de la situación.

Estar de levante: próximo a un viaje. Levantarse por las noches por algún desarreglo del cuerpo.

Estar de luna de miel: en los primeros tiempos de un matrimonio, en los tiempos más dichosos.

Estar de mal café: enfadado.

Estar de mala data: de mal humor.

Estar de mala gana: indispuesto. De mala voluntad.

Estar de mala leche: disgustado, enfadado.

Estar de mala luna: enfadado, de mal talante.

Estar de mala uva: de mal humor.

Estar de mala vuelta: hallarse de mal humor, sin ganas de hablar ni considerar a nadie.

Estar de malas: estar desgraciado.

Estar de malas pulgas: enojada una persona, o enfadada.

Estar de manga: estar de acuerdo dos o más personas para un determinado fin.

Estar de más: estar de sobra, sin trabajo, o cuando una persona se mete donde no le llaman.

Estar de media anqueta: mal sentado, o sentado a medias.

Estar de mírame y no me toques: aludiendo a una persona susceptible, que se incomoda u ofende con facilidad.

Estar de moda: de actualidad, cuando una cosa se lleva y es aceptada por los demás.

Estar de monos: los amantes enfadados.

Estar de moño: una mujer enfadada.

Estar de morros: enfadado.

Estar de muda: callar demasiado en una conversación.

Estar de muy bien, o mal, ver: la persona que está, o no, muy guapa y arreglada.

Estar de non, o de nones: de sobra. No tener pareja o ser único.

Estar de, o en, vena: encontrarse de buen humor, ocurrente. Estar inspirado para componer.

Estar de, o en, venta: se dice cuando una mujer tiene costumbre de asomarse a la ventana para ser vista.

Estar de oferta: cuando un artículo se vende por un precio más barato que el normal.

Estar de palique: de conversación.

Estar de pánico: dícese de la persona que es muy guapa y atractiva.

Estar de parte de uno: a favor de una persona, pensar como ella.

Estar de picadillo: enfadado, con ganas de decir la causa del enfado.

Estar de pingo: de callejeo o visiteo. Estar de juerga.

Estar de plantón: parado y fijo por mucho tiempo.

Estar de por medio: mediar en algún asunto.

Estar de prisa: tener que hacer algo con urgencia.

Estar de punta con otro: reñido con él.

Estar de queda: guasa.

Estar de quinolas: vestido de diversos colores.

Estar de rechupete: de muy buen sabor, de gran calidad.

Estar de recibo: estar una señora adornada y dispuesta para recibir visitas.

Estar de reposo: descansando.

Estar de respeto: adornado para alguna ceremonia.

Estar de Rodríguez: dícese del hombre que la familia se encuentra fuera de casa, de vacaciones, el marido en ella y trabajando, pero echando de cuando en cuando, una canita al aire.

Estar de saca: de venta.

Estar de servilleta en el ojal, o prendida: invitado a comer.

Estar de sobra: de más.

Estar de tope: de vigía.

Estar de uñas: reñido con una persona, enfadado.

Estar de vacile, o vacilón: estar de bromas intentando engañar a alguien, con el fin de divertirse o reírse de él.

Estar de veinticinco alfileres: dícese de la persona bien vestida o arreglada.

Estar de venta, o en venta: la mujer muy ventanera.

Estar de ver: vistoso.

Estar de vuelta: estar enterado de antemano de algo que se le cree o puede creer ignorante. No coger de sorpresa un acontecimiento.

Estar debajo de la palamenta: sujeto a que hagan de él lo que los demás quieran.

Estar dejado de la mano de Dios: abandonado, perdido.

Estar, dejar, o poner, en jerga: haber empezado una cosa y no estar perfeccionada.

Estar del mismo palo: estar en el mismo estado o disposición que otro.

Estar del queso: sumamente distraído, alelado.

Estar desbancado: haber perdido la amistad o cariño de una persona por malas artes.

Estar descojonado: muerto de risa.

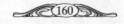

Estar descubierto: expuesto a graves cargos por no haber hecho una cosa o hacerla mal.

Estar desgraciado: desacertado.

Estar despampanante: ser una cosa muy buena o notable, por su mérito o tamaño.

Estar despendolado: desconectado de un grupo.

Estar destornillado: dícese de la persona vana, voluble y de poco seso.

Estar detrás de la cortina: esperar los sucesos resguardado.

Estar diciendo una cosa comedme: ponderación de la buena presencia de un manjar.

Estar donde Cristo pegó las tres voces, o donde Cristo perdió el gorro: en un lugar muy lejano.

Estar dos dedos de hacer, o decir alguna cosa: resuelto a hacerla o decirla.

Estar ducho: conocer a la perfección un asunto o actividad.

Estar echando bombas: estar la cosa muy caldeada.

Estar echando bombas algún aposento: con mucho calor.

Estar el asno enalbardado: hallarse agitado de ánimos.

Estar el molino picado: tener el apetito en su punto.

Estar el mundo al revés: andar todo dando la vuelta, suceder las cosas al contrario de lo que es normal.

Estar embalado: ardiente, salido.

Estar embargado para palacio: excusa para hacer una cosa por suponer ocupación precisa.

Estar empalmado: excitado sexualmente, con el pene erecto.

Estar empollado: saberse bien una lección o asignatura.

Estar en alguna cosa: entenderla o creerla.

Estar en antecedentes: tener conocimiento de lo que ocurre.

Estar en antena: hablando directamente por radio.

Estar en arábigo: ser de muy difícil comprensión una cosa.

Estar en armas: inquieto.

Estar en artillero: ocupar un puesto o dignidad, o empleo de importancia.

Estar en ascuas: impaciente, molesto.

Estar en astillero, o candelero: en dignidad o empleo autorizado.

Estar en autos, o en los autos: enterado.

Estar en ayunas: desconocer algo.

Estar en Babia: distraído.

Estar en baja: en decadencia.

Estar en balanza, o en balanzas: en peligro, sin seguridad ni firmeza.

Estar en banda: lo que pende en el aire moviéndose.

Estar en bandeja: estar de moda.

Estar en baranda: ponderar excesivamente alguna cosa.

Estar en barras: tener su pretensión, negocio o dependencia en buen estado.

Estar en berlina: atraer sobre sí la atención de la multitud.

Estar en blanco: sin nada o quedarse sin conocimientos.

Estar en boca de la gente: hablando más de lo habitual de una persona.

Estar en boga: usarse mucho, de moda.

Estar en bragas: sin dinero.

Estar en brasas: con gran desasosiego.

Estar en brazos de Morfeo: durmiendo plácidamente.

Estar en brecha: dispuesto a todo.

Estar en buen uso: no estar estropeado lo ya usado.

Estar en buenas manos: ser capaz de hacer bien una cosa.

Estar en "ca" García: defecando.

Estar en cadena: en la cárcel. Trabajando en esta circunstancia en las fábricas con procesos de fabricación.

Estar en calzas y jubón: se dice de las cosas que están incompletas.

Estar en cama: acostado por indisposición.

Estar en camisa: en paños menores.

Estar en candelero: figurar en primera línea, en sociedad o en política.

Estar en capilla: reo dispuesto a la muerte. Próximo a la ejecución de una cosa.

Estar en carne viva: se dice cuando se produce una herida y se ve la carne directamente.

Estar en carne y hueso: presente en ese momento.

Estar en carrera: empezar a servir en algún destino o profesión.

Estar en carrera de salvación: las almas del purgatorio.

Estar en ciernes: muy al principio.

Estar en compromiso: en duda cosa que parecía clara.

Estar en condiciones: en forma, a punto.

Estar en coretas: desnudo.

Estar en cuadro: con pocos medios.

Estar en cueros, o en cueros vivos: completamente desnudo.

Estar en cuerpo y alma: fatalmente, sin dejar nada.

Estar en culo: en paños menores.

Estar en descubierto: deber dinero en cuenta bancaria.

Estar en días de parir: la mujer cercana al parto.

Estar en dique seco: llevar mucho tiempo sien hacer, o no poder hacer nada.

Estar en disposición: hallarse en aptitud para algo.

Estar en el aire: estar según los medios audivisuales en onda. Hallarse en mala situación.

Estar en el ajo: enterado de un asunto.

Estar en el alero: en situación de indecisión.

Estar en el cuento: bien informado de una cosa.

Estar en el culo del mundo: en un lugar muy lejano, que no es conocido.

Estar en el embocadero: próximo a conseguir un empleo, dignidad, etc.

Estar en el limbo: distraído, alelado, embobado.

Estar en el quinto coño: en un lugar muy lejano.

Estar en embrión: en su principio.

Estar en falta: no haber cumplido con ciertas personas adecuadamente, contestar a alguna de ellas con reconvención.

Estar en favor: tener gran poder con una persona.

Estar en filas: cumpliendo el servicio militar.

Estar en flor: falto de madurez.

Estar en forma: en buena forma física.

Estar en edad: tener los años suficientes para hacer algo.

Estar en el aire: pendiente de una decisión ajena.

Estar en el ajo: conocer, o haber participado en un asunto preocupante o enojoso.

Estar en el banco de la paciencia: aguantando o sufriendo alguna molestia grave.

Estar en el chasis: dícese de la persona que está muy delgada.

Estar en el cristus: muy al principio de un arte o ciencia.

Estar en el cuento: bien informado.

Estar en el estado de inocencia: no tener picardía.

Estar en el estribo: a punto de realizar una cosa.

Estar en el fiel de la balanza: en igualdad.

Estar en el golpe: caer en la cuenta.

Estar en el limbo: distraído, alelado.

Estar en el mismo palo: en el mismo estado o disposición que otro.

Estar en el papo del buitre una cosa: cuando se tiene una cosa, que no se soltará, siendo difícil recobrarla.

Estar en el pellejo: en los huesos, muy delgado.

Estar en el pellejo de otro: ponerse en sus circunstancias.

Estar en el quinto pino; o en las Chimbambas, o en la Cochinchina, en el quinto carajo, o en el quinto infierno: muy lejos.

Estar en el séptimo cielo: con la máxima felicidad, muy a gusto.

Estar en embrión: al principio sin la perfección debida.

Estar en escena: estar en ella el actor.

Estar en espera: observando y esperando alguna cosa.

Estar en espinas: con cuidado y zozobra.

Estar en esquina dos o más personas: desavenidas.

Estar en estado de buena esperanza, interesante, o de merecer: estar una mujer embarazada.

Estar en favor: poder mucho con alguna persona.

Estar en filo, o en un filo: se denota la igualdad en que se hallan algunas cosas.

Estar en forma: en plenas facultades.

Estar en franquía: géneros dispuesto a salir del puerto.

Estar en Gilena: dícese del borracho.

Estar en gracia: sin pecado.

Estar en guardia: prevenido.

Estar en guerra: en pugna, en lucha o en posición.

Estar en habla: en disposición de hacer algún negocio o concertar algún asunto.

Estar en Jauja: embobado, alelado.

Estar en jerga: haber empezado y no terminado una cosa.

Estar en jolito: quedarse chasqueado.

Estar en juego: cuando se puede malograr algún asunto.

Estar en la brecha: en el lugar que se debe estar.

Estar en la cresta de la ola: de moda o en una situación de evidencia.

Estar en la cuerda floja: cuando se procede o discurre con vacilación y entre dificultades.

Estar en la edad del pavo: se dice de los adolescentes cuando pasan por esa edad y actúan de forma poco consecuente, siendo rebeldes, díscolos y sobre todo contestatarios.

Estar en la enfermería: enfermo en ese departamento. Dícese del objeto que está en casa del artífice para componerse.

Estar en la época de las vacas flacas, o gordas: pasar una temporada de sufrimientos y penurias, o de beneficios y bienestar.

Estar en la espina, o en la espina de Santa Lucía: muy flaco y extenuado.

Estar en la flor de la vida: en la juventud, en los mejores años de la vida de una persona.

Estar en la gloria: muy contento y gozoso.

Estar en la higuera: en Babia, en la inopia.

Estar en la inopia: pensando en otra cosa que en la que hay que pensar, estar distraído. Carecer de medios económicos.

Estar en la lista: figurar su nombre en una, para el fin con que se ha hecho.

Estar en la lista negra: caer mal a una persona, ser enemigo de ella.

Estar en la luna: distraído, sin prestar atención.

Estar en la luna de miel: gozar de los primeros tiempos del matrimonio.

Estar en la mano alguna cosa: ser fácil, obvia.

Estar en la onda de: estar en la línea de.

Estar en la onda, o en la órbita: al día.

Estar en la pelleja, o pellejo, de otro: en las mismas circunstancias o situación moral que otro.

Estar en la picota: estar, o poner, en evidencia.

Estar en la quinta puñeta: en un lugar muy lejano.

Estar en la sombra: en segundo término, esperando la ocasión propicia.

Estar en las Batuecas: distraído y ajeno a cuanto a uno le rodea.

Estar en las guías: excesivamente delgado.

Estar en las nubes: con la mente en otro lugar, pensar en cosas inalcanzables.

Estar en las tabas: muy delgado.

Estar en las últimas: próximo a la muerte.

Estar en leche: dícese de todo lo que se está formando, en sus principios.

Estar en lo firme: en lo cierto.

Estar en los ápices: conocer una cosa a la perfección, hasta sus menores detalles.

Estar en los huesos: sumamente delgado.

Estar en mano de uno: depender de su elección.

Estar en mantillas: poco adelantado y en los principios.

Estar en marcha: en movimiento.

Estar en medio como el jueves, otros dicen el miércoles: frase que se dice al que está molestando, por encontrarse en medio de lo que se está haciendo, o de las personas que están hablando.

Estar en misa y repicando: como estar al plato y a las tajadas.

Estar en muda: callar demasiado en una conversación.

Estar en oferta: un artículo a un precio más bajo.

Estar en orsay: fuera de lugar, desplazado.

Estar en pañales: tener muy poco conocimiento de una cosa.

Estar en paños menores: en ropa interior.

Estar en papo de buitre: dícese del que ha caído en poder de otro, y ser difícil recobrar la libertad.

Estar en paz: no perder ni ganar en el juego. Desquitado en acciones o palabras con otro. Dícese de la

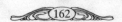

igualdad de cuentas cuando se paga enteramente la deuda o alcance.

Estar en pecado: estar sumamente desazonado con un sujeto o especie. Haberlo cometido.

Estar en pelotas, o en pelota viva: desnudo.

Estar en perchas: estar asido y asegurado lo que se deseaba coger y asegurar.

Estar en pie: permanecer, durar o existir.

Estar en pie una cosa: permanecer, durar, existir, tener que ejecutar lo que se ha dicho u ofrecido.

Estar en plan: dispuesto, en actitud de.

Estar en porreta: desnudo.

Estar en primera fila: en lugar destacado tanto para el ataque de una fuerza, como para ser visto por los demás y que se fijen en uno.

Estar en punto de solfa: hecho con arte y regla.

Estar en rodaje: se dice del coche nuevo, también de una pareja recién casada que necesitan de un tiempo para acoplarse mutuamente.

Estar en solfa: hecho un, hecho con arte, regla o acierto. Estar hecho un escrito de manera inteligible.

Estar en su acuerdo, o fuera de él: estar, o no, en su sano juicio o sentido.

Estar en su cabal juicio: con total conocimiento.

Estar en su centro: contento en algún lugar o empleo.

Estar en su elemento: en la situación más cómoda o más adaptada a una persona.

Estar en su juicio, o en su sano juicio: totalmente cuerdo y consecuente con sus actos.

Estar en su lugar: cumpliendo con su cometido.

Estar en su punto: en el momento propicio, oportuno.

Estar en sus cabales, o no: en su sano juicio.

Estar en sus glorias: hacer una cosa con gusto.

Estar en sus propios términos: en pleno y soberano dominio.

Estar en tabletas una cosa: en duda su logro.

Estar en tal rodilla con otro: tener tal o cual grado de parentesco con ella.

Estar en tanganillas: vacilante una cosa o a punto de caer.

Estar en tenguerrengue: algo indeciso, vacilante.

Estar en toda regla: en forma correcta, como es debido.

Estar en todo: atender a un tiempo muchas cosas.

Estar en tres pies: tener el pene erecto.

Estar en un atolladero: en situación comprometida o difícil.

Estar en un brete: en una dificultad.

Estar en un grito: quejarse por efecto de un dolor agudo e incesante.

Estar en un mar de confusiones: muy perplejo.

Estar en un pelo: estar a punto.

Estar en un potro: muy apurado, sin saber qué hacer.

Estar en un tris: estar a punto de.

Estar en vena: tener ingenio para hacer algo o componer versos.

Estar en vía muerta: interrumpido un asunto, sin vías de solucionarse.

Estar en vías: en trámite, en proceso.

Estar en vilo: intranquilo, preocupado, suspendido en el aire.

Estar enamorado como un borrico: dícese del que lo está ciegamente.

Estar enamorado de las once mil vírgenes: significa amar a todas las mujeres.

Estar enamorado hasta los hígados: hallarse dominado por la pasión amorosa.

Estar encantado: muy contento, ilusionado, muy a gusto.

Estar enchulada: dependiente de su rufián.

Estar encima: vigilar con atención, atender con sumo cuidado.

Estar encoñado: dícese de un hombre muy poseído por una mujer.

Estar enfrentado: enemistado.

Estar entre cuatro paredes: encerrado en un lugar, sin salir a la calle.

Estar entre cuatro velas: se dice del difunto cuando se le está velando.

Estar entre dos aguas: en dudas de actuación.

Estar entre dos fuegos: estar colocado en dos peligros extremos.

Estar entre dos luces: no hallarse completamente sereno por haberse excedido en la bebida.

Estar entre la cruz y al agua bendita: en peligro.

Estar entre la espada y la pared: en una situación de difícil salida.

Estar entre los cuernos del toro: en situación comprometida.

Estar entre merced y señorío: se dice cuando una cosa no es sobresaliente o despreciable.

Estar entre Pinto y Valdemoro: medio borracho. Hallarse indeciso sin saber qué hacer.

Estar erre, o hacer erres, o tropezar en las erres: bebido.

Estar erre que erre: permanecer con cabezonería.

Estar escogiendo como verdolaga en huerta: buscar alguna cosa con sumo cuidado y diligencia.

Estar escrito: dispuesto por el destino.

Estar esperando que caiga el maná del cielo: esperar a que acontezca una cosa, pero sin hacer nada para ello.

Estar estreñido: tener dificultad para evacuar el vientre.

Estar expuesta como muñeca en escaparate: dícese de la mujer que está continuamente engalanada para ser vista.

Estar falto, o fuera de jucio: loco.

Estar forrado: abundancia de bienes de alguna persona.

Estar fresco: tener pocas esperanzas.

Estar frito: dormido.

Estar fuera de cuentas: haber cumplido los nueve meses la mujer que está embarazada.

Estar fuera de Dios: obrar disparatadamente.

Estar fuera de juicio, o de quicio: padecer la enfermedad de la locura o de la manía.

Estar fuera de lugar: inoportuno.

Estar fuera de sí: enajenado.

Estar giñado: muerto de miedo, haberse hecho una persona sus necesidades encima.

Estar gorda una mujer: embarazada.

Estar gordo como un sollo: muy obesa una persona.

Estar haciendo bodoques: comiendo o mascando tierra.

Estar haciendo calcetas: tiritando o temblando de frío.

Estar harto: hallarse cansado de alguna cosa, o de alguna persona, por lo mucho que cansa o molesta.

Estar harto de coles: cansado de sufrir impertinencias o molestias.

Estar hasta el coco, o la cocorota: harto de alguien.

Estar hasta el gollete: cansado y harto de sufrir. Haber comido mucho.

Estar hasta el gorro: harto de una cosa.

Estar hasta el mismísimo carajo: muy harto de algo.

Estar hasta el mismísimo coño: muy harto.

Estar hasta el moño: harto de algo o de alguien.

Estar hasta la bandera: un lugar completamente lleno.

Estar hasta la coronilla: no tener más paciencia, estar harto de aguantar. Muy agobiado por el trabajo.

Estar hasta la punta de los pelos: muy cansado de alguien o de algo.

Estar hasta las bolas: muy harto o cansado de algo.

Estar hasta las cejas: muy cansado de algo o de alguien.

Estar hasta las narices: tener un gran hartazgo.

Estar hasta las tetas: dicho grosero que indica que una persona está muy cansada o harta de algo.

Estar hasta los huevos, o los mismísimos huevos: hasta la coronilla.

Estar hasta los mismísimos cojones, o los mismísimos: muy cansado, haber sufrido en demasía.

Estar hasta los ovarios: una mujer muy cansada o harta de algo.

Estar hasta los pelos, o hasta la punta de los pelos: harto o cansado de una persona o asunto.

Estar hasta los topes: tener una persona hartura de algo. Estar un lugar completamente lleno.

Estar hasta más arriba de la aureola: harto de algo.

Estar hecha una Magdalena: llorosa y desconsolada.

Estar hecho a la hiel: ponderación de la irritación o cólera de una persona.

Estar hecho a machamartillo: construido a conciencia, de mucha consistencia o aguante.

Estar hecho agua: empapado de sudor.

Estar hecho brasa: muy encendido el rostro.

Estar hecho cisco, o trizas, o una mierda, o unos zorros: muy cansado, agotado, herido, etc.

Estar hecho con los pies: estar algo muy mal hecho.

Estar hecho de pasta de almendra: dícese de la buena persona.

Estar hecho de sal: ser gracioso o alegre, tener buen humor.

Estar hecho en pecado: significa del mal éxito de una cosa.

Estar hecho fosfatina: muy cansado.

Estar hecho las treinta monedas, o dineros: hallarse furioso y desesperado.

Estar hecho migas: muy cansado o destrozado.

Estar hecho, o parecer, una ascua de oro: brillar, lucir o resplandecer mucho.

Estar hecho, o parecer, un Judas: tener roto el vestido, ser un desaseado.

Estar hecho papilla, o puré: padecer un grave daño físico o moral.

Estar hecho pedazos: muy cansado, maltrecho.

Estar hecho polvo: muy cansado, agotado.

Estar hecho un Adán: hombre dejado, sucio o haraposo.

Estar hecho un abril: dícese de la persona muy arreglada y guapa.

Estar hecho un adefesio: persona extravagante, mal vestida, con adornos que llaman la atención, ridículos.

Estar hecho un almíbar: mostrarse sumamente cariñoso.

Estar hecho un alquitrán, o alquitranado: dícese de la persona extremadamente fogosa.

Estar hecho un asco: estar muy sucio, ir mal vestido.

Estar hecho un azacán: dícese de la persona fuerte y ágil.

Estar hecho un baladí: dícese de la persona falsa o engañosa.

Estar hecho un basilisco: estar encolerizado.

Estar hecho un boliche: aplícase a las personas regordetas y de buen color.

Estar hecho un brazo de mar: dícese de la persona que está muy arreglada.

Estar hecho un bronce: ser insensible, muy fuerte.

Estar hecho un cachas: dícese del hombre con gran musculatura, y de muy buen ver.

Estar hecho un carámbano: helado de frío.

Estar hecho un cascajo: decrépito, o quebrantado.

Estar hecho un cebón: dícese de los niños rollizos.

Estar hecho un cesto: estar poseído del sueño, o de la embriaguez.

Estar hecho un cielo: adornado, ser muy bonito.

Estar hecho un costal de huesos: muy flaco.

Estar hecho un cuero: borracho.

Estar hecho un eccehomo: hallarse ensagrentado, hecho una lástima.

Estar hecho un emplasto: muy delicado y falto de fuerzas.

Estar hecho un esqueleto: estar una persona muy delgada.

Estar hecho un flan: temblar por causa del miedo, estar hecho un manojo de nervios.

Estar hecho un fuego: demasiado acalorado por exceso de una pasión.

Estar hecho un guiñapo: con muchas heridas, sin fuerzas.

Estar hecho un harapo: llevar muy roto el vestido.

Estar hecho un hielo: estar, o ser, muy frío.

Estar hecho un higo: muy blando, estropeado.

Estar hecho un horno: muy caldeado un local. Estar muy apasionada una persona.

Estar hecho un hospital: padecer muchos achaques. Dícese de la casa en la que se juntan al mismo tiempo muchos enfermos.

Estar hecho un Judas: mal vestido, andrajoso, desharrapado.

Estar hecho un Lázaro, o un San Lázaro: se dice de la persona pobre, que anda con andrajos, y más comúnmente la persona que tiene llagas o úlceras en su cuerpo.

Estar hecho un manojo de nervios: muy nervioso.

Estar hecho un mar de lágrimas: llorar con gran desconsuelo.

Estar hecho un mazacote: se dice de lo que es molesto, pesado o indigesto en su conversación o en sus escritos.

Estar hecho un morillo: con la tez muy oscura, tiznada, negra.

Estar hecho un mozo: se dice del niño que llega a la pubertad.

Estar hecho un mulo: muy fuerte y robusto.

Estar hecho un nazareno: dícese de la persona lacerada o afligida.

Estar hecho un hornero: tener muchas heridas.

Estar hecho un palo: muy delgado y tieso.

Estar hecho un papamoscas, o un papanatas: con la boca abierta como los bobos.

Estar hecho un pato, un pato de agua: muy mojado o sudado.

Estar hecho un pecado: con que se significa el mal éxito de una cosa o el efecto contrario al que se pretendía.

Estar hecho un pellejo: ebrio.

Estar hecho un perro de cortijo: no gozar de libertad, por estar atendiendo constantemente algún trabajo u ocupación.

Estar hecho un pingo: ir una persona mal vestida.

Estar hecho un pollo de agua: lleno de sudor.

Estar hecho un rollo de manteca: se emplea para indicar que una persona está muy gorda.

Estar hecho un toro, un tigre, un león, una fiera: tener mucha resistencia física, buena salud.

Estar hecho un toro de fuego: hallarse muy furioso.

Estar hecho un trapo: en malas condiciones físicas.

Estar hecho un tronco: profundamente dormido. Hallarse privado del uso de los sentidos a causa de un accidente.

Estar hecho un veneno: manifestar ira o resentimiento.

Estar hecho un Vesubio: hecho un horno.

Estar hecho un volcán: hecho un horno.

Estar hecho un zaque: bebido.

Estar hecho un zarandillo: constantemente de un lugar para otro.

Estar hecho una balsa de aceite: se dice donde reina gran tranquilidad y sosiego.

Estar hecho una bestia: con gran fortaleza física.

Estar hecho una birria: vestir de forma desastrosa.

Estar hecho una botija: se dice del niño que se enoja y llora. Persona obesa en extremo.

Estar hecho una braga: muy cansado, agotado.

Estar hecho una caca: muy estropeado, desfigurado.

Estar hecho una carraca: muy enfermo o viejo.

Estar hecho una criba: destrozado y lleno de agujeros.

Estar hecho una equis: se dice del que está borracho.

Estar hecho una facha: mal vestido, sin arreglarse y componerse.

Estar hecho una fiera: aplícase a la persona muy trabajadora, estudiosa o inteligente.

Estar hecho una furia: muy enfadado, manifestándolo con palabras y obras.

Estar hecho una lástima: con heridas.

Estar hecho una lía: poseído del vino.

Estar hecho una manteca: suavidad exquisita de algunos manjares.

Estar hecho una mierda: muy cansado.

Estar hecho una odrina: estar lleno de enfermedades y llagas como el cuero de botanas.

Estar hecho una pasa: estar o volverse una persona muy seca de cuerpo y agradable de rostro; dícese de la persona anciana que tiene la cara llena de arrugas.

Estar hecho una pavesa: extenuado y débil.

Estar hecho una pella: revuelto, mezclado, apretado.

Estar hecho una pelota: se dice de la persona o animal que tiene buenas carnes. El que está hecho un ovillo.

Estar hecho una pepla: tener molestia, enfermedad de poca importancia, tener muchos achaques.

Estar hecho una rosca: dícese de la persona que está tumbada y enrollada en sí misma.

Estar hecho una ruina: dícese del que tiene un estado de salud muy deplorable.

Estar hecho una uva, o más borracho que una uva: embriagado.

Estar hecho una zaranda: llena de agujeros, como una criba.

Estar hecho una zarpa: una persona completamente cubierta de lodo.

Estar hecho unas brasas: muy encendido de rostro.

Estar hecho unos zorros: muy cansado o deteriorado físicamente.

Estar hombro con hombro: codearse.

Estar ido: no estar centrado en algún asunto, estar loco.

Estar inflado como una pelota: persona o cosa hinchada.

Estar inflado como una vejiga: hinchado.

Estar jamón: muy bien, de magnífico aspecto físico.

Estar jamona: aplícase a la mujer que ha pasado su juventud, especialmente cuando ha perdido sus bellas formas y se pone gruesa.

Estar jodido: fastidiado, molesto o enfadado, estropeado o roto.

Estar la casa patas arriba: en el mayor desorden.

Estar la cosa que arde: estar una situación muy tensa, o existir una disputa muy fuerte.

Estar la cosecha alabando a Dios: ser excelente.

Estar la cuca armada: comenzar a caldearse los ánimos.

Estar la cuerda tirante: llevar las cosas con rigor.

Estar la pelota en el tejado: ser una cosa dudosa.

Estar la razón de su parte: tener razón.

Estar la suerte echada: tener ya predeterminado el destino una persona.

Estar la vida muy "achuchá": se dice cuando la vida está muy cara, y se hace difícil la subsistencia.

Estar lanza en ristre: preparado para iniciar algo.

Estar liado: con ideas confusas. Tener relaciones sexuales habituales y estables fuera del matrimonio.

Estar "lili": licenciado del servicio militar.

Estar limpio: no tener antecedentes penales.

Estar lisiado: con defecto físico.

Estar lisa: dícese despectivamente de la mujer de senos pequeños.

Estar listo: preparado para que suceda algo, actuar de cierta manera, estar acabado.

Estar lleno de alifafes: padecer achaques o enfermedades habitualmente.

Estar llorando como una Magdalena: desconsoladamente.

Estar loca por la música: se dice de una mujer fácil o lujuriosa.

Estar loco: no encontrarse en estado normal.

Estar loco de atar, o loco perdido: estar muy loco.

Estar loco de contento: muy alegre.

Estar loco de remate: totalmente trastornado.

Estar macizo, o maciza: se dice de la persona con buena figura y exuberante.

Estar majareta: algo trastornado.

Estar mal con alguno: enemistado con él.

Estar mal con su dinero: aventurarlo en alguna empresa descabellada.

Estar mal de la azotea, o de la chaveta: mal de la cabeza.

Estar mal del coco: mal de la cabeza.

Estar mal del quinto piso: estar mal de la cabeza.

Estar mal del tarro: ido, loco.

Estar mal guisado: la comida mal hecha. Disgustado.

Estar mala: tener la regla una mujer.

Estar mamado: borracho.

Estar manga por hombro: estar una cosa en completo desorden.

Estar mano sobre mano: sin hacer nada. Ocioso.

Estar más aburrido que un hongo: solo y sin tener con quien hablar y entretenerse.

Estar más aburrido que un jubilado sin televisión: padecer con continuidad aburrimiento.

Estar más alegre, o contento, que un pandero: aplícase a las personas de carácter risueño, que siempre están contentas.

Estar más alegre, o contento, que unas castañuelas: tener gran alegría.

Estar más alegre, o contento, que unas Pascuas: tener una alegría por algún acontecimiento especial.

Estar más alto que el "Inri": hallarse en un paraje muy elevado, o en una posición o categoría muy alta.

Estar más alto que una picota: se dice de la persona que ocupa una posición elevada, teniendo un puesto muy alto.

Estar más ancho que una alcachofa: estar sumamente satisfecho u orgulloso.

Estar más apretados que piojos en costura: muy juntos.

Estar más apretados que sardinas en lata, o banasta: no tener espacio para revolverse.

Estar más arrugado que un churro mojado en café: tener grandes arrugas, ser muy viejo.

Estar más avergonzado que una abubilla sin moño: sentir gran vergüenza.

Estar más blanco que la pared: después de un susto o disgusto quedarse muy pálido. Ser una persona muy blanca.

Estar más borracho que un cosaco: estar muy bebido.

Estar más borracho que un cuero: padecer beodez continua.

Estar más borracho que una cuba: estar siempre bebido.

Estar más buena que el pan: una mujer que está de muy buen ver y es muy atractiva.

Estar más callado que un muerto: no abrir para nada la boca.

Estar más cansado que un rano: ser monótono y pesado como el canto de estos animales.

Estar más chupado que la pipa de un indio: ser una cosa facilísima.

Estar más chupado que la punta de un lápiz: estar relamido.

Estar más colorado que un pimiento: haberse sofocado.

Estar más colorado que un tomate: habérsele subido los colores.

Estar más contento que chiquillo con zapatos nuevos: demostrar gran alegría.

Estar más contento que un enano en una capea, o en los toboganes: tener una gran alegría.

Estar más contento que un marica con lombrices, o en un campo de nabos: estar contento por las circunstancias.

Estar más contento que un perro con pulgas: irónicamente.

Estar más contento que un tonto con una tiza: tener una gran alegría.

Estar más contento que unas pascuas: muy alegre.

Estar más corrido que un toro: tener gran pesar y desazón.

Estar más corrido que una mona: tener gran desazón.

Estar más delgado que una espátula: ser una persona muy delgada.

Estar más despistado que un ciego en una discoteca, o en un cineclub: tener un despiste total.

Estar más despistado que un negro en el Polo Norte: padecer un gran despiste.

Estar más despistado que un perro en misa: tener un gran despiste.

Estar más despistado que un pulpo en un garaje: no saber donde se está.

Estar más despitado que una chiva en un garaje: estar muy despistado.

Estar más dormido que un leño: dícese del que no se despierta aunque se le zarandee, que está profundamente dormido.

Estar más empachado que gallina con dos pollos: dícese de la persona perpleja, que no sabe qué hacer.

Estar más enamorado que Macías: estar muy enamorado.

Estar más enamorado que un cadete: locamente enamorado, como dan los primeros amores.

Estar más enamorado que un portugués: padecer un gran amor.

Estar más encendido que una amapola: estar arrebolado.

Estar más flaco que el silbido de un gitano: estar sumamente delgado.

Estar más flaco que una espátula: de gran delgadez.

Estar más fresco que una lechuga (en el mes de enero): no tener cansancio y dispuesto a empezar de nuevo el trabajo.

Estar más frío que la nieve: punto de comparación para indicar el grado de frialdad de una persona.

Estar más fuerte que un castillo: de gran fortaleza.

Estar más fuerte que un rayo: con gran fuerza física.

Estar más fuerte que un roble: ser muy fortachón.

Estar más fuerte que un trinquete: estar fuerte, disfrutar de buena salud.

Estar más hueco que un capazo boca abajo: completamente satisfecho.

Estar más hueco que una tinaja: no tener nada dentro.

Estar más jodido que un jubilado sin pensión: padecer grandes desgracias.

Estar más liado que Abigail: culebrón de la televisión, en el que a la protagonista le acontecían todas las peripecias y vicisitudes del mundo.

Estar más liado que el moño de una loca: expresión de una cosa complicada.

Estar más liado que el testamento de una loca: tener una cosa una complicación suma.

Estar más liado que la pata de un romano: cosa de difícil solución por lo complicada y liada que está.

Estar más liado que una persiana: muy embrollado.

Estar más limpio que los chorros del oro: tener una gran limpieza.

Estar más limpio que una patena: sumamente reluciente.

Estar más lisa que la espalda de una guitarra: tener muy poca delantera una mujer.

Estar más lisa que la tabla de lavar: tener una mujer poco pecho.

Estar más loco que las cabras de Heidi: muy loco.

Estar más loco que un cencerro: padecer gran locura.

Estar más loco que una cabra, una chiva o una chota: muy loco.

Estar más manoseada que las hojas del canon: ajada y deslucida por el uso. Aplicándose a las mujeres, se dice desfavorablemente de las fáciles y resultonas.

Estar más manoseado, o manoseada, que las pesetas: una cosa o persona que ha pasado de mano en mano con cierta habitualidad.

Estar más mimado que el gatito de una solterona: ser una persona muy mimada y querida.

Estar más molido que la canela: estar muy cansado.

Estar más molido que la pimienta: tener gran cansancio.

Estar más muerto que vivo: con mucho miedo.

Estar más negro que el hollín: estar muy negro o sucio.

Estar más negro que los cojones de un grillo: se dice de la negrura o suciedad máxima.

Estar más orgulloso que un ocho: muy ufano y orgulloso.

Estar más parado que el caballo de un fotógrafo: dícese de lo que apenas tiene movimiento, generalmente por vaguería.

Estar más pegado que un sello: tener pocos medios o conocimientos.

Estar más pegado que una lapa: tener pocos medios. Muy junto a una persona.

Estar más perdido que Carracuca: denota la situación angustiosa y precaria en que se encuentra una persona.

Estar más perdido que el Santo Dios: antiguamente, los labradores al comenzar y terminar las labores del campo cantaban el Santo Dios; como se ha perdido, ésta es la razón de la frase.

Estar más pobre que puta en cuaresma: el sentido literal hoy día es válido; el real no lo es tanto.

Estar más prieta que los tornillos de un submarino: estar prieto de carnes, o una cosa muy apretada.

Estar más redondo que un tonel: ser muy grueso, gordo.

Estar más salado que un ripio: dícese de lo que está excesivamente salado.

Estar más seco que el ojo de un tuerto: se dice de las cosas secas en extremo.

Estar más seco que una pasa: tener muy poca carne y grasa.

Estar más serio que un ocho: tener aspecto muy serio.

Estar más serio que un puesto de ajos: ser muy serio.

Estar más sobada que un misal viejo: dícese de la mujer que ha andado con muchos hombres.

Estar más solo que la una: completamente abandonado de todos.

Estar más solo que las ratas: sin ninguna compañía.

Estar más solo que un hongo: completamente solo.

Estar más sonado que las maracas de Machín: muy loco.

Estar más sordo que una tapia: no oír absolutamente nada.

Estar más suave que un guante: se dice de la persona modosa, que ha sido recriminada.

Estar más suave que una malva: muy comedida una persona.

Estar más sucio que el palo de un churrero: tener mucha suciedad, lleno de grasa.

Estar más sucio que el palo de un gallinero: tener suciedad acumulada.

Estar más sucio que las orejas de un confesor: por los pecados que oye.

Estar más tieso que la pata de Perico: dícese de las cosas que están muy duras.

Estar más tieso que polla de novio: derecho en extremo.

Estar más tieso que un ajo: sumamente derecho.

Estar más tieso que un palo, que un garrote o que una tranca: dícese del objeto que, al secarse, ha quedado muy duro o muy tirante.

Estar más tieso que una escoba: ir muy derecho.

Estar más tieso que una estaca: puesto muy derecho.

Estar más tieso que una llave: muy derecho.

Estar más tieso que una vela: de acciones derechas.

Estar más tocado que un salchichón: haber sido manoseada una cosa en gran medida.

Estar más tranquilo que Sánchez Dragó insultando al personal: muy tranquilo.

Estar más vacío que una cerveza después de una fiesta: expresión de gran vacío.

Estar más verde que un perejil: sin madurar.

Estar más verde que una lechuga: sin formarse totalmente.

Estar más visto que mear para adelante: dícese de lo que carece de novedad u originalidad.

Estar más visto que el tebeo: ser una persona muy conocida.

Estar más volteada que las aguas del Ebro: se dice de la mujer facilona.

Estar más zumbado que el pandero de un indio: tener locura.

Estar más zumbado que las maracas de Machín: estar ido.

Estar más zumbado que una abeja en un calcetín: padecer gran atontamiento.

Estar más zumbado que una pandereta: muy loco.

Estar mascando barro: enterrado.

Estar medio muerto: muy cansado, o en esa situación.

Estar menos ambientado que un cerdo en una catedral: no encontrarse en su lugar, muy poco ambientado o acostumbrado.

Estar metido en el ajo: dícese de las personas comprometidas o responsables de algo.

Estar metido en harina: comprometido con alguna cosa. El pan que está mal esponjado.

Estar metido en un avispero: traer entre manos algún asunto muy enredado.

Estar metido en un berenjenal: en situación apurada y comprometida.

Estar metido hasta las cachas: implicado en un asunto que generalmente no es bueno.

Estar metido hasta los codos: muy empeñado o interesado en una cosa, comprometido con ella.

Estar metido hasta los cojones: metido de lleno.

Estar mirando a la cara: poner sumo esmero en complacer a alguien.

Estar mochales: loco, chiflado.

Estar molido: cuando una persona está cansada.

Estar molido como la canela, o como cibera: muy cansado o quebrantado.

Estar montado a la antigua: dícese de la persona que sigue las costumbres de tiempos pasados.

Estar montado en el dólar: tener una persona mucho dinero.

Estar mosca: recelar una persona de otra.

Estar mosqueado: estar molesto o enfadado.

Estar mudo: no hablar en la conversación.

Estar muerto de risa: hacerse el fuerte para no reír.

Estar muerto por alguna cosa o persona: amarla o desearla.

Estar muy ancho: engreído.

Estar muy apretado: en gran riesgo.

Estar muy bien, o muy bueno o buena: con gran atractivo físico.

Estar muy casera: estar una mujer con el traje de casa y sin adornos.

Estar muy fuerte: estar gordo.

Estar muy fuerte en algo: tener mucho conocimiento de ello.

Estar muy metido con una persona: tener intimidad grande con ella.

Estar muy metido en una cosa: comprometido con ella en su logro y consecución.

Estar muy sobada: dícese de la mujer fácil o liviana.

Estar negro un asunto: muy comprometido, sin soluciones fáciles.

Estar, o dejar, en porreta: en cueros, desnudo.

Estar, o faltar, o quedar, el rabo por desollar: indicación de que falta mucho por hacer, siendo esto lo más duro y difícil.

Estar, o hacer, oscuro: faltar claridad en el cielo por estar nublado, especialmente cuando es de noche.

Estar, o hallarse, a la disposición de: hallarse apto y pronto para algún fin.

Estar, o hallarse con, o tener, la barriga en la boca: estar una hembra a punto de parir.

Estar, o hallarse en campaña: hallarse en plena operación.

Estar, o hallarse, en el pellejo de otro: ponerse en su lugar.

Estar, o ir, bien charra una persona: presentarse adornada de perifollos extravagantes.

Estar, o ir, cosido a los autos: dícese de la persona que nunca se separa de otra determinada.

Estar o ir, de cumplimiento: recibir o hacer una visita de pura ceremonia.

Estar, o llamar, a la puerta: próximo a suceder.

Estar, o no, en su acuerdo: en su sano juicio.

Estar, o parecer, o venir, una cosa como nacida: ser muy apta o propia para el fin que se desea.

Estar, o poner, a tono: adecuar una cosa a otra.

Estar, o poner, sobre el tapete: estar discutiéndose o examinándose, o sometida a resolución.

Estar, o poner en fil, o en un fil: denota la igualdad en que se hallan algunas cosas.

Estar, o ponerse, a la defensiva: atento para lo que pueda ocurrir.

Estar, o ponerse, al socaire: esquivar y reducir el trabajo.

Estar, o ponerse, en berlina: ponerse en ridículo.

Estar, o quedar, con las espuelas calzadas: preparado para emprender un viaje.

Estar, o quedar, fresco: quedar mal en un asunto. Importar poco una cosa.

Estar, o quedar, sólo como el espárrago: se dice del que no tiene parientes o amigos y vive siempre solo.

Estar, o quedarse, de asiento: establecerse sin tener intención de dejarlo.

Estar, o quedarse, en Adviento: en ayunas.

Estar, o quedarse, en ayunas: no haber entendido una cosa, o quedarse sin algo que se esperaba.

Estar, o quedarse, en cuadro: haber perdido una familia bienes, quedarse aislado.

Estar, o quedarse, en el chasis: muy delgado, casi en los huesos.

Estar, o quedarse, filete: dormido.

Estar, o quedarse, más muerto que vivo: dícese del que tiene gran temor o espanto y está sobrecogido.

Estar, o quedarse, sobeta: dormido.

Estar, o ser, de recibo: tener todas las circunstancias para no ser rechazado.

Estar, o verse, ahogado: estar acongojado u oprimido con sus empeños, u otros cuidados del que es dificultoso salir.

Estar, o volverse, loco de contento: excesivamente alegre.

Estar oscuro: falto de claridad.

Estar oscuro como boca de lobo: con gran oscuridad.

Estar ocupada: se dice de las prostitutas cuando están con un cliente.

Estar ojo avizor: alerta por lo que pueda acontecer.

Estar olvidado: cosa hecha hace mucho tiempo.

Estar pálido como la cera: tener mal color en la cara, por causa de un susto, enfermedad, etc.

Estar para algo: debiendo contar con una persona para determinadas situaciones.

Estar para armas tomar: estar preparada para resistir cualquier fatiga.

Estar para buitrera: dícese de la bestia flaca y a punto de morir.

Estar para chillado: ser digno de que se le alabe.

Estar para chuparse los dedos: dícese de lo que está muy bueno.

Estar para comérsela: riquísima. Se dice de una mujer muy atractiva.

Estar para dar un estallido: esperarse algún daño grave.

Estar para el arrastre: hallarse con gran decaimiento físico o moral.

Estar para ello: en disposición de ejecutar algo.

Estar para hacer mercedes: en buena disposición.

Estar para hacerla madre: tener mucho atractivo físico una mujer.

Estar para hacerle un favor: dícese de la persona que tiene un buen tipo y atractivo físico.

Estar para que le saquen en una espuerta al sol: dícese del que está muy achacoso.

Estar para reventar de risa: no poderse reír el que está tentado de risa.

Estar para un polvo: tener gran atractivo sexual.

Estar parado: no poder trabajar por falta de trabajo.

Estar pasado de cabeza: no estar en su sano juicio.

Estar patas arriba: en completo desorden.

Estar pedo: borracho.

Estar pegado: tener muy pocos conocimientos una persona.

Estar pegado a las faldas: depender en todo de una persona.

Estar pegado al espinazo: estar sumamente flaca una persona.

Estar pegado como una ostra: cuando una persona se junta a otra sin dejarle ni a sol ni a sombra.

Estar pendiente de las palabras: escuchar a una persona con suma atención.

Estar pendiente de un hilo: estar algo poco seguro, en situación de peligro.

Estar peneque: estar borracho.

Estar pensando como el sapo, que le ha de faltar la tierra para seguir comiendo: dícese de los que se preocupan demasiado por lo que no tiene importancia.

Estar pensando en las avutardas de mayo: sumamente distraído o ensimismado.

Estar pensando en las musarañas: dícese del que está embelesado y con la boca abierta. El que está distraído o absorto.

Estar peor que la bolsa: frase familiar para denotar la incertidumbre o poca regularidad que se tiene del empleo de algún dinero.

Estar pez: hallarse en la más completa ignorancia, término muy usado entre estudiantes.

Estar picado el molino: ser la ocasión inoportuna para hacer alguna cosa.

Estar pidiendo a voces: necesitar algo con urgencia.

Estar pillado: encontrarse en una mala situación.

Estar pipa: tener buen tipo una mujer.

Estar pirado: loco, chiflado.

Estar piripi: un poco bebido.

Estar podrido, o manar, en oro o dinero: ser poseedor de grandes riquezas.

Estar poniendo las calles: dícese cuando es de madrugada.

Estar por alguien: muy atraído por él.

Estar por debajo: tener un puesto inferior.

Estar por encima de todo: en situación de superioridad, menospreciando todo lo demás.

Estar por esta cruz de Dios: no haber comido; se suele hacer una cruz en la boca cuando ésta se abre.

Estar por la labor con alguien: ser infiel la mujer al marido.

Estar por las nubes: una cosa muy cara, casi inalcanzable.

Estar por los cielos, o por las estrellas: muy alto de precio.

Estar por los huesos de alguien: estar enamorado de su persona.

Estar por los suelos: estar en situación mala o de mucho desprestigio.

Estar por medio: intervenir en un asunto.

Estar por más la prenda: para indicar que la recompensa es inferior a los beneficios recibidos.

Estar por sus cabales: tener mucha seguridad en lo que se afirma.

Estar por uno: estar a su favor, de su parte.

Estar por ver: dudar de la certeza de una cosa.

Estar poseído: del demonio, atormentado por una idea o asunto.

Estar prendido con alfileres: con poca estabilidad o conocimientos; dícese de la lección mal aprendida por un estudiante.

Estar pringado: se dice de la persona que ha intervenido en un negocio sucio. Persona que tiene una enfermedad venérea.

Estar puesto: ser muy competente en alguna materia.

Estar que arde: muy enfadado.

Estar que arremete: hallarse una cosa muy sucia, descuidada.

Estar que bota: encolerizado, sin poder reprimir la rabia.

Estar que bufa: persona muy enfadada.

Estar que echa chispas: estar una persona muy enfadada.

Estar que echa las muelas: muy enfadado, rabioso, impaciente.

Estar que muerde, o que echa chispas, o que arde, o que se sube por las paredes: persona muy encolerizada.

Estar que no cabe en su pellejo: muy gordo.

Estar que no le llega la camisa al cuerpo, o al culo: completamente asustado.

Estar que trina: muy disgustada una persona.

Estar rapado de navaja: dícese del que tiene pocos conocimientos o estudios.

Estar ras con ras: igualdad de unas cosas con otras.

Estar rascándose la barriga: sin hacer absolutamente nada.

Estar raso como la palma de la mano: ser muy liso, dícese de las mujeres que apenas tienen pecho.

Estar rebotado: mosqueado.

Estar recién salido del cascarón: no tener experiencia alguna por estar empezando a vivir.

Estar remoto: casi olvidado de una cosa que supo o aprendió.

Estar reñida una cosa con otra: ser incompatibles.

Estar reunido: lo dicen las secretarias de los políticos y grandes ejecutivos, cuando no quieren ponerse al teléfono o recibir a alguien.

Estar rica: dícese de la mujer que tiene gran atractivo físico.

Estar rilado: muerto de miedo.

Estar rodeado de ingleses: verse perseguido por los acreedores.

Estar rodeado de negocios: inmerso siempre en ellos.

Estar rojo como la grana: con el rostro encendido y por cualquier circunstancia.

Estar salida: las hembras de los mamíferos cuando están en celo. Se dice de la persona ardiente.

Estar salido, o muy salido: con grandes apetencias sexuales.

Estar sano como una manzana: con buena salud.

Estar seco: sediento.

Estar sembrado: dícese de la persona con gran ingenio, que da la contestación oportuna y en su momento; persona que últimamente tiene una racha de aciertos, y que todo le sale bien.

Estar señalado de la mano de Dios: tener algún defecto físico.

Estar sin blanca, sin chapa, sin lata, sin cinco, sin un clavo, sin un chavo: no tener dinero.

Estar sin chiquita: carecer de dinero.

Estar sin oficio ni beneficio: estar ocioso, sin carrera ni ocupación.

Estar sin resuello: muy cansado, agotado.

Estar sin tener qué comer más que las uñas: hallarse sin medios de subsistencia.

Estar sin un real: no tener dinero.

Estar sobre ascuas: impaciente, inquieto.

Estar sobre aviso: prevenido.

Estar sobre el tapete una cuestión: tratarse de ella.

Estar sobre las afufas: huir, quitarse de en medio.

Estar sobre las armas: obrar con advertencia y precaución.

Estar sobre sí: tener serenidad y precacución, orgullo y soberbia.

Estar sobre un volcán: amenazado de un gran peligro.

Estar sobre una plaza: sitiarla.

Estar sobre uno, o sobre un negocio: instarle con frecuencia.

Estar sonado: estar loco; se aplica a los boxeadores.

Estar sopa: borracho.

Estar suave como una malva: ser una persona dócil.

Estar tan desnudo como cuando le parió su madre: hallarse en cueros, desnudo.

Estar tan lejos, como lo blanco de lo negro: manera de ponderar la antítesis existente entre dos cosas.

Estar tan limpio, que parece que no ha pecado: manera de ponderar la limpieza de toda clase.

Estar tan mal sembrado como olivar de capellanía: dícese de lo que, debiendo estar colocado con simetría, se halla puesto sin orden ni concierto.

Estar tan seguro de una cosa como de que hay que morirse: plenamente seguro y convencido de que una cosa tiene que acontecer.

Estar tan virgen como la madre que la parió: aplícase a la mujer que se jacta de virginidad, habiéndola perdido.

Estar tararí: bebido o chiflado.

Estar teniente: padecer grave defecto de audición.

Estar tieso: muerto.

Estar tieso como un ajo: muy estirado.

Estar tirada una cosa: abundar, muy barata.

Estar tirado: se dice de las cosas que se hacen sin dificultad o que se consiguen fácilmente.

Estar tocada una cosa: no estar en condiciones.

Estar tocado, o tocado del ala: algo perturbado. Empezar a sentir una enfermedad.

Estar tocado de alguna enfermedad: empezar a sentirla.

Estar tocado de la cabeza: medio loco, no muy cuerdo.

Estar tocado del ala: el ave cuando se ha herido en el ala. La persona que está algo bebida.

Estar tocado del mal de la rabia: dominado de alguna pasión.

Estar tocándose el nabo, el bolo, los cojones, la pera...: sin hacer absolutamente nada.

Estar torrija: borracho.

Estar trompa: bebido.

Estar "tupío": ahíto.

Estar tururú: un poco bobo, inconsecuente.

Estar un animal, o persona, caliente: en celo, o con grandes deseos sexuales.

Estar una cosa colgada, o pendiente de un cabello: en un peligro inminente.

Estar una cosa en mano de alguno: depender de él.

Estar uno centrado, o en su centro: contento en algún lugar, o con el empleo.

Estar uno cocido en alguna cosa: versado o experimentado en ello.

Estar uno como una criba: falto de juicio.

Estar uno con las botas puestas: dispuesto a la marcha.

Estar uno curtido en alguna cosa: acostumbrado a ella.

Estar uno de cháchara: de conversación.

Estar uno de cuidado: gravemente enfermo o en peligro de muerte.

Estar uno en el caso: bien enterado del asunto.

Estar uno en espinas: con zozobra.

Estar uno fuera: no hallarse en casa.

Estar uno fuera de sí: enajenado y turbado.

Estar uno siempre a la brecha: preparado y dispuesto a defender algo.

Estar uno sin un cuarto: falto de dinero.

Estar vendido: en peligro entre algunos capaces de ocasionarlo.

Estar verde, o muy verde: tener muy poca experiencia.

Estar vivito y coleando: con muchas ganas de vivir, al que se le daba por muerto.

Estar volado: pendiente de algún acontecimiento inmediato.

Estar ya duro el alcacel para zampoñas: no estar en edad de aprender o hacer algo.

Estar zombi: ido, alelado.

¡Estaría bueno!: expresión que indica que una cosa no se puede tolerar.

Estarle bien empleada alguna cosa: merecer la desgracia o infortunio que le sucede.

Estarle mirando a la cara: poner gran cuidado en complacer a una persona, adelantándose a sus deseos.

Estarle una cosa como a la burra las arrancadas: sentar mal una cosa al que se la pone.

Estarse a diente: no haber comido, teniendo gana.

Estarse cagando vivo: tener necesidad apremiante de exonerar el vientre, tener diarrea.

Estarse de más: estar mano sobre mano, ocioso.

Estarse, mantenerse, o seguir en sus trece: persistir, mantenerse a todo trance en su opinión.

Estarse más callado que en misa: no hablar o no responder de palabra.

Estas cosas se avisan con tiempo: cuando ocurren cosas inesperadas, indicando que había que haberse avisado.

¿Estás en tu juicio o camisa?: retraer del desacierto que se va a cometer.

Éstas son lentejas, si quieres las comes, o si no las dejas: para indicar que hay que hacer lo que se dice, o en su defecto dejarlo.

Estatua de los pies de barro: para significar las cosas que carecen de base firme y las personas en apariencia inconmovibles, que tienen su punto flaco.

Este cuarto no tiene goteras: se dice a las visitas que, estando con satisfacción de los visitados, dicen marcharse pronto.

Este cura: yo, la persona que habla.

Este monte no es para asnos: manera chusca de despachar una mujer a un pretendiente.

Este mundo es un fandango, y el que no lo baila un tonto: forma de indicar que la vida hay que pasarla lo mejor posible.

Este mundo es un pañuelo: dícese por las circunstancias de conocer gente en lugares muy dispares e inesperados, que proceden de nuestro lugar de origen. Algunos añaden: **y está lleno de mocos.**

Este mundo y el otro: abundancia de dinero o riquezas.

Éste niño cogió un huevo; éste lo puso a asar; éste le hechó sal; éste le sazonó y éste picaro gordito se lo comió, se lo comió: juego que se hace con los niños pequeños contando los dedos de la mano empezando por el dedo auricular o meñique y terminando por el pulgar. La cancioncilla la he oído en varios lugares de distinta forma, siendo otra: **éste se encontró un huevo; éste lo cogió; éste lo llevó; éste lo frió, y éste por ser el más pequeñito se lo comió, se lo comió.** En casi todos los sitios vi que apretaban un poquito el dedo anular del niño, y le daban un achuchón cariñoso.

Éste no es mi Juan, que me lo han cambiado: frase que expresa la sorpresa que nos produce el súbito cambio en una persona, o su total transformación de hábitos y costumbres.

Esterar: vestirse de invierno.

Estilo tropa, cada uno se jode cuando le toca: dicho cuartelero, en el que se quiere indicar que cada uno debe aguantarse sus propios problemas.

Estimar sobre la niña de los ojos: tener gran cariño.

Estimarse en un cero: no darle ningún valor ni importancia.

Estirar a uno el pescuezo: ahorcarle.

Estirar la barra: hacer todo el esfuerzo posible para conseguir alguna cosa.

Estirar la cuerda: alargar alguna cosa.

Estirar la pata lo que da la manta: gastar tanto como se puede.

Estirar la pierna, o la pata: morirse.

Estirar las cuerdas: ponerse en pie para pasearse y estirar las piernas.

Estirar las piernas: dar un paseo o levantarse después de estar mucho tiempo sentado.

Esto era un rey que tenía tres hijas, las metió en tres botijas y las tapó con pez. ¿Quieres que te lo cuente otra vez?: especie de fórmula que se decía para no contar un cuento.

Esto es un coñazo: muy difícil de aguantar. Muy pesado.

Esto es el coño de la Bernarda... Algunos añaden: **con vistas al exterior:** expresión que indica que una cosa es basta, desagradable o impúdica.

Esto es igual o peor que una casa de putas: no haber organización, haber gran desconcierto.

¡Esto es Jauja!: con gran regalo, lo mejor de lo mejor.

Esto es la caraba: ponderación de algo.

Esto es un hecho: cuando se ha comprobado o consumado enteramente una cosa.

Esto es una jaula de grillos: lugar de gran barullo, donde no se puede entender nada.

Esto es vida: forma de expresar las excelencias de la vida por algún hecho concreto.

Esto no es casamiento: se dice cuando se muestra arrepentimiento por alguna cosa que se ha ofrecido o prometido.

Esto quiero, aquesto no quiero: poder elegir a capricho.

Esto va de diestro a diestro: igualdad en habilidad o astucia.

Estocada de cuadra: dar mala contestación, sin venir a cuento.

Estocada por cornada: daño recibido y devuelto.

Estómago aventurero: el que come ordinariamente en mesa ajena.

Estómagos agradecidos: forma despectiva de indicar a las personas adeptas a un régimen, idea, y que han recibido su prebenda por dicha actuación; dicho muy actual y totalmente político.

Estorbarle lo negro: no saber leer, o ser poco aficionado a la lectura.

¿Estorbo o me pongo en medio?: modo de indicar la duda respecto al lugar más adecuado que le corresponde en una reunión.

Estornuda cuanto quieras; no me voy de este lugar: expresión empleada cuando fingimos no comprender las señas o alusiones que se nos dirigen.

Éstos son mis poderes: frase cuando alguien muestra de manera evidente las causas que lo apoyan en el ejercicio o desarrollo de una determinada actuación.

Estoy contigo, o con usted: con que se previene a uno que espere un poco.

Estrafalario: persona que viste de forma extravagante.

Estragar la cortesía: hacer repetidas peticiones para recibir nuevas gracias del que ya la había recibido.

Estrecha: dícese de la mujer de moral sexual rígida y recta.

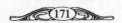

Estrechar con uno: hablarle con amistad y empeño para que haga lo que se le pide.

Estrechar la mano: cogerla y apretarla en señal de saludo.

Estrecho de conciencia: muy ajustado al rigor de la ley, o la moral.

Estrellarse con uno: contradecirle abiertamente.

Estrujar a uno: apretarle fuertemente o sacarle todo lo que tiene.

Estrujar el dinero: ser miserable o poco dadivoso.

Estrujarse el cerebro, o los sesos: pensar en profundidad.

Estudiar con el demonio: dar muestras de gran agudeza, ingenio o travesura para lo malo.

E.T.A.: siglas de la banda terrorista existente en nuestro país y que tan malas consecuencias están dando, muy difícil de erradicar, ocasionando graves problemas judiciales, y de estado, arraigada en el País Vasco, siendo la inmensa mayoría de los españoles los que esperan con ansiedad que desaparezca.

Etcétera, Martín Porra. Algunos añaden: **quien no pueda andar que corra:** se dice para indicar que termine el que es muy difuso o machacón en un relato.

Eterno femenino: encanto eterno que ejerce la mujer sobre el hombre.

¡Eureka!: expresión de alegría cuando se encuentra algo que se buscaba con mucho interés.

Evacuar el vientre: defecar.

Evacuar un negocio: finalizarlo, conducirlo.

Evacuar una diligencia: finalizarla.

Evangelio bendito: dicho como verdad suprema.

Evangelios abreviados, o chicos: se dice que son los refranes.

Evasión de capital: llevar clandestinamente dinero de un país a otro subrepticiamente.

Evitar a uno: huir o apartarse de él.

Ex abrupto: de improviso.

Ex aequo: en méritos iguales.

Ex cathedra: en tono catedrático, solemne.

Ex libris: de los libros.

Ex nunc: desde ahora.

Ex professo: con plena competencia.

Exagerar la nota: exagerar alguna cosa en demasía.

Exaltarse las bilis o la cólera: irritarse.

Examinar testigos: tomarlos el juramento y las declaraciones

Excedente de cupo: fuera del servicio militar por haber más número del que está establecido.

Excederse a sí mismo: superarse.

Excelsior: más alto.

(La) Excepción confirma la regla: indicando que hay que seguir la normalidad en las cosas, salvo raras excepciones.

Exceso de vicio saca la puerta de quicio: los vicios todo lo trastornan.

Exhalar el alma: expirar.

Exhalar el espíritu: morir.

Exonerar el vientre: defecar.

Expandirse como un reguero de pólvora: con gran rapidez.

(La) Experiencia es la madre de la ciencia. Algunos añaden: **y rara vez se halla en los mozos:** exhorta el conocimiento práctico de lo que se aprende con el paso del tiempo o de los años.

(La) Experiencia y el tiempo son maestros de todas las cosas: indica que no hay nada que enseñe tanto como los años de vida.

Expiar un delito: sufrir la pena por él cometido.

Explicarse como un libro abierto: hablar con claridad y erudición.

Explicotearse: explicarse.

Exprimirse las meninges: pensar mucho.

Extender la patente de bruto, tonto, etc.: declarar a una persona tal.

Extender la vista: esparcirla en paraje abierto y espacioso.

Extender la receta: multar a una persona.

Extenderse como mancha de aceite: de forma muy rápida.

Extraer de la iglesia: sacar de ella uno que estaba refugiado.

Extrañar de los reinos a alguno: desterrarlo.

Extrañar la cama: dormir mal en una cama que no es la suya.

Extrema derecha: grupo extremista y radical.

Extrema izquierda: la más extremista y radical en sus ideas.

(Los) Extremos se tocan: indicando que dos cosas totalmente opuestas se hallan entre sí más cerca de lo que parece.

(Los) Extremos son siempre viciosos: no debiendo exagerarse las cosas, debiendo dejarse en su justo medio.

Fabricar, o fundar, en el aire: discurrir sin fundamento o esperar sin un motivo razonable.

Fábula de la lechera: frase con la que nos burlamos de los que se hacen ilusiones exageradas, de los que sueñan con negocios fantásticos.

Facilona: mujer que accede fácilmente a las solicitudes masculinas.

Facineroso: persona malvada.

Facha: persona de pensamientos y hechos conservadores.

Fachenda: individuo vanidoso, jactancioso.

Fajar con alguno: acometerle.

¡Faldas!... Mal con ellas y peor sin ellas: dando a entender que la convivencia con las mujeres es indispensable.

Fallar una tecla: tener una avería.

Falsa como una coqueta: mujer engañosa, que falta a la verdad.

Falsa escuadra: instrumento compuesto de dos reglas movibles alrededor de un eje, y con el cual se trazan ángulos de diferentes aberturas.

(La) Falsa modestia es el orgullo refinado: porque los que la emplean llaman hacia sí la atención y las alabanzas de los demás.

Falsear el cuerpo: moverlo para evitar algún golpe.

Falsear la llave, o las guardas: hacer una nueva, para abrir furtivamente lo que cierra.

Falso testimonio: delito que comete el testigo que declara faltando a la verdad.

Faltar a la palabra: dejar de hacer lo que se ha ofrecido.

Faltar a la verdad: mentir.

Faltar aceite a la lámpara: se dice de las personas sumamente debilitadas.

Faltar el canto de un duro: faltar, para algo, muy poco.

Faltar el rabo por desollar: quedar lo más duro y difícil de hacer.

Faltar el suelo: tropezar o caer.

Faltar el tiempo para: obrar con la mayor diligencia y celeridad.

Faltar palabras: no poder explicar la grandeza de una cosa.

Faltar poco: estar a punto de suceder algo, acabar una acción.

Faltar un pelo: muy poco.

Faltaría más: locución de rechazo.

Faltaría plus: faltaría más.

Faltarle algún tornillo, o tener flojos los tornillos: tener poco seso.

Faltarle el suelo: caerse.

Faltarle los pies: perder el equilibrio, a punto de caer.

Faltarle tiempo: no poder terminar en su momento alguna cosa.

Faltarle tierra debajo de los pies: no sentirse seguro.

Faltarle un hervor: al que le falta algo pareciendo que está completamente hecho.

Faltarle un tornillo: dícese de las personas que no andan muy bien de la cabeza.

Faltarle veinte reales para un duro: carecer de dinero.

Falto de juicio: el demente.

(La) Fama pocas veces miente: indicando que los juicios que el vulgo emite suelen ser verdaderos.

Familia, la Sagrada, y ésta, en la pared colgada: suele decirse con sorna, cuando se habla de la familia y se tiene alguna desavenencia con ella.

(El) Famoso viaje de Juan de Cárcamo, de quien se dice que fue y volvió, y no supo a qué: aplícase a las personas que hacen cosas sin saber lo que hacen.

Fantasmón: bravucón, presumido, vanidoso.

Fantoche: se dice de la persona sin personalidad ni criterio.

Fardón: persona atractiva, que presume porque puede.

Farfollar: balbucir, hablar atropelladamente.

Farfullero: mentiroso, trapacero.

Fariseo: falso, hipócrita.

Farol de retreta: hombre fatuo.

Farolero: mentiroso, bocazas.

Farolillo rojo: se dice del último en las competiciones.

Farruco: persona valiente y un poco pendenciera cuando es provocada.

Favor a la justicia, o al rey: frase para pedir auxilio en prender a un delincuente.

Favorecer a un bellaco es echar agua en un saco: ya que el ruin nunca agradece las cosas.

Favorecerse de alguno, o alguna cosa: valerse de su ayuda.

Favores en cara echados ya están pagados: los favores que se hacen no son para que sean agradecidos, simplemente se hacen por hacer el bien a otra persona.

(Los) Favores se pagan: ya que hay que devolverlos o pagarlos, y algunas veces con creces.

Faz de la tierra: en toda ella.

Fe de erratas: relación detallada de las mismas.

Fe del carbonero: la que cree sin meterse en averiguaciones de ningún género.

(La) Fe hace milagros: ya que todo lo puede.

(La) Fe mueve montañas: inclusive puede hacer eso, frase evangélica.

(La) Fe no tiene ojos: el mérito es creer lo que no vimos.

(La) Fe salva: sin creer no hay salvación.

Fe sin obras, comida de agua sola: denuncia a los que dicen tener gran fe religiosa, pero que no ejecutan nada en favor del prójimo o del hermano.

Fe sin obras no vale nada: basándose en el gran principio de amor a los demás.

Fealdad no es castidad: no tiene nada que ver una cosa con la otra.

Fecundación artificial: dejar preñada a una hembra sin la presencia activa del macho.

Fecundación in vitro: la que se hace en laboratorios.

Fecundo ingenio: abundante.

¡Felices Pascuas!: forma de felicitar la Navidad.

¡Felices Pascuas y próspero año nuevo!: fórmula para felicitar la Navidad y desear venturas para el año próximo.

Felpudo: vello púbico de una mujer.

Feo como un pecado: se dice de la persona muy fea.

Fetén: la verdad.

¡Fetén de la chupi!: expresión de algo extraordinario.

Feto: persona con defectos físicos, muy fea, generalmente se dice de la mujer con estas características.

Feto marino: persona muy fea.

Fiambre: cadáver.

Fiar de Dios y aplicar remedios es el oficio del médico: indica que el trabajo y la ciencia del hombre no pueden nada sin la voluntad divina.

Fiar su pecho: descubrirle o declararle su secreto.

Fíate de la Virgen, pero corre: aconsejando tomar las debidas precauciones para conseguir lo que se desea, a pesar de haberse encomendado a Ella.

Fíate de la Virgen y no corras: se aplica al que está demasiado confiado, no poniendo nada de su parte para poder conseguir lo que se desea.

Fíate y no corras: úsase irónicamente para indicar que no se debe dar crédito a lo que se dice.

Fiebre de caballo: dícese de la fiebre muy alta.

Fiesta de guardar, o de precepto: cuando es obligación oír misa.

Fiera corrupia: persona muy colérica, con manifestaciones palpables de su mala forma de ser.

Figúrate, o figúrese usted: denota asentamiento y ponderación.

Fijar el juicio, la imaginación: reflexionar con atención.

Fijar la vista: mirar con detenimiento y atención.

Fijar las plantas: afirmarse en un concepto u opinión.

(La) Fila de los mancos: llámase en el cine a la última de ellas, por las manifestaciones amorosas de las parejas.

Fila india: cuando se va de uno en uno.

(La) Filantropía es la moneda falsa de la caridad: porque la caridad ama al hombre por Dios, y la filantropía ama al hombre por el hombre.

Filípica y catilinaria: indica represión severa.

Filo rabioso: el que se da al cuchillo u otra arma sin arte.

Filosa, filoso: navaja, cuchillo.

(El) Fin corona la obra: ya que lo importante es verla terminada.

Fin de semana: conjunto de sábado y domingo, que se va extendiendo al viernes por la tarde.

(El) Fin justifica los medios: cuando se trata de hacer una obra buena.

(El) Fin no justifica los medios: no debiendo ser aplicados actos reprobables para conseguir un fin.

Finalizar con broche de oro: acabar algo con el mejor esplendor. o mejor éxito.

Finas hierbas: las que se utilizan como condimento.

Finis coronat opus: el fin corona la obra.

Fino cañería: en tono chulesco, vaso de agua del grifo.

Fino como tafetán de albarda: dícese irónicamente de las personas toscas.

Fino como un coral, o más fino que un coral: muy astuto, sagaz.

Finolis: se dice de la persona que se pasa en el trato.

Firma en blanco: la que se da a otro sin escribir nada, para que pueda obrar como quiera.

Firmar en blanco: poner su firma en papel que no estaba escrito.

Firmar en barbecho: hacerlo sin examinar lo que se firma.

¡Firmes!: voz de mando que indica permanecer cuadrados o atentos.

Flaco de cabeza: poco firme en sus ideas, o convicciones.

Flaco de memoria: olvidadizo, de memoria poco firme.

Flauta: bocadillo enorme. Pene.

Flipar: agradar, sorprender.

Flojo de la espita: el que orina muchas veces.

Flojo de muelles: el que no aguanta las necesidades corporales, impotente.

Flojo de remos: el que tiene mal las piernas.

(La) Flor: la virginidad.

Flor de andamio: tabaco de baja calidad.

Flor de la canela: ponderando la exquisitez.

Flor de la edad: juventud.

Flor de la juventud: la mejor edad de la vida.

Flor de la maravilla: el que está tan pronto bueno como malo.

Flor de la vida: en el mejor momento de ella.

Flor y nata: lo más selecto y distinguido de su especie.

Florear el naipe: disponer de una baraja para hacer fullerías.

Florear una cosa: sacar lo mejor de ella.

Florecer la almendra, o almendrera: encanecer prematuramente.

Flotar, o sobrenadar, como corcho en agua: prevalecer y salir bien parado en los cambios o reveses de la fortuna.

Flujo de palabras: abundancia de ellas.

Flujo de risa: carcajada ruidosa o prolongada.

Flujo de sangre: hemorragia.

Flujo de vientre: despeño.

Flujo del mar, o de las aguas: movimiento periódico de ascenso y descenso de ellas.

Foca: persona muy pequeña, gorda, carente de cintura.

Follárselo vivo: causar un gran daño o perjuicio a una persona.

Follonero: se dice del que está armando siempre disputas y broncas.

Fonda del sopapo, que por un real dan dos platos: lugar donde dan a comer mucho por poco dinero, en perjuicio de la calidad.

Fondear a barba de gato: fondear con dos anclas, de forma que sus cables formen ángulo recto.

Fondo de armario: conjunto básico de ropa femenina para poder conjuntarse perfectamente.

Fondón: persona que ha perdido su figura al haber engordado.

Formar artículo: introducir la cuestión incidental para que recaiga pronunciamiento judicial.

Formar concepto: determinar algo después de haberse pensado.

Formar conciencia: hacerla escrupulosa.

Formar corro aparte: tener actuaciones u opiniones diferentes.

Formar época: hacerla.

Formar expediente a uno: someter a un funcionario a las actuaciones conducentes para enjuiciar su proceder.

Formar, o hacer, causa común con alguien: aunarse con él para un mismo fin.

Formar partido: solicitar a otros para que coadyuven a algún fin.

Formar queja: tener ocasión de quejarse sin motivo para ello.

Formar rancho aparte: separarse de los demás.

Formar un convenio: llegar a un acuerdo o compromiso.

Fórmulas magistrales: las que se hacían en las boticas antiguamente, y actualmente en alguna de ellas.

(El) Foro: Madrid.

(La) Fortuna ayuda a los osados: al que es audaz suele beneficiarse de lo que acomete.

(La) Fortuna es como la sombra, que sigue al que huye de ella y huye del que la sigue: indica que las ocasiones que se presentan no deben desperdiciarse.

(La) Fortuna es loca: porque favorece al que menos se lo merece, o menos lo espera, en la mayoría de las ocasiones.

(La) Fortuna es una veleta, nunca se está quieta: apuntando donde mejor le viene en gana, y favoreciendo al que quiere.

Fortuna te dé Dios, que el saber poco te vale: indica que no se suele atender el mérito de las personas.

Foto de familia: dícese en términos políticos a la foto realizada a los asistentes a un acontecimiento insólito.

Fraile de misa y olla: el que asiste al coro, y al servicio del altar, sin seguir la carrera eclesiástica para obtener las órdenes superiores.

Franquear la casa, o la puerta: dar permiso para que otro la frecuente.

Frase hecha: la que tiene una significación concreta y conocida por todos.

Fray Pedir, Fray Tomar y Fray No Dar: se dice en broma de los frailes.

Fregota: empleada de hogar.

Freídle un huevo, que dos merece: contra los que escatiman las recompensas debidas.

Freírle la sangre: causar disgusto o enfado.

Freírse de calor: pasar calor en exceso.

Freírsela a alguno: engañarle con premeditación.

Frenar en seco: pararse bruscamente.

Frente a: enfrente.

Frente a frente: cara a cara.

Frente por frente: frente a frente.

Fresa: significa arrepentimiento, en el lenguaje de las flores.

Frescachón: persona que dice lo que le viene en gana, sea o no su momento, tenga o no razón.

Fresco como una lechuga: dícese de las personas desaprensivas, que no se avergüenzan por nada.

Fresco como una mañana de abril: lozano y bien conservado.

¡Frío!: indicación a la persona que se encuentra lejos de lo que busca por haberse escondido.

Frotarse las manos: sentir satisfacción, generalmente poco justa.

Frotársela: masturbarse un hombre.

Fruncir el ceño, o el entrecejo, las cejas: tener la cara con gesto enfadado.

Fruta de sartén: dulce que se fríe.

Fruta del tiempo: lo que sucede en determinado tiempo.

Fruta nueva: lo nuevo.

Fruto prohibido: dícese de lo que está prohibido.

Frutos por alimentos: dícese cuando al tutor se le concede el producto de las rentas del pupilo para alimentarle.

Fue el acabóse: denota que la cosa llegó a un extremo intolerable, desastroso.

¡Fuego!: indicando que se ha iniciado un incendio, voz de mando para que se disparen las armas de fuego.

¡Fuego de Cristo! ¡Fuego de Dios!: denotándose gran enojo o furor.

Fuego fatuo: fosforescencias de algunos parajes, principalmente en los cementerios.

Fuegos de artificio: llámase así a los artificiales.

Fuenteovejuna, todos a una: forma de expresar que un colectivo de personas están dispuestas a ejecutar la misma acción y con la misma responsabilidad; actualmente esta forma de actuar se llama: compañerismo.

Fuera de: además de.

Fuera de combate: se aplica al que ha sido vencido y no puede continuar la lucha.

Fuera de contexto: fuera de texto, fuera de lo previsto.

Fuera de escuadra: en ángulo oblicuo.

Fuera de juego: estar fuera del lugar o de las circunstancias.

Fuera de lugar: no adaptarse a lo establecido.

Fuera de propósito: sin venir al caso.

Fuera de puertas: extramuros.

Fuera de quicio: con violencia o contra el orden.

Fuera de serie: sobresaliente en su línea.

Fuera de sí: haber perdido la serenidad o el control de sus actos.

Fuera de tiempo: intempestivamente.

Fuera de tono: fuera de lugar.

Fuera de uso: no estar ya en funcionamiento.

Fuera sea de Dios: se usa cuando se maldice una cosa con inmediato respeto a Dios.

Fueraserie: persona o cosa extraordinaria, única.

Fuero interno: la propia conciencia.

Fuerte y feo: en ciertas obras es preferible la solidez y tosquedad al buen aspecto.

Fuerza a fuerza: de poder a poder.

Fuerza bruta: la que se aplica sin conocimiento ni inteligencia.

Fuerza del consonante: circunstancia que obliga a obrar en consonancia y contra la propia voluntad.

Fuerza mayor: circunstancias inevitables que hacen que no se pueda hacer alguna cosa.

Fuerza pública: las que constituyen los cuerpos de orden público.

Fuerzas de choque: unidades militares especialmente preparadas para determinadas acciones peligrosas.

Fuerzas vivas: personas que en una localidad impulsan alguna cuestión señalada o importante.

Fuime a palacio, fui bestia y vine asno: los estudios son inútiles para el que no tiene capacidad para ellos.

Fulana: mujer de la vida.

Fulano de tal: se dice cuando se dirige una persona a otra que desconoce su nombre, o que no quiere citarla expresamente.

Fulano es mi gallo: alude al que siempre está dispuesto a salir en defensa de uno.

Fulano es un veneno para las ratas: la que no se le va, se le escapa: manera jocosa de dar a entender que una persona es muy torpe.

Fulano habla hasta debajo del agua: indicando que una persona es muy habladora.

Fulano, Mengano y Zutano: personas indeterminadas o imaginarias.

Fulano, por madrugar halló un costal. Más madrugó el que lo perdió: especie de diálogo, cuando una persona dice a la otra que madrugue, corroborando su petición, con la suerte de encontrar algo, contestándose negativamente de una forma tajante.

Fulano, si lo apalean, caen bellotas: motejándole de bruto, torpe, tosco.

Fulano tiene de tonto, o de listo, etc., lo que yo de santo, de cura, de obispo, etc.: alabanza o menosprecio al que se está dirigiendo.

Fulastre: mentiroso.

Fullero: se dice del que hace trampas, embustero.

Fulminar la sentencia: pronunciarla.

Fumar como un carretero: fumar en exceso.

Fumar en pipa: ser muy astuto o aventajado en alguna cosa; se dice de la persona de carácter muy fuerte.

Fumar la pipa de la paz: hacer las paces dos contendientes.

Fumar más que una coracha, que un cosaco, etc.: fumar en exceso.

Fumarlo en pipa: ser notable o sobresaliente en su línea.

Fumarse las clases: no asistir a ellas, hacer novillos.

Función pública: la constituida por los órganos del Estado.

Fundar en el aire: discurrir o esperar sin fundamento.

Fundar, o tener fundada, intención contra uno: asistir o favorecer a uno.

Fundar un censo: establecer una renta hipotecando bienes.

Fundírsele los plomos: chiflarse, volverse un poco loco.

Furcia: prostituta.

Furgón de cola: el último vagón del tren.

Furor uterino: deseo violento e insaciable en la mujer de entregarse a la cópula.

Fusilar una cosa: plagiarla.

Gabacho: despectivo de francés.

Gabardina: preservativo.

(Los) Gabrieles: los testículos.

Gafe: cenizo, persona que da mala suerte.

Gagá: persona cuyas opiniones están muy anticuadas.

(La) Gaita del pueblo no hace buen son: ya que la que pertenece a una comunidad suele estar menos cuidada y adaptada al fin que se destina, que la particular.

Gajes del oficio, del empleo, etc.: molestias o perjuicios que se experimentan con motivo del empleo u ocupación.

(La) Gala del nadador es saber guardar la ropa: debiendo tenerse cuidado en no sufrir ningún daño.

Galán atrevido, de las damas es preferido: en materia del amor hay que ser atrevido y no temer al fracaso.

Galán de noche: especie de perchero, que se utiliza para colocar la ropa al desnudarse una persona.

Galán que a conquistar doncellas vas, cuando cuentes con su boca, contarás con lo demás: especie de consejo que se da a los conquistadores, para conseguir todo en el amor.

Galga de Lucas: da a entender que alguno falta en las ocasiones forzosas.

(La) Gallina, cantando, y la mujer, llorando, dan hijos a este mundo: forma de expresar cómo traen al mundo las hembras citadas a sus hijos.

Gallina de los huevos de oro: se dice de lo que produce grandes beneficios.

Gallina en corral ajeno: vergüenza de encontrarse entre gente desconocida.

Gallina muerta no cacarea: cuando se quita la causa, desaparece el efecto.

(El) Gallo de Morón, sin plumas y cacareando: dícese de los que conservan su orgullo, a pesar de haber sido derrotados.

Gallo que no canta algo tiene en la garganta: dícese del que guarda silencio, cuando debe intervenir en algo que le afecta directamente.

Gallote: persona desenvuelta, decidida.

Gana tiene de tronchos el que besa al hortelano: dícese a la persona que halaga a otra, teniendo por objeto alcanzar de ella alguna cosa.

Ganapán: rudo, tosco, zafio.

Ganar a dedos: se da a entender el trabajo y dificultad que cuesta conseguir algo.

Ganar año: el estudiante, obtener el aprobado en fin de curso.

Ganar con su cuerpo: prostituirse.

Ganar de comer: sustentarse con el esfuerzo de su trabajo.

Ganar el barlovento: estar de buena suerte con respecto a otro.

Ganar el cielo: conseguirlo con buenas obras.

Ganar el jubileo: hacer lo establecido para ganar indulgencias.

Ganar el jubileo de la pestaña: salir las mujeres a curiosear cuando hay fiesta.

Ganar el pan con el sudor de la frente: con mucho trabajo. Maldición recibida por Adán y Eva, cuando fueron expulsados del Paraíso Terrenal. Algunos castizos, poco amigos del trabajo, dicen: **ganar el pan con el sudor "del de enfrente".**

Ganar el pleito: lograr aquello en lo que había dificultad.

Ganar enemigos: granjeárselos.

Ganar horas: adelantar en el viaje. Aprovechar bien el tiempo.

Ganar la boca a uno: persuadirlo, procurando reducirlo a que siga algún dictamen u opinión, precisándole a que calle o disimule la suya propia.

Ganar la cara: ponerse enfrente de las reses.

Ganar la palma. o la palmeta: llegar el primero.

Ganar la vida: trabajar para sustentarse.

Ganar la voluntad de alguno: lograr su benevolencia con servicios u obsequios.

Ganar las albricias: ser el primero en dar una buena noticia al interesado.

Ganar las horas: aprovechar el tiempo para ganar algo.

Ganar los tercios de la espada: introducir la suya muy adentro, cargando la contraria de modo que no pueda obrar.

Ganar, o ganarse, la vida: trabajar o buscar medios para mantenerse.

Ganar, o gastar, el oro y el moro: verificar alguno de estos actos con exceso sumo.

Ganar, o perder, capítulo: conseguir o perder lo que se pretendía.

Ganar pan: adquirir caudal.

Ganar pleito: lograr aquello en que había dificultad.

Ganar por la mano: anticiparse a otro.

Ganar puntos: ganar prestigio o estimación.

Ganar terreno: progresar, adelantar en una cosa.

Ganar tiempo: no perder de momento. Poner dificultades para dilatar un asunto.

Ganarás el pan con el sudor de tu frente: maldición bíblica cuando Adán y Eva fueron expulsados del Paraíso. Jocosamente se dice: **ganarás el pan con el sudor del de enfrente**.

Ganarse la vida: trabajar para subsistir, tener un medio de trabajo.

Ganarse los garbanzos: asegurarse un medio de vida.

Ganársela: hacerse merecedor de una reprimenda o castigo.

¿Ganástelo o heredástelo?: pregunta que se hace a las personas que prosperan rápidamente, sospechando de la limpieza de su origen.

Gandumbas: persona apática, holgazana.

Ganglios: pechos de la mujer.

Gansarón: persona alta y desgarbada.

Ganso: persona torpe, que dice pocas cosas serias, estando siempre en plan de broma.

Gañán: mozo de labranza, tosco, que no tiene modales.

Garaje de las estrellas: llámase así a la calle.

Garañón: dícese de la persona de gran potencia sexual y activa.

Garbanzo negro: símbolo de rareza, casualidad, escasez, fatalidad o desgracia.

(El) Garbanzo, para ser bueno, ha de tener cara de vieja y culo de panadera: es decir: picudo y gordo.

Garbanzos de a libra: cosa rara o extraordinaria.

Garbanzos viudos: dícese cuando en una comida de esta legumbre se ha hecho sola, sin viandas ni guarnición.

Garrotazo y tente tieso: forma de proceder, con decisión y energía frente a cualquier resistencia u oposición.

Garrulo: hombre paleto y zafio.

Gasofa: gasolinera.

Gastar a manos llenas: de forma desaforada y fuera de tono.

Gastar alegremente la hacienda: desperdiciarla inútilmente.

Gastar almacén, o mucho almacén: traer o llevar puestas como adorno muchas cosas de poco valor. Gastar muchas palabras para ponderar y explicar alguna cosa con poca entidad.

Gastar buen, o mal, humor: tenerlo o no.

Gastar el calor natural de alguna cosa: poner en ella más atención de la que se merece.

Gastar el oro y el moro: hacer gastos ostentosos.

Gastar el tiempo: perderlo.

Gastar flema: proceder despacio. No alterarse fácilmente.

Gastar frases: hablar mucho y con rodeos.

Gastar la paciencia a otro: hacerle sufrir.

Gastar la pólvora en salvas: poner medios inútiles en la resolución de una cosa.

Gastar la vida: pasarla.

Gastar más letra colorada que misal gregoriano: dar más importancia a las cosas que lo que realmente les corresponde.

Gastar menos que Tarzán en corbatas: gastar poquísimo.

Gastar menos que un ciego en novelas: gastar muy poco.

Gastar menos que un japonés en boinas: ser excesivamente parco en los gastos.

Gastar menos que un paralítico en bicicletas: de gastos únicamente necesarios.

Gastar menos que un ruso en catecismos: ser muy roñoso.

Gastar menos que una monja de clausura en coloretes: de gastos únicamente imprescindibles.

Gastar muchos filetes: adornar la conversación con gracia.

Gastar palabras en balde, o saliva: hablar inútilmente.

Gastar pastillas de boca: hablar meliflamente, ofrecer mucho cumpliendo con poco o nada.

Gastar saliva en balde: perder el tiempo hablando.

Gastar salud: tenerla buena.

Gástese y no se derrame: lema que emplean los manirrotos.

(Los) Gastos de las casas son como las penas del infierno: porque nunca se les ve el fin.

Gata de Juan Ramón, o de Mari Ramos: persona que disimuladamente y con melindre pretende una cosa, dando a entender que no la quiere.

Gata parida: persona flaca y extenuada.

Gato con guantes no caza ratones: forma de expresar cuán embarazoso es usar refinamientos a lo que no se está acostumbrado.

Gato de la tripera, siempre harto y no deja de maullar: dícese de los ambiciosos, que por mucho que tengan nunca se cansan de pedir o desear más.

Gato maullador, nunca buen cazador: igual que perro ladrador poco mordedor.

¿Gato negro?... mala sombra: supersitición muy arraigada en el pueblo español.

(El) Gato sigue sin cascabel: indicando que todavía no se ha hecho o conseguido una cosa.

Gaudeamus tenemos: se dice cuando se presiente que nos van a dar de comer o beber.

Gayumbos: calzoncillos.

Gaznápiro: simplón.

Género chico: dícese de la zarzuela.

(El) Genio no tiene sexo: por ser hombres y mujeres exactamente iguales.

Genio y figura hasta la sepultura: manifiesta que no es fácil cambiar de carácter o condición un sujeto.

Gente apanarrada, poco inteligente: forma de llamar tontos a las personas que comen mucho pan.

Gente de barrio: la ociosa y holgazana.

Gente de bien: la de buena intención y proceder.

Gente de capa negra: gente ciudadana decente.

Gente de capa parda: la rústica, la aldeana.

Gente de carda, o de la carda: los que viven a lo pícaro.

Gente de Castilla, por preguntar y tentar: da a entender que los castellanos tienen fama de curiosos y amigos de meterse en todo.

Gente de coleta: los toreros.

Gente de cuenta: de distinción. Facineroso.

Gente de escalera abajo: la inferior.

Gente de la cuchilla: los carniceros.

Gente de la garra: ladrones.

Gente de mal vivir: dícese de los delincuentes, de personas que no viven con decencia.

Gente de medio pelo: gente media, no muy acomodada.

Gente de paz: respuesta del que llama a una puerta para que le abran sin dificultades.

Gente de pelea: soldados o personas contratadas para la lucha.

Gente de pelo en pecho. Algunos añaden: **y mierda en la rodilla:** ser una persona valiente y dispuesta a todo.

Gente de pelo, o de pelusa: la rica y acomodada.

Gente de plaza: en pequeñas poblaciones, la rica y acomodada, que suele pasar el tiempo de conversación en la plaza.

Gente de pluma: los escribientes, los que viven de ella.

Gente de seguida: la que anda en cuadrilla haciendo robos, u otros daños, bandoleros o ladrones.

Gente de toda broza: la que vive con libertad sin tener oficio ni empleo conocido.

Gente de trato: la dedicada al comercio o negociación.

Gente de traza: la que observa la debida circunspección en obras y palabras.

Gente de tropa, paso largo: alude a que debe dejarse pasar a los soldados de largo, a causa de las molestias que ocasionan.

Gente de vida airada: los que se precian de guapos y valientes, los que viven libre o licenciosamente.

Gente del bronce: alegre y resuelta.

Gente del hampa: licenciosa, los malandrines.

Gente del mar: pescadores y marineros.

Gente del polvillo: personas que se emplean en obras de albañilería, o en el acopio de ellas.

Gente del trueno: alegre, dícese también de los matones.

Gente gorda: de buena posición.

Gente honrada no es paniega: indicando que los caballeros no suelen ser grandes consumidores de pan.

Gente menuda: los chicos.

Gente non sancta: la de mal vivir.

Gente parada, malos pensamientos: expresando que no se debe estar con habitualidad ocioso, por tener mucho tiempo para pensar cosas que no son buenas.

Gente perdida: la vagabunda, de mal vivir.

Gente pobre no necesita criados: indicando que los menos favorecidos por la fortuna tienen que hacerse ellos todas las cosas, sin esperar a que se la hagan los demás.

Gente pobre, poca ropa y mucha soberbia: forma de expresar que los que son más indigentes suelen ser muy altivos.

Gente principal: la ilustre.

Gente tuna, poco sopera: dícese de los jóvenes y de los que pasan hambre, que les gusta las buenas comidas, y como dicen en mi pueblo "la chicha y las tajás".

Gentecilla de mierda, si su trato se pierde, que se pierda: contra las personas de poca categoría personal y de mal trato.

Geranio: indica preferencia, en el lenguaje de las flores.

Gesto pone mesa: el buen semblante abre todas las puertas.

¡Gibraltar español!: frase reivindicativa de la soberanía española de este territorio.

Gigante en tierra de enanos: persona que descuella, no por su propio valer, sino por inferioridad de los demás.

Gilí: tonto, memo.

Gilipichas, gilipollas, gilipuertas, gilitonto, gilitributos: dícese de la persona mema, tonta, imbécil.

Giñar: exonerar el vientre.

Girar la cuenta: ajustarla, hacerla enviándosela al deudor.

Girar letras: expedir órdenes de pago a cargo de otro.

Girar sobre los talones: ausentarse, desaparecer de algún lugar.

Girasol: expresa volubilidad, en el lenguaje de las flores.

Giro de Italia: la vuelta ciclista a ese país.

Globos: pechos de la mujer.

Gloriarse en Dios, o gloriarse en el Señor: decir o hacer una cosa buena, reconociendo a Dios como autor de ella y dándole gracias por ello.

Gobernar como un gerifalte: es decir, bien.

Golferas: pícaro, vagabundo, maleante.

(Una) Golondrina no hace verano: es el conjunto de cosas lo que hace un complemento.

Golondro: vigilante de seguridad.

Golpe bajo: hacer una mala pasada, acción malintencionada.

Golpe de efecto: acción que, por lo inesperada que es, sorprende o impresiona.

Golpe de Estado: medida violenta para usurpar los poderes de un estado o nación, legalmente constituidos.

Golpe de estado: suceso extraordinario, próspero o adverso, que sobreviene de repente.

Golpe de fortuna: suceso extraordinario y próspero.

Golpe de gracia: el que acaba de matar al herido, y sea menos doloroso en los últimos momentos.

Golpe de mar: ola fuerte que quiebra las embarcaciones.

Golpe de mano: acción violenta, e inesperada, que se efectúa en provecho del que la ejecuta.

Golpe de pecho: signo de dolor o contrición.

Golpe de suerte: acto afortunado.

Golpe de timón: cambio de planes de forma brusca.

Golpe de tos: acceso de tos.

Golpe de vista: ojeada, mirada.

(El) Golpe de la sartén, aunque no duela, tizna: expresando que la calumnia siempre deja mella en la reputación del criticado.

Golpe en vago: el que yerra el golpe.

Golpe franco: tiro directo a la portería contraria en sus inmediaciones.

Gomoso: petimetre.

Gonces untados, portón callado: cuando las dádivas y regalos son generosos, la gente no suele protestar por nada.

Gordas y frescas: expresión con que se rechaza alguna proposición, reputando de exageradas las cosas que se dicen.

Gordo como una nutria: tener buenas carnes.

Gorigori: se dice del cántico que se hace a los difuntos.

Gorigori, enterremos a este pobre: critica la rapidez y ligereza de los responsos de los que no tienen fortuna.

Gorrón: persona que vive o se divierte a costa ajena.

Gorros para mellizas: dicho castizo con que denominan a los sujetadores de las mujeres.

Gota a gota: poco a poco. Por gotas.

Gozar de Dios: ir al cielo.

Gozar del sol mientras dura: aconseja aprovechar las ocasiones.

Gozar del tiempo: aprovecharse de él.

Gozar más que un marica con lombrices: expresión grosera que da a entender que se ha disfrutado de algo.

Grabar en fondo: grabar en hueco.

Gracia de Dios: los dones naturales beneficiosos para la vida. Entre gente rústica, el pan.

(La) Gracia de Dios ha de salir: forma de indicar que la verdad de un asunto se sabrá de un momento a otro.

Gracias a: por intención de.

¡Gracias a Dios!: alabanza a Dios, manifestación de alegría por una cosa que se esperaba con ansia, y ha sucedido.

Gracias a los buenos oficios de: gracias a la intervención de alguna persona.

Gracias al sacar: ciertas dispensas que se conceden para determinados actos de la jurisdicción voluntaria.

Gracias, amado pueblo: frase utilizada por los políticos de hace unos años, para agradecer las aclamaciones populares.

Gracias por la flor, pero me cago en el tiesto: expresión con que se responde a una grosería o impertinencia, mofándose por lo dicho.

Gracias, que aproveche: frase de galantería, que se contesta cuando es invitado a participar de la comida de un manjar.

Gragea a Guinea: llevar una cosa sumamente fina a donde no saben apreciarla.

Gramática parda: habilidad natural y sin estudios para desenvolverse bien en la vida.

Gran bonete: se aplica irónicamente a las personas que se quiere motejar de necias o tontas.

Gran guerra tienen siempre entre sí hermosura y castidad: porque siendo una persona bella, hay más asechanzas que soportar.

Gran jaula para tan chico pájaro: dícese del individuo que recibe un puesto de importancia sin merecimiento. Frase atribuida a Felipe II, cuando vio terminado el monasterio de El Escorial.

Gran personaje es el nombre de primero: ocupar el primer lugar en todo es envidiable.

¡Gran puñado!: escasez numérica de personas o cosas.

¡Gran puñado son tres moscas!: dándose a entender el poco aprecio que se hace de alguna cosa.

Gran tocado y chico recado: dícese de los que con apariencias quieren demostrar su poco valimiento.

Gran trabajo todas las cosas vence: la perseverancia es indispensable para conseguir lo que se desea.

Gran vida: buena vida, llena de comodidades.

(Un) Grano no hace granero, pero ayuda al compañero: la ayuda por pequeña que sea siempre favorece.

(El) Griego: cópula anal.

Gritar a pleno pulmón: con todas las fuerzas posibles.

Gritar como un condenado: dar voces desaforadas.

Grosso modo: a grandes rasgos.

Grulla, a tu tierra, aunque sea con una pata de menos: exaltando la ventaja de vivir donde uno se ha criado.

Gruñir en las entrañas: tener algo escondido en el interior.

Gruñir más que carreta de bueyes: dícese de la persona que por todo se enfada.

Guachi pilongui: en lenguaje de los niños, se dice de lo que es magnífico.

Guaperas: persona presuntuosa.

Guapetón: calificativo cariñoso y familiar, que se dice a las personas guapas.

¡Guarda, que es podenco!: prevenirse contra un mal real o imaginario.

Guardapolvos: órgano genital de la mujer. Prenda que se ponían las personas encima de la ropa, con el fin de evitar suciedad o manchas en la misma.

Guardar cama: estar en ella por necesidad.

Guardar ceremonia: observar compostura unas personas con otras.

Guardar como oro en paño: dícese de lo que se conserva con todo cuidado y escrupulosidad.

Guardar consecuencia: proceder con orden en los dichos o los hechos.

Guardar el aire: atemperarse, contemporizar con el carácter de una persona.

Guardar el bulto: escurrirse de algún riesgo.

Guardar el decoro: corresponder con actos o palabras a la estimación o merecimiento de algo.

Guardar el sueño: tener cuidado de no despertar a una persona.

Guardar en el buche: tener una cosa muy callada.

Guardar ganado: apacentarlo y conservarlo sin daño.

Guardar la ausencia: esperar la venida de una persona, guardando su nombre o recuerdo, principalmente en los novios o en los cónyuges.

Guardar la boca o el pico: callar lo que no se debe decir.

Guardar la cara: ocultarse para no ser reconocido.

Guardar la casa: ocultarse, procurar no ser visto.

Guardar la gamba: tener cuidado con algo, evitar un peligro.

Guardar la línea: hacer régimen para mantenerse con buena figura.

Guardar la ropa: reservar el cuerpo de algún peligro. Obrar o hablar con cautela.

Guardar las apariencias: disimular ciertas actitudes con el fin de no promover escándalo.

Guardar las distancias: alejarse de una persona por precaución, miedo, respeto.

Guardar las espaldas: poner cuidado para no ser ofendido por otro.

Guardar las fiestas: santificarlas, cumpliendo con las obligaciones religiosas.

Guardar las formas: observar la etiqueta requerida en cada momento.

Guardar las vueltas: estar con vigilancia para no ser cogido en acción mala.

Guardar los batideros: prevenir y evitar todos los inconvenientes.

Guardar misterios: ocultar, tratar con reserva.

Guardar para simiente de rábanos: con que se zahiere al que guarda una cosa para una ocasión especial, y que nunca llega.

Guardar sala: en los tribunales de justicia, observar el orden ceremonioso y debido en el acto.

Guardar un precepto tan bien como el día del domingo: obedecer fielmente una consigna.

Guardarle el aire: atamperarse a su genio.

Guardarse como del fuego: huir de una persona.

Guardarse de hacer una cosa como de mearse en la cama: tener cuidado en ejecutarla por las consecuencias que conlleva.

Guardarse de la yerba que se da a conocer sin verla: indica que no se debe fiar uno de las apariencias sin comprobar su verdad.

Guardarse en la manga: ocultar algo para sacarlo a la luz en el momento propicio, hacer trampas en el juego de naipes por ese procedimiento.

Guardarse las espaldas: mirar por sí.

Guardársela a alguno: esperar la venganza o castigo a otro.

Guárdate de aquel a quien Dios señaló: indica que las personas con defectos físicos suelen tener sentimientos ruines.

Guárdate del hombre que no hable y del perro que no ladre: ya que ambos dicen que son esquinados.

Guárdate del diablo: llevar cuidado.

Guárdete el enemigo que llevas en ti y contigo: animando a una persona a refrenar los instintos y maldades que se llevan dentro.

Guardia de la porra: dícese del policía municipal.

Guarida de ladrones: donde se reúnen gente de mal vivir.

¡Guarra!, ¡guarrona!, ¡guarrindonga!: insulto fuerte dirigido a una mujer, de aspecto muy dejado y sucio, que invita a no mantener ningún tipo de relaciones con ella.

Guasa viva: broma continuada.

Guay del Paraguay: muy bueno.

Guayabo: chica joven y bella.

Guayas tiene quien no puede: el que no se halla en condiciones de poder socorrer.

(La) Guerra es la fiesta de los muertos: según decían los españoles del siglo XVI.

Guerra sin cuartel: sin dar esperanzas al enemigo, empleando todos los medios para destruirle.

Guerra sucia: dícese de la que hace un gobierno para defenderse de delincuentes, terroristas, cuando no tiene otro medio para combatirlos; últimamente, podríamos enumerar al GAL.

Guiar la danza: ser el principal en un negocio mal gobernado.

Guindar: quitar, robar.

Guiñapo: despreciable.

Guiri: extranjero.

Gumia: prostituta.

Guri: policía municipal.

Guripa: golfo, también se llama así a los guardias.

Gurriato: persona fácil de engañar.

Gurrumino: cornudo, marido demasiado condescendiente con las infidelidades de su mujer.

Gusa: apetito, hambre.

(El) Gusanillo de la conciencia: llámase de esta manera al remordimiento de conciencia.

Gusano: se dice del que está al control de las zonas de aparcamiento. Persona innoble.

Gustar a rabiar: muchísimo.

Gustar con locura: agradar mucho.

Gustar más que comer con los dedos: agradar una cosa muchísimo.

Gustarle como si le rayaran las tripas: ser una cosa sumamente desagradable o molesta.

Gustarle que le den con la badila en los nudillos: frase irónica al que disimula un agravio o contrariedad.

Gustarle una escoba con faldas: se aplica al hombre que le gustan todas las mujeres por feas que sean.

Ha de bajar mucha agua por el Ebro: ha de pasar mucho tiempo para que suceda una cosa.

Ha habido perdices: equivale a decir que una cosa se ha perdido.

¿Ha parido la gata?: Expresión familiar que se dice cuando se ven muchas luces encendidas en una habitación sin necesidad de ello.

Ha pasado un ángel: se dice cuando de pronto en un grupo se ha producido un gran silencio.

Habas contadas: se dice de una cosa clara y evidente, que no puede ocurrir de otro modo.

Hábeas corpus: expresión del derecho, que indica la obligación que se tiene de presentar al acusado ante el juez, para que exprese la legalidad de la detención.

Habemus Papam: fórmula con que se da a conocer la elección de un nuevo Papa.

Haber a las manos una cosa: encontrar o hallar lo que se busca.

Haber a mano una cosa: tenerla.

Haber aprendido un buen oficio: irónicamente se dice al que se ha dedicado a ocupación que le proporciona mayor utilidad que honra.

Haber bebido del pilón: haber cedido ya de su rigor un juez.

Haber bulas para difuntos: tener privilegios para eximirse de cargas.

Haber caído el ministerio: frase jocosa que se aplica al que se ha pelado o cortado el pelo.

Haber comido con cuchara de palo: se aplica a la persona que es ordinaria en sus principios.

Haber comido conmigo mucha sal con pan: equivale a decir que una persona es de toda confianza.

Haber como piojos: en abundancia.

Haber corrido mucha agua: haber acontecido alguna cosa hace mucho tiempo.

Haber cuatro gatos: para indicar que había poca gente, y sin importancia.

Haber cuatro pitos y un tambor: para expresar una escasa asistencia.

Haber de todo como en botica: tener provisión, colección o surtido completo o variado de cosas diversas.

Haber dello con dello: andar mezclado lo bueno con lo malo, lo agradable con lo desagradable.

Haber errado la vocación: estar efectuando un trabajo que no es totalmente del agrado del que lo ejecuta.

Haber escrito más que "El Tostado": el que escribe muchísimo.

Haber gato encerrado: haber alguna razón oculta, o manejos ocultos.

Haber hule: peligro grave, desgracias.

Haber juncias y cañas verdes: equivale a estar en fiestas.

Haber la de Dios es Cristo: gran disputa o riña.

Haber la de San Quintín: grandes discusiones.

Haber las de Mazagatos: haber una gran pendencia o riña.

Haber llegado en el tren de las ocho y cuarenta: ser simple o un bobalicón.

Haber llovido mucho desde entonces: que ha pasado mucho tiempo.

Haber marea baja: se emplea para aludir a la falta de higiene íntima de una mujer, conociéndose por el mal olor que desprende.

Haber más días que longanizas: existencia superior de días que las cosas generalmente buenas, que se quieren hacer o tomar.

Haber menester alguna cosa: necesitarla.

Haber menester un tutor: ser incapaz de gobernar una personas sus cosas, o ser demasiado gastador o manirroto.

Haber montes y morenas: promover discusiones que generalmente terminan en lucha.

Haber moros en la costa: indica precaución con lo que se hace o dice.

Haber moros y cristianos: gran riña o discordia.

Haber mucha sangre: ser muy reñida una contienda.

Haber mucha tela que cortar: mucho de que hablar o comentar.

Haber mucho condumio: haberse preparado mucha comida.

Haber muchos burros del mismo pelo: dícese festivamente cuando se confunde a una persona con otra.

Haber mundo nuevo: ocurrir alguna novedad.

Hacer mutatio capparum: cambiarse de ropa; también de forma de pensar y actuar.

Haber nacido antes: dícese al pequeño de la casa cuando no tiene adquiridas ciertas prerrogativas por la edad, y que ya suelen hacer los hermanos mayores.

Haber nacido ayer: ser una persona muy cándida.

Haber nacido con buena o mala estrella: dícese de la persona que tiene buena o mala suerte.

Haber nacido de pie: dícese de las personas afortunadas.

Haber nacido en las malvas: de nacimiento humilde.

Haber nacido en tal día: haberse librado de un peligro de muerte.

Haber nacido estrellado: tener mala suerte.

Haber nacido tarde: el que, falto de inteligencia o experiencia, se atreve a opinar entre personas que saben más que él.

Haber, o no haber, oído misa una cosa: ser, o no ser, buena.

Haber, o tener, de todo, como botiquín en campaña: estar provisto de todo lo necesario.

Haber oído campanas y no saber dónde: no saber las cosas con exactitud.

Haber paño que cortar: existir materia abundante.

Haber parte de una cosa: gran abundancia de ella.

Haber pasado el aguacero: haber terminado la riña que caía sobre uno.

Haber pasado las borriquillas, o las burras de la leche: frase que da a entender que el día está avanzado, ordenando o invitando a una persona a levantarse de la cama; los lecheros (y no hace tantos años) madrugaban mucho para vender su producto, sirviéndose en el transporte de estos animales.

Haber pasado por la capilla de Santa Bárbara: haber recibido la borla de doctor por la Universidad de Salamanca.

Haber perdido algún tornillo: estar volviéndose tonto.

Haber perdido los memoriales: haber perdido la memoria de una cosa y no saber dar razón de ella.

Haber pisado buena, o mala, hierba: salir bien, o mal, las cosas. Estar de buen, o mal, humor.

Haber por confeso a uno: reputarle por confeso, por falta de comparecencia a declarar, y cumplidos los trámites legales.

Haber quitado a uno los mocos: haberle criado.

Haber ropa tendida: ser necesario extremar cautela para evitar que alguno de los presentes venga en conocimiento de algo que conviene ocultar.

Haber salido de mantillas: tener edad y conocimientos suficientes para gobernarse por sí.

Haber salido de pañales: haber salido de mantillas.

Haber salido la muela del juicio: ser prudente.

Haber salido, o nacido, los dientes en una parte, o haciendo una cosa: haber nacido o residido en una población, dedicarse a una cosa desde edad temprana.

Haber sido cocinero antes que fraile: conocer una persona algún asunto, por haber desempeñado o estado en dicha situación.

Haber sus más y sus menos: entrar en discusión.

Haber tela cortada: tener mucho que hablar sobre un asunto.

Haber tela que cortar, o tela marinera: abundancia de algo y que, cortando o suprimiendo lo sobrante, la cantidad que queda tiene contenido o forma.

Haber tomado una copa de más: estar un poco bebida una persona.

Haber toros y cañas: haber fuertes disputas o porfías.

Haber un abismo: existir una gran diferencia.

Haber una de pópulo bárbaro: terminar algo de mala manera.

Haber una de todos los diablos: alboroto difícil de calmar.

Haber una marimorena: gran disputa o altercado.

Haber una paz octaviana: dícese de toda gran quietud, tranquilidad y sosiego.

Haber venido el obispo: dícese de lo que huele a quemado por haberse agarrado la comida.

Haber visto las orejas al lobo: haberse hallado en riesgo de perder algo de gran estima.

Haber zacapella: riña, contienda.

Haberla hecho buena: frase irónica, haber ejecutado una cosa perjudicial a determinado fin.

Haberlas, haylas: dícese de la existencia de las brujas.

Haberlas, o haberlos, con uno: tratar con él.

Haberle cortado el ombligo: tener captada su voluntad.

Haberle hecho la boca un fraile: se aplica al pedigüeño.

Haberle nacido, o salido, los dientes en una parte, o haciendo una cosa: haber nacido en dicho sitio, o haberse dedicado desde niño a una cosa.

Haberle quitado los mocos: haberle criado o cuidado de él desde pequeño.

Haberle salido la muela del juicio: ser prudente en sus acciones.

Haberlo de los cascos: estar loco o chiflado.

Haberse aprendido, u oído, una cosa en viernes: repetirla constantemente, venga a cuento o no.

Haberse criado en buenas mantillas: tener progenitores ilustres, o bien acomodados.

Haberse criado entre almadrabas: dícese del tosco, rústico.

Haberse criado entre buenos pañales: descender de familia noble o rica.

Haberse destetado con una cosa: ser sumamente conocido y desde hace mucho tiempo.

Haberse tragado, o tenerse tragado, alguna cosa: estar convencido de que va a suceder algo. Tener ya asumido lo que ya ha acontecido.

Haberse tragado una escoba: andar con altanería, muy derecho.

Habérselas con alguno: disputar, contender con él.

Había, o hay, que ver: ponderación de algo notable.

Habida cuenta: teniendo en consideración.

Habido en buena lid, o guerra: dícese de lo que se obtiene por medios lícitos.

Habilitar días, o el día: decretar el juez las fechas de actuaciones.

(El) Hábito hace al monje: la manera de vestir es por lo que se clasifica a una persona a simple vista.

(El) Hábito no hace al monje: los actos y forma de ser no tienen por qué ser coincidentes con la forma de vestir o demostrarse en público.

Habla con todos honesto, sin tocar en lo del sexto: invitando a la convivencia, pero dejando a un lado el sexo.

¿Habla el alcalde? Barbaridad tenemos: se dice de las personas que tienen la costumbre de no hablar sin decir tonterias.

¿Hablaba usted de mi pleito?: ironía al que no habla de otra cosa que de sus cuitas o asuntos.

Hablando del rey de Roma, por la puerta asoma: se utiliza cuando llega una persona de la que en ese momento se estaba hablando.

Hablando mal y pronto: se dice cuando en una conversación se va a decir una palabra mal sonante, un taco, exabrupto, etc.

Hablando se entiende la gente: con que se exalta el diálogo y el buen entendimiento entre las personas.

Hablando se saben las cosas: se dice cuando se comentan las cosas y se conoce lo que no se sabía.

Hablar a bóbilis bóbilis: sin saber.

Hablar a bocanadas: hablar sin ton ni son, o con fanfarronería.

Hablar a borbotones: atropelladamente.

Hablar a calzoncillo quitado: sin reparos de ningún tipo.

Hablar a chorretadas, o chorros: mucho y atropelladamente.

Hablar a coros: alternativamente, sin interrupción.

Hablar a destajo: con exceso y sin contenido.

Hablar a Dios de tú: tener gran osadía, expresando la magnitud de una cosa.

Hablar a la birlonga: sin poner gran cuidado.

Hablar a la mano: hablar a una persona turbándola o inquietándola.

Hablar a sus espaldas: sin estar presente la persona, generalmente mal.

Hablar a tontas y a locas: sin contenido, ni reflexión.

Hablar a trompatalegas: mal, sin sentido ni fundamento.

Hablar "ad ephesios": empeñarse inútilmente en una cosa.

Hablar al aire, o al humo: sin que nadie le escuche.

Hablar al caso: hacerlo con oportunidad.

Hablar al gusto, o al paladar: dar gusto en la conversación a quien la oye.

Hablar alto: expresarse con libertad, fundándose en su autoridad o en la razón.

Hablar bien: con propiedad.

Hablar bien criado: hablar como hombre de buena crianza.

Hablar bien no cuesta dinero: reprendiendo a los que dicen palabras malsonantes o tacos. El pueblo castizo en contra de este refrán y chulescamente ha dicho: **¡Joder!, habla bien que no cuesta un huevo, y quedas cojonudamente delante de esta puta sociedad.** La cuestión queda muy clara.

Hablar claro: sin tapujos.

Hablar claro y transparente como el agua de la fuente: indicando que siempre debe hablarse con toda claridad y sin tapujos.

Hablar como el papagayo: decir cosas sin pensarlas.

Hablar como los propios ángeles: muy bien y delicadamente.

Hablar como un carretero: profiriendo palabrotas o blasfemias.

Hablar como un descosido: dícese de la persona que no para de hablar.

Hablar como un libro: con corrección, elegancia y autoridad.

Hablar como un libro abierto: correctamente y con contenido.

Hablar como un libro cerrado: lo contrario a lo anterior.

Hablar como un libro en blanco: manera de decir a una persona que ha soltado un exabrupto.

Hablar como un libro nuevo: introducir novedades. Arreglar la vida de vicios y defectos.

Hablar como un papagayo: hablar mucho, sin inteligencia ni conocimiento.

Hablar como una chicharra: dícese de la persona que habla exageradamente, muy deprisa y sin dejar meter baza a los demás.

Hablar como una cotorra: hablar mucho.

Hablar con bocina: gritar.

Hablar con Dios: orar.

Hablar con el corazón en la mano: hacerlo con toda franqueza, noblemente.

Hablar con el diablo: ser muy astuto para averiguar cosas difíciles.

Hablar con la boca chica: decir verdades a medias, ocultando muchas cosas que se saben.

Hablar con la pared: ser inútil hablar con una persona, como si se hablase con ese elemento.

Hablar con las manos: gesticular mucho con ellas.

Hablar con lengua de plata: pretender algo por medio de regalos o dinero.

Hablar con los ojos: dar a entender con una mirada lo que se desea.

Hablar consigo: meditar, sin llegar a expresarse.

Hablar cristiano: hablar claro, de manera que se entienda.

Hablar de burlas: hablar aparentando sinceridad cuando realmente no se habla de veras.

Hablar de gracia: hablar sin fundamento.

Hablar de igual a igual: con toda la confianza y sin rango.

Hablar de la mar: vulgarmente significa ser imposible la ejecución de una cosa. Que una cosa tiene mucho que hablar o tratar.

Hablar de manos: mover las manos cuando se habla.

Hablar de memoria, o de cabeza: decir sin fundamento ni reflexión lo primero que se le ocurre.

Hablar de misterio: hablar cautelosa y reservadamente.

Hablar de, o desde, la talanquera: facilidad con que hablan algunos estando seguros, juzgando y murmurando de los que se hallan en un conflicto.

Hablar de papo: con presunción y vanidad.

Hablar de perlas: admirablemente.

Hablar de repente: de memoria.

Hablar de talanquera: se aplica a los que hablan seguro.

Hablar de tú, o de tú a tú: sin ningún tratamiento, con toda familiaridad.

Hablar de veras: comenzar a enfadarse.

Hablar de vicio: ser muy hablador. Hablar bien y con desenvoltura.

Hablar de volatería: hablar al aire, sin fundamento.

Hablar del hilván: deprisa y atropelladamente.

Hablar Dios con uno: inspirarle.

Hablar el alma: con claridad y verdad, sin contemplación ni lisonja. Hablar con gran interés, procurando persuadir, conmoviendo.

Hablar el evangelio: ser verdadero lo que se dice.

Hablar en cristiano: de forma inteligible.

Hablar en común: con todos en general.

Hablar en el cuento: hablar de lo que se trata.

Hablar en griego, o latín: cosa superior que no es entendida por todos.

Hablar en jerga: hacerlo mezclando varios idiomas.

Hablar en jerigonza: utilizando una jerga.

Hablar en plata: con toda claridad, aunque implique rudeza.

Hablar en romance, o en román paladino: con claridad y sin rodeos.

Hablar entre dientes: refunfuñar, gruñir. Hablar de manera que no se entienda lo que se dice, por lo oscuro de la dicción.

Hablar entre sí, o consigo: meditar sin pronunciar nada.

Hablar ex cátedra: en tono magistral y decisivo.

Hablar fuerte: con entereza y superioridad.

Hablar gordo: echar bravatas amenazando.

Hablar largo y tendido: hablar de muchos asuntos y extensamente.

Hablar las paredes, o las piedras: ser fácil que se descubra lo que está muy secreto.

Hablar mal: diciendo frases soeces, tacos.

Hablar maravillas: hablar excelentemente de algo o de alguien.

Hablar más que siete: hablar mucho una persona.

Hablar más que treinta procuradores: tener una gran verborrea.

Hablar más que un papagayo: hablar mucho.

Hablar más que un ropero en día de fiesta: dícese del que habla en exceso y cosas sin fundamento.

Hablar más que un sacamuelas: ser hablador en exceso.

Hablar más que una cotorra: ser charlatán.

Hablar más que una urraca: hablar mucho una persona; dícese de las mujeres parlanchinas.

Hablar menos que un mudo ronco: muy poco, no ser persona de palabras, de grandes conversaciones.

Hablar mucho con el sordo, es mal seso y mal recado: por el tiempo que se pierde.

Hablar muy alto: ser elocuente, eficaz o significativa alguna cosa.

Hablar, o comer, o llorar, o reír..., como un descosido: hacer dichas cosas con gran intensidad.

Hablar, o pensar, en lo excusado: con que se denota lo imposible o muy dificultoso de una pretensión o intento.

Hablar, o ponerse, papo a papo, con uno: hablarse cara a cara, con desenfado y claridad.

Hablar para el cuello de la camisa: en voz baja, de forma que sólo el cuello le pueda oír.

Hablar para su capote: muy bajo, casi imperceptible.

Hablar poco, pero mal, es mucho hablar: recomendando el silencio para los que no poseen dotes oratorias, o carecen de conocimiento para hablar discretamente.

Hablar poquito y mear clarito: dícese que ambas cosas son signo de equlibrio en la persona, y de salud en ella.

Hablar por boca de ganso: decir lo que otro ha sugerido.

Hablar por boca de otro: conformarse en lo que se dice con la opinión ajena.

Hablar por cerbatana: valerse de un intermediario para manifestar lo que no se quiere hacer directamente.

Hablar por demás: ser inútil lo que se dice, por no hacer impresión a la persona a la que se habla.

Hablar por detrás, o por las espaldas: decir de otro en su ausencia.

Hablar por hablar: decir algo sin contenido y venir al caso.

Hablar por la mano: lenguaje de los sordomudos.

Hablar por las coyunturas: hablar mucho, por los codos.

Hablar por las espaldas: hablar en ausencia de otro lo que no se diría cara a cara.

Hablar por las narices: el gangoso.

Hablar por los codos: demasiado.

Hablar por no callar: por no resignarse a pasar inadvertido.

Hablar por señas: darse a entender por medio de ademanes.

Hablar por vienticinco, o por siete: ser muy hablador.

Hablar recio: con entereza y superioridad.

Hablar seguro como tordo en campanario: dícese de lo que apenas tiene peligro, y se puede decir sin miedo a represalias.

Hablar sin pensar es tirar sin apuntar: recomienda la reflexión antes de hablar.

Hablar sin rebozo: con toda claridad y sin disimulos.

Hablar todo: no callar lo que se debe.

Hablar una cosa con uno: comprenderle.

Hablara yo para mañana: con que se reconviene a uno después que se ha explicado una circunstancia, que antes omitió y era necesaria.

Hablarlo todo: no tener discreción para callar lo que se debe.

Hablarse de gorra: hacerse el saludo, descubriéndose dos personas y sin hablarse.

Hablárselo todo: hablar tanto que no da lugar a hacerlo a los demás.

Hable Burgos, que Toledo hará lo que yo le mande: se dice cuando hay competencia en hablar o proceder primero.

Hable el que recibe y calle el que da: las buenas acciones no deben ser pregonadas.

Habló Blas, punto redondo: se indica cuando una persona habla, creyendo que siempre tiene razón.

Habló el buey y dijo ¡mu!: se dice de los silencios, que cuando llega a romperse es sólo para decir algún disparate.

¿Hablo yo o canta un carro?: se dice cuando a uno no le hacen caso.

Háblole en algarabía, como aquel que bien lo sabe: se aplica a las personas capacitadas para comprender ciertas cosas, porque su conocimiento le viene dado por la experiencia.

¡Habráse visto!: exclamación de reproche, ante un mal proceder inesperado.

Hace mal quien lo secundario hace principal: exhortando a prestar la atención siempre a lo que es

más principal o primordial, dejando lo secundario para después.

Hace mucho: tiempo pasado.

Hace mucho tiempo que lo tengo olvidado: indicando que no se tiene resentimiento sobre algo y que ya está perdonado.

Hace un frío que jode el cutis: sentirlo en la cara.

Hace un frío que se caga la perra: hacer mucho frío.

¿Hacemos algo?: con que se incita a otro a que entre en algún negocio, venir a la conclusión de un contrato.

Haceos de miel y os comerán las moscas: refrán recogido en *El Quijote*, indicando que el ejercicio de la bondad no es ilimitado, ya que suele ser objeto de abuso por parte de los demás.

Hacer a bulto una cosa: atropelladamente, sin pensar.

Hacer a derechas alguna cosa: hacerla correctamente.

Hacer a dos caras: proceder con doblez.

Hacer a dos manos, o a todas manos, como embarradores: manejarse con astucia, sacando utilidad de todos los que se interesan en él.

Hacer a la chiticallando una cosa: con mucho silencio o sigilo, con toda reserva o disimulo.

Hacer a la fuerza: contra su gusto o voluntad.

Hacer a las mil maravillas alguna cosa: de modo exquisito y primoroso.

Hacer a mal hacer: hacer adrede alguna cosa mala.

Hacer a pelo y a pluma: no desperdiciar nada. Persona que hace a los dos sexos. Cuando un cazador es diestro.

Hacer a pendón herido: hacer lo que se trata con gran fuerza, unión y diligencia.

Hacer a pospelo: con repugnancia alguna cosa.

Hacer a remiendos: a retazos.

Hacer a remo y vela: con presteza, diligencia, sin tomar descanso.

Hacer a remolque algo: de mala gana, a la fuerza.

Hacer a rempujones: a remolque.

Hacer a retazos: a ratos, con intermisión de tiempo.

Hacer a sangre caliente una cosa: inmediatamente, sin detenerse a pensarlo.

Hacer a toda ropa: hacer a pelo y a pluma.

Hacer a toda vela: ejecutar una cosa con toda rapidez y rectitud.

Hacer a todo: servir para todo. Recibir bien lo que le den.

Hacer a trochemoche: disparatada o inconsideradamente, a diestro y siniestro.

Hacer a todo trapo: con eficacia, energía, entusiasmo.

Hacer a uno los ojos chirivitas: asombrarse de algo.

Hacer acto de presencia: presentarse en un acto social por compromiso durante breve tiempo.

Hacer agua: entrar agua en las embarcaciones. Empezar a desmoronarse una cosa.

Hacer aguas: orinar. Estar un asunto en peligro de venirse abajo.

Hacer aguas mayores: evacuar.

Hacer aguas menores: orinar.

Hacer aire: impeler el aire hacia fuera. Incomodar.

Hacer al caso: venir a propósito.

Hacer al lobo despensero: equivale a confiar a una persona el cuidado de una cosa sabiendo que no va a responder.

Hacer al vapor: con gran celeridad y prontitud.

Hacer albondiguillas: pelotillas de moco seco.

Hacer albórbolas: armar mucha bulla sin motivo para ello.

Hacer algo a hurta cordel: ejecutarla repentinamente y sin ser visto.

Hacer algo con bendición: llevar a cabo con acierto y felicidad.

Hacer algo con la polla: con suma facilidad.

Hacer algo con su cuenta y razón: por dinero y no gratuitamente.

Hacer algo con su idea: con premeditada intención.

Hacer alguna: ejecutar una mala acción o travesura.

Hacer algo con más facilidad que beberse una taza de vino, o un vaso de agua: no costar nada su realización.

Hacer algo en menos tiempo que se santigua un cura loco: tardar muy poco tiempo en hacerlo.

Hacer algo por el bien parecer: ejecutar algo para evitar las críticas de la sociedad.

Hacer algo por la vida: comer, dicho de forma jocosa.

Hacer alguna cosa como por la palma de la mano: ejecutarla con suma facilidad y ligereza.

Hacer alguna cosa de perlas: llevarla a cabo a gusto de todos, y con toda perfección.

Hacer alguna cosa de su santiscario: de su invención.

Hacer alguna cosa en dos paletas, o en dos paletadas: brevemente, con prontitud.

Hacer alguna cosa en el filo de una espada: llevarla a cabo en ocasión difícil o arriesgada.

Hacer alto en alguna cosa: fijar la atención en ella.

Hacer alto, o un alto en el camino: pararse.

Hacer antesala: esperar a ser recibido por alguien.

Hacer aposta alguna cosa: hacerla con premeditación y con todo conocimiento.

Hacer arrastrando: cuando se hace una cosa de mala gana.

Hacer artículo de una cosa: contradecirla, o dificultar su ejecución.

Hacer ascos: despreciar sin razón.

Hacer astillas: destrozar una cosa en trozos o pedazos pequeños.

Hacer azote para sus espaldas: procurarse uno mismo, daño.

Hacer bajar la cola a alguno: humillar la altivez o soberbia por medio de la represión o castigo.

Hacer bajar las escaleras de tres en tres: dominar, amedrentar.

Hacer balcón: exhibirse las prostitutas en la ventana.

Hacer banderas: jugar con el peligro, cometer imprudencias.

Hacer barato: dar las mercancías a menor precio para poder venderlas pronto.

Hacer beber la toca: atormentar, atosigar, importunar.

Hacer bien: socorrer, beneficiar, dar limosna.

Hacer bien a villanos es echar agua en el mar: por hacer algo totalmente inútil.

Hacer blanco: dar, cuando se dispara, en el blanco o diana.

Hacer blasón: jactarse, vanagloriarse.

Hacer bobadas con las orejas: expresión que quiere indicar que se hacen tonterías en grado superlativo.

Hacer boca: tomar algún alimento ligero.

Hacer boda: entre anticuarios componer un objeto antiguo con elementos de distinta procedencia.

Hacer bolas: hacer novillos.

Hacer bollos: practicar el lesbianismo.

Hacer buen, o mal, estómago alguna cosa: agradar o desagradar una cosa.

Hacer buen, o mal papel: salir lúcida o desairadamente de algún asunto.

Hacer buen, o mal, tercio: ayudar o estorbar.

Hacer buena alguna cosa: justificarla.

Hacer buena cosa: probarla o justificarla, hacer efectiva y real la cosa que se dice o supone.

Hacer buena hacienda: ironía que se usa cuando uno ha incurrido en algún yerro o desacierto.

Hacer buena la venta: asegurarla.

Hacer buena, o mala, harina: hacer bien o mal.

Hacer buena, o mala, liga con alguno: convenir con él, o no, por sus condiciones.

Hacer buena, o mala, vecindad: llevarse bien, o mal, entre sí los vecinos.

Hacer buena pareja: llevarse bien con una persona.

Hacer buena su palabra: demostrar lo que se ha aseverado.

Hacer buenas, o malas, migas: llevarse bien o mal.

Hacer buenos oficios: practicar diligencias eficaces en favor de otro.

Hacer bulto: ocupar únicamente un sitio.

Hacer burros: cometer torpezas el jugador novel.

Hacer cábalas: conjeturas.

Hacer cabeza: ser el principal. Hacer frente a los enemigos.

Hacer caediza: dejar caer maliciosamente una cosa, como por descuido.

Hacer cagar: resultar muy despreciable alguna cosa.

Hacer caja: comprobar los ingresos diarios con sus justificantes.

Hacer cala y cata: reconocer una cosa para saber su calidad.

Hacer calceta: punto con lana y dos agujas largas.

Hacer calendarios: estar pensativo, discurriendo a solas sin objeto determinado. Hacer cálculos o pronósticos aventurados

Hacer callar a un chancho a azotes: disponer medios inoportunos para conseguir un fin.

Hacer calle: abrir paso entre la gente amontonada.

Hacer cama: estar en ella por indisposición.

Hacer cama redonda: acostarse varias personas en una cama, manteniendo relaciones sexuales.

Hacer cambalache: intercambiar pequeñas cosas.

Hacer camino: haber andado mucho.

Hacer campo: desembarazar de gente un paraje o lugar.

Hacer candelillas, o chirivitas, los ojos: estar medio beodo.

Hacer capillitas: dividirse un grupo humano, con el fin de ayudar a una causa.

Hacer cara, o frente: resistir, oponerse. Salir fiador.

Hacer caracoles: dar vueltas de un sitio a otro sin rumbo fijo.

Hacer carambola: tropezar a la vez con varias cosas.

Hacer carantoñas: halagar, acariciar a fin de conseguir lo que se pretende.

Hacer caravanas, o las caravanas: hacer las diligencias conducentes para lograr alguna pretensión.

Hacer cargo a alguno de alguna cosa: imputárselo, hacerle responsable.

Hacer carne: herir o maltratar.

Hacer carne y sangre de una cosa: servirse de una cosa ajena, sin pensar en restituirla o pagarla.

Hacer carnicería: muchas heridas.

Hacer carrera: conseguir puestos más elevados.

Hacer de carrerilla alguna cosa: ejecutarla muy deprisa por ser sobradamente conocida.

Hacer caso: atender, mirar con aprecio.

Hacer caso de alguien: tenerle consideración.

Hacer caso omiso: prescindir de alguna cosa, no hacer hincapié en ella.

Hacer castillos en el aire, o de naipes: formarse ilusiones sin fundamento.

Hacer caudal de una cosa: hacer aprecio de ella.

Hacer causa común: intentar algo en común unas personas que suman sus esfuerzos a los de otras.

Hacer cenizas una cosa: destruirla totalmente.

Hacer chacota de alguna cosa: objeto de burla.

Hacer chapas: ejercer la prostitución homosexual.

Hacer chico: monospreciar o rebajar a una persona, no tenerla en cuenta para nada.

Hacer chiribitas los ojos: ver una especie de chispas delante de los ojos, por causa de un golpe u otra causa.

Hacer cisco: romper en trozos muy pequeños.

Hacer cocos: hacer señas o expresiones para espantar o burlarse de uno. Hacer el amor.

Hacer cola: esperar vez, formando hilera para entrar en algún lugar, o acercarse a él.

Hacer combas: tener las piernas torcidas.

Hacer como el más pintado: llevar a cabo con perfección, como el que mejor lo pudiese hacer.

Hacer como el zapatero, que tira el cuero con los dientes hasta que le hace llegar a donde él quiere: aconseja la fuerza de voluntad y perseverancia para conseguir lo que se desea.

Hacer como los perros grandes con los chicos: se aplica al fuerte que desprecia al débil.

Hacer como por ensalmo una cosa: ejecutarla bien y con toda rapidez.

Hacer como que hace algo: simular que se está haciendo un trabajo.

Hacer como que se va y vuelve: fingimiento por parte de la persona que dice no querer una cosa deseándola.

Hacer como quien no quiere la cosa: a hurtadillas.

Hacer como vaca y cubrir como gata: se aplica a los que, habiendo cometido una gran falta, se disculpan como si fuera pequeña.

Hacer composición de un lugar: meditar y estudiar un asunto.

Hacer con la polla: con una gran facilidad algo.

Hacer con los cinco sentidos, o poner los cinco sentidos: con la mayor atención y desvelo.

Hacer con los pies algo: de forma totalmente equivocada o mal.

Hacer con regla y compás: hacer alguna cosa con toda clase de método y ajustándose estrictamente a las normas.

Hacer con segundas algo: con doble intención.

Hacer constar: manifestar, decir.

Hacer contra viento y marea una cosa: arrostrando todos los inconvenientes y dificultades.

Hacer coro: opinar igual que otra persona.

Hacer corrales: "fumarse la clase", hacer novillos.

Hacer corro: hacer reunión sin orden, y en la calle principalmente.

Hacer corro aparte: formar o seguir otro partido.

Hacer cosquillas alguna cosa: excitar la curiosidad.

Hacer costilla: aguantar pacientemente los golpes, regañinas, contratiempos, etc., cuando no se pueden evitar.

Hacer creer que el día es noche: embaucar.

Hacer cuartos: ganar dinero.

Hacer cuenta: figurarse una cosa.

Hacer cucamonas: zalamerías.

Hacer cucaña: dícese de lo que se consigue con poco trabajo y a costa ajena.

Hacer cuenta con la bolsa: no aventurarse a hacer un gasto grande, sin saber de antemano el caudal que se tiene.

Hacer cuentas galanas: contar sobre cosas ficticias.

Hacer cuerpo presente: concurrir a algo sin tomar parte.

Hacer cuestión de gabinete: ser de mucha importancia y tomarla con gran interés.

Hacer de agua, o del agua: lavar, remojar tela o ropa de lienzo antes de usarla.

Hacer de algo cera y pabilo: disponer a su antojo y libertad.

Hacer de barato: de balde, sin interés.

Hacer de carrerilla algo: hacerlo seguido y deprisa.

Hacer de casa, corral: se dice de los buenos administradores domésticos, también se usa a la inversa.

Hacer de cera y de pabilo: forma de indicar la facilidad con que uno seduce a otro a que haga lo que quiera.

Hacer de cuerpo: exonerar el vientre.

Hacer de la necesidad virtud: afectar lo que se hace por necesidad, como si fuese de buena gana.

Hacer de la noche, día: trasnochar.

Hacer de las piedras pan: comer con apetito y sin andar con melindres.

Hacer de las suyas: obrar como a uno se le antoja.

Hacer de lo blanco, negro: de la verdad, mentira.

Hacer de menos: menospreciar.

Hacer de, o del, vientre: defecar.

Hacer de persona: afectar poder o mérito sin tenerlo. Jactarse vanamente.

Hacer de revuelo: pronto y levemente, como de paso.

Hacer de su capa un sayo: hacer lo que le viene en gana.

Hacer de su parte: aplicar los medios que están a su alcance para el logro de un fin.

Hacer de su persona: exonerar el vientre.

Hacer de tripas corazón: esforzarse sin ganas, dominarse, sobreponerse a las adversidades.

Hacer de trompa y talega: sin reflexión, orden ni concierto.

Hacer de un camino dos mandados: aprovechar la ocasión para hacer dos cosas a la vez y con diligencia.

Hacer de un santo dos: valerse de todos los medios para conseguir lo que se propone.

Hacer de un tiro dos cuchilladas: matar dos pájaros de un tiro.

Hacer de una pulga, un camello o un elefante: con que se moteja a los que ponderan los defectos ajenos.

Hacer de vientre: defecar.

Hacer dedo: dícese de la persona que hace autostop.

Hacer del cielo, cebolla: enredar.

Hacer del ladrón fiel: fiarse de alguno por necesidad. Fingir honradez y sencillez para inspirar confianza.

Hacer del ojo: hacer señas guiñando el ojo, para que otro le entienda sin ser visto.

Hacer del ojo a uno: llamarle la atención con disimulo, guiñándole el ojo.

Hacer del sambenito gala: aplícase a la que, habiendo logrado una cosa deshonestamente, se vale de ellos para presumir.

Hacer dinero: adquirir caudal, hacerse rico.

Hacer distinción: juzgar con rectitud.

Hacer divinidades: con primor extraordinario.

Hacer doblete: entre cazadores matar dos piezas diferentes, con cada uno de los tiros.

Hacer donaire de alguna cosa: burlarse de ella con gracia.

Hacer dos luces: alumbrar a dos partes al mismo tiempo.

Hacer eco: correspondencia de una cosa con otra. Hacer una cosa notable.

Hacer efectivo: pagar.

Hacer efecto: surtir efecto. Dar el resultado que se esperaba.

Hacer el agosto, o su agosto: hacer un buen negocio.

Hacer el amor: copular.

Hacer el arrimón: los borrachos cuando están arrimados a algo para no caerse.

Hacer el artículo: ponderar una cosa en demasía.

Hacer el avío: prestar todo lo que se necesita para poder presentarse en un festejo o ceremonia.

Hacer el avión: fastidiar o causar perjuicio.

Hacer el barbo: dícese del que disimula que está cantando, gesticulando al efecto.

Hacer el bien: comportarse generosamente con los semejantes.

Hacer el burro: cometer alguna torpeza, empleando generalmente la fuerza bruta.

Hacer el buzo: hacer alguna demostración de obsequio, rendimiento o lisonja.

Hacer el cabrón: aguantar pacientemente las regañinas o trabajos que se imponen.

Hacer el cadete: actuar como los adolescentes, de forma poco consecuente.

Hacer el cafre: comportarse una persona como un bruto.

Hacer el caldo, o la olla gorda: obrar de modo que aproveche a otro, involuntariamente o inadvertidamente.

Hacer el canelo: hacer el tonto, el ridículo.

Hacer el chorra: el tonto, el estúpido.

Hacer el cofre: preparar para marcharse.

Hacer el cuento: simular.

Hacer el cuerpo al aire, al agua, etc.: acostumbrarse a la intemperie.

Hacer el ganso: el tonto, el bobo.

Hacer el gasto: mantener la conversación entre varios. Aceptar lo que le ofrecen a uno.

Hacer el gato: buscar por el suelo algo que se ha caído o perdido, estando a cuatro patas.

Hacer el indio: el primo.

Hacer el juego: seguir la corriente a una persona.

Hacer el juego del pasapasa: hacer desaparecer una cosa.

Hacer el mico: el tonto, el bobo.

Hacer el muerto: flotar de espaldas en el agua.

Hacer el oficio de la tenaza: coger y apretar, dícese de aquellas personas que, valiéndose de su posición, abusan de los inferiores.

Hacer el oso: galantear.

Hacer el oso, o el payaso: ponerse en ridículo, exponerse a la burla o lástima de las gentes. Galantear, cortejar sin reparo ni disimulo.

Hacer el papel: fingir diestramente una cosa, representar a lo vivo.

Hacer el paripé: presumir, darse tono.

Hacer el paseíllo: desfilar las cuadrillas por el coso antes de empezar la corrida.

Hacer el paso: quedar en ridículo.

Hacer el paso de la cruz: caerse.

Hacer el paso de la Oración del Huerto: estar rendido por el sueño.

Hacer el payaso: ser el hazmerreír de los demás, dárselas de gracioso.

Hacer el pelo: aderezarlo.

Hacer el pico a uno: mantenerlo de comida.

Hacer el pino: ponerse una persona con las manos en el suelo y los pies verticales.

Hacer el plato a uno: mantenerlo, darle de comer.

Hacer el primo: se aplica al que se deja engañar fácilmente.

Hacer el puente: arrancar un vehículo sin la llave de puesta en marcha.

Hacer el puente de plata: allanar las cosas en que se halla dificultad.

Hacer el quite: intervenir en favor de una persona en el momento oportuno.

Hacer el "ridi": achulado, hacer el ridículo.

Hacer el rizo: dar el avión una vuelta de campana en el aire.

Hacer el salto: ser infiel al cónyuge o pareja.

Hacer el servicio: estar prestándolo en la milicia.

Hacer el sesenta y nueve: practicarse a la vez la felación y el cunnilingus una pareja, estando acoplados a la inversa.

Hacer el tonto: tonterías, comportarse como tal.

Hacer el último esfuerzo: todo lo posible.

Hacer el vacío: negar o dificultar el trato con los demás, aislar a alguien.

Hacer el vago: no trabajar cuando procede.

Hacer el vía crucis: ir de bar en bar bebiendo.

Hacer embudo: trampa, engaño.

Hacer en balde alguna cosa: se dice cuando no se consiguen los resultados deseados.

Hacer en el filo de una espada algo: hacerla en en ocasión difícil o arriesgada.

Hacer en regla: como es debido, con todas las formalidades y requisitos.

Hacer en un periquete, en un santiamén, en un Jesús, en un boleo, en menos que canta un gallo, en menos que se persigna un cura loco una cosa: en un instante, brevemente.

Hacer en un verbo: sin dilación, sin demora, en un instante.

Hacer entrar en razón: hacerle comprender.

Hacer entrar en trotes, o meter en trotes: adiestrar, dirigir o encaminar a una persona.

Hacer entrar por el aro: obligar con arte y maña a que se haga lo que uno pretende.

Hacer época: indicando que un hecho o suceso dejará larga memoria, ser principio de una era.

Hacer equilibrios: expresión para indicar el esfuerzo que se realiza para salvarse de una situación delicada, generalmente económica.

Hacer escala: tocar una embarcación en un puerto antes de llegar a su destino. Igual para los aviones.

Hacer escupir el dinero: obligar a alguien a soltar la moneda

Hacer eses: forma de andar un borracho.

Hacer espaldas: sufrir, aguantar pacientemente lo que sobreviene a una persona.

Hacer esquina: estar situado un edificio en la esquina de una manzana.

Hacer estómago a alguna cosa: sufrirla o aguantarla.

Hacer estrados: oír a los litigantes.

Hacer estragos: mucho daño.

Hacer estudio de alguna cosa: poner cuidado especial en ella.

Hacer extremos: manifestar, por medio de expresiones, ademanes o acciones irregulares, inmoderadas o extrañas, la vehemencia de un afecto de ánimo, como alegría, dolor, etc.

Hacer falta: ser precisa una cosa o no estar a su debido tiempo.

Hacer falta a uno: carecer de ella.

Hacer fe: tener los requisitos necesarios.

Hacer fiesta: dejar de trabajar.

Hacer fiestas: zalamerías, halagos.

Hacer figura: tener autoridad y representación.

Hacer figuras: ademanes ridículos.

Hacer fortuna: adquirir grandes bienes.

Hacer fosfatina: gran daño físico.

Hacer foto: enseñar el culo.

Hacer frente: oponerse claramente. Hacerse cargo de los gastos.

Hacer fuego: disparar armas de fuego.

Hacer fuerza: forcejear. Inclinar el ánimo, convencer, persuadir.

Hacer furor: despertar entusiasmo, causar admiración, estar en boga.

Hacer gala de algo: vanagloriarse, preciarse.

Hacer gala del sambenito: gloriarse de una mala acción.

Hacer gasto: tomar a su cargo los gastos de algo y pagarlos.

Hacer gente: reclutar hombres para la milicia.

Hacer gestos: muecas. Despreciar algo o mostrarse poco contento con ella.

Hacer gestos a una cosa: despreciarla o mostrarse poco contento con ella.

Hacer gloria: vanagloriarse de ella.

Hacer goma: pasear por las calles que se consideran distinguidas.

Hacer gorra: novillos, no ir a clase.

Hacer gracia: el niño cuando hace o dice cosas que no se esperaban de él.

Hacer gracia alguna cosa: sentar bien lo que se ha dicho o hecho.

Hacer gracia de alguna cosa: librarse de ella.

Hacer guantes: prepararse físicamente un boxeador.

Hacer guerra: hostilizar.

Hacer hablar a algún instrumento: tocarlo muy bien.

Hacer hablar a los mudos: asombro de una cosa. Eficacia para responder a una cosa.

Hacer harina una cosa: hacerla añicos.

Hacer hasta más no poder: manera de ponderar el haberse hecho todo lo que se podía.

Hacer haz: unir elementos para hacer con ellos un paramento.

Hacer hincapié: insistir con tesón en la opinión.

Hacer historia: escribir los acontecimientos acaecidos.

Hacer honor a: proceder como se espera de uno.

Hacer hora: ocuparse en una cosa mientras llega el tiempo señalado para hacer otra.

Hacer horas: trabajar fuera del horario normal.

Hacer humo: guisar. Permanecer en el lugar. Cuando la chimena no tira y se llena la habitación de humo.

Hacer humo a uno: ponerle mala cara para que se vaya.

Hacer impresión: figurarse una cosa conmoviéndola.

Hacer intención: poner empeño en algo.

Hacer juego: mantenerlo o perseverar en él.

Hacer jugada: un buen negocio.

Hacer justicia: obrar y tratar según su mérito.

Hacer la acechona: esperar observando los acontecimientos.

Hacer la agachadiza: ocultarse una persona con cierto disimulo.

Hacer la barba: afeitar. Jugar alguna treta, suplantar o llevar ventaja a una persona.

Hacer la baza: conseguir lo que se había propuesto. Sobresalir.

Hacer la bufanda: realizar el cunnilingus o la felación.

Hacer la calle: dícese de la prostituta cuando busca clientes en la vía pública.

Hacer la cama: arreglarla. Preparar algún trance para que una persona caiga en la trampa que se ha hecho.

Hacer la cama a alguno: hacer algo en secreto para perjudicarle.

Hacer la cara nueva a alguien: abofetearle.

Hacer la carrera: recorrer una prostituta los lugares habituales en busca de clientes.

Hacer la cebolla: restregarse el hombre contra la mujer.

Hacer la chica: causar un grave perjuicio.

Hacer la comedia: aparentar lo que en realidad no se siente.

Hacer la contra, ir a la contra: ser el principal contrincante.

Hacer la corte: galantear, cortejar a una dama.

Hacer la cortesía: atender con extremada solicitud.

Hacer la cruz a alguno: deseo de guardarse de él.

Hacer la cusca: fastidiar o perjudicar a alguien.

Hacer la de Rengo: fingir enfermedad para no acudir al trabajo.

Hacer la del cabrero de Gallipienzo: hacer una barbaridad.

Hacer la del humo: desaparecer.

Hacer la deshecha: disimular, encubrir la intención.

Hacer la despatarrada: fingir un dolor o accidente, tendiéndose en el suelo aparatosamente.

Hacer la disimulada: no darse por entendido, manifestar ignorancia.

Hacer la encerrona: retirarse del trato ordinario por poco tiempo. Buscar las vueltas a uno para que caiga en la trampa.

Hacer la entretenida: fingir que se trabaja.

Hacer la estrena: ser el primero en hacer o comprar algo.

Hacer la forzosa: ejecutar por obligación lo que no se quiere, sin que existan excusas.

Hacer la gamba: detener.

Hacer la gata, o la gata ensogada, o la gatita muerta: simular o afectar humildad.

Hacer la guardia: galantear.

Hacer la guaya: fingir miserias para mover a compasión.

Hacer la guerra: hacer la oposición, llevar la contraria.

Hacer la higa, o la peseta: burlarse de una persona, levantando el dedo de en medio y cerrando los demás.

Hacer la jarrita a alguien: adular, darle coba, hacerle la rosca.

Hacer la maleta: disponer las cosas para ir de viaje. Morirse.

Hacer la mamola a uno: engañarle con caricias fingidas.

Hacer la merced a uno: corresponder, principalmente en un brindis.

Hacer la mili: estar cumpliendo el servicio militar.

Hacer la misma falta que los perros en misa: estar demás o de sobra.

Hacer la misma gracia que si le sacaran las muelas: ser un hecho desagradable.

Hacer la mordaza: hacer salir sangre de la nariz, cuando se golpean unos muchachos.

Hacer la mortecina: fingirse el muerto.

Hacer la mostaza: hacer salir sangre de las narices cuando hay una pelea.

Hacer la muerte de un ángel: tener apacibles los últimos instantes de la vida.

Hacer la mula: hacerse el remolón.

Hacer la olla gorda: proceder de manera que las ventajas sean para otro.

Hacer la paloma: manifiesta candidez o ignorancia en una cosa cuando se sabe de ella demasiado.

Hacer la pascua, la santísima, la cusca a uno: fastidiarle.

Hacer la pelota, o la pelotilla: adular con miras interesadas.

Hacer la peseta: burlarse de una persona haciéndole un signo con las manos, dar un corte de mangas.

Hacer la petaca: novatada que consiste en doblar la sábana de arriba, con el fin de que no se puedan meter las piernas dentro de la cama.

Hacer la pirula: fastidiar, perjudicar.

Hacer la procesión del niño perdido: retirarse de una concurrencia, tertulia, etc, sin decir nada.

Hacer la puerta de plata: allanar con dinero las cosas que tienen dificultad.

Hacer la puñeta: la pascua, molestar, fastidiar.

Hacer la rana: arrojar piedras sobre el agua, para que dicho objeto vaya dando saltos sobre ella.

Hacer la rata: obrar con traición.

Hacer la razón: corresponder a un brindis con otro.

Hacer la ronda: ir una cuadrilla de bar en bar, o de taberna en taberna.

Hacer la rosca, o la rosca del galgo: echarse a dormir en cualquier parte.

Hacer la rosca a alguno: engatusarle para conseguir algo.

Hacer la rueda a alguno: adularle para ganar su voluntad.

Hacer la salva: pedir la venia para hablar o para preguntar alguna cosa.

Hacer la santísima: hacer la pascua, incordiar.

Hacer la seña del tren: ser tuerto, guiñar un ojo.

Hacer la seráfica: afectar virtud o modestia.

Hacer la teja: hacerse el remolón.

Hacer la temblona: fingirse tembloroso el pordiosero para producir lástima.

Hacer la tortilla sin cascar los huevos: forma de expresar que lo que se está diciendo es imposible de ejecutar.

Hacer la vida imposible: actuar de modo inconsecuente para marcar la existencia a otro.

Hacer la visita del médico: se dice de las de corta duración.

Hacer la vista gorda: fingir con disimulo que no se ha visto una cosa, bien por bondad, o por debilidad de carácter. Algunos añaden: **como el cura vinatero a los borrachos.**

Hacer "las Américas": irse a un sitio para ganar mucho dinero en breve tiempo.

Hacer las amistades: reconciliarse las personas que estaban reñidas.

Hacer las cosas como Dios manda: hacerlas bien, con exactitud y acierto.

Hacer las cosas en un periquete, en un verbo, en un Jesús, en un boleo, en un santiamén, en un relámpago, en un dos por tres, en dos patadas, en menos que canta un gallo, en menos que ser persigna un cura loco, en un momento, etc.: rápidamente.

Hacer las crines: arreglárselas a los caballos.

Hacer las diez de últimas: tener suerte.

Hacer las diligencias del cristiano: confesar y comulgar, cumplir con las normas de la Iglesia.

Hacer las diligencias del jubileo: ganarlo.

Hacer las entrañas a una cosa: disponerse en favor o en contra de alguien.

Hacer las entrañas a una criatura: darle la primera leche.

Hacer las paces: reconciliarse varias personas.

Hacer las partes: distribuir un todo en partes, principalmente en el reparto de herencias.

Hacer las particiones del león: se dice del que se guarda lo que ha dado beneficios por trabajo de muchos.

Hacer las sopas con su pan: se aplica cuando se recibe un regalo a su propia costa.

Hacer las veces de otro: suplirle.

Hacer leña del árbol caído: criticar con dureza a alguien que ha tenido un fracaso o una desgracia.

Hacer levantar los pies del suelo a uno: obligarle a ejecutar lo que no pensaba.

Hacer lo de Herodes, te jodes: se indica la necesidad de soportar una cosa fastidiosa o perjudicial.

Hacer lo posible, o todo lo posible: no omitir nada para lograr lo que se intenta.

Hacer lo que cascaciruelas: afanarse mucho por nada.

Hacer lo que está en su mano: lo que buenamente se puede.

Hacer lo que le da la gana, o la realísima gana: hacer una persona lo que quiere, su santa voluntad.

Hacer lo que no se excusa: exonerar el vientre.

Hacer lo que otro no puede hacer por uno: para indicar que se va a hacer sus necesidades corporales.

Hacer lo último de potencia: todo el esfuerzo de que es capaz.

Hacer los honores: ejecutar el ceremonial con arreglo al protocolo a persona determinada. Agasajar a personas invitadas. Elogiar lo que se ha recibido.

Hacer los imposibles: intentar todos los medios para el logro de un fin.

Hacer los ojos telarañas: turbarse la vista.

Hacer lugar: dejar libre un sitio.

Hacer madeja: dícese de las bebidas alcohólicas que tienen como hilos o hebras.

Hacer mal a alguno: hacer daño.

Hacer mal alguna cosa: ser nociva y dañar o lastimar.

Hacer mal barato: obrar o proceder mal.

Hacer mal espera otro tal: indicando obrar siempre bien.

Hacer mal viso: defecto que desluce a alguno.

Hacer mala obra: causar perjuicio o incomodidad.

Hacer mala vecindad: ser perjudicial o molesto a los vecinos.

Hacer malas migas: no llevarse bien dos personas.

Hacer mangas y capirotes: hacer lo que a uno le viene en gana sin detenerse en los inconvenientes.

Hacer manitas: dícese de las ternezas de los enamorados, que se cogen con las manos.

Hacer, mantener, o tener palacio: conversar festivamente, por pasatiempo.

Hacer maravillas: hacer algo con toda perfección.

Hacer más daño que las moscas de San Narciso: dícese de lo que causa grandes estragos.

Hacer más daño que un buey por un tejado: causar un gran daño por la torpeza cometida.

Hacer más ruido que la tarasca el día del Señor: ser muy ruidoso, producir mucha algarabía.

Hacer medio día: detenerse para comer el que camina o va de viaje.

Hacer mella: causar efecto en alguno de lo que se dice o hace.

Hacer memoria: procurar acordarse de algo.

Hacer mención: nombrar a alguna persona o cosa. Hacer recuerdo de ella.

Hacer méritos: preparar el logro de una pretensión, con servicios, diligencias u obsequios adecuados.

Hacer mesa gallega: llevarse todo el dinero del contrario en el juego.

Hacer mía, tuya, suya, etc., una cosa: apoderarse de ella. Salir fiador o responsable de ella.

Hacer migas: romper una cosa en muchos trozos. Abatimiento físico.

Hacer milagros, o prodigios: ejecución de cosas insólitas.

Hacer mochila: preparar los cazadores y caminantes comida para el camino.

Hacer morder el ajo: mortificar, poner a prueba la paciencia, dar que sentir retardando lo que se desea.

Hacer morder el polvo: rebajar, vencer, aniquilar.

Hacer movimiento: cuando una obra se separa de su posición natural o equilibrio.

Hacer mucho condumio: hacer mucha comida.

Hacer mudanza: portarse con inconsecuencia. Ser inconsecuente en amores.

Hacer muecas: aspavientos, gestos extraños.

Hacer muerda: insultar.

Hacer muestra: manifestar, aparentar.

Hacer mundo nuevo: introducir novedades.

Hacer "mutis" por el foro: marcharse en silencio y sin ser notado.

Hacer negocio: obtener beneficios en provecho propio.

Hacer noche: detenerse en algún sitio para pasar la noche.

Hacer noche alguna cosa: hurtarla o hacerla desaparecer.

Hacer nombre de Dios: dar principio a una cosa, especialmente en las que hay ganancia, con alusión a la depreciación que se suele hacer del nombre de Dios para empezarlas.

Hacer novedad: causar una cosa extrañeza por no esperada.

Hacer novillos, rabona, tarela, pimienta: no ir a clase.

Hacer número: aumentar el de su especie. No ser útil nada más que para hacer bulto.

Hacer números: calcular las posibilidades de un negocio.

Hacer, o armar, la ensalada: armar escándalo, bronca.

Hacer, o decir, algo en un credo: en muy poco tiempo.

Hacer, o ejercer, presión: ejercer coacción en el ánimo de una persona, inferir poderosamente en ella.

Hacer, o hacerse, camino: alcanzar fama en su trabajo.

Hacer, o hacerse, la cuarta: figurarse, dar por supuesto.

Hacer, o ir, o suceder, por la posta: con prisa, presteza, velocidad.

Hacer, o ser, cabeza de bobo: tomar pretexto de una cosa para abonar de este modo actos vituperables.

Hacer, o suceder, una cosa de recudida: de rechazo, de resultas.

Hacer, o surtir, efecto una cosa: dar un remedio o el resultado que apetecía.

Hacer, o tener, ánimo: disposición de hacer una cosa.

Hacer obleas: equivale a emplear gran minuciosidad en ejecutar algo de poca o de ninguna importancia.

Hacer oídos de mercader: hacerse el sordo y no querer oír lo que le dicen.

Hacer oídos sordos: parecer que no se ha oído lo que se decía.

Hacer ojitos: coquetear con la mirada.

Hacer ojo: inclinarse la balanza a un lado, por estar desequilibrada.

Hacer ojo de pez: hacer como que no se ve.

Hacer oreja: escuchar conversaciones ajenas.

Hacer padre a alguien: darle una gran alegría.

Hacer pago: cumplir, sastisfacer.

Hacer pala: ponerse un ladrón delante de uno a quien se quiere robar, para ocuparle la vista.

Hacer palacio: hacer público lo escondido o secreto.

Hacer papel: tener autoridad y representación, o quererlo aparentar.

Hacer papilla: triturar, pulverizar.

Hacer partícipe: invitar a una persona a que tome parte en alguna cosa.

Hacer pascua: empezar a comer carne en la cuaresma.

Hacer Pascua antes de Ramos: adelantarse imprudentemente en la ejecución de una cosa.

Hacer patria: comportarse y hacer buenas cosas fuera de nuestras fronteras. Expresión dada comúnmente en anteriores épocas.

Hacer pedazos: golpear, destrozar moralmente a una persona.

Hacer pegotes: excitarse sexualmente.

Hacer pella: novillos, no asistir a clase.

Hacer penitencia: cumplirla, querer mortificarse.

Hacer perder, o quitar, el sentido: impresionar agradablemente una cosa.

Hacer perdidiza una cosa: dejarla caer como por descuido, maliciosamente, o suponer que se había perdido, siendo falso.

Hacer picadillo: matar con ensañamiento; suele usarse metafóricamente.

Hacer pie: hallar fondo en el que sentar los pies en el agua.

Hacer piernas: ejercicios antes de efectuar una competición deportiva. Dícese de los hombres que presumen de galanes y bien formados.

Hacer piezas, o trizas: destrozar.

Hacer pinicos, o pinitos: empezar a andar los niños.

Hacer pipí: en lenguaje melindroso, orinar.

Hacer piruetas: gestos con la cara o con las manos.

Hacer pis: orinar.

Hacer plato: servir o distribuir a otros la comida en la mesa.

Hacer plancha: cometer un desacierto o error del que resulta una situación desairada o ridícula.

Hacer plaza: despejar un lugar por violencia o mandato.

Hacer plegarias: rogar para conseguir lo que se desea.

Hacer polvo a alguien: aniquilarle, vencerle.

Hacer polvo una cosa: hacerla añicos.

Hacer pompa: ostentación de alguna cosa. Hacer que las mujeres hinchen las faldas al sentarse o arrodillarse.

Hacer por cumplir: ejecutar algo sólo por no ser notado que no se ha hecho.

Hacer por debajo de cuerda: de manera reservada, por medios ocultos.

Hacer por ensalmo: con gran prontitud.

Hacer por hacer: sin necesidad ni utilidad.

Hacer por la vida: comer.

Hacer por partida doble una cosa: ejecutarla dos veces.

Hacer porra: pararse sin poder o querer pasar adelante.

Hacer posada: hacer venta.

Hacer postura: tomar parte como licitador en una puja o subasta.

Hacer precio: regatear una mercancía.

Hacer prenda: retener una cosa de valor para la seguridad de un crédito. Valerse de un dicho o hecho para reconvenir con él y obligar a la ejecución de lo que se ha ofrecido.

Hacer presa: asir y asegurar una cosa para que no se escape. Aprovechar una circunstancia en perjuicio ajeno y en favor del propio intento.

Hacer presente: informar, declarar.

Hacer profesión de algo: alabarse de ella.

Hacer pucheros: gestos para empezar a llorar los niños.

Hacer puente: considerar como festivo el día intermedio entre dos que lo son realmente.

Hacer puerta: estar una prostituta a la puerta de la mancebía.

Hacer pum: concluir algo de mala manera.

Hacer punta: oponerse abiertamente.

Hacer punto: parada en la lectura. Tricotar.

Hacer punto de una cosa: tomarla por caso de honra y no desistir de ella hasta conseguirla.

Hacer pupa: causar daño material o moral.

Hacer puré: causar un grave daño físico o moral.

Hacer que hacemos, y no se hace nada: aparentar que se trabaja.

Hacer rabona: novillos, los estudiantes faltar a clase.

Hacer rajas: repartir una cosa entre varios.

Hacer rancho: desembarazar un sitio, o dejar libre y franca una parte de él.

Hacer rancho aparte: se indica el hecho de alejarse o separarse en actos que pueden ser comunes a varias personas.

Hacer raya: aventajarse, esmerarse o sobresalir en una cosa.

Hacer real de su blanca: dícese de aquellas personas que saben aparentar más de lo que tienen.

Hacer relación: relacionarse con otras personas.

Hacer rentas, o las rentas: arrendarlas publicándolas.

Hacer riza: causar gran destrozo y mortandad en una acción de guerra.

Hacer roncha: dañar con lo que se dice. Sacar cantidades prestadas poco a poco.

Hacer rostro: resistencia, oposición, a persona u opiniones.

Hacer ruido: causar admiración con alguna particularidad.

Hacer sábado: hacer la limpieza de la casa en ese día.

Hacer saber: notificar, comunicar.

Hacer sala: juntarse el número de magistrados suficientes para constituir tribunal.

Hacer sangre: causar una herida leve.

Hacer sayos y capirotes de, o en, una cosa: hacer o deshacer a su arbitrio.

Hacer sebo: no hacer nada, estar de brazos cruzados.

Hacer sed: hacer algo que la cause.

Hacer seda: dormir.

Hacer señas: indicar con gestos o ademanes lo que se piensa o se quiere.

Hacer soga: irse quedando atrás, respecto de los que van en su compañía.

Hacer sombra: no dejar pasar la luz. No dejar sobresalir a otro.

Hacer su agosto: buen negocio.

Hacer su deber: cumplir con su obligación.

Hacer su guaco: hacer su agosto, su negocio.

Hacer su jugada: hacer un buen negocio.

Hacer su negocio: sacar el mayor provecho posible. Hacer un lucro indebido de los asuntos que a otro le están encomendados.

Hacer su oficio: desempeñarlo bien.

Hacer su pacotilla: reunir un caudal más o menos grande.

Hacer su papel: cumplirlo correctamente.

Hacer su santa voluntad: hacer una persona lo que le viene en gana.

Hacer sudar a alguno: costarle mucho una cosa.

Hacer sudar el quilo: hacer sudar a uno.

Hacer sus diligencias: poner los medios para conseguir un fin.

Hacer sus habilidades: valerse de toda la destreza y maña para conseguir una cosa.

Hacer sus mementos: detenerse a discutir con particular atención y estudio lo que realmente importa.

Hacer sus necesidades: exonerar el vientre o la vejiga.

Hacer sus pinitos: intentar alguna cosa.

Hacer tabla rasa: prescindir de algo, por lo común arbitrariamente.

Hacer tablas: empatar en un juego, y principalmente en el ajedrez.

Hacer tajadas: partir la carne. Amenazar con castigo.

Hacer tanta falta como los perros en misa: expresión que indica lo que es totalmente innecesasio o inútil.

Hacer teatro: fingir una cosa que no se siente.

Hacer temblar el misterio: hacer algo de gran resonancia y por las bravas.

Hacer temblar la pajarilla: causar miedo.

Hacer tenaza: asir cruzando las piernas.

Hacer tercio: entrar en parte en alguna cosa.

Hacer terrero: cortejar, galantear a una dama delante de su casa.

Hacer testamento: ejecutarlo. Dícese de la persona que está dando cabezadas por estarse durmiendo sentado.

Hacer testigos: poner personas de autoridad para que confirmen la verdad de una cosa.

Hacer tiempo: esperar el momento de hacer algo.

Hacer tienda: montar un negocio.

Hacer tilín a alguien: gustar una persona a otra.

Hacer tiras: pedazos.

Hacer tiro: perjudicar, incomodar a alguien en algún asunto.

Hacer tirte afuera: salirse o apartarse de un lugar donde se halla.

Hacer títere: llamar la atención a alguna persona o cosa.

Hacer todos los posibles: no escatimar esfuerzo alguno para conseguir lo que se desea.

Hacer tortilla algo: aplastarse o quebrantarse en pequeños pedazos.

Hacer tragar quina: hacer sufrir, o hacer pasar malos ratos.

Hacer trampatojos: engañar mediante ficciones embacaudoras.

Hacer trance: vender los bienes para pago de acreedores.

Hacer tránsito: parar o descansar en alojamientos situados entre dos puntos de un viaje.

Hacer trizas: destruir completamente una cosa. Herir o lastimar gravemente.

Hacer un acueducto: considerar festivos dos o más días intermedios entre dos que lo son realmente.

Hacer un alto en el camino: descansar de lo que se está haciendo.

Hacer un batiborrillo, o batiburrillo: mezclar especies inconexas y que no hacen al caso, tanto en la conversación como en los escritos.

Hacer un bombo: dejar embarazada a una mujer.

Hacer un buen papel: resultar bien un asunto o negocio.

Hacer un buñuelo: hacer una obra mal hecha, tosca.

Hacer un calor, o sol, de justicia: una gran temperatura padeciendo mucho calor.

Hacer un chancho: eructar.

Hacer un corte de mangas: gesto que consiste en darse un golpe con la mano izquierda en la sangría del brazo derecho, al mismo tiempo que se levanta el antebrazo y se encogen cuatro dedos, dejando sólo extendido el del corazón. Equivale a mandar en hora mala a uno..., o algo peor.

Hacer un enjuague: llevar a cabo alguna negociación oculta y artificiosa.

Hacer un extraño: espantarse, reaccionar imprevisiblemente.

Hacer un favor: poseer sexualmente a una mujer.

Hacer un flaco servicio: causar algún perjuicio.

Hacer un frío de cojones: frío muy intenso.

Hacer un frío que pela, o que corta el cutis: forma de expresar el frío excesivo.

Hacer un frío que se hielan las palabras: manera de exagerar lo bajo de la temperatura.

Hacer un frío que se mea, o se caga, la perra: hacer un frío muy intenso.

Hacer un hombre a uno: protegerle eficazmente.

Hacer un libro bueno: hacer una nueva vida corrigiendo los vicios y defectos.

Hacer un mundo de algo: de lo que no tiene importancia, dársela más de lo que corresponde.

Hacer un negocio redondo: un buen negocio, en ocasiones se utiliza en sentido negativo, o irónicamente.

Hacer un pan como unas hostias: desacierto o mal éxito de una acción. Haber estropeado un asunto.

Hacer un pan como unas tortas: hacer las cosas muy mal.

Hacer un paquete: dejar embarazada a una mujer.

Hacer un pie agua: fastidiar a alguien, generalmente de forma inesperada.

Hacer un poder: invitación a hacer un esfuerzo.

Hacer un presente: regalo.

Hacer un retrato: verse a una mujer la entrepierna.

Hacer un San Miguel: patear violentamente a una persona.

Hacer un sol de justicia: día de calor fuertísimo.

Hacer un tiempo de perros: muy malo y desagradable.

Hacer un veintiocho: cometer un desafuero o causar grandes destrozos.

Hacer un viaje redondo: dícese cuando se ha perdido el tiempo inútilmente.

Hacer una alcaldada: abusar de la autoridad.

Hacer una barrabasada: una barbaridad.

Hacer una barriga: dejar embarazada a una mujer, especialmente si es soltera.

Hacer una buena: haber hecho una trapacería.

Hacer una carnicería: herir a varias personas.

Hacer una chapuza: hacer una cosa muy mal hecha.

Hacer una comedia: aparentar, engañar.

Hacer una cosa a costa de sus herederos: manera festiva de decir que lo que va a hacer a costa de su dinero lo percibirán de menos sus herederos.

Hacer una cosa a topa tolondro: irreflexiva y atropelladamente.

Hacer una cosa a torna punta: mutua y recíprocamente.

Hacer una cosa arrastrando: hacer una cosa de mala gana, que no se hace bien.

Hacer una cosa con los pies: hacerla mal.

Hacer una cosa de prisa y corriendo: con la mayor rapidez, atropelladamente, a bulto.

Hacer una cosa en cuatro boleos: rápidamente.

Hacer una cosa en menos que canta un gallo: en poco tiempo.

Hacer una cosa en menos que se persigna un cura loco: de improviso.

Hacer una cosa en un abrir y cerrar de ojos: hacer una cosa ya.

Hacer una cosa en un dos por tres: casi de inmediato.

Hacer una cosa en un Jesús: de inmediato.

Hacer una cosa en un periquete: en un momento.

Hacer una cosa en un santiamén: inmediatamente.

Hacerse una cosa por todo lo alto: sin omitir gastos.

Hacer una cosa que sea sonada: promover escándalo, dar que hablar.

Hacer una cosa sin ton ni son: llevarla a cabo sin razón que la justifique.

Hacer una de las suyas: alguna acción inadecuada y característica de una persona determinada.

Hacer una diligencia: exonerar el vientre.

Hacer una entruchada: cosa hecha por confabulación.

Hacer una escena, o una escenita: preparar un escándalo.

Hacer una faena: perjudicar a una persona con conocimiento de causa.

Hacer una foto: enseñar la entrepierna una mujer.

Hacer una frase: pretender impresionar con alguna expresión ocurrente.

Hacer una gatada: cometer una acción vituperable.

Hacer una judiada: una mala acción a una persona.

Hacer una mala pasada: causar algún perjuicio a alguien con engaños.

Hacer una mamada: vulgarmente, succionar el pene.

Hacer una partida serrana: tener un comportamiento vil o desleal.

Hacer una perrería: una mala acción directa a una persona, hacerla pasar un mal rato.

Hacer una radiografía: sobar, magrear.

Hacer una raya en el agua: un imposible.

Hacer una sonada: hacer algo mal que ha dado mucho que decir y comentar.

Hacer uno la capa: encubrirle.

Hacer uno la causa de otro: favorecerle.

Hacer uno la comedia: aparentar o fingir lo que no se siente, con miras a lograr un fin determinado.

Hacer vanidad de una cosa: preciarse o jactarse de ella.

Hacer venir, o traer, a la melena: obligar a ejecutar lo que no se quería hacer.

Hacer venir, o traer, la gamella: reducir por fuerza, o con arte, lo que repugnaba.

Hacer venta: cuando uno convida cortesanamente a comer en su casa a otro que pasa por ella.

Hacer ventana: ponerse en ella las mujeres para ser vistas.

Hacer ver: mostrar una cosa que no tenga lugar a duda.

Hacer vida: vivir unidos marido y mujer.

Hacer vida marítima: cuando irónica y jocosamente se dice que dos personas hacen vida matrimonial.

Hacer viejo a alguno: ponerle más edad, o compararle con otro de menor edad.

Hacer virguerías: maravillas.

Hacer visita de estómago agradecido: la que hace una persona el día después de haber comido en su casa, o de haber recibido un beneficio.

Hacer viso: llamar la atención de las gentes.

Hacer visos: en los tejidos que según la luz que reciban forman diferentes coloraciones.

Hacer votos por: manifestar deseos de que...

Hacer y acontecer: ofrecer un gran beneficio. Amenazar.

Hacer y callar: se aconseja a los cautos y experimentados.

Hacer y deshacer es la hacienda del diablo: entiéndase, para lo primero, lo malo, y bueno para lo segundo.

Hacerla: faltar a lo que debía, a sus obligaciones, o al concepto que se tenía formado de él.

Hacerla buena: para indicar que algo se ha hecho muy mal.

Hacerla cerrada: cometer un error culpable por todas sus circunstancias.

Hacerla madre: dejar embarazada a una mujer que no es su esposa.

Hacerla parda: hacer una cosa muy mal o con grandes inconvenientes.

Hacerla una desgraciada: dejar embarazada a una mujer con la que no se está casado.

Hacerle a la gata mansa: el que procede con hipocresía.

Hacerle a uno cosquillas: excitarle el deseo o la curiosidad.

Hacerle a uno fuerza: influir poderosamente en el ánimo.

Hacerle el favor: se dice cada vez que un hombre tiene relaciones sexuales con una mujer sin que exista matrimonio, ya que, si es virgen, se la inicia; si es viuda o anciana, se la alegra; si es ramera, se la ayuda económicamente; pero cuando se refleja realmente esta frase es cuando se lleva a la cama a una mujer fea.

Hacerle el juego: hacerle el caldo gordo.

Hacerle el per signun crucis: dar cuchilladas o golpes en la cara.

Hacerle falta a una persona o cosa: no tener algo cuando nos sería necesaria o provechosa.

Hacerle la boca un fraile: dícese de la persona que es muy pedigüeña.

Hacerle la cruz: da a entender que nos queremos librar o guardar de una persona.

Hacerle la mamola: dar golpecitos a una persona debajo de la barba en señal de burla, o mofa.

Hacerle la tana: causar gran molestia a una persona.

Hacerle las narices a uno: maltratarlo.

Hacerle presente: recordar alguna cosa a una persona.

Hacerle saltar por el rey de Francia: apremiar mucho.

Hacerle tilín: agradarle mucho una cosa, llamar extremadamente la atención.

Hacerle un bombo: dejar embarazada a una mujer con la que no se está casado.

Hacerle un favor: referente a una mujer, poseerla sexualmente.

Hacerle un hombre: hacer un favor a un hombre que no está experimentado en el amor.

Hacerle una faena: hacer algo no adecuado a una persona.

Hacerlo a pelo: fornicar sin preservativo.

Hacerlo mal y excusarlo peor: frase con que se explica que algunas veces los motivos de hacer las cosas malas son peores que ellas mismas.

Hacerse a la idea: irse acostumbrando a algo o alguien.

Hacerse a la mar: embarcarse. Separarse de la costa y entrar en mar ancha.

Hacerse a las armas: acomodarse a lo que obliga la necesidad.

Hacerse a los golpes: no hacer caso de nada, acostumbrarse a ellos, hacerse fuerte a las vicisitudes de la vida.

Hacerse a un lado: apartarse, quitarse de en medio.

Hacerse a una, alguna, cosa cuesta arriba: hacerle a su pesar.

Hacerse a una parte: apartarse, retirarse.

Hacerse agua de cerrajas: desvanecerse una cosa.

Hacerse agua la boca: disfrutar de antemano una comida o bebida.

Hacerse al campo: retirarse a él. Huir de algún peligro.

Hacerse allá: apartarse, retirarse, separarse.

Hacerse añicos una cosa: romperse en mil pedazos.

Hacerse astillas: romperse, destrozarse una cosa.

Hacerse atrás, o a un lado: apartarse.

Hacerse cargo: tomarlo por su cuenta. Formar concepto.

Hacerse carne: cebarse en el dolor.

Hacerse cisco: dejar en malas condiciones físicas.

Hacerse composición de lugar: pensar con precisión y detenimiento alguna cosa, con el fin de poder darse cuenta detallada de ella.

Hacerse con algo: adquirirlo.

Hacerse con alguien: conquistar la voluntad de una persona.

Hacerse cruces en la boca: no haber comido.

Hacerse cuenta de que se ha muerto y se ha vuelto a resucitar: haber salido con bien de algún peligro o enfermedad grave.

Hacerse cuenta que: suponer, imaginar.

Hacerse cuesta arriba una cosa: sentirla mucho, costar mucho trabajo creerla.

Hacerse de cruces: asombrarse.

Hacerse de garganta: preciarse de cantar bien.

Hacerse de mármol, o de piedra: resistirse.

Hacerse de miel: portarse blandamente, y más de lo que conviene.

Hacerse de nuevas: aparentar que se desconoce lo que se sabe.

Hacerse de oro: enriquecerse.

Hacerse de pencas: no consentir fácilmente en lo que se pide.

Hacerse de rogar: no acceder hasta que se pide una cosa con insistencia.

Hacerse dueño de alguna cosa: apropiarse de lo que no le corresponde.

Hacerse dueño de una cosa: adquirir cabal conocimiento de un asunto. Dominar la situación de ella.

Hacerse dura una cosa: difícil de creer o de soportar.

Hacerse eco: repetir.

Hacerse el cadete: presumir de joven.

Hacerse el cazurro: el tonto, fingiendo que no se entiende lo que no le conviene.

Hacerse el chiquito: disimular lo que se sabe o puede hacer.

Hacerse el desentendido: como si no se entendiese.

Hacerse el disimulado: fingir no haber visto a una persona.

Hacerse el encontradizo: buscar a alguien sin que se sepa la intención.

Hacerse el escurridizo: escabullirse suavemente.

Hacerse el gallo, o el gallito: presumir en ser el primero.

Hacerse el interesante: llamar la atención comportándose de forma especial.

Hacerse el loco: no darse por enterado como si se estuviese distraído.

Hacerse el longuis: simular ignorancia o fingirse distraído.

Hacerse el Lorenzo: simular distracción, hacerse el longui.

Hacerse el marrajo: dícese de la persona cauta, reservada.

Hacerse el moño: peinarse.

Hacerse el morlaco: dícese del que afecta ignorancia.

Hacerse el muerto: desentenderse por completo.

Hacerse el necesario: hacerse de rogar afectando celo, persuadir que hace falta, ser indispensable.

Hacerse el olvidadizo: fingir que no se acuerda de lo que se debería tener presente.

Hacerse el perdidizo: ausentarse o retraerse disimuladamente.

Hacerse el sueco, el tonto, el bobo, el distraído, etc.: como si no se entendiese, no prestar atención.

Hacerse el tonto: aparentar que no advierte las cosas que no conviene darse por enterado.

Hacerse el zorro: aparentar ignorancia.

Hacerse esperar: tardar mucho cuando se está esperando algo.

Hacerse familiar: familiarizarse.

Hacerse fuerte: defenderse de algún riesgo.

Hacerse harina: destruirse totalmente una cosa.

Hacerse hora de algo: cumplirse el plazo.

Hacerse humo: desaparecer de forma inesperada.

Hacerse la boca agua: rebosar de gusto.

Hacerse la cuenta: dar por supuesto.

Hacerse la estrecha: sin inclinaciones sexuales.

Hacerse la gata muerta: fingir una humilde hipocresía, también fingir enfermedad.

Hacerse la picha un lío: embarullarse, estar totalmente equivocado.

Hacerse la puñeta: masturbarse.

Hacerse la víctima: quejarse constantemente.

Hacerse lagarejo: agarrarse unos a otros el pescuezo por burla y pasatiempo.

Hacerse las albas negras: cambiarse la suerte volviéndose en contra.

Hacerse las manos: arreglárselas, o hacerse la manicura.

Hacerse lenguas: alabar mucho una cosa.

Hacerse los dedos huéspedes: resultar todo como nuevo, desconocido, como si no se estuviese acostumbrado.

Hacerse lugar: hacerse estimar o atender entre otros.

Hacerse mala sangre: estar incómodo con uno mismo por las actuaciones efectuadas.

Hacerse memorable: adquirir celebridad.

Hacerse migas: añicos una cosa.

Hacerse noche una cosa: desaparecer o faltar de entre las manos, o ser hurtada.

Hacerse notar: atraer la atención de los demás.

Hacerse obedecer: tener entereza para hacer que se cumpla lo que se manda.

Hacerse ojos uno: estar solícito y atento para ejecutar una cosa que se desea, o para verla y examinarla.

Hacerse olvidadizo: fingir olvido.

Hacerse pedazos: trabajar como un burro. Discusión acalorada.

Hacerse perdidizo: perder voluntariamente un jugador por complacer al contrario.

Hacerse presente: exhibirse.

Hacerse rajas: pedazos.

Hacerse rico, memorable, etc.: adquirir riquezas, celebridad.

Hacerse rosca, o una rosca: enroscar el cuerpo.

Hacerse sangre: herirse levemente.

Hacerse servir: no permitir descuido en su asistencia.

Hacerse sin desgracia: concluirse como se deseaba, sin embarazo, contradicción ni mal suceso.

Hacerse tarde: pasarse el tiempo para hacer algo.

Hacerse todos a una: tener todos la misma opinión.

Hacerse tortilla: desmenuzarse, aplastarse una cosa.

Hacerse un agua: sudar.

Hacerse un agua la boca: ser agradable al paladar algún alimento.

Hacerse un cartel: cobrar buena fama.

Hacerse un chino: la heroína cuando se calienta en papel de aluminio, para ser consumida por una persona.

Hacerse un hombre: ir creciendo en edad y sabiduría.

Hacerse un juey dormido: hacerse la mosquita muerta.

Hacerse un lío: confundirse, no saber cómo solucionar un asunto.

Hacerse un nudo en la garganta: no poder tragar saliva.

Hacerse un ovillo: encogerse, contraerse.

Hacerse un siete: rasgarse la ropa que uno lleva puesta.

Hacerse un taco: no acertar.

Hacerse una chaqueta: masturbarse.

Hacerse una composición de lugar: meditar sobre las consecuencias de algo, formando el plan procedente.

Hacerse una gallarda, o una gayola: masturbarse un hombre.

Hacerse una gaseosa: masturbarse.

Hacerse una manola, o manuela: masturbarse.

Hacerse una paja, o pajas: masturbarse.

Hacerse una pelota: hacerse un ovillo.

Hacerse una pera: masturbarse.

Hacerse una zarpa: mojarse o enlodarse mucho.

Hacerse unas gachas: expresar el cariño con demasiada melosidad y enternecimientos.

Hacerse uno cargo de alguna cosa: encargarse de ella.

Hacerse uno de cruces: demostrar admiración o extrañeza que causa alguna cosa.

Hacerse uno las narices: recibir un golpe grande en ellas. Suceder una cosa en contra de lo que se espera.

Hacerse valer: demostrar la superioridad, reconociéndose por los demás.

Hacerse valiente: fiar, salir garante.

Hacerse viejo: consumirse por los años.

Hacérsele a uno una cosa cuesta arriba: sentirla mucho, hacerla con repugnancia y gran trabajo.

Hacérsele la boca agua: recordar con deleite el buen sabor de algún manjar. Deleitarse con la esperanza de conseguir alguna cosa agradable.

Hacérsele las migas: dejar de hacer una cosa o perder la ocasión de hacerla.

Hacérsele un nudo en la garganta: no poder hablar por susto, pena o vergüenza.

Hacérselo con alguien: mantener con él relaciones sexuales.

Hacia atrás: al revés o al contrario de lo que se dice.

Hacia donde: lugar al cual se dirige una cosa o persona.

Hacia ti acusas cuando murmuras: la murmuración igualmente causa perjuicio al que la hace.

Hacienda, que tu amo te atienda, y si no que te venda: indicando que los negocios deben ser atendidos por el propio dueño.

Hacienda, tu dueño te vea: indica los perjuicios que puede acarrear el dejar los negocios en manos de otra persona.

Hacientes y conscientes, pena por igual: tanta culpa tiene el que ejecuta una mala acción como el que la encubre.

Hágalo por Dios, que es buen pagador: exhorta a hacer buenas obras, que nunca son perdidas a los ojos de Dios.

Hágase el milagro, y hágalo Dios o el diablo: se dice cuando se espera que acontezca algo especial.

Hágase tu voluntad y no la mía: frase evangélica.

¡Hala, hala!: con que se denota la persistencia en una marcha, invitación a continuar algo.

Halagar con la boca y morder con la cola: se dice de los que se muestran amigos y actúan como enemigos.

Hallar la horma de su zapato: encontrar quien le conozca y le vence con mañas.

Hallar la piedra filosofal: encontrar el modo oculto de hacer caudal o hacerse rico.

Hallar padre y madre: encontrar quien le cuide y favorezca, como lo pudiera hacer su padre.

Hallarse bien, o mal, con alguna cosa: estar contento con ella.

Hallarse con una cosa: tenerla, poseerla.

Hallarse de manos en...: tratar de algún asunto.

Hallarse en calzas bermejas, o prietas: encontrarse en un apuro.

Hallarse en descubierto: estar por cumplir con alguna persona.

Hallarse en estado de inocencia: se dice del que obra como un niño.

Hallarse en todo: ser entremetido.

Hallarse entre la espada y la pared: poner en trance de tener que decidirse por una cosa o por otra.

Hallarse entre la vida y la muerte: a punto de morir.

Hallarse sano y salvo: sin enfermedad ni peligro.

Hallarse sujeto como un cerrojo: estar dominado por otra persona.

Hallárselo todo hecho: conseguir lo que se desea, sin haber hecho nada para obtenerlo.

(El) Hambre agudiza el ingenio: indica que cuando se tiene hambre, la mente piensa más, y más deprisa para procurarse comida.

Hambre calagurritana: tener hambre atrasada.

Hambre canina: ganas de comer que con nada se satisface.

Hambre de tres semanas: se dice del que es escrupuloso, mostrando repugnancia, no queriendo comer por ello.

(El) Hambre echa al lobo del monte: indica que la necesidad obliga a hacer muchas cosas comprometidas, que no se harían si no fuese por la circunstancia indicada.

(El) Hambre es mala consejera: el que se ve dominado por ella es capaz de todo.

Hambre estudiantina: buen apetito a todas horas.

(El) Hambre no admite fiador: no se puede fiar de una persona hambrienta, por muy honrada que sea.

(El) Hambre no tiene espera: por no admitir dilación.

Hambre, o sueño, o ruindad, del dueño: frases con que se indican las causas del bostezo.

Hambre y valentía: expresión con que se nota la arrogancia del que quiere disimular su pobreza.

(El) Hambriento no repara en salsas: a buen hambre no hay pan duro.

Harto de ajos: rústico y mal criado.

Harto trigo tenía mi padre en un cántaro: manera de consolarse con poca cosa.

Hasta ahí podíamos llegar: expresión que indica rechazo a algún asunto o propuesta poco propicia.

Hasta ahora: despedida por un breve espacio de tiempo.

Hasta aquí podía llegar la broma: forma de invitar a dar por terminado algún asunto; suele decirse de forma enojada.

Hasta cierto punto: en alguna manera, no del todo.

Hasta dejarlo de sobra: sobradamente, en demasía.

Hasta el aire quiere correspondencia: cuando se pone el afecto en una persona se está esperando igual correspondencia.

Hasta el alma: ponderación de aquello de que se trata.

Hasta el cuarenta de mayo no te quites el sayo, y si el tiempo viene inoportuno, hasta el cuarenta de junio: indicando que no hay que fiarse del buen tiempo en esas fechas.

Hasta el fin nadie es dichoso: indica que no hay que alegrarse porque vaya bien una cosa, hasta su término.

Hasta el fin no se canta la gloria: hasta el fin nadie es dichoso.

Hasta el final nadie es dichoso: aconseja esperar las cosas a que se acaben, para ver realmente los resultados de ellas.

Hasta el hablar cuesta dinero: refiriéndose a los sitios en que se abusa del cliente por cobrar hasta lo más insignificante.

Hasta el hueso: totalmente, por completo.

Hasta el moño: forma de indicar hasta dónde una persona está molesta o cansada de algo o de alguien.

Hasta el morir todo es vida: no se acaba la existencia hasta la muerte, debiendo haber siempre esperanza.

Hasta el oro, que a todos encanta, tiene sus faltas: expresión que da a entender que no hay nada perfecto en el mundo.

Hasta el rabo todo es toro: para indicar que, hasta que no termina algo, no se puede hablar de éxito o fracaso.

Hasta el tobillo: con que se pondera lo encharcado que está el suelo por donde se anda.

Hasta el tope, o los topes: hasta donde puede llegar.

Hasta el último cuadrante: exigir que se pague todo lo que se debe.

Hasta el valle de Josafat: hasta el día del juicio final.

Hasta en la sopa: estar en todos lo sitios una persona.

Hasta en los mocos hay linajes: unos son sorbidos y otros guardados en encajes: refrán curioso, que indica el variado y diferente destino del ser humano.

Hasta hoy: haste el momento presente.

Hasta la bandera: lugar donde ya no cabe una persona más.

Hasta la bola: introducir el estoque totalmente en el toro.

Hasta la camisa: dícese del que ha perdido todo.

Hasta la coronilla: forma de indicar lo cansado que se está de algo.

Hasta la empuñadura: golpe acertado y definitivo que se da en una disputa.

Hasta la fecha: hasta este mismo momento.

Hasta la médula de los huesos: por completo, totalmente.

Hasta la muerte: firme resolución de permanecer en una idea, o hacer algo afrontando todos los riesgos y dificultades.

Hasta la muerte todo es vida: enseña a no desconfiar de conseguir una cosa, mientras haya vida.

Hasta la pared de enfrente: resolución y firmeza con que se declara una actitud o creencia.

Hasta la saciedad: hasta no poder más.

Hasta la sepultura el amor fuerte dura: indicando que el amor verdadero es para toda la vida, hasta la muerte.

Hasta la siega del pepino: frase con que se indica que hasta nunca.

Hasta la vista: a más ver.

Hasta las cachas: en extremo, sobre manera.

Hasta las cejas: hasta el extremo.

Hasta las gatas quieren alpargatas para no andar a gatas: juego de palabras, que quiere indicar que hay personas que desean cosas superfluas.

Hasta las heces: completamente, sin residuos.

Hasta las narices: llegar al límite de la paciencia.

Hasta las piedras: todos sin excepción.

Hasta las trancas: totalmente.

Hasta los cojones: estar muy cansado y harto de una cosa.

Hasta los gatos tienen tos, o romadizo: con que se reprende a los que hacen ostentación de cualidades que no le son propias.

Hasta los gatos usan zapatos: se dice del que presume de lo que nunca ha tenido.

Hasta los hígados: interés y vehemencia hacia algo.

Hasta los ojos: exceso en lo que alguno se halla metido.

Hasta los platos riñen en el vasar: aun entre las personas que se aprecian hay discusiones entre ellos.

Hasta los topes: completamente llena o abarrotada.

Hasta los tuétanos: hasta lo más íntimo de la parte física o moral.

¡Hasta luego, Lucas!: frase de despedida hacia algo, y considerada como definitiva.

Hasta mañana, si Dios quiere: fórmula de despedida.

Hasta más no poder: todo lo posible.

Hasta más ver: hasta la vista.

Hasta morir todo es vida: aconsejando aprovecharse al máximo de la vida.

Hasta nunca: fórmula de despedida violenta.

Hasta otra: fórmula de despedida, hasta otra situación igual.

¡Hasta otro día!: fórmula de despedida.

Hasta que el gallo grande cante, el chico espere y calle: forma de indicar a los niños que dejen hablar a los mayores.

Hasta que el niño no llora, no le ponen la teta en la boca: forma de expresar que hasta que no se piden las cosas y con cierta insistencia, no se logra lo que se está solicitando.

Hasta que las ranas críen pelo, o se afeiten: forma de expresar que no se va a hacer o conceder algo nunca.

Hasta que San Juan baje el dedo: para indicar un plazo limitado.

Hasta señal de dar es recibir: indica que el que recibe un beneficio es porque ha concedido antes muchos.

¡Hasta siempre!: fórmula cortés de despedida.

Hasta tal punto: hasta tanto que.

Hasta tente bonete: con abundancia, con exceso.

Hasta verte, Jesús mío, o hasta que te vea Buen Jesús: apurar de un trago el líquido contenido en un vaso; proviene porque en el fondo de alguno de ellos llevaban las siglas IHS.

¿Hay algo que echar a perder por ahí?: eufemismo con el cual se da a entender si hay algo de comer o de beber.

Hay dichosos y desdichados; unos nacen con pluma y otros mueren emplumados: tiene que haber siempre de todo en esta vida, algunos lo denominarían como la ley de las compensaciones, pero da la casualidad de que todos queremos estar en el mismo lado, el de los dichosos.

Hay diferencias de tiempos a tiempos: manifiesta lo que cambian las cosas con el transcurso de los años.

Hay gustos que merecen palos: frase que afirma que algunos gustos son totalmente desacertados y reprobables.

Hay hombres, hombrecillos, monicacos y monicaquillos: clasificación de los hombres por la edad hastas los 5, hasta los 15, hasta los 25 y de 25 en adelante.

Hay más burros que pesebres: indicando que hay más personas que puestos de trabajo, o que otras cosas que en cada momento puedan escasear.

Hay más días que longaniza: indicando que la espera es posible, por haber más días que otras cosas.

Hay más días que ollas: expresa que hay que esperar la ocasión, la cual habrá de presentarse un día u otro.

Hay misa "pa" rato: se dice cuando una cosa va a tardar más de lo acostumbrado.

Hay moros en la costa: indicación de que no se puede hablar alguna cosa, por estar alguien delante que no lo debe escuchar.

Hay mucho que heñir: indica que para concluir una cosa, se necesita trabajar mucho en ella.

Hay muchos diablos que se parecen unos a otros: con que se quiere excusar a una persona de la culpa que se le atribuye.

Hay mujeres que, como la leña de corcho (alcornoque), tiene tres arderes: indicando la pasión de algunas mujeres; pobrecito del hombre que le toque una mujer con este proceder.

Hay, o sobra, tela para una montera: dícese jocosamente de lo que abunda, especialmente si se trata de cosas enojosas.

Hay que adaptarse a las circunstancias: amoldarse a todo.

¡Hay que amolarse!: frase con que se manifiesta fastidio.

Hay que dar tiempo al tiempo: dejar que las cosas se vayan haciendo sin apresurarlas.

Hay que darle en el codo para que abra la mano: se dice de las personas que son muy agarradas.

Hay que devolver bien por mal: máxima cristiana.

Hay que empezar por el principio y no por el final: indicando que las cosas deben iniciarse desde lo primero, sin saltarse nada.

¡Hay que gibarse, jeringarse, jorobarse!: frase con que se manifiesta asombro, protesta, sorpresa, indignación, etc.

¡Hay que joderse!: frase con que se manifiesta protesta, indignación, sorpresa, etc.

Hay que joderse y apretar el culo para no peerse: expresión que indica la necesidad de adaptarse a las circunstancias.

Hay que joderse y mear a pulso: adaptación a las circunstancias o al medio en que uno se desenvuelve.

Hay que jorobarse: se dice cuando se tiene mala suerte o una contrariedad.

Hay que quitarse el sombrero: dícese de la persona o cosa digna de todo elogio.

Hay que romper el huevo antes de hacer la tortilla: queriendo expresar que muchas cosas hay que descomponerlas y deshacerlas antes de ponerlas mejor.

Hay que tener amigos hasta en el infierno: forma de ponderación de la amistad.

Hay que tomar el tiempo conforme viene: aconseja no desesperarse cuando un asunto no sale a pedir de boca.

Hay que tomar las cosas como vienen: adaptarse a las cicunstancias.

¡Hay que ver cómo se pone!: indicando que una persona se ha enfadado, y lo manifiesta claramente.

Hay quien nace con estrella y otros nacen estrellados: frase que indica que hay personas que nacen con suerte y otros al contrario.

Hay quien presume de tacón y pisa con el contrafuerte: contra los que presumen de lo que no tienen.

Hay ropa tendida: no poder decir algo por estar delante menores de edad.

Hay tela cortada, o larga tela: existir grandes dificultades en un asunto. Se usa para censurar la propia locuacidad de una persona.

Hay tiempos de dar limosna y tiempos de pedir socorro: la fortuna es muy inestable.

Hay tiempos de hablar y tiempos de callar: las cosas deben hacerse oportunamente, cuando llega la ocasión de ella.

Hay tongo: haber gato encerrado.

Hay un diablo que se parece a otro: locución cuando se quiere excusar a un sujeto de que no ha hecho lo que se le atribuye.

Hayamos paz y moriremos viejos: ya que las guerras son la sepultura de muchas personas, principalmente jóvenes.

Haz aquello que querrías haber hecho cuando mueras: indicando que las cosas hay que hacerlas cuanto antes, y no dejarlas para más tarde.

Haz aquello que quisieras haber hecho cuando mueras: recomendación a obrar, y no tener que arrepentirse por lo contrario a la hora de la muerte.

Haz bien y no mires a quien: aconseja ejercer con todo el mundo la bondad.

Haz de ese caldo tajadas: que denota la dificultad suma o imposibilidad de una cosa.

Haz de la tierra: la superficie.

Haz el amor y no la guerra: ensalzamiento a la paz, por encima de todo.

Haz lo bien que te digo, y no lo que mal hago: recomendación prudente a seguir los buenos consejos, aunque el que los dicta no los cumpla.

Haz rico a un asno, y pasará por sabio: forma de exaltar la riqueza por encima de todo.

Hazme el favor: expresión de cortesía cuando se pide algo.

Hazmerreír: persona ridícula.

Hazte amigo de la mujer de tu enemigo: si quieres que dicha persona deje de ser tu enemigo, para empezar a ser tu amigo.

He dicho: expresión que pone fin a los discursos o conferencias.

¿He dicho algo?: expresión enfática del que ha dicho algo trascendental y no ha sido aprobado por los asistentes.

Hecha la ley, hecha la trampa: con que se da a entender que la malicia humana halla fácilmente los medios para eludir un precepto, apenas impuesto.

Hecho a sí mismo: dícese de la persona que se ha labrado su riqueza o gloria y sin ayuda de los demás.

Hecho de armas: hazaña en la guerra.

Hecho de hiel: irritado, desabrido.

Hecho en sábado: se dice de algo realizado bastamente, con materiales de poca calidad.

Hecho pedazos: muy cansado.

Hecho puré: estar muy cansado, maltrecho.

Hecho un abanto: un tonto.

Hecho un abril: hermoso.

Hecho un Adán: andrajoso, desnudo.

Hecho un agua: calado por la lluvia o el sudor.

Hecho un alambre: muy delgado.

Hecho un Alejandro: un gran militar.

Hecho un alfeñique: muy flaco.

Hecho un almíbar: derretido con las damas.

Hecho un anacoreta: muy beato.

Hecho un andrajo: sucio.

Hecho un armazón de huesos: extremadamente flaco.

Hecho un Babieca: un tonto.

Hecho un bacalao: sumamente delgado.

Hecho un basilisco: enfurecido.

Hecho un brazo de mar: muy engalanado, ataviado con mucho lujo, excesiva elegancia y presunción.

Hecho un cascajo: muy viejo.

Hecho un cielo: el niño guapo o mujer muy hermosa.

Hecho un costal de huesos: muy flaco.

Hecho un cristo: en mal estado, herido.

Hecho un cromo: dícese de la persona mal vestida y poco conjuntada en su vestimenta.

Hecho un cuero: borracho.

Hecho un dandi: muy elegante y pulcro.

Hecho un demonio: enfurecido.

Hecho un emplasto: lleno de medicinas, falto de fuerzas.

Hecho un espantajo: mal vestido.

Hecho un espectro: excesivamente flaco.

Hecho un facha: vestido ridículamente.

Hecho un flan: muy nervioso.

Hecho un fuego: demasiado acalorado.

Hecho un harapo: con la vestimenta muy rota.

Hecho un Hércules: muy forzudo.

Hecho un hielo: estar muy frío.

Hecho un higo: muy estropeado.

Hecho un hombre: con formalidad y seriedad.

Hecho un hospital: tener muchos achaques, tener en su casa muchos enfermos.

Hecho un Judas: desaseado, destrozado el vestido.

Hecho un látigo: muy alto y delgado.

Hecho un memo: un tonto.

Hecho un mueble: con la salud muy quebrantada.

Hecho un paquete: dícese del que va bien vestido.

Hecho un pollo, o pato de agua: muy mojado.

Hecho un Séneca: muy instruido.

Hecho un sol: mujer hermosa.

Hecho un toro: con mucha fuerza.

Hecho un trasto: muy quebrantado de salud.

Hecho un tronco: privado del uso de los sentidos o de los miembros.

Hecho un zorro, o unos zorros: muy callado. Muy cansado y con falta de sueño.

Hecho una alheña: quebrantado por un trabajo excesivo.

Hecho una botija: un niño muy llorón, persona muy gruesa.

Hecho una braga: dícese de lo que está en condiciones pésimas.

Hecho una breva: muy cansado.

Hecho una criba: con muchas heridas.

Hecho una estatua: inmóvil.

Hecho una fiera: muy enfadado, enfurecido.

Hecho una lámina: muy extenuado.

Hecho una lástima: lo que está muy mal físicamente.

Hecho una mierda: estar maltrecho o herido.

Hecho una pasa: persona seca, enjuta.

Hecho una pavesa: muy extremado.

Hecho una pena: muy estropeado.

Hecho una sopa: muy mojado.

Hecho una uva: muy borracho.

Hecho unas brasas: muy encendido el rostro.

Hecho unos zorros: en malas condiciones.

Hecho y derecho: explica que una persona es cabal, o que se ha ejecutado cumplidamente. Real y verdadero.

Heder u oler mal la boca a alguno: ser pedigüeño.

Helarse las palabras: hacer un frío intenso.

Helársele el cielo de la boca: morirse.

Helársele el corazón: quedarse atónito por una mala noticia.

Helársele la sangre en las venas: recibir un susto tremendo.

Helársele las migas en la boca: morirse una persona.

Helársele las migas, entre la boca y la mano: malogrársele algo, cuando tenía mayores facilidades para prometerse feliz resultado.

Hembra de pelo en pecho: mujer hombruna.

Hembras y hombres de pro: buenos, con relevancia.

¿Hemos comido en el mismo plato?: frase para indicar a una persona que no existe familiaridad y confianza entre ellos.

Henchir de viento la cabeza a uno: adularlo en extremo.

Henchir, o llenar, las medidas: decir las cosas con claridad.

Henchirle el ojo una cosa: contentarle mucho por parecer perfecta y aventajada en su especie.

Henchirle la oreja de viento: decir a una persona cosas agradables, adularle.

¿Heredástelo, o ganástelo?: da a entender la facilidad con que se malgastan los caudales, que no han costado adquirirlos.

Herir de pie y mano: temblar violentamente.

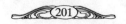

Herir Dios a alguno: castigarle.

Herir el aire, o los vientos, con voces o quejas: lamentarse en alta voz.

Herir el corazón sin romper el jubón: ofender con astucia y disimulo.

Herir en la, o la, dificultad: dar con ella, descubrirla.

Herir en lo más hondo: ofender intensamente a una persona.

Herir la dificultad, o en la dificultad: ceñirse al punto en cuestión.

Herir los cielos, o el aire, con lamentos: quejarse.

Herir por los mismos filos: valerse de las mismas razones o acciones de otro, para impugnarle o mortificarle.

Hermano de leche: dícese de las personas que han sido alimentadas en la lactancia por los mismos pechos, sin ser hermanos.

(El) Hermano pequeño: pene.

Hermosa, como gata legañosa: manera de llamar fea y asquerosa a una mujer.

Hermosa como mil perlas: dícese de todo lo que sobresale en belleza.

¡Hermoso atar de rocín...!, y atábalo por la cola: reconviénese al que hace o dice cualquier cosa fuera de propósito.

Hermosura sin talento, gallardía de jumento: indicando que la belleza sin inteligencia no vale absolutamente nada.

(Una) Herrada no es caldera: forma de excusarse cuando se ha incurrido en una equivocación o ligero error.

Herradura de la muerte: ojeras lívidas que aparecen en el rostro de un moribundo.

Herraduras descubiertas: hecho conocido.

Herramienta: pene. Armas de fuego.

Herrar o quitar el banco: forma de indicar la ejecución o desestimiento de llevar una cosa a cabo.

(El) Herrero de Arganda: dícese del que trabaja a solas, sin pedir ayuda, valiéndose de su oficio.

Hervir la sangre: exaltarse algún afecto.

Hic et nunc: inmediatamente.

Hidalgo como gavilán: dícese de la persona desagradecida a sus bienhechores.

Hiede que apesta: frase jocosa que indica que hay un olor malo, fuerte y penetrante.

Hierba mala nunca muere: ya que lo que es dañino tarda más en desaparecer.

Higo: órgano genital femenino.

Hija de puta, peor que puta: insulto grave que expresa que la consecuencia de algo es peor que ella misma.

Hija de puta y mala vinagre sabe a la madre: lo malo quiere expresar que siempre se parece a la madre.

Hija, dile a tu madre, de mi parte, que no me da la gana; que si lo quiere más claro: modo chistoso de manifestar que uno se niega rotundamente a hacer lo que otro solicita.

Hijo bastardo: el nacido de unión ilícita.

Hijo de bendición: el de legítimo matrimonio.

Hijo de buena guerra: el nacido fuera del matrimonio.

Hijo de condón pinchado, de cura, de monja, de la gran puta: ofensa máxima dirigida a una persona.

Hijo de confesión: cualquier persona respecto del confesor que tiene elegido por director espiritual.

Hijo de Dios: El Verbo Eterno. En sentido místico, el que está en gracia. Expresión de admiración o extrañeza.

Hijo de familia: el que está bajo la autoridad paterna o tutelar.

Hijo de la cuna: el de la inclusa.

Hijo de la Gran Bretaña: denominación para el hijo de puta.

Hijo de la mala vida: el que lleva una vida de vicios.

Hijo de la piedra: expósito que se cria de limosna, sin saberse quiénes son sus padres.

Hijo de la tierra: el que no tiene padres ni parientes conocidos.

Hijo de leche: el niño con relación al ama que lo crió.

Hijo de mi madre: el que habla, uno mismo.

Hijo de muchas madres, o de tantas madres: diversidad de genios y costumbres.

Hijo de muchos padres, o de tantos padres: ofensa que equivale a hijo de puta.

Hijo de papá: tono despectivo con que se indica que una persona tiene todo lo que pide, y está mal consentida.

Hijo de perra: insulto grave y violento.

Hijo de puta, o de la gran puta, hijo de mala madre, hijo de tal, hijo de su madre, hijo de la Gran Bretaña: expresión de gran injuria y desprecio; es el peor insulto que puede hacerse a un hombre. También significa persona indeseable, malvada o malintencionada.

Hijo de su madre: expresión para llamar con viveza a uno hijo de puta.

Hijo de su padre, o de su madre: semejanza del hijo a las inclinaciones, cualidades o figura del padre o de la madre.

Hijo de tal: dícese de la mala persona.

Hijo de vecino: el natural de cualquier pueblo y el nacido de padres establecidos en él.

Hijo del diablo: el que es astuto y travieso.

Hijo del Hombre: Jesucristo, porque siendo Dios, se hizo hombre y descendiente de los hombres.

Hijo incestuoso: el habido por incesto.

Hijo natural: el habido de mujer soltera y padre libre, que podían casarse al tiempo de tenerle.

Hijo sacrílego: el procreado con quebrantamiento del voto de castidad.

(Los) Hijos son para sus padres: no debiendo abusar dejándolos en otros sitios con habitualidad; hoy es común, se tienen hijos (no muchos), y que los cuiden los abuelos, y cuando éstos no sirven para nada, al asilo.

Hilar delgado: proceder con toda exactitud.

Hilar fino, o muy fino: ver todas las posibilidades y con exactitud.

Hilar largo: forma de indicar que tardará mucho en suceder lo que se ofrece o se habla.

Hilar muy fino: ser meticuloso, de gran precisión.

Hilo a hilo: poco a poco. Cuando una cosa líquida corre lentamente y sin interrupción.

Hilo de voz: voz muy apagada.

Hincar el diente: apropiarse de lo ajeno. Murmurar de otro desacreditándole.

Hincar el morro: caerse en el suelo de forma violenta.

Hincar el pico: morir.

Hincar la uña: excederse más de lo debido en precios o derechos.

Hincar las rodillas, o hincarse de rodillas: arrodillarse, humillarse.

Hincar los codos: estudiar con ahínco.

Hincar, o meter, la lanza hasta el regatón: apretar a uno con ahínco, haciéndole todo el daño posible.

Hinchado discurso: afectado, lleno de ridículas expresiones.

Hinchar el perro: dar a lo que se hace o dice proporciones exageradas.

Hinchar los morros: golpear a una persona en la cara.

Hinchar y no engordar: tener una cosa más apariencia ostentosa que utilidad real.

Hincharle las narices: abofetear en la cara a una persona.

Hincharse la rana que quiso hacerse como un buey: aplícase a los envidiosos, que sin tener medios quieren igualarse a los que son muy superiores.

Hinchársele las narices: enfadarse demasiado. Dícese del mar o los ríos cuando se alteran, o crecen muchísimo.

Hinchársele los cojones, o los huevos: encolerizarse mucho.

(La) Historia se repite: con el paso de los tiempos vuelve a acontecer lo ya sucedido.

Historias rocambolescas: cuando se oyen historias complicadas y de difícil verosimilitud.

Hizo más de lo que le mandaron, que lavó los libros: se refiere a los que por exceso de diligencia, sin consultar, hacen lo que no deben.

¡Hola!: salutación.

¡Hola, muy buenas!: fórmula de salutación.

¡Hola! Pajarito sin cola, o agárralo por la cola: contestación al que saluda a la exclamación ¡hola!

Hola, ¿qué me cuentas?: fórmula de salutación.

Holgar hoy, mañana fiesta, buena vida ésta: dicho contra los holgazanes.

Hombre...: apostilla de gran simplicidad y utilidad con que se reafirma la verdad de todo lo que se ha expuesto.

Hombre agraviado, nunca desmemoriado: la persona que ha sido ofendida, nunca se olvida de la ofensa que se le ha hecho.

Hombre al agua, o a la mar: caído en ella.

Hombre ambicioso: el que desea todo lo que es bueno a costa de lo que sea.

Hombre apasionado: con muchas pasiones.

Hombre bueno: dícese de las buenas personas.

Hombre como un castillo: de gran estatura.

Hombre de ambas sillas: el que es sabio en varias artes.

Hombre de armas tomar: el de resolución correcta para cualquier cosa.

Hombre de bigote al ojo: el que ostenta cierto aire de arrogancia, llevando el bigote retorcido y con la punta al ojo.

Hombre de bigotes: de entereza.

Hombre de buena capa: de buen porte.

Hombre de buena pasta: hombre de carácter apacible.

Hombre de burlas: el chocarrero.

Hombre de calzas atacadas: observante de costumbres antiguas.

Hombre de capa negra: decente.

Hombre de chapa: el de juicio, sesudo, formal.

Hombre de copete: de estimación y autoridad.

Hombre de corazón, o de gran corazón: el valiente y magnánimo.

Hombre de Dios es Cristo: hombre de armas tomar.

Hombre de estado: político, el que dirige los destinos de una nación.

Hombre de estofa: el de respeto y consideración.

Hombre de fondo: de gran capacidad e instrucción.

Hombre de fondos: de dinero.

Hombre de fortuna: el que la consigue rápidamente sin tener nada.

Hombre de guerra: el militar.

Hombre de haldas: el que tiene una profesión sedentaria.

Hombre de hecho: el que cumple su palabra.

Hombre de hierro: muy fuerte, incansable.

Hombre de historia: el de muchas vicisitudes.

Hombre de Iglesia: el clérigo.

Hombre de intención: el solapado.

Hombre de la calle: persona que vive en ella, o de ella.

Hombre de letras: el versado en literatura.

Hombre de mal tomar, hombre de peor dar: indicando que una persona que no sabe recibir, malamente podrá dar.

Hombre de mala digestión: el que tiene mal gesto y dura condición.

Hombre de manga: clérigo o religioso.

Hombre de mar: el marinero o pescador.

Hombre de muchas agallas: de gran valentía.

Hombre de mucho estómago: el capaz de grandes empresas y sin arredrarse.

Hombre de mundo: el de mucho trato con las gentes y con gran experiencia.

Hombre de nada: el que es pobre y de oscuro nacimiento.

Hombre de negocios: el que se dedica a ellos, teniendo varios.

Hombre de paja: persona insolvente y que por dinero está dispuesta a pechar con la responsabilidad de algún hecho cometido por otra persona, dando él la cara.

Hombre de pecho: fuerte y osado.

Hombre de pelo en pecho: el vigoroso y fuerte.

Hombre de presa: dícese del sujeto duro de sentimientos, que donde interviene hace negocio, sin que sea fácil desplazarlo en cuestión de intereses.

Hombre de pro, o de provecho: de bien, sabio y útil a la gente.

Hombre de punto: persona principal y de distinción.

Hombre de puños: robusto, valeroso.

Hombre de rumbo y hampa: aplícase al perdonavidas, matón y amigo de juergas.

Hombre de veras: amigo de la verdad.

Hombre de verdad: el que siempre la dice y tiene opinión y fama de eso.

Hombre de vida airada: el licencioso, valentón.

Hombre de voz hueca, sesera vacía o seca: dícese del presuntuoso, del que se escucha, indicando que no tiene nada o muy poca inteligencia.

(El) Hombre del saco: personaje mitológico que se usa para asustar a los niños pequeños.

Hombre del tiempo: el que predice el tiempo que va a hacer.

(El) Hombre es el único animal que tropieza dos veces en la misma piedra: el errar es continuo.

(El) Hombre es un animal de costumbres: indicando que siempre se cometen las mismas acciones, por tener hábito para ejecutarlas.

Hombre florido, maricón perdido: dicho totalmente inexacto en crítica a los hombres que les gustan las flores y las plantas.

Hombre hecho y derecho: el adulto y consecuente en todos sus actos.

Hombre liso: el sincero.

Hombre lleno: el que sabe muchísimo.

Hombre mayor: el anciano.

Hombre menudo: de pequeña estatura. Apocado.

Hombre nacido de las malvas: aplícase al que es bonachón, afable, de buen carácter.

(El) Hombre no debe llorar nunca, aunque se vea con las tripas en la mano: se enseñaba que todo acto de debilidad era impropio de su sexo.

Hombre nuevo: el que ha sido regenerado por Jesucristo.

Hombre objeto: dícese del hombre que está considerado únicamente para producir placer.

Hombre orquesta: el que lleva encima varios instrumentos musicales y los va tocando paulatinamente en una composición.

Hombre para poco: el pusilánime.

Hombre precavido vale por dos: indicando que la prudencia es una gran virtud.

Hombre preguntón, hombre de mala educación: indicando que no se debe ser curioso con la vida y con las cosas de los demás.

(El) Hombre propone y Dios dispone. Algunos añaden castizamente: **y la mujer todo lo descompone:** refrán que por su claridad no necesita mayor comentario.

Hombre público: el que interviene en los asuntos políticos.

Hombre que es ducho, para conseguir lo poco pide lo mucho: indicando que para conseguir algo hay que pedirlo con cierta demasía.

Hombre retirado: el apartado de su trabajo o empleo.

¡Hombre! ¡Tu mujer te asombre!: contestación que se suele dar al que prorrumpe en dicha exclamación.

(Un) Hombre, un voto: frase de los políticos en épocas de elecciones.

(El) Hombre y el oso, cuanto más feos, más hermosos: ensalzamiento a la hombría, y no a la belleza de las personas.

Hombro con hombro: a la vez.

Homo erectus: hombre, indicando que iba derecho.

Homo sapiens: hombre, indicando que tiene sabiduría.

Honoris causa: a título honorífico.

(La) Hora de la verdad: el momento decisivo, y en el lenguaje taurino, el momento de matar al toro.

Hora menguada: tiempo desgraciado que sobreviene algún daño, o no se logra el deseo.

Hora punta: la de mayor aglomeración.

Hora suprema: la de la muerte.

Hora tonta: momento de flaqueza en que se accede a lo que no se haría normalmente.

Horas muertas: las perdidas o las que pasan en espera de algo.

Horizontal: mujer de la vida.

Hortelano bruto, patata gorda: dicho jocoso contra los labradores que tienen buena cosecha de este tubérculo.

Hortensia: quiere expresar frialdad, en el lenguaje de las flores.

Hortera: persona tosca, burda, sin clase.

Hospital robado: casa deshabitada o desamueblada.

¡Hostia!: bofetada, golpe. Expresión irreverente que expresa sorpresa, asombro, fastidio, enfado o negación.

¡Hostias en vinagre!: expresión muy malsonante que denota enojo o rechazo.

Hotel del estado: cárcel.

Hoy como ayer, mañana como hoy, y siempre igual: hay ciertas cosas en la vida que jamás sufren alteraciones.

Hoy día, u hoy en día: el tiempo presente.

Hoy figura, mañana sepultura: locución que alude a lo perecedero de la vanidad humana.

Hoy las ciencias adelantan que son una barbaridad: se dice de los adelantos tecnológicos que existen, proviene de la zarzuela "La verbena de la Paloma".

Hoy no hay pan partido. Otro día habrá: expresión con la que se niega a conceder lo que se pide.

Hoy no se fía, mañana sí: indica que no se vende a crédito, aludiendo a un cartel que puso un comerciante en su establecimiento comercial.

Hoy por hoy: en este tiempo.

Hoy por ti y mañana por mí: reciprocidad en servicios o favores.

Hoy se ahorca a un logrero: dícese cuando sale fallida la cuenta a un prestamista o usurero.

Hoy somos y mañana no: indica que no siempre va a ser todo lo bueno del día de hoy.

Hueca: maricón.

Huele aprisa para que se acabe pronto: locución burlesca, dirigida al que se queja de mal olor.

¡Huele que apesta!: expresión que indica que una persona tiene un olor muy desagradable.

Huele que trasciende: para explicar la intensidad de un olor cualquiera.

Huelga a la japonesa: la que se trabaja más, empleando más tiempo, para producir más (cosas de los japoneses).

Huelga salvaje: la que paraliza todo los sectores, sin que trabaje nadie.

Huerto del francés: lugar donde se roba a la gente o se cometen crímenes para robar.

Hueso duro de roer: se dice de las personas difíciles de convencer o de los asuntos de resolución muy difícil.

Huésped de aposento: persona al que se da un aposento en virtud del aposentamiento de corte.

(Una) Huevada: una enormidad.

Huevazos: persona tranquila, torpe, cachazuda.

(Un) Huevo: como expresión de mucho.

(Un) ¡Huevo!: forma de indicar una negación.

Huevo de Colón, o huevo de Juanelo: cosa al parecer de mucha dificultad, y muy fácil después de sabido en que consiste.

Huevo, de una hora; pan, de un día; vino, de un año; pez, de diez; mujer, de quince; amigo, de treinta: condiciones de bondad en los casos citados.

Huevo del silogismo: aplícase a los que intentan demostrar que lo blanco es negro.

(El) Huevo mientras más cocido, más duro: mientras más años se tienen, se es más resistente al trabajo.

(Un) Huevo, y ése, huero: se dice del que no tiene más que un hijo, y éste, enfermo.

(Un) Huevo y la yema del otro: locución ponderativa de valor, mérito, calidad, etc.

¡Huevos!: interjección de enfado, asombro, fastidio, etc.

Huevos bobos: tortilla con pan rallado, aderezada con caldo.

Huevuda: dícese del hombre bravo y valeroso, que no se acobarda ante nada.

Huir a la desbandada: dispersarse confusamente y sin orden en tropel.

Huir a la francesa: se dice esta frase a las personas que no se presentan o huyen de un lugar por miedo o temor.

Huir a uña de caballo: a todo correr, a toda velocidad.

Huir cielo y tierra: alude al que se ausenta precipitadamente sin saberse adónde ha ido.

Huir como de la peste: evitar el contacto con algo, no querer trato con una persona.

Huir como el diablo de la cruz: alejarse, separarse o tener miedo de alguna persona o cosa.

Huir de la quema: apartarse de los riesgos para no caer en ellos. Esquivar compromisos graves, previsora y sagazmente.

Huir del fuego y dar en las brasas: dícese del que, evitando el peligro, cae en él.

Huir del perejil y salirle en la frente: tener cuidado del que, huyendo de una cosa mala, no elija otra peor.

Huir del trueno y topar en el relámpago: dícese del que huye de un peligro y cae en otro peor.

Huir el bulto: huir de algún compromiso.

Huir el cuerpo: moverse con ligereza para evitar un golpe.

Huir el hombro al trabajo: ser holgazán.

Huir la cara: evitar el trato.

Huirse de la memoria: olvidarse por completo de una cosa.

Humano, humo vano: lo que vale un hombre, nada.

(La) Húmeda: la lengua.

Hundirse el mundo: ocurrir un cataclismo.

Hundirse en el abismo: caer en la desesperación o en la mala vida.

Hurona: prostituta.

Hurtar el puerco y dar los pies por Dios: se moteja a los que con cualquier bien que hacen encubren el daño que ocasionan.

Hurtar el viento: ir contra el viento.

Hurtar gallina y pregonar rodilla: frase contra los hipócritas, que, después de apropiarse de lo ajeno, escrupulizan en algo insignificante.

Hurtarle el cuerpo: evitar el trato y compañía de alguien.

(La) Husma: policías.

Huye, huye, que viene la nube: exclamación con que se invita a ponerse a salvo por existir algún peligro.

Iban dos por un camino: modo jocoso de decir: y van dos.

(La) Ida del cuervo, o la del humo: desear que el que se va, no vuelva.

Ida y venida por en casa de mi tía: manera de reprender las falsas razones con que se justifican los extravíos particulares.

Idas y venidas: movimientos constantes de personas.

Idea de bombero, o de bombero jubilado: dícese de las ideas peregrinas, o descabelladas.

Idea platónica: idea sin sólido fundamento y por tanto impracticable.

Ídem, eadem, ídem: lo mismo, lo uno que lo otro.

Ídem de lienzo: lo mismo.

Ídem per idem: ello por ello.

(La) Iglesia de Dios, cuando no chorrea, gotea: indica que los responsables de ella siempre están pidiendo dinero a los feligreses para su mantenimiento.

Iglesia me llamo: expresión usada por los delincuentes para no decir su nombre.

(La) Iglesia de Dios no juzga lo secreto: expresa que los actos de conciencia no han de ser criticados por nadie.

(La) Ignorancia de la ley no implica su cumplimiento: que el desconocimiento de las normas no exime cumplirlas.

(La) Ignorancia es la enfermedad del ánimo: muchas cosas se ignoran porque no se quieren saber, o porque no conviene saberlas.

Ignorancia grande, la del que gasta y no da: porque el que regala, siempre tiene personas que se lo agradecen.

Ignorancia no quita pecado: indica que la ignorancia no exime la culpa.

Igual le da ¡arre! que ¡so!: importarle todo un bledo.

Igual le da ocho que ochenta: no importar nada.

Igual me da leche que caldo de teta: son dos cosas idénticas.

Igualar la sangre: contraer parentesco con personas de igual condición o categoría. Recibir transfusiones. Dar un segundo golpe al que antes había recibido otro.

Igualar una marca: alcanzar en una prueba deportiva la misma cifra o tiempo que la mejor hasta entonces.

(Los) Iguales: la guardia civil.

(Una) Imagen vale más que mil palabras: expresa que lo que se ve y se comprende, se entiende mejor que lo que es explicado.

Imponer las manos: ejecutarla los obispos en dicha ceremonia de imposición de manos.

Imponer silencio: hacer callar a las personas. Tratándose de pasiones, reprimirlas.

Imponer silencio perpetuo: en los pleitos prohibir que se vuelva a deducir la acción.

Importar tres puñetas: no importar nada.

Importar un ardite: ser totalmente indiferente.

Importar un bledo, un carajo, un pito, un rábano, un pepino, un comino, un cuerno, un huevo, un pimiento, etcétera: para expresar la total indiferencia hacia alguien o hacia algo.

Importar una mierda: tener sin cuidado.

Importarle un carajo, un cojón, dos, o tres pares de algo: no importarle nada.

Imposible de toda imposibilidad: expresión con que se pondera la imposibilidad absoluta de una cosa.

Imposición de manos: recepción especial del Espíritu Santo.

Imprimatur: imprímase.

Imprimir carácter: dejar marcado el sello de una acción en una persona.

Impuesto revolucionario: dícese del dinero que es cobrado por bandas terroristas, con el fin de no ser atacado por ellas la persona que abona dicha cantidad.

Impureza de sangre: mancha en una familia por mezcla de una denominada mala raza.

In aeternum: para siempre.

In albis: en blanco, quedarse in albis.

In articulo mortis: poco antes de morir.

In crescendo: en aumento.

In dubiis, abstine: ante la duda, abstente.

In extremis: en último extremo.

In fraganti: en el momento en que se comete el delito.

In hoc signo vinces: con este signo vencerás.

In illo tempore: en aquel tiempo.

In medio stat virtus: en el medio está la virtud.

In memoriam: en recuerdo.

In mente: en la mente.

In naturalibus: desnudo.

In nomine Domini: en el nombre del Señor.

In puribus: desnudo.

In puris naturalibus: desnudo.

In rerum natura: en la naturaleza de las cosas.

In saecula saecolorum: por los siglos de los siglos.

In situ: en el sitio.

In vitro: en el vidrio, se dice de los experimentos científicos.

Incapaz de sacramentos: muy rudo o tonto.

(El) Incienso marea: lo dice la persona que es adulada.

Incinerar el cilindrín: encender un cigarro.

Inclinar la balanza: inclinar un asunto a favor de alguien o de algo.

Indicios vehementes: con que se mueven de tal modo a creer una cosa, que ellos sólos equivalen a prueba semiplena.

Indignarse la llaga: irritarse.

Indirectas del padre Cobos: se dice al que claramente pide una cosa, manifestar a otra persona lo que es desagradable.

Indulgencia plenaria: por las que se perdonan todas las penas de los pecados.

Infancia feliz o infeliz: buena o mala infancia.

(La) Infantería no llega y la caballería se pasa: se dice cuando se cuenta con dos elementos inútiles, uno por defecto y otro por exceso.

(El) Infierno está lleno de buenas intenciones: dícese de la persona que por querer hacernos un beneficio de buena fe, nos causa algún mal.

Inflar a hostias: pegar a una persona abundantemente.

Inflarse como un sapo, o pavo: sentir afectamiento.

Ingeniárselas: ver el modo de ejecutar algo de cierta importancia.

(La) Inmedita: lo natural, la acción inmediata.

(La) Inocencia es una santa ignorancia: porque es propia de los niños y no encierra malicia.

Inocente Dorotea: persona de aspecto cándido que aspira a hacer siempre lo que ella quiere.

Instituir heredero, o por heredero, a uno: nombrarle heredero en su testamento.

Instruir un expediente: reunir los documentos necesarios para la resolución del mismo.

Intelecto apretado, discurre que rabia: cuando la necesidad se impone, se aguza el entendimiento.

Inter nos: entre nosotros, confidencialmente.

Inter vivos: actos como donaciones efectuadas entre personas vivas.

Intercambio de parejas: cambio de ellas para el juego del amor.

(El) Interés mueve los pies: ya que incita a ejecutar ciertas cosas.

Intereses creados: ventajas no siempre legítimas de ciertos individuos. Intereses que se oponen a la obra de la justicia o mejora social.

Interrupción voluntaria del embarazo: abortar.

Invento del tebeo: dícese de toda idea disparatada.

Ipso facto: sobre el hecho, sobre el acto mismo.

Ir a buscar las perras: una persona ir a trabajar.

Ir a campo llano: encontrarse las cosas sin trabajo.

Ir a casa de abuela, o de tía, o del poco pan, o del poco trigo: se dice familiarmente de la cárcel.

Ir a caza de gangas: buscar gollerías.

Ir a cencerros tapados: ocultamente.

Ir a ciegas o a tientas: sin saber lo que se hace.

Ir a contarlo al otro mundo, o al otro barrio: expresión con que se da a entender el acto de morirse.

Ir a contárselo al nuncio: enviar a una persona con cajas destempladas.

Ir a cuerpo gentil: sin ropa de abrigo.

Ir a donde va el rey a pie, o en persona: al retrete.

Ir a echar una carta al correo: irse a exonerar el vientre.

Ir a escucha gallo: con cuidado y atención, observándose todos los ruidos.

Ir a fondo: hundirse.

Ir a golpe de calcetín: andando.

Ir a gusto en el machito: se aplica a la persona que rehúsa abandonar una situación cómoda y provechosa.

Ir a la caza: a la consecución de algo.

Ir a la comedia: disponerse a comer.

Ir a la corte y no ver al rey: desaprovechar la ocasión propicia.

Ir a la deriva: marchar un asunto por mal camino.

Ir a la descubierta: sondear, explorar el ánimo de la persona de quien se pretende algo.

Ir a la mano a alguno: contenerle.

Ir a la par: a la vez y en los negocios a medias en las ganancias o pérdidas.

Ir a la parte: interesarse con otros en algún negocio.

Ir a la raspa: a pillar, robar o hurtar.

Ir a la rastra: con esfuerzo, con obligación.

Ir a lo suyo: actuar en interés propio.

Ir a los alcances de alguien: observar muy de cerca los pasos que da, para descubrir su conducta o manejos.

Ir a mayores: ir consiguiendo mayor importancia o seriedad.

Ir a mesa puesta y cama hecha: vivir en una casa a expensas de su dueño.

Ir a misa una cosa: que es verdad y real lo que se dice o ejecuta.

Ir a mujeriegas: montar en las caballerías con las dos piernas al mismo lado.

Ir a navegar contra corriente: pugnar contra el sentido común, o la costumbre.

Ir a parar: llegar a, terminar.

Ir a parar al marqués de la romana: dícese de todo aquello que acaba por ser vendido a peso en las chatarras o chamarilerías.

Ir a pata: andando.

Ir a pelo: sin nada en la cabeza, descubierto.

Ir a tiro hecho: hacer una cosa deliberadamente y con un fin determinado.

Ir a una: de acuerdo con varios, y a un mismo intento.

Ir adelante: proseguir en lo que se ha ido haciendo o diciendo.

Ir al aire de la tierra: por donde uno piensa o tiene el instinto de que ha de llegar al lugar que busca.

Ir al baño: hacer sus necesidades.

Ir al bulto: sin precisión a lo general.

Ir al copo: arramblar con todo.

Ir al caso: ir directamente a un asunto dejando lo que no es principal.

Ir al dedo malo: forma de dar a entender que todo viene a tropezar en la parte enferma, y que no hay desdicha que no vaya a dar en el hombre más desgraciado.

Ir al encuentro: en busca de alguno, concurriendo en un mismo sitio.

Ir al fin del mundo con alguno: fiarse plenamente de él.

Ir al grano: quitar las cosas superfluas e ir directamente a lo principal.

Ir al hospital por hilas, o por mantas: se reprende la imprudencia de pedir a otro lo que consta que necesita.

Ir al Jordán: convalecer.

Ir al matadero: ponerse en grave riesgo de perder la vida.

Ir al molino: convenir para obrar contra uno, especialmente en el juego.

Ir al quite: acudir en defensa o auxilio de alguien.

Ir al rabo: con que se nota y reprende al que por adulación y servilismo sigue o acompaña a otro continuamente.

Ir al trote: muy deprisa.

Ir alto: el río muy crecido.

Ir bandeándose: ingeniárselas, darse maña para salir de algún apuro.

Ir bien arropado: armado.

Ir bien fardado: muy elegante, bien vestido.

Ir bien maqueado: elegante, bien trajeado.

Ir bien o mal: estar en buen o mal estado.

Ir cabeza abajo: irse arruinando.

Ir cada cual por su camino, o cada uno por su lado: pareceres o caminos diferentes.

Ir cagando leches: muy deprisa.

Ir caminando a Villavieja: se dice cuando una persona se va haciendo vieja.

Ir cantando bajito: refunfuñando.

Ir como a campana tañida: llegar todos a un tiempo y a un punto determinado.

Ir como el que llevan a ahorcar: por la fuerza.

Ir como gato por ascuas, o brasas: huir con celeridad.

Ir como la seda: marchar una cosa bien.

Ir como oveja al matadero, sin despegar los labios: muy manso.

Ir como perro sin amo: totalmente solo.

Ir como puta por rastrojo: de mala manera o forma.

Ir con alguno: estar de su parte. Ir con él.

Ir con chismes: contando cuentos de otras personas.

Ir con Dios: fórmula de despedida.

Ir con el compás en la mano: proceder con rectitud.

Ir con el cuento: ejerciendo de chismoso y correveidile. Dar la noticia o transmitir el rumor, generalmente faltando a la discreción.

Ir con el rabo entre las piernas: avergonzado.

Ir con el soplo: chivarse, decir cosas que no eran conocidas.

Ir con espigón: retirarse picado o con resentimiento.

Ir con la cabeza levantada: sin tener de qué avergonzarse.

Ir con la cara descubierta: se dice del que no tiene nada que ocultar.

Ir con la cola caída: lleno de vergüenza.

Ir con la corriente, o tras la corriente: seguir la opinión de los demás.

Ir con la embajada: contar lo que se ha oído.

Ir con la frente muy alta, o muy lavada: con serenidad.

Ir con la hora pegada al culo: con el tiempo justo, por lo que tiene que ir muy deprisa.

Ir con la sonda en la mano: examinar lo que se va a hacer y proceder con madurez.

Ir con, o tras, la corriente: seguir la opinión de los demás sin examinarla.

Ir con pie derecho: comenzar bien un asunto.

Ir con pies de plomo: con mucha precaución.

Ir con uno: estar de su parte, o pensar como él.

Ir contra la corriente: luchar con grandes inconvenientes o dificultades.

Ir contra viento y marea, o contra la corriente: a pesar de cualquier obstáculo.

Ir costa a costa: navegando sin perder de vista la tierra.

Ir cuesta abajo: declinar a su fin. Persona que llega a la miseria.

Ir dado: hacer ilusiones inútiles.

Ir dando tumbos: haciendo eses. Marchar los asuntos de mal en peor. Llevar una vida poco ética.

Ir dao, o ir dado: ir mal las cosas.

Ir de...: comportarse de un modo determinado.

Ir de baja, o en baja: disminuir en valor o estimación.

Ir de bonito: vestido de uniforme.

Ir de bureo: de juerga.

Ir de cabeza: con problemas de no fácil resolución.

Ir de camino: andar de viaje.

Ir de capa caída: decaer en los bienes o en la salud.

Ir de capa rota: enviar a alguien disimuladamente para ejecutar alguna cosa.

Ir de cesta: acompañando a dos enamorados, estorbándolos.

Ir de copas: alternar.

Ir de corredera: de juerga.

Ir de cráneo: encontrarse en situación apurada o incómoda.

Ir de cuartillo: en un negocio estar a pérdidas y ganancias con otros.

Ir de cuchipanda: juntarse varias personas para ir a comer alegre y regocijadamente.

Ir de culo: se dice cuando una cosa está saliendo de forma no conveniente.

Ir de cumplimiento: visitar por pura ceremonia.

Ir de flor en flor: persona inconstante que va detrás de distintas mujeres, o que actúa de formas totalmente diferentes.

Ir de Herodes a Pilatos, de la Ceca a la Meca: de un lado a otro.

Ir de infantería: andar a pie el que iba a caballo.

Ir de lado: inclinarse hacia un lado.

Ir de lado a lado: borracho.

Ir de legal: comportarse siempre honestamente.

Ir de mal en peor: empeorando progresivamente.

Ir de mano en mano: pasar una cosa de una persona a otra.

Ir de perro a perro: con malicia mutua.

Ir de pillo a pillo: dícese cuando dos personas llegan a un acuerdo y cada una de ellas emplea la mayor reserva para adquirir las mayores ventajas a su favor.

Ir de pira: no entrar en clase. Ir de juerga.

Ir de polizón: viajar en el tren oculto bajo los asientos para no pagar el billete.

Ir de puta a puta: con astucia y malicia mutua por no fiarse uno de otro.

Ir de puto culo: estar muy apurado.

Ir de rabillo: seguir detrás de uno a todas partes.

Ir de rocín a ruin: pasar de un estado malo a otro peor.

Ir de romanía: de capa caída.

Ir de romano: de uniforme.

Ir de rota: de vencida, súbita y desordenadamente.

Ir de tiros largos: bien vestido, con lujo, de gala.

Ir de trapillo: con vestido de estar en casa.

Ir de un extremo a otro: cambiar de repente las cosas.

Ir de un lado para otro: en movimiento continuo sin detenerse en ningún sitio.

Ir de una parte a otra: igual que lo anterior.

Ir descaminado: apartarse del camino de la razón, o bondad.

Ir descamisado: mal vestido, con la camisa por fuera.

Ir desempedrando calles: correr velozmente por ellas, caminar muy deprisa.

Ir dos caminando: apartarse de la razón, de la verdad o del buen camino.

Ir echando cerillas, o mixtos: a toda velocidad.

Ir echando venablos: maldiciendo.

Ir el agua por alguna parte: para indicar que el favor y la fortuna acuden a determinadas personas.

Ir empalmado: llevar la navaja abierta y oculta en la mano o en la manga.

Ir en bonanza: felizmente en lo que se desea.

Ir en camisa: andar con ella. Se dice de la mujer que va al matrimonio sin dote.

Ir en el coche de San Fernando: un ratito a pie y otro andando: forma de decir que se va caminando.

Ir en globo: salir bien las cosas.

Ir en la burra, o en el machito: tener ventaja o preferencia en algo.

Ir en lenguas: estar en boca de la gente.

Ir en paz, o con la paz de Dios: despedida cortés.

Ir fuera de camino: no actuar de la forma correcta.

Ir fuera de trastes: decir lo no conveniente.

Ir fuera del camino: proceder con error, obrar sin método, orden o razón.

Ir haciendo eses: borracho.

Ir hecho un gitano: sucio y desastrado.

Ir hecho un pincel, un figurín, un brazo de mar, etc.: estar muy compuesto y elegante.

Ir hecho una birria: sucio, mal arreglado.

Ir la música por dentro: andar, o ir por dentro la procesión.

Ir la soga tras el caldero: seguir una persona a otra sin dejarla a sol ni sombra.

Ir lado a lado: cuando pasean juntas dos personas.

Ir largo, o para largo: denota que una cosa tardará en verificarse.

Ir las pedradas a alguno: hacerlo cargar con la culpa de lo que no ha hecho.

Ir lejos, o muy lejos: hacer cosas que pueden prosperar.

Ir listo: ir descaminado para lograr lo que se desea.

Ir mal una cosa: indica no hallarse en estado satisfactorio.

Ir más derecho que un tiro: directamente al grano.

Ir más derecho que una vela: andar tieso como un palo.

Ir montado en la burra: tener todo a su favor.

Ir, o casar, o salir, horro: cuando se ha sacado libre a uno sin pagar su parte.

Ir, o irse, al garete: estropearse o malograrse algo.

Ir, o irse uno, a hacer gárgaras: ir o despachar a alguien de cualquier manera.

Ir, o irse uno, a hacer puñetas: forma de despedir a una persona.

Ir, o irse uno, con viento fresco: indicando a una persona que se vaya, que se largue.

Ir, o llevar, de vencida: llegar una cosa a su fin.

Ir, o marchar, como un reloj: hacer algo con la máxima regularidad y prontitud.

Ir, o meter en el trullo: a parar a la cárcel.

Ir, o pasar, de un extremo a otro: mudarse casi de repente el orden de las cosas, pasando a las opuestas.

Ir, o salir, un rabo entre las piernas: quedar vencido, abochornado, corrido.

Ir, o venir, atestando: frase con que se denota el enfado de una persona, manifestándolo por medio de maldiciones o amenazas.

Ir, o venir, o llevar a uno al matadero: meterse o poner a otro en peligro inminente de perder la vida.

Ir, o venir, peyendo alcayatas: ir o venir aceleradamente.

Ir, o venir, rompiendo cinchas: acudir velozmente a un lugar.

Ir para algo: tener un destino determinado.

Ir para largo: tardar mucho en verificarse aquello de que se habla.

Ir para nota: estudiar mucho.

Ir para viejo: adquiriendo años.

Ir pasando: mantenerse en el mismo estado.

Ir perdido: llevar desventaja.

Ir pisando huevos: andar muy despacio.

Ir por buen camino: actuar siempre de forma honesta y coherente.

Ir por el albarillo: hacer las cosas muy atropelladamente para salir del paso.

Ir por camino real: por camino más fácil, noble y seguro.

Ir por derecho: enfrentarse a una situación directa y abiertamente.

Ir por justicia: poner pleitos, acudir a la justicia.

Ir por la epístola: a casarse.

Ir por la peseta: encaminarse al trabajo.

Ir por lana y volver trasquilado: ir por una cosa y resultar otra totalmente distinta a lo que se esperaba.

Ir por los aires como un brujo: hacer una cosa con toda diligencia y rapidez.

Ir por los cerros de Úbeda: salir por cosas diferentes a lo tratado.

Ir por montes y valles: andar mucho por sitios diversos.

Ir por otro camino: proceder de otra manera.

Ir por su camino: seguir el que lleva.

Ir por su mano: transitar por el lado de la vía que le corresponde.

Ir por su pie: andando.

Ir por su pie a la pila: con que se motejaba de cristiano nuevo, por lo tardío de su bautismo.

Ir publicando la bula: hacer pública y notoria alguna cosa.

Ir que arde, o que chuta: tener ya suficiente con lo que se tiene, o se ha conseguido.

Ir rezando por lo bajo: rezongando.

Ir, salir, o venir atestando: se dice cuando alguien está enfadado y lo manifiesta con maldiciones.

Ir servido: ironía con que se denota que se va desfavorecido o chasqueado.

Ir siempre con ella: proceder en todo con escama, malicia, con segundas intenciones.

Ir sobre ruedas: a entera satisfacción.

Ir sobre una cosa: seguirla.

Ir sobre uno: seguirle de cerca; ir a su alcance para apresarle o hacerle daño.

Ir tirando: sobrellevar las adversidades y trabajos que se presentan en la vida.

Ir trampeando: igual que lo anterior.

Ir tras el chorrillo: dejarse llevar de la corriente.

Ir tras una cosa: perseguir algún fin con una idea determinada.

Ir tras uno: buscar a una persona con objeto de entrevistarse con ella.

Ir uno cabeza abajo: decaer, arruinarse poco a poco.

Ir uno con el compás en la mano: proceder siempre con regla y medida.

Ir uno fuera de camino: procecer con error.

Ir uno por su camino: ir por cuenta propia, sin opiniones ajenas.

Ir viento en popa: marchar con buena fortuna.

Ir y venir: insistir revolviendo algo en la imaginación.

Ir zumbando: con violencia o suma ligereza.

Ira de Dios: cuando una cosa es de malos efectos para las personas.

Ira de dos que se aman, en abrazos para: las discusiones de enamorados acaban convirtiéndose en un cariño todavía más fuerte.

Ira de hermanos, ira de diablos: indicando que las peores riñas son la de los parientes cercanos.

(La) Ira es enfermedad del entendimiento: porque lo ciega.

(La) Ira es mala consejera: ya que bajo sus efectos no se deben tomar soluciones o determinaciones.

Irle a hacer guiños a la Luna: perder el tiempo en hacer alguna cosa.

Irle a la mano: contener a una persona, que se excede en halago.

Irle a los alcances: seguir de cerca.

Irle la marcha: ser fácil o tolerante en cuanto a moral sexual.

Irle la vida en algo: ser una cosa de gran importancia.

Irse a alguno la cabeza: perder el sentido o la razón.

Irse a alguno la lengua: decir expresiones malsonantes.

Irse a chitos: andarse vagando, divertido en juegos y pasatiempos.

Irse a freír churros: fracasar alguna cosa.

Irse a hacer puñetas, o gárgaras: malograrse algo.

Irse a la cama: acostarse con algún fin determinado.

Irse a la guerra: cumplir el servicio militar.

Irse a la mano: proceder con detenimiento y cautela.

Irse a la mierda, a la porra, a la eme: malograrse, estropearse alguna cosa.

Irse a la otra banda: inclinarse al partido opuesto.

Irse a la porra: mandar con rechazo a una persona, fracasar una empresa o empeño.

Irse a las calderas de Pedro Botero: al infierno.

Irse a las manos: pegarse.

Irse a las vistillas: pretender ver alguna cosa que se quería ocultar.

Irse a leva y a monte: escaparse, huir.

Irse a matar avispas: entretenerse en cosas sin importancia.

Irse a ojeo: cazar por este método. Buscar con cuidado.

Irse a paseo: malograrse un asunto involuntariamente.

Irse a pique: destruirse una cosa. Hundirse el barco.

Irse a picos pardos: a buscar compañía femenina.

Irse a tomar por el culo, por el saco: malograrse algo. Salir lanzada una cosa sin control.

Irse a tomar vientos: igual que lo anterior.

Irse a uno el alma por, o tras, alguna cosa: apetecerla con ansia.

Irse a uno la mano: escapársele por descuido alguna palabra o al efectuar alguna cosa.

Irse a ver la cara de Dios sin ayuda de médico ni boticario: morir de forma violenta.

Irse abajo una cosa: venirse a tierra.

Irse al bulto: no andar una persona con rodeos.

Irse al carajo: estropearse o malograrse algo que se estaba esperando.

Irse al cielo: se dice cuando mueren las buenas personas, o los niños.

Irse al cielo vestido y calzado: directamente al cielo sin pasar por el purgatorio; se dice de la persona que por sus virtudes se cree que es digna de ese premio.

Irse al cuerno: malograrse un asunto, frustrarse.

Irse al diablo alguna cosa: estropearse, venirse abajo.

Irse al fondo: perderlo todo.

Irse al garete: fracasar, irse sin dirección o propósito fijo.

Irse al güano: perderse un asunto.

Irse al hilo, o tras el hilo de la gente: hacer las cosas porque otro las hacen.

Irse al hoyo: morirse una persona.

Irse al infierno: fracasar alguna cosa.

Irse al monte: dícese del que va siempre a lo seguro.

Irse al moro: marcharse a un país árabe. Actualmente se aplica a la persona que va a Marruecos a por droga para pasarla a España.

Irse al otro barrio: morirse.

Irse al sobre: a la cama.

Irse al tacho: venirse algún asunto abajo, fracasar en un empeño.

Irse al traste alguna cosa: desbaratarse, malograrse algo.

Irse alguna cosa: no entenderla o advertirla.

Irse alguna cosa de entre las manos: escaparse.

Irse allá: valer una cosa poco más o menos que otra con la que se compara.

Irse apagando como la luz de una mariposa: dícese de la persona que se muere lentamente.

Irse bendito de Dios: expresión de despedida, generalmente cuando el que se ausenta no es del agrado del que lo indica.

Irse cojo: dícese de la persona que se ausenta no habiendo bebido más que una copa.

Irse como alma que lleva el diablo: marcharse con el rabo entre las patas.

Irse como una canilla, o de canillas: tener descompostura. Hablar sin reflexión.

Irse con Dios, o bendito de Dios: despedida en todo el sentido de la palabra.

Irse con el viento que corre o sopla: con el partido que impera o prevalece.

Irse con la boda: llevárselo todo.

Irse con la música a otra parte: indicación de que alguien está haciendo algo molesto, por lo que debe marcharse del sitio.

Irse con la paga del rey: huir de un sitio.

Irse con las manos vacías: no conseguir el propósito que se pretendía.

Irse con, o tras, la corriente: seguir la opinión de los demás, sin examinarla.

Irse con su madre de Dios: irse bendito de Dios.

Irse con su madre gallega: buscar fortuna, o ganarse la vida.

Irse con viento fresco: despachar a una persona.

Irse corriendo la partida: engancharse la falda con los talones.

Irse de boca: dejarse llevar del vicio.

Irse de buena carta: desprenderse voluntariamente de algún elemento favorable para el logro de una pretensión o deseo.

Irse de bureo, de pira: de juerga.

Irse de cámaras, o de coquillas: hacer aguas mayores sin querer.

Irse de copas: antiguamente, ventosear. Actualmente, ir de bar en bar.

Irse de entre las manos: escaparse alguna cosa de la dirección o control.

Irse de este mundo: morir.

Irse de la boca: hablar mucho y sin consideración.

Irse de la lengua: hablar lo que no procedía.

Irse de la mano: escaparse alguna cosa.

Irse de la memoria alguna cosa: olvidarla.

Irse de la "mui": hablar más de lo debido.

Irse de la veleta: volverse loco, desvariar.

Irse de lado a lado: estar borracho.

Irse de parranda: de diversión, de juerga.

Irse de picos pardos: de juerga o jarana, con señoras cariñosas de profesión.

Irse de rositas: sin cumplir o ejecutar lo que procede, o sin cumplir el castigo impuesto.

Irse de una buena carta: desprenderse voluntariamente de algún elemento favorable.

Irse de vacío: sin conseguir lo que se esperaba.

Irse de vareta: tener diarrea.

Irse de vista: alejarse o apartarse de lo que alcanza la vista.

Irse de zambra: de fiesta, de juerga.

Irse del pico: sacar a relucir o descubrir lo que debía ser secreto.

Irse del pie a la mano: abusar de la confianza otorgada.

Irse del seguro: entregarse a algún arrebato olvidando los dictámenes de la prudencia.

Irse dos personas a la cama: irse a ella para copular.

Irse el alma tras alguna cosa: apetecerla con ansia.

Irse el santo al cielo: olvidarse de lo que se iba a decir.

Irse en humo: convertirse en nada algún asunto.

Irse entrada por salida: irse uno por otro.

Irse entre músicos y danzantes: gastarse el dinero sin saber adónde ha ido.

Irse la boca a donde está el corazón: hablar conforme a los deseos.

Irse la fuerza por la boca: hablar y no hacer.

Irse la lengua: decir expresiones malsonantes.

Irse la nave a pique: hundirse.

Irse los ojos tras algo: desearlo.

Irse muriendo: andar muy despacio, con desmayo.

Irse, o írsele, la lengua: decir inconsideradamente lo que no quería o debía manifestar.

Irse, o írsele, por alto una cosa: no entenderla.

Irse, o llevarse, el mejor triunfo de la baraja: llevarse lo mejor de alguna cosa.

Irse, o pasársele, una cosa de la memoria: olvidarse de ella.

Irse, o subírsele, el santelmo a la gavia: montar en cólera.

Irse para el otro barrio: morirse una persona.

Irse por alto: salirse de tono.

Irse por derecho: con firmeza, sin vacilación.

Irse por el chorrillo: seguir la corriente o costumbre.

Irse por el mundo a buscar pan de trastrigo: buscar pan hecho de la flor del trigo.

Irse por el mundo adelante, o por esos mundos: viajar.

Irse por esos campos de Dios: a la ventura.

Irse por esos mundos de Dios: sentimiento que obliga a ausentarse inconsideradamente.

Irse por la pata abajo: exonerar el vientre involuntariamente, padecer de correncias. Tener miedo.

Irse por la tangente: decir alguna incongruencia a lo que se está hablando o tratando.

Irse por las ramas: dar vueltas a una cosa para intentar conseguirla, o para despistar a otro.

Irse por los cerros de Úbeda: se dice del que se aparta del asunto que se está tratando.

Irse por los trigos de Dios: a la desbandada.

Irse por pies, o por sus pies: escaparse.

Irse por su pie a la pila: bautizarse ya adulto.

Irse sin decir oste ni moste, esta boca es mía, tus ni mus, sin despegar los labios: marcharse sin hablar.

Irse sobre alguna cosa: seguirla sin perderla de vista.

Irse todo el peso a la culata: acobardarse, dar muestras de temor o de miedo.

Irse todo en humo: desvanecerse.

Irse una cosa a pique: hundirse, desbaratarse por completo.

Irse una palabra: descuidarse en decir una expresión que puede ser sensible.

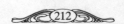

Irse uno con Dios, o bendito de Dios: marcharse, despedirse.

Írsele a uno el santo al cielo: olvidársele de lo que iba a decir o lo que tenía que hacer.

Írsele a uno la cabeza: perder el sentido.

Írsele cada cuarto por su lado: ser muy desairado, sin garbo, compostura ni aliño.

Írsele de la mano: no poder conseguir una cosa.

Írsele el alma tras alguna cosa: apetecerla con ansia.

Írsele el santo al cielo: olvidarse de algo.

Írsele la boca: hablar mucho y sin consideración, o con imprudencia.

Írsele la burra: hablar indebidamente una persona.

Írsele la cabeza: perturbarse el sentido común.

Irsele la fuerza por la boca: ser baladrón.

Írsele la jaca: dejarse llevar por la ira.

Írsele la mano: hacer con ella una acción involuntaria. Excederse en la cantidad.

Írsele la mula: irse de la lengua.

Írsele la pez al culo: estar muy viejo.

Írsele la vista: desvanecerse, turbarse el sentido.

Írsele los ojos: desear algo con vehemencia.

Írsele los pies a uno: resbalar.

Írsele un color y venírsele otro: tener gran vergüenza.

Írsele una cosa de entre las manos: desaparecer y escaparse una cosa con gran velocidad y presteza.

Ite, missa est: idos, la misa ha terminado, frase con que concluía el sacerdote la santa misa, en el rito latino.

Iure divino: derecho divino.

Ius naturale: derecho natural.

Ius primae noctis: derecho de pernada.

Ja: mujer.

Jabato: persona valerosa.

Jabón de olor: el de uso para la higiene personal, ya que contenía perfume (dicho antiguo).

Jabón de Palencia: la pala con que las lavanderas golpean la ropa.

Jabón de sastre o jaboncillo: especie de tiza con que estas personas marcan la tela que van a cortar.

Jabón e hilo morado es para la ropa: cuenta los que confunden las cosas que son de distinta naturaleza.

Jaca, jaquetona: mujer llamativa de formas exuberantes, que incita.

Jacarandoso: persona tuna.

Jala que jala: equivale a "corre que corre".

Jalar: comer. Estafar.

Jale: mujer.

Jamás de los jamases: nunca jamás.

Jamás por jamás: siempre jamás, o nunca jamás.

Jamás visto ni oído: cosa muy extraña o nueva.

Jambo: hombre.

¡(Un) Jamón! o ¡Un jamón con chorreras!: expresión de negativa hacia una persona o cosa.

Jamón de mono: los cacahuetes.

Jamón de pobres: el tomate con sal.

Jamón empezado, pronto mediado, y jamón mediado, pronto acabado: forma de indicar que lo que se empieza pronto llega a su fin, principalmente si son cosas agradables para todos.

Jandorro: dinero en billetes.

Jaque: fanfarrón, valentón.

Jarabe de palo: pegar.

Jarabe de pico: fanfarronear. Palabras sin sustancia, promesas que no se han de cumplir.

Jarro de plata no hace más fresca el agua: indica que los bienes que una persona posee no hacen más feliz a su poseedor.

Jaula abierta, pájaro muerto: dícese burlescamente a la persona que se ha dejado la bragueta desabrochada.

Jay: moro.

Jazmín: indica amabilidad, en el lenguaje de las flores.

(La) Jeringa y los dos reales, o los ocho cuartos: manifiesta el enfado y molestia que nos causa una persona que no cesa de repetir la misma cosa.

Jesucristo se metió redentor y lo crucificaron: subterfugio a que apelan los egoístas cuando se trata de reformar algún abuso.

Jesuita falso: hombre al que no se le puede creer en nada.

(Un) Jesuita y una suegra saben más que una culebra: dícese de los solapados y ladinos.

¡Jesús mil veces!: exclamación con que se manifiesta una grave aflicción o espanto.

¡Jesús!, o ¡Jesús, María y José!: exclamaciones de admiración, de susto o de lástima. Respuesta a una persona que estornuda.

Jesusito de mi vida, eres niño como yo…: oración infantil.

Jeta: caradura, aprovechado.

Jibiona: proxeneta en ejercicio.

¡Jo!: interjección de fastidio o enfado.

¡Jobar!: interjección de admiración, asombro o fastidio.

¡Jodamos, que todos somos hermanos!: expresión con que se indica el derecho a participar o beneficiarse de algo que se considera común.

Joder: cohabitar. Fastidiar, molestar. Romper o estropear algo. Interjección de fastidio, enfado, admiración o asombro.

Joder a pelo: sin preservativo.

Joder en cuclillas: cosa imposible.

Joder la marrana: fastidiar, molestar.

Joder más que las gallinas: fornicar con frecuencia.

Joder más que las moscas: ser una cosa de incordio continuo.

Joder más que una china en un ojo: como cosa muy molesta. Ser una persona de gran actividad sexual.

Joder más que una china en un zapato: ser una cosa molesta y desagradable.

Joder no joderemos, pero, ¡joder!, qué ganas tenemos: juego de palabras que expresan resignación.

¡Joder, qué tropa!: frase atribuida al conde de Romanones, que quiere expresar malestar sobre determinados hechos efectuados por personas que estimamos que no hacen lo que esperamos que hagan.

Joder vivo a alguien: causarle un perjuicio intencionadamente.

¡Joderla!: hacer o decir algo totalmente inoportuno.

¡Jódete y baila!: frase de satisfacción ante una desgracia ajena.

Jodido, pero contento: estado de situación en el que se está fastidiado o molesto, pero que no se produce queja.

¡(La) Jodienda no tiene enmienda!: frase grosera con que se justifica o se comenta la vida sexual de una persona.

¡Jodo!: expresión de sorpresa, asombro o admiración.

¡Jodo petaca!: expresión de asombro.

¡Jolín!, ¡Jope!, ¡Jopelines!, ¡Joroba!: expresiones de admiración, fastidio, enfado, etc.

Jornada de reflexión: se llama así al día anterior de la votación en todas las elecciones.

Jornada intensiva: dícese del trabajo que se hace de una vez bien por la mañana o por la tarde únicamente.

Jorobar al prójimo: fastidiar a una persona.

Jóvenes o viejos, la muerte no respeta: dichos de pésames.

Juan de las Viñas: símil de hombre pusilánime.

Juan de Voto a Dios: equivale a ser amigo de andar haciendo juramentos con cierta habitualidad.

Juan del Pueblo: cualquier hijo del pueblo, y el pueblo mismo.

Juan Español, o Juan Vulgar: apodo adjudicado al pueblo español.

Juan Lanas: hombre apocado.

Juan Palomo: el que no sirve para nada.

Juan Palomo: yo me lo guiso y yo me lo como: se dice del que no quiere ayuda o consejo de nadie.

Juana, de vuestro guisado tengo yo ganas. Comed de otro si podéis, porque este mío no lo cataréis: requiriendo amores a una dama, siendo despreciado por ella.

Jubón de azotes: dícese de los que se daban en las espaldas.

Judas: hombre falso, traidor.

Judías viudas: comida únicamente de esta legumbre sin ningún acompañamiento de carne, etc.

Judío: persona avara, usurera.

Judíos en Pascua, moros en bodas y cristianos en pleitos, gastan sus dineros: ya que cada pueblo tiene sus costumbres.

Juego de compadres: hacer negocios a costa de otros.

(El) Juego ha de ser juego, no pesadumbre: expresando que únicamente ha de tomarse como pasatiempo.

Juego de manos: agilidad de las manos de los prestidigitadores.

Juego de manos, juego de villanos: reprende a los que siempre están luchando trabándose entre sí.

Juego de niños: proceder sin formalidad.

Juego de palabras o voces: uso de ellas en diversas significaciones o en sentido equívoco.

Juego del oráculo: persona a quien todos escuchan con respeto o veneración por su gran sabiduría y doctrina.

Juego fuera: envite total.

Juego sucio: lo que se hace para perjudicar a otra persona y a sus espaldas.

Jugado por ganado: lo uno por lo otro, lo comido por lo servido.

Jugar a dos bandas: hacer el juego a la vez a dos personas, ideas, etc., para contentar a ambos, sin definirse.

Jugar a dos hitos: jugar con dos barajas.

Jugar a la baja: aprovechar los momentos más bajos para adquirir valores en Bolsa.

Jugar a la Bolsa: participar económicamente en la compraventa de valores o acciones, con el fin de obtener un beneficio.

Jugar a la pelota con alguno: engañarle haciéndole ir y venir de una parte a otra.

Jugar a las bonicas: cuando en el juego no media interés.

Jugar a pares y nones: juego que consiste en acertar éstos, sacando un número de objetos entre dos personas.

Jugar al abejón: tener a una persona en poco, tratarle con desprecio, burlarse de él.

Jugar al alza, o a la baja: especular con los cambios de cotización de valores mercantiles, que se cotizan en Bolsa, esperando el alza o la baja en los mismos.

Jugar al mono: no cumplir con lo que se promete.

Jugar al morro: engañar no cumpliendo lo que se promete.

Jugar al santo mocarro con alguien: burlarse de él, engañarlo.

Jugar al tute: hacer el acto sexual.

Jugar bien las cartas: sacar el mejor partido posible de los recursos existentes.

Jugar bien los dedos: ser muy diestro en el robo.

Jugar con dos barajas, y algunos añaden: **una para ganar y la otra para no perder:** llevar doble intención; igualmente se dice de los que se valen de dos o más medios distintos, a fin de que, si uno es fallido, el otro dé buen resultado.

Jugar con fuego: el que imprudentemente puede ocasionar algún daño o perjuicio.

Jugar con la voz: cantar haciendo inflexiones con ella.

Jugar de antuvión: adelantarse o ganar por la mano al que quiere hacer algún daño o agravio.

Jugar de birria: jugar sin interés.

Jugar de farol: en los juegos de envite, intentar ver que se tiene buena jugada.

Jugar de lomo: estar lozano.

Jugar de manos: retozar o enredar, dándose golpes con ellas.

Jugar de puño: engañar sustancialmente.

Jugar el lance: manejar un negocio que pide destreza.

Jugar el sol antes que salga: jugarse el jornal del día siguiente.

Jugar en casa: en las competiciones deportivas jugar en terreno propio.

Jugar fuerte, o grueso: aventurar al juego grandes cantidades.

Jugar la última carta: emplear el último recurso en cosas de apuro.

Jugar la voz: cantar haciendo inflexiones.

Jugar las armas: ejercitarse en su manejo.

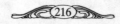

Jugar limpio: sin trampas. Proceder con lealtad.

Jugar los años: jugar por diversión, sin interés alguno.

Jugar los santos: jugar los años.

Jugar sucio: lo contrario a lo anterior.

Jugar sus bazas: intentar una persona, con los medios de que dispone, sacar utilidad a una cuestión determinada.

Jugar una charrada: jugar una mala pasada.

Jugar una mala pasada, o una mala partida: hacer una faena a quien no se la merecía.

Jugar una pasada de clérigo mulato: alude a los falsos y traicioneros.

Jugar una pieza: ejecutar contra otro una acción que le lastime o haga resentirse.

Jugar uno a cartas vistas: obrar con limpieza por tener elementos de que carecen los demás. Proceder abierta y francamente.

Jugarla de acato: se dice de los cicateros, tacaños y miserables, que todo lo guardan para sí.

Jugarla de puño: pegársela de puño.

Jugarse el pellejo: exponerse a un grave peligro.

Jugarse el tipo: exponer la vida en un peligro.

Jugarse el todo por el todo: aventurarlo todo.

Jugarse hasta la camisa: jugarse cuanto se tiene. Tener vicio desordenado por el juego.

Jugarse hasta las cejas o pestañas: jugárselo todo.

Jugarse la cera de los oídos: jugarse hasta lo último.

Jugarse las pestañas: todo lo que tiene una persona.

Jugarse las suertes: jugarse la vida dos personas en desafío.

Jugársela a uno de codillo: usar de astucia para lograr lo que otro solicita.

Jugárselo todo a una carta, o a una baza: hacer una cosa a vida o muerte, para ver si sale bien o mal.

Jula, o julandra: maricón.

Julandrón: persona involucrada en asuntos turbios, feos.

Junar: observar, vigilar.

(La) Juncia de Alcalá, que llegó tres días después de la función: forma de motejar todo aquello que, por retraso, llega fuera de tiempo.

Juntar cabos o partes: reflexionar sobre un asunto combinando las circunstancias.

Juntar diestra con diestra: hacer amistad.

Juntar juncia para una porra: acumular deudas con pocas posibilidades de saldarlas.

Juntar meriendas: unir los intereses.

Juntar pecho con pecho: hacer el amor.

Juntarse el hambre con las ganas de comer: frase que se usa para indicar que coinciden las faltas o aficiones de dos personas.

Juntársele el cielo con la tierra: verse impensadamente en un trance o peligro grave.

Juntos, pero no revueltos: indicando respetar las categorías o situaciones personales.

Jurar bandera, o la bandera: otorgar la jura militar o civil de la bandera, jurando lealtad y servicio a la nación.

Jurar como un carretero: blasfemar, echar maldiciones.

Jurar empleo o plaza (hoy se promete): hacer lo indicado en la toma de posesión o cargo.

Jurar en falso: sin verdad.

Jurar en hebreo, o en arameo: maldecir. Decir palabrotas muy fuertes.

Jurar en vara de justicia: prestar juramento ante un ministro de justicia.

Jurar por éstas: juramento solemne por la cruz hecha con los dedos de la mano.

Juraría que va a haber palos. ¿Cómo lo sabes? Me han dado dos: dicho jocoso con que se pronostica las cosas que ya han sucedido.

Jurárselas a alguno: asegurar venganza.

¡Juro a Dios!: expresión vulgar a modo de juramento.

Justamente condenar y nunca indultar: exhortando, a los cumplidores de dictar justicia, a ser ecuánimes en sus decisiones, exigiendo el cumplimiento de la justicia y no perdonando, que es lo más fácil, pudiendo demostrar egoísmo, miedo, falta de profesionalidad, etcétera.

(La) Justicia de enero es muy rigurosa, pero llegando febrero, ya es otra cosa: comenta que el rigor de la justicia se degrada con el paso del tiempo.

Justicia de Dios: lo que se consiera justicia de Dios. Imprecación con que se da a entender que una cosa es injusta, como pidiendo a Dios que la castigue.

Justicia de Peralvillo: decisiones tomadas con apresuramiento y anticipación.

Justicia es lo que en sala de cinco quieren tres: ofrece una visión no recta de la justicia, manifestando la inseguridad de ella, cuestión que esperemos no ocurra con mucha frecuencia.

(La) Justicia, para ser justa, ha der ser rápida: máxima que existe en derecho; debería analizarse actualmente dicha máxima y ver si realmente se cumple, para, en caso contrario, las personas competentes puedan corregirlo.

Justicia retardada es injusticia manifiesta: no debiendo alargarse el fallo de la misma.

Justo y cabal: exacto, completo, sin merma.

Juventud, divino tesoro: en alabanza a esta etapa de la vida de una persona.

(La) Juventud es una enfermedad que se pasa con los años: la experiencia y sensatez se adquieren con los años.

Juzgar lo blanco por lo negro y lo negro por lo blanco: se dice cuando uno se mete en asuntos que nada le importan.

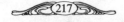

¡La cagamos!: da a entender que se ha venido abajo lo que estábamos haciendo.

"La de Dios": embrollo, dispusta enorme.

"La de Dios es Cristo": disputa grande, riña.

La de la vergüenza: dícese de lo que queda únicamente en una bandeja, de lo que se estaba comiendo, invitando a los demás a comerse lo último que queda.

La de Mazagatos: denota peligro o revuelta.

La del bailarín, que se reventó bailando y no gustó: dícese de aquellas personas que se esfuerzan por dar gusto, sin que les sea agradecido.

La del humo: desaparecer y no volver más.

La del rey: la calle:

"La descojonación": dícese de lo inaudito, barullo, risa.

"La dolorosa": al pedir una factura o cuenta, o el importe de lo que se ha comprado o consumido.

La duda ofende: indicando que no se debe dudar de lo que se ha manifestado, ya que puede causar ofensa.

"La espuela": última copa que toman los bebedores antes de separarse.

La excepción confirma la regla: generalizando aún más la regla general.

"La fetén y la chipén": excelente, de superior calidad.

¡La hemos cagado!: expresión muy fea, cuando un acontecimiento no se desarrolla con arreglo a lo que se desea.

¡La hemos liado!: expresión de contrariedad.

¡La jodienda no tiene enmienda!: frase grosera con que se justifica o se comenta la vida sexual de una persona.

¡La leche!: expresión de enfado, tratándose de personas fuera de lo común.

"La mar": mucho, abundantemente.

"La mar salada": expresión general de queja.

"La monda": cosa extraordinaria por buena o por mala.

"La negra": mala suerte.

"La oca": el no va más, el colmo.

"La perpetua": entre los castizos, el matrimonio.

¡La puta!, ¡La puta de oro, o de bastos!: exclamación de admiración, fastidio o enfado.

"La releche": ser la leche.

"La reoca": cosa extraordinaria.

"La repaminonda": cosa especial, extraordinaria.

"La repanocha": cosa rara y extraordinaria.

"La retirada": dícese en algunos lugares de España cuando se acaba la vida fértil de una mujer. Menopausia.

"La sinhueso": la lengua.

"La tira": en gran cantidad, mucho.

Labio leporino: hundido en la forma que lo tiene la liebre.

Labor de hormigas: trabajo minucioso y constante.

Labor de zapa: se dice de los que intentan destruir algo.

(La) Labor no quiere miseria: para la persona trabajadora es muy difícil verse pobre.

Labrador, ara y ora, y espera tranquilo tu última hora: aconsejando cumplir con el trabajo, igualmente con Dios, y así es la forma de esperar tranquilo la muerte.

Labrar a fuego: curar o señalar con hierro ardiendo.

Labrar moneda: fabricarla o acuñarla.

Lacayo: persona rastrera, tiralevitas.

Lacorrilla: mujer de la vida joven.

Ladearse con alguno: empezar a enemistarse.

Ladino: persona astuta, disimulada.

Ladrar a la Luna: manifestar, necia y vanamente, ira o enojo contra persona o cosa, a quien no se puede defender o causar daño alguno.

Ladrar al oído, o a la oreja: recriminar o regañar muy cerca.

Ladrar el estómago: tener hambre.

Ladrillo de chocolate: la tableta que tiene esta forma.

Lagarto: guardia de tráfico.

Lágrimas de cocodrilo: las que se vierten sin ningún dolor.

Lágrimas de Moisés, o de San Pedro: dícese de los cantos rodados que sirven para apedrear.

Lágrimas de sangre: se dice cuando se llora con una gran pena.

Lágrimas quebrantan peñas: el llanto conmueve los corazones más endurecidos.

Lameculos: persona adulona o lisonjera.

Lameplatos: comilona, ansiosa.

Lamer el culo a alguien: adularlo, lisonjearle, para intentar conseguir beneficio propio.

Lamer la poza: ir poco a poco chupando a uno el dinero con arte y simulación.

Lamerse los dedos: comerse los dedos por alguna cosa.

Lana: el dinero.

Lance apretado: caso apurado.

Lance de fortuna: accidente inesperado.

Lance de honor: desafío.

Lanoso: prenda de punto; por antonomasia, el jersey.

Lanzada de moro izquierdo, o zurdo: expresión que se suele usar como imprecación, deseándole a uno un mal grave.

Lanzar fuego por los ojos: enfurecerse, enojarse.

Lanzar lastre: exonerar el vientre.

Lanzar manos en uno: asegurarlo, prenderlo.

Lanzar por puertas: arruinar a una persona hasta el punto de hacerla mendigar.

Lanzar un cable: ayudar a una persona.

Lanzarse a tumba abierta: a por todas, y con todas las consecuencias.

Lanzarse al ruedo: arriesgarse, enfrentarse con valor.

Lapicero: miembro viril.

Lapsus calami: error de pluma.

Lapsus linguae: error de palabra.

Larga data: tiempo antiguo o remoto.

Larga distancia: comunicación telefónica entre puntos muy distantes.

Larga es la procesión, pero el cirio corto: frase que se dice al que se va a casar, que la vida matrimonial es larga pero muchos los sinsabores, y que la actividad sexual no es lo que muchos quisieran.

Largar la mosca: soltar dinero.

Largar, o soltar, la maleta: morirse.

Largarse con viento fresco: ser despedido del algún sitio.

¡Largo!: forma de despachar de nuestro lado a alguien.

Largo como pelo de huevo, o de rata: tacaño, miserable.

Largo de lengua: desvergonzado, imprudente en hablar.

Largo de manos: el atrevido a ofender con ellas.

Largo de talle: cantidad en exceso.

Largo de uñas: ladrón o ratero. Inclinado al robo.

Largo me lo fiáis: dicho cuando se da una fecha muy lejana.

¡Largo, o largo de ahí, o de aquí!: expresión con que se despacha, o se manda, a personas, que se vayan pronto.

Largo y tendido: con profusión.

Largos sermones, más mueven culos que corazones: las homilías no deben alargarse, ya que va en detrimento del que habla, nadie le escucha y todos están a disgusto.

Las cosas como son: invitando a decir o hacer lo correcto aunque sea perjudicial.

Las cosas de palacio van despacio: expresión popular que da a entender la lentitud con que se hacen determinadas actuaciones, principalmente las de la administración.

"Las de Caín": queriendo expresar las intenciones aviesas y retorcidas de una persona.

"Las del ala": se dice del dinero contante y sonante.

"Las del palacio": denominación con que se conocía a las mujeres públicas.

"Las tantas": con que se designa las horas muy avanzadas del día o de la noche.

¡Lástima que no vuelva Herodes al mundo!: imprecación que se dice cuando molestan criaturas ajenas.

Laurel: expresa gloria o triunfo, en el lenguaje de las flores.

Laus Deo: alabado sea Dios.

Lavar con sangre: derramar la del enemigo después de un agravio.

Lavar el cerebro: tratar de convencer con insistencia y argucias.

Lavar la cara a alguna cosa: limpiarla o asearla.

Lavar la cara o los casos a alguno: adularle.

Lavar la lana: averiguar y examinar la conducta sospechosa de una persona hasta descubrir la verdad.

Lavar los trapos sucios, o la ropa sucia: solucionar los problemas familiares en casa, sin que salgan a la calle.

Lavarse a lo gato: lavarse sin apenas mojarse.

Lavarse las manos: justificarse saliéndose fuera de un asunto.

Lavarse las manos como Pilatos: desentenderse de un asunto, o no asumir la responsabilidad respecto a él.

Le acompaño en el sentimiento: dicho de pésames.

Le conoce todo perro y gato: ser una persona muy conocida.

Le conocen hasta las ratas: todo el mundo.

Le costó, o salió, la torta un pan: costar una cosa muy cara.

Le ha tocado la lotería: expresión indicativa de la suerte o fortuna que ha tenido una persona.

Le salió la burra capada: le salió la criada respondona, lo que no se esperaba.

Le salió rana: salió lo que no se esperaba.

Le vino Dios a ver: suceder impensadamente un caso favorable, especialmente hallándose en gran apuro y necesidad.

Lea: prostituta.

Leche: bofetada, golpe. Fastidio, molestia. Suerte. Velocidad. Semen eyaculado. Interjección de enfado, fastidio, sorpresa o admiración.

(La) Leche, al pie de la vaca: recomienda tomar las cosas en su origen.

Leche de los viejos: el vino.

¡(La) Leche, o la leche puta!: expresión que se utiliza como asombro, admiración, sorpresa, etc.

¡(La) Leche, o la leche que mamó!: expresión utilizada para multitud de casos.

(Una) Leche, una mierda, un carajo: forma de menosprecio y se utiliza también para despachar a una persona.

Lechería: burdel.

¡Leches!: negación, rechazo o burla.

Lechuguino: mozalbete, que quiere empezar a ser hombre.

(La) Lechuza vuela: se dice cuando una cosa es corriente, de todos conocida.

Lechuzo: vigilante nocturno.

Lectio brevis: lectura breve.

Leer a pegaojos: muy cerca de lo que se está leyendo.

Leer de oposición: explicar oral y públicamente un tema en las oposiciones.

Leer el pensamiento: adivinar lo que una persona está pensando.

Leer entre líneas, o renglones: penetrar la intención de un escrito, suponiendo lo que intencionadamente calla.

Leer la cartilla: reñir merecidamente.

Leerle la epístola de San Pablo: casarse.

Lejos de: al contrario de.

Lelo: bobo, atontado.

Lengua de agua, o de mar: la orilla de la tierra que toca el río o el mar.

Lengua de escorpión: el murmurador.

Lengua de estropajo, o de trapo: balbuciente, que se pronuncia de modo ininteligible.

Lengua de hacha, de víbora, o viperina: lengua de escorpión.

Lengua de tierra: pedazo de tierra que entra en el mar.

(La) Lengua es la espada de las mujeres. Algunos añaden: **por eso nunca la dejan que críe moho;** porque suelen defenderse muy bien con la palabra.

Lengua materna: la que se aprende en primer lugar y en los brazos de la madre, la del idioma del país.

Lengua matriz: aquella de la que proceden varios dialectos.

Lengua muerta: la que ya no se habla.

Lengua oficial: la adoptada por un estado o nación.

(La) Lengua queda, y los ojos listos: recomienda hablar poco y observar mucho.

Lengua viperina: la que siempre está dispuesta a ofender o criticar.

Lengua viva: la que se habla en el momento actual.

Lengua vulgar: la que se habla en cada país.

Lenguaraz: se dice de la persona que tiene la lengua muy larga.

Lenguas hermanas: las que se derivan de la misma lengua materna.

Lenguas sabias: las de los pueblos cultos de la antigüedad, y que se conservan en escritos.

Lentejas, comida de viejas: por lo blandas que resultan si están bien cocidas, y que no se necesita masticarlas.

Lento pero seguro: forma de decir a una persona que trabaja bien pero muy despacio.

¡Leña al Cristo, que es de bronce!: insistir. Pegar.

Leña al mono, o leña al mono hasta que cante: intentar con insistencia, con el fin de lograr una cosa. Pegar a uno.

¡Leña al serrucho!: pegar, insistir con el fin de lograr alguna cosa.

Leño: persona necia, torpe. Policía.

¿Leoncitos a mí?: frase despreciativa empleada cuando se oyen bravatas o profieren amenazas contra uno.

Lerdo: torpe para comprender las cosas.

(La) Letra con sangre entra: expresa que el conocimiento y sabiduría se adquieren a base de esfuerzos y sacrificios; antiguamente se decía que para enseñar a los torpes, debía ser a base de palos, menos mal que esto ha cambiado.

Letra pequeña, o letra menuda: la que se escribe en los contratos tan pequeña que apenas puede leerse, y puede tener graves consecuencias para el que lo firma sin leerlo bien.

Letra por letra: enteramente, sin quitar ni añadir nada.

Letra tirada: persona despreciable o que ha perdido la vergüenza.

Letras gordas: corta instrucción o talento.

(Las) Letras no embotan la lanza: expresa que no es opuesto el valor al estudio.

Levantador de vidrio en barra fija: dícese del que no sale de los bares o tabernas.

Levántame y te levantaré: reciprocidad de ayudas.

Levantapollas: dícese de la mujer que excita al hombre, sin dejar llegar al coito.

Levantar a uno hasta o sobre los cuernos, o los cuernos de la luna: alabarle con demasía.

Levantar a uno la moral: elevarle el ánimo decaído, con expresiones o actos adecuados para ello.

Levantar acta: extender por escrito los acuerdos de una junta o reunión.

Levantar ampollas: decir cosas que hacen mucho daño al que las oye.

Levantar bandera, o banderas: convocar gente de guerra. Hacerse cabeza de bando.

Levantar cabeza: salir de apuros. Rebelarse.

Levantar castillos de naipes, o en el aire, o en la arena: forjarse ilusiones, cuyo desengaño llega tarde o temprano.

Levantar de cascos: seducir con promesas y esperanzas.

Levantar de patilla: exasperar, hacer que se pierda la paciencia.

Levantar de punto: realzar, elevar.

Levantar de su cabeza: fingir o inventar.

Levantar del polvo de la tierra: elevar a alguno de una situación inferior.

Levantar el ánimo: insuflar optimismo.

Levantar el brazo: no asumir la responsabilidad.

Levantar el campo: dar por terminada una empresa, o desistir de ella.

Levantar el codo: beber, generalmente bebida alcohólica.

Levantar el cuello: hallarse en estado de prosperidad.

Levantar el espíritu, o el ánimo: cobrar ánimo o vigor.

Levantar el grito: hablar fuertemente.

Levantar el sitio: abandonarle.

Levantar el vuelo, o los vuelos: elevar la imaginación. Empezar una persona a vivir por su cuenta. Elevar el espíritu, engreírse.

Levantar en alto a alguno: irritarle.

Levantar fuego: excitar una riña o contienda.

Levantar hacia arriba a uno: irritarle.

Levantar la cabeza: salir de una enfermedad o de una mala situación.

Levantar la cama: después de haber dormido airear la ropa de la cama.

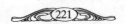

Levantar la casa: recogerla para irse a otro sitio.

Levantar la caza: espantarla. Descubir alguna situación.

Levantar la cerviz: engreírse.

Levantar la liebre: descubrir alguna cosa oculta.

Levantar la mano: abandonar, amenazar.

Levantar la mesa: quitar los manteles después de comer.

Levantar la moral: dar ánimos. Esperanzarse.

Levantar la sesión: concluirla.

Levantar la tapa de los sesos a alguno: matarlo rompiéndole la cabeza.

Levantar la voz: mostrar altanería, insubordinarse.

Levantar las alfombras: descubrir los juegos sucios del partido político anterior y darlo a conocer a la opinión pública.

Levantar las piedras contra uno: ponderación de las desgracias que acontecen a una persona.

Levantar los ojos al cielo: orar, elevar el corazón a Dios.

Levantar los pies del suelo: inquietar a alguno haciendo o diciendo cosas que le obligue a hacer lo que no pensaba.

Levantar más el pedo que el culo: tener aspiraciones exageradas.

Levantar polvareda: armar alboroto.

Levantar ronchas: mortificar, causar pesadumbre.

Levantar tempestades: producir desórdenes, movimientos de indignación, etc.

Levantar un altar enfrente de otro: declararse hostil a algo o a alguien.

Levantar un muerto: en el juego, cobrar una puesta que no se ha hecho.

Levantar una polvareda: promover ruido, escándalo, etcétera.

Levantar uno castillos de naipes: confiar en conseguir algo con medios muy débiles.

Levantar uno la casa: mudarse de residencia.

Levantar uno la cerviz: ensoberbecerse.

Levantar velas: apartarse del sitio que ocupaba.

Levantarle la cola: hacer por una persona lo que ésta debía haber hecho antes.

Levantarle la paletilla: dar una grave pesadumbre o decir palabras de gran sentimiento.

Levantarse a mear: ir a orinar por la noche, o levantarse del sitio donde se encontraba sentado para ir a evacuar la vejiga.

Levantarse a las estrellas: ensoberbecerse, irritarse.

Levantarse con el dinero: llevárselo contra la voluntad de los demás.

Levantarse con el pie derecho: tener la suerte a su favor.

Levantarse con el pie izquierdo: tener mala suerte.

Levantarse con estrellas, o con la aurora: madrugar mucho.

Levantarse con los gallos: levantarse con la aurora.

Levantarse con una cosa: apoderarse de ella.

Levantarse de la mesa: abandonar el sitio que ocupaba en la mesa de comer.

Levantarse la tapa de los sesos: suicidarse con arma de fuego.

Levantarse las piedras contra uno: forma de indicar las desgracias que acaecen a una persona, o denotación de su mala reputación.

Levantarse, o subir, sobre las estrellas: ensoberbecerse, irritarse.

Levántate, Pedro, y serás bueno.
– Más quiero estar acostado y no serlo. Anda, que uno, por madrugar, se encontró un costal.
– Más madrugó el que lo perdió. Anda, siquiera por los nueve meses que te tuve en el vientre.
– Métase usted en el mío y la tendré veinte: Diálogo entre una buena madre dando consejos a su hijo perezoso, con lo cual quiere decir que para el que no quiere hacer una cosa no existe ninguna razón válida para ello.

Levar anclas: irse de su sitio.

Lex non scripta: ley no escrita.

Ley draconiana: las cosas excesivamente severas.

Ley de bronce: ley dura.

Ley de Caifás: al jodido, joderlo más: cuando se intenta perjudicar a una persona escasa de recursos.

Ley de la barra, o de la taberna: expresión para indicar que el que está dentro del establecimiento es el que paga la ronda, cuando otro se empeña en ello.

Ley de la ventaja: la aplica el árbitro en algunos juegos, cuando favorece al equipo perjudicado.

Ley del embudo: la que se aplica duramente a unos y ampliamente a otros.

Ley del embudo: lo ancho para mí y lo estrecho para todo el mundo: se dice del que hace una cosa que siempre le es favorable, y perjudicial para los demás.

Ley del encaje: la que forma principalmente el juez sin atenerse a las leyes.

(La) Ley es la ley: debiendo ser acatadas por todos.

Ley marcial: la que rige en los estados de guerra.

Ley natural: la de la razón que indica lo que se ha de hacer o lo que debe omitirse.

Ley seca: prohibición de bebidas alcohólicas.

Leyenda negra: opiniones en contra de algo o de alguien, que son totalmente infundadas.

Liar a alguno: engañarle envolviéndole en algún compromiso.

Liar el hato: prepararse para marchar, liando el hatillo.

Liar el petate: cambiar de vivienda o de sitio, generalmente siendo despedido.

Liar la madeja: embarullar algún asunto.

Liar los bártulos: prepararse para la marcha.

Liarlas: embarullar.

Liarlas pardas: embrollar mucho las cosas.

Liarse la culebra: verse en grave conflicto por causas imprevistas.

Liarse la manta a la cabeza: hacer las cosas, no importando las consecuencias de la acción o cómo salgan.

Liársela con queso: poner alguna trampa.

Librar bien o mal: salir feliz o no de un acontecimiento.

Librar el hierro: separarse las hojas de las espadas.

Librar en uno, o en una cosa: fundar, confiar.

Librarse de una buena: haber salido con bien de algún mal grave.

Libre como un pájaro: ser totalmente libre.

Libre de cacho: fuera de peligro.

Libre y sin costas: salir libre y sin daño de alguna cosa.

Líbrenos Dios de "hecho es": expresión que da a entender que lo hecho no tiene remedio.

Libro blanco: llámase al estudio y propuesta de un asunto, para su posterior discusión.

Libro de caballerías: el que trata de las aventuras de los antiguos caballeros andantes.

Libro de cabecera: el que se toma como meta o ideal.

Libro de coro: el que se utiliza para los cantos en las iglesias.

Libro de escolaridad: el que recoge las calificaciones de notas de los alumnos.

Libro de estilo: el que contiene las normas de escritura de una editorial o periódico.

Libro de familia: en el que se anotan los nacimientos, muertes, cambios de estado, etc., de una familia.

Libro de horas: el que contiene los rezos para las horas canónicas.

Libro de la aldea: la baraja de cartas.

Libro de la vida: el libro de la predestinación.

Libro de las cuarenta hojas: la baraja.

Libro de memorias: en el que se apuntan las visitas, firmas, lo que se quiera recordar.

Libro de oro: el que recoge la firma de los visitantes ilustres a un lugar determinado.

Libro mayor: en contabilidad, donde se anotan las partidas por cuentas individualizadas.

Libro verde: en el que se apuntan los débitos a los morosos.

Licencia absoluta: la que se concede a los militares, liberándolos de los servicios militares.

Licencia poética: la que se toman algunos escritores de las normas de escritura, por necesidades de la métrica.

Liebre corrida: la mujer de mundo.

(Las) Liebres son para los cazadores: exhorta a no entremeterse nadie en terrenos que no le competen.

(La) Liga: dícese del campeonato de fútbol.

Ligar: iniciar una relación un hombre y una mujer.

Ligar bronce: ponerse morena una persona exponiéndose al sol.

Ligar menos que el chófer del Papa: ser una persona de poco atractivo.

Ligar menos que los gases nobles: tener poco éxito amoroso.

Ligeras: zapato deportivo.

Ligerito y con devoción: satiriza las ceremonias religiosas practicadas atropelladamente.

Ligero como el ave de San Lucas: por ironía, pesado como un buey.

Ligero como un corzo: se dice de las personas ágiles, que corren mucho.

Ligero de cascos: el alocado.

Ligero de lengua: el que sin ningún miramiento dice cuanto se le ocurre.

Ligero de pies: el cobarde.

Ligón: persona atractiva, que hace conquistas del sexo contrario con cierta facilidad.

Lila: persona afeminada, que se contonea al andar. También expresa primer amor, en el lenguaje de las flores.

Lilaila: persona afectada y amanerada.

Lilipendo: imbécil.

(La) Lima lima a la lima: indicando que los hombres de igual acción y poder ejercen gran influencia entre sí.

Limar asperezas: contribuir a llevarse bien dos personas que estaban enfrentadas.

Limosna para el culto y clero: se consignaba en ciertos cepillos de las iglesias, indicándose adónde iba destinado el donativo. Podría hacerse un sofisma añadiendo: **luego el clero no es culto**.

Limosna para las ánimas del purgatorio: se consignaba en determinados cepillos de las iglesias, indicándose que con el donativo y sacrificio se redimían las penas de las ánimas del purgatorio.

Limpia, fija y da esplendor: es el lema de la Real Academia de la Lengua.

Limpiar el arma, o el fusil: cohabitar.

Limpiar el comedero: quitar el empleo o cargo del que está viviendo de él.

Limpiar lo que ve la suegra: dícese de la limpieza muy superficial o de la que simplemente salta a la vista.

Limpiarse el culo con algo: despreciarlo al máximo, rechazarlo.

Limpiarse la fiebre: quedarse libre de ella.

Límpiate, que estás de huevo: quedarse libre de algo. Con que se denota lo ilusorio de lo que se dice o intenta.

Limpieza de bolsa: falto de dinero.

Limpieza de corazón: rectitud, sinceridad.

Limpieza de manos: integridad.

Limpieza de sangre: raza sin mezcla de otras.

Limpio como el agua: ponderación de la limpieza o aseo de una persona.

Limpio como el jaspe: de una gran limpieza o pureza.

Limpio como los chorros del oro: con una gran limpieza.

Limpio como una palma: dícese del hombre imberbe.

Limpio como una patena, o más limpio que una patena: con excesiva limpieza.

Limpio de manos: íntegro, puro.

Limpio de polvo y paja: dado y recibido sin trabajo ni gravamen. Dícese del beneficio líquido.

(La) Línea recta es la más corta entre dos puntos: principio fundamental de geometría; también da a entender que las cosas deben hacerse por el camino más corto, sin rodeos.

Lío de faldas: dícese del que tiene amores extra-matrimoniales con una mujer.

Lirio: expresa volver la felicidad, en el lenguaje de las flores.

Lisa y llanamente: con toda sencillez.

Liso y llano: sin dificultad alguna.

Lista de boda: la que contiene los objetos que los novios eligen, para que les sea regalado algo de lo consignado en ella.

Lista negra: relación secreta en la que se inscriben nombres o entidades que se debe tener cuidado con ellas.

Listillo: sagaz, inteligente y avispado.

Listo de manos: diestro en hurtar, o en sacar ilícito provecho de un cargo.

Litri: persona que adopta aptitudes chulescas, para aparentar superioridad.

Litrona: botella de cerveza de un litro de capacidad.

Llámalo hache, o equis: llámalo como quieras al ser igual.

Llámalo, o llámelo usted, hache: no haber diferencias entre dos expresiones.

Llamar a Cachano con dos tejas: ineficaz o ilusorio auxilio que se recurre en una necesidad o despecho.

Llamar a capítulo: reunirse con alguien para reprenderle, para pedirle explicaciones o tratar un asunto importante.

Llamar a Dios de tú: ser demasiado franco, usar excesiva confianza en el trato con los demás.

Llamar a filas: ser llamado para el servicio militar.

Llamar a las cosas por su nombre: decirlas como son, sin cambiar nada.

Llamar a las puertas de alguno: implorar su favor.

Llamar a talones: poner pies en polvorosa, huir.

Llamar al orden: advertirle con anterioridad que se atenga al asunto que ha de tratar, o que guarde en sus palabras o en su conducta el decoro debido.

Llamar al pan, pan, y al vino, vino: diciendo las cosas con toda claridad y sin tapujos.

Llamar Dios a alguno: morirse, inspirarle propósito de mejorar su vida.

Llamar Dios a uno por un camino: tener aptitud para determinada cosa.

Llamar Dios para sí, o llamarle a juicio: morirse.

Llamar la atención: causar sorpresa. Reconvenir.

Llamarse a altana: acogerse a lo sagrado.

Llamarse a engaño: retraerse de lo pactado por haber sido engañado.

Llamarse a la corona: declinar la jurisdicción del juez secular.

Llamarse a la parte: reclamar participación en un asunto.

Llamarse adentro: considerarse como uno de tantos en una repartición, etc.

Llamarse andana: dícese de la persona que no hace caso de nada.

Llamarse andana o altana: desdecirse o desentenderse de lo que dijo o prometió.

Llamarse Juan Portal: dícese de los que se pasan la vida averiguando cosas de los demás.

Llámese hache: para denotar la conformidad con la aseveración de quien nos objeta, porque, al fin y al cabo, lo mismo es una cosa que otra.

Llaneza escudera: familiaridad, igualdad en el trato de unos con otros.

(El) Llanto, sobre el difunto: las cosas han de hacerse a tiempo y oportunamente.

Llaves de la Iglesia: potestad espiritual para el gobierno y dirección de los fieles.

Llegaos, que la dejan ver: frase con que se da entender que una persona no se halla dispuesta a aguantar las molestias, faltas, etc., de otra.

Llegado el caso: cuando sea necesario.

Llegar a buen puerto: terminarse un asunto de forma propicia o satisfactoria.

Llegar a cada uno su San Martín: su momento malo.

Llegar a coronel sin haber sido teniente: ser cornudo.

Llegar a la hora de los molletes, o de los panecillos: llegar tarde a un sitio.

Llegar a la hora del arriero, o del burro, o de la hora undécima: llegar a los anises.

Llegar a la hora del fraile: a la hora de la comida para que tengan que invitarle a comer.

Llegar a las aceitunas: llegar a los anises, o a los postres.

Llegar a las armas: llegar a reñir, pelear.

Llegar a las dagas: llegar un asunto al lance de mayor aprieto.

Llegar a las escurriduras: llegar al final, o a los residuos de alguna cosa.

Llegar a las horas nonas: muy tarde.

Llegar a las manos: reñir, pegarse.

Llegar a las telas del corazón: ofender a lo que más se ama.

Llegar a las veinticatorce: muy tarde.

Llegar a los anises: acudir tarde a algún convite o función. Alude a la antigua costumbre de servir anises al fin de la comida.

Llegar a los labios: mojarse éstos ligeramente de un líquido.

Llegar a los oídos, o a sus oídos: tener noticia de alguna cosa que ha sucedido.

Llegar a los postres: al final del todo, cuando ya se está acabando.

Llegar a mayores: pasar de la disputa verbal a golpearse.

Llegar a mesa puesta: ir a comer estando de invitado.

Llegar a oídos de uno: tener noticias ligeras de algo.

Llegar a puerto: resolverse o solucionarse un problema.

Llegar a sopas hechas: cuando un trabajo está terminado.

Llegar a tiempo, como el zapato de San Nicolás: se dice cuando una persona o cosa llega cuando más falta hace.

Llegar a todo: conseguir todo de una mujer.

Llegar al alma alguna cosa: sentirla vivamente.

Llegar al colmo, o a su colmo, alguna cosa: llegar a lo sumo.

Llegar al humo de las velas: cuando ya es tarde. Llegar tarde a misa.

Llegar al ite misa est: muy tarde a un sitio.

Llegar el agua a la boca: hallarse en peligro inminente.

Llegar el lobo a la mata: ocurrir algo desagradable.

Llegar el tío Paco con la rebaja: prepararse para recibir una respuesta o decisión, que nos haga meditar y cambiar por convencimiento lo que teníamos que hacer.

Llegar en el tren de las doce: ser una persona inocente.

Llegar la hora: cumplirse su tiempo.

Llegar la hora a alguno, o su última hora: morir.

Llegar lejos: adquirir influencia notable, conseguir éxitos importantes.

Llegar, o acudir, de refresco: servir de ayuda.

Llegar, o venir, a las inmediatas: a lo más fuerte de la contienda.

Llegar su San Martín a uno: el día que tiene que sufrir, o llegar un acontecimiento que no es agradable.

Llegar una cosa a sus oídos: tener conocimiento de ella.

Llegar una cosa al colmo: a lo sumo, a la perfección.

Llegar y besar al santo: lograr una cosa en el acto.

Llegar y pegar: resolver oportuna y rápidamente algún asunto favorable.

Llegué, vi y vencí: se manifiesta que la gestión realizada ha tenido un éxito inmediato.

Llenar de esperanza: corresponder a lo que se esperaba.

Llenar de improperios: insultar abundantemente.

Llenar el baúl: comer mucho, darse un hartazgo.

Llenar el número de una cosa: completarlo.

Llenar el jergón: el baúl.

Llenar el monago: la tripa por haber comido mucho.

Llenar la andorga: comer.

Llenar la cabeza a pájaros: hacer concebir ilusiones a una persona.

Llenar la cabeza de viento: adular.

Llenar la cara de aplausos: abofetear.

Llenar la esperanza: corresponder el suceso a lo que se esperaba.

Llenar las medidas: dar gusto, colmar sus deseos.

Llenar un hueco, un vacío: encontrar un sustituto donde hacía falta.

Llenarle el ojo una cosa: contentarle mucho por parecer perfecta y aventajada en su especie.

Llenarse antes el papo que el ojo: dícese de los que comen más con la vista, que luego lo que realmente comen, ya que cuando se les está sirviendo todo les parece poco.

Llenarse de enojo, ira, etc.: enfadarse, irritarse mucho.

Llenarse la boca: hablar engreído.

Llenarse la medida: agotar el sufrimiento en quien recibe continuamente agravios o disgustos.

Llenársele el gorro: perder la paciencia, no aguantar más.

Lleno de pasión, vacío de razón: cuando se actúa cegado por la ira, cólera, etc., la mente no suele razonar plenamente, actuando generalmente de forma inadecuada, por lo que no suele ser buena dicha circunstancia.

Lleva tus mulas a vender, que nadie compra lo que no ve: aconsejando enseñar y alabar el género en toda venta que se quiera hacer.

Llévame caballera, siquiera a la hoguera: frase que indica de los que por usar alguna comodidad no reparan en los inconvenientes.

Llevar a buen puerto: dar acertada dirección a un asunto.

Llevar a cabo una cosa: ejecutarla, terminarla.

Llevar a cabrito: llevar a cuestas.

Llevar a cuestas: cargarse de las necesidades o responsabilidades de otro.

Llevar a efecto: ejecutar.

Llevar a empellones, o a empujones: violentamente.

Llevar a la ene de palo: a la horca.

Llevar a la iglesia a una mujer: casarse con ella.

Llevar a la práctica: ejecutar lo que se estaba diciendo.

Llevar a la vicaría: casarse con una persona.

Llevar a las ancas a uno: mantenerlo a sus expensas.

Llevar a mal: resentirse.

Llevar a maltraer a una persona: no dejarla en paz, atosigándola constantemente.

Llevar a punta de lanza: a un extremo riguroso.

Llevar a término: a cabo.

Llevar a uno al degolladero: ponerle en gravísimo riesgo.

Llevar a uno la contra: oponerse a lo que dice o intenta.

Llevar a uno por los cabellos: con violencia y contra su voluntad.

Llevar adelante una cosa: seguir lo emprendido.

Llevar al altar: casarse.

Llevar al huerto: engañar a una persona; usualmente, se refiere al engaño sentimental o amoroso.

Llevar al mar agua, y leña al monte: dar algo a quien tiene abundancia de ello.

Llevar al matadero, o al degolladero: poner a uno en peligro inminente de perder la vida.

Llevar al pilón: hacer de una persona todo lo que se quiere.

Llevar al quitamanchas: llevar una cosa a empeñar.

Llevar al terreno del honor: desafiar.

Llevar aparejado algo: ser inevitable una cosa.

Llevar bien herrada la bolsa: estar o ir bien provisto de dineros.

Llevar camino de una cosa, o mal camino: tener o no fundamento razonable.

Llevar cola, o la cola: en opiniones, llevar el último punto.

Llevar consigo: hacerse acompañar de otro.

Llevar de la barba: gobernar, doctrinar.

Llevar de, o por, los cabellos, o pelo: llevarle contra su voluntad o con violencia.

Llevar de suelo y propiedad: cuando un bien pertenece de siempre a una familia y se considera un bien inseparable de ella.

Llevar de un cabello: se dice del que es muy dócil.

Llevar de vencida a uno: comenzar a vencerle.

Llevar de vueltas: hacer retroceder del camino que llevaba.

Llevar del cabestro a alguno: manejarle por donde uno quiere.

Llevar dote: traer la mujer al casarse caudal o hacienda propia.

Llevar el agua a su molino: tratar sólo de su interés y provecho, desentendiéndose del ajeno.

Llevar el aire a una persona: condescender con una persona, llevarle la corriente.

Llevar el chopo: estar una persona cumpliendo el servicio militar.

Llevar el compás: tocar, cantar, bailar al compás de la música.

Llevar el corazón en las manos: ser sincero y de buena fe.

Llevar el diablo a las espaldas: miedo que a uno le ocasiona una cosa de la que se huye como si fuera el demonio.

Llevar el gato al agua: quedar vencido en contienda.

Llevar el paso: marchar al compás y medida del paso.

Llevar el peso de una cosa: tenerla a su cargo y cuidado.

Llevar el petate: mudar de vivienda, especialmente cuando es despedido.

Llevar el timón: dirigir algún asunto.

Llevar en andas: suspendido del aire, en volandas.

Llevar en bandeja: obsequiar.

Llevar en el alma: querer algo entrañablemente.

Llevar en el estómago una cosa, o no llevarla: sentar bien o mal los manjares.

Llevar en la cabeza: recibir daño en vez de lo que se pretende.

Llevar en la cabeza una cosa: conocerla o saberla de memoria.

Llevar en la sangre: ser hereditaria o inmediata.

Llevar en palmas a alguno: darle gusto en todo.

Llevar en palmitas: en triunfo, con mucho afecto y mimo.

Llevar en peso: en el aire, sin apoyo.

Llevar encima: llevar consigo algo.

Llevar entre algodones a uno: tratar con delicadeza, estar criado con mimo y regalo.

Llevar entre ceja y ceja: fijarse en un propósito.

Llevar hasta el cabo una cosa: seguirla con tenacidad hasta el final.

Llevar hierro a Vizcaya, o leña al monte: hacer alguna cosa cuando existe gran abundacia de ellas.

Llevar hilo algo, o alguna cosa: tener trazas de seguir una conversación sin interrupción.

Llevar la albarda: aguantar, sufrir pacientemente las inconveniencias de otro.

Llevar la barra a uno: enjuiciarle.

Llevar la batuta: dirigir las actuaciones de un colectivo, o figurar en primera línea en alguna materia.

Llevar la cabeza muy alta: tener altanería, no tener que avergonzarse de nada.

Llevar la carga: tener sobre sí el cuidado de una cosa.

Llevar la cesta: alcahuetear. Estar presente en el coloquio íntimo de una pareja de enamorados.

Llevar la contra, o la contraria: decir lo contrario con tal de molestar.

Llevar la corriente: opinar o acceder a lo que dice o hace otra persona, con el fin de evitar discusiones.

Llevar la cruz a cuestas, o cargar con la cruz: tener sobre sí muchas obligaciones de difícil desempeño.

Llevar la cruz en los pechos: ser caballero de alguna orden militar.

Llevar la cuenta: asentar las partidas que la componen.

Llevar la delantera: ir por delante, o con ventaja.

Llevar la firma de uno: tener la representación y dirección de la casa de otro o de una dependencia.

Llevar la frente muy alta: no tener de qué avergonzarse, ser altanero.

Llevar la gala: merecer el aplauso y admiración de las personas.

Llevar la mano: guiar a otro en algún asunto.

Llevar la mano blanda, o ligera: proceder con suavidad.

Llevar la masa masada: llevar bien maduro un propósito.

Llevar la mejor, o la peor, parte: estar próximo a vencer o ser vencido.

Llevar la nave a buen puerto: acabar con bien una empresa difícil.

Llevar la palabra: hablar en nombre de otros.

Llevar la palma: sobresalir.

Llevar la palma y la gala: merecer el aplauso, atención y estima de la gente.

Llevar la pluma a alguno: ser amanuense y escribir lo que se le dicta.

Llevar la soga arrastrando: haber cometido delito por el que está expuesto al castigo.

Llevar la vida jugada: estar en peligro de perderla.

Llevar la voz cantante: ser la persona que se impone a los demás en una reunión, o el que dirige un asunto.

Llevar las de ganar, o las de perder: estar en caso ventajoso o viceversa.

Llevar las riendas: ejercer el control.

Llevar leña al monte: manera de motejar la indiscreción de aquellas personas que dan alguna cosa a quien tiene abundancia de ella o no la necesitan.

Llevar lo mejor, o lo peor: ir consiguiendo ventaja o desventaja.

Llevar lo suyo: no escaparse el que ha inclumplido en algo sin su castigo.

Llevar los libros: la contabilidad.

Llevar los ojos clavados en en el suelo: mostrar modestia.

Llevar los pantalones, o calzones: ejercer el mando, principalmente en el ámbito familiar.

Llevar mal día: haber recibido algún disgusto, estar enfermo o haber trabajado mucho.

Llevar mal una cosa: resentirse de ella, molestarle.

Llevar más palos que una estera: haber sido golpeado mucho.

Llevar medias de borracho: caídas.

Llevar, meter o tener entre algodones: tratar con regalo y delicadeza.

Llevar, o llevarse, de calle: superar, dominar, convencer con razones y argumentos.

Llevar, o llevarse, el aire una cosa: forma de indicar la desaparición u olvido de algo.

Llevar, o llevarse, la flor: lo mejor de una cosa.

Llevar, o llevarse, la gala: merecer el aplauso o estimación de las gentes.

Llevar, o llevarse, una cosa a los ojos: atraer la atención.

Llevar, o tener, azogue en los pies: ser muy vivo o diligente.

Llevar, o tener, que lamer: haber recibido un mal que no puede remediarse pronto.

Llevar, o tener, que rascar: haber recibido un mal que no puede remediarse pronto.

Llevar, o traer, a remolque: disponer de una persona con toda libertad.

Llevar, o traer, como un zarandillo: ir de una parte a otra, tratar a una persona a su capricho.

Llevar, o traer, encima: consigo.

Llevar, o traer, de los cabezones: dirigir a una persona por donde se quiere, contra su voluntad.

Llevar parte: tener parte o comisión en un negocio.

Llevar pies en las manos: hacer un regalo de aves, dicho muy curioso por la expresión.

Llevar por delante: proceder con anterioridad a lo que está ocurriendo. Tener una cosa presente.

Llevar por los cabellos: contra su voluntad.

Llevar por los cabos: llevar las cosas hasta la exageración.

Llevar poste: aguardar a uno que está faltando a la cita.

Llevar recado: ir reprendido o castigado.

Llevar todas las de ganar, o perder: tener todo en su favor o en contra.

Llevar todo por delante: arrollarlo.

Llevar tras sí a uno, o alguna cosa: atraerlo con fuerza.

Llevar un día de perros: muy atareado.

Llevar una borrachera que no se la podía lamer: estar completamente bebido.

Llevar una carga: tener una gran responsabilidad.

Llevar una prenda a casa del quitamanchas: al prestamista.

Llevar una venda en los ojos: no ver, o no querer ver, lo que es claro y palpable.

Llevar una vida arrastrada: de pesadumbres, sufrimientos, penalidades.

Llevar una vida de perros: dícese de la que es muy desgraciada, con grandes molestias y desazones.

Llevar una vida muy arrastrada: muy mala vida.

Llevar uno a otro meses, años, días, etc.: excederle en la edad que se indica.

Llevar uno el corazón en la mano, o en las manos: ser franco y sincero.

Llevar vida de canónigo: tener una buena vida, regalada y comodona.

Llevar vida de patriarca: persona sin inquietudes y que goza de buenas comodidades y descanso.

Llevar y traer: andar en chismes y cuentos.

Llevarla hecha: tener dispuesta o tramada de antemano, con disimulo y arte, la ejecución de una cosa.

Llevarlas bien, o mal: estar bien, o mal, avenidos.

Llevarle el aire a uno: guardarle el aire.

Llevarle la corriente: seguirle el humor, mostrarse conforme con lo que dice o hace.

Llevarse a alguien Pateta: morirse.

Llevarse a la cama: lograr una conquista amorosa, llegando al final..., que es lavarse los dientes.

Llevarse a matar: estar dos personas totalmente enfrentadas.

Llevarse bien, o mal: congeniar o no. Cuando dos personas conviven y se tratan con amor o agrado, o al contrario.

Llevarse como el perro y el gato: mal dos personas.

Llevarse de calle a uno: convencerle con argumentos.

Llevarse de calles: atropellar o arrollar.

Llevarse Dios a alguien: morir una persona.

Llevarse el aire las palabras: indica que únicamente debe ser creído lo escrito.

Llevarse el día en una cosa: emplearlo todo en ella.

Llevarse el diablo una cosa: suceder mal, o al contrario de lo que se esperaba.

Llevarse el gato al agua: salir victorioso de una disputa.

Llevarse el vientre una cosa: no ser estable, ser deleznable.

Llevarse en el pico una cosa: hacer una gran ventaja en la ejecución de una cosa.

Llevarse la bacalada: la mejor parte, o lo mejor.

Llevarse la bandera: la palma.

Llevarse la gente de calle: ser simpático, atrayente.

Llevarse la llave de la despensa: morirse una persona que era la que sustentaba la casa.

Llevarse la mapa: aventajarse en una línea.

Llevarse la palma: sobresalir en competencia.

Llevarse la parte del león: obtener la mejor parte, o el mayor beneficio.

Llevarse la trampa: echarse a perder o malograrse.

Llevarse las llaves: ser el último en salir o despedirse de un sitio.

Llevarse las manos a la cabeza: asombrarse de alguna cosa o indignarse a cuenta de ella.

Llevarse mal: no congeniar los caracteres.

Llevarse por delante a alguien: atropellar a una persona.

Llevarse su merecido: recibir el castigo que se merece.

Llevarse todo el día una cosa: emplearlo en ella.

Llevarse un berrinche: un gran disgusto.

Llevarse un buen tute: trabajar afanosamente una jornada.

Llevarse un chasco: sufrir un desencanto o desengaño.

Llevarse un solo: esperar a una persona por un espacio largo de tiempo.

Llevarse una calle de hombres: hacer huir a mucha gente junta.

Llevársela a la cama: poseer a una mujer sexualmente.

Llevársela al huerto: cohabitar con una mujer.

Llevárselas de calle: se dice del hombre que tiene gran atractivo y ascendencia entre las mujeres.

Llevárselo el diablo, o el demonio: suceder alguna cosa al contrario de lo que se esperaba.

Llevárselo la tierra: morir.

Llevárselo todo la trampa: perderse o malograrse un asunto.

Llora, llora, que cuanto más llores, menos mearás: dicho burlesco a los llorones, indicándoles que no se va a atender los lloros.

Llórame sólo y no me llores pobre: explica que el que tiene quien le favorezca, espera ver mejorada su mala fortuna.

Lloramigas: se dice del que llora a trompicones.

Llorar a lágrima viva, o lágrimas de sangre: sentir con vehemencia una cosa.

Llorar a moco tendido: sin tregua.

Llorar canales: abundantemente.

Llorar como una Magdalena: desconsoladamente.

Llorar con ambos ojos: ponderar una gran pérdida.

Llorar con lágrimas de sangre: tener gran arrepentimiento.

Llorar con un ojo: ser llevadero el sentimiento o la pérdida de una cosa.

Llorar con un ojo y reír con el otro: dícese de los herederos, que fingen una gran pérdida y están esperando el momento del reparto.

Llorar hilo a hilo: correr el llanto con lentitud pero sin parar.

Llorar lágrimas de cocodrilo: las que vierte una persona aparentando dolor.

Llorar lágrimas de sangre: sentir pena muy viva y cruel.

Llorar lástimas: exagerarlas contándolas.

Llorar los kiries: derramar llanto en gran cantidad.

Llorar miserias: quejarse para que se conduelan de uno.

Llorica: persona pusilánime y de carácter flojo.

Lloro de los que heredan es risa debajo de máscara: porque suele ser a veces fingido.

Llover a calabobos: agua menuda.

Llover a cántaros, o a jarros: diluviar.

Llover a cuestas: cuando una cosa resultará en daño propio.

Llover a la mano: oportunamente antes de la siembra.

Llover a manta de Dios: diluviar.

Llover a mares: llover muchísimo.

Llover a más y mejor: caer gran cantidad de agua.

Llover capuchinos, o capuchinos de bronce: caer la lluvia con gran intensidad o ímpetu.

Llover chuzos de punta: granizar, nevar en abundancia.

Llover hacia abajo, como en Toledo: y como en todos los sitios, dicho jocoso.

Llover más que cuando enterraron a Zafra, que, siendo la caja de plomo, iba nadando: llover a cántaros.

Llover sobre mojado: venir trabajo sobre trabajo, pena sobre pena, etc.

Llover y hacer sol todo en un mismo punto: dícese de los que, estando contentos, tienen motivos para estar digustados.

Llovérsele la casa: empezar a venir a menos.

Llovido del cielo: cosa inesperadamente sucedida con oportunidad, generalmente siendo favorable.

(La) Lluvia en Sevilla es pura maravilla: frase que sirve para demostrar la correcta pronunciación de la elle.

Lluvia meona: llovizna, agua de mojabobos.

(La) Lluvia no quebranta, o rompe, huesos: dícese de los que manifiestan cierto miedo a mojarse.

Lo barato es caro: frase que da a entender que lo que cuesta poco es más caro, por su mala calidad o poca duración.

Lo barato es lo comprado, que lo regalado sale caro: expresando que las dádivas deben ser pagadas con creces, y a veces incluso con lo que no se pensaba.

Lo bien hecho bien parece: aconseja a hacer las cosas bien hechas.

Lo bien reflexionado nunca sale errado: no se debe tomar un partido sin haberse meditado bien.

Lo bueno a todo el mundo le gusta: indicando que la bondad de las cosas siempre es agradable.

Lo bueno dura poco: forma de expresar que lo agradable se pasa en seguida.

Lo bueno ha de ser rogado: para apreciar lo que vale.

Lo bueno, si breve, dos veces bueno: exhortando la brevedad en todo.

Lo comido por lo servido: cuando se trabaja sin percibir salario, habiendo recibido ya algo en contraprestación.

Lo conocen hasta los perros: frase exagerativa, para significar que a una persona la conoce todo el mundo.

Lo cortés no quita lo valiente: la buena educación no está reñida con la defensa enérgica de cualquier convicción.

Lo de abajo: órganos genitales del hombre o de la mujer.

Lo de balde es caro: indicando que los regalos suelen salir más caros que si fuesen comprados, ya que hay que agradecerlos.

Lo de marras: en tiempos pasados.

Lo de menos: lo que tiene menos importancia.

Lo demás, por sabido, se calla: cuando todos conocen las cosas desagradables, por lo que no deben citarse.

Lo dicho, dicho. Algunos añaden: **y la jaca a la puerta:** ratificarse en lo dicho.

Lo dicho, dicho está: indicando que no se va a rectificar lo hablado o indicado. Frase evangélica.

Lo dijo Blas, punto redondo: expresión con que se replica al que presume de llevar siempre la razón.

Lo encapillado: la ropa que se lleva puesta.

Lo escrito escrito está: frase evangélica, indicando que lo que está dicho debe cumplirse.

Lo firmaré de mi nombre: seguridad que se tiene de la verdad de lo que se ha dicho, por ser la firma la más segura testificación de lo que se propone.

Lo ha dicho el escardillo: con que se apremia a los niños a que confiesen lo que han hecho, suponiendo que ya se sabe.

Lo habido y por haber: que comprende toda clase de asuntos inimaginables.

¿Lo he de decir cantado o rezando?: expresión familiar con que se suele reprender al que no se da por enterado de lo que se le dice.

Lo hecho hecho está: frase bíblica que indica que uno no piensa volverse atrás.

Lo hueco suena más que lo lleno: a la persona fatua se la oye y se la nota más que a la prudente y con conocimientos.

Lo ignorado, ni agradecido ni pagado: cuando no se sabe de quién se ha recibido un beneficio, no es posible poderlo agradecer.

Lo importante es tener salud: ya que, sin ella, lo demás poco vale.

Lo llevas claro: forma de expresar la poca probabilidad de obtener o conseguir algo.

Lo mal ganado se lo lleva el diablo: lo que se gana con malas artes no dura mucho ni produce buenos resultados.

Lo malo es que: el inconveniente es que.

Lo malo que de otro oímos, siempre lo creímos; lo bueno, rara vez lo creemos: siempre se presta más atención a lo malo que a lo bueno, recomendando no actuar de esta manera.

Lo más mínimo: expresión redundante empleada en frases negativas.

Lo mejor para el mal de riñones, aliento de toro: dicho burlesco para curar todos los males de espalda; lo he oído muchas veces en Pamplona.

Lo mejor pasado: lo más selecto, seguro o provechoso.

Lo mío, mío, y lo tuyo, de los dos: frase para reclamar el egoísmo que procede de una de las partes.

Lo mismo da por la manga que por la espalda: se dice cuando le tiene una cosa sin cuidado.

Lo mismo digo: fórmula empleada en los pésames.

Lo mismo es a cuestas que al hombro: indicando que es lo mismo que se haga de una forma que de otra.

Lo mismo peca el que la mata, que el que la tiene por las patas: que es igual de responsable el ejecutor que el consentidor.

Lo mismo que el que tiene tos y se arrasca la barriga: hacer cosas inútiles.

Lo mismo que meaja en capilla de fraile: indicando lo poco que vale una cosa.

Lo mismo que tener un tío en Alcalá. Se concluye: **que ni tiene tío, ni tiene "na":** se dice de las cosas inútiles o sin provecho.

Lo mismo sirve para un barrido, que para un fregado: dícese de la persona que es muy mañosa y sirve para todo.

Lo mismo son sangrías que ventosas: manera de reprochar el medio inútil e impertinente que se propone.

Lo mismo te digo: fórmula de cortesía con que se contesta a una gentileza.

Lo nunca visto: lo que es insólito, sin precedentes.

Lo olvidado, ni agradecido ni pagado: el olvido juega a favor de la ingratitud.

Lo pasado, pasado: invitando a que se olviden los motivos de queja o rencillas, como si no hubiesen pasado.

Lo pasado sea olvidado, y lo futuro, esperado: debiendo olvidarse lo anterior, teniendo ilusión y esperanza por el futuro.

Lo perdido que no se lo lleve el río: no debiendo preocuparse por aquellas cosas que no tienen remedio.

Lo perdido vaya por amor de Dios: reprende a los que se llaman caritativos con lo que no les aprovecha.

Lo poco agrada y lo mucho cansa: aconsejando que no se debe ser pesado, ya que lo que podía ser aceptado acaba con desagrado.

Lo poco nunca dio mucho: no se debe pedir a nadie más de lo que se puede conceder.

Lo primero es lo primero: para dejar constancia de las preferencias.

Lo primero y principal es oír misa y almorzar, y si la cosa corre prisa, primero almorzar y después oír misa: forma jocosa y detractora de los que no les gusta ir a misa.

Lo prometido es deuda: aseverando que lo prometido debe cumplirse.

Lo que abunda no daña: la demasía de objetos es bueno para que no exista pobreza.

Lo que calienta el sol: cuanto existe en la tierra, bajo el sol.

Lo que come mi vecina no aprovecha a mi tripa: manifiesta lo poco que nos debe importar lo que hacen los demás.

Lo que canta, dice o marca la tabla: lo estipulado, lo que corresponde.

Lo que con unos se pierde con otros se gana: ley de las compensaciones, dicho de negociantes.

Lo que deja, lleva: dícese de la persona que no saluda, al entrar o pasar por un sitio.

Lo que deprisa se hace, despacio se llora: por lo mal ejecutadas que están algunas cosas, recordándose siempre tal ejecución.

Lo que digo va a misa: que es totalmente cierto.

Lo que en la vida no hicieres, de tus herederos no lo esperes: es mejor hacer el bien en la vida, que encargárselo a los herederos que lo hagan.

Lo que es del río el agua lo lleva: todo tiene que realizarse en las causas que se producen, y no en otro sitio.

Lo que es moda no incomoda: refiriéndose a la tiranía de la moda, que las mujeres soportan estoicamente, y en muchos casos alegremente.

Lo que escribí, escribí: indica que no se piensa revocar la resolución tomada.

Lo que está a la vista no necesita anteojos: hay cosas muy claras que no necesitan explicación.

Lo que está a la vista no se puede ocultar: es inútil negar lo que todo el mundo ve.

Lo que está escrito se cumple: indica que las órdenes se dan para cumplirse.

Lo que faltaba "pa" el duro: expresión de que ha acontecido algo que no tenía que haber pasado.

Lo que fue, es y será: se indica que no hay nada nuevo bajo el sol, y que las cosas son hechos inmutables y de perpetuo retorno.

Lo que fuere, sonará: ya se verá.

Lo que ha de hacer el tiempo, hágalo el seso: el tiempo todo lo cura, pero el que tiene reflexión y cordura no espera dicho paso del tiempo, sino que pone los medios para poder resolverlo.

Lo que ha de ser, será: que lo que va a acontecer vendrá, se haga lo que se haga.

Lo que había menester un vidriero era un gato que anduviese retozando con los vidrios: expresión satírica con que se da a entender la falta que le está haciendo una cosa para redondear su fortuna.

Lo que hace el vino no lo hacen las patatas: indicando que la consecuencia del vino no lo hace otra materia, estando bajo los efectos etílicos.

Lo que haga tu mano derecha no lo sepa la izquierda: principio noble cuando se hace caridad, solicitando discreción.

Lo que hay en España es de los españoles: ya que la consideramos nuestra.

Lo que hoy no quiero, mañana lo apetezco: denota lo voluble que suele ser la condición humana.

Lo que la mujer no consigue hablando, lo logra llorando: indica el poderío de la mujer para lograr todo lo que desea.

Lo que mal empieza mal acaba: los malos principios acaban sin otro remedio mal.

Lo que me diste, por lo que me quisiste: frase que quiere indicar que quien la dice no desea devolver los regalos recibidos de la otra persona, ¿será porque son buenos?, o ¿por ser egoísta?, o ¿por las dos cosas?

Lo que me sabe, me sabe... (y chupaba un cuerno): contra las personas de gusto extravagante.

Lo que me suena, me suena: con que se atiene a la significación natural de las palabras, y no a interpretaciones inútiles.

Lo que mucho abunda poco daña, en no siendo palos o sarna: indicando que lo que hay en abundancia no puede ser malo.

Lo que mucho vale mucho cuesta: todo lo que tiene un gran valor, o cuesta mucho adquirirlo o ejecutarlo, pero al final se ve el fruto bien hecho.

Lo que natura no da, Salamanca no presta: indica que el que va a estudiar, si no tiene dotes para el estudio, vaya donde vaya, no logra nada. Eso es lo que dice el refrán, la realidad es que hay aprobados que se compran y por muchos medios: sobornos, centros privilegiados, etc.

Lo que no come la vecina, en casa lo escarba la gallina: lo que no se quita, tarde o temprano se encuentra.

Lo que no es de Cristo, es del Fisco: indicaba que lo que no correspondía a diezmos y primicias a la Iglesia, estaba sujeto a tributos y alcabalas.

Lo que no está en los autos, no está en el mundo: expresión que indica que los tribunales deben fallar por el resultado de las actuaciones y no por las referencias privadas.

Lo que no mata engorda: referido a los alimentos, indicando que, quitando los que hacen daño, el resto es bueno.

Lo que no pasa por testamento, pasa por codicilo: indica que lo que no se puede hacer por el camino normal, se suele hacer por otros medios más largos o pejudiciales.

Lo que no quieras para ti, no lo hagas a otro: máxima evangélica, que indica amar al prójimo como a ti mismo.

Lo que no se empieza, no se acaba: aconseja sacudir la pereza, para empezar cualquier asunto.

Lo que no se llevan los ladrones, aparece por los rincones: se dice cuando aparece una cosa que se llevaba buscando hace tiempo.

Lo que no se sabe es lo que no se dice: invitando a no comunicar una cosa a nadie si se quiere que no se sepa.

Lo que no tiene remedio, olvidarlo es lo mejor: ya que no se adelanta nada recordándolo constantemente.

Lo que no va en lágrimas va en suspiros: cuando unas cosas se compensan con otras.

Lo que pica, cura: me lo decían de niño, cuando me quejaba de que una herida molestaba o picaba.

Lo que piensa el mulo, no piensa el arriero: indica la diferencia de criterios que existen entre las personas que ocupan posiciones sociales distintas.

Lo que puedas hacer hoy, no lo dejes para mañana: exhorta a ejecutar las cosas lo más rápidamente posible.

Lo que se adquiere con el sudor, razón es que luzca: disculpa de los aficionados al lujo.

Lo que se dice: expresión de afirmación.

Lo que se gana con afanes, lo heredan los holgazanes: generalmente las buenas herencias suelen ir a parar a manos de gente gastadora y poco trabajadora; hay que decir que no hay regla sin excepción.

Lo que se ha de empeñar, venderlo: indica que en la vida hay que tomar resoluciones drásticas cortando por lo sano, en lo que se ve que va a tener mala solución.

Lo que se han de comer los gusanos, que lo disfruten los cristianos: dicho de algunas mujeres disolutas, al ser censuradas de sus actuaciones.

Lo que se piensa es lo que se vive: indicando no acobardarse.

Lo que se sabe sentir se sabe decir: lo que se comprende bien se expresa con claridad.

Lo que se tiene se luce, y lo que no se encanuce: me lo dijo una chica en Pamplona, cuando la indiqué que se sentase bien, que se la veía la… cintura; esto aconteció hace unos treinta años, por supuesto y según las normas y moral de aquellos tiempos, me callé.

Lo que se usa no se excusa: debiendo conformarnos con las costumbres normales de los hombres.

Lo que se van a comer los gusanos, que lo disfruten los humanos: dicho de algunas mujeres un poco libertinas.

Lo que sea sonará: indica que a su tiempo se conocerá lo que sucediese.

¡Lo que semos…! (y miraba la calavera de un borrico): modo de motejar de bruto a cualquier persona, con alusión al siguiente epigrama:

La calavera de un burro
miraba el doctor Pandolfo,
que enternecido decía:
¡Válgame Dios, lo que somos!

Lo que son las cosas: acontecimiento casual o insólito que va a referirse y ocurre en el momento.

Lo que te hagan, haz, ni menos ni más: ley del Talión, poco recomendable entre los cristianos.

Lo que te han dado recíbelo con agrado: invitando a no poner mala cara por lo que se ha recibido como regalo, ya que no había obligación de haberse entregado.

Lo que tengo bonito y a los hombres les gusta, que luzca: así suelen hacerlo las mujeres un poquito frescas.

Lo que vale es la intención: a veces no se puede hacer lo prometido.

Lo que ve la suegra: limpieza muy superficial de la casa.

Lo que yo te diga: forma de expresar y aseverar una verdad, generalmente relativa de la persona que lo manifiesta.

Lo quito aquí y lo coloco allá: frase antigua y jocosa, teniendo un juego de palabras para llamar loco a un sujeto, llamándole loquito aquí y loco loco allá.

Lo rogado siempre es caro: por lo humillante que resulta tener que pedir.

Lo siento de todo corazón: dicho de pésames.

Lo suyo: ponderación de la dificultad, mérito o importancia de algo.

Lo suyo y lo ajeno: gastador, muy codicioso.

Lo tratado es lo tratado: indica que hay que cumplir con lo que se estipuló.

Lo tuyo mío, y lo mío, de nadie: frase que se aplica a los egoístas.

Lo último de potencia: todo el esfuerzo de que uno es capaz.

Lo último que hay que hacer es morirse: frase para animar a los que están compungidos o muy enfermos.

Lo uno por lo otro (lo que rezo por lo que juro): una cosa por otra.

Lo venidero no está escrito: nadie puede predecir el futuro, aunque haya muchos que digan lo contrario.

Lo verás, o lo olerás, pero no lo catarás: ver una cosa, pero sin conseguirla.

Loba: mujer de la vida.

(Un) Lobo a otro no se muerden: las personas que tienen iguales inclinaciones, o defienden los mismos intereses, se tapan mutuamente sus defectos.

Lobo de mar: marinero curtido en labores propias de su trabajo y con gran experiencia.

Lobos de la misma camada: personas que, por tener los mismos intereses o inclinaciones, no se hacen daño unos a otros.

(La) Loca de la casa: expresión figurada que alude a la imaginación.

Loco de atar: el que obra y actúa como un loco.

(Un) Loco hace ciento: expresa el poderoso influjo que tiene el mal ejemplo para viciar las costumbres.

Loco perenne: el que siempre está loco, o el que siempre está de chanza.

(El) Loco por la pena es cuerdo: modo de corregir los vicios o desmanes: el castigo.

(Los) Locos dan banquetes para los cuerdos: las personas sensatas se aprovechan de las necedades que hacen los necios.

Lomo descargado: provecho sin desperdicio.

Longui: persona muy cándida e inocente.

¡Los cojones!: forma de negación o rechazo de algo.

¡Los hay con dos cojones!: alude esta expresión a la valentía.

"Los sin techo": nombre dado a los vagabundos que no tienen casa y viven en la calle.

(El) Lucero del alba: divulgación de escándalos o situaciones privadas o íntimas, expresando que va a ser conocido hasta por el lucero del alba, es decir, todo el mundo.

Lucha de clases: la que existe entre la clase obrera y la capitalista.

Lucha sin cuartel: sin dar tregua alguna.

Luchar a brazo partido: a viva fuerza, de poder a poder.

Luchar como gato panza arriba: defenderse con ahínco.

Luchar con la muerte: estar mucho tiempo en agonía.

Lucirle, o relucirle, el pelo: estar gordo, bien tratado y lucido.

Lucirse en el pelo: darse tono exteriormente.

Lucros y daños: ganancias y pérdidas.

Lujo asiático: dícese del lujo excesivo.

(La) Lumbre de llama calienta el cuerpo y alegra el alma: indicando lo agradable y acogedora que es una lumbre baja.

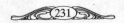

Lumbrera: persona con grandes conocimientos, lista.

Lumia: prostituta.

(Las) Luminarias de la victoria: buenos presagios de algo.

Luna de miel: período de tiempo muy feliz e inmediatamente posterior al matrimonio.

Lunes, galbana; martes, mala gana; miércoles, tormenta; jueves, mala venta; viernes, a cazar; sábado, a pescar, y el domingo se hizo para descansar: retahíla del ocioso; existen fórmulas con significados muy parecidos, con lo que se da a entender la riqueza de lenguaje que tenemos.

Luz apagada, mujer encendida: ¡vaya!, como si en el hombre no fuese así, dando paso a todo tipo de pasiones.

Luz apagada, vergüenza acabada: ya que la oscuridad acaba con la vergüenza y los buenos principios.

(La) Luz de los ojos: la mirada clara, luminosa.

Luz y taquígrafos: indicando que algo necesita hacerse clara y públicamente, a vista de todos.

Macaco: persona fea y deforme.

Macanero: se dice del que cuenta embustes y patrañas.

Macareno: valentón de taberna.

Macarra: rufián, chulo de putas.

Machacando se aprende el oficio: repitiendo las cosas se llega a ser un maestro en ellas.

Machacar el ajo: producir la cigüeña con el pico un ruido semejante al castañeteo.

Machacar el cobre: trabajar con ahínco.

Machacar, majar o martillar en hierro frío: ser inútil la corrección cuando una persona está mal dispuesta o dura.

Machacarse algo: comérselo con apetito.

Machacársela: masturbarse un hombre.

Macho ibérico: prototipo del machista español.

Maciza: mujer de forma exuberante y apetecible.

Machote: forma vulgar de nombrar al hombre masculino.

Macuca: masturbación del hombre.

Madama: mujer que regenta un prostíbulo.

(Una) Madeja sin cuenda: un hombre flojo.

(La) Madera no ha de tocar el suelo: superstición.

Madero: policía.

¡Madre de Dios!: interjección de admiración, sorpresa, fasdio o enfado.

(La) Madre del cordero: expresión general que indica asombro.

Madre e hija visten en una camisa: indicando que las dos son de la misma opinión.

¡Madre mía! o ¡Mi madre!: expresión que se dice por circunstancias varias, como sorpresa, asombro, miedo, etc.

Madre, ni cenamos ni se muere padre: cuando se demora una cosa más de lo preciso y que no se realiza una cosa por estar pendiente de la consecución de otra.

Madre no hay más que una: indicando lo más querido y estimado, y algunos castizos dirigiéndose a sus mujeres añaden: **y a ti te encontre en la calle.**

¡Madre, o padre, que me toca Roque! Roque, tócame: incitando a actos no adecuados, disculpándose de antemano por ellos, teniendo la culpa de los mismos.

¡Madre, o padre, que me toca Roque! Si te toca, que te toque: contra las personas delicadas.

¡(La) Madre que lo, la, parió!: exclamación de fastidio, enfado, asombro o sorpresa, y en algunos casos admiración. Ofensa a una persona.

Madre pía daño cría: en contra de las excesivas indulgencias de las madres.

Madreselva: quiere decir unión tierna, en el lenguaje de las flores.

Madrugada del pastor: contra los perezosos.

(La) Madrugada del pellejero: se dice de los que se levantan tarde por haber trasnochado, estando de juerga.

(El) Maestro Ciruela, que no sabía leer y puso escuela: con que se censura al que presume de sabiduría y experiencia, sin tener idea de nada.

Maestro de atar escobas: título burlesco que se da al que afecta magisterio en cosas inútiles o ridículas.

(Los) Maestros son un segundo poder: alabando la valía de la enseñanza intelectual.

(La) Magdalena te guíe: fórmula de despedida que se usa con una persona a la que no se desea volver a ver más.

Maglia rosa: camiseta que viste el que va en primer lugar en la vuelta a Italia.

Majadero: necio.

Majareta: se dice del que tiene perturbadas las facultades mentales.

Mal a mal: por fuerza.

Mal acá y mal allá: cuando existe siempre un mal se llega a la indiferencia.

Mal ajeno no cura el mío: aplícase a los vengativos.

Mal ajeno no presta consuelo: expresando que lo que realmense se siente es el dolor propio y no el de los demás.

Mal año: interjección para dar más fuerza a lo que se afirma o asegura.

Mal bicho: persona de perversas intenciones.

Mal café: mal humor, mala intención, mal genio.

Mal de mi, de tu, de su… grado: con repugnancia, a su pesar, aunque no se quiera.

Mal de muchos, consuelo de tontos: nuestras penas no serán menores porque otros sufran las suyas propias.

Mal de muchos, consuelo o gozo es: consuelo mutuo ante las desgracias comunes.

Mal de muerte, a mi marido le caiga en suerte: contra las mujeres egoístas, que estiman en poco a sus maridos.

Mal de ojo: superstición, que una persona cree que los males que tiene son porque se los ha echado otra.

(El) Mal del siglo: forma de expresar el aburrimiento.

Mal empieza la semana al que cuelgan el lunes: irónico de una cosa con mal principio.

Mal engendro: muchacho travieso y de índole perversa.

Mal están los galgos para ir de caza: contra los que demuestran estar perezosos.

Mal fario: denominación de la mala suerte. Gafe, mala sombra.

Mal francés: la sífilis.

¡Mal haya! o ¡Mal haya el diablo!: expresión imprecatoria.

Mal humor: aversión a la alegría, o a los actos de urbanidad.

Mal jabato: hombre flojo y holgazán.

Mal largo, muerte al cabo: forma de terminar las enfermedades.

Mal me han de andar las manos: indicando que se cumplirá lo prometido si no hay imponderables.

Mal mirado: de poca confianza.

Mal nacido: dícese del que en sus acciones manifiesta su oscuro y bajo nacimiento, o su condición aviesa.

Mal nombre: apodo, alias.

(El) Mal pagador, ni cuenta lo que recibe, ni regatea en lo que se le fía: ya que, como no piensa devolverlo, le da lo mismo lo que se le presta.

¡Mal pecado!: forma de expresar la desgracia, el pesar o el disgusto.

Mal por mal nunca se debe dar: aconseja hacer bien por mal.

Mal que bien: de buena o mala gana. Bien o mal hecho.

Mal que, me, te, le, nos, os, les pese: aun contra lo que otro quiere.

Mal que no mejora, empeora: indicando que la enfermedad o males que no se resuelven o se curan tienen consecuencias funestas.

(El) Mal que se ve venir existe antes de haber llegado: expresando que ya la preocupación hace daño.

¡Mal rayo te parta!: maldición.

Mal recado: mala acción o travesura.

Mal se aviene el don con el turuleque: expresión familiar con que se indica no decir bien en gente baja los títulos honoríficos.

Mal suena el don sin el din: persona pobre y engreída por su nobleza. Falta de consideración social que no suelen tener los nobles que no tienen riquezas.

(El) Mal trago, pasarlo pronto: cuando no hay más remedio que hacer una cosa, cuanto antes se haga, mejor.

Mal visto: dícese de lo que no es aceptado por la mayoría.

Mal y mala manera: sin orden y concierto alguno, de mala gana, torpe y atropelladamente.

Mal yogur: mal carácter, mala intención.

Mala baba: tener mala intención.

¡Mala burra hemos comprado!: indica el mal resultado de un asunto.

Mala cabeza: el que procede sin juicio y consideración.

¡Mala centella te parta!: fórmula de maldición.

Mala fe: doblez, alevosía.

Mala hierba nunca muere: con que se moteja a los malvados, indicando que nunca dejan de actuar según su condición.

Mala hostia: mal humor, mal carácter.

Mala idea: dícese del que actúa para perjudicar a los demás.

Mala impresión: dudosa en la ejecución de una cosa.

¡Mala landre te mate!: maldición.

Mala leche: mala intención.

Mala lengua: murmurador o maldiciente.

Mala mano: falta de habilidad y destreza. Desacierto o desgracia.

(Una) Mala noche la pasa cualquiera: ya que de cualquier modo se tiene que aguantar.

Mala nota: dícese del que tiene mala fama.

Mala paga: el que no paga puntualmente.

(La) Mala paga, siquiera en paja: recomienda que se tome lo que se pueda por no perderlo todo.

Mala palabra no rompe la ropa, pero desgarra el alma: por las consecuencias tan graves que puede traer lo malo que se ha dicho.

Mala partida: acción perjudicial para una persona.

Mala pascua le dé Dios: imprecación usada contra la persona por quien sentimos enemistad.

Mala pascua me dé Dios, y sea la primera que viniere: fórmula de juramento empleada para aseverar algo.

Mala pasta: mala suerte.

Mala pata: dícese del que tiene mala suerte.

¡Mala "puñalá" te den!: maldición gitana.

Mala sangre: carácter avieso o vengativo de una persona.

Mala semana: cuando tiene la regla una mujer.

Mala sociedad: la gente sin educación o delicadeza.

Mala sombra: dícese del que tiene intenciones aviesas.

Mala uva: dícese del que tiene malas intenciones.

Mala vida: vida airada: Se dice especialmente de las mujeres entregadas o dedicadas al vicio.

Mala voluntad: malquerencia.

Mala yerba nunca muere: bicho malo nunca muere.

Malaleche: se dice del que está siempre de mal humor.

Malandrín: bellaco.

Malapata: patoso, persona que no tiene gracia.

Malas artes: medios o procedimientos reprobables de que se valen para conseguir algún fin.

(Las) Malas compañías no pueden enseñar buenas costumbres: ya que únicamente se enseña lo que se sabe.

Malas lenguas: el común de los murmuradores. El común de las gentes.

(Las) Malas tijeras hicieron a mi padre tuerto: las murmuraciones inventan lo que les viene en gana, causando grandes estragos.

Malasangre: persona de mala ralea.

Malasombra: patoso, sin gracia.

Malauva: persona de malas entrañas.

Malcarado: se dice de la persona mal encarada.

(La) Maldición de la zorra: cumplirse la maldición que le han echado.

Maldiciones de burro nunca llegan al cielo: quiere indicar que no hay que hacer caso de las maldiciones o amenazas.

¡Maldita sea!: exclamación de disgusto, enfado o fastidio.

¡Maldita sea tu estampa, o tu sangre!: expresión de injuria hacia una persona.

¡Malditas sean las que te huelen!: las tripas, dícese al que ha soltado una ventosidad silenciosa, pero olorosa.

Maldito de cocer: la persona que se enfada por su mala terquedad, o sus malas cualidades.

¡Maldito el niño de cien años!: dícese de los viejos que presumen de jóvenes.

Maleante: persona pervertida, de mala vida.

Maleta: persona que no hace bien su trabajo.

Maletilla: persona principiante del toreo, que recorría con un hatillo los tentaderos, con el fin de tener una oportunidad.

Malmirado: descortés, de poca educación.

Malnacido: indeseable, ingrato.

¡Malo!: expresión en situación desfavorable.

Malo como asno rojo: dícese de lo que es muy malo.

Malo es gastarlo en putas, pero peor en disputas: está mal gastarse el dinero en juergas, pero quiere indicar esta frase que es peor destinarlo en contender en pleitos.

Malo es pasarse y malo no llegar; en un buen medio te debes quedar: una vez más exhortando el término medio.

Malo es quien mal piensa: animando a pensar siempre bien.

¡Malo que te cante!: advertencia a que ocurra algo desagrable o malo.

Malo y rogado, que son dos males: expresión con que se da a entender que se va a complacer al que pide algo.

(Los) Malos deseos de los envidiosos engordan: contra la malquerencia de las personas mezquinas.

Malos hígados: índole dañina, mala voluntad.

Malos reyes, muchas leyes: critica la ineficacia de los gobernantes, publicando muchas leyes que nunca se pueden cumplir. Sería bueno sacar una estadística de la eficacia real de los gobiernos y de los gobernantes.

Malqueda: persona despreocupada, indiferente.

Malquisto: aborrecible, odioso.

Malva: indica dulzura, en el lenguaje de las flores.

Mamahuevos: mamón.

Mamar alguna cosa en la leche: aprenderla en los primeros años de la vida.

Mamar con la leche: aprender alguna cosa en los primeros años de la vida.

Mamar una teta: zaherir al que al ser mayor demuestra estar enmadrado.

Mamar y beber leche: obtener beneficios de dos partes distintas.

Mamar y gruñir: se dice al que no se contenta con nada.

Mamarla de canto: se dice del que es extremadamente tonto.

Mamarracho: persona poco digna de aprecio.

Mamarse a uno: vencerlo, engañarlo.

Mamarse el dedo: hacerse el simple por conveniencia.

Mamársela: efectuar la felación.

Mameluco: necio, bobo.

Mamerto: idiota, imbécil.

Mamón: persona despreciable.

Mamporrero: inútil, de acciones bajas.

Manar en oro: tener muchas riquezas.

Mancebo león, casado cagón: dícese de los que eran valientes de solteros, pero han topado con una esposa dominante.

Manchar el alma, o la conciencia: cometer pecado mortal.

Manchar papel: escribir cosas inútiles.

¡Manda carajo!: frase de asombro, admiración o mala suerte.

¡Manda cojones!: locución que expresa asombro o admiración.

¡Manda huevos!: expresión de asombro o admiración, ante un hecho insólito.

¡Manda narices!: manda cojones.

Manda San Roque que a las mujeres no se las toque, y explica su hermano, que no se las toque con la mano: frase burlesca que indica que a las mujeres no se las debe pegar... con la mano, por supuesto esto último es broma.

Mandado hacer de encargo: ser una persona idónea para el objeto a que se destina.

Mandamiento del pobre, reventar antes que sobre: motejando a los glotones.

Mandar a alguno a puntapiés, a puntillazos, o a zapatazos: tener gran ascendiente sobre él.

Mandar a buscar la cagada del lagarto: forma de despedir de mala manera a una persona.

Mandar a capar ratones, o moscas: mandar a freír espárragos.

Mandar a coces: hacerlo con aspereza y malos modos.

Mandar a escardar cebollinos: mandar a hacer gárgaras.

Mandar a freír churros: despedir a una persona de manera incorrecta.

Mandar a freír espárragos a alguien: despedirle de mala manera.

Mandar a freír monas, puñetas: mandar a paseo.

Mandar a freír morcillas: despachar a alguien.

Mandar a hacer gárgaras a alguien: despedirle irritado.

Mandar a hacer puñetas: despedir a alguien con desconsideraración.

Mandar a hacer puños para hoces: despedir con cajas destempladas, mandar a paseo.

Mandar a la baqueta: mandar despóticamente.

Mandar a la eme: mandar a la mierda.

Mandar a la mierda, a la porra, al guano: despachar a una persona airadamente.

Mandar a los infiernos de Loja: despedir con desaire. Algunos añaden: **que son diablos de azúcar**.

Mandar a paseo, a la porra, a alguien: despedirle con enfado.

Mandar a puntapiés: alcanzar fácilmente todo lo que se quiere.

Mandar a tomar por el culo: despachar de mala manera a una persona, teniendo en cuenta que esta

expresión está considerada como de las peores dirigidas a una persona.

Mandar a tomar por saco: despachar de forma desairada a una persona.

Mandar a tomar viento fresco: despedir a uno desabridamente.

Mandar al carajo: rechazar a una persona con desprecio.

Mandar al cuerno a alguien: mandar a paseo, despacharlo.

Mandar al diablo: despedir de mala manera a una persona.

Mandar al otro barrio: matar a una persona.

Mandar al paredón: fusilar a una persona.

Mandar al pedo: echar fuera de sí, desentenderse de una persona o cosa.

Mandar con Jesucristo a alguien: matarlo.

Mandar con la música a otra parte: despachar a alguien.

Mandar con viento fresco: despachar a una persona.

Mandar de Herodes a Pilatos: de un sitio para otro.

Mandar en jefe: mandar como cabeza principal.

Mandar fuerza: tener dominio.

Mandar no quiere par: ya que si son muchos lo que gobiernan, suelen existir opiniones diversas en perjuicio de los gobernados.

Mandar, o enviar, una persona a la eme: desprecio, eufemismo de mierda.

Mandil y vara de medir, oficio vil: sátira contra los tenderos.

(El) Mando engorda: refrán político, que se explica por sí mismo.

Mandria: haragán, cobarde.

Manducar: comer.

Manga ancha: excesiva indulgencia.

Manga por hombro: referido a cómo está un asunto mal resuelto y complicado.

Mangar: robar.

(La) Mangarriega, que aquí no llega...: cancioncilla infantil que cantábamos los niños cuando los empleados del Ayuntamiento regaban las calles, con el fin de que nos mojasen.

Mangorrero: persona despreciable.

Mangue: delito.

Manía persecutoria: la que se padece, pensando que se es perseguido o acosado constantemente.

Maniatar el albedrío: coartar la libertad.

Manifestar la herida: abrirla para conocer el daño.

Manifestar su atrevido pensamiento: declararse amorosamente.

Manitas: dícese de la persona habilidosa.

Manjar de ángeles: se dice de la comida exquisita.

Mano a mano: con familiaridad y confianza. Sin ventaja entre contendientes.

Mano blanda: se dice cuando se obra con blandura.

Mano chenga: el zurdo.

(La) Mano cuerda no hace todo lo que dice la lengua: exhortando a la prudencia para ejecutar lo que es sensato.

Mano de cazo: persona zurda.

Mano de coces, o de azotes: dar coces, o golpes.

Mano de estopa: se dice de los que se dejan caer las cosas con frecuencia.

Mano de gato: corrección de alguna obra. Compostura del cutis.

Mano de hierro: dícese del que es muy estricto, o tiene la mano dura.

Mano de jabón: baño que se da a la ropa con agua de jabón para lavarla.

Mano de obra: trabajo manual que se emplea en un trabajo.

Mano de santo: remedio pronto y eficaz.

Mano dura: cuando se obra con gran rectitud.

Mano fuerte: gente armada para hacer cumplir lo que el juez o autoridad manda.

Mano izquierda: habilidad en el trato de gentes, o solución de situaciones delicadas.

Mano negra: fuerza que se ejecuta desde el anonimato.

Mano oculta: persona que interviene secretamente en algo.

Mano sobre mano: ociosamente, sin hacer nada.

Mano sobre mano, como mujer de escribano: reprende la ociosidad de las mujeres, que sus esposos tienen buenas ganancias o buenos sueldos.

(La) Mano tonta: mano con la que se soba a una persona de forma disimulada.

Manos a la obra, o a la labor: aliento que se hace uno a sí mismo, para emprender o proseguir un trabajo.

¡Manos arriba!: orden que se da cuando una persona intenta atracar a otra, invitándola a que no se defienda.

Manos blancas no ofenden: con que se da a entender que las ofensas de las mujeres no lastiman el honor de los hombres.

Manos calientes y corazón frío, amor perdido: expresa que la fuerza del amor debe mantener el corazón caliente, y en consecuencia las manos como témpanos.

Manos encallecidas, más valen que con sortijas: expresando la bondad del trabajo en la persona que lo ejecuta, y en contra de las personas que tienen las manos con adornos y no siendo trabajadoras.

Manos frías, corazón caliente: creencia popular de lo que suelen tener las manos frías, y en ocasiones heladas.

Manos generosas, manos poderosas: las personas espléndidas y que siempre están dando logran siempre lo que piden.

Manos largas: persona que propende a golpear a otro.

Manos libres: los emolumentos de ciertas ocupaciones. El que no está haciendo nada.

Manos limpias: integridad con que se ejerce un cargo.

Manos muertas: los poseedores de bienes enajenables.

Manos puercas: utilidades que se perciben ilícitamente en un empleo.

Manos que no dais, ¿qué esperáis?: recriminando al tacaño, e indicándole que los demás se comportarán como él.

(Las) Manos quietas, que van al pan: forma de indicar a un hombre que se esté quieto cuando intenta efectuar tocamientos a una mujer.

Manso: cornudo.

Manso como una oveja: se dice de la persona de carácter apacible, humilde, resignado.

Manta: se dice del que es torpe y holgazán.

Mantener campo: pelear.

Mantener el tipo: aguantar con dignidad las adversidades, estar una persona de edad en buena situación física.

Mantener la tela: ser el principal mantenedor de un espectáculo.

Mantener las distancias: no familiarizarse con los de clase social inferior a la nuestra.

Mantener muchas bocas: tener que alimentar o sostener a una gran familia.

Mantener relaciones: tener trato directo. Cohabitar.

Mantener su palabra: perseverar en lo ofrecido.

Mantener tela: tomar la voz cantante en una conversación.

Mantenerse como la salamandra en el fuego: dícese del que, estando en un grave peligro, no experimenta lesión alguna.

Mantenerse del aire como los camaleones: dícese del que apenas come, o come poquísimo.

Mantenerse en sus trece: persistir con obstinación y terquedad en un propósito o dictamen.

Mantenerse firme: insistir, no ceder.

Manu militari: con rigor o severidad, por la mano militar.

Manuel: en argot, hombre.

Manús, manusa: hombre, mujer.

Manzana de la discordia: cuestión u objeto de disputa.

Mañana ayunará Juan de Ayala: pretexto para no hacer alguna cosa.

Mañana de niebla, tarde de paseo, si no llueve ni nieva: indicando cómo va a hacer una mañana de esas características; como se puede observar, se acierta siempre.

Mañana me voy y si me aburren hoy: satiriza a las personas que tómanse con toda calma las cosas.

Mañana se recibirá carta: se decía hace unos años en las casas cuando por la noche se veía dentro de ellas una polilla o pequeña mariposa.

Mañana será otro día: expresión con que se consuela o amenaza una actuación. Aplazar la ejecución de una cosa.

Mar de fondo: malestar que permanece.

Marcar el campo: señalarlo con estacas para determinar espacios.

Marcar el caqui: hacer el servicio militar.

Marcar el paso: indicarlo sin darlo para no perder el compás con los demás.

Marcar paquete: dícese del hombre que lleva muy ajustados los pantalones y se le nota el órgano genital.

Marcarse un farol: decir una mentira blasonando.

Marcha atrás: expulsar el semen fuera de la vagina, con el fin de no dejar embarazada a una mujer.

Marcharse cagando hostias: a gran velocidad.

Marcharse con la música a otra parte: despachar a una persona de forma airada.

Marcharse vestido y calzado: al otro mundo, es decir morirse.

Marchoso: forma de definir a la persona que siempre está dipuesta para la juerga.

Mare mágnum: cosas en desorden.

Mare Nostrum: mar Mediterráneo.

Marear la perdiz: dar vueltas a una cosa innecesariamente

Marearse el oficio: ir trampeando.

Margarita: queriendo expresar lo pensaré, en el lenguaje de las flores.

¡María!, la del alma mía: expresión que se hace cuando alguien oye ese nombre.

María Sarmiento, que se fue a cagar y se la llevó el viento: cancioncilla infantil.

Marica, o maricón, el último: con que se moteja al que llegue en último lugar, habiendo sido advertido a todos dicha circunstancia.

Maricón de playa: insulto.

Maricón, maricona: hombre afeminado e invertido.

Marimacho: se dice de la mujer hombruna.

Marimandona: mujer dominante y mandona.

Mariposón: maricón.

Mariquita: hombre afeminado y cobarde.

Mariquita, quita, quita, ponte el velo y vete a misa: estribillo que se decía para echar a volar una mariquita o mariquitita.

Mariquita de San Juan, cuenta los dedos y echa a volar: lo mismo que lo anterior.

Mariquitita de Dios, cuéntame los dedos y vete con Dios: cantar infantil; se hacía cuando se cogía a este simpático animalillo, se le dejaba en la mano extendida y con los dedos mirando al cielo.

Marisabidilla: mujer que siempre está presumiendo de sabia.

Maromo: mozo de compañía de una mujer, rufián.

Marqués del bacalao: título con que se motaja al presumido que quiere y no puede, con delirios de grandeza.

Marrajo: astuto, se dice del que tiene doble intención.

Marrullero: adulador, embaucador.

Marta la piadosa: irónico, a la mujer hipócrita.

Martirio chino: sufrir algo insoportable.

Maruja: se dice del ama de casa. Caja de ahorros.

Maruncha: monja.

(Las) Más: la mayoría de las veces.

Más acá hay posada: expresión con que se motaja al que exagera o sube de punto una cosa.

Más aciago que si fuese martes: contra la superstición de este día de la semana.

Más agarrado que un chotís: persona muy angurria o poco espléndida.

Más alcanza el que ruega que el que pega: las malas formas no son recomendables para nada.

Más alegre que unas Pascuas, o que una pascua de flores, o que unas castañuelas: estar excesivamente contento.

Más alegre y sereno que una primavera: dícese de lo que es bonito y alegre.

(El) Más allá: el otro mundo, la otra vida después de la muerte.

Más alto o tieso que un gastador: ser muy alto y altivo.

Más alto que un mayo: de gran altura.

Más amargo que el acíbar: se dice cuando una cosa es extremadamente amarga.

Más amarillo que la epidemia: comparación exagerada de lo subido de dicho color.

Más apaga buena palabra que caldero de agua: con que se enseña el modo y suavidad en las palabras que cortan la cólera ajena.

Más apretado que las uvas de un racimo: hallarse en un lugar entre muchas personas sin poder casi moverse.

Más arrancado que mangas de chaleco: estar en pobreza suma.

Más áspero que un cardo: dícese de la persona adusta o desabrida.

Más áspero que un erizo: dícese de la persona de carácter agrio, seco y atrabiliario.

Más áspero y helado que los montes Pirineos: dícese de la persona en extremo insensible.

Más aún: expresión que se intercala en una frase para reforzar lo que se está diciendo.

Más basto que unas bragas, o calzoncillos, de esparto, que un bocadillo de lentejas, etc.: dícese de la persona muy burda.

Más bien: locución que expresa cierta duda.

Más blanco que un armiño: se dice de la blancura suma.

Más blanco que una azucena: de extremada blancura.

Más blando que un guante: cuando se ha reprendido a una persona y ha surtido efecto.

Más blando que una breva: persona tenaz, que se ha avenido a razones, o le han persuadido.

Más bonito que un "San Luís": ser muy agradable a la vista.

Más borracho que una cuba: dícese de la persona que tiene el vicio de la bebida.

Más bruto que el brocal de un pozo: se dice de la persona muy cabezota y de pocas luces.

Más bruto que un arado, o que un cerrojo: persona muy torpe.

Más bueno que el pan, y más pesado que la masa: forma de definir a una persona bondadosa, pero que es muy pesada en su trato o conversación.

Más caga un buey que cien golondrinas: frase comparativa de exceso, y que no se puede con una cosa muy superior a otras.

Más cargado que sardesco de convento: estar un recipiente o habitáculo totalmente lleno, que no cabe más.

Más caro que el azafrán: para indicar que una cosa es de precio elevadísimo.

Más chulo que un ocho: denotarla en extremo.

Más claro, agua: ser una cosa de claridad patente.

Más claro que el agua: dícese de la persona que expone sus ideas o pensamientos tal como las siente.

Más cobarde que una liebre: básase en que la defensa de este animal está en su huida.

Más cochino, o sucio, que los siete lechones: se dice del que es muy descuidado en su aseo personal.

Más colorado que un madroño: comparación a dicho color.

Más contento que chico con palma en día de Ramos: estar como chico con zapatos nuevos.

Más contento que chico con zapatos nuevos: expresión que indica que se tiene una gran alegría.

Más contento que Mateo con la guitarra: estar muy alegre por haber salido muy bien las cosas.

Más contento que perros con pulgas: significa el gran gozo y contento que se experimenta en el logro de una cosa.

Más contento que un titiritero en día de Pascua: se dice de las personas cuando están muy alegres y contentas.

Más contento que unas castañuelas, que unas pascuas: estado de ánimo de gran contento e ilusionado.

Más "cornás" da el hambre: dicho taurino que indica que es preferible hacer muchas cosas antes de pasar hambre.

Más corre ventura que caballo ni mula: la felicidad suele transcurrir con gran rapidez.

Más corto que las mangas de un chaleco, o que el día de Navidad: se dice de una persona muy apocada.

Más cristiano que el rey de Francia: cristiano a toda prueba, ya que él lo lleva por título.

Más cumplido que capa de coro: se dice del que es muy ceremonioso.

Más cumplido que una manta para catorce: indicación para una persona muy educada, que siempre queda bien con los demás.

Más de cuatro, o de uno: algunas personas.

Más de la cuenta: más de lo normal. Más de lo que debería ser.

Más de lo mismo: frase política muy actual que indica que se ejecuta más de todo lo malo que hasta el momento se está haciendo; frase periodística.

Más de tanto: otro tanto.

Más delicado que la cebada: se dice de la persona enfermiza.

Más derecho que un uso, o que una vela: se refiere al porte altivo de una persona.

Más deseado que el agua de mayo: se dice cuando una cosa se espera con ansiedad.

Más desocupado que barbero en lunes: se dice del que no tiene nada que hacer.

Más despistado que una burra, o que un pulpo, en un garaje: que presta muy poca atención a las cosas, muy despistado.

¡Más difícil todavía!: frase muy conocida en los espectáculos circenses, indicando que se va a ejecutar algo con mayor dificultad todavía.

Más discurre un hambriento que cien letrados: cuando se ve uno apurado, es cuando se muestra el ingenio.

Más dulce que el almíbar: dícese de lo que es sumamente dulce.

Más duro, o más tieso, que la pata de Perico: ser una cosa excesivamente dura y difícil de digerir.

Más duro que siete pesetas: se dice de lo que es excesivamente duro.

Más duro que un alcornoque: ponderación de la fortaleza o dureza de una persona.

Más duro que un diamante: dícese del sujeto muy insensible.

Más enamorado que Macías: se aplica al hombre que está locamente apasionado por una mujer.

Más encendido que el carmín: ponerse muy colorado.

Más enfadoso que enamorado pobre: comparación.

Más eres tú: disculpa de un yerro, imputándolo en mayor grado a quien lo critica.

Más falso que Judas, o que un Judas de plástico, o que el beso de Judas: se aplica a la persona de comportamiento muy engañoso.

Más faltas tiene que una pelota: modo de justificar de quien se dice que tiene muchos defectos.

Más feo, o más negro, que un tito: se dice de la fealdad extrema.

Más feo que el figurón que está en el paseo: pondera la fealdad, según dicen de la estatua de Hércules que está en el paseo de la Alameda de Cádiz.

Más feo que pegar a un padre con un calcetín sudado: dícese de lo que está muy mal hecho y es totalmente inadecuado.

Más feo que Picio: para ponderar la fealdad de una persona; en Andalucía añaden: **que le dieron la unción con caña, por lo asustado que estaba el cura.**

Más feo que una excomunión: se dice de lo que es feo en extremo.

Más fino que el coral: extremadamente avispado.

Más fresco que una lechuga: se dice del que es muy caradura.

Más fuerte que un roble: dícese de los que gozan de buena salud.

Más galán que Mingo: hombre muy compuesto y ataviado.

Más gordo que un trullo: persona obesa.

Más grande, largo o alto, que un mayo: se dice de lo que es muy alto o corpulento.

Más guapo que las pesetas: de gran belleza.

Más guapo y pomposo que aldeano vestido de fiesta: aplícase a la persona muy atrevida.

Más hace el que quiere que el que puede: indica que la voluntad es superior al tener.

Más hinchado que un pavón: dícese de la persona grave, orgullosa.

Más jinjoles verdes: contestación al que pretende algo intempestivamente.

Más largo es el tiempo que la fortuna: el primero es infinito y la segunda voluble.

Más largo que el Sábado Santo: muy largo, pesado, aburrido.

Más largo que la cuaresma: de larga duración.

Más largo que un día sin pan: se dice cuando una cosa no acaba de terminar.

Más largo que un mayo: se dice para ponderar la gran altura de una persona.

Más largo que un real de hilo: ponderación de lo que es muy largo.

Más largo que una telenovela: dícese de lo que tiene una duración muy larga, como los culebrones que ponen en la televisión.

Más ligero que el mismo viento: rapidez del aire.

Más ligero que un alcotán: se dice de la persona muy ágil o rápida.

Más ligero que un halcón: dícese de la persona que es muy rápida y diligente en ejecutar una cosa.

Más ligero que veleta en marzo, o que una veleta: aplícase a toda persona inquieta o voluble.

Más limpio que la cara de un juez: todo lo que está limpio y reluciente.

Más limpio que una patena: estar muy limpio.

Más listo que Cardona: se pondera el despejo o expedición de alguno.

Más listo que el hambre: ponderación de la agudeza e ingenio de una persona.

Más listo que Lepe, Lepijo y su hijo: ser excesivamente listo y vivaz.

¡Más madera!: frase para incitar al trabajo.

Más majo que las pesetas: dicho al que es simpático y agradable.

Más malo que Caín, que un demonio, que un dolor, que la quina, que la carne de pescuezo, etc.: se dice de las cosas malas en extremo.

Más malo que el sebo: dícese de la cosa mala y sin valor.

Más malo que la tierra blanca: comparación fundada en que ésta no sirve para nada.

Más medroso que un gamo: sumamente asustadizo.

Más menudo que granizo: comparación basada en la pequeñez.

Más muerto que vivo: con gran susto o temor.

Más negro que la conciencia de Judas: comparación para encarecer la maldad de una persona.

Más negro que mis pecados: como ejemplo de una cosa oscura.

Más o menos: aproximadamente.

Más parado que el caballo de un fotógrafo: persona apática.

Más parado que una estatua: persona abúlica, apática.

Más pasó Cristo por nosotros, o más pasó Cristo en la cruz: frase que exhorta a tener paciencia al que se queja en demasía.

Más peligroso que caldo de anzuelos: se dice de lo que se teme un gran peligro.

Más perdido que la Tana: dícese del que carece enteramente de recursos.

Más pesado que el plomo: cuando las cosas son pesadas o aburridas en extremo.

Más pesado que matar una vaca a besos: se dice de la pesadez de las personas, o aburrimiento al máximo.

Más pesado que una vaca en brazos: personas aburridas, pesadas, difíciles de soportar diariamente.

(El) Más pintado: el de más valor.

Más pobre que las ratas: sumamente pobre.

Más prieto que piojos en costura: se dice cuando apenas hay espacio para estar.

Más pronto o más tarde: antes o después, sin saber exactamente cuándo.

Más pronto que la vista: todo aquello que se ejecuta con rapidez.

Más pronto que un tiro: persona que es activa y rápida en obrar.

Más pronto se coge al mentiroso que al cojo: indicando la facilidad con que se suelen descubrir las mentiras.

Más pueden tretas que letras: indicando que es preferible astucia que conocimientos, para triunfar en la vida.

Más puta que las gallinas: se dice de las mujeres que conviven con muchos hombres.

Más que de paso: de prisa, precipitadamente, con violencia.

Más que Dios: locución de sentido ponderativo y de claro significado.

Más que el diablo: con que se manifiesta gran repugnancia a hacer una cosa.

Más... que el turco: comparación casi siempre empleada en mala parte.

Más... que la hostia: se emplea como término de comparación con valor ponderativo.

Más... que la leche: usado como término de comparación de sentido ponderativo.

Más... que la madre que le parió: comparación muy usada.

Más... que la puñeta: se utiliza como término de comparación en sentido ponderativo.

Más que siete: excesivamente, en demasía.

¡Más que te vuelvas burra!: expresión con la que aseguramos la imposibilidad de que se adivine o se consiga alguna cosa difícil.

Más recio que una escopeta: con toda rapidez.

Más remendado que bolsillo de loco: padecer gran indigencia.

Más sabe el diablo por viejo que por diablo: ponderando la sabiduría de la experiencia, muchas veces por encima de otro tipo de conocimientos.

Más sabe el loco en su casa que el cuerdo en la ajena: se dice a la persona que se atreve a juzgar algún asunto que no conoce.

Más sabe quien mucho anda, que quien mucho vive: el estar viajando continuamente da una gran experiencia de la vida.

Más sano que una manzana: comparación para indicar que se goza de una salud excelente.

Más se perdió en Cuba: se utiliza esta expresión para consolar a la persona que ha sufrido un revés, dándose a entender que en la vida hay infortunios más considerables.

Más se queja quien se caga en la manta que quien la lava: generalmente se suelen quejar más los que hacen alguna tropelía que los que sufren sus consecuencias.

Más seco que un esparto: persona muy delgada.

Más serio que bragueta de provisor: dícese de la persona que, por estar enfadada, no tiene un semblante risueño.

Más serio que espantajo de melonar: dícese del que tiene expresión muy seria.

Más serio que la pata de un buche: persona totalmente inexpresiva.

Más serio que potaje de chícharos: muy serio de semblante.

Más sonado que la campana de Huesca: se dice cuando se habla de un hecho o suceso al que se atribuye gran resonancia o repercusión.

Más sordo que una tapia: no oír nada.

Más soso que una calabaza: no tener salero ni gracia.

Más suave que un guante: se dice de la persona que ha aceptado los díctamenes o disciplina y ha depuesto su actitud.

Más sucio que las orejas de un confesor: por los pecados tan horrendos que oye.

Más sucio que un escarabajo: personas que van muy sucias.

Más sucio que un estercolero, que el palo de un gallinero: dícese de lo que carece de aseo.

Más tarde o más temprano: alguna vez, al cabo.

Más temido que burro en bajada: dícese de lo que experimenta un peligro grave, teniendo temor por ello.

Más tieso que polla de novio: se dice de lo que está muy derecho.

Más tieso que un ajo: dícese del que anda muy derecho y más generalmente del que da con ello indicio de engreimiento o vanidad.

Más tieso que un huso, o que un guante: persona recta.

Más tiran tetas que carretas: exhortando la influencia y poderío de la mujer sobre el hombre.

Más tiznado que un morillo: estar excesivamente sucio.

Más tonto que… : frase comparativa de tontuna.

Más tonto que Abundio: personaje proverbial al que se le atribuye las necedades por antonomasia, indicando alguna de ellas: que fue a vendimiar y llevó uvas de merienda; otra; que vendió el coche para comprar gasolina, etc.

Más tonto que mear a barlovento: muy tonto, ya que se mojaria al efectuar la acción.

Más tonto que Perico el de los palotes: ser tonto en demasía.

Más tonto que Pichote: se dice de una persona ingenua, estúpida o engreída.

Más tonto que un hilo de uvas: dícese de la persona muy necia y simple.

Más torpe que una mano sin dedos: es decir, que no sabe hacer absolutamente nada.

Más vago que la chaqueta de un guardia, o de un peón caminero: se dice de las personas que son muy poco trabajadoras.

Más vale algo que nada: indicando que es mejor lo poco que nada.

Más vale aprender de viejo, que morir tonto: encomienda los méritos de la instrucción, por tardía que sea.

Más vale buen viento que fuerza de remos: se logra más con determinados elementos que con las fuerzas propias, sobre todo cuando dichos elementos tienen más fuerza y poder.

Más vale caer en gracia que ser gracioso: indica que es bueno conseguir buena fama para que todo parezca bien.

Más vale camino viejo que sendero nuevo: lo conocido es aconsejable, siempre, a lo nuevo y desconocido.

Más vale carta de más, que carta de menos: indica que más vale excederse en el cumplimiento del deber que no llegar.

Más vale casarse que abrasarse: jocosamente se dice que, entre dos males, es mejor escoger el más pequeño.

Más vale color en cara que dolor en corazón: indicando que es preferible la vergüenza y pudor antes de ejecutar una cosa, que el dolor de haberla cometido.

Más vale darse un buen trueno, que dinero a maese Pedro: es preferible descararse, que tener que sufrir las consecuencias del silencio.

Más vale el din que el don: indicando que lo principal es el dinero y no los títulos.

Más vale el saber que el poder: la ciencia está por encima de todas las cosas.

Más vale estar al sabor que al olor: indicando que lo práctico es lo realmente positivo.

Más vale estar entre dos luces que entre cuatro: equivale a que es mejor estar sin dinero, que muerto.

Más vale estar sólo que mal acompañado: la soledad es mala, pero es peor una mala compañía, da siempre más problemas.

Más vale gastar en comida que en botica: por ser mucho mejor y más conveniente lo primero.

Más vale honra sin barcos que barcos sin honra: indica mantener el honor a costa de cualquier sacrificio.

Más vale ir tarde a misa que pronto al baile: recomendando cumplir con la ley de Dios, aunque sea un poco tarde.

Más vale irse al tronco, que no a las ramas: indicando que se debe acudir directamente al superior en lugar de a los subalternos.

Más vale la salsa que los caracoles: dícese de cuando lo accesorio vale más que lo principal.

Más vale llegar a tiempo que rondar un año: indica que muchas veces es mejor tener suerte que intentar buscarla.

Más vale lo malo conocido que lo bueno por conocer: expresando conformidad con lo que se conoce, no queriéndose aventurar en cosas nuevas.

Más vale majada de oveja que bendición de obispo: indica que para los campos no hay cosa mejor que el abono.

Más vale mala avenencia, que buena sentencia: indicando que los juicios deben ser evitados, y arreglar la contienda sin ellos.

Más vale maña que fuerza, y más a quien Dios esfuerza: recordando que se consigue más con la calma que con la violencia.

Más vale mearse de gusto que de susto: es preferible el bien que el mal.

Más vale mujer propia fea que hermosa manceba: indicando que lo que es propio es mejor que lo de los demás.

Más vale necio que porfiado: indica que los prudentes excusan las alteraciones y porfías.

Más vale niño lloroso que sangriento: no se puede dar a los niños todos los caprichos, siendo preferible el llanto que el disgusto por haber ocurrido alguna desgracia.

Más vale oler a ñorda (mierda) vivo, que muerto a incienso y cera: encarece lo preferible que es la vida a la muerte.

Más vale onza que libra: con que se estima más la calidad que la cantidad de una cosa.

Más vale pájaro en mano que ciento volando: afianzando lo que se tiene.

Más vale pecar por carta de más, que por carta de menos: ya que existe falta, por lo que más nos favorezca.

Más vale perder, que mal perder: es preferible no ganar una pequeña cantidad, si con eso evita una mayor pérdida.

Más vale poco y bueno, que mucho y malo: exhortando la bondad de las cosas por encima de lo que no lo es tanto.

Más vale ponerse una vez colorado, que ciento amarillo o descolorido: locución familiar que aconseja arrostrar con resolución las situaciones difíciles, para no tenerse que arrepentir después.

Más vale precaver que remediar: es preferible evitar los inconvenientes que tener que poner los remedios.

Más vale que digan: aquí huyó Pandulfo, que no digan: aquí murió el malogrado Pandulfo: máxima requerida por las personas prudentes en exceso.

Más vale que nos tengan envidia, que no lástima: expresando la conveniencia de lo bueno sobre lo malo.

Más vale que sobre, que no que falte: no debiendo andarse con tacañerías en nada de la vida.

Más vale rato de sol, que cuarterón de jabón: dícese de la ropa lavada a mano, que adquiere más blancura con los rayos del sol que ser lavada de nuevo.

Más vale remiendo mal echado, que agujero bien hecho: del mal, el menos.

Más vale rodear, que mal pasar: a veces es conveniente tardar en hacer una cosa para hacerla bien, que dejarla mal hecha tardando menos.

Más vale saber que haber, para no menester: nos quiere expresar que los conocimientos son superiores a los bienes, ya que con aquellos siempre se puede salir adelante, por no faltar nunca cuando se tienen.

Más vale saliva de veterano, que betún de quinto: debiendo considerar más las advertencias de los superiores, que las alabanzas de los inferiores.

Más vale salto de mata que ruego de buenos: dícese del que huye de un castigo.

Más vale ser cabeza de ratón, que cola de león: indica que es preferible ser preferencial en cosa pequeña, que no ser el último en cosas grandes.

Más vale ser jeringa, que no culo: indicando que es preferible ayudar, o dar, que no recibir.

Más vale sudar que estornudar: aconsejando prevenirse de las corrientes de aire.

Más vale taco bien echado, que padrenuestro mal rezado: mejor partido se saca algunas veces con formas soeces o poco educadas, que con modales de buena urbanidad.

Más vale tarde que nunca: indica que nunca es tarde para hacer alguna cosa.

Más vale tener que desear: ya que los deseos muchas veces conducen a la envidia y maldades.

Más vale tener sombra, que usar sombrero: aplícase a las mujeres de clase modesta que llaman la atención, teniendo dones naturales.

Más vale tocas negras, que barbas blancas: en las casas se tenían más respetos a las dueñas, que a los amos.

Más vale un gozo que un buen mozo, y después del gozo, el buen mozo: vamos, que no hay que despreciar nada, y si puede ser una cosa seguida de la otra, mejor.

Más vale un mal arreglo que un buen pleito: aconsejando huir de juicios, invitando a los arreglos amistosos.

Más vale un toma, que dos te daré: asegurando lo presente real, por lo posible futuro.

Más vale ver que creer: ya que son las mejores argumentaciones en todos los asuntos de la vida.

Más vale vergüenza en cara, que mancilla en corazón: indicando que es más conveniente decir una cosa que quedarse con el remordimiento de no haberlo dicho.

Más vale vino de "¡hi de puta!" que de "¡Santa María!": era exclamación muy usada antiguamente para elogiar el vino.

Más vale vino maldito, que agua bendita: es decir el vino puro y sin aguar.

Más vale virtud que riqueza: los tesoros del alma son superiores a los materiales.

Más vale vuelta de llave que consejo de fraile: es más conveniente precaver las contingencias tomando las debidas precauciones, que seguir los consejos de cualquier persona.

Más valiera: locución irónica para expresar la extrañeza o disonancia que hace lo que se propone, como opuesto a lo que se intentaba.

Más veloz que el pensamiento: hacer una cosa con suma ligereza y prontitud.

Más ven cuatro ojos que dos: se da a entender que las resoluciones salen mejor consultadas que con un solo dictamen.

Más verdad que Dios: dicho irreverente de que algo es verdad.

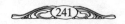

Más verdad que el Evangelio: ser una cosa totalmente cierta.

Más verdades se han de saber que decir: aconsejando prudencia y ser discreto en las cosas que se conocen, y que no deben ser conocidas por todo el mundo.

Más verde que el apio: dícese de todo aquello que tiene un color verde subido.

Mas viejo que...: ser una persona muy anciana.

Más viejo que andar a pie, o que mear en pared: más viejo que Carracuca.

Más viejo que Carracuca: se dice cuando una cosa o persona tiene mucho tiempo o edad.

Más viejo que el gallo de la Pasión: ser muy viejo.

Más viejo que el repelón: más viejo que la sarna.

Más viejo que la cuesta de La Vega: tener muchos años.

Más viejo que la sarna: ser una cosa de toda la vida.

Más viejo que la tos: ser una cosa muy conocida.

Más viejo que Matusalén: tener muchos años.

Más y más: aumento continuado y progresivo.

Mascar, mientras ayuden los dientes: conviene aprovechar la ocasión cuando se muestra propicia.

Mascar, o morder, cebolla: sufrir disgustos de consideración.

Mascar retama: estar amargado y colérico.

Mastuerzo: hombre necio y torpe.

Masturbarse la mente: cavilar mucho, dar muchas vueltas a un asunto.

Mata de pelo: llámase así al cuero cabelludo.

Mata, que el rey perdona: seguridad con que algunos cometen excesos sin miramiento alguno.

Matacandiles: mujer que es la querida de un clérigo.

Matar al mensajero: echar culpas al que no tiene culpa o nada que ver en el asunto.

Matar con cuchillo de palo: matar a otro lenta y porfiadamente.

Matar de hambre: dar poco de comer.

Matar dos pájaros de un tiro, o de una pedrada: hacer o lograr dos cosas con una sola diligencia.

Matar el gusanillo: desayunarse con un trago de aguardiente o de otro licor.

Matar el hambre: comer, saciarse.

Matar el polvo: regar el suelo para que no se levante polvo.

Matar el tiempo, el rato: entretenerse.

Matar la araña: perder el tiempo, haciendo como que se trabaja.

Matar la gallina de los huevos de oro: hacer una cosa para conseguir otra de menor importancia.

Matar moscas a cañonazos: indicando que hay que buscar los remedios o soluciones proporcionalmente al mal o daño, no con medios desmedidos.

Matarlas callando: persona que con maña y secreto procura conseguir su intento.

Matarlas en el aire: contestar con salidas inesperadas a lo que se habla, con respuestas agudas, prontas y fáciles. Atreverse con toda clase de empresas.

Matarse como chinches: gran mortandad.

Matarse con alguno: pelearse con él.

Matarse de hambre: comer poco por penitencia o cicatería.

Matarse por alguna cosa: hacer vivas diligencias para conseguirla.

Mate moros quien quisiere: expresando un carácter poco belicoso.

(La) Materia ni se crea ni se destruye, simplemente se transforma: principio físico, que fue básico hasta el descubrimiento del átomo y sus aplicaciones.

Materia prima: materia necesaria para cualquier elemento de elaboración o fabricación.

(El) Matrimonio es una lotería: aludiendo a la suerte para llevarse en armonía los cónyuges y ser felices.

Matrimonio sin hijos, jardín sin flores: exhortando la bondad que es tener hijos, ya que dan muchísimas alegrías y, cómo no, penas y pesares "a manta".

Maula: se dice del mal pagador.

Mayor de edad: haber cumplido una persona dieciocho años.

(El) Mayor mal de los males es tratar con animales: dícese de lo que se sufre tratando con personas inciviles.

Mayor valía: acrecentamiento de valor que por circunstancias recibe una cosa.

(La) Mayor ventura es gozar de la coyuntura: recomienda que se aprovechen las ocasiones oportunas para lograr algo.

Mayoría absoluta: la que se obtiene en una votación, con número superior a la mitad.

Mayoría de edad: la que adquiere una persona a los dieciocho años.

Mayoría relativa: la que se obtiene por mayor votación.

Mayoría silenciosa: la población que no protesta o reclama.

Mazacote: pesado, estúpido.

Me alegro de verte bueno: salutación.

Me alegro que el gato sea negro: expresión usada para manifestar el placer que causa lo que se nos dice.

Me "cachis" en los moros, o en los moros merengues: frase que denota enfado, extrañeza.

¡Me cago!: expresión vulgar con que se demuestra ira o enojo. En finolis se utiliza: **¡Mecachis!**

Me cago en la leche que te, le, os han dado: expresión de imprecación o vituperio, ira o fastidio dirigido a una persona.

Me cago en... la mar, la leche, la leche puta, la leche jodida, la leche que mamaste, la madre que te o le parió, tu madre, tu puta madre, la puta que te parió, tu padre, tus muertos, la puñeta, diez, en tu estampa, en tu sombra, la puta, etc.: expresiones de fastidio hacia otras personas o circunstancias que no son favorables.

Me cago en la puta de oros, o de bastos: exclamación de ira o enfado.

¡Me cago en los cojones!: expresión que denota ira.

¡Me cago en tu estampa!: insulto dirigido a una persona.

Me caso en...: equivalente a me cago en...

Me corto la coleta: indicando que se cesa en un trabajo o asunto, igualmente quiere expresar que si no sale algo se cesa para siempre en lo que se está tratando.

Me importa un bledo: mostrar indiferencia o desprecio por una cosa.

¡Me la chupas!: forma de manifestar desprecio, burla, etcétera, hacia una persona.

Me la has de pagar: apostárselas a alguien.

¡Me la machacas!: expresión de burla, desdén, desprecio hacia otra persona.

¡Me la meneas!: locución con que se manifiesta desprecio, burla, indiferencia, etc.

Me la refanfinflas: frase de burla o desprecio.

¡Me la soplas!: expresión de desprecio o de indiferencia.

¡Me la suda!: expresión de desprecio o indiferencia.

Me la trae floja: forma de indicar indiferencia hacia una persona o cosa.

¡Me las vas a pagar!: apostárselas a una persona.

Me lo claven en la frente: ponderar la imposibilidad de una cosa.

Me lo comería a bocados: ponderación de rabia contra alguno. Vehemencia del cariño.

¡Me lo decía el corazón!: expresión de que ha acontecido algo que se sospechaba antes.

Me lo encuentro hasta en la sopa: encontrarse a una persona constantemente y en casi todos los sitios.

Me lo ha contado un pajarito: cuando se sabe una cosa, que no se quiere decir quién lo ha relatado.

Me los paso por debajo del ombligo, por el arco del triunfo, o por el forro de los cojones: el valiente es el sitio de todos sus contrincantes, y el empleado, así dice de las órdenes recibidas; hay gustos para todos.

¿Me permites?: expresión cortés solicitando el permiso para hacer algo.

Me place: indica que agrada o se aprueba una cosa.

¡Me río yo de los peces de colores!: frase satírica con la cual se expresa que no es lo que otro dice.

¡Me suda la polla!: expresión de indiferencia total.

Mea culpa: se dice cuando una persona se considera responsable o culpable de algo.

Meapilas: santurrón, beato.

Mear a uno en el gorro: ser muy superior él en determinadas contiendas. Reírse de uno.

Mear a uno en la pechera: mofarse de él.

Mear agua bendita: aparentar mansedumbre y mucha religiosidad.

Mear alto: tener elevadas pretensiones.

Mear claro, cagar duro, peer fuerte y dale tres higas a la muerte: queriendo expresar que el que tiene dichas condiciones tiene una salud a prueba de bomba.

Mear claro y recio, y dejar al médico para necio: modo de indicar la salud de una persona.

Mear en la boca: superar abiertamente a alguien.

Mear torcido: salirle mal las cosas, tener mala suerte.

Mearle a otro: aventajar a otro, superarle notablemente, vencerle en una competición.

Mearse de gusto: culminación del placer sexual. Se dice cuando una cosa es muy placentera.

Mearse de risa: tener una gran risa que no se puede contener.

Mearse fuera del tiesto: hacer las cosas fuera de lugar y forma, sin venir a cuento.

Mearse, o morirse, de risa: reír con vehemencia y movimientos desacompasados.

Mearse vivo: tener unas ganas enormes de orinar, no pudiéndose aguantar más.

Measalves: persona hipócrita, que da pretendida piedad.

¡Mecachis! o ¡Mecachis en la mar!: expresión finolis que intenta significar me cago...

Mecer los ojos: mirar lánguidamente y con coquetería.

Mechero: miembro viril.

Media con limpio: expresión que se usaba en Madrid cuando uno se ajustaba en una pensión, para que le dieran media cama, y por compañero a uno que estuviese limpio de sarna, tiña o enfermedad contagiosa, ¡qué cosas!

Media firma: se llama así a la firma sencilla de los notarios.

Media lagartijera: enfermedad mortal, media borrachera.

Media lengua: apodo del que pronuncia mal por impedimento de la lengua.

Media luna: el imperio turco.

Media luz: escasa o que no da directamente sobre las cosas.

Media mesa: la segunda mesa que por menos precio se pone en las casas de comida.

Media naranja: persona que se adapta perfectamente al gusto y carácter de otra.

(La) Media naranja: se dice de los esposos, uno del otro, o de las personas que se complementan perfectamente en el plan amoroso.

Media paleta: el oficial de albañil que sale de aprendiz, pero sin los gajes del oficial.

Media pensión: la que incluye alojamiento, desayuno y comida o cena.

Media ración: comida u otra cosa escasa.

Media suela: pieza de suela con que se remienda el calzado.

Media talla: figura de medio relieve.

Media vida: estado de conservación de una cosa. Cosa de gran gusto o alivio para una persona.

Media vida es la candela; pan y vino, la otra media: con buen alimento y buena lumbre se sufren mejor los inconvenientes del invierno.

Media virtud: mujer medio buena, medio mala.

Media vuelta: volver el cuerpo a un lado. En la milicia dar frente a la retaguardia.

Media vuelta a la derecha es lo mismo que media vuelta a la izquierda, sólo que es todo lo contrario: dícese de los que dan explicaciones tan claras como la frase presente.

Medias palabras: las que no se pronuncian enteramente por alguna causa, para no explicarse del todo.

(Las) Medias sólo son buenas para las piernas, y acaban por romperse: los negocios compartidos suelen acabar mal casi todos ellos.

Medias tintas: hechos, dichos, juicios vagos dictados con cautela extrema.

Medida llena, no hay engaño: al que cumple con su deber no se le puede pedir más.

Medio luto: el que no es enteramente riguroso.

Medio mundo: mucha gente.

Medio mundo trata de engañar al otro medio: expresa el carácter general de la humanidad.

Mediopolvo: persona canija, incapaz de satisfacer sexualmente a una mujer.

Medios términos: rodear.

Medir a boca de costal: a ojo, sin tasa.

Medir a dedos: medir algo con mucha atención.

Medir a puños: medir poniendo un puño sobre otro.

Medir con el mismo rasero: considerar y tratar a las personas totalmente iguales unas a otras, sin preferencias.

Medir el suelo: tender el cuerpo en él para descansar o por caída violenta.

Medir el terreno: tantear las dificultades.

Medir el tiempo: proporcinarlo a lo que se necesite.

Medir la espada: esgrimir.

Medir las armas: reñir, pelear, contender.

Medir las espaldas, o las costillas: dar a uno palos.

Medir las palabras: hablar con cuidado.

Medir por el mismo rasero: tratar o juzgar con rigurosa igualdad.

Medir sus fuerzas: competir.

Medirse consigo mismo: conocer y ajustarse a sus facultades.

¡Medrados estamos!: irónico, equivalente a estamos lucidos, que indica el disgusto que nos resulta de una cosa inesperada.

(La) Mejor almohada es una conciencia tranquila: dícese que el que obra de forma recta, duerme sin preocupaciones ni sobresaltos.

(El) Mejor amigo del hombre: llámase así al perro.

(La) Mejor, asadita y con limón: dicen los misóginos, refiriéndose a las mujeres.

¿(El) Mejor danzante, sin castañuelas?: aplícase cuando se prescinde de la persona más apta para un asunto.

(La) Mejor defensa es un buen ataque: en muchas ocasiones es mejor atacar, antes de ser acusado de lo que se ha hecho.

(El) Mejor día: irónico al acontecer de un suceso que se teme.

Mejor dicho: expresión con se aclara lo que se está exponiendo.

Mejor es el varón prudente que el fuerte: la prudencia es más recomendable en los actos de la vida, que el empleo de procedimientos enérgicos.

Mejor es no meneallo: se dice cuando se desiste de hacer algo.

Mejor es que venga la justicia, que no la parroquia: aplícase a los casos extremos en que hay que matar o morir, eligiéndose la primera.

Mejor es resbalar del pie que de la lengua: aconsejando prudencia en lo que se dice.

Mejor es ser cabeza de sardina que cola de trucha: forma de expresar las pretensiones de determinada persona, que es preferible ser menos, pero con condiciones más cualificadas.

Mejor es tener que correr: más vale estar en posesión de una cosa que andar tras ella.

(El) Mejor escribiente echa un borrón: indica que cualquiera puede cometer un error involuntario por mucho cuidado que ponga, o por gran profesional que sea.

(El) Mejor jugador, sin cartas: expresando que no se ha incluido al más hábil o más apto en la ejecución de algo.

Mejor lamiendo que mordiendo: indica que mejor se consiguen las cosas con halagos.

(El) Mejor medio para empezar un trabajo y terminarlo bien consiste en implorar el auxilio de Dios: la oración bien hecha todo lo consigue.

(La) Mejor palabra es la que siempre queda por decir: cualidad que deben tener todas las personas, ser comedidas en lo que se habla.

(La) Mejor prenda, sin lazo: se dice al que se ha dejado fuera de algo, correspondiéndole estar en ello.

Mejor que mejor: mucho mejor.

(La) Mejor razón, la espada: es el lema de los conquistadores y dictadores, razón contundente pero no razonable.

(El) Mejor remedio, buena chuleta y buen trago: exhortando a comer y beber bien.

(El) Mejor suegro, el vestido de negro: es decir, aquel por quien se lleva luto, habiendo fallecido. Dícese también del suegro al que le ha fallecido su esposa, es decir no tener suegra.

Mejor te ayude Dios: expresión con que se replica y da a entender a uno que lo que ha dicho o sentado es incierto, llevando mala intención.

Mejor te ayude Dios que tú le rezas: dícese de las personas que van por la calle murmurando entre dientes.

(La) Mejor teja, la más vieja: porque estando más curtida es más resistente.

(El) Mejor vino se torna vinagre: cuanto mejor es una persona o cosa, tanto peor llega a ser, si llega a corromperse.

Mejorado en tercio y tiempo: aventajado, excesivo y que se prefiere a otro.

Mejorando lo presente: se emplea por cortesía cuando se alaba a una persona delante de otra.

Mejorar las rentas: pujarlas.

Mejoría de la muerte: estado de bienestar que suele producirse en una grave enfermedad antes de la muerte del paciente.

Membrillo: iluso, pretencioso.

(La) Memoria, como buena hembra, suele ser infiel: premisa (falsa) de que las mujeres no suelen guardar mucha fidelidad a sus promesas.

Memoria de elefante: tener una gran memoria.

Memoria de gallo, o de grillo, o de chorlito: tener poca memoria.

Ménage à trois: prácticas sexuales de tres personas a la vez.

Mencionar la soga en casa del ahorcado: decir algún inconveniente a quien se sabe que le va a molestar.

Menda, menda el escarolero, menda lerenda, menda lironda, mendi lerendi: yo, yo mismo, el que habla.

Mendrugo: rudo, zoquete.

Menear el bigote: comer.

Menear el bulto: pegar.

Menear el cofre: dar golpes a alguien. Zurrar la badana.

Menear el esqueleto: bailar.

Menear el hato: zurrar, dar golpes.

Menear la herramienta: comer con apetito.

Menear la mandíbula: comer.

Menear la sin hueso: hablar mucho y sin concierto.

Menear las manos: pelear. Trabajar con ligereza.

Menear las muñecas: trabajar mucho y con viveza.

Menear las tabas: andar con ligereza.

Menear los pulgares: darse prisa en las obras de manos.

Menear, o sacudir, o zurrar, el bálago: dar de palos a alguien, o proporcionarle disgustos.

Menearle el zarzo: golpear, pegar a una persona.

Menearse como una anea: dícese de lo que tiene poca consistencia y se mueve fácilmente.

Meneársela: masturbarse un hombre.

Mengano de cual: dícese cuando una persona cita a otra que desconoce su nombre, o que no quiere decirlo.

¡Menguado el venturoso que confía; menguado el infeliz que desespera!: tan imprudente es al afortunado presumir, como al necesitado desanimarse.

Menor de edad: no haber llegado a los dieciocho años.

(La) Menor tajada fuera de la oreja: frase hiperbólica con que se amenaza a una persona de muerte.

Menos da una piedra: con que se aconseja que uno se conforme con lo que pueda obtener.

Menos es nada: cuando existe gran falta de alguna cosa.

Menos la tara: que se rebaje algo de lo que se dice o se oye. Peso neto de un objeto.

¡Menos lobos, Caperucita!: se dice al que exagera las cosas.

¡Menos lobos, tío Pinto!: con que se moteja al que dice baladronadas, invitándole a que no siga diciendo mentiras.

Menos mal: afortunadamente.

Mens sana in corpore sano: alma sana en cuerpo sano.

Mentar la soga en casa del ahorcado: decir algo a una persona que le hace recordar algo desagradable o que le produce vergüenza.

Mentecato: zoquete, falto de juicio.

Mentir como un bellaco: decir grandes mentiras.

Mentir con toda la boca: mentir de todo en todo, absolutamente.

Mentir de las estrellas: frase que se dice cuando se pondera algo excesivamente.

Mentir el ojo: equivocarse, engañarse, todo ello por señales o indicios exteriores.

Mentir más que la gaceta: mentir mucho.

Mentir pide memoria: ya que al mentiroso se le suele coger en contradicciones, por lo que dijo y no recuerda.

Mentir por la barba, o por la mitad de la barba: mentir con descaro a sabiendas.

Mentir por la gorja: aseverar una cosa sin el más mínimo fundamento.

(La) Mentira es hija del diablo: como el resto de los defectos y pecados.

Mentira piadosa: la que causa pequeños beneficios cuando se dice.

Mentira podrida: mentira insostenible y burda.

(La) Mentira tiene las patas muy cortas: ya que, según la tradición popular, se la pilla o coge siempre, es dicer que se conoce muy pronto la verdad de las cosas.

(La) Mentira y la torta, mientra mayor, mejor: ya que, si se dice, que sea en grandes proporciones.

¡Menudo! o ¡Menuda!: expresión ponderativa.

Mequetrefe: hombre entremetido, bullicioso y sin provecho.

Merced a: gracias a.

Merced de Dios: fritada de huevos y torreznos con miel.

Merchero: persona dedicada a la venta ambulante.

Merecer andar a cuatro patas: se dice de la persona que es muy bruta.

Merecer bien de la patria, o de alguno: hacerse acreedor a su gratitud por relevantes hechos o beneficios.

Merecer como un santo dos velas: ser acreedora alguna persona de aquello de que se trata.

Merecer el mismo escaño del Cid: ser una persona muy digna de respeto por su valor y prudencia.

Merecer la pena: haberse compensado el esfuerzo realizado.

Merecer, o valer, la pena: dar por bien empleado el trabajo que cuesta.

Merecer una estatua: engrandecimiento de buenas acciones.

Merienda de negros: asunto embrollado y muy mal hecho.

Merluzo: incauto, infeliz.

Meses mayores: los últimos del embarazo de una mujer. Entre los labradores, los anteriores e inmediatos a la cosecha.

Mesón de la estrella: la calle.

Mesón de los perdidos: lugar donde se reúnen los que pertenecen al hampa.

Metedura de pata: equivocación, inconveniencia, indiscreción.

Metepatas: se dice del que se mete en asuntos que no le importan.

Meter a fuego y a sangre: asolar a los enemigos del país.

Meter a hierro: pasar a cuchillo.

Meter a uno donde no vea el sol: encarcelarlo.

Meter a uno en cintura, en costura: ajustarle por el medio conveniente para que se ajuste a derecho.

Meter a uno en la cabeza una cosa: convencerlo de ella. Enseñársela con gran trabajo.

Meter a uno por camino: sacarlo del error que tiene.

Meter a voces: ofuscar la razón metiendo bulla.

Meter a raya: meter en cintura.

Meter aguja y sacar reja: hacer un pequeño beneficio para obtener otro mayor.

Meter barba en cáliz: en germanías, equivale a ordenarse sacerdote una persona.

Meter baza: introducirse en la conversación sin tener autorización para ello.

Meter broza: meter ripio.

Meter bulla: armar ruido o jaleo.

Meter caña: maltratar.

Meter chismes o enredos: levantarlos.

Meter cinco y sacar seis: expresando de esta forma a los que son amigos de lo ajeno.

Meter cisco, o cizaña: enredar para enemistar o embrollar las cosas.

Meter cizaña: ocasionar disensiones, lanzar noticias que inquieten o produzcan enemistad.

Meter con calzador alguna cosa: introducir algo con grandes dificultades.

Meter con cuchara, o con cuchara de palo: explicar minuciosamente cuando una cosa no se comprende.

Meter cuña: entremeterse, poner motivos de discordia.

Meter donde no vea el sol alguno: meterlo en la cárcel.

Meter dos y sacar cinco: acción de meter el ratero dos dedos en la bolsa ajena para robar.

Meter el bastón: meterse de por medio o poner paz.

Meter el cazo: equivocarse.

Meter el corazón en un puño: apurar, afligir.

Meter el cuezo: meterse en una conversación sin motivo.

Meter el dedo en la boca, a ver si aprieta: probar que una persona no es tonta como se presumía.

Meter el diente: hincarle el diente a un asunto.

Meter el hocico en todo: con que se moteja la curiosidad de los que se meten en todas partes, queriéndolo averiguar todo.

Meter el hombro: trabajar esforzadamente.

Meter el montante: ponerse de por medio en alguna disputa para cortarla.

Meter el palo en candela: iniciar una riña. Avivar la lumbre.

Meter el pie: introducirse. Equivocarse.

Meter el rejón hasta el cuento: causar gran daño o disgusto.

Meter el remo: cometer una torpeza o equivocación.

Meter el resuello para adentro o en el cuerpo: hacer callar a la fuerza.

Meter en calor: mover el ánimo eficazmente hacia algún intento.

Meter en cintura a alguno: hacer cumplir con su deber.

Meter en cintura, o en bragueta: estrechar a alguno, reducirle a términos apurados, tener sometido a su voluntad.

Meter en danza: comprometer a una persona.

Meter en el corazón: ponderar el cariño.

Meter en el huerto: engañar.

Meter en el mismo saco: no hacer diferencias entre lo que es muy diferente.

Meter en el pecho, o en el seno: considerar.

Meter en fieldad: poner en poder de uno una cosa para su seguridad.

Meter en freno: poner a alguno en sus justos límites.

Meter en fuego: dar animación, activar, promover.

Meter en fuga: excitar con viveza a alguno para que ejecute algo, especialmente de diversión.

Meter en juego: animar para que se ejecute alguna cosa, especialmente de diversión.

Meter en labor la tierra: cultivarla.

Meter en la cabeza: persuadirle.

Meter en la canasta: ganar a uno para su causa.

Meter en la danza a uno: incluirle con engaño en alguna cosa. Atribuirle maliciosamente algo sin haber tenido parte.

Meter en la sesera: intentar persuadir a una persona.

Meter en la trena: meter en cintura. Meter en la cárcel.

Meter en labor la tierra: prepararla para la sementera.

Meter en prensa: apretar y estrechar a alguien para obligarle a ejecutar algo.

Meter en pretina: en cintura.

Meter en puntos: desbastar una pieza de madera, piedra, etcétera, hasta tocar aquellos parajes donde ha de llegar el contorno de la figura que se intenta esculpir.

Meter en razón: razonar a una persona obligándola a que actúe con sensatez.

Meter en un puchero: mantener su dictamen con terquedad, aun padeciendo equivocación.

Meter en un puño: confundir, asustar, oprimir.

Meter en un puño o en un zapato: oprimir, intimidar, avergonzar a uno, de suerte que no se atreva a responder.

Meter en un zapato: meter en un puño.

Meter en vereda: imponer disciplina y rectitud.

Meter fajina: hablar mucho inútilmente.

Meter fuego: animar alguna empresa.

Meter jajina: hablar mucho inútilmente, metiendo bulla.

Meter la batata: engañar a una persona.

Meter la cabeza: conseguir entrar donde se pretendía.

Meter la cabeza en un puchero: mantener con terquedad la equivocación cometida.

Meter la cuchara, cucharada o cuchareta: sacar beneficio de algo.

Meter la espada hasta la guarnición o la bola: introducirle la espada hasta el final.

Meter la gamba: meter la pata.

Meter la hoz en mies ajena: introducirse a uno donde no le importa.

Meter la mano en alguna cosa: apropiarse ilícitamente de ella.

Meter la mano en el cántaro: entrar en suerte para soldado.

Meter la mano en el pecho, o en el seno: considerar, pensar para sí. Examinarse interiormente para juzgar las acciones.

Meter la mano en un plato: alternar con otra persona.

Meter la mano, o las manos, hasta el codo, o los codos: Apropiarse indebidamente de algo. Engolfarse, empeñarse.

Meter la mar en un pozo: ponderar la dificultad de reducir a estrechos límites una cosa de mucha extensión.

Meter la pala: engañar con disimulo y habilidad.

Meter la pata: intervenir en algo con dichos o hechos inoportunos.

Meter la pata hasta el corvejón: equivocarse en todos los extremos.

Meter la pezuña: equivocarse una persona involuntariamente.

Meter la tijera: cortar los inconvenientes de algo.

Meter la uña: coger lo que no es de uno.

Meter la viruta: engañar.

Meter las cabras en el corral: lograr que se acobarde una persona.

Meter las manos: emprender algo con interés.

Meter las manos en alguna cosa: emprenderla con interés.

Meter las manos hasta los codos en una cosa: apropiarse ilícitamente de una cosa. Dedicarse a ella con interés.

Meter las narices en alguna cosa: entremeterse sin ser llamado, curiosear.

Meter letra: procurar embrollar las cosas.

Meter los dedos: inquirir con sagacidad y destreza lo que no se sabe o se intenta, y hacer que se cuente sin advertirse.

Meter los dedos por los ojos: pretender que se crea lo contrario de lo que se sabe con certeza.

Meter los dos pies por un calzón: amenazar de broma.

Meter los hocicos: introducirse.

Meter los perros en danza: buscar pelea, riña o desasosiego con otras personas.

Meter malillas: indisponer a unas personas contra otras.

Meter mano: efectuar a una persona tocamientos en zonas erógenas.

Meter mano a alguna cosa: cogerla.

Meter mano a alguno: golpearlo.

Meter mentiras: mentir.

Meter, o poner, en canción: hacer concebir falsas ilusiones o esperanzas.

Meter, o poner, en pretina: meterle en cintura.

Meter, o poner, en razón: obligar a obrar como es debido.

Meter, o poner, paz: mediar entre los que contienden o riñen, procurando apaciguarlos.

Meter, o sembrar, cizaña: ocasionar disensiones que inquieten a los que estaban tranquilos y enemisten a los que eran amigos.

Meter piernas al caballo: apretarle para que corra.

Meter por el ojo: curiosear con disimulo.

Meter por los ojos: encarecer una cosa incitando a que se compre. Pretender que otro crea lo contrario de lo que sabe con certeza.

Meter prendas: introducirse o participar en un negocio.

Meter prisa: apresurar las cosas.

Meter ripio: introducir cosas poco importantes entre otras que lo son, principalmente en escritos o en composiciones musicales.

Meter ruido: hacerlo.

Meter tintas: poner o colocar las tintas en los lugares correspondientes.

Meter su cuarto a espadas: hacer alguna advertencia.

Meter su cucharada: introducirse inoportunamente en la conversación o en asuntos ajenos.

Meter su media pala: concurrir en parte o con algún oficio a la consecución de un intento.

Meter tijera: atajar los inconvenientes que se presentan.

Meter un cuento: intentar engañar con embustes.

Meter un gol: engañar a alguien.

Meter un julepe: darlo.

Meter un paquete: castigar, regañar airadamente.

Meter un pie: empezar a introducirse en alguna cuestión.

Meter un pujo: obligar a alguna cosa.

Meter un puro: sancionar, imponer un castigo.

Meter un tubo: imponer un castigo, sancionar.

Meter una cosa por los ojos: encarecerla insistiendo en su bondad, para que uno la acepte o la compre.

Meter zangamanga: decir algún embuste para poder engañar.

Meterla en caliente: copular.

Meterle el garbanzo: engañar o estafar a uno.

Meterle el mojón para adentro: acorralar, reducir al silencio más completo.

Meterle en la cabeza: persuadir, hacer comprender algo por procedimientos bruscos.

Meterle en la fiadura: darlo por fiado.

Meterle la viruta: engañar en la ejecución o precio a una persona, generalmente de confianza.

Meterle los monos a uno: atemorizarle.

Meterse a farolero: inmiscuirse donde no le llaman, meterse en camisa de once varas.

Meterse a procurador de pobres: salir en defensa de alguien sin ser requerido para ello.

Meterse a redentor: salir en defensa de alguno.

Meterse alguno en libros de caballería: mezclarse en lo que no le importa.

Meterse con alguien: provocar a una persona.

Meterse de hoz y coz: introducirse con empeño y decisión.

Meterse donde no le llaman, o donde no le va ni le viene: entremeterse en lo que no le incumbe.

Meterse el dedo: masturbarse una mujer.

Meterse en agua el tiempo: hacerse lluvioso.

Meterse en altanerías: tratar de cosas superiores a la comprensión o inteligenia de quien las trata.

Meterse en baraja: en juegos de naipes al dar por perdida la mano.

Meterse en belenes: meterse en líos, problemas.

Meterse en berenjenales: buscar o promover disgustos, líos, problemas.

Meterse en camisa de once varas: entremeterse donde a uno no le importa o interesa

Meterse en danza: intervenir en algún asunto. Empezar una juerga.

Meterse en dibujos: andar con pequeñeces.

Meterse en docena: introducirse en la conversación siendo inferior en ella.

Meterse en el ajo: introducirse en lo más profundo de la cuestión.

Meterse en el bolsillo: ganarse el favor y confianza de una persona hasta el punto de dominarla.

Meterse en el colmenar sin careta: acometer una empresa con graves riesgos.

Meterse en el corazón de otro: manifestarle con alguna ponderación el cariño y amor que le tiene.

Meterse en el culo algo: rechazo imperioso hacia lo que se quiere obligar a que sea aceptado por una persona.

Meterse en el fregado: introducirse en una cuestión muy liada y comprometida.

Meterse en faena: en la ejecución de algo.

Meterse en harina: introducirse en cuestiones problemáticas. Enterarse profundamente de la cuestión.

Meterse en honduras: tratar cosas profundas con pocos conocimientos. Querer penetrar en un asunto más de lo regular.

Meterse en la boca del lobo: exponerse sin necesidad a un peligro cierto.

Meterse en la renta del escusado: a los que se meten donde no les importa.

Meterse en libros de caballerías: mezclarse en lo que no le importa, o donde no le llaman.

Meterse en lo que no le va ni le viene: aplícase a las personas que se preocupan de lo que no les importa.

Meterse en mal guisado: en negocio de compromiso.

Meterse en medio o de por medio: interponerse.

Meterse en sí mismo: meditar las cosas.

Meterse en su concha: retraerse, no tratar con la gente.

Meterse en todo: mezclarse inoportunamente.

Meterse en un berenjenal: meterse en un gran lío o disputa.

Meterse en un buen fregado, o en un pastel: en asunto del que malamente se puede salir.

Meterse en un cenagal: en un asunto peliagudo con dificultades en la salida.

Meterse en un jardín: cuando no se acierta a decir una frase y queriéndolo arreglar, se complica todavía más.

Meterse en un laberinto: meterse en dificultad o enredo.

Meterse en un lío: en problemas, dificultades.

Meterse en una buena: en dificultades graves.

Meterse en vidas ajenas: murmurar averiguando lo que a uno no le importa.

Meterse entre pecho y espalda: comer en abundancia.

Meterse hasta el cuello: estar metido en algún asunto completamente.

Meterse hasta las trencas: atascarse en un lodazal. Cuando un negocio se embarulla y es muy difícil desembarazarlo.

Meterse hasta los codos en alguna parte: estar muy empeñado en ella.

Meterse hasta los cojones, o loa huevos: arriesgarse mucho.

Meterse la lengua en el culo, en los cojones, etc.: para indicar que las personas, en determinadas circunstancias y ocasiones, deben callarse totalmente y no decir lo que saben.

Meterse las cabras en el corral: atemorizar, infundir miedo.

Meterse, o entrar, en docena: alistarse a una sociedad o congregación.

Meterse por debajo de las piernas: dominar a una persona, despreciarla.

Meterse por el culo una cosa: con que se desdeña o desprecia algo de una persona.

Meterse por el ojo de una aguja: entremeterse por cualquier parte para conseguir lo que se desea. Ser bullicioso y entremetido.

Meterse por medio: interponerse para sosegar una discusión.

Meterse un pico: inyectarse droga.

Meterse uno con otro: darle motivo de inquietud. Armarle camorra.

Meterse uno de cabeza: tomar parte muy activa en una cosa.

Meterse uno en sí mismo: pensar o meditar por sí sólo las cosas.

Meterse uno en su cuchara: introducirse inoportunamente en la conversación de otros. Meterse en lo que no le importa.

Meterse uno en todo: introducirse inoportunamente en algún asunto, dando su opinión sin que se le pida.

Metérsela a uno doblada: haberle hecho un gran mal, o haberle engañado.

Metérsele a uno en la cabeza alguna cosa: imaginársela y sospecharla, sin que haya fundamento para ello.

Metérsele a uno en los cascos: metérsele en la cabeza.

Metérsele en la cabeza alguna cosa: perseverar en su propósito o capricho.

Metérsele en la narices, en los cojones una cosa, etc.: obstinarse, emperrarse.

Metérsele entre ceja y ceja: fijárselo en el pensamiento o propósito algo insistentemente.

Metérsele, o ponérsele, entre ceja y ceja alguien: mirarle con precaución.

Metesillas y sacamuertos: persona de poca estimación social.

Métete en tu braguta, o en tus calzones: forma de indicar a una persona que se meta en sus asuntos.

¡Métetelo donde te quepa!: expresión con que se rechaza o desprecia una cosa.

¡Métetelo en el culo!: forma de expresar el enojo con que se rechaza una cosa, que anteriormente estaba esperando.

¡Métetelo en los cojones!: expresión de enojo con que se rechaza una cosa.

Meticón: entremetido, imprudente.

Metido en carnes: dícese de la persona algo gruesa, sin llegar a la obesidad.

Metido en su concha: dícese de la persona que se ha retraído del trato con las gentes.

Metióle las cabras en el corral: meterle miedo.

Métome en todo y en nada me halles: el que se entremete sin ser llamado.

Mezclar berzas con capachos: traer a cuento cosas inconexas.

Mezclar burlas con veras: decir en tono de chanza algunas verdades. Introducir en un escrito o conversación cosas jocosas y serias al mismo tiempo.

Mezclar churras con merinas: confundir cosas muy diferentes, aunque a simple vista son muy parecidas.

Mezclarse en alguna cosa: tomar parte en ella.

Mezclarse una cosa con otra: participar de ella.

Mezquita de Ali-Ben-I-Mea: indicando así a los urinarios públicos, también el retrete.

¡Mi alma!: expresión de cariño.

Mi corazón palpita como una patata frita, mi corazón late como una onza de chocolate: frases muy cursis, que constituían declaraciones de amor entre jovencitos.

Mi dinero me cuesta: expresión con que se contesta al que indica a una persona que está gordo, o que le ha salido mal un negocio.

Mi general, aquí hay un recluta: manera festiva de manifestar que una persona se ofrece a otra a sus órdenes, o servicio incondicional.

Mi gozo en un pozo: expresión de desencanto al frustrarse algo en lo que tenía puesta mucha ilusión.

Mi hija hermosa, el lunes a Toro y el martes a Zamora: frase que se dice a las mujeres amigas de hallarse en todas las diversiones.

Mi más sentido pésame, o condolencia: fórmula para dar el pésame por el fallecimiento de una persona.

Mi médico no me lo permite: expresión irónica para indicar que no se hace o se come algo por prescripción facultativa, cuando la realidad es que a uno no le apetece.

Mi padre es Dios: fórmula con que nos ponemos bajo la protección divina.

Mi padre las guardará: reprende al que echa el trabajo y cuidado a otros.

Mi palabra es prenda de oro: asegurar con ponderación que se confíe en ella, ya que se ejecutará lo dicho.

Mi religión no me lo permite: para expresar irónicamente que no se hace una cosa por principios fundamentales, cuando en realidad es porque una persona no quiere o no le apetece.

Mi secreto mío a mí: no debiendo confiar a nadie lo que se quiere que no se sepa.

Mi vecino tiene una viña: él se la cava y él se la vendimia: dícese de los que acostumbran a resolver sus asuntos sin necesidad de buscar intermediarios o ayuda.

¡Mi vida!: ¡Vida mía!

(La) Mía: ocasión favorable a la persona de que se trata.

¡Miau!: indica "eso es mentira", "no me vengas con tonterías", etc.

Mídanse los sujetos, no las costumbres: las personas varían con los años, y con ellos sus ideas, gustos, etc.

Miedo cerval: miedo extremado.

(El) Miedo guarda la viña: ya que muchas cosas no se hacen por miedo al castigo, cuando éste existe realmente.

(El) Miedo para nada sirve y para todo estorba: los genios apocados y cortos se perjudican con su forma de ser.

(El) Miedo pone espuelas: alude al paso que llevan los cobardes cuando ven algún peligro.

Miel sobre hojuelas: añadir nuevo realce. Mejor que mejor.

Miembro podrido: persona indigna de una comunidad.

Miembro viril: aparato genital masculino.

Miente más que da por Dios: ponderación de lo que uno miente.

Miente más que departe, más que habla, más que la _Gaceta de Madrid_ (hoy B.O.E.): ponderación del mucho mentir, faltando de forma sistemática a la verdad.

¡Miento!: exclamación para corregirse uno a sí mismo cuando se nota que ha errado.

Mientras dura, vida y dulzura: contra los que derrochan sin mirar el porvenir.

Mientras el gato duerme, ni roba, ni araña, ni muerde: forma de expresar que es preferible que algunas personas estén dormidas para que no hagan mal alguno.

Mientras el mundo sea mundo: eternamente, o por siempre.

Mientras él viva no faltará quien le alabe: frase irónica con que se moteja a los que se alaban.

Mientras hay vida hay esperanza: forma de indicar que nunca se debe perder la esperanza de que las cosas sucedan favorablemente.

Mientra haya para el macho, la oveja que ramonee: expresión machista, que quiere expresar que mientras haya para el hombre, la mujer que se las apañe como pueda.

Mientras más larga es la vida, mayor es la cuenta que hay que dar: porque se van aumentando los pecados de los que hay que responder ante la Divina Providencia.

Mientras más, o mientras menos: cuanto más o cuanto menos.

Mientras más tu saber alabes, menos sabes: la verdadera ciencia es muy modesta.

Mientras más viejo, más pellejo: es decir, cuanto más defectos o vicios se tengan, son peor en la vejez.

Mientras más vueltas se le dé, más ha de crecer: se refiere a la calumnia.

Mientras menos bulto, más claridad: forma de indicar que alguien molesta, aconsejándole que se vaya del lugar.

Mientras no se pruebe, nadie sabe lo que puede: hasta que no se intenta una cosa, no se sabe lo que se puede conseguir o lo que puede dar de sí.

Mientras que: en tanto que.

Mientras se gana algo, no se pierde todo: ponderando la ganancia por pequeña que sea.

Mientras se ríe no se llora: es conveniente aprovecharse de las ocasiones de divertirse.

Mientras tanto: se dice cuando dos actos son simultáneos.

Mientras vas y vienes, no falta gente en el camino: expresando que es preferible el trabajo, aunque no sea muy necesario, que la ociosidad.

¡Mierda!: expresión de fastidio o malestar.

¡(Una) Mierda!: expresión de enfado, desprecio, rechazo.

(La) Mierda, mientras más se la menea, peor huele: indicando que los defectos y problemas no deben airearse, para que no sean conocidos por los demás.

Mierda, o boñiga pinchada en un palo: indicación de que una cosa no vale nada. En algunos sitios añaden: **y con un transistor encima**, para indicar que se intenta llamar más la atención. Y en otros siguen añadiendo: **y puesta a secar al sol**, para indicar que encima se ve mucho.

Mierda para el fuelle: se le dice al que sopla y apaga una llama.

Mierda que no mata engorda: se dice cuando se come alguna cosa con cierta aprensión por falta de higiene o limpieza.

Mierda sois, dama; mierda para quien os ama, y mierda sois vos y mierda para vos: forma de despreciar enteramente a una mujer y a todo lo que la rodea.

Mierdecilla: de poca importancia, persona despreciable.

Mil leches: dícese del perro callejero.

Mil y quinientas: las lentejas. Las tantas, mucho y abundante.

Mil y una: cuando algo es incontable.

¡Milagro!: expresión que denota extrañeza que causa alguna cosa.

(Los) Milagros que tú hagas, que me los cuelguen a mí, o que me los claven aquí (señalándose el cogote): dícese a la persona en cuyo talento y habilidades no confiamos.

Militar de cuchara, o chusquero: dícese del militar que no es de carrera, y que ha ido ascendiendo a base de años y con pocos méritos.

Militar debajo de la bandera: ser de su opinión, bando o partido.

Milonga: mentira, embuste.

Mimado como el niño de la rollona: dícese de la persona que ya no es niño, y se le mima y trata como si lo fuera.

Minar el terreno: trabajar solapadamente para desbaratar los planes de una persona.

Mindundi: mierdecilla, donnadie.

Minga: pene.

Minina: cola.

Mira lo que haces: expresión con que se avisa al que va a ejecutar una cosa mala o arriesgada.

¡Mira, no pises ese sapo!: dícese burlonamente a los que se levantan tarde y llevan todavía los ojos cerrados.

¡Mira, o mirar, quién habla!: echar en cara algún defecto del que habla, o advertencia que no se debe hablar en las circunstancias o en la materia de que se trata.

¡Mira por dónde!: exclamación de asombro o sorpresa.

Mira que ates, que desates: advirtiendo hacer las cosas sabiendo sus consecuencias.

Mira qué lámina: mira qué figura tan grotesca.

¡Mira que si...!: expresión de esperanza.

¡Mira quién habla!, ¡Mira quién fue a hablar!: expresión con que se dice a una persona que tiene el mismo defecto que el que está hablando.

Mira por dónde: locución que se intercala en una frase y que es una consecuencia de otra.

¡Mirad arriba que caen judías! ¡Mirad abajo que caen garbanzos!: lo decían los niños cuando tiraban chinas al aire.

Miráis lo que bebo y no la sed que tengo: se dice a los que critican lo que hacen otras personas.

Mírame la cara, o esta cara: expresión que indica que alguno no tiene conocidas las circunstancias de las personas.

Mírame y no me toques: a las personas muy delicadas de salud o de carácter, también las de poca resistencia.

Miramelindo: amanerado.

Mirándolo bien: viéndolo con detenimiento.

Mirar a la cara a alguno: procurar complacerle.

Mirar a las manos: observar la conducta de alguno en el manejo de caudales.

Mirar a las musarañas: mirar a otra parte estando distraído.

Mirar a las telarañas: no atender a lo que se dice o hace por distracción.

Mirar a lo zaino: mirar de soslayo, recatadamente.

Mirar al revés: dícese de los bizcos que miran torcido.

Mirar atrás: recordar tiempos pasados, que invitan a no quejarse de la situación actual.

Mirar bien, o mal, a uno: tenerle afecto o aversión.

Mirar con buenos, o malos, ojos: mirar con afición o cariño, o al contrario.

Mirar con el rabillo del ojo, o de rabillo de ojo: mirar de soslayo.

Mirar con el rabo del ojo, o de rabo de ojo: mostrarse cauteloso o severo en el trato, querer mal.

Mirar con otros ojos: hacer de alguno diferente aprecio del que otros hacen.

Mirar con rayos X: observar y analizar algo con todo detalle.

Mirar contra el gobierno: ser bizco.

Mirar de arriba a abajo a alguien: mirar de forma despectiva.

Mirar de hito en hito: fijar la vista en un objeto sin apartarla de él.

Mirar de ladillo: furtiva, disimuladamente.

Mirar de lado, o de medio lado: con celo, desprecio o disimulo.

Mirar de mal ojo: mostrar desafecto o desagrado.

Mirar de medio lado: no mirar cara a cara, esconder la mirada.

Mirar de rabo, o de rabillo de ojo: querer mal a una persona.

Mirar de reojo: con desprecio o enfado. Disimuladamente mirando por encima del hombro.

Mirar de soslayo: mirar de lado, de reojo, no directamente a la cara, o al objeto motivo de la mirada.

Mirar de través: torcer la vista, mirar bizco.

Mirar el caldo y las tajadas: atender a la vez dos cosas distintas.

Mirar en puntos: reparar en minucias.

Mirar entre ceja y ceja: fijar la vista en una persona para ver si, al sonrojarse, demuestra que no es verdad lo que dice.

Mirar la peseta: dícese de la persona ahorrativa.

Mirar las telarañas: estar muy distraído y no atender a lo que se dice.

Mirar los santos: ojear un libro, revista, etc., pasando las hojas sin detenerse en el texto, viendo únicamente los dibujos o fotografías.

Mirar los toros desde la barrera, de talanquera, o desde el balcón, o el andamio: gozar de alguna conveniencia sin exponerse al peligro.

Mirar mal a uno: tenerle aversión o manía.

Mirar, o ver, las cosas con anteojo de aumento, o de larga vista: preverlas mucho antes de que sucedan. Ponderarlas o abultarlas.

Mirar, o ver, cómo está el patio: observar las circunstancias o lugar, y hacerse la composición de lugar que existe.

Mirar, o ver, de, o desde, la talanquera: observar sin riesgo alguno.

Mirar, o ver, por brújula: frase que se usa cuando se mira desde un paraje por donde se descubre poco.

Mirar para lo que ha nacido uno: amenaza para que haga o deje de hacer una cosa.

Mirar por alguien: defender o proteger a una persona.

Mirar por brújula: brujulear en el juego de naipes.

Mirar por cima: pasar la vista a la ligera, sin enterarse de ella a fondo.

Mirar por el rabillo del ojo: de soslayo, de reojo.

Mirar por el virote: atender con cuidado a lo que importa.

Mirar por encima del hombro, o sobre el hombro de alguno: con superioridad o desprecio.

Mirar por encima una cosa: ligeramente, sin enterarse de ella a fondo.

Mirar por una persona: ampararla, cuidar de ella.

Mirar una cosa por encima: considerarla ligeramente, sin penetrarla a fondo.

Mirarse a la sombra: ser presumido, preciarse de galán.

Mirarse a las manos: poner sumo cuidado en actuar.

Mirarse a los pies: abatir uno su presunción.

Mirarse a sí: atender uno a quien es para no ejecutar cosa distinta a su estado.

Mirarse el quinto botón: dícese de los que son muy presumidos.

Mirarse el ombligo: creerse superior y que todo da vueltas alrededor de uno.

Mirarse en alguna cosa, o en ello: meditar antes de tomar una resolución.

Mirarse en el espejo de los burros: mirarse en el agua de un pilón, fuente, barreño, etc.

Mirarse en ello: considerar un asunto y meditar antes de tomar una resolución.

Mirarse en una cosa: tenerla en gran estima.

Mirarse en un espejo: tener mucho amor a una persona y complacerse en ella.

Mirarse en una cosa, o en ello: considerar un asunto y meditar antes de tomar una resolución.

Mirarse las manos: poner sumo cuidado en el desempeño de un asunto espinoso o grave.

Mirarse las uñas: jugar a los naipes, estar ocioso.

Mirarse uno en otro: mirarse en uno como en un espejo.

Mirarse unos a otros: acción producida por extrañeza de alguna cosa.

Mírate en ese espejo: sírvate de escarmiento ese ejemplo.

Mire a quién se lo cuenta: quién sabe mejor una cosa que aquel que la cuenta.

Mire cómo habla, o lo que habla, o con quién habla: frase de enojo advirtiendo a uno que ofende, que le puede causar un perjuicio.

¡Miren qué padre del yermo!: con esta frase se moteja a la persona que, viviendo en medio de regalos y placeres, exhorta a los demás a que lleven una vida de abstinencia y mortificación.

¡Miren qué tacha!: con que se pondera la especial bondad o calidad de una cosa.

Miren si es parda: expresión con que se explica que uno miente o pondera mucho lo que dice.

Mirlo: confidente.

(Los) Mirones se callan y dan tabaco: se dice a los que están en un juego de cartas; suelen hacer comentarios sobre la jugada, indicándoles seriamente que deben estar callados.

Mis vicios defiendo y censuro los ajenos: siempre las cosas propias parecen menos malas que las de los demás, pareciendo que es más fácil solventarlas o dejarlas.

Misa del gallo: la que se oficia el día de Nochebuena y a las doce de la noche.

(La) Misa dígala el cura: manera de reprender a los que hablan de lo que no saben y entienden.

(La) Misa y el pimiento son de poco alimento: frase de los detractores de ir a misa.

¡Miserias humanas!: modo de compadecerse de las faltas cometidas, o de la fragilidad humana.

(La) Misma copla: la misma historia.

Mismísimos cojones: se refuerza la intencionalidad en las frases en que concurre.

(El) Mismo que viste y calza: se dice para corroborar la identidad de una persona, sea ésta la que habla u otra distinta.

(Los) Mismos perros con distintos collares: personas que siendo las mismas representan a otras personas o instituciones, igualmente personas distintas en el mismo cargo pero que actúan igual de mal unas que otras.

"Mitá y mitá": indicando que los gastos serán satisfechos al cincuenta por ciento: Elogio a las cualidades físicas y morales de la persona amada.

(La) Mitad, a uso de feria: en las ferias los precios deben ser regateados, ofreciendo menos de lo que se ha pedido.

(La) Mitad como en Toledo: aconsejando regatear en las compras.

(La) Mitad de la historia es una mentira, y de la otra mitad hay que rebajar una gran parte: frase en detracción de los historiadores.

Mitad por mitad: por partes iguales.

(La) Mitad y otro tanto: excusa para no decir el precio de una cosa.

Mobiliario urbano: conjunto de pequeñas instalaciones para el normal desenvolvimiento de una ciudad: papeleras, bancos, farolas, etc.

Mochales: se dice del que está mal de la cabeza.

Mochuelo: órgano genital femenino.

Moción de censura: la que se puede presentar en contra de los miembros del poder, todo ello con características determinadas.

Mocosuena: forma jocosa de decir como suena.

Modorro: se dice de la persona ignorante y torpe.

Modus operandi: forma especial de actuar.

Modus vivendi: modo de vivir; en política, acuerdo con recíprocas concesiones.

Mojar el churro, el bizcocho o el pizarrín: cohabitar.

Mojar la almeja: fornicar.

Mojar la oreja de otro con saliva: buscar pendencia, insultar.

Mojar la pestaña: llorar.

Mojar la pluma: realizar el acto sexual.

Mojar la pólvora a alguno: templarle en su cólera, dándole razones que le hagan comprender su error o engaño.

Mojarse de pies a cabeza: calarse hasta los huesos.

Mojarse el culo: comprometerse en un asunto.

Mojarse el gaznate: echar un trago, principalmente de vino o licor.

Mojársele los papeles: fracasar en un propósito.

Mojiganga: para indicar que una comitiva de gente lleva disfraces ridículos, en que abundan los animales.

Mojigato: de falsa humildad y mansedumbre.

Molde de tontos: aquel a quien cansan con pesadez.

Moler a palos a uno: darle una gran paliza.

Moler como cibera: persona que ha recibido muchos palos, dejándole el cuerpo muy dolorido y quebrantado.

Moler de represa: emplear con mayor brío que de ordinario una actividad algún tiempo reprimida.

Moler las costillas: maltratar, dar palos en la espalda.

Moler los hígados a uno: importunarle.

Molido como alheña: quebrantado por alguna fatiga o trabajo excesivo.

Molido como la achicoria: estar excesivamente cansado.

Molido como la canela: estar muy fatigado.

Moneda corriente: dícese de lo que circula libremente.

Moneda de Tesalia: llámase así a la moneda falsa.

(La) Monda: cosa extraordinaria por buena o por mala.

Mondar la haza: desembarazar un sitio o paraje.

Mondar los huesos: el que se come cuanto le ponen con poca urbanidad.

Mondarle los huesos: apalearlo.

Mondo y lirondo: limpio, sin añadidura.

Monedero electrónico: el dinero que se obtiene o se paga con determinadas tarjetas de crédito.

Monis: dinero.

Mono sabio: persona sin importancia, insignificante.

Montado en el dólar: tener mucho dinero.

(La) Montaña que parió un ratón: dicen del que, ofreciendo mucho, no da nada de valor.

Montar a alguna: realizar el coito.

Montar a mujeriegas: ir con las dos piernas al mismo lado de la caballería.

Montar el arma de fuego: estar pronto a disparar.

Montar el belén: preparar discusiones, disgustos.

Montar el numerito: preparar algún disgusto o discusión.

Montar en cólera: encolerizarse.

Montar en globo: practicar el coito con preservativo.

Montar la brecha: asaltar la plaza por la brecha.

Montar la guardia: entrar la tropa en guardia. Estar prevenido.

Montar la trinchera: entrar en guardia en ella.

Montar un navío: mandarlo.

Montar un número, o un numerito: dar un espectáculo poco gratificante dando cierto escándalo.

Montarse el rollo: espabilárselas, ingeniárselas.

Montarse en el dólar: obtener pingües beneficios.

Montarse encima: avasallar. Copular.

Montarse un chiringuito: montar un pequeño negocio.

Montarse una historia, o una película: inventarse unos hechos.

Montárselo: organizarse.

Monte de Venus: llámase así al pubis femenino.

Montes de oro, o montes y maravilla: crecida recompensa, grandes intereses.

Montes y maravillas (prometer): exageración irónica de las grandes recompensas que se suelen hacer para granjearse amistades determinadas.

Montó la parda sobre la rucia: se dice cuando prevalece algo inferior sobre lo superior.

Montón de tierra: el muy anciano y débil.

Mora: mujer de compañía habitual.

Morcilla: pene.

(La) Morcilla no es lo único que repite: se dice de las personas que son constantes en sus frases o palabras repetitivas.

Morder el anzuelo, o el cebo: dejarse engañar.

Morder el freno: aguantarse una persona sin protestar.

Morder el polvo: perder la contienda o la pelea.

Morder la tierra: hacer reconocer a una persona su inferioridad.

Morder una plancha, o lámina: someterla a la acción del agua fuerte.

Morderse: besarse lujuriosamente un hombre y una mujer.

Morderse la lengua, o los labios: contenerse en hablar, callando lo que se quería decir.

Morderse las manos: mostrar sentimiento de haber perdido por descuido lo que se deseaba conseguir.

Morderse los dedos: encolerizarse por no poderse vengar de un agravio.

Morderse los labios: mostrar pesadumbre de haberse burlado, no poder ejecutar o decir lo que se desea. Reprimir la risa o el habla.

Morir al mundo: apartarse de él enteramente, renunciando a sus bienes y placeres.

Morir al palo: consumarse algo según lo previsto.

Morir al pie del cañón: luchar hasta el último instante, defendiendo con tesón alguna cosa.

Morir civilmente: quedar alejado del trato humano, o imposibilitado para obtenerlo.

Morir, como buen artillero, al pie del cañón: luchar hasta el último instante, defendiendo con tesón alguna cosa; morir siendo víctima del cumplimiento de su deber.

Morir como chinches, o moscas: en gran cantidad.

Morir como un perro: morir sin dar señales de arrepentimiento. Morir en soledad sin ninguna compañía.

Morir con las botas puestas: en acto de servicio.

Morir de un berrinche, como los gorriones: morir por causa de haberse dejado llevar impetuosamente de la ira.

Morir en olor de santidad: dícese de la persona que ha fallecido, y que se tenía por santo en este mundo por su bondad y buenos méritos.

Morir habemos. Ya lo sabemos: dicho de los monjes cartujos.

Morir, o morirse, por una persona: amarla apasionadamente.

Morir por Dios y por España: frase con que se invitaba a los combatientes a ser valientes y luchar por dichas causas.

Morir sin sol, sin luz y sin moscas: morir abandonado de todos.

Morir vestido: morir violentamente.

Morirse con todas las de la ley: fallecer a pesar de haber puesto todos los medios para evitarlo.

Morirse de amor: padecer por él.

Morirse de asco: abandonado de todos. Aburrirse mucho.

Morirse de hambre: tener gran penuria.

Morirse de miedo: tener gran temor o recelo de algo adverso, ser pusilánime.

Morirse de pena: tener gran pesadumbre y dolor.

Morirse de rabia: tenerla en extremo y sin poder solucionarla.

Morirse de risa: expresión exagerativa que indica padecerla en extremo.

Morirse mirando al rincón, o cara a la pared: se dice de los ariscos o poco comunicativos.

Morirse por sus pedazos: persona muy apasionada por otra.

Morlaco: persona que se hace el tonto.

Moro de paz: persona muy pacífica.

Moros hay en la tierra: manera especial de despertar la alarma.

Moros van, moros vienen: se dice al que le falta muy poco para estar borracho.

Moros vienen, moros vendrán: indicando que en determinados casos o circunstancias, así como las personas, no pueden ser cambiadas.

Morrocotudo: de importancia.

Mortis causa: transmisión de bienes después de haber fallecido una persona.

Mosca cojonera: persona insoportable, muy insistente.

Mosca en leche: mujer muy morena que viste de blanco.

Mosca muerta, o mosquita muerta: el que aparentemente tiene el ánimo apagado, pero que no se puede fiar de él.

Moscardón: impertinente de forma constante e ininterrumpida.

Moscas blancas: copos de nieve al caer.

Mosquear las espaldas: dar azote en ellas por castigo.

Mosquita muerta: persona que parece que nunca ha roto un plato, pero de hechos malos y desafortunados.

Mostrador: pecho de una mujer.

Mostrar buena pinta: tener buen aspecto.

Mostrar el sebo: entre marineros, burlarse una embarcación a otra.

Mostrar la horca antes que el lugar: anticipar una mala nueva, poner inconvenientes para negar otra cosa.

Mostrar la uña: descubrir algún defecto del que se está bien informado.

Mostrar las herraduras: tirar coces. Huir.

Mostrar las uñas, o los dientes: manifestar aspereza o dificultad en dejarse persuadir.

Mostrarse parte: presentar las alegaciones necesarias a un litigante una vez conocido el expediente.

Mostrenco: persona que carece de oficio, casa.

(La) Mota en barbecho ajeno a nadie estorbó: los males que ocurren a otras personas no suelen molestarnos.

Motu proprio: por propia iniciativa o voluntad.

Mover cielo y tierra: hacer todas las diligencias posibles para lograr algo.

Mover cisco: armar alboroto.

Mover el bigote: comer.

Mover el esqueleto: bailar.

Mover el tarro de la mierda: mover mucho el culo.

Mover el vientre: defecar.

Mover la cabeza: hacer señal de negación o de afirmación.

Mover la silla a alguien: intrigar para destituir a alguien de su puesto.

Mover las tabas: bailar.

Mover los hilos: manejar algún asunto sin figurar directamente en él.

Moverse a todos los vientos: ser inconstante o fácil de convencer.

Movimiento de ratas: abandono de su puesto ante el presagio de un peligro o calamidad.

(El) Movimiento se demuestra andando: se dice a la persona que debe ejecutar lo que está pregonando.

Moza del partido: prostituta.

Mozo de la pipa: forma de dirigirse a una persona de forma poco conveniente, siendo poco estimada o apreciada.

Mozo de provecho: el bien dispuesto y útil para cualquier cosa.

(La) Mucha gente es buena para la guerra: aclarando que mucho personal estorba y molesta.

Mucha paja y poco grano: muy poco de lo sustancial y gran cantidad de lo que tienen las personas de superfluo.

Mucha planta y poca uva: no tener más que apariencia y poca solidez.

Mucha risa, poco seso: indicando que la persona que siempre se está riendo no tiene mucho sentido común.

Muchas cabezas de animales se cobijan en bonetes doctorales: algunas personas son muy brutas, aunque tengan grandes conocimientos y sabiduría.

Muchas gracias por la flor, pero me cago en el tiesto: contestación dada a la persona que nos dirige un insulto.

Muchas veces, el que escarba, lo que no quería halla: indica que los demasiado curiosos se encuentran con lo que no les gusta.

(El) Mucho aconsejar no suele agradar: pocas personas reciben a gusto las reconvenciones que se les hace.

Mucho aprieta este testigo: cuando alguno prueba con hechos indubitables lo contrario de lo que se decía.

¡Mucho cuidado con...!: expresión de advertencia.

Mucho dure y bien parezca: dícese de las personas que, mostrando arrepentimiento, prometen no reincidir.

Mucho enseñan los males, pero cruel maestro son: lo que la desgracia nos hace sufrir no se olvida nunca.

Mucho hombre: de gran talento o capacidad.

Mucho miedo y poca vergüenza: el que, temiendo mucho el castigo, comete sin embargo el delito.

¡Mucho, o tanto, gusto!: frase cordial de salutación a la presentación de una persona.

¡Mucho ojo!: aviso para que se mire bien lo que se dice o lo que ocurre.

¡Mucho ojo, que la vista engaña!: expresión con que se advierte que se viva prevenido, sin fiarse de apariencias.

Mucho real y pocos reales: vanidad y pobreza todo en una pieza.

Mucho ruido mete el tambor, y está lleno de aire: dícese del que alardea de virtudes o cualidades que no posee.

Mucho ruido y pocas nueces: cuando se da importancia a alguna cosa o acontecimiento, que no la tiene.

Mucho saber hace sabios, pero no dichosos: no tiene nada que ver lo uno con lo otro, son cosas totalmente diferentes; la sabiduría no tiene el monopolio de toda clase de dichas y de bienestar.

(El) Mucho trato causa menosprecio: la confianza empleada con los inferiores hace que lleguen a considerarse iguales.

Muchos parientes hay para reñir y aconsejar, mas no para socorrer y remediar: ¿quién no los conoce en su familia?.

Muchos piensan llegar a la ciudad de la sabiduría y se estancan en la venta de la pedantería: algunas personas creyendo ser sabios, lo único que han logrado es llegar a pedantes o presuntuosos.

Muchos pocos hacen un mucho: ya que la suma de todos ellos llega a ser una cantidad importante.

Muchos rocines viejos vienen cargados de pellejos de corderos: personas con cierta edad, que lo único que tenían que hacer era disfrutar del merecido descanso, tienen que seguir trabajando por necesidades de la vida.

Muchos son los llamados y poco los elegidos: frase evangélica.

Mudable como la Luna: dícese de la persona inconstante.

Mudar aires, o de aires: ir un enfermo de un lugar a otro con el objeto de recobrar la salud.

Mudar bisiesto, o de bisiesto: cambiar de conducta o de lenguaje.

Mudar cada semana, como camisa limpia: dícese de las personas que no mantienen el mismo criterio por mucho tiempo.

Mudar de aires: cambiar de lugar.

Mudar de color: cambiar el semblante.

Mudar de condición: cambiar de forma de ser.

Mudar de estado: pasar de uno a otro.

Mudar de hito: variar los medios para conseguir una cosa.

Mudar de manos: pasar una cosa de una persona a otra.

Mudar de semblante, o de color: demudarse.

Mudar de tono: moderarse en el hablar.

Mudar de vida: dejar las malas costumbres o vicios, viviendo arregladamente.

Mudar el aire: cambiar la fortuna.

Mudar el pellejo: cambiar de condición o costumbres.

Mudar el pelo: cambiar de fortuna.

Mudar el semblante: cambiar la expresión de la cara por lo que produce emoción, contrariedad, etcétera.

Mudar hábito: trocar estado.

Mudar la casaca: cambiar de opinión.

Mudar la hoja: desistir del intento que se tenía.

Mudar la voz: fingir la voz propia para no ser conocido.

Mudar las palabras: cambiarlas.

Mudar los dientes y no las mientes: variar de edad pero no el genio ni la forma de actuar.

Mudarse a cualquier aire: variar de pensamiento fácilmente.

Mudarse el aire: variar de fortuna.

Mudarse los bolos: mejorarse los medios de una pretensión.

Mudársele el color del rostro: experimentar un gran sobresalto.

Muelas de gallo: persona que no tiene muelas o dientes, o los tiene muy separados.

¡Muera!: interjección que manifiesta aversión a una persona. Empléase esta palabra en los motines.

Muérete y verás...: aconséjase al que manifiesta dudas sobre lo que ocurrirá en asuntos de familia.

Muermo: persona aburrida, repugnante.

Muerte a la abeja que daba miel y cera: frase con que se indica haber muerto la persona que atendía todas nuestras necesidades.

(La) Muerte andando: persona extremadamente delgada.

(La) Muerte es sorda: ya que llega sin que se la llame y cuando ella quiere.

Muerte rapada: al muy rapado de pelo o al muy calvo.

(La) Muerte todas las cosas iguala: al fin de la vida todos calvos, o iguales.

(El) Muerto al hoyo, y el vivo al bollo: expresa que la vida debe continuar a pesar del dolor por el fallecimiento de los seres queridos.

Muerto de hambre: tener gran apetito y no tener qué comer.

Muerto de risa: se dice de la persona o cosa que está totalmente olvidada, o inactiva.

Muerto el burro, la cebada al rabo: una vez terminada una causa, ya no existen consecuencias.

Muerto el perro, se acabó la rabia: desaparecida la causa, desaparece el enojo.

(La) Mujer aténgase al huso y no al uso: indicando que la mujer debe ser trabajadora, en lugar de ir de un lado para otro.

Mujer de armas tomar: de hechos varoniles, de mucho genio.

Mujer de cara de porcelana: con la cara muy blanca y tersa.

Mujer de digo y hago: mujer fuerte, resuelta y osada.

Mujer de la vida, o de la calle: ramera.

Mujer de mala vida, o de mal vivir: prostituta.

Mujer de punto: la que es recatada.

Mujer de rompe y rasga: la muy llamativa, o la que tiene actos o palabras poco afortunados y fuera de lugar.

Mujer de su casa: la de disposición para atender muy bien a su familia.

Mujer de vida alegre, o de la vida: ramera.

(A la) Mujer del César no le basta ser honrada, sino que además tiene que aparentarlo: expresa que las actuaciones de una persona tienen que ser siempre las correctas.

(La) Mujer del quesero, ¿qué será?: pregunta que se hace para saber si una persona es torpe.

(La) Mujer embarazada tiene que comer por dos: uno de tantos errores que tiene el pueblo; se decía antiguamente, pensando que la mujer tenía que mantener dos vidas.

Mujer enferma, mujer eterna: la creencia dice que las mujeres delicadas viven más que las que están sanas.

(La) Mujer es como el melón: si bueno, no hay cosa mejor; si malo, no hay cosa peor: comparación de la mujer con este fruto.

(La) Mujer es de quien la trata: el corazón femenino se rinde ante una asiduidad constante.

Mujer fácil: la que se consigue de ella todo sin gran dificultad.

Mujer fatal: atractiva y seductora.

Mujer florero: forma de definir a la mujer, que siempre está compuesta y arreglada, pero que no sirve para nada más que para ser contemplada, y que no trabaja nada.

(La) Mujer hace al hombre: por ser grande su influencia en él.

Mujer, huerto y molino, necesitan uso continuo: sin mayores comentarios, ya que si no hay uso se "atoran".

Mujer otoñal: aquella cuyos atractivos empiezan a declinar por la edad.

Mujer que buen pedo suelta, no puede ser sino desenvuelta: alabando a las mujeres fuertes y con poder de resolución.

Mujer que se da de balde, por vicio o por amor lo hace: no hay otra alternativa, y habría que buscar cuál de las dos causas es la que corresponde.

Mujer y acompañamiento: concurso de gente menor de edad.

(La) Mujer y la sartén en la cocina están bien: dícenlo en plan jocoso los amantes de que las mujeres estén siempre trabajando en la cocina; recuerdo haber visto desde niño esta frase grabada en los baldosines que se venden en las casas de objetos de recuerdo.

(Una) Mujer y un calendario sólo sirven para un año: eso es lo que dicen los detractores del matrimonio y los amigos de cambiar con frecuencia de mujer.

(Las) Mujeres al llegar a su edad crítica, o se convierten en mojamas o en jamonas: al llegar a la edad otoñal, o se quedan secas y delgadísimas como la mojama, o con un poquito de exceso de carne, como los jamones; personalmente me quedo con esto último, pero reconozco que hay gustos para todo.

Mujeres de bandera: muy guapas.

Mujeres sin pulgas, pocas o ninguna: sin genio y gran carácter.

Mujeriego: hombre que se da a muchas mujeres.

(La) Mula de San Francisco, o el coche de San Fernando: ir caminando.

Multiplicarse como los conejos: tener mucha descendencia.

Multiplicarse como los hongos: con gran rapidez.

(Un) Mundo: muchedumbre, multitud, otra cosa muy grande.

(El) Mundo, comedia es: en la sociedad cada uno representamos un papel.

(El) Mundo da muchas vueltas: y al final no se suele saber lo que es más conveniente.

(El) Mundo es de los atrevidos: exhortando a efectuar lo que una persona se propone.

(El) Mundo es un pañuelo: queriendo indicar que el mundo es muy pequeño, ya que no es difícil encontrarse personas conocidas en lugares distantes al habitual.

¡Mundo, mundillo, nacer en Granada, morir en Bustillo!: cambios y altibajos que se pasan en la vida.

Municiones de boca: las provisiones para comer la tropa.

Municiones de guerra: todo género de armas y pertrechos.

(La) Música amansa las fieras: ya que relaja y aplaca los ánimos.

Música celestial: palabras elegantes y promesas vanas que no tienen sustancia ni utilidad.

Música de viento: dícese de los silbidos que se dan en determinadas actuaciones.

Música ratonera: la compuesta de malas voces o sin acordes.

Músico: carterista.

Mutatis mutandis: cambiad las cosas que han de ser cambiadas

Muy a menudo: con mucha frecuencia.

Muy allá: no tener buena salud.

Muy amable: frase con que se agradece algo.

Muy bueno es el credo, pero no sirve para consagrar: dícese de los que dan contestaciones poco adecuadas, y lo hacen por no estar callados.

Muy bueno no puede ser el que indulgente no es: contra las personas muy duras y rectas, siendo para ellas el principal blasón el de la justicia.

(El) Muy cabrón: forma de dirigirse a una persona insultándola de forma despectiva.

Muy ciego es el que no ve por tela de cedazo: con que se significa la poca perspicacia de quien no percibe las cosas que son muy claras.

Muy de mañana: muy temprano, de madrugada.

Muy de tarde en tarde: habiendo pasado mucho tiempo.

Muy en breve: dentro de muy poco.

Muy hombre, o muy mujer: con todas las características propias de ese sexo.

¿Muy malo y estás en pie? Te creeré o no te creeré: forma de indicar que la verdadera enfermedad no se puede pasar de pie, debiendo curarse en la cama.

Na-nai: expresión infantil para negar algo.

Nabo: miembro viril.

Nacer con estrella: nacer con mucha suerte.

Nacer con pluma: nacer con mucha suerte.

Nacer con un pan debajo del brazo: se emplea para significar la fortuna por un nacimiento, hoy se considera como una gran carga.

Nacer de pie: ser feliz, salirle a uno bien todas las cosas.

Nacer en algún día u hora: haber salido de un gran peligro.

Nacerle los dientes en alguna parte, o haciendo una cosa: conocer el sitio a la perfección, o ejecutar algo toda la vida.

Nació cansado y en domingo: pereza crónica de una persona.

Nada con demasía: la verdadera corrección estriba en un buen medio, pues las exageraciones son malas para todo.

Nada de nada: negación.

Nada del otro jueves: no ser ninguna cosa extraordinaria.

Nada entre dos platos: sirve para apocar una cosa que se daba a entender ser grande o de estimación.

Nada es verdad ni mentira, es según del color del cristal con que se mira: la verdad no es única, por lo que según las circunstancias las cosas pueden ser diferentes.

Nada hace de balde la naturaleza: indica que todo lo creado sirve para algo.

Nada hay nuevo bajo el sol: indicando que todo ya está descubierto, y que es difícil que acontezca algo que no se conozca.

Nada hay tan atrevido como la ignorancia: dícese de los necios, que hablan tranquilamente de lo que desconocen, quedando por ello en ridículo.

Nada más que, o nada menos que, eso: con que se niega particularmente una cosa, encareciendo la negativa.

Nada más vales que el valor de tus reales: tanto tienes, tanto vales.

Nada menos: locución ponderativa.

Nada se adelanta con desesperarse, sino el criar mala sangre: recomienda la calma para toda clase de asuntos.

Nadar como aceite sobre el agua: tener siempre suerte.

Nadar como un pez: muy bien.

Nadar contra corriente: contra todos los elementos.

Nadar en dinero, en oro, en la abundancia: tener muchos bienes.

Nadar entre dos aguas: adoptar una actitud ambigua.

Nadar la mitad que un pez: muy mal, ya que ellos nadan para arriba y para abajo, y del que se trata sólo para abajo.

Nadar sin calabazas: tener buena mano para manejarse.

Nadar y guardar la ropa: proceder con cautela.

Nadie abra tienda para hacer amigos, sino dineros: indica no dar el género fiado por ser el comprador amigo o pariente.

Nadie da nada por nada: indica que no es conveniente recibir regalos.

Nadie diga: de este agua no beberé, por muy turbia que esté: indicando que nadie puede jactarse de sustraerse a las leyes universales.

Nadie diga "bien estoy", sin añadir "hoy por hoy": ya que la buena suerte es muy mudable.

Nadie es profeta en su tierra: indica que es más creíble y considerado el de fuera que el conocido y de trato diario. Proverbio antiquísimo usado ya por Jesucristo.

Nadie es sabio por lo que supo su padre: ya que dicha sabiduría se adquiere por propio esfuerzo y estudio, lo de los demás en este campo ni se hereda ni se transmite.

Nadie escarmienta en cabeza ajena: los consejos en muchas ocasiones no suelen servir de nada, debiendo pasar por las circunstancias para comprenderlas y aceptarlas.

Nadie está contento con su suerte: expresa que la naturaleza humana desea más de lo que tiene y posee.

Nadie está libre de cuernos y malas lenguas: ya que nadie puede responder de hechos ajenos.

Nadie estudia para tonto: indicando que al necio le sobran los libros.

Nadie huele su propia mierda: dando a entender que no se ven los propios defectos.

Nadie lamiendo engorda: los asuntos de poca monta no sacan de pobre a nadie.

Nadie le dio la vara; él se hizo alcalde y manda: crítica a los que se toman el mando o cargo que no les corresponde ni les dan.

Nadie le ha dado vela en este entierro: con que se reconviene al indiscreto que tome parte en una opinión que no se le pide.

Nadie le ha preguntado la edad que tiene: forma de indicar a una persona que se meta únicamente en sus asuntos.

Nadie nace enseñado: los conocimientos deben ser adquiridos poco a poco, con el propio esfuerzo y con la experiencia propia.

Nadie nace sabiendo, si no es a llorar: expresando que todas las cosas deben aprenderse y adquirirse con el estudio y con la práctica.

Nadie, o ninguno, hay tonto para su negocio, o su provecho: por poca capacidad que se tenga, cuando se llega a los intereses particulares, todo el mundo sabe lo que hay que hacer.

Nadie perdiendo es loado: así como al ganador todo el mundo le baila el agua, al perdedor es todo lo contrario.

Nadie puede dar lo que no tiene: indica que no se puede exigir más que lo que hay voluntad de hacer.

Nadie puede dar más que lo que tiene: no pudiendo exigir más esfuerzos que los que una persona tiene.

Nadie regala nada: ya que se intenta cobrar en exceso el regalo hecho.

Nadie sabe lo que está por venir: nadie puede predecir el futuro.

Nadie se acuerda de Santa Bárbara hasta que truena: forma de expresar al que no se acuerda de algo hasta el momento que acontece, o tiene un peligro.

Nadie se apura por nadie: indica la indiferencia con que se miran los males ajenos.

Nadie se muere de pena: por mucha que tenga.

Nadie se muere hasta que Dios quiere: expresa que sobre la voluntad de Dios no existe nada.

Nadie tiene la vida comprada: ya que en cualquier momento se puede fallecer.

Nadie tiene más edad que la que representa: frase de galantería usada con las damas, que quieren aparentar juventud a base de acicalarse y componerse.

Najar: huir, escaparse.

(La) Naranja y la mujer no se han de apretar; den lo que quisieren dar: suelen darlo casi siempre todo voluntariamente, en otros dichos contenidos en este compendio, indica que, si se aprietan, ambos acaban amargando.

¡Naranjas!: asombro, extrañeza o desahogo. Sirve también para negar.

¡Naranjas de la China!: negación, nones.

Narciso: indica egoísmo, en el lenguaje de las flores.

Nardo: expresa aventura, en el lenguaje de las flores.

¡Narices!: interjección de enfado, fastidio o molestia.

¡(Unas) Narices!: con que se niega o se rehúsa con enfado algo. Burla, incredulidad, desafío.

Narices remachadas: las que están chatas o llanas.

Nasti de plasti: nada de nada.

Naturaca: expresión achulada, natural.

Naufragar en el puerto: ver arruinados los proyectos cuando más seguros se tenían.

(La) Nave de San Pedro: la Iglesia católica.

Navegar a longo de costa: navegar paralelamente a la costa.

Navegar contra corriente, o contra viento y marea: trabajar con esfuerzo por salir adelante venciendo las dificultades.

Navegar entre dos aguas una persona: hacer a los dos sexos.

Nazareno: el que recibe siempre las bofetadas. Estafador que vende géneros que no piensa pagar.

Ne varietur: que no se cambia.

(La) Necesidad aguza el ingenio: haciendo con habilidad y destreza lo que no se sabía.

(La) Necesidad carece de ley: la persona que tiene grandes y urgentes necesidades se juzga dispensada de las leyes y obligaciones comunes.

(La) Necesidad tiene cara de hereje: forma de indicar la repulsa que nos produce el necesitado.

Necesitar algo más que el comer: ser muy indispensable.

Necesitar cinco pesetas para un duro: carecer totalmente de dinero.

Necesitar Dios y ayuda: necesitar todos los auxilios habidos y por haber.

Necesitar echar memoriales: indica la dificultad de conseguir una cosa.

Necesitar ir a la mar por sal: dícese del que carece de gracia o habilidad en lo que dice o hace.

Negar el habla a alguno: no hablarse por estar reñidos.

Negar el pan y la sal: mostrar rechazo hacia una persona, no reconocer sus méritos.

Negar su propia voluntad: privarse de la voluntad propia, sujetándose a la de otro.

Negarse a sí mismo: no condescender con sus apetitos y deseos, no poseer su propio juicio, sino por el dictamen ajeno conforme a la doctrina del evangelio.

Negarse en redondo: negarse rotundamente.

Negocio acaba en ocio; pero ocio no acaba en negocio: son dos cosas muy diferentes; después de un buen trabajo, se puede descansar y holgar, pero nunca al contrario.

Negocio de juego: dícese de todo aquello que no es muy lícito en su procedimiento.

Negocio de mala digestión: el dificultoso.

(La) Negra: mala suerte.

(El) Nene, el niño: forma de referirse a sí mismo.

Ni a dos, o tres, tirones: con que se indica la dificultad de ejecutar o conseguir algo.

Ni a la de tres: se señala la enorme dificultad de hacer algo.

Ni a rey ni a Roque: exclusión de todo género de personas.

Ni a sol ni a sombra: ni en un sitio ni en otro.

Ni a ti te luzca, ni a mí me haga falta: dícese de los que dan alguna cosa de mala gana.

Ni a tiros: de ningún modo, en absoluto.

Ni agradecido ni pagado: se dice cuando a una persona se ha hecho un favor entendiendo la que ha recibido que es obligación de la persona que lo ha entregado.

Ni agua: carencia o falta absoluta.

Ni al vado ni a la puente: estar suspenso un negocio, y sin hacerse diligencias para finalizarlo.

Ni amigo reconciliado, ni asado recalentado: ya que ambas cosas no son buenas por los daños que pueden ocasionar.

Ni así, ni asao: ni de esta manera ni de otra.

Ni ata ni desata: no dar razón de lo que se trae entre manos.

Ni ausente sin culpa, ni presente sin disculpa: el primero puede defenderse.

Ni beber de bruces, ni mujer de muchas cruces: por los peligros que tienen el agua cuando no se ve y las beatas.

Ni borracho: de ninguna manera.

Ni buscado con un candil: persona muy hábil y diestra para el desempeño que se tiene que encomendar.

Ni calvo, ni con siete pelucas: con actuaciones moderadas, no pasándose a los extremos que nunca fueron buenos.

Ni carajo: absolutamente nada.

Ni caso: no prestar atención alguna.

Ni cenamos, ni se muere padre: frase dicha por algún necio y que hoy en día puede significar que no se hace ni una cosa ni la otra.

Ni chica, ni limoná: no valer para nada, no ser una cosa ni otra.

Ni chispa: nada absolutamente.

Ni cojones: locución reforzatoria de negación.

Ni con ellas, ni sin ellas: expresa ampliamente las relaciones habituales de los hombres y las mujeres.

Ni con mucho: expresa la gran diferencia que hay de una cosa a otra.

Ni corto, ni perezoso: súbitamente, sin pensarlo dos veces.

Ni cristo: nadie.

Ni Cristo pasó de la Cruz, ni yo paso de aquí: expresa la firme resolución de no continuar haciendo lo que se estaba ejecutando.

Ni cristo que lo fundó: expresión como negativa a una cosa, o como incredulidad.

Ni de balde: dícese de lo que es malo o despreciable y que nadie lo quiere ni aun regalado.

Ni de broma: de ninguna de las maneras, fórmula de negación.

Ni de coña: de ninguna manera, en absoluto.

Ni de malvas buen vencejo, ni de estiércol buen olor, ni de mozo buen consejo, ni de puta buen amor: de malas causas no se pueden esperar buenos efectos.

Ni de milagro: de ninguna de las maneras.

Ni dios: nadie, absolutamente.

Ni don Pedro, ni don Periquillo: con que se censura la desigualdad con que se trata a una persona, o excesivo respeto.

Ni el rey oficio, ni el papa beneficio: dicho satírico y que consta en el emblema de Medina del Campo; la realidad es: **ni el rey ofició, ni el papa beneficó**. La importancia que tienen los acentos para dar una interpretación correcta.

Ni el sursum corda: nadie en absoluto.

Ni en la cama ni en el mesa es útil la vergüenza: en momentos determinados no es adecuado el recato, ya que no se logra acometer los deseos.

Ni en sueños: de ninguna manera, negativa rotunda.

Ni es carne, ni pescado: persona o cosa inútil, sin definir.

Ni están todos los que son, ni son todos los que están: alusivo a los locos y al manicomio; se dice cariñosamente a los que cometen locuras o dan muestras de no estar en su sano juicio.

Ni falta que hace: expresión de inutilidad hacia algo o alguien.

Ni flores: en absoluto, ni idea.

Ni fu, ni fa: ni una cosa ni otra.

Ni gorda: absolutamente nada.

Ni gota: nada en absoluto.

Ni grado ni gracias: con que se explica que una cosa se hace sin merecer las gracias.

Ni habla, ni parla: sumo silencio de uno.

Ni hablar: forma de terminar una discusión con la que se da la razón al interlocutor.

¡Ni hablar! o ¡Ni hablar del peluquín!: fórmula de negación.

Ni hagas todo lo que puedas, ni digas todo lo que sabes, ni juzgues todo lo que veas, ni creas todo lo que oigas: cuatro buenas máximas para ser prudentes en esta vida.

Ni harto de vino: expresión que indica que no se hará una cosa de ninguna de las maneras, ni aunque se estuviese borracho, que no se sabe lo que se hace.

Ni hostias: nada en absoluto.

Ni huele ni hiede: dícese de todo lo anodino, sin expresión o carácter.

Ni idea: expresión con que contesta a una pregunta que se desconoce la respuesta.

Ni irle, ni venirle nada una cosa: no importarle o no tener interés en ella.

Ni jota: nada en absoluto.

Ni juega, ni da barato: cuando uno procede con total indeferencia y sin tomar partido.

Ni leches: reforzando a la negación.

Ni lo más mínimo: nada en absoluto.

Ni lo siento, ni me arrepiento: expresando la más completa indiferencia.

Ni lo sueñes: ni por lo más remoto, de ninguna de las maneras.

¡Ni loco!: de ningún modo.

Ni más, ni menos: en el mismo grado. Justa y cabalmente. Sin faltar ni sobrar.

Ni media palabra: no decir nada.

Ni medio: nada en absoluto.

Ni mucho menos: locución con que se niega una cosa, o se encarece su inconveniencia.

Ni muerto, ni vivo: cosa que no aparece por más diligencias practicadas.

Ni mujer que fue, ni caballo que no es: indicando que no se debe aceptar ninguna de estas dos condiciones; lo primero por estar pasado de rosca, y lo segundo, por no tener la experiencia debida.

¡Ni nada!: exclamación con que se refuerza la exposición de la frase.

Ni, o no…, ni cosa que lo valga: expresa que lo que se está tratando no es lo que se presume, ni cosa que se le parezca.

Ni pajolera idea: no tener idea.

Ni palabra mala, ni obra buena: dícese de los acomodaticios, con los que no se puede contar para nada práctico.

Ni papa: nada en absoluto.

Ni para Dios: de ninguna manera, en absoluto.

Ni patata: expresión reforzatoria de negación.

Ni peca, ni merece: ni pena, ni gloria.

Ni pena, ni gloria: ver u oír las cosas sin sensibilidad.

Ni pensarlo: fórmula de negativa total.

Ni perro que le ladre: no tener a nadie que le mande, estar completamente solo.

Ni pie, ni entrada: frase que denota que a algunos es conveniente cerrarles la puerta del favor.

Ni pidas a quien pidió, ni sirvas a quien sirvió, ni debas a quien debió: recomendación dada, ya que se conocen todas las triquiñuelas y generalmente no corresponde como esperaba cuando esa persona estaba pidiendo o sirviendo.

Ni pinchas, ni cortas: se dice al que no tiene nada que ver o no puede intervenir en un asunto.

Ni pisar los umbrales: prohibición de atravesarlos.

Ni pizca: absoltamente nada.

Ni pongas viñas, ni domes potro, ni tu mujer enseñes a otro: por lo expuestas que son estas tres cosas.

Ni por asombro: de ninguna de las maneras.

Ni por asomo: de ningún modo.

Ni por casualidad: de ninguna de las maneras.

Ni por el forro: expresión con que se denota falta de conocimiento de una cosa. Ni por asomo, ni lo más mínimo.

Ni por ésas: de ninguna manera, de ningún modo.

Ni por imaginación: ni por señas.

Ni por lo más remoto: de ninguna de las maneras.

Ni por lumbre: de ningún modo.

Ni por mientes: de ninguna manera.

Ni por nada del mundo: de ningún modo.

Ni por pensamiento: ni pasar por la imaginación una cosa.

Ni por pienso: de ningún modo.

Ni por sombra: de ninguna de las maneras.

Ni por soñación: ni soñándolo.

Ni por sueños: forma de ponderar una cosa que ha estado a punto de suceder o ejecutarse.

Ni por un Cristo: por nada del mundo.

Ni por varón, mejor; ni por hembra, peor: contra los padres que quieren tener mejor hijos que hijas.

Ni pum, o ni pun: absolutamente nada.

Ni puñetas: expresión para reforzar una negación.

Ni puñetera idea: no tener idea de nada.

Ni puñetero caso: no hacérselo.

Ni puta idea: no tener ni idea de nada.

Ni puto caso: no hacérselo a alguien, o algo.

¡Ni qué cojones!: frase usada para negar o rehusar algo con enfado.

¡Ni qué coño!: expresión que indica negación, rechazo a algo que se acaba de mencionar.

Ni que decir tiene: expresión de aseveración.

¡Ni qué leches!: expresión con que se niega o rehúsa con enfado algo.

¡Ni qué narices!: se emplea para negar o rehusar algo con enfado.

¡Ni qué niño muerto!: expresión con que se deniega una solicitud.

¡Ni qué ocho cuartos!: expresión de enfado o de negación.

¡Ni qué pijos!, ¡Ni qué pollas!, ¡Ni qué porras!, ¡Ni que puñetas!: se usa para negar, rehusar algo con enfado.

Ni quitar ni poner: sin entremeterse en nada.

Ni quito ni pongo rey, pero ayudo a mi señor: con esta muletilla se manifiesta la protección y ayuda que se debe prestar a alguien.

Ni rastro de tal cosa: no encontrar nada de ella.

Ni remotamente: sin la menor posibilidad.

Ni respirar: atosigar.

Ni rey, ni roque: con que se excluye a cualquier género de personas en la materia de que se trata.

Ni se sacó sin razón, ni se guardó sin honor: lema de las espadas toledanas.

Ni señal: no quedar rastro de una cosa, o no hallarla.

Ni sí, ni no, sino todo lo contrario: forma de expresar una ambigüedad total.

Ni sirvas a quien sirvió, ni pidas a quien pidió: ya que por ser conocido de los dos es difícil lograr algo.

Ni sobró mano, ni faltó cara: dícese de todo aquello que viene pintiparado o perfectamente adecuado al objeto a que se destina.

Ni sobró, ni faltó, ni hubo bastante o harto: con que se denota venir cabal y justa una cosa.

Ni son todos los que están, ni están todos los que son: cartel existente a la puerta de un manicomio.

Ni soñarlo: ni pensarlo, estar lejos de algo.

Ni sopa de agua, ni vino de sopa: cada cosa tiene que tener sus elementos y características, no consiste en no llegar como en el primer caso, o sobrar como en el segundo.

Ni suena, ni truena: para indicar que nadie habla ni se acuerda de determinada persona.

Ni tan cerca del sol que abrase; ni tan lejos, que dé frío: refiriéndose a la estancia con los superiores o jefes.

Ni tan monte, ni tan ponte: ni tan ensalzado, ni tan rebajado.

Ni tan viejo que amule, ni tan mozo que retoce: en el término medio está la virtud.

Ni tanto, ni tan calvo: frase contra las exageraciones.

Ni tanto, ni tan poco: con que se censura las exageraciones por defecto, o por exceso.

Ni teme, ni debe: ser temerario o intrépido.

Ni tirarse, ni pagarse con alguna persona: no tener trato o relación con ella.

Ni todo es para dicho, ni todo para callado: hay veces que se necesita callar una cosa, pero no es conveniente por perjudicar a otra persona.

Ni tonto, ni sordo: dícese del que comprende a la primera las indirectas que se le dicen.

Ni torta: nada en absoluto.

Ni tu propio camisón debe saber tu intención: aconsejando ser discreto, y no decir las cosas que no deben ser conocidas por todo el mundo.

Ni un ápice: absolutamente nada.

Ni un tanto así: manifestación de negación, acompañando un gesto hecho con la mano, uniendo el dedo pulgar con la yema de otro dedo, generalmente el índice.

Ni una pizca: negación total de algo.

Ni va, ni viene: irresolución de una persona.

Ni ve, ni oye, ni entiende: se dice de la persona lela.

Ni visto, ni oído: con que se pondera la rapidez con que sucede una cosa.

Ni vivo, ni muerto: cuando una persona no aparece.

Niebla meona: la que desprende pequeñas gotas de agua.

Nihil obstat: no hay nada en contra.

Ninchi: sujeto informal, se dice del pájaro de cuentas.

Ninfa: menor de edad dedicada a la prostitución.

Ningún burro se queda calvo: para motejar a los hombres mayores con pelo, respondiento éstos: **y ningún melón con él**.

Ningún cagado se huele: forma de indicar que uno no ve sus propios defectos.

Ningún jorobado se ve su joroba: nadie ve sus propios defectos.

Ningún perdido va a menos: si se ha perdido una vez el pundonor y la vergüenza, ya no se puede perder más, siendo muy difícil recordarlo.

Ningún perro lamiendo engorda: el que tiene pocos ingresos no puede llegar a ser rico.

Ningún tomar es malo, como no sean palos: ya lo dice otro refrán: **en el recibir no hay engaño**.

Ningún tonto se vuelve loco: los grandes conocedores pueden llegar a la locura, no así los imbéciles.

Ninguna historia es mala como sea verdadera: la veracidad es la dote principal de las obras históricas.

Ninguna maravilla dura más de tres días: ya que nos acostumbramos a ella, por lo que deja de serlo.

Ninguna mujer es fea, si se la mira por donde mea: frase que no necesita de ningún comentario.

Ninguna vela alumbra hasta que la ponen en el candelero y la encienden: por mucho talento que uno tenga, hasta no hallar un medio o protector, el trabajo hecho es perdido.

Ninguno dice su gloria: dejar a los demas que ponderen lo que se ha hecho dignamente.

Ninguno entiende de una ropilla mejor que un sastre: aconsejando buscar a los especialistas cuando hay que hacer algo.

Ninguno oye su ronquido, pero sí el de su vecino: nadie ve sus defectos, pero sí los ajenos.

Ninguno puede servir a dos señores: frase evangélica, que indica que el que ha de atender una obligación no puede comprometerse con otra.

Ninguno que beba vino llame a otro borracho: ya que todos podemos alguna vez caer en ese defecto.

Ninguno se embriaga del vino de casa: las cosas propias suelen gustar o agradar menos que las ajenas.

Ninguno vive sin pecado: la naturaleza humana es débil.

Ninguno vive tan pobre como nació: frase consolatoria para el que se queja de su pobreza.

(La) Niña bonita: forma de designar al número quince.

Niña de color quebrado, o tienes amor o comes barro: indicando que el amor en las mujeres se nota en la cara, y principalmente los disgustos y desamores.

Niñas, al salón: frase que se decía en los burdeles cuando había clientes o parroquianos suficientes.

Niñas de los ojos: persona o cosa de mayor cariño.

(El) Niño bendito que nació en Belén, que nos bendiga la comida y a nosotros también: bendición de la mesa.

Niño bien: hijo de familia rica, que siempre ha tenido de todo y al que se le ha consentido todo.

Niño bitongo: niño tonto, mimado, zangolotino.

Niño bonito: al que se le consiente todo.

Niño de pecho: el infante.

Niño de teta: el que es inferior a otro con mucha diferencia en alguna de sus cualidades.

Niño gótico: niño bien, que está muy consentido.

Niño pera: el de costumbres remilgadas.

Niño que no llora, no mama: dando a entender que se deben pedir las cosas con cierta insistencia, para poder conseguirlas.

(Los) Niños vienen siempre con un pan debajo del brazo: dicho y creencia popular, que se supone que, los niños al nacer, sus padres van a tener trabajo o bienes, para poderles alimentar, criar y sacar adelante.

Niños y gente loca, la verdad en la boca; cuerdos y sabios, la mentira en los labios: ya que los primeros, al desconocer realmente el alcance de la verdad, no dudan en decirla, al revés que los otros, que la meditan y ven su alcance, por lo que la experiencia les aconseja decir la mentira.

(Los) Niños y los tontos siempre dicen las verdades: por no saber engañar, ni ver la trascendencia que puede tener la mentira.

Nivel de calidad: la mejor calidad que se ha conseguido y establecido como indicador, aumentándola, y en ocasiones cueste lo que cueste.

Nivel de vida: calidad en la vida de una persona.

No abrir la boca: callar cuando se debía hablar.

No aclararse ni con lejía: tener las ideas confusas.

No acordarse de la madre que lo ha parido: no tener recuerdo de nada absolutamente.

No acordarse del santo del nombre: no querer recordar a la persona con la que se está enojada.

No acostumbrado a hacer antesalas: ser refractario a pedir nada ni adular a nadie.

No adelantar un palmo de tierra en alguna cosa: adelantar muy poco o casi nada.

No aguantar moros en la costa: no consentir la presencia de personas aviesas.

No aguantar, o sufrir, ancas: ser poco tolerante, no consintiendo burlas, bromas o injurias.

No aguantar, o sufrir, pulgas: no tolerar ofensas o vejámenes.

No aguantar una avispa en los cojones: tener muy poco aguante, ser poco comprensivo.

No ahorrarse con nadie, ni con su padre: atender a su propio interés. Decir libremente su sentir sin guardar respeto a nadie.

No alabes ni desalabes hasta siete Navidades: se debe suspender el juicio acerca de las personas o cosas, hasta que no sean conocidas perfectamente.

No alcanzar más allá de sus narices: tener poca inteligencia y alcances.

No alcanzar, o no llegar, la sal al agua: estar falto de recursos, no tener lo suficiente para su manutención.

No altercar sobre tanto más cuanto: no enfadarse por cosas de poca monta.

No andar con pataratas: no hacer tonterías, no perder el tiempo inútilmente.

No andar descaminado: ir bien orientado en algún asunto.

No andarse con, o en, chupaderitos, o chupadorcitos: no andarse con tonterías.

No aparecer ni muerta, ni viva: no hallarla por ninguna parte.

No apearse del burro: mantener tercamente su opinión.

No arrendarle las ganancias: se dice cuando a una persona se le advierte que los resultados de algo no van a ser positivos.

No arriendo tus escamochos: modo de decir que uno está muy escaso de bienes.

No arrugársele el ombligo: no sentir temor por algo.

No así como, o no como quiera: con que se denota ser más regular o común aquello de que se habla.

No asiento tus escamochos: significa que uno se halla tan escaso de bienes que no puede sobrarle nada.

No atar los perros con longaniza: dícese donde las cosas no son tan fáciles como se expresan.

No atar, ni desatar: hablar sin concierto, no resolver ni determinar nada.

No atender a razones: no escuchar razonamientos.

No ates la boca al buey que trilla: dicho bíblico con que se denota que al que trabaja se le debe aprontar su recompensa.

No atravesar los umbrales: no entrar en alguna casa.

No atreverse a chistar: a decir nada, a replicar.

No atreverse a decir a uno: buenos ojos tienes: no atreverse a hablar.

No azotan a quien tiene espaldas: indicando que no hay quien se atreva con las personas que tienen buenos padrinos.

No bullir pie, ni mano: permanecer inmóvil, como muerto.

No cabe duda: expresión con que se afirma lo que se ha dicho.

No cabe más: indica haber llegado al último grado de perfección.

No caber alguna cosa en alguno: no ser capaz para ella.

No caber de contento o de gozo: tener excesiva alegría.

No caber de pies: haber demasiada gente en alguna parte.

No caber el corazón en el pecho: no poder sosegar por ira o por pesar.

No caber en el pecho una cosa: no saber guardar el secreto de ella.

No caber en el pellejo: estar muy gordo. Muy contento.

No caber en este mundo: ser muy soberbio y vano.

No caber en la cabeza, o en la mente: no comprender alguna cosa.

No caber en la camisa: estar muy satisfecho y orgulloso.

No caber en sí: tener mucha soberbia o vanidad.

No caber en sí de gozo, o de contento: sentir un gran placer por alguna cosa.

No caber en toda la casa: estar enojado el dueño de ella y alborotarse con todos.

No caber más: queriendo expresar que una cosa es excelente en su estilo.

No caber un alfiler: dícese cuando hay gran aglomeración de personas.

No caberle a uno el corazón en el pecho: estar muy sobresaltado o inquieto por pesar o ira. Ser magnánimo.

No caberle en la cabeza, o sesera: no poder comprender algo.

No caberle una paja por el culo: aludiendo a los presumidos y afectados, que van tiesos luciéndose en los actos oficiales u otros actos protocolarios.

No cabíamos al fuego y entró el abuelo: tras que éramos pocos parió la abuela.

No caer en el plato: dícese cuando el que está comiendo se dirige a la persona que pretexta un motivo para ausentarse.

No caer en saco roto una cosa: tenerla en cuenta.

¡No caerá esa breva!: no será cierta tanta dicha.

No caerse a alguno una cosa de la boca: repetir mucho lo mismo.

No caérsele de la boca una cosa: hablar de ello constantemente.

No caérsele los anillos: no avergonzarse de hacer algo, o llevar a cabo alguna acción por dificultosa que sea.

No caérsele los pantalones: no ser una persona muy vieja.

No caérsele una cosa de entre las manos: traerla siempre con ellas.

No calentar el asiento: durar poco donde está.

No cantar bien dos gallos en un gallinero: frase que indica lo mal que se avienen dos que a la vez quieren imponer su criterio o prestigio.

No casarse con nadie: conservar la independencia de su opinón o actitud.

No casarse ni con su padre: atender a su propio interés, no ceder en nada.

No causar ni frío ni calor: ser totalmente indiferente.

No chuparse el dedo: no ser tonto.

No cocérsele a uno el bollo, o el pan: inquietarse por decir, hacer o saber lo que se desea.

No cocérsele el pan en el cuerpo: experimentar gran inquietud por hacer, decir o averiguar lo que se desea.

No colar alguna cosa, o noticia: no ser creída.

No comas judías cuando hayas de andar entre gente de cortesía: frase jocosa que indica que ese manjar tan exquisito produce flatulencias, teniendo que ser expulsadas al exterior, produciéndose los consiguientes sinsabores.

No comer buenas migas juntos: avenirse bien con otro, con su trato y amistad.

No comer el pan de balde: ganar con el trabajo el sustento.

No comer pan: las cosas inútiles que se conservan y no ocasionan ningún daño o molestia.

No comer pan a manteles: señal de luto y duelo.

No comer por haber comido, no es enfermedad de peligro: se dice a las personas que al sentarse a la mesa no tienen apetito, por haber comido con anterioridad.

No comer un huevo por no perder la cáscara: con que se moteja al cicatero.

No comerá mucho quien come mucho: por lo poco sano que es darse con habitualidad grandes atracones.

No comerle a uno el pan las gallinas: llegar tarde al paraje donde camina.

No comerse una rosca, no jalarse ni un rosco: no conseguir lo que se propone, principalmente en lances amorosos.

No comment: sin comentarios.

No comprender ni torta: no enterarse de nada.

No conducir a ninguna parte: ser inútil.

No conocen el trigo todas las aves: no es dado a todos saber mucho.

No conocer al rey por la moneda: ser pobre.

No conocer ni el abecé: tener muy pocos conocimientos, ser un ignorante.

No conocer la a: no saber leer, ser muy ignorante o estúpido.

No conocer la cara al miedo, o a la necesidad: no tener miedo a ello.

No conocer rey ni roque: no temer a nada ni a nadie.

No conocerle ni la madre que lo parió: expresión que denota lo desfigurada que está una persona.

No conocérsele el pan: forma de explicar la inquietud que se tiene hasta hacer, decir o saber lo que se desea.

No consentir, o no sufrir cosquillas: ser mal sufrido o delicado de genio.

No consentir que le toquen el pelo de la ropa: no permitir que le ofendan.

No consentir que le toquen ni un cabello: no permitir que lo injurien.

No contar con la huéspeda: olvidar lo principal del asunto.

No creas: locución elíptica que da a entender que no es descaminado lo que va a enunciar.

No creas al que de la feria viene, sino al que a ella vuelve: las cosas tienen que ser creídas, no por lo que se dice, sino por lo que se vuelve a hacer.

No creas que fulano es manco: que no puede defenderse.

No creas que me chupo el dedo: se dice al que toma a una persona por tonta.

No creas que es, o soy, manco: que no se puede defender.

No crece el río con agua limpia: raras veces las grandes riquezas son adquiridas por medios legítimos y honestos.

No criar moho alguna cosa: tenerla en continuo movimiento.

No creo más que lo que veo: ver y creer.

No cubrirle el pelo a alguno: no poder medrar.

No criarle, o no hacerle, postema una cosa: dícese del que sin dilación y con gran franqueza manifiesta las quejas o resentimientos que se tienen de él.

No crucen las vías: cartel visto en nuestras estaciones de trenes.

No dar abasto: verse superado por el trabajo.

No dar chispas a alguno: no sacar partido de él.

No dar chispas el pedernal: en el hombre, haber perdido parte de la potencia sexual.

No dar cuenta de su persona: no saberse nada acerca de su existencia o paradero.

No dar dos higas por una cosa: despreciarla.

No dar en el clavo: no acertar nunca.

No dar espacio de un bocado a otro: rapidez en el comer.

No dar frío ni calor: quedarse igual, impertérrito.

No dar golpe, ni chapa, ni un palo al agua: dícese del vago.

No dar la talla: no llegar a un determinado baremo.

No dar más de sí: no poder rendir ya más.

No dar ni clavo, o ni chapa: no hacer absolutamente nada.

No dar ni cuerda al reloj: se dice de las pesonas cicateras.

No dar ni frío ni calor una cosa: expresa la indiferencia con que se toma un asunto.

No dar ni la hora: ser un tacaño.

No dar ni los buenos días: se dice de la persona muy tacaña.

No dar ni golpe: no trabajar, estar mano sobre mano.

No dar ni una: no hacer nada bien, no acertar nada.

No dar ni una mala noticia: se dice de las personas miserables.

No dar, o estimar, un higo por una cosa: desestimarla, despreciarla.

No dar oídos, o negar oídos: no permitir que se le hable de determinada cosa o persona.

No dar palotada: no acertar en cosa alguna. No haber empezado una cosa encargada.

No dar paso: no hacer gestiones para el desempeño de algo.

No dar paz a la mano: no cesar en aquello que se ha emprendido, trabajar sin descanso en ello.

No dar pellada: estar parada una obra.

No dar pie con bola: desatinar, equivocarse muchas veces.

No dar pie, ni patada: no hacer nada.

No dar puntada: dejar sin tocar una cosa o negocio.

No dar puntada en alguna cosa: no tener instrucción ni conocimiento en ella.

No dar señales de vida: no conocer el paradero de una persona, no saber nada de ella en mucho tiempo.

No dar su brazo a torcer: no ceder, mantenerse firme en su dictamen.

No dar un palo al agua: no hacer absolutamente nada.

No dar una a derechas: no acertar nunca.

No dar una cosa frío ni calor, o calentura: mirarla con indiferencia.

No dar una en el clavo: no acertar.

No dar una gota de agua: ser excesivamente avaro.

No dar una sed de agua: pondera la miseria o falta de compasión que no da el menor alivio al que se halla en una necesidad.

No dar una voz más alta que otra: hablar siempre de forma baja y sosegada. Ser muy tranquila una persona.

No darle la gana, o la real gana: no querer hacer una cosa.

No darle, o no importarle, un pepino: no hacer caso de nada.

No darle vela en este entierro: no tener autoridad o autorización para intervenir en algo.

No darse manos a una cosa: poder apenas ejecutarla, aun dedicándose a ella con el mayor afán.

No darse por entendido, o enterado: no contestar a lo que se pregunta, o no hacer caso de alguna alusión.

No darse por vencido: el que no ceja en una empresa, poniendo todo el empeño por sacarla adelante.

No darse punto de reposo: no parar un momento.

No dársele a uno un higo: no importarle nada una cosa.

No dársele dos chitas de una cosa: no importale un bledo de alguna cosa.

No dársele un ardite: expresa el poco valor en que se estima o se tiene una persona o cosa.

No dársele un bledo: no hacer caso.

No dársele un cuarto: no importarle.

No dársele un higo: no importarle nada.

No dársele un pepino: despreciar o no hacer caso de una cosa.

No dársele un pito: no hacer ningún caso de alguna cosa.

No deber nada una cosa a otra: no ser la una inferior a la otra. Estar en paz.

No deber ni un alfiler: no tener que agradecer nada.

No deberse nada: estar todo pagado, o en paz.

No decir "buenos ojos tienes" a uno: no dirigirle la palabra, no hacerle caso.

No decir esta boca es mía: callar.

No decir hacer y erres: no hablar cuando conviene.

No decir malo ni bueno: no contestar. No decir su sentir.

No decir ni mu, ni pío, o esta boca es mía: no hablar.

No decir nunca jamás: forma de indicar que no se debe decir que nunca puede suceder u ocurrir un suceso.

No decir, o no hablar, palabra: callar o guardar silencio, no repugnar ni contradecir lo que se propone o pide. No dar razón suficiente en lo que se habla.

No decir, o no responder, un sí ni un no: callar por completo.

No decir oste ni moste: no decir nada.

No decir una cosa por otra: no faltar a la verdad.

No decirle nada: no agradarle nada una cosa o persona.

No decirle por ahí te pudras: no hacer el más mínimo caso a una persona.

No decirlo a sordo ni a tonto: ejecutar una cosa el que estaba deseando ponerlo en práctica.

No decirlo a sordos: dar noticias a quien las oye con gusto.

No decirlo a sordos ni a perezosos: ser ejecutada una cosa prontamente, apenas se ha indicado.

No dejar caer en saco roto: no echar una cosa al olvido.

No dejar caer una cosa al suelo: tenerla siempre consigo.

No dejar clavo, ni estaca en pared: llevarse todo lo que había en una casa.

No dejar criar moho una cosa: gastarla prontamente.

No dejar de echar buen pelo: no ser a propósito aquello de que se trata para llegar a hacerse rico.

No dejar de la mano: continuar sin parar.

No dejar entrar en juego: no dejar meter baza.

No dejar estaca en la pared: arrasarlo o destruirlo todo.

No dejar hacer baza: no dejar meter baza. En el juego de naipes, no nacer ni una jugada de un juego.

No dejar hueso sano a uno: murmurar descubriendo todos los defectos. Pegarle una paliza.

No dejar la ida por la venida, o por la vuelta: pretender con eficacia ir y venir de un sitio a otro, para comer o beber algo, actualmente visitas constantes al frigorífico.

No dejar lugar a dudas: tener toda la razón en su exposición o actuación.

No dejar meter baza: no dejar a otro que hable.

No dejar nada en el tintero: decir o escribirlo todo, sin reservarse nada.

No dejar ni a sol, ni a sombra: perseguir a todas horas.

No dejar ni los rabos: no dejar absolutamente nada.

No dejar ni resollar: no dejar tranquila un instante a una persona.

No dejar ni un cabo suelto, o por atar: no omitir ningún requisito indispensable para ejecutar algo.

No dejar ni una camisa a uno: arrebatarle todo.

No dejar, o no quedar, piedra sobre piedra: forma de destrucción completa de una edificación, plaza, etc.

No dejar, o no quedar, títere con cabeza: forma de ponderar el destrozo o desbarajuste total de una cosa.

No dejar piante, ni mamante: no dejar vicho viviente.

No dejar piedra por mover: no omitir diligencia alguna.

No dejar por sentar el pie en el suelo a uno: tenerle siempre ocupado sin dejarle descansar.

No dejar respirar: no dejar en paz a una persona, atosigarla insistentemente.

No dejar roso, ni velloso: totalmente, sin excepción.

No dejar sentar el pie en el suelo: no permitir un rato de descanso al que está trabajando continuamente.

No dejar títere con cabeza: expresión con que se pondera la destrución o desbarajuste total de una cosa.

No dejar un hueso sano: dar una gran paliza, hacer una crítica total a una persona, dejándole en pésima situación.

No dejar una cosa de la mano: continuar en ella con empeño y sin intermisión.

No dejar vado ni portillo: tomar todas las precauciones o medidas para la consecución de un asunto.

No dejar verde ni seco: destruirlo todo sin excepción.

No dejar vivir: no dejar en paz a una persona por meterse continuamente con ella.

No dejarle tarjeta Salomón: equivale a decir que una persona es tonta, poco avisada.

No dejarse albardar: no consentir los abusos o intemperancias de otro.

No dejarse ensillar: no sujetarse a otro. No dejarse dominar.

No dejarse montar: en las hembras, no dejarse que cohabiten con ellas.

No dejes para mañana lo que puedas hacer hoy: invitando a ejecutar las cosas cuanto antes, ya que al día siguiente no se sabe si van a poder hacerse.

No desearás la mujer de tu prójimo: mandamiento de la ley de Dios, expresando respeto por todas las mujeres.

No descoser, o no despegar los labios: no hablar.

No desechar ripio: no perder ni malograr la ocasión.

No despegar la boca, los labios: no pronunciar ni una palabra.

No despintarsele una persona o cosa: locución empleada por los buenos fisonomistas para expresar que se conserva el vivo recuerdo de ella.

No desplomarse: trabajar poco.

No despintarse a uno alguna persona o cosa: reconocerle aunque lo haya visto pocas veces.

No digamos: expresión con que se da a entender que no es completamente exacto o seguro lo que se afirma, pero le falta muy poco para serlo.

No digamos que digamos. Algunos añaden: **pero tampoco digamos que digamos:** fórmula familiar para indicar que no se exagera nada de lo que se ha dicho.

No digas chorradas: invitar a callar al que está diciendo tonterías.

No digo nada: forma de callar lo que no se quiere manifestar. Cuando existe una comparación y se ha ponderado a uno, se omite con esta frase lo que se pudiera decir de la otra.

No distinguir de colores: confundir cosas o personas.

No distinguir lo blanco de lo negro: ser tan ignorante que no conozca las cosas por claras que sean.

No dolerle prendas: ser fiel cumplidor de sus obligaciones. Ser generoso, que no le duelen gastos para lograr un intento.

No dolerse de sus carnes: trabajar sin descanso y hasta con menoscabo de su salud.

No dormirse en las pajas, o entre las pajas: estar en vigilancia, aprovechar las ocasiones.

No dormirse entre los laureles: estar siempre en observación para no tener que ser sorprendido.

No echar en saco roto: recoger una cosa que se oye para usarla oportunamente.

No echar una cosa en olvido: tenerla presente.

No echarse nada en la bolsa, o en el bolsillo: no tener utilidad alguna.

No eches tu dinero en bolsa con agujero: no emplees tu dinero en negocios problemáticos, o muy dudosos, ya que se perderán como en bolsa con agujero.

No embota el saber la lanza: el arte de las armas no está reñido con el conocimiento de las ciencias o las artes.

No embotar la lanza: no servir de obstáculo.

No en mis días: de ningún modo lo hago.

No encontrar agua en el Ebro: dícese del que todo le sale mal, saliéndole las cosas al revés.

No encontrar ni vivo, ni muerto: no encontrar de ninguna forma lo que se está buscando.

No encontrarse para un remedio: ser imposible, o muy difícil hallarlo.

No ensuciar, que no hay quien limpie: dícese de las personas que hacen muchos proyectos sin tener medios para llevarlos a cabo.

No entender el abecé: ser muy ignorante.

No entender de grajas peladas: se dice al que no le gusta hacer o creer algo por miedo al engaño.

No entender la música: hacerse el desentendido de lo que no tiene cuenta oír.

No entender ni paga: no comprender absolutamente nada.

No entrar a uno alguna cosa: no creerla, no aprenderse una lección el estudiante.

No entrar de los dientes adentro: repugnar algo.

No entrar la lengua en el paladar: hablar excesivamente.

No entrar ni con calzador: ser muy estrecha una cosa para poder entrar en algún sitio; generalmente se dice de la ropa femenina, que tiene algunas tallas menos.

No entrar ni salir en una cosa: no intervenir, no tomar parte en ella.

No entrarle a uno los dientes adentro, una persona o cosa: tenerle repugnancia.

No entrarle a uno una persona: desagradarle o serle antipática o repulsiva.

No entrarle en la cabeza: no entender una cosa.

No entrarle ni una bala: estar una persona muy abrigada.

No entrarle por el ojo una persona: ser antipática, no tener confianza en ella.

No entrarle una cosa: no ser de aprobación o agrado, repugnar.

No eres más tonto porque no te entrenas: se dice a la persona que normalmente es tonta.

No es bueno que el hombre esté solo: frase bíblica, por lo que es conveniente la compañía y necesaria para su complemento humano.

No es cada día agosto, ni vendimia: expresión que da a entender que todos los días no son de regocijo.

No es cada día Pascua, ni Santa María: no ser todos los días fiesta.

No es cosa: valer poco.

No es de hacer, o hacerse una cosa: no ser lícito o conveniente lo que se va a ejecutar.

No es de mi rodea: no ser de la misma condición que una persona, o no pensar igual.

No es de sabios dejar lo cierto por lo dudoso: la prudencia aconseja hacer lo que se sabe o se conoce.

No es Dios viejo: esperanza de lograr en adelante lo que una vez no se ha logrado.

No es gallina buena la que come en casa y pone fuera: satiriza a las personas que ocasionan las molestias en un sitio y dejan las ganancias en otro.

No es hombre todo el que mea en pared, porque el perro mea también: manera jocosa de indicar que no todos los hombres son realmente hombres, dicho en todos los sentidos.

No es lo mismo decir moros vienen, que verlos venir: existiendo gran diferencia entre un testigo de oídas, a otro presencial.

No es lo mismo ir a Alcalá, que hablar con el ordinario: marca la diferencia entre conocer una cosa a ciencia cierta que saberla de oídas.

No es lo mismo decir "Gabino, ven" que "venga vino": juego de palabras.

No es lo mismo saber para sí, que para los demás: hay personas que no saben enseñar o comunicar lo mucho que saben.

No es lo mismo ser que parecer: muchas veces las apariencias engañan, y actuamos de diferente manera a como lo decimos.

No es lo que sabe: no ser todo lo que se aparenta.

No es mal ardid entrar riñiendo donde os van a reñir: buena forma de no recibir ningún reproche o regañina; mi mujer lo expresa de una forma muy gráfica, indicando entrar en un sitio dando patadas al gato.

No es mal sastre el que conoce el paño: úsase más frecuentemente para dar a entender que alguno supera en astucia, picardía, etc., descubriéndose lo acontecido.

No es más limpio el que más limpia, sino el que menos ensucia: exhortando a la limpieza en su principio, que es no ensuciar.

No es más tonto porque no se entrena: dicho actual indicando que siempre hasta la tontuna se puede mejorar.

No es miedo, es precaución: ser prudente, aunque la gente lo juzgue como cobardía.

No es moco de pavo, ni excremento de cigüeña: es de estimar lo que otro cree despreciable. Dicho infantil, exhortando las cosas buenas.

No es mucho errar a un celemín tres cuartillos: expresión irónica por la que se satiriza a una persona que, pretendiendo acertar, se ha separado de la verdad.

¡No es nada!: cosa que causa extrañeza y que no se juzgaba tan grande.

¡No es nada lo del ojo!, y se añade: **y lo llevaba en la mano:** cuando se recibe un daño grande, no dándolo importancia.

No es nada; que del humo llora: empléase con el objeto de quitar importancia a alguna cosa que pudiera tenerla.

No es oro todo lo que reluce, ni harina lo que blanquea: no es bueno todo lo que parece serlo.

No es poeta el que bebe agua: ya que este elemento no aguza el ingenio.

No es por el huevo, sino por el fuero: es decir, no es por lo que pueda valer una cosa, sino por defender los derechos o los fueros.

No es raro que la mujer se venda, pero el amor no se vende en la tienda: producto que no se puede adquirir, nace de algo espiritual, y se mantine con buen trato y cariño.

No es tan feo el diablo como le pintan: expresión de que una cosa no es tan mala como se suponía, o el peligro que amenazaba, o no es tan grave como se creía.

No es tan fiero el león como lo pintan: indicación de que una cosa no es tan peligrosa como se creía.

No es tiempo de matar abades: indica que no es el momento de ejecutar una cosa, recomendando paciencia hasta que llegue la ocasión oportuna.

No es todo cantar cuando ruido suena: no hay que fiarse de las apariencias.

No es todo el sayo alforjas: expresa que en todo hay excepciones.

No es villano el de la villa, sino el que hace villanía: en todos los sitios y estados hay gente de mal proceder.

No escupir alguna cosa: ser aficionado a ella.

No está el horno para hacer bollos: no encontrarse de buen humor.

No está el mal en vivir, sino en haber vivido mal: indicando hacer un género de vida del que no haya que arrepentirse.

No está el palo para hacer cucharas: no encontrarse en buena forma.

No está gracia en casa: de una persona disgustada o de mal humor.

No está hecha la miel para la boca del asno: no todas las cosas están hechas para todas las personas, hay personas que no son sensibles para percibir o gustar de algo determinado.

No están bien dos pobres en la misma puerta: no es bueno pretender dos personas lo mismo, ya que se estorban.

No estar alguna cosa en los libros de alguno: serle extraña una cosa o en desacuerdo, no tener conocimiento de ella.

No estar bien con sus huesos: cuidar poco de su salud.

No estar bien de la azotea: no ser una persona muy cuerda.

No estar bien de la perinola: no andar bien de la cabeza.

No estar con todos sus alfileres: no tener buen humor.

No estar de gracia: disgustado, de mal humor.

No estar descalzo: no ser pobre como parece. Tener protectores.

No estar desnudo: ser acomodado.

No estar el horno para hacer bollos, o tortas: tener mal humor. No haber oportunidad o conveniencia para hacer una cosa

No estar en el mapa una cosa: ser desusada y extraordinaria.

No estar en la cartilla, o libro, alguna cosa: ser irregular, fuera de lo ordinario.

No estar en los libros: ser extraña una materia, o pensar de distinta materia.

No estar en sus cabales: estar trastornado.

No estar gracia en casa: con que se expresa que una persona está disgustada y de mal humor.

¡No estar la Magdalena, o la Verónica, para tafetanes!: no estar de buen humor, con ganas de hacer lo que se le pide.

No estar la masa para sobada: no tener buen humor.

No estar muy a río lleno con...: no estar nada contento con...

No estar muy allá: no estar muy bien, o muy buena.

No estar muy católico: no encontrarse bien.

No estar nada más que para sopitas y buen vino: dícese de la persona que, por su edad, necesita que se le trate con mayor cuidado.

No estar para chanzas: estar de mal humor.

No estar para comer jiguillo: para bromas o fiestas.

No estar para dar migas a un gato: no tener ánimos ni fuerza para entender una cuestión o resolver un asunto.

No estar para echar gatos al Ebro: no hallarse sobrado de intereses.

No estar para esos trotes: no poder realizar muchos esfuerzos o trabajos, generalmente por ir para viejo.

No estar para fiestas: estar enfadado o no gustar lo que se propone.

No estar para firmar: estar borracho.

No estar para gracias: estar muy disgustado o de mal humor.

No estar para muchos trotes: no tener buena salud, y no poderse permitir ciertos esfuerzos.

No estar por la labor: no tener intención de hacer alguna cosa.

No estimar en dos ardites: no valer nada una cosa.

No estirar el brazo más de lo que dé la manga: no gastar más de lo que se tiene.

¡No faltaba más!: expresión usada para rechazar una proposición por absurda o inadmisible.

¡No faltaba más día de fiesta!: aplícase a una situación comprometida, cuando se suma alguna circunstancia que la empeora.

No faltar hebilla, o hebilleta: ser perfecto, que se tiene todo lo necesario para hacer algo.

No faltar sino sarna que rascar: gozar de la salud y conveniencias que necesita una persona.

No faltar un ardite: no faltar nada.

No faltar un cabello: no faltar ni la parte más pequeña de una cosa.

No faltarla más que ladrar: motejando a una mujer de avispada, astuta, etc.

No faltaría más...: expresión de cortesía al agradecimiento o declinación hacia un favor. Pretensión inadmisible.

No fiarse ni de su sombra: ser muy desconfiada.

No fiarse ni un pelo: no confiar en nadie ni en nada.

No figurativo: dícese del arte abstracto y del artista que lo cultiva.

No fue ni visto, ni oído: cuando una cosa se hace con presteza.

No ganar para sustos, o para disgustos: dícese cuando se suceden frecuentemente temores o sobresaltos.

No ganar un palmo de terreno: adelantar muy poco o casi nada en alguna cosa.

No gastar buenas pulgas: tener mal genio.

No gastar la pólvora en salvas: poner medios inútiles y fuera de tiempo para un fin.

No guiñarse bien: andar siempre riñendo.

¡No ha de dar pocas vueltas el mundo!: que aún tiene que acontecer multitud de cosas.

No ha de faltar rey que nos mande, ni papa que nos excomulgue: aconsejando conformarse con la obediencia, ya que siempre tendremos que obedecer a alguien.

No ha de valerle ni la paz ni la caridad: indicando que el aludido no ha de salvarse, que su destino no tiene remedio.

No ha de ver la cara de Dios: dicho de pésames, al que ha sido en esta vida un malvado.

No ha lugar: expresión que indica que no se accede a lo que se quiere.

No ha lugar a deliberar: forma habitual de la proposición que en las Cortes y otras asambleas se hace para atajar el curso de un asunto.

No ha nacido quien: frase que indica que por el momento no hay nadie que supere a la persona de que se está hablando.

No haber bicho viviente: absolutamente nada.

No haber chácharas máncharas: no admitir evasivas ni subterfugios.

No haber cristiano que...: no haber nadie que...

No haber cojones: frase referida a una actitud de cobardía.

No haber color: no ser comparable algo.

No haber dado golpe en su vida: no haber trabajado nunca.

No haber de qué: no tener motivo o razón.

No haber de quedar para simiente de rábanos: tener que morir.

No haber dios que...: no haber nadie que...

No haber echado a alguno paja ni cebada: no conocerlo.

No haber entre dos personas, o no tener, un sí ni un no: conformidad de voluntades y pareceres en los que viven juntos o se tratan.

No haber en qué tropezar: no tener dificultad en alguna cosa.

No haber forma de hacer: no ser posible hacer algo.

No haber hombre con hombre: con que se da a entender la discordia, o falta de unión entre varias personas.

No haber inventado la pólvora: ser muy corto de alcances.

No haber levas con uno: no haber para él subterfugio.

No haber lugar: declarar que no se accede a lo solicitado.

No haber manera: ser imposible hacer algo.

No haber más: lo sumo, lo excelente.

No haber más cáscaras: no existir otro remedio.

No haber más cera que la que arde: no haber más de lo que se ve.

No haber más chinches que la manta llena: existir gran cantidad de cosas molestas y perjudiciales.

No haber más cojones, más huevos: necesidad de soportar algo fastidioso o molesto.

No haber más Dios, ni más Santa María para alguno: no haber para él nada mejor.

No haber más narices que: necesidad imperiosa de hacer algo o resignarse.

No haber más que cuatro gatos: escasa concurrencia en una reunión.

No haber más que decir: haber dicho la última palabra.

No haber más que pedir: no faltar nada. Ser perfecta una cosa.

No haber más remedio: ser necesario.

No haber matado una mosca en su vida: ser una buena persona que no ha cometido ningún desmán en su vida.

No haber menester acólito: no necesitar ayuda.

No haber modo de: no haber manera.

No haber nacido del polvo: haberse criado en buenos pañales, o en buena cuna; no ser menos que otra persona.

No haber nacido para primo: no tener condiciones para dejarse engañar de los demás.

No haber nada que rascar: no haber acontecido nada.

No haber necesidad de abrir, ni cerrar ningún libro: ser una cosa tan clara, que no se necesita estudio o meditación.

No haber ni señal: ni el más pequeño indicio.

No haber ni sombra: absolutamente nada.

No haber, o no quedar, lanza enhiesta: ser enemigo de riñas y contiendas.

No haber, o no tener, apelación: no tener remedio una cosa.

No haber, o no tener, más remedio: tener necesidad ineludible de hacer una cosa.

No haber, o tener, más huevos: no haber más remedio.

No haber oído campanas: falta de conocimiento en las cosas comunes. De forma parecida se puede decir: **oír campanas y no saber dónde**.

No haber oído misa una moneda: ser falsa.

No haber pan partido entre dos: tenerse estrecha amistad.

No haber para un bocado: ser muy escasa la comida, o no haber cantidad suficiente.

No haber para un remedio: no tener absolutamente nada.

No haber para uno Dios, ni Santa María, que una cosa: tenerle excesivo amor o cariño.

No haber para untar un diente: tener poca comida.

No haber pariente pobre: el que teniendo que gastar lo hace sin reparo.

No haber perdido el viaje: se dice cuando, al ejecutar algo, sale otra ventaja o beneficio que no se esperaba.

No haber por dónde coger: cuando se ha estropeado algo y es irrecuperable.

No haber quebrado, o roto un plato, en su vida: no haber cometido nunca un fallo o falta.

No haber quien le tosa: quien compita con él.

No haber quince años feos: la juventud suple en las mujeres la carencia de hermosura.

No haber remedio, o no tener remedio algo: tener necesidad de hacer o sufrir una cosa.

No haber roto un plato en su vida: ser una buena persona, no haber cometido una fechoría nunca.

No haber tal cosa: ser falso lo que se dice.

No haber tales carneros: ser mentira lo que se dice.

No haber tanto más cuanto: no fijarse en minucias, en cosas que no vale la pena molestarse por ellas.

No haber visto el mundo más que por un agujero: tener poco conocimiento del mundo.

No haber visto la cara al enemigo: no haberse hallado nunca en una acción de guerra.

No haberlas visto más gordas en su vida: no tener noticia o conocimiento de lo que se trata.

No haberle echado paja ni cebada: no conocer o no haber tratado al sujeto de quien se habla o se pide informe.

No habérselas visto más gordas: no tener noticias o conocimiento de aquello de que se trata.

No habérsele perdido nada en…: aplícase a los entremetidos, no tener que estar o figurar en aquello de que se trata.

No hablar palabra: guardar silencio.

No hablarse: estar enemistados.

No hacemos moneda falsa: para indicar que no hay inconveniente en que otros oigan lo que se está tratando.

No hacen viejos los años, sino otros daños: indicando que la vejez no tiene por qué ser mala; lo que hace malo ha sido la mala vida, los excesos y los vicios, que al llegar a cierta edad es cuando se notan más, saliendo a relucir.

No hacer al caso: no importar.

No hacer algo a humo de pajas: llevar a cabo algo por su cuenta y razón.

No hacer cosa a derechas: errarlo todo.

No hacer cosa con cosa: no hacer nada sensato o correcto.

No hacer cosa que hieda: ningún disparate.

No hacer cuenta de alguna cosa: no apreciarla.

No hacer humo: no permanecer mucho en un sitio.

No hacer mal a un gato: ser pacífico, benigno.

No hacer nada a derechas: no hacer bien las cosas.

No hacer nada bueno en toda su vida: ser una persona maligna.

No hacer ni caso: no obedecer.

No hacer ni fu ni fa: ser indiferente.

No hacer otra cosa que traer y llevar: dícese de los que son chismosos y enredadores.

No hacer una cosa así como así: no hacerse o suceder tan fácilmente como pudiera creerlo alguien.

No hacer usanza nueva en el mundo: no cambiar las cosas de como están.

No hacérsele postema una cosa: equivale a no guardar rencor a una persona.

No hagas mal, que es pecado mortal; ni bien, que es pecado también: lema de las personas indiferentes.

No hagas todo lo que puedas, ni gastes todo lo que tengas, ni creas todo lo que oigas, digas todo lo que sepas: máximas de prudencia.

No hallar agua en la mar: no conseguir lo más fácil de lograr por las circunstancias que sean.

No hallar pelo ni hueso: no encontrar absolutamente nada de lo que se buscaba.

No hallarse uno: estar uno violento. No encontrarse a gusto en algún sitio.

No hará casa con azulejos: con que se moteja al dilapidador y holgazán.

No hay asqueroso que no sea escrupuloso: consciente de sus inmundicias, piensa que las de los demás le puedan llegar a él.

No hay atajo sin trabajo: todo trabajo necesita esfuerzo y preocupación.

No hay bien, ni mal, que cien años dure: se dice todo ello como consuelo. Algunos añaden: **ni cuerpo que lo aguante**.

No hay buena acción sin premio: la recompensa debe hacerse cuando hay buenas obras.

No hay bueno, que no pueda ser mejor; ni malo, que no pueda ser peor: siempre en todas las cosas se puede mejorar o empeorar.

No hay calvo que no haya tenido buen pelo: dícese de las personas mayores, que, al carecer de ciertas facultades, no quiere decir que nunca las hayan tenido.

No hay cebada para tantos asnos: expresión burlesca y familiar que se emplea cuando se presentan a comer inesperadamente en una casa muchas personas.

No hay cielo sin nubes: no hay nada que no tenga una mácula o defecto.

No hay cojones que valgan, o no hay coplas que valgan: frase para indicar lo inútil de cualquier excusa.

No hay contra un padre razón: aunque se equivoque un padre, un hijo no tiene por qué hablar mal de él.

No hay cosa como untar la carreta para que no chirríe: indica que el modo más eficaz de tapar la boca a alguien es comprarlo con dádivas.

No hay cosa con cosa: estar todo revuelto.

No hay cosa más barata que la que se compra: indicando que los regalos suelen salir más caros, al tener que agradecerlos y pagarlos con otros favores o servicios.

No hay cosa tan costosa como la que con ruegos se compra: porque siempre se tiene que estar agradeciendo lo que un día se consiguió de dicha manera.

No hay cuesta arriba sin cuesta abajo: después de las cosas desagradables, suelen acontecer las agradables.

No hay cuidado: frase figurada, indicando que se conocen claramente las intenciones de la otra persona.

No hay daño que no tenga apaño: no existe problema que no tenga solución o remedio.

No hay de qué: contestación a una persona que da las gracias por haber recibido algo.

No hay derecho: muletilla que se dice cuando se hace o nos mandan algo que no nos gusta.

No hay derecho contra Derecho: que la fuerza no se debe imponer al ejercicio de la ley.

No hay dos dedos de la risa al cuchillo: indicando la proximidad de la alegría y el dolor.

No hay dos sin tres: creencia popular que indica que cuando acontece por segunda vez alguna cosa, siempre hay una tercera, ya sea buena o mala.

No hay en esta vida carga más pesada que tener la conciencia cargada: el que tiene la conciencia tranquila puede llamarse feliz.

No hay enemigo chico, o pequeño: enseña a no menospreciar a nadie.

No hay estreñido que no muera de cámaras: la mezquindad viene a ser causa de que una persona se venga a gastar más de lo que piensa.

No hay felicidad completa: ya que siempre hay algo que la nuble.

No hay feria mala: ya que lo que uno gana otro lo pierde.

No hay función sin fraile: forma de criticar a las personas amigas de estar en todas las fiestas.

No hay función sin tarasca: con que se critica a las personas que asisten a todas las fiestas y diversiones.

No hay gallina que no escarbe: todos tenemos inclinaciones innatas a nuestra naturaleza y condición.

No hay generación sin mujer loba, o sin ladrón: indicando que no hay estirpe sin mácula o tacha.

No hay haz sin envés: queriendo expresar que siempre hay dicha y desdicha, que no todo en la vida es únicamente bueno o malo.

No hay hombre cuerdo a caballo: indica la gran dificultad, para proceder con templanza, del que está en disposición de propasarse por las circunstancias habidas.

No hay hombre tonto para su provecho: con esta frase se expresa que nadie es tan tonto como para hacerse de menos, hacerse daño, o para perjudicarse.

No hay ira sobre la ira de una mujer: indica que los enfados de las mujeres suelen ser más terribles que los de los hombres.

No hay joven fea, ni vieja hermosa: dicho que no es muy real por haber de todo en los dos casos.

No hay lenguaje más expresivo que el del palo: contra los que no quieren escuchar razones.

No hay llanto sin paño: no existe mal tan grande que no encuentre algún alivio.

No hay mal que cien años dure: para indicar que lo acontecido pasará pronto; los pesimistas añaden: **ni bien que cien años dure.**

No hay mal que por bien no venga: forma de expresar la ilusión cuando existe una desgracia, indicando que vendrá otra buena.

No hay manjar que no empalague, ni vicio que no enfade: sobre los excesos de todas las cosas.

No hay más cera que la que arde, o alumbra: que no hay más que lo que hay.

No hay más que abrir los ojos y mirar: gran perfección y estimación de una cosa.

No hay más que decir: ponderar lo que se alaba o vitupera.

No hay más que ver: excelencia de una cosa.

No hay mayor pena que perder una mujer buena: ya que las mujeres siempre son la alegría y la compañía de un hombre.

No hay mayor satisfacción que una buena comida y una buena digestión: lo dicen los amantes de la buena mesa.

No hay medalla que no tenga reverso: no hay nada que no tenga su parte triste o adversa.

No hay mejor defensa que un buen ataque: forma de defenderse atacando, para que el contrario se olvide de lo que nos estaban diciendo.

No hay mejor desprecio que no hacer aprecio: ya que la indiferencia molesta al ofendido al máximo.

No hay mejor doctrina que la de la hormiga: predicar con el ejemplo es lo mejor.

No hay mejor espejo que la carne sobre el hueso: eso lo dicen algunas personas amantes del buen yantar.

No hay mejor lotería que el trabajo y la economía: aconsejando el trabajo y el ahorro para poder prosperar.

No hay mejor maestra que necesidad y pobreza: lo que la necesidad obliga a hacer constituye una enseñanza que no se olvida nunca.

No hay mejor razón que la del palo: la persona que no hace caso de las advertencias debe ser castigada.

No hay mejor remiendo que el del mismo paño: lo que no se puede hacer por su propia mano es conveniente dejarlo y no encargárselo a otro.

No hay mejores prólogos que los más cortos: los antecedentes de un asunto deben exponerse brevemente.

No hay miedo que ocurra, o suceda…: modo de asegurar que no se realizarán las sospechas o temores que se sospechan.

No hay miel sin hiel: no existen solamente cosas agradables. No hay cosas buenas sin su contraprestación negativa.

No hay misas como las de cuerpo presente: la presencia del interesado vale más que las recomendaciones que se puedan hacer.

No hay mujer tan buena como la de los demás: sabido es que la fruta del huerto ajeno siempre es más rica y codiciada que la del propio, aun teniendo ambas un sabor muy parecido.

No hay nada escrito sobre eso: lo que se niega y que otra persona da por cierto.

No hay nada nuevo bajo el sol, o bajo la capa del cielo: indica que todo ya ha acontecido, y que no se pueden esperar cosas nuevas.

No hay nada tan tímido como una mala conciencia: porque al culpado todo le asusta.

No hay narices: incitación a ejecutar algo.

No hay, o no tienes, cojones: no tener hombría para hacer o decir una cosa. Provocación para incitar a hacer una cosa.

No hay, o no tienes, huevos: igual que lo anterior.

No hay olla sin tocino: indica que no está perfecta una cosa si falta lo sustancial. Se utiliza para motejar al que habla siempre de lo mismo.

No hay orejas para cada martes: se advierte que no es fácil salir de los riesgos cuando frecuentemente se repiten o se buscan.

No hay palabra mal dicha, si no fuese mal interpretada: con que se reprende a los maliciosos, que ordinariamente interpretan mal lo que se ha dicho sin malicia.

No hay para pan y compramos musgo: zahiere al que, careciendo de lo necesario, gasta el dinero en cosas superfluas.

No hay paso perdido si se hace con buena intención: lo que se hace de buena fe suele obtener su recompensa.

No hay pecado sin pena, ni bien si galardón: todo acto humano debe recibir su castigo o recompensa en proporción de lo que se ha hecho.

No hay peor cuña que la de la misma madera, o del mismo palo: indicando que ninguno es peor para enemigo que el que ha sido amigo, compañero, familiar, etc.

No hay peor saber que no querer: el que se excusa de hacer lo que le piden, pretextando ignorancia.

No hay peor sordo que el que no quiere oír: ya que una cosa es oír y otra escuchar.

No hay peor tiranía que la de los subalternos: cuando los inferiores descubren faltas de los superiores, suelen abusar de su secreto.

No hay peor venta que la vacía: ya que al no tener público no es de fiar.

No hay perdición en el mundo que por mujer no venga: basándose en los males que nos vienen por Eva.

No hay pérdida sin queja: lógica condición humana de quejarnos algo de lo que perdemos.

No hay pero que valga: modo familiar de regañar al que se resiste a hacer alguna cosa que se le pide.

No hay perro, ni gato que no lo sepa: dícese de lo que es sumamente conocido.

No hay plazo que no se cumpla y deuda que no se pague: a todo le llega su tiempo y su momento.

No hay pobreza peor que el ser soberbio y jugador: ya que dichas condiciones arruinan el trato con los demás y el dinero propio.

No hay por dónde cogerlo: quedar completamente maltrecho.

No hay problema: modismo, como que no pasa nada o todo se puede hacer.

No hay prenda como la vista, ni bebida como el aguardiente: exhortando las excelencias de ambos.

No hay procesión sin tarasca: dícese de la persona que está siempre en todas las diversiones.

No hay prudencia que resista al engaño: disgusta ser engañado, invitando a la venganza.

No hay puente sin cagada: no hay cosa que no tenga su defecto por pequeño que sea.

No hay que ahogarse en poca agua, como Juan de Porras: enseña a no acobardarse ente el peligro, cuando éste es menor de lo que a primera vista parece.

No hay que buscar los cinco pies al gato, cuando sólo tiene cuatro y rabo: no rebuscar cosas complicadas, en lo que es sencillo por naturaleza.

No hay que comerse el conejo antes de haberlo cazado: se dice al que, sin haber empezado una cosa, ya la da por terminada, disfrutando de ella.

No hay que confundir la gimnasia con la magnesia: ya que muchas veces se confunden cosas muy dispares.

No hay que confundir la velocidad con el tocino: indicando que hay personas que confunden las cosas por falta de conocimientos o de prestar la atención debida.

No hay que darle vueltas: expresión familiar para indicar que una cosa, se la mire por donde se la mire, siempre se llegará al mismo resultado.

No hay que empezar la casa por el tejado: que las cosas deben hacerse siempre por el principio.

No hay que esperar a que nos caiga el maná del cielo: hay que hacer las cosas sin esperar que nos las den resueltas.

No hay que estirar el brazo más de lo que dé la manga: referido a los gastos, no hay que gastar más de lo que se tiene.

No hay que exprimir demasiado el limón: porque al final amarga.

No hay que hacer caso de medios días (noches), habiendo días (noches) enteros: expresa que se debe dar y prestar atención a lo principal, dejando lo secundario.

No hay que hacer, o eso no se tiene que hacer: dificultad a ejecutar lo que se propone.

No hay que mezclar las churras con las merinas: ovejas de raza distinta y de características diferentes, por lo que no deben ser mezcladas ni comparadas.

No hay que pasarse de listo: debiendo actuar siempre con sencillez.

No hay que pedir peras al olmo: no hay que esperar de los demás nada más que lo que ellos tienen o pueden dar.

No hay quien hable más libremente que la pluma: porque lo escrito no se sonroja.

No hay quien pueda: expresión que indica la imposibilidad de hacer algo. Ser una persona inigualable.

No hay quince años feos: la juventud de la mujer a esa edad siempre es bella.

No hay quinto malo: superstición pasada a dicho, que indica que lo que va en quinto lugar no puede ser malo.

No hay regla sin excepción: no hay principio que no se falsee alguna vez.

No hay rodea sin pelea: donde se juntan muchos suele haber alguna desavenencia.

No hay rosas sin espinas: siempre hay algo que enturbia la alegría.

No hay sábado sin sol, mocita sin amor ni vieja sin dolor: coplilla muy conocida, que expresa la alegría del sábado y al amor de las mozas.

No hay sino vivir, por ver: cuando se extraña una cosa.

No hay tal amor como el de Dios Nuestro Señor, ni tal compañía como la imagen de la Virgen María: exhortando el amor y cariño de ambos.

No hay tal cosa: no es cierto.

No hay tal madre como la que pare: encarece el amor de la madre verdadera.

No hay tal maestro como fray ejemplo: indica que la mejor forma de predicar y decir las cosas es con el ejemplo, y que las regañinas por un oído entran y por otro salen.

No hay tal razón como el bastón: la persona que no hace caso de las reconvenciones tendrá que ceder al lenguaje del castigo.

No hay tales borregos o carneros: negación absoluta.

No hay terciopelo que no se arrastre por el suelo: todos tenemos que pedir alguna vez favores, y tenemos que doblegarnos.

No hay tierra mala si le viene su añada: ya que si tiene una buena cosecha, no hay nada malo.

No hay "tío" páseme el río: no hay tu tía.

No hay tonto para su provecho: indicando que cada uno mira por la defensa de sus intereses.

No hay tu tía: no hay remedio. Expresión familiar que da a entender que no debe tener esperanza de conseguir lo que desea.

No hay vasija que mida los gustos: sobre gustos no hay nada escrito.

No hay villa sin su maravilla: ya que en todos los lugares hay cosas preciosas y maravillosas.

No hay vuelta sin revuelta: para conseguir algo es preciso sufrir.

No hay zorra con dos rabos: con que se indica la imposibilidad de adquirir o hallar una cosa que, siendo única en su especie, ha dejado de existir física o moralmente.

¡No haya más!: exclamación para poner paz entre los que riñen.

No henchir el ojo: dícese de lo que no agrada a simple vista.

No hincar el pico: ser un vago de siete suelas.

No hincarla: no trabajar, no dar ni golpe.

No holgar la madera: trabajar incesantemente.

No importa, no se le da, no vale un comino, o un caracol vacío: poca estimación de alguna cosa.

No importar, o no montar, una paja: manera de despreciar alguna cosa por inútil o de poca entidad.

No importar, o valer, un ardite: no importar casi nada.

No importar, o valer, un bledo: despreciar una cosa.

No importar un clavo, o un comino: merecer poco aprecio.

No importar una blanca: no importar un bledo.

No importar una cosa, o no un ardite: de poco valor.

No importar una guinda: no importar un bledo.

No ir a bodas: no divertirse, sino a trabajar.

No ir a ninguna parte: carecer de importancia.

No ir en zaga: no ser inferior a otro en alguna cosa.

No ir por ahí los tiros: no ser eso lo que una persona se propone, no ser ésas sus intenciones.

No ir una punta de alfiler de…: haber poca diferencia entre ellas.

No irle ni venirle nada una cosa: no importarle o no tener un gran interés en ella.

No irse de rositas: llevar su merecido.

No irse por los pies una cosa: tenerla asegurada.

No írsele las marchanas: no inmutarse, no acobardarse.

¡No jodas!: frase de asombro o sorpresa. En tono achulado para manifestar burla, desprecio o incredulidad.

¡No jodas, que incomodas!: expresión de incredulidad o burla.

¡No jorobes!: no jodas.

No juzguéis y no seréis juzgados: no debiendo entremeterse en las actuaciones de los demás.

No la conoce ni la madre que la parió: desfigurar mucho una cosa.

No la hagas y no la temas. Algunos agregan: **y nunca hizo la cama:** indica que el que tiene la conciencia tranquila no tiene por qué temer que se le eche nada en cara.

No las tiene todas consigo: tener algún pesar o estar temeroso de alguna cosa.

No le alcanzan galgos: ponderar la distancia de algún parentesco.

No le arriendo la ganancia: verse expuesto a algún riesgo o castigo.

No le comerán el pan las gallinas: llegar tarde.

No le duelen prendas: no perdonar gasto ni diligencia para conseguir alguna cosa. Ser muy generoso.

No le falta más que hablar: dícese de la escultura o pintura que parece casi real, como si viviese.

No le falta más que ladrar: dícese del que es sumamente listo y astuto.

No le falta nada para rabiar: se dice de los castigados por la desgracia.

No le fiaría un saco de alacranes: con que se pondera la gran desconfianza que se tiene de una persona.

No le hace: no importa. No es obstáculo.

No le mueve un terremoto: dícese de las personas que no se conmueven ni alteran por nada.

No le, o te, caerá esa breva: no tendrás esa suerte.

No le oye ni el cuello de su camisa: dícese del que habla tan bajo que apenas se le entiende lo que dice.

No le pesa haber nacido: el que presume de su gentiliza y otras prendas.

No le salva ni la paz ni la caridad: se dice para ponderar el estado de abatimiento y postración de una persona.

No le vale ni la bula de Meco: no han de valerle ni los mayores privilegios.

No le valen coplas: no excusan pretextos.

No levantar cabeza: estar atareado, especialmente en leer y escribir. No acabar de convalecer de una enfermedad. No salir de la pobreza.

No levantar los ojos: mirar al suelo por modestia.

No levantar un palmo del suelo: ser de pequeña estatura.

No llega tarde quien llega: indica que es mejor hacer las cosas que no llegar a ejecutarlas.

No llegar a comer el turrón: forma de indicar que una persona va a morir muy pronto.

No llegar a la suela del zapato: ser muy inferior a otro.

No llegar a pájaros nuevos: forma de expresar que una persona va a morir en muy poco tiempo.

No llegar al gallinero: no llegar a su completo desarrollo el niño débil o enfermizo.

No llegar al suelo una cosa: repararla, notarla inmediatamente.

No llegar al zancajo: haber mucha distancia de una persona a otra.

No llegar al zapato de alguno: no poder compararse con él.

No llegar la camisa al cuerpo: estar con zozobra teniendo un mal suceso, tener gran miedo.

No llegar la sal al agua: estar falto de recursos.

No llegar la sal al guisado: no alcanzar lo que se pretende, en especial tratándose de dinero.

No llegar la sangre al río: en son de broma, da a entender que una disputa no tendrá consecuencias graves.

No llegar una persona, o cosa, a otra: no igualarla.

No llegará a hacer huesos viejos: dícese de lo que se presume que ha de morir joven.

No llegarle a los talones: ser inferior, no poder compararse ni competir con una persona.

No llegarle la camisa al cuerpo: tener miedo.

No llevar al matrimonio más que su cuerpo: dícese de la persona que se casa sin tener nada, o llevar dote.

No llevar camino una cosa: no ser aceptada.

No llevar, o no tener, una cosa pies ni cabeza: carecer de orden y concierto.

No llevarlas, o no tenerlas, todas consigo: tener recelo o temor al ejecutar algo.

No lloran todos los ojos en un día: no acontecen desgracias a todos el mismo día y a la vez, sino que hay para todos en ocasiones diferentes.

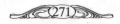

No lloraré yo sus duelos: expresión cuando se pronosticó a alguien que ha de tener muchos pesares.

No llores aunque que te veas con las tripas en las manos: dicho que se decía a los niños cuando lloraban por alguna tontería.

No lo digo por tanto: se indica que no ha habido mala intención al usar las palabras que el interlocutor ha llevado a parte mala.

No lo echaréis en saco roto: no se olvidará.

No lo entenderá Galván: ser una cosa muy intrincada.

No lo gasta mi majo: manera de indicar que a uno no le agrada una cosa.

No lo ha de fiebre, sino de siempre: indica que la conducta de una persona obedece a su natural carácter, y no a las circunstancias del momento.

No lo mueve ni el carro de la basura: dícese de los indolentes que no tienen estímulo alguno.

No lo mueve ni una yunta de bueyes: aplícase a la persona perezosa, que no trabaja nada por mucho que se le diga.

No lo puede estomagar: no le puedo tragar, ser antipático.

No mamarse, o no chuparse, el dedo: no dejarse engañar.

No más: nada más, justamente.

No me barra los pies, que entonces no me caso: preocupación madrileña, absurda a todas luces.

No me beso en la cara porque no puedo: autoestima al límite.

No me cuente usted su vida, o su caso: indicando que no quiere oírse lo que otro va a decirle, por estar esperando una queja o malas venturas.

No me da la gana, o la real gana: frase imperativa que indica que no se quiere hacer una cosa.

No me dejará mentir: afirmación de una cosa atestiguando con quien lo sabe, o con cosa que lo prueba.

No me digas, que se me caen las ligas: expresión achulada de incredulidad.

No me hagas hablar: amenaza de decir lo que se conoce, callándose por lo que pueda pasar.

No me hagas reír: usado en tono achulado para manifestar burla, desafío o incredulidad.

No me hagas reír, que se me mueve el bigote: forma de manifestar burla, desafío, incredulidad; dicho chulesco.

No me hagas tanto que...: forma de amenazar al que persiste en hacer una cosa molesta.

¡No me jodas, que estoy rezando!: expresión de incredulidad o burla.

No me lo puedo creer: forma de expresar la no creencia de una cosa por fácil de comprensión que sea.

No me meto en nada: lo dice el que quiere sincerarse de no tener parte en una cosa.

No me pasa por los reales: no me da la gana, no quiero.

No me toque el culo que corre el contador: frase achulada de algunas mujeres, indicando a un hombre que no la toque, ya que no está al servicio de cualquiera, como los taxis.

No me toques que no soy vihuela: expresión con que indican las mujeres a los hombres que se estén quietos y que no tengan las manos tan largas.

No me vengas con alicantinas, o jaculatorias: con tretas, astucias o engaños.

No me vengas con gaitas zamoranas: equivale a decir que no nos molesten con tonterías, o cuentos.

No me vengas con que aquí las puse: no admitir excusas.

No merece descalzarse: se dice de uno que es muy inferior a otro.

No merece el pan que se come: dícese de la persona poco trabajadora, que con su trabajo no se gana el salario que le dan.

No meterse en dibujos: abstenerse de hacer o decir más de lo que corresponde.

No meterse en libros de caballería: no meterse en dibujos.

No meterse en teologías: hablar llanamente, sin meterse en materias arduas que no se han estudiado.

No meterse nada en el bolsillo, o en la faltriquera: obrar con honradez, desinteresadamente.

No mirar la cara: indicar falsía o mala intención.

No mirar la cara a alguno: tener enojo con él.

No miréis el moco, sino de dónde cuelga: aconsejando conocer las cosas en profundidad, y no por la mera visión o por los primeros conocimientos.

No mondar nísperos: no ser ajeno a la materia de que se trata. Estar ocioso en ocasiones determinadas.

No monta, o no vale, un comino: desprecio de una cosa por su poco valor.

No montar un cabello: ser de muy poca importancia.

No morderse los labios: decir lo que se siente sin embarazo.

No morir de cólico cerrado: suele decirse de las personas gastadoras o habladoras en demasía.

No morir de cornada de burro: rehuir el peligro por pequeño que sea.

No mover pestaña: no pestañear.

No mover un dedo: no hacer absolutamente nada.

No moverse ni una rata: referido al orden público, estar todo el mundo tranquilo, sometido, sin desórdenes.

No movérsele el cuajo: no preocuparse por nada.

No necesitar corchos para nadar: poderse valer por sí mismo y sin necesidad de auxilio ajeno.

No necesitar ungüentos el que no tiene lacras que encubrir: el que obra noble y rectamente no tiene que valerse de encubridores para tapar sus faltas.

No obligar el ayuno: antiguamente, cuando había bulas para el ayuno y abstinencia, se decía de la persona que había cumplido sesenta años de edad, encontrándose libre de ejecutar estos preceptos.

No obstante: a pesar de.

No ofende quien quiere, sino quien puede: las ofensas en ocasiones se vuelven contra el ofensor.

No oírlo el cuello de la camisa: hablar con voz casi imperceptible.

No oler bien alguna cosa: ser sospechosa de encubrir daño o fraude.

No oler ni el pan caliente: no tener olfato. Ser poco avisado.

No osar uno aparecer a campo abierto: el que escribe con seudónimo, por no atreverse a dar el suyo por miedo de ser conocido.

No parar: eficacia o viveza con que se ejecuta o solicita una cosa.

No parar en casa, o en su casa: estar casi siempre fuera de ella.

No parar en ninguna parte: cambiar de habitación con frecuencia, estar de viaje continuamente.

No parar mientes en una cosa: no fijarse en ella.

No parar ni a sol ni a sombra: no estarse quieto en ningún sitio.

No pararle nada en la boca: frase jocosa con que se expresa tener buen apetito.

No pararse en barras: atropellar por todo.

No pararse los coches: no tener amistad.

No parecer costal de paja: parecer bien a una persona otra del mismo sexo.

No parir, o no querer parir: no dar más de sí una cuenta por más que se repasa.

No partir un rayo: tener una salud a prueba de bomba, estar fuerte como un roble.

No pasar días por uno: mantenerse de aspecto joven a pesar de los años.

No pasar los años por una persona, o en balde: representar menor edad de la que en realidad se tiene.

No pasar por algo: no consentir o tolerar algo.

No pasar por la tela del juicio: ni siquiera pensar en algo determinado.

No pasarle por el pensamiento: no ocurrírsele, no pensar en ella.

No pecar de ignorante: hacer una cosa con conocimiento o después de advertido para no hacerla.

No pedir pan una cosa: no suponer ningún gasto ni molestia.

No pegar golpe, o ni chapa: no hacer absolutamente nada.

No pegar ni clavo: no hacer el trabajo que se tenía obligación.

No pegar ni con cola: ser notoriamente una cosa incongruente con otra, no venir a cuento.

No pegar ojo, o los ojos: no poder dormir en toda la noche.

No pegar pestaña, o las pestañas: no dormir.

No pegar un palo al agua: no hacer absolutamente nada.

No peinarse una mujer para uno: no ser para el hombre que la solicita.

No pensárselo dos veces: actuar rápidamente y con decisión.

No perder comba: aprovechar cualquier ocasión.

No perder de vista: estar observando con toda la atención.

No perder ripio: escuchar atentamente todo lo que se dice, sin perderse un detalle.

No perderá por su pico: con que se nota al que se alaba jactanciosamente.

No perderán por ello casamiento: forma de indicar que uno no desmerece por hacer alguna cosa que se juzga impropia.

No pesar una paja: cosa ligera o de poca sustancia.

No perder comba: no desaprovechar ninguna ocasión favorable. No perder un detalle.

No perderá por su pico: el que se alaba jactanciosamente.

No perderá por eso su casamiento: no perder uno su estimación por hacer alguna cosa.

No perder de vista: observar a uno sin apartarse de él; seguir con suma vigilancia una cosa.

No perder punto: proceder con la mayor atención y diligencia una cosa.

No perder ripio: no malograr la ocasión, estar siempre atento captándolo todo.

No perderá su pico: frase con que se nota al que se alaba jactanciosamente.

No perderse detalle: estar muy atento.

No perderse nada: estar muy atento, observando todo lo que pasa.

No perdonar ni las raspas: ser persona intransigente.

No pesar una paja: se dice de todo lo que es sumamente ligero.

No pesarle haber nacido: presumir de gentileza, hermosura y otras prendas.

No pestañear, o sin pestañear: mirar con suma atención.

No pinchar ni cortar: tener poco valimiento o influencia. No tener solvencia.

No pintar nada: no tener importancia una persona.

No pisar la calle: no salir de casa.

No pitar una cosa: no dar el resultado que se esperaba de ella.

No poder coger ni con pinzas: estar muy sucio, o en un estado que causa repugnacia.

No poder con alguno: no poder sujetarle ni meterle en razón.

No poder con la bula: estar sin fuerzas.

No poder con la chucha: estar dominado por la pereza.

No poder con su alma: estar muy cansado.

No poder con sus huesos: estar rendido de fatiga.

No poder consigo mismo: estar aburrido, o estar muy cansado.

No poder dar migas al gato: significa estar en las últimas y, también, valer bien poco.

No poder dar paso, o un paso: no poder andar, o no poder adelantar en un intento.

No poder decir de este agua no beberé: invitando a no hacer aseveraciones gratuitas, negando cualquier ejecución de hechos determinados.

No poder hacer baza con alguien: no poder congeniar o estar acordes.

No poder hacer carrera con, o de alguno: no poderlo convencer a que haga lo que debe.

No poder más: estar muy fatigado o no poder continuar. No tener tiempo para terminar una cosa.

No poder menos: ser necesario, preciso.

No poder ni con su alma: estar muy cansado, totalmente agotado.

No poder parar: estar muy inquieto, desazonado por dolor o cuestión molesta.

No poder por menos: no poderse evitar algo.

No poder remediar algo: no poderlo impedir.

No poder ser más negro el cuervo que las alas: no tener que temer mayor mal por haber sucedido lo peor que podía suceder

No poder tragar, o atravesar, a alguno: tenerle aversión.

No poder ver a uno: aborrecerle.

No poder ver a uno ni pintado, o ni en pintura: aborrecerle hasta el extremo de no poder verle ni oírle.

No poderse coger ni con tenazas: frase usada para encarecer la suciedad.

No poderse lamer: en estado agudo de embriaguez.

No poderse tener en pie: tener gran debilidad o cansancio.

No poderse valer: no poder evitar el daño que le amenaza. Tener impedido algún miembro.

No poderse valer con alguno: no poderle reducir a lo que debe ejecutar.

No poderse ver ni en pintura: tenerse dos personas una gran antipatía, odio.

No poner la ropa donde la mee el gato: quien quita la ocasión, evita el peligro.

No poner los pies en el suelo: caminar con gran velocidad.

No poner los pies en una parte: no ir a ella.

No ponérsele nada por delante: atropellar por todo sin reparar en ningún incoveniente.

No por mucho madrugar amanece más temprano: indica hacer las cosas a su tiempo, sin precipitarse.

No por mucho paño se corta mejor un vestido: el mérito de las obras está en la mano del artífice.

No prestes a quien prestó... que te hará pasar por lo que pasó y no pasó: consejo para los que piden dinero.

No probar bocado: no haber comido absolutamente nada.

No pudrírsele una cosa en el pecho: no tardar en decirla.

No puede haber gracia donde no hay discreción: contra los tontos que se las dan de ocurrentes y graciosos.

No quebrarse: se dice del que trabaja poco y con desgana.

No queda más que coser y cantar: estar todo preparado para poder hacer una cosa.

No quedar a deber nada: corresponder en obras o palabras.

No quedar cera en el oído: haber consumido todos sus bienes.

No quedar gota de sangre en las venas, o en el cuerpo a alguno: sufrir un repentino espanto.

No quedar hombre con hombre: quedar dispersas un conjunto de personas.

No quedar ni el apuntador: dejar desalojado totalmente un espacio. Gran catástrofe.

No quedar ni los rabos: quedar todo totalmente destruido.

No quedar, o no dejar, estaca en pared: arrasar o destruir todo.

No quedar, o no encontrar, remedio: ser muy difícil o imposible encontrarle.

No quedar, o no servir, ni para mozo de botica: quedar tan mal parada alguna persona que para nada puede servir.

No quedar, o no servir, para tapón de alberca: aplícase a la persona que queda gastada, o inútil, por haberse usado o trabajado mucho.

No quedar otro remedio: no haber otra solución.

No quedar perro ni gato: no haber absolutamente nadie.

No quedar piedra por mover: intentar todos los medios para lograr algún fin.

No quedar piedra sobre piedra: completa destrucción de una ciudad, edificio, etc.

No quedar por corta ni mal echada: poner o emplear todos los medios oportunos para conseguir una cosa.

No quedar títere con cara, o con cabeza: haber un gran destrozo general de alguna cosa.

No quedar títere por mover: haber recurrido a todos los medios para conseguir alguna cosa.

No quedarle otra cosa: con que se asegura que lo que dice es cierto y no fingido.

No quedarse en zaga: no quedarse de los últimos, dando cumplimiento a lo que se ha de ejecutar.

No quedarse manco: no quedarse corto.

No quedarse uno con nada en el cuerpo: no omitir nada.

No querer cuentas con otro, o con nadie: no querer trato con él o con ninguno.

No querer cuentas con serranos: no querer ponerse en ocasión de reñir con gentes de malas cualidades.

No querer escupir a la puerta de la iglesia y orinarse en el altar mayor: contra los que aparentan escandalizarse de cosas leves o indiferentes.

No querer orinarse a la puerta de la iglesia y ensuciarse en el altar mayor: protestar por nimiedades, pudiendo ejecutar actos punibles.

No querer tomas ni dacas: evitar palabras molestas o discusiones.

No querer ver a alguien ni en estampa: no querer saber nada de él.

No quiero perro con cencerro: forma de explicar que no se quieren ciertas cosas que traen consigo más perjuicio que comodidad.

No quitar la vista: observar constantemente a una persona.

No quitar lo cortés para lo valiente: expresión familiar con que se da a entender lo compatible que son la educación y el respeto con la energía, para sostener y defender las convicciones o derechos que cada persona tiene.

No quitar los ojos: mirar con gran atención.

No quitar ni poner rey: no inmiscuirse en asuntos extraños.

No quitar pinta: parecerse mucho a otro no sólo en lo exterior, sino en el genio y forma de ser.

No quitarse el amargor de la boca: conservar resentimiento.

No rascar bola: no tener éxito, no sacar provecho de una situación.

No remendarse de viejo: se dice del liberal y gastoso.

No reparar en mesas, ni castañas o manteles: atropellar por todo.

No reparar en tanto más cuanto: úsase en las compras y ventas para ajustar o convenir en el precio o estimación de una cosa.

No reprendas a tu vecino el mal que por ti le vino: el causante de un daño no debe achacarlo a otro.

No resollar: no dar noticia de sí.

No retener nada en el estómago: ser fácil en decir lo que se le ha confiado. Estar delicado, devolviendo lo tomado.

No romper lanzas con nadie: ser enemigo de contiendas.

No romper ningún púlpito: ser muy corto de alcances.

No sabe, no contesta: apartado de las estadísticas que recoge los que no quieren contestar, o los que no saben la pregunta efectuada.

No sabe usted con quién está hablando: frase con que se dirige una persona a otra en plan de superioridad, cuando existe una pequeña discusión o controversia, considerándola inferior.

No saber a qué carta quedarse: dudar.

No saber a qué puerto echar: estar dudoso en la determinación a tomar.

No saber a qué santo encomendarse: no saber qué hacer en alguna situación complicada.

No saber cuál es, o dónde tiene, su mano derecha: ser incapaz y de poco talento.

No saber cuál es su pie derecho: no saber por dónde anda.

No saber cuántas son cinco: ser muy simple, desconocer hasta lo muy conocido.

No saber de la misa la media: no poder dar razón de una cosa. Ser muy ignorante.

No saber de sí: dícese del que tiene tanto trabajo, que no puede ocuparse un poco de sí mismo.

No saber dónde meterse: por gran temor o vergüenza ocasionada por algún acontecimiento.

No saber dónde tiene la cara: incapacidad de alguien en su profesión.

No saber dónde tiene la mano derecha: ser muy torpe.

No saber dónde tiene las narices: ser poco avisado y corto de alcances.

No saber dónde tiene los ojos: ser muy ignorante o inhábil en las cosas más claras y triviales.

No saber el abecé: ser muy ignorante.

No saber el Cristus: tener muy pocos conocimientos.

No saber hacer la o con un canuto: ser muy ignorante y atrevido en manifestar lo que no se conoce o sabe.

No saber la cartilla: el que ignora hasta lo más elemental.

No saber las declinaciones: ser sumamente ignorante.

No saber lo que se pesca: no saber dirigir sus operaciones por ser muy ignorante.

No saber lo que se tiene: tener un gran caudal.

No saber lo que se trae entre manos: no saber realmente lo que se está haciendo, y no tener capacidad para ello.

No saber nadie el alma de nadie: no ser fácil conocer las intenciones de una persona.

No saber ni a tocino aunque le unten: tener poquísimos conocimientos una persona.

No saber ni jota, ni torta: no saber absolutamente nada.

No saber ni la cartilla: tener muy pocos conocimientos.

No saber ni palotada, ni papa, ni patata, ni media palabra: no saber absolutamente nada.

No saber ni pío, ni un pimiento, ni pum: desconocerlo todo.

No saber ni por el forro: no saber nada.

No saber ni una jota: ser un ignorante completo.

No saber, o no enterarse, de lo que va la fiesta: no saber absolutamente nada.

No saber por dónde anda, o se anda: no tener capacidad para hacer lo que se le ha encargado.

No saber por dónde le da el aire: ser de carácter raro, extravagante, de reacciones inesperadas.

No saber por dónde van las tablas: ignorar aquello que se trata.

No saber por dónde vienen los tiros: no conocer exactamente lo que se quiere decir, ser persona poco avispada.

No saber qué yerba ha pisado: aplícase a la persona que todo le sale mal.

No saber quitarse los mocos: suma ignorancia de una persona.

No saber un carajo: tener muy pocos conocimientos.

No saber un coño de algo: tener muy poca idea.

No saber un Cristo: persona de pocos conocimientos.

No saber un palote: ser ignorante.

No saber una jota: ser muy ignorante.

No sacar nada en limpio, o en claro: no obtener una conclusión o un resultado positivo.

No sacar ni con pinzas: no poder averiguar lo que se quiere de una persona muy reservada o cauta.

No sacar otra respuesta que la de San Pedro: negar a todo lo que se pregunta.

No sacar punta a uno: no poderle enseñar, o hacerle comprender una cosa.

No sacarle ni con tenazas una palabra: ser una persona muy poco comunicativa.

No salió esa saeta de la aljaba: para dar a entender que la razón que uno dijo la tomó de otro.

No salir de azotes y galeras: no prosperar.

No salir de sota, caballo y rey: no tener más que lo indispensable. Dícese de la comida diaria, que siempre es lo mismo.

No salir de su paso: no cambiar la costumbre o modo de obrar.

No salir de sus trece: aferrarse a su opinión.

No salir de una para meterse en otra: tener continuamente mala suerte o contratiempos.

No salir de uno: silenciar. Ser sugerido por otro.

No salir del suelo, o no vérsele en el suelo: ser de corta estatura.

No salirle la cuenta: fallar sus cáculos y esperanzas.

No saludar: no dirigir a una persona la palabra.

No sé. Lo que no sabe es ladrar. Algunos añaden: **y eso porque no se estila, o se usa:** dícese del que contesta que no sabe a una pregunta hecha, y que es de sobra conocida.

No se alzó esta tapia para en la primavera echar la barda: muchas cosas se comienzan para más de lo que parece.

No se calla, así lo maten: expresión con que se zahiere al que tiene la costumbre de replicar o responder a todo.

No sé cuántos: no saber explicar su número.

No se dan palos de balde: indica que nadie obra sin interés y que gratis no se consigue nada.

No se ejecutan bien las venganzas a sangre helada: la venganza en el momento es más perdonable que la que se hace habiendo pasado algún tiempo, o a sangre fría.

No se entiende eso con uno: frase con que se denota que no nos corresponde una cosa que nos quieren implicar.

No se estima en un ardite: valer poco.

No se ganó Zamora en una hora: frase utilizada para recomendar paciencia, ya que las cosas importantes necesitan su tiempo para su consecución.

No se ha de contender con tres clases de personas: con las que sacan la cabeza por ventana de paño (los frailes); con las que se ponen los calzones por sombrero (las mujeres), y con las que hablan por boca del rey o de la ley (los ministros): los dos primeros siempre tienen argumentos a su favor, y los últimos invocan la ley, y... boca abajo todo el mundo.

No se hable más de ello: cortar la conversación, o dar por terminado un negocio o disgusto.

No se hable más de este enojoso asunto: dando por terminada la conversación sobre dicho tema.

No se hizo la miel para la boca del asno: las cosas delicadas son para las personas que las pueden apreciar.

No se irá por pies: tener asegurada una cosa.

No se lava más que cuando llueve: dícese de las personas que van siempre muy sucias, sin lavarse.

No se lavará con cuanta agua lleva el río: ponderación de la gravedad de alguna falta, no será fácil borrarla.

No se le caerá la venera: al que rehúsa hacer una cosa por orgullo.

No se lo sacarán ni con pinzas: dificultad en averiguar de una persona reservada o cauta lo que se desea saber.

No se me da un ardite: importa poco.

No se mueve la hoja en el árbol sin la voluntad del Señor: con que se denota que no se hacen las cosas sin un fin particular. Que todo se hace con el consentimiento de Dios.

No se opone: fórmula acomodaticia con la cual no se prohíbe una cosa, y temen no ser atendidos en su demanda.

No se perderá: al que no se descuida en lo que maneja.

No se perdona el pecado, si no se restituye lo quitado: contra los amigos de lo ajeno.

No se pierde más que la hechura: irónico al romperse una cosa de poco valor.

No se pierde más que una casa: se dice del matrimonio efectuado entre dos personas ruines, tontas, sucias, etc.

No se puede hacer tortilla sin romper huevos: indicando que para hacer algo hay que sacrificar alguna cosa.

No se puede mover ni con palancas: modo de dar a entender que no es fácil hacer desistir a una persona de su propósito.

No se puede pensar en todo: forma de justificarse cuando se ha olvidado algo.

No se puede repicar y estar en la procesión: dirigido a las personas que quieren estar en todos los sitios, y ser ellos los protagonistas de todo.

No se puede ser juez y parte: ya que es difícil juzgar y actuar con imparcialidad en las cosas que nos afectan.

No se puede tener todo en la vida: siempre hay algo que la oscurezca, pero esto es la sal y la pimienta.

No sé qué: algo que no se acierta a explicar.

No sé qué hacer: si ponerme a servir o tomar criada: se hace chacota con esta frase de los que titubean entre dos opciones, no se deciden por ninguna y al final lo pierden todo.

No sé qué te diga: indica desconfianza o incertidumbre de lo que a uno le dicen.

No se sabe lo que vale la salud hasta que se pierde: se añora entonces y se hecha de menos.

No se te saldrán las tripas por ahí: dícese en son de mofa al que se queja o hace aspavientos por alguna pequeña herida que se ha percibido.

No se va a poder: expresión que denota la falta de voluntad para atender una petición.

No se van los días en balde: manifestación de los efectos de la edad.

No se ve ni a jurar: estar muy oscuro un lugar, con luz muy escasa.

No se vive de lo que se ingiere, sino de lo que se digiere: exhortando a la templanza en la comida.

No se vive sólo de esperanza: sino de la realidad de la vida que hay que aceptar, y combatir los malos elementos introducidos en ella.

No sea cosa que: indica prevención o cautela.

No sea el diablo que…: temor de alguna cosa.

No sepa tu izquierda lo que hace tu derecha: aconseja que a las buenas obras hechas no se las debe dar publicidad.

No ser anca de rana: no tener un pelo de tonto.

No ser bien contada, o mal contada: tener malas resultas para él.

No ser bueno para dar migas a un gato: poco ánimo o condición que uno tiene para ejecutar una cosa.

No ser capaz de matar una mosca: ser una buena persona, inofensiva.

No ser carne, ni pescado; ni chicha, ni limoná: no ser ni una cosa ni otra. Persona que no tiene muy definido el sexo.

No ser cojo ni manco: ser muy inteligente y diestro en lo que se hace.

No ser cosa de: no ser conveniente u oportuno.

No ser cosa de nada: no tener importancia o valor alguno.

No ser cosa del otro jueves: ser un hecho o cosa insignificante.

No ser cosa del otro mundo: no ser extraña ni salir de la esfera de lo usual.

No ser de corcho: no ser insensible.

No ser de este mundo: estar totalmente abstraído de las cosas terrenales.

No ser de la misma cuerda: no ser de la misma opinión o carácter.

No ser de piedra: expresa que uno no puede resistirse en ocasiones a las tentaciones, cuando hay incitación manifiesta, principalmente referidas a las tentaciones de la carne.

No ser de risa o de broma: ser una cosa muy seria.

No ser dueño de alguna cosa: falta de libertad para obrar.

No ser dueño de sí mismo: no poder dominarse.

No ser el primero: forma que pretende excusar la acción de un sujeto, dando a entender que hay otros, o el que lo ejecuta lo tiene por costumbre.

No ser gran, o muy, diablo: no ser muy advertido o sobresaliente en su línea.

No ser grano de anís: tener importancia.

No ser hombre de hacer taza de plata: no ser capaz de llevar a cabo grandes y valiosos trabajos.

No ser hombre de pelea: carecer de ánimo o resolución.

No ser hombre para alguna cosa: ser cobarde o incapaz de ejecutar alguna cosa.

No ser la cosa para menos, o para tanto: tener razones o motivos suficientes.

No ser la primera zorra que se ha desollado: con que se nota estar adiestrado por la costumbre en hacer alguna cosa.

No ser la sombra de lo que era: haber decaído de sus aptitudes.

No ser mala mosca de caballo: dícese de las personas pesadas y machaconas, que no dejan ni a sol ni a sombra a uno.

No ser mancha de judío: expresión con que se desprecia las malas notas que se le ponen a una persona.

No ser manco: ser poco escrupuloso para apropiarse de lo ajeno.

No ser más que palabras: que en un altercado no ha habido cosa sustancial.

No ser misterio, o por falta de misterio: que una cosa no se hizo por casualidad, sino con motivos justificados.

No ser moco de pavo, ni pelo de gorrino: expresión infantil de cosa insólita y poco común.

No ser muy allá: no ser algo muy importante.

No ser muy diablo, o gran diablo: no ser muy listo.

No ser nada: expresión con que se pretende minorizar un daño.

No ser nada del otro jueves, o del otro mundo: no ser una cosa tan importante como parece.

No ser nadie: ser una persona insignificante.

No ser ni carne ni pescado: ser algo indeterminado, refiriéndose principalmente al sexo.

No ser ni chicha ni limoná: no tener un carácter determinado. No servir para nada.

No ser ni fu ni fa: no ser una cosa ni otra.

No ser ni la sombra de lo que era: haber perdido mucho de lo que era anteriormente.

No ser ni para silla, ni para albarda: ser totalmente inútil.

No ser ningún arco de iglesia: ser fácil.

No ser, o no parecer, saco de paja: merecer aprecio por sus cualidades.

No ser óbice: no existir ningún obstáculo, no haber ningún impedimento.

No ser para dar migas a un gato: ser un inútil, servir para poco.

No ser para los bigotes de uno: ser empresa superior a sus fuerzas.

No ser para menos: expresión con que se asevera que es fundada la vehemencia con que se celebra o se siente una cosa.

No ser para silla, ni para albarda: ser totalmente inútil.

No ser parte a, o para, conseguir una cosa: no bastar para ello.

No ser parte de la oración: no ser parte de una dependencia, no venir a cuento una cosa o propósito de lo que se trata.

No ser pepitoria: no tener una cosa pies ni cabeza.

No ser plan: no ser conveniente, oportuno.

No ser plato de su gusto: resultar desagradable.

No ser pocos: ser muchos.

No ser posible: haber una gran dificultad de ejecutar o conceder una cosa.

No ser puñalada de pícaro: no ser un asunto que corra mucha prisa resolverlo.

No ser quién: no ser nadie.

No ser rana: ser hábil y apto en una materia, sobresaliente en otro concepto.

No ser saco de nueces para vaciarse de golpe: contra los que nos incitan a decir de una vez lo que tenemos que contar.

No ser santo de su devoción: desagradar, no tener confianza en alguien.

No ser santo repicado: dícese del que el nombre es poco conocido.

No ser su sombra, o ni su sombra, de lo que era: haber degenerado o decaído por extremo, haber cambiado mucho desventajosamente.

No ser trigo limpio: forma de dar a entender que el proceder de una persona no responde a normas de moralidad, o que acusa algún defecto grave.

No ser un arco de iglesia: no ofrecer gran dificultad para su ejecución o desempeño.

No ser un grano de anís: no ser una cosa sin importancia.

No ser una cosa del otro jueves: no tener gran importancia una cosa o persona.

No ser una cosa sin misterio: haber sido hecha con motivos justos y reservados.

No ser una persona su sombra, o ni sombra de lo que era: haber degenerado o decaído en extremo.

No ser uno cojo ni manco: ser expirementado e inteligente en lo que se trata.

No ser uno de la cuerda del otro: no ser de su opinión o carácter.

No ser visto ni oído: cosa ejecutada con gran rapidez.

No ser zurdo: ser muy hábil en la materia de que se trata.

No servir ni a Dios ni al diablo: inutilidad de una cosa.

No servir más que para ocupar un asiento y desocupar un plato: dícese de las personas que son totalmente inútiles.

No servir para descalzar a uno: ser muy inferior a él.

No servir para nada: ser un inútil total.

No siempre ha de estar el diablo detrás de la puerta: no pensar, ni temer, que una cosa puede salir mal.

(El) No siempre se lleva consigo: por estar predispuestos a decir esa palabra, cuando se nos pide algo.

No sirvas a quien sirvió, ni pidas a quien pidió: expresando que en dichas circunstancias se conoce muy bien las condiciones y formas de dichas actuaciones.

No sólo de pan vive el hombre: frase evangélica, indicando que hay que prestar atención a las cosas espirituales, y no únicamente a las materiales.

No soltar la ampolleta: hablar con exceso, sin dejar que nadie tome parte en la conversación.

No soltar prenda: no decir lo que se conoce.

No soltar una perra: no dar ningún dinero, ser una persona muy agarrada.

No somos de piedra: teniendo sentimientos, vulgarmente se dice que no se pueden reprimir los instintos sexuales.

No somos nada: dicho de pésames. Algunos chulescamente añaden: **y menos en camiseta**.

No somos negros: cuando alguien trata mal de obra o de palabra.

No son ases todos los naipes: indicando que no todo son venturas y dichas en los aconeteceres de la vida.

No son buñuelos: no puede hacerse tan pronto.

No son hombres todos los que mean en pared, ya que los perros también: aconsejando no fiarse de las apariencias.

No son maestros todos los que son padres: para educar a los hijos hace falta tener unas condiciones que no siempre poseen los padres.

No soplar: haber perdido la potencia sexual.

No soy costal: no puedo decirlo todo de una vez.

No soy escopeta: indicando que no se es tan rápido como se apremia.

No subas para bajar, ni bajes para subir: axioma en la construcción de carreteras.

No sufrir ancas: ser poco tolerante.

No sufrir, o no tener, malas cosquillas: ser poco sufrido o delicado de genio.

No tan calvo que se le vean los sesos: aconseja evitar los extremos en cualquier asunto.

No tanto lilao con Santa Lilaula: indica que no deben mezclarse las cosas, porque luego se lo hace desmerecer.

No tanto pan como queso: demuestra la proporción que debe guardarse en las cosas para hacer un reparto justo.

No te ajunto: expresión de muchachos que se dicen cuando se han enfadado.

¡No te amola, o amuela!: expresión de no te fastidia.

¿No te digo?: muletilla con la que se indica que ya se sospechaba de lo que iba a pasar.

¡No te digo lo que hay!: expresión chulesca para manifestar desdén, burla, rechazo o incredulidad.

No te digo que te vayas, pero ahí tienes la puerta: invitando amablemente y con disimulo a que una persona se vaya.

No te digo que te vistas, pero ahí tienes la ropa: dícese del que se expresa sin decir las cosas claramente, sino con rodeos y dobles sentidos.

No te fíes de enemigo que duerme: para inspirar confianza al que trata de perjudicarse.

No te giba, jeringa, o jode: no te fastidia, o molesta.

No te he visto el pelo: no ver a una persona.

¡No te jode!: expresión de fastidio, enojo, desagrado, etc.

No te levanta ni el sursuncorda: frase familiar para exagerar que todos los esfuerzos humanos no son bastantes para salir de la posición azarosa en que se encuentra.

No te llevarás mi rosa: frase con que se expresa que aquello que se desea no se ha de conseguir.

¡No te lo crees ni tú!: frase empleada para rechazar, negar o burlarse de una persona.

No te metas a farolero sin saber estañar: expresando que no debe una persona inmiscuirse en asuntos ajenos, si no se tiene experiencia o conocimientos para poder solventarlos.

No te metas en lo que no te importa: indicando que cada uno debe preocuparse únicamente por lo suyo.

No te rasques que es de pobres: expresión para indicar que después de rascarse una persona, suele picar más.

No te sulfures: calma, no te irrites.

No te ufanes de tu bien ante los chicos; pero al envidioso, pásaselo por los hocicos: expresando que nadie debe vanagloriarse de sus bienes o virtudes, pero al envidioso hay que darle en las narices, para que vaya aprendiendo.

No te verás en ese espejo: no lograr lo que se intenta.

No te verás en otra: al que ha perdido la ocasión.

No temas mancha que sale con agua: no deben atemorizarnos los males que tienen fácil remedio.

No temer ni a Dios, ni al diablo: dícese de las personas que alardean de valor.

No temer rey ni Roque: no temer a nada, ni a nadie.

¡No tendrá frío ése!: al que han dado una gran paliza, o está borracho.

No tener abuela, o no necesitar: se dice del que suele alabarse a sí mismo, por ser las alabanzas costumbres de las abuelas para con sus nietos.

No tener adónde, o a quién volver la cara, los ojos o la vista: estar muy desvalido.

No tener alma: no tener genio, brío o pundonor.

No tener arte ni parte en una cosa: no tener nada que ver con ella.

No tener atadero: se dice de las personas que tienen poca formalidad.

No tener blanca: no poseer dinero.

No tener cabo ni cuerda alguna cosa: tener tantas dificultades que no se sabe cómo vencerlas.

No tener casa ni hogar: suma pobreza, ser un vagabundo.

No tener chapa: estar sin blanca.

No tener ciencia: ser una cosa muy simple y fácil.

No tener con qué hacer rezar, o cantar, a un ciego: ser muy pobre.

No tener conciencia: ser un desalmado.

No tener corazón: no tener compasión ni caridad.

No tener corazón para hacer, decir o presenciar alguna cosa: no tener valor bastante para ello.

No tener cosa suya: ser muy liberal o dadivoso.

No tener cuenta con alguna cosa: haber olvidado algo.

No tener cuento: abundancia de alguna cosa que parece no se puede numerar, que no se le ve el fin.

No tener cura: ser incorregible, igualmente tener una enfermedad incurable.

No tener desperdicio una cosa: ser muy útil, de mucho provecho.

No tener dónde caerse muerto: ser muy pobre.

No tener dónde volver la cabeza: carecer de auxilio.

No tener dónde volver los ojos: dícese de aquella persona a quien ha muerto la que la sustentaba.

No tener dos dedos de frente: ser de poco entendimiento.

No tener el diablo por dónde coger a uno: ser completamente vicioso.

No tener el diablo por dónde desecharle: tener todos los vicios y sin cualidad buena.

No tener en olvido: tener presente.

No tener entrañas: sentimientos favorables.

No tener facilidad: ser poco hábil.

No tener facilidad de palabra: expresarse con dificultad.

No tener frenillo en la lengua: hablar con demasiada ligereza, decir sin empacho lo que se piensa o quiere.

No tener fuste: juicio.

No tener guarismo: ser invulnerable.

No tener hechura: no ser factible una cosa.

No tener hiel: ser sencillo de genio suave.

No tener hombre: carecer de marido o protector.

No tener la vida comprada: indica estar expuesto en cualquier momento a perderla.

No tener malos bigotes: ser una mujer muy bien parecida.

No tener más cojones: expresión de inutilidad del solo intento de reparar un daño.

No tener más desperdicio que el de la sardina: ser fea, o tonta, en la sardina lo único que no se aprovecha es la cabeza.

No tener más devoción que la de San Rorro, patrón de los borrachos: alude a los que están embriagados con habitualidad.

No tener más luces que las del día: dícese de la persona que es muy poco avispada y despierta.

No tener más méritos que los de Nuestro Señor Jesucristo: no poseer ninguno personalmente.

No tener más que el día y la noche: carecer de todo recurso o amparo.

No tener más que el pellejo: estar muy flaco.

No tener más que la capa en el hombro: ser muy pobre.

No tener más que palabras: el baladrón, y no corresponder con los hechos.

No tener más que pellejo: estar una persona muy delgada.

No tener más que treinta días al mes: no poseer capital, sueldo ni jornal alguno.

No tener más que una palabra: ser formal y cumplidor en lo que se dice.

No tener más remedio: verse forzado a ejecutar algo.

No tener más rey ni Roque: no obedecer más que a una persona.

No tener media bofetada, o media hostia: se dice despectivamente del hombre débil, o al que se puede vencer fácilmente.

No tener meollo: poco juicioso.

No tener nada que perder: ya que lo que puede ocurrir es ganar algo, por lo que se anima a ejecutar lo que se piensa.

No tener nada suyo: ser muy generoso o manirroto.

No tener necesidad de abuela: dícese de las personas que se alaban casi constantemente.

No tener ni fe ni ley: aplícase a las personas descastadas y desaprensivas.

No tener ni gorda, ni cinco, ni blanca: carecer de dinero.

No tener ni gota de sangre en los bolsillos: dícese de la persona que ha querido dar un susto o una sorpresa.

No tener ni idea, o ni la más remota idea: no saber absolutamente nada.

No tener ni media bofetada, o torta: ser una persona muy pequeña o débil.

No tener ni pajolera idea: tener muy poco conocimiento de algo.

No tener ni para alpiste: estar sin una perra.

No tener ni para hacer cantar a un ciego: andar muy escaso de dinero.

No tener ni para pipas: carecer de dinero.

No tener ni pies, ni cabeza: no tener sentido, ser incomprensible algo.

No tener ni puta, o ni zorra, idea: no saber nada de la cuestión que se está tratando.

No tener ninguna ciencia: ser un cosa muy fácil de ejecutar.

No tener nombre una cosa: ser tan vituperable que no se quiere o no se puede calificar.

No tener número: cantidad casi innumerable.

No tener oficio ni beneficio: estar sin trabajo y en la indigencia.

No tener ojos más que: tener un gran deseo.

No tener padre ni madre, ni perrito que le ladre: frase que expresa el más absoluto desamparo.

No tener padrinos: no tener a nadie que le ayude o abogue por él.

No tener pajuela en la boca, o en la lengua: como si se dijera que no es mudo.

No tener palabra: faltar fácilmente a lo que se ofrece o se contrata.

No tener palabras: no explicarse claramente por ignorancia o sufrimiento.

No tener para un bocado: estar en extrema necesidad.

No tener para un diente: haber muy poca comida.

No tener para un remedio: carecer absolutamente de todo.

No tener pelillos, pelos, o polilla en la lengua: decir su sentir sin reparo de ningún género.

No tener pepita en la lengua: hablar con libertad y desahogo.

No tener pérdida una cosa: ser fácil de hallar.

No tener perdón de Dios: no haber disculpa alguna con que poder ofenderse.

No tener pierde una cosa: ser fácil de encontrar.

No tener pies ni cabeza una cosa: no tener sentido.

No tener polilla en la lengua: hablar con libertad, decir francamente su sentir.

No tener por dónde respirar: no tener qué responder al cargo que a uno se le hace.

No tener precio: valer mucho.

No tener prójimo: ser duro de corazón sin lástima del mal ajeno.

No tener qué decir: quedar convencido, faltar palabras para continuar la conversación.

No tener qué envidiar, o tener poco que envidiar, una cosa a otra: no ser inferior a ella.

No tener quién le sople el ojo por salud: no tener quién mire por su bien.

No tener quite: no tener remedio. Ser muy difícil la impugnación o defensa de una cosa.

No tener remedio: tener que hacer o sufrir una cosa.

No tener ropa para una cosa: no tener condiciones para hacerla.

No tener sangre en las venas, o tener sangre de horchata: ser muy tranquilo, el que no se inmuta por nada.

No tener sobre qué caerse muerto: hallarse en suma pobreza.

No tener sobre que Dios le llueva: suma pobreza.

No tener sobre qué, o dónde, caerse muerto: hallarse en suma pobreza.

No tener sombra, o ni sombra: carecer de alguna cosa concreta.

No tener tiempo ni para rascarse, o para morirse: estar muy ocupado.

No tener un clavel, ni chapa, ni un chavo, ni un céntimo: no tener dinero.

No tener un cuarto de hora de lugar: frase chistosa para expresar que no se tiene dinero.

No tener un cuarto, o un duro: escasear de dinero.

No tener un pelo de tonto: ser avispado o listo.

No tener un remedio: carecer enteramente de todo. No encontrar solución a los problemas.

No tener un sí, o un no, entre algunos: modo de expresar el buen trato y cariño entre dichas personas.

No tener una cosa cabo ni cuerda: no saber cómo empezar algo por las dificultades que tiene.

No tener una cosa ni chicha, ni "limoná": no valer para nada, ser baladí.

No tener una cosa suya: ser desprendido, generoso.

No tener una pepita en la lengua: hablar con toda expedición, libertad y desahogo.

No tener uno alma: tener poca piedad o compasión, no tener conciencia.

No tener uno corazón: ser insensible.

No tener uno más que la capa al hombro: ser muy pobre sin bienes o trabajo para mantenerse.

No tener uno sobre qué Dios le lleva: ser sumamente pobre.

No tener uñas para guitarrero: carecer de las cualidades necesarias para llevar a cabo una empresa.

No tener voluntad propia: ser muy difícil obedecer los dictámenes de los demás.

No tener vuelta de hoja: ser indiscutible, no poder ser de otro modo.

No tenerlas todas consigo: recelarse.

No tenerse en pie: caerse por enfermo o cansado.

No tiene nada que ver el culo con las témporas: para los que confunden cosas muy distintas, y suelen compararlas.

No tiene vista, que está en camisa: dícese irónicamente de lo que menos compostura tiene, esté mejor.

No tocar el pelo de la ropa: no ejecutar cosa alguna, que pueda ser perjuicio para otra.

No tocar la ropa a uno: no decir o hacer algo que pueda ofender o perjudicar.

No tocar pelota: no dar en el punto de la dificultad.

No tocar pito: no tener arte ni parte en alguna cosa.

No tocar un pelo: ni rozarle siquiera.

No tocarle ni un hilo de la ropa: no hacer ni el menor daño a una persona.

No toda pregunta quiere respuesta: las preguntas inoportunas, que incomodan o las que únicamente sirven para satisfacción de los curiosos, no necesitan respuesta.

No todo el monte es orégano: indica que no todo es fácil o placentero.

No todo el que lleva zamarra es pastor: indicando que las apariencias engañan.

No todo es para todos: ya que no todo el mundo es capaz de hacer o conseguir cosas determinadas.

No todo lo que reluce es oro: indicando que no se deben juzgar las cosas o las personas por las apariencias.

No todo lo que se debe se paga: indica que no todo lo que se debe hacer se hace, desgraciadamente.

No todos lo podemos todo: por mucho que uno pueda o valga, a veces se necesita recurrir al auxilio ajeno.

No todos los días son de fiesta: indicando que los días de trabajo son menos que los de descanso.

No todos los que llevan espuela tienen caballo: conviene no fiarse de las apariencias.

No todos pueden vivir en la plaza: expresando que no todas las personas somos iguales, aunque tengamos los mismos derechos.

No todos servimos para todo: es imposible que todas las personas tengan las mismas aptitudes.

No tomar de cada uno más de lo que te dieren, ni le des más de lo que te ofrece: consejos para recibir y corresponder las dádivas ofrecidas.

No tomar en boca: no hablar o no hacer mención de alguna cosa.

No tragar a una persona: sentir antipatía hacia ella.

No va más: frase que indica que ya no se pueden hacer posturas en el juego de la ruleta.

(El) No va más: ser algo sorprendente.

No vale cosa o gran cosa: tener muy poco valor.

No vale nada fuera de la crisma: no tiene partida buena.

No valer a peso de oreja: ser muy despreciable una cosa.

No valer dos habas: cuando una cosa es de poco valor.

No valer dos maravedíes: dícese de lo que no vale casi nada.

No valer el sursumcorda: frase que indica que todos los esfuerzos humanos no bastan para sacar a una persona del abatimiento.

No valer ni dos reales: tener muy poco valor una cosa.

No valer ni la tonada de un amolador: ser una cosa de poco o escaso valor.

No valer ni la tonadilla de un fraile: valer muy poco.

No valer ni para calentar agua para afeitarse: ser de muy poca utilidad.

No valer ni para escuchar si llueve: ser una persona muy inútil.

No valer para ayudar a misa: ser de muy poco valor.

No valer para botana a un pellejo: no servir para nada absolutamente.

No valer sus orejas llenas de agua: ser muy despreciable.

No valer un abalorio: se dice de la cosa despreciable o de poco valor.

No valer un ardite: ser una cosa despreciable, de muy poco valor.

No valer un bledo: nada.

No valer un cacao: ser de escaso valor.

No valer un carajo: se dice de la cosa de poco valor o inútil.

No valer un cojón: no servir para nada.

No valer un comino: tener poco valor una cosa.

No valer un cornado: tener poquísimo valor, o ser inútil.

No valer un cuerno: valer poco, o nada.

No valer un diablo: ser muy despreciable.

No valer un duro: ser de muy poco valor.

No valer un haba: dícese de los que tienen poco valor, importancia o mérito.

No valer un higo: ser una cosa de escaso valor.

No valer un huevo: tener muy poco valor una cosa.

No valer un pepino, o un culo de pepino: ser de escaso valor.

No valer un pimiento: de poco valor.

No valer un pitillo: cosa de poco valor.

No valer un pito: ser inútil, de ningún valor o importancia.

No valer un pitoche: no servir para nada o ser de ínfimo valor.

No valer un rábano: tener muy poco valor.

No valer un real: valer muy poco.

No valer una arveja: ser una cosa de poco valor.

No valer una chita: ser de poco provecho.

No valer una jota: se dice de lo que es insignificante.

No valer una nuez: ser de poco valor.

No valerle a uno la bula de Meco: no haber remedio para él.

No vamos a sacar los trapos sucios: indicando que no se debe decir todo en las riñas, teniéndose respetuo mutuo.

No van por ahí los tiros: con que se da a entender lo descaminado de una presunción o conjetura.

No veas: frase ponderativa de algo.

No vender ni una escoba: no haber hecho nada, o no haberse estrenado en las ventas.

No venir a cuento, o al caso: no tener una cosa relación con lo que se está hablando, o no ser adecuada al momento.

No venir con recancamusas: no acudir con engaños por medios disimulados.

No venir el son con la castañeta: con que se nota la desproporción o inconsecuencia de las acciones.

No ver el pelo, o no vérsele el pelo: ausencia de una persona de los lugares habituales a donde solía acudir.

No ver gota: no ver o ver muy poco por falta de luz o de vista.

No ver la hora: gran deseo de que llegue el momento de que llegue una cosa.

No ver la punta de una cosa: no comprender su alcance, no entender un chiste o chascarrillo.

No ver la tostada: no intuir la intención de las personas.

No ver más allá de sus narices: ser poco avisado, corto de alcances.

No ver más que por los ojos de...: tener excesivo cariño o confianza por una persona.

No ver ni a jurar: absolutamente nada.

No ver ni gota: no ver nada.

No ver ni palote: estar muy ciego.

No ver ni papa: absolutamente nada.

No ver por otros ojos que por los de Fulano: se dice cuando únicamente se favorece a una persona.

No ver tres o siete sobre un burro, o asno: ver poco.

No ver un pitoche: ser muy corto de vista.

No verle el pelo: dícese cuando a una persona hace tiempo que no se encuentra o habla con ella.

No verse de polvo: haberse maltratado a alguno con palabras injuriosas.

No vivir: tener una vida muy angustiada o desdichada.

No volver el pie atrás: no cejar en su intento o determinación.

No volver la cara atrás: perseguir con tesón lo empezado.

Nobleza obliga: indicando que se deben reconocer los fracasos propios o los éxitos ajenos.

(La) Noche es capa de pecadores: el que obra mal se vale de la oscuridad para ocultar sus hechos o no ser reconocido.

(La) Noche se ha hecho para descansar, y el día para trabajar: nada más que se vea que nuestros jóvenes se recogen en sus casas a horas prudenciales y se levantan muy prontito para desarrollar su trabajo, lo digo de rechifla y recochineo, como puede ser que se acuesten a la hora de amanecer, se levanten a la hora de comer y descansen del gran esfuerzo por la tarde, para volver a empezar. Hago una pregunta a la que nunca he encontrado respuesta: ¿no tendrán la culpa nuestros gobernantes de estos desmanes en gran parte? ¿No existe legislación eficaz al respecto? Me imagino que todo ello es para que se callen los jóvenes y voten; lo que se ha demostrado que no votan.

Noche toledana: la que se pasa sin dormir y con grandes preocupaciones o desconciertos.

Noche y día: siempre, continuamente.

Nombrar partes: referir en la conversación a las personas que se debieran encubrir, por ser autores de culpas.

Non expedit: no conviene.

Non liquet: no está claro.

Non natus: no nacido.

Non placet: no es agradable.

Non plus ultra: no más allá.

(El) Non plus ultra: lo que es insuperable.

Nones han de ser, y no doy mi brazo a torcer: forma de expresar la cabezonería.

Nos comió el pan y nos cagó en el morral: contra los que pagan los beneficios recibidos con desprecios y desagradecimiento, causando algún perjuicio.

Nos engañarán en el sueldo, pero lo que es en el trabajo...: frase muy oída y dicha por "los grandes trabajadores".

¡Nos ha jeringado!: exclamación de sorpresa, protesta.

¡Nos ha jodido!: frase exclamativa que denota enfado, rechazo, oposición o protesta.

Nos ha jodido mayo con sus flores, o por no haber llovido a tiempo: denota protesta, oposición, rechazo o enfado.

¡Nos ha merengado!: exclamación de sorpresa o asombro.

Nos oirán, o nos han de oír, los sordos: explicar uno su razón o enojo, con palabras fuertes.

Nos pongan un cencerro, y encima nos den "prao": ejecutar una cosa contra nuestra voluntad, y a nuestro pesar se rían o desprecien.

Nos vamos a volver ranas: dícese cuando está lloviendo duarante muchos días.

Noticia bomba o cañón: noticia sensacional.

Noticia fresca para *La Gaceta*: cuando alguno dice cosas que todos conocen.

Novicia: adolescente de poca experiencia en la prostitución.

Novillo: se dice al que su mujer, o más principalmente su novia, le pone los cuernos.

N.P.I.: ni puñetera idea, o ni puta idea.

Nube de piedra: gran alboroto y travesura de los chicos.

Nube de verano: el genio que se alborota y se calma pronto. Nube en esa época del año.

Nublarse el cielo a alguno: acongojarse demasiado.

Nublarse la razón, o la vista: obnubilarse.

(Un) Nudo en la bolsa, y dos gordos en la boca: aconseja que no se debe dar dinero, y hablar lo menos posible estando entre cierta clase de gente.

Nudo en la garganta: impedimento en ella. Aflicción o congoja.

Nudo gordiano: dificultad indisoluble.

Nuestro gozo, en un pozo: da a entender que se ha malogrado la realización de aquello que nos prometíamos conseguir.

Nueve cosas hubo en la boda de Antón: cochino, marrano, verraco y lechón, cerdo, puerco, chancho, tocino y jamón: formas diferentes de designar al cerdo.

Nuevo rico: al que se ha enriquecido de pronto, notándosele dicha condición.

Nuevos horizontes: equivale a nuevas posibilidades.

Número deficiente: el que es inferior a la suma de sus partes alícuotas.

Número plano: el que procede de la multiplicación de dos números enteros.

Número sólido: el que procede de la multiplicación de tres números enteros.

Número sordo: el que no tiene raíz exacta.

Número superante: el que es superior a la suma de sus partes alícuotas.

Número uno: persona o cosa más destacada o preferente.

Números amigos: dícese del par de números en que cada uno de ellos es igual a la suma de las partes alícuotas del otro. Sólo hay tres pares en que se verifique esta propiedad; ej. 284 y 220.

Números redondos: cuentas aproximadas.

Números y cuernos, sólo quien los pone sabe entenderlos: ya que hay cosas que no se saben explicar y comprender, pero sus razones hay.

Numerus clausus: número cerrado; se dice del número limitado de personas en un centro académico.

Nunc aut nunquam: ahora o nunca.

Nunc et semper: ahora y siempre.

Nunca cae el rayo donde la tormenta suena: por regla general las consecuencias de un disgusto o enfado suelen pagarlas quien menos culpa tiene.

Nunca digas: de este agua no beberé, ni este cura no es mi padre: ya que no sabemos las cosas que tendremos que hacer, por ser la lengua muy castigada.

Nunca es tarde para aprender: con que se anima a los mayores a seguir adquiriendo conocimientos.

Nunca es tarde si la dicha es buena: lo importante es terminar con bien, aunque se tarde más de lo debido.

Nunca falta un roto para un descosido: cuando las desgracias no vienen solas.

Nunca falta un tiesto para una mierda: nunca falta un roto para un descosido.

Nunca hay que darse por vencido: hay que luchar siempre para conseguir lo que se quiere.

Nunca hiere Dios con dos manos: indicando que los castigos divinos no son nunca excesivamente fuertes.

Nunca, jamás visto: raro, extraordinario.

Nunca llueve a gusto de todos: para indicar que cuando se hace una cosa, a alguna persona no le parece bien y critica el hecho. Algunos añaden: **porque a unos les gusta quedarse en casa, y a otros ir a los toros.**

Nunca llueve como truena: cuando dos personas se enfadan, y se amenazan, generalmente no se cumplen éstas.

Nunca más perro al molino: expresión para indicar que el que está escarmentado no vuelve a hacer lo que primitivamente hizo.

Nunca me las he visto más gordas: no he estado nunca en situación parecida.

Nunca obligó mal voto a su cumplimiento: lo prometido indebidamente no es necesario cumplirlo.

Nunca pidas a quien tiene, sino a quien sabes que te quiere: ya que depende más de la simpatía que del buen corazón.

Nunca por mucho trigo es mal año: advierte que lo que abunda, siendo bueno, no daña.

Nunca se han reunido los perros a pedradas: expresando que para conseguir alguna cosa tiene que ser por las buenas, y no a la fuerza, o por las bravas.

Nunca segundas partes fueron buenas: indica que las repeticiones o imitaciones de algunas cosas suelen resultar peores que las primeras.

Nunca te acostarás sin saber una cosa más: indica que cada día se aprende algo, y que nuestra capacidad de asombro no se acaba.

O ayunar, o comer trucha: expresando que lo mismo da una cosa que otra.

O César, o nada: expresión con que se pondera la extremada ambición de algunas personas.

O chulo, o marqués: indica que los términos medios no son convenientes en ciertas cosas.

O corte, o cortijo: indicando que para vivir, bien en una ciudad, bien en el campo, pero nunca en sitios intermedios.

O dejarlas, o matarlas: dícese de las personas con las que no es posible hacer carrera de ellas, a pesar de las regañinas o reflexiones.

O dentro, o fuera: se dice del indeciso para que resuelva.

O enmienda, o mierda: dicho popular que indica que se mejore de comportamiento, o se acepte las consecuencias de esa conducta.

O es judío, o es sacristán: modo de indicar que una persona es taimada, pájaro de cuenta.

O herrar, o quitar el banco: invita a tomar una resolución entre dos cuestiones totalmente opuestas.

¡O jugamos todos, o se rompe la baraja!: indica que todos deben participar de lo acontecido.

O lo tomas, o lo dejas: invitando a una de las dos cosas.

O parir, o reventar: en los casos apurados es necesario tomar una determinación rápida.

O perdiz, o no comerla: o se come todo ello, o se deja por no poder apreciarlo.

¡O poco valgo...!: expresión de que una cosa se va a ejecutar o cumplir.

O responder con razón, o sufrir con paciencia: cuando las responsabilidades que se piden son merecidas no queda otro recurso que sufrirlas con paciencia.

O sea: exclamación que se utiliza para efectuar alguna aclaración.

O si no: de lo contrario.

O somos, o no somos: para dar a entender que, por ser quien somos, podemos o debemos hacer una cosa.

O todo, o nada: expresando que se debe recibir todo lo que le corresponde, o que no se quiere nada.

O todos moros o todos cristianos: refiriéndose a la igualdad de todas las personas, para todos los casos.

O una cosa o la otra: dando a elegir entre dos.

Obedecer a la necesidad: obrar como exigen las circunstancias.

Obedecer al tiempo, o a la necesidad: actuar como exigen las circunstancias.

Obediencia y paciencia son buena ciencia: recomendando el ejercicio de estas dos virtudes.

Obra de arte mayor: la de mucho primor o de difícil ejecución.

Obra de chinos: la que cuesta mucho trabajo realizar por ser minuciosa y muy complicada.

(La) Obra de El Escorial: la que tarda mucho en finalizarse.

Obra de moros: dícese de la obra grandiosa, de gran belleza y de un trabajo excelente.

Obra de romanos: que cuesta mucho trabajo y tiempo, o que es grande y perfecta.

Obra en pecado mortal: la que no consigue el fin que intenta, o no tener la correspondencia debida.

(La) Obra es la que alaba al maestro: el trabajo bien ejecutado constituye una honra para el ejecutor.

Obra faraónica: la obra de gran envergadura, gran coste, y generalmente poco productiva y eficaz.

Obra hecha, dinero espera: todo lo que se ha terminado correctamente debe ser abonado a los ejecutores.

Obra pía: la que halla utilidad.

Obrar a cuerpo descubierto: ejecutar una cosa sin encubrirse u ocultarse, sino a la vista y patentemente.

Obrar como quien es: si bueno, bien; si malo, mal.

Obrar como un santo: perfectamente.

Obrar como un Séneca: con acierto.

Obrar con cautela: hacerlo de manera solapada, con cuidado.

Obrar conforme a derecho: proceder con rectitud y justicia.

Obrar en poder de: hallarse algo en un sitio concreto y determinado.

Obras son amores, y no buenas razones: hacer el bien es lo que vale.

Obsequio o regalo de la casa: frase que se dice cuando en un establecimiento comercial tienen una atención o dan un regalo al cliente.

Observar conducta de balancín: sin fijeza ni estabilidad.

(La) Oca: el no va más, el colmo.

(La) Ocasión es un prodigio: frase con que se encomia la ocasión verdaderamente notable, pues suele favorecer nuestros propósitos cuando menos lo pensemos.

(La) Ocasión hace al ladrón: muchas veces se hacen cosas que no se hubiesen hecho, si no hubiese oportunidad de ejecutarlas.

(La) Ocasión la pintan calva: animando a no dudar un solo instante en aprovechar una buena ocasión o coyuntura.

Ocio, ni para descansar: indicando lo poco recomendable que es no hacer nada.

(La) Ociosidad es la madre de la vida padre: frase burlesca y en contraposición con la siguiente.

(La) Ociosidad es la madre de todos los vicios: por eso se aconseja estar siempre ocupado en algo.

Ocultar la empanada: enredar, ocultar fraudulentamente un negocio.

Ocupar las temporalidades: privar a algún eclesiástico de los bienes temporales que tenía.

Ocurrir cada lunes y cada martes: acontecer con mucha frecuencia.

Odia el delito y compadece al delincuente: frase que se ve en las entradas de algunos establecimientos penitenciarios, antes se llamaban cárceles.

Odios de mortales no deben ser inmortales: aconsejando que las desavenencias no deben durar toda la vida, debiendo poner fin a ellas cuanto antes.

Ofender a Dios: pecar.

Ofender a los ojos, o a la vista: servir de escándalo.

Ofender con la vista: irritar a otro con la mirada.

Ofenderse del aire: ser de genio delicado.

Oficial de mucho, maestro de nada: contra los que quieren tener o abarcarlo todo.

Oficina siniestra: la lúgubre, mal organizada o mal atendida.

(El) Oficio hace maestro: la repetición de obras engendra la costumbre y la maestría.

(El) Oficio más antiguo del mundo: la prostitución.

Oficio no mancha linaje: expresando que el trabajo nunca es deshonroso; hoy día, al contrario, es una gran suerte y un gran don.

Oficio quita vicio: el trabajo no da oportunidad para ejecutar malos vicios o costumbres.

Oficios mudan costumbres: el hábito del trabajo cambia todas las costumbres.

Ofrecer alguna cosa por puro cumplimiento: hacerlo por pura ceremonia sabiendo que no se ha de aceptar.

Ofrecer el oro y el moro: ofrecer grandes cosas, gran cantidad de dinero o bienes.

Ofrecer, o prometer, montes de oro, o montes y maravillas: ofrecer cosas grandes y peregrinas.

Ofrecido sea al diablo un maravedí: indicando que el malvado aprovecha hasta lo más insignificante.

Ofrecimientos para los extraños, y las obras para los amigos: indica que al amigo hay que darle o socorrerle en el oportuno momento.

¡Oh Dios!: interjección de asombro y horror.

Oído al parche: expresión para llamar la atención sobre algo que se ve o se oye.

Oídos de mercader: dícese del que le importa muy poco lo que digan de él.

¡Oídos que tal oyen!: al causar extrañeza algún despropósito oír también alguna cosa que agrada o sorprende.

¡Oigo!, ¿Oigan?: extrañeza o enfado que se emplea en tono de represión. Se usa igualmente en las llamadas telefónicas.

Oír bien: escuchar favorablemente, con agrado.

Oír campanas y no saber dónde: tener ideas imprecisas.

Oír cantar, sin saber en qué cosas: oír campanas y no saber dónde.

Oír como quien oye llover: denota el poco aprecio que se hace de lo que se escucha o sucede.

Oír crecer la hierba: ser una persona muy viva, o muy lista.

Oír de penitencia: oír de confesión.

Oír dos palabras, o una palabra: pedir escucha para lo que se va a decir brevemente.

Oír el doble: oír doblar las campanas.

Oír en justicia: admitir al juez y seguir su sentencia.

Oír justicia: examinar, un juez o tribunal, los cargos o excusas del funcionario a quien se impuso alguna corrección o castigo.

Oír misa, intención basta: dícese de los que no pueden por causas mayores, y que es el deseo lo que cuenta.

(El) Oír no puede ofender: indica el escaso daño que ocasiona materialmente el escuchar alguna cosa.

Oír por el culo: ser tardo de oído.

Oír por la bragueta, como los gigantones: entender las cosas mal o a medias.

Oír una, o dos palabras: ser breve en lo que se va a decir.

Oír, ver y callar: para indicar que no se debe entremeter nadie en lo que no le concierne, ni hablar cuando no se pida consejo.

Oírle los sordos: formular sus quejas en tonos elevados, para que sean de todos conocidas.

Ojialegre: persona que tiene los ojos alegres.

Ojienjuto: la persona que tiene dificultad para llorar.

Ojimoreno: persona de ojos pardos.

Ojinegro: persona de ojos negros.

Ojiprieto: con el color de los ojos muy oscuros o negros.

¡Ojito con...!: cuidado con...

Ojituerto: bisojo, persona de mirada desviada.

Ojizaino: persona que mira con malos ojos o atravesado.

Ojizarco: de ojos azules.

¡Ojo!: interjección para llamar la atención de una cosa.

Ojo a la funerala: amoratado e hinchado.

Ojo a la margen: poner advertencia.

Ojo a la virulé: como se queda después de recibir un golpe en él.

(Un) Ojo a una cosa, y el otro a otra: con que se explica la concurrencia de diversas intenciones a un tiempo.

Ojo al Cristo, que es de plata: expresión con que se advierte que uno tenga cuidado con una cosa por el riesgo que hay de hurto o pérdida.

Ojo al dato: advertencia que se tome en consideración lo que se ha dicho.

Ojo al margen: modo de llamar la atención sobre algo que debe ser tenido en cuenta.

Ojo al parche, que es de goma: advertencia de que debe hacerse lo que se ha indicado o mandado.

Ojo alerta: expresión familiar con que se advierte a uno que esté con cuidado para evitar un riesgo o fraude.

Ojo avizor: alerta, con cuidado.

Ojo clínico: el que tienen algunos médicos en sus dictámenes.

Ojo de besugo: el redondo y saltón, porque se parece al besugo cocido.

Ojo de bitroque: los que miran atravesados.

Ojo de boticario: sitio en las boticas donde se guardan las esencias y medicamentos de más valor.

Ojo de breque: el pitarroso.

Ojo de buey: ventana redonda de los barcos.

Ojo de cangrejo: el de color agrisado e incierto.

Ojo de gallo: color que tienen algunos vinos. Callo en un pie.

Ojo de gato: el azul, de color vario.

(Un) Ojo de la cara: se dice cuando una cosa cuesta mucho.

Ojo de la escalera: espacio vacío que queda dentro de las vueltas de los tramos, cuando los peldaños no están adheridos a un alma central.

Ojo de lince: de vista sutilísima y penetrante.

Ojo de perdiz: labor de pasamanería.

Ojo de pollo: callo entre los dedos de los pies.

Ojo de sapo: el muy hinchado.

Ojo malo todo lo ve dañado: la persona que no obra con rectitud, todas las acciones del prójimo las interpreta en sentido desfavorable.

¡Ojo, mancha!: cartel que se suele leer en los exteriores de tiendas, portales, bancos, cuando han sido pintados, advirtiendo tener cuidado para no mancharse; generalmente suelen estar escritos de mala manera y en un papel muy poco adecuado.

Ojo médico: aptitud de algunos médicos para conocer prontamente y apreciar con exactitud las enfermedades.

Ojo overo: el que, por abundar lo blanco en él, parece que no tiene niña.

Ojo por ojo, y diente por diente: ley del talión, que invita a desquitarse de la misma manera que se ha recibido el mal.

Ojo, que la vista engaña: advertencia para no fiarse ni de lo que vemos con nuestros propios ojos.

Ojo regañado: el que tiene un frunce que le impide cerrarse por completo.

Ojo y pestaña, ¡que la vista engaña!: expresión castiza indicando tener vista para no ser engañado.

Ojos de carnero degollado, o moribundo: los que están tristes, o expresan pena.

Ojos de sapo: los que son abultados o saltones.

Ojos dulces: los de mirada apacible.

Ojos hay que de legañas se enamoran: ya dicen que al amor lo pintan ciego, y tan ciego en algunas ocasiones.

Ojos listos: los diligentes, prontos, expeditos.

Ojos que no miran, corazón que no suspira: con el trato y compañía es como se desarrolla el cariño.

Ojos que no ven corazón que no siente: cuando las penas o desgracias acontecen en lugares lejanos, parece que se sienten menos que las cercanas.

¡Ojos que te vieron ir!: que la ocasión perdida no suele volver. Exclamación de sentimiento de no volver a ver a una persona, o de no recobrar algún bien perdido.

Ojos rasgados: los que tienen muy prolongados la comisura de los párpados.

Ojos reventones, o saltones: los que son muy abultados y parecen estar fuera de su órbita.

(Los) Ojos siempre son jóvenes: disculpa de los viejos enamoradizos cuando observan con deseo a una mujer.

Ojos tiernos: los que padecen alguna fluxión ligera y continua.

Ojos turnios: los torcidos.

Ojos vivos: los muy brillantes y alegres.

¡Olé, salero!: burla.

¡Olé tus, sus, cojones!: frase de aprobación, admiración o alegría.

Oler a ajo: dícese del negocio que es sumamente arduo.

Oler a chamusquina: recelo de que una discusión termine en riña, también cuando una cosa no es correcta o legal.

Oler a chotuno: oler mal, como el que despide el macho cabrío.

Oler a compañerismo: haber un olor concetrado en una habitación o estancia.

Oler a cuerno quemado: cuando de una cosa se espera que acontezca otra peor.

Oler a demonios: tener un olor muy desagradable.

Oler a perdices: perder en el juego en que se necesitaba ganar. Gran riesgo de pérdida en algo que se busca ganancia.

Oler a puchero de enfermo: ser una cosa sabida y despreciable. Desprecio de las mujeres solteronas por los obsequios de los hombres casados.

Oler a queso: encontrar algo sospechoso.

Oler a rayos: tener un olor muy desagradable.

Oler a rosas: oler bien, existir un olor agradable.

Oler a tigre: oler a sudor, oler mal.

Oler aceite: se dice de los trabajos intelectuales, hechos a fuerza de retoques y por la noche, que suelen adolecer de falta da espontaneidad.

Oler donde pisan: buscar ocasiones favorables.

Oler el poste: prever y evitar el daño que podría suceder.

Oler la casa a hombre: parecer tener bríos sin tenerlos.

Oler las espinas y despreciar las rosas: dícese de los que rechazan alguna cosa, al parecer buena, por temor a los inconvenientes que pudiera haber.

Oler más que el sobaco de un comanche: tener olor desagradable.

Oler que apesta: forma de indicar que algo huele muy mal.

Olerle a cáñamo la garganta: estar a punto de ser ahorcado.

Olerle a perdices: presumir de una gran pérdida.

Olerle algo: sospechar.

Olerle el culo, o la cabeza, a pólvora: estar amenazado de grave peligro.

Olerle mal: resultar alguna cosa sospechosa.

Olerle, o hederle, el aliento a la puerta, la ventana, la calle, etc.: soplar muy fuerte y molesto el viento o el frío.

Olerse el guisado: prever lo que va a suceder.

Olerse el poste: facilidad para olerse la trampa o engaño y no caer en ello.

Olerse la tostada: prever lo que va a acontecer.

Olla que se mira, no cuece: lo que más se espera es lo que tarda más en suceder.

(Las) Ollas de Egipto: vida regalona que se gozó en otros tiempos.

¡Olvídame que no es mi santo!: frase con que se rechaza a una persona, no queriendo saber nada de ella.

Olvidarse hasta de su nombre: ser muy olvidadizo.

Olvidársele hasta el modo de andar: se dice de la persona que se olvida de todo.

Onceno, no estorbar: alude a los mandamientos de la Ley de Dios, queriendo indicar que debería haber otro, que es no molestar o estorbar al prójimo.

Onza de favor pesa más que arroba de justicia: resplandeciendo siempre, más el don de la misericordia que el de la justicia.

Opera minora: obra menor, la menos interesante o importante.

Opera omnia: obra completa, la total de un artista.

Opera prima: la primera obra de un artista.

(La) Opinión es la reina del mundo: según de quien venga, se admite o no.

(La) Oportunidad la pintan calva: aconsejando aprovechar las oportunidades favorables.

Ora et labora: trabaja y reza.

Ora pro nobis: ruega por nosotros, respuesta efectuada a la letanía del rosario en el rito romano.

Oración breve, sube al cielo o penetra en los cielos: alabando la brevedad en la oración.

Oración de ciego: razonamiento dicho sin gracia, sin afecto y sin variar de tono.

Oración de perro no va al cielo: indica que lo que se hace de mala gana, o se pide con mal modo, regularmente no se estima o no se consigue.

Orate frates…, apaga las velas y recoge los trastes: contestación que daban los acólitos o monaguillos, en la celebración de la misa, cuando se decía en latín, a la contestación que iniciaba el sacerdote.

Orden, contraorden, desorden: indica que al estar esperando hacer una cosa, se da orden al contrario y reina gran confusión.

Ordeno y mando: se dice de las personas autoritarias. Frase con que se inicia algún bando.

Ordenar de evangelio: ordenar de diácono a una persona.

Ordenar, u otorgar, testamento: otorgarlo.

Ordeñar la cabra: sacar el máximo provecho de una cosa.

Orégano sea: expresión que indica temor a que un asunto tenga mal resultado.

Oreja de soplillo: las que están muy separadas de la cabeza.

(La) Oreja junto a la teja: indica la conveniencia de dormir en sitios altos, por lo secos y ventilados.

Orgullo, riqueza y hermosura son nada en la sepultura: ya que allí es donde nos igualamos todos los hombres.

Oro, del que cagó el moro: burla que se dice al que afirma tener algo de ese metal, cuando no tiene más que el color.

Oro es lo que oro vale: significa que el valor de las cosas no está exclusivamente representado por el dinero.

Oro majado luce: enseña que las cosas cobran más estimación cuando están más experimentadas y probadas.

Oro molido: todo lo que es excelente.

Oro molido que fuese: ponderación de asentimiento y confianza.

Oro negro: el petróleo.

(El) Oro siempre reluce: no es fácil conservar oculto el dinero, pues es difícil no gastarlo pródigamente.

(El) Oro y el moro: ponderación de ciertas ofertas ilusorias.

Oros son triunfos: frase proveniente del juego de naipes; denota la propensión harto general de dejarse dominar por el interés.

(La) Osa: exclamación de asombro, sorpresa.

Oscurecerse el día: nublarse el cielo.

Oscuridad y desiertos despoblados, consolación es para los tristes enamorados: forma y lugar que buscan los que se quieren para efectuar sus demostraciones de amor, sin que nadie les moleste.

Oscuro como boca de lobo: dícese de la noche cerrada, o de la estancia lóbrega.

¡Ostras!: intejección de asombro, admiración o irritación.

Otoño caliente: dícese cuando en política andan las cosas un poco revueltas, y espera actuar la oposición con firmeza cuando pase el verano.

Otorgar de cabeza: afirmar con ella.

¡Otra!: voz con que se pide la repetición de un canto o pasaje de un espectáculo que había agradado. Interjección que denota la paciencia causada por la pesadez o los errores del interlocutor.

Otra al dicho, Juan de Coca: denota la importuna repetición de una cosa.

Otra cosa es con guitarra: expresión familiar con que se reprende al que se gloría de hacer una cosa que se cree prudente, y no se haría aunque llegase la ocasión de ejecutarla.

(La) Otra punta: al otro extremo.

¡Otra te pego!: continuidad en la impertinencia.

Otra, u otro, que tal baila: ser de la misma condición.

Otra vez será: indicando que en esta ocasión no ha sido posible.

(La) Otra vida: la que creemos y esperamos los cristianos después de la muerte.

Otras hierbas: añadidura enfática a la murmuración de las cualidades de una persona. Expresión jocosa, que se dice después de oír enumerar nombres, títulos o prendas de una persona, dando a entender que aún la cosa queda por demostrar.

(El) Otro barrio: el otro mundo.

(El) Otro día: uno de los próximos días pasados.

¡Otro fray Pedro!: cuando alguien llega inoportunamente.

Otro gallo me, te, le, no, os, les, cantara: forma de indicar que la suerte debe cambiar.

Otro gallo me, o le, cantará: lamentar la falta de poder o de protección.

Otro madrugó más: dícese de la persona que llega tarde a algo, por haberse adelantado otro.

(El) Otro mundo: la otra vida que esperamos después de ésta, adonde van las almas que se mueren.

Otro que tal: se da a entender la semejanza de las cualidades de personas o cosas. Tómase por lo común en mala parte.

¡Otro que tal baila!: de forma igual o muy parecida a lo que ha acontecido o sucedido.

Otro talla: no aceptar un cargo, negocio, etc., por no convenir a los intereses de una persona.

Otro tanto: locución utilizada en forma comparativa para encarecer algo. Lo mismo, igual.

Otro toro: se emplea para indicar que se debe cambiar la conversación.

Otro vendrá que bueno me hará: indica que, por malo que sea algo, siempre puede venir algo peor, o que cuando una persona no es de buena condición puede ser sustitida por otra mucho peor.

(La) Oveja del pastor siempre pare dos, o nunca se muere: dicho pastoril muy popular, que concentra una gran nota picaresca de nuestro país.

Oveja descarriada: la que está fuera de la ley.

(La) Oveja negra de la familia: se dice cuando un miembro de ella actúa fuera de la ley, o ejecuta actos inmorales.

Oveja que bala, bocado que pierde: no se debe perder el tiempo cuando se está haciendo una cosa.

¡Oye!, ¡Oyes!, ¿Oye usted?: para llamar al que está distante.

Oyendo nuevas, me voy haciendo vieja: todos los días se aprende una cosa nueva.

"P'al" gato: expresión de rechazo.

¡"Pa" cagarse!: expresión que indica disgusto.

¡"Pa" chasco!: sólo faltaría.

¡"Pa" mí que nieva!: frase chulesca para dar a entender que se pone en duda una cosa.

Paciencia es cristiana ciencia: exhortando esta gran virtud.

Paciencia es paz y ciencia: virtud que se compone de dos grandes dones.

Paciencia hermanos, y moriremos ancianos: aconsejando tener aguante.

Paciencia te dé Dios, que el saber poco te vale: recomendación de esta gran virtud, por encima del conocimiento y sabiduría.

(La) Paciencia tiene un límite: ya que por muy paciente que se sea, todo en esta vida cansa.

Paciencia y barajar: frase de consuelo.

Pacto a la griega: acuerdos políticos entre dos grupos opuestos para conseguir el poder.

Padecer cámaras: tener flujo de vientre.

Padre Bueno: el Sumo Hacedor.

(Un) Padre es para cien hijos, y cien hijos no son para un padre: enseña el verdadero y seguro amor de los padres, y la ingratitud con que suele ser correspondidos.

Padre, perdónalos, que no saben lo que hacen: frase evangélica con que se pretende disculpar a quien yerra por ignorancia.

Padres e hijos son amigos; hermanos, indiferentes, y enemigos, los demás parientes: condensando en tres órdenes los grados de parentescos.

Paga adelantada, guardia atrasada: aconsejando no adelantar el pago de los servicios.

Paga adelantada, paga viciosa: no debe anticiparse el pago adelantado de un trabajo, por miedo a perderlo o que se haga de mala manera.

Paga, que es gata: expresión con que se indica a una persona que debe pagar.

Pagado de sí mismo: dícese de la persona muy convencida de sí misma.

Pagar a escote: pagar a partes iguales entre varias personas.

Pagar a toca teja: pagar en metálico y en el momento.

Pagar con el pellejo: morir.

Pagar con la misma moneda: devolver con los mismos medios lo que otro nos ha hecho o dicho.

Pagar con las setenas: sufrir un castigo superior a la culpa cometida.

Pagar el diezmo: cobrarse el corretaje por algún favor hecho.

Pagar el pato: llevarse una persona la pena o culpa sin haberla cometido.

Pagar el postrer tributo de la naturaleza: morir.

Pagar en buena moneda: dar entera satisfacción en cualquier materia.

Pagar en la misma moneda: vengarse o corresponder a otro.

Pagar farda, o la farda: rendir obsequio o atenciones a uno por respeto, temor o interés.

Pagar justos por pecadores: se dice cuando se llevan las culpas los que no las tienen.

Pagar la costumbre: invitación (a la fuerza) que hacían pagar los mozos de una localidad, cuando otro de localidad diferente salía con una joven de ésta. Si no se cumplía con dicha formalidad, podría (cosa muy probable) aparecer en el pilón o fuente de la plaza del pueblo, pero vestido.

Pagar la novatada: echar a perderse una cosa por falta de experiencia; en ciertos colegios pagar ciertos atributos al meterse en ese mundo a los que ya son veteranos.

Pagar la peonada: ejecutar una acción como en pago de otra semejante.

Pagar la visita: corresponder al que le ha visitado, haciéndole igual obsequio.

Pagar los azotes al verdugo: dar armas contra sí mismo.

Pagar los vidrios, o los platos, rotos: pagar el pato.

(El) Pagar no se excusa: considerando que las deudas deben considerarse como sagradas.

Pagar, ser, o servir de, el pato de la boda: ser la víctima de algún asunto.

Pagar su pecado: sufrir lo merecido por una mala acción, aunque parecía estar ya olvidado.

Pagar tributo a Caco: hurtar, robar.

Pagar una peonada: pagar un jornal, corresponder en pago con otra cosa semejante.

Pagar y morir, cuanto más tarde mejor: expresión de los que son poco amigos de pagar sus deudas.

Pagar y no escotar: a veces tiene más cuenta pagar el gasto, pues a veces pagar la parte proporcional ocasiona más problemas.

Pagarla doble: recibir agravado el castigo de que se hizo merecedor, por haberlo rehuido la primera vez.

Pagarla, o pagarlas todas juntas: pagar el culpado el castigo o la venganza que se hizo merecedor. Se usa también como amenaza.

Pagarse por su mano: cobrarse lo que le pertenece.

Páginas amarillas: listín telefónico de profesiones.

País de la cucaña: país de lo inseguro.

Paja larga: el excesivamente alto.

Paja triga hace medida: por poco que valga una cosa, siempre puede utilizarse para algo.

Pájara pinta: se dice de la mujer astuta y de la pelandusca.

(Un) Pajarito me lo ha dicho: frase con que se responde cuando no se quiere decir el nombre de la persona que nos ha comunicado una cosa. Cuando a un niño se le da a conocer la travesura que ha hecho, y nos pregunta cómo lo sabemos.

Pajarito sin cola, mamola, mamola: fiesta que se hace a los niños pequeños haciéndoles cosquillas debajo de la barbilla.

Pájaro: pene.

Pájaro al que se le corta un ala, vuela de lado: al que se le impide caminar por senderos rectos, no es extraño que siga caminos torcidos.

Pájaro de cuenta: persona de mala tacha.

Pájaro de mal agüero: persona que trae mala suerte.

Pájaro gordo: personaje con dinero o influencias.

Pájaro viejo no entra en jaula: a los que tienen experiencia es difícil engañarles.

(El) Pájaro voló, o ya voló: escaparse una cosa de la que se tenía esperanza, que se escapa de las manos.

(Los) Pájaros de una volada todos van a beber a la misma fuente: da a entender que todos los que son de análoga procedencia suelen tener las mismas inclinaciones.

Pajarraco: persona de poco fiar.

¡Pajas!: interjección que da a entender que en una cosa no quedará uno inferior a otro.

Pajillera: mujer que por dinero masturba a un hombre.

Pajolero: maldito, dicho en expresión de broma. Majadero, estúpido.

"Pal" caso..., de Tauste: indica que es igual una cosa que otra.

¡"Pal" gato!: frase de desprecio no aceptando algo.

(La) Pala en el granero, y el arado en el terreno: reconociendo la necesidad de utilizar los medios adecuados para cada asunto.

Palabra al aire: el que no merece aprecio o no se le cree.

Palabra al oído se oye de lejos: indica que por muy secretamente que se digan las cosas, no dejan de saberse pronto.

Palabra blanda rompe ira: a la persona encolerizada es conveniente tratarla con dulzura.

Palabra de buena crianza: expresión de buena cortesía o de cumplimiento.

(La) Palabra de Dios a nadie se le niega: refiriéndose al saludo, debiendo darse a todo el mundo.

Palabra de rey, o de honor: asegurar con firmeza lo que se ofrece.

Palabra fingida: la que no se da de corazón.

Palabra formal: las mismas que se han dicho.

Palabra libre: la deshonesta.

Palabra ociosa: la que se dice por pasatiempo sin un fin determinado.

Palabra perdida: hablar inútilmente.

Palabra pesada: la injuriosa.

Palabra picante: la que hace daño al que se le dice.

Palabra por palabra: al pie de la letra, sin omitir nada.

Palabra preñada: la que incluye más sentido que el que manifiesta.

Palabras al aire: las que no merecen aprecio por la insustancialidad del que las dice, o por el poco fundamento en que se apoyan.

Palabras cruzadas: entretenimiento que consiste en llenar con letras un casillero para formar palabras que se leen en vertical y horizontal.

Palabras de buena crianza no obligan: muchos ofrecimientos se hacen por exigirlos así la buena educación, no siendo preciso tomarlos al pie de la letra.

Palabras de santo y uñas de gato: así es como actúan los hipócritas.

(Las) Palabras han de ser pesadas, y no contadas: dicho de Cicerón, indicando que las traducciones se han de atender más al sentido que a la letra.

Palabras mansas: persona que tiene suavidad y es persuasiva en el modo de hablar, reservando segunda intención en el ánimo.

Palabras mayores: las injuriosas y ofensivas. Dícese de un asunto que es más grave o importante de lo que se esperaba.

Palabras presentes: las que recíprocamente se dan los esposos.

(Las) Palabras se las lleva el viento: para que tengan utilidad deben ser escritas y aceptadas por las partes.

Palabras señaladas no quieren testigos: recomienda el cuidado que se ha de poner en hablar cosas de cierta importancia o entidad.

(Las) Palabras son hembras, los hechos varones: indica que las palabras suelen ser falsas, pero no los segundos.

(Las) Palabras vuelan, y lo escrito permanece: indicando que lo escrito es lo que compromete por poderse justificar y demostrar.

Palabras y plumas, el viento las lleva: manera de indicar el poco caso que se debe hacer de las palabras que se dan.

Palabrita del Niño Jesús: expresión infantil que indica que lo que se ha dicho es totalmente cierto.

Palanganero: se dice de la persona que se dedica a curar sin conocimientos las enfermedades venéreas.

Paleto, palurdo: persona del pueblo, de modales rústicos.

Paliza: persona importuna y muy pesada.

Palmarla: morirse una persona.

Palmo a palmo: dificultad de ganar un terreno que otro disputa.

Palo: pene.

Palo compuesto no parece palo: no hay nada como los afeites para disimular las faltas físicas, tam-

bién para ocultar la fealdad de las personas cuando se componen y arreglan.

Palo de ciego: el que se da sin duelo. Daño o injuria hecha sin medida o reflexión.

Palo tendido no cría vuelta: expresa que los naipes no se deben recoger una vez echados.

Palo y tentetieso: reconvención de dureza en el trato con una persona.

Paloma: prostituta. Aguardiente o anís con agua de Seltz.

Paloma sin hiel: el de genio apacible.

Palomino atontado: el que anda de un lado a otro sin saber lo que hace.

Palomo: persona incauta.

Palpar la ropa: estar un enfermo en los últimos días de su vida.

Palurdo: grosero, tosco.

Pamplina: se dice de la cosa de poca entidad, fundamento o utilidad.

Pan agradecido: persona agradecida al beneficio.

Pan ajeno caro cuesta: advierte que los beneficios que se reciben dejan obligado a corresponder con ellos.

Pan ajeno hastío quita: todo lo que se recibe sin costar dinero ni trabajo es siempre bien admitido.

Pan bendito: el que suele bendecirse en la misa y se reparte al pueblo. Cualquier cosa que, repartida entre muchos, es recibida con gran aceptación.

Pan comido: se dice de lo que está ganado o conquistado de antemano, sin dificultad.

Pan comido compañía deshecha: se dice de las personas ingratas y desagradecidas, que después de haber recibido el beneficio se olvidan del ejecutor.

(El) Pan como hermanos, y el dinero como gitanos: donde median intereses se olvidan hasta los vínculos de la sangre.

(El) Pan, con ojos; el queso, sin ojos, y el vino, que salte a los ojos: condiciones de la buena calidad de estos manjares.

Pan con pan, comida de tontos: lo insulso. En algunos lugares lo dicen cuando bailan dos personas del mismo sexo; habría que preguntar si realmente es comida de tontos, o de los que les gusta el pan que no es candeal precisamente.

Pan con pan, un bocadillo: dicho castizo, en cotraposición a lo dicho anteriormente.

(El) Pan de cada día: repetición de quejas, consejos o peticiones.

Pan de flor: el que se hace con la flor de la harina de trigo.

Pan de la boda: los regalos, parabienes que reciben los esposos en la boda.

Pan de las alforjas: expresión de cariño.

Pan de munición: el que se da a los soldados, presos, etc.

Pan de perro: daño o castigo que se da a alguno.

Pan de poya: el que se da en los hornos por el pago de la cohechura.

Pan de trigo, leña de encina y vino de parra sustentan la casa: la buena comida y la comodidad en casa ocasionan la felicidad material.

Pan eucarístico: hostia consagrada.

Pan mal cocido: favor no gradecido. El que está mal hecho.

(El) Pan nuestro de cada día: se dice de lo que es habitual. Parte de la oración del Padre Nuestro.

Pan para hoy y hambre para mañana: para expresar un bien efímero.

Pan perdido: el que ha dejado su casa y se ha metido a vagabundo.

Pan perdido, a casa vuelve: dícese cuando se había prestado alguna cosa, y que ya se daba por perdida.

Pan pintado: el que se hace con adornos.

Pan por mitad: modo de arrendar algunas tierras dando al dueño la mitad de las cosechas.

Pan por pan, vino por vino: decir una cosa llanamente.

Pan por pan, y vino por pan: axioma de los partidarios del dios Baco.

Pan regañado: el que se abre en el horno por fuerza del fuego, o por la incisión que se le hace al echarlo a cocer.

Pan seco: pan solo, sin otra vianda o manjar.

Pan sentado: el que tiene uno para comer más de un día y permanece correoso.

Pan subcinericio: el cocido en el rescoldo o debajo de las cenizas.

Pan terciado: renta de las tierras dando dos terceras partes de la cosecha.

Pan tierno, casa sin gobierno: la debilidad de carácter en el dueño de la casa hace que marche desastrosamente.

Pan y agua: penitencia no comiendo otra cosa. Pago que daban determinadas órdenes militares a sus caballeros por alimento.

Pan y callejuela: dejar a uno el paso libre para donde quiera ir.

Pan, y pan con ello, y pan para comello: igualdad de las cosas, aunque con significación diferente.

Pan y toros: frase con que se simboliza el estado de un pueblo, al que, dándole de comer y diversiones, no le preocupan los demás asuntos, todo esto dícese de nuestra España, con lo que no estamos de acuerdo muchas personas.

Panacea universal: remedio para curar todas las enfermedades.

Pánfilo: buenazo, tontorrón.

Panoja: dinero.

Panoli: persona muy confiada y cándida.

Pantalla de humo: noticia dada, con el fin de distraer la atención de otra más importante.

Panza al trote: el hambriento que siempre come a costa ajena.

Panza de burra: nombre que se da al cielo uniformemente entoldado y de color gris oscuro.

Panza de burro: la licencia dada al soldado cumplido.

Panza en gloria: el muy sosegado e impasible.

Paño de lágrimas: persona en quien se encuentra frecuentemente atención, consuelo o ayuda.

Paño de que cortar: materia abundante de que poder disponer.

Paños calientes: diligencia y buenos oficios que se aplican para templar el rigor o aspereza con que se ha de proceder en una materia.

Paños menores: ropa interior.

Pañosa: la capa.

Pañoso: abrigo.

Papanatas: se dice del que quiere estar a la última en todo, sin medir lo que es conveniente de lo que no.

Papar moscas, o viento: estar con la boca abierta y sin hacer nada.

Papear: comer.

Papel mojado: se dice del documento que no tiene validez.

(El) Papel, que se rompa él: aconseja no apresurarse a inutilizar cartas u otros escritos que pueden tener alguna importancia en el futuro.

(El) Papel todo lo aguanta: ya que se puede escribir y poner sobre él todo lo que se desee, incluso, como indicaba un castizo, hasta que se limpien con él.... la retambufa.

(El) Papel y la mujer hasta el culo se ha de ver: aconsejando leer todo lo que está escrito, inclusive y principalmente la letra pequeña o menuda, para no tener disgustos por ello.

Papela: documento nacional de identidad.

(Los) Papeles: los periódicos, así los llama actualmente mi abuela (tiene 108 años).

Papeles son papeles, cartas son cartas: determinando lo esencial de algunas cosas, con determinación de lo principal.

Papénsele duelos: con que se da a entender indiferencia para los males de alguno.

Papo: órgano sexual femenino.

Par de cojones: locución reforzadora.

¡Par Dios!: fórmula de juramento.

Para acabar de arreglarlo: manifestando que, cuando existe una desgracia, ocurre otra mayor.

Para alfileres: expresión al dar una propina.

Para andar por casa: de manera informal, sin etiquetas.

Para aquí y para adelante Dios: asegurara una resolución o promesa.

Para bailar se necesita sonete: además de la música, es necesario contar con elementos convenientes y oportunos.

Para cabeza dura, la cabra, la mujer y la burra: como prototipo de cabezotas.

Para colmo de males: expresión de contrariedad al ocurrir una desgracia superior a la que había acontecido ya.

Para comérselos: dícese de los niños, personas de mucho encanto o gracia.

Para conocer a una persona hay que comer con ella una arroba de sal en sopas: forma de indicar que tiene que pasar mucho tiempo para poder intimar con una persona.

Para cuando tú vas, yo ya he venido: tener más experiencia, ciencia o malicia.

Para dar y tomar: indica muchísimo.

Para darse importancia, dice que viene de Francia: aplícase burlescamente a los que se dan mucho tono.

Para decir verdad poca elocuencia basta: la verdad se abre camino por sí sola.

Para echar un trago, cualquier pellejo es bueno: los malos bebedores no se paran en la calidad de los caldos a beber.

Para el arrastre: estar muy cansado, agotado.

¡Para el carro!: ¡alto ahí! Manera de exhortar a que una persona refrene sus impulsos, ímpetus o enfados.

Para el carro y mearán los bueyes: para expresar que en todos los trabajos debe haber un descanso.

Para el cielo no hay nada oculto: da a entender que todo lo que se hace se sabe.

Para el culto de este santo templo: aplícase a los que piden con el pretexto de remediar infortunios,

cuando realmente lo hacen para su lucro personal. Un castizo añadía: **para el cura que es muy culto, ya que habla cinco idiomas**.

¡Para el gato!: expresión que quiere indicar: para otro.

Para el miedo, no hay remedio: ya que es un mal que no tiene cura.

Para el tiempo que he de estar en este convento, cágome dentro: indiferencia hacia un lugar que se va a estar poco tiempo; cuentan que lo decía un lego que iba a ser trasladado de convento.

Para elegir un diputado, tanto vale el voto de un imbécil como el de un sabio: el gran valor de la democracia.

Para en uno son los dos: frase que se decía a los novios cuando se desposaban, indicando la igualdad de la vida de esas dos personas.

Para enfermedad de años no hay medicina: la vejez no tiene remedio.

Para ennoblecer, engordar y saber, tiempo es menester: no se adquiere ninguna de las tres circunstancias más que con el transcurso de los años.

Para eso: indica que han sido de todo punto infructuosos los medios empleados para la consecución de un fin.

Para eso lo tapa el gato, para que no lo vea el amo: modo de disculpar el no hacer partícipes a los demás de lo que se lleva tapado u oculto.

Para este tiempo es la ropa: indicando lo adecuado de una cosa para cada una de las circunstancias, también se dice irónicamente.

Para este viaje no se necesitan alforjas: forma de contestar al que, creyendo ayudar a otro, están al alcance de cualquiera. Para indicar que el resultado obtenido no corresponde al esfuerzo empleado.

Para fulano no valen vales: modo de dar a entender que no se puede doblegar la voluntad de la persona de que se trata, dado su carácter inflexible.

Para gustos se hicieron los colores: debiendo respetar los gustos y opiniones de los demás.

Para hacer una cosa es preciso saber hacerla: es decir, tener talento suficiente para ejecutarla de la forma debida.

Para in sécula, o sécula seculorum: para siempre jamás, o por los siglos de los siglos.

Para largo: lo que se espera que tiene que pasar mucho tiempo.

Para las calendas griegas: significa quedar con alguien para una época que no llegará nunca.

Para las malas lenguas, buenas son las tijeras: hablar mal, debe darse un correctivo.

Para las necesidades, o las ocasiones, son los amigos: la verdadera amistad es la que se manifiesta en los trances apurados de la vida.

Para los desgraciados todos los días son martes: expresa que para las personas que no tienen suerte no hay día feliz.

Para los restos: para siempre jamás.

Para luego es tarde: con que se exhorta a que se ejecute prontamente y sin dilación lo que se ha encargado.

Para maestro de escuela no tiene precio: dícese del que acostumbra a regañar y castigar mucho.

Para más inri: para más ironía, para más burla.

Para mentir, nunca hay bula: indicando que la mentira nunca puede ser justificada.

Para mi, santiguada: fórmula de juramento que equivale a decir: por mi fe, o por mi cruz.

Para muestra basta un botón: ser suficiente un hecho para defender o justificar lo que se ha dicho o hecho.

Para nada: nada en absoluto.

Para no mentir: diciendo la verdad.

Para no variar, siempre lo mismo: se dice de los que no salen del mismo tema.

Para orador, te faltan más de cien; para arador, te sobran más de mil: manera jocoso-satírica de dar a entender la ineptitud de una persona para el ejercicio que desempeña.

Para parar un carro, o un tren: frase que denota gran cantidad o excelencia.

Para patria y pezuña, Cataluña: dícese de las mujeres catalanas, que tienen los pechos y los pies muy abultados y grandes, respectivamente. Dicho recogido por Sbarbi.

Para poca salud, más vale morirse: cuando una cosa reporta tan poco beneficio que no merece la pena conservarla.

Para postre: además de todo eso, indicado como expresión de contrariedad.

Para que el diablo no me coja en mentira: expresando exactamente y no aproximado lo acontecido.

Para que lo sepas: forma de advertir a una persona que se entere de algo.

Para que luego digan: expresión de desagrado a lo que se va a comentar.

Para que nadie pierda: expresión usada con salvedad al citarse el nombre del autor de un dicho o un hecho más o menos enojoso.

¿Para qué quiere pañuelo quien se sonó siempre con los dedos?: modo de expresar que no es necesario pedir algo una persona que siempre ha carecido de ello, y que no le ha sido nunca necesario, por no haber sido de su categoría o distinción.

¿Para qué quiero lo que tengo, si lo que debo no lo puedo pagar?: de nada sirve contar con escasos recursos cuando son muchas las necesidades que hay que atender.

Para que te chupes: expresión de alegría ante desgracias ajenas.

Para que te enteres: para que lo tomes en cuenta.

Para que te jodas: expresión de represión, hacia las advertencias dadas, y sobre todo no cumplidas.

Para que te peas llevando el cirial: para indicar que una persona se tiene bien merecido un castigo.

Para que te vayas con los soldados: cuando a alguien le sucede algo malo.

¡Para que veas!: expresión dicha para provocar cierta envidia.

Para quedar mal, no necesito ayuda, ya que yo mismo me valgo: queriendo indicar que no se necesita la ayuda de otra persona para hacer las cosas mal.

Para quien roba un reino, la gloria; para quien hurta un burro, la horca: los robos si son grandes nunca son castigados, muchísimas veces elogiados, y sus ejecutores, bien mirados por la sociedad.

Para rato: por mucho tiempo.

Para recibir dinero, todo tiempo es bueno: conveniencia de cobrarlo en cualquier momento.

Para remate: además de todo eso, expresado como contrariedad.

Para sacar una verdad en limpio, menester son muchas pruebas y repruebas: no debiendo aceptarse sin la debida demostración.

Para ser puta y no ganar nada, más vale ser mujer honrada: si se cae en el pecado, por lo menos que se disfrute y aproveche; en su defecto no se hace; ésa es la creencia del pueblo.

Para servir a Dios y a usted: frase que se decía antiguamente cuando uno se presentaba al decir su nombre.

Para servirte, o servir a usted: frase con la que se ofrece uno a la disposición de otra persona.

Para sí: mentalmente.

Para tanto tronar, poco ha llovido: dícese del que después de muchos preparativos no responde a los resultados obtenidos.

¡Para ti la perra gorda!: expresando que se da la razón a alguien, sin querer discutir, o sin que lleve razón.

Para todo hay bulas: indicando que siempre hay favores para todas las circunstancias.

Para todo se necesita entendimiento: hasta para barrer: indica que hasta para hacer las cosas más insignificantes es preciso poner cuidado y prestar atención.

Para todo trote: para uso diario y continuo; dícese principalmente de las prendas de vestir.

Para todos sale el sol: dando a entender que todos tenemos los mismos derechos.

Para tomar aunque sean las unciones: dícese de los egoístas y los aficionados a quedarse con todo.

Para torear y para casarse, hay que arrimarse: además del sentido literal, indica que hay que estar encima de ciertos asuntos y no perderlos de vista.

Para trabajar de balde, todos los días tengo amo: indicando a los que solicitan se les haga algún trabajo, sin recibir contraprestación al respecto.

Para un majo nunca falta otro majo: enseña que no debe ensoberbecerse nadie.

Para una vez que maté un perro, mataperros me llamaron: indicando que para una vez que hace una cosa se la están echando siempre en cara.

Para vender mal, cerrar la tienda: con que se indica que es preferible cerrar un negocio que no da dinero.

Para verdades, el tiempo, y para justicia, Dios: da a entender que a la larga se descubre lo cierto, y que la justicia divina es ineludible.

Parado como mojón de término: dícese de la persona que está de pie y parada durante largo tiempo.

Parguelas: maricón.

Paraíso de los bobos: la imaginación alegre con que cada uno finge conveniencias.

Paraíso fiscal: lugar donde los impuestos son muy inferiores a los del propio lugar, y sin fiscalización de ellos.

Parar el carro: contenerse o moderarse el que está enfadado u obra arrebatadamente.

Parar el golpe: evitar el fracaso que amenza.

Parar en algo: concluir en algo positivo.

Parar en mal: tener fin desgraciado.

Parar en tragedia: tener una cosa un mal fin.

Parar la bomba: dejar de hablar.

Parar la consideración, o atención: aplicarla determinadamente.

Parar los pies: poner término a lo que se hace o dice. Impedir que se vaya más allá.

Parar mientes: considerar, recapacitar con particular cuidado una cosa.

Pararse en pelillos: fijarse en cosas leves para motivar enojos o detenerse en cosas de poca sustancia.

Pardillo: novato, inexperto.

Parece dormido: dicho de pésames.

Parece ermita y es catedral: cuando una cosa parece que tiene poca importancia, y sin embargo es al contrario.

Parece estar hecho de rabos de lagartija: se dice de la persona muy inquieta, que se está moviendo constantemente.

Parece hormiga y es avispa: se dice de las personas de aspecto bondadoso, siendo todo lo contrario.

Parece la puerta del Perdón: dícese de la casa donde acude mucha gente, y están siempre llamando a la puerta.

Parece que está empollando huevos: se dice del que está apoltronado a la lumbre o metido en casa.

Parece que ha vendido pescado: el que en el juego ha recogido los cuartos de todos.

Parece mentira: expresión hiperbólica con que se indica la admiración o extrañeza que produce una cosa.

Parece no enturbia el agua: aparentando sencillez.

Parece que acaba de venir de las Batuecas: con que se moteja al zafio e ignorante.

Parece que acaba de venir del pueblo: dícese del que no tiene buenos modales, o parece un poco atontado.

Parece que come asadores, o que trae atravesado el asador: andar muy tieso, sin hacer caso de nadie.

Parece que el rey le debe y no le paga: aludiendo a los antipáticos y orgullosos.

Parece que está mascando pan para pegar santos: dícese de las personas que hablan entre dientes, y que no se las entiende lo que dicen.

Parece que ha comido en cazuela: se dice del que habla mucho.

Parece que ha comido lengua: dícese de la persona que habla mucho y que generalmente no lo hace.

Parece que ha reñido con la suegra: dícese de la persona que lleva puesta una prenda torcida.

Parece que le ha comido la lengua un gato: dícese del que está sumamente callado.

Parece que le ha hecho la boca un fraile: frase con que se alude a las personas que son muy pedigüeñas.

Parece que le llaman con campanilla: dícese de las personas que se presentan cuando menos falta hacen.

Parece que lo ha vestido el padre santo: dícese de aquella persona a quien no le cae bien el vestido que lleva.

Parece que se cae y se agarra: se aplica al que a lo tonto hace lo que le beneficia.

Parece que se ha hundido en un abismo: dícese de lo que se esconde o desaparece rápidamente y de manera impensada.

Parece que se ha tragado un tenedor: de lo tieso que está.

Parece que tiene el diablo en el cuerpo, u hormiguillo: se aplica a las personas inquietas o traviesas.

Parece que va al cementerio por sus pies: dícese de la persona a la que se ve con mal aspecto, que parece enfermiza.

Parece que viene de arar: zahiere a la persona muy rústica, ignorante o torpe.

Parecer agua de castañas: se dice del café o chocolate cuando está poco fuerte, muy aguado y con poco sabor.

Parecer arrancado de un tapiz: aplícase a la persona ridícula y mal ataviada.

Parecer bien, o mal: agradar o no las cosas.

Parecer calendario de vicario: se aplica a los deseos, proyectos o discursos del que todo lo encamina en su provecho.

Parecer cama de podencos, o de galgos: aplícase a la cama mal hecha, desbaratada, o de mal aspecto.

Parecer carnicería: gran desorden en quitar y hablar muchos a un tiempo.

Parecer de cartón: dícese de las personas quejumbrosas a quien todo les molesta.

Parecer de Madrid: dícese al que se ha dejado una puerta abierta.

Parecer de perlas: parecer bien alguna cosa, estar todos conformes con ella.

Parecer desertado del campo santo: dícese de las personas delgadas y desnutridas.

Parecer desposado de aldea: aplícase el que está muy grave y mesurado.

Parecer el espíritu de la golosina: persona falta de nutrición o muy flaca.

Parecer el movimiento continuo: andar de acá para allá sin parar un momento.

Parecer ermita y ser catedral: dicen de aquello que, aparentando poco, vale sin embargo mucho.

Parecer escarabajos: dícese de las letras y rasgos mal formados y confusos.

Parecer hecho de rabos de lagartija: estar en continuo movimiento, no permanecer un momento quieto; dícese de los muchachos traviesos, inquietos y vivarachos.

Parecer indiano de hilo negro: aplícase al hombre avaro, miserable o mezquino.

Parecer la casa de tócame Roque: se dice de la casa de mucha gente y poco gobierno.

Parecer la estampa de la herejía: ser muy feo, o ir vestido con muy mal gusto.

Parecer la maza y la mona: dícese cuando dos personas van juntas a todas partes.

Parecer la meada de un gato: se dice cuando se riega con escasez de agua.

Parecer la necesidad en visita: aplícase a las personas cuya indumentaria deja bastante que desear.

Parecer la radiografía de un silbido: se dice de la persona que está muy delgada.

Parecer mentira: ser algo sorprendente o extraño.

Parecer mesa de milanos: aquella en que la comida anda escasa.

Parecer molde de tontos: aplícase a la persona a quien cansan y fatigan con impertinencia y pesadez.

Parecer molinillo de chocolatera: aplícase a la persona que se halla en continuo movimiento.

Parecer, o ser, un cardo: persona adusta.

Parecer, o ser, un perro pachón: ser muy pesado y cachazudo.

Parecer, o ser, un Sancho Panza: dícese de la persona gorda y rechoncha.

Parecer, o ser, una araña: aplícase a la persona que es muy aprovechada y vividora.

Parecer, o ser, una mierda de manzana: dícese de la persona de escaso mérito, y de escasa o nula personalidad social.

Parecer palillos de tambor: ser sumamente delgado.

Parecer peor que un disciplinante en procesión de Corpus Christi: aplícase a todo lo que resulta inconveniente o inoportuno.

Parecer que en su vida ha roto un plato: ser una mosquita muerta, parecer una buena persona, no siéndolo.

Parecer que está empollando huevos: estar apoltronado o muy metido en casa.

Parecer que está picado de la tarántula: dícese de la persona que tiene una enfermedad venérea.

Parecer que ha caído en un pozo: dícese de la persona que hace mucho tiempo que no se la ve y no se sabe su paradero.

Parecer que la visten los demonios, o el enemigo: de lo estrafalario o mal vestida que va.

Parecer que le chupan, o le han chupado, brujas, o las brujas, o las curianas: estar muy flaco y descolorido.

Parecer que mira al plato, y mira a las tajadas: se dice de la persona que disimula su verdadera intención.

Parecer que no le tocan manos: dícese de la labor, que está hecha con primor y aseo, pareciendo que no se ha hecho con las manos.

Parecer que no enturbia el agua: se dice del que, aparentando sencillez o inocencia, encubre el talento que no se creía en él.

Parecer que se está alumbrando a un muerto: dícese donde hay poca luz artificial.

Parecer que se ha tragado el molinillo, o el palo del molinillo, o una escoba: andar muy tieso o estirado.

Parecer que se ha vendido pescado: manera de hablar con que se nota en el juego al que ha cogido los cuartos de los demás.

Parecer que se va a comer a los niños crudos: aplícase a las personas que dicen las cosas de mala manera, y luego no hacen nada de lo dicho.

Parecer que tiene alferecía: dícese de lo que se mueve o agita con suma rapidez.

Parecer que uno come, o ha comido, asadores: andar muy tieso.

Parecer sombras chinescas: se dice de los que se esconden detrás de objetos semitransparentes.

Parecer un abanico de tonta: moverse mucho y sin concierto.

Parecer un abejorro: se dice de la persona importuna, murmurando entre dientes. Hablar o canturrear en voz baja.

Parecer un alfeñique: se dice de los que son muy delicados o quejumbrosos.

Parecer un alma en pena: aplícase al que anda solo, triste y melancólico, también al que está tremendamente flaco y descolorido.

Parecer un cagajón del arroyo: frase popular de desprecio hacia alguna persona.

Parecer un cajón de sastre: conjunto de cosas desordenadas y distintas.

Parecer un calamar: dícese de la persona delgada.

Parecer un calvario el pecho de una persona: ostentar sobre él muchas cruces o condecoraciones.

Parecer un cangilón de la noria: ser un recipiente excesivamente grande para lo que se ha hecho.

Parecer un cartujo: persona taciturna que vive alejada de las gentes.

Parecer un chivo: aplícase a los que llevan la barba larga y puntiagauda.

Parecer un colchón sin bastas: ser muy gruesa una persona.

Parecer un comino: persona de pequeña estatura.

Parecer un corral de vacas, u ovejas: dícese del lugar desmantelado, sucio y amplio.

Parecer un cristo: estar lleno de golpes, magulladuras, etcétera.

Parecer un cuerpo glorioso: dícese de la persona que tiene pocas necesidades materiales.

Parecer un desenterrado, o un desterrado del campo santo: se dice de la persona que tiene muy mal aspecto y color.

Parecer un duende: aparecer donde no se le espera.

Parecer un enjambre de abejas: aglomeración de personas molestas e inoportunas.

Parecer un entierro de tercera: reunión de personas sumamente aburridas.

Parecer un erizo manzanero: se dice de la persona intratable.

Parecer un escarabajo: dícese de la persona pequeña y de mala figura.

Parecer un escrúpulo: dícese de la persona o cosa sumamente pequeña.

Parecer un escuerzo maligno: ser muy flaca o de mala figura.

Parecer un esqueleto: aplícase a la persona muy flaca.

Parecer un figurín: estar impecablemente vestido.

Parecer un figurón de proa: aplícase a las personas sumamente feas y estrafalarias.

Parecer un galimatías: se emplea para calificar la confusión de ideas, por lo oscuro del lenguaje.

Parecer un gallinero: lugar de mucho griterío, donde no se entiende nadie.

Parecer un gallo inglés: ensoberbecerse en demasía.

Parecer un hospital robado: dícese de lo que está sin vestir, sin muebles o sin ordenar.

Parecer un Jeremías: se dice de la persona que llora mucho.

Parecer un jesuita: calificación que el pueblo hace de los hipócritas.

Parecer un Jordán: se dice de lo que se embellece o purifica.

Parecer un jubileo: se aplica a la entrada y salida frecuente de gran número de personas.

Parecer un liliputiense: dícese de la persona pequeña y endeble.

Parecer un mascarón de proa: dícese de la persona muy fea.

Parecer un mazo de batán: ser una persona pesada y molesta en extremo.

Parecer un mono: imitar los ademanes de este animal.

Parecer un morcón, o una tripa de morcón: dícese de la persona gruesa y floja.

Parecer un moscón: se dice de la persona que importuna a otra.

Parecer un perro chino: comparación de la calvicie en las personas.

Parecer un orangután: tener facciones toscas y el cuerpo muy abultado.

Parecer un pato, o un pato mareado: andar mal, con poca gracia o muy desgarbado.

Parecer un perro sentado: ser una persona de mala figura y pequeña.

Parecer un piojo pegadizo: dícese de la persona molesta a quien no se puede apartar fácilmente del lado de uno.

Parecer un pollo matado a escobazos: forma de vestir de modo muy desaliñado.

Parecer un pollo pión: se aplica a la persona pedigüeña.

Parecer un pollo ronco: dícese del mozalbete que le está cambiando la voz.

Parecer un pollo trabado: dícese de la persona que anda con paso corto y con dificultad.

Parecer un príncipe: presentarse lujosamente ataviado.

Parecer un puerco espín: se dice del que tiene el cabello corto, blando, está despeinado y de punta.

Parecer un retablo de dolores, o de duelos: dícese de las personas que acumulan muchos trabajos y miserias.

Parecer un santo en andas: dícese de la persona que carece de soltura en sus miembros cuando anda.

Parecer un señorito de pueblo: aplícase al hombre desgarbado que no sabe llevar la ropa apropiada a personas de su condición.

Parecer un sepulcro blanqueado: dícese de los hipócritas.

Parecer un tapón de cuba: dícese jocosamente de la persona pequeña y regordeta.

Parecer un zapatero: aplícase al que hace una obra chapucera o ramplona.

Parecer una caña cascada: gozar de poca salud. Tener la voz muy desagradable.

Parecer una casa de locos: en la que hay mucho bullicio y poco orden.

Parecer una casa robada, o un hospital robado: la que tiene un mueblaje muy desvencijado, casa sin ordenar.

Parecer una cuba: dícese de la persona que tiene mucho vientre.

Parecer una cucaracha: dícese de la mujer morena, vestida de luto y de poca estatura.

Parecer una devanadera: aplícase a las personas que se mueven o agitan mucho.

Parecer una figura de tapiz: aplícase a la persona de traza ridícula.

Parecer una furia: estar una persona muy irritada.

Parecer una gata parida: dícese de la persona que está muy flaca.

Parecer una imagen: dícese de los jóvenes que tienen una gran belleza.

Parecer una jaula: habitación alta y estrecha.

Parecer una jaula de grillos: donde reina gran confusión y desorden.

Parecer una lanzadera: andar de acá para allá.

Parecer una leonera: cuando una habitación está en total desorden.

Parecer una letanía: aplícase a todo razonamiento largo y repetido.

Parecer una lija: aplícase a todo objeto que es áspero al tacto.

Parecer una lima sorda: dícese de todo gasto continuado e imperceptible.

Parecer una lombriz de caño sucio: dícese de la persona que se halla sumamente chupada y seca.

Parecer una luna llena: dícese de la persona totalmente calva.

Parecer una Magdalena: dícese de la persona que llora con desconsuelo.

Parecer una mesa revuelta: se dice donde hay gran confusión o desorden.

Parecer una mosca en leche: ser una persona de tez morena, e ir vestida de blanco.

Parecer una mosquita muerta: se dice del que aparenta ser apocado o tímido, y llegada la ocasión saca el genio.

Parecer una paja larga: dícese familiarmente de la persona que es alta, flaca y desgarbada.

Parecer una pasa: se aplica a la persona anciana cuyo cutis está muy arrugado.

Parecer una sardina, o una sardina arenque: dícese de la persona que está muy enjuta.

Parecer una sierra: dícese del arma blanca que está mellada.

Parecer una suela de zapato: dícese de la carne que está correosa, o de la masa poco frita o hecha.

Parecer una talega: parecer un colchón sin bastas.

Parecer una tarasca: dícese de la mujer que es muy fea.

Parecer una taza de plata: aplícase a todo objeto que presenta un aspecto hermoso y reluciente.

Parecer una tela de cebolla: ser una cosa sumamente fina y delgada.

Parecer una tripa de morcón: dícese de la mujer excesivamente gruesa, que carece de talle.

Parecerse a Bernabé, que cuanto más mira menos ve: expresando que el que es más entendido en alguna cosa, suele ser el primero en equivocarse.

Parecerse a capa de estudiante: se dice de las cosas muy remendadas.

Parecerse a don Quintín el amargao: cuando se increpa a una persona de mal carácter.

Parecerse a la calle de la Amargura: encontrarse en situación angustiosa. Se dice de las calles largas y tortuosas.

Parecerse a la galga de Lucas: faltar en la ocasión más precisa.

Parecerse a la judía de Zaragoza. Algunos añaden: **que cegó llorando duelos ajenos:** se dice de las personas que se ocupan de las cosas de los demás más que de las propias.

Parecerse a la muerte pelada: dícese de la persona flaca y horrorosa.

Parecerse a la que tuvo el candil la noche que se ahorcó Judas: dícese de la persona que es muy fea, horrorosa.

Parecerse a la vieja que engañó a San Antón: dícese de la mujer entrada en años, con gran fealdad y aspecto repulsivo.

Parecerse a las calzas del escudero del Alba que, al ponérselas, sólo Dios y él las entendían: se dice de todo lo que es enredoso y difícil de comprender.

Parecerse a las tres Marías: dícese cuando van juntas tres mujeres altas, flacas y vestidas de negro.

Parecerse a los angelotes: dícese de aquellas personas que siendo, al parecer, ayuda de otras, son ayudadas por éstas.

Parecerse a los jesuitas: se dice de los que dejan las cosas en el mismo lugar que las encontraron.

Parecerse a los vencejos, que tienen el bigote alrededor del pico: aplícase a los barbilampiños.

Parecerse a un vencejo caído: dícese del que necesita ayuda para poder levantarse de la situación precaria en que se encuentra.

Parecerse al asno de Buridán: permanecer dudoso entre dos partidos.

Parecerse al caminante y la mula de alquiler: se censura a los que acometen una empresa con calor y luego desmayan en su empeño.

Parecerse al capitán Araña: dícese de los que animan a otros a hacer aquello mismo de que ellos huyen.

Parecerse al corregidor de Almagro: dícese de las personas que se preocupan de los que no les va ni les importa; dice la tradición que dicho corregidor enfermó porque a su vecino le hicieron corto el chaleco, y otros dicen que los calzones eran cortos de tiro.

Parecerse al enano de la venta: dícese, por mofa, de la persona chiquitina y regordeta.

Parecerse al juego del tira y afloja: locución que da a entender que existen a un mismo tiempo cosas opuestas entre sí.

Parecerse al licenciado Vidriera: se dice de la persona tímida y quejumbrosa.

Parecerse al papamoscas de Burgos: dícese de la persona que está con la boca abierta.

Parecerse al perro del hortelano, que ni come las berzas ni las deja comer: dícese de aquellos que no aprovechando las cosas impiden al propio tiempo que otros las utilicen.

Parecerse al ungüento amarillo: que a todo se aplica y para nada sirve.

Parecerse como dos gotas de agua: ser idénticos.

Parecerse como un huevo a otro: ser casi iguales dos cosas con un gran parecido.

Parecerse como un huevo a una castaña: no tener ningún parecido, por ser cosas totalmente diferentes.

Parecerse como una gota de agua a otra: ser muy iguales.

Parecerse en el blanco de los ojos: no tener ningún parecido.

Parecerse los cascos a la olla, o a la botija: dícese por lo común de los que heredan y practican las malas costumbres de los padres.

Pared blanca, pared de necios: ya que ésta invita a los tontos a escribir en ella.

(Las) Paredes oyen: aconsejando precaución en dónde y a quién se dice una cosa que interesa mantener en secreto.

(Las) Paredes tienen ojos: aconsejando no ejecutar malas acciones confiando en el secreto del lugar donde se hacen.

Pares sueltos: cuando en las rebajas no hay existencia de todos los número o tallas, en los artículos rebajados.

Paria: persona vil.

Parida: tontería o despropósito.

Parida mental: necedad, sandez.

Pariente a la clara, el hijo de mi hermana; porque en el del hermano puede haber duda y engaño: indicando que en los hijos de una mujer nunca hay duda en el parentesco, pero en los de un hombre no se puede afirmar categóricamente tal situación.

Parientes, las muelas y los dientes: dicen los enemigos de la familia.

Parientes que empiezan por cu y su, para tú: dícese de los cuñados y suegros, y principalmente de las féminas.

Parientes y trastos viejos, pocos y lejos: ya que los dos estorban y molestan.

Parir a medias: ayudar a otro en algún trabajo dificultoso.

Parir chorradas: decir tonterías.

París bien vale una misa: se utiliza cuando para conseguir una cosa se debe renunciar a algo muy esencial.

Párrafo aparte: expresión para mudar de asunto cuando se habla.

(La) Parte del león: se denota el abuso de la fuerza y falta de equidad en el reparto, o en la ordenación de las cosas.

Parte, o me chivo: dicho muy popular en mi tierra, queriendo expresar que, cuando se descubre algún hecho de un pequeño hurto, u otra acción reprobable, pero agradable, se pide participación de ella, con el fin de no delatarlo. Se refería principalmente al que estaba hurtando algun dulce o comida (esto entre chicos), o el que descubría algún acto amoroso (por menos chicos) entre dos personas, para poder azorarla.

Parte pan no entra en el cielo: dicho jocoso, dirigido a los encargados de hacer algún reparto.

Parte por parte: sin omitir nada.

Partes pudendas: los órganos sexuales.

Partida serrana: comportamiento, proceder injusto o desleal.

Partido robado: en los juegos el que es ventajoso para una de las partes.

Partir como un rayo: rápidamente.

Partir como una bala: muy deprisa.

Partir como una exhalación: de improviso.

Partir como una flecha: rápidamente.

Partir con la pana: destacar, sobresalir.

Partir de carrera o de ligero: obrar sin premeditación.

Partir de esta vida: morir.

Partir el alma alguna cosa: causar gran aflicción o lástima.

Partir el camino: elegir un paraje intermedio donde puedan concurrir dos o más personas, citándose de antemano.

Partir el corazón: causar un gran disgusto o aflicción.

Partir el espinazo: romper la columna vertebral.

Partir el sol: en los desafíos, colocar a los combatientes para que el sol sea igual para los dos, sin ventaja.

Partir la boca, o la cara: golpear en la cara.

Partir la diferencia: ceder cada uno de su parte.

Partir la tierra: efectuar las lindes.

Partir los morros: golpear fuertemente en la cara.

Partir peras: tratar a una persona con toda familiaridad y llaneza; suele usarse en sentido negativo.

Partir por el eje: dejar inutilizado, causar un perjuicio o contrariedad, especialmente si es irremediable.

Partir por el espinazo: causar gran daño o perjuicio, ya sea física o moralmente.

Partir por entero: llevarse uno todo lo que hay que repartir.

Partir por la mitad: causar un grave perjuicio.

Partir por medio: partir de ligero.

Partirle un rayo: expresión de rechazo.

Partirse el alma, o el corazón: sentir con intención.

Partirse el culo: reírse mucho y con ganas.

Partirse el pecho: luchar a brazo partido, también se dice de la persona que se ríe mucho.

Partirse la vieja: mediar la cuaresma.

Partirse los cojones de risa: tener una gran alegría, manifestándose al reírse.

Partirse los cojones, los huevos: luchar o afanarse valientemente en una empresa.

Parto de los montes: cosa pequeña y ridícula que sobreviene cuando se espera otra más grande.

Pasa un ángel: se emplea cuando en una conversación se produce un silencio completo.

Pasada la procesión, se descolgaron las calles: el que ha conseguido una cosa no suele acordarse de aquel a quien se la debe.

Pasado en autoridad de cosa juzgada: cosa que se supone y de la que es ocioso tratar.

Pasado de moda: no ser actual, no estar de actualidad.

Pasando de cuatro, cada uno fuma de su tabaco: lo decía el que iba a fumar, y había muchas personas, con tal de no ofrecer tabaco.

Pasar a cuchillo: matar.

Pasar a la historia: perder su actualidad e interés.

Pasar a la posteridad: hacerse una persona famosa.

Pasar a limpio: efectuar un escrito de forma definitiva, que anteriormente se había hecho "a sucio", para poder hacer todas las rectificaciones que se han estimado convenientes.

Pasar a mayores: adquirir más importancia de lo que se creía una disputa o altercado.

Pasar a mejor vida: morir en gracia de Dios.

Pasar a tragos la vida: interrumpir el trabajo con alguna diversión para que la vida no se haga tan pesada.

Pasar a una por las armas: tener relaciones sexuales con ella.

Pasar a uno por las armas: fusilarlo.

Pasar como gato por ascuas, o brasas: denota la celeridad con que se huye de un daño, peligro o inconveniente.

Pasar como sobre ascuas, o brasas: ligeramente por algún asunto importante.

Pasar como un sueño: dícese de lo que dura muy poco y es agradable.

Pasar como una sombra: se dice de todo aquello cuya duración es transitoria.

Pasar con queso y rábanos: mala vida en cuanto a alimentación se refiere.

Pasar de alguien o de algo: no prestar ninguna atención, no dar importancia.

Pasar de castaño oscuro: ser demasiado enojoso, pasarse de la raya.

Pasar de claro en claro, o en claro la noche: pasarla sin dormir.

Pasar de claro por alguna parte: de corrida, sin detenerse.

Pasar de largo o de ligero: pasar por algún sitio sin detenerse. No hacer reflexión en lo que se lee o trata.

Pasar de raya o de la raya: propasarse, excederse.

Pasar de todo: no preocuparse absolutamente de nada.

Pasar de un extremo a otro: ir de un lado a otro.

Pasar del pie a la mano: dícese de las caballerías que tienen el paso largo.

Pasar desempedrando la calle: correr por ella a toda velocidad.

Pasar el año de noviciado: sufrir las penalidades inherentes a todo aquel que hace méritos para llegar a alcanzar un destino u ocupación.

Pasar el chapetón: salir de algún peligro o contratiempo.

Pasar el charco: cruzar el mar.

Pasar el dinero: volverlo a contar.

Pasar el ecuador: cuando los estudiantes llegan a mitad de la carrera.

Pasar el equinoccio: se usa para definir una situación nada agradable.

Pasar el pie delante: exceder o aventajar a una persona.

Pasar el rato: no aprovecharse del tiempo. Trabajar en vano. Distraerse o divertirse.

Pasar el rodillo: someter a votación en un parlamento asuntos muy discutidos, comprometidos, sin estar de acuerdo los parlamentarios, existiendo en el partido interesado mayoría absoluta.

Pasar el Rubicón: significa comprometerse de un modo irrevocable a acometer una empresa audaz.

Pasar el sino: penalidades, pasarlas negras.

Pasar el tiempo: estar ocioso o entretenido en cosas de simple distracción.

Pasar en blanco, o en claro, alguna cosa: omitirla.

Pasar en flores: en claro, en ayunas.

Pasar en silencio: callar una cosa, omitirla.

Pasar factura: reclamar a una persona el favor que se le hizo en su día.

Pasar la bandeja: hacerlo para recoger donativos o limosnas. Pedir un favor o servicio a quien antes ha sido servido o favorecido por uno.

Pasar la bola: descargar en otra persona la responsabilidad de un asunto.

Pasar la cuenta: presentar la nota de lo que se ha de pagar. Reclamar recompensa el que aparentó servir con desinterés.

Pasar la mano por el cerro, o por el lomo: halagar, adular, acariciar.

Pasar la mano por el hombro, o por el lomo: hacer caricias con miras egoístas, atraer con halagos.

Pasar la noche en claro o en blanco: no dormir.

Pasar la noche en vela: acontecer la noche en estado de vigilia.

Pasar la noche templando: discutiendo sin resolver nada.

Pasar la palabra: correr la palabra.

Pasar la pena negra: padecer aflicción grave física o moral.

Pasar la plaza de primo, o de tonto: hacer que se conceptúe a una persona bajo esos dos conceptos.

Pasar la vida: mantenerse con lo preciso.

Pasar la vida a tragos: ir viviendo con dificultades y trabajos.

Pasar la vida del grillo, que todo se vuelve ruido: sin hacer nada de fundamento.

Pasar la vista, o los ojos, por algún escrito: leerlo ligeramente.

Pasar las de Beri: padecer grandes contrariedades y amarguras.

Pasar las de Caín: grandes dificultades.

Pasar las horas muertas: dejar correr el tiempo sin hacer nada de provecho.

Pasar las penas de San Patricio: frase que da a entender que se están pasando grandes penalidades y tribulaciones.

Pasar las penas del purgatorio: sufrir desazones sin interrupción.

Pasar lista: llamar en alta voz para que respondan las personas cuyos nombres figuran en la misma; se utilizan en las aulas y en la milicia, para saber los que están presentes.

Pasar lo suyo: haber padecido desprecios, apuros, etcétera.

Pasar los dientes: producir en ellos sensación dolorosa los alimentos o bebidas frías.

Pasar los kiries: padecer dificultades.

Pasar los ojos por un escrito: leerlo ligeramente.

Pasar más hambre que el perro de un ciego: padecer con continuidad hambre.

Pasar más hambre que un maestro de escuela: antiguamente se decía a los que pasaban hambre, por ser muy escasos sus emolumentos (acuérdense de las permanencias que cobraban a los alumnos que se quedaban en clase después de las horas oficiales y de las retribuciones en especie).

Pasar más que un mal matrimonio: dícese de lo que es muy difícil de soportar.

Pasar muestra: revista. Registrar una cosa para recoconocerla.

Pasar, o pasarse: no querer enterarse de algo.

Pasar, o poner, mientes: meditar, recapacitar.

Pasar página: no querer darse cuenta de algo, o no tener en cuanta alguna cosa.

Pasar perfiles: afianzar el dibujo.

Pasar plaza: ser tenida o reputada una persona por lo que no es en realidad.

Pasar por alguna cosa: sufrirla, tolerarla.

Pasar por alto: olvidarse de una cosa, no observar las formalidades debidas en los trámites regulares.

Pasar por carros y carretas: consentir y permitirlo todo por necesidad u obligación.

Pasar por debajo de las piernas: mostrar indiferencia.

Pasar por el aro: verse obligado a transigir con algo.

Pasar por el tamiz: someter a un minucioso examen.

Pasar por el tubo: verse obligado a hacer o aceptar algo.

Pasar por encima: atropellar. Ascender a un empleo con anterioridad al que tenía más derechos.

Pasar por la espina de Santa Lucía: indica que uno se halla en gran trabajo o aflicción.

Pasar por la piedra: beneficiarse sexualmente de una persona sin distinción de sexos, empleándose principalmente a las mujeres.

Pasar por la quilla: indica el declive de una persona.

Pasar por la vicaría: casarse dos personas.

Pasar por las aduanas: cumplir las cosas todos sus trámites.

Pasar por las armas: efectuar el acto sexual con una mujer. Fusilar.

Pasar por las horcas caudinas: sufrir el sonrojo de hacer por fuerza lo que no se quería.

Pasar por las picas: pasar por muchos trabajos e incomodidades.

Pasar por los bancos de Flandes: frase que expresa que alguno emprendió o ejecutó alguna cosa ardua, dificultosa o difícil.

Pasar por los morros, pasar por las narices: dar envidia.

Pasar por ojo: destruir a uno, arruinarle.

Pasar por todas las aduanas: tener una cosa todos los trámites correspondientes.

Pasar recibo: solicitar de una persona los favores que le ha hecho, en contraprestación, siendo generalmente esta postura favorable para él.

Pasar revista: examinar con cuidado una serie de cosas.

Pasar un ángel: producirse un silencio absoluto cuando se estaba hablando entre varias personas.

Pasar un mal trago: padecer momentos de angustia, de disgusto, preocupación.

Pasar una crujía: padecer trabajos o hallarse en situación desgraciada durante algún tiempo.

Pasar una noche de perros: una mala noche de no pegar ojo en toda ella.

Pasar una noche en blanco: no dormir nada durante la noche.

Pasar una noche toledana: se dice de la persona que pasa una noche sin dormir, a causa de disgustos o molestias.

Pasar una solana: estar completamente solo.

Pasarla por la piedra: tener relaciones sexuales con una mujer.

Pasarla por las armas: poseer sexualmente a una mujer.

Pasarlas canutas: verse en situación muy apurada.

Pasarlas jodidas: estar con graves inconvenientes o apuros.

Pasarlas más putas que Caín: muy mal.

Pasarlas más putas que el que se tragó las trébedes: tener graves dificultades y graves inconvenientes. Pasarlo muy mal.

Pasarlas moradas: verse en situación apurada.

Pasarlas negras: encontrase en situación difícil, dolorosa o comprometida.

Pasarlas putas: verse en situación apurada o arriesgada.

Pasarle por la cabeza: pensar un una cosa en concreto.

Pasarlo a lo grande: divertirse mucho.

Pasarlo bomba, pipa, jamón, teta: disfrutar enormemente.

Pasarlo de muerte: divertirse mucho.

Pasarse: hacer o decir algo mal en exceso y en un momento inoportuno.

Pasarse a la otra alforja: excederse de los límites de la moderación y cortesía.

Pasarse con armas y bagajes: abandonar un partido, para afiliarse a otro de ideas diametralmente opuestas.

Pasarse de la raya, o de raya: propasarse, tocar en los términos de la desatención o descortesía.

Pasarse de listo: errar, equivocarse por exceso de malicia. Equivocarse por exceso de confianza en sí mismo.

Pasarse de rosca: no encajar bien las vueltas de un tornillo con la rosca. No haber sido consecuente o apto en una actitud o trato. Excederse en extremo.

Pasarse de la raya: excederse en lo que se hace o se dice, cuando va más allá de lo normal o prudente en cualquier línea.

Pasarse el asado: perder la oportunidad.

Pasarse el día con el codo a escuadra: empinando la bota.

Pasarse el día en el balcón, como las macetas: se dice de la persona muy ventanera.

Pasarse el día en la calle, como los perros: dícese de la persona que no entra en casa.

Pasarse el día tocándose la barriga: sin hacer nada.

Pasarse el día tocándose la pera: perdiendo el tiempo.

Pasarse el día tocándose la tripa: holgando.

Pasarse la cabeza a uno: enfriarse.

Pasarse la pelota: echarse la culpa unos a otros, eludir la responsabilidad.

Pasarse los días en flores: en ayunas, sin comer.

Pasarse por debajo de las piernas: desprecio total hacia algo, o hacia alguien.

Pasarse por el carajo: frase despectiva que denota desprecio o burla.

Pasarse por el culo: denota desprecio hacia alguna cosa.

Pasarse por el forro de los cojones, huevos, o de las pelotas: indica desprecio o indiferencia.

Pasarse por la entrepierna: manifiesta indiferencia o desobediencia.

Pasarse por la piedra: poseer sexualmente a una mujer.

Pasarse por los cojones, o por el coño: frase despectiva que denota burla, desobediencia.

Pasarse un pelín: excederse más de lo necesario.

Pasarse una cosa por el arco del triunfo: menospreciarla al máximo.

Pasarse una cosa por el forro de los cojones: despreciarla con ahínco.

Pasársela, o pasárselo, en flores: tener vida regalada.

Pasársele a uno el alma al cuerpo: ser muy calmado.

Pasársele la hora: no llegar a tiempo.

Pasársele la cabeza: enfriarse, resfriarse.

Pasársele por alto una cosa: significa no advertirla, no haberse fijado en ella.

Pasársele por la cabeza, por la imaginación: pensar.

Pasársele por las mientes: ocurrírsele alguna cosa.

Pasárselo bomba, o pipa: divertirse mucho.

Pasárselo en flores: tener vida regalada.

Pase usted: invitando a entrar al que cortésmente ha llamado para entrar.

Paseante en corte: el que no tiene destino, ni que ocuparse en nada.

Pasear el alma por el cuerpo a uno: estar con excesiva paz y sosiego, con gran tranquilidad interior.

Pasear la calle: galantear.

Pasear la capa: salir de paseo por diversión.

Pasear la cátedra: asistir a ella cuando no acuden discípulos.

Pasearse el alma por el cuerpo: para motejar a un individuo indolente y sin voluntad.

Paséate y orina, y te dará la vida: máxima médica, de positivos resultados para la salud.

Pasillo aéreo: llámase al espacio determinado por donde circulan los aviones.

Pasma: policía secreta.

Pasmarote: persona estupefacta que no sale de su asombro.

¡Paso!: interjección que se emplea para contener a uno o para poner paz entre los que riñen.

¡Paso a la juventud!: que lo arrolla todo.

Paso a paso: poco a poco, despacio, por grados.

Paso ante paso: lentamente, poco a poco.

Paso corto, vista larga, paciencia y mala intención, que "ya te llegará la ocasión!: recomendación que se hace para poder lograr algo. También las malas lenguas lo decían de los guardias civiles, que lo tenían como lema, cuestión totalmente inexacta.

Paso de buey, diente de lobo y hacerse el bobo: recomendación que se hace a una persona para no dejarse engañar.

Paso de cebra: lugar indicado para pasar los peatones en una calle, estando señalizado con rayas blancas en el asfalto.

Paso de gallina: diligencia corta en algún asunto.

Paso de garganta: inflexión de la voz al cantar.

Paso de peatones: lugar establecido para cruzar con preferencia una calle las personas.

Paso de ti, o de tu cuerpo: indicando indiferencia.

Paso del ecuador: cuando en una carrera se llega a la mitad de ella, celebrándose tal acontecimiento; igualmente el punto medio de una empresa o proyecto.

Paso entre paso: poco a poco.

Paso libre: el desembarazado de estorbos.

Paso por paso: exactitud en la medida o dificultad en adquirir una cosa.

Pasos contados: a pequeña distancia.

Pasos murmurados: por criticados. Acciones mal enjuiciadas.

Pasota: se dice del que le da todo igual.

¡(Una) Pasta! o ¡Un pastón!: mucho dinero.

Pasta gansa: dinero abundante

Pastor Sumo, o Universal: Sumo Pontífice.

Pata de gallo: necedad. La arruga en el ángulo extremo del ojo.

Pata de perdiz: la que lleva medias rojas.

Pata de pobre: la hinchada y con parches.

Pata es la traviesa: cuando dos personas regañan simultáneamente, quedando iguales.

Pata galana: la coja o encogida.

Patachula: cojo.

Pataleos de ahogado: acción última de una persona, y que hace un poco a la desesperada.

Patán: persona sin modales, grosero.

Patanegra: persona de una gran calidad.

Patas arriba: al revés. Desconcertado, vuelto de abajo arriba.

Patas de gallo: arrugas que se hacen con la edad en la parte externa de los ojos.

Patata caliente: asunto delicado o comprometido.

Patatas viudas: dícese del guiso en que únicamente existe este tubérculo.

Patatín-patatán: argucias, disculpas del que no quiere entrar en razones.

Patente de corso: privilegio tomado a la fuerza, o por el poder.

Patera: especie de balsa que utilizan los emigrantes clandestinos para entrar en otro país cruzando el mar.

Patibulario: que causa horror.

Patilla y cruzado, y vuelta a empezar: con que se reprende la repetición de actos inútiles.

Patinar el embrague: estar mal de la cabeza.

Patinarle las meninges: no estar bien de la cabeza.

Patio de las malvas: el cementerio.

(El) Patio de mi casa es paticular, cuando llueve se moja como los demás...: canción infantil.

Patria celestial: cielo o gloria.

Patria chica: la tierra donde ha nacido una persona.

Patria potestad: autoridad que los padres tienen sobre los hijos no emancipados.

(El) Patriotismo nace en la cabeza, vive en la lengua y muere en el estómago: forma de actuar de algunos políticos.

Pavo, pavisoso: soso, sin gracia, bobo.

¡Paz!: expresión que se usa para ponerla o solicitarla entre los que riñen.

Paz en la tierra a los hombres de buena voluntad: frase evangélica, vista en casi todos los nacimientos o belenes.

Paz octaviana: gran inquietud.

¡Paz sea en esta casa!: salutación cuando se entra en una casa.

Paz y bien: salutación franciscana, que indica los mejores deseos tanto de paz interior como bondad y tranquilidad.

Paz y paciencia, y muerte con penitencia: regla de conducta para vivir y morir bien.

Paz y pan: cosas necesarias para la quietud pública.

Pecado de la lenteja: defecto leve que se pondera o exagera. Ser una cosa "peccata minuta".

(Un) Pecado llama a otro pecado: cuando no se está en gracia de Dios, es más fácil cometer más pecados.

¡(El) Pecado sea sordo!: expresando no tomar en cuenta lo que se acaba de hacer o de decir.

¡Pecador, o pecadora, de mí!: expresión con que se explica la extrañeza o sentimiento en lo que se ejecuta, se ve, se oye o sucede.

Pecar de ignorancia: hacer una cosa que no se debía hacer.

Pecar por carta de más, o de menos: cuando se excede o no se llegó a lo justo.

Peccata minuta: error, falta o vicio leve.

¡Pecho al agua!: expresión que denota resolución o enojo.

Pecho por el suelo, o tierra, humildemente, con mucha sumisión.

Pecho por tierra: humildemente, con gran sumisión.

Pechos de mujer, fruta de locos: míranla muchos y gózanla pocos: indicando una de las bellezas naturales de las mujeres y que los hombres miran o miramos con gran atención, pero ahí se queda la cosa.

Pechugona: mujer de pecho muy desarrollado.

Pécora: persona de intención aviesa, hipócrita.

Pedazo de alcornoque, de animal, etc.: persona incapaz, o necia.

Pedazo de pan: lo más preciso para mantenerse. Persona bonachona.

Pedazo del alma, del corazón, de las entrañas: ponderación de cariño. Lo que dicen las madres a los bebés.

Pedernal que no da chispas: impotencia sexual.

Pedir a gritos, o a voces: ser una cosa totalmente necesaria y que se solicita.

Pedir árnica: ayuda, y principalmente a la persona que no se quería nada de ella.

Pedir celos: indicar a la persona amada que ha cambiado su cariño.

Pedir cotufas en el golfo: solicitar cosas imposibles.

Pedir cuentas: exigir razón de lo que se ejecuta.

Pedir disculpas: solicitar perdón, disculparse una persona.

Pedir el oro y el moro: solicitar en exceso.

Pedir en juicio: comparecer ante el juez.

Pedir en justicia: poner demanda ante la justicia.

Pedir gollerías: cosas imposibles.

Pedir guerra: provocar a una persona sexualmente.

Pedir hora: solicitarla, donde previamente es necesaria.

Pedir justicia: acudir al juez para que la haga.

Pedir la luna: cosas totalmente imposibles.

Pedir la mano: solicitar el consentimiento para casarse.

Pedir la palabra: requerir autorización para poder hablar. Demandar o exigir que se cumpla lo prometido.

Pedir la vez: saber quién está delante de una persona cuando llega a una cola de espera.

Pedir leche a las cabrillas: imposibles.

Pedir para comer, y pagar para pedir: la primera es la única petición disculpable, y la segunda, máxima de buen gobierno.

Pedir peras al olmo: se usa para explicar que en vano se espera lo que uno naturalmente no puede provenir de su educación, carácter, o de su conducta.

Pedir residencia: exigir cuentas a una persona.

Pedir rey: en el juego del tute, advertencia al compañero para que el contrario no pueda cantar.

Pedir sangre: exigir que una cuestión se resuelva de forma violenta.

Pedir sobrado para salir con lo mediado: advierte que se debe pedir mucho para conseguir algo.

Pedirle a uno el cuerpo una cosa: desearla, apetecerla.

Pedírselo a uno el cuerpo: desear con ansia.

Pedorrera mental: memez, majadería, disparate.

Pedorro: se dice de la persona que ventosea con frecuencia.

Pedrada en ojo de boticario: estar una cosa muy acertada o a punto.

Pee sin disimulo, que para eso tienes el culo: invitando a no retener las ventosidades.

Peer en botijo, para que retumbe: imitar lo que otros hacen.

Pega, pero escucha: forma de indicar que lo importante es que se escuchen las quejas, aunque haya castigo.

Pegadillo de mal de madre: el pesado en la conversación, molesto, entremetido.

Pegado a las faldas: dícese de los que se encuentran influenciados por las mujeres de la familia, siendo menos independiente de lo que corresponde a su edad.

Pegar a uno una bigotera: estafarle.

Pegar como a un santo, o a un cristo, un par de pistolas: ser una cosa impropia.

Pegar como guitarra en un entierro: no cuadrar una cosa con la relación que se emplea. Estar fuera totalmente fuera de contexto o de lugar.

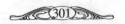

Pegar con alguno: arremeterle, insultarle.

Pegar con uno: decir o hacer una cosa que cause sentimiento o pesadumbre.

Pegar el hilo: hablar con una persona.

Pegar fuego: incendiar.

Pegar fuerte: ser una persona agresiva en sus actuaciones, venir empujando en un trabajo, intentar sobresalir.

Pegar gatillazo: sufrir impotencia sexual durante la cópula.

Pegar hasta hartar: darle infinidad de golpes.

Pegar la boca a la pared: resolverse a callar la necesidad que se padece.

Pegar la gorra: hacerse invitar para comer a costa ajena.

Pegar la hebra: trabar accidentalmente conversación, o prolongarla más de la cuenta.

Pegar la oreja: oír una conversación a través de una puerta o de la pared.

Pegar mangas a la gorra: introducirse a participar en alguna cosa.

Pegar, o sentar, como a un cristo dos pistolas: de forma totalmente inadecuada e inoportuna.

Pegar ojo: dormir.

Pegar un baldeo: dar un navajazo.

Pegar un brinco: recibir un susto.

Pegar un estirón: dícese de los niños o muchachos que han crecido mucho en poco tiempo.

Pegar un parche: engañar, sacar dinero pensando en no pagarlo.

Pegar un "peo" como el lagarto de Jaén: descubrir una cosa desagradable. Reventar algo.

Pegar una bigotera: estafar a una persona, engañarle.

Pegar una tostada: ejecutar una acción que redunde en perjuicio suyo.

Pegar una ventosa: sacar con artificio o engaño dinero o algo equivalente.

Pegarla de puño: engañar enteramente.

Pegarle cuatro tiros: pasar por las armas a una persona.

Pegarle un parche, o parchazo: engañar, estafarle pidiéndole dinero, sabiendo que no le va a pagar.

Pegarle un petardo: pedir dinero prestado para no devolverlo. Estafar o engañar.

Pegarle una ventosa: sacar a uno con engaño dinero.

Pegarse: se dice de la persona que en el baile busca contactos físicos con otra de distinto sexo.

Pegarse al riñón: se dice cuando un manjar es muy sustancioso y alimenticio.

Pegarse algo: sacar alguna utilidad de lo que se maneja.

Pegarse como ladilla: arrimarse a alguna persona con gran pesadez, molestándola.

Pegarse como una lapa: no dejar ir a una persona a ninguna parte sin acompañarla. Arrimarse a una persona insistente e inoportunamente.

Pegarse el lote: tener tocamientos íntimos una pareja.

Pegarse la lengua al paladar: no poder hablar por turbación.

Pegarse la gran vida: vivir sin trabajar, con toda comodidad.

Pegarse la silla, o el asiento a uno: estarse demasiado tiempo de visita.

Pegarse la vida padre: vivir con gran regalo, sin dar ni golpe.

Pegarse las sábanas a uno: levantarse tarde de la cama por pereza.

Pegarse los pies: no poder andar por turbación o accidente que impide el movimiento.

Pegarse más que la roña: contaminar con un contacto.

Pegarse un batacazo: sufrir un fracaso, caerse al suelo.

Pegarse un colchonazo: dormir un rato a deshora.

Pegarse un guarrazo: un golpe.

Pegarse un lingotazo: beber un trago largo de bebida alcohólica.

Pegarse un planchazo: cometer una indiscreción, torpeza o equivocación.

Pegarse un tute: trabajar con mucho esfuerzo y en exceso.

Pegarse una leche, una torta, un tortazo: darse un golpe.

Pegársela a uno: chasquearle, engañarle. Ser infiel un cónyuge a otro.

Pegársele a las costillas: costarle dinero lo que ha hecho.

Pegársele algo de la masa: el que se aprovecha de intereses ajenos.

Pegársele el arroz a una mujer: quedar embarazada sin desearlo.

Pegársele el asiento: pegársele la silla, por llevar mucho tiempo sentado.

Pegue, o no peque: venga, o no, a cuento.

Pegue, o no pegue, allá te la encajo: dícese del que se obstina en hacer o decir cuanto se le antoja, aunque sea inoportunamente.

Peinar: registrar a conciencia.

Peinar canas: ser viejo.

Peinar los naipes: barajarlos de modo que se junten, los de encima y los de abajo de la baraja.

Peinar sin peine: arañar.

Peine: llave, ganzúa.

Pejiguera: quisquillosa.

Pela larga: dinero en abundancia.

Pelado y mondado: "mondo y lirondo", sin más aditamento.

Pelagallos: sin oficio ni beneficio.

Pelagatos: de baja condición social, pobre y desvalido.

Pelanas: inútil y despreciable.

Pelandusca: prostituta.

Pelar el diente: sonreír por coquetería.

Pelar la pava: hablar en la calle tras el balcón o la reja los enamorados.

Pelarse alguno las barbas: manifestar ira con ademanes.

Pelarse de fino: ser demasiado astuto.

Pelarse de frío: tener muchísimo frío.

Pelarse las barbas: manifestar con ademanes gran ira y enojo.

Pelarse los cojones: gran intensidad de frío.

Pelársela: masturbarse un hombre.

Pelean los toros y mal para las ramas: las peleas, disgustos de los matrimonios, repercuten en los hijos y en los que están alrededor de ellos.

Pelele: persona manejable por falta de personalidad.

Peliforra: prostituta, ramera.

Pelillos a la mar: olvido de agravios y restablecimiento del trato amistoso.

Pelleja: prostituta de baja estofa.

Pellejo: borracho.

Pellizco de monja: bocadito de masa con azúcar.

Pelma, pelmazo: pesado, coñazo.

(Un) Pelo: muy poco.

Pelo a pelo, o pelo por pelo: sin añadidura en los cambios.

Pelo arriba: contra pelo.

Pelo de aire: viento casi imperceptible.

Pelo de cofre, o de Judas: el bermejo o pelirrojo.

Pelo de la dehesa: resabios de la gente rústica.

Pelo de panocha: el muy rubio y enredado.

Pelo malo: el plumón.

Pelo pincho: dícese del que tiene el pelo muy corto, es muy duro y está de punta.

Pelo por pelo: pelo a pelo.

Pelos y señales: señas particulares y concretas para conocer una cosa.

Pelota: cabeza. Persona adulona o lisonjera. Testículo.

Pelotón de los torpes: conjunto de personas que tienen menos facultades para ejecutar algo.

Pelotudo: cojonudo.

Peluco: reloj de pulsera.

Peluquín: vello pubiano de la mujer.

Pelleja: dícese de la mujer licenciosa.

Pellejo: ropa de abrigo de piel.

Pena capital: pena de muerte.

Pena del talión: la de tanto por tanto.

(La) Pena sigue a la culpa: no hay delito que no sufra su correspondiente castigo.

Penar con todos: compadecerse de las penas de todo el mundo.

Penar por alguna cosa: desearla con ansia.

(Las) Penas no matan pero rematan: el sufrimiento influye poderosamente en la salud de las personas.

(Las) Penas son peores de pensar que de pasar: imaginarse un dolor o desgracia es peor que sufrirlos.

Penco: mujer despreciable, puta vieja.

Pendejo: vago, amigo de chanchullos.

Pender de un hilo: expresión con que se explica el gran riesgo de una cosa.

Pendiente de un hilo: riesgo o amenaza de ruina de alguna cosa. Temor de suceso desagradable.

Pendón, pindonga: mujer despreciable, facilona.

Pendón verbenero: mujer de vida alegre.

Pensándolo bien: meditándolo con detenimiento.

Pensar con el culo: de forma disparatada.

Pensar con los pies: no tener mucho sentido lo que se piensa.

Pensar en la mona de Pascua: estar muy distraído.

Pensar en las Batuecas: estar distraído de lo que se está diciendo.

Pensar en las musarañas: no atender a lo que se hace o dice por otros.

Pensar en lo excusado: lo imposible o muy dificultoso de algún intento.

Pensar no es saber: contra los que tienen la costumbre de decir: **me parece..., pienso que...**

(La) Penúltima: la última copa por el momento que se están tomando unos amigos.

Peor es la recaída, que la caída: da a entender que la reincidencia produce efectos más fuertes que el mal mismo.

Peor es meneallo: familiarmente se indica ser peligroso hacer memoria o hablar de cosas que originan disgustos o desavenencias, o que no se ha de hallar remedio, disculpa o explicación satisfactoria.

Peor es una media verdad, que una pura y descarada mentira: el encubrir a medias es más perjudicial que la mentira en muchas ocasiones.

Peor que peor: lo que se propone como remedio o disculpa de una cosa la empeora.

(La) Peor rueda del carro es la que más rechina: la persona peor es la que más protesta, la que más problemas causa.

Pepino: miembro viril.

Pepita con pepita, y hueso con hueso: cada oveja con su pareja.

Pepito: bocadillo que tiene en su interior un filete de carne.

Per capita: por cabeza.

Per omnia saecula saeculorum: por los siglos de los siglos, indicación a lo que tiene una duración ilimitada.

Per se: por sí mismo.

Pera: órgano genital masculino.

(La) Pera, o perita en dulce: de cualidades excelentes.

Percances del oficio: daño recibido en el ejercicio de alguna cosa.

Perder aceite: se dice del hombre con apariencias afeminadas.

Perder año: el estudiante que no ha aprobado el curso y tiene que repetirlo.

Perder con buenas cartas: perder alguna pretensión teniendo méritos y medios.

Perder condimento: dícese de las mujeres, que tienen apetencias sexuales, igualmente femeninas.

Perder de vista: no ver un objeto por haberse alejado.

Perder el alma: condenarse, incurrir en la pena eterna.

Perder el apetito, el comer: no tener ganas de comer.

Perder el caudad: quedarse absolutamente sin nada.

Perder el comer: perder el apetito.

Perder el compás: los estribos, la forma de comportarse.

Perder el conocimiento: desmayarse.

Perder el culo: correr, poner excesiva diligencia en conseguir algo.

Perder el diapasón: disparatar.

Perder el habla: no poder hablar por algún incidente. Tener gran susto.

Perder el hato: hacer algo deprisa que parece que se le cae lo que lleva a cuestas.

Perder el hilo: olvidarse en la conversación lo que se estaba hablando.

Perder el juicio: ponderar la extrañeza que causa alguna cosa. Apasionarse en exceso con algo.

Perder el norte: estar totalmente desorientado.

Perder el sentido: desmayarse. Asombrarse en extremo.

Perder el seso: el juicio.

Perder el sueño: no poder dormir por estar desvelado.

Perder el tiempo: no aprovecharlo, dejando de hacer lo que se debe.

Perder el tiento a una cosa: carecer o dejar de tener la destreza necesaria para atinar con ella.

Perder el tren: perder una gran oportunidad, pero no por causas ajenas.

Perder hasta la camisa: quedarse sin nada.

Perder hasta las orejas: perderlo todo en apuestas.

Perder hasta las pestañas: perderlo todo en el juego.

Perder la brújula: cometer muchos desaciertos.

Perder la bucólica: quedarse sin trabajo.

Perder la cabeza, o la chola: faltar la razón, enloquecer.

Perder la chaveta: no saber lo que se hace, obrar a tontas y a locas.

Perder la cuenta: no acordarse de una cosa.

Perder la honra: la honestidad, pudor o recato las mujeres, por haber cohabitado con un hombre antes del matrimonio, cuestión muy pujante hace unos años.

Perder la pelleja: la vida.

Perder la perpendicular a la base: caerse al suelo.

Perder la pista: desorientarse de lo que se seguía.

Perder la razón: volverse loco.

Perder la tierra: salir desterrado de ella.

Perder la vergüenza: abandonarse desestimando el honor que le corresponde según su estado. Desechar la cortedad.

Perder la vida: morir.

Perder la virginidad: entregarse voluntariamente, o por la fuerza, la mujer a un hombre.

Perder las riendas: perder el control de una situación.

Perder los estribos: hablar u obrar fuera de razón. Impacientarse mucho.

Perder los memoriales: haber olvidado una cosa y no poder dar razón de ella.

Perder los papeles: desorientarse, perder el control.

Perder o ganar puntos: perder o ganar prestigio.

Perder pie: confundirse, no poder continuar un discurso. No hallar fondo en el mar o en el río.

Perder terreno: atrasar en alguna cosa.

Perder tierra: faltarle el terreno al que va andando.

Perderse de vista: tener gran superioridad en su línea una persona o cosa.

Perderse por el pico: venir el daño por haber hablado lo que no se debía.

Perdérselo: desaprovechar una buena ocasión.

Perdices en campo raso: cosa muy difícil de conseguir.

Perdido es quien tras perdido anda: perseguir una cosa indigna no dice nada en favor de quien lo hace.

Perdido por alguna persona, o cosa: enamorado ciegamente, o ser muy aficionado a ella.

Perdiendo se aprende: frase que indica, al que ha tenido algún contratiempo, que es bueno para adquirir experiencia.

Perdigón: dícese del estudiante que pierde curso, principalmente en los estudios militares.

Perdiz, o no comerla: todo o nada, ya que el buen bocado de la perdiz no se satisface con menos de una.

Perdón: expresión para indicar que no se ha oído lo que se ha dicho, solicitando la repetición; disculpa efectuada por un error cometido.

Perdona, que no te vi la corona: manera burlesca de disculparse de una persona a la que se considera de clase inferior.

Perdonar el bollo por el coscorrón, y la miel de las abejas por el aguijón: forma de indicar la conveniencia de renunciar a alguna cosa por el demasiado esfuerzo o coste que costaría lograrla.

Perdonar las hechas y por hacer: sentirse magnánimo con las faltas de una persona.

Perdonavidas: bravucón, presuntuoso, presumido.

Perdone usted, por Dios: enseña que una cosa no se ha verificado. Manera de denegar una petición.

Perdones hacen ladrones: indicando que el perdón no hace que la gente se corrija, todo lo contrario.

Perdono, pero no olvido: dícese de los que guardan en el recuerdo alguna ofensa, para vengarse en la mejor ocasión.

Perdulario: vicioso incorregible.

Perecer, o rabiar, de hambre: morir de hambre.

Perejil mal sembrado: dícese de la barba rala y cortada con desigualdad.

Pereza, llave de pobreza: ya que otra cosa no se consigue con ella.

Pereza, ¿quieres sopas?: con que se reprende al que por desidia o negligencia deja o pierde aquello que le conviene.

(El) Perfume sobre la mujer es la bebida que más embriaga a los hombres: manifestando el efecto que causa en los sentidos, principalmente si dichas mujeres son de cierta clase.

Perico: mujer holgazana y libertina. Orinal.

Perico, cuando mates el gallo, guárdame el pico: burla usada contra aquellas personas que se vanaglorian de poseer alguna cosa que no tienen.

Perico de, o el de, los palotes: persona indeterminada, un sujeto cualquiera.

Perico entre ellas: el que gusta de estar siempre entre mujeres.

Perico, ¿ves a padre?: dícese cuando se da un manjar en lonchas muy finas. Algunos añaden: **¡Ojalá no lo viera!**

Perita en dulce: indicando que una cosa es muy apetecible.

Perista: persona dedicada a tasar los objetos robados.

Permanecer en sus trece: no dar su brazo a torcer, mantenerse en su opinión obstinadamente.

Permita Dios: frase con que se manifiesta el deseo de que suceda una cosa.

Permitirse el lujo: darse un capricho.

Perpetuo silencio: prohibición que se vuelve al deducir la acción, o al instar sobre ella.

Perillán: vivo de ingenio.

Peripuesto: petimetre, el que se compone con delicadeza excesiva.

Perogrullo: simplón, se dice del que explica lo evidente.

(La) Perpetua: forma de llamar los castizos al matrimonio.

Perra chica: moneda de cinco céntimos de hace no muchos años.

Perra gorda: moneda de diez céntimos de no hace muchos años.

(La) Perra le parirá lechones: pondérase la suerte de aquel que encuentra provecho en cosas que no tienen la más mínima utilidad.

Perras: llámase así de forma castiza al dinero.

Perrillo de todas bodas: el que gusta estar en todas las diversiones.

Perrito caliente: bocadillo de salchichas a la plancha.

Perro con rabia, a su amo muerde: aconsejando no encolerizarse.

Perro de presa: cierta raza de este animal. Persona que por cualquier procedimiento defiende a quien le paga.

Perro del hortelano: personas que no hacen ni dejan hacer.

Perro faldero: llámase así a la persona que no se aparta de su valedor. Clérigo aficionado a las monjas.

Perro ladrador, poco mordedor: se dice de los perros que ladran mucho. Una persona que tenía miedo de dichos animales, comentó: **Eso lo sé yo, ¿pero lo sabe el perro?**

(El) Perro, mi amigo; la mujer, mi enemigo; el hijo, mi señor: caracteriza los criterios de lealtad, falsedad y tiranía.

Perro parado no encuentra hueso: exhorta a la actividad y diligencia.

Perro viejo: persona con años, que suele tener mucha experiencia.

Perro viejo no ladra: ya con los años se va la fuerza y la actividad.

(El) Perro y el niño, donde ven cariño: expresa que ambos van a donde son más queridos.

Perseguir, o atormentar, como una pesadilla: se dice de lo que acosa obstinada y molestamente, como sucede con las pesadillas de un sueño.

Persona de responsabilidad: que es creída y aceptada.

Persona de rudo y de menudo: dícese de aquel que tiene la bolsa bien provista.

Persona de salva: llámase a la persona de gran distinción o alto rango.

Persona non grata: persona que no es aceptada; se utiliza en el lenguaje diplomático.

Persona parada no hace nada: da a entender que la holgazanería no es buena.

Persona que gasta faldas no tiene espaldas: mujeres y clérigos no faltan a la cortesía cuando dan la espalda. El término castizo manifiesta: **porque todo es culo.**

Personal: la gente.

Pertenecer a la cofradía de San Marcos: se dice de los hombres que son engañados por sus mujeres, y por otros hombres.

Pertenecer a los de panza de burra, o de oveja: haber cursado estudios mayores.

Pesado como el arroz: aplícase a las personas o cosas de calidad pesada o indigesta.

Pesadumbres no pagan deudas, o no quitan penas o trampas: modo de exhortar a una persona, aconsejándola a que se sobreponga a la aflicción, ya que no adelanta nada con ello.

Pesar a cera: cumplir la promesa de pagar el peso de una persona en cera.

Pesar alguna cosa: arrepentirse, dolerse vivamente de ella.

Pesar el sol: sufrir el calor.

Pesar en el alma alguna cosa: arrepentirse de haberla hecho.

Pesar en oro: pagar espléndidamente a aquel de quien se ha recibido, o se espera recibir, algún servicio o favor.

Pesar hasta las palabras: ser una persona muy tacaña, o la que tiene presente todas las consecuencias de algo.

Pesar la madera: rehusar el trabajo.

Pesar lo que una pluma: lo que es sumamente ligero y de poco peso.

Pesarle a uno el alma: sentir vivamente algún suceso.

Pescadilla que se muerde la cola: ser igual una cosa se mire por donde se mire, ya que siempre vuelve al mismo sitio.

Pescador en río revuelto: aprovecharse de alguna confusión o desorden en beneficio propio.

Pescador que pesca un pez, pescador es: consuela la persona que consigue algo de lo que se había propuesto.

Pescar al candil: pescar de noche con alguna luz a la que acuden los peces por su resplandor.

Pescar al vuelo: enterarse inmediatamente de lo que se quiere decir.

Pescar con anzuelo de oro: sobornar, comprar, cohechar, etc.

Pescar en río revuelto: aprovecharse en beneficio propio de situaciones desordenadas.

Pese a: a pesar de.

Pese a quien pese: a todo trance, a pesar de todos los obstáculos o daños resultantes.

Peseta que hace duro, déjala ir: aconseja no escatimar aquel dinero que puede servir para producir más.

Peso y medida quitan al hombre fatiga: aconseja el buen orden y régimen que se debe tener en las circunstancias de la vida.

Pestosos: los calcetines.

Petardo: persona carente de atractivo, aburrida.

Petimetre: se dice del que está en la última a las modas, y del que cuida su aspecto físico en demasía.

Petit comité: en pequeño grupo de personas.

Petulante: insolente, descarado.

Pez con pez: totalmente desocupado, desembarazado o vacío.

Pez gordo que pese poco: aplícase a los que exigen en los contratos muchas conveniencias por poco dinero.

Pez gordo se come al chico: siempre el que tiene más poder es el que gana.

Pian, piano: despacito, poco a poco.

Piar: protestar, reclamar.

Piar más que una banda de pollos: ser muy alborotador, muy discutidor.

Piar por lo que queda: no conformarse con lo que se le da, ambicionarlo todo.

Pica: miembro viril.

Picado de la tarántula: el que adolece de algún afecto físico o mal. El que tiene enfermedad venérea.

Picado de viruela: tener señales en la cara de haber sufrido esa enfermedad.

Picado del pato, o de la víbora: el que se ha emborrachado.

Picar de vara larga: el que pretende las cosas sin riesgo.

Picar el coño: tener grandes deseos sexuales una mujer.

Picar el dibujo: pasar con punzón los contornos de un dibujo para trasladarlo a otra parte.

Picar el pez: dejarse engañar incautamente con algún ardid o trampa, que se preparó para tal fin.

Picar el sol: calentar demasiado.

Picar en el anzuelo: caer en la trampa.

Picar en historia: tener mayor gravedad y trascendencia de lo que podía imaginarse, que así de lo pronto parecía.

Picar espuelas: salir precipitadamente.

Picar la berza: empezar algo y estar poco adelantado en ella.

Picar la mosca: estar una persona inquieta.

Picar la piedra: labrarla.

Picar la retaguardia, o las espaldas: perseguir de cerca al enemigo que se retira.

Picar la vena: sangrar. Fecundidad en los poetas.

Picar más alto, o muy alto: jactarse demasiado de las cualidades. Pretender cosas superiores.

Picar más que la pimienta: se aplica a todo manjar que está muy picante.

Picarle el gallo en el culo: dícese de las personas muy pequeñas de estatura.

Picarle la mosca: sentir o acordarse de algo que le preocupa, desazona o inquieta.

Picarle la tarántula: se dice del que muestra desasosiego, fuera de tino.

Picarle los talones: tener muchas ganas de comer.

Picarse el mar, o la mar: comenzar a alterarse.

Picha: miembro viril.

Pichabrava, pollabrava: hombre disoluto, persona lujuriosa en exceso.

Pichafloja: se dice del hombre que sólo tiene hijas.

Pichafría, pollaboba: dícese del hombre indolente o tranquilo.

Pichagorda: aplícase al hombre cachazudo, flemático o sin carácter.

Pichaoro: se dice del hombre que tiene hijas muy guapas.

Pichina: órgano genital masculino.

Pichiruche: persona insignificante.

Pichón, pichoncito: forma de llamarse cariñosamente dos enamorados.

Picio: persona de extrema fealdad.

Pico al viento: con el viento en la cara.

Pico, o piquito, de oro: se dice del buen orador, que tiene ingenio y agudeza.

Picóle la mosca: se dice cuando uno de repente se movió o se fue de donde estaba.

Picoletos: guardias civiles.

Piculina: prostituta.

Pide a persona avara, y darte ha; pero con la puerta en la cara: forma jocosa de indicar que a los avaros no hay que pedirles nada.

Pide limosna: el francés, llorando; el italiano, cantando, y el español, regañando: indicando el carácter de cada uno de los pueblos.

Pide por esa boca, o boquita: fórmula de invitación a que se pida algo, sabiendo de antemano que se va a conceder.

Pie a tierra: apearse.

Pie adelante: con adelantamiento.

Pie ante pie: paso ante paso.

Pie con bola: ni sobrar, ni faltar, justamente.

Pie con pie: muy cerca y como tocándose una persona a otra con los pies.

Pie de altar: los emolumentos de los eclesiásticos.

Pie de amigo: lo que sirve para afirmar y sostener una cosa.

Pie de guerra: la organización de las tropas y plazas en caso de guerra.

Pie derecho: el madero puesto verticalmente y que sostiene algo.

(Un) Pie en Judea y otro en Galilea: se dice de los hipócritas que encubren sus manquedades con alardes de falsa piedad.

Pie forzado: el verso que se da de antemano para que se termine una composición poética.

Pie quebrado: verso corto que se pone al medio o al fin de la copla.

(Un) Pie tras otro váyase: echar a una persona a la calle.

Piedra angular: piedra de ángulo y fundamento de una obra.

Piedra ciega: la preciosa que no tiene transparencia.

Piedra de rayo: hacha de piedra pulimentada, de origen prehistórico.

Piedra de toque: lo que conduce al conocimiento de la bondad o malicia de alguna cosa.

Piedra filosofal: la materia con que los alquimistas pretendían conseguir oro.

Piedra fundamental: todo lo que es de origen de otra cosa y que sirve de fundamento.

Piedra movediza, no la cubre el musgo: el que cambia constantemente jamás llega a algo de provecho.

Piedra nefrítica: jade, llámase así porque con ella se hacían antiguamente amuletos para curar el mal de riñones.

Piedra seca: la que se coloca en las paredes sin trabazón.

Piedra sin agua no aguza en la fragua: enseña que para conseguir lo que se intenta, es menester que le ayuden a uno.

(Las) Piedras lo conocen: ser muy popular y conocido, ser una cosa tan lógica que hasta las personas más torpes lo comprenden.

(La) Piel de Toro: expresión referida a nuestra querida España, por parecerse el contorno a una piel extendida de dicho animal.

Piensa el avariento que gasta por uno, y gasta por ciento: ya que, al ser mezquino, se ve obligado en ocasiones a efectuar más gastos de lo necesario.

Piensa el bobo que él lo sabe todo: precisamente el sabio es el que duda de su sabiduría.

Piensa el ladrón que todos son de su condición: quiere decir que muchos piensan que los demás obran y actúan como es él.

Piensa mal quien piensa que otro no piensa: aconseja a no fiarse de los demás y no menospreciar sus pensamientos.

Piensa mal y acertarás: eso dicen los mal pensados y mal intencionados. Algunos añaden, para corregir tal afirmación: **si no todas las veces, las más.**

Piensan los enamorados que los otros tienen los ojos vendados: la pasión es ciega y no repara en los demás.

Pienso, luego existo: frase filosófica de Descartes.

¡Piérdete!: ¡lárgate!

Piernas: persona patosa.

(Los) Pies han de ir a donde la cabeza: aconseja hacer las cosas con sentido común.

Pies ¿para qué os quiero?: echar a huir.

Pieza por pieza: parte por parte, con gran cuidado y exactitud, sin reservas.

Pija: miembro viril.

Pijama de madera: ataúd.

Pijo: pene, chinchorrero, quisquilloso, imbécil, estúpido.

Pijotero: pejiguera, se dice del que se fija en los detalles tontos.

Pilila: órgano genital masculino.

Pilingui: prostituta.

Pillar cagando: sorprender desprevenido a alguien.

Pillar con las manos en la masa: coger a una persona en el momento que está haciendo algo mal, o que no es correcto.

Pillar en bragas, o en pelotas: sorprender a alguien.

Pillar, o coger, el toro: indicando que a una persona se le echa encima el tiempo estipulado para concluir un trabajo.

Pillar por banda: cuando una persona pesada coge a otra, y es víctima de esa mala condición; infringir una persona a otra un castigo o reprimenda.

Pillar un cernícalo, un lobo, una mona, una turca, una zorra, etc.: embriagarse.

Pillar una liebre: caerse.

Pillarle el toro: acontecer algo con lo que no se contaba, llegarle el tiempo sin haber terminado lo que se esperaba.

Pillarse los cojones con las tapas de un baúl: simbolismo de dolor intenso.

Pillarse los dedos: haber hecho un trabajo por menos dinero de lo que ha costado.

Piloto quiere este barco: dícese de lo que no va a buen término por falta de una buena dirección.

Piltrafa, piltraca: hombre acabado por el vicio y la mala vida.

Piltrera: pensión, casa de huéspedes.

(La) Pimienta es chica y pica: no hay enemigo pequeño.

Pimpollo: persona joven y bonita.

Pinchabombillas: desgraciado, mierdecilla.

Pinchar el teléfono: intervenir por medios mecánicos en un teléfono, para escuchar las conversaciones, sin ser advertido de ello.

Pinchar en hueso: se dice del que intenta algo y recibe una negativa.

Pinchauvas: dícese del que no tiene posición social ni económica.

Pincho: arma blanca.

Pindonga, pingo: mujer despreciable.

Pingorra: mujer de la vida.

Pintado, o como ni pintado: muy a propósito.

Pintar al vivo: con la mayor viveza y eficacia.

Pintar como querer: concebir el curso futuro de las cosas a medida del deseo de uno.

Pintar con negros colores: hablar con palabras crudas y duras.

Pintar la mona: ser inútil o estar de más una persona en un lugar. Darse tono o importancia.

Pintar lo que los perros en misa: estar estorbando en un sitio.

Pintar menos que don Cirilo en Madrid: ser una persona de importancia muy pequeña.

Pintar menos que la Tomasa en los títeres: ser de muy poca importancia, tener poca ascendencia sobre los demás.

Pintar monos: dibujar monigotes.

Pintarle: presumir, en parte, de modales, autoridad, distinción, etc.

Pintarse sólo para una cosa: ser muy dispuesto para realizarla.

Pinto, pinto, gorgorito, vende las vacas a veinticinco. ¿En qué lugar? En Portugal ¿En qué calleja? La Moraleja. Esconde la mano que viene la vieja: juego infantil para esconder una mano.

Pintor de brocha gorda: chapucero en pintura.

Pinturero: persona bien parecida, elegante.

Piojo: agente de tráfico de la guardia civil.

Piojo pegadizo: la persona importuna y molesta que no se puede apartar uno de él.

Piojo resucitado: persona de origen humilde, que logra elevarse por malos medios.

Piojoso: miserable, mezquino.

Pipa: órgano genital femenino. Pistola.

Pipiolo: novato.

Pirarse: irse, huir de un lugar.

Pirula: miembro viril. Estafa.

Pirulí: pene de un niño.

Pirrarse por una cosa: gustarle excesivamente.

Pisando huevos: con tiento. Andar muy despacio.

Pisar bien las tablas: cuando un actor se mueve con naturalidad y desenvoltura.

Pisar buena, o mala, hierba: estar, o no, contento, de buen o mal humor.

Pisar de valentía: andar con afectación de fortaleza.

Pisar el pedal: dicho automovilístico, que indica poner el coche a gran velocidad.

Pisar el peine: caer en lo mismo que se criticaba.

Pisar el sapo: el que se levanta tarde de la cama.

Pisar firme: tener decisión y seguridad.

Pisar fuerte: tener gran decisión.

Pisar huevos: dícese de la persona que anda muy parsimoniosa.

Pisar las cuerdas, o las teclas: apretarlas con los dedos.

Pisar terreno firme: conocer a la perfección un asunto.

Pisar una mala hierba: estar de mal humor.

Pisarle las tripas: dar una paliza a una persona.

Pisarle los talones: seguirle muy de cerca.

Pisarse el escapulario: dícese de la persona muy exagerada en actos piadosos.

Pisarse los cojones: se dice de la opersona abúlica, calmosa o cachazuda.

Pisaverde: presumido y algo afeminado que se ocupa de su aspecto físico.

Piso franco: el ocupado por terroristas.

Pispar: robar.

Pitañoso, pitarroso: con legañas abundantes.

Pistola: órgano genital masculino.

Pistonudo: excelente.

Pito: miembro viril.

Pitongo: se dice del niño que es un niñato, remilgado; en una palabra, un gilipollas.

Pitopausia: andropausia, perder el hombre la potencia sexual.

Pitorro: órgano genital masculino.

Pitones: pezones de la mujer.

Pitufo: guardia municipal.

Placer bueno no cuesta dinero, placer malo siempre es caro: expresando que los vicios suelen ser caros.

Placer no comunicado no es bien logrado: lo que no se da a conocer a los demás, no llega nunca a ser un placer total.

Placer solitario: masturbarse.

(Los) Placeres suelen ser vísperas de lágrimas: la ley de la vida es que haya siempre alegría y dolor.

Plana mayor: grandes jefes.

Planchada: dícese de la mujer de senos muy pequeños.

Planchar la oreja: dormir.

Plantar cara: hacer frente.

Plantar de postura: plantar poniendo árboles tiernos.

Plantar de rama: plantar un árbol con una rama cortada o desgajada de otro.

Plantar en la calle: echar a la calle.

Plantar en la del rey, o en la mitad del arroyo: despedir a una persona, ponerla en la calle.

Plantar la estaca: defecar.

Plantar los cinco mandamientos: abofetear.

Plantar, o poner a uno en la mitad del arroyo: despedirle de casa.

Plantear el problema: poner los medios para conseguir un fin.

Plasta: pejiguera, persona muy pesada.

Plástico: tarjeta de crédito.

Plata, de la que cagó la gata: dícese del que presume de tener alguna cosa de ese metal, y sólo tiene el color.

Plata quebrada: dícese de todo lo que tiene un valor excesivo.

Plátano: miembro viril.

Plato combinado: el constituido por varios alimentos.

Plato de segunda mesa: persona postergada.

Plato fuerte: lo más importante.

(El) Plato que me había de enviar, o poner boca arriba, que me lo mande, o ponga boca abajo: modo de menospreciar el mal afecto que alguien nos tiene, o el resentimiento que nos guarda.

Plega, o plegue a Dios: deseo de que suceda una cosa y el recelo de que no suceda como se desea.

Pleito ordinario: lo que se dilata y hace frecuente, lo que sucede todos los días y con frecuencia.

Pleito por mis dineros: el que tiene bienes de fortuna lleva mucho adelantado para obtener la razón en los litigios.

Pleitos tengas y los ganes: especie de maldición atribuida a los gitanos.

Plenos poderes: capacidad legal para poder tomar decisiones, autoridad que tienen ciertos organismos o ciertos cargos.

Plepa: persona llena de grandes defectos.

Plomo, plomazo: pesado, molesto, plasta.

Pluma: homosexual muy activo.

(La) Pluma es la lengua del alma: ya que lo que se escribe está dictado por el corazón.

(Las) Plumas de la gacela: expresión que suele citarse como ejemplo de lapsus literario.

Plus ultra: más allá.

Pobre con rica casado, más que marido es criado: refrán que no necesita explicación.

Pobre de él, de ti: expresión de amenaza.

Pobre de espíritu: apocado, tímido. El que mira con menosprecio los bienes y honores mundanos.

¡Pobre de mí!: ¡Triste, infeliz, pecador de mí! Inicio de la canción con que se reinicia la clausura de los "Sanfermines".

Pobre diablo: hombre bonachón y de poca valía.

Pobre hombre: el de cortos talentos o instrucción. El de poca habilidad, sin vigor y resolución.

Pobre tompreta: hombre bajo y de poca utilidad.

Pobrete, pero alegrete: la carencia de bienes no es obstáculo para estar contento.

(La) Pobreza Dios la amó, pero la porquería no: expresa que no son incompatibles la pobreza con la limpieza.

Poca lana es un coleto: lo que reparte poca utilidad por su escasa importancia.

Poca lana, y ésa en zarza: aplícase al que tiene poco.

Poca ropa: pobre o mal vestido, poco digno de estimación.

Pocholada: cosa muy bonita, delicada.

Poco a poco: despacio. De corta en corta cantidad.

¡Poco a poco!: alto ahí, no hay que pasar adelante.

Poco a poco se va lejos: indicando que haciendo siempre algo se consigue lo que se desea.

Poco ama el que trae a la memoria la ira pasada: las personas que están recordando siempre el mal que se les ha hecho, son personas que no perdonan ni olvidan.

Poco baño, poco daño: refrán judío-español; antiguamente nuestros antepasados no eran muy amigos ni partidarios de bañarse.

Poco churumo: poca sustancia, poco dinero, poco entendimiento, etc.

Poco es algo; menos es nada: debiendo conformarse con lo que se posee.

Poco ha de vivir quien no lo vea: indicando que se va a ejecutar o hacer casi inmediatamente.

Poco hombre: el que carece de dotes para un cargo.

Poco más o menos: con corta diferencia.

Poco menos: casi, casi.

Poco va de diestro a diestro: explica la igualdad de dos en habilidad, destreza o astucia.

Poco va de Pedro a Pedro: ser dos personas muy parecidas.

Poco valen, o nada, vasija y virgen quebrada: la primera por no poder aprovecharse para ningún uso, y la segunda ha perdido el gran mérito que tiene la virginidad en la mujer; hoy día se piensa de otra manera.

Poco y malo: se dice de las personas que son de poca estatura y que son malas.

Pocos a pocos: a ratos perdidos.

Pocos y bien avenidos: se dice irónicamente.

Pocos y mal avenidos: dícese donde reina la mayor discordancia o confusión.

Poder a uno: vencerle en la lucha cuerpo a cuerpo.

Poder ahogar con un cabello: estar muy acongojado y falto de espíritu.

Poder alguno poner cátedra: poseer alguna ciencia o arte.

Poder alzar la frente: hacer alarde de probidad.

Poder andar sin andadores: ser bastante hábil por sí mismo. No necesitar del auxilio ajeno.

Poder arder como una torcida: dícese jocosamente a la persona que tiene en su ropa muchas manchas de grasa.

Poder arder como un candil: para ponderar la agudeza o sagacidad de las personas y la eficacia de las cosas.

Poder con alguien o algo: vencer, superar.

Poder dar quince y falta: hallarse en aptitud de acreditar la ventaja o superioridad que se tiene sobre una persona.

¡Poder de Dios!: sirve para exagerar el mérito o grandeza de una cosa.

Poder decir misa: decir lo que uno desea, pero sin ser creído.

Poder es querer: dícese que cuando se quiere una cosa se consigue aunque sea con dificultades.

Poder esperar sentado: forma de indicar que la espera que se está haciendo es inútil.

Poder leer de oposición: dominar una ciencia o arte.

Poder oír el vuelo de una mosca: haber gran silencio en un lugar.

Poder pasar a alguno: tener más fuerza que él.

Poder pasar por las picas de Flandes: poder pasar por cualquier censura y vencer toda dificultad.

Poder poner cátedra: dominar una ciencia o arte.

Poder vencer en un buen mercado: ser sagaz y astuto.

Poderes fácticos: los que pueden influenciar en la vida política.

Poderes públicos: personas que gobiernan un estado.

Poderoso caballero es don dinero: indicando el gran alcance del mismo.

Poderse comer migas en un rincón: manera de ponderar la limpieza de una casa.

Poderse comer sopas en el suelo: dícese de la casa que tiene el suelo muy brillante y limpio.

Podérsele contar los huesos: estar muy flaco.

Podérsele echar un lance: hallarse sumamente irritado.

(El) Podrá ser la esperanza de los necios: nadie debe conformarse con lo hipotético, sino con lo efectivo.

Podrido de cabeza: estar loco.

Podrido de dinero: extremadamente rico.

Polla: miembro viril.

¡(Una) Polla!, o ¡Una polla como una olla!, o ¡Una porra!, o ¡Una puñeta!: expresiones usadas para negar, rehusar con enfado, expresar burla o incredulidad.

Pollalisa: hombre afortunado, se dice del que tiene suerte.

¡Pollas en vinagre!: expresión usada para negar o rehusar con enfado algo, o para manifestar burla o incredulidad.

Pollasanta: se dice jocosamente del hombre que engendra hijos muy religiosos.

Pollopera: niñato, niño bien.

Polvo de gallo: coito muy breve.

Polvo eres y en polvo te has de convertir: así se nos recuerda todos los miércoles de ceniza anualmente, que tenemos que morir, volver a la tierra de la que procedemos.

Polvo o polvete: coito.

Polvo salvaje: cópula agresiva.

Pólvora fina: dícese del olor desagradable que producen las ventosidades humanas.

Pólvora mojada: medio o recurso ineficaz, equivale a paños calientes.

Pólvora sorda: el que hace daño a otros sin estrépito y con gran disimulo.

Polvos de la madre Celestina y del padre Cucharón: el modo maravilloso con que se resuelven las cosas.

Polvos de picapica: polvos usados como broma y que provocan el estornudo a quien es motivo de dicha broma.

Pompis: forma muy delicada de llamar al culo.

Poncio Pilato fue crucificado, muerto y sepultado: expresión al tergiversar maliciosamente el sentido de algún texto o proposición.

(Un) Poner: por ejemplo, equivalente a.

Poner a alguien que no hay por dónde cogerlo: hablar muy mal de una persona.

Poner a almanta: poner plantas abundantes y sin orden.

Poner a buen recaudo: preso.

Poner a caer de un burro: decir inconvenientes de una persona.

Poner a caldo: reprender ácidamente.

Poner a cien: poner muy excitado de todo tipo a una persona.

Poner a contribución: recurrir a cualquier medio que pueda cooperar a la consecución de algún fin.

Poner a Dios delante de los ojos: proceder con rectitud sin atender a respetos humanos.

Poner a escuadra: dominar a alguien.

Poner a escurrir: hablar muy mal de una persona.

Poner a fuego y sangre: destruir a los enemigos de un país. Asolarlo.

Poner a la ley de Bayona: desnudar a una persona.

Poner a la mira: elegir alguna cosa, poniendo los medios para conseguirla.

Poner a la sombra: meter en la cárcel.

Poner a los pies de los caballos: tratar o hablar de alguien con el mayor desprecio.

Poner a parir: estrechar mucho a alguno para obligarle a hacer algo, poner en un grave apuro. Decir a uno de todo.

Poner a pelar: difamar.

Poner a pleito: oponerse con eficacia a alguna cosa sin justo motivo.

Poner a prueba: procurar la certidumbre de las condiciones de una persona o cosa.

Poner a raya: reconvenir a una persona, no consentir lo que se quiera hacer.

Poner a uno al corriente de una cosa: enterarle de ella.

Poner a uno en el ocho: sacarlo de tino.

Poner a uno en los cuernos de la Luna: alabarle sin tasa.

Poner a uno en un brete: ponerle en un aprieto o dificultad.

Poner a uno hombro con hombro con otro: elevarle a la misma categoría.

Poner al descubierto: descubrir, exponer públicamente.

Poner al día: poner al corriente de las obligaciones o trabajos.

Poner al mal tiempo buena cara: intentar con ánimos superar las desgracias.

Poner al pelo: montar al pelo.

Poner al tanto: informar detalladamente de lo acontecido.

Poner alas en los pies: invitar a que se haga una cosa con la mayor diligencia y eficacia.

Poner amarillo a alguien: causarle alguna pena o susto.

Poner ante el alcalde, juez, etc. a uno: demandarle, querellarse.

Poner asnos en portillo: confiar cosas a quien no las entienden.

Poner banderilla, o banderillas, de fuego: enfadar extraordinariamente.

Poner bien a uno: darle crédito en la opinión de otro. Suministrar medios con que viva holgadamente.

Poner bien los dedos en el instrumento: tocarlo bien.

Poner boca, o la boca, en uno: hablar mal de él.

Poner buena, o mala, cara: acoger bien o mal a una persona, idea, etc.

Poner carnes: engordar.

Poner cara de circunstancias: fingir determinadas actitudes.

Poner cara de cordero degollado: fingir ser inocente.

Poner casa: tomar casa, haciendo de cabeza de familia.

Poner cátedra: hablar en tono magistral.

Poner cedulones: fijar carteles satíricos en descrédito de alguien.

Poner cerco: sitiar una plaza.

Poner chapines, o en chapines: elevar a un puesto superior a los conocimientos. Antiguamente, dejar en estado a una doncella.

Poner chinas: poner dificultades.

Poner cimientos: hacer los principios de algo, para que después pueda continuarse.

Poner cobro en alguna cosa: hacer diligencias para cobrarla.

Poner colorado: avergonzar.

Poner como de chupa de dómine: regañar duramente.

Poner como hoja de perejil: poner como chupa de dómine.

Poner como no digan dueñas: hablar mal de una persona, criticarla.

Poner como nuevo a alguno: maltratar de obra o de palabra.

Poner como un cristo: maltratar con crueldad y rigor.

Poner como un estropajo: reprender, regañar, criticar a una persona.

Poner como un guante, o más blando, o más suave que un guante: volver dócil a alguien por medio de la reprensión o de otro castigo.

Poner como un guiñapo: regañar desairadamente, diciendo cosas que deberían haberse callado.

Poner como un pingo: insultar, hablar mal de una persona.

Poner como un púlpito: dar a uno golpes que lo dejen muy mal tratado.

Poner como un pulpo: maltratar de obra.

Poner como un trapo: reprender agriamente, decir palabras ofensivas o enojosas.

Poner contra la pared: castigar a una persona.

Poner coto: reducir a límites, impedir que continúen los desmanes, vicios, etc.

Poner cual no digan dueñas: insultar despiadadamente.

Poner cuarto: poner habitación para sí o para otro.

Poner cuero y correas en alguna cosa: hacer algún oficio por otro y pagar además el costo.

Poner de chupa de dómine: cuando alguien habla muy mal de otra persona, diciendo todas sus cosas adversas; criticar con saña.

Poner de cuadrado: herir claramente y donde más duele.

Poner de lodo alguno: ofenderle, injuriarle.

Poner de mala leche: enfadar a una persona.

Poner de manifiesto: manifestar, exponer en público.

Poner de mil colores: avergonzar a una persona.

Poner de oro y azul a uno: ponerle como de chupa de dómine.

Poner de patitas en la calle: echar fuera de casa.

Poner de realce: llamar la atención sobre alguna cosa.

Poner de relieve: destacar la importancia de algo.

Poner de su cosecha: añadir algo propio sobre lo que se ha dicho o hecho.

Poner de su parte: hacer algo para poner a nuestro lado una cosa o persona.

Poner de todos los colores: avergonzar a una persona.

Poner de vuelta y media: decir cosas desagradables y que no quieren ser oídas.

Poner delante de los ojos: convencer con la experiencia o la razón para que se deponga del dictamen errado.

Poner dolencia en alguna cosa: censurarla.

Poner el capuchón: ingresar en la cárcel.

Poner el carro delante de las mulas: invertir el orden lógico de las cosas.

Poner el cascabel al gato: como cosa muy difícil de hacer.

Poner el cazo: recibir dinero u otras gavelas, prestándose o consintiendo en alguna cosa no legal.

Poner el corazón: tener arrestos de valentía.

Poner el culo: someterse a lo que otra persona dicta.

Poner el culo como un tomate: azotar duramente.

Poner el dedo en la boca: para indicar que una persona no es tonta como se presumía.

Poner el dedo en la llaga: señalar el origen del mal.

Poner el gorro: cortejar a una mujer en presencia de alguien. Fastidiar a uno.

Poner el grito en el cielo: quejarse en voz alta de dolor o de pena.

Poner el hombro: arrimar el hombro, trabajar.

Poner el listón muy alto: dejar una cosa a gran altura, siendo difícil igualarlo.

Poner el mingo, o el mingo encima de la mesa: imponerse a los presentes con autoridad.

Poner el ojo: fijarse con atención en algo.

Poner el paño al púlpito: hablar profusamente y con afectada solemnidad.

Poner el pecho a una cosa: arrostrarla.

Poner el plato: poner en ocasión de hacer o de decir lo que uno no pensara.

Poner el pie en el pescuezo: humillar o sujetar a alguno.

Poner el puñal en el pecho: obligar a una persona a ejecutar algo.

Poner el remiendo al lado del agujero: conducirse torpemente en el desempeño de una cosa.

Poner el sambenito: motejar a una persona, quedándose para siempre con ella.

Poner en antecedentes: informar sobre alguna situación que no es muy concocida por otra.

Poner en arma: dar alarma.

Poner en armas: armar, apercibir para combatir.

Poner en autos: informar sobre ciertas situaciones o acontecimientos.

Poner en balanza: hacer dudar, titubear.

Poner en bandeja, o en bandeja de plata: ofrecer una cosa hecha, regalada, sin merecérsela.

Poner en banderillas, o en banderillas de fuego: enfadar mucho a una persona.

Poner en bando una cosa: designio anticipado o prevención en favor o en contra de personas o cosas.

Poner en berlina: en ridículo.

Poner en boca de uno: atribuirle lo dicho.

Poner en calzas prietas a alguno: colocarle en gran aprieto.

Poner en canción: inducir a alguna cosa.

Poner en candelero: colocar en puesto o dignidad de gran importancia.

Poner en circulación: distribuir, sacar a la calle algo.

Poner en claro: aclarar una cosa dificultosa o confusa.

Poner en cobro: colocar una cosa donde esté segura.

Poner en compromiso: poner en duda una cosa que antes era segura.

Poner en cuarentena: tener ciertas dudas. Aislar durante cuarenta días.

Poner en cuenta: añadir razones a las conocidas.

Poner en cuentos: exponer a algún riesgo o peligro.

Poner en efecto: ejecutar.

Poner en el arroyo: dejar a una persona sin apoyo, en la calle.

Poner en el corazón de alguno: inspirar, mover.

Poner en el disparador, o en el disparadero, a alguno: provocarle, apurar su paciencia.

Poner en entredicho: juzgar lo que no es creído de pleno.

Poner en escena: representar.

Poner en estado a uno: darle estado.

Poner en estrecho o aprieto: apremiar para que se haga alguna cosa.

Poner en evidencia: colocarse en situación desairada.

Poner en guardia: prevenir.

Poner en hora: poner la hora exacta en los relojes.

Poner en jaque: inquietar a una persona.

Poner en juego: arriesgar con un fin determinado.

Poner en juicio: comprometer en hombres prudentes la resolución de un asunto.

Poner en la calle, o en la puerta de la calle: privar de una ocupación o empleo. Despachar airadamente a alguien.

Poner en la estacada: poner en algún peligro a alguien.

Poner en la picota: poner en la evidencia a una persona, sacar sus faltas a la luz pública.

Poner en la puerta de la calle: despedir a una persona de su puesto de trabajo, o del lugar donde vive.

Poner en las nubes una cosa: alabarla, encarecerla a más no poder.

Poner en libertad de alguna obligación: eximir de ella.

Poner en los cuernos de la Luna: cuando se ensalza a alguien para ponerla en el más alto pedestal.

Poner en marcha: hacer que un mecanismo empiece a funcionar. Hacer que un proyecto se empiece a realizar.

Poner en mientes una cosa: considerarla, meditar sobre ella con particular cuidado.

Poner en, o por, las nubes: alabar con exageración excesiva.

Poner en observancia: hacer ejecutar con rigor lo que se ordena.

Poner en olvido: olvidar, hacer olvidar.

Poner en órbita: mandar un satélite artificial al espacio alrededor de un planeta. Poner a uno en su sitio.

Poner en orden: reducir alguna cosa a método.

Poner en paz: mediar entre los que riñen.

Poner en pico: decir lo que sería mejor callar.

Poner en práctica: realizar algún plan.

Poner en precio: ajustar, concertar el valor que se ha de dar o llevar por ello.

Poner en pretina: meter.

Poner en razón: apaciguar a los que contienden. Corregir con el castigo.

Poner en regla: poner en orden.

Poner en solfa: hacer algo con arte, regla o acierto. Presentarla en un aspecto ridículo.

Poner en su punto: en el grado de perfección que corresponde.

Poner en su sitio: recordar a una persona cuál es su lugar, invitándole de buena o mala manera a proceder así.

Poner en sucio: en borrador.

Poner en tal cantidad: en las subastas, hacer postura.

Poner en tela de juicio: indica tener dudas acerca de la certeza, legalidad o éxito de algo.

Poner en toldo y peana: con el mayor halago.

Poner en un altar: ponderación de los méritos o virtudes de alguien, también se usa irónicamente.

Poner en un brete: significa poner a alguien en un aprieto, en una situación apurada o comprometida.

Poner en un palo: ahorcar o poner a la vergüenza.

Poner en zancos a alguno: favorecerle para que mejore su fortuna.

Poner encima: preferir, anteponer una cosa.

Poner enfermo de los nervios: dícese cuando una persona molesta, incordia en demasía a otra, siendo ésta la forma de manifestar tal situación.

Poner ese clavo: cautivar con beneficios la voluntad de una persona.

Poner espuelas: estimular, incitar.

Poner falta: anotar la no asistencia o falta de puntualidad.

Poner falta y dolo: interpretar maliciosamente una acción.

Poner fin: terminar algo.

Poner firmes: decir lo que corresponde dejando al otro en su lugar.

Poner freno a la boca: no hablar por temor a descubrir algo. Hacer callar la maledicencia.

Poner fuera de combate: vencer en la lucha o disputa al contrincante.

Poner gesto: mostrar enfado o enojo en el semblante.

Poner haldas en cintas: remangarse la falda o la túnica, para poder correr. Propasarse para hacer una cosa.

Poner hasta los cuernos de la Luna: elogiar grandemente a una persona.

Poner hecho un cristo, o un mapa: golpear, maltratar a una persona.

Poner hecho un trapo: hablar muy mal de una persona.

Poner hora: ponerla correcta en el reloj.

Poner la boca al viento: no tener que comer.

Poner la cara como un mapa: pegar fuertemente en la cara.

Poner la cara larga: mostrarse compungido.

Poner la casa: adornarla, acondicionarla con muebles para poder habitarla.

Poner la ceniza en la frente a alguno: vencerlo o convencerle.

Poner la cornamenta: ser infiel uno de los cónyuges.

Poner la mano en alguna cosa: comprobarla y examinarla por experiencia propia.

Poner la mano en el fuego por algo, o por alguien: tener la seguridad absoluta de la certeza de una cosa, o del comportamiento recto de una persona.

Poner la mano, o las manos, en uno: maltratarle de obra o castigarle.

Poner la mano en el pecho, o en el seno: meter.

Poner la mano en la horcajadura: tratar con demasiada familiaridad y llaneza.

Poner la mano encima: pegar a una persona.

Poner la marca: ir más allá de lo normal.

Poner la mesa: prepararla para comer.

Poner la mira en: perseguir el logro de algo.

Poner la otra mejilla: máxima católica, ofrecer la otra mejilla cuando se ha recibido una bofetada.

Poner la paletilla en su lugar a uno: reprenderle agriamente.

Poner la pistola en el pecho: en una grave resolución de actuar de una manera o de otra.

Poner la pluma bien, o mal: expresar bien o mal sus ideas.

Poner la primera piedra: dar principio a alguna cosa.

Poner la proa: fijar la mira en alguna cosa.

Poner la proa en alguna cosa: fijarse en ella para lograr su consecución.

Poner la proa en una persona: formar el propósito de perjudicarla.

Poner la puntería a alguna cosa: trabajar para conseguirla.

Poner la saliva en la oreja: mojar la oreja.

Poner la salma al caballo: igual que poner el cascabel al gato.

Poner la sangre negra: hacer perder la paciencia a una persona.

Poner la tablilla: fijar en público una falta en que están escritas las indulgencias concedidas.

Poner la vida al tablero: aventurarla como hace el jugador con su dinero.

Poner la vista encima: fijar la atención en algo o alguien.

Poner la zancadilla: poner trabas a una persona, bien para que caiga al suelo, como para que no pueda promocionarse.

Poner las cartas boca arriba, o sobre la mesa: poner de manifiesto propósitos, argumentos, opiniones propias o ajenas.

Poner las cosas en su punto o en su sitio: dejar todas las cosas totalmente aclaradas.

Poner las manos en el fuego: asegurar la certeza de una cosa.

Poner las manos en la masa o en alguna otra cosa: emprender algo.

Poner las orejas coloradas: reprender o decir palabras sensibles.

Poner las peras a cuarto, o a ocho: estrechar, obligar a ejecutar o conceder lo que no quería.

Poner las pilas: dar una paliza, regañar agriamente.

Poner lengua, o lenguas, en uno: hablar mal de él.

Poner leña al fuego: hacer que una cosa sea todavía más contraproducente.

Poner los cinco dedos en la cara a uno: darle una bofetada.

Poner los cinco sentidos en una cosa: prestar la máxima atención para ejecutarla a la perfección.

Poner los cojones encima de la mesa: expresa actitud autoritaria, impositiva o dominante.

Poner los cuernos: faltar la mujer a la fidelidad conyugal. Hoy día se ha extendido a cualquiera de los esposos.

Poner los dedos en la boca: incitar a que otro hable.

Poner los dientes largos: intentar conseguir una cosa que se desea vehementemente.

Poner los nervios de punta: estar muy nervioso.

Poner los oídos al hilo: no escuchar.

Poner los ojos a la funerala: amoratados de algún golpe.

Poner los ojos en algo: mirarlo con atención.

Poner los ojos en blanco, o bizcos: volverlos de modo que sólo se descubre el blanco de los ojos.

Poner los ojos en una persona: escogerla para algún designio. Denotar afición o cariño por ella.

Poner los pelos de punta: asustarse.

Poner los perros en danza: animar a ejecutar algo.

Poner los pies en alguna parte: ir a ella.

Poner los pies en el suelo: levantarse de la cama.

Poner los pies en polvorosa: aplícase a la persona que se ausenta apresuradamente de algún lugar.

Poner los puntos: dirigir la mira al fin que se desea.

Poner los puntos muy altos: pretender una cosa sin considerar la proporción que para ella se tiene.

Poner los puntos sobre las íes: decir las cosas muy claras para que no exista duda.

Poner los supiros en el cielo: quejarse profundamente.

Poner mal, o en mal: enemistar, perjudicar con chismes.

Poner mala voz: desacreditar, hablar mal de algo.

Poner malo: incordiar en extremo a una persona.

Poner manos a la obra: disponerse a ejecutar una cosa.

Poner manos violentas en uno: molestar de obra a una persona eclesiástica.

Poner más blando que un guante: reprensión efectuada y que ha surtido efecto o causado impresión.

Poner mientes: gran atención.

Poner morro: mostrar enfado.

Poner negro: enfadar a una persona, excitarla sexualmente.

Poner nombre: señalar precio a una cosa.

Poner nombres: apodos.

Poner, o tener, puestos los cinco sentidos: dedicar una atención extraordinaria.

Poner, o traer, al tablero una cosa: aventurarla, ponerla a prueba.

Poner orden a una cosa: quitar las imperfecciones.

Poner patas arriba: desordenar, revolver por completo un lugar.

Poner paz, o en paz: mediar entre los que contienden procurando apaciguarlos.

Poner peros: reparos.

Poner pies con cabeza las cosas: trastornarlas, confundirlas.

Poner pies en pared: zanjar un caso de forma radical.

Poner pies en polvorosa: echar a correr, huir.

Poner pies por delante: suscitar obstáculos, hacer reflexiones.

Poner pingando: empapar a una persona, remojarla.

Poner pleito: entablarlo con él.

Poner, ponerse, a cien: enfadar en demasía.

Poner por caso: poner por ejemplo.

Poner por delante: suscitar obstáculos o hacer reflexiones a una persona para disuadirla de su propósito.

Poner por el suelo: denigrar a una persona hablando mal de ella.

Poner por justicia: demandar a uno ante el juez competente.

Poner por las estrellas, o por las nubes, a uno o alguna cosa: exagerarlo con alabanzas.

Poner por las nubes: hablar muy bien de alguien o algo.

Poner por los suelos: lo contrario a lo anterior.

Poner por obra: empezar a ejecutar.

Poner por tierra: derribar.

Poner precio: señalar su valor.

Poner puertas al campo: tratar de impedir lo que no se puede.

Poner punto en boca: callarse.

Poner punto final: acabar una cosa.

Poner rabo: vigilar los movimientos de una persona.

Poner rienda a una cosa: refrenar, contener, reportar, reprimir o corregir.

Poner sal en la mollera a alguno: hacerle entrar en juicio escarmentándole.

Poner sobre aviso: advertir de algo, generalmente de algún inconveniente.

Poner sobre el tapete una cosa: estar discutiéndose o examinándose, pendiente de resolución.

Poner sobre la cabeza alguna cosa: hacer gran estimación de alguna cosa.

Poner sobre la niña de los ojos una cosa: tenerla en gran estima.

Poner sobre, o por las estrellas, a una persona o cosa: exagerarla o ponderarla en exceso.

Poner sobre sí mismo: engordar.

Poner su cornadillo: contribuir con algo para el logro de un fin.

Poner su grano, o granito de arena: hacer algo por pequeño que sea para conseguir una cosa.

Poner suave: reprender severamente, dar una paliza.

Poner sus cinco sentidos en una cosa: hacerla con todo esmero.

Poner talla: cantidad que se pone en el rescate de una persona, captura de un delincuente.

Poner término: hacer cesar, acabar.

Poner tibio a uno: hablar mal de él, reprenderle ásperamente.

Poner tierra en, o por medio: ausentarse.

Poner tierra y agua en medio: huir, quitarse de en medio para evitar aquello que no se quería cumplir.

Poner toda la carne en el asador: arriesgar cuanto se tiene.

Poner toda la carne en el asador es un gran error: por poner en grave riesgo todo lo que se tiene.

Poner trabas: impedimentos.

Poner un candado en los labios, o en la boca: echar.

Poner un cero como una casa, o como una catedral: dicho estudiantil, al que no se sabe la lección y han preguntado.

Poner un clavo y una ese a alguien: dominarle totalmente, esclavizarle.

Poner un huevo: defecar.

Poner un negocio en manos de alguno: fiarlo a su cuidado.

Poner un pijama de madera: meter en un ataúd.

Poner un puñal en el pecho: obligar a ejecutar algo.

Poner un rabo: practicar la sodomía, restregarse el hombre en un transporte público con una mujer sin que ella lo consienta.

Poner una cosa en el corazón: inspirar, mover a ella.

Poner una cosa en las nubes: alabarla, encarecerla hasta más no poder.

Poner una cosa en manos de uno: dejarla en sus manos.

Poner una cosa en tela de juicio: dudar de su certeza, supeditarla a examen.

Poner una inyección a una mujer: realizar el coito con ella.

Poner una losa encima: echar.

Poner una, o un par de banderillas a uno: decirle palabras satíricas.

Poner una pica en Flandes: vencer una gran dificultad.

Poner una pistola, etc., a los pechos: amenazar con un daño inmediato para cohibir la voluntad ajena.

Poner una vara: herir al toro, picarle. Hacer una indicación amorosa.

Poner una vela a Dios y otra al diablo: cuando se quiere contemporizar para sacar provecho de unos y de otros.

Poner una vela a San..., o Santa...: oblación que se hace a los santos, en espera de conseguir lo que se ha pedido.

Poner una venda en los ojos a uno: influir en su ánimo para que viva engañado.

Poner varas: hacer señas o dirigir miradas amorosas a la mujer.

Poner vaselina: suavizar una situación.

Poner velas al viento: favorecer un asunto.

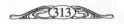

Poner verde a uno: murmurar de él, decirle inconvenientes.

Ponerle banderillas: ser infiel la mujer al marido.

Ponerle casa: instalar por cuenta propia a una mujer en una casa, para vivir amancebado con ella.

Ponerle como ropa de pascua: como de chupa de dómine.

Ponerle el gorro: hacerse arrumacos o acariciarse en presencia de otros una pareja. Fastidiar a una persona.

Ponerle hocicos: enojarse con una persona.

Ponerle la paletilla: reprender agriamente.

Ponerle la proa: oponerse a una persona.

Ponerle las peras a cuarto: mostrarse duro con una persona, reprobarle su actitud.

Ponerle los puntos: proponer intervenir en lo referente a ella.

Ponerle los trastos en la calle: expulsar de un lugar a una persona, hecho por las malas.

Ponerlos sobre la mesa: mostrar autoridad, ordenar sin réplica.

Ponerse a bien: adelantar en conveniencias.

Ponerse a bien con Dios: confesarse. Invocar su nombre para asegurar más lo que se dice.

Ponerse a brazos: luchar, contender.

Ponerse a cien: estar muy excitado, se dice principalmente sexualmente.

Ponerse a gesto: componerse para parecer bien.

Ponerse a huevo: estar bien una cosa y a punto. Se dice de la mujer cuando se ofrece sexualmente.

Ponerse a la de Dios es Cristo: muy lujoso y engalanado.

Ponerse a mal: enemistarse con alguien.

Ponerse a razones: altercar, oponerse a lo que otro dice.

Ponerse a tiro: venir una persona o cosa a la sazón que se quiere. Ofrecerse una mujer sexualmente.

Ponerse a tope: saciarse de bebida o de comida.

Ponerse al cabo de la calle: llegar a entender bien alguna cosa y comprender todas sus circunstancias.

Ponerse al corriente: enterarse, adquirir el conocimiento necesario.

Ponerse al frente: asumir el mando o dirección de una comunidad de personas.

Ponerse al hilo del aire, o del viento: colocarse en la corriente de él.

Ponerse al lado de alguien: estar a su lado, principalmente en los momentos de apuro.

Ponerse al punto: trabajar una mujer como prostituta.

Ponerse al socaire: estar.

Ponerse bien: adelantarse en conveniencias y medios para mantener su estado.

Ponerse bruto: dominado por el deseo sexual.

Ponerse burro: excitado sexualmente.

Ponerse chula: dícese de la mujer que se arregla mucho para salir a la calle.

Ponerse chulo: estar una persona muy insolente y desagradable.

Ponerse ciego: comer y beber mucho.

Ponerse colorado, o colorado como una cereza: avergonzarse.

Ponerse como el chiquillo del esquilador: comer y beber en abundancia.

Ponerse como el Quico: comer y beber mucho.

Ponerse como, o hecho, un toro: enfurecerse una persona.

Ponerse como un basilisco, como una fiera, una furia, etcétera: cuando una persona de carácter agrio pierde el raciocinio, cegado por la ira.

Ponerse como un camarón: muy colorado, rojo.

Ponerse como un cesto: comer o beber de una manera exagerada.

Ponerse como un choto con dos madres: comer o beber exageradamente, a toda satisfacción.

Ponerse como un cristo: estar muy sucio o herido.

Ponerse como un Pepe: saciarse, pasárselo muy bien.

Ponerse como un perro, o hecho un perro: enojarse, enfurecerse.

Ponerse como un pipo, o como una pipa: enfadarse en extremo.

Ponerse como un tomate: ruborizarse.

Ponerse como un trompo, o hecho un trompo: comer y beber hasta hincharse.

Ponerse como una fiera, o una fiera corrupia: enfadarse mucho.

Ponerse como una furia: para calificar a las personas cuando la ira las hace gritar, gesticular y tomar actitudes encolerizadas.

Ponerse como una hidra: se dice de las personas irascibles que, lejos de ceder a la fuerza de las razones, se irritan más con ellas.

Ponerse como una moto: a tope, estar muy animado.

Ponerse como una sopa: calarse hasta los huesos.

Ponerse con Dios: prepararse para morir.

Ponerse con los brazos en jarras: de forma desafiante, con los brazos apoyados en la cintura.

Ponerse crespo: irritarse, enfadarse.

Ponerse de comer como el chiquillo del esquilador: comer en demasía.

Ponerse de cuerno, o de punto, con alguno: estar disgustado.

Ponerse de largo: vestir una jovencita las galas de mujer y presentarse así vestida en sociedad.

Ponerse de mala leche: enfadarse.

Ponerse de manos un animal: levantar el cuerpo apoyándose en las patas de atrás.

Ponerse de mil colores: mudársele el color del rostro por vergüenza.

Ponerse de moños: darse damasiada importancia, jactarse.

Ponerse de parte de uno: adherirse a su opinión.

Ponerse de pies en la dificultad: haberla entendido.

Ponerse de pies en un negocio: entenderlo, hacerse cargo de él.

Ponerse de pontifical: vestirse, presentarse en traje de gala o ceremonia.

Ponerse de puntillas: persistir tercamente en su dictamen, aunque le contradigan.

Ponerse de todos los colores: en una situación muy difícil y delicada, manifestar vergüenza.

Ponerse de uñas: oír con enfado lo que se pretende resistiéndose a ello.

Ponerse de veinticinco colores: abochornarse.

Ponerse de vuelta y media: tratarse mal de obra y de palabra.

Ponerse del lado de algo: a su favor.

Ponerse dura: tener el pene en erección.

Ponerse el cabello de punta: haber recibido un gran susto.

Ponerse el dedo en la boca: callar, guardar silencio, porque así convenga o deba ser.

Ponerse el mundo por montera: no tener en cuenta la opinión de las gentes. No hacer caso del qué dirán.

Ponerse el parche antes que salga el grano: prevenir un supuesto mal.

Ponerse en angarillas: en jarras o en asas.

Ponerse en arma: disponerse para ejecutar alguna cosa.

Ponerse en camino: iniciar un viaje.

Ponerse en cobro alguna persona: refugiarse donde pueda estar segura.

Ponerse en condición: arriesgarse.

Ponerse en cuclillas: agacharse.

Ponerse en cuentos: andar buscando ocasiones de desazón.

Ponerse en cura: empezar la cura de un achaque o enfermedad.

Ponerse en guardia: apercibirse de lo que pueda sobrevenir.

Ponerse en el caso: estar en lugar.

Ponerse en jarras: prepararse para la discusión o lucha. Postura que consiste en poner los brazos arqueados sobre la cintura.

Ponerse en la calle: salir de casa. Presentarse en público.

Ponerse en la del rey: en la calle.

Ponerse en las manos de Dios: someterse a su designio con entera confianza, con la esperanza de tener un buen fin.

Ponerse en lo firme: no ceder. Fijarse en un punto de una cuestión sin querer pasar de él.

Ponerse en lo peor: presentir desfavorablemente.

Ponerse en los autos: enterarse.

Ponerse en los huesos: llegar a estar muy flaco.

Ponerse en lugar de otro: sustituirle.

Ponerse en manos de alguno: someterse a él con entera confianza.

Ponerse en ocasión: andar buscando riesgos y peligros, metiéndose en los casos que puedan traer riñas y pendencias.

Ponerse en razón: en los acuerdos, llegar a los términos equitativos.

Ponerse en veinte uñas: boca abajo apoyando pies y manos.

Ponerse encima: querer sobresalir de una persona, también cohabitar dos personas, estando encima la más activa.

Ponerse enfrente de alguien: enfrentarse, oponerse a él.

Ponerse flamenco: actuar con chulería, o superioridad.

Ponerse gallito: tener aire de insuficiencia, actuando con superioridad.

Ponerse hasta el culo: saciarse, hartarse.

Ponerse hasta el gorro: hartarse de algo.

Ponerse hecha una arpía: aplícase a la mujer perversa y de genio pésimo, equivale a ponerse hecha una furia o una fiera.

Ponerse hecho un basilisco: encolerizarse.

Ponerse hecho un cristo: mancharse, ensuciarse.

Ponerse hecho un demonio: encolerizarse o irritarse exageradamente.

Ponerse hecho un energúmeno: enfadarse, enfurecerse de modo descompasado.

Ponerse hecho un pavo: ruborizarse una persona.

Ponerse hecho un tiburón: estar hecho una fiera.

Ponerse hecho una desdicha: haberse ensuciado mucho la ropa.

Ponerse hecho una furia: muy enojado y colérico.

Ponerse hecho una pantera: enfurecerse en extremo.

Ponerse hecho una serpiente: enfadarse o airarse mucho.

Ponerse hecho una sopa, o como una sopa: totalmente mojado y calado.

Ponerse hueco: engreírse una persona.

Ponerse imposible: estar una persona inaguantable.

Ponerse la carne de gallina: tener gran miedo, o padecer un gran frío.

Ponerse la corona: atribuirse los méritos de algo, sin haber tenido, o muy poco, que ver con ello.

Ponerse la mano en el pecho: juzgarse uno mismo en conciencia y con plena sinceridad.

Ponerse la piel de gallina: cuando se recibe una fuerte impresión se pone la piel como la carne de ese animal.

Ponerse la venda antes que salga el grano: prepararse con tiempo de sobra antes que ocurra o pueda ocurrir algo.

Ponerse las botas: enriquecerse extraordinariamente. Comer muchísimo. Darse el filete.

Ponerse las cotizas: ponerse en cobro.

Ponerse las medias azules: asumir el papel de Celestina.

Ponerse los cabellos tan altos: erizarse por algún espanto.

Ponerse los calzones alguna mujer: mandar ella en casa.

Ponerse los moños: darse aires de suficiencia, pretender mandar donde no tiene por qué.

Ponerse los ojos como platos: asombrarse por algo.

Ponerse los pelos de punta: erizar el cabello. Sentir gran pavor.

Ponerse los trapitos de cristianar: las mejores ropas o galas.

Ponerse malo: enfermar.

Ponerse mala: tener la regla una mujer.

Ponerse más amarillo, o más blanco, que la cera: palidecer a causa del algún sobresalto.

Ponerse más colorado que un pavo: ruborizarse.

Ponerse moños: atribuirse méritos, presumir.

Ponerse morado: comer en gran cantidad, darse un filete.

Ponerse mosca: tener sospechas.

Ponerse muy ancho: ufanarse, engreírse.

Ponerse negro un asunto: tomar mal cariz para su solución.

Ponerse, o estar, más colorado que un tomate: subírsele los colores.

Ponerse panza arriba: tomar el sol tumbado.

Ponerse pelma: una persona muy pesada.

Ponerse perdido: ensuciarse mucho.

Ponerse por las nubes una cosa: estar sumamente enojado. Subir su precio encarecidamente.

Ponerse rojo, colorado, encarnado, encendido como una amapola, etc.: sonrojarse.

Ponerse tan alto: ofenderse, resentirse con muestras de superioridad.

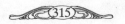

Ponerse tan ancho: desvanecerse.

Ponerse tibio: darse un hartazgo.

Ponerse tiesa: el pene en erección.

Ponerse tonto, o tonta: mostrar petulancia, vanidad o terquedad.

Ponerse un candado en la boca, o en los labios: no decir nada, guardar un secreto.

Ponerse un reparo en la boca del estómago por la parte de adentro: tomar un alimento ligero.

Ponerse un sello en la boca: ponderación del silencio guardado respecto de alguna cosa.

Ponerse una mujer los pantalones: seria y encolerizada.

Ponerse una mujer los pantalones de cuadros: encolerizarse.

Ponerse uno de mil colores: mudársele el color por vergüenza o cólera.

Ponerse uno en camino: emprender viaje.

Ponerse uno en cobro: refugiarse en sitio seguro.

Ponérsele a uno los pelos, o los cabellos, de punta: levantárselos por susto o temor.

Ponérsele dura o tiesa: excitarse sexualmente, estando en erección el miembro viril.

Ponérsele en el moño: empeñarse en algo.

Ponérsele en la imaginación: ponérsele en la cabeza.

Ponérsele en la punta del capullo: hacer lo que le viene en gana.

Ponérsele en los cojones: metérsele en la cabeza.

Ponérsele los cojones de corbata, o en la boca, o en el cogote, o en la garganta, o en la nuca: frases que denotan miedo o preocupación.

Ponérsele los dientes largos: estar esperando algo con gran ilusión y vehemencia.

Ponérsele los pelos de punta: recibir un gran susto.

Ponérsele tiesa: estar un hombre excitado sexualmente.

Ponérsele un nudo en la garganta: no poder hablar por susto, pena o vergüenza.

Pongo por caso, o pongamos por caso: cito un ejemplo.

Pongo un pintar: pongo por caso.

Poquita cosa: dícese de la persona débil en las fuerzas del cuerpo o del ánimo.

Poquito y bueno: elogiando lo bueno en todo.

Por aclamación: por decisión mayoritaria en una votación.

Por activa o por pasiva: de un modo o de otro.

Por activa y por pasiva: de todos modos.

Por adarmes: en cantidades muy pequeñas.

Por adelantado: con anterioridad.

Por ahí: aproximadamente, más o menos por ese lugar.

Por ahí empecé yo: dícese del que adolece de algunas manías y extravagancias.

Por ahí, por ahí: sobre poco más o menos.

Por ahí van los tiros: aproximándose.

Por algo se empieza: se dice del que por primera vez empieza a hacer algo.

Por allá nos espere muchos años: frase que se dice cuando se comunica la muerte de una persona.

Por alto: por encima.

Por amor al arte: gratuitamente, sin obtener recompensa por el trabajo.

Por amor de...: por causa de...

Por amor de Dios: para pedir encarecidamente, excusarse con humildad.

Por anticipado: con anterioridad.

Por antonomasia: por significación propia.

Por añadidura: además de, con propina.

Por aquel entonces: por aquel tiempo.

Por aquí pasó una rana y dijo que no era nada: frase que se dice a los niños cuando lloran al haberse caído y no tener ningún mal, con el fin de hacerles callar y consolarles.

Por aquí trastejan: al que huye de algún peligro que prevé. Dícese de los deudores cuando se apartan de la vista de sus acreedores.

Por arrobas: en grandes cantidades.

Por arte de birlibirloque, de encantamiento, de magia: locución familiar al haberse hecho una cosa por medios ocultos y extraordinarios.

Por arte del diablo: por vía o medio, que parece fuera del orden natural.

Por atún y a ver al duque: se dice de los que hacen alguna cosa con dos fines.

Por azar: por suerte.

Por barba: por persona, por cabeza.

Por bien de paz: por vía de transación o arreglo amistoso.

Por buen término: por fin y remate.

Por cabeza: por persona.

Por cabo, o por el cabo: extremadamente.

Por camino ordinario: conjunto de medios conducentes para lograr un fin sin buscar procedimientos extraordinarios.

Por carambola: indirectamente, por rodeos.

Por carta de más, o de menos: exceso o defecto en lo que se hace.

Por ce o por be: por una cosa o por otra.

Por chiripa: por suerte, por casualidad.

Por cierto: de verdad.

Por cierto, Pedro, nunca venís sino cuando meo, y halláisme siempre arremangada: dícese de las personas que se presentan siempre inoportunamente.

Por cierto y por verdad: con que se asegura y confirma la realidad de lo que se dice.

Por cima: por encima, en lo más alto.

Por cojones: a la fuerza. Irremediablemente.

Por completo: en su totalidad.

Por consecuencia: se da a entender que una cosa infiere en otra.

Por consiguiente: expresión que indica una deducción de algo.

Por contera: por remate.

Por cuenta: en su nombre, o a su costo.

Por cuenta y riesgo de: a expensas y en nombre de.

Por cuerpo de hombre: por mano de hombre.

Por dar en el asno, dar en la albarda: tocar y confundir las cosas, sin acertar en lo que se hace o dice.

Por de contado: por supuesto, de seguro.

Por de, o el, o lo, pronto: interinamente, provisionalmente.

Por debajo de cuerda: por medios ocultos.

Por debajo de tierra: con cautela y secreto.

Por decir la verdad no ahorcan a nadie: dicho de los que son enemigos de las mentiras sociales.

Por decir las verdades se pierden los amigos: las verdades amargan.

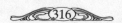

Por decirlo así: expresión aproximada de lo que se pretende significar.

Por decreto, o por real decreto: con toda la autoridad que la ley establece.

Por defecto: por falta.

Por demás: en vano.

Por deporte: por gusto, por amor al arte.

Por derecho: vigor y sinceridad con que habla un hombre en un momento importante.

Por descontado: desde luego, ciertamente.

Por descuido: por culpa propia.

Por deseos de zuecos metí los pies en el cántaro: dícese del que, por desear más de lo que tiene, hace lo que no debe.

Por desgracia: desafortunadamente.

Por Dios: expresión para pedir limosna, o reforzar una súplica cualquiera.

Por Dios, por la Patria y el Rey: lema de todos los españoles. ¿Se piensa hoy así?

Por donde fueres de los tuyos halles: conocer en tierras extrañas a alguien es siempre un gran tesoro.

Por donde pasa, moja: los alimentos que, aunque no tengan frescura, o estén buenos, al menos calman la sed y el apetito.

¿Por dónde va la danza?: ¿por qué camino va el negocio?

Por duplicado: dícese de los documentos que se hacen dobles.

Por ejemplo: forma de aclarar lo que se ha dicho.

Por el aire, o por los aires: con mucha ligereza o velocidad.

Por el amor de Dios: frase empleada para solicitar limosna.

Por el beso empieza eso: principio del amor completo.

Por el bien parecer siquiera: se dice cuando se obra por respeto a lo que puedan decir.

Por el cabo: extremadamente.

Por el canto de un duro: por muy poco.

Por el contrario: al revés de.

Por el crucifijo de Burgos: fórmula de juramento.

Por el Dios que me crió, me sustenta o nos rige: expresiones de juramento.

Por el estilo: de forma parecida.

Por el foro: marcharse, desaparecer; se dice como expresión.

Por el hilo se saca el ovillo: por la muestra o por el principio se conoce lo demás de ella.

Por el humo se sabe dónde está el fuego: por los efectos de una cosa se conoce el origen de ella.

Por el mismo caso: por igual razón o motivo.

Por el mismo, o por un, rasero: con rigurosa igualdad, sin la menor diferencia.

Por el momento: por ahora.

Por el morro: descaradamente.

Por el olfato se adivina el plato: pocos inicios a veces conllevan a un conocimiento total del asunto.

Por el paso en que estoy, o me hallo: con que uno asegura la verdad de sus palabras.

Por el, por la o por lo, presente: por ahora, en este momento.

Por el presente: por el momento actual.

Por el pronto: entre tanto.

Por el suelo, o por los suelos: ser una cosa muy despreciable o estar muy abatida.

Por el tanto: al tanto.

Por el tiento: por el tacto, valiéndose de él para reconocer las cosas en la oscuridad o por falta de vista.

Por el traje se conoce al personaje: el modo de vestir indica siempre la clase a la que pertenece la persona que lo lleva.

Por en medio, o por medio: en la mitad.

Por encima: superficialmente.

Por ende: por tanto.

Por enésima vez: gran número de veces.

Por ensalmo: lo que acontece de forma inesperada, insólitamente.

Por entero: completo, enteramente.

Por escrito: comunicado de esa manera.

Por eso es un hombre cornudo, porque quiere su mujer: forma jocosa de exculparse un hombre de dicha suerte.

Por eso riñen las tripas, porque están juntas: las desavenencias provienen de las personas que viven juntas.

Por eso se vende la vaca, porque unos quieren la pierna y otros la falda: diversidad de pareceres y gustos de las personas.

Por eso vale el oro mucho, porque escasea: el valor de las cosas no depende tanto de su valor, como de su rareza.

Por esos mundos de Dios: por esas tierras, por esos lugares o sitios.

Por ésta, o por éstas, que son cruces: especie de juramento que se profiere en plan de amenaza, al mismo tiempo que se hace una cruz con los dedos pulgar e índice.

Por excelencia: por antonomasia.

Por exceso: error en demasía en una operación matemática.

Por extenso: circunstancialmente, extensamente.

Por falta de gato está la carne en el plato: no es continencia, y no será por falta de ganas.

Por fas o por nefas: justa o injustamente, con razón o sin ella.

Por favor: expresión de cortesía con que se solicita algo.

Por fin y postre: al cabo, por remate.

Por fórmula: para cubrir apariencias, para salir al paso.

Por fortuna: afortunadamente, por casualidad.

Por fuerza: ineludiblemente.

Por guasón ahorcaron a Revenga, y después de ahorcado sacaba la lengua: dícese del obstinado al que ningún castigo llega a doblegar.

Por hacer bien a mi vecino hago cornudo a mi marido: dícese de las personas que por beneficiar a unos perjudican a otros.

Por hache o por be: por una cosa o por otra.

Por hache o por erre: de un modo o de otro.

Por hondo que cague un buey no se deja de saber: por muchas precauciones que se tomen para ocultar un hecho, suele descubrirse más tarde o más temprano.

Por hora: en cada hora.

Por huevos: a la fuerza, obligatoriamente.

Por instantes: sin cesar, continuadamente.

Por juego: por burla, de chanza.

Por intúito: en atención, en consideración.

Por jubileo: rara vez.

Por juego: por burla o por chanza.

Por juguete: por chanza o entretenimiento.

Por junto y por mayor: en sentido irónico, poca cantidad.

Por juro de heredad: para que pase de padres a hijos.

Por la boca muere el pez: forma de indicar que es conveniente callar, por las consecuencias negativas de manifestar lo que se debía tener guardado.

Por la boca se calienta el horno: indicando que para tener calorías es necesario comer y beber bien.

Por la cara: gratis, descaradamente.

Por la cuenta: al parecer, o según se puede juzgar.

Por la cuenta que le tiene: por interés propio.

¡Por la gloria de mi madre, o de mi padre!: exclamación con que uno asevera o promete una cosa, invocando la memoria de una persona difunta, a la que se profesa cariño o veneración.

Por la jeta: descaradamente, gratis, por la cara.

Por la leche que mamó, mamé, mamaste...: locución que expresa firme propósito, resolución de oponerse a hacer cierta cosa.

Por la mala, o por las malas: mal a mal.

Por la mayor parte: por lo que a mí me toca o puedo hacer.

Por la muestra se conoce el paño: dícese de las personas que se las juzga únicamente por alguno de sus actos.

Por la otra punta: manera de expresar que lo que se dice es lo contrario de lo que realmente es.

Por la peana se adora, o se besa, al santo: cuando se hace la corte y halagos a una persona, para ganarse la voluntad de otra que tiene con ella una relación directa.

Por la posta: con prisa, presteza o velocidad.

Por la puente, que está seca: indica que no se usen atajos en lo que puede haber riesgos.

Por la puerta del perro que te mordió no pases más, por Dios: recomienda no se repita aquello que una vez salió mal.

Por la puerta grande: cuando se tiene un triunfo o éxito.

Por la puerta se va a la calle: para despedir violentamente a una persona.

Por la teta le va a mi hijo: excusa que ponen algunas mujeres para comer más de lo necesario, diciendo que están criando.

Por la traza: por su aspecto.

Por la uña se saca al león: por un leve indicio se conocen las cosas como son.

Por la verdad murió Cristo: invitando a decir la verdad siempre por dura y perjudicial que sea.

¡Por la Verónica de Jaén, o de Roma!: fórmula de juramento.

Por largo: con toda clase de detalles.

Por las bravas: por la fuerza, con imposición.

Por las buenas o por las malas: que se hará de todas las maneras.

Por las nubes: dícese de lo que tiene un coste muy alto.

Por las reliquias de la Meca: fórmula de juramento jocosa.

Por las reliquias de Roma: fórmula de juramento.

Por las vísperas se conocen los disantos: se sacan las consecuencias de los acontecimientos por sus antecedentes.

Por libre: se dice de los que actúan en su propio nombre.

Por lo bajo, o por lo bajini: recatada o disimuladamente.

Por lo claro: sin rodeos, claramente.

Por lo común: de forma habitual.

Por lo demás: aparte de eso.

Por lo general: por lo común.

Por lo menos: con excepción de.

Por lo mismo: por la misma razón.

Por lo pronto: de momento, en principio.

Por lo que más quieras: expresión que indica súplica o petición.

Por lo que pudiere tronar: tratar de prevenirse contra algún riesgo.

Por lo que respecta a: en lo tocante, en lo que le afecta.

Por lo regular: común o regularmente.

Por lo tanto: por consiguiente, por el motivo o las razones de que acaba de hablarse.

Por lo visto: al parecer.

Por los años de: por el tiempo que se indica, poco más o menos.

Por los cerros de Úbeda: distraídamente, estar pensando en otro asunto distinto al que tenía que estar.

¡Por los clavos de Cristo!: expresión de asombro. Expresión familiar con que se ruega a uno encarecidamente.

Por los cojones: con que se rehúsa o niega algo rotundamente.

Por los cuatro costados: por todas partes.

Por los misterios de la misa: especie de juramento con que se trata de reforzar algo.

Por los niños se pone la olla: no está de más que haya niños a quien echar la culpa de todo.

Por los pelos: por muy poco.

Por los siglos de los siglos: para siempre; frase con que se terminan muchas oraciones, respondiendo: amén o así sea.

Por los suelos: estar totalmente abatido, en el momento más bajo de moral.

Por mal de mis pecados: por mis pecados.

Por malas vecindades se pierden heredades: el atraerse enemistades suele traer disgustos y malas consecuencias.

Por maravilla: rara vez, por casualidad.

Por más que: dificultad para ejecutar o conseguir una cosa, aunque se hagan esfuerzos para su logro.

Por más señas que...: recordando las circunstancias para reconocer algo o traer al conocimiento.

Por mayor: en cantidad grande. Sumariamente o sin especificar las circunstancias.

Por medio de: por intermedio de una persona.

Por mejor decir: corrección de lo que se ha dicho.

Por menudo: con mucha distinción y menudencia. En las compras y ventas por pequeñas partes.

¡Por mí como si se la machaca, o se la menea!: forma de desentenderse de alguna persona, no importar algo.

Por mí como si te operas: total indiferencia.

Por mi cuenta: quedar responsable de alguna cosa.

Por mi Dios y por mi dama: divisa de antiguos caballeros, con que hacían alarde de religiosidad y galantería.

Por mi, o tu, o su, bella o linda cara, o su cara bonita: solicitar o intentar una persona alguna cosa sin tener mérito para conseguirla.

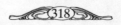

Por mi parte, o de mi parte: por lo que a mí toca, o yo puedo hacer.

¡Por mi vida!: especie de juramento con que se asegura la verdad de una cosa.

¡Por mis barbas!: fórmula de juramento en que se asevera una cosa.

Por mis cojones: aseveración de que una cosa se va a realizar o cumplir. Resolución o amenaza del que habla.

Por mis partes: por mis cojones.

Por mis pecados, o por malos, o por negros de mis pecados: por mis culpas o en castigo de ellas.

Por momentos: sucesivamente, sin intermisión en lo que se ejecuta o espera.

Por mor de: como consecuencia de.

Por mucho que se sepa, es más lo que se ignora: triste verdad.

Por mucho trigo nunca es mal año: indicando que la abundancia de lo que es necesario es bueno.

Por muchos años: fórmula de cortesía con que se felicita a alguien, deseándole ventura durante mucho tiempo.

Por muy sucia que esté, no digas nunca de este agua no beberé: expresando no decir que nunca se va a hacer o decir algo. Algunos también añaden: **y que este cura no es mi padre.**

Por nada: de ninguna manera.

Por narices: a la fuerza. Inevitable o necesariamente.

Por necesidad: necesariamente, por motivo o causa irresistible.

Por ningún cabo: de ningún modo ni medio.

Por no dar, no da ni los buenos días: manera de exagerar la avaricia de una persona.

Por no echar nada fuera, ni escupe: se dice de los cicateros.

Por no ver visiones me acuesto a las oraciones: dícese jocosa y galantemente cuando se halla uno entre jóvenes bellas y agraciadas.

Por nombre, fulano: elíptica expresión que equivale a decir que tiene por nombre...

Por obra y gracia del Espíritu Santo: conseguir algo sin esfuerzo ni trabajo alguno.

Por onzas: escasamente.

(Unos) Por otros y la casa sin barrer: no hay peor cosa que encargarse varios de un asunto, para que no se realice.

Por ovarios: referente a una mujer, por energía, valor, valía o audacia.

Por parte de: por su orden.

Por partes: con distinción y separación de los puntos o circunstancias de la materia que se trata.

Por partida doble: doblemente, forma de llevar una contabilidad.

Por pelotas, por narices: a la fuerza, por obligación.

Por piernas, o por pies: forma de huir o ausentarse de un lugar.

Por pitos o por flautas: por un motivo o por otro.

Por poco: faltó poco para...

Por poco se empieza: aconseja a no desear todo de una vez.

Por poderes: con intervención de un apoderado.

Por poquitas: por muy pocas.

Por porfiar y por fiar te puedes arruinar: gran daño puede ocasionar dejar dinero, como ser un cabe-

zota que no piensa de forma lógica y con sentido común.

Por preguntar nada se pierde: se dice cuando se desconoce una cosa, indicando que debe preguntarse, aunque no sea respondida.

Por principio: actuar con arreglo a determinadas leyes o cuestiones morales.

Por pronta providencia: por abreviar, de primer intento.

Por puertas: con tanta pobreza que hay que pedir limosna.

Por punto general: por regla general.

Por puntos: por instantes.

¿Por qué carga de agua?: ¿por qué razón o causa?

¿Por qué regla de tres?: ¿Por qué razón? ¿Por qué causa o motivo?

¿Por qué te metes a farolero o redentor?: regañina que se efectúa al que se ha metido donde no debía.

Por quilates: en pequeñas porciones, menudamente.

Por quítame allá esas pajas: por cosa de poca importancia, sin fundamento o razón.

Por real decreto: obligatoriamente, a la fuerza.

Por regla general: por lo común, sin excepciones.

Por remate: por fin, por último.

Por riñones: a la fuerza, sin ningún tipo de explicaciones.

Por salto: conseguir una cosa fuera del orden regular.

Por segunda, o tercera mano: por medio de otro.

Por señas, o por más señas: recordar las circunstancias o indicios de algo.

Por separado: con separación.

Por septiembre calabazas: con que se da a entender que, por falta de oportunidad, no conseguirá lo que pretende.

Por si acaso: por sí o por no, diciéndose como medida de precaución.

Por si fuera poco: además de..., se dice como expresión de contrariedad.

Por si las moscas pican: por si acaso.

Por si no lo sabías, para que lo sepas: dícese burlescamente a una persona cuando se le dice algo que no sabía, o fingía ignorar.

Por sí o por no: por si acaso.

Por sí solo: sin ayuda de nadie, por sus propios medios.

Por sí y ante sí: por propia deliberación y sin consultar a nadie, ni contar con nadie.

Por siempre jamás: perpetuamente, por tiempo sin fin.

Por sistema: por costumbre.

Por sorpresa: sin que nadie lo espere.

Por su bella, o linda, cara: pretender sin mérito ni medios.

Por su cabeza: por su dictamen, sin consultar ni tomar consejo.

Por su cara bonita, o por su linda cara: pretender algo únicamente por cosas sin fundamento, o mérito.

Por su lado: forma de seguir un camino.

Por su mano: por sí mismo o por su propia autoridad.

Por su orden: sucesivamente y como se van sucediendo las cosas.

Por su persona: en persona.

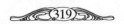

Por suerte: por fortuna, afortunadamente.

Por supuesto: desde luego.

Por sus cabales: por el orden regular, o su justo precio.

Por sus obras los conoceréis: frase evangélica, indicando que a las personas se las conoce por sus actos, principalmente a los católicos, que deberíamos ser conocidos por nuestro buen hacer.

Por sus ojos bellidos, o cara bonita: por su buena cara, de balde y sin costar trabajo alguno.

Por sus, o tus, lindos ojos: por su buena cara, de balde y sin costar trabajo alguno.

Por sus pasos contados: por su orden o curso regular.

Por sus pulgares: indicación de que uno ha hecho una cosa sin ayuda de nadie.

Por sus puños: con su propio trabajo o mérito personal.

Por tablas: por los pelos, por muy poco.

Por tal foro: con tal condición o pacto.

Por tanto: por lo que, con atención a lo cual.

Por tantos y cuantos: con que se asegura y pondera una cosa.

Por tercera mano: por medio de otro.

Por término medio: como promedio.

Por tiempo: por cierto tiempo, por algún tiempo.

Por tirar una lenteja una monja, dicen que se condenó: exhortación a la economía.

Por todas partes se va a Roma: con que se explica la posibilidad de ir al mismo sitio por diversos caminos.

Por todo el oro del mundo: frase con que se expresa que no se hará una cosa a ningún precio, ni por ninguna consideración.

Por todo lo alto: de manera excelente: Con rumbo y esplendidez.

Por todo, o por todas: en suma, en total.

Por todos los santos, o por todos los santos del cielo: con que se ruega encarecidamente una cosa.

Por trancas, o por barrancas: quieras o no quieras.

Por tránsito: haciendo tránsitos.

Por triplicado: repetido tres veces.

Por tu cara bonita: porque tú lo digas.

Por último: después o detrás de todo, finalmente.

Por un casual: por casualidad.

Por un clavo se pierde una herradura: expresión que advierte que de descuidos pequeños se pueden originar males mayores.

Por un garbanzo no se descompone la olla, o no se estropea un cocido: expresión usada para despreciar el disentimiento de una persona del acuerdo de la mayoría.

Por un oído me entra y por otro me sale: forma de expresarse a quien regañan, y que no piensa hacer caso a la reprimenda.

Por un pedazo de pan: forma de indicar que un trabajo se hace por muy poca remuneración.

Por un perro que maté, mataperros me pusieron: un simple yerro no es motivo suficiente para juzgar a los demás.

Por un punto se pierde una media: por la más mínima cosa se puede estropear una persona.

Por un punto, una petaca: frase de las antiguas tómbolas, indicando que faltaba muy poco para haber conseguido un premio o haber adquirido un regalo.

Por un quítame allá esas pajas: por nada, sin importancia.

Por un rasero, o por el mismo rasero: con rigurosa igualdad, sin la menor diferencia.

Por un tubo: en abundancia, en gran cantidad.

Por una vez que me puse a bailar, lo supo todo el lugar: no la hagas, no la temas.

Por una vez, ¿quién lo ha de saber?: manera de incitar a que se cometan irregularidades o tomarse ciertas libertades.

Por uña de caballo: a todo correr del caballo.

Por ventura: quizá.

Por vía: de forma, a manera y modo.

Por vía de buen gobierno: en uso de la autoridad gubernativa.

Por vía recta: en derechura.

Por vida de...: juramento, imprecación.

¡Por vida de los santos que no son de Dios!: fórmula burlesca de interjección.

Por vista de ojos: con que se denota que uno ve por sí mismo una cosa.

Por zancas o por barrancas: por varios y extraordinarios medios.

Porca miseria: indicando la expresión ¡qué asco de vida!

Porfiar hasta lentejuela: discutir las cosas más claras y evidentes.

Porfiar, mas no apostar: entre dos males se aconseja evitar el mayor.

Porque lo digo yo: coletilla que se usa para indicar y refrendar lo dicho sin dar otra mayor razón.

Porque otro se tire de un balcón, etc., no voy a tirarme yo: indica que los malos ejemplos o conductas no deben ser imitados.

Porque sí: sin causa justificada, por capricho.

Porque sí y porque no, razón es sin razón: razones no suficientes para actuar de cierta manera, o para imponer su criterio o razón a su albedrío.

Porque sí y porque no, razones bestiales son: igual que lo anterior.

Porquería son sopas: con que se reconviene al que desprecia o desdeña una cosa digna de aprecio.

Porra: pene. Nariz grande o abultada.

¡Porra! o ¡Porras!: interjección de disgusto o enfado.

(Una) Porrada: abundancia de algo.

(Un) Porrón: mucho.

Portarse como los de Pasos: violar los tratados.

Portarse como un cochero: muy mal, sin cumplir la palabra dada.

Portarse como un príncipe: portarse muy bien, a la perfección.

Portera: persona chismosa, que anda de casa en casa.

Posar el humo: sutilizar demasiado.

(La) Posdata es más larga que la carta: dícese cuando lo accesorio es mayor que lo principal.

Post meridiem: las doce últimas horas del día.

Postinero: persona que es presumida, que lo sabe hacer y que sabe conquistar.

Postura del misionero: dícese de la forma de practicar la cópula una pareja, cara con cara y ella de espaldas recostada.

(Las) Potencias del alma son cuatro, a saber: memoria, entendimiento, voluntad y hacerse cargo; agrégase jocosamente: **la última para dar a entender**

que al que se le pide algo debe ponerse en el lugar del peticionario.

Potroso: persona con mucha suerte.

Pozo sin fondo: se dice de lo que no tiene fin.

(La) Práctica hace maestro: denota que todo aquello que se ejecuta mucho llega a dominarse magistralmente.

Precauciones y caldo de gallina a nadie perjudican: aconsejando precaverse de un mal que pudiera ocurrir.

Predícame padre, que por un oído me entra y por otro me sale: exhortando a que no se den regañinas, ya que no van a surtir efecto.

Predicar a tontas y a locas: hacerlo sin fundamento ni concierto.

Predicar con el ejemplo: actuando como se dice, ser consecuente con lo que se predica.

Predicar en el desierto: intentar sin éxito persuadir con palabras o actos a personas no dispuestas a admitir la doctrina o ejemplos que se les dan.

Predicar en el desierto y machacar en hierro frío, trabajo "perdío": dos cosas muy difíciles de conseguir.

Predicar un sermón: amonestar o regañar a una persona.

Pregonar a los cuatro vientos: dar a conocer una cosa a todo el mundo.

Pregonar vino y vender vinagre: se aplica a los que tienen buenas palabras y ruines obras.

Pregunta más que un confesor: se dice al que no para de preguntar.

Pregunta más que un juez: persona muy preguntona e inquisidora.

Preguntad a vuestro padre, que vuesto abuelo no lo sabe: se indica, a la persona que pregunta, que se dirija a otra por desconocer la respuesta.

Preguntando se va a Roma: indica que cuando existen dudas debe preguntarse, para esclarecerlas.

Preguntar no es saber, sino ignorar: otros dicen que el que pregunta no ignora, siendo realmente en lo que se pregunta un ignorante.

Premio gordo: el mayor que se ofrece en un sorteo.

Premio que en darse tarda, al premiado deshonra y al premiado agravia: los premios deben darse en su momento oportuno, ya que si no es así pierden su oportunidad.

Premio tardío no merece ser agradecido: ya que parece que se hace únicamente para cumplir.

Prendido con alfileres: cosa débilmente asegurada.

Prensa amarilla: se llama así a la sensacionalista.

Prensa del corazón: dícese de la que comenta la vida y milagros de los famosos.

Preparar el terreno: preparar las cosas para que salgan con ventura, allanando las dificultades.

Preparar, o liar, los bártulos: disponer los medios de ejecucutar algo.

Preparar una encerrona: preparar una especie de trampa para que una persona caiga en ella.

Presencia de ánimo: serenidad que conserva el ánimo, tanto en los sucesos adversos como en los prósperos.

Presencia de Dios: consideración de estar delante del Señor.

Presentar armas: rendir homenaje los soldados a una persona representativa.

Presentar batalla: hacer frente.

Presentar en sociedad: acudir a un baile las jovencitas ya mayores de edad, indicando que ya pueden acudir a los actos sociales.

Presentar la espada: hacer con ella el saludo a la bandera. Ponerla recta oponiéndose al contrario.

Presentar sus respetos: mostrar acatamiento por cortesía o educación.

Presentarse de capa y gorro: sin etiqueta, en traje diario.

Presente histórico: momento actual.

Prestación personal: servicio personal obligatorio exigido por ciertas leyes en utilidades comunes.

Prestar el caso: responder uno de las contingencias fortuitas.

Prestar fe: dar asenso a lo que se dice.

Prestar oídos: creer lo que se le está diciendo.

Prestar paciencia: usar de ella.

Presumir de tacón y pisar con el contrafuerte: dícese de las personas vanidosas que pretenden engañar a los demás con algunas cosas que no existen más que en su imaginación.

Presunción de ley, o de sólo derecho: la que por ordenamiento legal se reputa verdadera, en tanto no exista prueba en contrario.

Presunción y agua bendita, cada cual toma la que necesita: se reprueba la jactancia.

Presupuesto que: supuesto que.

Prêt-à-porter: ropa confeccionada en serie.

Pretender ignorancia: alegarla.

Pretender meter la mar en un pozo: intentar hacer algo imposible.

Prevenírse a uno una cosa: venirle al pensamiento, ocurrirle.

Prima donna: la primera cantante de ópera.

Primavera: se dice del ingenuo, cándido e iluso.

Primer espada: el primero de los toreros. Persona sobresaliente en alguna disciplina, arte o destreza.

Primer hombre del mundo: ser un gran especialista en determinada materia.

Primer movimiento: repentino, involuntario o ímpetu de una pasión.

(El) Primer paso es el que cuesta: los principios requieren un esfuerzo superior.

Primer pronto: primer movimiento. Primer arranque del ánimo.

Primer repente: sin pararse a pensar.

Primera dama: esposa del jefe del gobierno.

Primera impresión: concepto que se hace a primera vista.

Primera intención: sin pararse a reflexionar mucho.

(La) Primera intención es la que vale: las corazonadas suelen ser siempre buenas.

Primera luz: la que recibe una habitación directamente del exterior.

(La) Primera papilla nunca se digiere: indica lo costoso que suele ser asimilar las primeras lecciones que se reciben.

(La) Primera virtud es refrenar la lengua: contra los habladores, que algunas veces suelen hacer daño con su charla.

(La) Primera, y ésa en tierra: forma de indicar al que yerra en lo primero que hace.

Primeras letras: primeras enseñanzas que recibe un niño.

Primero es el altar mayor, y luego los colatera-

les: dando preferencia a lo principal antes que a lo secundario.

Primero es la obligación que la devoción: forma de expresar que lo que hay que hacer debe ser ejecutado inmediatamente, dejando lo superfluo para después.

Primero me han de sudar los dientes: especie de protesta de que no se ha de hacer una cosa.

Primero yo, después yo y siempre yo: divisa de los egoístas.

Primo: se dice del que se engaña fácilmente.

Príncipe azul: hombre con el que sueñan para casarse las mujeres, generalmente las quinceañeras.

Príncipe de las tinieblas: el diablo.

Principio del fin: se dice cuando se presagia el derrumbamiento de algo.

(Los) Príncipes más quieren ser servidos que aconsejados y advertidos: las personas de alta categoría no quieren ser criticadas, ni que se les planteen problemas.

Principio quieren las cosas: todo debe estar basado en hechos factibles, lógicos, y basado en cosas reales. Algunos añaden: **pues ya principiadas, se hacen ellas solas**.

Pringao: persona con antecedentes penales.

Pringado: implicado en un asunto sucio, que ha cogido dinero que no es suyo.

Pringar en todo: tomar parte a la vez en muchos asuntos de distinta naturaleza. Perder siempre.

Pringarla: cometer un error.

Prisión preventiva: la que sufre el procesado durante la sustanciación del juicio.

Privar de libertad: meter en la cárcel.

Privarse de razón: tener embargado el uso de ella, principalmete por borrachera.

Privarse del juicio: volverse loco.

Pro forma: por la forma, no por la sustancia.

Pro indiviso: en conjunto entre varias personas, bien que no ha sido repartido entre ellas.

Probar fortuna: emprender una cosa para mejorar la suerte.

Probar la mano: intentar.

Probar la paciencia: ejecutar acciones que disgusten, de suerte que llegue el caso de no poderlo aguantar.

Probar suerte: probarla en un juego de azar.

Probar ventura: probar fortuna.

Proceder con lectura: obrar con aviso y pleno conocimiento de un asunto.

Proceder contra alguno: formarle proceso.

Proceder en infinito: llevar el discurso más allá de lo razonable y de lo que es practicable.

Procedimiento contradictorio: dícese del que permite impugnar lo que en él se pretende.

(La) Procesión va por dentro: cuando se siente pesar o malestar interior y no se manifiesta, guardándose interiormente.

Procura lo mejor, espera lo peor y toma lo que viniere: buenos consejos para sobrellevar bien los problemas que nos depara la vida.

Procurador de pobres: el que se mezcla en asuntos de poco interés o defiende causas perdidas.

Procurar no errar en la primera instancia: aconseja que la determinación que se tome sea de la que no tengamos que arrepentirnos.

Producto milagro: llámase ahora a determinados productos de "venta en farmacias", que ofrecen cosas casi imposibles, como adelgazar en días, desarrollar los senos, quitar la celulitis, bajar el volumen del estómago, etc., etc., todo ello en un período de tiempo casi milagroso.

Profundización democrática: asumir la democracia profundamente.

Prohibido el paso; prohibido el paso a toda persona ajena a la obra: carteles que estamos muy acostumbrados a leer.

Prohibido hablar con el conductor: en la mayoría de los autobuses y autocares existía dicho cartel.

Prohibido hacer aguas mayores y menores, bajo multa de...: carteles hace uno años muy habituales en determinados lugares, que casi invitaban a dichos actos, por el mero hecho de incumplir una prohibición.

Prohibido pescar, cazar, bañarse, pisar el césped, fumar, etc.: carteles muy habituales, que iban seguidos de la amenaza de: **bajo multa de...**

Prohibido verter basuras, bajo multa de...: otra nueva prohibición; cuántas veces y en cuántos lugares diferentes lo hemos leído.

Promesas a nadie hacen pobre: no es lo mismo ofrecer que cumplir.

Prometer el oro y el moro: ofrecer cantidades o ganancias considerables y, por lo común, más exageradas que positivas.

Prometérselas felices: tener esperanza de lograr algo con poco fundamento para ello.

Pronóstico reservado: en los partes facultativos médicos, cuando se desconocen realmente las consecuencias.

Pronto y bien, rara vez juntas van: hacer las cosas bien y deprisa es un poco difícil.

(La) Propia vejez es enfermedad: no hay viejo que no se crea enfermo, aunque no lo esté.

Prorrogar la jurisdicción: extenderla a casos y personas que antes no comprendía.

Pros y contras: lo que es favorable y desfavorable.

Protestar la fuerza: reclamar contra la violencia, donde se fuerza a hacer lo que no se quiere.

Protestar una letra: al no ser pagado un débito reconocido en documento de negocio, ir al notario para su cobro mediante diligencia oficial.

Provocar a vómito: decir cosas fastidiosas.

Proyecto hombre: nombre dado a una acción social para recuperar a personas marginadas, principalmente drogadictas.

Prudencia es madre de la ciencia: el sabio debe saber adónde llega su sabiduría para no extralimitarse.

Prueba de fuego: la más difícil.

Pública voz y fama: asegurar casi todos alguna cosa, por lo que se da como verdadera.

Publicar guerra: declararla al enemigo.

Publicar las injusticias es el modo de precaverlas: haciéndose públicas las tropelías cometidas por las autoridades, es el medio para que no incurran en ellas otras personas.

Puchero de enfermo: cocido que se hace expresamente para los que padecen alguna dolencia. Comida de hospital.

Pudiendo trabajar no lo dejes, aunque no te den lo que mereces: exhortando la virtud del trabajo.

(El) Pudor perdido no se recupera jamás: el que una vez pierde la vergüenza ya no se preocupa de sus actos.

Pudrirle, o quemarle, la sangre: causarle disgusto o enfado.

Pudrirse en el estómago: quedarse con ganas de decir algo.

Pudrirse la sangre: disgustarse por desgracias continuadas. Sufrir impertinencias sin darlo a entender.

Puede arder en un candil: agudeza de una persona.

Puede meter moros en Castilla: haciendo referencia al comercio entre moros y cristianos.

Puede ser que: tal vez, quizá.

Puedo prometer y prometo: que se cumple una cosa que se puede hacer. Dicho político de don Adolfo Suárez.

Puente de los asnos: grave dificultad de una ciencia u otra cosa, que quita el ánimo para seguir adelante.

Puentear a alguien: eludirle a propósito en trato que necesariamente tenía que conocerlo y decir algo de él.

Puerco fiado gruñe todo el año: molestia que tiene un hombre adeudado por lo acuciado que está de sus acreedores.

Puerco, marrano y lechón, tres cosas suenan y una son: ya que es lo mismo.

Puercos con frío y hombres con vino hacen mucho ruido: ya que todos ellos en esas circunstancias promueven gran alboroto.

¡Puerta!: expresión para despedir con vehemencia.

Puerta a puerta: medio de transporte de una casa a otra.

Puerta cangrejo: en diversas puertas seguidas, no se abre una, si la otra no se cierra; se utiliza como medio de seguridad.

Puerta pesada, en el quicio no pesa nada: exhorta a la aplicación de medios naturales para simplificar y facilitar la ejecución de algo.

Puerta trasera: por donde se hacen las cosas para que no sean conocidas.

Puerto de arrebatacapas: donde corren vientos impetuosos.

Pues ara el rocín, ensillemos el buey: modo de burlarse de los que confunden la aplicación de cada una de las cosas.

Pues bien: se usa para admitir o conceder algo.

Pues comisteis las maduras, gustad las duras: indicando que la suerte y desgracias se reparten por igual.

Pues que no me lo pide, ni me lo quiere nadie, démelo el aire: forma burlesca de disculparse una mujer, cuando está enseñando sus encantos naturales.

¡Pues, señor, si me he de morir, ya estoy pelón!: expresa burlescamente el estar ya preparado para alguna cosa.

Pues sí que: asentimiento con la cabeza a lo que se está diciendo.

Pues todo lo sabéis vos, y yo nada, decidme lo que soñaba esta mañana: modo de burlarse de los que presumen de saberlo todo.

Puesta a punto: atención a un mecanismo para que funcione adecuadamente.

Puesta al día: informada de todo lo acontecido.

Puesta de largo: ceremonia en que las mujeres se visten oficialmente de largo por primera vez.

Puesta en escena: representación teatral.

Puesta en marcha: mecanismo del automóvil que sirve para arrancar.

Puesto en el borrico, aunque le den doscientos: estar resuelto al empeño de una cosa.

Puntada larga y apretón, o buen tirón: dícese de todo aquello que se quiere terminar de prisa, aunque no quede bien rematado.

Puntas y collar: cuando una persona tiene asomos de vicio o maldad.

Punto de apoyo: el que sostiene cualquier cosa.

Punto de caramelo: punto de cocción. Estar una cosa totalmente preparada.

Punto de nieve: al batir la clara de un huevo, cuando toma consistencia.

Punto de partida: lo que se toma como antecedente y fundamento para tratar o deducir una cosa.

Punto de vista: cada uno de los aspectos que se pueden considerar en un asunto u otra cosa.

Punto débil, o flaco: el más fácil de dañar o destruir.

Punto en boca: mandar callar, o que no se divulgue una cosa.

Punto filipino: se dice de la persona que es de poco fiar.

Punto final: determinando el fin de una cosa.

Punto menos: con que se denota que una cosa es igual a otra con la que se compara.

Punto muerto: momento en que no se espera ningún progreso en algo, espacio donde no se puede observar el movimiento o situación de un objeto.

Punto negro: el que es muy negativo.

Punto por punto: forma de referir una cosa sin omitir ninguna circunstancia.

Punto redondo: modo imperativo de cortar una cuestión o disputa.

Puntualidad inglesa: la que es exacta.

Puñado de moscas: conjunto de cosas que fácilmente desaparecen.

Puñalada de pícaro: cosa momentánea que se exige.

Puñalada trapera: acción imprevista para hacer daño.

Puñeta: chinchorrería, tontería, bobada.

¡Puñetas!: interjección de enfado, fastidio o admiración.

Puñetero: de trato difícil y aviesas intenciones.

Puño en rostro: apodo del avaro o tacaño.

(El) Pupas: se usa como término de comparación en sentido ponderativo.

Pura potencia: la que se concibe como carente de toda actualidad, pero capaz de recibir alguna.

Pura verdad: verdad indubitable, clara y sin tergiversaciones.

Puramente vegetativa: sin vida consciente.

Pureza de sangre: dícese de las personas que no tienen mezcla en la familia de razas consideradas inferiores (judíos, gitanos, negros, etc.).

(La) Purga de Benito. Algunos añaden: **que estaba en la botica y ya estaba obrando:** se dice de todo lo que produce efectos inmediatos, también de los impacientes.

Purgar la infamia: dícese del reo cómplice de un delito.

Purificarse la condición: llegar el caso de ejecutarse lo prometido o que se esperaba condicionalmente.

Puro: miembro viril.

Puta: prostituta. Insulto muy grave. Mujer malvada, cosa mala.

Puta la madre, puta la hija y puta la manta que las cobija: censura a los que no tienen que echarse nada en cara unos a otros.

Puto: sodomita paciente.

Putón de armario, verbenero o desorejado: mujer muy libertina.

¡Qué alforja!: expresión que se usa para denotar el enfado o desprecio con que se oye alguna cosa.

¡Que aproveche!: fórmula cortés que expresa buena intención de que los alimentos sienten bien a los que están comiendo.

¡Que baile!: que se aguante, que se fastidie.

Que baje Dios y lo vea: acontecimiento insólito y difícil de creer.

¡Qué barbaridad!: expresión que indica sorpresa o admiración.

¡Qué bárbaro!: indicando asombro por lo que ha ejecutado una persona.

¿Qué bicho te ha picado?: forma de preguntar a una persona por su manifiesto enfado, cuando no es normal en ella.

¡Qué bien dijo aquel que dijo cuando dijo lo que dijo!: chanza que se emplea para terminar una conversación, cuando se esperaban otras sentencias serias.

¡Qué bien huele! Mejor sabrá: dícese de la comida que se está cocinando; también de las personas que huelen bien, y por tanto...

¡Qué bonita es la vergüenza! Mucho vale y poco cuesta: alabando el recato de la persona.

¡Qué buen día para sacar a pasear suegras!: irónico, se dice cuando hace un día pésimo de viento, lluvia, frío.

¡Qué buen pájaro!: el astuto o malo.

¡Qué bueno es no hacer nada y luego descansar!: bandera de los ociosos y holgazanes.

¡Qué buenos pechos para acabarme de criar!: frase que se dirige a la mujer de pechos exuberantes.

Que cada palo aguante su vela: que cada uno asuma sus responsabilidades.

Que canta el credo: se dice para ponderar lo extraordinario o notable de alguna cosa.

¡Qué carajo!: reforzando lo que se acaba de decir.

¡Qué chasco se va a llevar!: expresión de negativa.

¡Qué cojones!: expresa irritación, protesta o decisión de oponerse a algo.

¿Qué cojones es, o pasa, o quieres, o te importa?: expresiones de asombro, extrañeza, duda, curiosidad, etc.

Que con su pan se lo coma: forma de expresar el desentenderse totalmente de las acciones o dichos de otra persona.

¡Qué coño!: enfado, enojo, protesta y decisión para oponerse a algo.

¿Qué cosa es la Inquisición? Un Cristo, dos candelabros y tres majaderos: sátira contra este Tribunal.

... que da la hora: para ponderar lo extraordinario o notable de alguien o de algo.

¡Qué de!: locución, ¡cuánto! o ¡cuántos!.

Que de Dios goce, que Dios haya: frase que piadosamente se añade al nombre de un difunto.

¡Qué derecho tuerces!: dícese de la persona que al escribir, o al coser, lo hace de forma torcida.

¡Qué desatino! ¡Andar a cuatro pies como un pollino!: dícese cuando se ha cometido alguna indiscreción.

Qué descansada quedaría su madre cuando lo, o la, echó al mundo: dícese del que es alto, gordo, fuera de lo común, o ha dicho alguna cosa extravagante.

¡Qué desgracia para un pueblo!: cuando existe algo nefasto para el pueblo, y que de momento no se puede remediar. ¿Se referirá a alguno de sus dirigentes?

¡Qué diablos!: expresión de impaciencia o admiración.

Que digamos: forma de afirmar y ponderar aquello que se dice con negación.

¡Que Dios le ampare!: expresión ante una petición de limosna, expresando que no se puede o no se quiere acceder a la misma.

Que Dios le ampare, que Dios le bendiga o que Dios le socorra: expresiones que se usan para despedir a un mendigo cuando no se le socorre.

¡Que Dios le acoja en su seno, o lo tenga en su gloria!: frase que se dice cuando se comenta que una persona ha fallecido.

¡Que Dios le dé tanta paz como descanso deja!: forma de expresarse cuando ha fallecido una mala persona y poco amiga de haber hecho favores.

¡Que Dios nos coja en gracia santificada!: en gracia de Dios el día de la muerte.

¡Que Dios nos coja, o pille, confesados!: deseando que se realice una cosa no deseada. En gracia de Dios el día de la muerte.

¡Que Dios nos tenga de su mano!: exclamación de miedo.

¡Que Dios te ayude, te guíe, te acompañe...!: expresión de bendición que se desea a otra persona.

¡Que Dios te dé tanta paz, como descanso dejas!: expresión dirigida a la persona que se va de un lugar, y que ha dado mucha guerra; se refiere principalmente a los niños traviesos.

¡Que Dios te lo aumente!: forma de contestar al que está deseando algún mal, o profiriendo insultos o amenazas.

¡Que Dios te lo pague!: fórmula de agradecimiento al haber recibido lo que se había solicitado de una persona.

Que el comer os aproveche y que el beber no os haga daño: dicho navarro que se dice a los que están comiendo.

Que en gloria esté: deseo de que un difunto goce de la bienaventuranza eterna.

¿Qué entiende el conde de calar melones?: dicho jocoso sobre el que se da de experimentado en alguna cosa que no tiene ni idea ni la ha ejecutado nunca.

¿Qué es de tu vida?: expresión de saludo.

¿Qué es eso? Patatas con queso: réplica a la curiosidad indiscreta.

¿Qué es esto? Uvas en cesto. Algunos añaden: **por falta de canasto:** salida que se emplea cuando no se quiere dar contestación a una pregunta indiscreta.

... que es gerundio: frase que se emplea para reforzar una orden, o como muletilla.

¿Qué es hablar? Abrir la boca y rebuznar: contra el que dice alguna necedad, o tiene por costumbre decirlas.

¿Qué es lo que hay? Lo peor que podía haber: que no hay: forma de expresar que se carece de lo más elemental para el normal desenvolvimiento de una persona o de una casa.

¿Qué es predicar? Subirse al púlpito y ponerse a hablar: crítica contra los malos predicadores u oradores.

¿Qué es protestar? Perder tiempo y malgastar saliva: los hechos consumados son muy difíciles de volver atrás.

Que es un placer: que da gusto hacer algo.

... que es un prodigio, o un primor: ponderación de alguna acción.

... que es una gozada, o una delicia: dícese de lo que ha resultado muy bien, y se ha salido satisfecho de ella.

Que es una maravilla: dícese de lo que da mucho gusto.

¡Que espere sentado!: expresión de negativa.

¡Qué estrechura, padre cura!: expresión cuando se hace difícil pasar por un sitio angosto, o estar en un paraje donde hay mucha gente apiñada.

¡Qué gracia!: irónicamente se rechaza la pretensión de alguno, o se estima como despropósito.

Que grite hasta que se le caiga la campanilla de la lengua: dejar que alborote hasta que se quede ronco.

¿Qué, ha parido la gata?: exclamación contra la superfluidad de ornamentación o luces, donde no son necesarias.

Que ha parido madre: término de comparación en frases de sentido despectivo-ponderativo.

¿Qué hacemos con eso?: poca importancia y utilidad de lo que se pretende.

¿Qué haces bobo? Bobeo, apunto lo que me deben y borro lo que yo debo: efectivamente es bobo, sí, pero al revés te lo digo para que me entiendas.

¿Qué hago? Respirar para no ahogarte: forma de contestar a la persona que siempre está preguntando, que es lo que tiene que hacer, que no tiene iniciativa.

¿Qué hay? Mucho y mal repartido: respuesta que se da cuando la persona preguntada está de mal humor.

¿Qué hemos de hacer?: conformarse con lo que sucede.

¿Qué hemos roto? ¿Qué se ha roto?: frase de asombro cuando se dice el importe de lo que se ha consumido.

¿Qué hora es? Las que no han dado están al caer: perogrullada que se emplea cuando no se sabe o no se quiere responder a la pregunta.

¿Qué hora es? Las todas: es decir las doce.

¡Qué hostia!: exclamación de enfado, protesta, disconformidad, rechazo o negación.

¡Qué huevos!: con que se refuerza algo que se acaba de manifestar.

Que la traba se me lengua: burla de los que se equivocan y trastuecan las palabras.

¡Qué largo me lo fiáis!: para indicar que no nos fiemos de aquello que se nos promete, por ser demasiado extenso el plazo propuesto.

Que le den con lija: expresión de desprecio hacia alguien.

Que le pongan un braguero: invectiva al flojo y mandria.

¡Que le quiten lo "bailao"!: indicando que lo que ha disfrutado, ganado, etc., se lo encuentra uno en su provecho.

¡Qué le vamos a hacer!: expresión de resignación.

¡Qué leches!: expresa enfado, protesta o negación.

Que llueva, o que truene, o que ventee: suceda lo que suceda.

Que llueva, que llueva, la Virgen de la Cueva...: canción infantil para pedir la lluvia; existe también una zarzuela con estas palabras en su inicio.

Que lo dejen hablar y no lo ahorcan: dícese de los que tienen mucha labia y que hacen ver blanco lo negro y viceversa.

¡Que lo haga Rita!: frase de disculpa para no hacer una cosa.

Que lo pague el culo del fraile: con que se da a entender que a uno le echan cargas que debían repartirse entre otros.

¿Qué más quieres?: indica que uno ha logrado todo lo que podía desear.

Qué más quisiera el gato que lamer el plato: límpiate que estás de huevo.

¡Qué más quisiera yo que...!: forma de expresar resignación ante algo imposible de conseguir.

¡Qué mayor ventura, qué mayor placer que se muera una mujer!: invención de algún mal casado y mal nacido.

¡Que me aspen!: idéntico a lo anterior.

¿Qué me cuentas? o ¿Qué me cuenta usted?: úsase para manifestar que no se nos enseña nada.

Que me emplumen: para enunciar algo que se tiene por imposible.

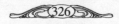

Que me guarden la cría: manera de burlarse de alguna prenda ridícula o estrafalaria, especialmente por sus dimensiones desproporcionadas.

Que me lo claven en la frente: afirmar la certeza de una cosa que se duda.

¡Que me maten!: se usa para asegurar la verdad de una cosa.

Que me muera de repente: si lo dicho o hecho no es cierto.

Que me, o te, quiten lo "bailao": indica que, después de haber disfrutado de algo, se tenga que volver atrás.

Que me place: satisfacción que se experimenta en una cosa.

¿Qué mosca te ha picado?: se dice al que está de mal humor.

¿Qué mundo corre?: ¿qué hay de nuevo?

¡Qué narices!: exclamación de enfado o irritación.

¡Qué... ni carajo!: expresión de incredulidad o rechazo.

¡Qué... ni cojones!: expresión de incredulidad o rechazo.

¡Qué... ni coño!: expresión de incredulidad o rechazo.

¡Qué... ni ocho cuartos!: expresión de rechazo o incredulidad.

Que ni pintado: cosa hecha o conseguida a la perfección.

Que ni por mano de santo: modo de ponderar la extremada virtud de una cosa.

¡Qué... ni qué cuernos!: expresión de rechazo.

¡Qué... ni qué hostias!: expresión de rechazo violento.

¡Qué... ni qué huevos!: expresión de incredulidad o rechazo.

¡Qué... ni qué pollas, porras, puñetas!: expresión de incredulidad o rechazo.

¿Qué... ni rábano frito?: expresa que lo que nos manifiestan no es ni por asomo lo que debe ser.

¿Qué niño muerto, o envuelto?: expresión de desprecio por lo que otro dice.

... que no se lame: tener una gran borrachera.

... que no se lo salta un gitano con zapatillas nuevas: expresión con que se ensalza o alaba algo fuera de lo común.

... que no se lo salta un torero: frase con que se destaca la magnitud o importancia de algo.

Que no se puede aguantar: se dice en sentido ponderativo de algo bueno o extraordinario.

Que no se, te, lames: equivalente a enorme o extraordinario.

Que no se vuelva todo el pescado cabeza: dícese de todo aquello cuyos principios son buenos, flaqueando al final.

¡Que no te enteras, Contreras!: forma con se indica a una persona que está distraída o que no pone mucha atención.

¿Qué no tendremos que ver?: ¿qué es lo que nos deparará todavía la vida?.

... que no veas: pondera o realza algo.

¡Qué noche para destetar hijos de puta!: hacer una noche infernal.

¡Qué noche, o qué día, tienes!: expresión para indicar que no se actúa como es costumbre en una persona.

Que nos espere allí muchos años: dicho de pésames.

Que nos será mal contado: tener malos resultados.

¡Qué palos les dimos, ellos a nosotros!: modo de burlarse del jactancioso, que, a pesar de haber sido vencido, alardea de vencedor.

Que pela: dicho de cosas calientes o frías, que producen sensación extrema.

Qué pequeño es el mundo: frase dicha cuando nos encontramos con una persona conocida en un lugar muy lejano al que habitualmente vivimos.

¡Qué pero ni qué ocho cuartos!: forma de regañar al que no quiere ejecutar lo que se le ha mandado.

Qué perra ha cogido: se dice del testarudo y recalcitrante, que intenta conseguir una cosa. El llanto que no cesa de un niño.

¡Qué poco!: imposibilidad o posibilidad de que suceda lo que se supone.

Qué poco dura la alegría en casa de los pobres: de lo efímero de la alegría, bienestar, riqueza, etc.

¡Qué pollas!, ¡Qué porras!, ¡Qué pijos!: expresión que manifiesta enfado, protesta, rechazo o negación.

¡Qué polvo tiene!: expresión a modo de requiebro a una mujer hermosa o atractiva.

¡Qué porras!: expresión que indica decisión.

¡Qué preto lo fajó su madre!: aludiendo al tacaño o al avaro.

¡Qué primor, que el búho enseñe a cantar al ruiseñor!: expresión que da a indicar que es ahora cuando los pájaros empiezan a tirar contra las escopetas, es decir las cosas al contrario.

¡Qué puñetas!: forma de juramento.

Que quiera, que no quiera: sin atender a la voluntad o aprobación de uno, convenga o no convenga con ello.

¿Qué quiere decir eso?: expresión con que se avisa o amenaza para que uno corrija o modere lo que ha dicho.

¡Qué quieres! o **¡Qué quieres que le haga, o que le hagamos!:** expresión de conformidad o de excusa.

¿Qué rábanos ni qué pollas?: expresión que manifiesta enfado o protesta.

¡Qué remedio!: indicación de conformidad o resignación.

¡Qué sabe el burro cuándo es fiesta!: frase con que se moteja al lerdo cuando habla y dice tonterías.

¡Qué sabe el burro lo que es un confite!: frase de desprecio hacia los tontos.

¿Qué sabe el cuerpo lo que le dan?: se dice cuando se indica que no se debe comer algo, o que se ha variado el orden acostumbrado de dichas comidas.

Que santa gloria haya: que en gloria esté.

¡Que se caga la perra!: dicho que expresa algo extraordinario en bueno como en malo.

Que se escapa el gato: expresión que se dice al que ha dejado abierta una puerta, para que la cierre y el frío no pase.

Que se las pela: mucho, en gran abundancia.

Que se las trae: dícese de la persona atrevida, valiente, de mala intención.

Que se lo cuente a su abuela: al que dice cosas increíbles.

¡Que se lo ha creído!: expresión de negativa.

... que se mea la perra: modo de ponderar aquello de que se trata.

¿Qué se te ha perdido?: pregunta efectuada al que no tiene nada que hacer en un sitio o lugar.

¡Qué se va a hacer!, son cosas que manda Dios: dicho de pésames.

Que si esto, que si lo otro: frase que significa resumen de lo que se está diciendo.

Que si patatín, que si patatán: es alusión al hablador incontinente y sin argumentos en su charla.

Que si... que si: aseveración a lo que se ha dicho.

¡Que si quieres!: forma de rechazar una pretensión, para ponderar la dificultad o imposibilidad de hacer o lograr una cosa.

¡Que si quieres arroz, Catalina!: rechazar a alguien o algo.

¡Que soy del Foro, Telesforo!: indicando que uno no es un pardillo, o un paleto.

¡Qué susto me has dado!: expresión que se dice cuando uno estando distraído se encuentra de repente con una persona que no esperaba.

¡Qué tacha, beber con borracha!: se aplica a los grandes bebedores, porque bebiendo de la bota no se les nota la cantidad que beben.

¿Qué tal?: pregunta que se hace a una persona para saber cómo está, cómo le ha ido en algún asunto, etc.

¿Qué tal? ¿Bailo bien o bailo mal?: equivale a preguntar si estamos errados o no.

Que te caes de culo: locución ponderativa de lo extraordinario.

¡Que te cagas!: impresionante.

¡Que te crees tú eso!: expresión de incredulidad.

Que te den, le, dos duros: frase con que se desentiende con enfado de algo, o se corta bruscamente la conversación.

Que te den morcillas: despachar a una persona.

Que te diviertas: expresión de despedida.

¡Que te habrás creído!: expresión de incredulidad.

¿Qué te irán a regalar?: se dice a la persona que se ha vestido con una prenda del revés.

¡Que te, le, den por el culo, o por el saco!: frase de enfado con que una persona se desentiende de otra.

Que te, le, os, parta un rayo: con que una persona se desentiende de otra con enfado o desprecio.

Que te mate el Tato: frase con que se despide a una persona que no es de nuestro agrado, y que nos es molesta.

Que te puedes morir: equivalente a estupendo o extraordinario.

Que te zurzan: frase despectiva, para dar por terminada la conversación con alguien, abandonar su compañía, etcétera.

¿Qué tendrá que ver el culo con las témporas?: cuando se está hablando y otra persona interviene en la conversación con un despropósito que no tiene nada que ver con la conversación.

¡Qué tendrán que ver los cojones para comer trigo!: frase con que se indica que no se deben confundir las cosas, sobre todo siendo muy dispares.

Que tiembla el misterio: locución equivalente a tremendo, enorme o extraordinario.

¡Que ties madre!: ironía, para aconsejar reflexión a quien por acaloramiento está a punto de hacer algo que ha de acarrearle graves consecuencias.

Que tira para atrás: cosa que causa gran asombro o espanto.

Que trabaje la Guardia Civil, que ya va siendo hora: contestación totalmente inadecuada, cuando a alguien se le invita a ejecutar una cosa.

¡Que trabaje Rita!: contestación a una persona cuando es invitada a ejecutar algún trabajo.

¡Qué trabajo es llegar a viejo!: manifiesta el sentimiento que causa el peso de los años.

¡Qué trago para una madre!: se dice cuando a un hijo le ha ocurrido una desgracia, o ha efectuado algo despreciable.

¡Qué tres patas para un banco!: frase despreciativa hacia determinadas personas.

¿Qué tripa se te, le, os, les, ha roto?: locución que quiere indicar: ¿qué te ha pasado?

Qué va: expresión de negación a lo que otro afirma.

¡Que vaya Rita, o Rita la cantadora!: que vaya quien quiera.

¡Que veamos terminar el año!: frase con que se corresponde a la persona que nos felicita el año nuevo.

... que venga Dios y lo vea: forma de indicar que una cosa no es creíble si no se ve.

Que viene el coco, el hombre del saco, o el hombre del sebo, o...: frase para asustar a los niños, intentando que se estén quietos, o que hagan lo que se les dice.

¡Que viene el lobo!: frase con que se quiere indicar que viene un peligro ficticio.

¡Que viene la madera!: la policía.

¡Que viene Vargas!: frase con que se intentaba asustar a los niños.

... que ya, ya: forma de expresar alguna cualidad negativa.

Que yo me acuerde: expresando que no se tiene recuerdo de lo que se está tratando.

Que yo sepa: según mis conocimientos o informaciones.

Quebradero de cabeza: lo que la molesta o fatiga. El objeto del cuidado amoroso.

Quebrantar el testamento: invalidarlo.

Quebrantar la cabeza: humillar, sujetar a alguno. Causar malestar con pláticas y conversaciones necias o pesadas.

Quebrar el corazón: causar gran lástima o mover a piedad.

Quebrar el hilo: interrumpir la prosecución de una cosa.

Quebrar el ojo al diablo: hacer lo mejor y más justo.

Quebrar la condición, o el natural: abatir el orgullo a alguno, o corregir sus defectos contrariándole.

Quebrar la mar: estrellarse contra peñascos o playa.

Quebrar la soga por uno: faltar en lo que se había prometido

Quebrar lanzas: reñir o disputar.

Quebrar las alas: quitar el ánimo de hacer alguna cosa.

Quebrar los ojos a uno: desagradarle en lo que se conoce ser de su gusto.

Quebrar por lo más delgado: sufrir el más desvalido las consecuencias malas de un acto o suceso, de las cuales no es responsable.

Quebrar una cosa: frustrarse, descomponerse por faltar uno a ejecutar lo que le correspondía.

Quebrarle a uno la cabeza: herirle en ella, aturdirle.

Quebrarle a uno la condición: abatirle el orgullo, o corregirle de sus defectos contrariándole.

Quebrarse de fino: ser excesivamente delicado y melifluo.

Quebrarse de puro sutil: dícese de las cosas que son muy delicadas.

Quebrarse la cabeza, o los cascos: pensar con ahínco en solicitud de alguna cosa.

Quebrarse los ojos: cansarse la vista. Turbarse la vista los moribundos.

Quebrársele la voz: quedarse sin habla momentáneamente.

Quedad, o queden ustedes, con Dios: salutación.

Quedar a la altura de la fresa: quedar por los suelos.

Quedar a la altura del betún, o del barro: quedar mal.

Quedar a la cuarta pregunta: andar sin dinero.

Quedar a la providencia: sin recurso humano.

Quedar algo en el estómago: no decir todo lo que se sabe.

Quedar algo u otra cosa en el estómago: no decir todo lo que se sabe, o decir con disimulo lo que se siente.

Quedar atrás: adelantar, medrar o sobresalir menos que otros en fortuna, posición o saber. No comprender por completo una cosa.

Quedar bien, o mal: portarse bien, o mal.

Quedar como de perlas: admirablemente.

Quedar como etcétera en cuaresma: quedarse para lo último.

Quedar como un chancho: comportarse de manera baja y ruin.

Quedar con alguien: citarse con él.

Quedar con los pies colgando: mostrarse excesivamente sorprendido de algo.

Quedar con lucimiento: salir airoso.

Quedar de infantería: andar a pie el que iba a caballo.

Quedar de non: quedar sólo, sin compañero.

Quedar el brazo sabroso: estar contento y ufano de alguna acción propia y con deseo de reiterarla.

Quedar el brazo sano: tener caudal de reserva, después de haber hechos grandes gastos.

Quedar el derecho del pataleo: se dice del que únicamente le queda la queja o protesta, por una injusticia cometida; sirve para desfogarse una persona.

Quedar el rabo por desollar: faltar.

Quedar en agua de borrajas: no lograrse algo que se pretendía.

Quedar en cuadro: haber perdido la familia o bienes de fortuna, quedando aislado.

Quedar en descubierto: estar.

Quedar en evidencia: en ridículo, de forma comprometida.

Quedar en el campo: quedar muerto por desafío o acción de guerra.

Quedar en humo de pajas: no ocurrir aquello que se esperaba.

Quedar en la estacada: ser vencido en una disputa o perder en una empresa.

Quedar en limpio: resultado de una cuenta, rebajados gastos y otras partidas.

Quedar en paz: estar.

Quedar en su punto una cosa: estar en su sitio, o bien hecha.

Quedar en tablas: empatados.

Quedar en una cosa: acordarla.

Quedar enredado y cogido como los pollos en Pastrana: quedarse chafado, acorralado, confundido.

Quedar espatarrado: quedar extremadamente admirado y avergonzado.

Quedar fresco: quedar mal.

Quedar la espiga después de haber hecho el agosto: obtener una segunda utilidad, después de haber sacado otras.

Quedar limpio: quedar enteramente sin dinero.

Quedar más chafado que el terciopelo: se dice de la persona que queda cortada en la conversación, por la reconvención que se le ha dirigido.

Quedar, o quedarse, en la estacada: salir mal de una empresa. Ser vencido en una disputa.

Quedar, o quedarse, en pie de la dificultad: que volverá a ocurrir lo acontecido.

Quedar, o quedarse, para tía: sin casar una mujer.

Quedar, o quedarse, por puertas: en pobreza extrema.

Quedar, o salir, alcanzado: resultar deudor de alguna cantidad al rendir cuentas.

Quedar para el arrastre, o para las mulillas: totalmente destrozado.

Quedar para tranca del infierno: no servir absolutamente para nada bueno.

Quedar para vestir imágenes, o santos: la mujer que a cierta edad todavía no se ha casado.

Quedar por alguno: fiarle, salir por él.

Quedar que ni pintiparado: estar una cosa a la perfección.

Quedar señor del campo: haber vencido en alguna batalla o disputa.

Quedar sin aliento: muy asustado, o muy cansado.

Quedar todo en agua de cerrajas, o de borrajas: se dice de lo que no tiene consistencia ni valor.

Quedar todo en casa: acontecer un asunto sin que trascienda fuera del ámbito familiar.

Quedar todos iguales: cuando varios pretenden alguna cosa y no lo consigue ninguno.

Quedar uno airoso: con honor o felicidad en alguna empresa.

Quedar zapatero: no hacer ninguna baza en el juego.

Quedarle a uno otra cosa en el cuerpo, o en el estómago: decir lo contrario de lo que se siente.

Quedarse a buenas noches: a oscuras por haberse apagado la luz.

Quedarse a dos velas: sin dinero, sin haberse enterado de lo que se está diciendo.

Quedarse a espadas: perder en el juego todo lo que se tenía. Quedarse en blanco.

Quedarse a la espiga: quedarse a la última.

Quedarse a la luna de Valencia: frustrarse las esperanzas de lo que se deseaba.

Quedarse a la Providencia de Dios: sin amparo o recursos.

Quedarse a las buenas noches: a oscuras, sin lo que se tenía.

Quedarse a media luz: en penumbra.

Quedarse a media miel, o a medias: empezar a disfrutar de una cosa y verse de pronto interrumpido. No poder oír o entender a medias una conversación, canto o discurso.

Quedarse a medio camino: no terminar lo que se había comenzado.

Quedarse a oscuras: perder lo que se tenía, o lograr lo que se prentendía.

Quedarse a trece del mes: estar sin dinero.

Quedarse a verlas venir: sin recibir nada después de haber esperado algo. Insatisfecha una mujer sexualmente después del acto amoroso.

Quedarse al descubierto: sin albergue, al raso.

Quedarse al paño: mostrarse neutral en una cuestión hasta ver cómo se resuelve.

Quedarse al poste: asistir al poste.

Quedarse al son de las buenas noches: haber perdido lo que tenía, quedando en la miseria.

Quedarse apabullado: humillada una persona.

Quedarse asperges: en ayunas, sin enterarse de nada.

Quedarse atrás: ser de menos o inferior a otro. No hacer progresos en alguna cosa.

Quedarse bien parado: en buena situación o estado.

Quedarse bizco: atónito, sorprendido, maravillado.

Quedarse blanco, o más blanco que un sudario: perder el color natural del rostro por causa de estupefacción.

Quedarse boquiabierto: dícese del que está embobado, esperando alguna cosa.

Quedarse callado como un pez: sin hablar una palabra.

Quedarse chafado: confundido.

Quedarse colgado alguno: frustrársele sus deseos.

Quedarse como el gallo de Morón: expresión que se aplica a los que conservan algún orgullo, a pesar de haber sido vencidos.

Quedarse como el lagarto de Jaén: inmóvil por el desconcierto o sorpresa que le produzca un acontecimiento.

Quedarse como quien ve visiones: atónito.

Quedarse como si le hubiese caído una teja en la cabeza: estar alelado.

Quedarse como un gorrión: como un pajarito.

Quedarse como un pajarito: morirse con sosiego.

Quedarse como un tronco: dormirse profundamente.

Quedarse como una pasa: volverse una persona de cuerpo arrugado y agradable de rostro.

Quedarse compuesta, o aderezada y sin novio: no lograr lo que se deseaba o esperaba, después de haber hecho preparativos o gastos, creyéndolo indefectible.

Quedarse con alguien: burlarse, tomar el pelo.

Quedarse con alguna cosa en el cuerpo: dejarla de decir pudiendo.

Quedarse con Dios, y adiós: curiosa forma reiterativa de despedida.

Quedarse con el cante: percatarse con astucia y disimulo de lo que se dice o hace.

Quedarse con el culo al aire: quedarse sin protección.

Quedarse con el personal: mostrarse convincente.

Quedarse con la boca, o con tanta boca, abierta: admirado al oír o ver alguna cosa.

Quedarse con la copla: enterarse de las advertencias hechas.

Quedarse con la mente en blanco: no poder pensar.

Quedarse con la parte del león: en un reparto, con la mejor parte.

Quedarse con las ganas: no haber logrado lo que se esperaba.

Quedarse con las manos cruzadas: quieto.

Quedarse con las patas colgando: sorprendido.

Quedarse con los brazos cruzados: sin hacer nada.

Quedarse con los palos en la mano: defraudado.

Quedarse con un palmo de narices: frustrado.

Quedarse con uno: engañarle, abusar diestramente de su credulidad.

Quedarse corrido como una mona: anonadado.

Quedarse cortado: sorprendido sin saber qué hacer o decir.

Quedarse corto: que no hay exageración en lo que se dice.

Quedarse cuajado: pasmado o dormido.

Quedarse de asiento: establecido en un pueblo o paraje.

Quedarse de la agalla: colgado.

Quedarse de non: solo, sin compañero, yendo los demás emparejados.

Quedarse de piedra: sin saber o poder reaccionar.

Quedarse de un aire, de piedra, pasmado, atónito: sorprendido.

Quedarse de una pieza, o hecho una pieza: sorprendido o admirado de ver u oír una cosa extraordinaria o no esperada.

Quedarse dueño y señor del campo: salir triunfante en alguna disputa o contienda.

Quedarse en acuario y buen tiempo: estar a la expectativa, sin decidirse por una u otra cosa.

Quedarse en agua de borrajas: no tener importancia algo que se presumía de gran trascendencia.

Quedarse en ayunas: no entender lo que dicen.

Quedarse en blanco: sin entender lo que se trata, no recordar nada, no poder lograr algo.

Quedarse en bolas: completamente desnudo.

Quedarse en cruz y cuadro: venir a ser pobre por haber perdido lo que se tenía.

Quedarse en cuadro: equivale a haber perdido su familia o quedarse solo y sin amparo.

Quedarse en el acto: morir instantáneamente.

Quedarse en el aire: verse chasqueado o burlado.

Quedarse en el chasis: muy flaco.

Quedarse en el cuerpo una cosa: omitir lo que quería decir.

Quedarse en el pellejo: adelgazar mucho, quedarse muy delgado.

Quedarse en el sitio: morirse de repente y de forma violenta.

Quedarse en el tintero alguna cosa: dejar sin decir o hacer algo.

Quedarse en la calle: perder los medios de subsistencia.

Quedarse en la espina, o en la espina de Santa Lucía: estar muy extenuado.

Quedarse en la estacada: perder todo el capital.

Quedarse en las guías: enflaquecer extraordinariamente.

Quedarse en lo firme: estar en los huesos.

Quedarse en los huesos: llegar a estar muy flaco y extenuado.

Quedarse en pelotas: completamente desnudo.

Quedarse en pie la dificultad: no haberse vencido.

Quedarse en tierra: no lograr acomodo en un vehículo que se pretendía viajar en él.

Quedarse entre renglones: dejar en el tintero.

Quedarse fresco, o lucido: no lograr lo que se pretendía.

Quedarse frío: salir una cosa al contrario de lo que se esperaba. Sorprendido de ver u oír lo que no se esperaba.

Quedarse frito: dormido.

Quedarse hecho un carámbano: helado de frío.

Quedarse hecho un mico: avergonzado.

Quedarse hecho un mono: corrido o atemorizado.

Quedarse hecho una estatua: paralizado por el espanto.

Quedarse hecho una mona: dícese de la persona que se ha quedado burlada y avergonzada.

Quedarse helado, o helado como un sorbete: muy sorprendido, por lo visto o escuchado.

Quedarse in albis: no entender lo que se dice, no conseguir lo que se esperaba, quedarse en blanco, sin nada.

Quedarse la pelota en el tejado: estar en suspenso un asunto.

Quedarse limpio: perder en el juego todo lo que tenía.

Quedarse lo mejor en el tintero: recordar que no se ha dicho algo que era de mucho interés.

Quedarse más ancho que largo: se dice cuando se ha dicho una inconveniencia o una tontería y no se inmuta el dicente, o cuando se ha hecho una gran acción reprobable.

Quedarse más blanco que el papel, o que la pared: palidecer repentinamente, a consecuencia de cualquier susto, sobresalto o impresión.

Quedarse más callado que un puto: no atreverse a contestar.

Quedarse más fresco que una lechuga: dícese de la persona que es una descarada.

Quedarse mirando al celeste: al cielo, sin nada.

Quedarse mocita: se dice de la mujer solterona.

Quedarse muerto o medio muerto: sorprenderse de noticia repentina que causa pesar.

Quedarse para vestir santos: soltera sin desearlo una mujer.

Quedarse patidifuso: totalmente asombrado.

Quedarse patitieso: atónito.

Quedarse pegado a la pared: aturrullado, sin saber contestar.

Quedarse per istam: sin comer, sin lograr lo que se deseaba.

Quedarse planchado: apesadumbrado.

Quedarse riendo: hacer alarde de sangre fría.

Quedarse roque: totalmente dormido.

Quedarse seco: morir.

Quedarse sin pulsos: inmutarse gravemente de algo que se ve o se oye.

Quedarse sin santo y sin limosna: perderlo todo por habérselo llevado otra persona.

Quedarse solo: ser abandonado de todos.

Quedarse solo haciendo algo: no tener competidor en la ejecución de lo que se está haciendo.

Quedarse sopa: dormido.

Quedarse soplando la manos, o las uñas: corrido por haber malogrado una ocasión.

Quedarse tan ancho: mostrarse tranquilo después de haber recibido algún inconveniente.

Quedarse tan campante: permanecer una persona muy tranquila, como si nada hubiese sucedido.

Quedarse tan fresco: permanecer indiferente ante una noticia o suceso.

Quedarse tan pancho: tranquilo, despreocupado.

Quedarse tieso: sentir mucho frío. Quedarse muerto.

Quedarse tocando tabletas: perder lo que se poseía, o no conseguir lo que se esperaba.

Quedarse una cosa en el cuerpo: omitir lo que se quería decir.

Quedarse uno a medio camino: no terminar la cosa empezada.

Quedarse uno fresco: no lograr aquello que se pretendía, no demostrando preocupación.

Quedarse uno frío: sorprenderse de ver una cosa.

Quedarse viendo visiones: atónito.

Quedarse yerto: asustarse mucho.

Quedarse zapatero: no hacer una baza cuando se juega a las cartas.

Quedo que quedo: terco y reacio en ejecutar una cosa.

Quedón, quedona: bromista pesado.

Quejarse de vicio: dolerse con poco motivo de lo que no se debe.

Quejica: el que por todo se agobia y se queja constantemente.

Quemadas se vean tus palabras: al notar malicia o cautela en lo que alguno dice.

Quemar el último cartucho: emplear el último recurso en casos apurados.

Quemar etapas: avanzar rápidamente sin detenerse.

Quemar las naves: tomar una resolución extrema en un caso apurado.

Quemar, o pudrir, la sangre: causar a una persona gran disgusto, hasta el punto de exasperar.

Quemar, o volar, la Santabárbara: determinación extrema en el que no se repara el estrago que pueda causar el medio empleado.

Quemar uno sus libros: esforzar propia opinión o contrariar la ajena.

Quemarse la sangre: pudrirse.

Quemarse las cejas: estudiar mucho.

Quemarse las pestañas: escribir o estudiar mucho en las horas de la noche.

Queo: aviso que dan los delincuentes ante un peligro o señal de alarma.

Querer alzarse a mayores: elevarse más de lo que le corresponde.

Querer comer a uno los hígados: desear con rabia vengarse de él.

Querer comer sopas: tratar de avasallar o dominar indebidamente.

Querer comerse el mundo: intentar conseguir todo lo que se pretende jactanciosamente.

Querer como a bestia de alquiler: estimar a una persona únicamente por la utilidad que puede reportar.

Querer como a las telas de su corazón: amar a una persona entrañablemente.

Querer contar las estrellas: pretender hacer cosas imposibles.

Querer costal y castañas: pretender todas las ventajas, o que únicamente existan beneficios.

Querer crecer: frase jocosa que se aplica al que no quiere tomar asiento.

Querer decir: tener que adivinar o deducir lo que se ha querido significar. Indicar, dar a entender.

Querer el oro y el moro: todo lo posible y lo imposible.

Querer enseñar los pollos a los recoveros: intentar dar lecciones una persona imberbe a otra curtida y de grandes conocimientos o experiencia.

Querer es poder: indica que cuando se quieren hacer las cosas no se encuentra impedimentos para ejecutarlas.

Querer fiesta: tener ganas de relaciones carnales; buscar pelea.

Querer llegar y besar al santo: ser impaciente.

Querer más que a las pestañas, o a las niñas de sus ojos: tener en un gran aprecio.

Querer más que a las telas de su corazón: amar entrañablemente.

Querer merluza grande y que pese poco: al que pide una ganga.

Querer peer contra el viento: hacer tentativas o esfuerzos inútiles, por no ser razonables.

Querer ruido: ser amigo de contiendas o disputas.

Querer saber los secretos de una persona: dícelo así aquella que bebe el resto que hay en un vaso o copa, y que ha dejado otra.

Querer ser más católico que el Papa: dícese de las personas exageradas y que pretenden hacer las cosas mejor de lo que generalmente se pide.

Querer subir al cielo sin alas: pretender alcanzar algún imposible.

Querer suero de una alcuza: pretender la realización de alguna cosa imposible.

Quererse como dos tortolillos: amarse apasionadamente.

Querindonga: despreciativo de querida, mujer que tiene relaciones amorosas con un hombre que la mantiene.

Querría ser la novia en una boda y el muerto en un entierro: se aplica a los individuos orgullosos, que siempre quieren ser admirados y ser el atractivo de la gente.

Querubín: persona muy hermosa.

(El) Quid de la cuestión: el punto más difícil, que, una vez hallado, facilita la solución del problema.

Quid pro quo: una cosa por la otra.

Quien a buen árbol se arrima, buena sombre le cobija: el que a persona poderosa toma por mecenas, le irá bien siempre.

Quien a hierro mata, a hierro muere: indicando que siempre se recibe lo que se hace o se da.

Quien a la tienda va y viene, dos casas mantiene: la suya y la del tendero.

Quien a los suyos parece, honra merece: alabando a la familia, como una de las cosas más importantes de esta vida.

Quien a otro quitó la vida, la suya juzga perdida: en espera de la venganza de la justicia.

Quien adelante no mira, atrás se queda: aconsejando prevenir las consecuencias de una cosa.

Quien al sentarse dice ¡ay!, y al levantarse ¡upa!, no es el yerno que mi madre busca: un hombre tiene que estar siempre dispuesto al trabajo, y ser duro y constante con él.

Quien al vicio se enseña, en él se despeña: quien se acostumbra a un vicio, suele morir víctima de él.

Quien algo quiere, algo le cuesta: expresa el sacrificio y esfuerzo para conseguir lo que se desea.

Quien alquila la vaca, agota la ubre: procurando sacar todo el jugo posible a lo que no es propiedad de uno.

Quien anda por la mar aprende a rezar: ya que entraña grandes y graves peligros.

Quien avisa no es traidor: por haberse comunicado con anterioridad.

Quien ayuda al fuerte contra el flaco, es un bellaco: invitando a ayudar siempre al débil, y más contra el poderoso.

Quien baja a la bodega y no bebe, por beber se lo cuentan: la persona que no hace una mala acción, pudiendo haberla hecho, el vulgo lo considera ejecutado.

Quien barre mucho la puerta de la calle, y hace caricias al marido, trabajo perdido: lo primero indica que es amiga de visitas, quizá no muy correctas, y lo segundo, que trata de embaucar al marido.

Quien bien ama nunca olvida, aunque le cuesta la vida: expresando las excelencias del amor.

Quien bien bebe y bien come, buen cagajón pone: ya que una cosa es consecuencia de la otra.

Quien bien come, bien hace la garzonía: el que está bien alimentado se halla en buenas condiciones para enamorar.

Quien bien paga es señor de lo ajeno: no hay nada que dé más fuerza moral que el no deber nada a nadie.

Quien bien quiere, tarde olvida: ya que el amor es una de las mayores fuerzas del espíritu.

Quien bien te quiere te hará llorar, y quien no, reír y cantar: indicando que el cariño se demuestra rectificando y enseñando, no dando los caprichos y la razón en todo.

Quien boca besa, boca no desea: ya que se va buscando algo más que eso.

Quien busca, halla: la perseverancia es una de las virtudes para prosperar en la vida, junto con la diligencia.

Quien busca lo que no pierde, lo que tiene debe perder: aplícase a los amigos de lo ajeno.

Quien cae, puede levantarse mañana: no conviene despreciar al débil, ya que puede cambiar su situación.

Quien calla otorga: el que no se defiende, se culpa.

Quien calla, piedras apaña: se aplica al que en una conversación observa sin hablar lo que se dice, para usar de ello a su tiempo.

Quien calla y obedece se jode dos veces: si la orden es incorrecta, el trabajo habrá que hacerlo dos veces. Otra expresión oída es: **quien calla y obedece es cabrón dos veces.**

Quien camisón no tiene, si de caridad se lo dan, con chorreras lo quiere: forma de expresar todo acto egoísta.

Quien canea, no calvea: la persona a la que se le pone el pelo blanco no se suele quedar calva.

Quien canta su mal espanta: conviene buscar alguna distracción para hallar alivio a los males.

Quien carretea, vuelca; quien no, nunca volcó: el que hace las cosas está expuesto a equivocarse, y el que no las hace no se equivocará nunca, pero siempre te dirá cómo hay que hacerlas.

Quien come lentejas, no las masca todas: aplícase a la persona que acepta cosas insignificantes sin detenerse a comprobarlas.

Quien come la vaca del rey cien años paga los huesos: indicando que, si se aprovecha del manejo de caudales públicos, no debe darse por seguro en mucho tiempo. Qué tiempos aquellos en que esto ocurría.

Quien con lobos anda a aullar se enseña: se aprende de las cosas con que se trata, no pudiéndose esperar algo diferente.

Quien con niños se acuesta, mojado, o cagado, se levanta, o con su pan se lo coma: indicando que los hechos son de donde vienen, y que no se puede esperar otra cosas que sus consecuencias.

Quien con un cojo pasea, al año cojea: indica la forma de adquirir los malos hábitos.

Quien contra el aire quiere mear, por fuerza se ha de mojar: ya que no se puede esperar otra cosa de lo que es normal y se hace sin sentido común.

Quien convino, no vino, y el que vino, no convino: frase de solteronas, justificándose de no haberse casado.

Quien da a tiempo un buen consejo, da mucho más que si diera dinero: el dinero se agota, pero la experiencia sanamente aconsejada no se pierde jamás.

Quien da bien por bien y mal por mal, es un hombre leal: quiere expresar que se debe devolver lo mismo que a uno le hacen; esto no va con las leyes del buen cristiano.

Quien da lo que tiene, no está obligado a más: manera de disculpar la cantidad o calidad de aquello que se entrega.

Quien da pan a perro ajeno, pierde pan y pierde perro: forma de indicar que no se debe hacer favores a los demás, cuestión que no debe ser puesta en práctica.

Quien da primero, da dos veces: indicando que al pillar con sorpresa al contrario siempre hay tiempo de volver a actuar.

Quien da un mal rato, que no lo espere bueno: en justa recompensa.

Quien de ajeno se viste, en la calle lo desnudan: al impostor se le acaba descubriendo rápidamente.

Quien de amarillo se viste, en su hermosura confía o de sinvergüenza se pasa: dicho color realza los encantos en la mujer delgada y de tez clara.

Quien deprisa vive, deprisa muere: indicando que hay que dar tiempo al tiempo.

Quien de servilleta pasa a mantel, ni Cristo puede con él: la persona que sube muy deprisa de categoría, o llega a hacerse rico, no suele acordarse de su vida anterior ni de los que eran sus amigos.

Quien de una vez no caga, dos se arremanga: cuando no se hace una cosa a la primera, varias veces tiene que ser la tentativa de ejecución.

Quien de verde se viste, a su rostro, o a su hermosura se atreve: por ser un color que suele agradar y favorecer a casi todas las mujeres.

Quien de verde se viste, por guapa se tiene: ya que este color generalmente suele favorecer a casi todas las mujeres.

Quien debe a Pedro, y paga a Andrés, que pague otra vez: el que hace lo que no debe es justo que pague las consecuencias

Quien deja lo que tiene, hace mal recado: no es conveniente dejar lo seguro por lo inseguro.

Quien del rey se hace fruta, es una puta real y una real puta: no por ejecutar con personas significativas algún mal, por eso deja de ser malo, ya que siempre lo será, y si cabe un poco más.

Quien del sol está muy cerca más se calienta: los que se arriman a personas importantes son los que suelen sacar más en su provecho.

Quien del traidor se fía, lo sentirá algún día: ya que traicionará a todo el mundo.

Quien dice la verdad cobra odio: indicando que la verdad no agrada a los que perjudica.

Quien dice la verdad, ni peca ni miente: indicando que la verdad, por amarga que sea, debe decirse siempre.

Quien dice lo que no debe, oye lo que no quiere: invitando a callar lo que no es necesario dar a conocer.

Quien dice lo que quiere, oye lo que no quiere: recibiendo los dos el mismo tratamiento.

Quien dice lo que siente, ni peca ni miente: verdad a medias, ya que no todo lo que se siente se debe decir, porque se puede ofender, denigrar, o estar totalmente equivocado.

Quien dice sí, dirá no: expresa la inestabilidad de pensamiento de algunas personas.

¿Quién dijo miedo?: estar dispuesto a todo. No temer a nada.

Quien duerme, come: ya que el sueño sirve de alimento.

Quien empieza por ganar tiempo, acaba por tener razón: el dar largas a asuntos delicados suele ser causa de buen éxito, dando tiempo a estudiarlos mejor.

Quien en tiempo huye, en tiempo acude: el que sabe retirarse a tiempo y huir del peligro, sabe también acometer oportunamente.

¿Quién engaña a quien?: de pillo a pillo.

Quien es deseosa de ver, también tiene deseos de ser vista: la curiosidad encubre la coquetería.

¿Quién es el padre de los hijos de Zebedeo?: pregunta que se hace para conocer si una persona es lela o no.

¿Quién es tu hermana? La vecina más cercana: por ser la persona que mejor puede socorrernos en un momento de apuro.

¿Quién es tu enemigo? El de tu oficio: la competencia suele ser causa de enemistades.

Quien escucha su mal oye: reprende a los curiosos y a los amigos de oír lo que otros hablan.

Quien escupe al cielo, en la cara le cae: enseña a no ser soberbio ni arrogante.

Quien espera desespera, y quien viene nunca llega: no hay cosa que canse más que esperar a una persona que no llega.

Quien está a las duras, está a las maduras: expresando que se debe estar por igual a lo bueno y a lo malo.

Quien está en pie, mire no caiga: enseña el cuidado que debe tenerse en la prosperidad, por lo inconstante que es la fortuna.

Quien está para morir, siempre suele hablar verdades: por ser lo último que va a hacer en esta vida.

Quien esté libre de pecado, que tire la primera piedra: frase evangélica, no siendo quiénes para juzgar a los demás siendo tan pecadores como ellos.

Quien evita la ocasión, evita el peligro: invitando a no meterse en asuntos peligrosos, o en ocasión de pecado.

Quien fue a Sevilla perdió su silla: se dice de los que pierden la oportunidad de algo, añadiendo otros: **y el que fue a Aragón, se la encontró.**

Quien guarda, halla: animando a guardar o ahorrar para los momentos en que haga falta. Algunos añaden: **si la guarda no es mala.**

Quien ha bebido en pilón, nunca pierde la afición: se suele decir cuando un necio añade una majadería a lo que otros hablan.

¿Quién ha preguntado los años que tiene?: represión dirigida a los que hablan cuando no deben hablar.

Quien ha sido cocinero antes que fraile, sabe lo que pasa en la cocina: la experiencia es madre de los conocimientos.

Quien ha sido servilleta antes que mantel, no hay que fiarse de él: la persona que ha subido su posición a gran escala no deja de tener sus reminiscencias.

¿Quién hace caso de medios días, habiendo días enteros?: debemos fijarnos siempre en lo principal y en lo importante, dejando a un lado lo accesorio.

Quien hace lo que debe, a nadie ofende o a nadie teme: el que cumple con su obligación o deber está cumpliendo plenamente con su dictamen o conciencia.

Quien hace lo que puede no está obligado a más: ya que ha cumplido con todo, sin dejar nada.

Quien hace mal, espere otro tal: que no se queje de recibir daños o reproches actuando inadecuadamente.

Quien hace un cesto, hace ciento. Algunos añaden: **si le dan mimbres y tiempo:** una vez conocida una cosa, es más fácil volverla a ejecutar.

Quien haga aplicaciones, con su pan se lo coma: manera de expresar que lo que se satiriza no va contra persona determinada, sino contra la generalidad.

Quien hambre tiene con pan sueña: expresa que la persona que anhela con ganas algo siempre esta pensando en ello.

Quien hizo la ley, hizo la trampa: la malicia halla medios para quebrantar una ley apenas impuesta.

Quien ignora, ni peca ni merece: se dice de la persona que no hace una cosa por desconocimiento.

Quien la confiese, que la pague: frase con que se defiende el silencio en las cosas que son perjudiciales.

Quien la haga, que la pague: dando a entender que la persona que ha hecho una cosa debe asumir sus consecuencias.

Quien la sigue, ése la mata. Algunos añaden: **y el que no la desbarata:** la perseverancia es la mejor garantía del buen éxito de una empresa.

Quien la sigue, la consigue: exhortando a la perseverancia.

Quien larga vida vive, mucho mal ha de pasar: ya que la vida es un valle de lágrimas, un sufrimiento casi constante.

Quien las cosas mucho apura, no tiene la vida segura: recomienda que no se abuse de nada que sea vicioso.

Quien las da, las tiene: galantería que suele devolverse en Andalucía a los que les acaban de dar las gracias.

Quien las sabe, las tañe: hablar o actuar de forma que todo el mundo lo entienda.

¿Quién le mete a Judas a ser procurador de pobres?: sátira contra los que tratan de recomendar un asunto de antemano perdido.

Quien ligas regala, piernas quiere: muchas personas suelen hacer presentes con el fin de conseguir mucho más de lo que se ha regalado; me viene a la memoria el refrán: **rosquillas de monja, fanega de trigo.**

Quien llega a viejo y no se casa, sin carne no se pasa: la persona que no vuelve a contraer matrimonio, habiéndose quedado viudo o por estar separado, es porque no tiene necesidad de él, generalmente por estar acompañado.

Quien llega tarde a la paga, no llega pronto a nada: al que no se esfuerza y sacrifica por las cosas importantes, no se le puede pedir otras cosas de menor relevancia.

Quien llega tarde, ni oye misa ni come carne: indicando que el que por costumbre llega tarde, nunca hace lo que debe, ni consigue lo que pretende.

Quien llora se desahoga: ya que es conveniente serenarse.

Quien llora será consolado: Bienaventuranza. Todos los males tienen su fin.

¡Quién lo diría!: dicho de pésames.

Quien lo hizo que lo pague: cada uno debe ser responsable de sus actos; por lo que se ha hecho mal, debe recibir por ello su castigo.

Quien lo huele, debajo lo tiene: a la persona que se queja de percibir un mal olor es para indicarle, en plan de broma, que el que produce dicho olor es él.

Quien lo quiera mejor que lo pinte: frase que quiere indicar que no se puede hacer mejor una cosa.

Quien lo suyo reclama, a nadie agravia: la persona que pide lo que es suyo a nadie debe molestar.

Quien mal anda, mal acaba: los malos principios no pueden llegar nada más que a consecuencias funestas.

Quien mal ha de haber, a su puerta le comen los lobos: cuando está de ocurrir algún hecho, no vale oponerse a él.

Quien mal hizo, bien no espere: no debiendo esperar más que lo que se ha hecho, ya que algunas veces incluso haciendo bien se recibe mal.

Quien mal tiene el trasero, no puede estarse quieto: hay algunas enfermedades que no permiten estar sentado ni un momento al que las sufre.

Quien mal vive, poco vive: una vida desordenada suele traer o acarrear enfermedades que terminan en la muerte.

Quien manda, manda, y ahí queda el huevo: las leyes que se dictan sin estar suficientemente meditadas dejan las consecuencias negativas de ellas.

Quien manda, manda, y cartuchera en el cañón, o cartuchos al cañón: con que se impone la obediencia ciega.

Quien manda paga: invitando a ejecutar lo que se ha ordenado.

Quien más "chufle", "capaor": expresa que la persona que mejor haga las cosas conseguirá mejores resultados.

Quien más duerme, menos vive: considerando al sueño como una muerte artificial.

Quien más grita acaba por tener razón: aunque no la tenga, ya que se deja la polémica, por no entremeterse entre ineducados.

Quien más pone, más pierde: ya que la exposición siempre es un riesgo.

Quien más, quien menos: todo el mundo.

Quien más sabe, menos presume: por considerarse una persona que le faltan todavía grandes conocimientos, sabiendo cuáles son sus limitaciones, haciéndose por tanto humilde.

Quien más tiene, más desea, o más quiere: indica la insaciabilidad de la codicia humana.

¿Quién me estará nombrando?: dícese esto cuando le zumban a uno los oídos.

Quien me pide, me despide: aconsejando prudencia en la petición, ya que puede romperse una buena amistad y deshacer un buen trato.

Quien mea contra el viento, se moja la camisa: la persona que hace las cosas "contra corriente" suele salir perjudicado con ellas.

Quien mea mucho y pee fuerte, no tiene miedo a la muerte: por ser estas características signos de salud.

Quien mucho abarca poco aprieta: el que quiere hacer muchas cosas a la vez no logra ninguna de ellas.

Quien mucho abraza y besa, no hará mayor proeza: invitando a ejecutar las cosas directamente, sin entretenerse en cosas secundarias.

Quien mucho corre, pronto para: expresando que las cosas deben hacerse con sosiego.

Quien mucho duerme, poco aprende: Plutarco decía que el sueño es enemigo de la sabiduría.

Quien mucho habla, mucho yerra: invitando a hablar lo esencial.

Quien mucho lame, saca sangre: la adulación constante suele ser beneficiosa para el que la emplea.

Quien mucho, o poco, bebe, se mide al tamaño de la sed de cada uno: el estado de cada uno es el que marca sus aspiraciones.

Quien mucho ofrece, poco da: enseñar a confiar en esta clase de personas.

Quien mucho se baña, la salud deja en el agua: hay multitud de refranes y dichos de nuestros antepasados contra el baño, del que creían que era perjudicial para la salud y el cuerpo.

Quien mucho sube, luego se hunde: por ser la caída más fácil desde esas alturas, debido a las dificultades.

Quien mucho teme, algo debe: indicando que el que tiene miedo es por alguna razón poderosa.

Quien mucho vende, mucho pierde: enajenando las cosas en pequeñas cantidades se consigue ganancias superiores.

Quien mucho vino cena, poco pan almuerza: los que se acuestan embriagados pocas ganas tienen de comer al día siguiente.

Quien nace cabrón, siete años antes de nacer tiene la gracia: exagera lo persistente que suele ser la desgracia de los que nacen desdichados.

Quien nace para cura, no puede llegar a obispo: expresa que no se debe desear más que lo que uno tiene o representa.

Quien nace para ochavo, no puede llegar a cuarto: queriendo indicar que cada uno ha nacido para una cosa determinada.

Quien nace tonto, muere tonto: se dice de las personas bobas o lelas, que con el paso de los años no mejoran, sino que empeoran.

Quien nada no se ahoga: intenta explicar que el que se procura los medios para solucionar los problemas, generalmente sale de ellos.

Quien nada sabe, de nada duda: el ignorante suele ser muy presuntuoso y atrevido.

Quien nísperos come, bebe cerveza, espárragos chupa y besa a una vieja, ni come, ni bebe, ni chupa, ni besa: dicho muy español, indicando que hay

cosas que nunca se logran enteramente, por hacerse las cosas desde el principio imperfectamente.

Quien no cojea, renquea: no hay persona sin falta o tacha.

Quien no corre, vuela: indica que si uno es listo, rápido, etcétera, el otro lo es más.

Quien no da nudo pierde punto, o puntada: eso dicen las costureras o modistas.

Quien no dice nada, ni peca ni miente: la mejor manera de no cometer errores es no hablar.

Quien no entra a nadar, no se ahoga en el mar: el modo más seguro de evitar los peligros es huir de ellos.

Quien no está acostubrado a bragas, las costuras le hacen llagas: indicando que el que no está acostumbrado a una cosa, todo se le vuelven inconvenientes y molestias.

Quien no fía, no vende: máxima comercial antigua, que se tenía para ganar dinero; se ha demostrado que con dicha máxima lo que se obtenían eran grandes pérdidas.

Quien no fuma ni bebe vino, se lo lleva el diablo por otro camino: dícese que los que no tienen estos vicios, suelen tener otros mucho peores.

Quien no habla, no le oye Dios: aconsejando que se debe pedir lo que se necesita, no callando por cortedad.

Quien no hace lo que debe, hace lo que no debe: dándose a conocer el pecado de omisión.

Quien no juega es un tonto, y el que mucho es un loco: refiriéndose al juego de la lotería, u otros juegos de azar.

Quien no llora no mama: indica que para conseguir una cosa hay que pedirla con insistencia.

Quien no lo crea, ponga manos a la tarea: el que duda de la dificultad que entraña una cosa, que la ejecute para su convencimiento.

Quien no madruga con el sol, no goza del día: contra los perezosos y poco madrugadores.

Quien no parece, perece: entre muchos que tienen interés en una cosa, por lo general sale perjudicado el que no se halla presente.

Quien no pasa por la calle de La Pasa, no se casa: dicho de Madrid, ya que en dicha calle se encontraba la vicaría, por la que necesariamente tenían que ir los novios para solicitar el pertinente permiso para contraer nupcias.

Quien no pueda andar, que corra: se dice cuando se manda una cosa difícil, a quien no puede hacer lo fácil.

Quien no pueda morder, que no enseñe los dientes: expresando que nadie alardee de hacer lo que no puede llevar a cabo.

Quien no quiera polvo, que no vaya a la era: la persona que no desee inconvenientes, que no haga lo que los crea.

Quien no quiere oír, no diga: recomienda la prudencia en hablar mal de una persona, con el fin de no sufrir la recíproca.

Quien no sabe callar, no sabe hablar: una conversación es mantenida entre dos o más personas, por lo que es necesario escuchar, para seguir comunicándose.

Quien no sabe es como el que no ve: frase con que una persona se disculpa de su ignorancia al obrar de cierta manera.

Quien no sabe gozar de la ventura que le viene, no se debe quejar si se le pasa: recomendando que se deben aprovechar todas las oportunidades.

Quien no sabe, no vale: los conocimientos son importantísimos para desenvolverse bien en la vida.

Quien no sabe obedecer, no sabe mandar: ya que se conoce lo que cuesta lo primero, por lo que se debe mandar con tacto y prudencia.

Quien no sabe sumar, no sabrá multiplicar: encomiando la virtud del ahorro.

Quien no se arriesga no pasa la mar: forma de indicar que hay que tener osadía y atrevimiento para ejecutar algo.

Quien no se aventura no pasa la mar: indicando que muchas veces es necesario exponerse a algún riesgo para conseguir el objeto deseado.

Quien no se consuela es porque no quiere: invitando a no tomarse a pecho las adversidades, procurando llevarlas estoicamente.

Quien no sea cofrade, que no tome vela: indicando que el que no sea culpable que no se dé por ofendido. Queriendo también expresar que nadie se meta en lo que no le importa.

Quien no sea compuesto de tierra, es el que no yerra: ya que todo ser humano se equivoca.

Quien no te conozca, que te compre: forma de encarecer las faltas que uno tiene.

Quien no tiene, araña y muerde: indicando la rabia que se tiene por carecer de lo necesario.

Quien no tiene cabeza, que tenga pies: dícese de las personas olvidadizas, que tienen que volver a por lo que ha sido olvidado.

Quien no tiene coco, no gime: quiere dar a entender que el que se queja es por estar aquejado de alguna dolencia.

Quien no tiene coco, no tiene miedo: quien tiene la conciencia limpia, no tiene motivos para asustarse de nada.

Quien no tiene hijos, a palos los mata: porque piensa que deben ser educados con mayor rectitud.

Quien no tiene marido consigo misma se acuesta: eso era antes; en otro aspecto, indica que cada uno debe conformarse con lo que tiene.

Quien no tiene memoria, que tenga pies: un olvido hacer retroceder en el camino andado, para ir a por la cosa olvidada.

Quien no tiene, ni paga ni niega: no se puede proceder contra el que no niega una deuda, pero no tiene con qué pagarla.

Quien no tiene, no es tenido: el que no tiene la debida consideración con otras personas, no puede exigir que se la tengan a él.

Quien no tiene que hacer, váyase al río a ayudar a torcer: indicando a los mirones, que, en lugar de ayudar, molestan con su presencia.

Quien no tiene sombrajo se encalma: el tener las espaldas cubiertas da mucho valor.

Quien no tiene tierra debe considerar que tiene manos: el que no tiene capital debe trabajar para poder subsistir.

Quien no tiene una ventana, tiene dos: no es posible encontrar a una persona sin faltas, ya que el que no tiene una tiene varias.

Quien no tiene vino, no ponga pendón: nadie se alabe de las cualidades que no tiene.

Quien no trabaja no tiene renta, ¿de qué se sustenta?, porque del aire no se alimenta: pregunta que nos hacemos cuando vemos y conocemos a personas con dichas características.

Quien nos trajo las gallinas: suele aplicarse para señalar el verdadero autor o promotor de alguna cosa.

Quien orejas tiene, oiga: indica que cada uno debe atender a lo que le conviene, saber y tomar para sí lo que se dice con intención.

Quien oye y calla, un tesoro halla: enseña que la prudencia y el silencio son dos grandes virtudes.

Quien paga descansa: creo que es más exacto y correcto decir: quien cobra descansa.

Quien paga manda: lógico, ya que se debe cumplir lo que otro está dispuesto a pagar.

Quien para mear tiene prisa, acaba por mearse en la camisa: hay cosas que se deben hacer con tiento, y con detenimiento, no a la ligera, por las consecuencias desagradables que puedan ocasionar.

Quien parece lego, dice dos misas: no debiendo juzgarse las personas por las apariencias.

Quien parte y reparte, se lleva la mejor parte: locución familiar advirtiendo las ventajas de repartir.

¿Quién pasa por la ermita sin rezar un padrenuestro?: dícese de los borrachos, que cuando pasan por una taberna entran principalmente para... ver la hora que es.

Quien pasa punto, pasa mucho: el que es benévolo en las faltas pequeñas, suele serlo también en las grandes.

Quien peca por autoridad de la ley, no peca: el que tiene que hacer algo por imperativo del cargo que ocupa no es responsable de ello.

Quien pesa bien, no gana: si el comercio es tan lucrativo, según dice el vulgo, no es porque se distinga en guardar el séptimo mandamiento, salvo excepciones por supuesto.

Quien pesa y mide, es el que vive: alude a lo lucrativo que es el comercio.

Quien pide, no escoge: ya que harto tiene que agradecer si se le concede algo.

Quien piense que haga, piense que diga: es conveniente, y a veces necesario, el justificar los actos de cada uno.

Quien pilla, pilla: con que se moteja a los que procuran sólo su interés, sin tener respeto ni miramiento alguno.

Quien por el mundo quiere andar salvo ha menester ojos de halcón y orejas de asno, cara de jimio, boca de puerco, espaldas de camello y piernas de ciervo: consejos que se dan en semejanza a ciertos animales, para el que quiera vivir sin problemas.

Quien poco tiene no hace largo testamento: por ser muy poco lo que tiene que dejar.

Quien poco vale, poco medra: la persona con grandes limitaciones (de lo que sea) no puede llegar muy lejos, como consecuencia siempre de dichas limitaciones.

¿Quién pone el cascabel al gato?: para indicar que quién es capaz de realizar algo que tiene cierto peligro.

Quien pregunta, a calarte apunta: se suele decir de las personas que son muy preguntonas.

Quien pregunta lo que conoce, lazo es que te pone: para conocer tus intenciones y tu forma de actuar.

Quien pregunta lo que no debe, oye lo que no quiere: enseña a no entremeterse en los asuntos de los demás.

Quien pregunta no yerra: lo que se desconoce es menester recibir información para actuar convenientemente. Algunos añaden: **si la pregunta no es necia**.

Quien pregunta se queda de cuadra: dicho cuartelero, invitando a no hacer preguntas.

Quien primero llega, ése la calza: aconseja a no dormirse en los asuntos de interés.

Quien principia hace lo más: lo difícil es empezar una cosa, después se termina con cierta facilidad.

¿Quién querrá la salud mejor que el enfermo?: indicando que el interesado suele ver las cosas más claras que los demás.

Quien quiera azul celeste, que le cueste: frase que da a entender que, el que quiera obtener lo que desea, no debe tener en cuenta los gastos ni las molestias que conlleva.

Quien quiera bestia sin tacha, que se ande a pata: indicando que no hay nada perfecto, por lo que no debe buscarse nunca tal perfección.

Quien quiera honra que la gane: expresión con que se reprueba la murmuración.

Quien quiera peces que se moje el culo: indicando que el que quiera algo, que se esfuerce en conseguirlo.

Quien quiera saber que compre un viejo: contra los curiosos y preguntones.

Quien quiera saber que estudie: manera de negarse a satisfacer la curiosidad estúpida de los demás.

Quien quiera saber que vaya a Salamanca: manera de despedir a los preguntones.

Quien quiere quejarse, presto halla achaques: siempre hay alguna razón para quejarse, si no es por lo malo, por lo bueno.

Quien quisiera vencer, aprenda a padecer: el sufrimiento y la lucha por la vida curten.

Quien quisiere mentir alargue los testigos: es difícil decir la mentira, cuando hay testigos que pueden testificar contra uno.

Quien quita y da, al infierno se va: dícese de los que roban en su negocio, creyéndose que se les perdona este pecado por dar alguna limosna.

Quien recibe regalos vende la libertad: por estar comprometido y obligado con otras circunstancias.

Quien regala, bien vende, si quien recibe lo entiende: algunas veces el regalo debe tomarse como soborno, por lo que así se refiere el refrán.

Quien reza y peca, la empata: porque de poco le sirve el arrepentirse de una falta que se va a cometer a sabiendas.

Quien ríe el último, ríe mejor: invitando a tener paciencia, esperando con ilusión.

Quien roba a un ladrón, tiene cien años de perdón: se usa como excusa; buena sociedad tendríamos, si se actuase de esta manera.

Quien rompe, paga. Algunos añaden: **y se lleva los cascos:** indicando que el que rompe una cosa es justo que la satisfaga para no perjudicar a la otra parte.

Quien sabe dice misa: indicando que el que tiene conocimientos de alguna cosa siempre puede conseguir lo que se propone.

Quien sale por fiador, suele salir pagador: ya que si no paga el responsable, acuden contra él, hecho muy normal.

Quien se acuesta con una vieja, se levanta jubilado: frase que no necesita mayores comentarios.

Quien se apura, se muere. Algunos añaden: **y al que se muere lo entierran:** recomendándose que se tomen las adversidades con calma, no acongojándose antes de tiempo.

Quien se burla del tiempo, el tiempo se burla de él: el que se entrega de lleno a la ociosidad, cuando quiere resarcirse del tiempo perdido se encuentra con que es demasiado tarde.

Quien se caga a la puerta de la iglesia, con su pan se lo coma: da a entender el respeto con que se deben mirar las opiniones de los demás.

Quien se come el queso y se bebe la leche, que él busque el pasto a las ovejas: el que goza de algún provecho es justo que lo trabaje.

Quien se conforma con su suerte no sabe el bien que tiene: exhortando la conformidad de las personas.

Quien se detiene a pensar no quiere errar: enseña a no obrar de ligero sino después de haber meditado mucho.

Quien se enoja tiene dos trabajos: enfadarse y desenfadarse, si quiere que las cosas continúen igual que antes.

Quien se ensalza, será humillado, y quien se humilla, será ensalzado: dicho evangélico exhortando la modestia.

Quien se fue a Sevilla, perdió su silla: indica que la ausencia perjudica al que se fue.

¿Quién se ha muerto? Juan del Puerto: una de tantas evasivas que se da al que no se quiere contestar.

Quien se levanta hace sombra: suscitando la envidia de los que no han tenido igual suerte.

Quien se mete a redentor sale crucificado: el que se mete donde no le llaman, al final se encuentra comprometido y perjudicado.

Quien se muda halla ventura: indica que cuando se efectúa un cambio se experimente bienestar.

Quien se mueva, no sale en la foto: dicho político, que indica que el que no haga lo que se le dicta pierde la confianza del poder, y en consecuencia pierde el puesto que se le ha encomendado.

Quien se pica, ajos come: el que se molesta por alguna advertencia o pique, que se aguante por ello.

Quien se pone debajo de la hoja, dos veces se moja: dicho sobre los que se resguardan de la lluvia debajo de un árbol, expresando que se moja dos veces: una con la propia lluvia y otra con las gotas que quedan recogidas en las hojas.

Quien se queja es porque algo le duele: nadie protesta más que de aquello que le incomoda.

Quien se queme, que sople: advirtiendo la necesidad de afrontar los problemas al que le surjan.

¡Quién se quiere morir!: locución familiar con que se da a entender la extrañeza que nos causa una acción, por no estar acostumbrado a verla en esa persona.

Quien se viene patas tiene. Quien se queda no las tiene: fórmula infantil para invitar a que alguien se vaya con quien ha citado dicha fórmula.

Quien se viste de mal paño, dos veces se viste al año: ya que, al ser malo el traje, debe comprarse otro, según alude el refrán: **al ruin y al pobre todo le cuesta doble**.

¡Quién se volviera joven, y lo pasado, pasado!: expresión de los ancianos cuando recuerdan su juventud.

Quien sea tonto, que estudie, o que aprenda, o que se fastidie: alúdese a los que les ha ocurrido algo desagradable por falta de precaución o talento.

Quien siembra, coge: para conseguir el resultado que se desea, es preciso preparar el camino por medio de dádivas.

Quien siembra en mala tierra, sólo coge hierba: el que desee tener buenos resultados debe hacer las cosas correctamente.

Quien siembra vientos recoge tempestades: únicamente se consigue lo que se siembra, o se hace día a día.

Quien siembra virtud coge fama: los buenos actos tienen siempre resonancia.

Quien su perro quiere matar, rabia le ha de levantar: nunca falta un pretexto para hacer alguna cosa que se desea.

Quien su tiempo gasta en cosas vanas, no ve la muerte que está sobre sus espaldas: aconseja emplear la vida en cosas serias.

Quien sus tareas ordena, en trabajar no halla pena: recomendando el orden en todos los asuntos de la vida.

Quien tal hace, que tal pague: nada más justo que el que cometa la culpa sufra la pena.

Quien te conozca, o te entienda, que te compre: se dice de la persona conocida que no es buena, no queriendo tratos con ella.

¿Quién te ha dado vela en este entierro?: con que se censura al que se mete en asuntos que no le importan.

¡Quién te ha visto y quién te ve!: expresión de asombro o admiración por el cambio efectuado en una persona.

Quien te puso ahí, ahí te estés: aplícase a las personas sosas o pavas, que viven sin conmoverse de lo que ocurre.

¿Quién te trasquiló, que las orejas te dejó?: se dice a los niños que les han cortado el pelo al rape.

Quien teme la muerte no goza la vida: al pensar constantemente en el trance final, hace que se mire la vida con tristeza.

Quien tiempo tiene y tiempo atiende, tiempo viene que se arrepiente: aconseja que no se desperdicie la ocasión favorable que se presenta, con la esperanza de que vendrá otra mejor.

Quien tiempo toma, tiempo le sobra: no conviene dejar las cosas para última hora.

Quien tiene boca, no diga a otro: sopla: enseña que no se debe dejar al cuidado ajeno lo que puede uno hacer por sí.

Quien tiene boca, se equivoca; quien tiene pies, anda al revés, y quien tiene culo, sopla: dichos para indicar que todos nos equivocamos, atendiendo a la fragilidad humana.

Quien tiene buenas piernas, no necesita muletas: el que puede valerse por sí mismo no tiene que solicitar ayuda de nadie.

Quien tiene el tejado de vidrio no tire piedras al de su vecino: el que tiene motivos para ser criticado, que no diga nada de los demás.

Quien tiene enemigos no duerme: advierte que se debe estar siempre alerta.

Quien tiene hijos puede emparentar con el demonio: indicando que no se deben hacer cábalas ni ilusiones, para casar a nuestros hijos con quien a nosotros nos parece ideal o bien.

Quien tiene mal el dedo, de su mal se hace pregonero: ya que siempre está una persona quejándose para que los demás lo escuchen y se compadezcan de él.

Quien tiene maestro y boca, no es pobre: poseer ciencia y saberla expresar son cualidades con las que una persona se abre paso fácilmente en la vida.

Quien tiene mucho orgullo métaselo en el culo: invitando a ser prudente y humilde.

Quien tiene mucho orgullo se cree que todo el mundo es suyo: dicho contra las personas orgullosas y creídas.

Quien tiene padrinos se bautiza: expresión que quiere indicar que el que tiene amigos o influencias consigue con más facilidad las cosas.

Quien tiene ropa, pronto se viste: al que no le faltan medios, lleva a cabo las cosas rápidamente.

Quien tiene un vicio, si no se mea en la puerta, se mea en el quicio: no es tan fácil librarse de ellos.

Quien tiene vergüenza, ni come ni almuerza: indicando que el vergonzoso no suele medrar.

Quien todo lo niega, todo lo confiesa: del que se ha averiguado que ha tomado parte en algo, y lo niega, se está confensando parte del hecho.

Quien tome mujer o compre guitarra, aprenda a templarlas: es un consejo bueno, para que las dos no tengan un sonido discordante, y por tanto den un buen son.

Quien tonto nace, tonto muere: es el sino de la vida.

Quien tropieza y no cae adelanta terreno: porque siempre tiene que dar un paso más largo para no caerse.

Quien tuvo, retuvo: para indicar que siempre queda algo de lo que en otro momento se tuvo: belleza, gracia, gallardía, caudal, etc.

Quien una vez la pierde, a verla no vuelve: la vergüenza.

Quien unta, ablanda: el mejor procedimiento para conseguir algo es aflojar el dinero.

Quien usa no abusa: expresión de cortesía que se dirige a aquel que dice abusar del respeto o atención que debe a otra persona.

¿Quién va?: se utiliza en la noche cuando se pregunta quién es al descubrir un bulto.

Quien va deprisa no lo ve: dícese del que lleva un roto, una mancha, o una prenda mal puesta.

Quien vende, acaba: por no tener nada más que vender.

Quien venga detrás, que arree: frase que quiere indicar que, el que ha pasado ya por ciertos peligros, se desentiende de los que puedan pasar los demás.

Quien viene, no viene tarde: con tal que se consiga una cosa, no importa lo que se tarde en conseguir.

Quien vive, loe al Señor: ya que es motivo de agradecimiento el don de la vida.

¿Quién vive? Quien pesa y mide: exhortando las ganancias de los tenderos y mercaderes.

Quiera Dios: manifestación de desconfianza de que una cosa salga tan bien como uno se las promete.

Quieras que no: tanto como si quieres como si no.

Quiere mi padre Muñoz lo que no quiere Dios: reprende al que se empeña en lograr un antojo o voluntad de cualquier modo.

¿Quieres comprarme la suegra? ¿Cuánto quieres por ella? ¡Ya es tuya!: menospreciando a las suegras.

"¿Quieres?" es mero cumplido; "toma", verdadero cariño: en realidad, al que se quiere de verdad, no se le dice que si quiere, se le dice toma.

¿Quieres que te cuente un cuento de sal y pimiento, la borriquita preñada y el borriquito contento? Cuando la otra persona responde, se contesta: **Yo no no te digo ni que sí ni que no. Yo sóle te digo que si quieres que te cuente un cuento de sal y pimienta....:** retahíla para no contar un cuento.

¿Quieres?, se le dice a los muertos, ya que a los vivos se les dice toma: frase que no necesita comentario.

¿Quieres un recibo?: fórmula con que se moteja de pesado y machacón a una persona.

Quiero y no puedo: se dice del que presume de buena posición superior a sus medios y posibilidades.

Quilé: pene.

¡Quince! La cuenta lo dice: aplícase a los que se equivocan al sumar en beneficio propio.

(Las) Quinientas: hora muy avanzada.

Quinta columna: se dice de las personas que ayudan al enemigo desde dentro del país.

Quinta esencia: quinto elemento que consideraba la filosofía antigua en la composición del universo.

(El) Quinto, no moler: aplícase para quitarse de encima las personas molestas o pesadas.

Quiosco de necesidad: retrete público.

¡Quiquiriquí! Mierda para ti y carne para mí: dícese en tono de broma cuando se oye cantar a un gallo.

¡Quita de allá!: expresión de reprobación hacia una persona.

Quita el San y acertarás en el Juan: dícese de los que son unas personas bonachonas.

Quita, o quite, allá: expresión de rechazo a una persona, o reprobar por falso, desatinado o ilícito lo que se dice o propone.

Quita y pon: en las prendas de vestir cuando no se dispone más que de una.

Quitahipos: persona de aspecto fiero que causa espanto, y mujer guapísima que llama la atención.

(Un) Quítame allá esas pajas: cosa de poca dificultad o importancia.

Quitar cruces de un pajar: dificultad de una cosa cuando hay muchos inconvenientes.

Quitar de en medio, o de encima, o de delante: apartar alguno de delante. Matar.

Quitar de la boca, o de la lengua, a uno alguna cosa: anticiparse a otro lo que iba a decir.

Quitar de la cabeza alguna cosa: disuadirle del concepto mado, o del propósito hecho.

Quitar el amargor de la boca: satisfacer algún deseo o capricho.

Quitar el embozo: manifestar la intención que antes se ocultaba.

Quitar el habla: dejar a uno atónito.

Quitar el hipo: sorprender, asombrar una persona o cosa por su hermosura o buenas cualidades.

Quitar el juicio: causar gran extrañeza y admiración.

Quitar el pellejo a uno: tomarle con astucia lo que tiene. Hablar mal de él. Amenazarle con castigo.

Quitar el pistón: indicando que hay que rebajar mucho de lo que se ha dicho por ser exagerado.

Quitar el sentido: causar admiración o estupor.

Quitar el sueño: cosa preocupante ocurrida, persona agradable y bella que causa admiración.

Quitar hasta la camisa: robar, despojar de todos los bienes.

Quitar hierro: en las discusiones y cuestiones espinosas, soslayar las dificultades, suavizarlas, buscando la armonía.

Quitar la cabeza: forma de indicar que una persona o cosa causa extremada admiración.

Quitar la cabezuela al vino: trasegar el vino antes de haber terminado su proceso, para quitarle las heces.

Quitar la capa: robar, cobrar más de lo lícito y justo.

Quitar la cara: forma de amenza de que se le castigará.

Quitar la hojaldre al pastel: descubrir algún enredo o trampa.

Quitar la máscara, o la mascarilla: decir la cosas como son.

Quitar la mesa: recogerla después de haber comido.

Quitar la paja: beber el primero el vino de una vasija.

Quitar la palabra: decir lo mismo que estaba a punto de expresar su interlocutor.

Quitar la palabra de la boca: interrumpir bruscamente al que está hablando y hablar en su lugar.

Quitar la teta: destetar, dejar de dar el pecho a un niño.

Quitar la venda de los ojos: desengañar a una persona, ayudarla a salir de la ignorancia.

Quitar la voluntad: persuadir a otro, que no ejecute lo que desea.

Quitar las cosas de las manos: tener una prisa o especial intención de adquirirlas.

Quitar las palabras de la boca: interrumpir al que habla sin dejarle continuar.

Quitar los hocicos: quitar la cara, dar un mamporro.

Quitar los mocos: amenazar con dar de bofetones.

Quitar moños a uno: bajarle los humos.

Quitar mil canas: dar satisfacción en alguna cosa.

Quitar, o sacar, la paja: ser el primero que bebió del vino que había en la vasija.

Quitar, o sacar, pajas de una albarda: indicación de que una cosa es muy fácil.

Quitar paja: despreciar lo superfluo y hacer lo principal.

Quitar sospechas y hacer las hechas: cuando se hace una cosa mala, lo primero es evitar que echen la culpa a uno.

Quitarle de la boca: decir una cosa que otra persona pensaba expresar en ese mismo momento.

Quitarle la cara, los dientes, los hocicos, las muelas, etcétera: amenazas de castigos rigurosos.

Quitarle la careta: descubrir sus malos actos, haciéndoles ver tal cual son.

Quitarle las palabras de la boca: interrumpir al que estaba hablando no dejándole continuar.

Quitarle lo bailado: forma de expresar a las reconvenciones o desgracias, que le quiten a uno lo disfrutado de la vida, o de otras cosas agradables.

Quitarle los dientes: quitarle la cara.

Quitarle los mocos: cuidar de una persona en todo.

Quitarle, o raerle, el casco alguna cosa: disuadir de algún pensamiento o idea que se le había fijado.

Quitarse años: declararlos, pero menos de los que son.

Quitarse de cuentas: atender sólo a lo esencial.

Quitarse de cuentos: atender sólo a lo esencial de una cosa.

Quitarse de en medio: apartarse para evitar un disgusto o compromiso.

Quitarse de encima: librarse de algún peligro o enemigo.

Quitarse de la boca una cosa: privarse de las cosas precisas para dárselas a otro.

Quitarse de las manos: disputarse entre varias personas algo.

Quitarse de ruidos: dejar de intervenir en asuntos que originan disensiones o disgustos.

Quitarse del humo, o huir de él: abandonar un problema o el lugar de un conflicto.

Quitarse el amargor de la boca: lograr al que se esperaba desde hace algún tiempo.

Quitarse el embozo: descubrir y manifestar intención que antes ocultaba.

Quitarse el pan de la boca: despojarse o privarse de algo en beneficio de otra persona.

Quitarse el sombrero: descubrirse en señal de cortesía o respeto.

Quitarse la máscara, o la careta: dejar el disimulo y decir lo que siente o mostrarse como es.

Quitarse la mosca de encima: desasirse de aquello que es molesto y enojoso.

Quitarse un peso de encima: despojarse o liberarse de una preocupación.

Quitarse unos a otros una cosa de las manos: tener gran prisa y afán en adquirirla.

Quitársele de la cabeza: dejar de pensar en una cosa que le obsesionaba.

Quitárselo de la boca, o de su comer: privarse de las cosas precisas para dárselas a otro.

Quítate tú, para que me ponga yo: teoría de los egoístas; consiste en desbancar a una persona para ocupar su lugar.

¡Quite! o ¡Quite allá!: expresión de rechazo.

Quitósele el culo al cesto y acabóse el parentesco: se dice de lo que ya no causa una relación común.

Quizá y aun sin quizá: locucion que se emplea para dar por seguro y cierto lo que se propone como dudoso.

Quo vadis?: ¿adónde vas?

Quod natura non dat, Salamanca non praestat: lo que la naturaleza no da, Salamanca (su universidad) no lo concede, queriendo decir que el que es bruto, aunque vaya a la universidad, lo sigue siendo.

Rabanera: mujer ordinaria, soez.

¡(Un) Rábano!: forma despectiva de negación o rechazo.

Rabero: hombre que pone rabos, y que tiene tocamientos con las mujeres en los transportes públicos.

(La) Rabia no tiene nietos: expresa lo poco duradero que son los enfados en ciertas personas.

Rabiar de verse juntas dos personas, o cosas: ser incompatibles.

Rabo al viento: entre los cazadores, dando el viento en la cola de la pieza.

(El) Rabo por desollar: quedar la parte más ardua.

Rabo y cola son una misma cosa, el rabo es pelado y la cola pelosa: forma de distinguir cada una de dichas cosas.

Rácano: vago, tacaño.

Ración de hambre: empleo o renta que no es suficiente para tener una manutención decente.

Radio macuto: llámase así a la comunicación de rumores entre personas afines a lo comentado.

Raer de la memoria: olvidarse de lo que se va a decir. Hacer desaparecer el recuerdo de una persona.

Raja: órgano genital femenino.

Ramplón: persona inculta, vulgar, grosera.

Randa: pícaro, ladrón.

Rápido como un rayo o una centella: se dice de lo que es rapidísimo.

Rápido como una flecha, o como el viento: forma de expresar que una cosa es muy rápida.

Rara avis: pájaro rarísimo, cosa muy extraña.

Rara vez: en muy pocas ocasiones.

Ras con ras, o ras en ras: cosas iguales unas con otras. Pasar tocando ligeramente un cuerpo con otro.

Rasársele los ojos de, o en, agua, o lágrimas: llenársele los ojos de agua.

Rascarse el bolsillo, o la faltriquera pelo arriba: soltar dinero, gastar, comúnmente de mala gana.

Rascarse el coño: estar una mujer sin hacer nada, ser una vaga.

Rascarse la cabeza: dudar, estar indeciso.

Rascarse la tripa, o la barriga: no hacer absolutamente nada.

Rascarse los cojones, o los huevos: estar una persona mano sobre mano, sin hacer absolutamente nada.

Ráscate la pierna, que te duele la cabeza: dícese de los que suelen aplicar remedios inoportunos o deducir consecuencias falsas.

Rasgarse las vestiduras: hacer alharacas por cosas sin gran importancia, hacer ver a otros gran pesar sin tenerlo.

Raso como la palma de la mano: liso, llano.

Raspa: empleada de hogar.

Rastrero: vil, despreciable.

Rata de sacristía: dícese de la persona beata.

Rata por cantidad: mediante prorrateo.

(Las) Ratas abandonan el barco: se dice de las personas que abandonan un lugar, previendo desgracias o peligros y dejando a los demás en la estacada.

(Un) Ratito a pie y otro andando: manera jocosa de decir se ha andado una larga caminata, recorriéndola a pie.

(Un) Rato, o un rato largo: muy, o mucho, tiempo.

Ratón de biblioteca: persona que escudriña muchos libros.

Ratón de un solo agujero, pronto lo pilla el gato: expresando que deben dejarse dos o más salidas a problemas o dificultades existentes.

Ratón que se hizo ermitaño en un queso, era ratón viejo: no hay experiencia como la edad.

¡Ratón y gato comiendo en el mismo plato!: expresión de sorpresa para el que ve a dos personas llevarse con familiaridad, cuando antes se odiaban.

¡Ratones arriba, que todo lo blanco no es harina!: muy expuesto al error y al engaño.

Rayar la luz de la razón: empezar a ilustrase el entendimiento.

¡Rayos y truenos!: expresión de enfado, muy usada en las historietas de los cuentos (ahora, comics).

(La) Razón acaba siempre por tener razón: aunque al principio no se reconozca, acaba por saberse realmente lo bueno.

Razón de cartapacio: lo que se dice de memoria sin venir a cuento.

Razón de estado: impulso que nos lleva a obrar en sociedad de distinto modo del que quisiéramos con el fin de evitar disgustos o murmuraciones.

Razón de pie, o de pata de banco: lo que no satisface ni convence.

Razón no quiere fuerza: dícese para manifestar que se de por convencido de lo que se dice.

Razón social: nombre de una sociedad mercantil.

(La) Razón tiene más fuerza que lo que parece: ya que siempre se abre paso, a pesar de intereses particulares.

Real decreto: legislación aprobada por el Consejo de Ministros en nuestra actual monarquía constitucional.

Real que guarda ciento es buen real: es bueno el dinero que está bien empleado, el que asegura beneficios.

Real real, real por el rey D..., y el nombre del rey aclamado: grito que se daba por los heraldos en el momento de la proclamación de un monarca en Castilla.

(Un) Real sobre otro: al contado y en el acto.

Reasumir la corona: volver a presentarse con la corona y hábitos clericales el que los había dejado.

Reasumir la jurisdicción: suspender el superior, o quitar por algún tiempo, ejerciéndola por sí mismo.

Rebanar la nuez a alguien: matarlo.

Rebanar las tripas: causar, una persona o cosa, insoportable incomodidad.

Rebelarse los humores: detenerse en una parte del cuerpo.

Recalcarse el pie, o la mano: lastimárselo al torcerse por algún golpe.

Recargar la fiebre: aumentarse.

Recargar las tintas: exagerar el alcance o significación de un dicho o hecho.

Recetar de buena botica: se dice del que gasta largamente porque tiene quien pague por él.

Rechazar la pelota: rebatir lo que otro dice con sus mismos argumentos.

Rechinar los dientes: apretarlos con fuerza en señal de rabia o desesperación.

Reciba mi más sincero pésame: fórmula de condolencia por el fallecimiento de una persona allegada o querida.

Recibir a Dios: comulgar.

Recibir a prueba: período del juicio en que se han de proponer y practicar las justificaciones y probanzas.

Recibir con los brazos abiertos: con toda alegría y regocijo.

Recibir con, o bajo, palio: distinción que se hace con el Sumo Pontífice, reyes o prelados cuando entran en una población de sus dominios o en los templos.

Recibir los sacramentos: el enfermo recibir penitencia, comunión y unción de enfermos.

Recibir un chispazo: sufrir una mala noticia de sopetón, sin estar preparado para recibirla.

Recibir una ducha de agua fría: dícese cuando se recibe una noticia inesperada y muy desagradable.

Recibir una mano de bofetadas: una paliza.

Recibir una noticia a beneficio de inventario: enterarse bien de su exactitud antes de proceder a dar conocimiento.

Recibir varas: dícese cuando una mujer es fácil, que admite proposiciones amorosas.

Recién salido del cascarón: dícese del novato, del que empieza alguna cosa.

(Las) Reclamaciones al maestro armero: dicho de cuartel, que indica que no debe efectuarse reclamación alguna, ni existir quien las reciba.

Recobrar el habla: poder hablar por haber cesado algún accidente que lo impedía. Pasarse el susto.

Recobrar, o retener, la posesión: ser amparado judicialmente, ante el peligro inminente de verse turbado en el goce de una cosa.

Recoger el guante: aceptar un desafío.

Recoger la antorcha: continuar con algo ya empezado.

Recoger las llaves: irse al último lugar.

Recoger, o retirarse a buen vivir: poner enmienda a una vida desarreglada.

Recoger un vale: pagar o satisfacer lo que se cobra por él.

Recoger una proposición: darla por no dicha.

Recoger velas: contenerse, moderarse, ir desistiendo de un propósito.

Recogerse a buen vivir: retirarse a descansar, apartarse del bullicio de la vida, para hacer vida sosegada.

Recomendación del alma: preces de la Iglesia por los que están agonizando.

Recomendar el alma: decir las preces que la Iglesia tiene dispuestas para los que están en agonía.

Reconciliarse con la Iglesia: volver al gremio de ella el apóstata o hereje.

Reconocer el campo: explorarlo. Prevenir los inconvenientes de un negocio antes de emprenderlo.

Reconocer por hijo: declarar a uno por tal.

Reconvenir en su fuero: citar a uno para que comparezca en juicio ante el juez o tribunal competente.

Recorrer de parte a parte: de un extremo a otro.

Recorrer la memoria: hacer reflexión para acordarse de lo que pasó.

Recorrer las siete partidas: ir sin parar de un sitio a otro.

Recortar la lengua castellana, latina, etc.: pronunciarla con exactitud y claridad.

Recta final: lo último de algo.

Rectificar es de sabios: reconocer los defectos y errores no es cosa que haga todo el mundo.

(La) Recua siempre sigue en pos del cencerro: dícese de los que acuden siempre a cualquier reclamo.

Red de pájaros: la tela muy rala y tejida.

Redimir la vejación: hacer alguna acción padeciendo pérdida para subvenir a una urgencia.

Redondear el caudal: desempeñarlo, sanearlo.

Redondear la hacienda: pagar las cargas y dejarla libre.

Redondear su caudal: completarlo, sanearlo.

Redondez de la tierra: toda su extensión o superficie.

Redondo como ojo de azada: comparación irónica con que se motea a uno de torpe.

Redondo como una pelota: dícese de la persona que está muy gruesa.

Reducir a cenizas: destruir una cosa totalmente.

Reducir a la mínima expresión: dejar a lo mínimo.

Reducir al silencio: hacer callar a una persona por la fuerza.

Reducirse a la razón: reconocerla, darse a buenas.

Refanfinflársela: masturbase un hombre.

Referéndum: para referir, se aplica a las votaciones con las cuales se consuslta la voluntad popular.

Refrendar el pasaporte: entrar a beber vino en la taberna.

Refrescar el viento: aumentar su violencia.

Refrescar la memoria: recordar lo que se tenía olvidado.

Refundir infamia: infamar, deshonrar.

Refundir, o refundirse, la jurisdicción: quedar sometida a un juez o tribunal, que conocían dos o más.

Regalar el oído: lisonjear diciendo cosas que agradan.

Regaliz de palo: se dice de los golpes que se dan.

Regalos, regalos, ¡a cuántos hicisteis malos!: el soborno tuerce las conciencias más rectas.

Regar de boquera: gastar con profusión, derrochar.

Regentar la persona: presumir y hacerse visible.

Regir el vientre: hacer con regularidad sus funciones naturales.

Registro de la teta: procedimiento de robo, mientras se deja sobar la ladrona.

(La) Regla: la menstruación.

Regla de cálculo: utensilio que se utilizaba para realizar con cierta aproximación operaciones complicadas; fue de gran aplicación y utilidad.

Regla de tres: operación matemática.

Regla y compás, cuanto más, más: por excesivo que parezca el orden, nunca será lo suficiente.

Reglas, pocas y buenas: porque así se recuerdan todas ellas mejor y pueden cumplirse.

Regodearse: deleitarse, estar de broma.

Regular los votos: contarlos y confrontarlos unos con otros.

Reina mora: piropo dirigido a una mujer, dando a entender que posee una gran belleza y hermosura.

Reír a calzón quitado: a carcajadas.

Reír a casquillo quitado: a mandíbula batiente.

Reír a mandíbula batiente: dar rienda suelta a la risa, con todas las ganas.

Reír como un muerto: por ironía, estar serio.

Reír las gracias: adular a una persona.

Reír por no llorar: poner buena cara cuando hay problemas graves.

Reírle la gracia: aplaudir con alborozo algún dicho o hecho digno; por lo común, de censura.

Reirá mejor el que ría el último: hay que esperar al final para ensalzarse por lo que está aconteciendo.

Reírse a carjada limpia: con todas sus ganas.

Reírse a mandíbula batiente: muchísimo.

Reírse como los conejos: tener risa fingida.

Reírse con toda la boca: con todas las ganas, sin fingimiento, espontáneamente.

Reírse de algo, o de alguno: despreciarlo.

Reírse de los peces de colores: de todo, no preocupar a una persona nada.

Reírse de su madre: despreciarlo todo.

Reírse de su sombra: se dice del guasón que ni a sí mismo libra de sus burlas.

Reírse del mundo entero: de todo y de todos.

Reírse del vecino de enfrente: de determinadas personas.

Reírse hasta de su sombra: ser en extremo burlón y alegre.

Reírse las muelas, o las tripas: con muchas ganas.

Reírse por dentro: interiormente.

Rejas vueltas: expresión de algunos pueblos, cuando entre ellos hay comunidad de pastos o de labor.

Relación de ciego: la que se recita con monotonía y sin sentido. La frívola o impertinente.

Relaciones públicas: persona encargada del trato con los clientes.

Relajarse el estómago: estragarse.

Relamerse de gusto: mostrar gusto o jactancia por algo ejecutado.

Religión y limpieza cada uno la entiende a su manera: solemos hacer acomodaticia a nuestra manera de pensar la religión, diciendo esto es pecado, esto no, según nos interesa.

Reloj de mediodía, nunca da menos de doce: contra los que dicen muchos disparates o no saben acabar una conversación.

Relucir como una espada: estar una cosa muy pulida y brillante.

Relucir el pelo: estar gordo y bien tratado.

Relucir la espalda: ser mujer de mucha dote, hombre rico.

Remachar el clavo: añadir un error mayor a otro, queriendo enmendar el desacierto.

Remanso de paz: tranquilidad máxima.

(El) Remedio es el mejor maestro del mundo: ya que generalmente consuela a los inútiles.

Remo y vela: con presteza, prisa y prontitud.

Remojar la palabra: echar un trago.

Remontar el vuelo: superar una situación adversa.

Remontarse a las nubes: levantar muy alto el concepto o el estilo.

(Una) Rémora: obstáculo, lastre o estorbo.

Remorder la conciencia: acusarse uno mismo de una falta o culpa.

Remover cielo y tierra: buscar y emplear todos los medios para hacer o resolver algo.

Remover humores: inquietar los ánimos, perturbar la paz.

Remover Roma con Santiago: buscar una cosa insistentemente y por todos los lugares.

Renacuajo: hombre pequeño, de mal genio.

Rendir cuentas: presentarlas para su comprobación y aprobación.

Rendir el alma, o rendir el alma a Dios: morir.

Rendir el arma: hacer los militares honores al Santísimo.

Rendir el santo: darlo a la otra la ronda de inferior.

Rendir gracias: dar la gracias.

Rendir la bandera: arriarla en señal de respeto y cortesía.

Rendir la espada: entregarse prisionero un oficial.

Rendir la palma: confesarse vencido en una cosa.

Rendir las armas: entregarse al enemigo. Bajar la punta del fusil, espada, etc. en honor de la tropa al Santísimo Sacramento.

Rendir parias: someterse a otro, prestarle obsequio.

Rendirse a discreción: entregarse al arbitrio del vencedor.

Rendirse a la evidencia: entregarse a lo que no tiene solución, o a los argumentos indiscutibles.

Rendirse a partido: entregarse sin capitulaciones al arbitrio del vencedor.

Renegar de la hora en que nació: hallarse muy desesperado por haberle ocurrido algún mal.

Renegar de la leche que mamó: hallarse fuera de quicio y desesperado.

Rengue: tren.

¡Reniego de los moros...!: intejección usada antiguamente por personas cultas.

Reniego de señora que todo lo llora: indicando que para hacer una cosa se necesita más energía que sensiblería.

Reniego del caballo que al ver una yegua no relincha: denotando la hombría, y menospreciando lo contrario.

Reniego del sermón que acaba en daca: aplícase a las homilías que acaban pidiéndonos dinero, o algo parecido.

Renovar la herida: recordar algo que causa sentimiento.

Renovar la memoria: hacer recuerdo de las especies pasadas.

Renovarse o morir: hay que adaptarse a los tiempos, sin esperar que los demás estén a nuestro criterio o razón.

Renunciar a la mano de doña Leonor: equivale a renunciar a lo que se nos niega afectando generosidad y desinterés.

Renunciar al pacto: apartarse del que se supone hecho con el demonio.

Renunciarse a sí mismo: privarse en servicio de Dios o en bien del prójimo, de hacer su propia voluntad.

Reñir de bueno a bueno: pelear dos honradamente, sin ardides o tretas reprobables.

Reñir por un quítame allá esas pajas: por nada de importancia.

Repantigarse: sentarse con la mayor comodidad y no buena postura.

Reparar en migajas: los que en cosas importantes se detienen en reparar lo de poca o ninguna importancia.

Reparar en pelillos: notar las cosas más leves.

Reparar en repulgos de empanada: detenerse en cosa de poca importancia.

Repartir como pan bendito: distribuir en porciones muy pequeñas.

Repartir orejas: suplantar testigos de oídas de una cosa que no se oyeron.

Repasa cada semana la doctrina cristiana: norma antigua, debiendo hacer examen de conciencia, por lo menos una vez a la semana; era una buena norma y costumbre.

Repetir como un papagayo: decir las cosas sin saber realmente lo que se dice.

Repetir la suerte: reincidir.

Repetir más que el pepino: mucho.

Repetir más que la cebolla: continuamente.

Repetir más que las morcillas: insistentemente.

Repicar en gordo: cuando hay algún acontecimiento insólito.

Repicar y estar en la procesión: se dice cuando una persona intenta estar en dos sitios diferentes a la vez.

Repipi: se dice de la persona afectada de modales y pedante cuando habla.

Replegarse en sí mismo: no tratar con los demás adoptando una actitud introvertida.

Reposar en paz: descansar en paz.

Reposar la comida: descansar después de haber comido.

Repulgar de empanada: cosas de muy poca importancia, o escrúpulos vanos o ridículos.

Repulgar la boca: plegar los labios formando como hocico.

Requerir de amores: declarar una persona a otra su amor, o solicitar relaciones amorosas.

Requiéscat in pace (R.I.P.): descase en paz.

Resalao: persona que tiene mucha gracia.

Resbalarle: darle a una persona indiferencia total.

Reservado el derecho de admisión: cartel que tienen muchos establecimientos públicos, que indican que tienen reservado el derecho de admitir a quien crean conveniente; todo esto es un mito, ya que no figura regulado en ningún sentido dicha característica.

Resfriado mal curado, tísico consumado: invitando a curar bien un resfriado, por las consecuencias negativas que pueda tener el no hacerlo.

Resistir como gato panza arriba: aguantar con todas las fuerzas y empeño hasta el final.

Resistir como un desesperado: hasta los últimos extremos.

Resollar por la herida: despedir por ella el aire interior.

Resolver caldos: volver a tratar un tema motivo de disgusto y discusión.

Resolver el problema: dar solución satisfactoria a un asunto complicado o situación comprometida.

Resonancia magnética: especie de radiografía que se hace para descubrir ciertos males.

Respeta a tus mayores y te respetarán tus menores: el ejemplo es la mejor enseñanza.

(El) Respetable: el público de un espectáculo.

Respetos guardan respetos: el que quiere ser respetado tiene que empezar a respetar.

Respinga y retoza el mozo con la moza: naturalmente, cosa normal y lógica.

Respirar por boca o voz de otro: vivir sujeto a la voluntad, o no decir o hacer cosa sin dictamen de otro.

Respirar, o resollar, por la herida: explicar con alguna ocasión el sentimiento reservado. Echar, despedir el aire interior por ella.

Restos mortales: el cuerpo después de muerto.

Restregar la cebolleta: arrimarse a una mujer con el fin de tener contacto con ella con el miembro viril.

Restos mortales: cadáver de una persona.

Restregar por las narices: decir insistentemente algo con el fin de molestar o confundir a una persona.

Resultar peor el remedio que la enfermedad: se dice cuando una cosa es peor en su consecuencia, que el propio hecho en sí.

Resultón: persona que no es guapa, sí atractiva, siendo agradable.

Retablo de duelo, o de dolores: la persona en quen se acumulan muchos trabajos y miserias.

Retiñir las orejas: perjudicar, ser nocivo y en extremo opuesto un sujeto a aquello que oye, de suerte que quisiera no haberlo oído.

Retirada: "coitus interruptus". Cuando a una mujer le llega la menopausia, acabando su vida fértil.

Retirado como semanero: dícese del que se aparta del mundo, llevando una vida ejemplar.

Retirar de la circulación: dejar de emplear, guardar una cosa de su uso.

Retirar la palabra: dejar de hablar a una persona.

Retirar una proposición: no tener lugar para hacerla.

Retirarse a los cuarteles de invierno: dedicarse al descanso y buena vida.

Retorcer el pescuezo: matar a una persona.

Retozar con el verde: estar alegre y satisfecho.

Retozar el alcacer: se dice del que está alegre en demasía, por alusión a las bestias, que suelen retozar cuando se hartan de verde.

Retozar la risa en el cuerpo: estar movido a risa procurando retenerla.

Retrato robot: dibujo utilizado principalmente por la policía, basado en datos, con el fin de descubrir al delincuente.

(El) Retraimiento de las siete semanas: recogimiento que las doncellas debían tener antiguamente en la cuaresma.

Retratarse: pagar una cuenta de otra persona, invitar.

Retrechero: persona que elude responsabilidades, sin argumentos fehacientes. Mujer de atractivo físico irresistible.

Retrogrado: persona con ideas y hechos en desuso, muy antiguo.

Retundir juntas: rellenar con argamasa fina las fisuras de un muro.

Reunión de pastores, oveja muerta: cuando existe una reunión de personas de la misma naturaleza y condición es para resolver algún problema común a todos ellos.

Reventar como un arca vieja: aplícase al que come con exceso.

Reventar de risa: reír con muchas ganas.

Reventar el corazón en el pecho: hallarse muy emocionado de gozo o alegría.

Reventar por hacer algo: tener grandes deseos de hacerlo.

Reverendos: los testículos.

Reverso de la medalla: persona contraria en genio, costumbres, etc., a otra con la que se compara.

Reverso de la moneda: totalmente contraria a otra persona o asunto.

Revestírsele a uno el demonio, o el diablo: encolerizarse demasiado.

Revocar la fachada: maquillarse.

Revolcarse: divertirse groseramente un hombre y una mujer.

Revolcarse en el fango: llevar una mala vida, licenciosa.

Revolver a uno con otro: malquistarles entre sí.

Revolver caldos: desenterrar cuentos viejos para mover disputas o rencillas.

Revolver el ajo, o el caldo: insistir en reñir.

Revolver el alma: indica lo desagradable que puede ser algo.

Revolver el caldo: resucitar viejos acontecimientos, que han sido motivo de rencillas.

Revolver el cotarro: promover una pendencia.

Revolver el estómago: removerle, alterarle.

Revolver el hato: excitar los ánimos unos contra otros.

Revolver la feria: causar disturbios, alborotar.

Revolver los caldos: sacar a relucir cosas para promover disputas o riñas.

Revolver los ojos: volverlos en redondo por alguna pasión violenta o accidente.

Revolver Roma con Santiago: buscar en todas partes, aplicar todos los recursos posibles por conseguir una cosa.

Revolverle la bilis: causar aborrecimiento a una persona.

Revolverle las tripas: producir molestia o repugnancia.

Revolverse en su tumba: acontecer algo que desagradaría enormemente a una opersona fallecida.

Revolvérsele las tripas, o el estómago, o lo hígados: tener ganas de evacuar. Causarle disgusto o repugnancia.

(El) Rey es mi gallo: frase de Sancho Panza, indicando que es mejor seguir al que está en la prosperidad, que al caído y al pobre.

Rey es, y mira a un gato: manifiesta que no se debe despreciar a nadie por humilde que sea.

(El) Rey nunca se equivoca: por ser el que dicta las leyes.

(El) Rey Perico, o el rey que rabió por gachas: personaje proverbial, símbolo de antigüedad muy remota.

(El) Rey reina, pero no gobierna: forma actual de las monarquías constitucionales, que tienen la representación del Estado, pero no la redacción de las leyes.

Rey Reinando vino a España tirándose pedos con una caña. Tantos tiró que se reventó: cancioncilla infantil con que se castigaba al que perdía en un juego.

Rézale una Salve al Credo: forma de despedir a una persona.

Rezar a coros: hacerlo alternativamente.

Rezongón: se dice de la persona que está siempre gruñendo y quejándose.

Rico o pinjado: con que se pondera la resolución de emprender un negocio, en el que se juega el todo por el todo.

(Los) Ricos en el cielo son borricos; los pobres en el cielo son señores: expresa la diferencia de criterios con lo ultraterreno.

(Los) Ricos son los que matan o sanan: porque pueden con su riqueza hacer el bien o el mal.

Ricura: piropo que indica que una persona es agradable y guapa.

Rien de rien: nada de nada.

Rien ne va plus: no va más, expresión del juego de la ruleta para que no se hagan más posturas.

Ríese el diablo cuando el hambriento da al harto: reprende al que invierte el orden de las cosas, aunque sea con pretextos honestos.

Ríese el roto del desharrapado, y el sucio del mal lavado: siempre hay algunos que creen tener motivos para reírse de otros.

(El) Riesgo está en la tardanza: dícese de todos los proyectos que por miedo a que fallen no se llevan a la práctica.

Rigor mortis: estado de rigidez que adquiere el cadáver.

Rilarse por los perniles: acobardarse, amedrentarse, cagarse de miedo.

Riñen los pastores y descúbrense los quesos: cuando las personas regañan salen a relucir las faltas que estaban ocultas.

Riqueza hace linaje: ya que en esta vida lo único que importa para determinadas personas es el dinero.

Riquezas con sobresalto, miseria las llamo: no es envidiable el rico que no disfruta su caudal tranquilamente.

(Las) Riquezas no hacen ricos: cuando no se saben manejar y emplear.

Risa de conejo: se dice de quien se ríe sin ganas.

Risa del concejo: la causada por accidente involuntario.

Risa sardesca, o sardónica: la afectada.

(La) Risa va por barrios: indicando que a cada uno le llegan las alegrías y las penas, según le toca o corresponde.

Rizar el rizo: complicar más una cosa ya complicada.

Robaperas: granuja.

Robar el color: deslucir el color natural.

Robar el pensamiento a uno: publicar lo que otro tenía pensado.

Rocín en mayo vuélvese caballo: por la influencia de la primavera en los estímulos amorosos.

Rocín enamorado y no correspondido: dícese de los que están siempre tristes, meditabundos y apesadumbrados.

Rodar cabezas: pagar las consecuencias una persona de los errores cometidos.

Rodar por alguno: estar dispuesto para servirle en lo que mande por difícil que sea.

Rodar por el mundo: caminar sin establecerse en ninguna parte.

Rodearse de las cosas: venir a parar a buen o mal término por caminos no esperados.

Roer el anzuelo: liberarse de algún riesgo, burlándose del que lo había preparado.

Roer el lazo: huir del peligro en que se estaba.

Roer la conciencia: molestar, afligir o atormentar interiormente y con frecuencia.

Roer los huesos: aguantar las malas consecuencias de un asunto.

Roer los zancajos: murmurar o decir mal de un ausente.

Roerle los huesos: murmurar.

Róete ese hueso: cuando se encomienda una cosa de mucho trabajo y sin utilidad.

Rogar a ruines: tener poco que esperar de un hombre de baja condición.

Rojo, rogelio, rojeras: de ideas políticas no conservadoras.

Rollo: relaciones amorosas irregulares.

Rollo macabeo: se dice de la explicación muy larga, por lo que resulta pesada y aburrida.

Rollo patatero: embuste o mentira de gran envergadura.

Roma no paga traidores: indica que la deslealtad nunca debe tener recompensa.

Romance de ciego: lo que se recita o se lee con monotonía y sin dar el sentido que corresponde.

Romano Pontífice: el Papa.

Romería de cerca, mucho vino y poca cera: a veces se toman las devociones para divertirse grandemente.

Rompe esquinas: el valentón que está de plantón en las esquinas de las calles, de espera.

Romper aguas: romperse la bolsa que envuelve el feto y derramarse el líquido amniótico al exterior, por estar a punto la mujer de dar a luz.

Romper con alguno: manifestarle la queja que de él se tiene separándose de su amistad.

Romper corazones: ser una persona seductora con las del otro sexo.

Romper el día, o la aurora: empezar a amanecer.

Romper el fuego: ser el primero en comenzar una acción.

Romper el hielo: empezar a conversar, después de algún inconveniente o enfado.

Romper el nombre: cesar al llegar la aurora, el que se había dado para reconocerse en el tiempo de la noche.

Romper el silencio: empezar a hablar de una cosa que se tenía en secreto.

Romper filas: en la milicia y a la voz de mando deshacer una formación.

Romper la aurora, o el alba: amanecer.

Romper la baraja: cancelar un trato, o la palabra dada.

Romper la cabeza, o los cascos a uno: descalabrarle, herirle.

Romper la casaca: cumplir el servicio militar.

Romper la cara: abofetear.

Romper la crisma, o la cresta: producir una herida en la cabeza.

Romper la estampa: matar.

Romper la jeta a uno: romperle la cara.

Romper la mar, o las olas: estrellarse contra un peñasco en la playa.

Romper la valla: emprender el primero una cosa difícil.

Romper la voz: ejercitarla para el canto. Levantarla más de lo regular.

Romper lanzas: quitar los estorbos para ejecutar una cosa.

Romper las amistades: regañar entre sí personas que eran amigas.

Romper las hostilidades: iniciar la guerra atacando.

Romper las narices, o las muelas: amenaza efectuada hacia alguien.

Romper las oraciones: interrumpir la plática con alguna impertinencia.

Romper los esquemas: desorientar.

Romper moldes: efectuar cosas con nuevos métodos, ser innovador.

Romper, o saltar, la valla: emprender el primero la ejecución de una cosa difícil.

Romper plaza: salir al ruedo el primer toro de lidia.

Romper por todo: ejecutar algo atropellando todo género de respeto.

Romper precio: abrir el mismo.

Romper una lanza: se dice cuando una persona defiende a otra abiertamente y con todas sus consecuencias.

Romperle el alma: la crisma o la cabeza.

Romperle el bautismo a uno: la crisma.

Romperle la boca, o la estampa: golpear a una persona.

Romperle los cascos: la cabeza.

Romperle los huesos, los dientes: golpearle fuertemente.

Romperse la cabeza: cansarse con el estudio.

Romperse la crisma: darse un buen golpe.

Romperse la cara por alquien, o por algo: defenderlo con vehemencia.

Romperse las manos: trabajar mucho.

Romperse las narices: caerse de bruces.

Romperse los cascos: fatigarse o cansarse en el estudio o investigación de una cosa.

Romperse los codos: aplicarse al estudio con ahínco.

Romperse los cojones: trabajar mucho y duramente.

Romperse los cuernos: esforzarse o luchar mucho por algo.

Romperse por lo más delgado: da a entender que el fuerte prevalece sobre el débil.

Rompérsele una tripa: ocurrirle algo que necesite ayuda.

Rompetechos: dícese de la persona muy alta, igualmente se suele utilizar al contrario en sentido irónico.

Roncar a más y mejor: dormir a pierna suelta.

Roncar como un bendito: dormir placentera y profundamente.

Roncar como un cochino: dormir a pierna suelta, roncando exageradamente.

Ronda, ronda, el que no se haya escondido que se esconda, que tiempo ha tenido de haberse escondido, y si no que responda: retahíla empleada por el que se quedaba al juego del escondite, invitando a guardarse los otros compañeros.

¡Ropa a la mar!: expresión para avisar a los marineros que se avecina una gran tormenta.

Ropa blanca: la que se emplea en uso doméstico, y antiguamente la ropa interior.

Ropa de cámara, o de levantar: vestidura holgada que se usa para levantarse de la cama.

¡Ropa fuera!: aviso a los galeotes para preparse al trabajo.

Ropa interior: ropa que generalmente no se descubre y está en contacto directo con la piel. Ropa íntima.

Ropa lavada, sol aguarda: consecución de cosas inmediatas que no pueden ser desatendidas.

(La) Ropa sucia se lava en casa: esta frase indica que las desavenencias de una familia, o sus malos hechos, deben arreglarse de puertas adentro, sin que trasciendan fuera.

Ropa tendida: advertencia al que está hablando para que calle, por la proximidad de otras personas, que no deben oír lo que se habla, principalmente los menores de edad.

¡Ropa, ropa, que hay poca!: incita a la repetición de alguna cosa, generalmente en tono satírico.

Ropa vieja: guisado de carne que ha sobrado de la olla, y que fue antes cocida.

Rosa blanca: expresa sigilo, en el lenguaje de las flores.

Rosa de los vientos: instrumento de navegación.

Rosa de pitiminí: especie de rosa. Persona muy delicada y frágil.

Rosa que muchos huelen, su fragancia pierde: aplícase a la mujer que acostumbra a tratar y convivir con muchos hombres.

Rosquilla de monja, fanega de trigo: hay veces que conseguir alguna cosa nos cuesta un precio muy excesivo.

Rosquillas de la tía Javiera: significa lo auténtico, legítimo y bueno.

Rostro: caradura, aprovechado.

Rostro a rostro: cara a cara.

Rubia de frasco, o de bote: dícese de la mujer que se ha teñido el pelo de rubio, que no es su color natural.

Rubinchi: turista.

Rúe: la calle.

Rueda de la fortuna: la inconstancia de las cosas humanas.

(La) Rueda de la fortuna anda más lista que la rueda de molino: aconsejando a los perezosos que no se duerman si quieren conseguir algo.

Rueda de prensa: exposición de alguna materia, pudiéndose formular preguntas por partes de los periodistas.

Rueda de presos: reconocimiento de uno de ellos entre varios por quien ha presenciado el delito.

Rueda de Santa Catalina: la que hace mover el volante de los relojes.

¡Ruede la bola!: indiferencia por los sucesos.

Rufián: hombre sin honor, despreciable, perverso.

Rugir el tigre: oler muy mal el inodoro.

Ruido de cadenas: presunción, fatuidad.

Ruido de sables: señal de lucha o guerra.

Ruido hechizo: sonido hecho a propósito.

(El) Ruin, delante: cuando uno se nombra antes que otra persona, o en primer lugar.

Ruin es quien por ruin se tiene: aconseja a que no se debe abusar de la modestia, hasta el punto que se puede llegar a creer lo que se dice.

Ruin res en cuernos medra: los que se ocupan poco de las cosas espirituales.

Ruin sea quien ruindad amare: los que se adaptan a las cosas humildes y bajas, y que no es lo que su posición permite.

Ruleta rusa: juego incomprensible que consiste en dispararse un revólver que sólo contiene una bala.

Rumay: mujer de compañía habitual.

Rumboso: persona generosa, espléndida.

Sábado, sabadete, camisa limpia y polvete: dicho al llegar este día, como de alegría y buena disposición de ánimo.

Sábana: billete de dinero de gran valor.

Sabandija: persona dañiña y despreciable.

Sabe Dios: expresión que pone de manifiesto la inseguridad, o ignorancia de una cosa.

Sabe Dios quién trillará (y estaban segando): dícese de los que desconfían de las cosas aunque las vean bien palpables.

Sabe más el diablo por viejo que por diablo: dando a entender que la experiencia da más saber que los propios conocimientos.

Sabe más el loco en su casa que el cuerdo en la ajena: indicando que es más importante la experiencia de conocimientos propios que el de los extraños, por muy premeditados y estudiados que estén.

Sabe que rabia: expresión familiar para lo que tiene un sabor vivo y fuerte.

Saber a ciencia cierta: con toda seguridad, sin lugar a dudas.

Saber a cuerno quemado: hacer mala impresión en el ánimo una cosa o una injuria.

Saber a demonios una cosa: tener sabor desagradable.

Saber a gloria una cosa: gustar una cosa en exceso, ser muy grata de sabor.

Saber a la madera: tener las mismas condiciones o inclinaciones que sus padres.

Saber a la pega: seguir los resabios de la mala educación, del trato con malas compañías.

Saber a peras: ser una cosa dolorosa, perjudicial; se dice cuando uno se da un golpe.

Saber a pimienta, o tener mucha pimienta: dícese de todo lo que se vende a un precio excesivamente alto.

Saber a poco: no tener suficiente con lo que es agradable, queriendo más.

Saber a punto fijo: conocer algo con toda exactitud y certeza.

Saber a rayos: tener una cosa un sabor desagradable.

Saber a rosquillas: producir gusto, satisfacción, también se usa en sentido negativo.

Saber a teta de novicia: se dice cuando una cosa es excelsa, de poca habitualidad.

Saber álgebra: dícese cuando una persona tiene grandes conocimientos.

Saber algo como el Ave María, o el Padrenuestro: conservar una cosa en la memoria, que se puede decir inmediatamente.

Saber bastante para sus años, o su tiempo: manejarse mejor de lo que parece.

Saber como segunda carretilla: dícese de los que hacen algo siguiendo los pasos de otros que lo hicieron primero.

Saber con qué buey, o bueyes, ara: conocer bien a las personas con las que puede o debe tratar.

Saber cortar un pelo en el aire: ser muy inteligente.

Saber cuántas púas tiene un peine: ser bastante astuto.

Saber cuántas son cinco por cinco: entender lo que a uno le improta.

Saber de boca, o de la boca de otro: conocerlo por habérselo oído referir.

Saber de buen original una cosa: de buena tinta.

Saber de buena costura: ser hombre o mujer de mundo.

Saber de buena parte una cosa: de buena tinta.

Saber de buena tinta una cosa: tener conocimiento directo y bueno de ella.

Saber de carretilla: haber aprendido bien de memoria lo leído y decirlo corrientemente.

Saber de la misa la media: estar enterado en parte de un asunto.

Saber de qué pie cojea: conocer a fondo el vicio o defecto de que adolece.

Saber de toda costura: conocer el mundo y obrar con toda sagacidad y aun con bellaquería.

(El) Saber debe demostrarse como el reloj: así como el que lleva un buen reloj no lo enseña en cualquier momento, la sabiduría debe emplearse en el momento oportuno.

Saber dónde el jején puso el huevo: dícese de la persona que sabe mucho, especialmente en cosas difíciles de averiguar.

Saber donde le aprieta a uno el zapato: ser muy listo y saber lo que se quiere en cada momento.

Saber el terreno que pisa: conocer bien el asunto o las personas que se trata.

Saber es poder: el que es ignorante de una cosa no puede poner remedio a ella.

Saber hacer: ser una persona emprendedora y hacer las cosas con diligencia y a gusto de todos.

Saber la tierra que pisa: caminar sobre seguro en un asunto por conocerlo bien.

Saber la vida y milagros de alguien: conocer perfectamente su vida.

Saber las vidas ajenas: informarse con curiosidad y malicia de la vida de los demás.

Saber latín, o mucho latín: tener amplios conocimientos. Ser muy astuto y avisado. Tener muchas picardías.

Saber llevar a una persona, o cosa: manejarle con habilidad y destreza.

Saber lo que es bueno: sufrir los efectos de una mala acción.

Saber lo que es necesidad: indicando que es conocida la aflicción.

Saber lo que se pesca: tener ingenio, saber lo que se hace.

Saber lo que se trae entre manos: actuar con conocimiento de causa.

Saber lo que vale un peine: enterarse por medios propios o por indicación de una cosa que se quiere resaltar.

Saber más que Calepino: tener grandes conocimientos.

Saber más que el diablo: ser excesivamente astuto.

Saber más que el maestro Ciruelo: tener grandes conocimientos o estudios.

Saber más que el tocino rancio: mucho.

Saber más que Juan de Esperandiós: tener grandes conocimientos.

Saber más que las culebras: ser muy sagaz en su provecho.

Saber más que las ratas: aplícase a la persona experimentada, astuta y vividora.

Saber más que Lepe, Lepijo y su hijo: tener grandes conocimientos.

Saber más que los ratones "coloraos": ser de listeza natural y amplia.

Saber más que Merlín, o el mago: más que el diablo.

Saber más que un pobre: tener gran sabiduría en base a que el hambre aguza el ingenio.

Saber más refranes que un libro: dícese de la persona que los prodiga a cada paso.

Saber menos que un caballo de cartón: no saber absolutamente nada.

Saber montárselo bien: vivir bien, con comodidades.

Saber muchas letanías: se dice de las personas que son muy dicharacheras, sabiendo muchos chascarrillos.

Saber mucho y tener mucho saber, una cosa parece y dos vienen a ser: diferenciando los conocimientos, así como la sabiduría en la aplicación de dichos conocimientos.

Saber nadar y guardar la ropa: se dice de la persona sensata y comedida en hacer las cosas.

(El) Saber no ocupa lugar, o no estorba: dando a entender que nunca es suficiente lo que se sabe.

Saber por boca de otro: tener conocimiento de algo por haber sido contado por otra persona.

Saber qué terreno se pisa: conocer por dónde anda, reconocer el asunto que se trata perfectamente, saber cómo actuar.

Saber su cuento: obrar con reflexión, o por motivos que no quiere o no puede manifestar.

Saber su salmo: saber lo que le conviene.

Saber teclear a una persona: saberla llevar.

Saber toda la escuela: todas las cosas con sus más y sus menos.

Saber trastear: saber llevar a una persona.

Saber un huevo: tener grandes conocimientos.

Saber un rato largo: ser muy listo.

Saber una canción con dos guiaderas: aludiendo al hombre solapado, de dos caras.

Saberse al dedillo: aprenderse algo de memoria, conocerlo perfectamente.

Saberse algo como el padrenuestro: a la perfección, sin tener que pensarlo.

Saberse de buen original: asegurar con certeza lo que se dice.

Saberse enrollar: tener facilidad para hacer amistades, o tratar con la gente.

Saberse la cartilla, o tener aprendida la cartilla: haber recibido instrucciones sobre el modo de proceder en un determinado asunto.

Sabérselas todas: por tanto difícil de ser engañado, por conocer los trucos, inconvenientes, etc.

Sabérselo hacer: ingeniárselas para hacer o conseguir algo.

Sabérselo todo: irónico, al presumido que no admite advertencias de otro.

Saberse una cosa como el avemaría o padrenuestro: sabérsela al dedillo, de corrida, al pie de la letra.

Sabérselas todas: tener una gran experiencia.

(La) Sabiduría es el ojo derecho de nuestra vida: indica lo mucho que vale el saber.

Sabio es quien escucha, y necio quien se escucha: la diferencia entre el que se cree saberlo todo y el que espera aprender siempre algo de los demás.

Sabio es quien habla poco y calla mucho: manifestando prudencia.

Sabor de boca: impresión que se produce en el ánimo por algun acontecimiento.

Sácame del apuro y bésame el culo: frase que quiere indicar la indiferencia de muchas personas al recibir un favor, ayuda o dinero.

Sacamuelas: hablador, charlatán.

Sacar a bailar: invitar a bailar a una dama.

Sacar a barrera: poner al público.

Sacar a beber al macho: orinar.

Sacar a colación: hacer mención, sacar la conversación de ellas.

Sacar a danzar: obligar a tomar partido por alguna cosa.

Sacar a flote: ayudar a una persona.

Sacar a hombros a alguno: ponerle en salvo. Ensalzarle por alguna cosa bien hecha. Al torero cuando ha hecho una buena faena.

Sacar a la luz: publicar una obra inédita, decir lo que era desconocido, descubrir o manifestar lo oculto.

Sacar a la palestra: citar o hablar de alguno. En clase sacarle a la pizarra o estrado.

Sacar a la plaza: publicar, dar a conocer algo.

Sacar a la puja: exceder en fuerza o maña a uno.

Sacar a la vergüenza: poner en evidencia a otro. Imponer castigo público.

Sacar a las barbas del mundo la mentira: decir sin recelo lo que se siente. Sacar en público.

Sacar a libertad la novicia: eximir del convento a una monja con toda prudencia.

Sacar a luz: publicar una obra.

Sacar a otro: hacerle decir todo lo que sabe.

Sacar a paz y a salvo: librar de todo riesgo.

Sacar a plaza, o a la plaza, alguna cosa: publicarla.

Sacar a pública subasta una persona, o una cosa: publicar los defectos de alguno para murmurar de ellos. Admitir postores para una subasta.

Sacar a pulso: llevar a término un negocio, venciendo dificultades a fuerza de perseverancia.

Sacar a relucir, o sacar a relucir los trapos sucios: descubrir los defectos o inconvenientes.

Sacar a tiras el pellejo: quitar la reputación a una persona.

Sacar a uno de las garras de otro: libertarse de su poder.

Sacar a uno de sus casillas: alterar su modo de vida.

Sacar a uno los tuétanos: aprovecharse de él, estrujarlo.

Sacar a volar a alguno: presentarle en público. Quitar la cortedad a una persona.

Sacar adelante: proteger a una persona en su crianza, educación, etc.

Sacar agua de la noria: pasear en el mismo sitio durante bastante tiempo.

Sacar agua de las piedras: utilidad de todo, incluso de las cosas que menos prometen.

Sacar al público: publicar, dar a conocer.

Sacar al sol: molestar repetidamente a alguna persona, poner en ridículo.

Sacar al tablado: publicar, hacer patente una cosa.

Sacar ánima: ganar indulgencia plenaria.

Sacar astilla: conseguir algo a fuerza de pedir.

Sacar bola: dicho de muchachos para ver la fuerza, teniendo como demostración la fortaleza del bíceps.

Sacar con los pies adelante, o "palante": llevar a enterrar.

Sacar con tirabuzón, o con sacacorchos: extraer algo a la fuerza. Dícese de lo que cuesta obligar a hablar a una persona callada.

Sacar de apuros: proteger.

Sacar de borrador: vestir limpia y decentemente a una persona.

Sacar de debajo de la tierra una cosa: dificultad de lograrla o adquirirla.

Sacar de dudas: establecer verdades.

Sacar de entre las manos: quitarle a uno lo que tenía más asegurado.

Sacar de juicio: violentar, incomodar mucho.

Sacar de la cabeza: disuadir a una persona de algo.

Sacar de la manga: hacer cosas imprevistas, sin estar dentro de una lógica u orden.

Sacar de la puja: exceder a otro en fuerza y habilidad.

Sacar de la puja a alguno: del apuro.

Sacar de las garras: libertar.

Sacar de los rastrojos: ayudar a salir de estado bajo o humilde.

Sacar de madre a uno: inquietarle hasta hacerle perder la paciencia.

Sacar de mentira verdad: fingir que se sabe una cosa con el fin de que por otro sea contada.

Sacar de pañales: librarle de la miseria, ponerle en su mejor fortuna.

Sacar de pecado: redimir a una persona de la prostitución en que estaba.

Sacar de pila: ser padrino en el bautismo.

Sacar de puntos: reproducir con precisión matemática un modelo escultural.

Sacar de quicio: exasperar, hacer perder el tino.

Sacar de su cabeza alguna cosa: discurrirla, inventarla.

Sacar de su paso a alguno: hacerle obrar fuera de su costumbre u orden regular.

Sacar de sus casillas a alguno: alterar su método de vida, hacerle perder la paciencia.

Sacar de sus fueros: hacer enfadar a una persona.

Sacar de tino: hacer enfadar a otro o enfurecerle. Confundir o exasperar a uno, razón o suceso.

Sacar de una caña de escoba: modo denigrante de dar a entender la facilidad con que se eleva a determinados puestos distinguidos a personas no merecedoras de ellos.

Sacar de debajo de la tierra: obtener algo con gran esfuerzo.

Sacar del atolladero: libertar a uno de un conflicto.

Sacar del borrador: sacarle del estado en que se halla o hallaba.

Sacar del buche: hacer decir a una persona todo lo que sabe sobre un asunto.

Sacar del lodo: hacerle salir del estado en que está.

Sacar el abanico: tirar del sable, espada o navaja.

Sacar el alma: matar o hecer gran mal.

Sacar el alma de pecado a alguno: hacer con arte que diga lo que no quería.

Sacar el alma, el corazón o las entrañas, a alguno: hacerle gastar cuanto tiene. Causarle mucho mal.

Sacar el ascua con la mano del gato, o mano ajena: valerse de una tercera persona para ejecutar algo que puede ocasionar daño o disgusto.

Sacar el buche: darse importancia.

Sacar el caballo limpio: salir bien de algún empeño.

Sacar el canario a pacer: disponerse un hombre a orinar.

Sacar el Cristo: acudir a algún medio de persuasión extremo y decisivo.

Sacar el cuello: convalecer de alguna enfermedad.

Sacar el fondo del arca: echar el resto para agasajar a alguna persona. Vestirse con las mejores ropas o galas.

Sacar el jugo: saborear todos sus atractivos.

Sacar el pecho por otro: hacerse solidario, defenderlo.

Sacar el pie del lodo: sacar de un apuro a una persona.

Sacar en claro: deducir en conclusión.

Sacar en limpio: asegurarse de la certeza de una cosa.

Sacar en procesión: airear una cosa para que todo el mundo la conozca.

Sacar faltas: descubrirla, satirizar a una persona enumerando los defectos que tiene.

Sacar fruto: conseguir algún buen efecto de lo que se hace.

Sacar fuerzas de flaqueza: hacer cuanto es posible a pesar del desánimo.

Sacar grano de una cosa: obtener provecho.

Sacar huevos: empollarlos.

Sacar jugo: obtener el mayor provecho de algo.

Sacar la barba del lodo: ayudar a salir a alguien de algún apuro o peligro.

Sacar la barrila, la tripa o el vientre de mal año: saciar el apetito teniendo mucha hambre, comer mejores manjares que los acostumbrados.

Sacar la brasa, las castañas con mano ajena, o de gato: valerse de otro para las cosas difíciles.

Sacar la cabeza: aparecer lo que no se ha visto. Atreverse a hacer lo que se temía.

Sacar la capa, o su capa: justificarse o argüir bien en un lance apretado.

Sacar la cara por alguno: presentarse en su defensa.

Sacar la conversación: tocar algún punto para que se hable de ello.

Sacar la espada por alguno: salir en su defensa.

Sacar la espina: desarraigar alguna cosa mala.

Sacar la lengua a alguno: burlarse de él.

Sacar la lengua a paseo, o al oreo: decir lo que no debía en ese momento, y se debía haber callado.

Sacar la novia por el vicario: conseguir el novio que el juez saque a la novia de casa de sus padres, para depositarla en lugar seguro, y declarar libremente su voluntad.

Sacar la pata: enseñar, recitificación de los errores cometidos.

Sacar la púa al trompo: averiguar a fuerza de diligencias el origen o la causa de una cosa.

Sacar la tripa, o el vientre, de mal año: vulgarmente se dice del que se da un atracón, no comiendo dicha persona con habitualidad.

Sacar las castañas del fuego: ejecutar en beneficio de otro alguna cosa de que puede resultar daño o disgusto para sí.

Sacar las cosas de quicio: sacarlas de su entorno, de su forma habitual.

Sacar las del costal: hacer un esfuerzo.

Sacar las entrañas: el alma.

Sacar las tripas: dar un navajazo o similar a una persona.

Sacar las uñas: valerse de habilidad o ingenio en algún lance apurado. Enfadarse mucho.

Sacar leche de una alcuza, o de un botijo: conseguir lo imposible.

Sacar lo que el negro del sermón: frase con que se denota el poco provecho que uno saca de los consejos que dan.

Sacar los colores a la cara, o en el rostro: sonrojar.

Sacar los huevos: empollarlos el ave, o sacar los pollos por calor artificial.

Sacar los ojos: apretar a uno para que haga una cosa. Hacerle gastar mucho por antojos o peticiones inoportunas.

Sacar los pies de las alforjas, o del plato, o del tiesto: el que era tímido y empieza a hacer lo que no se atrevía.

Sacar los pies del lodo a alguno: levantarlo de la miseria a la prosperidad.

Sacar los pies del plato: volverse revoltoso.

Sacar los pies del tiesto: volverse un trasto, travieso.

Sacar los recados: publicar las amonestaciones para los que quieren casarse.

Sacar los trapos a la colada, o a relucir al sol: echar en cara las faltas y hacerlas públicas, especialmente cuando se riñe acaloradamente.

Sacar los trapos sucios: airear las faltas de los demás.

Sacar mentiroso, o verdadero, a otro: comprobar que es falso o cierto lo que otro había dicho de él.

Sacar, o descubrir, por la pinta: conocer o descubrir algo por alguna señal.

Sacar, o ponerse, los trapitos de cristianar, o de cuando repican en gordo: vestirse con esmero, sobre todo en día señalado.

Sacar, o salir, a relucir: mentar o alegar por medio inesperado algún hecho o razón.

Sacar pajas de una albarda: ser fácil y no tener cosa que saber.

Sacar partido: conseguir.

Sacar pecho: hacerse arrogante.

Sacar pelotas de una alcuza: tener astucia o agudeza para conseguir lo que se desea.

Sacar pollos: dar calor continuado a los huevos, para que se forme el mismo. Una persona estar muy abrigada y con exceso de calor.

Sacar polvo de lo mojado: dícese de todo aquello que, por lo insólito e inaudito, es capaz de dar lugar a que se realice lo más contrario al orden natural.

Sacar polvo debajo del agua: tener gran sagacidad o viveza.

Sacar por alambique: conseguir, o dar una cosa, con gran escasez.

Sacar por la pinta: conocer por alguna señal, principalmente a las personas por el parecido con su familia.

Sacar por la uña al león: conocer una cosa por algún indicio.

Sacar punta a una cosa: atribuir malicia o significado que no tiene.

Sacar raja, tajada o partido: lograr algo de lo que se desea.

Sacar sangre: lastimar, dar que sentir.

Sacar su capa: justificarse de algún cargo, responder cuando parecía que no quedaba recurso.

Sacar tajada: obtener beneficio de algún asunto, donde generalmente no se obtiene nada.

Sacar trapillos a la colada: descubrir los defectos o las faltas cometidas por otros.

Sacar un fuego con otro fuego: vengarse empleando los mismos métodos o medios que el ofensor.

Sacar uno la conversación: tocar algún punto para que se hable de él.

Sacar verdadero: probar con pruebas irrefutables la verdad de lo que se dice o hace.

Sacarle a la andadura: obtener de una persona todo el rendimiento posible.

Sacarle a uno los colores: sonrojarlo.

Sacarle de entre las manos una cosa: quitarle lo que tenía más asegurado.

Sacarle del buche alguna cosa: hacer que declare o diga cuanto sabe sobre el particular.

Sacarle hasta las entretelas: llevarse de una persona todo lo que se pueda.

Sacarle la chicha: hacerla trabajar, o sacar de ella el mayor provecho posible.

Sacarle los redaños: privarle violentamente de la vida.

Sacarse de la manga: inventarse algo, hablar sin fundamento.

Sacarse el clavo: librarse de una persona o cosa molesta.

Sacarse el pecho: tomar un pedazo de pan seco después de la comida.

Sacarse la espina, o la puncha: desquitarse de alguna pérdida.

Sacarse los ojos: reñir con cólera.

Saco mi blanca: es decir, pagar cada uno lo suyo, o a partes iguales.

Saco vacío no puede mantenerse de pie: para trabajar es necesario comer.

Sacristán de amén: el que ciegamente sigue el dictamen de otro.

Sacristía abierta y el sacristán a la puerta: comentario que se hace cuando se lleva la bragueta abierta.

Sacudido de carnes: muy delgado.

Sacudir dentelladas: dar malas razones o respuestas agrias.

Sacudir el bálago: golpear a alguno.

Sacudir el polvo: golpear a uno. Impugnar, rebatir fuertemente.

Sacudir el polvo de los pies o zapatos: apartarse de algún lugar digno de castigo o aborrecimiento.

Sacudir el yugo: salir de alguna sujeción que servía de gravamen, afrenta o molestia.

Sacudir estopa, o leña: dar golpes, pegar.

Sacudir la badana: pegar a alguien.

Sacudir la pereza: vencerla. Emprender con buen ánimo alguna diligencia.

Sacudir, o soltar, la tela: pagar, entregar dinero.

Sacudirse el muerto de encima: eludirse de toda responsabilidad.

Sacudirse el yugo: librarse de la opresión.

Sacudirse la mosca: apartar de sí los embarazos o estorbos.

Sacudirse las moscas: mosquearse.

Sacudirse las pulgas: no aguantar bromas o impertinencias.

Sacudírsela: masturbarse un hombre.

(La) Sal de la tierra: alegría y disposición de una persona.

Sal quiere el huevo: estar un asunto muy cerca de venir a la perfección.

Sal y pimienta: tener una cosa gracia siendo un poco picante.

Salario mínimo: emolumentos mínimos, establecidos por ley, que tienen que cobrar los trabajadores.

Salario de hambre: el que pagan a los trabajadores los empresarios explotadores.

Sale de veinticinco, y uno mohoso: aplícase a la persona que tiene más edad de la que se empeña en afirmar que posee.

Saleroso: persona con gracia y salero.

Salga el sol por Antequera: cuando se es indiferente a que resulte una cosa u otra. Algunos añaden: **y póngase por donde quiera.**

Salga lo que saliere: con que se denota la resolución de hacer una cosa sin preocuparse del resultado.

Salga pato o gallareta: salga lo que saliere.

Salga pez, o salga rana: a ciegas en asunto de éxito dudoso.

Salga pez, o salga rana, a la capacha: reprende la codicia de los que todo se llevan, por poco que valga.

Salida de pan tierno: patochada.

Salida de pie, o pata, de banco: incongruencia, disparate.

Salida de rocín tuerto: salir con una patochada.

Salida de tono: descomponerse en voces. Contestación fuera de lugar a la pregunta hecha.

Salida en falso: astucia, recurso, procedimiento embozado para lograr una cosa.

Salida por entrada: que equivale a demostrar que no se ha tenido beneficio ni provecho alguno en una cosa.

Salido: con gran excitación sexual, casi permanente.

Salíme al sol, dije mal y oí peor: las murmuraciones suelen traer malas consecuencias.

Salir a alguna cosa: tomarla a su cargo, responder de ella.

Salir a barrera: exponerse a pública censura.

Salir a buen puerto: llegar con felicidad a conseguir una cosa difícil.

Salir a campaña: ir a la guerra.

Salir a escape, o a uña de caballo: a todo correr.

Salir a estocada por cornada: salir en paz de cualquier asunto.

Salir a flote: superar una situación difícil.

Salir a gatas: librarse con gran trabajo de algún apuro. Marcharse de un lugar después de haber bebido muchísimo.

Salir a hombros por la puerta grande: el torero cuando ha hecho una extraordinaria faena y sácanle por ella.

Salir a la cara: tener que sentir por alguna cosa, conocérselo en el semblante.

Salir a la colada: desubrirse lo olvidado y oculto.

Salir a la demanda: defender alguna cosa.

Salir a la luz: producirse una cosa. Descubrir lo oculto. Imprimirse una obra.

Salir a la orilla: haber vencido, aunque con trabajo, las dificultades de alguna cosa.

Salir a la palestra: salir voluntario el estudiante a dar la lección en la pizarra.

Salir a la parada: al encuentro.

Salir a la superficie: saber lo que estaba oculto.

Salir a los ojos: a la cara, descubrirse una cosa.

Salir a monte, o a poblado: ejecutar una por casualidad.

Salir a paso de carga: con mucha prisa, precipitadamente.

Salir a pedir de boca una cosa: haber salido una cosa completamente satisfactoria.

Salir a plaza una cosa: manifestarse, publicarse.

Salir a puerto: escapar, librarse de algún compromiso o peligro.

Salir a puerto de claridad, o de salvación: arribar.

Salir a salvo: terminarse felizmente una cosa.

Salir a tomar el aire: dar un paseo, generalmente cuando se lleva algún tiempo encerrado con el ánimo de distraerse.

Salir a volar: darse al público una persona o cosa.

Salir adelante, o avante: conseguir un negocio difícil.

Salir al atajo: interrumpir la conversación de otro.

Salir al camino: saltear. Prevenir la inteción de alguno.

Salir al campo: ir a reñir en desafío.

Salir al encuentro: a recibir al que viene. Prevenir a alguno de lo que quiere decir o hacer.

Salir al gallarín: suceder mal, vergonzosamente.

Salir al paso: darse por enterado de una cosa, e impugnar su veracidad.

Salir al quite: acudir en ayuda de alguien.

Salir arreando, pitando, zumbando: salir de un lugar muy deprisa.

Salir bien, o mal parado, o librado: terminar con éxito algún asunto, cuando se creyó lo contrario o viceversa.

Salir bordada una cosa: ejecutada a la perfección.

Salir calabaza: no corresponder al concepto ventajoso que de él se tenía formado.

Salir caro o cara alguna cosa: resultarle con perjuicio de algún asunto.

Salir con banderas desplegadas: honores que se conceden en algunas capitulaciones a los vencidos.

Salir con el oficio: desempeñar bien un trabajo.

Salir con el pleito: ganarlo.

Salir con el rabo entre las piernas: abandonar humillado un lugar.

Salir con esas: decir algo que no viene a cuento en ese momento y de forma desabrida.

Salir con la cabeza rota: tener mal éxito en lo que se había emprendido.

Salir con la capa arrastrando: perdiendo.

Salir con la embajada: decir alguna tontería o cosa inoportuna.

Salir con la manta al hombro: perdiendo mucho.

Salir con las manos cruzadas, o en la cabeza: mal parado en algún encuentro o pretensión.

Salir con los pies por delante: morirse.

Salir con su media espada: entremeterse en la conversación, interrupiéndola con cosas impertinentes o disparatadas.

Salir con, o decir, una patochada: disparate, dicho necio o grosero, propio de patanes.

Salir con una pata de gallo: por peteneras.

Salir condenado en costas: ser condenado a ellas. Salir pejudicado en algún negocio o asunto.

Salir de capa de raja: pasar de trabajar duramente a mejor fortuna.

Salir de compás: proceder sin arreglo a sus obligaciones.

Salir de compras: ir a comprar, en algunas ocasiones por mero entretenimiento.

Salir de copas: de alterne.

Salir de cuentas: estar una mujer a punto de dar a luz en cualquier momento, por haberse cumplido el tiempo para ello.

Salir de dudas: poner en claro una duda, debido generalmente a la ignorancia.

Salir de estampía: aturdidamente, repentinamente.

Salir de este mundo: morirse.

Salir de Guatemala y entrar en Guatepeor: haber superado una situación comprometida y entrar en otra de peor solución.

Salir de guilla: huir.

Salir de Herodes y entrar en Pilatos: escaparse de una cosa mala y llegar a otra peor.

Salir de las narices, o de las pelotas: actuar con su propio criterio.

Salir de Málaga y entrar en Malagón, o salir de Guatemala y entrar en Guatapeor: de una situación difícil y entrar en otra peor.

Salir de mantillas, o de pañales: tener ya edad y conocimiento.

Salir de Matamala y entrar en Matapeor: dicho regional, igual que el anterior.

Salir de naja: corriendo, marcharse con cierta precipitación.

Salir de ojo: llamar la atención algo, extrañar.

Salir de pelo: estar hecho con el genio natural de cada uno.

Salir de quicio: exceder el orden, el curso natural.

Salir de regla: excederse, propasarse, traspasar los límites de lo regular o justo.

Salir de su cuidado una mujer: parir.

Salir de su ocasión: parir, librar la mujer.

Salir de su paso: variar la costumbre.

Salir de su quicio, o de sus quicios: exceder el orden, el curso natural.

Salir de sus casillas: excederse del modo acostumbrado.

Salir de tono: decir inconveniencias.

Salir del atolladero, o del barranco: desembarazarse de alguna dificultad o gran trabajo.

Salir del barranco: desembarazarse de una grave dificultad, librarse de un gran trabajo.

Salir del cenagal: zafarse felizmente de un asunto feo.

Salir del corazón alguna cosa: hacerla con toda verdad.

Salir del día: libertarse de algún apuro o dificultad.

Salir del paso: despachar algún asunto de cualquier modo.

Salir descalabrado: mal de una contienda.

Salir echando, o cagando, leches: a todo correr.

Salir el lobo al camino, como la gansa de Cantimpalos: aplícase a los que neciamente se meten en un peligro en lugar de rehuirlo.

Salir el sol por Antequera: no importar nada un suceso.

Salir el tiro por la culata: resultar una cosa contraria a lo que se esperaba.

Salir en globo: de mala manera, por los aires.

Salir en la colada: poner en claro, averiguar las malas acciones o actos censurables de una persona.

Salir en letras de molde, o en los papeles, o en los periódicos: dar motivo o temer que se ocupe de uno la crónica de la prensa.

Salir en público: en algún acto que no sea particular.

Salir haciendo fu como el gato: marcharse de un sitio enfadado, deprisa, sin despedirse.

Salir huera una cosa: desvanecerse lo que se esperaba.

Salir la burra capada: encontrarse burlado.

Salir la criada, o la moza, respondona: encontrarse una persona chasqueada.

Salir la galga mal capada: resultar lo contrario de lo que se esperaba.

Salir la gata capada: la criada respondona.

Salir la mancha: quitarse del sitio donde estaba. Volver a aparecer.

Salir la paloma cuco: estropearse los planes de una persona, resultar algo al revés de como se había previsto.

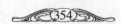

Salir la perra capada: resultar un asunto adverso, contra lo que se esperaba.

Salir libre y sin cortar: escapar bien de un asunto intrincado, sin quebranto.

Salir lo comido por lo servido: compensación de una cosa con otra.

Salir los colores a la cara, o al rostro: colorearse por vergüenza algún defecto descubierto.

Salir mal: enemistarse con una persona.

Salir mal la cuenta: fallar en las previsiones.

Salir muy de dentro: decir, ofrecer algo con toda sinceridad.

Salir, o costar, más caro que un hijo tonto: resultar muy caro su mantenimiento.

Salir, o salirse, de madre: excederse extraordinariamente de lo acostumbrado o regular.

Salir, o salirse, como el rey con sus alcabalas: salir adelante con su intento, porfiando hasta lograrlo.

Salir, o salirse, con la suya: lograr su intento a pesar de contradicciones o dificultades.

Salir, o ser, pata o patas: estar empatados, iguales en una suerte o votación.

Salir, o tocar, el ternero seco: sobrevenir algún suceso próspero inesperado.

Salir patas a una cosa: desaparecer, consumirla rápidamente.

Salir pelo a una cosa: hacerla según el genio natural de cada uno.

Salir pie con bola: comido por servido.

Salir pitando: echar a correr impetuosa y desconcertadamente. Manifestar cólera repentina o gran acaloramiento.

Salir por alguno: fiarle, defenderle.

Salir por contadero: por algún sitio.

Salir por el albañal, o el arbollón: quedar mal en alguna acción.

Salir por la puerta de los carros: huir por temor o castigo, ser despedido.

Salir por la puerta falsa, o la ventana: echado de casa. Por donde menos se esperaba.

Salir por la puerta grande: se dice cuando se ha hecho una buena obra o labor; en términos taurinos, haber hecho una gran faena.

Salir por la ventana: salir desgraciadamente de algún asunto.

Salir por las de Pavía: decir algo inesperado o incongruente.

Salir por los cerros de Úbeda: se dice del que no tiene idea de una cosa y contesta lo primero que se le viene a la cabeza.

Salir por otro registro: pasar a tratar otra cuestión.

Salir por patas: corriendo.

Salir por peteneras: hacer o decir algo fuera de sitio o de tono.

Salir por pies: huir apresuradamente.

Salir por tachindas: discutiendo, enfadados.

Salir por tal, o cual, registro: cambiar inesperadamente de modos o razones en una controversia o conducta en la prospección de un asunto.

Salir por uno: fiarle, defenderle.

Salir rabo entre piernas: quedar vencido y avergonzado.

Salir rana: actuar una persona al contrario de lo que se esperaba, con arreglo a su condición.

Salir ras con tras: en su justo medio, como se esperaba.

Salir redondo: resultar perfecto.

Salir repicando a maitines: decir despropósitos.

Salir tarifando: regañando.

Salir un águila: ser vivo, despierto, listo o atrevido.

Salir una calabaza: ser tonto. No corresponder al concepto que se tenía formado.

Salir una cosa en la colada: averiguarse, descubrirse que había pasado y estaba oculto.

Salir una moda: empezar a usarse.

Salir uno a la causa: tomarla como suya.

Salir uno calabaza: no corresponder a lo que se esperaba de uno.

Salir uno de compás: proceder sin arreglo a sus obligaciones.

Salir uno de sus casillas: excederse, especialmente por ira u otra pasión.

Salirle a la cara: conocerse en el semblante las señales de aquello de que se trata.

Salirle a los hocicos: tener digustos o sinsabores.

Salirle a uno los colores: ponerse colorado de vergüenza por alguna falta que se descubre.

Salirle al gallarín una cosa: acarrear disgustos.

Salirle al paso: encontrarlo de improviso o deliberadamente deteniendo su marcha. Contrariarle, atajarle en lo que dice o intenta.

Salirle caro, o salirle cara: venirle daño de su ejecución o intento.

Salirle de adentro: dícese cuando se expresa algo con espontaneidad, no teniendo en cuenta las consecuencias.

Salirle de la polla, o del coño: querer, apetecer.

Salirle de la punta del capullo, pijo, polla: hacer lo que quiere o lo que le da la gana.

Salirle de las entrañas: decir algo por ser deseado.

Salirle de las narices: apetecerle.

Salirle de los cojones, o de las pelotas: apetecerle a un hombre una cosa, y hacerla porque así lo desea.

Salirle de los ovarios: igual que lo anterior, pero referido a una mujer.

Salirle del carajo, del capullo, del pijo, del pito, de la polla: querer, apetecerle, darle la gana.

Salirle del coño: hacer lo que quiera o apetezca una mujer.

Salirle el juego al revés: no salirle la cuenta.

Salirle la cuenta: serle de utilidad, provecho o conveniencia.

Salirle la cuenta al revés: no salirle la cuenta.

Salirle la cuenta del cardador: ver frustradas sus esperanzas.

Salirle la taba al culo: acontecer al contrario de lo que se esperaba.

Salirle los dientes en alguna cosa: haber estado haciéndola desde siempre.

Salirle un grano: sobrevenirle algo contrario a lo que se esperaba. Dícese cuando una persona pesada y machacona no deja en paz a nadie de manera continuada.

Salirle una verruga, o una buena verruga: encontrarse con algún suceso inesperado; aplícase a la persona que nos molesta continuamente con sus peticiones.

Salirse allá una cosa: venir a ser una cosa lo mismo que otra.

Salirse con ella: resultar lo que se quería.

Salirse con la suya: hacer su voluntad contra el parecer de otros.

Salirse de la cuestión: hablar de distinta cosa de la que se trata.

Salirse de la parva: apartarse del intento o asunto.

Salirse de madre: desbordarse, ir por sitios desacostumbrados.

Salirse de sus casillas: perder la paciencia, irritarse.

Salirse de tono: alborotarse.

Salirse del cascarón: ser muy atrevido a pesar de la poca edad que se tiene.

Salirse del tiesto: hablar de cosas inoportunas a lo que se está tratando. Sacar los pies de las alforjas o del plato.

Salirse por el corbatín: dícese de la persona que, siendo muy delgada, tiene el cuello muy alto.

Salirse por la tangente: contestar con evasivas, con respuestas que no tienen que ver con lo que se pregunta.

Salírsele el puchero: fallarle su plan o idea.

Salsa, o sopa, de San Bernardo: tener hambre, buen apetito.

Saltando bardales: huyendo sin reparar en obstáculos.

Saltar a la cara: ser evidente una cosa. Responder intempestivamente a las represiones con descompostura o ira.

Saltar a la vista: a los ojos.

Saltar a los ojos: ser muy clara una cosa. Ser muy vistosa. Tener gran enojo con otro.

Saltar a pie cojita: brincar sobre un pie, teniendo el otro encogido.

Saltar como granizo en albarda: sentirse y alterarse con facilidad y neciamente de cualquier cosa.

Saltar como un gamo: alude a la facilidad con que brincan estos animales.

Saltar de gozo: estar muy alegre.

Saltar de la cama: levantarse de ella aceleradamente.

Saltar de la mata: darse a conocer lo que estaba oculto.

Saltar de la sartén y dar en las brasas: dar en un peligro por huir de otro más suave.

Saltar el pájaro del nido: huir alguno del paraje donde se creía hallarle.

Saltar el viento: mudarse repentinamente de una cosa a otra.

Saltar en pedazos: deshacerse, romperse una cosa.

Saltar en tierra: desembarcarse.

Saltar la banca: dejarla sin dinero para seguir jugando.

Saltar la liebre: descubrirse repentinamente una cosa.

Saltar la mata: darse a conocer el que estaba oculto.

Saltar la tapa de los sesos a uno: romperle la cabeza.

Saltar la valla: romper.

Saltar por la picas de Flandes: vencer una gran dificultad. Atropellar por cualquier inconveniente.

Saltar por los aires: estallar, enfurecerse mucho.

Saltar un ojo a alguno: herírselo, cegárselo.

Saltarle a los ojos: tener contra una persona gran irritación o enojo.

Saltarse algo a la torera: no cumplir con su obligación.

Saltársele las lágrimas a uno: enternecerse, llorar de improviso.

Saltársele los ojos: apetecer con ansiedad una cosa.

Salto de agua: caída o desnivel de los ríos, siendo aprovechable como energía o motor.

Salto de cama: bata que se ponen las mujeres al levantarse de la cama.

Salto de mal año: pasar de necesidad a mejor fortuna.

Salto de mata: huida o escape por temor al castigo.

Salto de trucha: a pie juntillas.

Salto del ángel: salto de forma determinada desde el trampolín al agua.

Salto del corazón: palpitación violenta de él.

Salto del tigre: salto legendario, aparatoso y brusco, para realizar la cópula sexual con gran ansiedad.

Salto en vago: en vano, sin logro de un fin.

Salto mortal: el que dan los volatines, lanzándose de cabeza y tomando la vuelta en el aire para caer de pies.

¡Salud!: fórmula tradicional para un brindis.

(La) Salud del cuerpo se fragua en la oficina del estómago: por falta de una buena alimentación se pueden adquirir muchas enfermedades.

(La) Salud es lo primero: es lo más importante que hay, más que el dinero, honores, etc.

(La) Salud no tiene precio: porque no es posible comprarla.

Salud para encomendarlo a Dios: dicho de pésames.

¡Salud y pesetas!: frase que denota contento y alegría; equivale igualmente a saludo o despedida cariñosa. Algunos añaden: **que es salud completa**.

Saluda, Tomasito: modo irónico de dar a entender que uno está agradecido por lo que no se ha recibido.

Salva de aplausos: aplausos numerosos.

Salva sea la parte: que se usa cuando se señala en uno mismo la parte del cuerpo en la cual aconteció a otra persona lo que él refiere.

Salvar la pelleja, o el pellejo: librar la vida de algún peligro.

Salvarse en una tabla: escapar.

Salvarse por los pelos: apuradamente, en último trance.

Salvarse por pies: acudir a la huida.

Salvarse por tablas: por muy poco.

Sálvese el que pueda: con que se incita a huir a la desbandada cuando es difícil hacer frente a un grave riesgo.

Salvo el guante: excusa de dar la mano con el guante puesto.

Salvo sea el lugar, o la parte: deseo de no padecer el daño en el sitio donde se habla de él.

San gibarse, o san joderse, que está debajo del puente de Caparroso: se emplea para jeringar a alguien que sufre.

"San joderse": fastídiate, joróbate.

¡San joderse cayó en martes!: usado jocosamente como exclamación de enfado, admiración o sorpresa.

San para mí, que los santos no comen: aplícase a los comilones, que, con el pretexto de que los demás no quieren o no les gusta una cosa, se lo apropian para sí.

¡San seacabó!: expresión con que se da por terminado un asunto que no se quiere volver a hablar de él.

San Serení del monte: se usa para dar fin a cualquier relato, eventualidad, conjetura, etc.

Sana, sana, culito de rana, si no se cura hoy, se curará mañana: se dice a los niños para que se callen cuando se han caído y lloran, viendo que el mal que se han hecho es pequeño.

Sanctasanctórum: las cosas o los lugares más santos.

Sandunguero: persona con gracia y salero.

Sanear la hacienda: pagar los débitos que se tenían.

Sangrar de la vena del arca: sacar dinero a otra persona contra su voluntad.

Sangrar la madera: hacer incisión en los árboles resinosos para extraerles la resina.

Sangre azul: sangre noble, de título nobiliario.

Sangre de espaldas: flujo de sangre procedente de las venas hemorroidales dilatadas, que suele ser muy doloroso.

Sangre de horchata: dícese del calmoso, que no se altera por nada.

Sangre en el ojo: resentimiento, deseo de venganza.

(La) Sangre es muy escandalosa: por lo mucho que se extiende y mancha, llamando la atención.

Sangre fría: serenidad, tranquilidad de ánimo, cuando una persona no se conmueve o afecta fácilmente.

Sangre pesada: dícese de la persona antipática y chinchosa.

(La) Sangre sin lumbre hierve: la fuerza del parentesco atrae, y la fuerza del amor hace que bulla en las venas.

Sanguijuela: persona habituada a sacar de los demás alguna cosa.

Sanjoderse, o sanjoderse cayó en lunes: aguantarse, fastidiarse.

Sano como una manzana: se dice cuando una persona tiene una salud excelente.

Sano y salvo: sin lesión, enfermedad o peligro.

Sanseacabó: santo imaginario con cuya invocación se pone fin a algo.

Sansejodió: expresión con que se pone fin bruscamente a una discusión.

Sansirolé: soso, simplón.

Santa Bárbara bendita, que en cielo estás escrita, con papel y agua bendita, en el ara de la cruz, Padrenuestro. Amén, Jesús: oración que se rezaba cuando había tormentas.

Santa Bárbara que truena: interjección cuando amenaza algún peligro.

Santa Lucía bendita te conserve la vista, porque lo que es el oído (u otra cosa) ya lo tienes jodido: forma burlesca de decir a una persona que tiene un órgano más o menos atrofiado.

Santa María la más lejos es la más devota: ya que así se emplea más tiempo en ir y volver.

Santa palabra: el dicho y oferta que complace, principalmente cuando se llama a comer.

Santa Quiteria parió por el dedo; podrá ser verdad, pero yo no lo creo: frase con que se responde a una persona que dice cosas muy poco creíbles o absurdas.

Santa Rita, Santa Rita, lo que se da no se quita: frase de los chiquillos, cuando entre ellos se regalan algo y luego desean que se lo devuelvan.

Santa Santórum: lo de singularísimo aprecio y lo muy reservado y misterioso.

Santas Pascuas: ser forzoso conformarse con lo que sucede, se hace o se dice.

Santificar las fiestas: ocuparlas en cosas de Dios.

Santificar los días: santificar las fiestas.

Santiago, y a ellos: acometed sin reparar en nada.

Santiago, y cierra España: expresión histórica, indicando lo expresado en el apartado anterior.

Santo de casa no hace milagros: la familiaridad y la confianza quita crédito.

Santo de medio cuerpo, también lo sería yo: se dice de forma burlona, indicando que lo más difícil es ser santo de medio cuerpo para abajo (por las inclinaciones sexuales).

Santo de Pajares: aquel de cuya santidad no se puede fiar.

Santo de palo: el que no sirve para nada y anda muy tieso.

Santo día: todo el día.

¡Santo Dios!: expresión de admiración, sorpresa.

Santo Entierro: procesión del Viernes Santo.

Santo Padre: el Papa.

(El) Santo que nunca hizo milagros: dícese de San Juan Bautista.

(El) Santo silencio tiene muchas virtudes, o pocos defectos: exhortando la virtud del silencio, que evita disgustos y malos ratos.

Santo suelo: sin nada que atenúe el golpe o su contacto.

Santo Tomás, una y no más: se dice cuando se escarmienta por un hecho, haciendo intención de no volverlo a ejecutar.

Santo varón: el hombre bueno, pero de cortos alcances.

Santo y bueno: con que se aprueba una proposición.

Santo y seña: decir la frase establecida para conocer, el que hace guardia, que el que viene no es del enemigo.

¡Sape goloso!: indicando que una cosa es muy difícil de conseguir.

Sapo: guardia civil.

¡(El) Sapo no tiene camisa y quiere vestir frac!: no se puede exigir lo más, a quien carece de lo menos.

Sapos y culebras: cosas despreciables, revueltas, enmarañadas.

Sarao, comida y cena, en casa ajena: aparte de los gastos, el trabajo y preocupación que cuesta organizarlos.

Sarna con gusto no pica, pero a veces mortifica: indicando que lo que se hace con gusto no desagrada, aunque a veces cueste hacerlo.

Sarnosos y avarientos nunca están contentos: el que está dominado por una pasión jamás se ve satisfecho.

Sartenazo y tente tieso: golpe recio dado con cualquier cosa.

Satisfacer un engaño: sacar del engaño y error.

Savoir faire: comportamiento correcto y cortés.

Scripta manent: lo escrito permanece.

¡Se acabó!: forma de indicar que se da por terminado un asunto.

Se acabó el carbón: cuando se termina una cosa.

Se acabó el tiempo de los bufones: dícese de los que ríen las gracias de los superiores.

Se acabó la fiesta: forma con que se interrumpe y corta una discusión o asunto cualquiera, manifestando hastío y saciedad.

Se acabó lo que se daba: frase que se emplea para dar por terminada una cuestión o situación.

¡Se armó el Belén!: se preparó la disputa o lucha.

¡Se armó la marimorena!: iniciarse una riña o disputa.

Se ata el burro donde manda el amo: indica que hay que obedecer a las personas que tienen autoridad y mando.

Se casó con el cielo y la tierra: sin llevar nada al matrimonio.

Se cazan más moscas con un gramo de miel que con un quilo de hiel: expresando que se consiguen más cosas con la bondad y simpatía que con los malos modales.

Sé de tus bienes el amo, y no su esclavo: aconsejando disfrutar y utilizar los bienes para el propio beneficio, no para tener que depender de ellos.

Se dice el milagro, pero no el santo: cuando se da noticia de un suceso, pero no del protagonista.

Se dice el pecado, pero no el pecador: cuando se da noticia de un acontecimiento, pero no de la persona que lo ha hecho.

Se fue bendito de Dios: cuando agrada la partida de una persona.

Se guardará mucho, como de mearse en la cama: tendrá gran cuidado de no hacer algo.

Se ha de usar de esta vida como de cosa ajena: debiendo considerar esta vida como un préstamo, ya que no es nuestra.

Se ha quedado como un pajarito: dicho de pésames.

Se hacen envíos a provincias: especie de propaganda de determinadas casas comerciales, invitando a efectuar la compra, que no se iba a efectuar por encontrarse lejos de su vivienda habitual.

¡Se jodió el invento! o ¡Se jodió la marrana!: indicando que algo acaba de estropearse o malograrse.

Se las trae con abalorios: ser una persona muy inconsecuente, de mucho genio o carácter.

Se le va a caer el pelo: dicho cuando a una persona le va a llegar un castigo o remprimenda por lo que ha hecho, o no.

Se lo llevó Pateta: frase con que se alude a las penas futuras, que por sus malas acciones merece una persona.

Se mascan, pero no se tragan: dícese de las personas que se tratan bien, pero se profesan mutua aversión.

Se me hace bola: forma de decir los niños, en determinadas comidas, que se les hace un bolo alimenticio en la boca y que no pueden tragar, principalmente porque no les agrada la comida en cuestión.

Se me lengua la traba: expresión jocosa para pedir disculpas tras un lapsus linguae.

Se me olvidó, como las cosas olvidadas: especie de disculpa al que no quiso hacer una cosa, diciendo que la olvidó.

Se parecen los cascos a la olla: practicar las malas costumbres de los padres.

Se pega el habla como la sarna: alude a la rapidez con que se suele coger el acento o tonillo peculiar de cada región.

Se perdona el bollo por el coscorrón: forma de expresar que una cosa no se hace o ejecuta por las consecuencias que pudiera ocasionar.

Se podría dar con una piedra, o un canto en las narices: si le aconteciese algo insólito o inesperado.

¿Se puede?: frase con que se solicita autorización para entrar en un compartimiento.

Se puede perdonar el bollo por el coscorrón: indica que no se compensan los disgutos o trabajo, por el beneficio que se va a recibir.

Se quedó con el cielo y la tierra: sin nada.

Se sabe dónde y cuándo se nace, y no dónde y cuándo se muere: denota lo incierta que es la hora de la muerte.

¡Se sienten, coño!: frase popular dicha en el Parlamento de la nación, un 23-F, al efectuarse un intento de golpe de estado; hoy se dice con carácter jocoso en reuniones, invitando a sentarse a los concurrentes.

Se te cae la baba: burla con la que censuramos la admiración por una persona, que queda como embobada al contemplar a otra persona, generalmente muy querida y de familia.

Se vende caro lo que es raro: por lo poco abundante que es.

Sea bueno o sea peleón, sin vino no se hace bien la digestión: indicando que el vino es bueno en las comidas, siempre que sea tomado con mesura.

Sea el santo que fuere, o quiera, ora pro nobis: indica que el conseguir el favor que se solicitaba es lo primero.

Sea lo que Dios quiera, que así fue el año pasado: expresa la conformidad con la voluntad divina.

Sea lo que fuere, o sea lo que sea: con que se prescinde de lo aleatorio.

Sea o no sea: con que se prescinde de la existencia de una cosa.

Seamos pobres y tontos: no hay que dejarse atropellar por los que quieren comerciar con la bondad de uno.

Seca está la obra: expresión de los obreros al dueño de la obra indicando que es menester remojarla dándoles para refrescar el gaznate.

Secársele a uno el cráneo, o cerebro: estar loco.

Seco y sin llover: sin preparación ni aviso.

Secreto a voces, con chirimías, o del serón: el misterio de lo que es público o el que se confía a muchos o en términos poco conducentes para guardarse.

Secreto bien guardado, el que a nadie se ha confiado: sin duda, ya que es la única manera de que no se dé a conocer nunca.

Secreto de Anchuelos: secreto a voces.

Secreto de dos, secreto de Dios; secreto de tres, de todos es: expresando que los secretos como mucho deben saberlo dos personas; si más, no es secreto, ya que de todos es conocido.

Secreto de naturaleza: los afectos naturales que, por ser poco sabidos, evitan curiosidad y admiración.

Secreto de tres, vocinglero es: expresa lo difícil que es guardar un secreto cuando lo conocen varias personas.

Secreto del serón: el que es conocido por todo el mundo, el secreto a voces.

Secreto entre muchos, malo es de guardar; secreto de dos, secreto de Dios; secreto de tres, de todos es: forma de indicar cómo se guardan los secretos.

Secreto natural: el que dicta la propia naturaleza que se calle.

Sed de agua: cosa escasísima y rara.

Segar la hierba bajo los pies: poner a una persona en su sitio, indicarle sus obligaciones y lo que le corresponde.

Seguir a sus anchas: moverse tranquilamente, sin cortapisas ni agobios.

Seguir el alcance: perseguir al enemigo.

Seguir el hilo: proseguir lo que se trataba.

Seguir el hopo: ir dando alcance a uno.

Seguir el pendón de alguno: alistarse bajo sus banderas.

Seguir en sus trece: no ceder.

Seguir hasta la mata: acosar con ahínco y empeño hasta no poder más.

Seguir la bandera: ser de la misma opinión o partido.

Seguir la caza: ir en pos de lo que se pretende.

Seguir la corriente: hacer lo que conviene en ese momento.

Seguir la derrota: ir al alcance.

Seguir la liebre: continuar buscando alguna cosa por el indicio que se tiene.

Seguir la pista, o las huellas: ir averiguando.

Seguir las aves y los peces por el rastro: trabajar en vano, emplear inútilmente el tiempo.

Seguir las huellas de alguno: imitarle.

Seguir las letras: estudiar, dedicarse a las ciencias.

Seguir las pisadas: imitar a otro, seguir todos su ejemplo.

Seguir los pasos: observar su conducta para averiguar si es fundada una sospecha que se tiene de él.

Seguir los pasos de uno: imitar a alguno en sus acciones.

Seguir su estrella: seguir su suerte.

Seguirle a uno el humor: convenir aparentemente con sus ideas o inclinación, para divertirse con él o para no exasperarle.

Según es el penitente, es menester absolverlo: en todo hay clases, hasta en la penitencia.

Según es el santo son las cortinas: a cada uno hay que tratarle como se merece.

Según es el viento, tal el tiento: es conveniente obrar según se presentan las circunstancias.

Según es pública voz y fama: según dicen los demás, repitiendo lo que ellos han dicho.

Según es público y notorio: según se conoce por todo el mundo.

Según la ley de Mahoma, es tan maricón el que da como el que toma: dicho que quiere expresar que es de la misma condición el sujeto activo como el pasivo, el dante como el tomante.

Según y como: según y conforme.

Segunda intención: la que se disimula y es por lo común conocida.

Segunda voz: la que acompaña a una melodía, entonándola más baja.

Segundo canal: el ano, en sentido sexual.

Sellar el labio, o los labios: callar, suspender las palabras.

Sello del estómago: cualquier porción de comida vigorosa que corrobora las demás.

(La) Semana que no tenga viernes: modo de despedir a uno, negándole lo que pretende, o la imposibilidad de lograrlo.

(La) Semana que está de piojo, no hay que mudarse de camisa: cuando la suerte se presenta adversa, es inútil luchar contra ella.

Sembrar a tresbolillo: forma de efectuar una plantación, generalmente de árboles, colocándolos en hilera, y entre los otros dos de la fila anterior y posterior.

Sembrar arvejas delante de las palomas: dar a guardar al lobo el ganado.

Sembrar cizaña: meter cisco.

Sembrar de sal: castigar.

Sembrar en la arena: trabajar infructuosamente, también lo perdido que es hacer beneficios a personas desagradecidas.

Sembrar en mala tierra: hacer beneficios a quien corresponde mal.

"¿Semos o no semos?": hacemos o no, indicando relación de amistad, familiar, etc.

Senda de los elefantes: lugar de muchas ciudades donde existen bares para chatear, se llama así por "las trompas".

Sentada esta baza, o la baza: sentado este principio, o el principio.

Sentar bien, o mal, una cosa: agradar o desagradar.

Sentar cátedra: decir algo con total autoridad.

Sentar como a la zorra los perdigones: muy mal.

Sentar como a un cristo dos pistolas: de forma totalmente inadecuada.

Sentar como confite a un ajo molinero: no cuadrar bien una cosa con otra.

Sentar como tres patadas en la boca del estómago: causar mucha repugnancia o aversión, sentar muy mal el dicho o el hecho de una cosa.

Sentar como un guante: a la perfección.

Sentar como un jarro de agua fría: quitar a una persona sus ilusiones, provocar tristeza o desmoralización.

Sentar como un tiro: provocar enfado o rabia.

Sentar como una lavativa de agua hirviendo: causar gran molestia o disgusto.

Sentar como una patada en el estómago: muy mal.

Sentar como una patada en los cojones: pésimamente.

Sentar el crédito: afirmarse en su buena fama por sus virtudes, ciencia o loables acciones.

Sentar el paso: caminar las caballerías con paso tranquilo.

Sentar el real, o los reales: domiciliarse en alguna parte.

Sentar la cabeza: hacerse sensato.

Sentar la comida, o un remedio: hacer provecho.

Sentar la mano: castigar con golpes. Reprenderle con severidad.

Sentar las costuras: plancharlas los sastres. Castigar con golpes o reprender severamente.

Sentar los cascos: hacerse una persona juiciosa.

Sentar, o tener sentado, el crédito: tener buena fama o reputación.

Sentar plaza: entrar a servir de soldado.

Sentar sus reales: hacer cumplir sus normas, leyes, condiciones, etc.

Sentarse a la mesa: acomodarse en ella para comer.

Sentarse a lo moro: con las piernas recogidas.

Sentarse el sol: broncearse.

Sentarse en la conclusión: mantenerse en su opinión sin atender razones.

Sentarse la carga: hacerse molesto el empeño que uno ha tomado.

Sentarse la obra: secarse la fábrica y adquirir unión y firmeza.

Sentarse sobre los cojones: expresión propia del arma de caballería, que señala la correcta posición del jinete.

Sentencia pasada en cosa juzgada: aquella que no se puede apelar por haber pasado el tiempo de hacerlo.

Sentenciar a bajel: condenar a servicios forzados en los buques de guerra.

Sentenciar a garrote: imponer la pena de muerte en él.

(El) Sentido común es el menos común de los sentidos: ya que es el que falta a la mayoría de las personas.

Sentir crecer, o nacer, la hierba: ser de ingenio agudo.

Sentir de muerte: explicación del sumo sentimiento o dolor de una cosa.

Sentir debilidad por alguien: tener preferencia por esa persona.

Sentir en el alma alguna cosa: sufrirla mucho.

Sentir la espuela: notar el aviso, la represión al trabajo o apremio.

Sentir la fiebre del oro: dejarse dominar por el excesivo deseo del dinero.

Sentir nacer, o crecer, la hierba: ser muy sagaz. Tener el oído muy fino.

Sentir no es consentir: escuchar una cosa no significa que se disculpe y acepte.

Sentirse a sus anchas: estar una persona completamente a gusto y con total libertad.

Sentirse como nuevo: muy bien, después de haberse recuperado de una enfermedad, o haber descansado de un esfuerzo.

Sentirse mosca: escamarse, estar prevenido para que no se burlen de uno.

Señal de borrica frontina: la acción con que uno da a conocer su segunda intención.

Señalado de la mano de Dios: el que tiene un defecto corporal.

Señalar a alguno con el dedo: marcarle por motivo particular.

Señalar con el dedo: apuntarle por alguna circunstancia o motivo especial.

Señalar con piedra blanca o negra: celebrar con regocijo el día dichoso o lamentar el aciago.

Señalar y no ejecutar: apuntar y no ejecutar los golpes en el juego del arma blanca.

Señas mortales: indicios vehementes de alguna cosa.

Señas personales: rasgos característicos de una persona, que hacen distinguirla de las demás.

Señor de salva: de alta jerarquía.

Señor de sí: el que se mantiene imperturbable en los momentos difíciles.

Señor del argamandijo: el que tiene mando en alguna cosa.

Señor mayor: de edad avanzada.

Señor, no soy digno, ni merezco: modo de expresar el agradecimiento por lo bienes recibidos.

Señores, no puede ser: se pretende expresar que, a pesar de los ruegos o influencias, debe cumplirse totalmente la ley.

Señorita del pan "pringao": melindrosa, que pone pegas a todo porque siempre le parece poco para ella.

Señorita prolongada: llámase así en el día de hoy a las antiguas solteronas, métodos diferentes de denominación en feminismo o machismo.

(Los) Señoritos son tan rumbosos, que por guardar, guardan hasta los mocos: forma jocosa de meterse con las personas que utilizan el pañuelo para limpiarse la nariz, antiguamente se llamaba moquero, y hoy "clinex"; sin duda, me quedo con moquero.

Señorón: persona vaga, que se comporta con altanería.

Separación de bienes: régimen matrimonial que permite a cada uno de los cónyuges disponer de sus propios bienes.

Separar la paja del grano: hacer las diferencias necesarias para determinar con exactitud cada una de las cosas.

Sépase quién es calleja: desaire a quien se jacta de su poder o autoridad.

Séptimo arte: el cine.

Sepulcro blanqueado: para motejar a los hipócritas.

Ser a todo serlo: poseer buenas cualidades en grado sumo.

Ser aficionado al zumaque: equivale a gustarle el zumo de uva.

Ser agua pasada: pertenecer al pasado, no tener nada que ver con el presente.

Ser aire una cosa, o un poco de aire: vana y de ninguna sustancia.

Ser algo que: de algún valor.

Ser algún tesoro como el de los duendes: aparente y falso.

Ser alta: ingresar en algún cuerpo o entidad, volver a él después de haber sido baja.

Ser amargo como la retama: dícese de lo que tiene un sabor muy amargo.

Ser amigo del padre quieto: se dice de la persona pacífica, sosegada, ajena a conflictos.

Ser ancho de conciencia: se dice de los que no se ajustan a la ley y creen haber obrado correctamente.

Ser ancho de manga: el confesor blando con el penitente. El que no da importancia a sus faltas y a las ajenas.

Ser argumento, o lógica, de chaquetilla ajustada: clara y evidente, que no admite réplica.

Ser arisco como un erizo: tener un trato muy difícil, duro.

Ser arrimado a la cola: tonto y grosero.

Ser arrimado al pesebre: bastante bruto.

Ser arte y parte: se dice de los que actúan y deciden a la vez, sin intervención de otras personas.

Ser ave de paso: persona que se detiene poco en una población, o en el ejercicio de un destino.

Ser ave, o pájaro, de mal agüero: se dice del que es precursor de malas noticias, o de desgracias.

Ser azogue: muy inquieto.

Ser baja: dejar de estar en un cuerpo o entidad, por haber sido destinado a otro sitio, por muerte, etc.

Ser barro: tener valor, no ser despreciable.

Ser bien contado a uno: censurado o afeado.

Ser bien, o mal, apersonado: tener buena o mala presencia.

Ser bien oído: lograr estimación o aceptación en lo que dice.

Ser bien parecido: tener aspecto agradable, ser guapo.

Ser bien plantado: tener buena presencia.

Ser bien venido, como agua de mayo: dícese de lo que se está esperando con ansiedad.

Ser blanco: no tener valor, ser cobarde.

Ser blando de corazón: sensible, que de todo se compadece; no tener energía para negarse a nada.

Ser blando de remos: dícese de la persona que le fallan las piernas, igualmente se dice de los que tienen poca fortaleza en el acto amoroso.

Ser brava, buena, o linda, caña de pescar: muy astuto o taimado.

Ser bravo sacristán, o gran sacristán: sagaz y astuto para aprovechamiento propio y engaño ajeno.

Ser buen cuento: frase familiar que se usa para ponderar una cosa.

Ser buen sastre: tener habilidad para alguna cosa.

Ser buena codorniz: dícese del que estornuda muchas veces seguidas.

Ser buena espada: diestro en polémicas o lides literarias.

Ser buena guitarra: buena maula.

Ser buen maula: un bellaco.

Ser buena, o mala, cuña: aplícase a la persona gruesa que se introduce entre otras que ya se hayan apretadas, proporcinando nueva molestia a los demás.

Ser buena, o mala, pécora: persona astuta, taimada y viciosa, y más comúnmente siendo mujer.

Ser buena púa: astuto, sutil.

Ser buena rata: saber más que las ratas.

Ser buena tierra para sembrar nabos: una persona inútil.

Ser buena tijera: hábil en cortar. Persona muy murmuradora. Que come mucho.

Ser buena una cosa sólo para echada a la calle: denota el desprecio que se hace de ella.

Ser bueno para fresco: expresión con que se moteja a la persona sucia o marrana.

Ser burro hasta dejarlo de sobra: persona muy bruta.

Ser cabeza de turco: sufrir todos los daños.

Ser calmoso: aplícase a la persona cachazuda.

Ser campanudo: dícese del sonido muy fuerte y lleno, o de lenguaje muy hinchado o afectado.

Ser campechano: franco, dadivoso.

Ser campeona de natación; nada por delante, nada por detrás: se dice de la mujer que tiene poco pecho.

Ser canela fina, o en rama: muy bueno, excelente, exquisito.

Ser canto llano una cosa: sencilla y corriente.

Ser capaz de ablandar, o enternecer, las piedras: mover a compasión fuertemente.

Ser capaz de contarle los pelos y los dientes al diablo: muy astuto, muy hábil, diestro.

Ser capaz de cortarle un sayo a las ánimas benditas: aplícase a los murmuradores impenitentes.

Ser capaz de hallarle consonante a floripondio: extremadamente listo, tener gran viveza de ingenio.

Ser capaz de levantar a la muerte de la sepultura: suele aplicarse a la persona que miente mucho y descaradamente.

Ser capaz de pegar un susto al miedo: frase con que se exagera la fealdad de una persona.

Ser capaz de resucitar a un muerto: dícese de los manjares de mucha sustancia, aplicándose generalmente al caldo y al vino bueno.

Ser capaz de sacar los dientes a un ahorcado: dícese de las personas que son muy atrevidas y poco escrupulosas.

Ser capaz de sacar polvo debajo del agua: ser muy avispado.

Ser capaz de sacarle los ojos al verdugo Grano de Oro: dícese de aquellos desaprensivos que no cesan de conseguir algo a fuerza de pedir a todo el mundo.

Ser capaz de soltarle una fresca al lucero del alba: se moteja al deslenguado o impetuoso.

Ser capaz de venderle un peine a un calvo: persuasivo, tener una gran labia.

Ser capítulo aparte: especial.

Ser cara de trueno: se dice de los que faltan a la buena crianza y principios morales.

Ser carne de cañón: estar destinado a un grave riesgo, llevar una vida llena de peligros.

Ser carne y hueso uno de otro: estar muy unidos.

Ser caso negado: casi imposible que suceda o ejecute una cosa.

Ser celestial: bobo, cándido, tonto o inepto.

Ser celoso: tener cosquillas.

Ser cerrado de mollera: torpe, rudo, estúpido.

Ser chismes de vecindad: murmuraciones, hablillas; aplícase a los cuentos del lugar o chismes de los pueblos.

Ser ciento y la madre: se dice de lo que es muy numeroso y abundante.

Ser ciudadano de a pie: hombre normal y corriente, sin distinciones ni prerrogativas.

Ser comida cara para estudiantes: dícese de todo aquello que es costoso y que no puede ser adquirido por todo el mundo.

Ser como caballo moro: dícese del caballo de pelo negro, y con una mancha blanca en la frente o en las extremidades.

Ser como Dios: creerse omnipotente.

Ser como el camino que no lleva a ninguna parte: dícese de la persona totalmente irresoluta e inconsecuente.

Ser como el cebo en el anzuelo: se dice de lo que tiene forma externa agradable, y que es más fácil de engañar.

Ser como el convidado de piedra: dícese de la persona que no habla, opina, etc.

Ser como el culo, que no sirve más que para una cosa: dícese de aquellas personas que no tienen aptitudes para nada importante.

Ser como el Evangelio, o como el Evangelio bentido: de grandes verdades.

Ser como el huevo de Colón: muy simple o sencillo.

Ser como el imán: dícese de la persona o cosa que tiene gran poder de atracción.

Ser como el pelo de la masa: liso, llano, mondo y lirondo.

Ser como el perro del hortelano, que ni come las berzas ni les deja comer: se dice de las personas que no aprovechándoles algo, impiden que otros se beneficien de ello.

Ser como el polvo de la tierra: se usa como término de comparación, para ponderar lo excesivo o dilatado de alguna cantidad.

Ser como el socorro de Escalona: se dice al llegar tarde al remedio de una cosa urgente.

Ser como el sol de enero, que apenas se descubre, cuando se pone: cosa rápida, y de la que no se puede fiar mucho.

Ser como el sol de invierno, que sale tarde y se pone luego: aplícase a la amistad o cariño que, habiendo sido grande, acaba apagándose.

Ser como el tocino en casa del judío: se aplica a los que estando a nuestra disposición no hacemos caso de ello.

Ser como el virgo de Juana, que se fue en probaduras, o en cataduras: dícese de todo aquello que se gasta a fuerza de ver si es bueno o malo.

Ser como "Juanita Calamidad": dícese de la persona que no le sale nada bien, y siempre al contrario de lo que desea.

Ser como judíos de señal: cosa conocida por sus características, o forma de ir vestida; igualmente se dice para las personas.

Ser como la cera: tener carácter bonachón.

Ser como la espada de Bernardo, que ni pincha ni corta: aplícase a la persona que no tiene temperamento o energía en las ocasiones que se exigen dichas condiciones.

Ser como la familia de San Basilio, que hasta el aguador era santo: se dice cuanto todos los miembros de ella son buenos.

Ser como la lanza de Aquiles, que hiere y sana: dícese de las personas que reparan por sí mismas el mal que han ocasionado.

Ser como la madre de San Pedro, que todo lo quería para sí: dícese de los egoístas, que todo les parece poco para su provecho.

Ser como la mierda seca, que ni sabe, ni huele: no servir absolutamente para nada.

Ser como la tela de Penélope: para indicar que a una cosa no se le ve el fin o conclusión.

Ser como la tripa de Jorge, que se estira y encoge: voluble, de proceder incosecuente.

Ser como las botas de Judas: ir sin descanso de un sitio a otro pero sin provecho alguno.

Ser como las hojas del yagrumo: falso, tener dos caras.

Ser como las ortigas: se dice de la persona que es áspera y desapacible en su trato y palabras.

Ser como los perros del tío Alegría, que se arrimaban a la pared para ladrar: pondera la debilidad del individuo.

Ser como los vasallos en Flandes y los falsos testimonios en Galicia, que siempre están de una manera: levantados.

Ser como Midas: se dice de la persona que triunfa en todo lo que emprende.

Ser como nave sin timón: se aplica a lo que lleva una marcha desordenada.

Ser como pan de diezmo: dícese de aquellas cosas que son de distinta procedencia, y por tanto diferentes entre sí.

Ser como para chuparse los dedos: cosa excelente.

Ser como perros: expresión de insulto grave.

Ser como peinetas: aplícase a las uñas redondeadas.

Ser como pelo de erizo: amable, fino.

Ser como rueda de molino: comparación con las mentiras muy gordas.

Ser como tierra: insensible y en abundancia.

Ser como un ángel, o un ángel: en extremo hermoso o muy afable, inocente o bueno.

Ser como un camaleón: se dice de los que mudan de parecer o de ideas, impulsados por el favor o interés.

Ser como un caballo enfrenado: aplícase a las personas que están sujetas a la voluntad de otra.

Ser como un cabello: aplícase a todo lo que es sumamente delgado.

Ser como un castillo: persona alta, fuerte, recia.

Ser como un dolor de muelas: persona excesivamente pesada y molesta.

Ser como un Mahoma: aplicándose a la persona descuidada y gandula.

Ser como un pino de oro: bien dispuesto, airoso y bizarro.

Ser como un pitaco: estar aislado de la familia y de la sociedad.

Ser como un puño, o puño cerrado: miserable, pequeño, muy agarrado.

Ser como una adelfa: aplícase a las mujeres hermosas que dan terribles desengaños a los hombres.

Ser como una borrega mansa: aplícase a la persona sencilla, ignorante en demasía.

Ser como una cera, o hecho de cera: de genio blando y dócil.

Ser como una hormiga: dícese de la persona muy trabajadora y ahorrativa.

Ser como una malva: dócil, bondadosa.

Ser como una perla: primorosa y bien acabada.

Ser como una plata: hermoso, limpio, reluciente.

Ser como una roca: persona muy fuerte, dura de corazón.

Ser como una seda: aplícase a las personas dóciles y de genio apacible. Dícese de las cosas suaves al tacto.

Ser como una veleta: muy voluble, sin opinión propia.

Ser como unas ortigas: áspero y desapacible en el trato.

Ser con alguno: opinar como él.

Ser condenado a costas: judicialmente perder todo el juicio.

Ser contento: no oponerse, asentir gustosamente.

Ser corredor de oreja: dícese de la persona chismosa o alcahueta.

Ser correo de malas nuevas: aplícase a la persona que se complace en anticipar noticias desagradables.

Ser cortante como navaja de afeitar: dícese de todo lo que tiene un filo muy fino.

Ser corto de vista: no ver bien de cerca.

Ser corto sastre: tener poca habilidad, astucia o inteligencia.

Ser cosa de: que debe hacerse.

Ser cosa de consecuencia o consideración: de importancia.

Ser cosa de chicha y nabo: de poca importancia.

Ser cosa de ene: forzosa o infalible.

Ser cosa de miel: muy gustosa.

Ser cosa de ver: expresión de incredulidad.

Ser cosa del otro jueves: dícese de lo que es extraordinario o capaz de llamar la atención.

Ser cosa hecha: aceptación a una petición o mando.

Ser cosa, o causa, perdida: no haber remedio, se aplica para las personas incorregibles.

Ser coser y cantar: cosa muy fácil de ejecutar.

Ser cuchillo de alguno: muy perjudicial o molesto.

Ser cuchillo para su garganta: ser uno mismo la causa de aquello que más adelante le ha de causar daño o perjuicio.

Ser cuento de horno: hablilla vulgar que se hace entre la gente común.

Ser cuento de nunca acabar: dícese de las desgracias o características que no terminan nunca.

Ser cuento de viejas: noticia que se cree falsa o fabulosa, consejas que las ancianas cuentan a los niños.

Ser cuestión batallona: la muy reñida y que se da mucha importancia.

Ser culo de mal asiento: ser muy inquieto.

Ser culo y mierda: estar dos personas muy compenetradas.

Ser dado a: propenso.

Ser de a folio: grande.

Ser de abono: estar a favor de algo determinado.

Ser de abrigo: de cuidado, temible.

Ser de alguno: su amigo, ser de su opinión.

Ser de alto copete: de alta dignidad o alcurnia.

Ser de alto coturno: de elevada categoría social.

Ser de altos vuelos: de categoría elevada.

Ser de alucine: cosa grandiosa, alucinante.

Ser de ambas, o todas, sillas: ser muy diestro o hábil en varias facultades. Ser un gran jinete.

Ser de anillo: aplícase a las dignidades o empleos honoríficos.

Ser de antes de la guerra: muy antiguo.

Ser de antología: expresión que pondera alguna situación o acto.

Ser de aparejo redondo: aplícase a la gente rústica.

Ser de armas tomar: de mucho talante y bravura, de genio fuerte.

Ser de aúpa: de mucho cuidado, dícese igualmente de las personas de condiciones aviesas.

Ser de bendición una cosa: muy fecunda y abundante.

Ser de bigotes: muy grande, exuberante.

Ser de bronce, o un bronce: robusto, infatigable.

Ser de buen comer: el que tiene buen apetito, o come en cantidad.

Ser de buen, o mal, agüero: dícese de la persona que tiene buen o mal presagio.

Ser de buen, o mal, calibre: de mérito, o no.

Ser de buen, o mal, tono: educado, o falto de educación, cortesía o educación.

Ser de buen pelo: irónicamente, de mal natural.

Ser de buen saque: comer mucho y con apetito.

Ser de buena boca: que come todo lo que le dan.

Ser de buena, o mala, calaña: índole o calidad.

Ser de buena cepa: de buena casta.

Ser de buena pasta: se aplica a las personas de condición afable, bondadosa.

Ser de bulla: aficionado a las juergas y diversiones.

Ser de bulto: cosa muy clara.

Ser de cajón: cosa corriente. Perfectamente lógico.

Ser de cal y canto: fuerte, muy durable.

Ser de capa de coro: se dice de lo que es muy amplio y acomodaticio.

Ser de capa y espada: sencillo, corriente.

Ser de carne rolliza: de muchas carnes.

Ser de carne y hueso: sentir como todos.

Ser de carnes blandas: delicado, tierno, sensible.

Ser de casa, o muy de casa: demostrando la confianza existente.

Ser de cera: de genio blando y dócil.

Ser de chicha y nabo: dícese de las cosas de poca importancia o despreciable.

Ser de chuparrescoldo y trágatelascua una cosa: excesivamente notable en su línea.

Ser de ciento en carga una cosa: ordinaria y de poca estimación.

Ser de cine: dícese de lo que es asombroso, lujoso, exuberante, etc.

Ser de clavo pasado: sumamente fácil de practicar.

Ser de cojón, o de cojón de mico: una cosa excelente.

Ser de consideración: de cierta importancia.

Ser de corazón de bronce: inflexible.

Ser de cosecha propia: de iniciativa propia.

Ser de cuando reinó Carolo: muy antiguo.

Ser de cuenta y riesgo de uno: tomarla bajo su responsabilidad.

Ser de cuidado: no tener confianza en una persona.

Ser de dominio público: de general conocimiento.

Ser de dos haces: sentir una cosa y decir otra.

Ser de dura cerviz: incorregible.

Ser de esencia de alguna cosa: preciso, indispensable de ella.

Ser de espanto: muy feo.

Ser de estómago: dícese de la persona constante y de espera.

Ser de extranjis: extraña, inesperada.

Ser de fiar: merecer por sus cualidades que se fíe de una persona.

Ser de garabatillo: un poco especial.

Ser de Gilene: dícese de la persona necia o pazguata.

Ser de justicia: como corresponde a derecho.

Ser de juzgado de guardia: cosa muy injusta, o de gran gravedad.

Ser de la acera de enfrente, o de la otra acera: persona afeminada.

Ser de la cáscara amarga: travieso. De otra cuerda ideológica. De la acera de enfrente.

Ser de la cofradía del Puño: muy agarrado.

Ser de la condición del tordo: el pico delgado y el culo gordo: dícese de los que tienen cara fina y gordo el culo.

Ser de la cosecha: de su propio ingenio o invención.

Ser de la cualidad del tordo: la cara flaca y el culo gordo: dícese de las personas que tienen esas circunstancias.

Ser de la cuerda de alguien: de opiniones iguales.

Ser de la familia de Ladrón, y no de Guevara: una persona aficionada a lo ajeno.

Ser de la familia de los Camacho, que no alinda con nadie: dícese de las personas huronas que no tienen trato con la sociedad.

Ser de la familia de Puñonrostro: forma de motejar a alguno de mezquino o miserable.

Ser de la misma cuerda: tener las mismas ideas.

Ser de la, o la, piel del diablo, o de Barrabás: muy travieso y enredador, dilfícilmente sujetable.

Ser de la pega: pertenecer a cuadrilla de viciosos.

Ser de la piel de Barrabás, o del diablo: persona muy mala o traviesa, se dice generalmente a los niños muy díscolos e inquietos.

Ser de la primera tijera: úsase cuando un muchacho empieza a afeitarse.

Ser de la última hornada: de lo recién salido, de la última promoción.

Ser de la virgen del puño: se dice del que es muy tacaño.

Ser de lance: cosa muy barata.

Ser de las del cinturón dorado: prostituta.

Ser de ley: digno de toda confianza; en los metales preciosos, tener la ley precisa para ello.

Ser de lo que no hay: dicho de una persona, que indica no tener igual en su clase.

Ser de lo que no va a la feria: ponderando la originalidad o maldad de un individuo.

Ser de los de campo a través: se dice de la persona que va directamente al asunto sin dar rodeos.

Ser de los de hacia la cola: persona corta de entendimiento.

Ser de los de leva y monte: astuto y diligente para huir el bulto cuando amenaza peligro.

Ser de los de yo me entiendo: obrar sin dar razones.

Ser de los del prefacio: dícese del hablador, del charlatán.

Ser de los tiempos del cólera: muy antiguo, de muchos años.

Ser de mal abrigo: dícese del lugar donde reina mucho frío.

Ser de mala madera, o tener mala madera: perezoso, que rehúsa el trabajo.

Ser de mala mano: de mala calidad, o de poco mérito.

Ser de mala muerte: aplícase a toda persona, o cosa, que es de poco valor o resistencia.

Ser de mala yacija: hombre bajo, vagabundo y de malas mañas.

Ser de manga ancha, o tener manga ancha: se dice del confesor excesivamente benévolo con los penitentes. Los sujetos que no dan importancia ni a sus faltas, ni a las de los demás.

Ser de medio pelo: de poca categoría o calidad.

Ser de mesa traviesa: persona de distinción, o ejercer algún cargo de importancia.

Ser de mieles una cosa: muy dulce y deleitable.

Ser de mírame y no me toques: aplícase a las personas delicadas, y a las que tienen poca salud o resistencia.

Ser de mogollón: dícese de las cosas que están mal hechas y de prisa, por costar poco.

Ser de monte y ribera: servir para todo.

Ser de muchas campanillas: dícese de la persona de mucha autoridad o relevancia.

Ser de muchas luces: de claro entendimiento, de gran ciencia y dotes naturales.

Ser de mucho cuidado: se dice de la persona mala o peligrosa.

Ser de mucho, o poco, alimento: tener mucho o poco poder nutritivo.

Ser de mucho trote: muy fuerte y resistente.

Ser de muchos tompeates: valiente.

Ser de muerte una cosa: extraordinariamente molesta o insufrible.

Ser de munición: hecho con prisa y mal.

Ser de no te menees: dícese de la persona inquieta, impresionante.

Ser de, o tener, carne de perro: poseer mucho aguante y resistencia.

Ser de pacotilla: de inferior calidad. Estar hecho sin esmero.

Ser de padre y muy señor mío: ser aquello de que se trata notable en su género.

Ser de palabra: persona que cumple lo que dice.

Ser de pastaflora: persona de carácter blando y condescendiente.

Ser de pega: aparentar lo que en realidad no es.

Ser de pelo en pecho: dícese del hombre valiente o con coraje.

Ser de piedra, o una peña: de corazón duro, inflexible.

Ser de piñón fijo: muy cabezota, terco.

Ser de pistón: notable.

Ser de poca monta: de poca importancia o valor.

Ser de pocas guijas: pequeño y de pocas carnes.

Ser de poco más o menos: de poca estimación, o de poca categoría.

Ser de poquito: tener el genio corto o de escasa habilidad en lo que se maneja.

Ser de postín: de gran belleza, lujo, etc.

Ser de potencia: verificarse una cosa sin remedio, forzosamente.

Ser de primera, segunda, tercera fila: de determinada categoría.

Ser de pronóstico reservado: de cuidado, debiendo tenerse gran precaución.

Ser de provecho: útil a propósito para lo que se desea.

Ser de punta: sobresaliente en su materia.

Ser de punto: de pundonor, sobresaliente en la etiqueta.

Ser de pura cepa: auténtico.

Ser de rechupete: exquisito y por extremo agradable.

Ser de recibo: tener las calidades necesarias para admitirse según la ley o contrato.

Ser de rigor: indispensable por requerirlo así la costumbre, la moda o la etiqueta.

Ser de rompe y rasga: de mucho talante y bravura, de gran genio.

Ser de rúbrica una cosa: conforme a cualquier costumbre o práctica establecida.

Ser de sangre azul: de la estirpe de la nobleza.

Ser de sangre mora: aplícase a la persona lasciva, perezosa y otros defectos que nos achacan a los españoles.

Ser de su propia cosecha: de su propio ingenio.

Ser de sueño: maravilloso.

Ser de suponer: estimar que una cosa ha de ser así.

Ser de tabla una cosa: de cajón.

Ser de tomo y lomo: de mucho bulto y peso.

Ser de tornillo: indica que lo que se ha tomado no ha sido comprado por uno.

Ser de tornillo que aprieta y afloja: dícese de los que mudan de parecer constantemente.

Ser de tres al cuarto: de poca estimación o valor.

Ser de Valdivias: no costar nada, ser de balde.

Ser de veinticuatro quilates: se dice de quien se estiman sus excelentes cualidades.

Ser de ver, o para ver: llamar la atención por alguna circunstacia extraña o singular.

Ser de vergüenza una cosa: ruindad o inconveniencia de una cosa.

Ser de vida: tener resistencia.

Ser de viso: dícese de las personas que sobresalen por su riqueza, mérito o influencia social.

Ser del año de la nana: de muchos años, o antiguo.

Ser del año de la polca: tener una cosa muchos años.

Ser del asa, o muy del asa: amigo íntimo.

Ser del género tonto: muy bobo, tonto.

Ser del gremio: homosexual.

Ser del mismo paño: de la misma materia, origen o calidad.

Ser del montón: adocenado y vulgar.

Ser del oficio: dedicarse a la prostitución.

Ser del otro bando, o del bando contrario: homosexual.

Ser del puño cerrado: tacaño, ruin.

Ser del ramo, o del ramo del agua: homosexual.

Ser del tiempo de Maricastaña: de tiempo muy antiguo.

Ser del último que llega: dícese de la persona de carácter veleidoso, que cambia a cada momento de parecer, dando la razón al último que le dice algo.

Ser desfavorecido de la naturaleza o de la fortuna: infeliz o desgraciado.

Ser dueño de uno mismo: no depender de nadie.

Ser dueño o muy dueño de hacer una cosa: tener libertad para hacerla.

Ser duro como un rayo, o como una roca: tener gran resistencia física. Hombre al que no se le ablanda fácilmente.

Ser duro de cascos: testarudo, obstinado, terco.

Ser duro de cerviz: indómito.

Ser duro de mollera, o entendederas: porfiado.

Ser duro de oído: no tener buena audición.

Ser duro de pelar, o de roer: difícil de vencer o convencer.

Ser el abecé: los primeros principios o rudimentos de algo.

Ser el acabóse: el colmo, ser un desastre.

Ser el agua del socorro: aplícase a todo aquello que saca al momento de algún apuro o necesidad urgente.

Ser el amo de la baila: el amo del cotarro.

Ser el amo del cotarro: el principal en algún asunto.

Ser el ángel custodio, o tutelar: el amparo o protección de alguien.

Ser el ánima vilis: se dice cuando se trata a una persona sin consideración, abusando de ella, reservándola toda suerte de trabajos y penalidades.

Ser el arca de Noé: sinónimo de cualquier habitación o cofre donde se encuentran muchas y diversas cosas.

Ser el arrendajo de otro: parecerse mucho físicamente.

Ser el báculo de la vejez: constituir el apoyo moral o material de una persona.

Ser el benjamín: se dice de las personas que son muy mimadas y favorecidas en todo. El más pequeño de los hijos.

Ser el blanco de todas las miradas: hacia donde se dirigen por circunstancias determinadas.

Ser el brazo de los caídos: el protector de los débiles.

Ser el brazo derecho de alguno: la persona de confianza.

Ser el burro negro de la familia: se dice de aquel en quien recae todo el peso de la casa.

Ser el caballero de la tenaza: muy agarrado o miserable.

Ser el caballo de batalla: lo más importante, de más interés.

Ser el carajo: ser el colmo.

Ser el chocolate del loro: se dice cuando se quiere ahorrar algo insignificante.

Ser el coco: muy feo, el espanto de las gentes.

Ser el colmo: llegar a límites de no poderse aguantar.

Ser el corifeo: dícese del que se impone a los demás.

Ser el cuento de la buena pipa: se dice cuando una cosa puede ser repetida indefinidamente.

Ser el cuento de la lechera: se dice de una cosa muy hipotética, que se hace con mucha ilusión viniéndose abajo.

Ser el cuento de nunca acabar, o el cuento de la buena pipa: dícese de los hechos enojosos que se repiten incesantemente.

Ser el dedo malo: el que paga todo lo que le acontece.

Ser el demonio, o el mismísimo, o el mismo, demonio, o un demonio: demasiado perverso, travieso, hábil.

Ser el dueño del cuchillón, del hato, o de los cubos: tener mucho manejo en alguna cosa o con personas.

Ser el eco de otro: imitar, repetir servilmente lo que otro dice.

Ser el editor responsable: sufrir las consecuencias de los desaciertos cometidos por otros.

Ser el espíritu de la contradicción: propenso a llevar siempre la contraria.

Ser el gallito del lugar: sobresalir y hacer gran papel en alguna parte por méritos personales, o por la autoridad que tiene.

Ser el gallo: hacerse.

Ser el garbanzo negro de la familia: el hijo inadaptado y el que causa los problemas en ella.

Ser el laurel de todas las salsas: estar en todas las partes una persona para figurar y que se fijen en ella.

Ser el licenciado Vidriera: se aplica a la persona pusilánime y asustadiza.

Ser el mismo diablo: demasiado perverso, travieso o hábil.

Ser el no va más: lo mejor en lo que se está tratando.

Ser el "non plus ultra": lo más perfecto y acabado.

Ser el norte de uno: la persona que sirve de dirección o guía.

Ser el nudo gordiano: apícase a todo lo que es dificilísimo de resolver.

Ser el número uno: el primero, o el mejor.

Ser el ojo, o el ojito, derecho de alguno: el de su mayor confianza y cariño.

Ser el ombligo del mundo: creerse lo más importante del mundo.

Ser el pagano, o el paganini: el que paga siempre.

Ser el pan cotidiano: aplícase a todo aquello que se verifica con harta frecuencia o diariamente.

Ser el pan nuestro de cada día: ocurrir cada día, frecuentemente.

Ser el paño de lágrimas: consolar, remediar las aflicciones.

Ser el parto de los montes: se aplica a cualquier resultado ridículo.

Ser el patito feo: despreciado por los demás.

Ser el platillo de la conversación: tomarse una cosa o persona por objeto de conversación o murmuración.

Ser el polo opuesto: totalmente distinto o diferente.

Ser el primero empezando por la cola: ironía del que ocupa el último lugar.

Ser el principio de un pleito: cuando todo se vuelven dificultades.

Ser el principio del fin: se aplica a las situaciones en que su existencia no puede ser de larga duración.

Ser el punto débil, o flaco: lo más vulnerable.

Ser el refugium peccatorum: dícese de la persona o lugar adonde acuden todos en petición de ayuda.

Ser el remedio peor que la enfermedad: frase que indica que la propuesta es más perjudicial para evitar un daño que el mal mismo.

Ser el reverso de la medalla: persona que es totalmente diferente a lo que se compara.

Ser el rigor de las desdichas: padecer muchas y diferentes desgracias.

Ser el saco de los golpes: al que todos pegan y zahieren.

Ser el santo del día: llamar la atención, distinguiéndose por algún concepto.

Ser el tercero en discordia: cuando una tercera persona interviene en una discusión existente entre otras dos.

Ser el todo: la persona más influyente.

Ser el último grito: la última moda.

Ser el último mono: lo menos importante.

Ser el ungüento amarillo: dícese de la persona a la que se recurre para todo.

Ser el vivo retrato: parecerse mucho a una persona.

Ser empalagoso: dícese de la persona que causa fastidio por su zalamería y afectación.

Ser en carga: molestar, enfadar.

Ser en cargo: deudor.

Ser en grado: del gusto y aprobación.

Ser en guarda de alguno: estar bajo su protección.

Ser enemigo de alguna cosa: no gustar de ella.

Ser engreído como gallo de cortijo: persona muy altiva.

Ser entrado en días, o en años: dícese de las personas que se acercan a la vejez.

Ser escogida como el sol: aplícase a toda criatura única en su clase, y por antonomasia a la Virgen María.

Ser esencia de una cosa: condición inseparable de ella.

Ser esforzado en algo: estar en disposición de poderlo hacer.

Ser extraña una cosa a uno: no estar práctico en ella, serle impropia.

Ser favorecido, o poco favorecido, de la madre naturaleza: tener, o no, gracias y dones naturales.

Ser flaco de cabeza: se dice de la persona poco firme en sus juicios.

Ser flor de cantueso: se aplica a las cosas fútiles o de poca entidad.

Ser flor de estufa: dícese de la persona muy delicada, remilgada.

Ser flor de un día: que tiene muy poca duración.

Ser fraile de misa y olla: se dice del que carece de estudios mayores.

Ser fuerte como un roble: tener aspecto y constitución fuerte.

Ser fuerza: necesario, forzoso.

Ser gafe: traer mala suerte.

Ser gajes del oficio: inconvenientes o problemas inherentes a cada trabajo.

Ser gente: tener prestigio, influencias, amistades.

Ser habas contadas: un número bastante escaso.

Ser harina de otro costal: cosa muy diferente de otra con la que se compara.

Ser hermosa como la Luna: aplícase a toda criatura hermosa.

Ser hidalgo como el rey: dícese de los que pertenecen de siempre a la nobleza.

Ser hombre al agua: no dar esperanzas de remedio en su salud o conducta.

Ser hombre de historia: dícese del que tiene antecedentes que no le favorecen.

Ser hombre de pocas palabras: muy reservado.

Ser hombre de su palabra: que cumple lo que dice.

Ser hombre de una pieza: totalmente responsable.

Ser hombre del otro jueves: persona extraordinaria que se sale de lo común.

Ser hombre muy llegado a las horas de comer: estar pronto para las cosas que le son de utilidad.

Ser hombre para alguna cosa: capaz de ejecutar lo que dice u ofrece.

Ser huésped de su casa: parar poco en ella.

Ser incapaz de sacramentos: se dice de la persona sumamente boba o necia.

Ser inocente de repique: alude a los entierros de los niños.

Ser jarabe de pico una cosa: no pasar de la conversación, sin que se convierta en realidad.

Ser Jauja: cosa muy productiva.

Ser juez y parte: coincidir en la misma persona la actuación y el juzgar los resultados.

Ser juguete de la fortuna: sufrir con frecuencia reveses.

Ser kafkiano: sumamente enredado, absurdo, difícil de entender.

Ser la berza: indignante.

Ser la Biblia: la verdad.

Ser la Biblia en verso, o en pasta: dícese de lo que es muy complicado y completo.

Ser la cabra coja: dícese de la persona inútil, o que es de mérito inferior.

Ser la boca de alguna medida: darle todo cuanto quiere o pide.

Ser la cara mitad de alguien: el otro cónyuge.

Ser la casa de tócame Roque: lugar sin orden, disciplina, ni organización, que cada uno hace lo que le viene en gana.

Ser la caraba: indignante.

Ser la carabina de Ambrosio: no servir para nada.

Ser la descojonación: se dice de algo tremendo o extraordinario. El colmo, el disloque, la monda. Desastre.

Ser la docena del fraile: aplícase al conjunto de trece cosas.

Ser la efigie del hambre: dícese de la persona pálida, demacrada y de escasas carnes.

Ser la empuñadura: el principio de un discurso, cuento, narración, etc.

Ser la estampa de la miseria: dícese de los que están muy sucios y carentes de medios para vivir.

Ser la flor de la canela: cosa muy buena, casi inmejorable.

Ser la flor de la maravilla: mejorar una enfermedad en virtud de la medicina o del tratamiento médico.

Ser la flor y nata: lo mejor y más escogido.

Ser la gota que colma el vaso: lo que faltaba para agotar la paciencia.

Ser la hostia, o la rehostia: dícese de la persona que es extraordinaria, bien por su torpeza o inutilidad, o por cualquier cosa plausible.

Ser la justicia de enero: se dice de los que no suelen perseverar con el mismo rigor que ostentaban cuando empezaron a ejercer un cargo.

Ser la leche, o la releche: dícese de lo que es extraordinario.

Ser la llave: se dice de lo que es fundamental para un negocio, gestión, reconciliación, etc.

Ser la lumbre de sus ojos: estimar mucho a una persona.

Ser la madre del cordero: la clave de la cuestión.

Ser la mano derecha de alguno: servirle de ejecutor imprescindible.

Ser la manzana de la discordia: causa de disturbios y riñas.

Ser la media naranja: se dice de la otra persona que forma una pareja.

Ser la monda, o la monda lironda: muy gracioso.

Ser la niña de sus ojos: estar en disposición de satisfacer todos los deseos de alguien.

Ser la noche y el día: dos personas o cosas totalmente diferentes.

Ser la obra del Escorial, o de la catedral: se dice cuando una cosa tarda mucho en hacerse.

Ser la octava maravilla del mundo: muy extraordinaria y admirable.

Ser la oveja negra de la familia: el hijo inconformista, el que tiene y causa los problemas.

Ser la pequeña cenicienta: se aplica a todas aquellas personas que llevan el peso del trabajo de una casa, oficina, etcétera, mientras que los demás no trabajan.

Ser la pera, o la repera: el colmo, el no va más.

Ser la piedra de escándalo: motivo de discusión y por ello el blanco de indignación de todos.

Ser la piedra de toque: el punto de referencia, para efectuar las comparaciones oportunas.

Ser la piel, o de la piel del diablo: muy travieso, que no admite sujeción.

Ser la polla: el colmo, el no va más.

Ser la pomada: lo mejor.

Ser la punta del iceberg: algo visible pero no lo más importante, quedando esto oculto.

Ser la puñeta: referido a una persona, ser algo extraordinaria, tanto en sentido favorable como desfavorable.

Ser la purga de Benito: dícese de la medicina que actúa nada más haberla tomado.

Ser la quinta esencia de alguna cosa: lo más puro de ella.

Ser la remonda: se aplica a la persona extraordinaria, en sentido encomiástico o censurable.

Ser la reoca: cosa excelente.

Ser la repanocha: el no va más.

Ser la repera: excelente; se usa también en tono de réplica.

Ser la sombra de alguno, o ser la sombra de Nino: seguir a una persona a todas partes.

Ser la tabla de salvación: la esperanza.

Ser la tienda de los cojos: dícese de la que se halla más cercana al lugar donde se vive.

Ser la torre de Babel: se dice del lugar donde hay gran desorden y confusión.

Ser la última gota de una cosa: dícese de lo que viene a colmar la medida de la paciencia.

Ser la última palabra del credo: lo menos importante.

Ser la vida perdurable: tardar mucho en suceder, en ejecutar o en conseguir una cosa. Ser molesta y pesada una persona.

Ser la viva imagen, o estampa: tener un parecido extraordinario.

Ser la voz de su amo: carecer una persona de criterio propio, actuar por mandato de otro.

Ser largo como pelo de huevo, o de rata: excesivamente mezquino y miserable.

Ser largo de contar: entrañar más importancia y trascendencia de lo que otro se figura.

Ser largo de lengua: dícese del que habla con desvergüenza o con imprudencia.

Ser largo de talle: dícese familiarmente de lo que excede notablemente del número que expresa.

Ser largo de uñas, o de manos: inclinado al robo, ser ratero o ladrón.

Ser letra muerta: dícese de lo que no tiene valor.

Ser ligero de cascos, o de cascos lucios: dícese de la persona de poco juicio.

Ser ligero de lengua: dícese del que habla lo que le viene a la boca sin tener en cuenta los inconvenientes de lo dicho.

Ser limpio como el agua: ponderación de la limpieza.

Ser limpio como el oro: dícese de todo aquello que está limpio y reluce.

Ser listo como él solo: de gran viveza.

Ser lo de menos: lo de menos importancia.

Ser lo mismo que la carabina de Ambrosio: no servir para nada.

Ser lo mismo que machacar en hierro frío: inútil la corrección cuando se está mal dispuesto a recibirla.

Ser lo último: lo último que se puede consentir.

Ser lobos de una o de la misma camada: pertenecer a un grupo de indeseables.

Ser los mismos perros pero con distintos collares: dícese de lo que es prácticamente lo mismo; se utiliza en los políticos, cuando actúan de la misma manera tanto los de un partido como los del otro.

Ser madre a los forasteros, y madrastra a los naturales: dícese de los que dan buenos tratos a los extraños, y malos a los propios.

Ser mal contada a uno una cosa: tener malas resultas para él.

Ser mala cuca: se dice de la persona maliciosa y de mal natural.

Ser mala vergüenza: ruindad o incoveniencia de una cosa.

Ser malo de roer: persona dura de convencer, o de dar su brazo a torcer.

Ser mano de santo: de remedio milagroso para un mal.

Ser manso como un cordero: dícese de las personas dóciles.

Ser más aburrido que el Papa cantando maitines: de gran aburrimiento.

Ser más aburrido que un entierro de tercera: con aburrimiento de principio.

Ser más aburrido que una ostra (sin perla): no ser nada divertido.

Ser más agarrado que un chotis: muy poco espléndido.

Ser más alto que un mayo: tener una gran altura.

Ser más amargo que la quina: dícese de lo que tiene un sabor amargo en demasía.

Ser más anticuado que un dinosaurio: de costumbres ancestrales.

Ser más ardiente, o caliente, que un gorrión: en extremo muy enamoradizo.

Ser más áspero que un cardo, o que un cardo setero o borriquero: calificación que se da a una persona adusta y desabrida.

Ser más aspero que una lija: se dice de las personas poco agradables y muy secas.

Ser más bajito que la sombra de un guá: un enano.

Ser más bajito que un guá: de estatura muy pequeña.

Ser más basto que el forro de los cojones de un carabinero: ordinario.

Ser más basto que un bocadillo de lentejas, o garbanzos: persona muy poco fina y educada.

Ser más basto que un condón de esparto (con la punta de uralita): persona muy burda.

Ser más basto que un rosario de melones: de poca finura.

Ser más basto que una bailarina con chirucas: persona ridícula.

Ser más basto que unas bragas, o calzoncillos, de esparto: persona que siempre demuestra poca finura.

Ser más basto que unos sostenes con bisagras de hojalata: se dice como expresión de la persona basta y ridícula.

Ser más blando, o más suave, que una pluma: de extremada blandura o suavidad.

Ser más blando que la manteca: dejarse dominar o convencer, por tener corazón bondadoso.

Ser más blanco que la leche: ponderación de la blancura.

Ser más blanco que una paloma: de extremada blancura.

Ser más bobo que el que asó la manteca: de pocas luces.

Ser más borracho que una cepa, o que una cuba: estar casi siempre bebido.

Ser más bruto que el brocal de un pozo: de gran dureza de entendimiento.

Ser más bruto que un adoquín: muy terco y de poco entendimiento.

Ser más bruto que un arado: tener muy pocas luces y entendimiento, dándose a conocer continuamente esta circunstancia.

Ser más bruto que un cerrojo: de muy pocos recursos.

Ser más bruto que una mata de habas: muy simple o lerdo.

Ser más bueno que el pan: de gran bondad.

Ser más católico que el rey de España: manera de acreditar a alguno de católico en sumo grado.

Ser más chulo que el Guerra, que el Bomba: muy presumido.

Ser más chulo que un ocho: darse mucha importancia.

Ser más ciego que un topo: no ver absolutamente nada.

Ser más claro que el agua (clara): decir siempre las verdades a la pata la llana.

Ser más claro que el cristal: de fácil comprensión, que no hace falta explicaciones para su percepción.

Ser más conocido que el Pupas: persona muy conocida, en cada zona se cambia de nombre.

Ser más conocido que la Ruda: muy conocido en el lugar.

Ser más conocido que las ratas: se dice de la persona que es sumamente conocida de todos.

Ser más corto que las mangas de un chaleco: tener pocas salidas, ser apocado.

Ser más cumplido que una barquiña: dícese de la persona que es cortés en extremo.

Ser más cumplido que una manta para catorce: se dice cuando una cosa es muy justa o angosta.

Ser más cursi que un ataúd con pegatinas: cursilería que raya en la ridiculez.

Ser más cursi que un cerdo con monóculo: rídiculo al máximo.

Ser más cursi que un repollo con lazos: de puro fino se pasa a ser ridículo.

Ser más cursi que un seiscientos con cortina: con cursilería hasta en las cosas sencillas.

Ser más de campo que las amapolas: paleto.

Ser más derecho que un huso: ponderación a la persona muy recta.

Ser más derecho que una lanza: aplícase a todo lo que guarda la rectitud propia de este arma.

Ser más desagradecido que la tierra de guijo: se dice del que no agradece los favores.

Ser más desgraciado que el pollo que tira la cigüeña: tener gran desgracia, o mala suerte.

Ser más desgraciado que "El Pupas" [que se cayó de espaldas y se partió (las narices, la picha o la polla)]: padecer las desgracias en demasía.

Ser más desgraciado que el tiesto de Inés, que se secó lloviendo: ser desgraciado en extremo.

Ser más desgraciado que puta en rastrojo: tener desgracias añadidas a las habituales.

Ser más despreciable que refrán que no corre: dícese de la persona que no es querida por nadie.

Ser más difícil que barrer escaleras arriba: se dice cuando se intenta hacer una cosa casi imposible.

Ser más difícil que cagar a pulso: cosa difícil.

Ser más difícil que cagar de pie: cosa muy complicada.

Ser más difícil que dar porculo a un caballo al galope: expresión de cosa muy difícil.

Ser más difícil que encontrar una aguja en un pajar: cosa casi imposible de encontrar.

Ser más difícil que pisársela meando: rareza de dificultades.

Ser más difícil que cagar para arriba: como cosa imposible.

Ser más dulce que un caramelo: sumamente afable, dulce, si se trata de una cosa.

Ser más duro que un pelote: cuando una cosa es muy dura y apretada.

Ser más duro que un roble: dícese del que está muy fuerte y robusto.

Ser más duro que una piedra, o una roca: muy insensible.

Ser más el ruido que las nueces: insignificante una cosa que parece grande o de cuidado.

Ser más embustero que el discurso de un político: no ser creíble en nada.

Ser más embustero que un sacamuelas: mentir mucho.

Ser más fácil que mear: sumamente fácil.

Ser más falso que Judas, o que el beso de Judas: tener una persona muchas dobleces.

Ser más falso que mula de alquiler: aplícase a lo que no es verdadero.

Ser más feo que cagar: hacer algo poco estético y de poca belleza.

Ser más feo que Carracuca: tener muy poco atractivo físico.

Ser más feo que el cárabo del castañar: se dice cuando una cosa es extremadamente fea o desagradable.

Ser más feo que el consejo de la Inquisición: de gran fealdad.

Ser más feo que el culo de una mona: sin nada bonito.

Ser más feo que el sargento de Utrera, que reventó de feo: dícese de la persona extremadamente fea.

Ser más feo que el tío Molino, que le dieron el óleo en la nuca porque de feo que era no lo pudieron dar en la cara: se dice de una persona horrible.

Ser más feo que escupir a Cristo: hacer alguna cosa abominable.

Ser más feo que la muerte: no haber nada más feo.

Ser más feo que pegar a Dios en Viernes Santo: comparación extrema con la fealdad.

Ser más feo que pegar a un padre [con un calcetín sudado (en un día de fiesta)]: hacer alguna cosa recriminable en exceso.

Ser más feo que pegarle a Dios: cuando una cosa está pésimamente hecha.

Ser más feo que Picio: prototipo de persona muy fea.

Ser más feo que reírse en un entierro: cuando se hace una cosa fuera de lugar.

Ser más feo que un susto a media noche: dicho como sinónimo de fealdad.

Ser más fino que el coral: de gran viveza y perspicacia.

Ser más fino que el pellejo de una mierda: irónico de fineza.

Ser más flojo que un vendo: dícese de la persona floja y desaliñada.

Ser más flojo que una madeja: dícese de los que son poco amigos del trabajo.

Ser más florido que una primavera: se dice de todo razonamiento primoroso.

Ser más fresco que una lechuga: muy descarado.

Ser más frío que la picha de un pez: muy cerebral, no dejarse llevar de los impulsos.

Ser más frío que un mármol: como prototipo de frialdad.

Ser más goloso que las moscas: dícese del que le gusta mucho el dulce.

Ser más gordo que un sapo campanero: muy obeso.

Ser más guapo que un queso: de una belleza peculiar.

Ser más hidalgo que un montañés: se dice de la persona que se jacta de descender de alta alcurnia.

Ser más inocente que un cubo: de la persona sencilla e inocente.

Ser más inocente que una borrachera de gaseosa: de inocencia infinita.

Ser más interesado que las ánimas benditas, o del purgatorio: pondera el ansia codiciosa de alguna persona.

Ser más inútil que el rabo, la picha o la polla de un viejo: de muy poca utilidad.

Ser más inútil que las tetas de un hombre: no servir para nada.

Ser más inútil que un microondas en una heladería: lo que no sirve absolutamente para nada.

Ser más justo que la balanza de San Miguel: ponderación de lo justo y proporcionado.

Ser más largo que la Cuaresma: cuando una cosa se hace interminable.

Ser más largo que un día sin pan: cuando una cosa se hace muy larga y pesada.

Ser más largo que un real de hilo: de gran altura una persona.

Ser más las costas que el capital: importar más las cosas inútiles que lo esencial.

Ser más lento que el caballo del malo: muy lento.

Ser más lento que el desarrollo de una berza: se dice de lo que se tarda mucho en hacer.

Ser más lento que un desfile de cojos: de gran lentitud.

Ser más lento que una procesión de cojos en Semana Santa: de lentitud exhaustiva.

Ser más liberal que Riego: dícese del que practica en políca las ideas liberalistas.

Ser más libre que el aire: dícese de los que tienen libertad completa.

Ser más ligero que un soplo: de gran ligereza.

Ser más ligero que un volatín: se aplica a la persona que tiene en sus movimientos gran ligereza y agilidad.

Ser más ligero que una ardilla: de extraordinaria rapidez.

Ser más limpio que los chorros del agua: de gran limpieza.

Ser más limpio que los chorros del oro: de limpieza impresionante.

Ser más lisa que una tabla de lavar: dícese de la mujer que tiene poco pecho.

Ser más listo que Cardona: expresión de persona lista.

Ser más listo que Carracuca: persona de gran viveza.

Ser más listo que el hambre: por necesidad tener gran viveza

Ser más listo que los ratones "coloraos": de gran viveza.

Ser más listo que un conejo: tener inteligencia natural.

Ser más listo que un listón: irónico de la listeza.

Ser más listo que una ardilla: de viveza ágil.

Ser más loco que un habar: dícese de la persona totalmente inconsecuente.

Ser más loco que una tahona: aplícase a la persona poco reflexiva, inquieta y voluble.

Ser más macho que las gallinas del Puente Vallecas: de gran valentía.

Ser más macho que Pancho Villa: de gran hombría.

Ser más malo que arrancado: se dice de las personas cuyas cualidades son sumamente malas.

Ser más malo que Barrabás: como prototipo de la maldad.

Ser más malo que Caín: tambiém se dice como prototipo.

Ser más malo que el diablo: de maldad inmensa.

Ser más malo que el sebo: se dice cuando no sirve para nada.

Ser más malo que la carne de cabra: de gran dureza.

Ser más malo que la carne de pezcuezo, o que la carne de perro: peor que una enfermedad.

Ser más malo que la peste: maldad generalizada.

Ser más malo que la piel del diablo: de gran maldad.

Ser más malo que la quina: de mal sabor, persona muy traviesa.

Ser más malo que la tiña, la sarna: de maldad desagradable.

Ser más malo que un dolor: de maldad intensa.

Ser más malo que un nublado: de maldad que se extiende mucho.

Ser más malo que un rayo: se dice cuando una cosa hace un gran daño, siendo irreparable.

Ser más malo que una pedregada: que donde cae todo lo hecha a perder.

Ser más malo que una víbora: el que hace daño por placer.

Ser más manso que un cordero: de gran mansedumbre.

Ser más maricón que un palomo cojo: se dice de la persona que no se oculta y hace ostentación de tal condición.

Ser más necio o más ruin que su zapato: tener gran ruindad, necedad o bajeza.

Ser más negro que el azabache: dícese de lo que es sumamente oscuro.

Ser más negro que el sobaco de un ciego: se supone negro por no ver.

Ser más negro que la mora: aplícase a todo objeto oscuro.

Ser más negro que los cojones de Lumumba: negro en extremo.

Ser más negro que los cojones de un grillo: como el betún.

Ser más negro que un Tito: se dice de las personas que son muy morenas.

Ser más negro que un tizón: extremadamente negro, o sucio.

Ser más oscuro que la noche sin luz: de oscuridad total.

Ser más papista que el Papa: tomarse, o defender, las cosas en extremo, y superior al que las ha creado.

Ser más parado que el caballo de un fotógrafo: de poca viveza.

Ser más pequeño que un comino: expresión de la pequeñez.

Ser más pesado que dormir a una vaca en brazos: de pesadez extraordinaria.

Ser más pesado que el arroz con leche: pesado de digerir y asimilar.

Ser más pesado que el plomo: expresión de la pesadez.

Ser más pesado que las moscas: de pesadez continuada.

Ser más pesado que matar una vaca a besos: de pesadez inconmensurable.

Ser más pesado que un burro muerto: de pesadez abrumadora.

Ser más pesado que un chinche: dícese de la persona enojosa en extremo.

Ser más pesado que un collar de melones: dícese de lo que pesado y enojoso.

Ser más pesado que un moro ahogado: ser de gran pesadez.

Ser más pesado que un muerto: pesado en exceso.

Ser más pesado que un pavo: tener mucha sosería o cachaza.

Ser más pillo, o más tuno, que una loma: ponderación de lo grande o excesivo de alguna cualidad.

Ser más pobre, más limpio, que una puta en cuaresma: padecer por necesidad dichas indicaciones.

Ser más pobre que las ratas: aplícase al que está en la indigencia.

Ser más puerco que la araña: dícese de la persona muy desaseada.

Ser más puta que las gallinas: ser una mujer muy fácil.

Ser más raro que la bragueta de un quinto: de rareza extraña.

Ser más raro que los padres santos: por lo poco frecuente que es el verificar la defunción de un Papa.

Ser más raro que un perro amarillo, o verde: de gran rareza.

Ser más raro que doña Mauricia: de rareza extrema.

Ser más rojo que Lenin: de pensamientos de izquierda.

Ser más rubio que las pesetas: de pelo muy rubio.

Ser más salado que el puerto: dícese de la persona que es graciosa.

Ser más salado que las pesetas: se dice de la persona agradable y chistosa, que alegra la vida a los demás.

Ser más secreto que una tumba egipcia: dícese de la persona que no descubre ningún secreto.

Ser más serio que un carajo: de seriedad constante.

Ser más serio que un juez: como prototipo dé la seriedad.

Ser más serio que una mata de habas: de una seriedad impresionante.

Ser más sexy que Madonna: tener gran atractivo sexual.

Ser más soso que una calabaza: no tener gracia.

Ser más sucio que las orejas de un confesor: de gran suciedad.

Ser más sucio que una araña: dícese de lo que es extremadamente sucio.

Ser más terco que una mula: persona muy cabezota.

Ser más terco y duro que villano rogado: dícese del que es muy tozudo.

Ser más tonto, aburrido, agarrado, trabajador, etc., que mandado hacer de encargo: lo máximo en esa materia.

Ser más tonto que Abundio: que asó la manteca, que cebó un pichón por el culo, que fue a vendimiar y llevó uvas de merienda, que vendió el coche para comprar gasolina, etc.; ser de tontuna supina.

Ser más tonto que hacer pipí, o mear, sin ganas: se dice de la persona sosa y sin gracia.

Ser más tonto que hacerle la permanente a un calvo: bobo de remate.

Ser más tonto que hacerle una paja a un muerto: tonto de remate.

Ser más tonto que la tía Joaquina, que no sabe si mea o si orina: de gran simpleza y tontuna.

Ser más tonto que los cojones, que llevan toda la vida juntos y no se saludan: con tontuna ancestral.

Ser más tonto que los pelos del culo, que cae la mierda y no se apartan: tonto al máximo.

Ser más tonto que mamarla de canto: de gran tontuna e inconsecuencia.

Ser más tonto que mandado hacer de encargo: se dice del que ya no lo puede ser más.

Ser más tonto que Pichote: expresión de tontuna.

Ser más tonto que un capazo boca abajo: que no sirve para nada.

Ser más tonto que un hilo de uvas: dícese en Andalucía a toda persona que es muy necia.

Ser más tonto que una esquina: completamente negado o mentecato.

Ser más tonto que una mata de habas: de gran simpleza.

Ser más tozudo que una mula: dícese de la persona que es muy cabezota.

Ser más transparente que caldo de sopistán: cosa clara y evidente.

Ser más triste que un entierro de tercera, que un funeral: cuando no se tiene alegría ninguna.

Ser más tupido que el caldo de habas: torpe y rudo. Muy espesa una cosa.

Ser más vago que la chaqueta de un guardia civil, o de la de un peón caminero: muy vaga una persona.

Ser más viejo que andar a gatas, o a pie: conocido de siempre.

Ser más viejo que cagar agachado: tener muchos años.

Ser más viejo que Carracuca: sinónimo de vejez.

Ser más viejo que el diluvio: manera de exagerar la antigüedad de una cosa.

Ser más viejo que el gallo de la Pasión: muy antiguo.

Ser más viejo que el mear, o andar a pie: de toda la vida.

Ser más viejo que el repelón: que la sarna.

Ser más viejo que la cuesta de la Vega: de siempre.

Ser más viejo que la era del coño: de mucha edad.

Ser más viejo que la pana, o la nana: de mucha antigüedad.

Ser más viejo que la sarna: de toda la vida.

Ser más viejo que la tos: conocido en toda la historia.

Ser más viejo que Lola Flores: persona conocida hace muchos años.

Ser más viejo que Maricastaña: tener muchos años.

Ser más viejo que Matusalén: la Biblia indica que vivió muchísimos años.

Ser más viejo que mear de pie: una cosa hecha de siempre.

Ser más viejo que mear en pared: de gran costumbre.

Ser más viejo que mear "p'alante": cosa inveterada.

Ser más viejo que préstame un cuarto: de siempre.

Ser más viejo que un palmar: se dice del que tiene muchos años.

Ser más vivo que una ardilla: de gran agilidaz y ligereza.

Ser media cuchara: aplícase a la persona de mediano entendimiento.

Ser menester: ser preciso, haber necesidad.

Ser menester la cruz y los ciriales: necesitarse muchas diligencias y gestiones para conseguir una cosa.

Ser menester tenazas: tener gran dificultad en conseguir una cosa de otro.

Ser mesa de gallegos: aquella en la que se ha olvidado poner el pan.

Ser misas de salud: con que por desprecio se califican las malas dicciones o malos deseos de uno contra otro.

Ser moco de pavo: persona o cosa notable en su línea.

Ser moda, o de moda: estilarse, o practicarse algo.

Ser moneda corriente una cosa: estar admitida, o no causar sorpresa a nadie, por ocurrir con mucha frecuencia.

Ser moneda de dos caras: se dice de las personas que hacen lo contrario de lo que dicen.

Ser moro al agua: hombre perdido.

Ser moro de paz: tener carácter pacífico.

Ser mucho cuento: el que usa mucha ponderación para alabar una cosa.

Ser mucho decir: cosa muy exagerada.

Ser mucho hombre: persona de gran talento o habilidad.

Ser mujer: tener una mujer la primera menstruación.

Ser mujer de la vida: prostituta.

Ser mujer de rompe y rasga: aplícase a la mujer varonil, o de mucho genio.

Ser mujer de su casa: llevar con orden la casa y limpieza.

Ser mujer fatal: se dice de la que seduce a los hombres llevándoles a la ruina de todo tipo.

Ser mujer objeto: cuando una mujer es mantenida por un hombre y en contraprestación renuncia a su vida personal.

Ser mujer pública: ejercer la prostitución.

Ser música celestial: indicando el escaso aprecio que se hace de lo que están diciendo.

Ser muy boquifresco: se dice de la persona que con toda la naturalidad y serenidad dice las verdades, por desagradables que sean.

Ser muy casera: poco amiga de visitas.

Ser muy conocido en su casa a las horas de comer: persona totalmente desconocida.

Ser muy corrido: persona de gran astucia y experiencia.

Ser muy corto de vista: dícese de la persona que es muy poco perspicaz.

Ser muy cuco: pulido, mono, elegante.

Ser muy cuitado: apocado, de poca resolución y ánimo.

Ser muy dama: muy fina una mujer en modales y compostura.

Ser muy de adentro: tener mucha confianza en una cosa.

Ser muy de casa: tener mucha familiaridad en una cosa.

Ser muy del asa: ser amigo íntimo de otro.

Ser muy delicadado para el infierno: quejarse por poca cosa.

Ser muy diplomático: dícese de la persona que siempre queda bien con todo el mundo, a base de darlas la razón siempre.

Ser muy dueño: tener entera libertad para actuar de cierta manera.

Ser muy echado "p'alante": muy valiente sin temor a las consecuencias que pudieran venir.

Ser muy escurrido: dícese de la persona muy estrecha de caderas.

Ser muy hembra: cuando una mujer actúa con mucha determinación.

Ser muy hombre: valiente.

Ser muy lagarto: dícese del hombre listo, que no se deja engañar fácilmente.

Ser muy "leído y escribido": se dice del que sabiendo muy poco se las da de saber mucho.

Ser muy macho: hombre muy varonil.

Ser muy poquita cosa: persona muy pequeña o delgada.

Ser muy suyo: tener un carácter muy introvertido.

Ser muy tentado de la risa: propenso a reírse inmoderadamente.

Ser muy tozudo: dícese de la persona muy obstinada y testaruda.

Ser nombrado a dedo: como único mérito, estar enchufado.

Ser, o estar, más alegre que unas sonajas, o como unas sonajas: estar más alegre que unas castañuelas.

Ser, o hacer, a toda rueda: en todo lance.

Ser, o no ser, plato del gusto de uno: serle o no grata una persona o cosa.

Ser, o parecer, el enano de la venta: dícese, por mofa, de la persona baja y regordeta.

Ser, o parecer, la mierda del pavo: dícese de las personas sosas y de poca animación.

Ser, o parecer, un azogue: aplícase a las personas sumamente activas.

Ser, o parecer, un oratorio: dícese de la casa donde reina la piedad y el recogimiento. Habitación muy limpia.

Ser, o parecer, un popurrí: conjunto de muchas cosas no definidas enteramente.

Ser, o parecer, un rollo de manteca: estar muy gordo.

Ser, o parecer, un Salomón: persona instruida.

Ser, o parecer, una esfinge: adoptar una actitud reservada o enigmática.

Ser, o parecer, una espita: dícese de la persona que bebe mucho vino.

Ser, o parecer, una rosa: hermosa, fresca, lozana.

Ser obra de romanos: costosa y de mucho trabajo.

Ser oro de vinticinco quilates: exquisito y notable en su línea.

Ser oro molido: muy valioso.

Ser otro cantar, o canción: diferente, otra cosa distinta.

Ser otro Don Quijote: dícese de la persona que quiere ser defensor de materias que no le incumben, es decir: defensor de causas perdidas.

Ser otro hombre: haber cambiado su conducta para bien.

Ser otro que tal: forma de indicar que una persona es igual que de la que se está hablando.

Ser pájaro de mal agüero: traer mala suerte, de carácter negativo.

Ser palabras mayores: un asunto de gran seriedad, importancia o envergadura.

Ser pan agradecido: dícese del que muestra agradecimiento por un favor recibido.

Ser pan comido: muy fácil de hacer.

Ser pan para hoy y comida para mañana: cuando una cosa no se ha completado totalmente, sino que se ha resuelto por poco tiempo o parcialmente.

Ser pan y miel: muy buena y agradable.

Ser papa fina: exquisito en su clase.

Ser papel florete: estar soltero.

Ser papel mojado: se dice del papel que no sirve para demostrar o justificar algo.

Ser papel quemado: estar casado.

Ser para alabar a Dios: admirable por su perfección, abundancia.

Ser para desengrasar: irónico, para indicar que se recibe aumento de trabajo sobre el que se tiene en exceso.

Ser para el caso lo mismo, o para los efectos: no existir diferencias de ningún tipo.

Ser para mear y no echar gota: dícese familiarmente de cualquier situación comprometida o de difícil solución.

Ser para mearse: dícese de lo que produce mucha risa.

Ser para menos: no ser capaz de lo que otro es.

Ser para poco: escasear en una persona el valor, talento.

Ser pariente del marqués de la Pestaña: aficionado a curiosear.

Ser parte: contribuir a alguna cosa.

Ser parte en una cosa: tener parte en ella.

Ser paseante en corte: no tener ocupación alguna, andar vagando.

Ser pasto de las llamas: haber ardido algo totalmente.

Ser peccata minuta: lo que casi no tiene importancia.

Ser peor el remedio que la enfermedad: con consecuencias peores a las resoluciones tomadas.

Ser peor lo roto que lo descosido: un daño mayor que otro.

Ser peor que la carne de pescuezo: de ínfima calidad.

Ser peor que la talanquera: sumamente perjudicial, causar grave daño.

Ser perrillo de todas las bodas: aficionado a hallarse en todas las fiestas y diversiones.

Ser perro viejo y no dejarse morder: la práctica que dan los años hace no ser fácil engañar a esas personas.

Ser persona de mucha cuenta: de importancia.

Ser persona de pelo en pecho: valiente, esforzado.

Ser persona que no hace sombra a las cinco de la tarde: se dice de la que es pequeña de estatura.

Ser piedra de escándalo: se da a entender que una persona es el motivo de una discusión o pendencia, siendo el blanco de la ojeriza e indignación de todos.

Ser piedra de toque: dícese de los actos que conducen a saber la bondad o malicia de alguna cosa o persona.

Ser pies y manos de alguno: servirle de descanso en todos sus asuntos.

Ser plato de segunda mesa: ser o sentirse postergado o desconsiderado.

Ser pobre de espíritu: apocado, corto de ánimo.

Ser pobre de solemnidad: muy pobre.

Ser poca carne para tanto caldo: hallarse en desproporción dos cosas.

Ser poca cosa: algo insignificante.

Ser poco favorecido por la madre naturaleza: hallarse desnudo de las gracias y dotes naturales.

Ser poco hombre: carecer de las calidades necesarias.

Ser polos opuestos: personas totalmente diferentes o distintas.

Ser primo hermano una cosa de otra: semejante o muy parecido a ella.

Ser profano en la materia: no tener conocimiento de ella.

Ser puñalada de pícaro: cuestión que debe ejecutarse con precipitación y urgencia.

Ser queso de muchas leches: dícese de los trabajos literarios en que han intervenido varias personas.

Ser rata de sacristía: refiriéndose a las mujeres beatas.

Ser remiendo de otro paño: cosa de otra materia, y al contrario, del mismo paño.

Ser remiendo del mismo, o de otro, paño: ser de la misma materia, origen o asunto que otra, o al contrario.

Ser sacristán del amén: seguir en todo ciegamente la voluntad o parecer de otro.

Ser señalado de todos, como gallina calzada: llamar la atención por alguna circunstancia rara.

Ser sólo la punta del iceberg: dícese cuando se conoce muy poco de algo grande, embrollado, peligroso, etc.

Ser sordo como una tapia: no oír absolutamente nada.

Ser su escudo: su amparo, su defensa.

Ser sujeto de más campanillas que el Sábado de Gloria: persona de mucha distinción.

Ser tal para cual: igualdad o semejanza moral de dos personas; se suele decir en sentido negativo.

Ser también hijo de Dios: locución familiar con que alega una persona dicho derecho.

Ser tan bueno como el buen pan: manera de encarecer la bondad de alguien.

Ser tan cierto como me he de morir: cuando se dice una verdad incuestionable.

Ser tan claro como el agua, o el sol, o la luz del mediodía: da a entender que una cosa es tan patente e inteligible, que sólo es superada en claridad por lo que se ha dicho.

Ser tan necesario como los perros en misa: dícese de lo que no hace falta absolutamente para nada.

Ser tardío, pero cierto: dícese de la persona que tarda mucho en ir a una casa, pero cuando va no encuentra el momento de salir de ella.

Ser teniente: dícese de la persona que no oye bien, está completamente sorda.

Ser tentado de la hoja: aficionado a aquello de que se trata.

Ser terco como una mula: dícese de la persona que es muy cabezota.

Ser terrero: el blanco de todas las miradas.

Ser tieso de cogote: presuntuoso, altanero.

Ser todo corazón: dícese de la persona que es muy generosa y comprensiva.

Ser todo hoja y no tener fruto: hablar mucho y sin contenido.

Ser todo matas y por rozar: se dice del asunto enmarañado, que se puede desenredar o aclarar.

Ser todo oídos, u orejas: prestar suma atención.

Ser todo ojos: persona que es muy observadora, dándose cuenta de todo.

Ser todo sombra y pintura: equivale a decir que aquello de que se trata es engañoso y ficticio.

Ser todo un hombre: con comportamiento valiente.

Ser todo uno, o ser uno: venir a ser, parecer varias cosas uno mismo.

Ser tonto de capirote: persona muy necia e incapaz.

Ser tonto, pero no tanto: frase que expresa una persona a otra, cuando quiere aquella engañar, o considerar por lo que no es.

Ser tortas y pan pintado: haber un daño, trabajo, disgusto, etcétera, mucho menor que otro con que se compara. No ofrecer dificultad una cosa.

Ser trabajo de chinos: cosa muy complicada de hacer o con mucha perfección.

Ser trigo que cae en camino: equivale a ser tiempo perdido todo lo que se haga por conseguir una cosa.

Ser un Adán: persona poco arreglada, limpia, ordenada, etcétera.

Ser un Adonis: aplícase al joven bien parecido.

Ser un águila, un lince: se dice del que es muy perspicaz, de ingenio agudo.

Ser un alcornoque: muy bruto.

Ser un alicáncano: aplícase a la persona o cosa sumamente molesta, enojosa.

Ser un alma de Dios: una gran persona, muy buena y bondadosa.

Ser un alma de miércoles, o de mierda: persona despreciable.

Ser un ángel, o como un ángel: persona de genio apacible y candorosa; también se dice de los niños por sus facciones bellas y delicadas.

Ser un animal de bellota: persona muy bruta, baja y ruin en su proceder.

Ser un arca cerrada: guardar celosamente un secreto.

Ser un as: el número uno.

Ser un arma de doble filo: beneficioso y perjudicial a la vez.

Ser un as: sobresaliente en algo.

Ser un asco una cosa: indecorosa y despreciable, muy imperfecta, o no valer nada.

Ser un asno de Misia: quebrado.

Ser un ave, o un águila: tener mucha ligereza, muy vivo en comprender y asimilar las cosas.

Ser un ave de presa, o de rapiña: zahiere a aquellas personas que son aficionadas a apoderarse de lo que no les pertenece.

Ser un ave fría, o tonta, o zonza: calificativo que se aplica a toda persona descuidada.

Ser un avechucho: dícese de la persona despreciable por su figura, mal proceder, etc.

Ser un avestruz: tosco, grosero.

Ser un azogue: muy inquieto.

Ser un babieca: se dice del tonto, o bobo.

Ser un bacín: indecente.

Ser un bachiller: hablador.

Ser un badaluque: de poca razón, sin fundamento.

Ser un badanas: persona bonachona.

Ser un badea: flojo, sin sustancia.

Ser un bajá de tres colas: dícese de la persona que es sumamente orgullosa y de carácter dominante.

Ser un bala: persona que es muy atolondrada o sinvergüenza.

Ser un bala perdida: persona desvergonzada, que tiene mala recuperación o solución.

Ser un balarrasa: ligero, casquivano.

Ser un balón de oxígeno: recibir ayuda en el momento más oportuno y apurado.

Ser un bálsamo: de mucho consuelo, fragancia, dícese por lo común del vino añejo.

Ser un bamboche: se dice de la persona muy gruesa y de baja estatura.

Ser un barril de pólvora: dicese de lo que es muy peligroso.

Ser un bártulo: cosa inútil.

Ser un beduino: se dice de la persona huraña.

Ser un belén: una confusión, un embrollo, hallarse una cosa o asunto revuelto.

Ser un bendito: una buena persona.

Ser un benedictino: aplícase a la persona instruida y que trabaja constantemente.

Ser un berzas, o un berzotas: necio, ignorante.

Ser un bicharraco: persona fea, ridícula o repugnante.

Ser un bicho: se dice de la persona mala.

Ser un bicho raro: persona con unas características muy peculiares, poco comunes.

Ser un birria: persona repugnante.

Ser un bodoque: aplícase a la persona de cortos alcances.

Ser un bolero: persona que dice muchas mentiras.

Ser un bolonio: presumir de sabio, siendo ignorante.

Ser un borde: persona sin educación, o de baja condición moral.

Ser un borrico: de mucho aguante en el trabajo. Bruto.

Ser un bragazas: no tener coraje y dejarse dominar fácilmente.

Ser un buen bocado: gran beneficio que se puede obtener de alguna cosa.

Ser un buen oficial: tener habilidad o inteligencia en cualquier materia.

Ser un buen pájaro: persona que no se puede fiar de ella.

Ser un buen partido: persona con posibles económicos y buena posición social, apta para ser elegida por tal circunstancia para el matrimonio.

Ser un buen pueblo de pesca, si tuviese río: manera de ponderar las malas cualidades de una población.

Ser un buen sastre: para indicar la habilidad y destreza que se tiene en un oficio, arte, etc.

Ser un buen zorzal: dícese de los que son astutos y sagaces.

Ser un búho: huir de las gentes.

Ser un bullebulle: persona inquieta.

Ser un burdel, o una casa de putas: aplícase al sitio donde hay mucho desorden, jaleo o movimiento.

Ser un burro de carga: persona a la que todos le encargan los trabajos más pesados, y que necesita más esfuerzo para realizarlos.

Ser un caballo blanco: dícese de la persona que da dinero para negocios que no suelen ser muy lucrativos.

Ser un cabestro: se dice del que tiene poca inteligencia.

Ser un cabeza loca: persona con poco juicio.

Ser un cabezota: se aplica a la persona terca o testaruda.

Ser un cabezuela: tener poco juicio.

Ser un cachetero: persona que causa daño grande.

Ser un cachicán: astuto, diestro.

Ser un cachivache: persona ridícula, embustera, inútil.

Ser un cacho de pan: buena persona.

Ser un cachondo mental: dícese de la persona muy dicharachera, que suele estar siempre de bromas.

Ser un caco: persona ladrona, amiga de apropiarse de lo ajeno.

Ser un cafre: poco civilizado o culto.

Ser un cagalugares, o cagaoficios: mote para las personas que se cambian de lugar y oficio con frecuencia.

Ser un cagaprisas: dícese del que siempre tiene prisa para todo.

Ser un cagatintas: se dice del mal oficinista.

Ser un cagón: se aplica a la persona cobarde o miedosa.

Ser un cagueta: muy miedoso o cobarde.

Ser un caimán: persona astuta.

Ser un cajón de sastre: tener en la imaginación un montón de cosas desordenadas.

Ser un calandrajo: aplícase a la persona ridícula, despreciable y mal trajeada.

Ser un calavera: persona de poco juicio y asiento, principalmente en asuntos femeninos.

Ser un callejón sin salida: cosa de muy difícil o imposible solución.

Ser un calvario: se dice cuando la vida se pasa con apuros, disgustos y sufrimientos.

Ser un calzonazos: dejarse dominar fácilmente por todos, principalmente por su mujer.

Ser un camafeo: forma de decir que una persona no tiene nada de bonita.

Ser un camandulero: hipócrita, embustero, bellaco.

Ser un camasquince: persona que se entremete en lo que no le va ni le viene.

Ser un camastrón: persona disimulada y falsa, que espera la oportunidad para hacer las cosas a su conveniencia.

Ser un cambalechero: hacer cambios de cosas pequeñas.

Ser un campo de agramante: se dice cuando varias personas disputan y se querellan sin entenderse.

Ser un camueso: zafio, torpe, necio.

Ser un canalla: despreciable, ruin.

Ser un cancerbero: tosco, de mal genio.

Ser un candiletero: ocioso, entremetido.

Ser un candongo: se dice de la persona que se da maña en huir del trabajo.

Ser un caníbal: persona feroz, cruel, desalmada.

Ser un caña: astuto, taimado, desaprensivo.

Ser un cañuto: soplón, el que cuenta lo que no debe.

Ser un capigorrista, o capigorrón: ocioso, vagabundo.

Ser un capullo: dícese de la persona presumida, que cae mal a la gente.

Ser un carantamaula: persona mal encarada.

Ser un carcabero: de poco juicio y fundamento.

Ser un carcamal: se dice de los viejos ligeros de cascos.

Ser un carlanco: persona muy astuta y bellaca.

Ser un carnaval: dícese de las reuniones muy alegres y ruidosas.

Ser un carroza: persona no actualizada con las costumbres actuales de la juventud.

Ser un cascabel: tener poco juicio y asiento.

Ser un cascariuelas: persona inútil que no sirve para nada.

Ser un caso: con que se designa a la persona que se distingue de las demás para bien, o para mal.

Ser un caso perdido: llevar conducta desviada y no hacer nada por enmendarla, ignorando las recomendaciones y consejos que con tal fin se le hacen.

Ser un casquivano: ligero de cascos, informal.

Ser un catacaldos: persona que emprende muchos negocios sin fijarse detenidamente en ninguno.

Ser un catavinos: un bribón, sin oficio ni beneficio, que anda de taberna en taberna.

Ser un catón: hombre sabio.

Ser un cazador: dícese de la persona que se gana a otra para su causa.

Ser un cazolero: cocinilla, afeminado.

Ser un cazurro: persona de pocas palabras, muy metido en sí.

Ser un cenaoscuras: persona encogida por su carácter, que huye del trato de las gentes.

Ser un cenizo: traer mala suerte.

Ser un censo: gravamen continuo.

Ser un ceporro: muy bruto y torpe.

Ser un cerato simple: persona boba, lela.

Ser un cermeño: tosco, necio, sucio.

Ser un cernícalo: ignorante, rudo.

Ser un cero a la izquierda: inútil.

Ser un cervigudo: porfiado, terco, obstinado.

Ser un cesto: ignorante, rudo.

Ser un chafalmejas: persona tonta, insustancial.

Ser un chancleta: dícese de la persona poco hábil en la ejecución de una cosa.

Ser un chinche: dícese de la persona fastidiosa.

Ser un chisgarabís: aplícase al hombre entremetido, bullicioso y de poca importancia.

Ser un chisme: dícese de toda persona inútil y despreciable.

Ser un chivo expiatorio: persona a la que se hace culpable o responsable de algo.

Ser un chorizo: un ladrón, el que se aprovecha de su cargo para beneficiarse económicamente.

Ser un chorlito: tener poco seso.

Ser un chupatintas: persona de poca importancia en una oficina.

Ser un chupón: dícese de la persona que es muy aprovechada, y que no suele dar ni compartir nada con los demás.

Ser un churriburri: aplícase a todo sujeto vil y despreciable.

Ser un ciclón: un torbellino, que hace las cosas rápidamente, sin parar un instante.

Ser un cielo, o un santo, o un pedazo de pan, o la bondad personificada: ser una persona de gran bondad.

Ser un cirineo: hombre de carga, de trabajos pesados en ayuda de los demás.

Ser un cocinilla: entremeterse en la cocina y en asuntos de la casa, principalmente los hombres.

Ser un coco: ser extremadamente feo.

Ser un cónclave el cuerpo de una persona: estar lleno de cardenales.

Ser un coñazo: muy pesado y con habitualidad.

Ser un coral: muy fino.

Ser un coscón: persona socarrona y hábil para lograr lo que se le acomoda.

Ser un cosquilloso: delicado de genio que se ofende por cualquier cosa.

Ser un costal de verdades: dícese de la persona mentirosa, que no dice la verdad jamás.

Ser un crío, o un crío indecente: dícese de los jovenzuelos que, adelántandose a su edad, quieren actuar como personas mayores.

Ser un cuadrúpedo: estúpido e ignorante.

Ser un cualquiera: vulgar, sin posición social.

Ser un cuarto de kilo: persona que abulta muy poco, o de poco peso.

Ser un cucañero: persona que tiene arte y maña para hacer las cosas en beneficio propio.

Ser un cuco: persona astuta que mira ante todo por su comodidad. Dícese también del hombre taimado y astuto.

Ser un cuento, o todo un cuento: no ser verdad lo que se dice o manifiesta.

Ser un cuento chino: se dice cuando se oye una cosa imposible de creer.

Ser un cuento de viejas: dícese de todo lo que es mentira.

Ser un cuento tártaro: cosa poco posible de que ocurra.

Ser un cuerpo sin alma: persona que no tiene viveza ni actividad para nada.

Ser un culebrón: persona astuta y solapada.

Ser un culero: persona perezosa que hace las cosas con desgana.

Ser un culón: se dice de los soldados inválidos.

Ser un cunero: se dice del diputado a cortes, impuesto en un distrito o provincia donde no le conocen. Haberlos, haylos, no siendo rara tal circunstancia.

Ser un cupido: dícese del hombre que se enamora con suma facilidad de cuantas mujeres ve o trata.

Ser un currutaco: persona muy afectada en el uso riguroso de las modas.

Ser un cursi: dícese de la persona que presume de fina y elegante sin serlo.

Ser un danzante: persona desaprensiva, sin pundonor, y que está en todas partes.

Ser un decir: una suposición.

Ser un demonio: perverso, travieso, hábil.

Ser un deogracias: hipócrita, que con buen semblante intenta conseguir algo.

Ser un desaborido: persona de carácter indiferente o sosa.

Ser un desahogado: el que dice lo que le parece.

Ser un desbarajuste: dícese donde hay desorden y confusión.

Ser un desbragado: persona mal vestida.

Ser un descamisado: persona desharrapada, mal vestida y compuesta.

Ser un desdichado, sin malicia, pusilánime.

Ser un desgalichado: persona desaliñada en vestir, o con poco garbo al andar.

Ser un desorejado: dícese de las personas infames.

Ser un destripaterrones: hombre zafio y tosco.

Ser un desuellacaras: persona desvergonzada, descarada, de mala vida y costumbres.

Ser un desuello: excesivo precio que se pide por una cosa.

Ser un diablo, o un diablillo: ser una persona inquieta o traviesa.

Ser un dibujo: muy bonito.

Ser un disco rayado: dícese de la persona que repite mucho las cosas.

Ser un don Magnífico: aplícase al que emplea un tono de superioridad al hablar.

Ser un don Nadie: se dice de la persona con muy poca valía, personalidad, sin oficio ni beneficio.

Ser un donjuán: se dice del conquistador empedernido.

Ser un echacantos: hombre despreciable y que nada supone en el mundo.

Ser un echacuervos: hombre embustero y despreciable.

Ser un embeleco: persona fútil, molesta, enfadosa.

Ser un embestidor: se dice del que pide prestado, fingiendo grandes ahogos y empeños.

Ser un embolismo: chismoso, embustero.

Ser un emboque: un engaño.

Ser un embrollón: enredador, embustero.

Ser un empollón: se dice del que estudia mucho y se lo sabe todo.

Ser un endemoniado: dícese del que es muy malo, perverso.

Ser un engolillado: persona que se precia de observar con rigor las tradiciones antiguas.

Ser un enredador: aplícase a los muchachos traviesos, que no pueden estarse quietos.

Ser un ente: persona ridícula.

Ser un epicuro: sujeto egoísta y material, que sólo halla deleite en los placeres sensuales.

Ser un error de bulto: un grave error.

Ser un erudito a la violeta: el que sabe las cosas superficialmente y aparenta tener más conocimientos.

Ser un esclavo: el que trabaja mucho, el que cuida con esmero su capital, en el cumplimiento de su obligación.

Ser un espantajo: despreciable.

Ser un estrafalario: extravagante.

Ser un estropajoso: desaseado, andrajoso.

Ser un estuche: tener habilidad para muchas cosas.

Ser un excéntrico: persona rara o extravagante.

Ser un facha: de ideas retrógradas.

Ser un fanegas: inocente.

Ser un fantasma, o un fantasmón: muy presuntuoso o mentiroso.

Ser un farol: dícese de la persona que se da importancia.

Ser un farolero: mentiroso.

Ser un fosforito: persona que se enfada con mucha facilidad.

Ser un fresco: persona que dice lo que le viene a la mente, sin pensar en sus consecuencias.

Ser un fuera de serie: persona extraordinaria.

Ser un fugillas: dícese de la persona que es muy susceptible.

Ser un gacetilla: persona que por inclinación o hábito trae y lleva noticias de una parte a otra.

Ser un galápago: persona astuta, bellaca y taimada.

Ser un galfarro: ocioso, mal entretenido.

Ser un gallito: un mandón.

Ser un galopín: hombre astuto.

Ser un gilipollas: bobo, necio, estúpido.

Ser un gitano: astuto, o informal en los tratos.

Ser un gorrón: persona que no paga nunca una invitación.

Ser un Guzmán El Bueno: aplícase a la persona que ha dado pruebas de heroísmo.

Ser un hacha: persona sobresaliente en algo.

Ser un hijo de la Gran Bretaña: da aviesas intenciones.

Ser un hijo de puta, o de la gran puta: igual que lo anterior.

Ser un hombre como un castillo: de alto y fuerte.

Ser un hombre, o una mujer, de una pieza: de un carácter íntegro, muy moral, y consecuente con sus pensamientos.

Ser un hueso, o un hueso duro de roer: de difícil resolución o entendimiento.

Ser un hueso de taba: dícese de las personas duras y rectas, aplicándose principalmente para las dedicadas a la enseñanza.

Ser un huracán: dícese de las personas que lo hacen todo atropelladamente.

Ser un hurón: tener carácter huraño, que no quiere tratos con nadie.

Ser un incordio: dícese a la persona que es muy pesada.

Ser un infierno: aplícase al lugar donde hay mucho alboroto.

Ser un iris: se dice del que establece la paz entre los desavenidos.

Ser un jerifalte: con cierta ascendencia sobre otros, o ser un jefecillo.

Ser un jeroglífico: cuando un asunto no se ve claro, y se necesita un estudio minucioso.

Ser un Juan de buen alma: calificativo con que se señala al hombre sencillo y fácil de engañar.

Ser un Juan Lanas: dícese del hombre apocado que se presta benévolamente a todo cuanto se quiera hacer de él.

Ser un jubileo: una fiesta o juerga.

Ser un Judas: falso o traidor.

Ser un judío: se dice de la persona usurera, tacaña.

Ser un juego de niños: cosa muy fácil de ejecutar.

Ser un juey dormido: un hipócrita.

Ser un juguete: cosa de entretenimiento.

Ser un juguete en manos de alguien: estar manejado por él.

Ser un juicio: la multitud de personas o cosas.

Ser un laberinto: dícese de lo que es confuso y embrollado.

Ser un lameculos: persona que adula rastreramente a otra para conseguir los fines que se propone.

Ser un lameplatos: persona que se alimenta de sobras. Adular a una persona en extremo.

Ser un lechuguino: presumir de madurez y conocimientos quien realmente es muy joven.

Ser un leño, o como un leño: torpe, burdo, bruto.

Ser un libro abierto: el que sabe muchas cosas, o tiene muchos conocimientos.

Ser un libro cerrado: el que no sabe casi nada, o el que tiene muy pocos conocimientos.

Ser un lila: afeminado. Alelado.

Ser un lince: muy avispado.

Ser un loco de atar: dícese de la persona que tiene perdido totalmente el juicio.

Ser un loco perenne: dícese del que siempre está de chanza.

Ser un madero: de profesión policía.

Ser un mal engendro: muchacho avieso, mal inclinado y de índole perversa.

Ser un mal bicho: persona que tiene malos sentimientos.

Ser un mal guiso: se dice cuando un asunto es difícil de resolver.

Ser un mal nacido: persona de malas intenciones y hechos.

Ser un maleta: muy poco hábil en el ejercicio de su profesión.

Ser un mamarracho: persona sin ningún mérito.

Ser un mameluco: se dice del que tiene poco juicio, escasa inteligencia, teniendo fuerza bruta.

Ser un manitas, o manitas de plata: muy hábil en los trabajos manuales.

Ser un manojo de nervios: con que se indica que una persona no se puede estar quieta.

Ser un manta, o una manta mojada: no tener personalidad ni arrestos para nada.

Ser un marmolillo: persona insensible, dícese del que es muy bruto. Se dice del bebé que tiene mucho peso.

Ser un marrano: dícese de la persona sucia y desaseada.

Ser un matamoros: aplicándose a las personas valentonas y arrogantes.

Ser un matasiete: un fanfarrón.

Ser un Matusalén: tener edad avanzada.

Ser un meapilas: un beato, muy melindroso en cuestiones religiosas.

Ser un mecenas: persona acomodada que bajo su protección favorece a los artistas.

Ser un media espada: se dice de la persona que no es muy diestra en su profesión u oficio.

Ser un mendrugo: rudo, de escasa inteligencia.

Ser un mequetrefe: entremetido.

Ser un merluzo: inconsecuente, tonto en demasía.

Ser un metesillas y sacamuertos: dícese del entremetido e inoportuno.

Ser un mirlo blanco: de rareza extraordinaria.

Ser un miura: persona violenta, feroz.

Ser un mojigato: persona hipócrita que afecta humildad.

Ser un mono de imitación: se dice de los que se conducen por el ejemplo de otros.

Ser un montón de tierra: dícese de la persona muy anciana, o débil.

Ser un moro: se dice del hombre que es muy celoso.

Ser un moro de paz: dícese de la persona que tiene carácter pacífico.

Ser un mosquita muerta: tener apariencia de falsa inocencia.

Ser un mozo como un trinquete: hombre fuerte y apto para el trabajo.

Ser un muerto de hambre: muy pobre y desgraciado.

Ser un naranjo: un estúpido.

Ser un néctar: dícese de los licores suaves y aromáticos.

Ser un Nerón: cruel, sanguinario.

Ser un niño de teta: aplícase a la persona que es inferior con respecto a otra en alguna de sus cualidades.

Ser un notas: sacar unas notas magníficas.

Ser un oráculo, o como un oráculo: se dice del que tiene gran sabiduría, y al que escuchan todos con respeto, veneración y acatamiento.

Ser un oratorio: casa o convento de oración, donde se practica la virtud.

Ser un original sin copia: ponderación de lo raro.

Ser un padre del concilio: dícese del teólogo consumado.

Ser un pájaro: persona sumamente activa y diligente.

Ser un pájaro de mal agüero: persona que predice y suele acertar desgracias ajenas.

Ser un pájaro gordo: persona de mucha importancia, rica.

Ser un pájaro, o pájaro de cuenta, o de cuidado: se dice de la persona taimada, de comportamiento astuto.

Ser un palafustán: persona holgazana, perdida y pobretona.

Ser un paliza: persona molesta y machacona.

Ser un palomino atontado: dícese de aquellas personas que, por falta de sociedad o limitación de alcances, se manifiestan como asustadas o cohibidas.

Ser un pan sin sal: muy soso.

Ser un panarra: mentecato, simple.

Ser un panza al trote: dícese de la persona que está comiendo siempre a costa ajena.

Ser un panza en gloria: persona que es muy sosegada y que se preocupa poco de las cosas.

Ser un pasmarote: tonto, quedarse parado en un sitio.

Ser un pato: muy torpe.

Ser un pavo, una pava o un pavisoso: muy soso, incauto.

Ser un pedazo de bestia, bruto, alcornoque, etc.: dícese de la persona que no es muy avezada.

Ser un pedazo de carne bautizada: tan bueno como bruto.

Ser un pedazo de carne con ojos: dícese de la persona amorfa, sin formas.

Ser un pedazo de pan: dícese de la persona que es muy buena, generosa, que está haciendo siempre favores.

Ser un Pedro Recio: aplícase al médico mandón e impertinente

Ser un pelagallos: un palafustán.

Ser un pelagatos: dícese de la persona que no tiene oficio ni beneficio.

Ser un pelele: persona de poca representación o importancia.

Ser un pelota: adulador.

Ser un pendón: persona de mala vida que se entrega a otro con facilidad.

Ser un pepla: persona extremadamente delicada, que siempre se queja de todo.

Ser un percebe: tonto, bobo.

Ser un perdido: sin estimación, un sinvergüenza.

Ser un perdigón: dícese del que pierde y repite curso en los estudios, principalmente en los estudios militares.

Ser un perico: despreciable, prostituta.

Ser un perillán: granuja, persona pícara y astuta.

Ser un perro faldero: se dice del que no se separa de otra persona.

Ser un perro viejo: tener mucha experiencia y astucia.

Ser un petimetre: cursi, lechuguino.

Ser un pez gordo: se dice de la persona que es muy importante, o que tiene mucho poder.

Ser un piante: protestar continuamente.

Ser un piernas: ser un inconveniente.

Ser un pillo, un tonto, un embustero, etc., de cuatro suelas: dícese del que es desfavorable en extremo.

Ser un pingo: dícese de la mujer poco honesta.

Ser un pinta: persona un poco disoluta.

Ser un piojo resucitado: dícese de la persona de baja estirpe, que ha llegado a puestos elevados o alta posición.

Ser un pitufo: de profesión policía municipal.

Ser un planeta: sujeto inconstante en su manera de proceder.

Ser un plomo: muy pesado y aburrido.

Ser un pobre diablo: un desgraciado, que despierta la compasión de los demás.

Ser un pobre trompeta, o trompetero: persona despreciable que no sirve para nada.

Ser un pollo pera: persona inconsecuente, pretenciosa.

Ser un polvorilla: dícese de la persona muy inquieta.

Ser un poste: muy lerdo. Estar muy sordo.

Ser un Potosí: dícese de la casa muy acaudalada.

Ser un pozo de ciencia, o de sabiduría: tener muchos conocimientos.

Ser un pozo sin fondo: dícese de la persona que nunca está satisfecha, que es insaciable.

Ser un "pringao": se dice de la persona que acepta dádivas o cohecho.

Ser un profesional como la copa de un pino: una persona de gran mérito en su trabajo.

Ser un Proteo: se dice de la persona voluble.

Ser un púa: avispado.

Ser un punto de cuidado: expresión cuando se dirige la conversación hacia una mala persona.

Ser un punto filipino: dícese de la persona juerguista.

Ser un pupas: ser muy desgraciado, con mala suerte.

Ser un puro hueso: cuestión muy difícil. Muy delgado.

Ser un puro nervio: muy activo, inquieto.

Ser un puta: astuto, taimado.

Ser un quidam: persona sin importancia.

Ser un quiero y no puedo: dícese de la persona que quiere ser o aparentar más de lo que es.

Ser un Quijote: un idealista, dícese también de la persona adusta y seca de carácter.

Ser un quitamotas: aplícase a la persona aduladora, lisonjera.

Ser un rabo de lagartija: se dice de la persona que no se cansa un momento.

Ser un rayo: muy vivo y agudo de imaginación, o extremadamente pronto y ligero en sus actuaciones.

Ser un reguero de pólvora: propagación rápida de alguna cosa.

Ser un reloj: dícese de la persona que es muy puntual.

Ser un reloj de repetición: aplícase a la persona que repite cuanto oye decir.

Ser un reloj desconcertado: muy desordenado en sus acciones o palabras.

Ser un rocín: persona estúpida y zafia.

Ser un rollo, un peñazo, un tostón, una lata, etc.: aburrido.

Ser un roña, o un roñoso: agarrado o angurria.

Ser un rosca: persona de cuidado, taimada.

Ser un ruiseñor de Arcadia: dícese del que es un excelente cantor, así como el que se expresa con gran facilidad.

Ser un saco roto, o sin fondo: dícese de la persona muy comilona.

Ser un saltimbanqui: persona bulliciosa e insustancial.

Ser un Sansón: se dice del que tiene unas fuerzas colosales.

Ser un santo: persona que es de una gran bondad.

Ser un sargento, o sargento de caballería: dícese de la mujer que es muy autoritaria.

Ser un Séneca: persona sabia y erudita.

Ser un sepulcro: guardar con fidelidad un secreto.

Ser un sepulcro blanqueado: un hipócrita.

Ser un sibarita: muy dado a placeres y regalos.

Ser un sicofanta: vil calumniador, miserable y falso delator.

Ser un setecientas: persona pedante de lenguaje ampuloso y enfático, que emite juicios sin saber absolutamente nada.

Ser un sol: persona buena, simpática, agradable, etcétera.

Ser un sol con uñas: aplícase a la mujer hermosa y muy pedigüeña.

Ser un sopas: muy soso o aburrido.

Ser un soplagaitas: persona sin consideración y no aceptado por los demás.

Ser un tal y un cual: dícese de la persona de malos hechos e inmoral.

Ser un tío cachas: hombre fuerte de gran musculatura, y de gran atractivo sexual para las mujeres.

Ser un tío zamarro: dícese de los que, aparentando ser unos cazurros, no son fáciles de engañar.

Ser un tipo, una persona muy "echao p'alante": persona muy atrevida y valiente.

Ser un tiquismiquis: se dice de la persona que tiene muchos escrúpulos o reparos, también del que se molesta por tonterías.

Ser un tiralevitas: un adulador, un pelota.

Ser un tonto del higo: persona lela, tonta.

Ser un trabajo de chinos: dícese del trabajo que es muy minucioso, que cuesta mucho tiempo y trabajo ejecutarlo.

Ser un tragaldabas: muy tragón, muy ansioso para comer.

Ser un trasto: no servir para nada, ser travieso o inquieto.

Ser un trepa: aprovecharse de todas las circunstancias para sobresalir sobre los demás, incluso perjudicándoles.

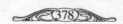

Ser un trompo: dícese de la persona de pocas facultades.

Ser un tronera: dícese de la persona que no tiene orden en sus actos.

Ser un trueno: persona atolondrada o por extremo viva.

Ser un trucha: listo.

Ser un vago de siete suelas: muy vago.

Ser un vaina: un tonto, persona poco asentada.

Ser un vampiro: se dice de la persona codiciosa, y especialmente de los gobernantes y poderosos que se enriquecen a costa del trabajo del menos favorecido.

Ser un veleta: persona que cambia constantemente de opinión, de comportamiento.

Ser un verrugo: aplícase al hombre tacaño y avaro.

Ser un viejo verde: persona de edad avanzada, con grandes inclinaciones sexuales.

Ser un viro a la Virgen: aplícase a toda persona buena, inocente y cándida.

Ser un viva la Virgen: suele decirse del indolente y despreocupado, del tranquilo, a quien todo le da lo mismo.

Ser un zascandil: hombre despreciable, bullicioso, enredador.

Ser un Zoilo: se dice del crítico presumido y maligno.

Ser un zoquete: persona rústica, zafia o bruta.

Ser un zorro, o un zorro viejo: inteligente, astuto.

Ser un zorrocloco: dícese de la persona que es tarda en sus acciones.

Ser una acémila: persona muy corta de alcances.

Ser una alhaja, o una buena alhaja: úsase irónicamente para motejar a algún pillo. También su utiliza como alabanza.

Ser una araña: aprovechado, vividor.

Ser una arpía: persona (generalmente del género femenino) codiciosa y de mala condición.

Ser una balsa de aceite: dícese de lo que está muy tranquilo.

Ser una bendición, o una bendición de Dios: ser digno de admirar, o persona excelente.

Ser una bola de nieve: se dice cuando se exagera una noticia, que va pasando de boca en boca.

Ser una buena alhaja: dícese de la persona pícara, utilizándose irónicamente.

Ser una buena pieza: se dice de los niños que son muy traviesos y que dan mucha guerra.

Ser una calabaza: muy ignorante, estúpido o inepto.

Ser una calamidad: se dice de la persona que acarrea molestias o sinsabores constantemente.

Ser una caldera: se decía antiguamente de los relojes grandes y abultados.

Ser una canonjía: se dice del empleo muy provechoso y de poco trabajo.

Ser una caña de pescar: muy alto y delgado.

Ser una castaña pilonga: persona de muy poco valor.

Ser una cataplasma: ser muy aburrido, un pelmazo.

Ser una celestina: se dice de la persona que media en las relaciones amorosas de otras personas.

Ser una chicharra: dícese de las personas que hablan mucho.

Ser una chimenea: persona muy fumadora.

Ser una chispa: aplícase a las personas ágiles, vivas e ingeniosas.

Ser una colodra: gran bebedor.

Ser una condenación: insufrible, intolerable.

Ser una coneja: mujer que pare mucho.

Ser una conejera: donde habita mucha gente.

Ser una coña marinera: causar algo disgusto o desazón.

Ser una cosa buena para echada a la calle: despreciarla.

Ser una cosa cuento de cuentos: noticia difícil de explicar por lo enredada que está.

Ser una cosa de buen o mal calibre: de buena o mala calidad o capacidad.

Ser una cosa de tabla: de costumbre o estilo sin mudanza ni controversia.

Ser una cosa más clara que la luz, o que la luz del mediodía: hacerse comprender sencilla y naturalmente.

Ser una cosa más fija que el sol: no admitir género de duda su existencia o realización.

Ser una cosa muy seria: con la que no se deben gastar bromas.

Ser una cosa que mete miedo: úsase para ponderar lo extraordinario o notable.

Ser una cosa un contra Dios: resultar una cosa sumamente injusta.

Ser una cosa un hueso: muy difícil de resolver.

Ser una cotarrera: mujer que siempre anda de casa en casa.

Ser una criatura: actuar como niño.

Ser una cualquiera: mujer de la vida.

Ser una desesperación: ser sumamente molesta o intolorable.

Ser una droga: una gaita.

Ser una eminencia: muy inteligente.

Ser una enciclopedia viviente: tener una persona grandes conocimientos.

Ser una entrada de pavana: cosa fútil o impertinente.

Ser una espiga: muy sobresaliente en una carrera.

Ser una espingarda: persona muy alta y delgada.

Ser una estantigua: persona alta y seca, mal vestida.

Ser una estrecha: persona que no quiere relacionarse sexualmente con habitualidad, cuando otra se lo solicita.

Ser una fiera: dedicarse con gran actividad para hacer o ejecutar algo.

Ser una figura decorativa: estar para poco más que de adorno.

Ser una filigrana: dícese de todo objeto delicado, pulido y bien acabado.

Ser una fulana: prostituta.

Ser una gaita: cosa que desagrada o molesta.

Ser una ganga: dícese de lo que se adquiere a menor precio de lo que cuesta.

Ser una gotera: cosa frecuente.

Ser una gozada: acto que produce una gran satisfacción y una alegría grande; se aplica principalmente a actos espirituales.

Ser una hipoteca: servir de carga o molestia una persona o cosa.

Ser una hormiguita para su casa: persona muy trabajadora y ahorradora.

Ser una institución: tener un gran prestigio.

Ser una jarra sin asa: dícese del escrito que no tiene título.

Ser una jaula de grillos: lugar donde hay gran desorden y alboroto.

Ser una joya: de grandes valores.

Ser una lagarta: se dice de la mujer con intenciones aviesas.

Ser una lanza: hábil y despejado.

Ser una lata: producir malestar, disguto, fastidio.

Ser una leche: dícese de la persona o cosa molesta, fastidiosa.

Ser una loba: dícese de la mujer fácil de dar voces y fácil de discusiones.

Ser una Lucrecia: se aplica a la mujer de castidad relevante.

Ser una lumbrera: aplícase al que tiene muchos conocimientos, e irónicamente a los tontos.

Ser una madeja sin cuerda: dícese de la persona que no tiene orden ni concierto en sus cosas y palabras.

Ser una mala bestia: tener una fuerza enorme, de actuaciones bruscas hechas con maldad.

Ser una mala cabeza: se dice del que procede sin juicio.

Ser una mala pécora: mujer de malos sentimientos y actuaciones.

Ser una mala vergüenza: tener gran ruindad o inconveniencia.

Ser una malva: dócil, bondadoso, apacible.

Ser una maravilla: singular y excelente.

Ser una maritornes: dícese de la mujer fea y zafia.

Ser una merienda de negros: dícese del lugar en que reina el desorden y confusión.

Ser una Mesalina: mujer disoluta.

Ser una mierda: persona despreciable.

Ser una mina: tener una persona mucho dinero, conocimientos, etc.

Ser una miniatura: aplícase a las personas pequeñas y de facciones finas.

Ser una miseria humana: dícese del mezquino.

Ser una mosca blanca: un mirlo blanco.

Ser una mosca cojonera: persona molesta y pesada.

Ser una mosquita muerta: persona que engaña con su forma de ser.

Ser una muerte: indica lo penoso, insufrible o sumamente tardío.

Ser una mujer muy dama: muy fina en sus modales.

Ser una, o como una, pimienta: persona viva, aguda y pronta en comprender una cosa.

Ser una obra de chinos: dícese del trabajo minucioso, complicado y extenso.

Ser una obra de romanos: obra que cuesta mucho trabajo y tiempo ejecutarla, que es grande, perfecta y acabada en su línea.

Ser una olla de grillos: lugar donde hay mucho desorden y ruido.

Ser una paloma sin hiel: se dice de la persona sumamente cándida y sencilla.

Ser una papeleta: cuestión de resolución muy difícil.

Ser una pasada una cosa: fuera de lo común.

Ser una patata: persona mala, que carece de cualidades.

Ser una pavesa: muy dócil y apacible.

Ser una pelarruecas: dícese de la mujer de pueblo.

Ser una pena: insensible.

Ser una pepitoria: no tener pies ni cabeza alguna cosa.

Ser una perita en dulce: refiriéndose a una mujer "en su punto". Ser una cosa muy apetecible.

Ser una perla: de gran valor.

Ser una persona de alto copete, o bordo, o coturno: de elevada posición social.

Ser una persona nula con tres patas: una mula, la ene tiene dos patas, y la eme tres, por lo que se establece este juego de palabras.

Ser una pimienta, o como una pimienta: muy agudo, vivo y pronto en obrar y comprender.

Ser una pólvora: persona muy viva, pronta y eficaz.

Ser una plepa: algo inservible, inútil o lleno de defectos.

Ser una rabisalsa, o rabisalsera: dícese de la mujer que tiene mucha viveza, entremetiéndose en todo lo que no la llaman.

Ser una real moza: mujer de una gran hermosura, o belleza exuberante.

Ser una rémora: un obstáculo, un estorbo.

Ser una sanguijuela: dícese del que con maña y astucia saca a otro dinero.

Ser una seda: dócil y de suave condición.

Ser una sota, o ponerse como una sota: se dice de la mujer insolente, de mal genio y desvergonzaada.

Ser una tal: ramera.

Ser una tecla: muy difícil de entender o manejar.

Ser una tempestad en un vaso de agua: dícese de lo que no tiene ninguna importancia y que puede traer graves consecuencias.

Ser una tomadura de pelo: broma, engaño.

Ser una tumba: dícese del que guarda los secretos celosamente, sin decir absolutamente nada.

Ser una urraca: persona que es aficionada a recoger y guardar todas las cosas que se encuentra. Avaro, aprovechado.

Ser una utopía: cosa totalmente imaginaria.

Ser una vaca sagrada: persona muy apreciada por las demás.

Ser una venta: tienda muy cara. Dícese del edificio poco resguardado o defendido de la intemperie.

Ser una Venus: dícese de la mujer joven y de belleza seductora.

Ser una verdad como un templo, o una catedral, como la copa de un pino, como un puño: una gran verdad.

Ser una viña: producir muchas utilidades.

Ser una zapatilla, o una zapatilla rusa: no valer casi nada en comparación con otro.

Ser una zorra: se dice de la mujer que es una prostituta.

Ser uno con otro: opinar del mismo modo que él.

Ser uno de cera: de genio blando, dócil.

Ser uno de tantos: del montón, corriente.

Ser uno el dedo malo: achacarle todo lo malo que acontece.

Ser uno quien es: corresponder con sus acciones a lo que debe su sangre, carácter, educación o cargo.

Ser uno un censo, o como un censo perpetuo: ocasionar gastos repetidos y continuos.

Ser unos entrantes y salientes: dícese de los que frecuentan mucho una casa, haciéndose sospechosos.

Ser uña y carne: haber estrecha amistad entre dos o más personas.

Ser vecino de Tomares: aficionado a que le estén continuamente dando o regalando; estar siempre dispuesto a tomar.

Ser virguero, o una virguería: estupendo, muy conveniente.

Ser vivo como una cendra: persona de mucha viveza.

Ser vivo como el hambre, o más vivo que el hambre: dícese del que es listo, avisado.

Ser voto: tener toda la inteligencia que requiere la materia de que se trata.

Será lo que Dios quiera: forma de indicar que no será lo que el hombre desee o espere.

Será lo que tase un sastre: se emplea para denotar que aquello que uno dice o pide se hará o no, o es muy incierto.

Será todo lo de Dios: indicando que lo que se teme que va a suceder es lo menos adverso que se puede esperar.

Será una guarrería, pero descansa la caballería: se dice cuando una persona suelta un eructo.

Serás buena, si tu vecina quiere: queriendo expresar que si existe una vecina chismosa y maldiciente, las habladurías hacen mella en todo el contorno y vecindad, y en contra de la persona de la que no se habla bien.

Serenidad de conciencia: tranquilidad de ánimo por el bien obrar.

Sería menester hacer el mundo de nuevo: es preciso transigir con ciertos usos y costumbres, a los que ya no puede haber remedio.

Sermón, discurso y visita, media horita: tiempo ideal para que la gente no se canse.

Sermones cortos mueven los corazones, sermones largos, los culos: contra los predicadores pesados, ya que lo bueno, si breve, dos veces bueno.

Sermones para mis cojones: indica el poco aprecio que se tiene a aquello que le dicen.

Servicio social sustitutorio: actualmente es lo que sustituye el cumplimiento del servicio militar en los jóvenes que son objetores del servicio de armas.

Servicios mínimos: los trabajos mínimos que se cumplimentan en una huelga.

Servidor de usted: fórmula de cortesía, con la que una persona se pone a la disposición de otra.

Servir al rey, o a la patria: ser soldado.

Servir al vientre: darse a comer y beber con exceso.

Servir con lanza doblada: prestar un mayor servicio.

Servir de carga: ser gravoso.

Servir de comodín: se dice cuando a una persona se le aplica para todo.

Servir de escalera: dícese del que ha ayudado a otro a alcanzar un puesto elevado.

Servir de estropajo: ejecutar los oficios más bajos. Ser tratado sin miramientos.

Servir de gobierno una cosa: tomar como norma, advertencia o aviso.

Servir de pantalla: persona que llama hacia sí la atención, en tanto que otra hace o logra secretamente una cosa.

Servir de plataforma: dícese de la persona cuyo destino es más aparente que real.

Servir de toda broza: emplear para todo sin destino especial.

Servir en bandeja, o en bandeja de plata: dar a uno grandes facilidades para que consiga alguna cosa.

Servir lo mismo para un fregado que para un barrido: el que está dispuesto y sirve para todo.

Servir lo mismo para un roto que para un descosido: se dice de la persona bisexual.

Seta: órgano genital femenino.

(Un) Seto dura tres años; tres setos, un perro; tres perros, un caballo; tres caballos, un hombre; tres hombres, un ciervo, y tres ciervos, un elefante: refiriéndose a la edad que puede alcanzar cada uno de ellos.

Sexo débil: las mujeres.

Sexo feo, o fuerte: los hombres.

Sexto sentido: dícese de la capidad de intuición que generalmente tienen las mujeres.

Si a mano viene: acaso, por ventura.

Si acaso: como máximo.

Si al mus quieres ganar no te canses de pasar: expresión de los jugadores de dicho juego, exhortando a tener paciencia y esperar buenas cartas.

Si alcanza, no llega: se indica cuando una cosa está tan tasada y escasa, que apenas basta para el uso que se destina.

Si amas a la que sólo quiere dinero, serás un majadero, y al fin y al cabo, saldrás de ella escarmentado: contra el amor egoísta y el amor que se paga con dinero.

Si bebes, no conduzcas: forma de indicar a los conductores que no se deben tomar bebidas alcohólicas antes de conducir.

Si bien: aunque.

Si bien es cierto: aunque.

Si bien se mira: considerar con objetividad y detenimiento.

Si buena cuchillada me dio, buena pedrada di a su perro: forma burlesca de decir que no se puede tomar venganza del ofensor, por lo que se descarga la ira en algo de su propiedad.

Si cagas, pierdes la vida, y si no cagas, la tienes perdida: manera de indicar a una persona que no tiene más remedio que hacer lo que se le dice.

Si calla, revienta: motejando al parlanchín.

Si comes cebolla, te crece la polla: dicho adolescente.

Si comiste o no comiste, tú a la mesa estuviste: contra los que, queriendo evitar responsabilidades, declaran no haber tomado parte en algo, aun estando presentes.

Si como mientes corres, el demonio que te alcance: dícese de los grandes embusteros.

Sí, como soplar y hacer botellas: para expresar que algo parece fácil y resulta dificilísimo.

Si con el rey te echaste, puta del rey debes llamarte: quiere expresar, esta frase, que lo que está mal hecho, se haga con quien se haga, siempre debe ser considerado como mal ejecutado, sin que haya de verse de otra manera.

Si corres como bebes, vámonos a liebres: aplícase a los amigos exagerados de la bebida.

Si de alguno te quieres vengar, has de callar: para que no se conozcan las intenciones, y no se sepa quién lo ha hecho.

Si dicen, que digan (o que dizan), mientras no hagan (o hazan): no debiendo hacer caso de las ofensas o amenazas.

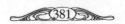

Si dices "no sé", te enseñarán hasta que aprendas; si dices "sí sé", te preguntarán hasta que ignores: ponderando la no ostentación de la sabiduría.

Si Dios no se ríe de esto, no es hombre de gusto: expresión usada cuando se ve o se oye alguna cosa disparatada.

Si Dios quiere: expresión final de una frase, solicitando la aprobación y benevolencia del Todopoderoso.

Si el avariento fuera sol, a nadie daría luz y calor: forma de expresar a los egoístas.

Si el juramento es por nos, la burra es nuestra por Dios: da a entender la facilidad con que algunos juran en falso.

Si el remedio no alcanza a la dolencia, la mejor medicina es la paciencia: aconseja la sana virtud del santo Job.

Si el trabajo es salud, viva la tuberculosis: frase jocosa en contra del trabajo.

Si el vino perjudica tus negocios, deja los negocios: dicho jocoso y muy moderno, que se observa en determinados artículos que se expenden en "casa de recuerdos", que existen en todos los lugares turísticos.

Si es más rico, que coma dos veces: alude a los que están echando en cara sus riquezas, cuando a los demás no les importa nada.

Si es mi hijo o no es mi hijo, yo pagué el bautizo: forma jocosa de contestar al que, de bromas o de veras, indica que una persona no es su hijo, aceptándolo sin duda como tal.

(Un) Si es no es: significa la cortedad, pequeñez, de una cosa.

Si es santo, que le ayunen la víspera: aplícase a aquellas personas de cuya bondad no se está muy seguro.

Si están fritas, o no están fritas: resolverse a hacer una cosa con razón, o sin ella.

Si esto es guerra, nunca haya paz: se utiliza para ponderar el valor de una situación próspera, que no es bastante apreciada.

Si esto es vivir, venga Dios y lo vea: dice el que está sufriendo mucho.

Si esto no es aguantar ¡venga Dios y lo vea!: forma de ensalzarse por aguantar un sufrimiento o desgracia.

Si Eva sola pecó, y ella sola se engañó, las otras ¿qué culpa tienen?: dícese en favor de las mujeres honestas y virtuosas.

Si fío, no cobro; si cobro, no todo; pues para no cobrar, más vale no fiar: cartel visto en algunos establecimientos comerciales para indicar que no venden al fiado.

¡Si hubiese sido un dulce, me lo quitas de la boca!: dícese cuando a dos personas se les ocurre a la vez expresar el mismo pensamiento.

Si la envidia fuera tiña, cuántos tiñosos habría: modo de zaherir al envidioso disimuladamente.

Si la mar se casase, perdería su bravura: comentario en plan de broma que hacen los casados que tienen una mujer recia.

Si la fortuna es mujer, ¿cómo mudable no ha de ser?: expresando la incostancia y volubilidad de la fortuna.

Si la montaña no viene a Mahoma, Mahoma irá a la montaña: con que se manifiesta hacer algo que se desea y que no acontece, por lo que hay que poner los medios necesarios para lograrlo.

Si la vanidad fuese muy cara y se vendiese por varas, no habría tantos tontos con tanta: dando a entender que hay muchos vanidosos.

¡Si las cosas pudieran hacerse dos veces!: lamentación tardía del que ha cometido un error.

Si le vi, burléme; si no le vi, calléme: aplícase a la persona que se ha sorprendido haciendo una cosa ridícula e indigna de ella, al ser preguntada por ella con el paso del tiempo.

Si la vista no me agrada, no me aconsejes nada: reprende a los que se fijan en las apariencias.

Si lo aciertas, te doy un racimo: aplícase a los casos en que la solución de una cosa está muy clara, que no es preciso explicar o aclarar.

Si lo mueven, o apalean, caen bellotas: aplícase a la persona extremadamente necia y torpe.

Si lo que veo no hago, todito me cago: expresión contra los envidiosos.

¡Si lo sabré yo!: forma de indicar asentimiento o rechazo a lo que se está diciendo.

Si lo sé, no vengo: forma actual de indicar que si se llega a saber una cosa, no se hubiese acudido al lugar donde ha ocurrido.

Si los hay: frase ponderativa para reforzar su significación.

Si mal no me acuerdo: si no me equivoco.

Si me caso, que mi marido no me engañe; si me engaña, que no me entere, y si me entero, que no me importe: una fórmula más para ser feliz en un matrimonio.

Si me meto sombrerero, nacerán los chiquillos sin cabeza: forma de indicar la mala suerte que uno tiene.

Si me quieres bien, en tus hechos lo veré; si me quieres mal, tus hechos me lo dirán: siempre son los hechos los que nos descubren cómo son realmente las personas.

Si me quieres tener sujeto, nada más tienes que dejarme suelto: frase que decía un hombre a su mujer, cuando ésta le regañaba por las libertades que tenía.

Si me sacas del pozo, te perdono la vida: dícese de los que nos ofrecen protección, siempre que se les ayude a encumbrarse.

Si mi tía tuviese lo que tiene mi tío, no sería mi tía, sería mi tío: forma de jocosa de indicar que las cosas son como son y si no fuese así sería otra cosa muy diferente.

Si nace más tonto, nace armario, aparador, etc.: se dice cuando una persona casi no puede ser más tonta.

Si nace mudo, revienta: se dice del muy hablador.

¡Si no fuera a sembrar por miedo a los gorriones!: no tener miedo a las amenazas, asechanzas o desgracias.

Si no fuera por el sí y el pero, ¿quién dejaría de tener dinero?: las circunstancias condicional y adversativa son causa de que muchas veces no se pueda prosperar.

Si no fuera por la cara, sería la más guapa del mundo: se dice de las mujeres feas y con atractivo físico.

Si no gozo de mi dinero, ¿para qué lo quiero?: realmente, el guardar por guardar es de avaros y una tontería.

Si no hago lo que veo, todito me meo: expresión contra los envidiosos.

Si no hubiera apuntadores, no habría comedias: se emplea contra los soplones y chismosos.

Si no me la corto: si no se consigue o alcanza algún fin, desearse un mal grave.

¡Si no mirara a Dios!: contener el enojo o la venganza por el respeto a Dios.

Si no pega, para cuando pegue: cuando alguien dice un despropósito.

Si no quisiera Dios: con que se denota vivo deseo de que no suceda una cosa.

Si no se unta la rueda, no anda el carro: queriendo expresar que, para conseguir ciertas cosas, debe haber dádivas o sobornos.

Si no sobra, no hay bastante: lo estricto es ya de por sí motivo de agobio.

Si no viene al llueve, viene al mucho: empléase cuando una persona interrumpe una conversación con un exabrupto que nada tiene que ver con lo que se habla.

Sí o no, como Cristo nos enseña: solicitando una respuesta clara y concreta.

Si os duele la cabeza, untaos las rodillas: forma de indicar que nada tiene que ver una cosa con otra.

Si parecía que había hombre para toda la vida: dicho de pésames.

Sí, pero no: respuesta ambigua que se da cuando se desea una cosa, pero que no debe ser admitida.

Si pongo un circo, me crecen los enanos: expresión de la mala suerte que se tiene.

Sí por sí, o no por no: con que se explica el modo verídico de decir las cosas.

Si preguntáis por berzas, mi padre tiene un garbanzal: con que se zahiere al que responde fuera de propósito.

Si quieres beber agua limpia, sácala de fuente viva: aconsejando beber únicamente de agua en movimiento y que no esté estancada.

Si quieres divertirte, compra un trompo y una guita: cuando una persona trata de pasar el rato con otra, suele dirigirse esta frase.

Si quieres llegar a viejo, guarda el aceite en el pellejo: indicando que no se deben malgastar las facultades en la mocedad.

Si quieres saber cómo es Periquillo, dale un carguillo: así se ve la forma de comportarse las personas, cuando tienen autoridad.

Si quieres ser bien servido, sírvete a ti mismo: enseña que nadie hace tan bien las cosas como el que las ha menester.

Si quieres ser inmortal hazte pleito eclesiástico: por el tiempo que dura un pleito con la curia.

Si quieres ser Papa, estámpalo en la testa: con porfía y constancia se puede salir con su empeño.

Si quieres tener un buen sirviente, úntale el diente: indicando que se debe tratar con respeto y pagar adecuadamente a los criados.

Si quisiera Dios: expresión de deseo vivo de que ocurra una cosa.

Si quisiera, o no quisiera: mostrar vivo deseo de que suceda alguna cosa.

Si sale con barbas San Antón, y si no la Purísima Concepción: se dice esta frase a los que no saben ciertamente lo que deben hacer, pero que ponen manos a la obra.

Si son flores, o no son flores: el que no atina a decir lo que piensa, o el que disimuladamente ingiere la especie que le parece.

Si son galgos o son podencos: aplícase a los que andan discutiendo tonterías.

Si soy tonto, méteme el dedo en la boca: frase con que imprecaal que nos llama tonto.

Si tal: refuerzo de la afirmación.

Si tan largo me lo fiáis, dad acá lo que os queda: demostración de desconfianza de que se realice lo que se demora.

Si te casas, no te descases, y si te descasas, no te cases: consejos para cada una de las situaciones. Hoy en día esto no se cumple.

Si te dieran pesadumbre, no la tomes: enseña a no preocuparse por nada, a fin de no pasar malos ratos en la vida.

Si te he visto no me acuerdo, o ya no me acuerdo: forma de manifestar el despego de los ingratos hacia las personas de las que recibieron favores.

Si te manda tu mujer que te tires de un tejado, ruégala que sea bajo: dicho hacia las mujeres, que son muy amigas de salirse con la suya, y al final se salen.

Si te vi, no me acuerdo: manifiesta el despego con que los ingratos suelen pagar los favores recibidos.

Si tiene remedio, ¿por qué te apuras?, y si no tiene remedio, ¿por qué te apuras?: recomendando serenidad en todos los actos de la vida.

Si tienes lentejas, ¿de qué te quejas?: admonición burlesca al que se lamenta de no tener nada.

Si una vez te rinde Cupido, siempre estarás rendido: contra los que se dejan dominar por el amor.

Si va a decir verdad: al pedir explicación al que se le pregunta algo.

¡Si vendía salud!: dicho de pésames.

Si vis pacem, para bellum: si quieres la paz, prepárate para la guerra.

Si yo estuviera, o me hallara, en su pellejo: si yo fuera él, o me hallara en esa situación.

Si yo fuera que él: deber hacer lo que piensa el que lo dice.

Si yo fuera que vos: expresión que da a entender la disparidad de criterio entre dos personas.

¡Sí, yo me llamo queriendo!: indica que se estaba deseando aquello que a uno le proponen, y no se atrevía a decir.

Siempre acude Dios a los buenos deseos: recuerda que la Providencia siempre atiende a los que solicitan su gracia.

Siempre cae la mancha en el mejor paño: indicando que ocurre siempre lo peor en el momento más inoportuno, y contra lo que más daño nos hace.

Siempre conviene dejar hacer a quien sabe: ya que tiene mayores probabilidades de ejecutarlo bien.

Siempre deja la ventura una puerta abierta en las desdichas para dar remedio a ellas: no suele faltar algún remedio para combatir las desgracias.

Siempre el que más habla es el que menos tiene que decir: generalmente hay personas que, siendo unos ignorantes, opinan, hablan y dan más explicaciones, cuando lo que debían hacer era callar, por eso se les ve más su ignorancia.

Siempre el raso y la mujer, o se aprensa o se acuchilla: advierte que se debe tratar con especial cuidado las personas y cosas delicadas.

Siempre gallina, amarga la cocina: dícese de todo lo que se repite, por muy bueno que sea llega a cansar.

Siempre ha de haber un Judas en el apostolado: indica que siempre hay alguien que perjudique a un colectivo.

Siempre ha habido ricos y pobres: frase que se dice a una persona que no la ha saludado, o que no la ha visto.

Siempre habla un cojo cuando hay que correr: es decir la persona menos adecuada, como ocurre casi siempre en la vida.

Siempre habrá pobres y ricos: por mucho que se haga.

Siempre halla tiempo la buena voluntad: demuestra que el que quiere hacer una cosa encuentra tiempo para ella.

Siempre hay un roto para un descosido: tener remedio siempre para las desgracias o desdichas.

Siempre la muerte tiene disculpa: al ocurrir un fallecimiento nunca se deja de encontrar alguna causa que lo justifique.

Siempre lo tuviste, moro, ondas en barraganadas: frase aplicada a los hombres que son de carácter mujeriego.

Siempre presume de vista un tuerto: por eso de que dime de lo que presumes y te diré de lo que careces.

Siempre que llueve, escampa: después de los problemas vienen el reposo y la tranquilidad.

Siempre se aparece la madre de Dios a los pastores y a los tontos: se dice de los que tienen mucha suerte.

Siempre y cuando: sí, pero con condiciones.

Siendo todos los vecinos de un lugar alcaldes, ¿quién guardaría el ganado?: las clases sociales han existido y existirán siempre.

Siervo de Dios: el apocado, pobre, hombre. El que está al servicio del Señor.

Siesta del carnero: la que se duerme antes de la comida del mediodía.

Siete agostos, siete rostros: indica lo que cambian los niños en el transcurso de los primeros años.

Siete estados debajo de tierra: muy oculto, profundo.

Siete hermanas: una, coja; otra, santa, y cinco, sanas: dícese de las semanas que componen la cuaresma.

Siete, o tres, al saco, y el saco en tierra: mala maña de los que concurren a ejecutar algo y no lo consiguen.

(Las) Siete Palabras: oración basada en los juicios formulados por Cristo en la cruz; suele dirigirse a los fieles el día de Viernes Santo.

(Las) Siete partidas: leyes dictadas por Alfonso X "El Sabio".

Siete pies de tierra: la sepultura.

Siete veces al día caerá el justo, y se levantará: manifiesta la fragilidad de la naturaleza humana.

¡Siga la danza!: indicando que se puede seguir lo que se estaba haciendo.

Sigamos solteros, que con las casadas nos apañaremos: dicho jocoso de algunos solteros que están en contra del matrimonio.

Sigue al maestro, aunque sea un burro: indicando que debe seguirse un método de ensañanza y no andar cambiándolo.

Sigue, sigue, que antes es Dios que el señor obispo: se debe procurar atenerse a lo principal y no dejarlo por lo secundario.

Silbarle los oídos: se dice cuando una persona se cree que están hablando de él.

Silencio administrativo: carencia de respuesta, por parte de la Administración, a un escrito formulado por un particular.

¡Silencio me llamo!: negación absoluta a decir lo que se sepa respecto del asunto del cual se trata.

Símbolo de la fe, o de los apóstoles: el credo.

Simple promesa: la que no se conforma con voto o juramento.

Sin ambages: sin rodeos, sin dar vueltas.

Sin andar en venta: que no se vende.

¡Sin apechugar!: sin empujar, sin prisas.

Sin blanca: no tener dinero.

Sin bolsa llena, ni rubia ni morena: contra los que se creen que van con ellos por su cara bonita, cuando es justo todo lo contrario, por su bolsa bonita.

Sin buen director no hay orquesta: indicando que debe darse buen ejemplo por parte de los superiores.

Sin chistar ni mistar: sin réplica.

Sin comentarios: no teniendo más que decir.

Sin comerlo ni beberlo: padecer sin haber dado motivo para ello.

Sin consuelo: sin tasa ni medida.

Sin controversia: sin duda, ni discusión.

Sin costarle blanca: sin gastar ningún dinero.

Sin cuento: sin cuenta, o sin número.

Sin cuidado: sin prestar atención.

Sin daño de barras: sin daño o peligro, propio o ajeno.

Sin dar tiempo al tiempo: sin interrupción, no emplear dilación alguna.

Sin decir agua va: ocasionar daño sin avisar o intempestivamente.

Sin decir esta boca es mía: sin avisar ni decir palabra.

Sin decir Jesús: con que se pondera lo instantáneo de la muerte de una persona.

Sin decir oste ni moste: sin pedir licencia, sin hablar palabra.

Sin decir palabra: no responder a propósito.

Sin decir tus ni mus: sin decir palabra.

Sin desmayo: sin fatiga.

Sin din, no hay don: indica que el señorío lo tiene el dinero.

Sin duda: ciertamente.

Sin duelo: sin tasa, abundantemente.

Sin el buen comer o beber, se enfría la señora Venus: la buena comida y bebida es un excitante del amor.

Sin embargo: a pesar de.

Sin encomendarse a Dios ni a Santa María: hacer algo irreflexivamente, atropellando por todo.

Sin encomendarse a Dios ni al diablo: sin reflexión de ningún género.

Sin falta: puntualmente, con regularidad.

Sin faltar hebilla: dícese de lo que está perfectamente concluido.

Sin faltar un sí, ni un no: hacer una relación entera y puntual de una cosa.

Sin faltar una coma o una jota: no faltar absolutamente nada.

Sin faltar una coma, o punto y coma: decir la lección como ha sido estudiada y completa, o decir exactamente el recado de palabra.

Sin faltar una jota: sin faltar una coma, sin faltar nada.

Sin fin: innumerables, sin número. Cadenas, correas, que forman una figura cerrada.

Sin hablar palabra: sin decir nada.

Sin igual: sin comparación.

Sin ir más lejos: sin tener necesidad de aportar más pruebas que las existentes.

Sin irle ni venirle: no importarle lo que se trata.

Sin levantar mano: sin cesar en el trabajo, sin entermisión.

Sin lo que mamó y anduvo a gatas: cuando se dice la edad de una persona, y otro piensa que es superior.

Sin lugar a dudas: con total convicción.

Sin maca: sin falta, sin trampa.

Sin más acá, o más allá: desnudamente, sin rebozos ni rodeos.

Sin más comentarios: sin tener que añadir nada más.

Sin más ni más, o sin más ni menos: sin reparo ni consideración. Precipitadamente.

Sin más trámite: al momento, sin esperar a más.

Sin medida: sin límite.

Sin mengua de: sin perjuicio de.

Sin mirar, pararse, reparar o tropezar en barras: sin reparar en inconvenientes.

Sin mujeres, ni pesares ni placeres: ya que ambas cosas lo dan en demasía.

Sin número: casi innumerable, muchedumbre.

Sin oficio ni beneficio, o no tener oficio ni beneficio: el ocioso.

Sin orden ni concierto: desordenadamente, cada cosa por su lado.

Sin otro particular: sin nada más que añadir.

Sin otros dijes, arrequives ni zarandajas: lisa y llanamente.

Sin padre, ni madre, ni perro o perrito que le ladre: la total independencia o desamparo en que se halla una persona.

Sin par: sin igual. Ponderación de una persona o cosa.

Sin parar: luego, al punto, sin tardanza, sin sosiego.

Sin paular, ni maular: sin decir nada.

Sin pegar el ojo, o los ojos, o sin pegar ojo: sin poder dormir.

Sin pegar pestaña: sin dormir.

Sin pellejo no hay concejo: denota los aficionados que somos en nuestro país a celebrar las cosas en medio de tragos.

Sin pena ni gloria: con total indiferencia por parte de todos.

Sin penas todas, todas las cosas son buenas: todo lo que no cuesta dolor es agradable.

Sin pensar: de improviso, inesperadamente.

Sin perjuicio: dejando a salvo.

Sin peros: sin ningún inconveniente.

Sin pestañear: sin inmutarse.

Sin pies ni cabeza: no tener una cosa principio ni fin.

Sin prisa, pero sin pausa: dicho actual, viene de la política, indicando la forma de actuar.

Sin que lo sienta la tierra: con mucho silencio y cautela.

Sin qué, ni para qué: sin motivo ni razón.

Sin querer: sin intención, por casualidad, inadvertidamente.

Sin quitar ni poner: al pie de la letra, sin exageración ni omisión.

Sin quitar y añadir: al pie de la letra, sin exageración ni omisión.

Sin rebozo: franca, sinceramente.

Sin remisión: sin excusa.

Sin reparar en barras: sin ningún miramiento ni inconvenientes.

Sin reserva: francamente, con sinceridad, sin disfraz.

Sin resollar: todo seguido, a la vez.

Sin respiración: sin detenerse ni a respirar.

Sin respirar: sin descanso ni intermisión de tiempo.

Sin saber cómo ni cuándo: inesperadamente, sin conocer las razones ni las causas de algo que le atañe.

Sin saber qué hacer ni decir: denota el grado de turbación en que se encuentra una persona.

Sin sentir: inadvertidamente, sin conocimiento o cuidado.

Sin sentirlo la tierra: con mucho silencio o con cautela.

Sin sombra, o como sin sombra: triste y desasosegado por la falta de algo habitual.

Sin son: sin razón, sin fundamento.

Sin suelo: con exceso, sin término, con descaro.

Sin techo: persona que habitualmente vive en la calle, siendo un indigente.

Sin tela ni contienda de juicio: sin estrépito ni figura de juicio.

Sin tiempo: fuera de tiempo.

Sin tino: sin tasa, sin medida.

Sin tomar agua bendita: indica que lo que se trata se puede hacer lícitamente, y sin tener que pedir permiso a nadie.

Sin tomar aliento: sin descansar, a continuación de otra cosa y sin detenerse.

Sin ton ni son, o sin ton y sin son: sin razón, orden, tiempo ni concierto, o fuera de orden y medida.

Sin trampa ni cartón: sin ningún engaño, sin trucos.

Sin trastes: sin orden, disposición ni método.

Sin tripas ni cuajar: muy consumido y flaco.

Sin ventura: desventurado.

Sin vergüenza: bribón, pícaro.

Sin vino no hay fiesta: ya que alegra los ánimos y el corazón para poder divertirse.

Sindicato amarillo: el que actúa bajo los intereses de la patronal.

Síndrome de abstinencia: ansiedad que produce la no ingestión de alcohol o drogas.

Síndrome de Estocolmo: haber padecido aislamiento personal durante mucho tiempo.

Síndrome de la nodriza: cuando se sienten dolores cuya procedencia se ignora.

Sine cura: sin preocupación.

Sine die: sin día, sin fecha.

Sine qua non: sin la cual no, indica el cumplimiento de una determinada condición.

Sirena: adolescente homosexual.

Sirla: navaja.

Sírvase Dios con todo: conformidad con la voluntad divina en los trabajos y adversidades.

Sirve a rico empobrecido y no sirvas a pobre enriquecido: ya que el primero tiene clase y suele saber comportarse, y no así el segundo.

(Un) Siseñor con las patas verdes, con las patas de queso o con las patas de alambre: persona imaginaria con que se contesta a preguntas inadecuadas o inoportunas, y referidas a alguna persona en concreto, que no se quiere responder.

Sistema de vida: modo de vivir.

Sitiar por hambre: valerse de la ocasión de que está alguno en apuro para obligarle a lo que se desea.

So capa: con aspecto falso o pretexto.

So color de: con falso pretexto.

So pena de: bajo el castigo o pena de.

So pretexto de: con el pretexto.

So vaina de oro, cuchillo de plomo: las apariencias engañan.

Sobar: dormir.

Sobar el morro, o el pellejo: pegar a una persona.

Sobarse el lomo: trabajar duramente.

Sobrar para martes: ser en extremo desventurado o de mal agüero.

(El) Sobre: la cama.

Sobre ascuas: estar una persona inquieta.

Sobre cuernos, penitencia: indicando que encima que uno sale perjudicado, le toca después lo peor.

Sobre el papel: en teoría.

Sobre el tapete: estar sujeto a examen en ese momento.

Sobre el terreno: en presencia de los lugares que se trata.

Sobre ello, o sobre eso, morena: resolución de mantener lo que se desea, con todo empeño y cueste lo que cueste.

Sobre gustos no hay nada escrito: indicando que se debe respetar los gustos, aficiones o ideas de los demás.

Sobre la marcha: deprisa, inmediatamente, en el acto. Improvisar inmediatamente.

Sobre los ojos: se usa para ponderar la estimación que se hace de una cosa.

Sobre manera: en gran cantidad, en gran concepto.

Sobre mesa: en la mesa después de haber comido hacer una buena conversación o tertulia.

Sobre negro no hay tintura: lo fuerte y arraigado prevalece siempre contra la destreza y habilidad.

Sobre, o tras de, cuernos, penitencia: se usa esta frase cuando después de haber hecho algún agravio se trata mal o se culpa.

Sobre peine: ligeramente, sin reflexión o cuidado.

Sobre ruedas: muy bien, perfectamente.

Sobre seguro: sin aventurarse a ningún riesgo.

Sobre sembrar: introducir doctrinas y persuasiones entre otras pacíficas ya sentadas para mover discordias.

Sobre sí: con cautela y cuidado. Con entereza y altivez.

Sobre si fue o si vino: contrariedad de pareceres.

Sobre su palabra: bajo su palabra.

Sobre todo: además de, especial, principalmente.

Sobre un huevo pone la gallina: recomienda que se deben tener principios por pequeños que sean.

Sobrero: cornudo, cabrón.

Soca: persona taimada.

Socarrón: dícese del que se burla de otra persona en su propia cara.

Sociedad del trueno: la que se compone de gente viciosa y mal educada.

Socio: amigo, compañero.

Socorrer la plaza: dar algún socorro a persona necesitada.

(El) Socorro en la necesidad, aunque sea poco, ayuda mucho: los menesterosos se consuelan con poco.

(El) Socorro siempre viene bien, y no tarda si viene: todo lo que viene a ayudarnos es siempre bien recibido.

Soga del ahorcado: objeto que se malvende.

Sol de casa no calienta: todo aquello que se posee suele ser menos estimado.

Sol de justicia: se dice cuando los rayos del sol caen de lleno, haciendo un calor insoportable.

Sol naciente: el que sale por las mañanas.

Sol puesto, obrero suelto: indica la hora de terminar hace tiempo el trabajo los obreros.

Sol y sombra: copa de licor, siendo la mitad de anís y la otra parte de brandy.

Solamente es rico el que lo sabe ser: el que gasta el dinero oportunamente, el que sabe disfrutar de sus bienes, es el que sabe vivir, y el que, teniendo muchos, no disfruta de ellos es un pobre, generalmente de espíritu.

Soldado veterano: el que no es recluta.

Soldado viejo: el que ha servido muchos años.

Soldar el azogue: intentar un imposible, pretender un absurdo.

Solemnidad cacareada, chasco seguro: debiendo desconfiar de lo que mucho se pondera anticipadamente.

Solete: persona agradable, dicharachera.

Solo como la una: no tener a nadie al lado o de parentesco.

Solo como un espárrago: el que no tiene pariente, o vive y anda solo.

Sólo dura la vida lo que se tarda en llenar la medida: la existencia tiene un límite, del cual nadie puede pasar.

Sólo falta ponerle en un altar: se dice de una persona cuyas virtudes se ponderan mucho. También se dice irónicamente.

Sólo le falta la albarda: manera de motejar de asno a una persona.

Sólo nos acordamos de Santa Bárbara cuando truena: cuando acontecen las cosas es cuando nos acordamos de los remedios que había que haber hecho.

Sólo sé que no sé nada: aceptando la ignorancia que tenemos.

Sólo se vive una vez: por lo que hay que aprovechar el paso por este mundo.

Sólo ten vergüenza de no hacer desvergüenza: el cometer actos indignos debe sernos siempre vergonzoso.

Soltar a una mosca entre la miel: colocar a una persona en un sitio donde pueda lucrarse a manos llenas.

Soltar ajos: decir palabrotas, tacos.

Soltar coces: dícese de la persona que siempre está soltando insultos o indirectas enojosas.

Soltar cuatro frescas: decir sin rubor ni pesar cuatro verdades a una persona.

Soltar el chorro: reír a carcajadas, hablar impetuosamente.

Soltar el lobo entre las ovejas: dar medios al ladrón para que pueda robar.

Soltar el mirlo: empezar a hablar.

Soltar el paquete: parir.

Soltar el pellejo: morir.

Soltar el rollo: dar la lata, la tabarra.

Soltar el toro: regañar a una persona fuerte y desabridamente.

Soltar el trapo: entregarse enteramente a alguna cosa o vicio, pasión o sentimiento. Echarse a llorar.

Soltar la capa: ejecutar algo con que se evita un peligro próximo.

Soltar la carga: apartarse de algún empeño.

Soltar la cuerda a uno: el que dice o hace necedades.

Soltar la escandalosa: hablar sin reserva.

Soltar la especie: decir alguna cosa para reconocer y explorar el ánimo de los que la oyen.

Soltar la maldita: decir con sobrada libertad y falta de respeto lo que se siente.

Soltar la maldita, o la escandalosa, o la sin hueso: hablar imprudentemente.

Soltar la mano: ponerla ágil para algún ejercicio.

Soltar la mosca: dar, gastar dinero a disgusto.

Soltar la palabra: absolver o dispensar del compromiso adquirido por palabra dada.

Soltar la pasta: dar dinero para que otro se lo gaste, gastarlo a disgusto.

Soltar la pelleja, o el pellejo: dar el pellejo.

Soltar la perra: jactarse de alguna cosa antes de su logro, especialmente si está expuesta a no conseguirse.

Soltar la rienda: entregarse con desenfreno a las pasiones.

Soltar la sin hueso: hablar en demasía.

Soltar la tarabilla: hablar mucho y deprisa.

Soltar la tela: pagar, soltar dinero.

Soltar la voz: divulgar, publicar.

Soltar las amarras: marcharse, abandonar un lugar.

Soltar las bragas: exonerar el vientre.

Soltar los brazos: dejarlos caer como si fueran miembros muertos.

Soltar los perros: regañar a una persona.

Soltar, o aflojar, la mosca: gastar dinero forzosamente.

Soltar prenda: decir algo que le deje comprometido a algo.

Soltar sapos y culebras por la boca: decir improperios, blasfemias, tacos, etc.

Soltar un gallipavo: dar una nota falsa o desentonada.

Soltar un gallo: cuando se está cantando, hacerlo muy mal.

Soltar un mamporro: un golpe.

Soltar un mirlo: empezar a charlar.

Soltar un pildorazo: soltar una indirecta muy directa.

Soltar un sopapo: dar un pescozón o golpe ligero.

Soltar una andanada: reprender o decir bruscamente algo.

Soltar una especie: decir una proposición para explorar el ánimo de los oyentes.

Soltar una filípica: regañina. Arenga.

Soltar una fresca, hasta al lucero del alba: ser una persona prolija en decir cosas inconvenientes a todo el mundo.

Soltar una torta: dar una bofetada.

Soltar unas cuantas claridades: expresar de palabra o por escrito lo que se siente.

Soltar uno una coz: contestar desabridamente a lo que se pregunta.

Soltarse el pelo: decidirse a hablar u obrar sin miramiento alguno.

Soltarse la lengua: empezar a hablar, descubrir sin querer lo que se tenía oculto.

Soltarse la melena, o cabellera: decidirse a ejecutar algo sin miramientos.

(Los) Solteros acaban como las gallinas: o a mano de la criada o en manos de la zorra: frase que no necesita mayor explicación.

Sombra de ojos: toque femenino que se dan en los párpados las mujeres, coloreándoselos.

¿Somos indios?: reconvención al que quiere engañar, o cree que no le entienden lo que dice.

Somos mortales: expresión que da a entender que no debemos fiarnos unos de otros.

Son cuentos de viejas: las cosas falsas o inverosímiles.

Son habas contadas: que denota ser una cosa cierta y clara. Cosas de número fijo y escaso.

Son nones y no llegan a tres: uno.

¿Son pelos de cochino?: cuando se da la importancia o estimación que una cosa merece.

Son rejas vueltas: dícese cuando se corresponde con un favor o agravio a otro de igual índole que se ha recibido.

Son uña y carne: ponderando la unión o amistad de dos personas.

Sonado: dícese del que es un poco deficiente mental.

Sonajas: donnadie, persona sin importancia alguna.

Sonar a chino: ser una cosa difícil de entender.

Sonar a música celestial: resultar muy agradable lo que se está diciendo.

Sonar bien, o mal: producir buena o mala impresión una palabra.

Sonar la flauta por casualidad: se dice cuando una cosa se hace por casualidad, inesperadamente, por suerte.

Sonar los huesos como nueces en costal: dícese de la persona que al andar le suenan los huesos.

¡Sonoro!: se decía en los cines cuando se apagaba la luz, el sonido o la imagen; era bastante habitual en los años 40, 50 e inclusive los 60.

Sonrisa colgate o profidén: sonrisa de anuncio televisivo.

Sonrisa vertical: se llama actualmente así a los relatos eróticos.

Soñaba el ciego que veía, y soñaba lo que quería: se dice de los ilusos, que esperan conseguir todo lo que piensan.

Soñar despierto: ser fantasioso.

Sopa de arroyo: el guijarro.

Sopesar los pros y los contras: analizar las ventajas e inconvenientes de algo.

¡Sopla!: interjección de admiración o ponderación.

Soplamocos: golpe que se da con la mano tocando la nariz.

Soplapollas: hombre engreído, estúpido o ingenuo.

Soplar: hurtar a escondidas. Beber mucho.

Soplar la dama: casarse con la mujer de otro, u obtener la correspondencia amorosa de la mujer pre-

tendida por otro. En el juego de las damas cuando por omisión no se ha comido la ficha del contrario.

Soplar la fortuna: suceder cosas felizmente.

Soplar la musa: ganar en el juego.

Soplar la musa a uno: estar inspirado para la creación artística. Tener buena suerte en el juego.

Soplar y sorber, junto no puede ser: dícese de los que quieren hacer dos cosas opuestas a la vez.

Soplarle la dama: quitarle la novia.

Soplarle la musa: estar inspirado para escribir o componer.

Soplarse las manos: quedar burlado en la pretensión de una cosa que no se dudaba conseguirla.

Soplarse las uñas: tener mucho frío.

Soplón: chivato.

Sorber la sesera: tener influencias sobre una persona.

Sorberle el seso a alguien: ejercer gran influencia sobre una persona.

¡Sórbete ese huevo!: complacencia de que a otro le venga algún leve daño.

Sordo como una tapia: no oír absolutamente nada.

(Un) Sordo oye mejor al que le habla quedo que no al que le grita: cuando las reclamaciones se hacen correctamente y con educación, todos las entienden y aceptan.

Sosaina: persona sin gracia.

Soseras: personas sosas, esaborías.

Sota: prostituta.

Sota, caballo y rey: todo aquello integrado por varias cosas pero siempre las mismas. Antiguamente, comida modesta compuesta de sopa, garbanzos con verdura, carne y tocino.

Soy defensa de mi dueño: lema que se grababa en algunas armas blancas.

Soy mío: indica libertad o independencia total.

¿Soy, por ventura, tuerta o ciega?: dícelo la persona a quien quieren hacer creer lo que no existe, especialmente con miras particulares.

Su boca será la medida: frase familiar con que se denota que se dará a alguno todo cuanto quiera o pida.

Su cara defiende su casa: ponderación de lealtad de una persona.

Su dios es su vientre: censura contra los glotones.

Su Divina Majestad: Dios.

Su madre será una santa, pero él es un hijo de puta: forma de agraviar a una persona, sin inmiscuir a los demás.

Su pecho parece un retablo: aplícase al individuo que lleva en su pecho multitud de cruces y condecoraciones.

¡Su tía!: interjección de asombro, sorpresa o comparación.

Su, tu, vuestro, padre: usado como negación, o término alusivo en expresiones de insulto o enfado. Interjección de asombro o admiración.

Sub conditione: bajo condición.

Sub judice: bajo el juez, pendiente de resolución judicial.

Subido de tono, o de color: ser muy atrevido, con alusiones y lenguaje poco delicado referente a la sexualidad.

Subir a las nubes una cosa: encarecerla o aumentar mucho su precio.

Subir de punto: crecer o aumentar una cosa.

Subir de tono: aumentar la arrogancia en el trato o modo de vivir.

Subir el estilo: irle dando mayor energía y viveza de voces y locuciones.

Subir hasta las nubes: ponerla en las nubes.

Subir la consulta: llevarla los ministros para el despacho.

Subir la cuesta de enero: ir transcurriendo dicho mes.

Subir la ley: aumentarla en los metales preciosos.

Subir la mar: crecer la marea.

Subir, subir, y rodando venir: los que mucho ascienden suelen ser los que más pronto caen.

Subirse a la cabeza: aturdirse por haber bebido bebidas alcohólicas.

Subirse a la chepa: intentar apoderarse emocionalmente de una persona.

Subirse a la parra: incomodarse, montar en cólera.

Subirse a las barbas: perder el respeto al superior, o quererse igualar a alguno con quien le excede.

Subirse a las bovedillas: estar muy enojado.

Subirse a mayores: ensoberbecerse elevándose más de lo que le corresponde.

Subirse a predicar: cuando el vino se sube a la cabeza.

Subirse al campanario: engreírse, envalentonarse.

Subirse al carro: colaborar en un asunto que dará éxito, para ser estimado por ello.

Subirse al cerezo: enfadarse, tomar a mal lo que se le dice.

Subirse de tono: aumentar la arrogancia en el trato.

Subirse el humo a la chimenea: subirse el vino a la cabeza.

Subirse el humo a las narices: irritarse.

Subirse el vino: encolerizarse.

Subirse en cólera: airarse, encolerizarse.

Subirse en zancos: engreírse por haber mejorado su fortuna.

Subirse la sangre a la cabeza: cegar a impulsos de la ira, ofuscarse una persona.

Subirse por las paredes: de lo furioso que está.

Subirse una cosa a la cabeza: creerla superior a las demás.

Subírsele el humo a la parra: enfadarse.

Subírsele el pavo: sonrojarse, asomarle a la cara el rubor.

Subírsele la mostaza a las narices: irritarse o enojarse.

Subírsele los colores: padecer gran vergüenza.

Subírsele los humos: darse una importancia más ridícula que justificada.

Suceder a porrillo: en abundancia, copiosamente.

Suceder a sobre peine: ligera o superficialmente.

Suceder tres cuartos de lo propio, o de lo mismo: ocurrir otra vez lo mismo.

Sucederle lo que al perro con la sombra de la carne: dejar lo cierto por lo dudoso.

Sudaca: hispanoamericano.

Sudar a mares: abundantemente.

Sudar como un pollo: se dice del que suda copiosamente.

Sudar el calcetín: trabajar mucho.

Sudar el hopo: costar mucho la consecución de una cosa.

Sudar el quilo: trabajar con esfuerzo y desvelo por conseguir un fin.

Sudar la camiseta: deportivamente hacer un gran esfuerzo.

Sudar la gota gorda, o tan gorda como un puño: con que se pondera el afán para conseguir lo que se intenta.

Sudar la hiel: trabajar muchísimo.

Sudar la prensa: imprimir mucho y continuamente.

Sudar sangre: ejecutar algo con gran esfuerzo.

Sudar tinta: conseguir una cosa con mucho trabajo y esfuerzo.

Sudarle los cojones: dolerle. Tener un gran desprecio por algo.

Sudarle los dientes: costarle mucho trabajo alguna cosa.

(Un) Sudor se le iba y otro se le venía: aplícase para encarecer la confusión o apuro en que uno se halla.

Suegros, yernos y cuñadas juntos, difuntos: expresa lo mal que se llevan entre sí estos parentescos.

Suelto de lengua: maldiciente, atrevido, desvergonzado.

Suelto de manos: largo de manos.

¿Suena bien? Adelante: dícenlo los compositores de música.

(El) Sueño a todos iguala: por ser una representación de la muerte.

Sueño de la liebre: se dice de los que fingen o disimulan estar dormidos.

Sueño dorado: ilusión placentera.

(El) Sueño se parece a la muerte: ya que en ambos casos se paralizan las funciones.

(El) Sueño sirve de alimento: el organismo tiene que recuperar las fuerzas mediante el merecido descanso.

(El) Sueño y la soltura: equivale a decir con libertad y sin reserva todo lo que se cree conveniente.

(La) Suerte es mujeriega y deshonesta, y se abraza con el primero que encuentra: forma de indicar que la suerte se fija en cualquiera, sin ninguna condición especial.

(La) Suerte está echada: queriendo indicar que ya no es posible volverse atrás o cambiar de decisión; frase atribuida a Julio César al pasar el Rubicón.

(La) Suerte no es para quien la busca: por eso la pintan con los ojos vendados, ya que se reparte a quien menos lo espera.

¡Suerte, vista y al toro!: forma de animar a una persona a ejecutar algo, deseándola ventura en la ejecución.

Suerte y verdad: resolución de la duda de un lance dificultoso.

Sufrir en silencio: dícese de las personas que sufren de hemorroides, igualmente de las personas que sufren calladamente sus desgracias.

Sufrir la grita y beber los barriles: aguantar la regañina, para salirse con la suya.

Sufrir, o cargar, más que un mulo: se dice, física y moralmente, del que tiene mucha resistencia o aguante.

Sufrir una cirugía: padecer trabajos o males de consideración.

Sui generis: de índole propia, de especie singular.

Sujetarse al yugo: someterse al dominio de otro.

Sultana: mujer encargada de una casa de lenocinio.

Suma y sigue: frase usada en los libros de cuentas y de contabilidad.

Sumisiones anticipadas, pretensión parecen: el que se humilla, sin motivo, es porque algo solicita.

Sumo Pontífice: el Papa.

Suplicar en revista: recurrir ante los tribunales superiores contra la sentencia de ellos mismos en una causa o pleito.

Supremum vale: último adiós.

Suprimir el chocolate del loro: se dice del ahorro que se hace sin importancia, debiendo ser grande.

Supuesto que: puesto que.

Surcar los mares: navegar.

(El) Sursuncorda: lo que no puede variar.

Surtir efecto: dar el resultado que se desea.

Surtir el fuero: quedar uno sujeto al de un juez determinado.

Sus de gaita: cualquier cosa aérea o sin sustancia.

Sus labores: expresión que se utilizaba para las amas de casa cuando no tenían otra profesión específica.

Sus más y sus menos: tener cada persona sus problemas, dificultades e inconvenientes.

Suspender a uno de empleo: suspenderle de oficio, quitárselo.

Suspender el juicio: no determinarse a resolver en alguna duda por las razones que hacen fuerza por una y otra parte.

Suspensión de armas: cesación de las hostilidades por algún tiempo.

Suspirar por una cosa: desearla con ansia.

Suspirar por una persona: amarla en extremo.

Susqueja matinal: rancho.

Sustentarse del aire: comer muy poco.

Sutileza de manos: habilidad para hacer cosas de expedición y primor. La ligereza y habilidad del ratero.

(La) Suya: indicación de que ha llegado la ocasión favorable de una persona.

(Los) Suyos: personas unidas por el parentesco, amistad, servidumbre, etc.

Tabaco de guitarra: decíase antiguamente del pitillo que era liado por el propio fumador, generalmente de no muy buena calidad el tabaco, y que cuando se consumía el cigarrillo parte de las pavesas caían sobre el pecho, teniendo que limpiarse muy a menudo para que no se quemase la prenda que cubría el pecho.

Tabardillo: persona pesada, que da la tabarra.

Tabarra: se dice de la persona alocada que resulta sumamente pesada.

Tabla de la vaca: corrillo o cuadrilla que mete mucha bulla en el juego o la conversación.

Tábula rasa, o tabla rasa: empezar desde el principio, para todos igual.

"Tacita de Plata": dícese con elogio de la ciudad de Cádiz.

Taconera: mujer de la vida, que ejerce la prostitución en la calle.

Tacos: años.

Tacto de codos: confabulación de varias personas para determinado fin.

Tajada: borrachera, trozo de carne.

Tal como suena: así como suena.

Tal cual: expresión que da a entender que, por defectuosa que sea una cosa, se estima por alguna bondad que se considere en ella. Corto número de personas. Pasadero, mediano, regular.

Tal día hará, o hizo un año: ningún cuidado por algún suceso.

Tal el pájaro, tal el nido: según la categoría de las personas, así debe ser su casa.

Tal es el vino para los gargajos, cual San Bartolomé para los diablos: propiedad que tiene el vino para expeler las flemas, y la virtud del santo para sanar a los posesos; comparación no muy adecuada.

Tal madre, tal hijo pare: para indicar la igualdad de los hijos con sus madres.

Tal me verá, que no me conocerá: expresa la idea de cambiar de carácter, modo de ser, etc.

Tal para cual: uno para otro, de igual a igual; despectivamente, poco más o menos. Algunos añaden: **para ruin casa, ruin portal**.

Tal por cual: cosa de poco más o menos.

Tal vendrá que tal quiera: lo que uno no quiere muchos lo desean.

Tal vez: quizá.

Tal vez la disimulación es provechosa: para lograr algo hay que encubrir en ocasiones lo que se propone alcanzar.

Talega de onzas nunca se ahorca: con dinero por delante muchas empresas salen bien.

Talego: establecimiento penitenciario. Billete de mil pesetas.

Tales manos lo hilaron: para ponderar el esmero o primor con que está hecha una cosa.

Talle de avispa: dícese de la cintura muy pequeña en las mujeres.

Talón de Aquiles: punto débil de una persona o cosa.

Tamal de cazuela: guiso de carne y tomate.

También a la justicia prenden, o ahorcan: dícese al que se pilla en un mal paso o a quien no se suponía que lo podía ejecutar.

Tamboril de casa ajena: dícese del que en su casa es serio y fuera de ella alegre.

Tamboril por gaita: indica que lo mismo da una cosa que otra.

Tan amigos como antes: expresión de indiferencia en que se conceda o no lo que se pide.

Tan ancho: tan fresco.

Tan buen pan hacen aquí como en Francia: en cualquier parte del mundo cuida la Providencia Divina del hombre.

Tan claro como el agua: ser cosa muy patente.

Tan conocido como la ruda: al que es muy conocido.

Tan contento como ratón en boca de gato: da a entender lo a disgusto que se está con el asunto que se trata.

Tan entera como la madre que la parió: manera de indicar que una mujer no se encuentra en estado de doncellez.

Tan fácil como sorberse un huevo: ser una cosa facilísima.

Tan hermosa que paraba al sol: dícese de la mujer de gran belleza; piropo a mi gusto exquisito.

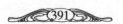

¡Tan largo me lo fiáis!: para indicar que no debe creerse en lo que se promete, por ser demasiado el plazo propuesto.

Tan mala memoria tengo, que si te vi, no me acuerdo: se dice de la persona desagradecida, que quiere excusarse de su forma de ser.

Tan malo es pasarse como no llegar: se recomienda el término medio para todo.

Tan necio es preguntar sabiendo como responder ignorando: dos formas de descubrir la ignorancia.

Tan pronto como: en el momento en que suceda.

Tan siquiera: al menos.

Tan tieso mea, que hasta las paredes agujerea: dícese de las personas de carácter enérgico.

Tantas en ancho como en largo: frase muy antigua, totalmente en desuso; daba a entender que alguna cosa se había hecho cumplidamente y a plena satisfacción.

Tantas letras tiene un sí como un no: argumento contra quien nos niega una cosa, cuando nuestro deseo es que se nos conceda.

Tantear a alguno: explorarlo, probar su capacidad.

Tantear el terreno: prevenir y sopesar las dificultades que puedan acontecer.

¡Tanto bueno!, o ¡Tanto bueno por aquí!: expresiones de bienvenida.

Tanto como el que tiene, como desea el que no tiene: los deseos de los hombres son todos iguales.

Tanto cuanto: algún tanto.

Tanto cuesta mantener un vicio, como criar a dos hijos: ya que los vicios se mantienen a base de mucho dinero.

Tanto de ello: mucho, abundante y sin limitación o tasa, de una cosa que hay o se da.

Tanto entornó que trastornó: los exigentes suelen echar a perder las cosas a fuerza de querer ser unos perfeccionistas.

Tanto es lo demás como lo de menos: con que se da a entender que debe uno estar en prudente término medio.

Tanto más cuanto: trato o regateo entre comprador y vendedor.

Tanto más que: con tanto mayor motivo que.

Tanto mejor, o tanto que mejor: expresión de aprobación o conformidad, que indica: mejor todavía.

Tanto menos que: con tanto menos motivo que.

Tanto monta: es igual. Equivalencia de una cosa con otra.

Tanto monta, monta tanto Isabel como Fernando: sirve para poner de manifiesto la concordancia de criterios y la paridad de derechos entre dos personas.

Tanto peor: peor todavía.

Tanto por tanto: por el mismo precio o costo.

Tanto que: luego que.

Tanto se ríe una sin gracia, como una gracia: la alegría es lo mismo para las mujeres feas que para las bonitas.

Tanto tienes, tanto vales: se indica que lo bueno de una persona viene por el dinero que posee.

Tanto va el cántaro a la fuente...: se dice cuando se hacen cosas habitualmente peligrosas, y que al final se acabará cayendo en ellas.

Tanto vale un responso rezado como cantado: no debiendo mirar las cosas por la forma con que se hagan, sino por ellas mismas.

Tantos a tantos: igualdad de número.

Tantos años de marqués, y no sabe menear el abanico: dícese del que siempre hace lo mismo y no conoce bien lo que está ejecutando.

Tantos otros: otros muchos.

Tapa de los sesos: la parte superior de la cabeza.

"Tapabocas": familiarmente, bufanda, dinero que perciben los de puestos inferiores, para acallarlos.

Tapaculos, taparrajas: dícese en sentido coloquial de la ropa interior femenina, es decir: de las bragas.

Tapar bocas: impedir que se continúe censurando.

Tapar la boca a alguno: cohecharle con dinero u otra cosa para que se calle. Citarle con hecho, darle una razón para que no tenga que responder.

Tapar un boquete, o un agujero: pagar una deuda.

Taparse de medio ojo: decíase de las mujeres cuando se tapaban la cara con la mantilla, sin descubrir más que un ojo para no ser conocidas.

Taparse las orejas u oídos: oír con disgusto una cosa escandalosa o desagradable.

Tapeo: dícese del alterne efectuado y tomando tapas o aperitivos con las bebidas.

Tapón de cuba: persona muy pequeña y gruesa.

Tarambana: persona alocada, de poco juicio.

¡Tararí! o ¡Tararí, que te vi!: expresión de desafío, rechazo, burla.

Tararira: individuo bullicioso que no tiene formalidad.

Tarasca: mujer fea y contrahecha.

Tardano: llámase así al hijo que se lleva muchos años con su hermano de más edad; en otros sitios los he oído llamar de forma cariñosa: "el borrego (a) tardío".

Tardar en componerse más que una novia: dícese del que tarda mucho tiempo en arreglarse o acicalarse.

Tardar más que el parto de la burra: aplícase a las personas que tardan mucho en hacer alguna cosa.

Tarde, mal o nunca: con que se indica lo mal que se ha ejecutado una cosa y hubiese sido mejor que no se hiciese; se suele emplear impropiamente, tarde, mal y nunca.

Tarde mal o nunca, son tres malas pagas: ya que nunca hay forma de cobrar lo que le deben a una persona.

Tarde piache: indica hacer una cosa con retraso de tal manera que ya no tiene solución.

Tarde que temprano, enfermo o sano, hemos de caer en invierno, en primavera, otoño o en verano: indicando que todos tenemos que morir.

Tarde y con daño, o con mal: aplícase a aquellos que, después de hacerse esperar, llegan riñendo.

Tarde y mal son dos males: ejecutar las cosas a destiempo, y encima hacerlas mal, es algo no recomendable.

Tardío, pero seguro: dícelo la persona que tarda en actuar, pero que lo ejecuta siempre con regularidad y bien.

Tarea le, o te, mando: con que se indica la difícil ejecución de lo que se ha encomendado.

Tarro de la mierda: culo.

Tartamuda: metralleta.

Tarugo: de rudo entendimiento.

Tascar el freno: resistir algo, pero sufrir a su pesar la pena que tiene, o la sujeción que se le impone.

Tate, tate: poco a poco, detente, no toques.

(El) Tato: usado como término de comparación.

Taz por taz: equivale a tanto da lo uno como lo otro.

Te acompaño en el sentimiento: fórmula de cortesía dicha al fallecimiento de un familiar por otra persona.

¿Te caíste de la cama?: broma gastada al amigo que nos visita a hora muy temprana.

¿Te cansas? ¡Échate los pies al hombro!: forma burlesca de indicar a una persona que, al estar caminando y que se encuentra cansada, debe continuar el camino.

Te casaste, la cagaste: frase que dicen al recién casado los que no son partidiarios del matrimonio.

Te conozco, bacalao, aunque vengas disfrazao: dícese a las personas cuyas intenciones se conocen, aunque traten de encubrirlas.

Tedéum: cantico para dar gracias a Dios por un beneficio determinado.

Te ha de costar la torta un pan: amenaza al que hace contra lo que se le aconseja o manda.

Te hace tanta falta eso, como a mí una cataplasma: cuando una cosa es totalmente inútil.

Te he dicho "cienes" de veces...: multitud de veces.

Te honrará el honrado, y te infamará el infamado: siempre se actúa de la forma que uno es, o lleva dentro de sí.

¡Te jodes, Herodes!: expresión de satisfacción ante las desgracias ajenas.

Te, le, os, van a dar mucho por el culo: expresión brusca dirigida a una persona que enfada o importuna mucho.

Te lo digo por que no me lo digas: se emplea cuando uno cree le van a decir algo que puede perjudicarle.

Te lo digo yo, o lo digo yo: coletilla para indicar lo que es cierto sin manifestar razones, como indicando que nadie debe dudar de ello.

¡Te lo juro!: expresión usada como muletilla, para dar más énfasis a lo que se dice.

Te patina el coco: indicación de no funcionar bien la cabeza.

Te patinan las meninges: no estar muy cuerdo.

Te pones a ver...: pensándolo bien.

Te quiero tanto, que te metería en mis entrañas: manera de exagerar el cariño que se tiene por una persona.

Te salvó la campana: indicando que algo imprevisto ha llegado en el momento preciso de ayudarnos.

¡Te van a dar mucho por el culo!: forma de despedir o terminar una conversación de forma brusca.

¡Te vas a enterar de lo que vale un peine!: fórmula de amenaza.

Te veo, o ya te veo, besugo, que tienes el ojo claro: frase que indica que se penetra la intención de alguno.

Te veo venir: adivinar la intención de una persona.

Teas maritales, o nupciales: las bodas.

Teje maneje: destreza o sagacidad en el manejo de los negocios, afán en un trabajo material.

Tejer la calle: estar borracho.

Tejer y destejer: variar en lo que se dispone, haciendo y desaciendo una misma cosa.

Tejer y destejer como tela de Penélope: indicando que nunca se ve el fin de alguna cosa.

"Tela marinera": expresión que indica cosa buena, agradable, de rareza expresiva y buena.

Telele: síncope.

Telón de acero: frontera creada en Europa entre los países comunistas y los occidentales.

Telón de fondo: asunto que se difumina por otro más profundo.

Temblar como un azogado: estar trémulo de miedo o de otra cosa.

Temblar como una vara verde: tener mucho miedo.

Temblar la contera: tener gran temor.

Temblar la barba: estar o entrar en alguna cosa con recelo por su dificultad o peligro.

Temblar las carnes: tener miedo u horror.

Temblar más que, o tanto como, una espada desnuda: causar miedo o respeto.

Temblarle la barba: tener miedo, estar con recelo.

Temblarle la contera: sentir mucho miedo o temor.

Temblarle las carnes: tener un gran miedo.

Teme a Dios y a quien no teme a Dios: tener gran respeto al Sumo Hacedor y a quien no cree en Él, ya que puede hacer cualquier barrabasada.

Temerle más que un nublado a algo: padecer gran temor.

(El) Temor de Dios es el principio de la sabiduría: una prueba de talento es respetar los principios establecidos por la ley de Dios.

Tempestad en un vaso de agua: dícese de todo aquello que parece va a traer muchas consecuencias y disgustos.

Templar gaitas: usar de contemplaciones para contentar a alguno.

¡Temprano es noche!: pedir o hacer alguna cosa antes de tiempo.

Temprano la hemos cargado, dijo un cojo a un jorobado: no debiendo burlarnos del que tiene los mismos defectos que nosotros.

¡Temprano se abren los basureros, o el pajar!: frase que se emplea entre personas de confianza, cuando a alguno se le abre la boca para bostezar.

Tempus fugit: el tiempo huye, frase que tienen inscrita algunos relojes.

Ten con ten: tiento, pulso, contemporización.

Tender el paño del púlpito: hablar larga y difusamente.

Tender la cola: hacer tonterías.

Tender la espada: presentarla rectamente al contrario.

Tender la mano a uno: ofrecerla. Socorrerle.

Tender la raspa: echarse a descansar.

Tender las redes: usar de medios oportunos para lograr un fin.

Tender las velas: usar del tiempo u ocasión que se ofrece favorable para algún intento.

Tender un cable: ayudar.

Tender un lazo: atraer con engaño para causar perjuicio.

Tender un puente: establecer un vínculo, actuar como mediador.

Tender una mano: ayudar.

Tender velas, o las velas: usar del tiempo u ocasión a propósito que se ofrece para algo.

Tenderse a la birlonga: no hacer nada.

Tenderse de risa: reírse con vehemencia.

Tendido a lo largo: estar tumbado de extremo a extremo.

Tened y tengamos: para persuadir a la mutua seguridad en lo que se trata.

¿Tenemos hija o hijo?: cuando se pregunta si ha sido bueno o malo el éxito de un negocio.

Tener a bien, o por bien: estimar justo o conveniente, prever o dignarse mandar o hacer alguna cosa.

Tener a corazón: propósito de alguna cosa.

Tener a cuestas: costear por fuerza la manutención de otros.

Tener a deshonra alguna cosa: juzgarla por ajena de la calidad de alguna persona.

Tener a dieta: someter a un régimen de comidas, no dejar cohabitar a esa persona.

Tener a donde agarrarse: poseer un gran cuerpo una mujer y exuberante.

Tener a gala: hacer gala de.

Tener a la vista: delante, o presente en la memoria.

Tener a mal: no aprobar alguna cosa.

Tener a mano: estar cerca de uno. Refrenar, contener.

Tener a menos: desdeñarse de hacer una cosa por humillante.

Tener a mucha honra: envanecerse de una cosa.

Tener a otro en sus manos: ternerle en su poder, sometido a su arbitrio.

Tener a quien salir: parecerse a alguien de su familia.

Tener a raya: contener las acciones en los límites o términos que les son debidos.

Tener a su favor a otro: estar de su parte.

Tener a uno a mesa y mantel: darle diariamente de comer.

Tener a uno entre ceja y ceja: mirarle con prevención.

Tener adelantado: tener hecho algo o conseguida una ventaja de lo que se espera o se tiene que ejecutar.

Tener agallas, o muchas agallas: ser de ánimo esforzado, plantar cara en asuntos de gran dificultad personal.

Tener agarrado a alguno por las narices: dominarle, tenerle sujeto a su voluntad.

Tener al cabo del trenzado: conocer una cosa muy bien.

Tener algo que perder: poseer algún caudal, posición o fama.

Tener algo que ver: mantener alguna relación o interés con alguien.

Tener alma: ser una persona valiente.

Tener alma de cántaro: ser inocente, crédulo.

Tener amor y tener seso, ¿cómo puede ser eso?: forma de indicar que los enamorados no actúan casi nunca con sentido común o de la razón.

Tener andado: haber adelantado o dado algunos pasos en algún asunto.

Tener ángel: ser simpático y agradable.

Tener aprecio: estimar.

Tener arrestos: coraje, decisión o firmeza.

Tener atadas las manos: no estar totalmente libre para hacer algo.

Tener atravesado a uno en la garganta, como espina en boca de gato: tenerle aversión o repugnancia.

Tener barba de alcaide: se dice del que tiene la barba larga y de aspecto venerable.

Tener barajas: reñir, pelear.

Tener barriga, o bombo: estar embarazada una mujer.

Tener barro a mano: dinero sin tasa.

Tener basta la piel: carecer de pudor, de vergüenza.

Tener bastante talla: reunir las cualidades necesarias para poder hacer algo.

Tener bemoles, o tres bemoles, o tres pares de bemoles: aplícase a la persona con mucho carácter, firmeza y tesón.

Tener bemoles una cosa: ser difícil.

Tener bien aprendida la cartilla: haber recibido instrucciones muy concretas, sobre la forma de actuar en casos determinados.

Tener bien gobernado el cuerpo: bien regido el vientre.

Tener bien herrada la bolsa: estar provista de dinero.

Tener bien puestos los bolos: estar bien tomadas las medidas para lograr un objeto.

Tener bien puestos los pantalones, o los calzones: ejecutar con hombría las cosas.

Tener bien sentado el crédito: gozar de buena fama por sus virtudes y buen hacer.

Tener bigotes: tesón y constancia en las resoluciones y no dejarse manejar fácilmente.

Tener boca de alcancía, o de hucha: tener la boca sumida.

Tener boca de espuerta: dícese de las bocas grandes y rasgadas.

Tener boca de fraile: pedir con insistencia y muchas veces.

Tener boquita de piñón: una boca pequeña y apetecible.

Tener braguetas: valor, arrestos.

Tener brazo: mucha robustez y fuerza.

Tener brazos: haber quien patrocine a algo o alguien.

Tener buen ángel: ser gracioso y ocurrente.

Tener buen cartel: haber conseguido buena fama, confiar la gente en una persona teniedo confianza en ella.

Tener buen corazón: ser una persona bondadosa o caritativa.

Tener buen cuajo: ser muy cachazudo.

Tener buen despacho: ser hábil y expedito para desempeñar los asuntos que se encargan.

Tener buen diente: muy comedor.

Tener buen estómago: sufrir las injurias sin darse por enterado. Comer mucho sin hacerle daño.

Tener buen fondo: ser una buena persona.

Tener buen, o mal, cartel: fama.

Tener buen, o mal, naipe: buena, o mala, suerte en el juego.

Tener buen, o mal, perder: mostrarse molesto o no, por las pérdidas del juego.

Tener buen ojo: ser perspicaz, juzgar bien y a primera vista.

Tener buen pico: expresarse bien, y también ser tragón, comilón.

Tener buen pulso: no temblarle la mano.

Tener buen qué, o tener su qué: existencia de bienes. Tener alguna cualidad estimable.

Tener buen saque: ser comilón.

Tener buena embocadura: tocar un instrumento de viento sin que se note el soplido.

Tener buena gaita: mucho pescuezo.

Tener buena garganta: cantar bien y con fuerza.

Tener buena mano: aptitudes para algo en concreto.

Tener buena, o mala, boca: hablar uno bien o mal de otros. Comer bien o mal, comer de todo o no.

Tener buena, o mala, cara: buen o mal semblante.

Tener buena, o mala, pata: buena o mala suerte.

Tener buena, o mala, percha: de constitución elegante, buena, o viceversa.

Tener buena, o mala, pinta: buen o mal aspecto.

Tener buena, o mala, prensa: serle ésta favorable o adversa.

Tener buena, o mala, racha: buena o mala suerte.

Tener buena, o mala, sombra: ser agradable y simpático, o al contrario. Superstición de ser de buen o mal agüero su compañía.

Tener buena planta: presencia y gallardía.

Tener buena pluma: escribir con facilidad, bien.

Tener buena tijera: comer en abundancia y muy bien.

Tener buenas asas, o agarraderas: influencias, amistades.

Tener buenas aldabas: valores de buena protección, o poder contar con ella.

Tener buenas barbas, buenos bigotes o bigoteras: ser bien parecida una mujer.

Tener buenas bigoteras: no tener malos bigotes.

Tener buenas carnes: ser una mujer atractiva desde el punto de vista sexual.

Tener buenas costillas: consentir que le echen la culpa de lo hecho por otro, asumir un trabajo que no le compete.

Tener buenas creederas: ser muy crédulo.

Tener buenas desenfadaderas: aplícase al que es hábil para hallar o tener recursos.

Tener buenas despachaderas: dícese de los que se quitan un asunto o compromiso de encima, de un modo áspero y desabrido.

Tener buenas domingas: la mujer que tiene pecho exuberante.

Tener buenas espaldas: resistencia y aguante para soportar cualquier trabajo o molestia.

Tener buenas explicaderas: darse a entender claramente, sin rodeos o ambages.

Tener buenas manos: ser cuidadoso o hábil para tratar las cosas que especialmente pueden romperse.

Tener buenas, o malas, ausencias de alguno: oír hablar bien o mal de un asunto.

Tener buenas tragaderas: creer fácilmente lo que se cuenta. Pasar por los acontecimientos malos sin protestar.

Tener buenos aceros: buen diente, el colmillo aguzado.

Tener buenos cuartos: ser fornido.

Tener buenos lomos: no importarle el peso del trabajo o de las responsabilidades.

Tener buenos padrinos: personas que favorecen a otra teniendo gran influencia o medios económicos.

Tener buenos papeles: buenos instrumentos legales que prueban la nobleza o el derecho del que los posee. Razón o justicia en lo que se propone o disputa.

Tener buenos rejos: dícese del que tiene mucha fuerza y resistencia.

Tener bula: gozar de un privilegio, de un trato de favor o ventaja no concedidos a los demás.

Tener busa: hambre.

Tener cabellos de medusa: cabellos ensortijados.

Tener cabeza de chorlito: se dice de las personas poco sensatas.

Tener cabeza de proceso: dícese del que tiene muy desarrollada la cabeza.

Tener cabida: buena acogida.

Tener cacumen: agudeza, ingenio, perspicacia.

Tener calamí: malestar.

Tener callos: trabajar mucho.

Tener callos en los oídos: no tener buen oído para la música. Hacerse el tonto a lo que se dice, como si no se hubiese oído.

Tener calma: cachaza, pachorra.

Tener cámaras en la lengua: ser hablador, indiscreto.

Tener canguis, o canguelo: miedo.

Tener cantera: se dice de la persona de ingenio o talento.

Tener cara apedreada, empedrada, o de rayo: el rostro lleno de hoyos como consecuencia de la viruela.

Tener cara con dos haces: se dice de la persona que dice una cosa y hace otra.

Tener cara de alejijas: estar muy flaco o débil.

Tener cara de bragueta: seria, poco amiga de risa o bromas.

Tener cara de cemento armado: ser un caradura.

Tener cara de corcho: no tener vergüenza.

Tener cara de cordero degollado: de enamorado, que parece que está uno medio bobo.

Tener cara de cuaresma: estar una persona triste.

Tener cara de dómine: de pocos amigos.

Tener cara de gualda: estar sumamente pálido.

Tener cara de hurón: mohína, o la que huye del trato de las gentes.

Tener cara de Jueves Santo y hechos de Carnaval: con que se moteja al hipócrita.

Tener cara de juez, o de justo juez: de pocos amigos.

Tener cara de Longinos, o de hereje: aplícase a la persona mal encarada y de feo y horrible aspecto.

Tener cara de mico, o de mono: ser muy raído, hacer visajes.

Tener cara de palo: cara sin expresión, muy seria.

Tener cara de pandero: aplícase a los de rostro redondo y aspecto abobado.

Tener cara de pascua, de aleluya o de risa: dícese de los que siempre se están riendo, mostrando alegre el semblante.

Tener cara de perro: mala y adusta.

Tener cara de pocos amigos: se dice de las personas serias, adustas, poco risueñas, que imponen respeto o temor.

Tener cara de póquer: dícese de la cara inexpresiva.

Tener cara de quijote: manifestar adustez y severidad.

Tener cara de vaqueta: adusta. No tener vergüenza.

Tener cara de viernes, o de vigilia: macilenta, triste, desapacible.

Tener cara de vinagre: de pocos amigos.

Tener cara para hacer algo: tener atrevimiento para hacerla.

Tener carne de perro: mucho aguante, ser recio.

Tener carrete: haber siempre tema de conversación, hablar en demasía.

Tener carrillos de monja boba, o de trompetero: se dice de los que son mofletudos, los que tienen los carrillos muy abultados.

Tener carta de naturaleza: ser una cosa normal.

Tener cartel: buena reputación.

Tener casa abierta: vivir en ella.

Tener cascabel: algún cuidado.

Tener cascos de calabaza, o los cascos a la jineta, o malos cascos: de poca reflexión o asiento.

Tener casta: buena clase, ser de buena calaña.

Tener cataratas: no entender o no conocer las cosas por ignorancia o pasión.

Tener cédula de vida: aplícase a los niños recién nacidos que tienen fuerza para vivir.

Tener cerote: miedo, temor, recelo.

Tener cerrada la mollera: sentido común.

Tener chispa: ingenio.

Tener chorra, o mucha chorra: mucha suerte.

Tener clavado en el alma: dícese de la persona a la que no es fácil que se le olvide alguna ofensa recibida.

Tener cojonazos: pachorra, mucha flema.

Tener cojones, o no: carácter para poder actuar o resolver las cosas.

Tener coleta: cosa grave y trascendental.

Tener colgada una asignatura: tenerla suspendida.

Tener color de lejía: dícese del cielo cuando está completamente cerrado, o del agua cuando está turbia.

Tener como chuzos la cabeza: se dice del que tiene el pelo de la cabeza muy alborotado, despeinado y de punta.

Tener como en la bolsa o en la mano alguna cosa: estar seguro de conseguirla.

Tener como las monedas, su anverso y su reverso: aplícase a toda cuestión que pueda considerarse bajo dos aspectos diferentes.

Tener conciencia ancha, o laxa: ser de.

Tener conciencia de jaretas: ser elástica, según le conviene a uno.

Tener condición: ser de genio áspero y fuerte.

Tener condición de tía: malas inclinaciones.

Tener copete, o mucho copete: ser de carácter altanero y presuntuoso.

Tener corazón: buenos sentimientos y buenas actitudes.

Tener correa: sufrir bromas sin mostrar enojo. Fuerza y resistencia para el trabajo.

Tener cosas: rarezas.

Tener cosas de peón caminero: ser inconsecuente en la forma de ser o actuar.

Tener costillas: caudal.

Tener cuajo, o mucho cuajo: ser muy cachazudo, pacienzudo.

Tener cuartos, o cuatro cuartos: ser rico.

Tener cuatro ojos: dícese de la persona que usa gafas.

Tener cubiertas las espaldas: la seguridad casi garantizada.

Tener cubierto el riñón, o bien cubierto el riñón: ser rico.

Tener cuenta: atender a alguna cosa.

Tener cuenta alguna cosa: ser provechosa.

Tener cuerda de ahorcado: ser dichoso, que todo le sale bien.

Tener cuerda para rato: poder seguir hablando o contar chascarrillos durante mucho tiempo. Poder seguir ejecutando durante tiempo un trabajo o una cosa.

Tener culo de mal asiento: se dice del inquieto, del que no está mucho tiempo en el mismo sitio.

Tener cura: poderse sanar.

Tener dares y tomares: dícese de las altercaciones o réplicas entre varias personas.

Tener de chinches la sangre: ser sumamente pesado o molesto.

Tener de la oreja: sometido a uno a su arbitrio para que haga lo que le pide o manda.

Tener de su lado: contar con su apoyo o favor.

Tener de su parte: contar con su favor.

Tener de todo, como en botica: haber gran abundancia de cosas.

Tener debajo de los pies: tratar con desprecio o superioridad.

Tener declarada la guerra: contradecir, molestar continuamente a una persona.

Tener dedos de organista, o pianista: se dice del que tiene los dedos largos y delgados.

Tener derecho de pernada: se dice de la persona que se cree con derecho para cometer toda clase de excesos.

Tener diablo: el que ejecuta o advierte cosas extraordinarias.

Tener diarrea mental: gran confusión de ideas.

Tener días: mucha edad. Desigualdad en el trato diario, en el semblante o en el humor.

Tener dientes de ajo: dícese de la persona con dentadura muy grande e irregular.

Tener dientes de embustero: muy claros o separados.

Tener Dios a uno de su mano: asistirle, detenerle cuando va a caer en algún peligro. Infundirle moderación y templanza.

Tener don de gentes: poseer cualidades para convivir y ser aceptado y admirado por los demás.

Tener don de palabra: ser una persona que se expresa muy bien y con gran facilidad.

Tener donde agarrarse: dícese de la mujer de formas exuberantes.

Tener dos caras: dícese de la persona falsa, que obra con poca nobleza.

Tener dos dedos de frente: sentido común; úsase más comúnmente en sentido negativo.

Tener duende: se dice de la persona que tiene una gracia especial.

Tener dura la mollera: no estar ya en edad de aprender.

Tener duros con pelo: ser un avaro.

Tener eco una cosa: propagarse con aceptación.

Tener el agua a la boca, al cuello o a la garganta: estar con el agua al cuello.

Tener el alma atravesada: ser persona de malos sentimientos o intenciones.

Tener el alma bien puesta: ser valiente, tener ánimo y resolución.

Tener el alma echada atrás: no importar nada.

Tener el alma en un hilo: estar temoroso, inquieto, pendiente de algún suceso.

Tener el alma entre los dientes: estar entre la vida y la muerte.

Tener el alma parada: no discurrir.

Tener el ancho de Mahón: se dice de lo que es estrecho.

Tener el baile de San Vito: se dice de la persona que se está moviendo constantemente.

Tener el cenizo: ser víctima constante de la mala suerte.

Tener el colmillo retorcido: ser una persona muy complicada de entender, no ser nada claro en su forma de ser, ser astuto y sagaz, muy difícil de engañar.

Tener el coño como la boca del Metro: dícese a la mujer que mantiene con muchas personas relaciones sexuales, con personas diferentes.

Tener el corazón bien puesto: tener el alma...

Tener el corazón de bronce, mármol, piedra, etc.: ser duro de corazón. No conmoverse a pesar de las desgracias.

Tener el corazón de un pajarito: ser blando de corazón.

Tener el corazón en las manos: llevar.

Tener el corazón en un puño: encogido por las penas o angustias.

Tener el cucharón, o la sartén, por el mango: ser el primero en autoridad y manejo de algun negocio o cosa.

Tener el cuello de grulla: largo y delgado.

Tener el diablo metido en el cuerpo: ser muy astuto o revoltoso. Hacer cosas extraordinarias.

Tener el diablo en la bolsa: no tener dinero.

Tener el disco rayado: ser reiterativo y muy pesado.

Tener el estómago en los pies, o en los talones: sentir hambre.

Tener el estómago, o las tripas, como cañón de órgano: lleno de aire.

Tener el fuelle flojo: se dice del que suelta ventosidades con frecuencia.

Tener el heno, o traer el heno, en el cuerno: ser de carácter irascible, propenso a vengarse.

Tener el hormiguillo: dícese de la persona que no se puede estar quieta.

Tener el juicio en los talones, o en los calcañares: portarse con poca reflexión y cordura.

Tener el judío en el cuerpo: se dice de la persona que tiene miedo, está insegura, etc., y se nota dicha circunstancia.

Tener el lazo a la garganta: verse muy apurado.

Tener el lobo por las orejas: hallarse excesivamente perplejo.

Tener el mando y el palo: poder absoluto.

Tener el morro fino: aficionado a los manjares delicados.

Tener el oído duro: oír bastante mal una persona.

Tener el oído en los pies: no tener buena audición por estar un poco sordo.

Tener el ojo tan largo: estar observando o vigilando con mucha atención.

Tener el padre alcalde: contar con un poderoso protector.

Tener el palo y el mando: estar constituido en autoridad.

Tener el pecho duro: no poder expectorar.

Tener el pelo de la dehesa: no haberse pulido en la forma de actuar.

Tener el pie en dos zapatos: solicitar dos cosas para lograr la que antes se pueda.

Tener el pie sobre el cuello, o el pescuezo: humillado o sujeto.

Tener el práctico a bordo: los mejores medios para conseguir algo.

Tener el resto en la punta de la espada: resolver las cosas por la fuerza, sin atender a razones.

Tener el riñón cubierto: medios económicos suficientes.

Tener el santo de cara, o de espaldas: la suerte a su favor o en contra.

Tener el seso en la bragueta: obsesión erótica.

Tener el seso en los talones, o en los calcañales: poco juicio.

Tener el tapial: con que se avisa a uno que se detenga, o tenga paciencia en la ejecución de una cosa.

Tener empaque: tener traza y aspecto, según la cual nos gusta o desagrada a primera vista una persona.

Tener cartel: gozar de aprecio y consideración.

Tener en cartera: un proyecto.

Tener en contra: hallar dificultad o contradicción.

Tener en cuenta: presente.

Tener en el alma, o sobre el alma: presente a una persona en sus desgracias, sintiéndolas y deseando remediarlas.

Tener en el bolsillo a alguien: contar con él con entera libertad y seguridad.

Tener en el bote: haber conquistado a una persona.

Tener en el saco: haber conseguido o conquistado a una persona.

Tener en espinas a uno: con cuidado y zozobra.

Tener en jaque: bajo el peso de una amenaza.

Tener en la faltriquera a uno: en el bolsillo.

Tener en la manga: ocultar algo, para sacarlo a relucir en el momento oportuno.

Tener en la mano, o en su mano, alguna cosa: poder disponer de ella.

Tener en la mente: pensada o prevenida una cosa.

Tener en la punta de la lengua una cosa: no acordarse de pronto de lo que se quiere decir. Estar a punto de decirla.

Tener en la uña: saber muy bien una cosa.

Tener en memoria: ofrecer protección.

Tener en menos a uno: menospreciarle.

Tener en mente: estar pensando en algo constantemente.

Tener en palmitas: mantener en un buen trato.

Tener en poco: desestimar.

Tener en precio, o en mucho precio: estimar, apreciar.

Tener en un puño: atemorizada a una persona.

Tener enchufe: buenas agarraderas, para obtener beneficios.

Tener enfilado: tener a una persona controlada.

Tener entre ceja y ceja alguna cosa: fijarse un pensamiento o propósito.

Tener entre cejas a uno o entre ceja y ceja: mirarle con prevención desfavorable.

Tener entre ojos, o sobre ojo, a alguno: aborrecerlo.

Tener escama: resentimiento que uno tiene por el daño o molestia.

Tener escurribanda: el vientre suelto.

Tener espaldas de molinero: anchas y fuertes.

Tener espera: proceder con reflexión, no partir de ligero.

Tener espolones: dícese de la persona que es difícil de engañar por la experiencia adquirida.

Tener estómago aventurero: aplícase a la persona que come ordinariamente en mesa ajena.

Tener estrella: ser dichoso y atraerse la estimación de las personas.

Tener estudios: persona que ha recibido una carrera.

Tener fachada de casa grande: dícese de la persona de arrogante presencia.

Tener filosofía parda: ser astuto.

Tener floja la espita: ir a orinar con mucha frecuencia.

Tener flojas las clavijas: señalando a la sien al decir esta frase, indica ser pobre de inteligencia. Dícese del que suelta con frecuencia ventosidades.

Tener flojos los tornillos: estar loco, ido.

Tener frito: cansar sobremanera a una persona.

Tener Fulano muchas ganas de trabajar, pero se las aguanta: se dice de la persona vaga.

Tener fundada intención contra alguno: favorecer a alguno el derecho común.

Tener gallo: arrogancia.

Tener gana de rasco: sentirse con ganas de jugar o retozar.

Tener gana de fiesta, o de juerga: incitar a otro a pelear o reñir. Estar dispuesto a ella.

Tener ganas a alguien: intención de meterse con él.

Tener gancho: se dice de la mujer que tiene buena maña para buscar novio.

Tener garabato: garbo, aire, gentileza que tienen algunas mujeres, siendo un atractivo para ellas.

Tener garra: ser una persona convincente, poder de convicción.

Tener garrones: dícese de los que tienen mucha experiencia y son difíciles de engañar.

Tener gracia: ser chocante, producir extrañeza.

Tener gramática parda: persona astuta.

Tener guardadas las espaldas: protección superior a la fuerza de los enemigos.

Tener guardado en el buche: ocultar algo que se debe decir, tener reserva mental.

Tener gusa: hambre.

Tener harto que roer: dícese de aquello que tiene mucho trabajo.

Tener hígados: coraje, valentía.

Tener hincha: manía.

Tener hoja: quedar resquebrajado el metal de una moneda, con lo que pierde su sonido característico.

Tener horas de vuelo: se dice de los que tienen experiencia y veteranía.

Tener horca y cuchillo: derecho para castigar hasta la muerte. Mandar como dueño con gran autoridad.

Tener huevazos: se dice del que tiene pachorra, que es muy tranquilo, con flema.

Tener huevos: en el lenguaje coloquial, tener cojones.

Tener huevos la cosa: que causa asombro.

Tener humos: exceso de presunción y vanidad.

Tener ideas de bombero, o de bombero jubilado: pensar de forma poco correcta o coherente.

Tener ideas peregrinas: pensar de forma incoherente.

Tener ijada una cosa: que entre las cosas buenas otras no lo son tanto.

Tener impureza de sangre: mezcla de razas.

Tener ínfulas: ser presuntuoso, tener orgullo o vanidad.

Tener jeta: ser un caradura.

Tener la antena puesta: estar escuchando las conversaciones de los demás, sin tener que tomar parte en ellas.

Tener la astucia de la serpiente: ser muy receloso o prevenido.

Tener la barriga como un cañón de escopeta, o de órgano: vacía por no haber comido durante mucho tiempo.

Tener la barriga como un pandero: muy dura.

Tener la belleza del diablo: se dice de una persona que no es absolutamente fea, por ser joven.

Tener la boca más grande que el buzón de Correos: una boca enorme.

Tener la bola en el emboque: hallarse en situación angustiosa.

Tener la botica abierta: la bragueta abierta.

Tener la cabeza a las tres, o a las once: no tener juicio o estar distraído.

Tener la cabeza a pájaros: no tener juicio o memoria.

Tener la cabeza como un bombo: con gran malestar.

Tener la cabeza como una olla de grillos: con muchos ruidos y dolorida.

Tener la cabeza cuadrada: persona muy tozuda.

Tener la cabeza en su sitio: persona coherente.

Tener la cabeza hueca: poco inteligente.

Tener la cabeza llena de pájaros: de cosas ilusorias, con poco juicio.

Tener la cabeza más dura que los doce Apóstoles: dícese a la persona que es muy cabezota.

Tener la cabeza más pelada que un chino: ser una persona completamente calva.

Tener la cabeza muy dura: ser una persona muy terca, que no suele dar su brazo a torcer.

Tener la cabeza sobre los hombros: ser consecuente y saber lo que se hace.

Tener la cabeza torcida: con que se moteja a la persona hipócrita.

Tener la cara muy dura: ser un caradura.

Tener la casa como una colmena: abastecida de lo necesario. Llena de gente.

Tener la cola de paja: ser cobarde, vivir en continuo sobresalto.

Tener la conciencia muy tranquila: no considerarse culpable de alguna cosa.

Tener la cuerda tirante: llevar las cosas con demasiado rigor.

Tener la cuesta y las piedras: toda la ventaja de su parte.

Tener la culpa: haber dado causa.

Tener la espita floja: se dice del que va a orinar con frecuencia.

Tener la farmacia abierta: bragueta desabrochada.

Tener la guerra declarada: estar dos o más personas continuamente contradiciéndose o discutiendo.

Tener la herradura de la muerte: presentar señales de agonía.

Tener la leche avinagrada: estar amargado.

Tener la lengua como un hacha: se dice del que es murmurador y maldiciente.

Tener la lengua gorda: estar borracho.

Tener la lengua larga, o mucha lengua: ser muy hablador.

Tener la lengua suelta: ser una persona muy habladora.

Tener la llave de la despensa: al que ostenta cualquier poder en demasía.

Tener la manga ancha, o muy ancha: muy complaciente o poco exigente en la ejecución de algo.

Tener la mano manca: poco dadivoso.

Tener la mano muy larga: dícese de la persona que es propensa al hurto, o la que da alguna bofetada o golpe con facilidad.

Tener la mosca en, o tras, la oreja: recelar, desconfiar.

Tener la muela picada: mucho apetito.

Tener la musa de espaldas: dícese del que quiere componer o escribir y no tiene inspiración.

Tener la nariz como una trompa: abultada, hinchada.

Tener la nariz como una remolacha: hinchada y amoratada.

Tener la negra: padecer una racha de mala suerte.

Tener la palabra: estar en uso de ella.

Tener la picha hecha un lío: estar muy asustado o preocupado.

Tener la polla lisa: ser afortunado, tener suerte.

Tener la regla: una mujer cuando está con la menstruación.

Tener la sacristía abierta: la bragueta abierta.

Tener la sal por arrobas: poseer el don de la gracia.

Tener la sangre caliente: arrojarse precipitadamente en los peligros.

Tener la sangre de horchata: ser apocado y pusilánime.

Tener la sartén por el mango: asumir el manejo y autoridad en una dependencia o negocio.

Tener la suerte de espaldas: mala suerte.

Tener la suerte del enano, que fue a cagar y se cagó en la mano: muy mala suerte.

Tener la suya sobre el hito: no darse por vencido.

Tener la tripa como un bombo, o un tambor: muy abultada.

Tener la tripa como una cuba: de gran tamaño.

Tener la tripa de Jorge: aplícase a aquel que come mucho.

Tener la vela: ayudar a los amores de otros.

Tener la ventana al cierzo: mucha vanidad.

Tener la vida pendiente de un hilo, o en un hilo: muy expuesto a morir.

Tener la visita: una mujer la regla.

Tener la vista larga: predecir ciertas situaciones, anticipándose a ellas.

Tener la viveza del ratón, o ratonil: dícese cuando la actuación de una persona es irreflexiva y atolondrada.

Tener la voluntad virgen: hacer siempre lo que se quiere, salirse con la suya.

Tener la voz empañada: voz cambiada por la emoción.

Tener labor cortada para rato: faltar mucho tiempo para que termine un asunto.

Tener lado izquierdo: valor, corazón.

Tener lana: poseer dinero.

Tener largas las narices, o narices de perro perdiguero: predecir lo que va a suceder. Olfato fino.

Tener las cartas marcadas: tener ventaja en una situación.

Tener las espaldas bien cubiertas: buenos padrinos o valedores.

Tener las espaldas anchas: aguantar pacientemente las desgracias.

Tener las espuelas calzadas: estar dispuesto a emprender algo.

Tener las horas contadas: estar próximo a la muerte.

Tener las letras gordas como las de San Amaro, que tres no cabían en un carro: aplícase a la persona poco instruida y que no sabe leer muy bien.

Tener las letras más gordas que un libro de coro: ser estúpido en extremo.

Tener las letras muy gordas: estar las cosa muy claras.

Tener las manos largas: aficionado a pegar. Manosear a las mujeres. Persona acostumbrada al hurto.

Tener las manos limpias: no estar implicado en un delito.

Tener las orejas como un soplillo: muy grandes y separadas de la cabeza.

Tener las uñas afiladas: estar ejercitado en el robo, o dispuesto a robar.

Tener las uñas de luto: muy sucias.

Tener las uñas largas: ser amigo de apoderarse de lo ajeno.

Tener latines: gran astucia.

Tener leche: buena suerte.

Tener ley a alguien: profesarle amor o cariño.

Tener lengua de estropajo, o de trapo: dícese de la persona que no pronuncia con claridad, por lo que no es entendida bien.

Tener lengua de víbora, escorpión, sierpe: dícese de la persona muy murmuradora y que hace mucho daño al hablar de los demás.

Tener los cojones bien puestos: ser un hombre valiente de carácter.

Tener los cojones cuadrados: mucho carácter y vigor.

Tener los cojones en su sitio: ser valiente o de carácter.

Tener los cojones pelados: mucha práctica o experiencia en ejecutar algo.

Tener los colmillos retorcidos: ser una persona difícil de engañar.

Tener los días contados: estar a punto de morir, expresión de amenaza hacia una persona.

Tener los huesos duros: se dice del que no admite una ocupación impropia de su edad o circunstancias.

Tener los huesos molidos: estar muy cansado a consecuencia del trabajo.

Tener los huevos bien puestos: ser un hombre de coraje, con valentía.

Tener los huevos cuadrados: valentía, coraje.

Tener los nervios de punta: estar una persona muy nerviosa.

Tener los oídos a componer: dícese de los que no oyen por conveniencia.

Tener los ojos abiertos como la liebre: dícese de los que tienen los ojos muy abiertos.

Tener los ojos clavados en el suelo: llevar.

Tener los ojos como tazas: se aplica al niño que los tiene completamente abiertos.

Tener los ojos en alguna cosa: mirarla con atención.

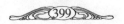

Tener los ojos en el cogote: no ver lo que se tiene delante de los ojos.

Tener los ojos más saltones que un cangrejo: aplícase a los que los tienen muy abultados y fuera de sus órbitas.

Tener los ojos ribetados de tripillas de pollo: los párpados muy irritados o encendidos.

Tener los pantalones bien puestos, o bien apretados: dícese del hombre valiente y enérgico, que no se deja dominar fácilmente.

Tener los pies como libros de coro: muy grandes.

Tener los pintores: la regla una mujer.

Tener los santos cojones de...: tener desfachatez o caradura.

Tener lugar: tener cabida. Acontecer.

Tener lunas: sentir perturbación en las variaciones de los cambios lunares.

Tener madera: grandes cualidades para algo concreto.

Tener mal fario: traer mala suerte.

Tener mal perder: dícese de la persona que muestra mala educación o modales cuando pierde en el juego.

Tener mal pleito: no tener razón en lo que se pide, o carecer de medios para probarlo.

Tener mal rollo: relacionarse mal con la gente.

Tener mal vino: ser provocativo y pendenciero cuando se han tomado unas copas de más.

Tener mala baba: mala intención, ser una persona de actos malos.

Tener mala cabeza: proceder sin juicio ni consideración.

Tener mala follá: ser persona maliciosa.

Tener mala idea: malas intenciones.

Tener mala leche: malas intenciones, malos hechos.

Tener mala lengua: ser jugador, blasfemo o maldiciente.

Tener mala madera: rehusar el trabajo, ser perezoso.

Tener mala nata: mala leche.

Tener mala pata: poca o mala suerte.

Tener mala sangre: ser de malas intenciones.

Tener mala sombra: malas ideas o intenciones.

Tener mala uva, mala leche, mala baba, malas pulgas, etcétera: mal humor, malas intenciones, estar enfadado.

Tener malas cosquillas: poco sufrido.

Tener malas manos: descuidado o inhábil para tratar las cosas.

Tener malas pulgas: no ser condescendiente, estar siempre enfadado.

Tener malas tripas, mal corazón o malos hígados: complacerse en el mal ajeno, ser cruel y sanguinario.

Tener malos cascos: no tener juicio.

Tener malos dedos para organista: no ser a propósito para lo que se dedica.

Tener malos hígados: de malas intenciones.

Tener malos ojos: desgraciado en lo que examina o mira.

Tener malos pergeños: carecer de maña o habilidad para hacer una cosa.

Tener manga ancha: ser permisivo y tolerante, aplícase principalmente a los confesores.

Tener mano con uno: influjo, poder y valimiento con él.

Tener mano derecha: suerte, principalmente en el juego.

Tener mano dura: persona que con todo rigor hace cumplir justicia.

Tener mano en una cosa: intervenir en ella.

Tener mano izquierda: poseer habilidad y astucia para resolver situaciones difíciles, ser diplomático y dialogador.

Tener manos de trapo: se dice del que se le caen con cierta habitualidad las cosas al suelo.

Tener marcha: afición por la diversión.

Tener más alma que un caballo: aplícase a las personas que son indolentes.

Tener más antojos que una preñada: persona muy antojadiza.

Tener más años que Matusalén: dícese de la persona que ha vivido más tiempo de lo que es común.

Tener más barriga que una elefanta con mellizos: de tripa muy abultada.

Tener más boca que un pajar: una boca muy grande.

Tener más cabeza que un saco de clavos: tenerla grande, o tener muchos conocimientos.

Tener más cara que culo: como decía el otro, que ya es decir.

Tener más cara que espalda, que un saco de perras, etcétera: ser atrevido o descarado.

Tener más cara que Pedro Macía en un telediario: ser una persona que sabe salir de los apuros rápidamente.

Tener más cara que un buey con flemones: un caradura.

Tener más cara que un elefante con paperas: un caradura.

Tener más cara que un saco de perras: un caradura.

Tener más cara que una manada de elefantes: caradura supino.

Tener más cojones que el caballo de Espartero: de grandes atributos sexuales. De gran hombría, dicho en el lenguaje coloquial.

Tener más cojones que el caballo de Santiago: de gran valentía.

Tener más cojones que un toro: persona bravía.

Tener más conchas que un galápago: haber padecido mucho y tener grandes conocimientos de las cosas de la vida, no asombrándose por los aconteceres de ellas.

Tener más conchas que un peregrino: dicho igual al anterior.

Tener más cuarto que una yegua: dícese de la mujer de buen rejo.

Tener más cuartos que pesa: sumamente rico.

Tener más cuentas que una camándula: dícese de las personas astutas, de mala intención, y que saben mucho de lo malo.

Tener más cuento que Calleja: ser una persona con mucha fábula, por lo que es poco creída.

Tener más dinero que el Banco de España: inmensamente rico.

Tener más dinero que pesa: poseerlo en abundancia.

Tener más dinero que un torero: poseer gran caudal.

Tener más escamas que un pez: muy astuto, difícil de engañar.

Tener más espinas que un pez: persona retorcida.

Tener más espinas que un zarzal: dícese de lo que es duro y escabroso. Tener algo muchas espinas.

Tener más espolones que un gallo: forma de motejar al viejo, o el que tiene una gran experiencia.

Tener más faltas que el caballo de Gomela: ponderación de los defectos o imperfecciones.

Tener más faltas que un juego de pelota: pondera las imperfecciones de una persona o cosa.

Tener más faltas que una pelota: defectos de una persona o cosa.

Tener más frío que siete viejas: frío en extremo.

Tener más hambre que Dios talento: tenerla en exceso.

Tener más hambre que el perro de un ciego: sufrirla.

Tener más hambre que un maestro de escuela, que los pavos del tío Manolo, que Carpanta, etc.: padecerla.

Tener más huevos, o cojones, que el caballo de Espartero, que Tejero: demostrar gran coraje y valentía.

Tener más huevos que un gallinero: ser una persona "mu echá p'alante".

Tener más humos que una chimenea: mandar despóticamente.

Tener más lanas que el borrego del Tercio: mucho pelo.

Tener más leche que una vaca: dícese de la mujer que está criando y tiene leche en abundancia.

Tener más leyes que don Macario: dícese de la persona sabihonda y de mucha letra.

Tener más mala leche que el café de un bar: mal carácter o mal genio.

Tener más mala leche que un guardia civil de servicio: como símbolo de mala intención, esto era antiguamente, hoy día se puede decir todo lo contrario. Se decía que la máxima de dicha entidad era: paso corto, vista larga y mala intención, todo ello dicho por los detractores de esta institución.

Tener más miedo que siete u once viejas: mucho miedo.

Tener más miedo que vergüenza: poseer las dos cosas en gran escala.

Tener más mierda que el palo de un churrero: gran suciedad.

Tener más mierda que el palo de un gallinero: ser muy sucio.

Tener más moral que el Alcoyano (que perdía 20 a 0 y creía en el empate a cinco minutos del final): ser de grandes ilusiones y esperanzas.

Tener más moscas que un pastel en verano: cuando un aposento está lleno de ellas.

Tener más novios que Estefanía de Mónaco: se dice de la mujer que tiene o ha tenido muchos pretendientes.

Tener más ojos que un camaleón viejo: dícese de la persona que se fija en todo, sin que se escape nada.

Tener más orgullo que don Rodrigo en la horca: ser una persona orgullosa en extremo.

Tener más paciencia que Job, o el santo Job: de paciencia ilimitada.

Tener más pasta que un restaurante italiano: mucho dinero.

Tener más patas que un ciempiés: de piernas grandes.

Tener más patas que un saco de arañas: de piernas muy largas.

Tener más posdatas que la misiva de un quinto: dícese cuando no se acaba una cosa por falta de previsión, añadiendo siempre alguna cosa.

Tener más que ver que una corrida de toros: se dice de lo que se espera como gran acontecimiento.

Tener más razón que un santo: al que le sobra la razón.

Tener más registros que un misal: dícese de la persona que tiene muchos recursos para eludir cualquier compromiso que se le presente.

Tener más resabios que una mula falsa: vicios y malos hábitos.

Tener más suerte que un quebrado: muchísimo éxito en todo lo que se emprende.

Tener más suerte que una vieja: tenerla en abundancia.

Tener más suerte que siete u once viejas: suerte por arrobas.

Tener más suerte que un quebrado: suerte sin razón.

Tener más trampas que pelos tiene en la cabeza: manera de exagerar la abundancia de lo que se trata.

Tener más trampas que una película de chinos: deber dinero a muchas personas, ser intrincado, engañoso, peligroso.

Tener más vanidad que don Rodrigo, o Periquillo, en la horca: dícese de los que se enorgullecen sin tener motivos para ello.

Tener más ventura que un cornudo: frase irónica con que se da a entender la desgracia de una persona.

Tener más viento que vela: ser muy orgulloso, vano y presuntuoso.

Tener más visitas, o asuntos, que un ministro: dícese del que tiene mucho de lo que se cita.

Tener medido a palmos: conocido perfectamente un terreno o lugar.

Tener memoria de elefante: se dice de la persona que tiene una gran memoria y se acuerda de todo.

Tener menos carne que el tobillo de un canario o jilguero: estar muy delgado.

Tener menos carne que un telegrama: casi en los huesos.

Tener menos carne que una bicicleta: muy poca chicha, como dicen en mi pueblo.

Tener menos gracia que un cazo roto: gran simpleza.

Tener menos malicia que un recién nacido: ser una persona muy inocentona.

Tener menos porvenir que la Falange, o que un espía sordo: no tener ningún porvenir.

Tener menos seso que un mosquito: nada de juicio.

Tener miedo hasta de su sombra: ser excesivamente receloso o suspicaz.

Tener mierda: suerte.

Tener miga, o mucha miga: ser de más importancia o trascendencia de lo que a primera vista parecía.

Tener moco: suerte.

Tener molidos los huesos: estar muy cansado.

Tener mono: gran ansiedad por algo, principalmente por la bebida o la droga.

Tener monos en la cara: dícese de la persona que es muy llamativa y todo el mundo se fija en ella.

Tener montado en las narices a uno: padecer constantemente sus impertinencias y molestias.

Tener morriña: estar anhelante por ver, o esperanza de ver lo que tanto se recuerda y se ama.

Tener morro, o mucho morro: ser un caradura.

Tener mosca: dinero.

Tener mucha alma: dícese de las personas que se inquietan por muy poco.

Tener mucha condinga: dícese del que tiene el genio fuerte y violento.

Tener mucha correa: mucha paciencia para aguantar bromas.

Tener mucha cuerda: persona muy paciente, que sabe aguantar estoicamente las bromas o burlas.

Tener mucha enjundia: más trascendencia de lo que a primera vista parece.

Tener mucha escuela: experiencia.

Tener mucha gramática parda: persona muy astuta.

Tener mucha labia: gran facilidad de palabra y poder de convicción.

Tener mucha lengua: ser muy hablador.

Tener mucha miga: de gran sustancia, de mucha trascendencia.

Tener mucha mili: gran experiencia y conocimientos.

Tener mucha muleta: sabérselas arreglar una persona, tener maña.

Tener mucha "pechonalidad": dícese jocosamente de la mujer que tiene mucho pecho. Algunos añaden: **y "coñocimiento".**

Tener mucha pimienta: estar muy alto el precio de una mercancía. Ser muy vivo y gracioso.

Tener mucha pupila: persona avisada, astuta.

Tener mucha trastienda: proceder con disimulo.

Tener muchas camándulas: bellaquería.

Tener muchas campanillas: ser persona muy condecorada.

Tener muchas carlancas: ser un maula, marrullero, picarón.

Tener muchas conchas, o más conchas que un galápago: ser una persona muy reservada y astuta, gran conocedora de la vida.

Tener muchas consecuencias algún hecho: traer resultas.

Tener muchas escamas, o más escamas que un besugo: muy desconfiado.

Tener muchas horas de vuelo: mucha experiencia.

Tener muchas ínfulas: aspirar a cosas muy altas, con presunción y vanidad.

Tener muchas manos: gran valor o destreza.

Tener muchas tablas: gran experiencia.

Tener mucho aquel: mucho entendimiento o mucha inteligencia.

Tener mucho casquis, o pesquis: gran penetración, entendimiento.

Tener mucho coco: grandes conocimientos, sabiduría.

Tener mucho color una cosa: ser muy codiciada, apetecible.

Tener mucho corazón: nobleza y ardor en los sentimientos.

Tener mucho cuento: fingir, ser mentiroso.

Tener mucho cumquibus: ser rico, poseer mucho dinero.

Tener mucho cutis: ser un caradura. Persona puntillosa.

Tener mucho entonamiento: vanidoso, presuntuoso.

Tener mucho gallo: afectar altanería o superioridad.

Tener mucho mundo: mucha experiencia, gran conocimiento de la vida.

Tener mucho, o poco, que perder: mucha o poca importancia lo que se está haciendo.

Tener mucho ojo: dícese de la persona astuta, sagaz.

Tener mucho pico: decir todo lo que se sabe, hablar más de lo regular.

Tener mucho quinqué: vista, ser muy lista una persona.

Tener mucho rollo: mucho cuento, encontrar siempre disculpas.

Tener mucho rostro: ser un caradura.

Tener mucho tarro: buena cabeza.

Tener mucho teatro: actuar de forma que no se siente.

Tener mucho tiempo por delante: nada de prisa.

Tener muchos entresijos: muchas dificultades. Ser una persona muy reservada, que procede con cautela y disimulo.

Tener muchos guayes: padecer muchos contratiempos.

Tener muchos hígados: un gran valor.

Tener muchos humos: altivez, vanidad y presunción.

Tener muchos ingleses: muchas deudas.

Tener muchos refranes, o tener refranes para todo: hallar salidas o pretextos para cualquier cosa.

Tener muchos ruidos: estar mal de la cabeza.

Tener muelas de gallo: se dice del que carece de muelas, no las tiene, o las tiene malas y separadas.

Tener muletas, o barbas, una cosa: ser muy sabida por antigua.

Tener mundo, o mucho mundo: saber por experiencia lo bastante para no dejarse llevar de las primeras impresiones.

Tener muñeca: mano dura.

Tener muñecos en la cabeza: pretensiones superiores a los propios méritos. Forjarse ilusiones desmedidas.

Tener narices de perro perdiguero: buen olfato.

Tener narices una cosa: grandes consecuencias, llamar la atención por lo bueno o por lo malo.

Tener nervios de acero: persona muy templada, que no se inmuta ante los imponderables.

Tener, o tenerse, tieso: mantenerse constante en una resolución o dictamen.

Tener, o traer, cola una cosa: tener o traer consecuencias graves.

Tener, o traer, el faldón levantado: estar en descubierto por faltas cometidas.

Tener, o traer, la leche en los labios: esperanza e ilusión por conseguir algo.

Tener, o ver, el busto, o la cara, o la estampa del rey: ser rico.

Tener oficio: saber ejecutar perfectamente un trabajo.

Tener oído de conejo: muy fino.

Tener oído, o buen oído: disposición para la música.

Tener oídos de mercader: darse por desentendido, hacer como quien oye.

Tener ojo: perspicacia.

Tener ojo clínico: persona muy sagaz, hábil, principalmente para el diagnóstico médico.

Tener ojos de besugo: muy grandes y que no dicen nada.

Tener ojos de carnero degollado: mustios.

Tener ojos de carnero muerto: inexpresivos.

Tener ojos de huevo duro: los saltones.

Tener ojos de lince: ser muy avispado, listo.

Tener ojos de sapo: muy saltones.

Tener ojos de vendedor de yesca: echando lumbre o fuego.

Tener ojos en la cara, o no: no ver lo que es evidente.

Tener orejas de pollino: muy largas.

Tener orejas de soplillo: las que están muy separadas de la cabeza.

Tener otras consecuencias: estar resuelto un hecho o suceso, producir necesariamente otros.

Tener padrinos: valedores que influyan por uno.

Tener pájaros en la cabeza: vivir irrealmente, esperando lo que nunca va a llegar.

Tener palabra de rey: ser exacto y fiel cumplidor de la palabra que se da o de la promesa que se hace.

Tener palabras: reñir con alguno diciéndole palabras injuriosas.

Tener palabras de Semana Santa y hechos de carnaval: equivale a hacer buenos ofrecimientos sin que correspondan las obras.

Tener palanca: influencia.

Tener pantorrillas de colegial: ser canijo de piernas.

Tener pantorrillas de jilguero: muy delgadas.

Tener pantorrillas de mayorazgo: tan anchas por arriba como por abajo; aplícase a los que tienen las piernas seguidas, sin forma de pantorrillas.

Tener para dar y tomar: de sobra.

Tener para rato: para bastante tiempo.

Tener para sí: formar opinión particular.

Tener parte: tener acción en alguna cosa, autoridad o poder para ejecutarlas.

Tener parte con una mujer: trato y comunicación carnal con ella.

Tener pasta, o mucha pasta: dícese de la persona con dinero.

Tener patas de alambre: ser muy delgadas y flojas las piernas.

Tener patente de corso: autorización que se tiene o se supone para realizar actos prohibidos a los demás.

Tener patilla: desfachatez, frescura.

Tener pecho: paciencia, ánimo.

Tener pelo de cofre: cabello bronco.

Tener pelo de Judas: de color rojo.

Tener pelo de la dehesa: dícese de la persona rústica, que no se ha cultivado o curtido todavía.

Tener pelos: dificultad o enredo de algún negocio o cosa.

Tener pelos en el corazón: gran esfuerzo y ánimo. Ser inhumano y poco sensible a los males ajenos.

Tener pelos un negocio: de difícil resolución.

Tener pelotas: coraje, valor, decisión.

Tener peor sombra que un chopo podado: mala intención.

Tener percebes en los cojones: expresión que indica llevar mucho tiempo en algo, sin que le coja nada de sorpresa.

Tener perendegues una cosa: grandes circunstancias.

Tener pesquis: ser una persona perspicaz.

Tener pestaña: dícese de la persona que es avisado.

Tener picores: deseos sexuales.

Tener pies: ser ligero, veloz.

Tener plan: existir grata y amorosa ocupación o compañía.

Tener pluma: ser afeminado en la voz, ademanes, modo de vestir, etc.

Tener poca cabeza: persona muy poco consecuente.

Tener poca ciencia: pocos conocimientos o experiencia.

Tener poca vergüenza: persona insolente, descarada.

Tener poca voz, pero desagradable: al que canta o tiene un timbre de voz desagradable, y con poco tono.

Tener pocas barbas: poca experiencia o pocos años.

Tener pocas chichas: pocas carnes o fuerzas.

Tener pocas luces: persona de escasa inteligencia.

Tener pocos alcances: de poca capacidad de comprensión.

Tener pocos lances: poco divertido, agradable.

Tener por dicha alguna cosa: suponer que se ha dicho, aunque no sea cierto.

Tener por dicho algo: tenerlo por cierto.

Tener por flor: haber hecho hábito o costrumbre de un defecto.

Tener por la mano: estar habituado a realizar algo.

Tener por la quedeja una cosa: no dejar escapar la ocasión de lograrla.

Tener por seguro: por cierto.

Tener potra: ser dichoso, tener suerte.

Tener poca sal en la mollera: poco juicio.

Tener potra: suerte.

Tener presente: conservar en la memoria.

Tener puesto algo en sal: haber hecho caso omiso de ella, por saber que no se va a llevar a cabo.

Tener puestos los pantalones de cuadros: mantener la autoridad manifiesta a costa de la otra parte; se dice de las mujeres cuando mandan mucho en su casa.

Tener pulgas: ser de genio demasiado vivo.

Tener pupila: ser un lince, presagiar las cosas con tiempo.

Tener que comer: haber lo necesario para el alimento y para poder vivir normalmente.

Tener que contar de la feria: da a entender que hay mucho que hablar de un asunto.

Tener que dar: poseer recursos económicos suficientes como para prestar ayuda.

Tener que lamer: estar próximo a recibir un mal que no se puede remediar.

Tener que morir al palo: tener que pedir el favor a quien no se quiere. Pasar por el aro.

Tener que perder: poseer rentas o crédito.

Tener que tragar saliva: callar a lo que se oye, por prudencia o por no tener que contestar.

Tener que ver un hombre con una mujer: relaciones íntimas.

Tener que ver una persona con otra: haber entre ellas alguna relación o conexión.

Tener quebraderos de cabeza: preocupaciones fuertes.

Tener querencia: predisposición, a veces, irreprimible.

Tener quinqué: ser perspicaz.

Tener rabia a alguien: odio o mala voluntad.

Tener raíces: resistencia que se hace o se tiene, cuando se quiere apartar algo de donde está o cambiar su estado.

Tener razón: estar en lo cierto o verdadero.

Tener redaños: brío, decisión, valor.

Tener relaciones dos personas: trato directo. Cohabitar.

Tener remedios a manta: soluciones para todo.

Tener riñones: ser esforzado, tener coraje.

Tener risa de conejo: risa forzada, fingida.

Tener rollo: mucha labia, o palabras.

Tener rostro: desfachatez, caradura.

Tener salida para todo: hallar pronta respuesta, excusa, solución a cualquier cosa.

Tener salidas de pata de banco: expresión dada a las contestaciones inconsecuentes, sin lógica alguna.

Tener salsa: gracia, espontaneidad.

Tener sangre de chinches: ser sumamente molesto.

Tener sangre de horchata, o de chufas: ser insensible, no inmutarse por nada.

Tener sangre en el ojo: honra y punto para cumplir sus obligaciones.

Tener sangre fría: dícese de la persona muy serena y tranquila en los momentos difíciles.

Tener sarna que rascar: ser un asunto largo y complicado, tardándose mucho tiempo en su resolución.

Tener segundas intenciones: hacer algo con intención equívoca o disimulada.

Tener seguras las espaldas: vivir asegurado de que otro no le molestará. Tener su medio de vida asegurado.

Tener sentado a uno en la boca del estómago: indigestársele.

Tener sentado el crédito: haber adquirido buena fama a base de conducta plausible.

Tener sesos de mosquito: poco juicio, o casi nada.

Tener siete cocineros: acostumbrar a comer en sitios distintos cada día de la semana.

Tener siete vidas como los gatos: haber salido por milagro de graves riesgos y peligros.

Tener sobre el hito: no darse por vencido.

Tener sobre sí, a cuestas: a su cargo.

Tener sombra de higuera negra: ser de mal agüero.

Tener sombra de manzanillo: ser muy desgraciada una persona.

Tener sorbido el seso, o sorbidos los sesos: ejercer sobre una persona un gran influjo.

Tener su alma en su cuerpo, o en su almario: aptitud para hacer lo que se ofrezca. Ánimo y resolución. Tener conciencia de la propia personalidad ante una situación delicada o molesta.

Tener su aquél: poseer alguna característica, encanto o atractivo especial.

Tener su cara y su cruz: su lado bueno y su lado malo.

Tener su cuarto de hora: momento crítico de la vida de una persona en que se decide su porvenir.

Tener su piedra en el rollo: ser persona de distinción en el pueblo.

Tener su pro y su contra: sus ventajas y sus inconvenientes.

Tener su tilín: un encanto especial.

Tener suelo una vasija: indicar que no se pide todo lo que parece según la capacidad del vaso en que se ha de llevar.

Tener suelta la lengua: hablar sin pensar o meditar.

Tener sueño de liebre: el sueño muy ligero.

Tener sus bigotes algunas cosas: grandes dificultades.

Tener sus cinco dedos en la mano: denotar que no se cede a otro en valor o fuerzas.

Tener sus días, o sus horas, contados: estar al borde de la muerte.

Tener sus más y sus menos: existir entre dos personas sus discusiones o disputas; tener igualmente una persona sus virtudes y sus defectos.

Tener sus prontos: carácter fuerte e irritable de momento.

Tener sus puntos y collares: dícese de la persona que tiene asomos de un vicio o maldad.

Tener sus puntos y ribetes: ser aficionado a una cosa, o ser sospechoso de algo.

Tener tablas: se dice de la persona que tiene gran desenvoltura.

Tener tanta hambre que se comería el catastro vestido de limpio: modo de exagerar el apetito que se tiene.

Tener tela, tela que cortar, tela marinera: ser algo laborioso y complicado.

Tener telarañas en los ojos: mirar una cosa con poca atención, no reparar en ella teniéndola delante.

Tener tirón: persona a la que siguen los demás por su carisma y forma de ser.

Tener todas las de perder: encontrarse en situación de desventaja.

Tener todas las puertas abiertas: ser una persona bien acogida en todas partes por su carácter bondadoso o generoso.

Tener tragada una cosa: estar convencido de su resultado de antemano.

Tener tragaderas: aguantar las ofensas, engaños, vejaciones.

Tener tragaderas de burro: dícese de la persona que se lo cree todo.

Tener trapío: de gran estampa.

Tener traza: aspecto de.

Tener tres pares de cojones: persona aguerrida, valiente, etc.

Tener tres pares de tacones: aplícase a las personas de armas tomar. Tener bemoles.

Tener tupé: tachar de fresca o sinvergüenza a una persona.

Tener un amigo, o amiga: intimidar con él, principalmente en lo sexual.

Tener un apaño: mantener relaciones amorosas irregulares. Tener novio o novia.

Tener un aquel: indica tener alguna cualidad que no se acierta o no se quiere decir.

Tener un as en la manga: guardar siempre un recurso, solución, para aplicarlo convenientemente.

Tener un belén: poseer una cosa pasada de moda.

Tener un buen palmito: mujer de buen talle y conjunto atractivo.

Tener un chinche en el ojo: estar apercibido para no dejarse engañar.

Tener un corazón de bronce: ser inflexible, difícil de apiadarse.

Tener un corazón de oro: persona muy caritativa, generosa, bondadosa, etc.

Tener un desliz: haber tenido una mujer relaciones antes o fuera del matrimonio, sin considerarse habitual tal acto.

Tener un detalle: invitar, convidar, regalar algo.

Tener un diablo: ejecutar cosas extraordinarias.

Tener un entripado: enojo, encono. Dolor de tripas por haber comido en exceso.

Tener un genio vivo: ser una persona de carácter irritable.

Tener un hambre canina: necesidad de comer.

Tener un hambre que no ve: padecerla en demasía.

Tener un hilo de voz: voz muy débil.

Tener un humor de perros: estar de mal talante, muy enfadado.

Tener un lío: dícese de la persona que mantiene relaciones amorosas con otra persona que no es su cónyuge o pareja.

Tener un morro que se lo pisa: mucha cara dura, dícese del que está pidiendo siempre en su favor.

Tener un no sé qué: estado indefinible, por el que una persona agrada o disgusta sin poder decir la razón de ella.

Tener un no sé qué, y un qué sé yo, que yo no sé: juego de palabras que indica lo anterior.

Tener un nudo en el estómago: gran desazón o preocupación.

Tener un ojo tuerto y el otro regañado: el de mala intención, el que goza de poca salud.

Tener un par de cojones, o de huevos: valentía, coraje.

Tener un pico, o un piquito de oro: hablar una persona con gran desparpajo y fluidez.

Tener un pie en el estribo: a punto de partir, o de morir.

Tener un pie en la fosa: estar a punto de fallecer una persona.

Tener un pinchazo: no obtener el resultado esperado.

Tener un plan: mantener cierta relación con una persona, referido generalmente al plan amoroso.

Tener un polvo: dícese de la mujer con buen atractivo físico.

Tener un pronto parao: irónicamente, referido a las personas cachazudas.

Tener un ramalazo: se moteja a quien acusa maneras femeninas.

Tener un rollo: relación de pareja con alguien.

¡Tener un saque!: comer mucho.

Tener un tío en Alcalá (que ni tiene tío, ni tiene "ná"): no tener absolutamente nada.

Tener un tío en las Indias, o en América: contar con el favor de una persona rica o de valimiento.

Tener una agarrada: discusión o disputa grande, de una persona con otra.

Tener una boca, que ni la de un horno: sumamente grande.

Tener una borrachera como un piano, o de campeonato: estar bebido en demasía.

Tener una corazonada: un presentimiento.

Tener una cosa buenos cimientos: buenos principios para la consecución feliz de los acontecimientos.

Tener una cosa en la lengua, o en la punta de la lengua: estar a punto de decirla. Querer acordarse de algo y no saber expresarlo.

Tener una cosa entre manos: estar ocupándose en ella.

Tener una cosa muchos entresijos: estar muy enredada.

Tener una cosa, o persona, en la faltriquera: contar con ella con entera seguridad.

Tener una, dos, etc... faltas: estar embarazada de tantos meses una mujer.

Tener una espina clavada en el corazón: cuando se ha recibido una ofensa o agravio, y todavía no se ha podido olvidar o vengar.

Tener una gotera: no estar una persona muy bien de la cabeza.

Tener una leche: se dice a lo que se tiene ganas. Suerte.

Tener una lengua viperina: dícese de la persona que siempre está criticando y hablando muy mal de los demás.

Tener una losa: tener una cuenta pendiente, comúnmente en la taberna.

Tener una memoria feliz: buena memoria.

Tener una mujer buenas barbas: ser bien parecida.

Tener una perra: mucha pereza, haberla cogido con algo y estar citándola constantemente.

Tener una plaza por otro: gobernarla y defenderla por su encargo y bajo su autoridad.

Tener una suerte negra: muy mala suerte.

Tener una venda en los ojos: desconocer la verdad por ofuscación del entendimiento.

Tener una vida de rey: con todo género de comodidades.

Tener una vida muelle: vida ociosa, apacible, el que no hace absolutamente nada.

Tener una viña: lograr una cosa u ocupación lucrativa y de poco trabajo.

Tener unas ocurrencias como el que asó la manteca: tener hechos o salidas fuera de tono y poco comunes.

Tener unas palabras: discutir o recriminar una persona a otra.

Tener uno a otro de su mano, o en sus manos: tenerlo propicio. Sometido a su arbitrio.

Tener uno condición: ser de genio áspero y fuerte.

Tener uno días: mucha edad. No encontrarse bien en días determinados. Ser desigual y mudable en el trato.

Tener uno la cabeza en Babia, o en las Batuecas: estar distraído.

Tener uno la cabeza llena de aire, o de serrín: ser de poca inteligencia.

Tener uno la culpa de una cosa: haber sido causa de que suceda.

Tener uno los días contados: restarle muy poco de vida.

Tener uno mala cabeza: obrar inconsideradamente.

Tener uña en la palma de la mano: ser ladrón o aficionado a hurtar.

Tener uñas: tener graves dificultades para conseguir algo o para desembarazarse de ello.

Tener ventana al cierzo: mucha vanidad u orgullo. Ser propenso a resoluciones enérgicas o airadas.

Tener vara alta: se dice de los que tienen influencia.

Tener vísperas: dícese de la persona que tiene presentimientos.

Tener vista: ser una persona avispada, lista.

Tener vista de águila: ver desde muy lejos.

Tener vista de lince: vista muy aguda.

Tener vista una cosa: buena apariencia.

Tener voto: acción para ejecutarlo.

Tener voz de becerro: voz bronca.

Tener vuelta una cosa: con que se previene al que la recibe prestada la obligación de restituirla.

Tener vueltas alguno: ser inconstante, mudarse con facilidad.

Tener ya dura la mollera: no estar ya en estado de aprender.

Tenerla floja: no tener erección en el pene.

Tenerla gorda: el pene erecto.

Tenerla lisa: suerte.

Tenerla tomada con alguien: tener cierta manía a una persona, notándose esta actuación.

Tenerlas tiesas: mantenerse firme en una contienda, disputa o instancia.

Tenerle agarrado por las narices: dominarle, sujeto a su voluntad.

Tenerle el pie sobre el pescuezo: humillado o sujeto.

Tenerle ganas: desear reñir o pelear con alguien.

Tenerlo crudo: muy difícil.

Tenerlos bien puestos, o en su sitio: ser un hombre enérgico, resuelto, con carácter.

Tenerlos cuadrados: se dice de una persona valiente, emprendedora; vulgarmente, se dice: ¡Con cojones!

Tenerlos más grandes que el caballo de Espartero: dícese de la persona enérgica, valiente, dispuesta, que no tiene miedo ante nada.

Tenerlos por corbata: padecer gran miedo.

Tenerse a la justicia: detenerse y rendirse a ella.

Tenerse a las crines: ayudarse lo posible para no decaer de su estado.

Tenerse fuerte: resistir, oponiéndose a alguna cosa con valor y perseverancia.

Tenérselas tiesas: mantenerse firme contra alguno en contienda, disputa o instancia.

Tenérselo creído: dícese de la mujer que es guapa, y además lo manifiesta continuamente.

Tenga usted pecho y criará espaldas: modo de exhortar a tener paciencia y ánimo para poder aguantar los sufrimientos de la vida.

Tenga yo favor, y lo demás quien quisiere: dando principalmente al poder una gran importancia.

Tengamos la fiesta en paz: forma de pedir a una persona, en son de amenaza o consejo, que no se den motivos de reyerta o disturbio.

¿Tengo acaso los ojos en presidio?: indicando una persona si no puede mirar donde le plazca.

Tengo hambre. Pues muérdete un codo y bébete la sangre: contestación que se da a los niños, cuando piden comida por gula.

¿Tengo monos en la cara?: dícese a la persona que nos mira insistentemente, sin quitarnos ojo y con curiosidad.

Tengo un hambre que no veo: modo de exagerar el apetito que se tiene.

¿Tengo yo cara de tío?: reconvención que se hace al que suele dirigirse con continuas necesidades.

Teniendo los pies calientes, la cabeza seca y el culo corriente, no se necesita al Protomedicato: el que tiene bienestar general, no tiene por qué preocuparse.

Tentado de la risa: propenso a reír inmoderadamente.

Tentar a Dios: ejecutar o decir cosas arduas o peligrosas, como queriendo probar su poder.

Tentar a Dios de paciencia: exponerse temerariamente a un peligro.

Tentar el vado: ver si está muy hondo. Intentar algo con precaución para examinar su facilidad o dificultad.

Tentar la paciencia: dar frecuentes motivos para que alguno se irrite.

Tentar la ropa: palpar la ropa al moribundo.

Tentar la ropa a alguno: indagar su estado o provocarle a alguna cosa. Golpearle.

Tentar la suerte: buscarla.

Tentar no todas las veces daña: el ir tras un negocio no todas las veces tiene por qué salir mal.

Tentarse el pelo de la ropa: tener cuidado en hacer una cosa y estudiarla antes de ejecutarla.

Tentarse la ropa: considerar despacio previamente las consecuencias que podrá tener una determinación o acto.

Tentarse las barbas: la ropa.

Tente bonete: con insistencia, con empeño, con demasía.

Tente en pie: refrigerio.

Tente ésa, que voy por paja: chúpate ésa.

Tente mientras cobro: dícenlo los malos obreros cuando han ejecutado una obra defectuosa, esperando únicamente cobrar.

Tercer mundo: conjunto de países subdesarrollados.

Tercera edad: dícese actualmente de los ancianos.

Tercera persona: la que media entre otras.

Tercero en discordias: entrar otra persona en un asunto que se está tratando o ejecutando.

Terciar el bastón, o el palo: dar con él de lleno a alguno.

Terciar en el palo: levantarlo para dar un golpe con él.

Terciar la cara: herirla de filo para señalarla con afrenta.

Terciar la carga: repartirla en porciones iguales, que se llaman tercios.

Terciar las armas: llevarlas verticales a lo largo del brazo derecho cogidas por la llave con la mano del mismo lado.

Terciar una pieza de artillería: reconocerla para examinar su calidad.

Tercias reales: los dos novenos que de todos los diezmos eclesiásticos se deducían para el rey.

(Los) Terciopelos y las sedas apagan el fuego de la cocina: dícese de las personas que se gastan el dinero en vestidos, en lugar de alimentos.

Teresa, de la cama a la mesa: aplícase a las personas ociosas, flojas o inútiles.

Teresa, pon la mesa, y si no tienes pan, pon la cabeza: indica que debe ponerse cuidado en que no falten las cosas.

Terminar con alguien: acabar con él, matarlo.

Término medio: el arbitrio prudente que se toma para la resolución de alguna duda, composición o ajuste de alguna discordia.

Términos hábiles: posibilidad de hacer o conseguir una cosa.

Términos repugnantes: los que tienen incompatibilidades entre sí.

Terno seco: fortuna muy feliz e inesperada.

(La) Terquedad es la constancia de los necios: porque, como no saben lo que dicen, se encasillan en su opinión, sin dar razones de peso a su favor.

Terreno abonado: circunstancias propicias para que ocurra alguna cosa concreta.

Terreno agarrado: el que es duro y compacto.

Terreno de transición: terreno sedimentario donde se han hallado fósiles.

Terreno del honor: campo donde se efectúa un duelo o desafío.

Terreno franco: el que puede ser concedido libremente por el estado para una determinada actuación.

Terrón de tierra: el que por sus años y achaques se maneja con dificultad. Montón de tierra.

Tesoro encantado: el rodeado de cantos.

Testamento de la zorra: con que se moteja al acto de hacer testamento, la persona que no tiene nada que dejar.

Teta de novicia, o teta fina: como cosa muy buena y ponderable.

Teta, la que en la mano quepa: indica la buena medida de este bello órgano femenino.

Teta, que en la mano quepa, y si no la cubre no es teta, es ubre: exhortando la mejor medida y despreciando el pecho de las mujeres mejor dotadas.

Teta y sopa no caben en la boca: no es conveniente la alimentación mixta en los niños de cierta edad.

Tetamen, tetazas, tetorras: senos exuberantes.

Tía (la), tía María, tía Pepa o tía Paquita: la regla.

¡Tía buena!: requiebro hacia una mujer guapa o atractiva.

¡Tía cañón!: dícese de la mujer muy guapa y atractiva.

Tiarrón: persona grande y corpulenta.

(El) Tiempo aclara las cosas: hay muchos casos que no se pueden resolver en el momento, pero andando el tiempo llegan a tener su explicación.

Tiempo al tiempo: dar nuevo plazo a otro dado.

(El) Tiempo cura al enfermo, que no el ungüento: la mejor medicina para el cuerpo y el espíritu es el tiempo.

(El) Tiempo de las vacas gordas: se dice de los momentos de prosperidad y riqueza momentáneas.

(El) Tiempo de los tontos ya pasó: forma de expresarse una persona para dar a entender que no es fácil engañarle. Los tontos cada día hay más, es opinión personal.

Tiempo de los tres hermanos: la pereza, la moquita y el soplamanos: aludiendo al invierno.

(El) Tiempo enseña al que no tiene maestro: no hay nada más sabio que la experiencia adquirida por el paso de los años.

(El) Tiempo es devorador y consumidor de todas las cosas: no hay nada a que el tiempo no ponga fin.

(El) Tiempo es la cosa más preciosa del mundo: ya que cuando se pierde no se recupera jamás.

(El) Tiempo es oro: y no debe desperdiciarse por las buenas. Algunos añaden: **y el que lo pierde está loco.**

Tiempo ido, tiempo perdido: el tiempo que ha pasado no volverá jamás.

(El) Tiempo no pasa en balde: expresión usada por las personas de cierta edad, recordando sus tiempos mozos, comparándolos con los actuales.

Tiempo pasado, traído a memoria, da más pena que gloria: los recuerdos de los ancianos de tiempos pasados suelen traer buenos recuerdos, que no volverán.

Tiempo pasado tuvo mucho de bueno y mucho de malo; el presente de todo tiene, y el que vendrá, de todo tendrá; porque dicha cumplida, sólo en la otra vida: frase que no necesita de ningún comentario.

(El) Tiempo quiebra sin canto ni piedra: con la edad vienen las enfermedades, achaques, molestias.

(El) Tiempo todo lo cura: con el paso de los años suelen afortunadamente borrarse las penas y desgracias.

(El) Tiempo trae las rosas: expresión con que se manifiesta a las personas desgraciadas, que vendrán épocas mejores.

Tiempo tras tiempo viene: frase con que se consuela a los que se hallan con algún pesar, indicando que otros tiempos vendrán para resultar cosas mejores.

Tiempo y reflexión matan pasión: todo se olvida con el transcurso de los años.

Tiempos de Maricastaña: muy remotos.

(Los) Tiempos mudan las cosas: todo suele cambiar, según las circunstancias que nos rodean.

Tienda de los cojos: la más cercana.

Tiene bemoles, o tres bemoles: ponderación de lo muy grave y con gran dificultad.

¡Tiene cojones la cosa!: fatalidad, mala suerte, abuso.

¡Tiene leches la cosa!: manda cojones.

Tiene muchas ganas de trabajar, pero se las aguanta: se dice en plan de sorna o broma de la persona que es muy vaga.

¡Tiene narices la cosa!: frase exclamativa que denota fastidio, indignación, fatalidad, etc.

Tienes más suerte que si fueses bueno: el sumo de la buena fortuna.

Tierno como el agua: dícese de los manjares muy jugosos, y que se deshacen fácilmente en la boca.

Tierno de morros: bocazas.

Tierno de ojos: el que padece en ellos fluxión ligera.

Tierra a tierra: con cautela y sin arrojo en los negocios.

Tierra adentro: la que está distante de la costa.

(La) Tierra cubre las faltas de los médicos: frase que no necesita mayores comentarios.

Tierra de Cornualla: equivale a ser una persona cornuda.

Tierra de Jauja, donde se come, se bebe y no se trabaja: tierra fantástica, especie de paraíso. Algunos añaden: **y al que quiere trabajar, le dan palos.**

Tierra de María Santísima: con que se designa a Andalucía.

Tierras del preste Juan de las Indias: alúdese a terrenos muy lejanos que nadie conoce.

Tieso como un ajo: se dice del que anda muy derecho y más generalmente del que da con ello indicio de engreimiento o vanidad.

Tieso como un garrote: muy derecho, inflexible.

Tieso que tieso: el terco y pertinaz.

Tijeretas han de ser, o decir tijeretas: porfiar necia y tercamente.

Timador del curda: el que cuenta con un cómplice que se hace el borracho.

Timador del ful: el que se finge autoridad.

Timo de la estampita: engaño muy simple; por antonomasia, consiste en engañar a una persona que tiene recortes de papel, simulando dinero, para entregarlo a cambio.

Tinto de verano: vino con gaseosa, teniendo que estar la bebida fresca.

¿Tinto o blanco? Lo uno y lo otro: equivale a decir que se quiere todo.

Tío: se emplea para designar despectivamente a una persona, también en sentido ponderativo o de admiración.

Tío casca: llámase así a los viejos.

(Un) Tío con toda la barba: expresión informal de admiración hacia un hombre.

Tío, de todo el mundo; primo, de nadie: más vale ser tachado de serio que servir de juguete a los demás.

Tío Paco con la rebaja: indica, más o menos, que una cosa son los proyectos y otra las realidades.

Tío, páseme usted el río: pedir auxilio en un peligro.

Tío, yo no he sido: fórmula familiar con que se alega inocencia a lo que se imputa.

Tipejo: sujeto ridículo y despreciable.

Tiquismiquis: persona muy puntillosa o quisquillosa.

Tira millas: ¡lárgate! Adelante.

Tira y afloja: mandar cosas opuestas, proceder en el mando con rigor y suavidad alternativamente.

Tirado como un trapo: se dice de la persona que es despreciada por todo el mundo.

Tiralevitas: persona que le gusta halagar a los demás, pelota, lameculos.

Tirao "p'alante": valiente, decido.

Tirar a ventana señalada: usar en común indirectas con alguno, de modo que se conoza que se habla de él.

Tirar a degüello: procurar con el mayor ahínco perder o perjudicar algo.

Tirar a dos chitas, o hitos: atender a dos cosas.

Tirar a matar, o con bala: atacar a fondo, en lo que más duele, y que deja indefenso al adversario.

Tirar a suertes: decidir algo por sorteo.

Tirar a ventana conocida, o señalada: hablar de alguna persona embozadamente, pero de modo que se sepa de quién se trata.

Tirar al blanco: herir a una persona molestándola en lo que sea su flaco.

Tirar al codillo: procurar el mayor daño posible a uno.

Tirar al degüello: procurar con ahínco perjudicar o perder a uno.

Tirar al vuelo: disparar al ave volando.

Tirar cada cual por su lado: hacer cada uno lo que le viene en gana, sin ponerse de acuerdo.

Tirar coces: rebelarse, no quererse sujetar. Decir necedades, hacerlas.

Tirar coces contra el aguijón: obstinarse en resistir a la fuerza superior.

Tirar como a real de enemigo: ensañarse contra alguien.

Tirar con bala, o con bala rasa: hablar con mala intención.

Tirar con pólvora ajena, o del rey: gastar o jugar con dinero que no es de uno o ganado en el juego.

Tirar de beta: fornicar.

Tirar de espaldas: causar extrañeza por ser contraria a lo natural o razonable.

Tirar de hacha: cohabitar.

Tirar de jábega: gastar dinero alocadamente.

Tirar de la capa a uno: advertirle de algún mal o defecto para que lo evite.

Tirar de la cuerda: con que se reclama la igualdad para todos. Alargar todo lo que se pueda algunos gastos.

Tirar de la espada: desenvainarla para la lucha.

Tirar de la lengua: provocar a que hable acerca de lo que conviene callar.

Tirar de la levita: adular sin pudor, dar coba a alguien.

Tirar de la manta: descubrir lo que hubiese interés en mantener oculto.

Tirar de la manta y descubrirse el pastel: poner de manifiesto lo que conviene estar oculto por desagradable o perjudicial.

Tirar de la oreja, o de las orejas: felicitar a una persona por su onomástica.

Tirar de la oreja a Jorge: jugar a los naipes.

Tirar de la rienda, o las riendas: sujetar, contener.

Tirar de largo: gastar sin tasa. Calcular el valor, importancia o resultado de una cosa, procurando pecar más bien por exceso que por defecto.

Tirar de las orejas: felicitar a una persona el día de su onomástica.

Tirar de los pies a los ahorcados: estar próximo a morir.

Tirar de veta: cohabitar.

Tirar del carro: pesar sobre una persona el trabajo en que otros debieran tomar parte.

Tirar del freno a uno: contenerle en sus acciones, reprimirle.

Tirar el diablo de la manta, y se descubrió el pastel: descubrirse lo que había interés en mantener oculto.

Tirar la barra: vender al mejor precio. Insistir todo lo posible para conseguir algo.

Tirar la barra muy alta, o muy allá: aventajarse sobre los demás en aquello de que se trata.

Tirar la casa por la ventana: se dice cuando en momentos determinados se realizan gastos superiores a los acostumbrados.

Tirar la cuerda, o de la cuerda a alguno: contenerle.

Tirar la oreja, o las orejas: jugar a los naipes. También y más comúnmente dícese en otro sentido: **Tirar de la oreja a Jorge.**

Tirar la piedra y esconder la mano: hacer daño ocultándose el que lo hace.

Tirar la primera piedra: ser el primero en decir alguna cosa.

Tirar la rienda, o de las riendas: sujetar, contener, reducir.

Tirar la toalla: abandonar algo, derrumbarse.

Tirar largo: excederse en lo que se dice, o hace.

Tirar líneas: echar.

Tirar los bártulos: descomponer de obra o de palabra.

Tirar los pantalones: ir a evacuar el vientre.

Tirar los tejos a alguien: hacerle ofrecimientos amorosos.

Tirar más que un par de tetas: tener gran ascendencia sobre alguien, o sobre algo.

Tirar millas: seguir adelante.

Tirar, o tumbar, de espaldas: causar admiración, espanto, aversión, repugnancia, asco, etc., según las circunstancias.

Tirar para abajo: decir menos cantidad que la indicada por no ser exacta.

Tirar para adelante: emprender algún asunto aunque se sepa de antemano que es perjudicial, intentar remediar alguna situación dificultosa o desfavorable.

Tirar para atrás: dícese de la persona que es muy fea; igualmente, lo que se reemprende de nuevo.

Tirar piedras: decir insultos. Estar fuera de juicio.

Tirar piedras a su tejado: conducirse de manera perjudicial a sus intereses.

Tirar por elevación: arrojar por alto de modo que, haciendo una curva, el cuerpo arrojado llegue a donde se desea.

Tirar por la borda: desanimarse, abandonar un asunto.

Tirar por la calle de en medio, o por la vereda de en medio: tomar una decisión sin fijarse en las consecuencias.

Tirar por largo: hacer cuentas alegres y galanas.

Tirar por tabla: valerse de medios indirectos para conseguir el fin que se propone.

Tirar puntadas: aludir a una persona ofendiéndola.

Tirar tarascadas: decir inconveniencias haciendo daño, igualmente dar golpes.

Tirar un viaje: puñalada.

Tirar una puntada: decir una indirecta.

Tirarle de la capa: advertirle de algún peligro, o algo perjudicial para él.

Tirarse a degüello: cuando dos personas intentan por todos los medios perjudicar una a la otra.

Tirarse a la bartola: estar descansando largo rato sin hacer ningún trabajo.

Tirarse a una, o a uno: tener accesiones con la otra persona del otro sexo.

Tirarse al bulto: acometer directamente lo que se propone.

Tirarse al palo, o a la bartola: negarse descaradamente a trabajar.

Tirarse de los pelos: arrepentirse de algo.

Tirarse de una oreja y no alcanzarse la otra: pérdida de lo que se deseaba, por no ser solícito o prudente.

Tirarse de una y no alcanzarse a otra: rabiar por no haber conseguido lo que se deseaba, o haberlo perdido por imprudente descuido.

Tirarse del moño: pelearse dos mujeres.

Tirarse el folio: presumir de saber mucho.

Tirarse el moco: presumir, fanfarronear.

Tirarse el pegote: blasonar.

Tirarse el rollo: presumir.

Tirarse los bonetes: disputar con exceso.

Tirarse los pedos más altos que el culo: ser un presuntuoso o presumido.

Tirarse los trastos a la cabeza: altercar violentamente dos o más personas.

Tirarse pegotes: fanfarronear.

Tirarse por los suelos: equivale a humillación, desprestigio, desprecio. Reírse muchísimo.

Tirarse un cuesco: soltar ventosidades.

Tirarse un farol: mentir, exagerar.

Tirarse un lance: tener riña, disputa.

Tirarse un rentoy: un farol.

Tirarse una chata: contestar bien a un examen o lección.

Tirarse una plancha: hacer el ridículo.

Tirarse una rosca: contestar mal en un examen o lección.

Tirárselas de planchete: presumir.

Tirillas: persona pequeña, canija.

Tirios y troyanos: se dice para calificar las disensiones existentes entre los partidos o partidiarios de opiniones o intereses opuestos.

Tisis galopante: forma de determinar a una enfermedad desconocida, y que conducía a la muerte a la persona que la padecía.

Titi: prostituta.

Tocado de la cabeza: persona que empieza a dar muestras de falta de juicio.

Tocado del ala: estar mal de la cabeza, estar ido.

¡Tócame el haba!: frase con se dirige a una persona con indiferencia o desprecio.

Tócame los cojones, o los huevos: frase despreciativa de rechazo a una persona, o a lo que ha dicho.

¡Tócame un huevo!: frase de desprecio, enojo, negación.

Tocante a...: referente a...

Tocar a alguno: tentarle, estimularle.

Tocar a casaca: tratarse de casamiento.

Tocar a degüello: dar la señal de ataque en el arma de caballería.

Tocar a fuego: redoblar las campanas para indicar que hay un incendio.

Tocar a otra puerta: buscar distintos recursos para conseguir una cosa.

Tocar a rebato: convocar con las campanas de la iglesia a los vecinos por algún peligro, o cuando acontece algún acontecimiento extraordinario. Llamada de atención general.

Tocar a vuelo las campanas: voltearlas.

Tocar al bolsillo: pedir dienero.

Tocar al bulto: golpear.

Tocar alguna tecla: mover intencionada y cuidadosamente algún asunto.

Tocar bailar con la más fea. Algunos añaden: **y la vuelta más larga:** expresión que da a entender que siempre corresponde lo peor, o lo más feo, en todas las cosas.

Tocar con la mano alguna cosa: estar próximo a conseguirla.

Tocar de cerca: tener parentesco inmediato.

Tocar de cerca algún asunto: tener conocimiento práctico de él.

Tocar de oído, o de patilla: utilizar algún instrumento musical sin tener conocimiento de música.

Tocar el cielo con las manos: estar muy enfadado.

Tocar el mochuelo a uno: llevar la peor parte en el reparto.

Tocar el piano: fregar los platos, dicho de forma jocosa.

Tocar el pito en algo: tener algo que ver en alguna cosa.

Tocar el violón: hablar u obrar fuera de propósito, o confundir las especies.

Tocar el violón a dos manos: se dice de la persona que está distraída, y que no se entera de lo que pasa a su alrededor.

Tocar en el corazón, o alma: mover a lástima, pena, etcétera.

Tocar en la herida a alguno: citarle alguna especie sobre que está resentido.

Tocar en la niña de los ojos a uno: sentir por extremo la pérdida o el daño que sucede a aquello que se ama o estima mucho.

Tocar en la punta de un cabello: ofenderle en una cosa muy leve.

Tocar en lo vivo: herir en lo más sensible.

Tocar en suerte: suceder algo por azar, tocar en un sorteo.

Tocar en un cabello o en la punta del cabello: ofender en cosa muy leve.

Tocar fondo: cuando los problemas ya están llegando a su fin y próximos a solucionarse.

Tocar hierro: juntarse las hojas de las espadas.

Tocar la campana: masturbarse un hombre.

Tocar la china: suerte.

Tocar la lotería a uno: tener suerte tanto en este juego como en cualquier otro, o en el devenir de la vida. Dícese también en sentido irónico.

Tocar la solfa a alguno: darle una zurra.

Tocar la suerte: ser agraciado en un sorteo.

Tocar la zambomba: masturbarse un hombre.

Tocar las narices: molestar, incordiar.

Tocar los cojones, o las pelotas, a otro: denota burla, desprecio, displicencia.

Tocar madera: forma que indica que una cosa no se cumpla, tocando dicho material; muchas personas se dirigen a su cabeza para tocarla.

Tocar muchos, o todos los, registros: emplear todos los medios posibles para conseguir un fin.

Tocar pelo: tener tocamiento sexual. Triunfar.

Tocar pieza: disertar sobre una materia determinada, echar una especie para que otros discurran.

Tocar, o mover, todos los palillos, o todos los registros: tantear todos los medios para intentar logra un fin.

Tocar techo: haber llegado a lo máximo.

Tocar todos los registros, o resortes: efectuar todos los trámites para resolver un asunto favorablemente.

Tocar una tecla: mover de intento y cuidadosamente algún asunto.

Tocarle bailar con la más fea, y se añade: **y la vuelta más larga:** corresponderle resolver un asunto muy difícil o desagradable.

Tocarle de cerca: parentesco próximo de dos personas.

Tocarle el mochuelo: lo más enojoso o duro de un asunto.

Tocarle en el corazón: mover su ánimo para el bien.

Tocarle en suerte: ser afortunado en un sorteo.

Tocarle la china: significa corresponderle lo más malo de algún asunto.

Tocarle la cuerda sensible: aprovecharse de la debilidad de una persona.

Tocarle la negra: ser desventurado.

Tocarle la papeleta: corresponder una misión muy complicada.

Tocarle los cojones, los huevos: fastidiar a una persona.

Tocarse el pito: holgazanear, no hacer nada.

Tocarse el violón: no hacer absolutamente nada de provecho.

Tocarse la barriga: holgar.

Tocarse la pera: masturbarse un hombre. Holgazanear.

Tocarse la tripa: no hacer nada.

Tocarse las narices, o las pelotas: estar ocioso o no trabajar lo que es debido.

Tocarse los cojones: estar mano sobre mano.

(Las) Tocas para las monjas: indicando que a cada uno le compete lo suyo.

Tocas y penas pronto se cuelgan: ciertos pesares de familia, a la primera oportunidad se dejan.

¡Tócate las narices!: expresión de fastidio, disgusto, etcétera.

¡Tócate los cojones!: forma de despedir o rechazar a una persona.

Tocino de cielo: dulce.

Toda comparación es odiosa: se dice cuando se efectúan comparaciones entre personas.

Toda hora que: siempre que.

Toda la baraja son ases: aplícase a todo negocio en que todos los elementos son favorables.

Toda precaución es poca: advirtiendo tomar las medidas oportunas.

Todas las cosas de comer se hallan buenas y provechosas cuando son comidas con pan: recomienda el uso del pan con toda clase de manjares y comidas.

Todas las cosas quieren prudencia, paciencia y ocasión: son tres extremos recomendados para conseguir algún asunto.

Todas las cosas tienen su razón: nada se hace sin causa, aunque parezca un disparate.

Todas las mujeres sois, o son, iguales: forma de expresar cierto malestar de los hombres, ante actitudes muy determinadas de las mujeres, peticiones constantes, reproches con cierta habitualidad, etc.

Todavía colea: indicando que no se puede dar por terminada una cosa.

Todavía hay clases: frase jocosa con que se manifiesta la distinción, la categoría o superioridad.

Todavía no hay que cantar victoria: advirtiendo que no se debe celebrar la consecución de algo que no ha llegado.

Todo bicho viviente: todo el mundo.

Todo cabe: todo es posible o puede suceder.

Todo cabe en fulano: ser capaz de cualquier acción mala.

Todo cristo: todo el mundo.

Todo derecho emana de un deber: indicando que el que alega un derecho tiene que demostrar antes que es merecedor de él.

Todo dios; todo cristo; todo María Santísima; todo perro y gato: todo el mundo.

Todo el mal no viene junto, como al perro los palos: cuando los males vienen a la vez.

Todo el miedo no está en Francia: se dice para motejar a los cobardes.

Todo el mundo: la generalidad de las personas.

Todo el mundo es "güeno": frase que indica que todas las personas son buenas.

Todo el mundo es país, o es uno: disculpa del vicio o defecto, por ser común en todas partes.

Todo el santo día: todo el tiempo de un día, como expresión de exageración.

Todo en el mundo es cuestión de suerte: donde unos hallan la vida, otros encuentran la muerte: una vez más se achaca a la suerte o fortuna el ser en el mundo de una manera o de otra; hay algo de cierto en ello, pero la suerte hay que buscarla y ganársela.

Todo en el mundo tiene su precio, y quien así no lo entiende es un necio: todo es factible de compraventa, dando a entender que también las personas tenemos nuestro precio, y así hay que entenderlo; lo importante es que no nos lo averigüen nunca.

Todo en gordo: ponderación de lo escaso de una dádiva o la pequeñez de una cosa.

Todo es aire lo que echa la trompeta: contra los fatuos y fanfarrones.

Todo es apariencias: el que tiene más abundacia de cosas superfluas que de las necesarias.

Todo es bueno para el convento: se dice del que le viene bien todo lo que le dan.

Todo es flor, y al fin azahar: cuando en la lozanía de la juventud se siguen placeres vanos y sin frutos.

Todo es hasta hacerse: con el tiempo uno acaba por acostumbrase a todo.

Todo es oro en polvo: dícese de lo que tiene valor intrínseco, y que es de fácil salida.

Todo es paja: cosas frívolas y sin sustancia, habladas o escritas.

Todo es parte de la oración: dícese de todo lo que forma parte independiente de algo.

Todo es uno: ironía con que se da a entender que una cosa es totalmente distinta, o fuera de propósito.

Todo eso es letra muerta: dícese de lo que se encuentra estipulado en un contrato, pero que no se cumple.

Todo fiel cristiano está muy obligado a tener devoción...: oración con que se iniciaba el catecismo del padre Astete.

Todo hijo de vecino: todo el mundo.

Todo hombre soberbio es necio: ya que la soberbia corresponde a hombres poco inteligentes.

Todo ignorante es esclavo: de los que no lo son.

Todo injerto hace daño a las ramas: la intromisión de un tercero en un asunto puede perjudicar.

Todo junto, como al perro los palos: se emplea para significar que todos los males han venido de una vez. Haber ocasión de pagar juntos todos los daños o males hechos.

Todo lo bueno o es pecado, o engorda: expresando que los placeres considerados más importantes de esta vida son la comida, bebida y las relaciones sexuales.

Todo lo contrario: al contrario.

Todo lo convierte en sustancia: el que todo lo interpreta a su favor.

Todo lo habido y por haber: multitud de cosas.

Todo lo más: como máximo.

Todo lo paga el culo del fraile: modo de dar a entender que a uno le echan las cargas y trabajos que debían repartirse.

Todo o nada: o una cosa u otra.

Todo por la Patria: lema consignado en las fachadas de los cuarteles y establecimientos militares.

Todo quisque: todo el mundo.

Todo saldrá del cubeto: con que se suele consolar al que ha tenido pérdidas, esperando lograr el resarcimiento.

Todo saldrá en la colada: pagar las malas acciones hechas; se utiliza en plan de amenaza.

Todo se andará: forma de dar a entender al que echó de menos alguna cosa, creyéndola olvidada, que a su tiempo se ejecutará o se tratará de ella.

Todo se ha perdido menos el honor: hallarse en situación desesperada.

Todo se lo encuentra hecho: dícese de la persona muy hábil.

Todo se pega, menos el dinero y la hermosura: indicando que los malos ejemplos se aprenden con más facilidad que los buenos.

Todo se pierde, hasta la paciencia: se emplea esta frase cuando se ve ir desapareciendo todo aquello que uno tenía en estima.

Todo se sabe, hasta lo de la callejuela: explica que con el tiempo hasta lo más escondido se descubre.

Todo sea por Dios: expresión de conformidad.

Todo tiene fin en este mundo: indicando que todo se acaba.

Todo tiene remedio, menos la muerte: expresión de consuelo cuando ha acontecido algo que nos causa pesar.

Todo tiene su porqué: expresando que las cosas se hacen por algo y no por capricho.

Todo tiene sus pros y sus contras: sus ventajas o desventajas.

Todo va a parar al dedo malo: indica que toda desdicha va perseguida de la mala suerte.

Todos la matamos: expresión familiar con que se denota o redarguye al que reprende un defecto en que el mismo incurre.

Todo lo tiene el que nada desea: la verdadera riqueza estriba en no ser ambicioso.

Todo tiempo pasado fue mejor: eso dicen los amantes de los tiempos pasados, y que no aceptan las formas y modos actuales; como siempre, hay cosas buenas en todos los casos.

Todos a una como en Fuenteovejuna: se debe esta frase a la célebre obra de Lope de Vega, indicando que todos actúan de la misma manera, o son de la misma opinión, como en la obra.

Todos los caminos conducen a Roma: que hagamos lo que hagamos, al final viene la muerte y la vida perdurable.

Todos los días no se mea un perro a la puerta de un sastre: el hacer algo por excepción no quiere decir que vaya a repetirse con frecuencia.

Todos los días se aprende una cosa nueva: indicando que nunca se acaba de aprender.

Todos los extremos son malos: no debiendo hacerse las cosas con pasiones, acaloramiento ni ideas extremas, conduciéndonos con prudencia.

Todos los golpes van a parar al dedo malo: se dice cuando algo está resentido; todos los males van a parar al mismo sitio, o eso es lo que nos parece.

Todos los hijos de puta, o los pillos, tienen suerte: dicho castizo, manifestado por los envidiosos que no tienen dicha suerte.

Todos los hombres sois, o son, iguales: expresión de las mujeres, dirigida con cierto reproche, a nuestra forma de ser (algunas veces egoístas), cuando no se

colabora en ciertas cosas, o cuando alguno de nosotros intenta obtener de ellas algún favor personal.

Todos los ojos quieren ver: todos estamos esperando y deseando que nos agradezcan las cosas hechas, y que nos reconozcan lo bueno que hemos hecho, aunque sólo sea por ver el agradecimiento.

Todos los padres son tontos, menos el Padre Eterno: porque aquellos se dejan embaucar por los hijos en base al cariño que se les profesa.

Todos los pillos, o todos los tontos, tienen suerte: indicando que la malicia conduce a tener mejor suerte que la vida sensata; está dicho por personas poco conformistas.

Todos los presos quieren soltura: expresión usada cuando se suelta una ventosidad.

Todos los principios son difíciles: lo que no se sabe no se puede hacer bien al primer intento.

Todos los ríos van al mar: que todas las cosas tienen su fin.

Todos los santos tienen novena, u octava: dícese cuando se felicita a una persona pasado el día de su onomástica.

Todos queremos más: indicando que el ansia humana es inconmensurable.

Todos somos caballeros; pero la capa no aparece: forma de expresar que todos somos buenas personas, pero que lo que ha desaparecido no aparece, con lo cual ya no son todos tan caballeros.

Todos somos hijos de Adán y Eva: forma de indicar que todos los hombres somos iguales.

Todos somos hijos de Dios: con los mismos derechos.

Todos somos tierra, y se la come la tía Elena: la tía Elena es la muerte, que todos hemos de sufrir.

Todos son buenos, unos más y otros menos: fórmula con la cual no se molesta a nadie.

Todos son unos: indica que todos están de acuerdo para algo malo.

Todos tenemos pelos en el culo y no los vemos: indicando que jamás se ven las propias faltas.

Todos tenemos un precio, y algunos añaden: **lo importante es que no lo descubran:** expresando que la rectitud total no existe y que todos tenemos debilidades por pequeñas que sean.

¡Toma!: poca novedad o importancia de algo. Señalar como castigo o desengaño aquello de que se habla.

¡Toma castaña!: expresión de admiración o disgusto.

Toma de tierra: conductor de seguridad para que la electricidad vaya a tierra, sin ocasionar perjuicios.

¡Toma del frasco, Carrasco!: expresión de aprobación o asentimiento.

¡Toma Jeroma!, pastillas de goma, que son "pa la tos": expresión que denota enfado, asombro, burla, etc.

¡Toma Jeroma! ¡Que pensó que era de veras, y era de broma!: forma de indicar que una cosa se ha dicho en plan de bromas.

¡Toma, maroma!: expresión jocosa al llegar un suceso que no se esperaba.

¡Toma si purga!: con que se denota el enfado de alguna cosa que se repite muchas veces y continuamente.

Toma torta, Lucía (y dábale sartenazo): contra los malintencionados que ofrecen halagos, y están causando perjuicios.

Toma y daca: expresión que se usa cuando hay trueque simultáneo de cosas o servicios, o de cuando se hace un favor esperando la reciprocidad inmediata.

¡Toma ya!: exclamación de asombro o sorpresa.

Tomad la rueca y el huso: dícese al hombre que no tiene condiciones viriles.

Tomadura de pelo: engaño.

Tomar a beneficio de inventario: descuidarla, no hacerla con interés.

Tomar a chacota, o a chunga: burlarse, no dar importancia.

Tomar a coña: tomar de bromas o de guasa.

Tomar a cuestas: encargarse de la dirección de una cosa. Cargarse en las espaldas algún objeto.

Tomar a Dios los puertos: pretender imposibles.

Tomar a juerga: tomar en broma.

Tomar a mal: sentir una cosa inadecuada.

Tomar a pechos: con ahínco, con eficacia y empeño.

Tomar a peso: con pesar. Examinar con cuidado la entidad de una cosa.

Tomar a pulso: probar el peso de una cosa suspendiéndola en la mano.

Tomar a risa: no dar crédito o importancia.

Tomar a uno por el pito del sereno: considerarlo como el servidor de todos, no tenerle respeto ni consideración.

Tomar aires: estar en parajes distantes de su residencia habitual para recobrar la salud.

Tomar alas: osadía a que da lugar el cariño de alguna persona.

Tomar algo por distribución: tener costumbre de repetir alguna acción impertinente.

Tomar armas: armarse.

Tomar asiento: sentarse. Establecerse.

Tomar boquete: entrar en un sitio por el punto más estrecho.

Tomar buena nota: memorizar algo y tenerlo presente, para el momento oportuno.

Tomar calor: empezar a madurar los frutos y las cosas.

Tomar calzas, o las calzas de Villadiego: ausentarse de repente, fugarse.

Tomar carnes: engordar.

Tomar carrera, o carrerilla: retroceder para avanzar con más ímpetu.

Tomar carta de naturaleza: adquirir reconocimiento oficial.

Tomar cartas en un asunto: intervenir en ello.

Tomar cólera, rabia, tema: dejarse poseer de estos afectos.

Tomar color: empezar a madurar los frutos.

Tomar color una cosa: empezar a ver sus frutos o provechos.

Tomar con calor una cosa: perder el uso racional por la vehemencia de la ira.

Tomar consejo, dictamen, parecer: consultar a otro.

Tomar cuentas: examinarlas. Averiguar las operaciones de alguno.

Tomar cuerpo: aumentar de poco a mucho.

Tomar de atrás el agua, o tomar el agua muy de arriba: relatar un suceso desde sus primeros acontecimientos. Empezar algo por el principio.

Tomar de más alto, o de más lejos: acercarse más al origen.

Tomar dos delias y Juan Danzante: hacer fuga, ausentarse inesperadamente.

Tomar el aire: pasearse, esparcirse en sitios descubiertos donde corra el aire.

Tomar el camino en las manos: caminar aceleradamente.

Tomar el chocolate de espaldas con alguno: estar enemistado con él.

Tomar el chorrillo de hacer alguna cosa: acostumbrarse a ella.

Tomar el cielo con las manos: gran enojo demostrado exteriormente.

Tomar el color: impregnarse bien de lo que se tiñe.

Tomar el cosque: marcharse.

Tomar el fresco: ponerse donde se goce de él.

Tomar el gusto a una cosa: aficionarse a ella.

Tomar el hábito: entrar en religión.

Tomar el hilo: continuar la conversación interrumpida.

Tomar el medio, o los medios: usar o aprovecharse de ellos, poniéndolos en práctica para el logro de lo que se intenta.

Tomar el número cambiado: dícese de una persona que pretende sacar partido de la supuesta ingenuidad o tolerancia de otra.

Tomar el paso: marchar en él las caballerías.

Tomar el pecho: coger el pezón con la boca el niño para mamar.

Tomar el pelo: burlarse de una persona aparentando elogiarle.

Tomar el pendil, o el pendengue: marcharse, ausentarse.

Tomar el pendil y la media manta: irse a dormir.

Tomar el portante: echar a andar, irse deprisa.

Tomar el pulso: tantear el estado de un asunto.

Tomar el rábano por las hojas: invertir el orden, método o colocación de las cosas.

Tomar el sol: ponerse donde se goce de él.

Tomar el sombrero: ausentarse con disgusto o violencia.

Tomar el tiempo como, o conforme, viene: aconsejando la mayor resignación en las adversidades.

Tomar el tiento: pulsarle, examinarle.

Tomar el tole: irse contemplativa y aceleradamente.

Tomar el trote: irse intempestivamente.

Tomar el velo: profesar una mujer de monja.

Tomar en boca a uno: hablar frecuentemente de él.

Tomar en consideración: atender a lo que se solicita.

Tomar en cuenta: admitir a descuento de lo que se debe. Apreciar un favor o circunstancia recomendable.

Tomar en mala parte: echar a mala parte.

Tomar en su deudo a alguno: emparentar con él.

Tomar enmienda: ejecutar algún castigo en un culpado.

Tomar entre dientes, o entre cejas, a uno: tenerle ojeriza.

Tomar estado: contraer matrimonio.

Tomar figura, o traza: remedar a otra persona.

Tomar gato por liebre: equivocarse al aceptar una cosa inferior, creyendo ser superior.

Tomar, hasta el viento; pero dar, con tiento: aconsejando templanza en dar.

Tomar hora: enterarse del plazo o tiempo se señala para una cosa.

Tomar huelgo: respirar descansando.

Tomar iglesia: acogerse a ella para tomar asilo.

Tomar impulso: correr para dar un salto y poder alcanzar mayor distancia.

Tomar la ampolleta: hablar con exceso sin dejar a otro tomar parte.

Tomar la cabellera: engañar burlándose de una persona.

Tomar la ceniza: recibirla el miércoles de ceniza, primer día de cuaresma, para recordarnos que somos hombres e invitarnos a la reflexión y sacrificio.

Tomar la corriente desde la fuente: buscar el origen de las cosas para su mejor utilidad.

Tomar la cuenta y la puerta: manera de despedir cuanto antes al servidor que no acomoda.

Tomar la delantera: aventajar a otro. Anticiparse en alguna solicitud, empresa o negocio.

Tomar la derecha: anteponerse a otro en las acciones, demostrando mayor dignidad.

Tomar la embocadura: comenzar a tocar con suavidad y afinación un instrumento de viento.

Tomar la escalera, o puerta de la calle: marcharse de casa.

Tomar la estrella: tomar la altura del polo.

Tomar la iniciativa: anticiparse a los demás.

Tomar la lección: aprender de otro para escarmiento o gobierno propio. Ver si el discípulo la sabe.

Tomar la mano: comenzar a razonar o discurrir sobre una materia. Emprender un negocio.

Tomar la manta: las unciones.

Tomar la mañana: madrugar.

Tomar la mañanera: beber aguardiente en ayunas.

Tomar la medida: medir.

Tomar la ocasión por los cabellos, o por el copete: aprovecharla.

Tomar la ofensiva: acometer al enemigo. Ser el primero en alguna competencia, pugna, etc.

Tomar la palabra: hablar el primero. Proseguir la especie que otro ha dejado.

Tomar la puerta: salir de casa.

Tomar la ruta: el camino.

Tomar la sangre: curar, ver la herida.

Tomar la taba: empezar a hablar con prisa después que otro lo deja.

Tomar la voz: hablar continuando la especie que otro empezó. Obrar en nombre de otro con autoridad. Salir en defensa de alguna persona o cosa.

Tomar la vuelta de tierra: virar en dirección a la costa.

Tomar las afufas: huir de un lugar.

Tomar las aguas: acudir una persona a un balneario a tomarlas, con el fin de curarse de alguna enfermedad.

Tomar las armas: armarse. Hacer honores militares.

Tomar las armas contra alguno: declararse enemigo con las armas en la mano.

Tomar las de Villadiego: marcharse inesperadamente, huir por riesgo o compromiso.

Tomar las duras con las maduras: llevar las incomodidades de un empleo el que tiene el provecho.

Tomar las medidas a alguno: hacer entero juicio de lo que es un sujeto.

Tomar las once: tomarse un refrigerio entre el desayuno y la comida; en algunas zonas es una especie de comida.

Tomar las pajas con el cogote: alzarlas con la cabeza.

Tomar las viñas: huir, fugarse, escaparse.

Tomar lección: adiestrarse en un arte el discípulo.

Tomar lenguas, voz o señas: informarse de alguna cosa, país o sujeto.

Tomar los medios: utilizarlos para poner en práctica el logro de lo que se intenta.

Tomar los pasos: coger.

Tomar más medidas que un sastre: hacer preparativos en exceso.

Tomar medidas: hacer preparativos.

Tomar medidas a palmos: conocer muy bien un terreno o lugar.

Tomar mujer: contraer matrimonio con ella.

Tomar nota, o buena nota: fijarse con atención e interés.

Tomar, o traer, a uno entre dientes: tenerle ojeriza. Hablar mal de él.

Tomar ocasión: buscar motivo para ejecutar algo.

Tomar otro giro: mudar de intento o resolución.

Tomar parecer: consultar sobre lo que procede hacer en un caso dudoso.

Tomar parte en una cosa: interesarse activamente en ella.

Tomar partido: alistarse para servir en un bando contra otro. Resolverse el que estaba suspenso.

Tomar perfiles: pasar con un lápiz en un papel transparente puesto encima de un dibujo los contornos de éste.

Tomar peso a una cosa: examinar, considerar con cuidado algo, haciéndose cargo de ella.

Tomar pie: arraigarse, tomar fuerza. Valerse de la ocasión o de alguna cosa.

Tomar pipa: marcharse, huir.

Tomar por donde quema: interpretar una cosa en sentido desfavorable.

Tomar por el coño de la Bernarda: pretender burlarse o beneficiarse de una persona, menospreciar.

Tomar por el culo: practicar la sodomía.

Tomar por el hijo de la portera: menospreciar a una persona.

Tomer por el pito del sereno: tomar a una persona de bromas, en poca consideración.

Tomar por escrito: escribir lo que se ha oído.

Tomar por la retambufa: por el culo.

Tomar por la tremenda: de modo violento o exagerado.

Tomar por lo serio: por donde quema una cosa. Enfadarse. Obrar con eficacia.

Tomar por oficio una cosa: hacerla con frecuencia.

Tomar por primo: considerar a una persona boba, o lela, a la que se puede engañar fácilmente.

Tomar por su cuenta: hacerse cargo de lo que le corresponde a otro.

Tomar posesión: ejecutar algún acto que muestre ejercicio del derecho, uso o libre disposición de la cosa que entra a poseer.

Tomar providencia: adoptar una determinación.

Tomar puerto: refugiarse en parte segura de alguna desgracia.

Tomar puntas: orientarse para dirigirse a un punto.

Tomar rabia: padecer este mal. Airarse, enfadarse, irritarse.

Tomar razón: asentar en resumen alguna cantidad en los libros contables.

Tomar satisfacción: adquirir confianza. Satisfacerse por volver por el propio honor.

Tomar sobre sí un negocio: encargarse de él.

Tomar soleta: huir, marcharse precipitadamente.

Tomar su hatillo: marcharse.

Tomar sus medidas: tantear un asunto, para el mayor acierto y que no se malogre.

Tomar tema: obstinarse y oponerse caprichosamente a una persona.

Tomar tierra: arribar al puerto, aterrizar.

Tomar un bocado: tomar un refrigerio, un tentempié.

Tomar un buchito: beber una cantidad pequeña de líquido.

Tomar un paso, o un portante: andar con celeridad.

Tomar un portante: un paseo.

Tomar un verde entre dos azules: significa la intención o el acto de echar por los trigos, en compañía de una moza de no muy buena reputación.

Tomar una chispa, mona o turca: embriagarse.

Tomar una cosa con tiempo: ejecutarla antes de que llegue su época u oportunidad.

Tomar una cosa por donde quema: entenderla en sentido picante, contra la intención del que la hace o dice.

Tomar una cosa por escrito: sentar en un libro lo que se ha visto u oído, para que no se olvide.

Tomar una curva: pasar el vehículo o su conductor de un tramo recto a otro curvo, o viceversa.

Tomar una espolada de vino: un trago.

Tomar una obra: encargarse de ella contratando su ejecución.

Tomar uno cólera: padecerla.

Tomar uno sus medidas: premeditar y tantear los riesgos.

Tomar unos vidrios: unos chatos, alternar unos amigos.

Tomar varas: corresponder la mujer a las señas o miradas amorosas que un hombre le dirige, admitir fácilmente proposiciones amorosas. Recibir garrocha el toro del picador.

Tomar velo: cuando una mujer se mete monja.

Tomar voz: adquirir noticias. Publicarse o autorizarse una cosa con el dicho de muchos.

Tomar vuelo: ir adelantando o aumentando mucho.

Tomarla con alguno: contradecirle y reprenderle en cuanto dice o hace. Tener tema con él.

Tomarle el día en alguna parte: amanecer en ella.

Tomarle el molde de la cara, o de los hocicos: abofetear.

Tomarse a pecho: dar mayor importancia a algo de lo que realmente tiene.

Tomarse con alguno: reñir o tener cuestión con él.

Tomarse con Dios: obstinarse en proseguir obrando mal, sin hacer caso de los avisos y castigos de Dios.

Tomarse con uno: reñir o tener contienda o cuestión con él.

Tomarse de cólera: perder la razón por el exceso de ira.

Tomarse del aire: resentirse o enojarse de alguna expresión o palabra.

Tomarse del vino: embriagarse.

Tomarse el pulso a sí mismo: comprobar los medios de que se dispone, para ver si se puede llevar a efecto lo que se intenta.

Tomarse el trabajo: cuidar de la ejecución de una cosa de gran afán, especialmente para aliviar a otro.

Tomarse la justicia por su mano: ejecutarla persona no competente en ella.

Tomarse la licencia: hacer por sí alguna cosa sin pedir permiso, que por obligación o cortesía se necesita.

Tomarse la muerte, o el mal, por su mano: ejecutar algo contra la vida, la salud o el bienestar sin oír consejos en contrario.

Tomarse las cosas con filosofía: con tranquilidad, sin desesperanza.

Tomarse las cosas por la tremenda: dar importancia a las cosas que no las tienen.

Tomarse los dichos: manifestar los novios ante la autoridad competente su voluntad de contraer matrimonio.

Tomarse por la tremenda: dar demasiada importancia a lo que no la tiene tanto.

Tomarse tiempo: dejar para más adelante lo que se ha de hacer para asegurar el acierto.

Tomarse un copazo: beber una gran cantidad de bebida alcohólica.

Tomarse un pelotazo: beber una bebida alcohólica fuerte.

Tomarse una perrera: empecinarse en algo.

Tomarse una providencia: adoptar una resolución.

Tomarse unas limpias: beberse unos chatos de vino.

Tomarse uno de la cólera: perder el uso racional por la vemencia de la ira.

Tómate ésa y vuelve por otra: al dar un golpe a uno indicarle que lo merecía, o el acierto del que la ejecuta.

Tonel vacío mete más ruido: por lo general, los que menos derechos tienen son los que suelen reivindicarlos más.

Tonta del bote: se dice a la mujer como un insulto. Mujer de pocas luces y que sirve de blanco de todas las burlas.

Tonto de capirote: muy necio e incapaz.

Tonto de la polla: persona boba.

Tonto de los pasteles: se dice del que entiende sólo lo que conviene.

Tonto de remate: persona muy necia.

Tonto del carajo, de los cojones, de los huevos: usado en tono despectivo.

Tonto del culo: insulto despectivo.

Tonto del haba: persona necia o boba.

Tonto del higo: persona tonta en exceso.

Tonto del pijo: insulto hacia un hombre.

Tonto, el que lo lea: escrito que estaba hace algunos años en muchas paredes.

Tonto esférico: llámase en plan jocoso a la persona que es tonta de remate, se la mire por donde se la mire.

(Un) Tonto hecha una piedra en un pozo, y cien discretos no la pueden sacar: expresa que a veces para los sabios no es posible poder combatir las acciones de los tontos.

¡Tonto, más que tonto!: insulto tirando a cariñoso.

(El) Tonto nace y el sabio se hace: para ser sabio se necesista mucho tiempo y esfuerzo en el estudio, para ser tonto, únicamente nacer siéndolo.

Tonto que calla, por sabio pasa: exhortando el silencio.

Tontorrón: torpe, retraído.

(Los) Tontos es fruta que abunda: por la gran cantidad de los que hay.

Top model: modelo muy cotizado.

Top secret: cosa muy secreta.

¿Topaste en la silla? Por acá, tía: el que se encuentra en peligro grave en lo que se solicita o emprende, debe desistir de lo empezado o valerse de medios más eficaces.

Topo: vigilante del Metro.

Torcer a uno el pescuezo: matarle ahorcándole.

Torcer el gesto: mostrar enfado o enojo en el semblante, dando a entender que nos desagrada una cosa.

Torcer el morro: manifestar fastidio o contrariedad.

Torcer el pescuezo: matar un ave torciéndole el cuello.

Torcer la boca, el rostro: volver el labio inferior hacia alguno de los carrillos en demostración de disgusto.

Torcer la cabeza: enfermar, morir.

Torcer la llave: abrir y cerrar con ella.

Torcer la vista: torcer los ojos al mirar.

Torcer las narices: repugnar, no admitir alguna cosa que se dice.

Torcer las palabras: darles otro sentido del que ellas tienen naturalmente.

Torcer los ojos: volverlos hacia un lado.

Torcer, o trabar, la vista: bizcar, o mirar con el rabillo del ojo.

Torcer uno la cabeza: volverla hacia un lado para exteriorizar un disgusto.

Torcerse el carro: cambiarse de forma desfavorable la suerte.

Torear a una persona: burlarse de ella, reírse.

Toreo de salón: el que se hace sin el toro, bien para lucirse o para entrenarse.

¡Torero!: persona valiente. Expresión actual que significa que una persona es profesional en lo que ejecuta.

Torero de invierno: torero malo.

Tornar a andar estaciones: volver a lo pasado, a la vida y pasos que anduvo anteriormente.

Tornar cabeza a alguna cosa: prestar atención a ella.

Tornar las espaldas: retirarse con desprecio de la presencia de otro. Huir.

Tornarse, o volverse, el sueño del perro: da a entender haberse descompuesto el logro de alguna pretensión.

Toro corrido: persona de mucha experiencia.

Toro de cinco y torero de veinticinco: indicando la buena edad de los dos para el toreo.

Toro muerto, vaca es: la muerte todas las cosas las iguala.

(Los) Toros dan las cornadas y Dios se encarga de repartirlas: dícese cuando se sale bien de una situación comprometida o peligrosa.

(Los) Toros dan y quitan: según haya salido la corrida, y que se haya lucido o no el diestro.

(Los) Toros se ven muy bien desde la barrera: indicando que lo que no nos corresponde hacer nos

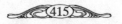

parece fácil de ejecutar, ya que no se ven los inconvenientes o dificultades.

Toros y cañas: alboroto.

Torpón: dícese del falto de inteligencia, habilidad.

Torquemada y su asno: aplícase jocosamente a una persona pública y sus secuaces.

Torre de Babel: reunión donde, por gran alboroto, nadie se entiende, también donde existe gran desorden y confusión.

Torre de viento: pensamiento con que una persona se forja conveniencias o pretende ostentar grandezas.

Torres más altas han caído: modo de bajar los humos o ímpetus de una persona engreída.

Torreznero: holgazán, zafio.

Torta de monja, costal de harina: lo que cuesta algunas veces un favor recibido.

Tortas y pan pintado: ser un trabajo o disgusto menor que otros que se compara.

Torticero: persona injusta, que no se aviene a razones.

(La) Tortilla y la mujer se han de comer en caliente, pues si las dejas enfriar, ni el diablo las mete el diente: frase jocosa que no necesita comentario.

Tortillera: lesbiana, bollera.

Tos perruna, o de perro: tos bronca, de ruido característico.

¿Tose el padre prior? Bueno será el sermón: por los preparativos que se hacen se conoce la importancia de las cosas.

Toser fuerte: dárselas de valiente.

Toser una persona a otra: competir con ella especialmente en valor.

Tostón: persona muy pesada y molesta. Cochinillo asado.

Total que: por consiguiente.

Totum revolutum: todo revuelto, nada en su orden.

Tour de Francia: vuelta ciclista a ese país.

Tour operator: agente de viajes.

Trabajar a destajo: mucho y empleando mucho tiempo para ello.

Trabajar a una y todos a una: trabajar y resistir por igual. Aunar o unificar los esfuerzos.

Trabajar como un burro, como un negro, como una mula, como un animal, un cabrón: sin descanso.

Trabajar como un descosido: sin parar.

Trabajar como un negro: en demasía, con poco provecho.

Trabajar con los dientes: comer.

Trabajar el percal: dar moneda falsa.

Trabajar más que un chino, o un negro: mucho.

Trabajar menos que una heladería en el Polo Norte: ser una persona muy vaga.

Trabajar para el inglés: para el nuncio.

Trabajar para el nuncio: laborar en lo que no se ve beneficio, y no es ni agradecido ni pagado.

Trabajar por hechuras: dícese de lo que no es una ocupación ni trabajo fijo.

Trabajar por la paja: obtener poca remuneración.

¿Trabajar? ¡Que trabajen los ricos!: dicho de los muy vagos.

Trabajar, trabajar y nunca medrar: indica el triste sino de muchas personas.

Trabajar y comer, su medio ha de tener: aconsejando no abusar de ninguna de las dos cosas.

Trabajarse el flex: copular.

Trabajo de chinos, o de chinos mancos: se dice del que es sumamente laborioso, complicado y detallista.

Trabajo de hormigas: trabajo minucioso.

Trabajo le, o te, mando: con que se da a entender ser muy difícil aquello que hay que ejecutar.

Trabajo y economía es la mejor lotería: la única forma de tener cierto dinero es con esfuerzo, y muy pocas veces lo da la suerte.

Trabajos forzados, o forzosos: aquellos que tiene que hacer por obligación el presidiario.

Trabar conversación: dar principio a la misma.

Trabar ejecución: hacer a virtud de providencia el embargo de algún bien del deudor, como significación de quedar obligado al pago de la misma con el resto de sus bienes.

Trabarse de palabras: tener palabras.

Trabarse la lengua: hablar torpemente por algún accidente.

Trabuco: miembro viril.

Traer a buen camino: sacar del error y apartar de la mala vida.

Traer a colación: alegar pruebas o razones. Mezclar en la conversación especies fuera del caso.

Traer a consecuencia: poner en consideración alguna cosa que aumenta o disminuye el valor de lo que se trata.

Traer a cuento: introducir en la conversación con oportunidad especies remotas.

Traer a la gamella: Hacer venir.

Traer a la mano: conducir a ésta la caza los perros a su dueño. Llevar alguna cosa dispuesta al objeto a que ha de servir.

Traer a la melena: precisar a ejecutar lo que no se quiere hacer.

Traer a la memoria: hacer memoria o recordar.

Traer a las ancas: mantener a otro a sus expensas.

Traer a maltraer: maltratar o molestar a uno demasiado. Darle que sentir. Atacarle demasiado.

Traer a uno como un dominguillo, o hecho un dominguillo: mandarle hacer muchas cosas en diferentes partes y con urgencia.

Traer al fresco: tener sin cuidado una cosa, no importar nada.

Traer al mundo: parir.

Traer al ojo algo: cuidar atentamente de algo.

Traer al redopelo: tratar con desprecio y vilipendio.

Traer al retortero a alguno: no dejarle parar dándole continuamente nuevas ocupaciones. Traerle engañado con falsas promesas y fingidos halagos.

Traer al tablero alguna cosa: poner.

Traer ante ojos: no olvidarse de una cosa.

Traer aparejada ejecución: instrumento por el cual se procede a la vía ejecutiva.

Traer arrastrando a uno: muy fatigado.

Traer bien gobernado el cuerpo: tener bien reglado el vientre.

Traer buen despacho: dar una buena noticia.

Traer cola: tener consecuencias posteriores.

Traer como palillo de barquillero a uno: molestarle con muchas idas y venidas.

Traer como puta por rastrojo a uno: traerle a maltraer, de mala manera.

Traer como un dominguillo, o hecho un dominguillo: aplícase a aquel a quien mandan hacer muchas cosas en diferentes partes y con urgencia.

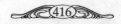

Traer como un zarandillo: hacer ir a una persona frecuentemente de un sitio a otro.

Traer como una pandereta: frase con que se indica que una persona trata a otra con poca consideración.

Traer consecuencia alguna cosa: tener ciertos efectos alguna cosa, generalmente desagradables.

Traer consigo: llevar encima.

Traer crucificado a alguien: hacer sufrir a otra persona.

Traer cuenta una cosa: convenir, ser beneficioso.

Traer de acá para allá, o de aquí para allí: no dejar parar a una persona en ninguna parte.

Traer de cabeza: causar honda preocupación.

Traer de coronilla: tener a un persona muy ocupada.

Traer del copete la ocasión al estricote: a mal traer, al retortero.

Traer el alma en la boca o en las manos: sufrir algún mal o un gran trabajo.

Traer el hato a cuestas: andar.

Traer el redopelo: ajarle estropeando y tratando con desprecio y vilipendio una persona.

Traer en bocas, o en lenguas: murmurar con cierta frecuencia.

Traer en consecuencia: alegar una cosa por ejemplar de otra.

Traer en jaque: tener cansada a una persona con sus encargos y molestias.

Traer en la manga: tener una cosa pronto y en la mano.

Traer en palabras: entretener con ofertas sin llegar a cumplirlas.

Traer en palmitas: tener a una persona con toda consideración y regalo.

Traer en rueda: tener a alguno ocupado con prisa alrededor de sí.

Traer entre ceja y ceja: metérsele en la cabeza alguna cosa.

Traer entre manos: manejarla, estar entretenido actualmente en ella.

Traer entre ojos: observar a alguno por tener recelo de él.

Traer escrito en la frente: manifestar en el semblante y acciones lo que sucede a uno.

Traer frito: molestar excesivamente a una persona.

Traer la mano por el cerro: halagar, acariciar.

Traer la masa rodando: entenderse dos o más personas entre sí para ocultar las fechorías que han hecho.

Traer las pajarillas volando a uno: complacer a uno cuanto apetece por difícil que sea.

Traer los atabales a cuestas: ser conocido de todos por hacer públicas sus bellaquerías.

Traer los papeles mojados: ser falsas las noticias que se dan.

Traer malas cartas: no tener los medios necesarios para obtener algún fin. Llevar malas noticias.

Traer muchas consecuencias un suceso: tener.

Traer picado el molinillo: tener ganas de comer.

Traer por la calle de la amargura: estar desazonado pensando y con pesar en alguna persona o cosa.

Traer por la melena: humillar a alguien.

Traer por los cabellos alguna cosa: aplicar alguna sentencia o suceso a materia con quien no tiene conexión.

Traer siempre en la boca alguna cosa: repetirla mucho.

Traer sin cuidado: ser una cosa totalmente indiferente.

Traer sobre ojo: seguir los pasos a uno para robarle, prenderle, o cosa semejante aprovechando un descuido. Estar enojado con otro.

Traer un hueso que roer: tropezar con alguna dificultad difícil de solucionar.

Traer una cosa a las mientes: recordarla.

Traer una cosa mal fario: mala sombra.

Traer y llevar: chismorrear.

Traerle al fresco: no importarle absolutamente nada.

Traerle de aquí para allí, o de acá para allá: tenerle en continuo movimiento, no dejarle parar en ningún sitio.

Traerle las pajarillas volando: darle gusto y complacerle en todo cuanto apetece.

Traerlo escrito en la frente: no poder disimular, manifestándose en el semblante.

Traerse un mal rollo: llevar una vida totalmente irregular.

Traérsela floja: se usa como expresión de desprecio, burla o desdén.

Tráfico de influencias: utilización ilegal del poder, a cambio generalmente de dinero; hoy dicha situación es muy abundante y común.

Tragaldabas: dícese del comilón.

¡Trágame tierra!: exclamación con que se manifiesta el deseo de desaparecer por no enfrentarse con una situación difícil, por vergüenza, por haber "metido la pata".

Tragar acíbar: soportar algún suceso desagradable.

Tragar bilis: aguantarse con algo, sin manifestar el enfado o el disgusto.

Tragar como un energúmeno: comer de una manera exagerada, ansiosamente.

Tragar con la vista: comer.

Tragar con todo lo que le echen: soportar todo tipo de ofensas o disgustos.

Tragar cordilla: pasar un mal rato.

Tragar el anzuelo: dejarse engañar.

Tragar el paquete: soportar o tolerar una cosa vejatoria.

Tragar hiel: sufrir pacientemente.

Tragar mucha bilis: sufrir interiormente multitud de sinsabores y contrariedades.

Tragar quina: tener que aguantarse muchos inconvenientes o incomodidades, sin poder decir nada ni poder contestar.

Tragar saliva: no poder desahogarse ni oponerse a alguna determinación, palabra o acción que ofende o disgusta. Turbarse, no poder hablar.

Tragar sapos y culebras: soportar lo que es desagradable.

Tragarse el anzuelo: dejarse llevar de algún engaño.

Tragarse el molinillo: mostrar altivez en su porte y acciones.

Tragarse el tratamiento: dejárselo dar quien lo tiene, cuando la cortesía aconseja no admitirlo.

Tragarse la píldora: creerse una patraña.

Tragarse la tierra: desaparecer, ignorándose el paradero de una persona o de una cosa.

Tragárselas como ruedas de molino: ser excsivamente crédulo.

Tragársele la tierra: dícese de la persona a quien no se ha vuelto a ver.

Tragasantos: beato, santurrón.

Tragavirotes: dícese del que anda muy serio y estirado.

Trago amargo: tener disgustos, preocupaciones, etcétera.

(El) Traidor no es menester siendo la traición pasada: conseguido el objeto, el medio estorba.

Traje de luces: el que visten los toreros en las corridas.

Trampa adelante: sortear de mala manera las dificultades a sabiendas de que en lo venidero reaparecerán.

Trampa legal: acto ilícito que se cubre con apariencias de legalidad.

Trampa saducea: se aplica a cualquier manipulación para conseguir que alguien cometa o caiga en un error fundamental.

Tranca: miembro viril.

Tranquilidad y buenos alimentos: invitando a la paz y el sosiego en hacer las cosas.

Trapacero: persona astuta y ladina.

Trapalón: embustero, hablador.

Trapisondista: enredador.

Trapitos de cristianar: ropa de gala del niño cuando le van a bautizar.

(Los) Trapos sucios se lavan en casa: los asuntos problemáticos de la familia deben aclararse y solventarse en cada casa y no airearlos.

Tras cada pregón, azote: con que se zahiere al que, tras cada bocado, quiere beber.

Tras de cornudo apaleado, o tras de cuernos, penitencia: después de sufrir una cosa, que no tiene la culpa, se le considera el culpable.

Tras de pagado, rogado: dícese de aquellas ocasiones en que hay que pedir un favor por lo que realmente es un derecho.

Tras de pregón, azote: zahiere al que tras cada bocado quiere beber.

Tras de tarde, parir hija: dícese de lo que se ha invertido mucho tiempo en hacerse y al final se ha hecho mal.

Tras del pedo viene la mierda: las ventosidades suelen anunciar la necesidad de exonerar el vientre.

Tras el vicio viene el fornicio: la vida holgazana suele conducir a la lujuria.

Tras la tempestad viene la calma: después de la bulla y el jaleo viene la paz, o tras los disgustos, el descanso.

Tras la tragedia, el sainete: no faltan asuntos en la vida que, presentándose de forma terrible, acaban cómicamente.

Tras las luchas de Marte vienen las de Venus: después de las guerras, en la paz, vienen las delicias del amor.

Tras las rejas: en la cárcel.

Tras llave, o tras siete llaves: se dice cuando una cosa está muy bien guardada.

Tras poca cosecha, ruin trigo: que un daño suele producir otros.

Tras que la niña era fea, se llamaba Timotea: dícese cuando a un inconveniente se añade otro nuevo.

Tras que la novia era tuerta, vistióse de verde: no hay nada mejor que la prudencia, para disminuir o disimular los defectos o, como decía el castizo: **al revés te lo digo, para que me entiendas**.

Traslado a Judas: no hay causa tan mala que no deje algún resquicio para su defensa.

Traspasar el corazón: mover a lástima o compasión.

Trasponer el cebollino: trasladar a paraje seguro lo que se ha hurtado.

Trasquilar a cruces: cortar el pelo desigualmente y mal.

Trastornar la cabeza: perturbar el sentido.

Trata de blancas: comercio que se realiza con mujeres.

Tratamiento de choque: actuación rápida para dar solución a una cuestión muy problemática.

Tratamiento de textos: programa informático, que se utiliza para escribir textos.

Tratar a baquetazos: expresión que se utiliza para indicar el trato sin consideración que alguien emplea contra personas o cosas.

Tratar a cuerpo de rey: con toda clase de regalos.

Tratar a la baqueta a alguno, o a baquetazos: con desprecio o severidad.

Tratar a puntapies, o a patadas: brutalmente, sin consideración.

Tratar a zapatazos: duramente, sin consideración.

Tratar amores: tener relaciones amorosas.

Tratar como a moros sin señor: a una persona con desprecio, despóticamente, de manera injusta.

Tratar como a un negro: de mala manera, sin delicadeza.

Tratar como a un perro: maltratar, despreciar.

Tratar como a un trapo: tratar muy mal.

Tratar con Dios: orar.

Tratar de tú: con familiaridad, sin tratamiento alguno.

Tratar mal de palabra: injuriar con dicho ofensivo.

Tratar verdad: profesarla, decirla.

Trato carnal: relación sexual.

Trato, con todos; amistad, con pocos; confianza, con uno; intimidad, con ninguno: consejos en el trato con las personas o con los amigos; se puede o no estar de acuerdo con ello, pero lo que sí que es cierto es que no falta razón a la frase.

Trato de cuerda: mal porte con alguno.

Trato doble: fraude para engañar a alguien, afectando amistad y fidelidad.

(El) Trato engendra cariño: la amistad, así como el amor, no se improvisa y es cosa de tiempo.

Tren botijo: el que se utiliza como de recreo, el barato.

Tren de vida: tener gran comodidad y lujo.

Tres al, o contra el, mohíno: unión de unos contra otros.

Tres al saco, y el saco en tierra: contra los que no tienen maña y profesionalidad en ejecutar alguna cosa.

Tres contra uno, vuélvome grullo: es prudente ceder y retirarse cuando las fuerzas contrarias son superiores.

Tres cuartos: prenda de vestir, las tres cuartas partes de una cosa.

Tres cuartos de lo mismo, o de lo propio: locución que indica que lo dicho de una persona o cosa es igualmente aplicable a otra.

Tres en raya: juego infantil.

Tres en el año, y tres en el mes; tres en el día, y en cada una tres: quiere decir tres confesiones en el año; tres ayuntamientos carnales en el mes; tres comidas por día, y en cada una de ellas, tres tragos de vino.

Tres eran, tres, las hijas de Elena. Tres eran, tres, y ninguna era buena: se dice de las personas cuando carecen de bondad.

(Las) Tres Marías: dícese cuando se quiere insultar a tres mujeres. Algunos añaden: **la mierda, la caca y la porquería.**

Tres mudadas equivalen a un incendio: por lo que se rompe o se tira en los traslados de una casa.

(Las) Tres verdades del tendero: peso y medida, cuenta y razón, y la verdad encima (se llama verdad a la lengüeta que marca la igualdad de las pesas).

Tres pies a la francesa ir, salir o escapar: deprisa, inmediatamente.

Tres tenazas y una estera, el ajuar de la frontera: satiriza a los que presumen de tener grandes riquezas y no tienen dónde caerse muertos.

Tres o cuatro perras: tener muy poco dinero.

Triángulo: vello del pubis de una mujer.

Triángulo amoroso: relación sexual en la que participan tres personas.

Trigo acostado, amo levantado: ya que cuando está caído es por la gran cantidad de grano que tienen las espigas.

Trilero: dícese del que intenta engañar a los demás con malas artes o con juegos con trampa.

Trincar la burra: cerrar la puerta.

Tripa del cagalar: intestino recto.

Tripa llena, ni bien huye ni bien pelea: el que se encuentra haciendo la digestión de una comida no está en condiciones para hacer nada.

Tripas: documentos que se encuentran en el interior de un expediente.

Tripas llevan corazón, que no corazón tripas: el mejor medio para tener valor y fuerzas es estar bien alimentado.

Tris-tras: repetición enfadosa y porfiada del que siempre está diciendo lo mismo.

(Las) Tristezas del corazón salen al rostro: las pesadumbres y pesares se notan en la poca alegría de la cara.

Triunfar como cuerpo de rey: gastar y llevarse buena vida.

Trocar las manos: cambiar las suertes.

Trocar las palabras: torcer.

Trocar las riendas: tomar una cosa por otra.

Trocar los frenos: hacer o decir las cosas poniendo cambiadas unas por otras.

Trocarse los bolos: mudarse.

Tromba de agua: lluvia muy intensa.

Trompeta de la fama: facilidad con que se propagan las noticias, rumores, etc.

Tronar como arpa vieja: acabar desastrosa y repentinamente.

Tronar con alguno: reñir con él.

Troncharse de risa: expresión de alegría y regocijo.

Tronco: miembro viril. Apelativo achulado dicho entre amigos.

Tronera: persona alocada e informal.

Tropezando se aprende a andar, y perdiendo a ganar: necesitándose en la vida experiencia propia, adquirida a base de algunos fracasos, que son de los que verdaderamente se aprende en la propia cabeza.

Tropezar en las erres: que el borracho no puede pronunciarla.

Tropezar en un cabello: pararse ante un obstáculo de poca importancia.

Tropezar en un garbanzo: hallar dificultad, o enredarse en cualquier cosa: Tomar motivo en cosas fútiles para enfadarse.

Tropezar en una china, o esparto: detenerse en cosas de poca importancia.

Tropezar y no caer, ganar terreno es: se dice cuando una persona tropieza, ya que siempre tiene que alargar el paso para no caer en tierra.

Tropezón y herida, tarde se olvidan: lo que nos toca muy de cerca no es fácil apartarlo de la memoria.

Trote cochinero, o marranero: trote corto y apresurado.

Truco del almendruco: juego de palabras, que indica que se debe prestar atención a todo lo que pueda tener alguna pega.

Truhán: sinvergüenza.

Tú, aquí, ni entras ni sales: nada tienes que ver en este asunto.

Tu camisón no sepa tu intención: aconsejando la máxima reserva en lo que no se quiere que se sepa, incluso con los que se tiene confianza y con la propia familia.

¡Tú con esas curvas, y yo sin frenos!: dicho castizo a un mujer que tiene buenas formas, que incita o llama la atención a la persona que expresa dicha frase.

¡Tú deliras!: con que se desdeña o se burla de lo que otro dice o pretende.

Tu, o su, abuela: expresión de asombro o enojo.

Tú pitarás: tú conseguirás lo que te propongas porque tienes ingenio y habilidad.

Tú por tú. Algunos añaden: **como en taberna:** con toda familiaridad cuando no hay motivo para ello. Sin respeto alguno.

Tu puerta cerrarás; a tu vecino loarás; cuanto puedes no harás; cuanto sabes no dirás; cuanto ves no juzgarás; cuanto oyes no creerás, si quieres vivir en paz: conjunto de consejos que son buenos y convenientes para vivir con tranquilidad.

Tú, que me la pegaste con tando disimulo, álzame el pañal y bésame el culo: dicho de muchachos antiguamente en tiempos de carnaval.

Tú que me quieres mandar, y yo que no quiero ser mandado, ahí topa el arado: se dice cuando uno quiere estar siempre en candelero y quiere dominar a los demás, y otros que no se dejan, por algún sitio tiene que romperse tal situación.

Tú que no puedes, llévame a cuestas: cuando uno está muy agobiado de trabajo y quieren cargarlo con algo más.

¡Tú, que tal dijiste!: conmoción ocasionada por cosa dicha por otro.

Tú, que te quemas, ajos has comido: El que se pica...

Tu secreto, ni al más discreto: aconsejando no decir a nadie un secreto, si se quiere que no se sepa.

¡Tu suegra!, ¡tu tía!, ¡tu madre!, etc.: expresión de desprecio hacia lo que ha dicho una persona.

Tú te lo pierdes: un ofrecimiento hecho de buena voluntad, y no aceptado, suele provocar esta expresión.

¡Tu tía!: expresión usada para manifestar negación, rechazo o incredulidad.

¡Tú, tranquilo!: expresión en tono achulado o jocoso para recomendar calma, traquilidad o paciencia.

(El) Tubo: lugares de alterne y chateo en Zaragoza y León.

Tuercebotas: donnadie, que no vale nada.

Tuerto o derecho: fórmula con la cual se promete llevar a efecto una cosa con razón o sin ella.

Tulipán: indica declaración de amor, en el lenguaje de las flores.

Tumbar de espaldas: recibir un gran susto.

Tumbar el esqueleto: acostarse.

Tumbar la aguja: correr en un vehículo a una gran velocidad.

Tumbarse a la badana: recostarse para descansar.

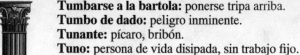

Tumbarse a la bartola: ponerse tripa arriba.

Tumbo de dado: peligro inminente.

Tunante: pícaro, bribón.

Tuno: persona de vida disipada, sin trabajo fijo.

Turca: borrachera.

Turulato: alelado, pasmado.

Turrón de pobre: se dice del alimento que se forma con un higo abierto y dentro el fruto de la nuez; tiene un sabor muy agradable.

¡Tus muertos!: frase imprecatoria.

¡Tus narices!: interjección con la que se rechazan terminantemente las afirmaciones del interlocutor.

(La) Tuya sobre la mía: a porfía, sin querer ceder ninguna de las dos partes lo que sostiene cada uno.

¡Uf, qué calor!: expresión que determina el calor existente.

Última disposición, o voluntad: el testamento.

(La) Última nadie la cura: se refiere a la enfermedad que produce la muerte.

Última palabra: decisión que se da por definitiva e inalterable.

Última palabra al centro va: el postrer razonamiento es el que más suele conmover o persuadir al oyente.

Ultima ratio: la última razón.

(La) Última sardina de la banasta: lo último de las cosas, la persona considerada inferior a las demás.

(El) Último día todo lo lía: se dice del último día de la vida.

Último grito: lo que es muy actual.

(El) Último mono de la comparsa, de la cuadrilla, o de la pandilla: el menos importante de todo.

Último suplicio: pena capital.

Último suspiro: el que da el hombre al morir, y en general fin remoto de cualquier cosa.

(Los) Últimos de Filipinas: esta expresión alude a aquellas personas que, bien por romanticismo, falta de conocimiento o información, defienden una causa perdida.

Últimos sacramentos: los que se administran en peligro de muerte.

(Los) Últimos serán los primeros en el reino de los cielos: por su sencillez, frase evangélica.

¡Un bledo!: de poco valor.

¡Un buen pellizco!: gran cantidad de dinero; referido a los juegos de azar, la cantidad tocada.

¡Un carajo!: expresión vulgar, de poca validez.

¡Un comino!: expresión de poco.

Un don pedro: llámase al orinal.

¡Un higo!: igual que lo anterior.

¡Un horror!: gran cantidad.

¡Un jamón!, o ¡Un jamón con chorreras!: expresión de negación o rechazo.

¡Un mirlo blanco!: cosa excepcional o rara.

¡Un ojo de la cara!: como coste excesivo.

¡Un pepino!, ¡Un pijo!, ¡Un pimiento!, ¡Un pito!: expresiones de muy poco.

¡Un respeto!: solicitando más educación y respeto.

¡Un riñón!: coste excesivo.

Un sí es no es: significa la cortedad, pequeñez o poquedad de una cosa.

¡Un sin fin!: gran cantidad.

¡Un tris!: casi nada.

¡Una barbaridad!, ¡Una bestialidad!, ¡Una burrada!: muchísimo.

Una candela al santo, y dos al diablo, que puede tanto: dícenlo los amigos de conseguir algo a cualquier precio, dando lo mismo que sea por buenos o no tan buenos procedimientos.

Una cosa es predicar y otra dar trigo: queriendo expresar que una cosa es dar consejos, advertencias, recomendaciones, y otra cosa es ejecutarlos el que los da.

"Una cualquiera": mujer de la calle.

Una de cal y otra de arena: alternar cosas dispares o contrapuestas.

Una de cuello vuelto: bofetada.

Una de dos: locución que se emplea para contraponer en disyuntiva dos cosas o ideas.

Una, dos y tres, al esconderite inglés: juego de niños.

"Una eme": expresión de negación o de rechazo, queriendo significar: ¡una mierda!

Una en el año, y ésa en tu daño: contra la embriaguez.

¡Una enormidad!: gran cantidad.

¡Una higa!: muy poco.

Una le dio, y otra le acertó: indicando que una vez la cosa salió como estaba prevista, y la otra, por casualidad.

¡Una malva!: dícese de la persona buena y dócil.

Una mano lava a la otra, y las dos a la cara: expresando la ayuda que se necesita en muchas ocasiones de otras personas, para poder ejecutar alguna cosa.

Una no es ninguna: una falta, si no es repetida o continuada, no debe tenerse en cuenta.

¡Una pila!: expresión de gran cantidad.

Una por una: en todo caso, en realidad, efectivamente.

Una por una, es una; una por dos, es dos...: cancioncilla con que se aprendía la tabla de multiplicar antiguamente.

Una retirada a tiempo es una victoria: forma de aconsejar a retirarse a un persona de ciertos asuntos a su debido tiempo.

"Una tal": la ramera.

Una vana y dos vacías: forma de especificar al que habla mucho y sin fundamento.

Una vez: con que se supone cierta cosa para pasar adelante en un discurso.

Una vez al año no hace daño; una vez al mes buena cosa es; una vez a la semana es una cosa muy sana; pero todos los días es una porquería: simpática tabla que indica la práctica de las relaciones sexuales.

Una vez empezado el melón, todo se va en rajas: dado el primer paso, no es fácil volverse atrás.

Una vez por todas: para siempre.

Una vez que me arremangué toda me ensucié, o todo el culo se me vio: dícese de los que, queriendo ejecutar una acción, les sale al revés.

Una vez se dice la misa: contra los que repiten importunamente una cosa.

Una vez que: resuelta una acosa.

Una y buena: función o riña rápida.

Una y no más: proposición de no volver a ejecutar una cosa.

Una y no más Santo Tomás: id.

Una y otra gota apagan la sed: explica que la repetición de los actos facilita el fin a que se dirigen.

Una y otra vez: repetidamente.

Unas pacen, otras beben el caldo: refrán judeo-español del siglo XVI, indicando que mientras algunas personas están actuando en su favor, otras están actuando en favor de los demás, o simplemente no se favorecen.

Undécimo, no molestar: como un mandamiento más.

Unidad de cuidados intensivos (U.C.I.): departamento en hospitales donde los enfermos necesitan un cuidado más intenso.

Unidad de vigilancia intensiva (U.V.I.): departamento en hospitales donde los enfermos necesitan una vigilancia superior a la normal.

Unidos como los dedos de la mano: tener una gran amistad y confianza.

(La) Unión hace la fuerza: aconseja unirse para combatir problemas comunes a fin de conseguir un buen fin.

Uno a otro: mutua o recíprocamente.

Uno a uno: separación por orden de distinción o cosas.

Uno, como ninguno: da a entender que para los asuntos propios, lo mejor es la parte interesada.

Uno con otro: tomadas en conjunto varias cosas, compensando lo que excede una cosa con las falta de la otra.

Uno de tantos: cuando nos dirigimos a una persona que no se distingue de otra por ninguna cualidad especial.

Uno en uno: con unión o de conformidad.

Uno fue que nunca erró: se refiere a Dios.

Uno no es ninguno: con que se da a entender que una acción o cosa sola no basta, o carece de importancia.

Uno por lo otro, y la casa sin barrer: por una razón o por otra, pero sin hacer las cosas.

Uno por uno: de uno en uno.

Uno que otro: algunos pocos entre muchos.

Uno tras otro: sucesivamente, o por orden sucesivo.

Uno y ninguno, todo es uno: no hay hombre sin hombre.

Uno y otro: ambos.

Unos cuantos: pocos, en número reducido de personas.

Unos días con otros: promediando.

Unos dicen lo que saben y otros saben lo que dicen: contra los irreflexivos y los que tienen poco sentido común.

Unos dicen que sí; otros, que no, y yo sigo la opinión contraria: fórmula jocosa con que se evita dar la opinión donde existen varias contradictorias.

Unos hacen lo que deben y otros deben lo que hacen: frase que no necesita explicación.

Unos hacen lo que saben y otros saben lo que hacen: marca la diferencia entre la ciencia y el arte.

Unos mean en lana, y suena; y otros en lata, y no se oye: se refiere a determinados actos hechos por personas que son aplaudidos, y que hechos por otra son recriminados.

Unos meses con otros: tomando siempre como promedio.

Unos mocos son sorbidos, y otros sonados: según la clase de persona que hace una cosa, así son sus actos, resonantes o inadvertidos.

Unos nacen con estrella y otros nacen estrellados: se da a entender la distinta suerte de las personas.

Unos por otros, y la casa sin barrer: no hay peor cosa que encargarse varios de un asunto, para que no se realice.

¡Unos tanto y otros tan poco!: queja que dice el que está escaso de dinero.

Unos tienen la fama y otros cardan la lana: indica que al tener buena fama, no se suele dudar de esas personas aunque se haya hecho algo no procedente.

Untar el carro: regalar o gratificar para conseguir lo que se desea.

Untar la mano o las manos: sobornar.

Untar los morros: pegar, sacudir a una persona.

Untar o lavar los cascos: adular alabando con afectación.

Untarle la pasta: sobornar a una persona.

Uñilargo: ladrón.

Urbi et orbi: bendición papal.

Usanza es casi ley: no es fácil ir contra lo que hace habitualmente todo el mundo.

Usanza hace al maestro: haciendo las cosas resulta fácil su ejecución, aun las más difíciles.

Usar de fernandinas: no cumplir lo prometido.

Usar de su derecho: valerse de la acción que a cada uno le compete para el efecto que le convenga. Ejercer su libertad lícitamente.

Usar de zarracatería: andar con miseria y roñoserías.

Usar el látigo: actuar con dureza, con mano dura.

Uso del matrimonio: relación sexual de los esposos.

Uso hace maestro: con la repetición acaba por hacerse entendido en una materia.

Usos no vinieron todos juntos: no todas las cosas tienen el mismo origen.

¡Usted lo pase bien!: salutación o despedida a alguien deseando que tenga un agradable día.

Usted no sabe con quién está hablando: frase de menosprecio hacia una persona, dándole a entender que uno es superior.

Ut supra: como se ha dicho arriba.

Uvas, pan y queso saben a beso: indicando las excelencias de dichos elementos.

¡Va a misa!: expresión que indica que lo que se dice o se hace es totalmente cierto y sin ponerlo en duda.

Va de cuento: sirve para dar principio a una narración.

Va que arde: tener más que suficiente.

Va que chuta: tener más que suficiente, funcionar o marchar bien un asunto.

Va sin enmienda: fórmula de las cuentas públicas, como garantía de normalidad y evitación de fraude.

Vaca bramadora llama al lobo que la coma: algunas personas se buscan los conflictos por sus intemperancias.

Vaca de la boda: persona que hace los gastos, o a la que acuden todos en sus necesidades.

Vaca grande, y el caballo que ande: características que deben tener estos animales.

Vacaburra: persona de trato rudo y tosco, de bromas muy pesadas.

(Las) Vacas flacas: período de tiempo de grandes estrecheces y penurias.

(Las) Vacas gordas: período de abundancia, de precaria duración.

Vacas locas: enfermedad descubierta últimamente en el ganado bovino en Inglaterra.

Vaciar el costal, o el saco: manifestar cuanto se tenía secreto, exponer lo que se tenía callado. Confesarse una persona.

Vacilar con diez de higos, de pipas: intentar engañar a otra persona, de forma no muy perjudicial.

Vacilón: bromista, guasón, persona que disfruta tomando el pelo.

Vade retro: expresión que se usa para rechazar a una persona.

Vademécum: va conmigo, se dice de los pequeños manuales, guía en formato de bolsillo.

Vago de siete suelas: dícese del que es muy vago.

Vagoneta: gandul, haragán.

Vaina: persona despreciable.

Vale: expresión de asentimiento o de conformidad.

¡Vale Dios!: por fortuna, así como así.

Vale más caer en gracia que ser gracioso: es mejor que todo el mundo te tome por una cosa buena que serlo realmente.

Vale más oro que pesa: exageración irónica en favor de alguna persona.

Valer igual para un fregado que para un barrido: dícese a la persona que vale para todo.

Valer la pena: denota que se puede dar por bien empleado el trabajo que cuesta algo.

Valer lo que pesa: frase que encarece las excelentes cualidades de una persona o cosa.

Valer más el collar que el galgo: de mayor precio lo accesorio que lo principal.

Valer más la salsa que los perdigones: para indicar que en algunas cosas vale más lo accesorio que lo principal.

Valer más poner remedio al principio que al fin: aconsejando más precaver que remediar.

Valer menos que los cojones de un ahorcado: expresión de ruindad o insignificancia.

Valer millones, o un Potosí: tener una persona cualidades excepcionales.

Valer tanto como pesa: de gran valor.

Valer un cojón, o un riñón: de gran aprecio o valor.

Valer un huevo y la yema del otro: tener un valor inconmensurable.

Valer un imperio: ser una cosa o persona de gran valor.

Valer un mundo: frase encomiable al mérito o valor de una cosa.

Valer un ojo de la cara: ser una cosa de mucha estimación o aprecio.

Valer un pan por ciento: tener más cuenta, ser más conveniente.

Valer un Perú: ser de mucho precio o estimación.

Valer un Potosí: Valer un Perú. De gran valor.

Valer un sentido: valer muchísimo.

Valer una ciudad una cosa: tener un gran valor material.

Valga lo que valiere: sea cualquiera el mérito que tenga.

¡Válgame el cielo!: exclamación de enfado o disgusto.

¡Válgame, o válgate Dios!: exclamación moderada de enfado o disgusto.

**Válgale, válgame, válgate..., que le, me, te...
valga:** forma de recurrir al favor del cielo, para perdonar alguna acción mal hecha.

Válgate: interjección de admiración, extrañeza, enfado, etcétera, y también se dice válgate que te valga.

Válgate la teta del cura, que es teta con bendición: imprecación con que se desea a una persona buena suerte.

¡Valiente apunte!: frase irónica, indicando persona de poca importancia.

¡Valiente como tu abuelo, que rompió la cincha a pedos!: con que se exhorta a una persona a ser valiente.

Valiente por el diente: ser cobarde y sólo bueno para comer.

¡Valiente puñado son tres moscas!: burla hecha a lo que parece constituir una gran cantidad cuando, en realidad, no vale nada.

(Los) Valientes y buen vino se acaban de camino: ya que ambos desaparecen inmediatamente.

Valle de lágrimas: este mundo.

Valor en el vencido enamora al vencedor: el que en una lucha se ha comportado con valor y arrojo, pero noblemente, es admirado siempre por el vencedor.

¡Vamos!: exclamación de sorpresa, protesta, etc.

Vamos a cenar, que el caldo está deshecho: alude a que las cosas deben hacerse antes de que se pase la ocasión.

¡Vamos a cuentas!: llamar la atención en un asunto para esclarecerlo.

Vamos a ver cómo baila Miguel: con intención de ver cómo actúa o cómo se comporta ante una situación.

Vamos al caso: indicando que hay que dejar lo accesorio e ir a lo principal.

Vamos claro: deseo de que se explique bien lo que se trata.

Vamos claro... (e iban tres en la procesión): dícese cuando se da la explicación de una cosa que no entendemos por qué no se hace con la debida claridad.

¡Vamos con ella, Virgen de la Estrella!: expresión con que se anima a emprender algo difícil o molesto.

¡Vamos tirando!: expresión de que algo va por su cauce normal.

Vándalo: gamberro, salvaje, se dice del que destroza propiedades públicas.

Vanidad de vanidades y todo vanidad: expresando la importancia de la sencillez.

Vanidad es hija legítima de la ignorancia: no hay ignorante que no sea vanidoso y que no lo dé a conocer con cierta habitualidad.

Vanidad exterior es indicio cierto de pobreza interior: el orgullo es propio de majaderos y estúpidos.

Vanidad y pobreza, en una pieza: con que se moteja al orgulloso siendo pobre.

Vanitas vanitatum: vanidad de las vanidades.

Vara alta: autoridad, poder.

Varapalo: regañina.

Variaciones sobre el mismo tema: se aplica por ironía a la insistencia en un mismo asunto.

Variedad en la unidad: toda obra de ingenio está encarnada en un fondo de unidad y de conjunto.

Varilla de virtudes: la que usan los prestidigitadores.

Varita mágica: en los cuentos infantiles, vara con poderes extraordinarios.

Vas a enseñar a tu padre a hacer hijos: forma de motejar al que quiere enseñar algo cuando se está harto de hacerlo.

Vase el dinero como moro a pasas: aludiendo a la facilidad con se gasta el dinero.

Vaso malo nunca cae de mano, o vaso malo no se quiebra: se aplica cuando parece que siempre se rompe lo mejor y más estimado.

¡Vaya!: expresión de enfado leve, para denotar aprobación.

Vaya bendito de Dios: perdón de un agravio, o expresión de que no se quiere más trato con alguno; principalmente se usa para despedir al mendigo.

¡Vaya bicho!: se dice de las personas malas o inquietas.

Vaya con Dios, o vete con Dios: despedir a alguno.

Vaya con Dios la alegre... (y siempre llorando estuvo): indicando que no son las apariencias risueñas indicio de felicidad.

Vaya dos, tres... patas para un banco: expresión de capacidad puesta en duda para dos personas.

Vaya en gracia, o en gracia de Dios: frase de aquiescencia, a veces dicho con ironía.

Vaya el diablo para malo: con que se exhorta a ejecutar algo prontamente, para evitar inconvenientes.

Vaya el diablo por ruin: suele usarse para sosegar una pendencia o discordia y volver a conciliar la amistad.

¡Vaya leche, o una leche!: denotación de enfado, con desaprobación.

Vaya, o vete, en paz, o con la paz de Dios: vaya con Dios.

Vaya por Dios: conformarse con la divina voluntad.

¡Vaya papeleta!: cuando una persona se encuentra con un acontecimiento inesperado e inoportuno.

¡Vaya por Dios y por la Virgen de la Consolación!: exclamación en que se suele prorrumpir al contemplar algún desastre que no tiene ya remedio posible.

¡Vaya por lo que pasó Blas cuando lo caparon la primera vez!: dicho burlesco indicando la paciencia con que hay que sobrellevar los contratiempos imprevistos.

¡Vaya por que Dios nos mate en gloria!: frase con que se suele brindar familiarmente en Andalucia.

¡Vaya tela!, ¡Tiene tela!: indicación de sorpresa o asombro.

¡Vaya un paso! Y pasaba Judas: se dice cuando entre dos o más personas se presenta una que se presta al ridículo.

Vaya un polvo y descansemos, que el asunto va formal: modo de indicar que se va a tratar seriamente algún asunto.

¡Vaya un regalo!: frase despreciativa de mala suerte.

¡Vaya usted al cielo!: forma de indicar desprecio a lo que otro dice.

Vaya usted con Dios, o mucho con Dios: expresión de rechazo a lo que uno nos propone.

Vaya usted con Dios, señora, y su hija, conmigo: piropo dirigido a una madre, que va acompañada de su hija.

¡Vaya usted con Dios, y sin culo, que Dios no quiere cosa puerca!: manera burlesca de despedir a una persona, siendo ésta de confianza.

Vayan días y vengan ollas, o vengan días y caigan ollas: expresión que indica que pasen los días sin preocupaciones ni disgustos.

Vayan las mochas por cornudas: se dice cuando dos cosas se compensan, lo bueno con lo malo, quedando igual poco más o menos.

Váyase a espulgar un galgo: despedir con desprecio a uno.

Váyase a escupir a la vía para que el tren patine: forma de despedir a una persona.

Váyase a la mierda: forma de despedir con enojo.

Váyase al güano: despedir de mala manera.

¡Váyase bendito de Dios!: denota el contento que recibimos con la desaparición de alguna persona que nos es desagradable.

Váyase el diablo para malo, o para puto: exhorta a ejecutar una cosa prontamente, para evitar inconvenientes o malas consecuencias.

Váyase lo ganado por lo perdido: indica que se da por empleado el perder alguna cosa, por la mejoría que resulta de la pérdida.

Váyase lo uno por lo otro: denota que una de las dos cosas de que se trata puede considerarse como compensación de la otra.

Váyase mocha por cornuda: se dice cuando el defecto o imperfección de una cosa se compara con la bondad o perfección de otra.

Váyase tamboril por gaita: lo uno por lo otro.

Váyase usted al cielo, o a pasear: forma de despedir a una persona.

¡Ve a contárselo a un guardia!: frase que indica que no importa nada lo que se está diciendo.

Ve delante cuando huyeres: aconseja que sea el primero en retirarse cuando hay que huir de algún peligro.

Veinticuatro horas tiene el día: réplica al que se disculpa de no haber hecho una cosa por falta de tiempo.

Vejez, mal deseada es: ya que nadie la quiere, aunque se espere.

(Una) Vela se consume a fuerza de mucho arder: el exceso de trabajo cansa al que lo tiene que ejecutar.

Velar la mina: explicar un sentimiento el que lo tenía callado.

Velar las armas: hacer de centinela por la noche antes de ser armado caballero. Vigilar con especial atención alguna cosa.

Veleta: persona inconstante tanto en los pensamientos como en su forma de actuar.

Ven acá: forma de llamar la atención, para disuadir de una cosa.

¡Ven por otra!: atrévete.

(El) Vencido, vencido, y el vencedor, perdido: aconseja huir de toda clase de disputas, pleitos, riñas, discusiones, etc.

Vendarse los ojos: no querer sujetarse a la razón por clara que sea.

Vender a uso de feria: con ofertas y contraofertas, alabando y criticando el género.

Vender al quitar: mercar una cosa a condición de recobrarla cuando se pueda.

Vender alguna noticia nueva: participarla a otro.

Vender bulas sin ser cuaresma: frase que se emplea contra los hipócritas.

Vender cara alguna cosa: hacer que cueste mucho trabajo el conseguirla. Persuadir con razones aparentes, la bondad o utilidad de lo que en realidad no tiene.

Vender cara la vida: perderla a mucha costa del enemigo.

Vender cara una cosa: hacer que le cueste mucho trabajo o fatiga el conseguirla.

Vender el ramo: vender el vino los cosecheros al por menor.

Vender gato por liebre: engañar en la calidad de lo que se vende.

Vender hasta la camisa: cuanto se tiene, sin reservarse nada.

Vender hasta los cálices: tener que vender por necesidad los objetos más sagrados o necesarios.

Vender humos: suponer valimiento con los poderosos para sacar con artificio utilidad de los pretendientes.

Vender juncias: jactarse, echar bravatas.

Vender la burra: intentar convencer con mentiras la utilidad de lo que pretendemos.

Vender la cera barata: estar muy expuesto a perder la vida.

Vender la moto: intentar engañar o camelar a alguien.

Vender la piel del oso antes de cazarlo: cuando se alaba la ejecución de una cosa, sin haberse concluido.

Vender miel al colmenero: dar una cosa al que tiene abundancia de ella.

Vender, o verter, salud: ser muy robusto, parecer que lo es. Vender palabras: engañar entreteniendo con ellas.

Vender por suyo: hacerse pasar por autor o propietario.

Vender protección: ofrecerla.

Vender salud: ser o parecer muy robusto y sano.

Venderse caro: prestarse con gran dificultad al trato de lo que se solicita.

Venderse como churros, o rosquillas, una cosa: mucho y fácilmente.

Venderse ropa: estar abrigado un sitio cuando hace mucho frío.

¡Venga!: exclamación de ánimo, resolución.

Venga Dios y lo vea: invocación a Dios como testigo de una injusticia.

Venga lo que viniere: no intentar que el éxito sea favorable o adverso. No determinar las consecuencias de una cosa.

Venga un trago, y ¡fuera el mal tiempo!: con que se da ánimos a la vez que se echa un trago de la bota o del porrón.

Venga o no venga, allá te encajo: se dice contra los obstinados que se empeñan en que prevalezca su capricho u opinión.

¡Venga ya!: con que se desdeña o rechaza lo que dice alguien.

Vengan días y caigan ollas: se dice de la persona abúlica que nunca hace nada, y lo que espera es que pase el tiempo.

(La) Venganza es muy sabrosa: máxima opuesta a la caridad y al perdón.

Veni, vidi, vinci: se dice cuando se obtiene con rapidez el resultado anhelado; significa: llegué, ví y vencí.

Venía el villano vestido de verde: se dice cuando una persona descubre que, mediante argucias, se ha pretendido que acepte como bueno algo que sería inaceptable.

Venido del cielo: bajado. Ser bien venido y con agrado.

Venir a contrapelo: ser algo inoportuno.

Venir a cuento: ser a propósito.

Venir a la boca: ocurrirse una cosa de repente.

Venir a la cabeza: acordarse, ocurrirse.

Venir a la mano, o a las manos: lograr algo sin pedirlo.

Venir a la melena: sujetarse.

Venir a la memoria: recordarla.

Venir a la romana: ajustarse al peso.

Venir a las manos: reñir.

Venir a las mientes: ocurrírsele o recordarla.

Venir a las puñadas: llegar a las manos, pegarse.

Venir a menos: caer del estado en que estaba, caer en desgracia.

Venir a mesa puesta: sin trabajo, gasto, ir a comer.

Venir a parar: terminar, finalizar.

Venir al caso: ser oportuno.

Venir al mundo: nacer.

Venir al pelo, de perlas, de perilla: ser oportuno y conveniente.

Venir al sabor y al olor: acudir en busca de todo lo que halla.

Venir alguno contra su palabra: faltar a ella.

Venir ancho: ser excesivo algo para una persona.

Venir angosto: no bastar una cosa a satisfacer el ánimo, la ambición o el mérito de aquel a quien se da.

Venir bien una cosa: acceder a ella.

Venir cagando leches: con toda rapidez.

Venir clavada una cosa a otra: ser adecuada.

Venir como agua de mayo: se dice cuando algo es esperado con gran ilusión y esperanza.

Venir como anillo al dedo: decir o hacer una cosa con tremenda oportunidad. Caer una cosa perfectamente.

Venir como capa en enero: llegar una cosa oportunamente.

Venir como de molde: adecuadamente, presentarse con oportunidad.

Venir como nacido: ser propia una cosa para el fin que se desea.

Venir como pedrada en ojo de boticario: llegar una cosa muy mal por desagradable e inoportuna.

Venir como picha al culo: ser oportuna una cosa.

Venir como que ni pintado: resultar una cosa a propósito.

Venir con belenes: llegar con embustes, historias falsas y justificaciones absurdas.

Venir con canciones o coplas: con impertinencias o súplicas.

Venir con cuchufletas: decir cosas con zumba o chanzas.

Venir con cuentos, o con historias: referir cosas que no importan o no se quieren saber.

Venir con embajadas: con cuentos.

Venir con jaculatorias: con ruegos impertinentes.

Venir con las manos en el seno: pretender algo sin poner nada de su parte.

Venir con malas cartas: traer.

Venir con monsergas: poner excusas, decir tonterías.

Venir con retóricas: usar con una persona palabras artificiosas o imágenes deslumbrantes, con el fin de ofuscar la inteligencia.

Venir con suplicaciones: con impertinencias.

Venir con sus manos lavadas: pretender el fruto y utilidad de una cosa sin haber trabajado ni hecho nada para su logro.

Venir contra alguna ley: quebrantarla.

Venir contra su palabra: faltar a ella.

Venir de las Batuecas: estar muy atrasado, ser un inculto.

Venir de paz: sin ánimo de riña o discusión.

Venir de paleta: oportunamente, a la mano, a pedir de boca.

Venir de perilla, o perillas: a propósito, con oportunidad.

Venir de picadillo: estar.

Venir del arroyo: ser una persona de baja condición, o de familia humilde.

Venir Dios a ver a uno: sucederle una cosa favorable, especialmente hallándose en un apuro o gran necesidad.

Venir el agua tirada: llover con mucha fuerza y con viento.

Venir el cuervo: recibir socorro, particularmente si es repetido.

Venir el día: llegar a ser exigibles los derechos u obligaciones.

Venir el parto derecho: suceder una cosa favorablemente.

Venir el parto revesado: no presentarse las cosas tan favorables como se esperaban.

Venir el tío Paco con la rebaja: de todo lo que se dice, ofrece, etc., hay que descontar una parte, quedándose en menos de lo que exageradamente se ha dicho.

Venir en conocimiento: llegar a recordar, conocer, alguna cosa olvidada o de la que se dudaba.

Venir en deseo de una cosa: desearla.

Venir hecho un reloj: a punto, estar dispuesto, bien equilibrado.

Venir hecho un toro de fuego: muy enfadado y sobresaltado, notándosele por la expresión de la cara, y por su forma de hablar y de actuar.

Venir mal dadas: salir mal una cosa, suceder lo contrario de lo que se esperaba.

Venir muy ancho: ser sobrada una cosa para el mérito de aquel a quien se da.

Venir, o venirse, con las manos lavadas: pretender la utilidad de las cosas sin haber hecho la menor diligencia para su logro.

Venir, o venirse, una cosa a tierra: caer, arruinarse.

Venir por los tejados: venir alguna cosa por medios ilícitos.

Venir que ni pintada, o como pintada, una cosa: oportunamente, ajustada, adecuada.

Venir que ni pintiparado: ser conveniente y adecuado en un momento concreto.

Venir rodada una cosa: suceder en favor de lo que se intentaba o deseaba.

Venir rompiendo cinchas: correr con mucha celeridad, en coche o a caballo.

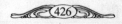

Venir tan bien como a un santo dos velas: acontecer o llegar una cosa en el momento oportuno y cuando más falta hacía.

Venir tan justo como dedo en culo: dícese de lo que está muy ajustado, o que viene muy a propósito.

Venir una cosa como llovida del cielo: llegar muy bien por ser totalmente inesperada, haciendo mucha ilusión.

Venir una cosa como magníficat a maitines: suceder algo a destiempo.

Venirle a uno con cuentos: contarle cosas que no le importan, o que no quiere saber.

Venirle de casta, o de casta al galgo: ser una cosa hereditaria o innata en una persona.

Venirle Dios a ver: haber tenido suerte en una cosa.

Venirle grande: resultarle una cosa inadecuada para él.

Venirle que ni de molde: resultar una cosa muy oportuna.

Venirle una cosa más justa que pecadora: sin sobrar ni faltar, pintiparadamente.

Venirse a buenas: conformarse.

Venirse a la boca: cuando repite la comida. Ocurrirse alguna respuesta o acto.

Venirse a la buena: hacer las paces, acordar.

Venirse a los ojos: saltar a la vista.

Venirse a tierra: caerse.

Venirse al suelo: caer algo al suelo.

Venirse abajo una cosa: quedar deshecha una cosa después de que estaba empezada. Desilusión en no haber conseguido algo.

Venirse con los brazos cruzados: volverse sin haber hecho lo encargado.

Venirse de vacío: sin lo que se proponía.

Venirse el cielo abajo: gran tempestad, alboroto o gran ruido.

Venirse, o volverse, la albarda a la barriga: salir una cosa al contrario de lo que se deseaba.

Venírsele a la boca alguna cosa: sentir el sabor de alguna cosa que hay en el estómago. Ofrecerse algunas especies y palabras para proferirlas.

Venírsele a la lengua una cosa: ocurrírsele.

Venírsele la albarda a la barriga: acontecer alguna cosa al contrario de lo que se esperaba.

Venírsele una cosa a las mientes: ocurrírsele.

Ventilársela: realizar un hombre el acto sexual con una mujer.

Ventilárselas: arreglárselas.

Ventura de García: expresión irónica, con que se da a entender que a una persona le sucedió lo contrario de lo que deseaba.

Ventura de la barca: la mocedad, trabajada, y la vejez, quemada: se aplica a los que han tenido una existencia poco agraciada.

Ventura, de la cama a la sepultura: aplícase cuando a una enfermedad no se ve remedio.

(La) Ventura de las feas, las bonitas la desean: las mujeres feas, pero con gracia, tienen mayor valía que las bellas y sosas.

Ventura te dé Dios, hijo, que el saber poco te basta: indicando que la suerte o protección muchas veces es mejor que todos los conocimientos adquiridos.

Venus, Baco y tabaco dejan al hombre flaco: alerta contra los tres vicios.

Venus muerta, sin Baco ni Ceres: sin comida ni bebida no son posibles los actos amorosos.

Veo, veo...: frase que inicia un juego infantil muy conocido, y que continúa: **Qué ves. Una cosita. Con qué letrita. Con la...**

Ver algo negro: como si fuese a dar malos resultados.

Ver como por celosía: no ver las cosas muy claras o no comprenderlas bien.

Ver con buenos o malos ojos: bien o mal alguna cosa.

Ver crecer, sentir, oír la hierba: ser de ingenio agudo, de gran perspicacia.

Ver de manos a boca: verificar una cosa impensadamente y en breve tiempo.

Ver el cielo, o los cielos abiertos: encontrar salida aparente a algún problema o apuro.

Ver el cielo por un embudo: tener poco conocimiento del mundo.

Ver el cielo por un agujero: conocer escasos lugares.

Ver el juego: conocer las pretensiones de una persona.

Ver el juego mal parado: conocer que algo está en mal estado.

Ver el mundo por un agujero: tener ideas muy reducidas, no aceptar más que sus propias ideas, ser restrictivo.

Ver el pleito: hacerse relación de él, hablando las partes o sus abogados.

Ver el pleito mal parado: reconocer el peligro en que uno se halla o la pérdida que sufre alguna cosa.

Ver el plumero a uno: descubrir o adivinar sus intenciones.

Ver la luz: nacer.

Ver la paga al ojo: cuando el trabajo se ejecuta con prontitud y fácilmente por estar seguro el cobro del mismo.

Ver la paja en el ojo ajeno, y no la viga en el propio: darse cuenta de los defectos de los demás y no de los propios.

Ver la suya: haberse presentado la oportunidad para hacer una cosa.

Ver las cosas de color de rosa: esperar siempre las cosas con optimismo o verlas fácil de ejecutar.

Ver las estrellas, o ver las estrellas al mediodía: sentir un dolor muy fuerte y vivo. Dícese por la especie de lucecillas que parecen verse cuando se recibe un golpe.

Ver las orejas al burro: en gran necesidad.

Ver las orejas al lobo: hallarse en gran riesgo o peligro próximo.

Ver los cielos abiertos: se aplica cuando se presente una ocasión favorable o coyuntura propicia para salir de un apuro o conseguir lo que se desea.

Ver los santos: ojear los dibujos de un libro o revista.

Ver los toros: presenciar una riña.

Ver los toros desde la barrera, el andamio o el balcón: contemplar algo sin correr ningún riesgo.

Ver menos que Pepe Leches: expresión de no ver casi nada.

Ver menos que un gato de yeso, o de escayola, que Pepe Leches, que un pez frito, etc.: no ver absolutamente nada.

Ver menos que un martillo enterrado en paja: de visión nula.

Ver menos que un pichón por el culo: se dice de la persona que no ve nada.

Ver menos que un topo: tener muy poca visibilidad.

Ver menos que una polla con flequillo: de ceguera total.

Ver menos que una polla vendada: ser invidente.

Ver mundo: viajar por muchos sitios.

Ver negro algo: dícese cuando una cosa tiene mal cariz.

Ver, oír y callar: lo que hay que hacer en esta vida; viene representada esta expresión con tres monos, que se representan con cada una de las palabras.

Ver para creer: creerse una cosa que no hubiese sido aceptada si no se hubiese visto.

Ver pasar los garbanzos por el meridiano: ponerse a comer a las doce del día.

Ver por brújula: mirar desde donde se ve poco.

Ver por tela de cedazo: adivinar.

Ver tierras: ver mundo.

Ver venir: esperar la intención de otro o el suceso futuro para resolver una cosa.

Ver visiones: dejarse llevar de la imaginación creyendo lo que no hay.

Ver y creer: no creer sólo por oídas.

Veranillo de San Miguel, o de San Martín: la tradición cree que por el veintinueve de septiembre y el once de noviembre suele hacer un buen tiempo, como si volviese por unos días el verano.

Veranillo del membrillo: con referencia al mes de septiembre.

Verás: advertencia que se dirige a una persona o pronóstico que se hace.

Verbatim: literalmente.

Verbi gratia: por ejemplo.

Verdad amarga: disgusto que se recibe al escuchar los defectos o desaciertos.

Verdad como un templo, como una catedral: una gran verdad.

Verdad de Perogrullo: verdad tan cierta que ninguno puede negarla.

Verdad desnuda: la patente y clara.

(La) Verdad en su lugar: después de contado un hecho, salvamos la responsabilidad con la frase indicada.

(La) Verdad es como el aceite, que siempre queda encima: por salir siempre triunfante.

Verdad es hija de Dios: impuesta por Él en el octavo mandamiento.

Verdad es hija del tiempo: el tiempo no encubre nada.

Verdad es que: forma como que no impide o estorba el asunto, para exceptuarlo de una regla general.

Verdad hace al hombre hijo de Dios, y la mentira, del diablo: exhortando la verdad por encima de todo.

Verdad lisa y llana: como es, sencilla, sin rodeos.

Verdad monda y lironda: igual que lo anterior.

(La) Verdad no tiene más que un camino: ya que lo verdadero se impone siempre.

Verdad padece, pero no perece: puede tener sus avatares, pero prevalece siempre.

Verdad por delante: animando a decir siempre la verdad por encima de todo.

Verdad pura y dura: totalmente real, aunque cueste creerla.

Verdad que daña, es mejor que la mentira que halaga: la lisonja y la falsedad suelen ser más agradables, pero menos recomendables por las consecuencias que ocasionan.

Verdad sabida y buena fe guardada: forma usada en la redacción de ciertos contratos.

(La) Verdad se fue al cielo: ya que encontrarla en la tierra es una cosa muy difícil.

Verdadero santo, lo es sólo y sin ruido: la verdadera virtud no quiere ser publicada.

(Las) Verdades amargan: por lo poco o nada agradables que es escucharlas.

Verdades apuradas son necedades: no se debe insistir en lo que es conocido de todos.

Verdades como puños: las claras y reales.

Verdades de Perogrullo: que a la mano cerrada llamaba puño: cuestiones que no necesitan demostración, por lo claras y evidentes que son.

Verdades del barquero: las ciertas y muy sencillas.

(Las) Verdades ofenden: ya que a nadie nos gusta que nos digan nuestros defectos, o lo que no deseamos oír.

Verde: persona obscena.

Verde por fuera; colorado por dentro; con pipas; si me dices lo que es te doy una raja: se dice cuando las cosas no necesitan explicación alguna. La sandía.

Verde y con asa...: se dice cuando se saca una consecuencia que, por los datos que se dan, es sumamente clara y lógica.

Verdear la hierba: empezar una cosa a ser buena, verse algún futuro o solución.

¡Verdes las han "segao"!: expresión de duda razonable, o de difícil ejecución.

Verdulera: mujer desvergonzada, grosera.

Vereda no cría hierba: modo de expresar que una persona recorre mucho camino en su vida.

Veremos: duda de que se realice algo.

Verga, vergajo: miembro viril.

Vergüenza ajena: la que se siente por actos cometidos por otras personas.

(La) Vergüenza era verde y se la comió un burro: forma de expresar que no hay que tener vergüenza por los inconvenientes que ocasiona.

(La) Vergüenza es una cosa que para nada sirve y para todo estorba: dícenlo los caraduras.

Vergüenza para nada sirve, y para todo estorba: consejo que, si se sigue, se llega a la inmoralidad, y no es bueno.

Vergüenza torera: tener gran pundonor y responsabilidad.

Vergüenza y doncellez se pierden sólo una vez: las mujeres que se deciden pierden ambas cosas a la vez, y los hombres en malas acciones, quedando abierta la puerta para sucesivas veces.

(Las) Vergüenzas: los genitales.

Verlas venir: sospechar, adivinar una cosa.

Verle el juego: conocer las intenciones.

Verlo negro: ser pesimista.

Verlo todo con cristales, o lentes, ahumadas: del lado desfavorable. Ser pesimista.

Verlo todo con cristales, o lentes, de aumento: ver los defectos o virtudes de forma exagerada.

Verlo todo de color de rosa: ser optimista.

Verlo todo negro: característica del pesimismo, no encontrar alegría.

Verriondo: dícese del hombre que está siempre excitado sexualmente.

Verse alguno en bragas, o en bragas de becerro: hallarse en algún apuro.

Verse alguno en calza prieta: pasar por algún apuro.

Verse con alguno: buscarlo para algún asunto o pendencia.

Verse de Pascuas a Ramos, de Pascuas a San Juan, de ciento a viento: muy de tarde en tarde.

Verse en ello: reflexionar una cosa para su ejecución.

Verse en las uñas del lobo: estar en grave peligro.

Verse en los cueros del toro: en peligro inminente.

Verse la copla: armarse el escándalo.

Verse las caras: avistarle para manifestar el sentir o el resentimiento, para empezar a reñir.

Verse negro: ejecutar algo con gran fatiga o apuro.

Verse y desearse: costar una cosa gran afán y cuidado.

Vérselas con alguien: tener que enfrentarse con ella.

Vérselas negras: encontrarse en situación muy apurada, pasar penalidades y trabajos para conseguir algo.

Vérselas y deseárselas: costar mucho trabajo conseguir algo.

Vérsele el plumero: conocer sus intenciones, o pensamientos.

Vérsele la planta de los pies: se dice de la persona que bosteza de modo exagerado.

Vérsele la oreja: traslucírsele la intención que lleva.

Vérsele un detalle: recibir un obsequio de una persona que no es prolífica en ello.

Verter especies, máximas, etc.: decirlas con determinado objeto.

Verter salud: estar muy sano.

Verter sangre: estar muy encendido el rostro. Acabar de suceder un caso de importancia.

(Un) Vestido de verde-espera ribeteado de nunca-llega: aplícase jocosamente a toda esperanza o promesa que nunca llega a realizarse.

Vestido y calzado: sin trabajo, a poca costa. Cubiertas las primeras necesidades por cuenta ajena.

Vestir con la estación: usar la ropa que se requiere con cada temperatura del año.

Vestir el muñeco: dar a una cosa apariencia atractiva y agradable.

Vestir el proceso: formarlo con todas las diligencias y solemnidades requeridas por derecho.

Vestir las armas: armarse con ellas.

Vestirse de luto: entristecerse, desilusionarse.

Vestirse de punta en blanco: con todo primor.

Vestirse de tiros largos: elegantemente, con lujo.

Vestirse por la cabeza: ser del sexo femenino; antiguamente se decía igualmente de los clérigos por vestir sotana o hábitos sin forma de pantalones.

Vestirse por los pies: ser del sexo masculino.

¡Vete a cagar, o vete a cagar a la vía!: frase de rechazo o de desprecio.

Vete a escardar, o escardar cebollinos: echar a uno en hora mala.

Vete a esparragar, o freír espárragos: despedir alguno con enfado.

Vete a espigar: despedir de mala manera a alguno.

Vete a espulgar galgos: manera despreciativa de despedir a alguien.

Vete a freír monas, o churros: expresión usada para despedir a uno con enfado.

Vete a la dula: en hora mala.

Vete a la mierda, al güano, a tomar vientos, a tomar por saco, a tomar por culo, etc.: despedir a alguno con malos modos y de malas maneras.

¡Vete a la porra!: despachar desairadamente.

¡Vete a paseo!: despedir a uno con enfado.

Vete a saber, o vaya usted a saber: para indicar que una cosa es difícil de averiguar.

¡Vete a tomar por el culo, o por el saco!: forma de despedir de mala manera a una persona, con desprecio y de mala forma.

¡Vete al carajo!: frase de rechazo o de desprecio.

¡Vete al cuerno!: forma que expresa rechazo o desprecio.

¡Vete al pedo!: expresión de enfado usada para cortar bruscamente la conversación, negar, manifestar burla o incredulidad.

Vete con Dios, o vaya con Dios: despedida.

Vete, o idos, a pasear: con que se despide a una persona de mala manera.

Vete, o idos, noramala, o en hora mala: a paseo.

¡Vete, o váyase, a tomar por el culo!: expresión de enfado o irritación, con que se despide o echa a una persona.

(La) Veteranía es un grado: indicando que la experiencia debe ser siempre considerada como una buena cosa.

Vía libre: camino expedito, sin obstáculos.

Vía muerta: camino que no conduce a ninguna parte, que tiene un fin determinado.

Vía satélite: comunicación establecida entre la tierra y un satélite artificial dispuesto para ello.

Viajar en la perrera: en los trenes o ferrocarriles antiguos en tercera clase.

Viaje relámpago: el que se tiene que realizar casi inmediatamente.

Viajes del perezoso, doble trabajosos: la persona que se retrasa en hacer las cosas, debe hacer después un esfuerzo superior para poderlas terminar.

Víbora: persona de malas intenciones, dada a la venganza.

Viceversa: se dice de la persona que muestra indecisión ante sus actuaciones.

Vicio es antesala del crimen: el que tiene un vicio es capaz hasta de matar con tal de satisfacerlo.

Victoria pírrica: triunfo que cuesta grandes pérdidas y, en definitiva, no es compensado.

Victoria sin peligro, triunfo sin gloria: lo que se adquiere sin dificultad o sacrificio, en poco se estima.

Vida airada: viciosa y desordenada.

Vida ancha: la relajada.

Vida birlonga: buena vida, "vidorra".

Vida culpable: acciones recriminatorias ejecutadas en tiempo pasado.

Vida de aldea, désela Dios a quien la desea: menospreciando la vida en estos lugares, por falta de comodidad, distracciones, etc.

Vida de canónigo, o canonical: la de mucha comodidad y sosiego

Vida de perros: la que tiene mucho trabajo, molestias o desazones.

Vida de preñada, vida privilegiada: por las atenciones que recibe la mujer en ese estado.

Vida del hombre, batalla sobre la tierra: por ser lucha continua por la existencia.

Vida del perdido, poco dinero y harto de vino: reprendiendo a la gente de vida desordenada.

Vida del puerco, corta y gorda: indicando los buenos destinos, pero de corta duración.

(La) Vida es breve: con que se manifiesta lo efímero de la vida.

(La) Vida es dulce: forma de indicar la excelencia de vivir.

(La) Vida es efímera: de poca duración, breve, fugaz.

(La) Vida es un fandango, y el que no lo baila, un tonto: forma de indicar que hay que pasar la vida de la mejor manera posible.

(La) Vida es un soplo: muy breve.

(La) Vida es una tómbola: ya que algunas personas tienen suerte en su vida, y otras no.

Vida espiritual: vivir perfeccionando el espíritu.

Vida futura: la que sigue a la muerte.

(La) Vida hay que pasarla a tragos: dícenlo los amantes de la bebida.

(La) Vida hay que tomarla como viene: adaptándose a las circunstancias, e intentando hacer de lo malo, bueno.

Vida intelectual: vivir perfeccionando los conocimientos o ampliándolos.

Vida mía, o mi vida: expresión cariñosa al que se ama mucho.

Vida padre: la cómoda y ragalada.

Vida pasada: acciones ejecutadas en tiempos pasados.

Vida pasada hace la vejez pesada: según el tipo de vida llevado en la juventud, así será de buena o mala la vejez.

Vida perdurable: dícese de la persona que no acaba nunca de contar las cosas.

Vida privada: la que se pasa en el interior personal o familiar.

Vida religiosa: la que se lleva con orden interior en servicio a Dios.

Vida sin amigo, muerte sin testigo: que advierte al que no se cuida de granjearse amigos; se verá desamparado en las adversidades.

Vida vegetativa: la que únicamente tiene las constantes vitales, pero sin conocimiento ni voluntad.

Vida, vidita: expresiones de cariños entre enamorados.

Vida y alma, mas no la albarda: contra los miserables y mezquinos, que prefieren cualquier cosa a sacrificar sus propios intereses.

Vida y milagros: mañas y travesuras.

Vidriarse los ojos: tomar apariencia de vidrio, señal cerca de la muerte en los enfermos.

Vieja fue, y no se coció: expresión familiar con que se denota o reprende la excusa vana que se da por haber dejado de hacer alguna cosa.

Viejas guardias: en los partidos políticos, las personas que se aferran a las ideas antiguas, sin modernizarse.

Viejo amador, invierno con flor: el amor de los ancianos es tan poco productivo como el invierno con las flores.

Viejo casado con mujer hermosa es cosa muy dañosa: por lo expuesto que está a que "le ayuden" en las obligaciones matrimoniales.

Viejo, dos veces niño: ya que se hace igual que éstos.

Viejo es el que muere, aunque no haya cumplido los veinte, y joven el que vive, aunque haya cumplido los seis quince: efectivamente, mientras no se muere, todo es vida.

Viejo o vieja: forma de dirigirse o hablar de sus padres.

Viejo que se cura cien años dura: recomendando una vida sana con el fin de alargar la vida.

Viejo verde: el que tiene modales y acciones de mozo amoroso.

Viejo y horno por la boca se calientan: ya que el primero se enardece con la conversación.

(Los) Viejos son como los cuernos: duros, huecos y retorcidos, poco impresionables y marrulleros.

(Los) Viejos son dos veces niños: haciéndose tercos, caprichosos, insocialbles, egoístas, etc.

Viendo los toros desde el andamio somos toreros sabios; ¡baja, guapo, al redondel, que aquí te quiero ver!: lo de siempre: que una cosa es predicar y otra dar trigo.

Viento en popa: con buena suerte, dicha o prosperidad.

Viento que corre muda veleta, mas no la torre: una persona puede cambiar en lo accesorio, pero nunca en lo principal.

Viento y ventura poco dura: la felicidad no es compañera eterna del hombre.

(El) Vientre no tiene orejas: la persona que tiene hambre no atiende a razón alguna.

Vil metal: el dinero.

Villa Meona: nombre dado a una actual vivienda, que tiene muchos cuartos de baño, y por extensión a las que tienen estas características.

Villano rogado, servicio negado: indicando que a las personas que no son nobles, o que no tienen buen corazón, no es necesario pedirles ningún favor, ya que a todo dicen "no".

(Los) Villanos dan frutos a palos: las palabras no hacen mella en ellos, y todo tiene que conseguirse con el castigo.

Vinagre y miel sabe mal, pero hace bien: se refiere a la forma de trato con los niños.

Vino abocado: al que no es seco ni dulce, pero tiene las condiciones de éste.

Vino acerbo: dícese del vino áspero y ácido, llámase también vino "duro de pelar".

Vino ahilado: dícese igualmente del vino enfermo, que al trasegarlo de un recipiente a otro el chorro tiene aspecto de hilo. Llámase igualmente vino "sordo".

(El) Vino alegra el corazón: la bebida tiene la cualidad de poner contenta a la gente.

Vino amontillado: el generoso y pálido hecho a imitaciòn de los de Montilla.

(El) Vino anda sin calzas: ya que da ánimos para emprender cualquier acción.

Vino astringente: es el que sus elementos, como el tanino, producen una sensación de roce entre el paladar y la lengua muy fuerte.

Vino atabernado: el vendido al por menor, según se acostumbraba en las tabernas.

Vino blanco: el elaborado con uvas blancas.

Vino butírico: dícese del vino que huele a rancio, y no se descubre ninguna característica especial al catarlo.

Vino clarete: especie de vino tinto, algo claro, elaborado por mezcla del tinto y el blanco.

Vino como rey, agua como buey: recomendando que el agua se puede beber en cantidad, cosa que no debe suceder con tal rico elemento.

Vino cubierto: el de color oscuro.

(El) Vino da buena lengua: es difícil hallar un borracho que no sea locuaz.

Vino de aguja: vino raspante, sin acabar de fermentar.

Vino de chichorra: el de muy poca graduación y de color pálido.

Vino de cortinas: el que es malo, el que se reúne de las sobras de otros recipientes.

Vino de cuba: el que está encubado hace algunos años.

Vino de dos, tres o más hojas: de dos, tres o más años.

Vino de dos orejas: el fuerte y bueno.

Vino de garrote: el que es sacado a fuerza de torno o prensa.

Vino de lágrima: el que destila la uva sin exprimir, ni apretar el racimo.

Vino de mesa, o de pasto: el más común y ligero, que se utiliza durante la comida.

Vino de pitarra: el del año, que no está encubado.

Vino de postre: el generoso, que se utiliza para ese fin.

Vino de solera: el más añejo y generoso, que se utiliza para dar vigor al nuevo.

Vino de una oreja: el delicado y generoso.

Vino de una o de dos orejas: se decía del que, probado, hacía mover hacia un lado la cabeza en señal de aprobación, o del que hacía mover repetidamente la cabeza de un lado a otro en señal de desagrado.

Vino de yema: el de en medio de la cuba o tinaja, ya que tine un sabor diferente al del principio o final.

(El) Vino, desde que lo pisaron, por huir de los pies se sube a la cabeza: es el efecto de la uva, convertida en caldo.

(El) Vino es la leche de los viejos: la bebida con moderación sirve de alimento y ayuda a una mejor digestión.

Vino forrado: es el que tiene ciertas características suaves, por su riqueza en glicerina.

Vino generoso: el más fuerte y añejo que el vino común.

(El) Vino, la verdad y la mujer pueden más que la honra: expresa la influencia que tienen estas tres cosas sobre el hombre.

Vino Lucas Gómez: modo jocoso de dar a entender que se ha echado a perder lo que se llevaba entre manos.

Vino, marido, que me fino: manera chusca de pedir de beber.

Vino moscatel: vino muy dulce elaborado con esa clase de uvas.

(El) Vino no tiene nada de vergüenza: ya que el que bebe se vuelve atrevido.

(El) Vino, para que sepa a vino, se ha de beber con un amigo: ya que se saborea con más gusto.

Vino pardillo: cierto vino entre blanco y tinto, más bien dulce que seco, y de baja calidad.

Vino peleón: el corriente y sin tratar comercialmente.

Vino plano: dícese del que carece de acidez, por lo que se muestra desequilibrado, sin contraste en la boca.

Vino por fuera, vino por dentro, cura todos los males al momento: las fricciones de vino caliente, y una buena copita de licor, suelen curar ciertas enfermedades ligeras.

Vino que se bebe con medida, jamás fue causa de daño alguno: recomendando templanza en el beber.

Vino rosado: elaborado especialmente para obtener ese color; elaborado y fermentado con partes de uvas blancas y negras.

Vino sacado hay que beberlo: ya que si no se estropea.

Vino tintillo: poco subido de color.

Vino tinto: el elaborado con uvas negras.

Vino verde: mosto ordinario, áspero y seco.

¡Vino! Vino Dios al mundo: forma de disimular al que pide vino para beber.

Vínole Dios a ver sin campanilla: sin avisar, en silencio, sin alharacas.

(La) Viña del Señor: conjunto de fieles guiados por un ministro de la Iglesia.

Viñas y Juan Danzante: úsase para dar a entender que uno sale huyendo.

Violeta: expresa no me olvides, en el lenguaje de las flores.

Virgen del Henar: unos vienen por verte y otros por robar: dicho usado en la romería celebrada en la provincia de Segovia el domingo más próximo al 21 de septiembre.

Virguería: filigrana, adorno, detalle que sorprende por estar bien hecho algo.

Virguero: magnífico, exquisito.

Virguito: forma de expresar que una mujer es virgen, bonita e ingenua.

(La) Virtud a solas es verdadera nobleza: porque no se ejecuta para que se vea, sino por verdadero convencimiento.

Virtud alabada, crece: todo lo que se encomia toma más incremento.

(La) Virtud es más perseguida de los malos que de los buenos: siempre tuvo el mal más partidarios que el bien.

(La) Virtud es un tesoro más duradero que el oro: ya que ésta no se gasta como ocurre con el oro.

(La) Virtud no se logra en un cuarto de hora: por necesitarse mucha perseverancia y mucha fe.

(Las) Virtudes adoban la sangre: el que practica la virtud encuentra siempre beneficios corporales.

(Las) Virtudes cardinales son cinco, a saber: prudencia, justicia, fortaleza, templanza y sangre ligera: aplícase a los que son tardos en ejecutar las cosas.

Virtudes vencen señales: indicando que, ante las pruebas fehacientes, todo debe doblegarse ante ellas.

Virus informático: programa informático creado para dañar otro tipo de programas.

Viruta: carpintero.

Vis a vis: cara a cara. Visitas de las cárceles.

Visita de cumplido, o de cumplimiento: la que se hace como muestra de cortesía y respeto.

Visita de médico: la de corta duración.

Visita domiciliaria: la que se hace por la autoridad a casas sospechosas.

Visita pastoral: la que hace el obispo a las iglesias de su diócesis.

Visitar al señor Roca: ir al cuarto de baño.

Visitar los altares: hacer visita al Altísimo.

Vísperas sicilianas: cualquier venganza en general.

Vísperas y completas, mientras me pongo las calcetas; maitines y laudes, que los canten los frailes; prima, tercia, sexta y nona, Dios las perdona: excusa de un cura aragonés, para eximirse de los rezos.

Vista de águila: la que alcanza y abarca mucho.

Vista de lince: la muy aguda y penetrante.

(La) Vista es la que trabaja: la observación es necesaria y de gran utilidad.

Vista larga y lengua corta, y huir de lo que no te importa: consejo dado para meterse en asuntos propios y no ajenos.

Vísteme despacio que tengo prisa: indica no proceder atropelladamente para ganar tiempo, ya que con la prisa suele suceder la repetición de algo, con lo que se pierde tiempo.

Vístete como te llamas, o llámate como te vistes: los actos de las personas deben corresponderse con su educación.

Visto bueno: fórmula de algunos certificados que indica que el que ha firmado es persona autorizada para ello.

Visto para sentencia: estar un asunto para llegar a su desenlace.

Visto que: pues que, una vez que.

Visto y no visto: se aplica a algo que se hace o sucede con gran rapidez.

Viudas, casadas y doncellas, ¡buenas son todas ellas!, o ¡fuego en todas ellas!: indicando que las mujeres, cualquiera que sea su condición, tienen todas ellas un gran "fuego interior".

¡Viva!: interjección de alegría y aplauso.

¡Viva Cartagena!: expresión considerada como ponderación al éxito de los mediocres.

Viva la madre que te parió: expresión de alabanza; sirve para ensalzar igualmente a una persona.

¡Viva la Pepa!: se expresa así una situación de despreocupación y regocijo.

¡Viva la Pepa y el pan a dos cuartos!: expresión por la cual damos a entender la tranquilidad con que se ven las mayores cosas, siempre que a nosotros no nos falte nada.

Viva la verdad y muera la mentira: expresiones en defensa de la verdad.

Viva la Virgen: se aplica a la persona informal que no se ocupa de nada.

Viva mi dueño: con que se grababan antiguamente muchos objetos, principalmente las espadas.

¡Viva quien vence!: disposición pronta del ánimo a seguir al que está en prosperidad y a huir del que está caído.

Viva usted mil años, o muchos años: expresión de agradecimiento, o a modo de saludo.

Viva voz: expresión oral, por contraposición a la escrita.

Vivales: aprovechado, fresco, sinvergüenza.

¡Vivan los novios!: expresión de júbilo oída en algunas bodas.

¡Vivan los padrinos!: expresión de júbilo oída en ciertas ceremonias familiares, bodas o bautizos.

Vive como si fueras a morir mañana: es decir, cumpliendo con las normas y los mandamientos, para morir en gracia de Dios.

¡Vive Dios!: juramento de ira o enojo.

Vividor: persona que sólo mira por su comodidad e interés.

Vivir a cuenta: depender de alguien, principalmente en su manutención.

Vivir a cuerpo de rey: magníficamente.

Vivir a la birlibirlonga: sin ninguna preocupación, sin trabajar, viviendo a costa de otro.

Vivir a la buena de Dios: sin obligaciones, como salga.

Vivir a la gran dumón: a lo grande.

Vivir a lo de Dios es Cristo: atenerse a la opinión de la mayoría.

Vivir a lo duque: cómoda y holgadamente.

Vivir a lo grande: a lo duque.

Vivir a lo loco: sin freno, sin orden, como le apetece en cada momento a uno.

Vivir a lo príncipe: con toda serie de comodidades.

Vivir a, o por, cuenta de otro: mantenerse a sus expensas.

Vivir a ojo: sin administración, a la buena de Dios.

Vivir a sus anchas: cómodamente y libre de molestias.

Vivir al día: no ahorrar nada, por gastarse a diario de lo que se dispone.

Vivir al hilo del mundo: dejarse llevar de la corriente.

Vivir arrimado: amancebado.

Vivir cabronamente: mal, con muchos problemas.

Vivir como a cuerpo de rey: darse buena vida, con regalo y holgura.

Vivir como Dios: expresión irreverente que significa que no se puede vivir mejor.

Vivir como Dios quiere: cuando una persona vive mal, con apuros y estrecheces.

Vivir como perros y gatos: en riñas y desavenencias constantes.

Vivir como un cura, o mejor que un cura, obispo, canónigo, pachá, marajá, rey, príncipe, emperador, general: muy bien.

Vivir con desahogo: tener bastante para estar con comodidades.

Vivir de la caridad: de la limosna.

Vivir de la uña: del robo.

Vivir de las rentas: de los beneficios que produce alguna inversión, de los alquileres, igualmente vivir de situaciones anteriores, sin hacer nada por mejorarlas.

Vivir de milagro: mantenerse con mucha dificultad. Haber escapado de un gran peligro.

Vivir de motolito: mantenerse a expensas de otro.

Vivir de, o por, sus manos: mantenerse de su trabajo.

Vivir de prisa, o aprisa: trabajar demasiado o gastar salud sin reparo.

Vivir de puta madre, o de manda madre: excelentemente.

Vivir de repoyo: a sus expensas.

Vivir de su pluma: ganarse la vida escribiendo.

Vivir del aire: sin recursos conocidos y seguros.

Vivir del cuento: sin trabajar.

Vivir del sable: dícese de la persona que engaña pidiendo dinero a los demás.

Vivir en las nubes: dícese de la persona que vive de ilusiones.

Vivir en las Quimbámbaras: en un sitio muy lejano.

Vivir en otro mundo: no tener conciencia de lo que se está haciendo, tener grandes fantasías.

Vivir en pareja: convivir con otra persona sin estar casado con ella.

Vivir los días de Néstor: ser de edad provecta.

Vivir más años que la sarna: dícese del que llega a edad muy longeva.

Vivir más años que Matusalén: alcanzar una vida larguísima.

Vivir ocioso es enterrarse en vida: ya que no se sabe qué poder hacer en cada momento, por lo que es aburrido.

Vivir para ver: extrañar alguna cosa que no se esperaba.

Vivir por sus manos: mantenerse de su trabajo.

Vivir sobre el país: vivir a costa ajena.

Vivito y coleando: se dice del que se creía muerto y está con vida.

(El) Vivo al hoyo, y el muerto, al bollo: indica que la vida debe continuar, no debiendo amilanarse nadie.

Vivo ejemplo: se dice de la persona de la que se toma siempre ejemplo.

Volar al cielo: el alma cuando se separa del cuerpo.

Volar con pólvora: se explica el grave castigo que merece alguno, amenazar con él.

Volar el pájaro: desaparecer de un lugar una persona cuando se la está buscando.

Volar la mina: descubrirse una cosa oculta.

Volar la ribera: ser dado a la vida vagabunda y aventurera.

Volar los sesos: matar de un disparo a una persona.

Volar una cosa: desaparecer.

Volar una mina: descubrirse una cosa que estaba oculta y se creta.

Volcar el puchero: dícese en las elecciones cuando se hace fraude en el cómputo de los votos.

Voló el golondrino, o la golondrina: escaparse de las manos una cosa que se esperaba.

Voló el pájaro: escaparse una persona.

Voluntad de hierro: la muy enérgica e inflexible.

(La) Voluntad es la regla justísima de las obras: no siempre se hace lo que se quiere, sino lo que se puede.

Voluntad es vida: con que significa que el gusto propio en hacer las cosas contribuye al descanso de la vida.

(La) Voluntad está pronta, pero la carne es flaca: la materia no responde siempre a los deseos del hombre.

Voluntad virgen: la indómita e inadecuada.

Volvamos a nuestros carneros: se dice para volver a tomar el hilo de una conversación cuando se ha interrumpido.

Volver a la cara alguna cosa: devolverla con desprecio.

Volver a la carga: insistir en algún empeño o tema.

Volver a la misma canción: repetir inoportunamente una cosa.

Volver a las andadas: reincidir en un vicio, defecto o mala costumbre.

Volver a nacer tal día: haberse librado de un grave peligro.

Volver a uno el juicio: trastornárselo.

Volver a uno loco: confundirle con especies sin conexión.

Volver al cuerpo: responder a una injuria con otra.

Volver al redil: volver a sus principios, dejar la mala vida.

Volver al sicut erat in principio: comenzar de nuevo una cosa.

Volver al tema: reincidir obstinadamente en la opinión que se mantiene.

Volver al vómito: recaer en las culpas o delitos que se habían abandonado.

Volver caras: dar frente a la retaguardia.

Volver casaca: dejar alguno el partido en el que militaba y tomar el contrario.

Volver de la muerte a la vida: restableacerse de alguna enfermedad gravísima.

Volver de rabo: trocarse una cosa al contrario de lo que se esperaba.

Volver de su acuerdo: retractarse.

Volver de vacío: regresar sin haber conseguido lo que se pretendía.

Volver el alma al cuerpo: librarse de un cuidado grave o temor.

Volver el cambio: pagar con la misma moneda.

Volver el rostro: indicar cariño cuando se dirige a una persona. Desprecio cuando se aparta de él. Huir.

Volver en blanco lo negro: pretender demostrar lo contrario de la verdad.

Volver en sí: restituirse en su sentido después de un accidente.

Volver en su acuerdo: volver en sí, recobrar el sentido perdido.

Volver la cara: no admitir algo.

Volver la cara, o la cabeza del revés: expresión que se hace cuando se da una bofetada o un tortazo.

Volver la cara al enemigo: resolverse el que huye a pelear con el que le perseguía.

Volver la chaqueta: cambiar de opinión o de partido.

Volver la espalda: abandonar a una persona a su suerte, no prestando la atención debida.

Volver la grupa: retroceder, desistir, cejar.

Volver la hoja: cambiar de parecer o conversación. Faltar a lo prometido.

Volver la pelota: rechazarla. Esgrimir argumentos en contra del que los había en principio formulado.

Volver la puerta: cerrarla.

Volver la vista atrás: recordar sucesos pasados, meditar sobre ellos.

Volver las aguas a su cauce: cuando una situación retorna a su situación normal.

Volver las espaldas: retirarse de la presencia de alguien con desprecio. Huir.

Volver las nueces al cántaro: suscitar de nuevo una cuestión después de haberse discutido y concluido.

Volver las palabras, o las injurias, al cuerpo: responder a ellas con otras iguales. Obligar a que se desdiga, convencer de que se ha faltado a la verdad.

Volver las riendas: volverse atrás.

Volver las tornas: corresponder una persona al proceder de otra. Cambiar en sentido opuesto la marcha de un asunto.

Volver loco: hacer la vida imposible a alguien.

Volver lo de abajo arriba, o lo de arriba abajo: perturbar el orden de las cosas.

Volver los ojos: torcerlos al mirar.

Volver los ojos a uno: atenderle, interesarse por él.

Volver pie atrás: retroceder.

Volver por sí: defenderse. Restaurar con buenas acciones el crédito o confianza que se había perdido.

Volver por sus fueros: ser de nuevo importante.

Volver riendas, o las riendas: volver grupas.

Volver sobre sí: reflexionar sobre las acciones propias para la enmienda. Recuperarse de alguna pérdida. Recobrar la serenidad o el ánimo.

Volver sobre sus pasos: regresar por el mismo camino.

Volverle el alma al cuerpo: haberse librado de un gran peligro.

Volverle las palabras al cuerpo: obligarle a que se desdiga, convencerle de que ha faltado a la verdad.

Volverse a uno el juicio: enloquecer.

Volverse agua de cerrajas: no sacarse de una cosa la utilidad o provecho que se esperaba.

Volverse atrás: desdecirse, no cumplir lo prometido.

Volverse azar el encuentro: se dice cuando, al encontrarse con una persona, es causa de saber alguna mala noticia o desgracia impensada.

Volverse chalupa: loco, ido, trastornado.

Volverse como pulpos: aplícase al que se obstina en sostener una afirmación sin dejarse convencer.

Volverse con los brazos cruzados: de vacío. Volverse sin haber hecho lo que le encargaron.

Volverse contra alguno: perseguirle, hacerle daño.

Volverse el cuajo: vomitar la leche que el niño mamó.

Volverse el dedo: ponerse las cosas al revés.

Volverse el naipe: cambiar la suerte.

Volverse el sueño al revés, o el sueño del perro: haberse descompuesto el logro de una pretensión o utilidad.

Volverse la albarda a la barriga: salir alguna cosa al revés de lo que se deseaba.

Volverse la cabeza a alguno: enloquecer.

Volverse la chaqueta, o la casaca: cambiar de parecer o de partido político y casi siempre en beneficio propio.

Volverse la música responsos: pasar repentinamente de un estado satisfactorio a otro desagradable.

Volverse la tortilla: suceder una cosa al revés de lo que se esperaba, cambiársele la fortuna que uno tenía.

Volverse las tornas: sufrir un cambio radical una situación.

Volverse loco: perder el juicio. Manifestar alegría excesiva, estar dominado por algún efecto vehemente.

Volverse mico: pretender hacer una cosa sin poder conseguirlo.

Volverse mochales, o tarumba: perder la razón, casi siempre por razones amorosas.

Volvérsele a uno la cabeza: perder el juicio.

Volvérsele el santo de espaldas, o de cara: tener mala o buena suerte.

Vomitar sangre: escupir.

Vos contento y yo pagada, venid cuando quisiéredes si este manjar os agrada: dicho de una mujer un poco libertina, que decía a su "amigo íntimo".

¡Voto a...!: exclamación de juramento o voto.

Voto a bríos: exclamación de juramento, muy usada en las películas de hace unos años y en las novelas.

¡Voto a Dios!: juramento, blasfemia.

Voto a los ajenos de Dios: especie de juramento para evitar lo que es.

Voto al chápiro: expresión de ira, juramento o amenza.

Voto al diablo, o tal: expresión de enfado o amenaza.

Voto de amén: el que ciegamente se conforma con el de otro.

Voto de calidad: el que tiene la persona de mayor autoridad, y decide la votación en caso de empate.

Voto de censura: el que emiten las cámaras o corporaciones negando su confianza al Gobierno u órgano de gobierno.

Voto de confianza: aprobación o autorización que se da para que se actúe libremente en un hecho concreto.

Voto de reata: voto de amén.

Voto solemne: el que se hace públicamente con las formalidades de derecho, como sucede en la profesión religiosa.

Vox populi, vox Dei: voz del pueblo, voz de Dios, indicando que lo que dice el pueblo es bueno.

Voy a ver por dónde viene el enemigo: frase que dicen los que empinan la bota de vino para beber.

Voy a ver si meo, y de paso me la veo: expresión chulesca que se dice por algunos hombres cuando van a orinar.

¡Voy con la brocha!: advirtiendo su presencia.

Voz activa: la que tiene un individuo para poder votar.

Voz aguardentosa: bronca.

Voz argentada, o argentina: la clara y sonora.

Voz blanca: la que carece de timbre determinado. Se dice de las de mujer y del niño.

Voz cantante: parte principal de una composición musical.

Voz común: opinión o rumor general.

Voz de cien duros de aguardiente: dícese del que tiene la voz desagradable, por fuerte y bronca, generalmente debido a la bebida y al tabaco.

Voz de la conciencia: remordimiento.

Voz de mando: la que se da a los subordinados.

Voz de pito: se dice de la voz atiplada.

Voz de podenco: zurra o castigo grande, regularmente de palos.

Voz de trueno: la muy fuerte o retumbante.

(La) Voz de un gallo se parece a la de otro: frase que denota que no debemos fiarnos de las apariencias, que la más de las veces suelen ser engañosas.

Voz del cielo: inspiración o inclinación que nos lleva a hacer el bien.

Voz del pueblo: lo que dice la generalidad.

Voz empañada: la que no es bastante sonora y clara, principalmente para el canto.

Voz estentórea, o risa: se dice de la exagerada y que destaca sobre las demás.

Voz tomada: voz empañada.

Voz vaga: rumor, noticia cuyo origen se ignora.

Vuelve en Pascua por el aguinaldo: forma de despedir a una persona de mala manera.

Vuelta a España: vuelta ciclista a nuestro país.

(La) Vuelta de: hacia, o camino de.

Vuelta la burra al trigo: volver a ejecutar o decir una cosa cuando se ha advertido que no se haga o diga.

Vuelta y vuelta: forma de indicar cómo se tiene que hacer cierto tipo de carne a la parrilla, o a la brasa, es decir, la carne muy poco hecha.

(La) Vuestra: locución que indica que ha llegado la ocasión favorable.

Vulgo: comúnmente.

¡Xo, xo, no tanto arriba! ¡Xo, xo, no tanto abajo!: da a entender que no se debe exagerar las cosas, dejándolas siempre en un justo medio, pues es sabido que todo extremo es vicioso.

Y a burro muerto, la cebada al rabo: denota que después de haber hecho una cosa, no se puede lamentar o intentar remediar las cosas.

Y a las cuatro en Borja: dícese cuando ya es tarde para algo.

Y a los demás que los parta un rayo: dícese cuando se ha hecho entrega de algo y a alguien se le ha dejado señalado.

¿Y a mí que me cuenta?, o ¿Y a mí que me cuenta usted?: denota la falta de interés por aquello de que se trata.

Y a otra cosa, mariposa: indicando que se debe ir a otra cuestión.

Y a propósito de cañonazos: se dice cuando en el curso de una conversación se saca un tema, sin venir a cuento.

Y a usted, ¿quién le fía?: preguntando que quién es la persona que le presenta.

Y a usted, ¿quién le presenta?: da a entender que no se tiene gran confianza en la responsabilidad que alguno asume a favor de otro.

Y adivina quién te dio: frase con que se da por concluido un asunto.

... y aquí no ha pasado nada: forma de expresar que se da por terminado un asunto o discusión.

Y aquí paz, y después, gloria: expresión para dar fin y término a una querella o disputa que se iba haciendo pesada.

Y armas al hombro: con que se da a entender que uno se desentiende de una cosa.

Y arroz crudo, para el diablo rabudo, o y arroz de munición para el diablo rabón, o y arroz de Calcuta, para el diablo hijo de puta: fórmulas con las que se solía terminar el relato de los cuentos o consejas.

... y así te crece el pelo: expresión de que algo no le va bien a una persona, siendo recriminado por ello.

Y aun sahumado: con creces o mejorado.

... y basta: indicando que se terminó algo.

... y bien: forma de pedir aclaración a lo que se está diciendo.

... y cía.: y compañía, en las sociedades mercantiles.

Y colorín colorado, este cuento se ha acabado: forma de finalizar los cuentos.

Y colorín colorete, por la chimenea sale un cohete: forma moderna de terminar un cuento.

... y conste que: volviendo a afirmar lo que anteriormente se había dicho ya.

Y Cristo con todos: se dice cuando se pretende poner a término alguna desavenencia o asunto enojoso.

¡Y dale bola!: repetir con insistencia.

¡Y dale Perico al bombo!: insistir nuevamente.

¡Y el que venga detrás que arree!: recriminando y no dando importancia al que está detrás de nosotros.

Y en paz: se dice cuando se da por terminado algo.

Y esa rata, ¿quién la mata?: invítase con esta expresión a echar por tierra un argumento.

¡Y eso que....!: forma de llamar la atención de alguien.

... Y fueron felices, comieron perdices y a nosotros nos dieron con el plato (o con los huesos) en las narices: fórmula que se empleaba para finalizar de narrar un cuento.

... Y fueron felices, comieron perdices y a nosotros no nos dieron, porque no quisieron: fórmula empleada para terminar un cuento.

... y gracias: expresión que da a entender que debe contentarse con lo que se ha conseguido.

Y lo demás allá: expresión usada para finalizar una numeración no concluida.

... y lo demás es cuento: expresando que es la pura realidad, o se ha hecho una cosa con toda corrección.

Y lo pasado, pasado: con que se indica que no se debe volver nuevamente sobre lo que ha ocurrido y está perdonado.

Y lo que sea razón: frase que expresa el pedir de más por un trabajo o por las mercancías.

Y lo que te rondaré, morena: expresión que indica que no se deja uno vencer, o no se desanima por conseguir algo.

... y no digamos: más aún.

Y no hay dios que lo convenza: se dice del terco y cabezota.

... y otras hierbas: forma de expresar que se podría seguir enumerando otras cuestiones o características.

Y otros excesos: con que se termina la enumeración de cosas reprochables.

... y para de contar: se dice cuando se termina de citar o enumerar ciertas cosas.

Y para eso: locución por medio de la cual se encarece lo difícil o desagradable que resulta la ejecución de una cosa.

Y pimpín, San Agustín, que aquí el cuento tiene fin: frase para indicar que un cuento o conseja se ha terminado.

Y punto: expresión con que se da a entender que lo que se ha dicho no tiene réplica.

¿Y qué?: se indica que lo dicho o hecho por otro no convence.

¿Y qué fue lo que sobrevino...? Que sobre vino, vino; hasta que sobre vino: juego de palabras, expresando que debe haber abundancia de dicho líquido.

¡Y que lo digas!: expresión de asentimiento.

Y Sacramento del altar: forma de decir que una cosa se ha terminado, o llegado a su fin.

... y sanseacabó: ... y se acabó.

Y ¡santas Pascuas!: se dice cuando se da por terminado algún asunto.

Y se acabó lo que se daba: frase con que se da por finalizado un asunto o discusión.

Y se casaron, fueron felices y a nosotros nos dieron con los huesos en las narices: forma de terminar los cuentos o consejas.

Y si le ves, dale expresiones: recuerdos, exprésale mi afecto.

Y si no, al tiempo: indicación para manifestar el convencimiento de que los sucesos futuros demostrarán la verdad de lo que se afirma, relata o anuncia.

¿Y si no hizan?...: expresión usada para manifestar que no se creen las promesas que se hacen, por no ver su cumplimiento muy fácil.

Y sonó la flauta por casualidad: para indicar que lo acontecido ha sido casualmente un acierto.

Y tanta leche: se usa para censurar o reprochar el comportamiento de alguien.

¡Y tanto!: expresión de asentimiento o afirmación.

Y teje que teje, y dale que dale: contra las personas importunas que siempre están repitiendo lo mismo.

... y tengamos la fiesta en paz: forma de indicar que se da por terminado definitivamente un asunto.

... y toda la hostia: y todo lo que continúa.

... y toda la pesca: y todo lo demás, forma de abreviar una larga mención de detalles, hechos, etc.

... y toda la puñeta: y todo lo demás.

Y todo: incluso, añadiendo algo.

Y todo cuento: sin faltar requisito alguno.

... y todos tan amigos: forma de expresar que un asunto o discusión se da por terminada.

... y tres más: expresión que se usa para dar mayor fuerza a la afirmación.

Y tú, más: forma infantil de contestar un niño a otro a los insultos.

¡Y un cojón!: frase usada para denegar o rehusar algo.

¡Y un huevo!: expresión usada para denegar algo.

¡Y un jamón!: expresión de que no se va a conseguir algo.

¡Y un jamón con chorreras!: contestación irónica al que pide algo que excede de lo que buenamente se puede dar.

¡Y un pedo!: exclamación para expresar negación, rechazo o protesta.

¡Y un pimiento!: fórmula de rechazo.

¡Y una mierda!: expresión de desprecio o de negativa.

¡Y una polla!: expresión de desprecio, enojo, negativa.

¡Y usted que lo vea!: contestación que se da al recibir las felicitaciones por cumplir años, u otro tipo de enhorabuena.

Y va de cuento: manera de empezar la narración de una conseja, historia o anécdota.

¡Y vuelta la burra al trigo!: expresión contra el pesado que no hace nada más que insistir en lo mismo.

Y yo fui y vine, y no me dieron nada: solía usarse para acabar los cuentos.

Ya apareció el peine: se emplea cuando es descubierto el presunto autor de una fechoría.

¡Ya cayó Mangas!: frase en la que se da a entender que por fin se ha conseguido aquello tras de lo cual se andaba.

¡Ya dejó el huevo la gallina!: forma de indicar que ya ha dicho alguna impertinencia, o alguna ofensa, una persona muy dada a ello, conocida por todos por esa condición.

¡Ya empieza Cristo a padecer!: exclamación que se dice al empezar a suceder algún suceso funesto o desagradable.

Ya es decir: lo que es sabido de todos.

Ya es viejo Pedro para cabrero: las personas de cierta edad ya no pueden realizar cierta clase de trabajos.

Ya escampa y llovían guijarros: se dice cuando una situación empeora, en vez de mejorar, o cuando a un daño recibido sobrevienen otros mayores.

¡Ya está bien de...!: exclamación que indica disgusto.

Ya está el gato en la talega: ya se ha conseguido lo que se deseaba.

Ya está en la verdad: dicho de pésames.

Ya estamos en Haro, que se ven las luces: suele aplicarse al fin de un viaje, o al término de un trabajo, etc.

Ya estoy hecho, como el burro, a los palos: estar acostumbrado a todo y en especial a lo desagradable o malo.

Ya ha hecho su vez: dicho de pésames.

Ya hizo el acabo: dicho de pésames.

Ya le picarán los abejorros, y entonces se dará barro: indicando que acontecerá algo advertido, que no se ha tenido en cuenta la advertencia, poniéndose el remedio una vez ocurrido.

¡Ya llegará la mía!: expresión de amenaza.

¡Ya lo creo!: es evidente, no cabe duda.

Ya lo dijo Pepe Moros: frase que se dice en la fiesta nacional, cuando la corrida no ha sido buena.

Ya lo dijo Salomón: el vino alegra el corazón: exponiendo la bondad del vino y de la bebida.

Ya lo dijo San Andrés: el que tiene cara de burro lo es: por ser la cara el espejo del alma.

Ya los pájaros tiran a las escopetas: se dice cuando el atrevimiento de los inferiores llega hasta el punto de mandar a los superiores.

¡Ya me contarás!: expresión ante un hecho poco usual.

Ya me pagarás en moneda polaca: se dice al que no se le quiere cobrar.

Ya me vendrá la pelota a las manos: en el sentido de ya me las pagarás.

Ya murió por quien tañían, o tocaban: indicando que ya terminó lo que se estaba viendo venir de antemano.

Ya necesita bañarse en el Jordán: se dice del que ha cometido grandes faltas.

Ya no le duele nada: frase para indicar que una persona ha fallecido.

¡Ya pasarás por mi calle!: expresión de amenaza.

Ya que el diablo nos lleve, que sea en coche: dando a entender que, si hay que actuar mal, por lo menos que sea con todas sus consecuencias.

Ya que no me ven, que me sientan: lo dicen las personas pequeñas y alborotadoras.

Ya que se lo lleva a uno el diablo, que sea en coche: ya que se comete una mala acción, que sea para sacar gran provecho.

Ya se le ha hecho todo lo que se ha podido: dicho de pésames.

Ya se lo llevó pateta: ya se ha perdido o destruido.

Ya se murió el rey don Juan: para indicar que se acabaron las prodigalidades y mercedes.

Ya se murió el tío "Regalao": forma de indicar que las cosas no se piden regaladas, y que hay que comprarlas.

¡Ya se salvó el país!: expresión en que se prorrumpe cuando se va a hacer alguna cosa que no tiene importancia.

Ya se ve: manifestar su asentimiento.

Ya será para menos: no será para tanto.

Ya te entiendo: frase que se emplea cuando se conoce el ánimo o la intención de uno.

Ya te lo dirán de misas: amenaza al que confía en lo que no debe.

¡Ya te veo, besugo, que tienes el ojo claro!: frase para indicar que se conoce fácilmente la intención.

Ya tenemos la fiesta armada: frase que se prorrumpe cuando los ánimos se exaltan.

Ya tiene el práctico a bordo: estar agonizando.

Ya vendrá el tío Paco con la rebaja: el tío Paco es en quien representamos la experiencia, el desencanto, el desengaño, etc.

Ya veremos, dijo el ciego, y nunca vio: frase evasiva, para cuando se pide o solicita algo.

Ya voy, que me estoy peinando: expresión burlona que da a entender que no se quiere hacer aquello que nos dicen.

¡Ya, ya!: expresión de negativa.

Yedra: indica ternura, en el lenguaje de las flores.

Yedra de Jonás: dícese de toda prosperidad poco duradera.

Yegua: prostituta.

Yegua parada, prado halla: en medio de las mayores dificultades, la necesidad encuentra medios para lograr lo que es necesario.

Yendo días y viniendo días: haber pasado un tiempo indeterminado entre un suceso y otro.

Yerro de cuenta: defecto o falta de cometido por equivocación o descuido.

Yerro de imprenta: la falta que se comete en lo que se ejecuta, dice o escribe, por descuido involuntario.

Yo chupo y tú escupes: dícese de los asuntos donde uno pone todo el trabajo y otro se lleva la utilidad.

Yo como, tú manducas, él trajela, nosotros jamanos, vosotros jaláis y ellos menean el bigote: forma de conjugar el presente de indicativo del verbo comer, de forma achulada.

Yo como tú, y tú como yo, el diablo nos juntó: manifiesta conformidad en las costumbres.

Yo con fulano me trato lo justo: adiós, adiós; buenos días y buenas tardes.

Yo duro y vos duro, ¿quién llevará lo maduro?: vitupera la obstinación o terquedad llevada al extremo entre dos personas.

Yo le pondré sal en la mollera: infundir discreción o cordura con el castigo.

Yo lo digo y firma el rey: frase con que trata de robustecer la verdad de lo que se acaba de manifestar.

Yo me entiendo y bailo solo: cada uno se entiende a sí mismo.

Yo me entiendo y Dios me entiende: que lo que se dice, aunque parezca una tontería, no lo es.

Yo me lavo las manos: se dice cuando se trata de rehuir toda responsabilidad, o cuando se descarta un asunto.

Yo mismo me tengo, y no me siento, o no me encuentro: aplícase a los que no aciertan a explicarse las cosas más sencillas.

Yo nací primero: expresión que se dice para contener al que se adelanta o se prefiere a otro con más años que él.

Yo no se lo doy, ella no lo gana, pero ella lo tiene: cierta señal de que el diablo no duerme: indica que existe robo o infidelidad conyugal.

Yo pajas: a lo mismo, no lo ha de ser menos, no menos.

Yo que la buscaba, y ella que no se quiso esconder, se juntó el hambre con las ganas de comer: se complementaron las ganas, de comer, por supuesto.

¡Yo qué sé!: forma de indicar que no se tiene idea de algo.

Yo que tú: expresión con que se invita a una perona a hacer lo que se le va a indicar a continuación de dicha frase. Puesto en su lugar.

Yo seré tonto hasta donde me ha hecho Dios, pero no hasta donde me quieren hacer los hombres: así se exprsaba una persona cuando un grupo de ellas quería burlarse de él, intentando engañarle.

Yo soy el amo de la burra, y en la burra mando yo: cuando quiero digo arre; cuando quiero digo so: coplilla que expresa que una persona tiene el mando total sobre algo.

Yo soy el paño y usted las tijeras: sumisión a la voluntad de otro.

Yo soy la carne y usted el cuchillo: expresión de sumisión.

¡Yo soy músico y me acuesto a las ocho!: expresión de indiferencia total a una pregunta, generalmente inadecuada.

Yo soy quien soy, y ninguno es más que nadie: indica que cada uno tiene su personalidad, no dejándose avasallar por otro.

Yo te curaré el alhorre: frase de amenaza a los muchachos traviesos con pena de azote.

Yo te entiendo y tú me entiendes: conformidad entre dos personas que proyectan algo en común.

Yo y el tiempo, contra dos: dicho de Felipe II, citado por Saavedra Fajardo en sus *Empresas Políticas*.

Zalamero: persona que con halagos intenta conquistar la voluntad de los demás.

¡Zambomba!: interjección que significa sorpresa.

Zamora no se ganó en una hora: indica que las cosas no se hacen en tan poco tiempo como se espera.

Zampabodigos: se dice de la persona que es muy ansiosa.

Zampabollos: tragón, comilón.

Zampalimosnas: persona que no tiene donde caerse muerto.

Zampatortas: tragaldabas, comilón.

Zamujo: persona tímida, retraída.

Zangandongo: manazas, chapucero.

Zángano: holgazán, parásito, que vive del trabajo de los demás.

Zangarilleja: mujer sucia, desaliñada.

Zangolotino: persona joven que pierde el tiempo en cosas pequeñas, que es un haragán.

Zanguango: persona perezosa e indolente.

Zaparrastroso: dícese de la persona que va siempre lleno de manchas y lamparones.

Zapatero a tus zapatos: indicando que cada uno opine de lo que sabe y entiende.

Zapatos nuevos y rotos: aplícase a aquello que se hace de primer intento, y se hace mal.

Zarangullón: persona alta y desgarbada, sosa.

Zarracatín: persona mezquina y avarienta.

Zarramplín: chapucero.

¡Zas, zas!: voz onomatopéyica del golpe.

Zascandil: dícese de la persona entremetida, que no cumple lo que promete.

¡Zis, zas!: voz onomatopéyica del golpe.

Zolocho: mentecato, simple.

Zombi: de aparicencia atontada o alelada.

Zonzo: soso, sin gracia.

Zopenco: necio.

Zoquete: tarugo.

(La) Zorra por la cola: a las personas astutas no hay que atacarlas o acometerlas de frente.

Zorra, zorrón: mujer de mala reputación y mala vida.

Zorra corrida: la persona muy libre y astuta.

Zorro: persona cautelosa, pícara.

Zorro dormilón no caza gallinas: el que descuida sus asuntos no puede verlos terminados con buen fin.

Zorrocotronco: paleto, palurdo.

Zorronglón: dícese de la persona que hace las cosas de mala gana y tardando mucho en ejecutarlas.

Zote: torpe, ignorante, persona que le cuesta mucho comprender las cosas.

Zullenco: persona que no controla la expulsión de ventosidades.

Zulú: salvaje, cafre, bruto.

Zumbando: pitando, a todo correr.

Zumbar el oído: presentir rumores, quejas, que recela le sobrevengan.

Zumbar la pandereta: pegar a una persona.

Zumbón: persona guasona, que siempre está de fiesta.

Zurcir voluntades: alcahuetear.

Zurra, que es tarde: expresión con que se zahiere la impertinente insistencia de alguien.

Zurrar la badana: golpear, pegar, etc.

Zurrar la pámpama: íd.

Zurriburri: sujeto vil y despreciable.

¡Zurro, que te vi!: para expresar una huida rápida.

BIBLIOGRAFÍA

— *A buen entendedor...* Margarita Candón y Elena Bonnet. Madrid, 1993.

— *Aforismos políticos.* Tomás Campanella. Itto. Estudios Políticos. Madrid, 1956.

— *Aforismos rurales.* Narciso Fages Romá. Imp. Gregorio Matas. Figueras, 1849.

— *Agudezas, sentencias y refranes en la novela picaresca española.* Antonio J. Onieva. Madrid, 1974.

— *Adagios y fábulas.* Fernando Arceo Benaventano. Salamanca, 1533. Facsímil. Barcelona, 1950.

— *Antología del pensamiento* (sobre el amor, matrimonio, mujer, hombre...). José Aguirre Pascual y S. Pascual. De. Apolo, 1952.

— *Batiburrillo de paremiología, tratado, frases, etc.* Benito Ventué y Peralta. Granada, 1889.

— *Citas y refranes célebres.* Carmen Santos González. Ediciones Bruguera. Barcelona, 1969.

— *Clave.- Diccionario de uso del español actual.* Ediciones S. M. Madrid, 1996.

— *Colección de frases y refranes en acción.* Juan Cuesta y Díaz. Madrid, 1903.

— *Colección de refranes, adagios y locuciones adverbiales.* Antonio Jiménez. Madrid, 1828.

— *Como piñones mondados.* Néstor Luján. Barcelona, 1994.

— *Cuento de cuentos I y II.* Néstor Luján. Barcelona, 1994.

— *Cuentos, adivinanzas y refranes populares.* Fernán Caballero. Editores Sáenz de Jubera Hermanos. Madrid.

— *Del dicho al hecho.* Luis Junceda. Ediciones Obelisco. Barcelona, 1991.

— *Diccionario de dichos y frases hechas.* Alberto Buitrago Jiménez. Espasa Calpe S. A. Madrid, 1995.

— *Diccionario de expresiones extranjeras.* Gregorio Doval. Ediciones del Prado. Madrid, 1996.

— *Diccionario de expresiones malsonantes del español.* Jaime Martín Martín. Madrid, 1979.

— *Diccionario de la lengua española.* Espasa Calpe S. A. Madrid, 1974.

— *Diccionario de las metáforas y refranes de la lengua castellana.* José Mussó y Fontes. Barcelona, 1876.

— *Diccionario de refranes.* Luis Junceda. Espasa Calpe S. A. Madrid, 1996.

— *Diccionario de refranes, adagios, proverbios, modismos, locuciones y frases proverbiales de la lengua española.* José María Sbarbi. Madrid, 1922. Dos tomos.

— *Diccionario del amor.* Federico Bravo Morata. Fenicia. Madrid, 1957.

— *Diccionario del argot español, o lenguaje jergal gitano, delincuente profesional y popular.* Luis Besses. Manuel Soler, Editores. Barcelona, 1905.

— *Diccionario del argot español.* Víctor León. Alianza Editorial. Madrid, 1994.

— *Diccionario fraseológico del español moderno.* Fernando Varela y Hugo Kubarth. Editorial Gredos. Madrid, 1996.

— *Diccionario general de frases, dichos y refranes.* Eva Espinet Padura. Barcelona, 1991.

— *Diccionario general de frases y dichos célebres.* Juan M. González Cremona y P. D. Ediciones Mitra.

— *Diccionario práctico de locuciones.* Larousse Planeta S. A. Barcelona, 1995.

— *Diccionario práctico de locuciones y frases hechas.* Everest Diccionarios. León, 1997.

— *Diccionario secreto.* Camilo José Cela. Barcelona, 1971.

— *Dichos, dicharachos.* José Martínez Pérez. Méjico, 1977.

— *Dichos populares castellanos.* D. Germán Díez Barrio. Valladolid, 1989.

— *Doctrinal de Juan del Pueblo.* Fermín Sacristán. Madrid, 1907.

— *El libro de los refranes, colección alfabética.* José María Sbarbi. Madrid, 1872.

— *El porqué de los dichos.* José María Iribarren Rodríguez. Pamplona (existen diversas ediciones).

— *El sabor del pueblo o ramillete.* Orbaneja y Majada. Valladolid, 1890.

— *Español coloquial.* Eugenio Cascón Martín. Madrid, 1995.

— *Flor de refranes cervantinos.* José Gella Iturriaga. Madrid, 1978.

— *Florilegio o ramillete alfabético de refranes y modismos.* José María Sbarbi. 1893.

— *Fraseología de Cervantes.* Juan Suñé Benages. Barcelona, 1929.

— *Frases hechas.* Rafael Escamilla. Madrid, 1996.

— *Inventario General de Insultos.* D. Pancracio Celdrán Gomáriz. Ediciones del Prado. Madrid, 1995.

— *La bolsa de los refranes.* D. Joaquín Calvo Sotelo. Madrid, 1992.

— *La hipérbole popular: los más y los menos.* Henri Ayala. Madrid, 1993.

— *La razón de algunos refranes.* Dr. Francisco del Rosal. Médico de Córdoba ¿1560 1610?

— *La sabiduría de las naciones o los evangelios abreviados.* Joaquín Bastús. Barcelona, 1862.

— *Lenguajes marginales.* Jesús García Ramos. Dirección General de Policía. Madrid, 1994.

— *Libro de los elogios.* Pancracio Celdrán. Ediciones del Prado. Madrid, 1996.

— *Lo primero el refranero.* Ernesto Baraibar Gordoqui. Ediciones Alcarria. Guadalajara, 1977.

— *Los cien proverbios o la sabiduría de las naciones.* D. Francisco F. Villabrille. Establecimiento tipográfico Francisco de Paula Mellado.

— *Los refranes del Quijote.* Elías Olmo Canalde. Valencia, 1940.

— *Los refranes del Quijote.* José Coll y Vehí. Barcelona, 1874.

— *Más de 700 refranes de caza.* José María Jara Ortega. 1950.

— *Más de 2.500 refranes relativos a la mujer.* José María Jara Ortega. Ediciones Reus. Madrid, 1953.

— *Más de 21.000, 12.600, 10.700, los 6.666 refranes de la última rebusca.* Francisco Rodríguez Marín. Varias ediciones.

— *Modismos y coplas de ida y vuelta.* Manuel Barrios. Madrid, 1982.

— *Monografía sobre refranes, adagios y proverbios castellanos, obras y fragmentos que expresamente tratan de ellos en nuestra lengua.* José María Sbarbi. Edición de 1871.

— *Paremias.* Juan Moneva y Pujol. Imprenta Berdejo. Zaragoza 1933.

— *Pensamientos, sentencias, consejos y refranes, entresacados de las obras completas de D. Miguel de Cervantes.* Biblioteca Enciclopédica Mundial. Madrid, 1932.

— *Pensamientos y máximas de Cervantes.* Manuel de la Cueva. Madrid, 1929.

— *Picardías populares.* Tony Ramírez. Barcelona, 1991.

— *Pliegos de encuentro Islamo–Cristiano.* Equipo Darek–Nyumba. Madrid, 1992.

— *Proverbios eróticos.* Antonio Cornazzano. De. Tabarín. Barcelona.

— *Refranero clásico, colección de más de 2.000 refranes.* Juan Suñé Benagaes. Barcelona, 1930.

— *Refranero clásico español y otros dichos populares.* Felipe R. C. Maldonado. Ediciones Taurus, 1979.

— *Refranero español.* Juan Bergua. 8.000 refranes. De. Iberia. Madrid, 1936.

— *Refranero Español, parte recopilado y parte compuesto.* José María Sbarbi. Edición de 1980.

— *Refranero General Ideológico Español.* Luis Martínez Kleiser. Editorial Hernando. Madrid, 1978.

— *Refranero Navarro.* José María Iribarren Rodríguez. Burlada (Navarra), 1983.

— *Refranero popular español.* José María Tavera. Barcelona, 1958.

— *Refranes de Sancho Panza, venturas y desventuras, malicias, agudezas del escudero de Don Quijote.* De. López del Arco. Madrid, 1905.

— *Refranes españoles y máximas diversas.* Jorge Llobera Paguet. Madrid, 1940.

— *Refranes populares e ideas sobre la salud y la belleza.* Carduí–Hepalina. Usa (sin fecha).

— *Refranes sociales.* Fermín Sacristán. Madrid, 1906.

— *Refranes y adagios. Cantares y jotas. Dichos y frases proverbiales.* José María Iribarren Rodríguez. Separata revista *Príncipe de Viana*, n.º XXI. Pamplona,< 1940.

— *Refranes y modos de hablar castellanos con latinos.* D. Gerónimo Martín Caro y Cejudo. Madrid, 1675.

— *Selección de refranes y sentencias.* Jesús Cantera y Eugenio de Vicente. De. Universidad Complutense. Madrid.

— *Vocabulario de refranes y frases proverbiales.* Maestro Gonzalo Correas. Madrid, 1924.

José Luis González Díaz

Abulense por familia, estudios, matrimonio, residencia y trabajo, pero especialmente por convicción; burgalés de nacimiento.

Funcionario desde hace más de treinta años del Ministerio de Economía y Hacienda.

Amante desde niño de las tradiciones, refranes, chascarrillos, etcétera, le ha llevado a recopilar todo lo referente a la historia popular heredada de nuestros mayores; incluso desde la infancia, anotaba en un cuadernillo de espiral de alambre los refranes que escuchaba y que intentaba memorizar.

Coleccionista modesto de libros relacionados con los temas indicados anteriormente.

Autor de dos libros: *Diccionario de dichos de antaño y hogaño*, y *Refranes, dichos y miscelánea abulense*.

Esta recopilación de dichos se terminó en primer término el día 14 de febrero de 1998, cuyo santoral es: San Cirilo y San Metodio, patrones de Europa; Nostriano, Elecaudio, Adolfo, Vidal, Zenón, Ammonio, Cirión, Casiano, Agatón, Moisés, Dionisio, Próculo y Filemón, Antonio y Auxencio, y San Valentín, patrón de los enamorados.

LAUS DEO.